Anonymous

Geographische Abhandlungen

Anonymous

Geographische Abhandlungen

ISBN/EAN: 9783744681179

Hergestellt in Europa, USA, Kanada, Australien, Japan

Cover: Foto ©ninafisch / pixelio.de

Weitere Bücher finden Sie auf **www.hansebooks.com**

GEOGRAPHISCHE

ABHANDLUNGEN.

HERAUSGEGEBEN

VON

DR. ALBRECHT PENCK

PROFESSOR DER GEOGRAPHIE AN DER UNIVERSITÄT WIEN

BAND IV.

Heft 1. Konrad Kretschmer: Die physische Erdkunde im christlichen Mittelalter. Mit neun Abbildungen im Texte. S. 1—152.

Heft 2. Professor Dr. Ed. Brückner: Klimaschwankungen seit 1700 nebst Bemerkungen über die Klimaschwankungen der Diluvialzeit. Mit einer Tafel, 13 Figuren im Texte und zahlreichen Tabellen. S. 153—484.

WIEN UND OLMÜTZ.

ED. HÖLZEL.

1890.

VORWORT.

Der vierte Band der Geographischen Abhandlungen bietet nur zwei Hefte, ohne aber deswegen an Umfang hinter seinen Vorgängern zurückzubleiben. Auch inhaltlich dürfte er denselben gleichkommen. Bietet er doch in Kretschmer's Physischer Erdkunde im christlichen Mittelalter und namentlich in Brückner's Klimaschwankungen zwei Untersuchungen, die vielfach neue Wege eröffnen und erfolgreich betreten. Möchte er sich als die richtige Stelle erweisen, um die in ihm enthaltenen Ergebnisse mühsamer Studien entsprechend zu verbreiten.

Indem ich den Band der Öffentlichkeit übergebe, freue ich mich, zugleich berichten zu können, dass es für Fortsetzung des Unternehmens keineswegs an Material gebricht, und dass der Verleger entschlossen ist, die Geographischen Abhandlungen als eines der wenigen unabhängigen wissenschaftlich geographischen Organe, die in Österreich erscheinen, fortzuführen. Das nächste Heft, enthaltend die Arbeiten des Geographischen Instituts der Universität Wien, wird hoffentlich erweisen, dass für Aufrechterhaltung eines solchen Organes volles Bedürfnis besteht.

Wien, den 7. Juli 1890.

Albrecht Penck.

DIE

PHYSISCHE ERDKUNDE

IM

CHRISTLICHEN MITTELALTER.

VERSUCH EINER QUELLENMÄSSIGEN DARSTELLUNG IHRER HISTORISCHEN ENTWICKLUNG

VON

KONRAD KRETSCHMER.

Mit neun Abbildungen im Texte.

GEOGRAPHISCHE ABHANDLUNGEN

HERAUSGEGEBEN VON

PROF. DR. ALBRECHT PENCK IN WIEN.

BAND IV. – HEFT 1.

WIEN UND OLMÜTZ

EDUARD HÖLZEL

1889.

VORWORT.

Es ist eine der geläufigsten Ansichten, dass die physische Erdkunde des christlichen Mittelalters nichts als eine mangelhafte Nachahmung der antiken ist. Aber noch niemand hat sich der Mühe unterzogen, genauer zu untersuchen, welche Lehrmeinungen der Alten von den mittelalterlichen Kosmographen angenommen wurden. Einerseits finden wir nur gewisse antike Anschauungen bei ihnen vor, anderseits wurden sie auch durchaus nicht immer so unverändert herübergenommen und während einzelne sogar bis zur Unkenntlichkeit entstellt sind, lassen sich daneben auch originelle Ansichten aufweisen. — So wenig anziehend nun auch die Aufgabe erscheinen mag, den Niedergang des Wissens von der stolzen lichtvollen Höhe des Alterthumes in jene gähnende Tiefe, wie sie das frühere Mittelalter zeigt, zu constatieren, so darf sich der Historiker gegen diese Thatsache nicht verschließen und hat ebenso die Schatten- wie die Lichtseiten jeder Zeit in den Bereich seiner Untersuchung zu ziehen.

Ein Hauptaugenmerk habe ich auf das christliche Moment gehabt, welches ja in der mittelalterlichen Wissenschaft ein so bedeutungsvoller Factor gewesen ist. Dies war auch der Grund, weshalb ich die Araber ausschloss, da bei diesen eine Rücksichtsnahme auf den christlichen Anschauungskreis nicht vorlag — oder sie doch nur insoweit heranzog, als auch sie die christliche Geographie beeinflusst haben.

In der Einleitung glaube ich jedem, der mit den entlegenen Gebieten der Patristik und Scholastik nicht näher bekannt ist, ein bequemes und für unseren Zweck ausreichendes Orientierungsmittel an die Hand gegeben zu haben.

Was den Inhalt des speciellen Theiles anbetrifft, so beschränkt sich derselbe ausschließlich auf die Lehre vom Erdkörper selbst; dagegen habe ich die Ansichten vom gesammten Weltbau (z. B. die Sphärentheorie des Himmels) im allgemeinen nicht in den Kreis der Untersuchung gezogen, außer, wo sie sich mit geographischen Fragen berührten.

Das IV. Capitel: »Die Luft«, habe ich absichtlich kürzer gefasst, da ein tieferes Eingehen auf diesen Gegenstand (besonders die Zoneneintheilung) nicht ohne längere Erörterungen gewisser Fragen der mittelalterlichen Länder- und Völkerkunde möglich gewesen wäre, Erörterungen, welche den Rahmen dieser Abhandlung weit überschritten hätten.

Zum Schlusse ist es mir eine angenehme Pflicht, Herrn Professor Heinrich Kiepert für mehrfache Nachträge und Bemerkungen, die er der Abhandlung hat zu Theil werden lassen, meinen Dank auch öffentlich auszusprechen.

Berlin, September 1889.

Konrad Kretschmer.

EINLEITENDER THEIL.

Begriff der Erdkunde im Mittelalter.

Wenn wir beabsichtigen, den Entwicklungsgang zur Darstellung zu bringen, welchen die physische Erdkunde im Mittelalter eingeschlagen, so kann dies begreiflicherweise nur ein Versuch sein, die einzelnen, weit verstreuten und in kürzeren Bruchstücken oder längeren Auseinandersetzungen uns überlieferten Lehrmeinungen über physisch-geographische Fragen zu sammeln und sie dann unter Ermittlung der Ursache ihres Entstehens, in ihrer allmählichen Ausbildung bis zum Ausgang der mittelalterlichen Zeit zu verfolgen. Es drängt sich uns aber hiermit sogleich die Frage auf: inwieweit kann denn im Mittelalter von einer physischen Erdkunde überhaupt die Rede sein, inwieweit dürfen wir diese Wissenschaft für jene Zeit voraussetzen und ihr die Bedeutung beilegen, welche ihr heutzutage zukommt? Es hat bei uns lange gewährt, ehe man über den Begriff »Geographie« einig wurde — ob man in ihr eine in sich abgeschlossene selbstständige Wissenschaft zu sehen habe, oder nur eine bloße Form, unter welcher man die einzelnen Specialdisciplinen betrachtet. [1]) Für das Mittelalter kann diese Streitfrage nun ganz und gar nicht ins Gewicht fallen und wir werden sehen, weshalb.

Gemäss der Aufgabe, welche der Geographie zufällt, dass sie die causalen Wechselbeziehungen der Gegenstände und Erscheinungen in ihrer Abhängigkeit von der Erdoberfläche festzustellen hat, ist für sie eine wissenschaftliche Vorkenntnis jener Gegenstände und Erscheinungen als für sich selbst bestehender und zunächst noch vom Erdboden losgelöster Facta die stillschweigende Voraussetzung. Wenn wir daher die Frage nach dem Stande des physisch-geographischen Wissens im Mittelalter aufwerfen, so haben wir zuvörderst auch auf Werth, Umfang und Methode der mittelalterlichen Naturwissenschaften im Allgemeinen einen Blick zu werfen, um dann die Geographie jener Zeit beleuchten und den Fortschritt, beziehungsweise auch Rückschritt derselben erklären zu können.

Es lag im Geiste des Mittelalters, welcher wesentlich ein religiöser war, begründet, dass die gesammte Wissenschaft ein dementsprechendes Gepräge zur Schau trug. Die geoffenbarte Wahrheit, die religiösen Erfahrungen und Vorstellungen nahmen einen so breiten Raum in Anspruch, dass alles Andere, was mit dem Seelenheil des Menschen nicht

---

[1]) Ueber den Begriff Geographie vergleiche die zusammenfassende und besonders die einschlägige Literatur kritisierende Arbeit von H. Wagner: Bericht über die Entwicklung der Methodik und des Studiums der Erkunde. Im geographischen Jahrbuch X. (1885) p. 539 ff., XII. (1888) p. 409 ff.

in direktem Zusammenhange stand, als unwesentlich bei Seite geschoben wurde oder doch wenigstens auffallend in den Hintergrund zurücktrat. In den drei ersten christlichen Jahrhunderten führte der Glaube ausschließlich die Herrschaft; erst seit dem IV. Jahrhundert richtete man seine Aufmerksamkeit auch auf profan-wissenschaftliche Gegenstände, seitdem man erkannt hatte, dass diese zum richtigen Verständnis der Schrift bedeutend beitrugen. Trotz alledem bewegte sich aber auch da noch die christliche Literatur in rein theologischen Fragen; alle geistige Thätigkeit gipfelte in religiösen Betrachtungen und exegetischen Kunststückchen und die Beobachtungen aus dem Reiche der Natur fanden nur insoweit Berücksichtigung, als sie zur Bestätigung der Bibel und Verherrlichung des Gottesreiches unbedingt erforderlich waren. Dies war der leitende Gedanke auch bei denjenigen Schriften, welche allerdings mehr einen naturbeschreibenden Charakter an sich tragen, wie Isidor's »Liber de natura rerum«; selbst die Kosmographie des anonymen Geographen von Ravenna beginnt mit einem begeisterten Ausruf der Allmacht Gottes und indem sie mit »Christus Hülfe« eine Darstellung des gesammten Erdkreises liefern soll, entpuppt sie sich schließlich als ein Panegyricus des göttlichen Schöpfungswerkes.

Überhaupt ließ man der Natur eine Auffassung zu Theil werden, die mehr von einer religiösen Schwärmerei, als von einer objectiv-nüchternen Analyse dictiert war. Indem man in der gesammten Natur ein Werk Gottes sah, meinte man auch durch Glaubenswahrheiten das Wesen der Natur begreifen und durchdringen zu können; denn es galt als ein ganz allgemein angenommener Grundsatz, dass ohne den Glauben nichts gelernt werden könne, dass er also die Bedingung und Vorstufe der Erkenntnis bilde. Sehr charakteristisch ist in dieser Hinsicht das fünfte Buch der Stromata des Clemens Alexandrinus, worin dieser das Verhältnis zwischen Glauben und Wissen (πίστις, γνῶσις) feststellt und mit aller Entschiedenheit die Behauptung der Häretiker bekämpft, als ob Glauben und Wissen wesentlich verschieden seien; beide seien nicht materiell, sondern nur formell verschieden, die Gnosis gehe mit der Pistis zusammen, erbaue sich auf dem Grundsteine des Glaubens und sei die beste Erkenntnis der Wahrheit. *Credo ut intelligam.* — Das Forschen nach der Wahrheit erreicht mit der Erkenntnis des Christenthums sein naturgemäßes Ende. Von einem Forschen nur des Forschens wegen will Tertullian nichts wissen. *Cum credimus, nihil desideramus ultra credere. Hoc enim prius credimus, non esse quod ultra credere debeamus.* Von solchen Principien geleitet untersuchte man daher die Gegenstände in der Natur nicht nach ihren causalen Bedingungen hin, um rückwärts schließend womöglich ihrer Genesis auf die Spur zu kommen, sondern leitete sie aus übersinnlichen Ursachen ab[1]), wie denn überhaupt die wissenschaftliche Thätigkeit des Mittelalters nicht auf Forschung, sondern auf Beweis gerichtet war. Es lassen sich in den Schriften der Kirchenväter unendlich viele Stellen anführen, die auf einen hohen Sinn für Natur und Naturschönheit schließen lassen; eine große Bewunderung der Natur begründet aber noch keine wissenschaftliche Erkenntnis derselben.

Unter solchen Verhältnissen war es unausbleiblich, dass wie die Naturwissenschaft allgemein schon, so auch die Wissenschaft vom Erdkörper selbst nur eine untergeordnete Stellung einnahm und dies gab

[1]) H. von Eicken: Geschichte und System der mittelalterlichen Weltanschauung. Stuttgart 1887. p. 611.

sich in der Literatur dadurch zu erkennen, dass anfangs geographische Gegenstände nur gelegentlich mit eingeflochten wurden und dass später, als man auch anfieng, zusammenfassende Kosmographien zu liefern, man dennoch dem Ganzen einen theologischen Endzweck unterzuschieben wusste. Die Erweiterung des Naturwissens wurde in erster Linie benutzt, eine von Metaphysik getragene encyklopädische Einheit des Wissens herzustellen. [1])

Als die Araber und mit ihnen die Schriften des **Aristoteles** nach dem Abendlande kamen, trat insofern eine Verschiebung des Schwerpunktes in der intellectuellen Arbeit ein, als man der Natur eine größere Aufmerksamkeit widmete. Die Araber hatten vorherrschend nach dieser Seite hin ihre Thätigkeit entfaltet und die weitere Ausbildung des Naturwissens wurde von den europäischen Gelehrten mit voller Kraft in Angriff genommen. Ein **Albertus Magnus** und **Roger Baco** legen hiefür Zeugnis ab. Mehrmals tritt das Bestreben der Zeit in unzweideutiger Weise hervor, der Erkenntnis der Natur zu ihrem Rechte zu verhelfen; aber trotz alledem führte die Naturwissenschaft nur ein verkümmertes Dasein. Diese Zeit wird doch immer wieder durch ihre vorherrschende Neigung zur Theologie gezogen und alle Bestrebungen für die Physik bleiben deshalb nur unvollendete Versuche. Das theologische Element behält die Oberhand und die Physik erscheint nur als ein Theil der Metaphysik. [2])

Es mag dies zunächst genügen, um darzuthun, wie eng bemessen und überaus dürftig die Grundlage war, auf der sich die physische Geographie aufbauen sollte. Zu einer Arbeitstheilung war es auf dem Gebiete des Naturwissens begreiflicherweise noch nicht gekommen, denn dasselbe hatte noch keinen so großen Umfang angenommen, als dass es nicht ein Einzelner hätte bewältigen können. So entstanden denn jene allumfassenden Encyklopädien, Naturspiegel und Summen, die den Kosmos in allen seinen Theilen zum Gegenstande hatten, die organische und unorganische Welt. Auch die Geographie gieng in ihnen auf, ohne sich auch nur als etwas selbstständiges aus dem übrigen herauszuheben.

Überhaupt kommt die Bezeichnung **Geographia** fast nirgends in Anwendung. Diejenigen Schriften, die hauptsächlich die Erdkunde zum Gegenstande haben, führen meist umschreibende Titel, wie *liber de natura rerum, de mensura orbis terrae, de universo, de natura locorum* etc. — An den Klosterschulen des Mittelalters wurde unter dem Namen **Geometria** vorzüglich Geographie gelehrt, wobei zu bemerken ist, dass man auch allgemeine Länder- und Völkerkunde mit einschloss. So hatte **Martianus Capella** das sechste Buch seines Werkes geographischen Inhalts mit Geometria bezeichnet und es ist für den Traditionalismus des Mittelalters charakteristisch, dass es diese Bezeichnung mit seltener Zähigkeit beibehielt. [3])

Daneben bediente man sich auch der Ausdrücke **Cosmographia**, **Cosmimetria**, ohne aber einen wesentlichen Unterschied zwischen ihnen und Geographia, Geometria zu machen. Es zeigt dies Alles, ein wie loser Begriff die **Erdkunde** noch war.

Was den Umfang derselben anbetrifft, so war dieser natürlich auch ein sehr beschränkter und zwar schon deshalb, weil man von einzelnen

[1]) **Dilthey**: Einleitung in die Geisteswissenschaften, Lpz. 1883. I., 390.

[2]) **Ritter**: Geschichte der Philosophie, Hamburg 1847, VII., 94 ff.

[3]) **Specht**: Geschichte des Unterrichtswesens in Deutschland von den ältesten Zeiten bis zur Mitte des XIII. Jahrh. Stuttg. 1885 p. 145.

Phänomänen am Erdkörper noch nicht die geringste Kenntnis hatte. Alle Untersuchungen und Beobachtungen, die uns aus jener Zeit beispielsweise über Meeresströmungen vorliegen, beziehen sich nur auf einige den Schiffern unbequeme Strudel und Wasserwirbel, auf eigenartige Stromerscheinungen in Seen, die von Flüssen durchzogen werden u. dgl. m., auf die schon die Alten aufmerksam gemacht hatten. Die Strömungen im Ocean, wie sie Wilhelm von Conches bespricht, sind rein theoretische Abstractionen und haben mit Meeresströmungen im modernen Sinne nichts zu schaffen; das gleiche gilt von den Strömungen bei Albertus Magnus. Zudem wissen wir, dass der Golfstrom erst im XVI. Jahrhundert durch die Spanier entdeckt wurde. Die geringe Kenntnis der Oceane hatte deshalb auch eine ebenso geringe Kenntnis ihrer Strömungen nothwendig zur Folge. Noch auffallender aber dürfte es sein, dass man selbst vom Gletscherphänomen keine Ahnung hatte. Unzählige Male sind im Mittelalter die Alpen überschritten worden, aber auch nirgends findet sich ein Wort über jene eigenartige Erscheinung der Hochgebirge.

Einzelne Capitel der physischen Geographie weisen daher ein vollständiges Vacat auf; andere hinwiederum verkümmerten, weil die naturwissenschaftlichen Hilfsdisciplinen noch nicht ausgebildet waren oder überhaupt noch nicht existierten. Insofern dürfen wir nur bedingungsweise von einer Orographie im Mittelalter sprechen.

Ehe wir uns aber der mittelalterlichen Erdkunde zuwenden, um sie in ihren einzelnen Entwicklungsphasen von den ersten gelegentlichen Betrachtungen physisch-geographischer Momente an bis zu einer mehr und mehr sich abtrennenden Disciplin zu verfolgen, wollen wir die Methode, nach welcher naturwissenschaftliche Fragen in Angriff genommen wurden, noch etwas näher betrachten.

Die Naturwissenschaft des Mittelalters hatte sich nie von einer gewissen Unselbstständigkeit freimachen können; sie zeigt sich so wesentlich durch ihre Vorgängerschaft bedingt, dass wir auf Schritt und Tritt ihre Abhängigkeit von dieser herauserkennen können und dass sie infolge dessen wenig oder gar keine Originalität aufzuweisen hat, indem sich das wenige Originelle häufig auch noch als eine absurde Auffassung und curiose Ausbildung irgend einer älteren Idee herausstellt. Indem sich so die gesammte wissenschaftliche Thätigkeit mehr receptiv als productiv verhielt, wurde das Compilationsverfahren in einem exorbitanten Maße erweitert. Excerpt folgte auf Excerpt und wir haben Mühe, uns in der Genealogie von Excerpten und Compilationen zurecht zu finden und ihr gegenseitiges Abhängigkeitsverhältnis festzustellen. Einer gedeihlichen Forschung war somit jede Gelegenheit genommen.

Es sind aber vorzüglich zwei Factoren gewesen, welche auf die mittelalterliche Wissenschaft einen unbedingten Einfluss ausübten und für dieselbe in jeder Hinsicht gestaltend und maßgebend waren: die Bibel und das Alterthum. Beide kamen jedes in seiner Weise zur Geltung und wenn man auch der Bibel als dem Buch aller Bücher stets die uneingeschränkte Herrschaft einräumte, so haben sich daneben die Lehrmeinungen der Alten stets zu behaupten gewusst und schließlich als unentbehrlich herausgestellt. Es wird daher unsere Aufgabe sein, die Bedeutung dieser beiden Elemente für das geographische Wissen des Mittelalters zu beleuchten.

Einfluss der Bibel auf die geographischen Anschauungen.

Es kann nicht wunderbar erscheinen, dass bei dem religiösen Sinn der Zeit die Bibel das Grundbuch alles Wissens wurde. Man ließ sich von ihr so vollständig leiten und der Glaube an ihre Unumstößlichkeit war so traditionell geworden, dass es keinem in den Sinn kam, das Ungefüge und zum Theil geradezu Widerspruchsvolle einer ernsten Kritik zu unterziehen. Die heilige Schrift bildete die Basis aller geistigen Bestrebungen. Hrabanus Maurus sagt: *Fundamentum status et perfectio prudentiae scientia est Sacrarum Scripturarum.* [1] Indem man die Schrift zur untrüglichen Richtschnur nahm, war aller wissenschaftlichen Verstandesthätigkeit der Boden unter den Füssen fortgezogen, denn den unumstößlichen Sätzen der Bibel konnten die zweifelhaften Geistesproducte des Menschen nicht die Waage halten. [2]

So huldigte man den Aussprüchen der Schrift mit einem blinden Autoritätsglauben, wenn sich der gesunde Menschenverstand auch noch so sehr dagegen sträubte. Sagt doch Augustin auch: *Scriptura . . . . . quae procul dubio verax est, etiamsi non monstretur.* Man musste schließlich die eigene Gedankenarmuth eingestehen und war naiv genug, dieses Armutszeugnis sich selbst in beredten Worten auszustellen, um die Schrift desto mehr hervortreten zu lassen. Die Autorität derselben hat sich bis zum Ausgang des Mittelalters ungeschmälert erhalten und wenn auch in der scholastischen Periode die wissenschaftliche Arbeit sich um ein anderers Centrum bewegte, so war die Bibel nichtsdestoweniger die conditio sine qua non geblieben und noch Albertus Magnus hielt es für nöthig, seine von aristotelischen Ideen durchsetzten naturwissenschaftlichen Schriften hin und wieder mit einigen kernigen Bibelsprüchen zu würzen.

Wie stand es nun aber unter solchen Verhältnissen mit der physischen Geographie?

In dieser Hinsicht war es durch die Natur des Inhaltes bedingt, dass das alte Testament in den Vordergrund rücken musste, indem dieses ungleich häufiger physikalische Gegenstände behandelte und zu weiterem Nachdenken aufforderte, als das neue Testament, welches nur gelegentlich zur Bestätigung herangezogen wurde. So finden wir bei Besprechung meteorologischer Erscheinungen vielfach Matth. 16, 2,3 citiert. Auch Luc. 12, 54.55 u. a. m. diente zu diesem Zweck. Im übrigen aber war man auf das alte Testament angewiesen und begnügte sich mit den dürftigen Notizen desselben. Man suchte diese zusammen, je nachdem man es z. B. auf zoologische oder botanische Gegenstände abgesehen hatte, ordnete dieselben nach einem bestimmten Gesichtspunkt und versah außerdem jede einzelne Species mit einer Erklärung ihrer allegorisch-moralischen Bedeutung. [3] Diese sogenannte Physiologus-Litteratur (die Bestiarii-Thierbücher und Herbarii, Horti sanitatis, Kräuterbücher), deren Entstehungszeit man in das V. Jahrhundert hinaufgerückt hat, fand ein entsprechendes Gegenstück in den zusammen-

1) Hraban. de institut. cleric. III., 2. Migne s. lat. 107, 379.

2) Augustin, de Genesi ad litteram II. 5. Migne 34. 267: maior est quippe Scripturae huius auctoritas quam omnis humani ingenii capacitas.

3) Zöckler: Geschichte der Beziehungen zwischen Theologie und Naturwissenschaft. Gütersloh 1877. I., 103. 333 ff.

fassenden kosmographischen Compilationen. Aber bei ihnen stellte sich doch schon mehr das Mangelhafte der biblischen Nachrichten heraus und man musste seine Zuflucht zu den Residua griechisch-römischen Wissens nehmen, welche sich aus der alten Zeit noch herübergerettet hatten.

Häufig noch eingehender und genauer wurden die Naturobjecte in den Bibelexegesen, Catenen und Quaestionen besprochen, wie sie vorzüglich die patristische Zeit produciert hat, und zwar tritt in diesen der enge Anschluss an die biblischen Ansichten noch offener zu Tage. Aber gleichwohl traten Differenzen in der Auffassung dieser ein, wie sie nothwendigerweise durch Zersplitterung in verschiedene Exegetenschulen im Gefolge sein mussten. Hierzu kommt noch, dass die Bibel selbst keine einheitliche Geographie besass; allenthalben tauchen die gröbsten Widersprüche auf, die den in kleinlichster Weise zu Werke gehenden Interpreten natürlich nicht entgiengen und daher in gewaltsamer Weise erklärt und bei Seite geschafft wurden. Man wurde inne, dass einzelne Worte in der Bibel nicht immer in übereinstimmender Bedeutung angewendet wurden, und Gregor von Nyssa spricht geradezu von einer κατάχρησις τῶν θείων ῥημάτων. Häufig aber missverstand man auch die bildliche Ausdrucksweise der Bibel vollständig und traf auf Widersprüche, wo im Grunde genommen keine vorlagen. Dies zeigt sich z. B. bei Jesaias 40, 22, wo der Himmel einmal mit einem Fell, ein andermal mit einem Zelt verglichen wird. Wir werden unten diese Thatsache näher zu besprechen Gelegenheit haben und machen auf die wunderliche Deutung dieses Verses von Seiten Augustins aufmerksam.

Die naturwissenschaftlichen Kenntnisse der Bibel bewegen sich außerdem auf der untersten Stufe einer grobsinnlichen, oberflächlichen Auffassungsweise. Ein tieferes Eindringen in den Causalnexus der Naturerscheinungen tritt nirgends hervor und überall, wo wirklich ein Versuch zur Erklärung angestrebt wird, muss sie einen Deus ex machina anrufen. Die Kosmogonie im Eingangskapitel der Genesis ist vollends ein Produkt orientalischer Mythenbildung und zeigt als solche eine Fülle von Ungereimtheiten, an denen die mittelalterlichen Exegeten ihren ganzen Witz und Scharfsinn aufzubieten hatten, um ihnen eine ansprechende Seite abzugewinnen. Aber auch die übrigen physischen Angaben in der Schrift sind so kurz und nebensächlich angeführt, dass der Exeget in der That eine nicht geringe Phantasie besitzen musste, um sie sich zu einem einheitlichen System zusammenfügen zu können. So trieb denn die Phantasie ungehindert oft die seltsamsten Blüten und es traten Fälle ein, wo die Exegeten untereinander zu diametral entgegengesetzten Schlüssen kamen, dass beispielsweise die einen die Kugelgestalt der Erde, die anderen ihre Scheibengestalt aus ihr zu erweisen vermochten. Indem sich also die heterogensten Anschauungen von einem und demselben Naturobject als eine Folge der verschiedenartigen Interpretations-Methoden herausstellen, haben wir vorzüglich auf diese unser Augenmerk zu richten, da wir nur durch sie die Gründe einer solchen Anschauung und den Gang ihrer Entwicklung eruieren können.

Die Exegese schlug sehr bald wunderliche Wege ein. Aus dem Bestreben, an allen Ecken und Enden des alten Testamentes Anspielungen auf die Heilswahrheiten im neuen herauszufinden, griff man zu einem Hilfsmittel, welches ganz darnach angethan war, einem Missverständnis der Schrift Vorschub zu leisten. Indem man den Aussagen des alten Bundes einen prophetischen Gehalt unterlegte und in jeder geringfügigen Kleinigkeit einen Fingerzeig auf ein Faktum des neuen Bundes sah, wurde die Exegese in jene schiefe Bahn der allegorischen Schriftauslegung abgelenkt. Die Allegorie wurde das erkünstelte Bindemittel, das spröde Material beider Theile zusammenzufügen; in ihr sah man erst die wahre biblische Gnosis begründet, welche darin bestand, hinter dem litteralen Wortsinn der Bibel einen tieferen, mystischen ausfindig zu machen. Die Wurzel dieser Methode haben wir in den ähnlichen Principien des Juden Philo zu suchen, dessen ganzes System auf eine Verknüpfung griechischer Philosophie und jüdischer Theologie ausgieng, indem er sich im übertriebensten Maße der Allegorese bediente, die ihm in jeder beliebigen Stelle jeden beliebigen Sinn zu finden erlaubte. So auch ein Theil der Väter. Mit unglaublicher Willkür wussten sie den Schrifttext zu allem Möglichen sich gefügig zu machen und demgemäß wurde auch alles Concrete und Geschichtliche zu Gunsten eines christlichen Intellectualismus verflüchtigt. Um ein Beispiel zu geben, so hatte Ambrosius das Paradies seiner irdischen Hülle entkleidet und sich pneumatisch-moralisch gedeutet. Das Paradies ist die anima foecunda und jene Quelle daselbst, in der alle anderen Flüsse der Erde ihren Ursprung nehmen, ist nichts weiter als eine verblümte Anspielung auf Christus, die Quelle alles Heils. Die Quelle theilt sich in vier Flüsse, angeblich Phison, Geon, Tigris und Euphrat. In Wahrheit seien aber die vier Cardinaltugenden gemeint, die in Christus voll und ganz zur Entfaltung kommen: Prudentia, Castitas, Fortitudo, Justitia.[1]) Durch diese mystische Spielerei hatte sich das von der Bibel als sinnlich wahrnehmbar gedachte Paradies in ein Nichts aufgelöst und während ein Theil der Exegeten bei Beschreibung des Paradieses und seiner vier Flüsse eine Fülle der werthvollsten Nachrichten über topographische und geophysikalische Einzelheiten uns bietet, lassen uns die Allegoriker in dieser Hinsicht völlig im Stich, weil ihnen das Wort nur das Symbol war, hinter dem sich die wahre Bedeutung verbirgt.[2]) In der alexandrinischen Schule und besonders in der Person des Origenes hatte die Allegorese ihren Gipfelpunkt erreicht. Die Gegnerschaft blieb nicht aus und trug sehr bald zum Niedergang der Schule und Bemängelung ihrer Methode bei, ohne diese jedoch vollständig beseitigen zu können; denn das ganze Mittelalter hindurch behauptete sie sich neben der buchstäblichen historischen Auslegung, wenn diese auch mehr in den Vordergrund rückte.

Noch ein anderes Moment kam hinzu, welches nicht weniger zu falschen Ansichten und zwar gerade in naturwissenschaftlichen Fragen Anlass gab, nämlich der corrumpirte Schrifttext. Die Juden in der Diaspora hatten den freien Gebrauch ihrer Nationalsprache eingebüsst und es stellte sich sehr bald die Nothwendigkeit einer Übersetzung der hebräischen Bibel in die hellenistische Sprache heraus. Die wichtigste Übersetzung dieser Art ist die LXX, deren Abfassung der Sage nach 72 alexandrinischen Dollmetschern zugeschrieben wird. Aber das bruchstückweise erfolgte Übersetzen einzelner Stellen, die falsche Einordnung anderer u. dgl. m. konnte auf den Text nicht ohne Einfluss bleiben. Leichtsinnige Abschreiber richteten eine bodenlose Verwirrung an und die Verderbtheit des Textes hatte schon solche Dimensionen angenommen, dass Änderungen und Verbesserungen allerdings geboten waren, aber auf freie Faust ohne jede Spur von Kritik vergenommen wurden. Er

[1]) Ambrosius. lib. de Paradiso Migne s. lat. 14, 296 ff.

[2]) Cf. ausser Zöckler l. c. I., 93—100. Diestel: Geschichte des alten Testamentes. Jena 1869. pass.

erhielt daher mehr oder weniger willkürliche Verbesserungen, es wurde zugesetzt, weggelassen und umgestellt, Glossen traten verwirrend hinzu und indem man daneben andere Übersetzungen zu Rathe zog, vermischten sich fremdartige Elemente. Die Willkür erreichte ihren Höhepunkt, indem man nicht nur durch Citiren aus dem Gedächtnis unbeabsichtigt änderte, sondern ohne Scheu den Bibeltext nach dem gegebenen Zwecke umgestaltete und bisweilen auch neue Verse einschob.[1] Solche Einschiebsel trugen zur Verwirrung bei. Schwierigkeiten, die gar nicht vorlagen, wurden dadurch erst von neuem geschaffen; leichtsinnig eingeschobene Worte machten eine weitschweifige Erklärung nothwendig und auch in den geographischen Anschauungen des Mittelalters ist ein Einfluss durch sie, wie wir weiter unten mehrfach zu beobachten Gelegenheit haben werden, unverkennbar. Um so mehr war es geboten, eine gründliche Revision vorzunehmen und dieser Arbeit unterzog sich Origenes in seinem Hexapla, in denen er die fünf verschiedenen Versionen nebeneinander stellte: den hebräischen Text (in hebräischen und griechischen Buchstaben), den des Aquila, Symachus, LXX und des Theodotion.

Der lateinischen Bibel war es nicht anders ergangen, zumal da diese in buchstäblicher Treue der LXX folgte und hinsichtlich der Sprache noch nachlässiger angefertigt war. Es war das Verdienst des Hieronymus, eine kritische Sichtung der Texte vorgenommen zu haben. Aber erst als er im Orient das Hebräische sich angeeignet hatte und dadurch in die Lage versetzt war, die LXX nach dem hebräischen Urtext zu controlieren und deren Unzulänglichkeit zu constatieren, war es ihm ermöglicht, eine genügende Übersetzung zu Stande zu bringen (392 — 405).[2] Gleichwohl hatte die Autorität der LXX noch nichts eingebüsst; selbst Augustin hielt angesichts der kritischen Maßnahmen des Hieronymus an der griechischen Version fest und hielt ihre mannigfachen Abweichungen vom hebräischen Text, die er nicht leugnen konnte, für inspirirt.

Wir ersehen jedenfalls aus alledem, dass trotz des ängstlichsten Anschlusses an die Schrift Fehler und Missverständnisse nicht zu vermeiden waren, da jene selbst schon im vollsten Maße den Keim dazu in sich trug. Aber der unerschütterliche Glaube an die Inspiration derselben ließ eine nüchterne, vorurtheilsfreie und unbefangene Forschung, wie sie vor allen die Naturwissenschaft nöthig hat, wenig oder gar nicht aufkommen, und daher suchte man im vollen Ernste in die evidentesten Widersprüche einen nothdürftigen Sinn zu legen.

Die Alleinherrschaft der Bibel kam auch auf dem Gebiete des Wissens in einer sonderbaren Weise zum Ausdruck. Man lebte der Überzeugung, dass sie nicht nur ihrem Inhalte nach unumstösslich, sondern dass sie überhaupt Alles enthielte, was den wissenschaftlichen Horizont des Menschen ausmacht. Man hatte nach und nach einsehen gelernt, dass die geistigen Erzeugnisse der Alten nicht immer unbedingt zu verwerfen seien, aber man wollte andererseits auch nicht zugeben, dass die Menschen gegenüber der heiligen Schrift etwas im voraus hätten, dass jene aus sich heraus durch eigene Verstandesthätigkeit zu giltigen Resultaten gekommen wären, welche die Bibel nicht schon vorweggenommen hätte. Aus dieser Voreingenommenheit für die Schrift er-

[1] Cf. Herzogs Real-Encyklopaedie f. prot. Theol. I., 280—290 s. v. Alexandr. Bibelübers.

[2] Zöckler: Hieronymus. Gotha 1865 p. 154 ff.

wuchs die Sucht, auch zweifelsohne echt antike Gedanken in jener wieder erkennen zu wollen, um sie so zum Ausgangspunkt aller wissenschaftlich fruchtbaren Ideen zu machen. Daher wurden Männer wie Pythagoras, Socrates und Plato auf ein gewöhnliches Mittelmaß herabgedrückt, da sie ihr ganzes Wissen erst aus der Schrift geschöpft hätten. Auch hinsichtlich der Kosmographie tritt das Bestreben, der Bibel die Priorität zu sichern, offen zu Tage. So sagt Kosmas Indikopleustes: *der erste Schriftsteller einer Weltbeschreibung war Moses, wie Eusebios, der Sohn des Pamphilos und Josephus in ihren Schriften bezeugen:* und auch nachher nennt er ihn noch mehrmals den großen und göttlichen Kosmographen (κοσμογράφος)[1]. Man wird einwenden, so urtheilte der Beschränkteste aller Beschränkten; aber auch der Aristoteliker Johannes Philoponos dachte schließlich nicht anders. Hipparch und Ptolemaeus, die er für die ausgezeichnetsten Astronomen der Vorzeit hält (τοὺς ἐν ἀστρονομίᾳ μάλιστα τῶν πρὸ αὐτῶν ἁπάντων εὐδοκιμηκότας) haben nach seiner Meinung aus der Schrift des Moses die Annahme einer sternenlosen Sphäre hergenommen. Sonne, Mond und Sterne befinden sich in einer dahinterliegenden Sphäre. Auch dies haben sie aus Moses.[2]) Noch auffallender dürfte es sein, wenn er die gesammte aristotelische Elementenlehre für ein Werk des Moses ausgibt. Moses hätte die Anordnung der Elemente (στοιχεῖα) überliefert. Er kommt aber zuletzt doch in Collision, wenn er allerdings zugeben muss, dass Moses nur drei Elemente nennt: Erde, Wasser, Luft und nicht noch das Feuer; und er kann sich dies nur so erklären, dass das Feuer in der Luft miteinbegriffen ist, weil unsere sinnliche Wahrnehmung diese beiden Elemente doch nicht unterscheiden könne. Insofern sei die Beschreibung der Elemente bei Moses sogar noch vollkommener zu nennen.[3])

Es lässt uns dies einen Einblick in die Principien thun, von denen die ganze Wissenschaft beseelt war. Für das Mittelalter und speciell für die patristische Zeit war die Bibel das Fundament für alle weitere geistige Entwicklung; in ihr war, wenn auch in lakonischer Kürze, bereits alles enthalten, was des Wissens wert war, und bei allen neuen Erscheinungen, zu denen man auf empirischem Wege gelangte, wollte man stets nur eine Bestätigung der Bibel sehen. Sie war der Universal-Codex des Glaubens wie des Wissens und bei jeder Streitfrage die unparteiische Richterin. Während so die Schrift das Wissen beherrschte, leitete und beschränkte, bildete sie den Mittelpunkt, welcher alle geistigen Bewegungen ausstrahlte und in welchen alle eigenen Spekulationen des gläubigen Christen zurückstrahlen mussten, wollten sie Anspruch auf Giltigkeit machen.

Einfluss des Alterthums auf die geographischen Anschauungen.

Wir hatten soeben gesehen, wie trotz der dominirenden Stellung, welche die Bibel einnahm, antike Elemente in den christlichen Anschauungskreis sich allmählich einschleichen konnten. Theils genügte schon eine entfernte Ähnlichkeit, um sofort eine unzweifelhafte Identität beider anzunehmen, theils suchte man die Bibelworte gewaltsam zu drehen und zu deuten, dass man allenfalls eine antikisirende Idee darin

---

[1]) Kosmas Indik. Migne s. gr, t. 88, 161. 164. 245. 281.
[2]) Joan. Philop. de mundi creat. III., 3. p. 102.
[3]) Joan. Philop. l. c. II., 1. p. 52. II., 3. p. 58.

wiedererkennen konnte, mochte sie auch noch so weit hergeholt sein. Sobald sich daher irgend wie die Möglichkeit bot eine Vermittlung herbeizuführen, that man es mit großer Vorliebe, trotzdem man allenthalben gegen das Alterthum Front machte.

Die Abneigung gegen die antike Naturwissenschaft wurde meist sehr erzwungen zur Schau getragen, während man mit ihr im Stillen bei jeder möglichen Gelegenheit liebäugelte. Außerdem waren in Wirklichkeit einzelne Theoreme der Alten bereits so in sucum et sanguinem übergegangen, dass sie nicht mehr als antik, sondern als selbstverständlich gefühlt wurden und während man offen gegen die alte Wissenschaft Krieg führte, bemerkte man nicht, dass der gesammte gelehrte Apparat mit allen Wurzeln und Fäserchen in der alten Welt haftete.

Aber hören wir den Ausspruch eines der entschiedensten Gegner der heidnischen Ansichten, jenes Kosmas Indikopleustes, welcher mit der ganzen Erbitterung eines fanatisirten Mönches seinem Hasse gegen den ketzerhaften Greuel der Alten Luft macht. „Denn jene — ausstaffiert mit der Weisheit dieser Welt und im Vertrauen auf ihr müssiges Gerede, dass sie die Gestalt und Lage der Welt kennen — kichern über die heilige Schrift, wie über ein Märchen und bezeichnen Moses, die Propheten, den Herrn Christus und die Apostel als Plappermäuler (σπερμολόγους) und Phantasten (φαντασιοσκόπους). Mit hochwichtiger Miene, als ob sie in ihrer Weisheit die übrige Menschheit weit hinter sich ließen, geben sie dem Himmel eine kugelförmige Gestalt und eine kreisförmige Bewegung und durch geometrische Theorien und astronomische Berechnungen versuchen sie in hohlem Geschwätz und mit weltlicher Verschlagenheit die Stellung und Gestalt der Erde aus Sonnen- und Mondfinsternissen zu erklären, sich und andere täuschend und indem sie steif und fest behaupten, dass es sich unter Annahme einer anderen Gestalt nicht erklären ließe.“

Konnte er die Resultate in der Wissenschaft, zu denen die Alten bereits gekommen, auch nicht hinweg demonstrieren, so suchte er sie doch herabzusetzen und gegenüber der Bibel als verschwindend klein und unbedeutend hinzustellen, wenn er ein andermal sagt: „Welcher Socrates oder Pythagoras, Plato oder Aristoteles oder anderer von den hervorragenden heidnischen Philosophen wurde gewürdigt, solche Weissagungen ergehen lassen zu können, wie von der Auferstehung der Todten und dem unerschütterlichen Himmelreich, welches dem Menschen offen steht. Wenn diese nun auch wirklich und zwar nur durch Berechnung und weltliches Wissen etwas Wahres ankündigten, wie Sonnen- und Mondfinsternisse, — und in der That haben sie diese richtig vorausgesagt — so erwuchs doch hieraus der Welt kein Nutzen, im Gegentheil führte zur Verblendung (τῦφος). Hätten sie aber geschwiegen, so hätten sie sicher dadurch keinen Schaden verursacht.“ [1])

Bekannter dürften die Aussprüche des Lactanz hierüber sein, welcher gleichwie später Kosmas, alle Naturphilosophen für blödsinnig erklärte *(. . . . qui naturalia, quae sciri ab homine non possunt, scire se putant; furiosi dementesque sunt indicandi?)* [2])

---

[1]) Kosmas. l. c. 88. 57 und 169.

[2]) Lactant. III., 4: Nam causas naturalium rerum disquirere aut scire velle: sol utrumne tantus, quantus videtur, an multis partibus maior sit, quam omnis haec terra; item luna globosa sit, an concava: et stellae utrumne adhaereant caelo: an per aerem libero cursu ferantur: caelum ipsum, qua magnitudine, qua materia constet; utrum quietum sit et immobile, an incredibili celeritate volvatur: quanta sit terrae crassitudo; aut quibus fundamentis librata et suspensa sit.

Auch in der späteren Zeit noch, als man der alten Wissenschaft bereits Concessionen gemacht hatte, finden wir eine Reihe gegnerisch gesinnter Ansichten dieser Art. Selbst der gelehrte Bischof Isidor von Sevilla, der selbst in wissenschaftlichen Studien völlig aufgieng, erhob einmal seine Stimme dagegen und verbot den Mönchen die Beschäftigung mit heidnischen Büchern. Allerdings waren seine Maßnahmen nicht unberechtigt, denn es waren Fälle vorgekommen, wo die Geistlichen besser im Virgil Bescheid wussten als in der Schrift. Daher treffen wir denn vielfach fromme Rathschläge und Ermahnungen an, zu Folge deren sich der gläubige Christ aller verführerischen und verweltlichenden Lectüre enthalten, oder sie doch nur mäßig und unter Aufsicht erfahrener Personen genießen solle. [1])

Auf der anderen Seite hinwiederum zollte man den literarischen Denkmälern des Alterthums ebenso ungetheilte Bewunderung. So hatten bereits die Kirchenväter das Studium heidnischer Bücher anempfohlen und Basilius behandelte diese Frage in einer eigenen Schrift: Πρὸς τοὺς νέους πῶς ἂν ἐκ τῶν Ἑλληνικῶν ὠφέλοιντο λόγων. Auch Augustin sprach sich in diesem Sinne aus und empfahl sie für den Unterricht der Jugend. Aber das Bestimmende hierbei ist einzig und allein in dem Umstande zu suchen, dass man den Verstand ausbilden wollte, um sich so für ein ersprießliches Studium der heiligen Schriften vorzubereiten und ihren Sinn richtig erfassen zu können. Nicht des Inhaltes, sondern allein der äußeren Form wegen wollte man solche Studien betrieben wissen und sah in ihnen nur ein Mittel zum Zweck.

Im Abendlande hatten durch die reformatorischen Bestrebungen Karls des Großen die Wissenschaften einen neuen Aufschwung genommen. Auch er sah in klassischen Studien den mächtigsten Hebel für die geistige Ausbildung und den größten Nutzen für die Bibellectüre. [2]) Neben den geistlichen Studien wurden daher diese eifrig betrieben und wir finden hier die ersten schwachen Spuren einer humanistischen Geistesrichtung. Auch nach der Seite der Naturwissenschaften kam dies zum Austrag, wenn Karl z. B. bei zwei Sonnenfinsternissen, die im Jahre 810 stattfanden, den Schotten Dungal wegen einer objectiven Erklärung angieng und von Alkuin wissen wir, dass dieser ihm mehrmals auf Fragen aus der mathematischen und physischen Geographie streng methodische Antworten geben musste. [3]) Der mathematischen Geographie kam es zu Gute, dass die astronomischen Studien in Flor standen oder doch jedenfalls mit großem Eifer betrieben wurden und schließlich Modesache geworden waren, indem sich sogar die Damen am Karolingischen Hofe nächtlicherweile mit Beobachtung der Sterne beschäftigten. [4])

Ein tieferes Eindringen in die Astronomie wurde hinwiederum durch den Computus (kirchliche Kalenderrechnung) nöthig gemacht und so zeigt sich auch hier wieder, dass der Angelpunkt in theologischen Zwecken zu suchen ist.

---

[1]) Isid. Hispal. regula ad monach. c. 9. Holsten-Brockie, Cod. regul. I., 192. Specht l. c. p. 45.

[2]) So schreibt er an den Abt Baugulf von Fulda: literarum studia non solum non negligere, verum etiam humillima et Deo placita intentione ad hoc certatim discere, ut facilius et rectius divinarum scripturarum mysteria valeatis penetrare. Jaffé, Bibl. rer. Germ. IV., 344. — Vergleiche über Karls Thätigkeit im Allgemeinen Wilh. Wattenbach: Deutschlands Geschichtsquellen im Mittelalter. Berlin 1885. 5. Aufl. I., 142 ff. Reuter; Geschichte der religiösen Aufklärung im Mittelalter vom Ende des VIII. bis zum Anfang des XIV. Jahrhunderts. Berlin 1875.

[3]) Jaffé l. c. VI., 397, 407, 414, 450.

[4]) Alcuini carm. de studiis in aula reg. carm. 26. v. 41. M. G. Poet. lat. I., 246.

Aber es hatte sich doch allmählich herausgestellt, dass man der heidnischen Literatur nicht entrathen konnte und nicht zum wenigsten bei naturwissenschaftlichen Fragen. Die Bibel war darin besonders wortkarg und es musste die Phantasie zu Hilfe kommen, die ihrerseits sich aber auch bald erschöpft hätte, wenn nicht ein überquellender Born, die Antike für diese gedankenarme Zeit zur Hand gewesen wäre. So hatte man denn sehr bald den Skrupel überwunden, welcher in einer peinlichen Vermeidung aller heidnischen Gedanken und Lehrsätze bestand und warf sich mit voller Kraft auf das Studium der Alten. Das mathematisch-physisch geographische Wissen — und um dieses ist es uns ja allein hier zu thun — trägt den unverkennbaren Stempel der antiken Erdkunde an sich. Indem wir diese Thatsache allenthalben constatieren werden, wird es nöthig sein, auch die alte Literatur, soweit sie von den mittelalterlichen Kosmographen zu diesem Zweck verwendet wurde, näher zu betrachten.

Allen anderen voran ist hier das encyklopädisch gehaltene Werk des Martianus Felix Capella zu nennen: de nuptiis Philologiae et Mercurii. Wegen der großen Vielseitigkeit des Stoffes war es im Mittelalter weit verbreitet und Gregor von Tours kann es nicht hoch genug preisen und sieht in ihm den Inbegriff aller Schulweisheit.[1] Die Disposition dieses Buches zeugt von seltener Geschmacklosigkeit: Die einzelnen Künste[2] treten bei der Vermählungsfeier des Mercurius und der Philologia auf und werden bei dieser Gelegenheit vom Verfasser besprochen. Das 6. Buch, betitelt Geometria, enthält einen Grundriss des geographischen Wissens und aus ihm holten sich lange Zeit die mittelalterlichen Gelehrten ihre Weisheit.

Daneben benutzte man Plinius und Solinus, aus denen beiden übrigens auch Martianus schon geschöpft hatte. Alkuin hebt den hohen Werth des Plinius hervor und besonders dessen Kosmographie im 2. Buche der *historia naturalis;* dieselbe enthält Besprechungen astronomischer Fragen, behandelt sodann die meteorologischen Phänomene, Winde, Gewitter, atmosphärische Niederschläge. Hieran schließen sich Angaben über Natur, Gestalt und Stellung der Erde; auch die Antipodenfrage wird berührt, und die Zonenlehre, Hydrographie u. dgl. m. eingehend besprochen.

Die *collectanea rerum memorabilium* des C. Julius Solinus sind der Hauptsache nach ein Auszug aus einer nach Plinius h. n. gemachten Bearbeitung der Geographie. Eine im VI. Jahrhundert veranstaltete Neubearbeitung derselben führte den neuen Titel Polyhistor.

Eine nicht minder hohe Bedeutung für die Physik des Mittelalters haben ferner die sieben Bücher *naturales quaestiones* des L. Annaeus Seneca, deren Programm im wesentlichen dasselbe ist wie das des Plinius. Noch Petrus de Alliaco benutzte es.

Auch des Macrobius Commentar zum *somnum Scipionis* Ciceros fand viel Verwendung, zuweilen unter dem Beinamen desselben, Ambrosius Theodosius. So bei Hermannus Contractus.

---

[1]) Gregor. Tour. M. G. SS. I., 449.

[2]) Die Disciplinarum libri IX Varro's sind die erste encyklopädische Zusammenfassung der artes liberales, wie sie durch griechische Wissenschaft ausgebildet waren. Aus ihnen entwickelten sich die sieben artes liberales des Mittelalters. Das Trivium bildeten: Grammatik, Dialektik, Rhetorik. — Das Quadrivium (die physischen Wissenschaften): Arithmetik, Geometrie, Astronomie, Musik.

Neben den *prata* Suetons, der *architectura* Vitruvs wäre hier noch eine große Reihe anderer Autoren zu nennen, die aber für das mittelalterliche geographische Wissen nur von untergeordneter Bedeutung gewesen sind. Überdies wurde ein großer Theil derselben nur mittelbar, aus Citaten anderer, benutzt.

Soweit die lateinischen Schriftsteller. Anders und ungleich ungünstiger gestalteten sich die Verhältnisse für die griechischen Autoren. Hier war zunächst ein Moment, welches die Lectüre dieser im Abendlande von vornherein ausschloss, die Unkenntnis der griechischen Sprache. Allerdings finden sich unter den Abendländern einige Persönlichkeiten, denen eine Kenntnis dieses Idioms zugesprochen worden ist; im allgemeinen aber können wir eine so weit eingreifende Verbreitung, wie dies bei der lateinischen Sprache der Fall war, nicht constatieren, und sie ist auch nie von Wichtigkeit für die gelehrte Bildung geworden.

So gieng es bis zum XII. Jahrhundert, als in der zweiten Hälfte desselben (1167) der Mönch Wilhelm die ersten griechischen Handschriften aus Constantinopel nach Paris brachte. Seitdem griff die griechische Sprache mehr und mehr um sich, wenn auch zuerst ziemlich langsam und noch Baco klagte: Nicht vier Lateiner gibt es, die die Grammatik der Hebräer, Griechen und Araber verständen; denn ich kenne sie wohl, da ich diesseits und jenseits des Meeres sorgfältige Nachfrage habe anstellen lassen und mich in diesen Fragen viel umgethan habe.

Was aber für das Abendland noch wichtiger war als die bloße Kenntnis der griechischen Sprache, das war die stete Verbindung, die seit den Kreuzzügen mit dem Orient bestand und dadurch die Einführung neuer Culturelemente in das in geistiger Beziehung bereits erschöpfte und stagnirende Europa. Vorzüglich die Araber waren es, welche in dem Naturwissen der Griechen eine neue Quelle entdeckt hatten und die Träger und Vermittler der Wissenschaft nach dem Abendlande wurden.

Der gewaltige Umschwung, welcher sich um das XIII. Jahrhundert auf allen Gebieten des Wissens vollzog und besonders in den Naturwissenschaften den nachhaltigsten Einfluss im Gefolge hatte, knüpft sich an den Namen des Begründers der peripatetischen Schule, des Philosophen von Stagira, A r i s t o t e l e s. Seine Philosophie war für das Mittelalter nicht nur hinsichtlich ihrer Universalität von eminenter Wichtigkeit, indem sie alle Theile der theoretischen, praktischen und Naturphilosophie umfasste, sondern gerade ihre Einheitlichkeit, ihre streng systematische Anordnung und Organisation sagte dem mittelalterlichen Geiste besonders zu. Dass schon lange vor dem XIII. Jahrhundert mehr oder weniger umfassende Stücke aristotelischer Lehrsätze im Umlauf waren, ist unverkennbar. Besonders machen wir diese Wahrnehmung bei den orientalischen Christen, denen der freie Gebrauch der griechischen Sprache zu Gute kam. So finden sich bei Basilius dem Großen, bei Gregor von Nyssa ganze Sätze aus Aristoteles herübergenommen, wobei wir dahingestellt lassen, ob diese die Quelle mittelbar oder unmittelbar benutzten. Bei Johannes Philoponos (VI—VII. Jahrhundert) hat sich der Aristotelismus fast vollständig schon durchgerungen. Aber für das Abendland können wir eine umfassende und tiefer gehende Kenntnisnahme der aristotelischen Schriften erst seit der Wende des XII. und XIII. Jahrhunderts constatieren; jedoch besaß man im Jahre 1272 Übersetzungen von a l l e n Schriften des Aristoteles, und erst jetzt wurde die Philosophie desselben in ihrem ganzen Umfange bekannt. Es war aber ein eigener Weg, auf dem sie dem Abendlande zugeführt wurde.[1])

Syrische Christen, besonders Nestorianer, hatten einzelne Schriften des Aristoteles ins Syrische übersetzt und durch sie wurden dieselben den Arabern übermittelt, die seit dem Chalifate Al-Mamuns (IX. Jahrhundert) sich eifrig den philosophischen Studien des Aristoteles hingaben. Während im XI. Jahrhundert die aristotelische Philosophie durch Avicenna (ibn Sina 980—1037) zu großem Aufschwung gelangte, erreichte sie im XII. Jahrhundert in Spanien durch Averroës (ibn Roschd 1126—1198) ihren Höhepunkt. Fand auch Averroës und seine Anhänger bei seinen Landsleuten keinen Anklang, so übte er einen umso größeren Einfluss auf die Juden, die seine Commentare ins Hebräische übersetzten und besonders auf den Hohenstaufen Friedrich II. aus. Dieser ließ eine große Anzahl aristotelischer und averroistischer Schriften aus dem Arabischen ins Lateinische übersetzen und so wurden sie auf leichte Art dem christlichen Abendlande zugänglich. Die arabische Wissenschaft brachte einen ungeheuren Schatz von Kenntnissen nach Europa und ein neues ungeahntes Wissensfeld eröffnete sich.[2]) Der Umstand aber, dass Aristoteles erst aus dem Griechischen ins Syrische, aus dem Syrischen ins Arabische und dann aus dem Arabischen ins Lateinische gebracht war, konnte auf den Text nicht ohne Einfluss bleiben; hatten schon die Araber ihn nicht unverfälscht überkommen, so war dies bei den Lateinern in noch höherem Maße der Fall. Aber noch mehr als der entstellte Originaltext des Aristoteles sollten die von den Arabern verfassten Commentare der arabischen Philosophie sich Eingang in das Abendland verschaffen und die Wissenschaft überschwemmen. Eine ungemein große Verbreitung hatten die Schriften des Averroës bereits erlangt, als es die Kirche für nöthig erachtete, mit aller Schärfe gegen diese pseudoaristotelischen glaubensfeindlichen Irrlehren einzuschreiten. Es erfolgten daher mehrfache Verbote der Lectüre aristotelischer Schriften, wobei man es am meisten auf die physischen abgesehen hatte. So heißt es in dem Decrete von 1209 ausdrücklich: *nec libri Aristotelis de naturali philosophia, nec commenta legantur Parisiis publice vel secreto.* Sechs Jahre später (1215) musste das Verbot erneuert werden. *Non legantur libri Aristotelis de metaphysica et naturali philosophia.* Auch die Bulle Gregor IX. (April 1231) richtet sich besonders wieder gegen die naturwissenschaftlichen Schriften und befiehlt den Lehrern der Pariser Universität, *ut libris illis naturalibus, qui in concilio provinciali ex certa causa prohibiti fuere, Parisiis non utantur.* Hieraus ergibt sich für uns, welche Dimensionen die arabisch-aristotelische Physik angenommen haben muss, um ein wiederholtes Einschreiten nöthig zu machen, es ergibt sich aber auch ferner, wie zäh man an der verderbten Lehre festhielt. Aus den Bestrebungen, den unnatürlichen Aristotelismus abzuschütteln, wurde eine nähere Kenntnisnahme des echten erforderlich und zwei geistliche Orden waren es vorzüglich, Franciscaner und Dominicaner, aus denen eine Reihe von Aristotelikern hervorgieng, die in getreuer Anlehnung an den griechischen Philosophen,

[1]) Jourdain: Geschichte der aristotelischen Schriften im Mittelalter. Forschungen über Alter und Ursprung der lateinischen Uebersetzungen des Aristoteles. Halle 1831. Deutsch von Ad. Stahr. p. 217. Rénan: Averroës et l'Averroisme Paris 1866, p. 201 ff.

[2]) Schneid: Aristoteles in der Scholastik. Eichstätt 1875, p. 13.

dessen Werke und Lehre von den arabischen Ingredienzien zu säubern bestrebt waren. Nicht der griechische, sondern allein der arabische Aristoteles war es, gegen den sich ihre Angriffe richteten. Durch die Kenntnis der physischen Schriften des Stagiriten erfuhr die Naturwissenschaft des Mittelalters eine erhebliche Bereicherung. Die 8 Bücher der Physik, die 4 Bücher über das Himmelsgewölbe, sowie besonders die 4 Bücher der Meteorologie wurden vollständig bekannt und von den Scholastikern zu einem kosmographischen Bilde vereinigt und verarbeitet.

Die physische Geographie des Aristoteles wurde die der Scholastiker und alles, was diese hinzuthaten, waren nur wenige eigene Beobachtungen, die die Meinungen des Aristoteles bestätigen sollten, oder es war das christliche Element, welches dessen Lehre beigemischt wurde, um auch vor der Kirche gerechtfertigt zu sein. Aber gleichwohl war der Autoritätsglauben an Aristoteles kein so unbedingter, als man sich gemeinhin vorzustellen pflegt. Aristoteles galt zwar der Scholastik als der Philosoph κατ' ἐξοχήν und sie sprach es geradezu aus, dass er in weltlichen Dingen ebenso viel zu gelten habe, als die Kirche in geistlichen.[1] Daneben aber wusste sie in seiner Lehre allerlei Mängel ausfindig zu machen, die sich allerdings mehr auf das Detail beziehen: sie hatten sich jedenfalls nicht in den Gedanken einer aristotelischen Unfehlbarkeit verrannt. So hatten Albertus Magnus, Roger Baco an den naturwissenschaftlichen Lehren des Aristoteles mehrfach zu corrigieren gehabt und dieselben nicht ohne Kritik angenommen.[2] Aber die schärfste Kritik richtete sich doch immer nur gegen die arabischen Bestandtheile in seiner Philosophie, welche theils durch Commentare, theils durch die arabischen Übersetzungen sich eingeschlichen hatten, da nur ein kleiner Theil seiner Schriften in griechisch-lateinischen Übertragungen vorlag.[3]

Noch von einer anderen Seite her fand die Geographie des späteren Mittelalters eine bedeutsame Beeinflussung: durch Ptolemaeus. Die Μεγάλη σύνταξις (magna constructio) oder der Almagest, wie ihn die Araber nannten, wurde die Grundlage für die mittelalterliche Astronomie und mathematische Geographie. Al-Mamun ließ eine arabische Übersetzung anfertigen, die später mehrmals revidiert wurde. Eine solche gelangte durch die Kreuzzüge ins Abendland, wo allerdings eine von Boëthius verfertigte lateinische Übersetzung sich bereits befand, aber noch keine Verbreitung gefunden hatte. Gerhard von Cremona (1114—1187) übersetzte auf Anordnung Friedrich I. den arabischen Almagest ins Lateinische und so wurde das Abendland mit Ptolemaeus bekannt.[4]

Neben dem Almagest fand das Quadripartitum (τετράβιβλος σύνταξις μαθηματική) viel Verwendung und besonders seitdem es verbessert in die sogenannten alfonsinischen Tafeln übergegangen war, welche Alfons X. von Leon und Castilien (XIII. Jahrhundert) von jüdischen und maurischen Gelehrten ausarbeiten ließ.

[1]) Windelband: Geschichte der neueren Philosophie. Leipzig 1878, p. 5.

[2]) Schneid l. c. p. 57 ff., 81 ff.

[3]) Das Verhältnis der arabischen und griechischen Texte des Aristoteles zu den lateinischen Übersetzungen und die Benutzung dieser seitens der Scholastiker erörtert eingehend das Buch von Jourdain.

[4]) Wolf: Geschichte der Astronomie. München 1877, p. 197.

Biographisch-literarische Übersicht der Quellenschriftsteller.[1])

Es kann hier der Ort nicht sein, einen Abriss der gesammten Patrologie zu liefern, wie er zum Verständnis der kosmographischen Anschauungen der Kirchenväter und ihrer Zeit eigentlich nöthig wäre. Wir können uns daher nur darauf beschränken, auf die Hauptcharakteristika der einzelnen Schulen aufmerksam zu machen und im Zusammenhange mit den in Frage kommenden Persönlichkeiten die für uns wichtigsten Quellenschriften zu besprechen.

Als die Zeit der Kirchenväter bezeichnet man gewöhnlich die ersten christlichen Jahrhunderte, in denen die kirchliche Lehre durch Leute von strengem Geiste in griechisch-römischer Bildung für die noch ungebildeten germanischen Völker bearbeitet wurde. Über den Umfang der patristischen Zeit herrschen Differenzen; doch wollen wir der gewöhnlichen Annahme folgen, wonach die Reihe der lateinischen Väter mit dem VII. Jahrhundert (Gregor d. Gr. † 604), die der griechischen mit der Mitte des VIII. Jahrhunderts (Joh. Damasceu. † 754) abschließt. Indessen kann dies für uns auch nur eine äußerliche Grenze sein, zumal da in jene Kategorie auch Persönlichkeiten gerechnet werden, die nicht unter die Kirchenväter zu zählen sind. Wenn aber auch Männer, wie Lactanz, Theodoret von Kyros, Kosmas u. a. niemals Kirchenväter gewesen sind, so weichen sie doch in ihrer Tendenz nie von den letzteren ab und die Geographie der Kirchenväter ist auch die ihrige. Ihre Schriften bezeugen jedenfalls, dass sie vollständig unter dem Einfluss patristischer Schriftstellerei enstanden sind.

Es ist nach dem in den vorhergehenden Abschnitten Dargelegten leicht begreiflich, dass die gesammte Literatur, die in theologischen Abhandlungen gipfelte, zuerst sehr arm, später etwas reichhaltiger an naturwissenschaftlichen Besprechungen ist. Wollen wir also nach solchen Umschau halten, so müssen wir die mannigfaltigen religiösen Tractate, Quaestionen, biblischen Exegesen u. a. m. nach diesen Gegenständen hin untersuchen. Es liegt in der Natur der Sache, dass vorzüglich jene Stellen, wo mit Rücksicht auf die Bibel naturwissenschaftliche Fragen behandelt sind, für uns die ergiebigsten Fundgruben bilden werden. Allen anderen voran stehen hier die Hexaëmeronexegesen, wie sie uns noch in großer Anzahl vorliegen. Dieselben haben das Sechstagewerk (Genes. c. I) zum Gegenstande und forderten ihrem Inhalt entsprechend zu vielerlei Discussionen auf, die zur besseren Erläuterung ein tieferes Eingehen auf naturwissenschaftliche Fragen nöthig machten. Freilich hängt es auch hier wieder ab, welcher Richtung die einzelnen Exegeten angehörten, um die jedesmalige dementsprechende Modification einer Auffassung erklären zu können.

Erst später, als das Compilationswesen sich breit machte, treffen wir einige zusammenfassende Darstellungen an, die das Feld der Natur mehr in den Vordergrund rückten, ohne jedoch hierbei den religiösen

[1]) Es soll hier ein kurzer Überblick der bemerkenswerthesten Quellenschriften und ihrer Verfasser folgen, welche uns das reichhaltigste Material für eine physische Erdkunde liefern, wobei wir von allen jenen absehen, welche wohl gelegentlich einige physische Fragen berührt haben, aber im Ganzen doch für die physische Erdkunde von zu geringer Bedeutung gewesen sind (wie z. B. Wilh. von Auvergne, Thomas v. Aquino, Bonaventura u. a.).

Gesichtspunkt aus dem Auge zu verlieren, wie ja denn diese kosmographischen Zusammenfassungen meist aus den biblischen Exegesen geflossen sind und schon deshalb ihren Charakter nicht verleugnen können.

Die Patrologie [1]) wird daher für das frühere Mittelalter unser Hauptinteresse in Anspruch nehmen müssen, da uns durch sie ein Einblick in die ersten naturwissenschaftlichen Reflexionen jener Zeit ermöglicht wird.

Leider liegen uns die Quellen noch in sehr mangelhaften Editionen vor. Mustergiltige Ausgaben, wie die des Isidor'schen »Liber de natura rerum« von Becker oder die des Ravennas von Pinder und Parthey sind selten. Wir sind somit auf Ausgaben von sehr verschiedenartigem Werthe angewiesen. [2])

Aber fassen wir die einzelnen Exegetenschulen und ihre Repräsentanten etwas näher ins Auge und prüfen sie hinsichtlich ihres Werthes für geographische Gegenstände.

Noch während der apostolischen Zeit hatte sich die Nothwendigkeit herausgestellt, für die Verbreitung des Christenthums auch geeignete Lehrkräfte heranzubilden, die nicht nur unter dem Volke ihre Thätigkeit zu entfalten hatten, sondern auch den mannigfachen Angriffen erfolgreich entgegentreten sollten, welche von der für wissenschaftliche Untersuchungen wohlgeschulten Gegenpartei erfolgten. In Folge dessen aber war es auch nöthig, dass die christlichen Lehrer selbst in den Profanwissenschaften bewandert waren, zumal da diese trotz ihres heidnischen Ursprungs sich auch für die Exegese sehr brauchbar erwiesen hatten. Hierbei war es nun unausbleiblich, dass in den einzelnen Katechetenschulen hinsichtlich der Lehrmethode erhebliche Differenzen eintraten und dass dadurch dann auch die Exegese vielfach grundverschiedene Wege einschlug.

Zwei Städte waren es besonders, welche als die bedeutsamsten Pflanzstätten christlicher Bildung in den ersten Jahrhunderten zu nennen sind: Alexandria und Antiochia.

---

[1]) An modernen Darstellungen ist allerdings kein Mangel, doch hat für uns wirklich grundlegende Bedeutung nur das Buch von O. Zöckler: Geschichte der Beziehungen zwischen Theologie und Naturwissenschaft. Gütersloh 1877. Bd. I. Buch 2: Die altkirchliche Zeit oder die christliche Naturansicht unter der Herrschaft des Philonismus (90—750); Buch 3: Das Mittelalter, ... unter der Herrschaft des Aristotelismus (750—1492). — Daneben sind bemerkenswerth, Diestel: Geschichte des alten Testamentes in der christlichen Kirche. Jena 1869. Bornhardy: Grundriss der römischen Literatur. 4. Auflage, Braunschweig 1865. Teuffel: Geschichte der römischen Literatur. 4. Auflage, von L. Schwabe, Leipzig 1881. Ebert: Allgemeine Geschichte der Literatur des Mittelalters 1874. — Unter den von ultramontaner Seite gelieferten Werken sind brauchbar für unseren Zweck, Fessler: Institutiones patrologicae. Innsbruck 1850. 51. 2 voll. Nirschl: Lehrbuch der Patrologie und Patristik. Mainz 1881, 1883, 1885, 3 voll. Allzog: Grundriss der Patrologie oder der älteren christlichen Literaturgeschiche. 4. Auflage, Freiburg 1888. — Auch die historischen Darstellungen der Philosophie enthalten für uns einiges Brauchbare. So besonders Ritter: Geschichte der christlichen Philosophie, Hamburg 1841, ff. — weniger Stöckl: Geschichte der Philosophie der patristischen Zeit. Würzburg 1858. Huber: Philosophie der Kirchenväter. München 1854.

[2]) Wir werden meist nach der ziemlich vollständigen, aber nicht immer kritischen Ausgabe von Migne citieren: Cursus completus Patrologiae. Paris seit 1843. — Nebenbei findet Verwendung die Maxima Bibliotheca veterum Patrum et antiquorum scriptorum ecclesiasticorum. Lyon 1677., wo die griechischen Schriftsteller allerdings in sehr zweifelhaften lateinischen Übersetzungen enthalten sind. — Von der vielversprechenden Ausgabe der Wiener Akademie der Wiss.: Corpus scriptorum ecclesiasticor. latinor. ist leider noch zu wenig erschienen, als dass es für uns ins Gewicht fiele.

In Alexandria, wo Philonismus und Neoplatonismus tiefe Wurzeln geschlagen hatten, wurden auch die christlichen Lehrer in verwandte Bahnen gelenkt. Origenes (185—254), der hervorragendste Repräsentant dieser Schule, hat denn auch in seinem theologischen Systeme den Einfluss beider nicht verleugnet und seine exegetische Methode, die sich durch ein bis ins Übermaß getriebenes Allegorisierungsverfahren kennzeichnet, trägt denselben Charakter zur Schau. Während er unter Verwerfung des literalen Wortsinnes der Schrift dem typischen nachspürte und in einer allegorisch-mystischen Deutung das zu erstrebende Ziel aller Bibelexegese sah, verflüchtigte er folglich den ganzen Schöpfungsmythus zu einer bloßen Allegorie und nahm sich so die Gelegenheit für Erörterungen naturwissenschaftlicher Fragen von vornherein fort. Dies ist denn auch der Grund, dass sämmtliche Hexaëmeronexegesen, welche uns aus der alexandrinischen Katechetenschule vorliegen, nicht die geringste Ausbeute für geographische Thatsachen bieten und von uns völlig außer Acht gelassen werden können. [1])

Gegen diese idealistische Geistesrichtung der Alexandriner tritt nun der Realismus der Antiochener mit aller Schärfe hervor. Das überaus Mangelhafte und Willkürliche der Allegoristerei, welche sich nur allzuhäufig als ein bloßes Ausfluchtsmittel zu erkennen gab, stellte sich immer mehr heraus und noch im dritten Jahrhundert erlitt die alexandrinische Schule mannigfache Einbuße und zwar zum großen Theil durch die Syrer und ihre historisch-grammatische Methode. Mit objectiv-nüchternem Verstande giengen sie an die Interpretation und prüften vorurtheilslos den Sinn des Bibelverses, indem sie ihn Stück für Stück zergliederten, um seinen literalen Sinn zu erschließen. Da die Bibelworte von Gott inspiriert und nicht leichtsinnig hingeworfen seien, so dürfe man auch von ihnen nicht abgehen und sie willkürlich zu bildlichen Ausdrücken verflachen, sondern müsse aus Text, Context und Parallelstellen den wahren Sinn zu eruieren suchen, wobei außerdem der gesammte Apparat profan-wissenschaftlicher Kenntnisse mit heranzuziehen ist. Durch diese Methode wurde denn einer fruchtbringenden Exegese zunächst die Richtung gewiesen, wenn diese auch anfangs noch seltsame Zickzackwege einschlug. So war es u. a. unausbleiblich, dass ganz in derselben Weise wie die alexandrinische Schule die allegorische Schriftauslegung ins Extrem trieb, so die syrische ins entgegengesetzte Extrem verfiel, indem sie den typischen Sinn, wo er richtig angebracht war, verwarf und alles in grobsinnlicher Weise erklärte. Gleichwohl ist uns mit dieser äußerlichen flachrationalistischen Interpretation ungleich mehr gedient: denn die Besprechung grammatischer, historischer und naturwissenschaftlicher Fragen wurde nunmehr zur Nothwendigkeit. Da sie den ganzen mosaischen Schöpfungsmythus für baare Münze nahmen, so haben sie zur Erklärung von Naturgegenständen häufig gesprächiger werden müssen und daher bieten uns ihre wenigen, vielfach fragmentarischen exegetischen Arbeiten immerhin mehr Material als die der Alexandriner. [2])

In naher Beziehung zur Schule von Antiochia stehen die mesopotamischen Lehranstalten, vorzüglich die zu Edessa und Nisibis, die

[1]) Über die alexandrinische Schule vergleiche Guerike: de schola, quae Alexandriae floruit. Halle 1824. Besonders aber Redepenning: Origenes. Bonn 1841.

[2]) Hornung: Schola Antiochena. Neustadt 1864. Hergenröther: Die antiochenische Schule und ihre Bedeutung auf exegetischem Gebiet. Würzburg 1866. Kihn: Die Bedeutung der antiochenischen Schule auf exeget. Gebiet. Weisenburg 1866.

übrigens in ein noch höheres Alter hinaufreichen. In der Schrifterklärungsmethode weisen sie große Ähnlichkeit mit jener auf und haben zur Weiterverbreitung und Ausbildung derselben nicht weniger ihre Thätigkeit entfaltet als die antiochenische. Ein bemerkenswerther Unterschied zwischen der antiochenischen oder westsyrischen Schule und der mesopotamischen oder ostsyrischen lässt sich daher nicht verzeichnen und häufig wird die letztere als auch antiochenische bezeichnet.

Von den Vertretern dieser Schulen, soweit sie für unseren Gegenstand in Frage kommen, seien folgende genannt.

Diodor von Tarsus († 394). Durch den Unterricht des Eusebius von Emesa und des Silvanus von Tarsus nahm er die exegetische Methode der antiochenischen Schule an und wurde später einer ihrer hervorragendsten Meister.[1]

Theodor von Mopsuestia (c. 350—428) hatte sich in seiner Exegese bis zur extremsten grobsinnlichen Auffassungsweise verstiegen, die schließlich zu einer gänzlichen Verwerfung der Typik führte.[2]

Johannes Chrysostomus (347—407), unstreitig der bedeutendste Lehrer und Exeget der antiochenischen Schule. Erst um 380 begann seine schriftstellerische Thätigkeit, in der er eine erstaunliche Productivität entwickelte. Zwischen antiochenischer und alexandrinischer Exegese suchte er verständnisvoll die Mitte zu halten.[3]

Theodoret von Kyros oder Kyrrhos (c. 390—458) folgte der Schrifterklärungsmethode des Theodor und Chrysostomus.[4]

Severian von Gabala († 407) in Coelesyrien — anfangs der Freund des Chrysostomus, später dessen heftigster Gegner — hat in seinen sechs Homilien zur Schöpfung die antiochenische Auslegung gleichfalls angewendet.[5]

Unter den ostsyrischen Exegeten hat keiner einen größeren Einfluss auszuüben vermocht als Ephräm der Syrer (c. 306—379), die ehrwürdigste Gestalt in der älteren syrischen Kirche. Obwohl er es nicht verschmähte, den Bibeltext rhetorisch und poetisch zu erweitern, so hat er gerade in denjenigen exegetischen Werken, die uns die meiste Ausbeute an naturwissenschaftlichen Untersuchungen bieten, sich enger an die Antiochener angeschlossen. Es sind dies vorzüglich seine Commentare zur Genesis und die 12 (handschr. 15) Reden vom Paradiese. Bemerkenswerth ist für uns noch, dass er nicht den hebräischen oder griechischen Text der Bibel, sondern den syrischen der Peschito (II. Jahrhundert) commentiert.[6]

---

[1]) Semisch in Herzogs Real-Encykl. f. prot. Theol. III., 608 ff. — Photius Bibl. cod. CCXXIII., 208 b. bei Migne s. gr. 103, 829 ff. Διοδώρου ἐπισκόπου Ταρσοῦ κατὰ εἱμαρμένης.

[2]) Specht: Der exeget. Standpunkt des Theod. v. Mopsuestia und des Theodoret v. Kyros. München 1871. H. Kihn: Theod. v. Mops. und Junilius Africanus als Exegeten. Freiburg 1880. — Die frggm. bei Joh. Philoponos de mundi creatione ll. VII. (s. u.).

[3]) Neander: Joh. Chrysostomus und die Kirche in dessen Zeitalter, bes. des Orients. 1848. Förster: Chr. und sein Verhältnis zur antiochenischen Schule. Gotha 1869. — Die 9 Sermones und 67 Homilien bei Migne s. gr. 5.

[4]) Specht: l. c. — Quaestiones in Genes. Migne s. gr. 80.

[5]) Severian. Gabal. Oratt. VI. in mundi creationem. Migne s. gr. 56.

[6]) Ephraemi opp. syriaca mit latein. Übersetzungen von Benedictus und Assemann (willkürlich und unzuverlässig) Comment. in Gen. t. I. (1737). De Paradiso III. (1743) p. 562—598. — Über Ephräm vergleiche Rödiger in Herzogs R-Encykl. IV., 81—92. — Sehr brauchbar sind die Erläuterungen zu vorgenannten Schriften von M. Uhlemann: Ephräm des Syrers Ansichten vom Paradiese in Illgens Zeitschrift für historische Theologie I. (1832) p. 127. und Ephräms Ansichten von der Schöpfung. ibid. III. (1833) p. 104—300.

Als einen Anhänger der syrischen Schule haben wir auch den vielgenannten Kosmas Indikopleustes (oder Indopleustes) anzusehen. Angeblich ein Kaufmann aus Alexandria, hatte er weite Geschäftsreisen unternommen nach Aethiopien, Persien und Indien, weshalb man ihn den Indienfahrer nannte. Als er nach Aegypten zurückgekehrt war, zog er sich in ein Kloster zurück und schrieb hier seine christliche Topographie in 12 Büchern (Τοπογραφία χριστιανική).[1] Dieselbe enthält eine vollständige Beschreibung des Weltbaues, in der er in unverkennbarer Weise den Syrern folgte, im übrigen aber aus eigener Phantasie hinzudichtete, soweit ihm seine Bibelkenntnis und die Erfahrungen auf seinen Reisen zu Hilfe kamen. Er hat es meisterlich verstanden, seiner wundersüchtigen und leichtgläubigen Zeit ein ansprechendes Bild von fernen Ländern zu liefern und wird nicht müde, die abgeschmacktesten und übertriebensten Geschichten zu erzählen. In jeder Hinsicht zeigt er sich ungeniert als Kind seiner Zeit und es zeugt von rührender Naivetät, wenn er schließlich seine eigene Dummheit eingesteht. Er tischt seinen Lesern das alberne Märchen von Susphavögeln auf, die die Schiffer vor dem Strudel an der Mündung des Persischen Busens in den Ocean warnen, behauptet ferner, die Wagenspuren noch gesehen zu haben, welche die Kinder Israel auf ihrem Wege durch die Wüste zurückgelassen und berichtet uns von dem Vorhandensein der Inschriften auf dem Sinai, durch welche Gott den Juden zum erstenmal den Gebrauch der Schrift übermittelt hat. Nur bei den griechischen Epigraphikern hat er sich eine wohlwollende Erwähnung gesichert, da er eine Inschrift von dem Thronsessel eines Ptolemäers in Adule abgenommen, die so der Nachwelt erhalten geblieben ist. Im übrigen aber zeigt er sich im vollsten Lichte mönchischer Beschränktheit und Ignoranz und so war er denn dazu verdammt, in unseren modernen historischen Darstellungen als einzig erwähnenswerther Repräsentant und zugleich als abschreckendes Beispiel jener wissenschaftlich unfruchtbarsten Zeit des Mittelalters eine lächerliche Figur zu spielen.

Zu den syrischen Autoren, die geographisch-astronomische Sätze ihren Schriften einverleibt haben, gehört auch noch Jacob von Edessa (633—708).[2]

Eine ungleich höhere Stellung nehmen den Syrern gegenüber die Kappadokier ein, Basilius, Gregor von Nyssa und Gregor von Nazianz, aus deren Hand uns viele zum Theil höchst eingehende und verständnisvolle Erörterungen über naturwissenschaftliche und geographische Fragen vorliegen. Wenn sie sich auch nicht immer allegorischer Deuteleien enthalten konnten, so haben sie jedenfalls den Boden unter den Füßen nicht verloren und mit einem Aufgebot von Scharfsinn und Raffinement sich an die schwierigsten Probleme gewagt. Am wenigsten ergiebig ist für uns Gregor von Nazianz[3] (330—390),

[1] Zuerst herausgegeben von Gallandi, Bibl. veterum Patrum antiquorumque criptor. ecclesiasticor. Venedig 1765. t. IX. Dann vom Benedictiner Bernhardin de Montfaucon: Collectio nova Patrum et scriptor. Graecor. Paris 1706 t. II., 113—345 und bei Migne s. gr. t. 88. — Das Monumentum Adulitanum eingehend behandelt in Boeckhs Corp. inscr. graecarum III., 5127.

[2] Aus seinem Hexaemeron hat Prof. Martin in Lyon in einer dort gefundenen Handschrift Auszüge im Journ. Asiatique 1888 veröffentlicht.

[3] Greg. Naz. Opp. bei Migne s. gr. t. 35—38. Über ihn, sowie über die übrigen Kappadokier siehe H. Weiß: Die großen Kappadokier, Braunsberg 1872, p. 10. 72. Ullmann: Gr. v. N. Darmstadt 1825.

zumal da er auch vielfach gegen die Alten in einen schroffen Gegensatz tritt.

Um so reichhaltiger fließen die Quellen bei dem Brüderpaar Basilius und Gregor v. Nyssa.

Basilius der Große (330—379). Bei ihm tritt das Verständnis für Naturerscheinungen eminent hervor und bekannt sind die Lobpreisungen, die ihm Alex. von Humboldt zu Theil werden lässt. Hinsichtlich seiner naturphilosophischen Erörterungen hat er auf die Folgezeit den denkbar größten Einfluss ausgeübt und besonders bei Compilatoren und Sammlern viel Verwendung gefunden. Trotzdem er gegen die Alten in Opposition tritt, hat er sich dennoch nicht ganz von ihnen freimachen können und manche Vorgänge im biblischen Schöpfungsmythus konnte auch er nur mit Hilfe antiker naturwissenschaftlicher Doktrinen lösen.[1]

Auf gleicher Stufe mit ihm steht sein Bruder Gregor von Nyssa. († c. 395). Sein Hexaëmeron soll nur eine Vertheidigungsschrift für einige missgedeutete Stellen im Hexaemeron seines Bruders sein, geht aber über das gesteckte Ziel weiter hinaus, abgesehen davon, dass er einzelne Partien total anders gedeutet hat. Während aber bei Basilius die Anlehnung an die Alten mehr oder weniger versteckt gehalten wird, tritt sie bei ihm offen zu Tage. So ist die aristotelische Elementenlehre mit einer Ausführlichkeit dargestellt, wie wir sie bei Commentatoren des Aristoteles gewohnt sind. Zugleich ist er aber auch reich an eigenen Ideen und überrascht oft durch seine originellen spitzfindigen Deutungen. Seine kosmogonische Hypothese, auf die zuerst Weiß und Zöckler aufmerksam gemacht, streift an moderne evolutionistische Theorien der Weltentstehung.[2]

Als dem VI. Jahrhundert angehörig haben wir neben dem Sophisten Prokop von Gaza,[3]) dessen Hexaëmeron mehr compilatorischen Charakter zeigt, den alexandrinischen Grammatiker Johannes Philoponos zu nennen. Ein perfecter Dialektiker und eingehender Kenner der aristotelischen Philosophie hat er auch in seinen theologischen Schriften seine antike Bildung nicht verleugnet, wenn er auch, wie oben schon erwähnt, die Alten in eine sekundäre Stellung der Bibel gegenüber zu bringen sucht. Es kann daher nicht auffallen, dass er wegen seiner zweifelhaften Doppelstellung vom 6. ökumenischen Concil mit dem Anathem belegt wurde. In der Naturwissenschaft hat er sich viel umgethan, was sich an seinen Schriften zu erkennen gibt: Über Fallbewegungen (περὶ ῥοπῶν) und Über die Anwendung des Astrolabiums (Περὶ τῆς τοῦ ἀστρολάβου χρήσεως ed. Haase. Bonn 1839.) Seine dem Sergius gewidmeten Commentare zur Weltschöpfung sind aus älteren Darstellungen des Sechstagewerkes geflossen, enthalten aber auch eine Fülle von selbstständig entwickelten Deutungen, die eine tief gehende Kenntnis der Naturphänomene verrathen. Erwägt man die Kunst und Künstlichkeit, mit der die Einzelheiten der mosaischen Schöpfungsgeschichte

---

[1]) Von seinen Schriften kommt für uns in Betracht: Ὁμιλίαι θ' εἰς ἑξαήμερον. ed. Garnier. t. I. Paris 1721. Cf. Klose: Bas. der Grosse nach seinem Leben und seiner Lehre. Stralsund 1835. Humboldt, Kosmos II, 29. — Über die Beziehungen des Bas. zu Aristoteles cf. Müllenhoff: Deutsche Alterthumskunde. Berlin 1870. I. 224—229.

[2]) Sein Ἀπολογητικὸς περὶ τῆς ἑξαημέρου. Migne s. gr. t. 44. Weiß l. c. 27 Zöckler l. c. I. 200.

[3]) Εἰς τὴν Γένεσιν ἑρμηνεία. Migne s. gr. t. 86.

vor den physischen und astronomischen Forschungen gerechtfertigt und bisweilen zu deren Quellen erhoben werden, so wird man an manche Versuche der Gegenwart unwillkürlich erinnert.[1])

Die Zeit der Productivität und Originalität ist vorüber und man beginnt das vorhandene Material systematisch auszubeuten. Als ein Vorläufer dieser Catenenliteratur ist jener vorgenannte Prokop von Gaza zu betrachten; auch Anastasius der Sinaite gehört hierher. Er lebte um 640—680. Über seine Persönlichkeit ist man nicht im klaren, da neben ihm noch zwei andere Anastasii existieren. Die nach dem Vorgange Gretsers unter seinem Namen laufenden »einführenden Betrachtungen zum Sechstagewerk« lassen zwar den literalen Sinn zur Geltung kommen, wollen zugleich aber auch in der Genesis eine dunkle Prophezeiung auf das ganze Erlösungswerk Christi sehen und umgeben es daher mit einem allegorischen Bombast. Die Väter, die er meistens benutzt hat, sind: Irenäus, Basilius, Chrysostomus, Gregor, Theodoret.[2])

Johannes von Damascus lebte zur Zeit Leo des Isauriers und war Rathgeber bei einem saracenischen Fürsten. Später ward er Mönch in der Laura des h. Sabas in Palästina. — Seine »Darstellung des wahren Glaubens« will nur »das in eins zusammenstellen, was die Väter gearbeitet haben.« Nur selten verfällt er in allegorische Künsteleien. Neben Basilius ist Gregor von Nazianz am meisten benutzt.[3])

Wenden wir uns nunmehr dem Abendlande zu, so machen wir auch hier die Beobachtung, dass nach einer Reihe selbständig arbeitender Autoren schließlich wieder jene excerpierende, compilierende Literatur in den Vordergrund tritt.

Von Lactantius Firmianus († 330) besitzen wir sieben Bücher *Institutionum divinarum*, eine populäre apologetisch gehaltene Darlegung der christlichen Lehre, als der höchsten Wahrheit. Wenn er auch gegen die Profanwissenschaften und besonders gegen die naturphilosophischen Studien der Alten in einen schroffen Gegensatz tritt, so benutzt er selbst dennoch viel den Cicero, Sallust, Seneca und die lateinischen Dichter.[4])

Ambrosius, der Bischof von Mailand (c. 335—397) zeigt wegen seiner Vorliebe für allegorische Deutungen, die er meist neben den Buchstäblichen gibt, auch nur hin und wieder einiges Brauchbare. Neben Basilius sind besonders Origenes und Hyppolyt seine Gewährsmänner.[5])

Von höherer Bedeutung ist Hieronymus (331—420) aus Stridon in Dalmatien, den wir als kritischen Herausgeber des lateinischen Bibeltextes schon kennen gelernt haben. Als unermüdlich thätiger Schrift-

---

[1]) Commentariorum in Mosaicam mundi creationem libri septem (περὶ κοσμοποιίας) ed. Corderius. Wien 1630. — Herzogs R.-Enc. VII, 58 ff.

[2]) Cf. über ihn die kritisch scharfsinnige Arbeit von Kumpfmüller: De Anastasio Sinaita, Würzburg 1865. Zöckler: Theol. und Nat. I., 293, Anmerkung 79. — Unter seinem Namen existieren Anagogicarum contemplationum libri XII ad Theophilum (Εἰς τὴν πνευματικὴν ἀναγωγὴν τῆς Ἑξαημέρου κτίσεως λόγοι ιβ'.) Obwohl mehrere Handschriften davon vorhanden, ist der griechische Urtext noch nicht ediert (außer dem 12. Buch). Im übrigen existieren nur lateinische Übersetzungen. Migne s. gr. t. 89.

[3]) Ἔκδοσις ἀκριβὴς τῆς ὀρθοδόξου πίστεως Expositio accurata fidei orthodoxae) Migne s. gr. t. 94. Auf Befehl Eugen III. wurde das Buch von dem Rechtsgelehrten Joh. Burgendio aus Pisa ins Lateinische übersetzt. Auch Scholastiker benutzten es viel. — Langen: Joh. v. Damascus. Gotha 1879 bietet uns wenig.

[4]) Divinarum institutionum ll. VII. ed Cellarius 1698.

[5]) Hexaem. ll. VII (ursprünglich sechs Predigten vom Jahre 389.) Migne s. l. t. 14.

steller hat er zu allen Büchern der Bibel Commentare verfasst. Trotzdem bietet uns gerade sein *liber hebraicarum quaestionum in Genesin* nur wenig. Wegen des compilatorischen Charakters seiner Exegesen sind dieselben eine Fundgrube für exegetisches Material Anderer geworden.[1])

Die unstreitig bedeutendste Persönlichkeit jener Zeit aber ist Aurelius Augustinus (354—430). Ausgestattet mit einer glänzenden wissenschaftlichen Begabung hat er in der Theologie und Philosophie den weitgehendsten Einfluss ausgeübt, so dass er mit Recht einer der größten Denker und Schriftsteller aller Zeiten genannt wird. So hell aber auch sein Licht in jener dunklen Periode des Mittelalters strahlt, so wenig hat er der Natur eine tiefer gehende Auffassung zu Theil werden lassen. Auch er klammert sich ängstlich an jedes Jota der Bibel und steht bei offenbaren Widersprüchen zwischen Bibelbericht und Wirklichkeit oft rathlos da. Seine Bedeutung liegt auf einem anderen Gebiete, in der Naturwissenschaft aber hat er sich über seine Zeitgenossen auch nicht um eine Linie erhoben.[2])

Isidorus Hispalensis († 636) ist der fruchtbarste Schriftsteller des VII. Jahrhunderts. Wenn er auch großentheils nur Auszüge aus Werken heidnischer und älterer christlicher Schriftsteller gemacht hat, so sind uns gerade dadurch Fragmente fremder Arbeiten erhalten geblieben, die sonst für ewig verloren wären. Ein Sammler ersten Ranges, wie es vor ihm nur noch Plinius gewesen war, hat er sich auf allen Gebieten des Wissens versucht, die er beherrschte und die er nicht beherrschte. Bei wenig Sachkenntnis und Urtheil wusste er seinen Darstellungen dennoch eine annehmbare Gestalt zu geben. Sein bedeutendstes Werk, welches auch in culturhistorischer Beziehung von größter Wichtigkeit geworden ist, sind die Etymologiae oder Origines ein weitschichtiges, fragmentarisch hinterlassenes Riesenwerk in 20 Büchern, welches auf Anregung seines Freundes Braulio verfasst, in encyklopädischer Form das Wissenswertheste jener Zeit enthält. Als Hauptquellen für das profane Wissen haben Cassiodor, Boëthius, Varro, Lactanz, Plinius, Solin und Hygin gedient, die zum Theil ziemlich nachlässig und kritiklos ausgeschrieben sind. Buch 11—17 ist der Natur gewidmet und handelt vom Weltbau im allgemeinen, von der Hydrographie der Erde, den Festländern, Inseln, Bergen, Vulkanen etc. — Ein besonders astronomische Gegenstände behandelndes Werkchen desselben Verfassers ist uns unter verschiedenen Titeln erhalten geblieben: *de astris caeli* oder *de astronomia seu natura rerum* oder *liber astronomicus* oder *rotarum liber*. Doch scheint de natura rerum der wahre Titel gewesen zu sein. Das Buch wurde auf Wunsch des Königs Sisebut (612—620) verfasst und ist demselben auch gewidmet. Neben Kirchengelehrten wie Ambrosius, Augustin, Hieronymus benutzte er stark den Scholiasten des Germanicus, ganz besonders aber die prata Suetons. Die Schrift umfasst in 48 Capiteln das Wichtigste aus der Naturlehre. Astronomische und meteorologische Untersuchungen herrschen vor. Am Schluss folgen dann Besprechungen von Ebbe und Flut, Nilüberschwemmung, Erdbeben, Vulkanismus u. a. m.[3])

---

[1]) Opp. Migne s. l. t. 22—30.

[2]) Für uns wichtig ist besonders de civitate Dei ll. XXII. ed. Dombart, Leipzig 1877, sowie die exegetische Arbeiten: De Genesi contra Manichaeos ll. II — De Genesi ad literam imperfectus. — De Genesi ad literam ll. XII. Migne s. l. t. 34.

[3]) Originum s. Etymologiarum ll. XX ed Arevalo. Rom 1801 t. IV. — liber de natura rerum ed G. Becker, Berlin 1857. — Cf. Wattenbach: Geschichtsquell. I, 81. H. Dressel: De Isidori Originum fontibus. Diss. Götting. 1874.

Neben ihm steht Beda Venerabilis (673—735) als Historiker, Philosoph und Theolog gleichbedeutend da. Seine Schrift *de natura rerum* hat ihr unverkennbares Vorbild in der gleichnamigen Schrift Isidors und gibt in 51 Abschnitten einen Abriss der physischen Weltbeschreibung. Die Lehre von den Elementen, die Meteorologie, Hydrographie und die übrigen Erscheinungen der Erdoberfläche werden besprochen, woran sich eine kurze Länderkunde schließt. — Auch sein Commentar zur Genesis enthält einige naturphilosophische Betrachtungen.[1])

Hrabanus Maurus schliesst sich noch unbedingter an Isidors Schriften an und sein *liber de universo* ist eigentlich nur ein Excerpt aus ihnen. Das von ihm neu Hinzugefügte ist so geringfügig und unbedeutend, dass wir ihn späterhin neben Isidor kaum zu citieren brauchen.[2])

Noch während der Stürme der Völkerwanderung im VII. Jahrhundert war in Italien eine Kosmographie verfertigt worden, ein plumpes, ungeschicktes Machwerk mit allen den Schattenseiten, wie sie eine in jeder Hinsicht zerrüttete Zeit bedingt und somit auch entschuldigt. Der Verfasser, dessen Namen uns nicht erhalten geblieben und daher gewöhnlich als der Anonymus Geographus Ravennas[3]) bezeichnet wird, ist ein griechischer Mönch gewesen, der zu Ravenna jene Schrift griechisch verfasste. Aber statt des griechischen Urtextes ist uns nur noch eine lateinische Übersetzung überliefert. Für die kritische Beurtheilung derselben hat Mommsen den Grund gelegt und wir wollen das Resultat seiner Untersuchungen der Kürze halber mit seinen eigenen Worten wiedergeben: Die Kosmographie ward am Ende des VII. Jahrhunderts in Ravenna in griechischer Sprache abgefasst, nicht lange nachher in einer erweiterten Gestalt gleichfalls griechisch bekannt gemacht, alsdann die erste Fassung etwa saec. IX. ins Lateinische übersetzt und zu irgend welcher Zeit ebenfalls die zweite, welche Guido im Jahre 1118 excerpirt hat. Im wesentlichen ist das Werk also eines der wenigen literarischen Erzeugnisse des Occidents aus dem VII. Jahrhundert, dessen ganze Barbarei es athmet; aber die Masse der darin aufbewahrten geographischen Notizen gehört nur zum kleineren Theile, vielleicht zu einem sehr kleinen Theile dieser Zeit an. Das Buch enthält außer den karolingischen Einschiebseln eine Menge Angaben aus einer römischen Landkarte.[4])

Während Müllenhoff[5]) ein ursprünglich griechisches Original verwirft, hält nach Mommsens Vorgang A. von Gutschmid ein solches auf-

---

[1]) Opuscula scientifica de natura rerum ed Giles. t. VI. VII. London 1843. — K. Werner: Beda der Ehrwürdige und seine Zeit. Wien 1875. p. 107.

[2]) De universo ll. XXII. Migne s. lat. t. 111. — St. Fellner: Compendium der Naturwissenschaften an der Schule zu Fulda im IX. Jahrhundert Berlin 1879.

[3]) Eine philologisch mustergiltige Ausgabe liegt uns von Pinder und Parthey vor: Ravennatis Anonymi cosmographia et Guidonis geographia ex libris manuscriptis mit einer Karte von H. Kiepert Berlin 1860. Von der umfangreichen neueren Literatur seien nur genannt Mommsen: Über die Unteritalien betreffenden Abschnitte der ravennatischen Kosmographie. In den Berichten der sächsischen Gesellschaft der Wissensch. phil.-hist. Cl. 1851. G. B. de Rossi: Osservazioni critiche sopra il cosmografo ravennate e gli antichi geografi citati da lui. Im Giornale arcadico di science, lettere ed arti. t. 124. Roma 1851 p. 259—289. A von Gutschmid: Zur Frage über das Original der ravennatischen Kosmographie. Im Rhein. Mus. XII (1857), 438. G. Parthey: Die Erdansicht des Geographen von Rav. Im Monatsberichte der Akademie der Wissenschaft, Berlin 1859. p. 625. Schweder: Ueber die Weltkarte des Kosmographen von Rav. Kiel 1886.

[4]) Mommsen l. c. p. 116.

[5]) Müllenhoff: Über die Weltkarte und Chorographie des Kaisers Augustus. Kiel 1856, p. 3.

recht. Für die Zeit der Abfassung ist die Angabe (IV, 6) maßgebend, dass Bulgaren, die einst aus Groß-Skythien ausgewandert, südlich der Donau saßen; es stimmt dies überein mit einer uns anderweitig verbürgten Nachricht, dass Bulgaren unter ihrem Chan Asparuch aus der Dniestergegend im Jahre 678 aufbrachen und sich ein Gebiet südlich der Donau eroberten. Hiernach zu schließen dürfte also jene Kosmographie nicht vor diesem Zeitpunkte abgefasst sein.

Einen nachhaltigen Einfluss hat seine Schrift jedenfalls nicht geübt und sie scheint auch nicht über Italien hinausgekommen zu sein. Nur noch einmal findet sie sich benutzt in der Geographie des Riccobaldus Ferrariensis (aus dem Ende des XIII. Jahrhunderts), die nicht nur die erste wörtliche Anführung des Ravennas, sondern auch einen kurzen Auszug aus seiner Erdeintheilung enthält. [1]

Zu den Schottenmönchen, welche Karl der Große an seinen Hof berief, gehört auch Dicuil (825), aus dessen Feder uns ein Buch kosmographischen Inhalts: *liber de mensura orbis terrae* erhalten ist. Originelles ist bei ihm ebensowenig zu finden, als bei den anderen. Ganze Capitel finden sich bei ihm aus Plinius und Solinus wörtlich wiedergegeben. Daneben benutzte er aber auch Isidor, Priscian und die Theodosii missi. [2]

In einem Leidener Codex ist uns ferner das Werk eines anonymen Autors: *de situ orbis* erhalten, der sich selbst in der Widmungs-Überschrift nur als G. bezeichnet und ein Bewohner des westlichen Frankreich gewesen sein muss, da er über die schrecklichen Verwüstungen der Normannen daselbst berichtet. Die Schrift war König Karl (dem Kahlen, wie Dümmler meint) gewidmet und muss daher c. 870 geschrieben sein. Auch sie war zu Schulzwecken verfasst und ist aus einer Reihe alter Autoren compiliert, die der Verfasser selbst in der Vorrede angiebt: Pomponius Mela, Aethicus, Mart. Capella, Solin, Isidor, Caesar's bellum gallicum und die Epitome des Priesters Paulus aus Festus. [3]

Die Übergangszeit, das X. und XI. Jahrhundert ist ziemlich arm an literarischen Erzeugnissen und bietet auch für die physische Erdkunde so gut wie nichts. Die einzige für die mathematische Geographie bemerkenswertheste Persönlichkeit jener Zeit ist der gelehrte Papst Sylvester II. oder Gerbert (999—1003), wie sein Familienname war. Im Kloster Aurillac erzogen, wurde er durch den spanischen Dux Borell (967) zu einer Reise nach Spanien veranlasst. Hier erhielt er vom Bischof Hatto von Vich in Catalonien seinen ersten Unterricht im mathematischen und astronomischen Wissen und legte so den Grund für seine spätere so erfolgreiche wissenschaftliche Thätigkeit. Ob die ihm zugeschriebene *Geometria* von ihm verfasst ist, ist immer noch eine offene Frage. Auf Grund einer in der Bibliothek des Benedictinerstiftes St. Peter zu Salzburg befindlichen Handschrift, die Pez herausgab, galt sie gemeinhin für echt, und Cantor hält diese seine Ansicht noch heute aufrecht. Während Olleris die Echtheit der Geometrie schon anzweifelt,

[1] Nach einem dem XIV. Jahrhundert angehörigen Codex Ottobon. 2072 lat. im Vat., herausgegeben von G. Parthey: Der Geographus Ravennas beim Riccobaldus Ferrariensis. Im Hermes IV (1870), p. 134—37.

[2] Liber de mensura orbis terrae ed Parthey. Berlin 1870. Letronne: Recherches géographiques et crit. sur le livre de mensura orbis Terrae par Dicuil. Paris 1814. Wattenbach I., 145.

[3] Anonymi de situ orbis libri II. E codice Leidensi ed. M. Manitius. Stuttgart 1884. — Dümmler im neuen Archiv für ältere deutsche Geschichte IV, 176 ff.

weisen sie Friedlein und neuerdings auch Weißenborn mit aller Entschiedenheit zurück, ohne dass wir aber die Frage als vollständig gelöst betrachten dürfen.[1])

Mit dem XII. Jahrhundert beginnt dann die gelehrte Sammlerthätigkeit einen noch höheren Aufschwung zu nehmen, der natürlich für einen Fortschritt der Wissenschaft ziemlich belanglos war.

Honorius Augustodunensis (von Augsburg) mit dem Beinamen der »Einsiedler« Solitarius gehörte dieser Zeit an. Über sein Leben sind wir nur unvollkommen unterrichtet, wie denn auch über seinen Herkunftsort Augustodunum viel Unklarheit herrscht.[2]) Die Autorschaft der Philosophia mundi ist ihm endgiltig bestritten und Wilhelm von Conches zugesprochen worden. Doch gehören ihm unzweifelhaft die *libri III de imagine mundi* an. In dem Widmungsschreiben an einen gewissen Christianus giebt er den Zweck des Buches an: *ad instructionem multorum, quibus deest copia librorum, hic libellus edatur, nomenque ei Imago mundi datur, eo quod dispositio totius orbis in eo, quasi in speculo conspiciatur.* Auf Selbstständigkeit macht natürlich auch er keinen Anspruch und gesteht selbst: *hic nihil autem in eo pono, nisi quod maiorum commendat traditio.* Uns unterrichtet vorzüglich das erste Buch dieses Werkchens, welches zuerst den Weltbau im Allgemeinen bespricht, dann auf die Länderkunde eingeht und zum Schluss die physischen Verhältnisse der Erde berührt.[3])

Der Physiker und Philosoph Wilhelm von Conches in der Normandie wurde im letzten Viertel des XI. Jahrhunderts geboren. Aus seinen Schriften kennen wir ihn wesentlich als Naturphilosophen, trotzdem man ihn zu seiner Zeit besonders als Grammatiker hochschätzte. Seine *Philosophia mundi* ist eine Real-Encyklopaedie des damaligen Naturwissens und beruht auf den allgemein bekannten Quellenschriften, wie sie auch sonst im Mittelalter verwendet wurden. Doch tritt bei ihm eine etwas selbstständigere Auffassung der Naturobjecte merklich hervor. Über seine Philosophia herrschte einige Unklarheit, zumal da dieselbe irrthümlich nie unter seinem Namen gedruckt wurde. Wir besitzen drei Ausgaben:

1. *Philosophicarum et astronomicarum institutionum Guilelmi Hirsaugiensis olim abbatis, libri III. Basel 1531.*

2. Περὶ διδάξεων *sive elementorum philosophiae libri IV*, unter Bedae opp. bd. 2. Basel 1563.

3. *De Philosophia mundi* unter Honorius' opp. in der Max. Bibl. XX. bd.

---

[1]) Thesaurus anecdotorum novissimus von Bernh. Pez. Augsburg 1721. t. III. pars 2. — Oeuvres de Gerbert par Olleris. Clermont-Paris 1867. — Cf. Cantor: Vorlesungen über Geschichte der Mathematik. I. Bd. Leipzig 1880. — Weißenborn: Gerbert. Beiträge zur Kenntnis der Mathematik im Mittelalter. Berlin 1888.

[2]) Man rieth zwischen Autun, Augsburg (Augusta Vindelicorum) und dem Flecken Augst bei Basel (Aug. Rauracorum). Dass Autun in Burgund anzunehmen sei, ist auch von französischen Gelehrten aus guten Gründen bestritten worden. Ebensowenig ist an Augst zu denken. Denn da die Bischöfe von Basel — wohin das Bisthum nach Zerstörung von Augst durch die Hunnen verlegt wurde — seit dem IX. Jahrhundert ihren früheren Sitz in ihrem Titel nicht mehr zu erwähnen pflegten, so hat die Annahme Wattenbach's, dass hier eine Verwechslung mit Augsburg vorliege, größere Wahrscheinlichkeit, da auch Rahewin diese Stadt einmal Augustudunum nennt.

[3]) Stanonik in der Allgemeinen Deutschen Biographie XIII, 74—78. Wattenbach. Geschichtsquelle II. 230 f., sowie Histoire litt. de la France XII. 165. — Die Imago mundi wird von uns nach der Maxima Bibl. XX. citiert; außerdem bei Migne t. 172 enthalten.

Über die Echtheit dieser unter sich nur unwesentlich verschiedenen Editionen ist ein lebhafter Streit entbrannt, den wir hier nicht im Einzelnen verfolgen können.[1])

Eine bemerkenswerthe Stellung nimmt unter diesen encyklopädischen Werken auch der in der zweiten Hälfte des XII. Jahrhunderts erstandene *Hortus deliciarum*, Herrad's von Landsperg ein. Er scheint kaum mehr enthalten zu haben als die anderen Compendien solchen Inhalts aus jener Zeit und es ist allein anerkennenswerth, dass eine Frau die Verfasserin ist, welche mit einem erstaunlichen Sammeleifer und großer Gelehrsamkeit alles Material, was in ihren Bereich kam, an sich zog und zu einem umfangreichen Buche verarbeitete. Auch kosmographische, astronomische und geographische Notizen fanden sich darin. Wenn man indessen die Quellenschriftsteller, aus denen sie schöpfte, — Augustin, Beda, Clemens Romanns, Hieronymus, Isidor, Honorius u. a. — in Betracht zieht, so dürfte uns Herrad auch nichts wesentlich Originelles geboten haben und nur ein größeres »Aurea gemma« betiteltes Werk, das sie ebenfalls benutzt, hätte für uns einiges Interesse. Trotzdem ist der Verlust des reich ausgestatteten mit Miniaturmalereien versehenen Pergament-Codexes der gelehrten Äbtissin sehr zu beklagen.[2])

Mit Eintritt in die scholastische Zeit zeigt sich vorzüglich durch die Einführung des Aristoteles eine nicht zu verkennende Änderung und Modification der alten Lehrmeinungen, ohne dass wir aber hierbei von einem gänzlichen Umschwung derselben reden dürfen, denn ebenso wie Aristoteles schon vorher, und zwar besonders im Orient zur Geltung gekommen war, so finden wir andererseits auch eine Fülle der orthodoxesten Doctrinen aus der ersten Hälfte des Mittelalters in unveränderter Form wieder vor. Aber gleichwohl übte Aristoteles einen gewaltigen Einfluss auf die gelehrte Bildung aus und wenn auch das Sammeln und Excerpieren antiquierter Werke ungehindert seinen Fortgang nahm, so finden wir daneben und besonders im Anfang der scholastischen Zeit auch durchaus originelle Arbeiten, die Geist und Scharfsinn verrathen, aber auch zu erkennen geben, dass nur jene unglückliche Methode, von der die mittelalterliche Wissenschaft beseelt war, einen entschiedenen Fortschritt nicht zuließ.

John de Holywood, bekannter unter dem Namen Sacrobosco (auch Sacrobusto), geboren in Holywood in Yorkshire, lebte um das

[1]) Riginald Poole: Illustrations of the history of medieval thought. London 1884. und in Herzogs Real-Encykl. XVII, 132 ff. Hauréau: Singularités historiques et littéraires. Paris 1861. — Es wird von uns nach der Baseler Ausgabe citiert.

[2]) Die einzige Handschrift, die davon existierte, hat eine merkwürdige Geschichte gehabt. Bis zum Jahre 1546 befand sie sich noch im Kloster St. Odilien, dessen Äbtissin Herrad war; als dieses niederbrannte, brachte sie der Bischof von Straßburg nach Zabern, worauf sie dann längere Zeit für verschollen galt. Erst bei der Einziehung der Klöster am Ende des vorigen Jahrhundertes kam sie wieder zum Vorschein in der Karthause zu Wohlsheim, von wo sie in die Stadtbibliothek nach Straßburg wanderte. Hier nahm sie ein späteres Mitglied der Familie Landsperg als Erbstück für sich in Anspruch, aus dessen vorübergehendem Besitz sie dann wieder an die Straßburger Bibliothek zurückkam und schließlich hatte die Handschrift das tragische Schicksal, dass sie im Jahre 1870, während des Bombardements von Straßburg beim Brande der Bibliothek mit zu Grunde gieng. Somit ist uns denn das Werk für alle Zeiten verloren und wir sind einzig und allein auf eine Monographie angewiesen von Ch. M. Engelhardt: H. v. L. und ihr Werk Hortus deliciarum. Stuttgart Tübingen 1818. — Vergleiche Hortus deliciarum par l'abesse Herrade de Landsperg. Reproduction héliographique d'une série de miniatures calquées sur l'original de ce manuscrit du XII. siècle. Texte explicatif par le chanoine A. Straub. Straßburg 1879.

Jahr 1220 und starb zwischen 1244—1256. Das von ihm verfasste Büchelchen, wesentlich astronomischen Inhaltes, *de Sphaera*, hat in allen Schulen des späteren Mittelalters viel Verwendung gefunden. Eingetheilt in 4 Capitel behandelt es im ersten die Erdkugel, im zweiten die Kreislinien, im dritten Aufgang und Untergang der Sterne und im vierten die Planetenbahnen. Für die ungemein große Verbreitung, die dieser kurze Auszug aus dem Almagest und den arabischen Commentatoren gefunden, zeugen die vielen (c. 60) Ausgaben und ebensovielen Erklärungen desselben, welche uns heute noch zum großen Theil erhalten. Zu den Commentatoren des Sacrobosco gehören Michael Scotus, Cecco d'Ascoli († 1327), Hugo von Castello (1337), Franciscus Capuanus von Manfredonia. Auch Petrus de Alliaco benutzte die Sphaera. [1])

Albertus Magnus, Graf von Bollstädt, ward zu Lauingen in Schwaben im Jahre 1193 geboren. In Padua ausgebildet, trat er 1223 in den Orden der Dominikaner und lehrte in Hildesheim, Freiburg, Regensburg, Straßburg, Paris und Köln, wo Thomas von Aquino sein Schüler war. Im Jahre 1254 zum Ordensprovinzial für Deutschland und 1260 auf Befehl des Papstes Alexander IV. zum Bischof von Regensburg ernannt, legte er schon 1262 sein Bischofsamt nieder, um in Köln den Wissenschaften zu leben; dort starb er am 15. November 1280. [2])

Albert der Große ist von jeher unter die Koryphäen der mittelalterlichen Wissenschaften gerechnet worden. Sehen wir zunächst von seiner wissenschaftlichen Methode ab, die natürlich nicht unanfechtbar ist, so hat er jedenfalls die höchste Stufe damaliger Gelehrsamkeit erreicht und der aristotelischen Scholastik mit zu ihrer Blüte verholfen. Seine große Leistung war die Aufschließung des gesammten Lehrgebäudes des Aristoteles für das Verständnis der gelehrten Mitwelt. Er war der erste unter den Lateinern, wie Avicenna früher bei den Arabern, der es unternahm, seinem Volke die Kenntnis der ganzen Doctrin des griechischen Philosophen zu verschaffen, nicht indem er commentierte, sondern indem er ihn paraphrasierte, indem er über jeden Gegenstand ebenso viele Schriften verfasste, als Aristoteles darüber geschrieben. Seine Genauigkeit geht so weit, dass er jedesmal, so oft er aus der Rolle des Paraphrasten fällt, seine Leser davon in Kenntnis setzt, indem er seinen eigenen Auseinandersetzungen den Titel Digressio giebt. Man hat ihn den Affen des Aristoteles genannt, aber mit Unrecht; denn, seine Verdienste gerade den Aristoteles wieder zur Geltung gebracht zu haben, sind ihm unbestreitbar. — Trotz der übermäßigen Verehrung für den Stagiriten weiß er aber doch auch die Schwächen in seiner Lehre herauszufinden und dies besonders in naturwissenschaftlichen Fragen. Allenthalben setzt er die aristotelischen Behauptungen mit denen anderer Naturphilosophen, wie auch mit seinen eigenen

[1]) Histoire littér. de la France XIX, 1 ff. Délambre: Hist. de l'astronomie du moyen âge. Paris 1819, p. 241. — Editio princeps der Sphaera 1472 in Ferrara 4°.

[2]) Beste Biographie in den Scriptores ordin. praedicator. recensiti, inchoav. Jac. Quetif, absolv. J. Echard. Paris 1719 t. I, 162 ff. — Albertus Magnus in Geschichte und Sage (anonym) Köln 1880. — Sighart: Alb. Magnus. Regensburg 1857 bietet uns wenig. Pouchet: Hist des sciences naturelles au moyen âge ou Albert le Grand et son époque. Paris 1853 bespricht speciell die naturwissenschaftlichen Leistungen Alberts. — v. Hertling: in der allgemeinen Deutschen Biographie I, 186—196. — Von der 21 Foliantbände umfassenden Lyoner Ausgabe von Jammy enthalten die sechs ersten die Commentare zum Aristoteles. Zwar ist diese Ausgabe unkritisch und durch willkürliche Emendationen vielfach entstellt; in Ermangelung einer besseren werden wir aber dennoch nach ihr citieren müssen.

Beobachtungen in Parallele und übt so an dem griechischen Philosophen eine scharfe Kritik. Überhaupt liebt er es jedesmal, kurze historische Abrisse von der Opinio veterum über diesen und jenen Gegenstand zu geben, ehe er selbst seine Ansicht darlegt. Aber gleichwohl konnte er sich von dem aristotelischen Schematismus nicht frei machen und seine eigenen Erklärungen der Naturphänomene basieren ganz auf aristotelischen Principien. Niemals gelingt es ihm, in seinen Naturerklärungen irgend wo auch nur einen festen Punkt zu erreichen. Wohl haben wir mehr oder minder glaubwürdige Nachrichten von Versuchen, die er angestellt hätte, aber nirgends zeigt sich die Spur eines methodisch angelegten und mit vollem Bewusstsein über Ziel und Tragweite durchgeführten Experimentes. — Unter seinen naturwissenschaftlichen Commentaren sind für die Geographie bemerkenswerth:

Die IV. ll. *de caelo et mundo* (Jammy t. II.). Dieselben enthalten zwar meist astronomisches Material, doch findet sich daselbst auch der Erdkörper als Ganzes nach Gestalt, Größe und Stellung beschrieben.

Ferner IV. ll. *Meteorum* (Jammy t. II.), welche inhaltlich den aristotelischen Meteora entsprechen. Das erste Buch bespricht Erscheinungen des höheren Luftreiches, Kometenbildung, Milchstraße, Lichterscheinungen am Himmel. Im zweiten folgt sodann die Entstehungsursache des Reifes, Regen, Schnees, sowie die Hydrographie: Qualitäten des Wassers, der Ocean, Quellenlehre, Flusssysteme etc. Im dritten die Windtheorien, Erdbebenkunde, Gewitterbildung und andere Lufterscheinungen, wie Regenbogen, Sonnen- und Mondhöfe. Im vierten die aristotelische Elementenlehre.

Von nicht geringerer Wichtigkeit für unseren Zweck als die Meteorologie ist aber sein *liber de natura locorum* (Jammy t. V.), welches mit großer Sachkenntnis und sicherer Beherrschung des Stoffes eine Fülle der interessantesten Fragen aus dem Gebiete der vergleichenden Erdkunde bespricht. Kein geringerer als Alex. von Humboldt hat diesem Buche rückhaltslos seine Anerkennung ausgesprochen. In demselben findet sich die gesammte Zonenlehre mit durchgehender Berücksichtigung der antiken behandelt. Hieran schließt sich eine Schilderung des Einflusses, welchen Meere, Berge und Wälder auf die Bewohnbarkeit und Gesundheit der Länder ausüben; sodann werden die Wechselbeziehungen erörtert, die zwischen dem Erdboden und den Erzeugnissen desselben, seinen Thieren und seinen Bewohnern bestehen. Nicht nur die Farbe, auch die Sitten und Charakterbildung des Menschen werden durch die jedesmalige geographische Provinz bestimmt. Zum Schluss behandelt er verschiedene kosmographische Gegenstände.

Im *liber de proprietatibus elementorum* (Jammy t. V.) wird das Ebbe- und Fluthphänomen sehr eingehend dargestellt und nicht weniger ansprechend werden die Theorien über Thermalquellen, über Vulkanismus, Gebirgs- und Festlandbildung beschrieben. Allerdings läuft ihm hierbei ein unverzeihlicher Irrthum mit unter, er polemisiert mit aller Schärfe und Ironie gegen die Erdbewegung.

Sein *liber de passionibus aeris, sive de vaporum impressionibus* (Jammy t. V.) behandelt nur meteorologische Fragen, besonders die Windtheorien, daneben auch wieder die Erdbebenkunde.

Alexander Neckam, geb. 1150 in Hartford, gest. c. 1227, wurde anfangs im Kloster St. Alban, später an der Hochschule in Paris ausgebildet. 1213 finden wir ihn als Abt von Cirencester. Sein *liber de natura rerum* ist ein wichtiges Handbuch für die gesammte Wissenschaft in Westeuropa und speciell in England gewesen. In den zwei Büchern desselben wird der gesammte Schatz des Naturwissens encyklopädisch zur Darstellung gebracht und berührt daher auch mehrmals geo-physikalische Fragen. Besonders bemerkenswerth ist er wegen seiner Andeutungen über den Compass.[1])

Noch weniger selbstständig zeigt sich Vincentius von Beauvais (Bellovacensis oder Burgundus), ein französischer Dominikanermönch, der in seinen weitschichtigen Schriften eine Fülle des verschiedenartigsten Materials aufgespeichert hat. Über seine Lebenszeit wissen wir wenig mehr, als dass er im XIII. Jahrhundert unter Ludwig dem Heiligen gelebt hat. In seiner literarischen Thätigkeit zeigt er sich als einer der größten Excerpisten des Mittelalters, wenn nicht als der größte und hat in dieser Hinsicht seine Vorgänger, einen Isidor nicht minder wie einen Honorius, überstrahlt. Seine Arbeiten zeigen aber auch die oberflächlichste Methode des Sammelns, ein bloßes Zusammenstellen von Citaten unter vorhergehender Nennung des Autors, ohne den geringsten Versuch einer Verarbeitung dieses Materials, ohne das häufig Widerspruchsvolle in den verschiedenen Berichten aufzudecken oder zu erklären. Die Quellen. die er für sein Hauptwerk, das *Speculum maius*, benutzt hat, repräsentieren eine ganze Bibliothek. Über 450 Schriftsteller und 2000 den verschiedensten Gebieten des Wissens angehörige Werke hat man bei ihm gezählt. Von seinem Speculum und dessen drei Theilen kommt für uns nur das Speculum naturale, der erste Theil in Betracht, der in 32 Büchern und 3698 .Capiteln eine Darstellung der gesammten Naturwissenschaften vom Standpunkte des Offenbarungsglaubens aus enthält. Buch IV. behandelt in demselben die Meteorologie (Luft, Winde, Wolkenbildung, Gewitter, Regen etc.); Buch V: die Hydrographie (Wasser, Ocean, Meere, Flüsse, Salzgehalt). Buch VI: die Erde und das Land speciell, Agricultur etc.[2])

Der zweitgrößte Stern am wissenschaftlichen Himmel des XIII. Jahrhunderts ist der Franciscanermönch Roger Baco, der Doctor mirabilis, wie ihn seine Zeit nannte, der hinsichtlich des Umfanges seines Wissens dem Regensburger Erzbischofe in nichts nachstand. Zu Ilchester (Somersetshire) im Jahre 1214 geboren, studierte er, herangereift in Oxford und Paris, Theologie. Als doctor Theologiae trat er dann in Oxford in den Orden der Franciscaner, um hier ungestört den Wissenschaften leben zu können und hier verfasste er auch den größten Theil seiner Werke. Aber die Nachstellungen seiner Ordensoberen und auch der Päpste Nicolaus III. und IV. hemmten ihn in seiner Thätigkeit. Aus einer zehnjährigen Gefangenschaft endlich erlöst, starb er 1294.

Baco erkannte schon damals, dass die Wissenschaft einen breiteren Boden haben müsse, dass sie sich ihre Resultate nicht vorschreiben lassen dürfe. Eine ganz neue Gestaltung der Wissenschaft schien er herbeiführen zu wollen, indem er die unbeachteten Gebiete der Mathematik und Naturkunde in ihren Bereich hineinzuziehen sich bemühte. Die Mathematik, welcher Albert der Große so wenig Geschmack hat abgewinnen können, wurde für Baco die Grundlage aller wissenschaftlichen Erkenntnis. Mathemathik ist die gewisseste aller Wissenschaften,

[1]) Alexandri Neckam de naturis rerum ll. duo edited by Th. Wright. London 1863. Ueber sein Leben und Schriften vergleiche die Preface daselbst. Ferner die Biographie générale Bd. 37, 569 ff.

[2]) Sein Speculum liegt in zahlreichen Incunabeln vor. Wir citieren nach der Ausgabe von 1624. Duaci fol. t. I. — Vergl. Schlosser: Vincenz v. Beauvais Frankfurt 1819.

weil sie *ex causis propriis et necessariis* beweist und die Wahrheit ihrer Erkenntnisse auf sinnlich-anschauliche Art durch Zahlen und Messen erproben kann. — Auf ihr beruhen alle anderen Wissenschaften und er spricht es geradezu aus: *omnis scientia requirit mathematicam*. Für die Astronomie ist die Mathematik die erste Bedingung, aber auch die Astronomie selbst wieder ist die unentbehrliche Folie für die anderen Wissenszweige. Ohne astronomische Kenntnisse müsse unser Verständnis der Bibel mangelhaft bleiben, die so vielfach Gegenstände der Himmelskunde und der mit ihr auf engste zusammenhängenden astronomischen Erd- und Ortskunde berührt. *Qui vero imaginationem bonam locorum habuerit et situm eorum et distantiam et altitudinem et longitudinem, latitudinem et profundum cognoverit, necnon diversitatem eorum in caliditate et siccitate, frigiditate et humiditate, calore et sapore, odore et pulchritudine, turpitudine, amoenitate, fertilitate, sterilitate et aliis conditionibus expertus fuerit, et optime placebit ei historia literalis et de facili atque magnifice poterit ingredi ad intelligentiam sensuum spiritualium.*

In seinem *opus maius* finden wir neben astronomischen Untersuchungen Fragen der mathematischen Erdkunde eingehend erörtert: die Gestalt der Erde, die ideell gezogenen Linien ihrer Oberfläche, die Gradmessung etc. Doch hatte er auch der physischen Erdkunde seine Aufmerksamkeit gewidmet, wie die Betrachtungen über die Klimatologie, Ebbe und Flut, über die Nilüberschwemmungen u. a. m. zeigen.

Zudem wies er mit Energie und Nachdruck auf den Werth und die eminente culturelle Bedeutung der experimentalen Forschung hin, wenn ihm freilich noch Fehlschlüsse der wunderlichsten Art mit unterlaufen. — Auf der anderen Seite jedoch steht er noch so sehr in der einseitig theologischen Richtung seiner Zeit befangen da, dass er alles nur zum Nutzen dieser, also zum Bestehen der traditionellen Richtung der Wissenschaft anwenden will. Man darf nicht erwarten, dass von Baco eine Reform der Wissenschaft ausgieng, wozu er überdies zu vereinzelt stand; noch viel weniger lässt sich hoffen, bei ihm ein neues philosophisches System zu finden, vielmehr macht sich gerade der Mangel des Systematischen bei ihm sehr fühlbar, aber sein unsterbliches Verdienst ist es, der Naturwissenschaft durch Einführung der Mathematik eine neue gediegenere Grundlage gegeben zu haben.[1])

Der Italiener Ristoro von Arezzo, von dessen Lebensverhältnissen wir nichts weiter wissen, als dass er aus Arezzo gebürtig war, wie er selbst angiebt, hat seine Zeitgenossen mit einem Compendium kosmographischen Inhalts bedacht. Trotzdem ihm keine anderen Quellen vorgelegen haben als allen übrigen, hat er doch eine etwas originellere Auffassung der Naturphänomene angestrebt, die allerdings häufig auf scholastische Speculationen hinausläuft. Seine sieben Bücher vom Bau der Welt *(La composizione del mondo)* sind theils astronomischen, theils geographischen, theils speciell naturbeschreibenden Inhalts. Buch II und VI sind dem Erdkörper gewidmet; die übrigen Bücher bringen mannigfache Ergänzungen hierzu.[2])

[1]) Fratris Rogeri Bacon ord. min. opus maius ad Clementem IV. ed Jebb. London 1733. — Siebert: Roger Baco. Marburg 1861. K. Werner: Die Psychologie, Erkenntnis- und Wissenschaftslehre des R. Baco, in Sitzber. der phil.-hist. kl. d. Akad. der Wiss. zu Wien 1879, Bd. 39 p. 467 ff. und die Kosmologie und die allgemeine Naturlehre des R. B. ibid. Bd. 94. pag. 489 ff.

[2]) Ristoro von Arezzo: La composizione del mondo, herausgegeben von Narducci. Rom 1859.

Der *Tresor* des Brunetto Latini (1220—1294) ist die italienische Encyklopädie des Mittelalters. Die Vorwürfe Quadrios und Nannuccis, dass Brunetto den Thesaurus des Peter von Corbiac copiert oder doch stark benutzt habe, sind unmaßgeblich, wenn wir auf die compilierende Literatur jener Zeit im allgemeinen Rücksicht nehmen, sodann hat Brunetto aber seine excerpierende Methode selbst eingestanden. Von den Alten verwendete er vorzüglich die Schriften des Aristoteles, Cicero, Plinius, Solinus, Seneca — sowie die Bibel. Sein in drei Bücher getheilter Tresor umfasst im zweiten und dritten die Ethik und Politik, während das erste biblische, historische und naturwissenschaftliche Gegenstände behandelt. Der dritte Theil desselben bespricht Beschaffenheit und Anordnung der Elemente, unterirdische Wasserläufe, Regenbildung, Winde und geht sodann auf mathematisch-astronomische Gegenstände über; das vierte Buch enthält eine kurze Länderkunde. — Welchen Anklang sein Werk seit dem Ende des XIII. Jahrhunderts gefunden, zeigt sich in der Unzahl von Copien desselben, die zum großen Theil in französischer und italienischer Sprache noch vorhanden sind. Chabaille gab den Tresor mit Benutzung von 40 Codices heraus. Seiner Ausgabe liegt ein Manuscript vom Jahre 1284 (der Pariser Bibliothek) im Dialekte von Isle de France zu Grunde, demjenigen, in welchem Brunetto das Buch geschrieben haben soll.[1])

Auch der große Dante Alighieri (1265—1321) muss hier Erwähnung finden, da er nicht nur in seiner *Divina Comedia* uns gelegentlich einige Angaben über den Bau der Welt und der Erde zutheil werden lässt, sondern auch in einer eigenen Monographie ein im Mittelalter aufgetauchtes Problem mit bewunderswerther Sachkenntnis und vielem Verständnis für kosmographische Fragen in scharfsinniger Weise zu lösen suchte. Noch in Mantua hatte er, so erzählt er selbst, gegen die Hypothese von der excentrischen Lage der Erd- und Wassersphäre polemisiert, war aber damals mit seiner Untersuchung zu keinem Abschluss gelangt. So entschloss er sich denn, als er später nach Verona kam, daselbst in der Capelle der heil. Helena (am 20. Januar 1320) in Gegenwart des gesammten Veroneser Clerus den oben gedachten Gegenstand in einer zusammenhängenden Rede zur Darstellung zu bringen und seine Ansichten darüber zu entwickeln. Späterhin hat er dieselbe auch schriftlich niedergelegt und sie ist uns noch als *Quaestio de aqua et terra* erhalten.[2])

Mit dem XIII. Jahrhundert könnten wir füglich einen Abschluss machen, denn alles, was im XIV. und XV. Jahrhundert noch geliefert wurde, ist mehr oder weniger nur eine Reproduction des vorhandenen Materiales. Wir besitzen eine Reihe von Kosmographien, Naturspiegeln, Imagines mundi und wie sie alle heißen, die in längerer oder kürzerer Form ein Bild von dem Weltganzen entwerfen. Aber alle diese Compendien, die zum Theil noch nicht gedruckt und auf den Bibliotheken unter Unica und Curiositäten rubriciert werden, enthalten für unseren Zweck nichts Brauchbares. Zum unzähligsten Male wird uns die aristotelische Elementenlehre vorgeführt und im Anschluss daran ein kosmo-

[1]) Li livres dou Tresor par Brunetto Latini publié pour la première fois par P. Chabaille in der Collection de Documents inédits sur l'histoire de France. 1 série. Paris 1863. — Im Italienischen: Il Tesoro di Brunetto Latini volgarizzato da Bono Giamboni. Bologna 1877 ff. 4 Bände

[2]) Herausgegeben von P. Fraticelli in den opere minori di Dante Alighieri. Vol. II. 430—465 mit italienischer Übersetzung, Firenze 1857.

graphischer Abriss gegeben, der sich Satz für Satz auf ältere Vorlagen stützt.

Zu ihnen gehören, um einige zu nennen, das *Buch der Natur* des Konrad von Megenberg (1349),[1] ferner die *Margarita philosophica* des Paters Gregor Reisch, welche in Form eines Dialoges zwischen einem Magister und seinem Discipulus sämmtliche Gebiete des Wissens berührte.[2]

Petrus de Alliaco, der Cardinal von Cambray, hat seine Zeitgenossen mit einem Werk *Imago mundi* beschenkt, welches weniger wissenschaftlichen Werth beansprucht, aber eine desto größere Bedeutung für die Folgezeit gehabt hat und sogar noch Christoph Columbus in seinen Entdeckerplänen bestärkte. Es ist wesentlich eine Compilation aus den Werken der Alten, des Orosius, Isidor, Bacos und der Araber. Den Zweck seines Buches giebt er im Anfang selbst an: *Ipsum velut in materiali quodam speculo representans non parum utilis esse videtur ad divinarum elucidationem scripturarum. Cum in eis de partibus ipsius et maxime de locis terrae habitabilis mentio saepius habeatur. Ideo tractatum hunc scribere et in eo quae a sapientibus super hac materia diffuse scripta sunt breviter ac veraciter colligere dignum duxi.* Es folgt dann in 60 Capiteln eine Beschreibung des Weltalls und der Erde ganz im Stile der übrigen Kosmographien: c. 1—13 die mathematisch-astronomische Geographie, c. 14—fin. eine allgemeine Länderkunde untermischt mit Capiteln physisch-geographischen Inhalts.[3]

---

[1]) Konrad v. Megenberg: Buch der Natur. Augsburg 1475.

[2]) Gregor Reisch: Margarita philosophica. Freiburg 1503.

[3]) Petr. de All.: Ymago mundi s. eius ymaginaria descriptio s. l. e. a. — Cf. Tschakert: Peter von Ailli. Gotha 1877. A. v. Humboldt: Kritische Untersuchungen über die historische Entwicklung der geographischen Kenntnisse der neuen Welt. Deutsch von Ideler, 1836. I, 70. —, Kosmos II, 179.

ERSTES CAPITEL.

Der Erdkörper.

1. Gestalt der Erde.

Der Entwicklungsgang, den die Anschauungen von der Gestalt der Erde im Mittelalter genommen, und der hieran sich anschließende Jahrhunderte lange Streit um die Antipodenfrage bilden für die mittelalterliche Culturgeschichte nicht minder, wie für die Geschichte der Geographie eins der verwickeltsten, aber auch interessantesten Capitel. Während bei den Alten Fragen dieser Art als rein fachwissenschaftliche betrachtet und daher auch meist von Philosophen und Geographen in Angriff genommen wurden, war man im Mittelalter gezwungen von einem wesentlich anderen Gesichtspunkte aus den Gegenstand zu behandeln, da religiöse Gründe noch hinzutraten und eine der Bibel möglichst sich anpassende Antwort nöthig machten; und während diese Fragen bei den Alten auf die Kreise der Gelehrten beschränkt blieben, nahmen im Mittelalter auch Papst und Kirche zu ihnen Stellung und wollten sie in ihrem Sinne beantwortet wissen. Es hat an päpstlichen Verweisen nicht gefehlt, ja, es wurde gesengt und gebrannt, wo Bulle und Concil nichts mehr halfen, und mehr als einer endigte als Märtyrer der Wissenschaft auf dem Scheiterhaufen. Der Glaube an Antipoden allein schon war für die Kirche zeitweise ein untrügliches Kriterium geworden, dass sie es mit einem Fall von Ketzerei zu thun habe.

Wenn wir auch diese wunderlichen Auswüchse der Zeit einer falschen Religiosität zu Gute halten müssen, so ist anderseits die ursprüngliche Annahme einer flachen Erdscheibe als das nothwendige Durchgangsstadium anzusehen, ehe die Wissenschaft zu einer richtigen Erkenntnis der Kugelgestalt vordrang. Eine solche konnte aber erst das Resultat vielfacher Beobachtungen sein und so lange man sich nicht von der einfachen Sinnentäuschung emancipiert hatte, so lange konnte selbstverständlich auch keine Förderung dieser Frage eintreten. Es war für jeden oberflächlichen Beobachter ein zu nahe liegender Schluss, die Erde für eine Fläche zu halten, die wegen des nicht genügend erhabenen Standpunktes und der mangelhaften Sehweite des menschlichen Auges auch nicht in ihrer ganzen Ausdehnung überschaut werden könne; und in der That gehört zur Erkenntnis der Erdrundung doch ein schon ziemlich bedeutender Grad mathematischer und astronomischer Erfahrungen, in deren Ermangelung eine noch so scharfe Beobachtungsgabe keinen Ersatz bietet. Selbst ein Herodot, dem wir eine solche schwerlich werden absprechen können, hielt noch an der Scheibengestalt fest und was Jagor von den malayischen Seeräubern erzählt, die durch den aufsteigenden Rauch des sie verfolgenden Dampfbotes noch früh genug zu fliehen gemahnt werden, so bleibt immer noch die Frage offen, ob wir hier mit Günther eine wirkliche Kenntnis der Erdrundung bei jenen Piraten voraussetzen dürfen.[1])

Freilich ist das Mittelalter und besonders die spätere Hälfte desselben von dem Vorwurf der Verblendung nicht freizusprechen, denn die Kugel- und Antipodenlehre war bereits zur Evidenz nachgewiesen worden und selbst einige der orthodoxesten Kirchenväter hatten dieselbe ohne jede Scheu acceptiert.

Wenn wir uns nunmehr der Aufgabe zuwenden wollen, die Anschauungen, welche man im Mittelalter von der Gestalt der Erde hatte, im Zusammenhang zu besprechen, so dürfte es hier mehr als anderswo geboten erscheinen, diejenigen der Alten — wenn auch nur in aller Kürze — summarisch durchzugehen.[2])

Scheiben- und Kreisform sind die beiden vorzüglichsten Charakteristika, welche die Mythographen und die ältesten Philosophen der Griechen in der Erdgestalt erkennen wollten. Als eine kreisförmige Erdscheibe scheint sie sich bereits Homer gedacht zu haben (Od. V, 282. XII, 380), wenngleich bei ihm keine positive Angabe ihrer Kreisform sich findet und dieselbe mehr aus dem Umkreisen des Okeanosflusses gefolgert wird (Il. XIV, 200. XXIII, 205. Od. XIX, 428 f.). Auch bei Hesiod fließt der Okeanos um die Erdscheibe (ἔργ. κ. ἡμ. 566. Theog. 132. 242. 695. 959). Während auch die Kykliker noch im wesentlichen der homerischen Ansicht sich anschließen, tritt durch die Philosophen insofern ein Fortschritt ein, als diese die Scheibenform und ihre weiteren Eigenschaften auf spekulativem Wege näher zu erweisen suchten. Thales (640—548 v. Chr.) meinte, der Himmel sei eine Kugel und die Erde eine kreisförmige Scheibe, die wie Holz auf dem Wasser schwimme (Arist. de coelo II, 13, 7. Metaph. I, 3. Senec. nat. qu. III, 14. VI, 6). Gleichwie man ihm fälschlich auch die Kugellehre zuschrieb (Plut. plac. phil. III, 10), so geschah dies auch bei Anaximander (611—547). (Über die Streitfrage vgl. besonders Berger l. c. 8—14). Derselbe gab vielmehr der Erde die Gestalt eines Cylinders, dessen Höhe ein Drittel seiner Breite betrage (Euseb. praepar. evangel. I, 8, 2: Ὑπάρχειν δέ φησι τῷ μὲν σχήματι τὴν γῆν κυλινδροειδῆ, ἔχειν δὲ τοσοῦτον βάθος, ὅσον ἂν εἴη τρίτον πρὸς τὸ πλάτος. Die entgegengesetzte Ansicht bei Hippolyt. refut. I, 6). Auch Anaximenes (c. 588—524) huldigte dieser Ansicht, da er die einer Tischplatte ähnliche Erde auf der durch ihre Schwere in der unteren Hälfte des Himmels zusammengepressten Luft ruhen lässt (Arist. de coel. II, 13, 10. Euseb. I, 8, 3: Ἀναξιμένην δέ φασι .... πρώτην γεγενῆσθαι λέγειν τὴν γῆν, πλατεῖαν μάλα. Vgl. XV, 56). Xenophanes von Kolophon (576—480) hielt die Erde für eine ins unendliche gewurzelte

[1]) Jagor: Reise in den Philippinen. Berlin 1873, p. 180. — S. Günther: Lehrbuch der Geophysik. Stuttgart 1884, I, 133: »Sie schlagen eben eine zu dem Curse des Kriegsschiffes senkrechte Route ein und bergen sich so hinter der Erdwölbung wie hinter einem Dache.«

[2]) Von der überaus reichen Literatur seien hier nur genannt: Forbiger: Handbuch der alten Geographie. Leipzig 1842, I. L. Öttinger: Die Vorstellungen der alten Griechen und Römer über die Erde als Himmelskörper. Freiburg 1850. W. Schäfer: Entwickelung der Ansichten des Alterthums über Gestalt und Größe der Erde. Progr. des Gymn. zu Insterburg 1868. Zeller: Philosophie der Griechen. 3. Auflage, Leipzig 1869 ff. Berger: Geschichte der wissenschaftlichen Erdkunde der Griechen. 1. Abtheilung. Die Geographie der Jonier. Leipzig 1887.

breite Scheibe (Arist. de coel. II, 13: ἐπ' ἄπειρον αὐτὴν ἐρριζῶσθαι λέγοντες, ὥσπερ Ξενοφάνης ὁ Κολοφώνιος), Leukipp für tympanonähnlich, Demokrit (V. Jahrhundert) für diskusförmig und in der Mitte vertieft (Plut. pl. phil. III, 10: Λεύκιππος τυμπανοειδῆ· Δημόκριτος δισκοειδῆ μὲν τῷ πλάτει κοίλην δὲ τὸ μέσον) und Diogenes von Apollonia betonte gleichfalls ihre rundliche Form (Diog. Laert. IX, 9. τὴν γῆν στρογγύλην). Selbst bei Herodot (484 — c. 408) finden wir diese Erdanschauung vertreten. Wenn er sich auch über diejenigen lustig macht, welche den Lauf des Okeanosflusses um die Erde von einer tadellosen Kreisform sich denken, so nimmt doch auch er noch eine länglich-runde Erde an (IV, 8. 36. II, 21. 23).

Zu derselben Zeit, wenn nicht schon etwas früher, treffen wir die ersten Gedanken von der Kugelgestalt der Erde an. Die Annahme einer solchen ging nachweisbar von den Pythagoräern aus. Dass sie von Pythagoras selbst herrührt, ist nicht mit Sicherheit anzunehmen, da nur Diogenes von Laerte dies an einer Stelle behauptet, während er an einer anderen nach dem Zeugnis des Phavorinus das Gegentheil aussagt und später vielmehr den Parmenides (geb. c. 540) als ersten Lehrer der Kugelgestalt nennt (IX, 21: Πρῶτος δὲ οὗτος τὴν γῆν ἀπέφηνε σφαιροειδῆ, καὶ ἐν μέσῳ κεῖσθαι). Aber erst Aristoteles erklärte sich offen unter Beifügung von Beweisen für dieselbe (de caelo II, 14, 8: Σχῆμα δὲ ἔχειν σφαιροειδὲς ἀναγκαῖον αὐτήν). Er leitet sie aus der Gestalt des Erdschattens bei Mondfinsternissen ab und aus dem Auftauchen und Verschwinden der Fixsterne für den von Norden nach Süden sich fortbewegenden Beobachter. Theoretisch mache nach seiner Ansicht schon der Begriff der Schwere und die Gleichgewichtslage aller Theilchen um das Centrum die Kugelgestalt nothwendig. Er spricht u. a. auch schon damals die Möglichkeit aus, dass man von den Säulen des Herkules in westlicher Fahrt nach Indien gelangen könnte (de coelo II, 14, 15: διὸ τοὺς ὑπολαμβάνοντας συνάπτειν τὸν περὶ τὰς Ἡρακλείους στήλας τόπον τῷ περὶ τὴν Ἰνδικήν, καὶ τοῦτον τὸν τόπον εἶναι τὴν θάλατταν μίαν, μὴ λίαν ὑπολαμβάνειν ἄπιστα δοκεῖν). In ihm haben wir den eigentlichen Begründer von der Kugelgestalt der Erde zu sehen, wie denn auch nach ihm kein Geograph und Philosoph der alten Zeit mehr Zweifel gegen diese Lehre erhoben.[1])

Diese Überzeugungstreue machte auf die Kirchenväter nicht immer einen entsprechenden Eindruck, weil sie unter dem Einfluss der Bibel stehend, welche die entgegengesetzte Ansicht vertrat, mit einem unvermeidlichen Vorurtheil an die Frage herantraten. Aber gleichwohl hat ein bedeutender Theil der Väter sich nicht von solchen Rücksichten leiten lassen und wir finden, dass bereits in den ältesten Zeiten namhafte Vertreter der Kugellehre unter ihnen sich zeigen. Es hatten daher die Lehrsätze der Alten keine allzu lange Unterbrechung erfahren, wenn auch das strengere geometrische Verfahren jener sich bei den wenigen aufgeklärteren Schriftstellern der älteren Christenheit allerdings noch vermissen lässt. Auf der anderen Seite müssen wir leider die Wiederaufnahme der Scheibengestalt constatieren, auf Grund deren auch noch eine Kosmologie entstand, die an Faselei nichts zu wünschen übrig lässt.

Nach biblischer Auffassung war die Erde eine runde Scheibe; wird auch das Scheibenähnliche an ihr nie besonders hervorgehoben, so ergibt sich dieses doch aus verschiedenen Andeutungen, die nur unter Annahme einer Fläche verständlich sind. Von ihrer rundlichen Form sagt Jesaias 40, 22: »Der Herr sitzet über dem Kreis der Erde« und

[1]) Mit Ausnahme vielleicht von Lukrez (de nat. rerum I, 1051 ff.)

diese Anschauung stimmt überein mit Ezech. 38, 12, wonach Palästina in der Mitte aller Länder und Ezech. 5, 5. 6, wo Jerusalem im Centrum derselben liegt. Eine viereckige Gestalt ist somit völlig ausgeschlossen und die vier Enden der Erde bei Ezech. 7, 2 und Jes. 11, 12: (אַרְבַּעַת כַּנְפוֹת הָאָרֶץ) beziehen sich auf die vier Himmelsgegenden.[1])

Die Erde selbst ist vom Ocean umgeben, jenseit dessen ewige Finsternis herrscht (Hiob 26, 10). Etwas verworren und zum Theil widersprechend sind die Angaben über den Stützpunkt der Erde. Nach Hiob 26, 7 soll die Erde frei in der Luft »an nichts« hängen, während Psalm 136, 6: »Der die Erde aufs Wasser ausgebreitet hat« und Psalm 24, 2: »Denn er hat den Erdboden an die Meere gegründet« eine Ansicht ausspricht, wie wir sie bei den jonischen Naturphilosophen gefunden haben. Trotz der hängenden oder schwimmenden Lage aber wird dem Erdkörper doch eine in seiner eigenen Masse begründete Festigkeit zugesprochen.[2]) Dies sind die dürftigen Andeutungen, welche die Bibel uns giebt und aus denen ein Theil der Kirchenväter sich ein Bild vom Weltbau zurecht machte.

In den cultur- und literar-historischen Darstellungen pflegen zur Charakterisierung des tiefen Verfalles der Wissenschaft im Mittelalter gewöhnlich zwei Namen genannt zu werden, Lactanz und Kosmas, die wir wegen ihrer Angriffe auf das heidnische Wissen bereits oben kennen gelernt haben und die begreiflicherweise auch mit der Kugellehre der Alten keine Ausnahme machten. Während aber Kosmas wesentlich von der Bibel aus gegen die Kugellehre vorgeht, sucht Lactanz die Anhänger derselben in ihrem eigenen Lager auf, indem er ihre Beweisgründe beleuchtet. Besonders Anstoß erregte ihm die Forderung, dass die Erde rund sein müsse, weil es der Himmel sei. Man sah, wie er sagte, die Gestirne im Osten stets auf- und im Westen stets untergehen und weil man sich die Maschinerie nicht näher erklären konnte, wie die Gestirne von der West- nach der Ostgegend wieder zurückgelangten, so hielt man den Himmel für gekrümmt (*devexum*), was aber nur so erschiene wegen seiner gewaltigen Breite. Dadurch ließ man sich verleiten, die Welt für gerundet zu halten und wegen der Bewegung der Sterne den ganzen Himmel rotieren zu lassen, um so die Sterne an ihren Aufgangspunkt zurückzuversetzen. Die weitere Folge war, dass man nun die Erde in die Mitte jener Hohlkugel setzte und schließlich auf Grund dessen auch die Erde für kugelähnlich hielt. (*Quod si ita esset, etiam ipsam terram globo similem; neque fieri posset, ut non esset rotundum, quod rotundo conclusum teneretur*). Einen zweiten Grund für die Verwerfung der Kugeltheorie sieht er in der Unmöglichkeit der Antipodenhypothese (s. u.), deren Annahme jedoch die naturgemäße Consequenz jener falschen Lehre wäre; denn wenn die Erde rund wäre, so müsste sie an der uns entgegengesetzten Stelle ebenso Berge, Felder, Meere, Thiere und Menschen aufweisen.[3]) Er hielt also übereinstimmend mit der Bibel die Erde für eine Fläche und beschränkte so seinen geographischen Horizont ganz auf den der Schrift.

---

[1]) Vergleiche außerdem Jes. 24, 16. Hiob 37, 3. 38, 13.

[2]) Hiob 9, 6. 38, 6. Ps. 75, 4. 104, 5: »Gott stützte die Erde auf ihre Grundfesten.« (Luther übersetzt falsch!)

[3]) Lactant. divin. institut. III, 24 ed. Cellar. p. 230. Vergleiche auch Nic. le Nourry: Apparatus ad bibliothecam maximam veterum patrum et antiquissimorum ecclesiasticorum scriptorum. Paris 1715, fol. II, 872 und Tertullians Ansicht ibid. II, 1474 f. — Auch das Urtheil des Kopernikus über Lactanz und dessen Verwerfung der Kugellehre möge hier Erwähnung finden: »Es ist nicht unbekannt,

Zu den Vertretern der Scheibentheorie gehört ferner jene ganze Classe von Bibelexegeten, welche wir unter dem Namen Syrer zusammenfassen. Wesshalb gerade sie mit seltener Einstimmigkeit an derselben festhielten, kann allein darin seinen Grund haben, dass ihr ganzes Bestreben darauf gerichtet war, in nüchterner objektiver Methode den literalen Wortsinn der Bibel zu deuten, dadurch zugleich aber auch in die Nothwendigkeit versetzt waren, der Bibel auf Schritt und Tritt zu folgen und mit peinlicher Anlehnung an sie, ein Weltgebäude zu construieren, wie es jedenfalls der biblischen Auffassung am nächsten kommt.

Die Anschauungen des Theodor von Mopsuestia sind uns nur sehr fragmentarisch bekannt, doch können wir uns aus ihnen eine Vorstellung von der Construktion seines Weltgebäudes machen. Johannes Philoponos bringt bei Beweisführung des kugelförmigen Himmels auch die irrthümlichen Ansichten Anderer und weist namentlich auf jenen Theodor hin, welcher diesem für die Erdbewohner allein sichtbaren Stück des Himmels die Gestalt eines der Länge nach getheilten Cylinders zusprach. Die Durchschnittsfläche desselben, welche unserer Erde entsprach, wurde von geraden Linien begrenzt und hatte eine größere Länge als Breite. Ἥμισυ δὲ σφαίρας ὑπάρχει τὸ ὑπὲρ γῆν, οὔτε δὲ κυλίνδρου, ὡς τοῖς Θεοδώρου δοκεῖ, οὔτε φοδοῦς ἐστιν ἥμισυ, οὔτε ἄλλου τινὸς σχήματος διχοτομουμένων. γὰρ τούτων κατὰ μῆκος, τὰ ἑκάστου διχοτομήματα περατοῦσιν εὐθεῖαι γραμμαί, καὶ τὸ μῆκος ἔχουσι τοῦ πλάτους μεῖζον.[1]) Auf ihn hat auch Bezug, wenn Philoponos von der Unwissenheit Einiger sagt, dass sie die Enden des Himmels auf der Erde ruhen lassen (τὰ ἄκρα τοῦ οὐρανοῦ τῇ γῇ ἐπίκειται l. c. III, 9, p. 115). Auch eine andere specifisch syrische Lehre findet sich bei ihm, dass nämlich Engel die Himmelslichter fortbewegten, und zwar indem sie dieselben entweder nach Art der Zugthiere hinter sich herschleifen, oder vor sich herstoßen, wie diejenigen, welche runde Lasten wälzen — oder auf beide Arten zugleich; oder schließlich, indem sie dieselben auf den Schultern tragen.[2])

Neben ihn ist als Leugner der Kugellehre Diodor von Tarsus zu setzen. Aber auch von ihm wissen wir nur wenig und aus dem wenigen, was uns Photius mittheilt, ersehen wir nur so viel, dass er gleichfalls die sphärische Gestalt des Himmels bestritt, ohne aber beweiskräftige Gründe angeben zu können. Πειρᾶται .... ἐλέγχειν τοὺς τὸν οὐρανὸν σφαιρικὸν ὑποτιθεμένους, οὐ μέντοι γε διὰ τῶν ἰσχὺν ἐχόντων οἱ ἔλεγχοι πρόεισι. Τὸ σφαιρικὸν δὲ οὐ βούλεται συγχωρεῖν, διότι νομίζει τὴν εἱμαρμένην ἐκ τῆς τοιαύτης εἰσάγεσθαι θέσεως.[3])

Auch Johannes Chrysostomus verwarf sowohl die Rotation wie überhaupt die Sphäricität des Himmels und blieb der syrischen Annahme

---

dass Lactanz, übrigens ein berühmter Schriftsteller, aber ein schwacher Mathematiker, sehr kindisch über die Form der Erde spricht, indem er diejenigen verspottet, die gesagt haben, die Erde habe die Gestalt einer Kugel.« Günther: Die kosmographischen Anschauungen des Mittelalters, in Deutsche Rundschau für Geogr. und Statistik IV (1882) p. 313.

[1]) Philopon. de mundi creat. III, 10. p. 119.

[2]) Philopon. l. c. I, 12. p. 25: Εἰπάτωσαν δὲ ἡμῖν οἱ τοῦ Θεοδώρου δόξης προεστῶτες, ἐκ ποίας ἐδιδάχθησαν θεοπνεύστου γραφῆς, ὅτι σελήνην καὶ ἥλιον, καὶ τῶν ἀστέρων ἕκαστον ἄγγελοι κινοῦσιν, ἢ ἔμπροσθεν ἕλκοντες ὑποζυγίων δίκην, ἢ ἐκωθοῦντες ὄπισθεν ὡς οἱ τὰ περιφερῆ φορτία κυλίοντες, ἢ καὶ ἀμφοτέρως, ἢ ἐπὶ τῶν ὤμων φέροντες. ὧν τί ἂν εἴη καταγελαστότερον;

[3]) Phot. bibl. cod. CCXXIII. Migne s. gr. t. 103, 837.

einer flachen Erde treu [1]) und dasselbe gilt von Ephräm dem Syrer, der von einer kreisförmigen ebenen Gestalt der Erde spricht. [2])

Erst bei Severian von Gabala finden wir eine ausführlichere Darstellung des Weltalls und lernen in ihr die stereotype syrische Lehrtradition kennen, vermittelst deren wir uns die mangelhaften Fragmente der anderen Syrer allein verständlich machen können. In seinen Homilien zur Weltschöpfung bespricht er unter der Voraussetzung einer flachen Erde die Gestalt des Himmels und den Lauf der Sonne. Besonders eigenartig ist bei ihm der Gedanke — falls nicht schon seine Vorgänger ihn ausgesprochen haben, — dass der Himmel in zwei Hälften getheilt sei, einen oberen und unteren Himmel. Jenen oberen bezeichnet er als Oberstock. Denn gleichwie in einem zweistöckigen Hause eine Zwischendecke die beiden Etagen scheidet, so machte auch Gott die Welt wie ein Haus und fügte als trennendes Zwischenglied diesen sichtbaren Himmel ein; über demselben lagert das Genes. I, 7 erwähnte Wasser, welches die mittelalterlichen Kosmographen, um dem Bibelbericht gerecht zu werden, stets in ihre Systeme einzufügen sich gezwungen sahen. Den Grund und Boden dieses Welthauses bildet unsere bewohnte Erde. [3]) Hierdurch war die Rotation des Himmels von selbst ausgeschlossen, und daher eifert er gegen die Philosophen, welche ihn sich als eine »sich drehende Kugel« (σφαῖραν κυλιομένην) vorstellen. »Niemand aber von uns ist so gottlos jenen thörichten Schwätzern zu glauben.« Zudem beruft er sich auf einen Ausspruch des Propheten Jesaias (40, 22): Ὁ στήσας τὸν οὐρανὸν ὡς καμάραν καὶ διατείνας αὐτὸν ὡς σκηνήν. [4]) Hiermit hatte die Schrift also offen ausgesprochen, dass die Welt als eine Kammer und der Himmel als eine ausgespannte Zeltdecke anzusehen sei und sein Vergleich der Welt mit der Bauart eines Hauses erhalte so seine unwiderlegliche Bestätigung. — Viel Schwierigkeit machte es stets, mit der flachen Erde die Bahn der Sonne in Zusammenhang zu bringen. Dem allgemeinen Princip zu Folge, dass mit dem gewölbeartigen Himmel und der scheibenförmigen Erde der ganze, überhaupt denkbare Weltraum abgesteckt war, konnte man die Rotation der Sonne um die Erde, d. h. so, dass diese während der Nachtzeit unter der Erde fortging, unmöglich beibehalten; denn ein solcher Lauf hätte die Annahme einer Erweiterung des Weltraumes unterhalb der Erde erfordert. Es blieb daher nur der eine Ausweg übrig, die Sonne von ihrem Untergangspunkte an nach Norden zu längs der Berührungslinie des Himmels mit der Erde entweichen und so nach dem Aufgangspunkte zurückkehren zu lassen. Dass von einer kreisförmigen Rotation um die Erde keine Rede sein könne, ergibt sich nach Severians Meinung aus der Schrift; so heißt es dort (Genes. 19, 23), dass Lot gen Zoar kam als die Sonne aufging — an der besagten Stelle aber stehe nicht ἀνῆλθεν (emporstieg), sondern ἐξῆλθεν (ausging) — und der Psalmist (18, 7 LXX.) rede von einer Spitze des Himmels (ἄκρον τοῦ οὐρανοῦ).

[1]) Chrysost. homil. 14 in epist. ad Hebr. p. 807: Ποῦ τοίνυν εἰσὶν οἱ λέγοντες κινεῖσθαι τὸν οὐρανόν; ποῦ εἰσιν οἱ σφαιροειδῆ αὐτὸν εἶναι ἀποφαινόμενοι. ἀμφότερα γὰρ ταῦτα ἀνῄρηται ἐνταῦθα.

[2]) Ephraemi opp. syriac. t. I. p. 121. A 4.

[3]) Severian. Gabal. in mundi creat. Migne s. gr. 56, 433: Τριώροφον δέ ἐστι τοῦτο. Καὶ ὥσπερ ἐν οἴκῳ διωρόφῳ μεσολαβεῖ στέγη μέση, οὕτως ὡς ἕνα οἶκον κτίσας ὁ κύριος τὸν κόσμον, μέσην στέγην ἐπέθηκε τὸν οὐρανὸν τοῦτον, καὶ ὑπεράνω τὰ ὕδατα.

[4]) Dieser Vers hatte einen ungemein großen Einfluss ausgeübt und die kosmologischen Anschauungen des Mittelalters nicht zum wenigsten mit bestimmt; wir werden daher auf ihn noch öfter zurückzukommen haben.

Wenn daher der Himmel in Wirklichkeit eine Kugel wäre, so könnte er keine Spitze haben (εἰ σφαῖρά ἐστιν, ἄκρον οὐκ ἔχει). Denn wo hat das nach allen Seiten hin abgerundete seine Spitze? (Τὸ γὰρ πανταχόθεν περιφερὲς, ποῦ ἔχει τὸ ἄκρον). Über der Erde also ist der Himmel ebensowenig eine Kugel als unter derselben und der Lauf der Sonne um die Erde nach Ansicht der Heiden (κατὰ τοὺς ἔξω) ein Ding der Unmöglichkeit.

Um daher ihren nächtlichen Aufenthalt und Wiederhervortreten im Osten zu erklären, nimmt er zu jenem alten Mittel seine Zuflucht. Die Sonne läuft am unteren Rande des Himmels, aber doch noch im Meere nach Norden »gleichwie hinter einer Mauer verborgen,« indem das Wasser die Sichtbarkeit ihres Laufes verhindert und wenn sie die nördlichen Gegenden durchwandert hat, wendet sie sich nach Osten.[1])

Severian macht keinen Anspruch auf Originalität dieser Ansicht und beruft sich auf Prediger Salomo I, 5, ohne aber die wahre Quelle zu kennen, denn der geschilderte Sonnenlauf beruht zweifelsohne auf antiker Anschauung. (s. o.)

Wie schon bei Homer, der den Sonnengott im Osten aus dem Sonnenteiche aufsteigen und im Westen wieder untertauchen lässt, diese Ansicht zu Grunde liegt, so findet sie sich auch bei Anaximenes, Aischylos, Antimachus und im Detail weiter ausgeführt in einer Elegie des Mimnermos von Kolophon und des Stesichoros wieder.[2])

Ob der citierte Vers Pred. I, 5 denselben Gedanken ausspricht, ist nicht ohne weiteres als selbstverständlich anzunehmen. Er ist in der LXX verderbt und mit dem folgenden Vers 6, der von dem kreisförmigen Lauf der Winde handelt, zusammengezogen, so dass er nunmehr daselbst lautet: καὶ ἀνατέλλει ὁ ἥλιος καὶ δύνει ὁ ἥλιος καὶ εἰς τὸν τόπον αὐτοῦ ἕλκει· ἀνατέλλων αὐτὸς ἐκεῖ πορεύεται πρὸς νότον καὶ κυκλοῖ πρὸς βορρᾶν, κυκλοῖ κυκλῶν. Erst in der christlichen Zeit ist diese Entstellung eingetreten, wobei jene antike Reminiscenz unbemerkt mitgewirkt haben muss. Aber sie war nun einmal da und noch Johannes Philoponos hielt sie für authentisch und suchte sie sich zu deuten, wobei er die syrische Auslegung zurückwies, die er einfach für »lächerlich« erklärte.[3]) Nicht minder »frostig« (Ψυχρόν) wirke es nach Philoponos, wenn man in Ps. 18, 7, wo die Spitze des Himmels erwähnt wird, einen Grund gegen die Sphäricität sieht, da eine Kugel keine Spitze haben könne. Aber auch die Erklärung des Philoponos ist ziemlich wunderlich, wenn er hierzu bemerkt, dass der Prediger Salomo nur das besingen wollte, was sichtbar, nicht aber das, was unsichtbar sei.[4])

Auch die Ursache für das Eintreten der langen bezw. kurzen Tage hatte den Exegeten von jeher viel Schwierigkeiten bereitet, und besonders dieselben mit einer flachen Erde in Zusammenhang zu bringen. Severian machte darauf aufmerksam, dass die Sonne im Winter sich nicht mitten

---

[1]) Sever. l. c. 452: Ἥλιος ἀνατέλλων καὶ μέλλων δύνειν οὐχ ὑπὸ γῆν δύνει, ἀλλ' ἐξελθὼν τὰ πέρατα τοῦ οὐρανοῦ, τρέχει εἰς τὰ βορρινὰ μέρη, ὥσπερ ὑπό τινα τοῖχον κρυπτόμενος, μὴ συγχωρούντων τῶν ὑδάτων φανῆναι αὐτοῦ τὸν δρόμον καὶ τρέχει κατὰ βορρινὰ μέρη, καὶ καταλαμβάνει τὴν ἀνατολήν.

[2]) Homer. Il. 7, 421. Od. 3, 1. 2. 9, 558. Il. 8, 485. 18, 239. — Über den Sonnenteich im südlichen Ocean bei den westlichen Aethiopen (nach Aischylos) vgl. Forbiger Handbuch I, 28 Anmerkung. — Poetae lyrici graec. ed. Bergk Mimnerm. frgm 12. Stesich. ib. frgm. 8. Antimachus ib. frgm. 4 — erhalten bei Athen. deipnosoph. p. 469. 470.

[3]) Τὸ δὲ λέγειν τινὰς διὰ τῶν βορείων φερόμενον ἐπ' ἀνατολὴν ὑποστρέφειν, μεγίστοις κρυπτόμενον ὄρεσι, παλαιά τις καὶ ἠλίθιος γέγονε τινῶν ὑπόληψις, ἄξιον ἑαυτῆς ὀφλήσασα γέλωτα.

[4]) Philopon. l. c. III, 10, p. 127.

im Osten erhebt, sondern ihr Aufgangspunkt sich schon mehr dem Süden genähert hat. Während dadurch ihr Tageslauf nur ein kurzes Bogenstück ist, hat sie dagegen in der Nacht den ganzen Westen, Norden und Osten zu umkreisen und daher wird dieselbe lang. Wenn sie aber gleiche Länge und gleichen Curs hat, so tritt das Äquinoctium (ἰσημερία) ein. Wiederum aber nach Norden sich wendend, wie im Winter nach Süden, steigt sie zum höchsten Nord empor und bewirkt so einen langen Tag, aber um den Nordrand der Erde herum einen kleinen Kreis beschreibend bewirkt sie eine kurze Nacht. »Nicht aber haben uns dies die Söhne der Griechen gelehrt, und sie wollen dies auch nicht, sondern sie behaupten vielmehr, dass Sonne und Sterne unter der Erde sich fortbewegen.«

Dieser letztere Ausspruch stößt die obige Behauptung, dass wir es mit Entlehnung antiker Ideen zu thun haben, nicht im mindesten um. Wir wissen, wie es mit der Quellenkritik damals stand und wie man kein Bedenken trug, die aristotelische Elementenlehre vielmehr als ein Werk des »Kosmographen Moses« zu erweisen.

Ein Fortsetzer dieser syrischen Tradition ist der vielgenannte Kosmas Indikopleustes. In seiner Topographie hat er in behaglicher Breite und unzähligemal sich wiederholend seine Kosmologie von den verschiedensten Seiten beleuchtet, so dass kaum ein Irrthum möglich ist.

Wie alle Syrer, so ist auch er ein ausgesprochener Feind der Kugeltheorie und er kommt mehrmals auf das Unhaltbare dieser Ansicht zu sprechen. Dass der Himmel für kugelförmig gehalten und desshalb auch auf eine kugelförmige Erde geschlossen wurde, war ihm bekannt. Um so höher schlägt er es daher an, dass doch auch schon ein Heide, Xenophanes von Kolophon, sich gegen die Kugellehre erklärt habe (πρόδηλός ἐστι μὴ δεχόμενος τὴν σφαῖραν).[1])

Wie wenig Verständnis er aber für die Aussprüche der Alten zeigt, tritt bei der Besprechung der ideell gezogenen Erdachse hervor; denn wenn die Erde, meint er, an einem und demselben Orte rotierte, ohne diesen zu wechseln, so müsste sie gleichwie eine Zirkelschnur oder eine künstlich hergestellte Kugel durch Stützen gehalten werden, und wenn dies der Fall wäre, so müsste man wieder fragen, worauf stützen sich dann die Stützen wieder? »Sagt mir doch, fährt er fort, wie sollen wir uns die Achse vorstellen, die mitten durch die Erde geht und aus welchem Stoff besteht sie?«[2]) — Charakteristisch ist es jedenfalls auch, wie er sich die Kugellehre entstanden dachte und wie sie dann von Volk zu Volk wanderte. »Als die Menschen nach der Sintfluth aus Widersetzlichkeit gegen Gott beim Thurmbau beschäftigt waren und daher oft die Sterne zu betrachten Gelegenheit hatten, kamen sie irrthümlicherweise auf die Idee, dass der Himmel kugelförmig sei. Da aber die Stadt, wo sie den Thurm bauten, in Babylonien lag, so ist solche Erfindung mit Recht den Chaldaeern zuzuschreiben. Desshalb nahmen sich die zum Stamme Abraham gehörenden Chaldaeer dieser barbarischen Kugeltheorie zuerst an und nach Ägypten gekommen, theilten sie diese den Ägyptern mit. Diese ihrerseits breiteten die Lehre noch weiter aus, bis schließlich griechische Philosophen, die sich in Ägypten aufhielten, Pythagoras, Plato, Eudoxus von Cnidus dieselbe adoptierten, wozu sie die Aufforderung von ersteren erhielten.«[3])

---

[1]) Kosmas ed. Migne s. gr. t. 88, 117.
[2]) Kosmas l. c. 88, 64. 189.
[3]) Kosmas l. c. 88, 136.

Einen positiven Beweis gegen die Möglichkeit der Sphäricität der Erde bringt er nur einmal, und zwar an jener Stelle, wo er über die Klimate spricht. Er zeigt, was wir später noch näher betrachten werden, — wie unter Voraussetzung einer platten Erde der Schatten des Menschen mit zunehmender Breite nach Norden für jedes Klima um einen halben Fuß wächst. Indem er aber die Sonne nicht in unendlicher Entfernung ansetzt und daher ihre Strahlen auch nicht parallel unter sich die Erdoberfläche treffen lässt — (da nämlich in diesem Falle die Schattenlängen in den einzelnen Klimaten sämmtlich gleich ausfallen müssten) —, so wird er seinen Irrthum nicht gewahr und stellt vielmehr die verwunderte Frage, wie bei Annahme einer gekrümmten Erde die Schatten stetig wachsen sollen.[1])

In der Construktion des Weltbildes, wie es nun Kosmas für das allein richtige hält, läuft ein wunderlicher Einfall mit unter, der uns als solcher nicht befremden wird, wenn wir uns die übertriebene Allegoristerei gewisser Exegeten vergegenwärtigen. Hatten die großen syrischen Vorgänger auf Grund jenes Jesaiasverses 40, 22 eine kammerförmige Welt erdichtet, so sieht Kosmas in dem kammerförmigen Bau der Stiftshütte nichts anderes als eine allegorisch-mystische Anspielung auf den Bau der Welt, und benutzt sie, um aus ihr weitere Details über Beschaffenheit, Dimensionen, Stellung etc. der Erde zu erhalten. Auf dem Sinai hatte Moses den göttlichen Befehl erhalten, das Tabernakel als ein Schema dieser Welt (τύπος τοῦ κόσμου) zu bauen und (Exodus capp. 25, 26) die Beschreibungen jenes Kosmos en miniature seien daher auch als Beschreibungen des wirklichen, sichtbaren Kosmos aufzufassen.[2])

Die Erde ist von länglicher Gestalt und ruht in sich auf festem Grunde. Gott verband nun die Enden des Himmels mit den Enden der Erde, indem er jene auf diese stützte und die zwei längeren Seiten des Himmels oben in der Höhe, der Länge nach wölbte. In der Breite aber verband er die Enden des Himmels von oben bis unten wie eine Mauer und schloss den Raum wie ein Haus ab nach Art eines länglich gewölbten Kuppeldaches. Als biblische Belegstellen dienen ihm Jes. 40, 22 und der sehr entstellte Hiobvers 38, 38: Οὐρανὸν δὲ εἰς γῆν ἔκλινε, κέχυται δὲ ὥσπερ γῆ κονία· κεκόλληκα δὲ αὐτὸν ὥσπερ κύβον. »Wenn er ihn aber über die Erde gestülpt und mit ihr verbunden hat, gibt er hiermit nicht offenbar an, dass er ihn, gleichwie eine Kammer hinstellend, die Enden desselben mit den Enden auf der Erde verband? Denn die Angabe, dass er ihn über die Erde gestülpt und mit ihr verbunden hat, kann in keiner Weise bei einer Kugel gedacht werden.«[3])

Dieses gesammte kastenförmige Gebäude wird nun in halber Höhe durch das Firmament (στερέωμα) in zwei Örter (χῶροι) getheilt. Auf dem Rücken des Firmamentes befindet sich das oberhimmlische Wasser. Der untere oder erste Ort (πρῶτος χῶρος) hat die Form eines Cubus von viereckiger Gestalt (σχῆμα κύβον ὡσανεὶ τετράγωνον). Darüber befindet sich der

---

[1]) Siehe die Vignetten nach dem Codex Laurentianus in den Ausgaben von Monfaucon und Migne. Ferner bei Marinelli, p. 46 ff.

[2]) Exod. 25, 9. 26, 30. Apostelgeschichte 7, 44. Hebr. 8, 5.

[3]) Kosmas l. c. 89, 80: Θεμελιώσας τοίνυν ὁ Θεὸς τὴν γῆν ἐπὶ τὴν αὐτῆς ἀσφάλειαν, ἐπιμήκη οὖσαν, τὸν οὐρανὸν κατ' ἄκρα τοῖς ἄκροις τῆς γῆς συνέδησε, στήσας μὲν κάτωθεν τὰ ἄκρα τοῦ οὐρανοῦ ἐκ τεσσάρων μερῶν· ἄνωθεν δὲ ὑψηλότατα πάνυ ἐπὶ τὸ μῆκος τῆς γῆς καμαρώσας. εἰς δὲ πλάτος τῆς γῆς τὰ ἄκρα τοῦ οὐρανοῦ ἀπὸ κάτωθεν ἕως ἄνω τειχίσας καὶ ἀποκλείσας τὸν χῶρον, οἶκον, ὡς ἄν τις εἴποι, παμμεγέθη, ὡς ἐν τάξει θόλου καμαροειδοῦς ἐπὶ μήκους ἐποίησεν. Vergleiche ferner 88, 181 ff. 380. 381. Über das Firmament 88, 80. 81. 183.

χῶρος δεύτερος, der sich kammerförmig (καμαροειδής) der Länge nach zu einer großen Badewanne (ὡς θόλος λουτροῦ μεγάλη) wölbt. Der untere Raum enthält diese irdische Welt: Erde, Wasser, Gestirne; der obere die himmlische Welt, die βασιλεία τῶν οὐρανῶν. [1])

Den unteren Boden dieses ganzen Baues bildet die Erde, für welche Moses in der Stiftshütte den Tisch als symbolisches Abbild eingeführt hat. Das Verhältnis der Länge der Erde zu ihrer Breite ist = 2 : 1, weil die Länge jenes Tisches zwei Ellen und die Breite eine Elle beträgt. (Exod 25, 23. 37, 10.) — Er sucht dieses Verhältnis auch zahlenmäßig aus den von Reisenden gemachten Beobachtungen darzustellen. Wenn jemand von China (Tzinitza) an nach Westen zu mit Hilfe einer Schnur in gerader Linie die Länge der Erde misst, so wird er circa 400 Stationen zu je 30 Milien bei der Berechnung erhalten (εὑρήσει πλείον ἢ ἔλαττον μονὰς υ', ἀπὸ μιλίων λ'). Folgende Rechnung zeigt dies:

China—Persis	150 Stationen
Persis (selbst)	80 „
Nisibis—Seleucia	13 „
Seleucia—Rom—Gades	150 „
	393 Stationen,

so dass die Stationen zusammen sich auf etwa 400 belaufen. Für die Breite stellt er folgende Rechnung auf:

Von den Hyperboreern—Byzanz	50 St.
Byzanz—Alexandrien	50 „
Alexandrien—Katarakte	30 „
Katarakte—Axume	30 „
Axume—südl. Äthiopien . . .	50 „
	210 St.,

so dass sich ungefähr 200 Stationen ergeben (ὡς εἶναι ὁμοῦ μονὰς σ' πλείον ἢ ἔλαττον) und auch dies stimme nach seiner Meinung mit der heiligen Schrift überein, welche für die Länge der Erde die doppelte Breite ansetzt (ὥστε καὶ κατὰ τοῦτο ἀληθεύειν τὴν θείαν Γραφήν, διπλοῦν τοῦ πλάτους τὸ μῆκος τῆς γῆς ὑποτιθεμένην).

Auch den übrigen Gegenständen im Tabernakel wird eine mystische Erklärung zu theil; so sollten sich die zwölf Schaubrode auf dem Tische auf die zwölf Monate beziehen. Drei an jeder Tischecke entsprechend den vier Jahreszeiten zu je drei Monaten. Die Holzkehle um den Tisch (κυμάτιον) deutet den Ocean an und der goldene Kranz (στεφάνη χαλαιστοῦ) um dieselbe das jenseits des Oceans gelegene Land. Von diesem Ocean sagt er an einer anderen Stelle, dass er die Erde in zwei Theile zerlege, da er nämlich kreisförmig in der Mitte liege. Er umkreist also diese von Menschen bewohnte Erde und wird hinwiederum selbst umkreist von jenem jenseitigen Lande, wo im Osten die ersten Menschen wohnten, bevor zu Noahs Zeiten die Sintflut eintrat, und wo auch das Paradies sich befindet. Die Menschen aber setzten bei der Sintflut auf wunderbare Weise in der Arche nach dieser Erde über den Ocean und zwar nach den persischen Ländern, wo auch die Arche sich im Gebirge Ararat niedergelassen hatte. [2])

[1]) Kosmos l. c. 88, 181. 183.

[2]) Kosmas l. c. 88, 84: διαιρεῖσθαι δὲ ταύτην εἰς δύο μεσαζούσης κύκλωθεν τῆς θαλάσσης τοῦ λεγομένου παρὰ τοῖς ἔξω Ὠκεανοῦ καὶ κυκλούσης ταύτην γῆν, ἣν οἰκοῦμεν ἄνθρωποι, κἀκείνην . . . . ἣ καὶ κυκλοῖ τὸν Ὠκεανόν, ἣν ποτε ᾤκουν μὲν οἱ ἄνθρωποι κατὰ ἀνατολὰς . . . .

Wie nun der innere Raum des Tabernakels den oberen Himmel repräsentiert, so deutet der äußere Raum mit dem Tisch und dem siebenarmigen Leuchter die untere, irdische Welt an. Der siebenarmige Leuchter, eine mystische Anspielung auf die Sonne und die sieben Wochentage steht im Süden dieses Raumes, der Tisch dagegen im Norden (auf Grund von Exod. 26, 35. 40, 22). Auch dieses ist nicht zufällig, sondern bezieht sich auf den stets südlichen Stand der Sonne.[1])

Zur Erklärung des Sonnenlaufes nimmt er die im Norden der Erde allgemein vermuthete bergähnliche Anschwellung zu Hilfe, über welche wir noch eingehender zu handeln haben werden. Die Sonne geht im Osten auf, wendet sich nach Süden und rückt dann beim Untergange wieder mehr nach Norden. »Die nördliche und westliche Anhöhe der Erde in die Mitte nehmend bringt sie in dem hinter dieser Anhöhe gelegenen Lande, sowie in dem jenseits des Oceans gegenüberliegenden die Nacht hervor; dann wendet sich die Sonne zum Untergange hinter die Anschwellung der Erde, läuft durch die nördlichen Gegenden über den Ocean (διὰ τρίχων ἐπάνω τοῦ Ὠκεανοῦ διὰ τῶν βορείων μερῶν) und lässt hier (in unserem Lande) Nacht sein, bis sie im Kreise wieder nach Osten gelangt und dann wieder nach Süden zu sich erhebend diese Erde bescheint, wie dies auch die Schrift durch Salomo bezeugen lässt.«[2])

Dass die Anschauungen des Kosmas wesentlich auf syrischer Grundlage beruhen, liegt auf der Hand. Der kammerförmige Bau der Welt, die flache Erdscheibe, der nördliche Lauf der Sonne, die Theilung in einen unteren und oberen Himmel u. a. m. sind zu evidente Beweisgründe hierfür, wenn neben ihnen sich auch Abweichungen finden, wie beispielsweise der nächtliche Lauf der Sonne, die nach Severian direkt in das Meer taucht und in demselben den Nordrand der Erde umkreist, während Kosmas die nördliche Erdanschwellung benutzt.[3])

Aber es drängt sich uns dennoch die Frage auf, welche Beziehungen hatte Kosmas zur syrischen Schule und wie kamen ihm Nachrichten über deren Lehrsätze zu. Er selbst spricht an zwei Stellen über seine Lehrer und nennt als solche den Patrikios und Thomas von Edessa. Er berichtet weiter, dass beide aus Chaldäa gekommen seien und zwar Patrikios ὡς τάξιν Ἀβραμιαίαν πληρῶν, unter Erfüllung der Abrahamischen Regel, d. h. indem er darin dem Patriarchen Abraham nachahmte, der auf Gottes Befehl aus Chaldäa nach Kanaan zog. — Patrikios und Thomas haben ihm also das Weltsystem überbracht und diese hinwiederum haben es direkt aus syrischer Quelle geschöpft. Hierfür spricht einmal der Herkunftsort des Thomas, sowie die positive Angabe, dass sie aus Chaldäa kamen; außerdem aber sind sie beide nachweisbar Nestorianer gewesen, wie ja auch ihr Schüler Kosmas in seiner Schrift denselben Dogmen folgt, und Patrikios war sogar Erzbischof von Persien, wo der Nestorianismus besonders grassierte. Hingen sie also beide dieser Sekte an, so können sie höchstens gleichzeitig mit Nestorius gelebt haben. Zu Nestorius' Zeiten war aber jenes syrische Weltsystem, wie

---

[1]) Kosmas l. c. 88. 92. 160. 209.

[2]) Pred. Sal. I, 5. Der Vers ist bei Kosmas ebenso verändert wie bei Severian.

[3]) Beachtenswerth ist die Kritik, die Albertus Magnus dieser Kosmologie zu Theil werden lässt. Meteor. II, 3. c. 5. p. 57: Si autem quaeratur ab illis, quare de nocte non videatur sol sicut in mane quando oritur et de vespere quando videtur in crepusculo? dicunt illi quod terra et aqua in Aquilone altior est quam alibi: et ideo sol de nocte non videtur in Aquilone: et licet falsum dicant, tamen concordant in hoc quod altior est terra in Aquilone et ideo cooperit solem propter altitudinem suam.

wir gesehen haben, schon längst von dessen Vorgängern aufgestellt worden und Peschels Annahme, dass Patrikios und Thomas jenes System »ersonnen« hätten, ist somit völlig grundlos.[1])

Eine den Syrern verwandte Anschauung treffen wir beim Pseudo-Cäsarius an; trotz seiner kappadokischen Abkunft scheinen die großen Exegeten seines Heimatlandes keinen Eindruck auf ihn gemacht zu haben, denn in seiner Weltanschauung tritt dieselbe beschränkte Buchstabengläubigkeit und in seiner Beweisführung dieselbe Wortdrescherei zu Tage, wie sie für die syrische Schule charakteristisch ist. Im ersten Buche seiner Dialoge wirft er die Frage auf: Ist der Himmel eine Kugel (σφαῖρα) oder eine Halbkugel (ἡμισφαίριον), woran er sogleich die weitere Frage nach der Möglichkeit seiner Bewegung knüpft. Nach Jesaias hat Gott den Himmel wie eine Kammer hingestellt (στήσας) und wie eine Zeltdecke ausgebreitet. Was aber hingestellt ist, deutet gerade im Gegensatz zur Beweglichkeit die eigene Unbeweglichkeit an und die Rotation ist somit eo ipso ausgeschlossen, wie denn auch ein ausgebreiteter Gegenstand nicht unter einem anderen fortbewegt werden kann. Das nothwendige Ergebnis dieses Calcüls ist daher, dass der Himmel einen Anfang und Ende haben müsse und für diese Ansicht bringt er noch zwei andere Gründe bei, dieselben, welche wir vorher bei Severian kennen gelernt haben, von dem Aufgehen der Sonne (Genes. 19, 23) und der Spitze des Himmels (Ps. 18, 7). Diese Citate machen seine Kenntnis der syrischen Lehrtradition zur unbezweifelten Thatsache und dies wird noch augenscheinlicher, wenn wir seine Anschauungen über den Lauf der Sonne betrachten, welche er in dem darauffolgenden ἐρώτημα behandelt. Wie geht die Sonne unter und welche Gegend hält ihre Strahlen auf? Nachdem die Sonne ihren Lauf am Himmel vollendet, sucht sie das nördliche Klima auf und wird desshalb durch den zwischen ihr und uns sich erhebenden Boden des kappadokischen Landes, durch Gebüsche und Gewässer (!) verdunkelt. So gelangt sie wieder an den Aufgangspunkt zurück, indem sie unsichtbar den nördlichen Erdrand umkreist. Pred. Salomo I, 5 dient ihm hierzu als Zeugnis.[2])

Diese mit der syrischen Kosmologie und besonders mit der des Severian übereinstimmenden Angaben lassen einen Verfasser vermuthen, der jedenfalls eine syrische Quelle vor sich gehabt haben muss. Wenn wir auch — wie dies von anderen bereits geschehen ist — die Autorschaft des Cäsarius von Nazianz in Frage setzen müssen, so können wir

---

[1]) Die beiden hierauf bezüglichen Stellen bei Kosmas sind 88, 73: οὐδ' ἐξ ἐμαυτοῦ πλασάμενος ἢ στοχασάμενος, ἀλλ' ἐκ τῶν θείων Γραφῶν παιδευθεὶς καὶ διὰ ζώσης φωνῆς παραλαβὼν ὑπὸ τοῦ θειοτάτου ἀνδρὸς καὶ μεγάλου διδασκάλου Πατρικίου, ὃς τάξιν Ἀβραμιαίαν πληρῶν, ἐκ Χαλδαίων παραγεγονὼς ἅμα τῷ ἐν ἁγίοις τότε μαθητῇ Θωμᾷ τῷ Ἐδεσσηνῷ αὐτῷ πανταχοῦ ἀκολουθήσαντι . . . und 88, 397: ὀνομάσαντες τὸν διδάσκαλον ἐν τῷ προοιμίῳ, τὸν καὶ παραδόντα· λέγω δὴ τὸν μέγαν πατρίκιον (sic) τὸν ἐκ τῆς Χαλδαίων ἐνταῦθα παραγενόμενον. — Vergleiche Peschel Geschichte der Erdkunde, p. 97. — Den Nachweis, dass Kosmas Nestorianer war, führt M. V. la Croze: Histoire du christianisme des Indes. la Haye 1724. p. 27 ff.

[2]) Caes. Migne s. gr. 38, 964. Dial. I. qu. 98: τὸ ἑστὼς οὖν οὐ κυλινδεῖται· τὸ διατεθὲν οὐχ ὑποφέρεται. Ἀρχὴν τοίνυν ἔχει οὐρανός, καὶ πέρας. Οὐ γάρ φησιν ἡ Γραφή, Ἀνῆλθεν ὁ ἥλιος, ἀλλ' Ἐξῆλθεν ἐπὶ τὴν γῆν, καὶ Λὼτ εἰσῆλθεν εἰς Σηγώρ, οὐ τὴν σφαῖραν, ἀλλὰ τὴν καμάραν βεβαιοῦσα· Καὶ Δαβὶδ φησιν ἐν μελῳδίαις. Ἀπ' ἄκρου τοῦ οὐρανοῦ ἡ ἔξοδος αὐτοῦ, οὐχὶ δὲ ἡ ἄνοδος· Καὶ τὸ κατάντημα αὐτοῦ ἕως ἄκρου, οὐχὶ δὲ ἡ κάθοδος αὐτοῦ ἢ ἡ κατάδυσις· ἵνα μὴ σφαιροκύλιστον καταστήσῃ αὐτὸν διαδύοντα. Dial I. qu. 99.: Ὑποδύνας ὁ ἥλιος τὰ οὐράνια τέρματα, καὶ ὑπό τινα τοῖχον, τὸ βόρειον γενόμενον κλίμα, ὑπερανεστῶτος τοῦ Καππαδοκῶν ἐδάφους, ἀποσκιάζεται μὲν τὴν ἀστραπὴν τῶν ἀκτίνων ταῖς λόχμαις καὶ τοῖς ὕδασι, τῷ ὑπερτεροῦντι πισμῷ τοῦ στερεώματος, διακλωμένων τῶν μαρμαρυγῶν ἐπὶ τὰ πλάγια, καὶ τῇ ὑπεροχῇ τῆς χέρσου τὴν φαῦσιν εἰργόμενος . . .

dennoch sicher annehmen, dass der Verfasser ein Kappadokier war. Denn die Angabe, dass die Sonne hinter der nördlichen Anschwellung des kappadokischen Landes verschwindet, lässt auf einen Autor schließen, der über die Grenzen seines Vaterlandes wenig hinausgekommen sein muss und die fabelhafte Vermuthung einer nördlichen Erdanschwellung, welche ihm auf irgend einem Wege zur Kenntnis gekommen ist, mit den zufällig ähnlich sich gestaltenden orographischen Verhältnissen Kappadociens in Verbindung brachte.

Wie jener Pseudo-Cäsarius, so bestritt auch Prokop von Gaza, ein Zeitgenosse des Kosmas die Kugelgestalt des Himmels und infolge dessen auch seine rotierende Bewegung. Denn wenn der Himmel keine Kugel ist, so kann er auch keine Bewegung haben (εἰ δὲ μὴ σφαῖρα καθέστηκεν, οὐδὲ κίνησιν ἔχει καὶ τὴν κύκλῳ φοράν). Er ist festgestützt zwischen dem ober- und unterhimmlischen Wasser, gleichwie die Erde (ἐν μέσῳ δὲ τῶν ὑδάτων ἐστήρικται, καθάπερ ἡ γῆ, τὸ ὕδωρ ἀνέχων ὑπὲρ αὐτὸν ἐν ἀκινήτῳ τῇ στάσει) und diese, sagt er ein anderesmal, ist untergelagert dem Himmel (ᾧ συμβέβηκεν ὑποκεῖσθαι τήνδε τὴν οἰκουμένην), aber doch so, dass sie ihrerseits sich auch zwischen jenen beiden Wassern befindet. Die Reihenfolge ist also: oberhimmlisches Wasser — Himmel — Erde — unterhimmlisches Wasser. In diesem Wasser schwimmt die Erde, die Oikoumene; sie steht ganz und gar im Wasser und kein Theil von ihr, welcher unter uns ist, ist vom Wasser entblösst. Daher sei die Annahme einer Antoikoumene völlig verfehlt, denn an ihrer Stelle ist vielmehr Wasser. Ungewiss bleibe es nur, ob das Wasser, welches unter uns ist, durch göttliches Einwirken in der Schwebe gehalten oder vom Winde getragen werde.[1])

Prokop aber scheint mit seinem Weltsystem selbst nicht recht einig gewesen zu sein. Sein Himmel ist halbkugelförmig und gestützt und hängt über der Erde. Mit Hinweis auf die syrische Kosmologie sind wir berechtigt anzunehmen, dass er eine dieser ähnliche Vorstellung gehabt haben müsse. Zugleich aber redet er von einer der Oikoumene entgegengesetzten Stelle (als ob ihm hier die Erdkugel vorschwebt) und spricht dieser Stelle allerdings den Landcharakter (Antoikoumene) ab, aber er thut dies nur desshalb, um einige Zeilen später die Antipodenlehre unmöglich zu machen. Immerhin lässt er dort Wasser existieren, für dessen Stabilität er sehr erkünstelte Gründe angiebt. Hieraus ergibt sich für uns, dass er sich im Grunde der biblischen Ansicht angeschlossen haben mag, dass ihm zugleich aber Reminiscenzen an die zu seiner Zeit schon ausgebildete Kugellehre unterliefen, die er jedenfalls nicht zu verarbeiten gewusst hat; und es würde ein vergebliches Bemühen sein, in seine planlosen kosmologischen Einfälle Ordnung bringen zu wollen.

Als ein Anhänger der Scheibentheorie wäre hier ferner der anonyme Geograph von Ravenna zu nennen, dessen trockener Kosmographie zweifelsohne diese Lehre zu Grunde liegt, wenn er dies auch nicht offen ausspricht. Sobald die Sonne im Lande der Inder aufgegangen, bescheint sie sogleich den gesammten Erdkreis bis an das äußerste Ende im Westen zum Lande der Skoten und das umgekehrte findet statt, wenn sie untergeht — eine Annahme, die nur unter Voraussetzung einer

[1]) Procop. Gaz. 87, 69: Ὅτι δὲ πᾶσα ἡ γῆ καθ᾽ ὑδάτων ἕστηκε, καὶ οὐδέν ἐστιν ὑπὸ τὴν γῆν μέρος ὑδάτων γυμνὸν ὡς ὑπὲρ γῆς θεωρεῖται, δῆλον. und einige Zeilen später Τὸ δὲ ὑπὸ τὴν ὕδωρ ἄδηλον, εἴτε μετέωρον ἀνήρτηται δυνάμει τοῦ Θεοῦ, εἴτε ἐπὶ πνεύματος ὀχεῖται.

flachen Erde denkbar ist.[1]) Auch die Rückkehr der Sonne zu ihrem Aufgangspunkt im Osten um den nördlichen Bogen der Erdscheibe stimmt mit den vorherbesprochenen Ansichten überein, ohne dass wir desshalb sogleich auf Abhängigkeit syrischer Quellen schließen dürfen Nur erklärt er sich nicht für die Annahme einer nördlichen Erdanschwellung, welche die Sonnenstrahlen auffängt und so die Nacht veranlasst, sondern lässt ebenso wie Severian, die Sonne ins Meer tauchen und im Meere selbst ihren nächtlichen Lauf bis in die östliche Gegend fortsetzen.

Auch Dicuil scheint gegen die Kugellehre gewesen zu sein, wenn er (nach Plin. h. n. II, 242) die Erde auf dem sie rings umgebenden Ocean gleichsam schwimmen lässt (*ambienti oceano velut innatans*), eine Anschauung, wie sie sich auch bei Georg dem Pisidier (VII. Jahrhundert) in dessen poetischem Hexaemeron findet: »Du hast das Wasser zum Stützpunkt für die Erde gemacht oder die Luft. Welche andere Basis sollte auch für die Erde da sein, wenn man sie nicht gerade durch unsichtbare Ketten schwebend gehalten wissen will. Denn die Erde ist wohl ein Schiff im Wasser, welches steht und die Oikoumene trägt.« Aber gleichwohl lässt er des Nachts die Sonne unterhalb der Erde sich aufhalten, d. h. dieselbe rotieren[2]), während nach Dicuils Meinung die Sonne von Thule aus gesehen sich gleichwie hinter einem kleinen Hügel verbirgt.

Es ließe sich die Reihe der Anhänger der Scheibentheorie noch fortführen. Es sind aber immer dieselben Gedanken, welche mit unbedeutenden Variationen wiederkehren, dieselben Bibelverse, die zum Beweise herangezogen werden. Diese verkehrte Weltanschauung hat sich noch lange im Mittelalter erhalten und ist nie ganz verdrängt gewesen, wie wir aus gelegentlichen Andeutungen in späteren Jahrhunderten schließen müssen. Es hat an Phantasten zu keiner Zeit gefehlt und noch in unseren Tagen hat man allen Ernstes an eine Wiederaufnahme jener Theorie gedacht.[3])

Was aber das Mittelalter anbelangt, so können wir mit dem VIII. Jahrhundert einen Abschluss machen, von wo an die Lehre von der Scheibengestalt immer mehr und mehr in den Hintergrund tritt und jene vereinzelte Rolle spielt, wie in den frühesten christlichen Jahrhunderten die Lehre von der Kugelgestalt.

Wir hatten gesehen, wie man die Erdscheibe in Zusammenhang brachte mit dem gesammten Weltbau und sie als das Fundament desselben betrachtete. Das ganze System ergab sich als das Resultat höchst oberflächlicher Anschauung und orthodoxer Befangenheit; man construierte von der Erde aus. Die Erde nimmt daher in ihren Kosmographien immer die hervorragende Stellung ein und es gewinnt den Anschein, als sei alles andere nur um ihretwillen da. Aber auch dann, als man bis zur Kugellehre vorgeschritten war, trat die Erde immer noch als be-

[1]) Raven. I, 4. Vergleiche Parthey im Monatsberichte der Berliner Akademie 1859, p. 628.

[2]) Dicuil p. 18. 43. Georg. Pisid. Migne s. gr. 92, 1474 v. 508 ff. und 1450 v. 221. 222:

Τὸ παντρόφον πῦρ, τὸν ὑπὸ γῆς μὲν ἑσπέρας
Ὑπὲρ δὲ τὴν γῆν ἐργάτην τῆς ἡμέρας.

[3]) Im Jahre 1876 erschien in England eine Zeitschrift »Monthly, the truth seekers oracle and scriptural science review«, deren Redacteur John Hampdon die Ansicht vertrat, dass die Erde eine Scheibe mit dem Nordpol als Centrum sei und dass die Sonne in einer Höhe von 1000 englischen Meilen dieselbe umkreist.

merkenswerthester Punkt im Weltall hervor: man wies ihr den Ort im Centrum an. Wie im Alterthume [1]), so fand auch im Mittelalter das geocentrische System vorzüglich Anerkennung und dies war auch die nothwendige Folge, so lange man noch an der aristotelischen Elementenlehre festhielt.

Aristoteles hatte die Nothwendigkeit der kugelförmigen Gestalt daraus abzuleiten gesucht, dass er die Kugel für die einzig mögliche Gleichgewichtslage schwerer Theilchen um einen Mittelpunkt erklärte. Die vier Elemente zeigen das Bestreben, die ihnen eigene Reihenfolge: Feuer, Luft, Wasser, Erde beizubehalten und ihr Verhältnis untereinander ist bedingt durch den Gegensatz des Schweren und des Leichten. Was sich von Natur nach unten bewegt ist schwer, nach oben leicht; sobald daher eine Verschiebung zweier Elemente aus jener Reihenfolge eingetreten ist, suchen sie beide das ihnen eigene Milieu wieder zu gewinnen, und zwar auf dem kürzesten Wege d. h. in geradliniger Bewegung entweder nach dem Mittelpunkte oder der Peripherie zu. Ein Luftbläschen steigt im Wasser nach oben, bis es die Oberfläche und damit zugleich die unterste Luftschicht erreicht hat; ein Stein dagegen sinkt im Wasser zu Boden. Von den vier einfachen Körpern nun wird sich die Erde als absolut schwerer Körper nothwendig nach der Mitte zu bewegen und desshalb unter alle anderen Körper sinken, während beim Feuer als absolut leichtem Körper das Umgekehrte der Fall ist und die beiden anderen Elemente Luft und Wasser nur relativ leicht und schwer genannt werden können. Die Stoffe werden sich daher je nach ihrer Schwere in der obenangeführten Folge um und über einander lagern. Denn da die gleichartigen Stoffe gleichmäßig ihren natürlichen Orten zustreben, diese aber durch ihre Entfernung vom Mittelpunkt der Welt bestimmt sind, so müssen sich die Stoffe in einer nach allen Seiten hin gleichen Entfernung, also kugelförmig zusammenballen. Um die Erde als innersten Kern legen sich in concentrischen Schalen die übrigen Stoffe.[2])

Diesem aristotelischen Weltsysteme haben so ziemlich alle mittelalterlichen Kosmographen gehuldigt, soweit sie nicht Anhänger der Scheibenlehre waren. In der älteren christlichen Zeit wurde die kugelförmige Gestalt der Erde einzig und allein aus der Natur ihres Stoffes nach Angabe des Aristoteles gefolgert, während sie dessen andere Beweismomente für die Kugelgestalt anfangs ganz unberücksichtigt ließen.

So finden wir die Kenntnis der aristotelischen Doktrin schon bei Basilius. Bei Gelegenheit der Vertheilung von Wasser und Land bemerkt er, dass aus demselben Grunde, aus welchem die Naturgelehrten die Erde, welche doch schwerer als das Wasser ist, von dem äußeren Umkreis entfernen und in der Mitte schweben lassen, sie auch das Wasser wegen seines natürlichen Laufes nach unten kugelförmig um die Erde herum sich gelagert denken.[3]) Sein Himmel ist natürlich gleichfalls kugelförmig und rotiert um seine eigene Axe. Denn da er alles, was auf der Welt ist, in sich schließt, so kann er desshalb schon nur kugelförmig sein. Dies stimmt auch — setzt Philoponos bei Erwähnung der Basilianischen Kosmologie hinzu — mit jener Ansicht überein, dass die Erde im Mittelpunkte des Weltalls sich befindet und dies ist nur

[1]) Wenigstens mit nur wenigen Ausnahmen. Vergleiche besonders Schiaparelli Die Vorläufer des Kopernikus im Alterthum. Deutsch von Curtze. Leipzig 1876.
[2]) Zeller: Philosophie der Griechen. Leipzig 1879. II, 2 p. 439 ff.
[3]) Basil. ed. Garnier t. I, 26. 27.

denkbar, wenn der Himmel von sphärischer Gestalt ist, indem derselbe also die Erde umgiebt und diese selbst in allen Punkten gleich weit von ihm entfernt ist. Daher ist es auch nothwendig, dass die Erde **kugelförmig** ist.[1])

Auch **Gregor von Nyssa**, der consequenteste Aristoteliker, wurde durch seine kosmogonische Hypothese von evolutionistischer Tendenz nothwendig auf die Kugelgestalt hingewiesen, wie auch der ihm geistig verwandte **Johannes Philoponos**, bei welchem der aristotelische Einfluss mit aller Schärfe hervortritt. Er zeigt, dass die Erde bei ihrer Entstehung überall vom Wasser bedeckt wurde, so dass kein Theil von ihr entblößt war; hieraus folgt schon, dass sie kugelförmig sein muss. Denn da sie in der Mitte steht und das Centrum des Universums bildet, so könnte sie nicht überall vom Wasser bedeckt gewesen sein, wenn sie nicht von sphärischer Gestalt wäre, und alle Theile an ihr, die nicht (centripetal) den Zug zum Centrum hin hätten, wären gänzlich unbedeckt geblieben. Denn allein bei einer kugelförmigen Figur können die einzelnen Theilchen genau dem Centrum zustreben.[2]) Daher musste auch das auf ihr befindliche Wasser eine analoge Gestalt annehmen, weil jeder Theil desselben das Centrum aufsucht, um nicht von der Erde abzufließen.[3]) Bis hierher hat er wesentlich den Aristoteles ausgeschrieben, dann aber fühlt er das Bedürfnis, auch der Bibel gerecht zu werden und den Nachweis zu führen, dass sie im Grunde genommen ganz dasselbe sagt. Wenn daher, fährt er fort, das Wasser die Erde nicht überall bedeckt hätte, so hätte Moses geradezu gelogen (Ψεύδεται λέγων), wenn er die Erde für unsichtbar erklärte (ἀόρατον). Ein völliges Bedecktsein macht aber eo ipso die Kugelgestalt nothwendig. Hiermit stimmt auch Jesaias 40, 22: ὁ κατέχων τὸν γῦρον τῆς γῆς, wo er unter γῦρος (= Krümmung, Kreis) das **rund umgebene** verstanden wissen will (ἡ δὲ λέξις τὸ περιφερὲς αὐτῆς σημαίνει). Dessgleichen ist Hiob 26, 7: κρεμάζων τὴν γῆν ἐπὶ μηδενός nur unter Annahme einer sphärischen Erde verständlich, die den Mittelpunkt des Universums einnimmt. Denn nur wenn alle schweren Theile dem Centrum des Universums zustreben, kann der Erde Stabilität und Unbeweglichkeit zugesprochen werden.

Es könne somit von einem oben (ἄνω) und unten (κάτω) keine Rede sein, sondern nur von Mitte (μέσον) und ringsum (πέριξ). Dass aber die Erde das Centrum des Weltalls einnimmt, zeigt auch die Thatsache, dass schwere Gegenstände überall unter **gleichem** Winkel zum Centrum gezogen werden. Desshalb meinen auch die Baumeister, dass schwere Körper nicht anders sicher aufgestellt werden können, als wenn die Richtschnur mit ihnen übereinstimmt (εἰ μὴ κάθετος αὐτοῖς ἐφαρμόσῃ).

---

[1]) Philopon. de mund. creat III, 6. p. 110: πανταχόθεν ἄρα περιέχων (οὐρανὸς) ἅπαντα, οὐδὲν ἕτερον ἢ σφαιρικῶς ἐσχηματίσθαι. συνομολογεῖ τε τῇ δόξῃ τῶν φυσικῶν, ὅτι μέσην τοῦ παντὸς εἴληχε χώραν ἡ γῆ. εἰ δὲ μέση τοῦ παντός ἐστιν, ἴσην πανταχόθεν ἐκ τοῦ πέριξ τοῦ οὐρανοῦ φημι, τὴν ἀπόστασιν ἔχει. τοῦτο δὲ οὐδενὶ σχήματι, πλὴν μόνῳ ὑπάρχειν τῷ κύκλῳ. πᾶσα οὖν ἀνάγκη τὸν οὐρανὸν κύκλῳ τὴν γῆν περιέχειν, ἴσον αὐτῆς ἐκ μέρους παντὸς ἀφεστηκότα. οὕτω δὲ σφαιρικὸν εἶναι καὶ τῆς γῆς ἀνάγκη τὸ σχῆμα.

[2]) Philopon. II, 4. p. 58: Δεδειγμένου δὲ ὅτι πανταχόθεν ἡ γῆ τοῖς ὕδασιν ἐκαλύπτετο καὶ οὐδὲν ἦν αὐτῆς μέρος ἀκαλυφές, δῆλον ἐντεῦθεν ὅτι σφαιροειδής ἐστι καὶ αὐτή. Μέση γὰρ οὖσα καὶ τὸ κέντρον περιέχουσα τοῦ παντός, εἰ μὴ σφαιρικὸν εἶχε τὸ σχῆμα, ἀδύνατον ἦν πανταχόθεν αὐτὴν ὑπὸ τῶν ὑδάτων καλύπτεσθαι. Ὅσα γὰρ τῶν μερῶν αὐτῆς μὴ πρὸς τὸ κέντρον εἶχε τὴν ῥοπήν, ἀκαλυφῆ πάντως ἦν. ἐπὶ μόνου γὰρ τούτου τοῦ σχήματος τὰ ἐπικείμενα βάρη πανταχόθεν αὐτῷ πρὸς τὸ κέντρον νεύουσιν ἀκριβῶς, ἐπ' ἄλλου δὲ τῶν σχημάτων οὐδαμῶς.

[3]) Philopon. II, 4. p. 59. IV, 2. 147. Vergleiche hiezu Arist. de coelo II. 4.287.

Denn nur diese mache die beiderseitigen Winkel gleich (μόνη γὰρ αὕτη τὰς ἑκατέρωθεν γωνίας ἴσας ποιεῖ). [1]

Auch im Abendlande hatte es längerer Zeit bedurft, ehe man es über sich gewinnen konnte, der Erdscheibentheorie valet zu sagen. Indessen haben wir hier nicht jene absonderlichen Ideen zu registrieren, wie sie der orientalischen Phantasie theilweise eigen waren, wenn anderseits auch nicht geleugnet werden kann, dass die Kugellehre sich nur sehr allmälig bei den Occidentalen emporarbeitete. Dies zeigt sich bei Ambrosius, der mit derselben bekannt ist, sie aber nicht ohne Mißtrauen betrachtet. Er vertheidigt die Annahme des überhimmlischen Wassers gegen die *dicentes rotundum esse orbem illum coeli, cuius in medio terra sit, et in illo circuitu aquam stare non posse, quod necesse est, defluat et labatur . . . . Petunt sibi concedi axem coeli torqueri motu concito, orbem autem terrae esse immobilem; ut astruant aquas super coelos esse non posse, quod omnes eas volvendo se axis effunderet.* [2]

Selbst bei Augustin spielt die Kugellehre eine sehr klägliche Rolle und wenn er ihr auch nicht alle Berechtigung abspricht, so lässt er sie doch nur neben der biblischen Ansicht bestehen. Von einer gewissen Komik zeugt auch jene Stelle, wo er die Sphäricität des Himmels bestreitet, oder auch nicht bestreitet; er lässt es jedenfalls dahin gestellt, ob sie der biblischen Annahme einer gewölbeartigen Kuppel so unbedingt vorzuziehen sei. Ja, er giebt seinen ganzen Ueberdruss bei Behandlung dieses Punktes zu erkennen, wenn er sagt: »Was geht es mich an, ob der Himmel die im Centrum der Welt durch ihre eigene Masse im Gleichgewicht gehaltene Erde wie eine Kugel umschließt oder sich nur von einer Seite öffnet?« Aber der Annahme der Sphäricität steht es nach seiner Meinung entgegen, wenn es Psalm 103, 2 heißt, dass der Himmel wie ein Fell ausgespannt ist; und doch sucht er schließlich beide Behauptungen zu vereinigen. Die Voraussetzung ist, dass das, was die Bibel sagt, auf alle Fälle richtig ist (*hoc enim verum est, quod divina dicit auctoritas, potius quam illud quod humana infirmitas conjicit*). Wenn sich daher einmal die Kugellehre als richtig erweisen sollte, so hätte man immer noch zu beweisen, dass sie auch der Schrift gegenüber Stand hält. Denn wie Ps. 103, 2, so sagt auch Jesaias 40, 22 (Himmel = Kammer) das Gegentheil aus. Und nun calculiert Augustin etwa so: Die drei Bezeichnungen (Kugel, Kammer, Fell) lassen sich also nicht identificieren. Der heidnischen Ansicht stehen die beiden biblischen gegenüber; aber auch die beiden biblischen lassen sich nicht identificieren, denn ein Fell ist keine Kammer. Da aber diese sich unter allen Umständen müssen zusammenbringen lassen auf Grund der unumstößlichen Autorität der Bibel, so dürfte es auch nichts ungeheuerliches sein, sie mit der Lehre von der Kugel zu vereinigen. Ja, die biblischen Bezeichnungen lassen sich untereinander sogar ungleich schwerer identificieren, als mit der heidnischen. Denn allenfalls könne man eine Kugel als eine nach allen Seiten hin gewölbte Kammer auffassen, während sich in Fell und Kammer nur sehr gezwungen eine Ähnlichkeit entdecken lässt. Es kann daher nach seiner Ansicht nur eine figürliche Bezeichnungsweise vorliegen, oder wie er es schon Confess. lib. XIII. c. 15. angenommen: *Si enim camera non solum curva, sed etiam plana recte dicitur; profecto et pellis non solum in planum, verum etiam in rotundum sinum extenditur.* [3]

---

[1] Philipon. III, 7 p. 110, 111. — [2] Ambrosius 14, 160.
[3] Augustin: De Gen. ad lit. II, 9. Migne 34, 270, 271.

Mit dieser Art des Beweisverfahrens hat sich Augustin in kein günstigeres Licht gesetzt, als etwa ein Kosmas Indikopleustes. Sein Vermittlungsversuch ist nur ein exegetisches Taschenspielerkunststückchen und noch dazu ein recht plumpes, ein bloßes Versteckspielen hinter Wörtern, denen er keine Wichtigkeit hätte beilegen dürfen.

Viel freiere Anschauungen hatte im Gegensatz zu ihm der große Compilator **Isidor von Sevilla**, der sich ziemlich rückhaltslos der antiken Ansicht anschließt. Der Himmel ist eine Kugel und die Erde, die im Mittelpunkt der Welt befindlich, steht an jedem Punkt gleichweit vom Himmel ab und ist somit selbst eine Kugel.[1])

Auch **Beda** nimmt die Kugel ohne Bedenken an; das 46. Capitel seines liber de natura rerum führt den Titel: *Terram globo similem*. Der Grund für die Kugelgestalt wird zunächst ebenfalls in den elementaren Eigenschaften von Erde und Wasser gesucht, die beide dem Weltcentrum zustreben. Sodann findet sich bei ihm aber auch der aristotelische Beweis vom Auftauchen und Verschwinden der Sterne. Allein durch die Kugelgestalt ist es erklärlich, dass einzelne Gestirne der nördlichen Halbkugel uns stets sichtbar sind, niemals aber solche der südlichen. Und umgekehrt werden diese von jenen nicht gesehen, weil die Wölbung der Erde die Aussicht verhindert. So tritt das Siebengestirn für die Bewohner von Troglodytice und Ägypten nicht über deren Horizont hervor und ebenso ist den Bewohnern Italiens der Anblick des Sterns Canopus entzogen. Bei Beda tritt in jeder Hinsicht eine vernünftige Betrachtungsweise und ein bemerkenswerthes Verständnis naturwissenschaftlicher Fragen hervor. Er hat nicht die leidige Gewohnheit, jede Bagatelle durch einen Bibelvers zu belegen und exegetische Monstra wie bei Augustin suchen wir bei ihm vergebens. Mit der Kugellehre hat er sich sehr bald zurecht gefunden. Die Thatsache, dass die Berge und Ebenen der Erde genau genommen die Annahme einer tadellos regulären Kugel nicht zulassen, fällt bei ihm nicht ins Gewicht, denn der Erdkörper, in seinem ganzen Umfange betrachtet, bewahrt nichtsdestoweniger die Kugelgestalt.[2])

Seit dem VIII. Jahrhundert hat kein nennenswerther Kosmograph mehr die Kugelgestalt der Erde ernstlich in Frage gestellt. Das compilatorische Verfahren trug nicht zum wenigsten hierzu bei. So findet sich jener Gedanke, dass Berge und Thäler die Kugelgestalt der Erde nicht sonderlich beeinflussen, auch bei Honorius wieder. *Si enim quis in aere positus eam desuper inspiceret, tota enormitas montium et concavitas vallium minus in ea appareret, quam digitus alicuius si pilam pergrandem in manu teneret.*[3])

Eine eingehendere Darstellung der Beweisgründe findet sich bei **Albertus Magnus**, ohne dass aber auch er etwas wesentlich neues hätte bieten können. Er bespricht die Kugelgestalt im *liber de coelo et*

---

[1]) Isid. Origg. t. IV lib. XIV. p. 141: Terra est in media mundi regione posita omnibus partibus caeli in modum centri aequali intervallo consistens.

[2]) Beda ed. Giles de nat. rer. t. VI. c. XLIV.: Aqua creator orbem medio ambitu praecinxit, quae ex omni parte in centrum terrae vergeret, et in interiora nitens decidere non posset. c. XLVI: Orbem terrae dicimus, non quod absoluti orbis sit forma, in tanta montium camporumque disparilitate, sed cuius amplexus, si cuncta linearum comprehendantur ambitu, figuram absoluti orbis efficiat. Inde enim fit, ut septentrionalis plagae sidera nobis semper appareant, meridianae numquam: rursusque haec illis non cernantur, obstante globo terrarum. Septentriones non cernit Troglodytice et confinis Aegyptus, nec Canopum Italia.

[3]) Honor. imag. mund. Max. Bibl. XX, 967 (natürlich nach Beda).

mundo und widmet dort den theoretischen Untersuchungen über die Gravitation ein ganzes Capitel. Die Erde ist sphärisch oder rund geformt (*sphaerica sive orbicularis necessario*). Denn jedes Theilchen Erde, welches außerhalb des Erdcentrums befindlich ist, ist schwer und jene Schwere hält es in thätiger Bewegung, bis es zum Mittelpunkt gelangt ist, wo die Bewegung aufhört. So werden im ganzen Umkreise des Centrums alle Erdtheilchen von überall her zum Mittelpunkt hingezogen und zwar so, dass sie sich in compakter Masse zusammenordnen und indem jedes bestrebt ist, dem Centrum näher zu kommen, umlagern sie dieses. Jene Zusammenziehung der Theilchen muss nothwendig eine sphärische Form annehmen, weil bei keiner anderen Figur eine so gleichmäßige Annäherung an das Centrum möglich ist.[1]) Sodann führt er noch zwei mathematische Gründe (wie er sich ausdrückt) an und zwar die beiden anderen aristotelischen: von der Mondfinsternis und der bedingten Sichtbarkeit gewisser Sterne. Wenn die Erde nicht rund wäre, so wäre auch ihr Schatten nicht rund, wie wir es bei Mondfinsternissen beobachten. Auf einer bloßen Augentäuschung kann dies nicht beruhen, wie etwa bei dem Zu- und Abnehmen des Mondes, wo eine Hälfte stets von der Sonne beschienen ist, von uns aber nur theilweise gesehen werden kann. Auch bei Mondfinsternissen könnte mancher eine Täuschung dieser Art annehmen. Dies ist aber unmöglich, da der Schatten im Monde immer kreisförmig erscheint und somit auch von einem rundgeformten Gegenstande, nämlich der Erde ausgehen muss, in deren pyramiden- oder säulenförmigen Schatten der Mond tritt.[2])

Sodann wird für den auf einer Mittagslinie von N nach S oder umgekehrt sich fortbewegenden Beobachter ein Theil der nördlichen bezw. südlichen Sterne hinter dem jedesmaligen Horizont verschwinden. Egypten und Persien liegen nach Süden zu und in diesen Ländern werden viele südliche Sterne sichtbar, welche wir hier im 7. Klima nicht mehr sehen können; anderseits können wir die um den Nordpol kreisenden Sterne sehen, deren Anblick jenen südlichen Ländern entzogen ist. Der Grund hierfür kann nur der sein, dass zwischen uns und jene Sterne die Rundung der Erde tritt. Denn wenn die Erde eben wäre, so würden auch beide Pole sichtbar sein und die dieselben umkreisenden Sterne.[3])

---

[1]) Alb. Magn. de caelo l. II. tr. 4 c. 9, p. 143: omnis enim pars terrae extra medium accepta, gravis est; et gravitas illa in actu movet eam usquequo pervenit ad medium; et tunc cessat actu moveri et quiescit in medio et haec quidem per totum circuitum centri undecumque moveantur partes terrae ad medium, non distat una pars ab alia sicut distant partes in eo quod est rarum vel spissum, sed constringuntur fortiter per circuitum . . . frigiditate constringente et gravitate colliguntur, et congregante simul quantum conjungi possunt ad centrum vicinius ut perveniant ad medium circumstando ipsum. Ex quo relinquitur, quod constrictio earum sphaerica est; quia in nulla alia figura appropinquarent medio quantum possunt vicinius.

[2]) Alb. Magn. l. II. tr. 4. c. 11, p. 146: . . . ita enim forte aliquis dicat accidere in lunae eclipsi sectionem circularem propter visum, et non esse ita a parte rei; hoc enim dici non potest, cum semper appareat circularis: et ideo oportet, quod proveniat ex aliquo uno in se habente ad lunam et non ex visu: hoc autem non potest esse nisi umbra terrae quae aut est sicut circularis, aut ut pyramis, aut ut columna: et quaecunque horum dicatur, tunc oportet, quod figura terrae sit rotunda.

[3]) Alb. Magn. l. c.: Nec huius causa potest esse, nisi quia rotunditas terrae cadit inter nostros et illorum visus. — Vgl. auch Dante, quaest. de aq. et ter. ed. Fraticelli II, 462: . . . frangitur radius rectus rei visibilis, inter rem et oculum, a convexo aquae: nam cum aquam formam rotundam habere oporteat ipsam efficere obstantiam alicuius convexi.

Roger Baco behandelt die Gestalt der Erde im 4. Buche seines opus maius. Er weist zunächst nach, dass die Welt nicht von ebener und nicht von convexer Form sein könne, also muss sie concav sein, da es keine andere Form mehr gibt. Denn nur bei einem sphärisch-concaven Körper sind alle Linien gleich, welche vom Mittelpunkt nach der Oberfläche gezogen werden. Wegen der Symmetrie in der Natur müssen auch alle Theile des Himmels gleich weit von der Erde abstehen, mithin ebenfalls eine Kugel bilden, was auch schon aus dem Umstande folgt, dass der Himmel alles umschließt. Dass sich aber alle Körper im Weltraum zur Kugel zusammenordnen, zeigt sich am Wasser auf der Erde, welches vermöge seiner Schwere den tiefsten ihm erreichbaren Ort aufsucht. Es müssen daher auch hier alle Linien vom Centrum bis zur Wasseroberfläche sich gleich sein. Denn wäre die eine kürzer als die andere, so würde das Wasser nach der niedrigen Stelle hinlaufen, bis es auch diese mit den anderen ausgeglichen hat. Eine solche Gleichheit aller Theile ist daher beim Wasser auch nur möglich, wenn dieses von sphärisch-concaver Figur ist.

Es wird dies von ihm durch die bekannte Thatsache näher erklärt, dass ein Beobachter auf der Spitze des Mastes den Hafen eher erblickt als von dem Verdeck des Schiffes aus. Es bleibt nur die Annahme übrig, dass ein „Etwas“ die Aussicht vom Verdeck aus hindert und dieses Etwas kann nur die sphärische Anschwellung des Wassers sein. Also nimmt das Wasser eine sphärische Form an. Dasselbe gilt von der Luft und dem Feuer.[1])

Aus der erwiesenen Kugelgestalt zieht er nun folgenden Schluss, der an und für sich ziemlich viel Originalität verräth. Er geht dabei von der Annahme aus, dass jeder Wasserspiegel, also auch der in einem Becher nothwendig ein Stück der Kugelfläche bildet und zwar wird jene Kalotte um so gewölbter sein, je kleiner der Radius ist. An einem tiefliegenden Orte wird daher die Wasseroberfläche im Gefäß als Theil einer kleineren Kugel erscheinen als an einem relativ höher befindlichen Punkte. Desshalb wird in das Gefäss an jenem Orte ein Theil Wasser mehr gegossen werden können, als an diesem. Denn am tieferen Orte zieht sich das Wasser von den Seiten des Gefässes zurück und bauscht sich zu dem stärker gewölbten Segment einer kleineren Kugel auf, weil es dem Centrum der Erde näher liegt, als in dem entgegengesetzten Falle.[2])

Während Albertus und Baco etwas selbständiger über die aristotelischen Beweise der Erdkugelgestalt nachzudenken bestrebt waren und denselben eine interessante Seite abzugewinnen suchten, verfallen die späteren Physiker wieder in den alten Schlendrian mittelalterlicher Büchermacherei. Sie excerpieren und compilieren und kommen trotz alledem über die drei aristotelischen Beweismomente nicht hinaus. So ging

---

[1]) Baco op. mai. p. 96: per experientiam scitur, quod ille qui est in summitate maii potest videre portum citius, quam ille qui est in superficie navis. Ergo relinquitur quod aliquid impedit visum illius qui est in navi. Sed nihil potest esse, nisi tumor sphaericus aquae. Ergo est sphaericae figurae.

[2]) Baco l. c. p. 97: Sed constat quod in loco inferiori erit portio minoris sphaerae et in superiori portio maioris, quia magis tunc distabit a centro: nam sphaera superior continebit inferiorem, ut patet in circulis circa idem centrum .... Quapropter ad eandem aquam potest plus infundi de aqua in scyphum, quando est inferius, quam quando est superius. Nam inferius aqua quae est super diametrum scyphi contrahet se a lateribus vasis, et coangustabit se in portionem minoris sphaerae, quia propinquior est centro mundi et ideo chorda (Sehne) eiusdem aquae fiet minor, quam quando fuit superius.

es bis zum Schluss des Mittelalters, so ging es auch noch ein beträchtliches Stück in der neuen Zeit weiter fort, ehe man in directen Vermessungen eine neues Verfahren gefunden hatte. Die Entdeckung von Amerika nimmt in der Geschichte von der Erkenntnis der Erdgestalt nur eine untergeordnete Stellung ein und trug zwar zur Bestätigung der Kugellehre bei, ohne diese aber in ein neues Stadium zu rücken.

Jedenfalls hatte sich die Lehre von der Kugelgestalt nunmehr endlich durchgerungen und war mit wenigen Ausnahmen zu allgemeiner Anerkennung gelangt. Osmont in seiner Imago mundi, Thomas von Aquino, Vincenz von Beauvais[1]) erklären sich rückhaltslos für sie, und Dante nimmt sie in seiner Divina Comedia, wie auch in seinen anderen wissenschaftlichen Dissertationen als etwas ganz selbstverständliches hin. So finden wir auch später noch im XV. Jahrhundert diese Lehre mit Verwendung der aristotelischen Beweise vertreten bei Nicolaus von Cusa, Petrus de Alliaco, Gregor Reisch, Konrad von Megenberg u. a.

2. Antipodenfrage.

Im Anschluss an die Lehre von der Kugelgestalt haben wir auch jene Frage zu behandeln, die von den mittelalterlichen Kosmographen wieder und immer wieder aufgeworfen wurde und eigentlich nie zum Stillstand gekommen ist: die Frage nach dem Vorhandensein von Antipoden.

Auch die Alten hatten sich vielfach mit der Bewohnerschaft der übrigen Tetartemorien beschäftigt, ohne dass sie aber zu einem endgiltigen Resultate gekommen wären, wie denn auch in der Bezeichnungsweise als περίοικοι, ἀντίποδες, ἄντοικοι, ἀντίχθονες keine rechte Einigkeit herrschte.[2]) Über die Existenz von Antipoden war unter ihnen, wie Plinius h. n. II, 65 berichtet, ein langer Streit entbrannt, den wir jedoch hier nicht verfolgen wollen.

Auch die mittelalterlichen Kosmographen verhielten sich dieser Frage gegenüber äußerst skeptisch, zumal da die Bibel in diesem Punkte ein so auffälliges Stillschweigen beobachtete, was in ihren Augen nicht ohne Grund sein konnte.

Als der älteste bekannte Gegner der Antipodenlehre in der christlichen Zeit gilt Lactanz, der mit derselben Erbitterung und Entrüstung wie gegen die Kugellehre consequenterweise auch gegen jene Front machen muss. Im 24. Capitel des III. Buches seiner *divinae institutiones* behandelt er die Antipoden, deren irrthümliche Annahme er als das nothwendige Resultat einer ebenso falschen Prämisse darzustellen sucht. *Quid illi, qui esse contrarios vestigiis nostris antipodas putant: num aliquid loquuntur? aut est quisquam tam ineptus, qui credat esse homines, quorum vestigia sint superiora, quam capita? aut ibi quae apud nos jacent, inversa pendere? fruges et arbores deorsum versus crescere? pluvias et nives et grandinem sursum versus cadere in terram?* Man rechnet die hängenden Gärten unter die sieben Wunder der Welt und trotzdem scheuen sich die Philosophen nicht ganze Städte, Meere und Berge frei in der Luft hängen zu lassen. Die Wurzel dieser unsinnigen Behauptung habe man nach

---

[1]) Thom. Aquinas, Summa theologiae t. II. qu. 24 art. 2. — Vincent. Bellov. spec. nat. VI, 8.

[2]) Cf. Forbiger, Handbuch der alten Geographie I, 364 und Pauly's Real-Encykl. s. v. Antipodes.

seiner Meinung in der Lehre von der Kugelgestalt der Erde zu suchen, denn ihre Annahme mache auch das Vorhandensein anderer Ländermassen an der uns entgegengesetzten Stelle und eine dazu gehörige Bewohnerschaft nothwendig. *Sic pendulos istos Antipodas coeli rotunditas adinvenit.* Daher will Lactanz auch von dem Satz der Elementenlehre, dass alle schweren Körper nach dem Mittelpunkt der Erde hinstreben, nichts wissen *(ut pondera in medium ferantur et ad medium convexa sint omnia, sicut radios videmus in rota)* und sieht überhaupt in Hypothesen dieser Art nur das zwecklose Spiel dialektischer Klopffechterei.[1])

Aber auch der vornehmste Repräsentant der älteren Christenheit **Augustin** hatte sich mit aller Entschiedenheit gegen die Lehre von Antipoden erklärt. *Quod vero et Antipodas esse fabulantur, ... nulla ratione credendum est.* Wir hatten vorher gesehen, welche schwankende Stellung er in der Frage nach der Erdgestalt einnahm, so dass uns darnach seine Abneigung gegen Antipoden nur erklärlich wird. Während aber Lactanz bei Voraussetzung einer kugelförmigen Erde die Annahme von Antipoden für nothwendig hält, meint Augustin gerade im Gegentheil, dass eine kugelförmige Erde nicht durchaus auch südliche Länderräume erforderlich mache, sowie, dass, wenn dies auch wirklich der Fall wäre, nicht nothwendig auch Menschen dort existieren müssten. Die Antipodenlehre sei überdies nur eine Speculation der Gelehrten und habe bisher erfahrungsmäßig noch keine Bestätigung gefunden. Ganz besondere Schwierigkeiten aber zeigen sich, die Besiedlung jener transoceanischen Länder zu erklären; denn da die gesammte Menschheit von Adam abstammt, so müssten die Menschen auf Schiffen dorthin übergesetzt sein, was bei dem zwischenliegenden unermesslichen Ocean nicht gut denkbar ist.[2])

Prokop von Gaza, gleichfalls ein Antipodenleugner, eröffnet sogar die für jeden frommen Christen entsetzliche Perspektive, dass dann zu jenen Transoceaniern auch das Evangelium nicht könnte gedrungen sein. »Keineswegs dürfen wir glauben, dass unter uns ein Erdtheil bewohnt wird, der dem unseren entgegengesetzt ist.« Denn wenn Antipoden wären, so wäre auch Christus zu ihnen gekommen und hätte ihnen das Heil der Welt gebracht, und es hätte dort ebenso einen Adam, eine Schlange und eine Sintfluth geben müssen.[3])

Auch **Kosmas Indikopleustes** reiht sich natürlich den vorhergenannten an und er schüttet hierbei seinen ganzen Hass gegen jene Lügengeister aus. »Und wenn ihnen jemand die Frage vorwirft: Bewegt sich denn die Sonne so ohne allen Zweck und Ursache unterhalb der Erde, so antwortet jenes lächerliche Volk anstandslos, dass daselbst

[1]) Lactant. III, 24. De Antipodibus et coelo et sideribus. — p 231: At ego multis argumentis probare possem, nullo modo fieri posse, ut coelum terra sit inferius, nisi et liber iam concludendus esset et adhuc reliqua restarent, quae magis sunt praesenti opera necessaria; et quoniam singulorum errores percurrere non est unius libri opus: satis sit pauca enumerasse, ex quibus possit, qualia sint caetera, intelligi.

[2]) Augustin. de civ. Dei XVI, c. 9: Neque hoc ulla historica cognitione didicisse se affirmant, sed quasi ratiocinando conjectant, eo quod intra convexa coeli terra suspensa sit, eundemque locum mundus habeat et infimum et medium: et ex hoc opinantur alteram terrae partem, quae infra est, habitatione hominum carere non posse. Nec attendunt, etiamsi figura conglobata et rotunda mundus esse credatur, sive aliqua ratione monstretur; non tamen esse consequens, ut etiam ex illa parte ab aquarum congerie nuda sit terra: deinde etiamsi nuda sit, neque hoc statim necesse esse, ut homines habeat.

[3]) Procop. Gaz. 67, 69: Ἀντοικουμένην δὲ ὑπὸ τῆς γῆς οὐδαμίαν εἶναι πιστεύομεν.

Antichthonen seien, die den Kopf nach unten tragen und Flüsse, die im Gegensatz zu den unsrigen eine verkehrte Lage haben.« [1]) An einer späteren Stelle deckt er das Unhaltbare der Antipodenhypothese nach Art des Lactanz auf, trotzdem er diesen nie nennt und wohl auch schwerlich gekannt haben wird. Wenn die Füße eines Menschen, meint Kosmas, den Füßen eines anderen auf der entgegengesetzten Erdhälfte entgegenstehen, wie sollen dann beide Personen noch als aufrecht stehend befunden werden? Denn wie kann der eine seiner Natur entsprechend aufrecht stehend, der andere dagegen wider seine Natur mit abwärts gekehrtem Haupte sich vorfinden? Wie aber ist es, wenn es regnet, zu denken, dass der Regen auf beide herabfällt? Wird er nicht vielmehr bei dem einen herabfallen (καταφέρεσθαι), bei dem anderen aber aufwärts (ἀναφέρεσθαι)? Denn die Annahme von Antipoden macht auch die Annahme von aufwärts fallendem Regen nöthig. Ein anderer Beweis gegen die Richtigkeit jener Lehre läuft auf eine bloße Wortklauberei der Bibel hinaus. Er citiert Luc. X, 19: »Ich habe euch Macht gegeben zu treten auf Schlangen und Skorpione« etc. und er zieht aus diesem Vers gegen die Antipodenlehre folgenden Schluss. Denn »Treten«, sagt er, heißt doch auf etwas treten; wenn wir aber auf etwas treten, so findet das entgegengesetzte Treten (der Gegenfüßler) unter dem statt, worauf wir treten. Nun gibt es aber nach Ansicht der Weisen bei einer Kugel kein oben und unten. Also treten wir nicht, noch werden wir im entgegengesetzten Sinne getreten (d. h. noch haben wir Gegenfüßler) und somit sind die Ansichten jener Märchen und Fabeln. [2])

Der erste, welcher im Abendlande mehr Gefallen an der Antipodenlehre gezeigt hat, scheint Isidor von Sevilla gewesen zu sein. Er folgt der allgemein üblichen Eintheilung der Erde in drei große Ländermassen Europa, Asia und Libya, fügt aber schließlich noch einen vierten Erdtheil hinzu, welcher im Süden jenseits des Oceans liege und bewohnt sei. Nur wegen der zwischenliegenden heißen Zone ist dieser uns bis jetzt unbekannt geblieben. Die Behauptung, dass daselbst Antipoden existierten, wird allerdings durch das beigesetzte „*fabulose*“ wieder abgeschwächt. [3]) Außerdem ist zu bemerken, dass die Antipoden nach seiner Beschreibung nur Gegenwohner gewesen sein können, zumal wenn er an einer anderen Stelle von *antipodes in Libya* spricht.

Als der bemerkenswertheste Vertheidiger jener Lehre aber ist der Bischof Virgilius von Salzburg († 784) zu nennen, der uns ein besonderes Interesse gewährt. Über seine geographische Anschauung liegt uns eine sehr werthvolle zeitgenössische Nachricht vor, welche trotz ihrer Mangelhaftigkeit erkennen lässt, dass die Erdkugellehre bereits im VIII. Jahrhundert in jenem am weitesten vorgeschobenen Posten geistiger Cultur nach dem germanischen Norden zu ihre Anhänger zählte. Jedoch erstand ihm in der Person des Bonifaz ein sehr energischer Gegner, welcher den Papst Zacharias von Virgils bibelwidrigen Behauptungen in Kenntnis setzte. In dem Antwortschreiben des Papstes,

[1]) Kosmas 88, 64: ὡς ἀντίχθονές εἰσι κάτω κάρα φερόμενοι, καὶ ποταμοὶ τοῖς ἐνταῦθα οἱ τὴν ἐναντίαν θέσιν ἔχοντες.

[2]) Kosmas 88, 132: Τὸ πατεῖν οὖν τὸ ἐπάνω τινὸς λέγεται πατεῖν· εἰ δὲ ἐπάνω τινὸς πατοῦμεν, τὸ ἀντιπατεῖν ὑποκάτω ἐστιν οὗ πατεῖ. κατὰ τοὺς σοφοὺς δὲ τὸ σφαιροειδὲς οὔτε ἐπάνω οὔτε ὑποκάτω ἔχει· οὐκοῦν οὔτε πατοῦμεν οὔτε ἀντιπατούμεθα, οὔτε ὅλως βαίνομεν ἐν τῇ γῇ, καὶ πλάσματα καὶ μῦθοί εἰσι τὰ κατ' αὐτούς.

[3]) Isid. Origg. t. IV. l. XIV. c. 5 p. 168: Extra tres autem partes orbis, quarta pars trans Oceanum interior est in meridie, quae solis ardore nobis incognita est, in cuius finibus Antipodes fabulose inhabitare produntur.

welches uns noch erhalten geblieben und die für uns in Frage kommende Stelle enthält, heißt es: *De perversa autem et iniqua doctrina, quae contra Deum et animam suam locutus est, — si clarificatum fuerit, ita eum confiteri: quod alius mundus et alii homines sub terra sint seu sol et luna — hunc habito concilio, ab ecclesia pelle sacerdotis honore privatum. Attamen et nos, scribentes praedicto duci, evocatorias praenominato Virgilio mittimus litteras: ut nobis praesentatus et subtili indagatione requisitus, si erroneus fuerit inventus, canonicis sanctionibus condempnetur.* [1]) Die Behauptung, dass es noch »eine andere Welt und andere Menschen unter der Erde« geben solle, ließ sich mit den primitiven Anschauungen der Bibel nicht in Einklang bringen. Es ist aber die Frage, ob sie seiner Zeit überhaupt verstanden worden ist. Leider besitzen wir nicht mehr Virgils eigene Worte, sondern nur die Worte des Papstes, die allerdings mehr den Charakter einer oberflächlichen Andeutung an sich tragen, weil der Empfänger des Briefes (Bonif.) mit dem Inhalt jener Lehre ja längst bekannt war. Anderseits bleibt aber auch nicht ausgeschlossen, dass der letzteren nur eine falsche Auffassung zu Theil wurde und die Worte des Papstes haben auch später noch zu Missverständnissen Anlass gegeben. — Man glaubte unter *alius mundus* die Annahme noch anderer Weltkörper verstehen zu müssen, die gleichfalls Menschen zum Wohnsitz dienten und ihre eigene Sonne und Mond hatten, [2]) oder man fasste auch das *sub terra* wörtlich und las dann die Annahme einer unterirdischen Welt heraus. Zu allen diesem liegt bei Virgil kein Grund vor; wir haben es hier zweifelsohne mit der Kugellehre zu thun und der vermutheten Existenz transoceanischer Länderräume und dort befindlicher Bewohner (Antipoden). Nur dies allein kann unter *alius mundus* und *alii homines* verstanden werden; eine Bezeichnungsweise allerdings, wie sie sonst nicht üblich war und daher der Vermuthung eines vorliegenden Missverständnisses von Seiten der Zeitgenossen Raum gibt, wie ja denn auch noch in unseren Tagen falsche Deutungen dieser Worte Platz greifen konnten. [3]) Eine andere Frage ist es, von woher Virgil diese Lehre überkommen. Da sein Heimatland Irland ist, so liegt der Gedanke nahe, dass ihm von Seefahrern positive Angaben von transatlantischen Ländern zugekommen seien (so bei Rettberg l. c.), doch steht dem entgegen, dass die vor Columbus liegenden Entdeckungen der Normannen erst zwei Jahrhunderte nach Virgil stattfanden. Es bleibt daher nur der eine Ausweg zur Erklärung übrig, dass die Lectüre der Kirchenväter und der alten Autoren die Quelle für seine kosmographischen Anschauungen bildete, was um so wahrscheinlicher ist, wenn wir auf die hervorragende Bildung und Gelehrsamkeit jener sogenannten

[1]) Jaffé: Biblioth. rerum German. III, p. 191.

[2]) Eine Mehrheit von Welten war auch bei den Alten ausgeschlossen (Anaxagoras, Pythagoras, Plato, Aristoteles); aber auch bei Anaximander, Anaximenes, Empedokles u. A. ist es noch die Frage, ob sich ihre unendliche Reihe von Welten auf mehrere Weltsysteme oder nur auf die Gestirnwelt bezieht. Cf. Zeller, Phil. d. Gr. I, 119. 211. 629 ff.

[3]) Basnage in Canisius: Thesaurus ecclesiasticorum et historicorum seu antiquae lectiones ad sacram ordinem digestae. Antwerpen 1725. III. p. 273. — Schröckh Christliche Kirchengeschichte. Leipzig. 1794, Theil 19, p. 220. Lipowsky: Geschichte der Schulen in Bayern. München 1825, p. 53. Rettberg: Kirchengeschichte Deutschlands. Götting. 1848. II, 236. H. Hahn: Jahrbuch des fränkischen Reiches. Berlin 1863, p. 111. Oelsner: Jahrbücher des fränkischen Reiches unter Pippin. Leipzig 1871 p. 176 ff. Zöckler: Theol. und Nat. I, 338. Günther: Studien, p. 5 f. Gilbert: Le pape Zacharias et les antipodes. Brüssel 1882 Marinelli: Die Erdkunde bei den Kirchenvätern; deutsch von Neumann. p. 42 f. Herzog: Real-Encykl. XVI (1885) p. 537 ff.

Schottenmönche Rücksicht nehmen. Über das weitere Schicksal seiner Antipodenlehre erfahren wir nichts; jedenfalls ist er später wieder in Gnaden aufgenommen und Gregor IX. stand nicht ab, ihn 1233 zu sanctionieren, was besonders auffallen muss, da eben jener Gregor zwei Jahre vorher in einer Bulle das Studium physikalischer Schriften den Mönchen bei Strafe verbot.

Ob aber die Antipoden Virgil's wirklich als Gegenfüßler zu verstehen sind und nicht vielmehr wie bei Isidor als Gegenwohner, steht dahin. Wie bei den Alten so waren auch bei den mittelalterlichen Gelehrten die Bezeichnungen nicht übereinstimmend, ja die Alten übten direkt ihren Einfluss aus, wenn Dicuil nach Solin citiert, dass die Insel Taprobane lange Zeit für einen neuen Erdtheil und ihre Bewohner für Antichthonen gehalten wurden. Wie Dicuil selbst über Antipoden dachte, hat er nicht weiter erörtert. Doch scheint er mit der lakonischen Erwähnung jener Solinstelle der Antipodenlehre auch nicht gerade viel Vertrauen entgegengebracht zu haben.[1])

Erst in der zweiten Hälfte des Mittelalters tritt eine Förderung dieser Frage ein und man begann die verschiedenen Für und Wider in Erwägung zu ziehen.

Rupert von Deutz lässt durchscheinen, dass Antipoden durchaus keine physische Unmöglichkeit wären und dass der Zug jedes schweren Körpers zum Erdcentrum hin ihr Herabfallen verhindert. Ebenso wenig wie wir zu fürchten haben in den Himmel zu fallen, haben jene zu fürchten in die Tiefe zu stürzen.[2])

Wilhelm von Conches lässt schon gar keinen Zweifel mehr gegen die Bewohnbarkeit der übrigen Erdviertel aufkommen. Aber auch bei ihm sind unter *Antipodes* nur Gegenwohner gemeint; doch nimmt er außerdem sowohl noch Antoeci, ἄντοι (Nebenbewohner), wie auch deren Antipoden (also unsere Gegenfüßler) an.[3])

Ebenso klar und deutlich sprach sich Albertus hierüber aus und er bestimmt in richtiger Weise die Tages- und Jahreszeiten für die vier Erdviertel. Gegenseitig *(coalterne)* wohnen diejenigen, welche auf einem und demselben Meridian, aber auf dem entsprechenden Parallel vom Äquator aus nach S zu wohnen. Mittags culminiert gleichzeitig bei beiden die Sonne, doch geht sie nicht an derselben Stelle der Horizonte beider Beobachter auf und auch sind die Tage bei beiden nicht gleich lang, wie auch die Jahreszeiten verschieden sind. (Gegenwohner.) Entgegengesetzt *(opposite)* wohnen die, welche zwar auf demselben Parallelkreis, aber vom Bestimmungspunkte aus um die Hälfte des Kreises entfernt sind (Nebenwohner). — Diejenigen dagegen, die diametral entgegenge-

[1]) Dicuil p. 50: Idem Julius (53, 1—7) paulo post: Taprobanam insulam, antequam temeritas humana exquisito penitus mari fidem panderet, diu orbem alterum putaverunt et quidem quam habitare Eachites (Antichtones) crederentur. — Statt Eachites haben Letronne und Salmasius nach Solin Antichthones.

[2]) Ruperti abbatis Tuitiensis comment. in Genes. (Paris 1638) I, 33, p. 12: Quodsi antipodes nostris sub terra obversi pedibus essent, ut gentilium philosophi opinati sunt, non magis illis timendum foret, ne caderent deorsum, quam nobis pavendum est, ne ruamus in coelum. Omnia namque pondera, in terram nisu feruntur, et undique a terra aquae supportantur.

[3]) Guilelmus de Conchis fol. 66. Pars igitur terrae habitabilis, in qua sumus, dividitur in duo . . . cuius superiorem inhabitamus: Antipodes vero nostri inferiorem. Nullus tamen nostrum ad illos, neque illorum pervenire potest ad nos .... Similiter alia habitabilis in duo dividitur; cuius superiorem partem nostri anteci, inferiorem antipodes illorum inhabitant.

setzt auf dem Meridian wohnen und wo der Erddurchmesser durch Zenith und Fußpunkt beider geht, werden Antipoden genannt.[1]

Alexander Neckam scheint sich dagegen weniger für Antipoden begeistern zu können: er spricht meist im Tone des Seinsollens, ohne aber mit Entschiedenheit seine Meinung darzulegen.

Überhaupt macht sich am Ende des Mittelalters mehr und mehr eine Strömung gegen die Antipodenlehre geltend, die zum großen Theil von der Kirche ausging. So fiel wegen jener ketzerischen Lehre eine Reihe Gelehrter dem Fanatismus zum Opfer. Wir wollen hier nur den bekannten Arzt, Sterndeuter und Alchimisten, Pietro d'Abano nennen, den 1316 die Inquisition ereilte. Nicht anders erging es dem Astronomen Cecco d'Ascoli, der 1324 seiner Professur in Bologna entsetzt und 1327 in Florenz, wo er eine Zuflucht gesucht, verbrannt wurde.[2]

Wie Petrus de Alliaco, so bestritt auch Alphonsus Tostatus, der Bischof von Abula († 1455) die Existenz von Antipoden und dies ganz nach Art der älteren christlichen Buchstabengläubigkeit auf Grund von Römer 10, 18.

Erst das kommende XVI. Jahrhundert sollte Licht in diese Frage bringen und alle Zweifel definitiv beseitigen, denn ehe nicht auf direkte Forschung begründete Resultate vorlagen, war die Verwerfung von Antipoden, sowie auch von transoceanischen Ländern wohl verzeihlich.

3. Die Größe der Erde.

Die älteste zahlenmäßige Angabe des Erdumfanges findet sich bei Aristoteles, welcher ihn zu 400.000 (ohne Angabe des Maßes, welches wohl nur Stadien gewesen sein können) ansetzte, während er nach Archimedes nur 300.000 Stadien betragen sollte. Aber von beiden ist die Methode der Berechnung nicht mehr bekannt: eine solche besitzen wir erst von Eratosthenes und diese ist schon vielfach der Gegenstand kritischer Untersuchungen geworden.[3])

Der Gang seiner Berechnungsweise ist kurz folgender: Er ging von der Thatsache aus, dass des Mittags zur Zeit des Sommersolstitiums

---

[1]) Alb. Magn. de nat. loc. c. X. Jammy V, 274: Coalterno autem habitare dicuntur, quorum una quidem est longitudo, sed non latitudo eorum est una et eadem et illi sunt qui sub eadem linea habitant in Meridionali, quibus omnibus est in uno eodem quam tempore sensibili Meridies . . . sed tamen non habitant sub eodem parallelo circulo, qui distet aequali latitudine per circuitum habitationis ab aequinoctiali circulo . . . Opposite autem habitant, quorum est unus parallelus secundum latitudinem eandem, sed non est eis longitudo una, sed potius distant per maximam longitudinem quae potest esse per circulum . . . tunc enim distant per longitudinem totam diametri et convertunt contra se pedes invicem, ita quod diametor inferior circuli paralleli per Zenith capitum et per pedes et per centrum semicirculum transit; et isti vocantur antipodes et sunt in nostra habitabli, sicut habitantes omnes, qui sunt in uno eodemque climate elongati a se per totam longitudinem Orientis ab Occidente nostrae habitabilis. — Dass Albert im liber de caelo et mundo II, tr. 4. c. 2 die Antipodenlehre zu »widerlegen sucht«, wie v. Eicken, Gesch. der mitt. Weltanschauung. p. 621, meint, kann ich aus jener Stelle nicht herauslesen.

[2]) Cf. Zöckler I, 340.

[3]) Vergleiche Müllenhoff: Deutsche Alterthumskunde. Berlin 1870, I, 259-296. Berger: Die geographischen Fragmente des Eratosthenes. Leipzig 1880 p. 99—142. Abendroth: Darstellung und Kritik der ältesten Gradmessungen. Gymn. Progr. Dresden 1866. Schäfer: Entwickelung der Ansichten über Gestalt und Größe der Erde. Gymn. Progr. Insterburg 1868.

in der Stadt Syene, welche ungefähr unter dem Wendekreise liegt, der Stab in der Skaphe völlig schattenlos ist, während derselbe zu gleicher Zeit in Alexandrien einen Schatten wirft, dessen Länge $^{1}/_{50}$ der ganzen Skaphe beträgt. Indem er nun die Entfernung beider Orte zu 5000 Stadien annahm, ergab sich ihm ein Umfang von 250.000 Stadien. Später wurde diese Zahl zu 252.000 erweitert, um so für einen Grad rund 700 Stadien zu erhalten.

Daneben aber cursierte seit dem Ende der vorchristlichen Zeit eine andere Berechnung des Posidonios, welcher nach Strabo der Erde einen Umfang von 180.000 Stadien gab, und diese Zahl haben Marinus von Tyrus und Ptolemaeus beibehalten.

An die Eratosthenische Berechnung knüpfen die meisten Späteren an und seine Gradmessung ist bis ins XVII. Jahrhundert von Geltung geblieben. Auch die mittelalterlichen Physiker, deren Arbeiten an experimentellen Untersuchungen arm sind und die am wenigsten einer so umständlichen Beobachtung, wie jede Gradmessung naturgemäß sein muss, sich unterzogen, nährten sich von den wenigen Brocken, die von der antiken Mahlzeit übrig geblieben waren. Sie holten ihre Weisheit aus Schriftstellern, wie Macrobius und Martianus Capella und suchten sich das Vermessungsverfahren an ihnen klar zu machen. Am Schluss des Mittelalters kam auch die Ptolemäische Zahl wieder in Aufnahme und bestärkte den Columbus nicht zum wenigsten in seinen Entdeckerplänen.

Die erste mittelalterliche Darstellung einer Gradmessung auf antiker Grundlage liegt uns in dem 93. Capitel der vielfach angezweifelten Geometrie Gerberts, des späteren Papstes Silvester II. vor. Dieselbe beruht, wie einige wörtlich herübergenommene Sätze mit Evidenz beweisen, auf Martianus Capella.

Eratosthenes philosophus idemque geometra subtilissimus, magnitudinem terreni orbis noscere volens, tali huius artis dicitur usus argumento nam a mensoribus regis Ptolemaei, qui totam Aegyptum tenebat, adiutus, a Siene usque ad Meroen stadiorum numerum invenit dispositis namque per intervalla locorum a septentrione meridiem versus horoscopicis vasis simili dimensione et gnomonum aequa longitudine formatis totidem doctos gnomonicae supputationis homines, quot vasa fuerant, singulis quibusque in locis imposuit atque una die omnes umbram meridiani temporis observare fecit, notare etiam unumquemque sui gnomonis umbram quantae fuisset longitudinis. atque ita comperit quod ultra DCC *stadia ad unius longitudinis gnomonem umbra non respondit, atque hac tali probatione conclusit quod partes* CCCLX, *quibus omnis zodiaci circuli tractus dividitur, ad terras usque perveniant et pars, quae ibi incomperta et inaestimabilis mensurae est, in terris non amplius quam septingentorum, aut paulo minus, stadiorum mensuram obtineat, compertaque in terris unius partis, quae ad zodiacum pertinet, magnitudine, hanc trecentis sexagies complicando circulum mensuramque terrae incunctanter quot milibus stadiorum ambiretur absoluit. Nam* $\overline{\text{CCLII}}$ *stadiorum circuitum universi terreni orbis esse pronuntiavit. Quae summa, si in* CCCLX *partes aequaliter dividatur, liquebit quod stadiorum unaquaeque partitio in terris esse debeat, quae in caelesti circulo nullam humanae coniecturae dimensionem admittit.*

Eigenartig ist hieran nur die Erläuterung, die er zu der Methode des Eratosthenes gibt. Darnach hätte dieser Sonnenuhren von gleicher Dimension und gleich langem Gnomon auf einer Mittagslinie in bestimmten Abständen aufgestellt und durch Leute, welche der gnomonischen Berechnung kundig waren, die Schattenlängen der einzelnen Instrumente zur Mittagszeit eines bestimmten Tages aufzeichnen lassen.

Aus dieser Rechnung ergab sich ihm die Länge eines Grades zu 700 Stadien und des Erdumfanges zu 252.000 Stadien.[1])

Dieselbe Art des Verfahrens, d. h. also Bestimmung der Länge eines Grades und Multiplication desselben mit 360 gibt auch Hermann von Reichenau an.[2])

Sumpto horoscopo sub stellatae noctis claritudine, inspectoque polo cum utroque mediclinii foramine, notataque graduum in qua stetit mediclinium multitudine, profectus est cosmometra per rectam lineam contra septentrionem a meridie tam diu, donec in alterius noctis claritate, viso ut prius polo cum utroque mediclinii foramine, stetit ipsum mediclinium altius unius gradus numerositate. Post haec ratione dictante mensus est huius itineris spatium et notata huius quantitate DCC *stadia sive* LXXXVII *miliaria affirmavit. Deinde datis unicuique* CCCLX *astrolapsus graduum tot stadiis sive miliaribus, inventus est ambitus terreni orbis, nam multiplicato per alios gradus unius spatio, quantum ex hac provenerit multiplicatione, tantum contineri probatur in totius mundi circuitione.*

Woher Hermann die Angabe von der Verwendung eines Astrolabiums seitens Eratosthenes geschöpft hat, ist unbekannt. Müllenhoff vermuthet, dass ihm eine alte Exposition zu Macrobius I, 20 vorgelegen haben müsse und zwar schließt er dies aus dem Berichte eines Anonymus über denselben Gegenstand in einer Handschrift der Leidener Bibliothek, welcher sich auch in der Macrobiusausgabe Jacob Gronovs abgedruckt findet. Die quellenkritische Analyse Müllenhoff's ergibt, dass jene anonyme Darstellung nur eine zusammengezogene Arbeit aus Gerbert und Hermann bezw. jener Exposition ist.[3])

Neben den Berechnungen des Erdumfanges finden sich bei allen drei auch die des Erddurchmessers vor, in welchen man sich die 80.000 Stadien des Macrobius zu entwickeln suchte. Es war dies für mittelalterliche Rechnungsweise nicht ohne Schwierigkeit, so lange man sich des schwerfälligen Verfahrens mit römischen Stammbrüchen bediente. Man wendete die Archimedische Zahl $3^1/_7$ an und multiplicierte folglich 252.000 mit $^7/_{22}$. Hierzu verwandelte man $^7/_{22}$ in $^{21}/_{22} \cdot {}^1/_3$, subtrahierte von 252.000 $^1/_{22}$ dieser Zahl und theilte das hieraus sich ergebende Resultat durch 3. So verfuhr Gerbert in seiner Geometrie. Aus welcher römischen Quelle es Gerbert hatte, wissen wir nicht. Nach ihm scheint auch Hermann operiert zu haben.[4])

Wir können an dieser Stelle ein interessantes Schreiben des Bischofs Meinzo von Constanz[5]) einschieben, worin er seinen Lehrer, jenen oben genannten Hermann, wegen eines Rechnenfehlers um Rath bittet. Jene vorher besprochene Rechnungsmethode findet sich daselbst

---

[1]) Pez: Thesaurus anecdotorum novissimus. Augsburg 1721. III. 2, 6—82. — Oeuvres de Gerbert par Olleris. 1867. p. 401—470.

[2]) **Hermanus Contractus** (der Lahme). 1013 geb. Seit 1043 Mönch des Klosters Reichenau am Bodensee, das er seitdem nie mehr verließ. Seine Schrift de utilitatibus astrolabii bei Pez: Thes. anec. nov. III, 2.

[3]) Ueber Gerbert, Hermann und jenen Anonymus cf. Müllenhoff l. c. I. 296 ff.

[4]) Gerbert. geom. Pez. III. 2. 78: Circuli inauraturam sic quaeras. Diametrum circuli in se ductum vigesies bis multiplica. Effectae summae septimam accipias, et haec circuli erit inauratura: quod idem esset, si per diametrum circulum multiplicares. — Hermann. Pez. III, 2, 135 cap. III. IV.

[5]) Dasselbe muss vor 1048 verfasst sein. — Aus einer Handschrift der Pariser Nationalbibliothek, herausgegeben von E. Dümmler: Ein Schreiben Meinzos von Constanz an Hermann den Lahmen. Im neuen Archiv der Gesellschaft für ältere Deutsche Geschichtskunde V (1880) p. 202—6. mit Erläuterungen von Cantor. — Wattenbach: Geschichtsquellen II. 56.

eingehend dargestellt. Auch er geht von 252.000 Stadien des Eratosthenes aus und berechnet aus diesen den Durchmesser. »Wurden die 252.000 unter Anwendung von Brüchen durch 22 getheilt, schreibt Meinzo, so fand ich bei der Rechnung 11.454. 1/2, 1/24, 1/288, wobei 1/1728 übrig blieb, dessen 22. Theil nicht mehr gefunden wird, es müsste denn jemand — mir undenkbar — noch kleinere Bruchtheilchen als 1/2304 wünschen. Zog ich jene Zahl von 252.000 ab, so blieben 240.545 Einheiten nebst 5/12, 1/36, 1/96. Deren Drittel nämlich 80.181, 3/4, 1/24, 1/72, 1/96 mit einem Rest von 1/1728, den ich nicht weiter theilte, fand ich als das, was man etwa den Durchmesser des Umkreises von 252.000 nennen kann. Ich fand auch den gleichen Durchmesser, indem ich 7 Mal mein voriges 1/22 nämlich 11.454 1/2, 1/24, 1/288 multiplicierte, und zwar dem Ganzen nach so wie früher, aber in den Brüchen allerdings in anderer Form: 1/2, 1/4, 1/24, 1/48, 1/288, welches jedoch denselben Werth besitzt, wie vorher 3/4, 1/24, 1/72, 1/96.« [1])

In der späteren Zeit trat mit zunehmender Kenntnisnahme der arabischen Geographie auch hinsichtlich der Anschauungen von der Größe der Erde eine Änderung ein. Wir wissen, dass Al-mamun im Jahre 827 durch die Astronomen Chalid ben Abdulmelik und Ali ben Isa mehrere Gradmessungen in den Ebenen von Tadmor und Sindjar anstellen ließ, aus denen das Mittel gezogen sich eine Länge von 56 2/3 Milliarien (arab. Meilen) für einen Erdgrad ergab.[2]) Diese Zahl fand dann durch die Commentatoren des Almagest auch im Abendlande Eingang und so treffen wir sie bei den späteren Autoren allenthalben wieder an.

Honorius Augustodunensis schließt sich rückhaltslos der Ptolemäischen Zahl von 180.000 Stadien an, welche er zu 20.052 Milliarien berechnet.[3])

Auch Albertus verhält sich bei diesem Gegenstande nur referierend, wie er denn überhaupt mathematischen Berechnungen keinen Geschmack abgewinnen konnte; dies zeigt sich an folgenden Zahlen, die er jedenfalls nicht nachgerechnet hat. Die 24.000 Milliarien des Aristoteles seien ein Irrthum. Verständige Mathematiker, die dem Ptolemäus folgten, kämen zu einem wesentlich anderen Resultate. Nach ihnen betrage ein Grad 56 2/3 Milliarien und somit der Erdumfang 20.040 Milliarien. Wenn wir letztere Zahl durch 3 1/7 theilen, so ergebe sich ein Durchmesser von 927 Milliarien.[4])

---

[1]) Quibus tamen minutiatim divisis CCorum LIIorum partem vicesimam secundam in $\overline{XI}$CCCCLIIII unitatibus et semisse, semuncia, scripulo, remanente siliqua, cuius pars XXII non invenitur, nisi quis calcum, quod mihi non videtur intellectu, dividere conetur, calculando deprehendebam, reliquum vero eorundem $\overline{CCLII}$ in $\overline{CCXL}$DXLV unitatibus et quincunce, duella, dragma nihilominus inveniebam. Horum terciam partem id est $\overline{LXXX}$CLXXXI cum dodvante, semuncia sextula et dragma, remanente siliqua, quam reformationis causa per tenarium ulterius non dividebam, si potest dici, circuli id est $\overline{CCLII}$ diametrum esse reperiebam. Idem autem diametrum septies multiplicata XXII in totidem quot predixi computaveram esse unitatibus, sed licet diversis minutiarum caracteribus, sed est semis, quadrante, semuncia, sicilico, scripulo, tamen eundem quem priores id est dodrans, semuncia, sextula et dragma, numerum habentibus.

[2]) Peschel: Geschichte der Erdkunde. p. 133 ff. R. Wolf: Geschichte der Astronomie. München 1877. p. 168.

[3]) Honor. Augustodun. de imag. mundi. Max. Biblioth. XX. 967. cap. 5: Circuitus autem terrae centum et octoginta millibus stadiorum mensuratur, quod duodecies mille milliaria et quinquaginta duo computatur.

[4]) Albert M. de caelo et mundo II, 4. c. 11. Jammy II. p. 147: gradus unius ex gradibus terrae aequalibus continet quinquaginta sex milliaria et duas tertias

Auch Baco folgt den Arabern Averroës und Alfragan, wie er selbst eingesteht und nennt an einer Stelle auch den Theodosius (Macrobius). Er tritt aber schon kritischer an die Frage heran und macht auf die unsicheren Resultate aufmerksam, die durch mangelhafte Beobachtungen entstehen. So wird mit Hilfe des Erddurchmessers die Größe der Sternbahnen u. a. m. berechnet; aber ein unrichtig angenommener Erddurchmesser würde bei der Vervielfältigung mit einer Zahl auch einen ebenso großen Fehler im Gefolge haben, wenn nicht genau gemessen wird (*quod quantitas semidiametri terrae multoties replicata faceret magnum errorem in illis distantiis, nisi precise sumeretur.*) Das Maß, dessen er sich bedient, ist ebenfalls die Milliarie. 1 Milliarie = 4000 cubiti, 1 cubitus (Elle) = $1\frac{1}{2}$ Fuß.

Wenn wir einen größten Kreis an der Himmelskugel ins Auge fassen, der also durch das Weltcentrum geht und die Kugel in zwei gleiche Hälften theilt, so muss ein Grad dieses Himmelskreises einem Erdgrade entsprechen. Der Weg, den Alfraganus nun zur Berechnung eines Erdgrades eingeschlagen, ist folgender. Er stellte an einem beliebigen Orte die Höhe des Poles über dem Horizonte fest, gieng dann nach Norden, beziehungsweise Süden, bis der Pol um einen Grad höher oder niedriger als das erstemal stand und brachte so aus der Entfernung beider Beobachtungspunkte in Erfahrung, wieviel Milliarien auf einen Erdgrad gehen. Denn wenn man in einer sternenklaren Nacht durch die Diopter eines Quadranten oder Astrolabiums oder irgend eines anderen Instrumentes den Schifferstern und den Pol selbst fixiert, und die Grade notiert, welche die Spitze des Zeigers auf der Rückseite des Astrolabiums oder der Faden am Quadranten anzeigt, — sodann in der folgenden Nacht soweit nach Norden vorgeht, bis eben derselbe Pol um einen Grad höher über dem Horizonte steht, so wird jenes Bogenstück des Erdkreises, welches man vorgeschritten ist, ebenfalls einen Grad betragen. Denn die Bogenstücke sind auf verschiedenen Kreisen, wie Theodosius meint, einander ähnlich (*similes*), aber nicht gleich (*aequales*). Nach diesem Verfahren fand man den Radius der Erde zu 3250 Milliarien, den Durchmesser also zu 6500. Umgekehrt könnte man hieraus wieder die Länge des Erdgrades berechnen; es zeigt sich hierbei aber, dass Alfragan nicht genau genug gerechnet habe, indem er die Bruchzahlen *propter taedium numerorum* fortließ; denn er gibt die Länge des Erdgrades nur zu $56\frac{2}{3}$ Milliarien an. Eine genaue Rechnung ergibt vielmehr $56\frac{2}{3}$, $\frac{7}{90}$, $\frac{1}{630}$ Milliarien oder was dasselbe ist, 56 Milliarien $2984\frac{8}{63}$ cubiti. Wenn wir 1 geographische Meile zu 3,8 Milliarien rechnen, so würde also ein Grad nach Baco'scher Rechnung = 14,9 geographische Meilen betragen, was ein für seine Zeit verhältnismäßig richtiges Resultat wäre.

Wird der Durchmesser 6500 verdreifacht und $\frac{1}{7}$ dieser Zahl hinzufügt, so erhalten wir einen Umfang von 20428 Milliarien $2285\frac{5}{7}$ cubiti oder $20428\frac{4}{7}$ Milliarien.

---

unius milliarii, secundem quantitatem milliarium quae determinatur in cosminometria, quod es quatuor millia cubiti: et cum positus fuerit gradus unus, sicut dixit Ptolemaeus, multiplicatus ille in totum circulum, qui trecenti sexaginta gradus colligere ex hoc rotunditas circuli terrae, quae est viginti millia et quadraginta milliaria: et cum divisum fuerit per tria et septimam partem unius, es quod circulus vincit diametrum per tria et septimam: tunc exibit quantitas diametri terrae quae est noningenta viginti septem milliaria: sic ergo significaverunt auctores Almagesti, quod terrae est rotundae figurae et parvae quantitatis respectu superiorum corporum.

Dementsprechend wird die gesammte Oberfläche der Erde 132,600.000 □ Milliarien, ein Viertel derselben 3,315.000 und ein Achtel 4,143.750 □ Milliarien betragen.[1]

Eingehende Darstellungen des Vermessungsverfahrens finden sich in späterer Zeit selten, meist begnügte man sich mit der kurzen Erwähnung der Thatsache. Am Ausgange des Mittelalters findet es sich noch einmal bei Gregor Reisch dargestellt. Auch er knüpfte noch an die 180.000 des Ptolemäus an, kommt aber schließlich zu einem relativ richtigen Ergebnis, wenn er diese 180.000 Stadien = 21.600 italienischen Meilen und diese = 5400 deutschen Meilen annimmt. Hieraus berechnet er seinen Durchmesser zu 1718$^4/_{22}$ Meilen und den Radius zu 858$^2/_3$ Meilen. Aber am Schluss kann er nicht umhin, auch die Eratosthenische Zahl 252.000 Stadien zu erwähnen und da er sie ohne kritisches Beiwerk anführt und sie mit seinen 5400 deutschen Meilen nicht zu vereinigen sucht, so lässt es vermuthen, dass auch er sich auf andere nur stützt, ohne der Unvereinbarkeit der verschiedenen Resultate recht inne geworden zu sein.[2]

4. Die gegenseitige Stellung der Erd- und Wassersphäre.

Es war der nothwendige Schluss der antiken Elementenlehre, dass die vier einfachen Körper (Feuer, Luft, Wasser, Erde) infolge ihres gleichen Strebens zum Weltmittelpunkte hin sich in concentrischen Kugelringen lagern mussten. Eine Erweisung dieser Thatsache ließ sich allein am Wasser vornehmen. So hatte schon Aristoteles den Lehrsatz aufgestellt, dass die Oberfläche jeder Flüssigkeit, die ruhig stehe, ein Stück einer Kugelfläche sei, deren Mittelpunkt das Centrum der Erde bilde, welcher Annahme zufolge das zusammenhängende Weltmeer über-

[1]) Rog. Bac. op. maius p. 142: Mos enim eius est in libris suis multotiens omittere fractiones et similiter faciunt alii auctores. Si igitur volumus huic quantitati diametri, scilicet 6500 qua utitur, adaptare radicem, dicemus, quod arcus terrae respondens uni gradui in coelo continet 56 milliaria et duas tertias unius milliaris, 27 nonagesimas milliarii et unam sexcentisimam tricesimam. Et si volumus computare per cubitos, erit arcus terrae respondens uni gradui in coelo 56 milliaria. et duo millia cubitorum, nongenti octoginta quatuor cubiti et VIII sexagesimae tertiae unius cubiti . . . Et si triplicaverimus diametrum hanc 6500 et eius septimam addiderimus, habebitur circumferencia totius terrae et erit praecise viginti millia milliariorum quadringenta et viginti octo milliaria et duo millia ducenti octoginta quinque cubiti, et quinque septimae unius cubiti; vel penes alias fractiones, erit numeris hic vigesies mille quadringenta viginti octo milliaria et quatuor septimae unius milliarii.

[2]) Greg. Reisch: Marg. philos. lib. VII. tr. 1. c. 44, fol. 149: Sumpto astrolabio aut quadrante per ambo foramina stellae alicuius tibi notae altitudinem, perpendiculum in limbo considera; et ad quamvis mundi plagam perge donec eadem stella uno gradu altior aut depressior videatur. Habebis itaque quantum spatii in superficie terrae uni gradui in coelo correspondeat quod in milliara sive stadia partitum et in gradus coeli qui sunt 360 multiplicatum terrae ambitum dabit. Unde cum iuxta Ptolemaei traditionem in cosmographia gradui uni in coelo in superficie terrae correspondeant stadia 500 manifestum est, quia totus terrae ambitus habet stadia 180.000. haec faciunt milliaria italica 21600 uni milliari in divisione stadiis octo cedentibus cum una tertia. quod si milliaris gradibus coeli diversis, gradui uno milliari sexaginta perveniunt. Haec rursus per quatuor divisa: fiunt milliaria alemanica quindecim: quae in superficie terrae gradui uni in coelo correspondere comprehensa sunt. Quare ambitus terrae habet milliaria alemanica 5400. Dyameter 1718 et $^4/_{22}$ unius miliaris. Semidyameter milliaria 858 et duas partes: quarum viginti duae unum miliare consistunt. Si autem ut in quibusdam codicibus reperitur gradui uni 700 stadia corresponderent, esset ambitus terrae stadiorum ducentorum quinquaginta duorum milium quod voluit Eratosthenes et dyameter stadiorum octoginta millium et centum octoginta unius et semissis et tertiae unius stadiorum.

allhin ein gleiches Niveau haben müsste.[1]) Diese Ansicht theilten auch Euclides, Strabo, Plinius, Seneca u. a.[2]) Aber gleichwohl waren einige der Meinung, dass das Meer hinsichtlich seines Niveaus vielfach Unterschiede aufweise — eine Behauptung, die an und für sich richtig ist, aber gewöhnlich auf Meerestheile angewendet wurde, wo sie nicht am Platze war. Wie mangelhaft damals unternommene Nivellements waren, wenn wir überhaupt von solchen schon sprechen dürfen, zeigt der an der Landenge von Korinth gemachte Versuch zur Zeit des Demetrius Poliorketes (c. 290), welcher diese Landenge zu durchstechen plante, aber davon abstand infolge des Berichtes seiner Techniker, dass das Meer im korinthischen Busen höher stehe, als das bei Kenchreae, sodass, wenn er das Zwischenland durchgrübe, das ganze Fahrwasser um Aegina mitsammt Aegina und den umliegenden Inseln selbst überschwemmt werden und die Durchfahrt nicht einmal brauchbar sein würde.[3])

Dasselbe Gerücht war über die Landenge von Suez im Umlauf.[4]) Herodot spricht beim Canalisierungsversuch Nekos noch von keinem Niveauunterschiede. Erst Aristoteles berichtet, dass Sesostris den Canalversuch aufgegeben habe, weil das rothe Meer höher stehe als das Mittelmeer und dasselbe weiß Diodor von Darius mitzutheilen.[5]) Auch nach Plinius soll das rothe Meer um 3 Ellen höher stehen als der Boden Egyptens.[6]) Diese irrthümlichen Annahmen der Alten sind indessen leicht zu verzeihen, wenn wir bedenken, dass selbst in neuester Zeit Irrthümer dieser Art Platz greifen konnten. So beauftragte Napoleon I. im Jahre 1799 seine Ingenieure ein Nivellement der Meere und des zwischenliegenden Suezisthmus vorzunehmen und es stellte sich das Resultat heraus, dass der Spiegel des rothen Meeres im Mittel 30½ Par. Fuß höher stände als der des Mittelmeeres zur Ebbezeit bei Pelusium. Lepère, der Leiter des Unternehmens hat später selbst das Resultat als sehr zweifelhaft erkannt und es wurde auch von Laplace und Fourier entschieden zurückgewiesen. Erst 1847 wurde das Nivellement von Bourdaloue wieder aufgenommen und es ergab für beide Meere ein gleiches Niveau. Dieses Resultat wurde dann durch weitere Vermessungen der Jahre 1848, 1853, 1855, 1856 wiederholt bestätigt.[7]) Wir ersehen hieraus, wieviel umständliche Vermessungen nöthig waren, um zu einem giltigen Resultate zu kommen und um wieviel weniger wir solche in der alten Zeit voraussetzen dürfen.

Das Mittelalter verhielt sich dieser Frage gegenüber wie immer receptiv. Es berichtete nur, was es in den Schriften der Alten darüber fand. Basilius hebt besonders hervor, dass es kein so ebenes Land, wie die Oberfläche des Wassers gebe. Da er ein Anhänger der Kugellehre war, so kann er hiermit nur eine continuierliche einheitliche Meeresoberfläche gemeint haben, soweit diese von hervorragenden Landmassen nicht unterbrochen ist.[8]) Gleich darauf bespricht er aber dennoch die Niveauunterschiede der Meerestheile, „Das ungestüme Meer wird durch den Sand bezähmt. Was würde sonst das rothe Meer hindern, ganz

[1]) De iis, quae in humid. veh. Prop. II, p. 334 ed Torell.
[2]) Arist. de coel. II, 13. Euclid. Elem. III, 5. Plin. II, 65. Senec. qu. nat. III, 28.
[3]) H. Fischer: Ueber einige Gegenstände der physischen Geographie bei Strabo. Progr. d. Gymn. zu Wernigerode 1879, p. 4. — Strab. I, 54.
[4]) Schleiden: Die Landenge von Suez. 1858, p. 60 ff.
[5]) Aristot. Meteor I, 14, 29. Diod. I, 33. Strab. I, 38. XVII, 804.
[6]) Plin. VI, 33.
[7]) Lesseps: Percement de l'isthme de Suez. Paris 1855, 56 I, 85. III, 51.
[8]) Basil. IV, 2, p. 34.

Ägypten, welches tiefer liegt als jenes zu überschwemmen und sich mit dem ägyptischen zu vereinigen, wenn es nicht durch jenes Gebot gebunden wäre? Denn dass Ägypten niedriger liege als das rothe Meer haben uns jene in der That bewiesen, die das ägyptische und indische Meer, zu welchem das rothe gehört, haben verbinden wollen." [1]) Dass ihm hier Aristoteles vorgelegen, liegt auf der Hand und wurde auch schon von Müllenhoff vermuthet. Basilius weiß aber mit der einfachen Thatsahe nichts weiteres anzufangen und sieht in ihr nur eine Bestätigung des Bibelverses Jerem. 5, 22. — Ebenso äußerlich fasst unter den Abendländern Ambrosius die Nachricht auf, wenn er die Unmöglichkeit des Überfließens des rothen Meeres in das ägyptische auf einen bestimmten göttlichen Rathschluss zurückführt. Nichtsdestoweniger aber lässt er später durch den Meder Darius noch besondere Dammbauten anlegen, um einen Durchbruch des Meeres zu verhindern. Es heißt dort: *Caeterum nisi vis statuti coelestis inhiberet, quid obstaret quin per plana Aegypti, quae maxime humilioribus iacens vallibus campestris asseritur, mare Rubrum Aegyptio pelago misceretur. Denique docent hoc qui voluerunt haec duo sibi maria connectere, atque in se transfundere. Sesostris Aegyptius, qui antiquior fuit et Darius Medus, qui maioris contuitu potentiae in effectum voluit adducere, quod ab indigena fuerat ante tentatum. Quae res indicio est, quod superius est mare Indicum, in quo mare Rubrum, quam aequor Aegyptium quod inferius alluit. Et fortasse ne latius se mare effunderet, de superioribus ad inferiore praecipitans, ideo molimina sua rex uterque revocarit.* [2]) Auch Prokop von Gaza gibt die Möglichkeit einer Überschwemmung Egyptens durch das rothe Meer zu. [3])

Der erste, welcher gegen diese Hypothese energisch Front machte, war Albertus Magnus. In seiner Schrift *de proprietatibus elementorum* weist er das Unhaltbare dieser Ansicht nach. Er erzählt zunächst die Geschichte von dem ägyptischen Könige, der zwischen rothem und Mittelmeer einen Canal bauen wollte, durch seine Geometer aber davon abgeschreckt wurde. *Quia ergo inventum est per considerationem mare rubrum elevari super mare magnum per quadraginta stadia, secundum quod stadium ponitur esse octingentorum cubitorum, fuit fundus maris rubri multo altior fundo maris magni. Et ideo fluxisset mare rubrum totum in mare magnum et submersisset civitates quae sunt super littora maris magni ab utroque littore.* Hierauf sich stützend behaupteten einige, dass das Meer im Süden höher sei als im Norden. Seine Gegengründe sind folgende. Auch den Fall gesetzt, dass der Canalbau wirklich zu Stande gekommen wäre, so hätte die Wirkung doch keine solche sein können, als man sich gemeinhin vorzustellen pflegt. Denn jener Canal konnte doch nicht breiter und tiefer ausfallen, als das Bett des Nilflusses selbst. Folglich hätte auch durch jenen Canal nicht mehr Wasser aus dem rothen in das große Meer eingeführt werden können, als der Nil selbst schon einführt. Der Zuwachs, den das Mittelmeer durch den Nil erhält, ist aber sehr geringfügig und noch geringfügiger müsste der Zufluss durch den Canal sein, welchen der König graben wollte. Außerdem aber müsste der Ocean, der mit dem Mittelmeer in Communication steht, schon längst diesen Einfluss, welchen man von jenem Canal erwartet, ausgeübt haben und es hätte schon längst eine Versenkung der Mittelmeer-

[1]) Basil. IV, 3. p. 35.

[2]) Ambros. Hex. III, 2. t. 14, 173.

[3]) Prokop. Gaz. 87, 76: Ἡ γὰρ ἂν Ἐρυθρὰ θάλασσα τὴν Αἴγυπτον ἅπασαν ταπεινοτέραν οὖσαν ἐπέκλυσεν.

länder stattfinden müssen, wovon wir bis jetzt nichts wahrgenommen haben *(deberet magna submersio diu cecidisse in mare magno, nihil autem talium umquam vidimus).* Das Gegentheil ist also richtig.[1])

Gleichwohl war die Annahme von Niveauverschiedenheiten der Meeresfläche im Mittelalter ziemlich geläufig gewesen. So hatte auch schon, wie oben bemerkt, jener Kosmas Indikopleustes nicht nur das Land sondern auch das Wasser Berge bilden lassen und dem gewaltigen Berge im N. der Erde musste ein eben dort befindlicher Wasserberg entsprechen, der den Schiffen die Fahrt nach N. erschwerte. Auch aus einer Äußerung Gregors von Nyssa müssen wir diesen Schluss ziehen, wenn dieser behauptet, dass das Meer in den südlichen Gegenden wegen der versengenden Sonnenglut in ungeheurer Menge verdampft und dadurch ein Sinken des Meeresspiegels die Folge ist. Die unverminderten Wassermassen der nördlichen Gegenden aber — die also gegenüber den südlichen ein höher liegendes Niveau haben — suchen die Differenz durch Nachströmen wieder auszugleichen.[2]) Trotzdem Albertus gegen den Niveauunterschied des rothen und Mittelmeeres polemisiert, so lässt doch auch er noch jene Strömung von N nach S gehen *(est mare fluens ab Aquilone in Meridiem)* und der Grund hierfür ist, *quia (mare) altius est in Aquilone quam in Meridie.* Der Grund hinwiederum für die Höhe des nördlichen Meeres ist der, dass wegen der dort herrschenden Kälte auch mehr Wasser im N erzeugt wird, als die beiderseitigen Ufer zu fassen vermögen, während dagegen dem Süden mehr Wasser durch die Hitze entzogen wird; deshalb drängt ein Theil des nördlichen Meerwasser nach dem tieferliegenden Niveau des südlichen Meeres hin. Dass dieser Übergang stetig und unmerklich ist, beruht darauf, *quia aqua continue generatur in Aquilone, et continue consumitur huiusmodi in Meridie.*[3]) Auch bei Petrus de Alliaco treffen wir den NS Strom noch an.[4])

Im Zusammenhang mit diesen Phantasiegebilden des Mittelalters und zweifelsohne aus ihnen entstanden, haben wir hier einer anderen Lehre Erwähnung zu thun, auf welche man erst neuerdings aufmerksam geworden ist, seitdem W. Schmidt und im erweiterten Umfang S. Günther sie zum Gegenstand eigener Monographien gemacht haben.[5]) Es handelt sich um die gegenseitige Stellung der Erd- und Wassersphäre. Nach aristotelischer Lehrmeinung musste die Erde als schwerstes Element den untersten oder vielmehr innersten Ort des Weltalls einnehmen und darüber das Wasser sich lagern. Folgerichtig müsste also die Erde allseitig von Wasser bedeckt sein d. h. es müsste sich um sie als Voll-

---

[1]) Alb. Magn. de propr. elementor. l. II. tr. 1. c. 3. V. 322 f.

[2]) Greg. Nyc. 44, 99.

[3]) Alb. Magn. Meteor II tr. 3, c. 6, p. 58: Causa autem altitudinis est, quod per frigus Aquilonis generatur plus de aqua in Aquilone quam capere possint littora distantia secundum altitudinem: et in Meridie consumitur a calore plus de aqua et non implet littorum latitudinem et profunditatem: et ideo ab Aquilone pars aquae impellit aliam partem aquae versus Meridiem ad locum devexum sibi infra littora praeparatum.

[4]) Petr. de All. c. 40, fol. 31: Nam versus polos mundi oportet, quod aqua abundet, quia illa loca frigida sunt propter elongationem a sole, frigus autem multiplicat humores, et ideo a polo in polum decurrit aqua in corpus maris et extenditur inter fines Hispaniae et inter principium Indiae ....

[5]) W. Schmidt: Über Dante's Stellung in der Geschichte der Kosmographie. Im 7. Jahresberichte des 2 Staatsgymasiums zu Graz 1876. — S. Günther: Ältere und neuere Hypothesen über die chronische Versetzung des Erdschwerpunktes durch Wassermassen. Halle 1878. Heft III in den Studien zur Geschichte der mathematischen und physischen Geographie. p. 129 ff.

kugel das Wasser als concentrischer Kugelring lagern. Dem widerspricht aber die offenbare Thatsache, dass die Erde die Wasseroberfläche überragt, wodurch die Excentricität der Erd- und Wasserkugel eo ipso nöthig gemacht wird.

Ein anderes Moment kam hinzu, welches diese Annahme nur noch bestätigte. Das ungleiche Verhältnis von Wasser zu Land sowohl hinsichtlich des Areals als des Volumens findet sich bei den Alten vielfach erörtert. Ptolemaeus lässt 5/6 der Erde mit Wasser bedeckt sein und nur 1/6 mit Land und nach Aristoteles stellte sich das Verhältnis von Wasser zu Land wie 10 : 1. Jedenfalls hatte auch im Mittelalter die Ansicht Eingang gefunden, dass das Wasser die Landmassen in quantitativer Beziehung bei weitem überträfe. Basilius sagt: Die unermessliche Natur des Wassers wurde rings um die Erde ausgegossen, während sie mit ihr in keinem gleichen Verhältnis stand, sondern sie vielfach überwog.[1]) Im Anschluss an Aristoteles hält Ristoro von Arezzo die 10 Mal größere Menge Wassers fest.[2]) So pflanzte sich diese Annahme fort bis auf Albertus Magnus und Sacrobosco. Bei jenem heißt es: *terra paucitatem habet respectu aquae, quia elementum spissius est minus et minus habet de loco et aqua est plus quam terra.*[3]) Auch Petrus de Alliaco hält es für die allgemeine Annahme *(vulgaris opinio)*, dass 3/4 der Erde vom Wasser bedeckt sind.[4])

Die Kenntnis von Niveauunterschieden des Meeres, sowie jenes soeben berührte Überwiegen der Wassermassen über die Landmassen gab nun zu einer Theorie Anlass, welche durch abstracte Speculationen gewonnen, dem Geschmack des Mittelalters vollkommen entsprach. Die Erdkugel wurde in der Wassermasse schwimmend gedacht, und zwar so, dass jene diese an einer Stelle überragte, wodurch die Excentricität beider Kugeln, zugleich aber auch eine Verrückung des Schwerpunktes eintreten musste.

Uns liegen mehrere Zeugnisse vor, in denen wir diese Auffassung dargelegt finden.

Bei Brunetto Latini, dem Lehrer Dantes, scheint diese Hypothese in dessen Tresor zum ersten Mal hervorzutreten; wenigstens zeigt ein dort befindliches Ideogramm, dass ihm der Gedanke an einen die Kugelform nur sehr entfernt innehaltenden Erd- und Wasserkörper vorgeschwebt hat, während dagegen die Luft und das Feuer noch vollkommen reguläre concentrische Kugelschalen bilden. Auch der Grund für diese Lehre schimmert durch, wenn er die Erde von unzähligen Canälen und Adern durchzogen sein lässt, durch welche hindurch das Meerwasser bis zu den höchsten Bergen emporgeleitet wird, um hier als Quelle wieder zu Tage zu treten und dem Meere zuzueilen. Um dieses Emporsteigen zu erklären nimmt er den höher liegenden Meeresbuckel zu Hilfe, ein Verfahren, welches allgemein gebräuchlich gewesen zu sein scheint, wie aus Dantes Erörterung hervorgeht. Nach diesem wurde es umgekehrt vielmehr als ein Argument für jene Theorie angesehen; denn *si terra non esset inferior ipsa aqua, terra esset totaliter sine aquis, saltem in parte detecta . . . . . . Consequentia probabatur per hoc, quod aqua naturaliter fertur deorsum: et cum mare sit principium omnium aquarum, si mare non esset altius quam terra, non moveretur aqua ad ipsam terram.*[5])

[1]) Basil. Hom. III, 5, t. I, 27.
[2]) Ristoro p. 71.
[3]) Alb. Magn. Meteor II, tr. 2, c. 3, pag. 44.
[4]) Petr. de All. c. 49, f. 31.
[5]) Dante: Quaestio de aqua et terra ed. Fraticelli. Firenze 1857, II. 434.

Hiermit haben wir nun jene Stelle bei Brunetto zu vergleichen, in der derselbe Gedanke offenkundig hervortritt. Die Erde führt das Wasser durch unterirdische Gänge nach ihrer Oberfläche empor, aber sie vermag es auch nur deshalb, weil der Meeresspiegel höher liegt als das Land: und so durch den hydrostatischen Druck wird das Wasser durch jene Gänge emporgetrieben.[1])

Auch bei Ristoro von Arezzo finden wir eine ähnliche Darstellung des Sachverhaltes. Ein Element schließt das andere in sich ein. »Aber, fährt er fort, wir finden einen Theil der Erde unbedeckt von Wasser und zwar ist nach Meinung der Gelehrten ¼ entblößt, während ¾ unter Wasser stehen. An dieser Stelle finden wir eine große Kraft thätig und die Erde ist durch sie aus ihrer Lage emporgezogen und ragt so über dem Wasser empor und das Wasser ist nach unten gewichen. Und diese Kraft entwickelt sich durch die Vereinigung der Planeten. Wir finden den nördlichen Theil unbedeckt von Wasser unter demjenigen Abschnitte des Himmels, welcher am sternreichsten ist.«[2]) Eine weitere Ausführung findet dieser Gedanke an einer späteren Stelle seines Buches. Wir sehen, meint er, den nördlichen Himmel dicht übersät mit Sternbildern, während dagegen der Südhimmel nur wenige aufweist. Dies hat nun die weitere Folge, dass der Nordhimmel auch mit einer dementsprechend größeren Kraft und Fähigkeit ausgestattet ist *(molta virtude e molta potenza e molta operazione)* die dem Südhimmel abgeht. Hieraus zieht Ristoro jenen genannten Schluss, dass nur durch diese gewaltige Attractionskraft des nördlichen Sternhimmels die Emporhebung des Erdkörpers ermöglicht wird *(Adunque troviamo la parte di settentrione più forte e più potente per adoperare nella terra di quella del mezzo die)* und zwar findet diese Attraction in derselben Weise statt wie Eisen vom Magnet angezogen wird.[3])

Auch bei ihm findet der Auftrieb des Quellwassers durch die Adern der Erde bis zu den höchsten Bergen empor allein durch Vermittlung des höher stehenden Meeresspiegels statt, welcher durch den hydrostatischen Druck das Wasser durch die Gänge herausquetscht. Ristoro weiß dies sehr einleuchtend darzustellen: *l'acqua . . . è più alta della terra; grava la parte di sopra quella di sotto ed impricme inverso la terra, truova la terra spugnosa per la virtude del cielo e forata . . . . E l'acqua . . . . la qual' è più alta della terra e del monte, prieme e caccia l'una acqua l'altra entro per li pertugi e forati, e per forza la fa andare a sommo il monte.*[4]) Aber auch hier wieder sucht Ristoro seinen gestirnten Nordhimmel zur Geltung zu bringen, indem er auf das Quellwasser neben dem hydrostatischen Druck noch außerdem den nördlichen Himmel seine attrahierende, emporziehende Wirkung ausüben lässt.[5])

Was Brunetto und Ristoro gelehrt, findet bei Dante in dessen Quaestio de aqua et terra eine eingehende Darstellung; aber Dante ist ein entschiedener Gegner dieser Lehre und er sucht in einer scharfen Kritik das Unhaltbare derselben aufzudecken.

Die einzelnen Gründe der Gegner, von denen er fünf aufführt, haben zum Theil schon oben Erwähnung gefunden:

---

[1]) Brun. Lat. I, 106: Et il est voirs que la mers siet sor la terre . . . doue est ele plus haute que la terre; et se la mers et plus haute, doue n'est il mie merveille des fontaines qui sordent sor les hautismes montaignes, car il est propre nature des aigues que eles montent tant comme eles avalent.

[2]) Ristoro p. 19. — [3]) p. 77. — [4]) p. 84. — [5]) p. 85.

1. Die Unmöglichkeit, dass zwei unter sich ungleich entfernte Kugelschalen einen gemeinsamen Mittelpunkt haben können. Da nun der Erdmittelpunkt zugleich der Weltmittelpunkt und die Erde das unterste Element ist, so muss alles andere höher liegen, also auch die Kugeloberfläche des Wassers *(quod circumferentia aquae sit altior circumferentia terrae concludebatur).*

2. Das Wasser ist als Element zarter und feiner *(nobilior)* als die Erde und ihm gebührt daher auch ein vornehmerer, d. h. dem ersten Himmel näher liegender Ort. Deshalb *locus aquae est altior loco terrae.*

3. Die Beobachtungen der Schiffer, dass sich das Land zuweilen nur vom Mastkorb aus erblicken lässt, führt gleichfalls zu dem Schluss, dass die Erde tiefer gelegen ist als der Rücken des Meeres *(quod terra valde inferior sit et depressa a dorso maris).*

4. Jene oben citierte Theorie, dass das Wasser wegen des höher stehenden Meeresspiegels durch die Spalten der an und für sich tiefer liegenden Erde emporgetrieben wird.

5. Das Wasser folgt der Bahn des Mondes, wie das Gezeitenphänomen beweist; da jene aber excentrisch ist, so übt sie auch auf die Wassersphäre einen dementsprechenden Einfluss aus und lässt sie excentrisch zur Erdkugel sich lagern. Dies kann aber auch nur möglich sein, wenn sie höher liegt als die Erde *(quum hoc esse non possit, nisi sit altior terra).*

Diese Gründe seiner Gegner zu widerlegen ist nun die Absicht Dantes und er führt sie ganz in der dialektischen Methode der damaligen Zeit aus, indem er die Gründe einzeln analysiert und auf ihren Werth hin prüft. Ein Höherstehen des Meeres ist nur möglich, wenn sich die Wassersphäre als ein Ganzes excentrisch, anordnet — oder wenn sie an einer Stelle zu einem Wasserberg, als einer nur localen Erscheinung sich erhebt. Hiergegen sprechen aber von vornherein zwei Momente: Erstens zeigt das Wasser stets das Bestreben sich nach dem tiefer liegenden Orte zu bewegen *(aqua naturaliter movetur deorsum)* und ferner ist das Wasser selbst ein formloser Körper *(aqua est labile corpus naturaliter, et non terminabile termino proprio).* Aber Dante stellt der Unmöglichkeit der Excentricität der Sphären noch ein anderes viel gewichtigeres Moment entgegen, welches jedenfalls erkennen lässt, dass er tiefer zu denken verstand als alle seine Zeitgenossen, indem er zeigt, dass sich die Excentricität unmöglich mit dem in jedem Körper vorhandenen Massenmittelpunkte in Beziehung setzen lasse. Jedes Theilchen der Wassersphäre strebt nach Ansicht dieser dem Wassermittelpunkte zu, wie anderseits auch jedes Theilchen Erde den Erdmittelpunkt aufsucht. Es würde dann der monströse Fall eintreten, dass ein Wassertheilchen, welches sich im Erd- und Weltmittelpunkt *A* befindet, nach dem Wassermittelpunkt *B*, also aufwärts fortbewegt wird und ebenso von einem Erd- und Wassertheilchen, welche gleichzeitig von einem außerhalb der beiden Sphären liegenden Punkte *Z* aus dem freien Falle überlassen werden, wird das Erdtheilchen nothwendig nach *A*, das Wassertheilchen nach *B*, also beide divergierend, fallen müssen.[1])

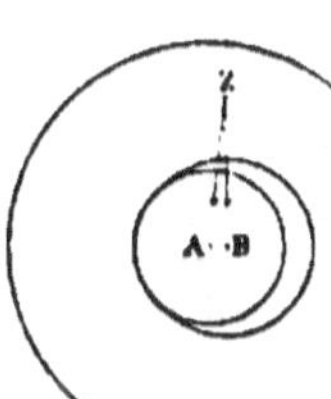

[1]) Dante l. c. p. 438: Dico ergo, quod si aqua erit in A et habet transitum, naturaliter movebitur ad B; quum omne grave moveatur ad centrum propriae

Noch einfacher widerlegt er die zweite Behauptung, dass das Wasser entsprechend dem Buckel der Erde gleichfalls einen Buckel aufzuweisen habe. So glaubte auch später noch Columbus in den ungeheuren, sich aus dem Orinoko ergießenden Wassermassen, welche sich förmlich zu einem Berge aufstauen, jenen Meeresbuckel gefunden zu haben. Wenn nun aber das Wasser, meint Dante, einen solchen Auswuchs zeigen würde, so würde sich bei diesem mit Bezug auf den Mittelpunkt ein ungleiches Niveau ergeben; der Radius würde theils kürzer theils länger ausfallen. Dies ist aber unmöglich, weil der Wasserbuckel nothwendig auseinander fließen muss, bis er das gleiche Niveau erreicht hat *(aqua gibbi dilabetur, donec coaequetur ad D* (dem Wassermittelpunkte) *cum circumferentia centrali, sive regulari: et sic impossibile erit permanere gibbum, vel esse.)*

Hieraus folgt der unwiderlegliche Schluss, dass das Wasser unmöglich excentrisch sein kann, dass vielmehr *necesse est, ipsam esse concentricam et coaequam, h. e. aequaliter in omni parte suae circumferentiae distantem a centro mundi.* Ist dies nun beim Wasser die naturgemäße Folge (wegen der leichten Verschiebbarkeit der einzelnen Theilchen unter sich), so kann dies bei der Erde nun ganz und gar nicht der Fall sein, denn der augenscheinliche Thatbestand lehrt, dass die Landmassen die Wasserfläche weit überragen, dieselben müssen also auch weiter von dem gemeinsamen Welt- und Wassercentrum entfernt sein. Alles aber, was weiter vom Weltcentrum entfernt ist, liegt auch dementsprechend höher und somit das Festland höher als das Meer, wie dies auch die Flüsse bezeugen, die zu ihm hinabrinnen.

Dies steht natürlich in offenem Widerspruch zu der aristotelischen Elementenlehre, wonach die Erde als schwerstes Element den tiefsten Punkt im Weltall aufsucht und deshalb vom Wasser überall bedeckt sein müsste. Die Schwierigkeit sucht Dante in folgender Weise zu lösen.

Setzen wir, die Erdoberfläche stehe auf der einen Seite um 20 Stadien vom Mittelpunkte ab und auf der anderen nur um 10 Stadien, so wird, da der Erde mit ihrer größeren Masse auch ein größeres Gewicht zukommt, die größere Masse vermöge ihrer Schwere die kleinere verdrängen, bis die Quantität beider ausgeglichen ist und mit ihr auch das Gewicht *(donec adaequetur quantitas utriusque per cuius adaequationem adaequetur pondus).* Um diese Thatsache zu erklären, könnte man leicht auf einen Grund verfallen, den er von vornherein zurückweisen möchte. Die Erde, sagt er, ist im Verhältnis zu anderen Körpern der schwerste. Aber dennoch könnte die Erde in sich aus ungleichartiger Materie bestehen, d. h. an einer Stelle dichter und somit schwerer, als an einer anderen sein. Denn das Gleichgewicht eines Körpers wird nicht durch die Quantität, sondern durch das Gewicht hergestellt. Aber dieser Einwurf ist nach seiner Meinung hinfällig, weil er aus der Unkenntnis der gleichartigen und einfachen Körper *(homogeneorum et simplicium)* resultiert, denn auch einfache Körper (Feuer, Erde) sind in sich gleichartig. Wenn also der Erde die größte Schwere zukommt und sie außerdem ein einfacher Körper ist, so muss sie nothwendig auch ein im Verhältnis zu

circrmferentiae naturaliter: et quum moveri ab A ad B sit moveri sursum; quum A sit simpliciter deorsum ad omnia; aqua movebitur naturaliter sursum ... Praetera sit gleba terrae in Z, et ibidem sit quantitas aquae, et absit omne prohibens: quum igitur, ut dictum est, omne grave moveatur ad centrum propriae circumferentiae, terra movebitur per lineam rectam ad A, et aqua per lineam rectam ad B; sed hoc oportebit esse per lineas diversas.

ihrer Masse stehendes Gleichgewicht schon in sich tragen *(necesse est ipsam in omnibus partibus suis regularem habere gravitatem, secundum proportionem quantitatis).* Man habe demnach die Ursache anderswo zu suchen und hierbei verliert er sich in philosophische Speculationen. Ausgehend von dem teleologischen Gedanken, dass nichts in der Natur ohne alle Bestimmung da sei, sucht er in dem Auftauchen des Festlandes den Zweckgedanken zu erkennen, dass eine Mischung der Elemente ermöglicht sein sollte, wie sie sich gegenwärtig in der Organismenwelt realisiert *(necesse est, esse partem in universo, ubi omnia miscibilia scilicet elementa convenire possint; haec autem esse non posset, nisi terra in aliqua parte emergeret).* Dies ist aber nur möglich, wenn die Erde den Wasserspiegel überragt und so die Möglichkeit einer gegenseitigen Berührung und Durchdringung der vier Elemente schafft. Den beiden Forderungen nun, dass

1. die Erde als schwerster Körper im Mittelpunkt der Welt stehen muss und dass sie

2. trotzdem an einem Theile erhaben ist, um die Mischung der Elemente zu Stande zu bringen, kann man nur durch die Annahme gerecht werden, dass die Erde an einer Stelle einen buckelförmigen Auswuchs zeigen muss. Ein Beweis hierfür ist die Thatsache, dass das hervortauchende Festland in horizontaler Gestaltung halbmondförmig *(figura semilunii)* ist. Denn nach Angabe der Naturforscher, Astrologen und Kosmographen erstrecke sich die Erdinsel vom Meridian von Gades bis zur Gangesmündung, also volle 180 Grade, während ihre Breite zwischen dem Äquator und Polarkreise nur 67 Grad beträgt. Es ergibt sich hierdurch ein halbmondförmiger Erdtheil. Ein so geformtes Stück Land kann aber nicht die Kalotte der Erdkugel selbst sein, denn eine solche müsste nothwendig eine kreisrunde Grundlinie haben, was so sonnenklar ist, dass es sogar Frauen verstehen können *(sicut manifestum esse potest etiam mulieribus).* Man ist mithin zu der Annahme genöthigt, dass jenes unsymmetrisch geformte Land auch nur ein unregelmäßiger Auswuchs der Erde sein könne. — Aber dies ist trotzdem noch keine Antwort auf die Frage, warum gerade auf der nördlichen Erdhälfte das Land gehoben ist und nicht etwa auf der südlichen. Hier kann nun Dantes nicht umhin, dem althergebrachten Glauben von der magischen Wirkung der Gestirne Rechnung zu tragen, ganz so wie wir es schon bei Ristoro fanden, dem es Dante zweifelsohne entlehnt haben muss. Nur will er nicht in den Planeten die attrahierende Kraft gesucht wissen, auch nicht im Monde, denn dieser bewegt sich zu beiden Seiten des Gleichers nach N und S hin und müsste demnach auch auf der Südhälfte einen gleichen Ausschlag seiner Attractionskraft im Gefolge haben als auf der Nordhälfte der Erde — sondern dieser Effect müsse vielmehr auf den Fixsternhimmel *(caelum stellatum)* zurückgeführt werden. Zwar ist dieser seiner Substanz nach einheitlich in sich, doch ist durch die Größe der Sterne, durch das Licht derselben, durch die Figuren der Constellationen immerhin eine gewisse Verschiedenheit und Ungleichheit bedingt. Nun findet auf der Nordhälfte eine Potenzierung der Kräfte wegen der dichten Stellung der Sterne daselbst statt. Denn da sich gerade auf der nördlichen Erdhälfte das Land ausdehnt, so muss die hebende Kraft jenen Sternen zugesprochen werden, welche sich am Himmel zwischen Äquator und Polarkreis befinden, und zwar findet die Anziehung statt wie zwischen Eisen und Magnet, oder aber — und hier geht er auf einen ganz anderen Punkt über — die Hervortreibung jenes

Erdbuckels hat durch innere Dämpfe stattgefunden, ein Theorem, auf das wir noch später zurückkommen werden.

Diese Hypothese von der Excentricität der Erd- und Wassersphäre muss ohne Zweifel viel Anhänger gezählt haben. Noch im XV. Jahrhundert finden wir einige Fälle, wo sie allen Ernstes vertheidigt wurde, wenn freilich eine Gegnerschaft auch da wieder nicht ausblieb. Der spanische Erzbischof von Burgos, Paulus († 1435) hatte, um jenen Vers der Genesis I, 9 zu erklären, wo von dem Hervortauchen des Trocknen die Rede ist, seine Zuflucht zu jener Hypothese genommen. Auch er stützt sich auf die Angabe des Basilius, dass das rothe Meer höher stehe als das Mittelmeer. Aber gleichwohl will er daraufhin der Annahme eines Meeresbuckels nicht beipflichten. Denn außer dass die sphärische Gestalt des Wassers auf physischem Wege *(physice)* bewiesen worden, kann das Wasser wegen seiner flüssigen Beschaffenheit kein ungleiches, durch Berge unterbrochenes Niveau haben *(quia aqua de sua natura cum sit fluida, non potest habere in se partes montuosas, scilicet caeteris altiores, sicut in terra propter soliditatem suam hoc contingit)*. Auch dem Schiffer erscheint auf dem Ocean stets eine ebene Fläche *absque montuositate seu altitudine in aliqua sui parte*. Das Wasser bildet also eine durchaus reguläre Kugel. Um nun aber das Hervortauchen des Festlandes aus dem Wasser zu ermöglichen und dennoch dem letzteren eine sphärische Gestalt zu wahren, hat die Vorsehung das Wassercentrum vom Erd- und Weltcentrum getrennt. Diese Annahme erscheint ihm durchaus glaublich, da die Astronomen festgestellt haben, dass auch die Planetenbahnen excentrisch zum Weltmittelpunkt stehen. Nur durch diese Trennung des Erd- und Wassermittelpunktes konnte die Erde an die Oberfläche treten. Hieraus folgt nun weiter, dass Erde und Wasser allein in ihrer gemeinsamen Scheidelinie, am Meeresstrande eine gleiche Höhe, d. h. eine gleiche Entfernung vom Weltcentrum aufweisen und dass, je mehr man gegen das Meer zu vorschreitet, dieses sich auch immer mehr von der Erde entfernt und die Annahme rechtfertigt, dass das Meer im allgemeinen höher liegt, als die Erde. Unter dieser Voraussetzung allein lasse sich der Ausdruck im Psalm 104,6 verstehen. Wenn es dort heißt: „Und die Wasser stehen über den Bergen," so habe der Psalmist hiermit jene obige Lehre andeuten wollen, wonach das Wasser im offenen Ocean höher steht als die Berge der Erde *(quia altiores sunt aquae Oceani, praesertim procedendo versus medium quam montes terrae.)* [1])

Gegen diese haltlosen Speculationen führt der Magister Mathias Doring eine scharfe Sprache, wobei er natürlich ebenso fadenscheinige Gründe vorbringt, wie jener Paulus. Seine Polemik gipfelt in dem Schlusssatz, dass jene Lehre von der Excentricität nothwendig fallen müsse, weil sie mit der Schrift und den Vätern, die davon nichts berichteten, unvereinbar sei.[2])

Auch Petrus de Alliaco muss diese Lehre gekannt haben, wenn er sie auch nicht bedingungslos angenommen zu haben scheint. Im

[1]) Additiones Pauli Burgensis in postillam Nicolai de Lira in Biblia sacra cum Glossa ordinaria a Strabo Fuldensi etc. Autwerpen 1634, p. 47: Sapientia autem divina sic disponit ut elementum aquae servando suam rotunditatem naturalem, haberet centrum separatum a centro terrae et universi: sicut secundum astronomos, qui motus siderum diligenter investigarunt, centrum quorundam orbium planetarum est separatum a centro universi: unde apud eos tales orbes dicuntur eccentrici s. egressae cuspidis, ut in quarto Almagesti.

[2]) Tractatus Magistri Mathiae Doring, ordin minor., quem intitulavit, Correctorium corruptorii Burgensis: in quo dicta Postillatoris contra Burgensem defendustur. Cf. Zöckler, Theol. u. Nat. I, 469. Günther, Studien. p. 160 f.

Epilogus mappae mundi erwähnt er die Annahme der Philosophen, dass das Erdcentrum nicht im Weltcentrum liege, sondern dass vielmehr das letztere in dem gemeinsamen Schwerpunkt der vereinigten Erd- und Wassersphäre zu suchen sei.[1] Den umgekehrten Gedanken finden wir ausführlicher in der *Margarita philosophica* des Paters Gregor Reisch wiedergegeben, wo ein ganzes Capitel der darauf bezüglichen Frage gewidmet ist. Aus der gesammten Erd- und Wassermasse hat sich ein einziger sphärischer Körper gebildet, für welchen die Philosophen ein doppeltes Centrum ansetzen: den Schwerpunkt und den Volumenmittelpunkt. Der letztgenannte liegt genau im Halbirungspunkt von der Achse der einheitlich gedachten Erd-Wasserkugel und bildet den Mittelpunkt der Welt — ganz entgegengesetzt jener Annahme des Petrus de Alliaco. Dagegen ist der gleichfalls auf dem Erddurchmesser befindliche Schwerpunkt vom Weltcentrum getrennt und ist von der emporgetauchten Erdoberfläche weiter entfernt als der Volumenmittelpunkt. Eine Trennung der beiden Centra trat nothwendig deshalb ein, weil der vom Wasser entblößte Theil der Erdsphäre leichter ist, als der vom Wasser bedeckte.[2]

5. Der Compass.

Das wenige, was uns über die attrahierende Kraft der Erde aus dem Mittelalter erhalten ist, ist aus begreiflichen Gründen ziemlich dürftiger Natur. Man kam über das einfache Constatieren der Thatsache nicht hinaus, dass ein freigelassener Körper dem Centrum der Erde zustrebe. Dieses sinnfällige Factum war auch einer der nothwendig zwingenden Gründe für die Kugelgestalt der Erde gewesen, welche durch des Aristoteles' Elementenlehre bedingt war. Jedes der vier Elemente strebt, sobald es der ihm eigenen Sphäre entrückt ist, dieser wieder zu. Unter dem Banne dieser Lehre stehend trat man auch der vorgenannten Beobachtung von einem besonderen Standpunkte aus entgegen. Man sah nicht in dem Erdkörper selbst die causa movens, welche den freigelassenen Stein zu sich heranzieht, sondern der Stein hat in sich selbst schon das Streben, das ihm eigene Milieu wiederzugewinnen. Infolge dessen war auch von einer eigentlichen Attractionskraft der Erde nie die Rede, sondern immer nur von einem Hinstreben der Körper nach dem Erdmittelpunkte, der dadurch zugleich der Weltmittelpunkt wurde. Also wesentlich die relative Gewichtsverschiedenheit der Elemente unter sich bewirkte nach mittelalterlicher Anschauung die abwärts, beziehungsweise aufwärtssteigende Bewegung der Körper zu der Erde hin oder von der Erde weg. Diese Art der Auffassung hat sich bis zum Ausgange des Mittelalters unverändert forterhalten und sie blieb nothwendigerweise, solange man der aristotelischen Elementenlehre huldigte.

---

[1]) Petr. de All. Epilogus mappae mundi fol. 41: Tamen quidam moderni Philosophi ad salvandum quod mare non circumdet totam terram dicunt quod centrum terrae non est in centro mundi, sed centrum totius gravitatis terrae et aquae simul.

[2]) Gregor Reisch, Marg. phil. f. 148: Ex tota itaque terrae et aquae substantia unum corpus sphaericum est constitutum, cuius Philosophi duplex centrum gravitatis et magnitudinis assignabant. Magnitudinis quidem centrum axem totius sphaerae ex aqua et terra dividit et est medium mundi. Centrum vero gravitatis extra illud consistit videlicet in dyametro terrae: qui necessario maior est quam semidiameter sphaerae ex aqua et terra compositae ... Necessitas autem ponendi centrorum diversitatem ex eo sumitur: quod terra aquis discooperta levior est quam pars terrae aquis circumdata et madefacta mox rursus exiccatur et levior fit: ideo centrum gravitatis ipsius non idem esse potest cum centro magnitudinis eiusdem.

Die magnetischen Erscheinungen der Erde konnten in den Untersuchungskreis der mittelalterlichen Physiker erst treten, als man die Entdeckung der Nordweisung einer Magnetnadel gemacht hatte und diese fand nachweisbar nicht vor dem XII. Jahrhundert statt. Wir sehen hier von den außereuropäischen Völkern ab, da unter diesen die Chinesen schon seit dem II. christlichen Jahrhundert die Boussole im Gebrauch hatten. Klaproth hat in einem offenen Briefe an Alex. von Humboldt die eingehendsten Untersuchungen in dieser Richtung angestellt[1]) und kam zu dem bemerkenswerthen Resultate, dass die Kenntnis des Magnetsteines und seine Verwendung zu magnetisierten Nadeln bereits in einem Wörterbuche aus dem Jahre 120 n. Chr. sich vorfindet. — Eine zweite Nachricht stammt aus dem Anfange des XII. Jahrhunderts (1111—1117) und liegt uns in einer arabisch abgefassten Schrift des Bailac von Kibdjak (1282) vor, betitelt: Der Schatz des Kaufmanns zur Kenntnis der Steine. Darnach bedienten sich die Schiffer im syrischen Meere in besonders finstern Nächten einer Nadel, welche auf Kork im Wasser schwimmt und die Südrichtung weist.

Im Abendlande treffen wir aber die ersten Nachrichten über die Eigenschaften einer Magnetnadel erst am Ende des XII. Jahrhunderts an.[2])

Das satirische Gedicht des Troubadours Guyot de Provins (geb. 1150) beschreibt eine solche. Eine mit dem Magnetsteine gestrichene Nadel wird in einen Strohhalm gesteckt und auf der Oberfläche eines Wasser schwimmen gelassen, bis sie die bestimmte Richtung nach dem Polarstern gefunden hat. Es heißt dort:

Un art font qui mentir ne puet
Par la vertu de la manette,
Une pierre laide et brunnet
Ou li fer volontiers se joint.
Et si regarde le droit point.
Puis que l'aiguille l'a touchié
Et à un festuc l'ont fichié,
En l'eve le mettent sons plus
Et li festuc li tient dessus,
Puis se tourne la pointe toute
Contre l'estoile si sans doute,
Que ja pour rien ne faussera
Ne marinier n'en doutera.
Contre l'estoile va la pointe,
Par ce sont les mariniers cointe
De la droite voye tenir,
C'est un art qui ne puet mentir.

Bei Jacobus Vitriacus (Jacques de Vitry 1218) finden wir einen ähnlichen Bericht, wonach die magnetische Nadel stets dem Polarsterne

---

[1]) Klaproth: Lettre sur l'invention de la boussole. Paris 1834.

[2]) An neuerer Literatur hierüber vergleiche d'Avezac: Aperçus historiques sur la boussole. Im Bulletin de la Soc. de géogr. 4 série, t. XIX, p. 346—361. Paris 1860. Wright in der Preface seiner Ausgabe von Alex. Neckam. London 1863, p. XXXV ff. Breusing: Flavio Gioja und der Schiffscompass, in Zeitschrift der Gesellschaft für Erdkunde zu Berlin IV (1869) p. 31 ff. Ausserer: Geschichte der Magnetnadel. Programm des Gymnasiums zu Troppau 1876. Peschel: Geschichte der Erdkunde p. 205. Heller: Geschichte der Physik, Stuttgart 1882. I, 208—210. Gelcich: Studien über die Entwicklungsgeschichte der Schifffahrt. Laibach 1882, p. 40 ff.

sich zuwenden soll und dadurch für Schiffer ein unentbehrliches Hilfsmittel ist.[1])

Aber noch etwas älter als dieser Bericht scheint der des Alexander Neckam zu sein, welcher zweimal den Magnet erwähnt. Während die eine Stelle im liber de Utensilibus allerdings etwas verderbt ist, spricht eine andere im liber de naturis rerum in klaren Worten die Nutzanwendung desselben aus. „*Nautae etiam mare legentes, cum beneficium claritatis solis in tempore nubilo non sentiunt, aut etiam cum caligine nocturnarum tenebrarum mundus obvolvitur et ignorant in quem mundi cardinem prora tendat, acum super magnetem ponunt, quae circulariter circumvolvitur usque dum, eius motu cessante, cuspis ipsius septentrionalem plagam respiciat.*“ [2])

Von nicht geringerer Wichtigkeit ist die Abhandlung eines französischen Pilgers Pierre de Maricourt über den Magneten *(de l'aimant)*, welche dieser an seinen Freund Syger de Foucaucourt gerichtet hat. Dort wird der Compass beschrieben, den die Seeleute an den Küsten der Normandie, Picardie und Flandern gebrauchen. Er beschreibt ferner die Anziehung und Abstoßung zwischen Magnet und Eisen, sowie das Verhalten der Bruchstücke eines Magneten unter sich.

In dem Gedichte eines Anonymus, der vermuthlich ein Zeitgenosse des Guyot gewesen ist, findet sich gleichfalls die Erwähnung eines Compasses. Der Dichter vergleicht seine Dame mit dem Polarsterne, dem treuen Leiter der Schiffer auf hoher See; aber wenn es dunkel ist, so suchen sie die Stellung dieses Sternes aus einer Nadel zu erkennen, welche magnetisch gemacht an einem Kork im Wasser schwimmt.[3])

Auch im Tresor des Brunetto Latini wird der Magnet beschrieben und auf die Verschiedenheit der Pole aufmerksam gemacht, die der Schiffer wohl unterscheiden müsse, um nicht irre zu gehen.[4])

Albertus Magnus und Raymundus Lullus kennen ihn gleichfalls und bei letzterem findet sich die Bezeichnung stella maris, womit

---

[1]) Jakob. de Vitriac. Histor. Hieorosolym c. 89: Acus ferrea, postquam adamantem contigerit, ad stellam septentrionalem, quae velut axis firmamenti aliis vergentibus non movetur, semper convertitur; unde valde necessarius est navigantibus in mari.

[2]) Neckam de nat rer. II, 98, p. 183 — de Utensilibus im vol. of vocabularies p. 114: Habeat etiam acum jaculo suppositam (superpositam). Rotabitur enim et circumvolvetur acus, donec cuspis acus respiciat orientem (septentrionem) sicque comprehendunt quo tendere debeant nautae cum cynosura latet in aeris turbatione; quamvis ad (ea) occasum nunquam tendat (teneat), propter circuli brevitatem. Die eingeklammerten Worte sind die d'Avezac'schen Emendationen.

[3]) Son repaire sevent à route
Quant li tans n'a de clarté goute,
Tout chil qui font ceste maistrise;
Qui une aiguille de fer boute,
Si qu'ele pert presque toute,
En un poi de liege, et l'atise
A la pierre d'aimant bise
S'en un vaissel plain d'yave est mise
Si que nus hors ne la deboute,
Si tost comme l'iave s'aserise,
Car dons quel part la pointe vise,
La tresmontaine est là sans doute.

[4]) Hiemit zu vergleichen ist ein Brief Brunetos, welchen derselbe nach einem Besuche bei Roger Bacon geschrieben: Il me monstra la magnete pierre l'aide et noire; ob ele li fer volentiers se joint. L'on touche ob une aiguillet et en festu l'on fiche: puis l'on met en l'aigue, et se tient dessus, et la pointe se tourne contre l'étoile. Quant la nuit fust tenebrous et l'on ne voit estoille ni lune, poet li marinier tenir droite voie.

nach d'Avezac nur die Boussole gemeint sein kann.[1]) Aber an dieser älteren Form des Compasses scheint die Theilung des Horizontes auf dem Boden der Kapsel angebracht gewesen zu sein und erst Flavio Gioja aus Amalfi (Positano) hat, wie Breusing wahrscheinlich gemacht, die Strichrose oben auf die Magnetnadel gelegt und fest mit ihr verbunden.

Von den weiteren Eigenschaften der Magnetnadel hatte man noch keine Kenntnis, wie man denn auch über die Lage des anziehenden Punktes mangelhaft unterrichtet war, indem man ihn nicht als einen magnetischen Nordpol auf der Erde suchte, sondern vielmehr in den Polarstern verlegte.

Die zunehmende Verbreitung des Compasses aber wurde für die Schifffahrt und nicht minder für die Kartographie ein wesentliches Förderungsmittel. Die sogenannten Compasskarten sind die ersten Versuche, durch einfache gegenseitige Orientierungen der Fixpunkte und ungefähre Schätzung ihrer Entfernungen von einander ein leidlicheres Kartenbild, als es früher möglich war, zu entwerfen.[2])

Eine offene Frage ist es immer noch, ob der Compass aus dem Orient nach Europa eingeführt ist, oder ob man ihn als eine eigene Erfindung im Abendlande anzusehen habe. Da eine direkte Nachricht fehlt, aus welcher wir die Übermittlung dieses wichtigsten Instrumentes für die Schifffahrt abnehmen können — welche übrigens auch nur durch die Araber über Spanien oder durch die Kreuzzüge stattgefunden haben kann — so sind wir einzig und allein auf Vermuthungen angewiesen.[3])

---

[1]) Alb. Magn. de mineral. l. II, tr. 2, c. 6, Jammy II. 243: Angulus magnetis cuiusdam est, cuius virtus apprehendendi ferrum est ad zoron, h. e. septentrionalem: et hoc utuntur nautae: angulus vero alius magnetis illi oppositus trahit ad aphron, i. e. polum meridionalem. — Raymund. Lull. lib. de contemplatione: Sicut acus per naturam vertitur ad septentrionem dum sit tacta a magnete etc.

[2]) Peschel l. c. p. 208 f.

[3]) Für eine selbständige Erfindung in Europa treten ein u. a. Breusing l. c. 46. Ruge: Geschichte des Zeitalters der Entdeckungen, Berlin 1881 p. 21 Martin: Observations et théories des anciens sur les attractions et les répulsions magnétiques et sur les attractions electriques, Rom 1865. Günther: Geschichte der loxodromischen Curve, in den Studien p. 333 f. — Für Übertragung die Mehrzahl der Übrigen.

ZWEITES CAPITEL.

Das Wasser.

1. Unterirdische Stromläufe; die Paradiesflüsse.

Es ist für die wissenschaftliche Methode des Mittelalters besonders charakteristisch, dass sie häufig Theorien, denen ein richtiger Kern zu Grunde lag, in bedenklicher Weise ausbeutete und aus zufälligen oder doch nur untergeordneten Vorkommnissen im Reiche der Natur ein weit verzweigtes und compliciertes System zu Stande brachte. Zu diesen gehört unter anderen auch das Vorhandensein subterraner Wasserverbindungen, welche an verschiedenen Orten der Erde richtig beobachtet wurden, aber schließlich eine allzu ausgebreitete Anwendung fanden, indem nicht nur alle Meere, Seen, Sümpfe etc. in stetiger unterirdischer Verbindung mit einander stehen sollten, sondern sogar die gesammte Festlandsmasse wurde als von Wasseradern durchzogen gedacht, die bald als breite Canäle, bald nur als feinste Capillarspalten das feuchte Element dem Erdreich zuführen, wodurch dieses einem mit Wasser vollgesogenem Schwamme vergleichbar wurde. Wie das Mittelalter für unsichtbare und verborgene Dinge stets eine große Vorliebe gezeigt hatte, so bildete auch die Existenz unterirdischer Stromläufe eine willkommene Handhabe, um räthselhafte hydrographische Erscheinungen, an denen alle Erklärungskunst sonst gescheitert wäre, verständlich zu machen.

Wir werden bei der Darstellung dieser Lehre zweckmäßiger Weise von der im Mittelalter allenthalben auftauchenden Frage nach der Lage des Paradieses ausgehen, da diese — sonderbar genug — für die Annahme und Ausbildung gedachter Theorie bestimmend wurde.

Jenes wunderbare Land mit seinen Freuden und Genüssen hatte stets die Köpfe beschäftigt und ihre Phantasie rege erhalten. Man hatte ein kindisches Gefallen daran, die blühendsten Beschreibungen vom Paradiese zu liefern und die Mehrzahl nahm sie auch für baare Münze. Das Vorhandensein eines Landes, in welchem der Mensch von den irdischen Fesseln befreit war, ein Land, über welches die Natur im verschwenderischem Maße ihr Füllhorn ausgegossen hatte und Wünsche und Neigungen bis zur Übersättigung befriedigen sollte, ein solches Land musste auf schwärmerische Geister einen unwiderstehlichen Reiz und dämonischen Zauber ausüben, wie denn dies in einer Zeit, wo man den Stein der Weisen suchte und die Kunst des Goldmachens anstrebte, sehr begreiflich ist. Hatte sich auch das frühere Mittelalter niemals bis zur Wiederaufsuchung des Paradieses verstiegen, sondern für dessen Unerreichbarkeit stets die triftigsten Gründe angegeben, so hielt es nichtsdestoweniger die Existenz desselben für eine feststehende Thatsache. Freilich ging es auch hier nicht ohne Streit ab und die sonderbarsten Ideen wurden gezeitigt. [1])

Was nun speciell die Lage betraf, so wurde diese bedingt durch die jedesmalige kosmographische Anschauung. Wenn man es meist im Osten suchte und zwar auf Grund des Bibelberichtes [Genes. 2, 8], so war damit noch nichts gewonnen, denn nun fragte es sich weiter, wie nah oder wie fern man es nach Osten zu rücken hätte und ob es denn überhaupt noch auf dieser von Menschen bewohnten Erde sich befände und nicht vielmehr auf einer Insel oder in einem jenseits des Oceans gelegenen Lande. Diese letztere Annahme wurde gestützt durch Ansichten, wie wir sie bei Ephräm und Kosmas fanden: die bewohnte Erde umschloss der Ocean und um diesen herum legte sich ringförmig ein zweites Land, wohin man das Paradies verlegte. Unentschieden bleibt es nur, ob diese Anschauung das primäre war oder ob umgekehrt dieselbe erst construiert wurde, um das Paradies unterbringen zu können, was allerdings das wahrscheinlichere ist. Eine Beziehung zu den Inseln der Seligen (Μακάρων νῆσοι, insulae fortunatae) bei den Alten darin wieder erkennen zu wollen, ist jedenfalls sehr gewagt, zumal da diese Inseln stets neben der Annahme eines Paradieses selbständig fortbestanden und ganz abgesehen davon, dass für sie die Lage im Westen ganz ebenso charakteristisch ist, wie für das Paradies die im Osten. [2])

---

[1]) Schon die Frage, ob man sich das Paradies spiritualiter oder corporaliter und demnach im Himmel oder auf der Erde zu denken habe, oder ob beides zugleich der Fall sei, wirbelte unnöthig viel Staub auf. Cf. Eucherius Lugdunensis. comment. in Genes. Migne. s. lat. t. 50, 907. Augustin. De Genesi ad literam. Migne s. l. t. 34. 371: Non ignoro de paradiso multos multa dixisse; tres tamen de hac re quasi generales sunt sententiae. Una eorum qui tantum modo corporaliter Paradisum intelligi volunt: alia eorum, qui spiritualiter tantum: tertia eorum, qui utroque modo paradisum accipiunt; alias corporaliter, alias autem spiritualiter. — Auch hier machten sich natürlich die verschiedenen Richtungen der Exegese geltend und dementsprechend fiel die Antwort aus, je nachdem man zur allegorischen oder litteralen griff, oder zwischen beiden die Mitte suchte. Während der Gnostiker Bardesanes, Origenes (contra Cels. l. IV und princc. IV, c. 2), Theophilus (Πρὸς Αὐτόλυκον περὶ τῆς τῶν Χριστιανῶν πίστεως l. II) u. a. die irdische Existenz des Paradieses vollständig leugneten und in Folge dessen sich über die Frage nach der Lage desselben hinwegsetzen, ließen hinwiederum andere beide Auslegungsweisen nebeneinander bestehen. So: Papias, Irenaeus, Clemens, Pantaenus Alexandrinus, Philo (Νόμων ἱερῶν ἀλληγορία I. 48), Justinus Martyr (ed. Otto. Jena 1850, p. 106), Epiphanius (Migne s. gr. t. 89, 539), Anastasius Sin. (Migne s. gr. 89, 966), Ambrosius (lib. de Parad. ad Sabin. Migne s. l. 14. 296 f.), Augustin (l. c.), Moses Barcepha (Max. Bibl. vet. patr. XVII, c. 1 ff.) u. a. m. — Den meisten oder ausschließlichen Nachdruck auf die irdische Seite des Paradieses legen Josephus (Antiqq. I. c. 3) Severian (Migne s. gr. 56, 477), Theodoret. Cyren. (Migne s. gr. 80, 125), Theodor. Mopsuest. frgm. in Genes. ex catena Nicephori mon. Leipzig 1772. Migne s. gr. 66, 637), Joh. Chrysostomus (Migne s. gr. 53, 106), Diodor von Tarsus (Migne s. gr. 33, 1566), Ephrämi (Opp. syriac. [1743] t. III, p. 562 ff.), Kosmas Indikopleustes (Top. christ. Migne s. gr. 88, 84. 116), Basilius (Or. de Parad. ed. Garnier 347 ff.), Caesarius v. Nazianz (Migne s. gr. 38, 1089), Joh. Damascen. (Migne s. gr. 94, 912. 913), Dionysius Alex. (Migne s. gr. 89, 541), Tertullian (Apologetic. c. 47), Isidor (lib. Etym. XIV, 3 ed. Arevals t. IV, 143), Hieronymus (comment. in Dan.) Beda (ed Giles t. VII. in libr. Genes. cap. I) etc. — Das spätere Mittelalter schloss sich im allgemeinen dieser mystischen Darlegung an.

[2]) Ebenso verfehlt, wie die Identification des Paradieses mit jenen Inseln für das Mittelalter ist, ist sie auch für das Alterthum, wie dies Credner that Illgens Zeitschr. für histor. Theol. VI. 1836. 1), welcher die hebräische Sage für ein Erzeugnis der Hierarchie hielt und ihre Übereinstimmung mit der griechischen Sage

Wenn hier also der Ocean das Betreten des Paradieses für den Menschen unmöglich machte, so war nach Ansicht anderer ein unübersteigliches Gebirge zwischen uns und dem Garten gelegen, oder man fabelte auch von undurchdringlichen Wüsten, die schon Alexander den Großen zur Umkehr genöthigt hätten, wie der Ravennas behauptet.

Alle diese phantastischen Hypothesen wurden aber in Frage gesetzt durch eine Angabe der Bibel, welche sich auf den ersten Blick nicht ohne weiteres mit jenen in Einklang bringen ließ und deshalb auf künstlichem Wege umgangen werden musste. Es heißt Genes. 2, 10—14: »Und ein Strom ging aus von Eden, den Garten zu bewässern und von dort trennte er sich und ward zu vier Anfängen.

Der Name des ersten war Pischon: das ist der, welcher das ganze Land der Chawila umfließt, woselbst das Gold ist — und das Gold selbigen Landes ist gut — dortselbst ist das Bedolach und der Schohamstein.

Und der Name des zweiten Flusses war Gichon; das ist der, welcher das Land Kusch umfließt.

Und der Name des dritten Stromes war Chiddekel; das ist der, welcher an der Vorderseite von Assur fließt.

Und der vierte Strom das war der Phrat.«

Da man nun diese Ströme mit den größeren Flüssen der damals bekannten Erde (Euphrat, Tigris, Nil und Ganges oder Donau) identificierte und die irdischen Ströme für die bloßen Unterläufe jener paradiesischen ansah, so musste man zwischen beiden Systemen eine Verbindung herstellen. Die großen Hindernisse, welche die Phantasie geschaffen hatte (Ocean, Gebirge, Wüsten) ließen ein natürliches Hinüberströmen an der Oberfläche vom Paradies nach unserer Erde nicht zu. Da sich also ein Zusammenhang der Paradies- und irdischen Flüsse auf der Erde nicht nachweisen ließ, so konnte derselbe nur unter der Erde möglich sein. Von dieser Annahme wurde der ausgedehnteste Gebrauch gemacht und zwar selbst dann auch, wenn man dem Paradiese keine so isolierte Stellung gegeben hatte. Schon die bloße Thatsache beweise, dass, wenn man dem Laufe des Euphrat und Tigris bis zur vermeintlichen Quelle im Armenischen Hochland entgegengehe, sich das Paradies daselbst nicht zeige. »Einige trügerische Kosmographen haben berichtet, heißt es beim Ravennaten, dass der Euphrat und Tigris in den Bergen Armeniens entspringen. Aber dies ist weit von der Wahrheit entfernt. Denn es wird ja nicht in Armenien jenes liebliche Paradies gezeigt und wie sollte es auch im Osten gedacht werden, wenn es in Armenien liegt? Außerdem ist Armenien ein unfruchtbares Land und wird gegenüber allen anderen Gegenden des Ostens als rauh und kalt geschildert und mehr gebirgig als flach genannt. Und wo ist auch da ein Ort schwellender Üppigkeit und voll des süßesten Duftes, wie er doch im Paradiese sein soll?« [1])

Ja man suchte schließlich in dem unterirdischen Lauf der Flüsse die bestimmte göttliche Absicht herauszulesen, dass es dem Menschen unmöglich gemacht sein sollte, dem Lauf der Flüsse nachzugehen und

vom Elysium sich dahin erklärte, dass beide aus derselben Quelle schöpften. Diese Quelle sieht er in den fabelhaften Berichten phönikischer Schiffer, die aus Handelseifersucht es absichtlich so darstellten, dass der Zugang zu jener westlichen Welt von Gott verschlossen sei.

[1]) Anonym. Ravennas p. 19.

so in das Paradies zu gelangen. So finden wir es allenthalben gedeutet bei Severian, Theodoret, Glykas und vielen anderen.[1]

In jeder Hinsicht also zeigte ein unterirdisches Stromsystem seine Vorzüge und nur so lässt es sich begreifen, dass man mit solcher Zähigkeit an demselben festhielt.

Werfen wir aber zunächst noch einen Blick auf den Umfang, welchen diese Theorie bereits im Alterthume angenommen, um den Nachklang, den sie im Mittelalter gefunden, beurtheilen zu können.

Die wild zerrissenen, stark zerklüfteten Kalkgebirge der südeuropäischen Halbinseln, sowie des vorderen Asiens bringen es mit sich, dass die vielen Spalten, Ritzen, Schluchten und Schlünde, die der spröde Kalkstein aufweist, für atmosphärische Niederschläge, Flüsse, Seen etc. die natürlichen Abzugsorte bilden, in welchen sich das Wasser sammelt und falls nicht schon natürliche Auswege vorhanden sind, sich solche durch Erosion selbst schafft; so kommt es denn, dass die Gewässer oft drei- und viermal in der Erde verschwinden, durch unterirdische Hohlräume auf meilenweite Strecken hin fortgeführt werden, um an einer anderen Stelle wieder zu Tage zu treten. Ein besonders eklatantes Beispiel dieser Art bildet der Oberlauf des Laibachflusses, welcher zuerst unter dem Namen Poik in die berühmte Adelsberger Grotte tritt, bei Planina als Unz wieder hervorkommt, dann nochmals den unterirdischen Weg wählt und bei Oberlaibach den Lauf an der Oberfläche fortsetzt.[2] Dieser so häufigen Erscheinung hatte sich denn sehr bald die griechische Sage bemächtigt und später warf sich auch noch jene eigenartige, nach Curiositäten haschende Paradoxographie auf dieses Gebiet und lieferte eine Reihe von Verzeichnissen, in denen sie alle jene Vorkommnisse »wunderbarer Quellen und Flüsse« registrierte.

Ungemein zahlreich sind daher die Berichte der Alten von Beispielen dieser Art, deren thatsächliche Existenz wir noch heute zu controlieren in der Lage sind, wenn wir von den übrigen sagenhaften Ausschmückungen, welche die Volksphantasie hinzugethan hat, absehen wollen. Unter den Seebecken, die in dieser Weise sich entleeren, ist am bekanntesten der vom Kephisos gespeiste Kopais-See, der erst oberhalb Larymna wieder aus dem Gebirge bricht.[3] Nicht anders verhielt es sich mit dem See von Pheneos in Arkadien, der nach Eratosthenes ein Erzeugnis des Flusses Anias wäre, und in Klüfte, sogenannte Zerethra sich ergießt (εἰς τινας ἠθμοὺς οὓς καλεῖσθαι ζέρεθρα), die zum Ladon und Alpheus ihren Lauf nehmen. Verstopften diese sich, so wurde auch hier

[1]) Severian 56, 479: Ἵνα μὴ, τοῖς ἴχνεσι τῶν ποταμῶν ἀκολουθοῦντες εὕρωσι τὸν παράδεισον, ἵνα μὴ ᾖ τοῖς ἀνθρώποις καταληπτός. Theodoret. 80, 128. Mich. Glykas. Ann. p. 144: διορύττεσθαι δὲ τοὺς ποταμοὺς διά τινων ὑπονόμων τόπων ᾠκονόμησεν ὁ Θεός, καὶ ἐξ ἑτέρων ἀρχῶν αὐτοὺς ἀναφαίνεσθαι, ἵνα μὴ ταῖς ὄχθαις αὐτῶν ἀκολουθοῦντές τινες αὐτὸν ἐπιχειρῶσι καταλαβεῖν τὸν παράδεισον.

[2]) Über diese (noch heute im Neugriechischen als Katawothren bezeichneten) Abzugskanäle sagt Aristoteles, Meteor. I, 13, 27. 28: ἔτι δ' εἰσὶ τοιαῦται φάραγγες καὶ διαστάσεις τῆς γῆς, δηλοῦσιν οἱ καταπινόμενοι τῶν ποταμῶν. συμβαίνει δὲ τοῦτο πολλαχοῦ τῆς γῆς, οἷον τῆς μὲν Πελοποννήσου πλεῖστα τοιαῦτα περὶ τὴν Ἀρκαδίαν ἐστίν. Αἴτιον δὲ διὰ τὸ ὀρεινὴν οὖσαν μὴ ἔχειν ἐκρύσεις ἐκ τῶν κοιλῶν εἰς θάλατταν. — Senec. nat. quaest. III, 26: Causa manifesta est; sub terra vacat locus ... Illo itaque recepta flumina cursus egere secreto: sed quum primum aliquid solidi, quod obstaret, occurrit, perrupta parte, quae minus ad exitum repugnabat, repetiere cursum suum. — Ferner Strab. IX, p. 406, der berichtet, dass durch Verstopfen solcher Abzugskanäle Seen entstehen und nach Öffnung derselben wieder verschwinden. — Cf. Supan: Grundzüge der physischen Erdkunde, Leipzig 1884, p. 253. Günther: Lehrbuch der Geophysik. Stuttgart 1885, II, 604.

[3]) Strabo l. c. — Cf. Kiepert Lehrbuch, p. 284.

die Ebene unter Wasser gesetzt und bildete so den See.[1]) Die βέρεθρα (arkad. ζέρεθρα) des Stymphalischen Sees bilden die Quelle des Erasinus, der nach einem 200 Stadien langen unterirdischen Laufe unter diesem Namen im Argivischen zum Vorschein kommt.[2]) Ebenso entstehen nach Strabon der Alpheus und Eurotas aus den Gewässern in der Nähe des Arkadischen Asea,[3]) worüber die Sage entstand, dass die dort einem der beiden Flüsse geweihten Kränze trotz ihrer gemeinschaftlichen Quelle dennoch in demjenigen Flusse wieder erschienen, welchem sie geweiht worden. Unter den asiatischen Flüssen beobachteten die Alten dieselbe Erscheinung beim Orontes; zwischen Apamea und Antiochia stürzt sich dieser in einen Erdspalt (χάσμα) mit Namen Charybdis, um 40 Stadien unterhalb wieder hervorzubrechen.[4]) Auch der phrygische Lykos versinkt bei Colossae in einen solchen Schlund und fließt fünf Stadien unterirdisch fort.[5]) Der Maeander und Marsyas sollen eine und dieselbe Quelle haben, was Leake durch ihren gemeinsamen Ursprung in einem See oberhalb Celaenae erklärt, der an zwei Stellen das Gebirge durchbricht und dadurch zwei Flüsse bildet.[6])

Es mögen diese Fälle, deren Anzahl sich beträchtlich vermehren ließe, für unseren Zweck hinreichen, um darzuthun, dass bereits den Alten subterrane Wasserverbindungen wegen der Häufigkeit ihres Auftretens durchaus keine ungewöhnliche Erscheinung waren. Aber sie blieben bei dem bloßen Constatieren der Thatsachen nicht stehen, sondern dehnten das Resultat ihrer Beobachtungen auch auf andere Flüsse aus und sie fabelten daher von einem submarinen Überfluten der Flüsse untereinander, wobei die Sage nicht zum wenigsten bestimmend mitgewirkt hat. Das Unwahrscheinliche dieser Behauptungen war aber doch zu offenbar, als dass sie es später mit Stillschweigen hätten übergehen sollen und so blieb denn eine Gegnerschaft nicht aus, wenngleich sie von anderer Seite eine ebenso nachdrückliche Vertheidigung fanden.

Der Mäander und der sikyonische Asopus wurden in ein solches Verhältnis zu einander gesetzt; nachdem jener sich bei Milet in das Meer ergossen, strömt er unter demselben nach der Peloponnes über und wird dort zum Asopus. Flöten des Marsyas, heißt es bei Pausanias, wären auf diesem Wege aus dem Mäander in den Asopus hinübergeschwommen, wo sie ein sikyonischer Hirt fand.[7]) Noch häufiger wird des Hinüberströmens des Nil in den Inopus Erwähnung gethan, welches zur Zeit der Überschwemmung besonders hervortreten solle.[8]) Der sub-

---

[1]) Strabo VIII, 389. Paus. VIII, 14, 1.

[2]) Herod. VI, 76: τὴν γὰρ δὴ λίμνην ταύτην ἐς χάσμα ἀφανὲς ἐκδιδοῦσαν ἀναφαίνεσθαι ἐν Ἄργεϊ, τὸ ἐνθεῦτεν δὲ τὸ ὕδωρ ἤδη τοῦτο ὑπ᾽ Ἀργείων Ἐρασῖνον καλέεσθαι. — Strab. VI, 275. VIII, 371. 389. Paus. II, 15, Ovid XV, 276. Plin. II. 106.

[3]) Strab. VI, 275.

[4]) Strab. l. c. und XVI, 750. Die Durchbruchstelle ist bisher noch nicht aufgesucht worden; ihre Lage ist uns aber sehr genau bezeichnet. Dr. Moritz, der in jener Gegend reiste, muss ihr zweifelsohne sehr nahe gewesen sein; doch kannte er Strabos Berichte nicht.

[5]) Strab. XII, 578. Herod. VII, 30: Λύκος ποταμὸς ἐς χάσμα γῆς ἐσβάλλων ἀφανίζεται. Plin. II, 106.

[6]) Cf. Leake: Tour in Asia minor p. 158.

[7]) Strab. VI, 271: Ἴβυκος δὲ τὸν ἐν Σικυῶνι Ἀσωπὸν ἐκ Φρυγίας ῥεῖν φησι. — Paus II, 5: Μαίανδρον γὰρ κατιόντα ἐκ Κελαινῶν διὰ Φρυγίας καὶ Καρίας, καὶ ἐκδιδόντα ἐς τὴν πρὸς Μιλήτῳ θάλασσαν, ἐς Πελοπόννησον ἔρχεσθαι, καὶ ποιεῖν τὸν Ἀσωπόν. — Paus. II, 7.

[8]) Sogar Kallimachus bezeugt dies. Hymn. in Dian. 171. in Del. 206 Lycophron. 576. Paus. II, 5. Strabo VI, 271. Plin. II, 106: Et in Delo insula Inopus fons eodem, quo Nilus, modo ac pariter cum eo decrescit augeturque. — Dass der Nil seinerseits in derselben Weise aus dem Euphrat komme, s. u.

marine Zusammenhang des Alpheus und der Arethusaquelle dürfte indessen das bekannteste Beispiel dieser Art sein, auf Grund dessen Strabon seine Polemik gegen diese Annahme führt. Am meisten nimmt dieser daran Anstoß, dass das süße Wasser des Flusses, ohne sich mit dem Meere zu vermischen, nach Sicilien kommen könnte; selbst beim Rhone, der durch den viel kleineren Genfer See fließt, sei dies kaum zu glauben. Süß könnte das Wasser nur bleiben, wenn der Alpheus sich kurz vor seiner Mündung in einen Schlund stürzte und so in der Erde, nicht aber im Meere nach Ortygia hinüberkäme; hiergegen spreche aber die offenbare Thatsache, dass er sich in das Meer ergießt. Einen Beweis für diesen submarinen Verlauf erbringt Pausanias, der noch andere Beispiele von Flüssen, die durch Meere und Seen fließen, anführt.[1])

So war diese Lehre beschaffen, welche das Alterthum hervorgebracht und die nun die christliche Zeit überkam, um sie in ihrer Weise auszubilden, beziehungsweise zu erweitern. Aber wir werden auch hier wieder sehen, wie sehr sich die Abhängigkeit vom Alterthume bei den ersten christlichen Schriftstellern mehr oder weniger absichtlich verwischt hatte, und wie diese trotz vielfacher gelehrter Reminiscenzen, welche sie als Citate aus alten Autoren oft wörtlich wiedergeben, dennoch mit Vorliebe den Grundkern in der Bibel zu suchen sich bemühen. Man klammerte sich an den bloßen Singular, den der Bibelerzähler gebraucht hat, indem er nur von einer Sammlung der Wasser sprach[2]) und wollte daraus das ganze System ableiten. Für die Frage, wie sich die Einheit der gesammten Hydrosphäre auch bei solchen Gewässern erklären ließe, die mit dem Meere in keinem sichtbaren Zusammenhange stehen, wie z. B. Binnenseen, hatte man jenes Mittel in Bereitschaft, welches den Connex unterirdisch herstellte; denn wenn der Zusammenhang nicht sichtbar war, so war er unsichtbar, aber ein Zusammenhang musste auf Grund von Genesis I. 10 zweifelsohne vorhanden sein. Der subterrestrische Wasserweg schien also durch die Bibel gleichsam sanctioniert, denn dessen Annahme ergab sich als nothwendige Folge aus ihren Worten. Hiermit war der Boden geebnet, zugleich aber auch allen Phantasiegebilden Thür und Thor geöffnet. Das Unmögliche wurde möglich gemacht, die entferntesten Meere mussten zusammenhängen, Flüsse wurden von der Welt Ende, wo man sie gerade nöthig hatte, hingeleitet und was das wichtigste war, auch für die Fixierung des Paradieses bot diese Lehre einen willkommenen Stützpunkt dar.

Wie das Weltbild des Kosmas, Ephräm, Severian und anderer zeigte, war dem Gottesgarten ein Platz angewiesen worden, der eine

---

[1]) Dem Zusammenhang von Alpheus und Arethusa liegt eine Sage zu Grunde, wonach die Nymphe Arethusa vom Flussgott Alpheus beim Baden überfallen wurde. Diana verwandelte sie in eine Quelle, die nach Ortygia hinüberströmte und dort wieder hervortrat. Aber auch diese Sage scheint hinwiederum das Erzeugnis irgend einer historischen Thatsache zu sein, — vielleicht dass peloponnesischer Artemiscult sich frühzeitig nach Sicilien verpflanzte. — Zuerst von Ibykos erwähnt frgm. 23 Bergk poet. lyr. III, 244. Strab. VI, 270. 271. Paus. V, 7. Ovid. Metam. V, 572 ff. Verg. Aen. III, 692. Serv. ad Verg. Ecl. X. 4. Lucian. Dial marit. III. Fulgentius Mythol. III, 12. Senec. nat. quaest. III. 26. Plin. II, 106. Suidas s. v. Ἀλφειός und Ἀρέθουσα. Pind. Nem. I, 1. — Außerdem cf. Holm: Gesch. Siciliens I, 387. Leipzig 1870. Kalkmann: Pausanias der Perieget. Berlin 1886 p. 34 f. Berger: wissenschaftliche Erdkunde der Griechen p. 132 f.

[2]) Genes. I, 10 heißt es: „Und diese Sammlung der Wasser nannte er Meere." Im Hebräischen steht מִקְוֵה (= συναγωγή, congregatio) und gleichwohl wird diese eine Sammlung mit Meere bezeichnet. Die Erklärung dieser Differenz ist von keinem mittelalterlichen Exegeten versäumt worden

Erklärung der Paradiesflüsse von vornherein ausschloss. Der zwischenliegende Ocean unterbrach den Zusammenhang mit dem Festlande. Aber auch bei jenen Kosmographen, nach deren Meinung das Paradies zwar auf unserem Festlande lag, aber durch unermessliche Wüstenräume von den menschlichen Wohnungen geschieden war, musste naturgemäß eine künstliche Deutung Platz greifen.

Der große Fluss in Eden, sagt Severian, ergießt sich bei seinem Austritt aus dem Paradiese in eine unterirdische Kluft und geht unter der Erde unendlich weit fort, bis er schließlich an verschiedenen Stellen derselben wieder hervorgetrieben wird und so findet er sich, allerdings getheilt wieder, der eine in Äthiopien, der andere im Westen, ein dritter im Osten.[1]) Während Severian den Paradiesstrom ungetheilt in der Erde verschwinden lässt, findet bei den anderen die Theilung schon vorher statt. So bei Theodoret, der zuerst von unterirdischen Flüssen im allgemeinen spricht und dann auch die Paradiesflüsse sich so erklärt; »denn von dorther kommen sie, wie die Schrift sagt; dann fließen sie durch unterirdische Gänge und nehmen hier (auf der Erde) einen anderen Ursprung.«[2]) Ebenso lässt Kosmas den Ocean von den vier Flüssen durcheilen und hier aus den vermeintlichen Quellen wieder hervorsprudeln, um ihren Unterlauf fortzusetzen (τὸν Ὠκεανὸν διατέμνουσι καὶ ἀναδίδονται ἐν τῇ γῇ ταύτῃ).[3]) Von der Schar der übrigen seien als bemerkenswertheste hier nur noch Augustin[4]) und der anonyme Geograph von Ravenna genannt.[5])

So waren diese Ströme also die unmittelbaren Fortsetzungen der Wasserläufe in Eden, die sämmtlich der einen Quelle daselbst entstammen sollten.[6])

Zugleich bildete sich nun aber auch die Ansicht aus, dass diese Quelle in Eden durch Theilung in vier nicht nur die Flüsse des Paradieses und deren Verlängerung auf der Erde bilde, sondern dass sie das Wasser für sämmtliche Flüsse liefere, ja dass auch die bloße Feuchtigkeit, die das Erdreich enthült, aus dieser gemeinsamen Urquelle herzuleiten sei, ebenso wie der große allumfluthende Ocean nur als ein Ausfluss dieser Quelle, häufig auch als diese selbst angesehen wurde. Hierauf fußend gewann jene Lehre einen weiteren Umfang, indem sie, den Ursprung aller Flüsse aus dem Oceane ableitend, damit zugleich ein vielfach verzweigtes Sytem von Canälen nothwendig machte, die in große im Innern der Erde befindliche Hohlräume einmünden und so das Quellwasser ansammeln. Man genügte zugleich auch der Forderung eines stetigen einheitlichen Zusammenhanges der Hydrosphäre, deren wir oben Erwähnung gethan.

---

[1]) Severian. 56, 479: Ἐκεῖθεν φέρεται εἰς ὑπονομόν τι χάος, καὶ δύνει ὑπὸ τὴν ἄπειρον. . . . . καὶ λανθάνει ἐπὶ πολὺ τὸ ῥεῦμα, καὶ εἰς διαφόρους τόπους ἀναδίδονται καὶ εὑρίσκεται ὁ μὲν εἰς τὴν Αἰθιοπίαν, ὁ δὲ εἰς δύσιν, ὁ δὲ εἰς ἀνατολήν.

[2]) Theodoret. episc. Cyr. 80, 128: Ἐξίασι μὲν γὰρ ἐκεῖθεν, ὥς φησιν ἡ θεία γραφή, εἶτα διά τινων ὑπογείων δύντες πόρων, ἑτέρας ἀρχὰς ἐνταῦθα λαμβάνουσι.

[3]) Kosmas Indicopl. 88. 117.

[4]) Augustin. de Genes. ad lit. 34, 378: . . . . sed ea flumina, quorum fontes noti esse dicuntur, alicubi ipsa sub terras et post tractus prolixarum regionum locis aliis erupisse, ubi tamquam in suis fontibus nota esse perhibentur. Nam hoc solere nonnullas aquas facere, quis ignorat?

[5]) Anonym. Raven. p. 20: Qui ipsi Tigris et Euphrates invisibiliter discerpentes hinc inde terram per immensa miliariorum spatia iuxta Armeniae montes manifestantur.

[6]) Noch in unserem Jahrhundert haben einige die Paradiesflüsse unterirdisch herzuleiten gesucht. So Joh. Schulthess: Das Paradies. Zürich 1816.

Während die moderne Forschung auf die geographische Fixierung des Paradieses theils völlig Verzicht geleistet, theils nur zu bestimmen suchte, welcher von der Natur bevorzugte Ort dem Bibelerzähler bei der Schilderung seines Gottesgartens vermuthlich vorgeschwebt haben mag, hat sie anderseits die vier Paradiesflüsse der Bibel stets als wirklich existierende aufgefasst und deren hebräische Namen zum Ausgangspunkt ihrer Untersuchungen gemacht. Es ist indessen ziemlich unmaßgeblich auf die biblische Angabe — dass die Flüsse dem einen Strom in Eden entquellen — Gewicht legen zu wollen und nach einem solchen Fall unter den Flüssen Vorderasiens Umschau zu halten; vielmehr müssen wir diesen sonderbaren Bericht den unklaren geographischen Anschauungen der Hebräer, besonders was weitentlegene Länder und Flüsse betraf, zugute halten und nicht mit Delitzsch, als wesentlichen Factor in Rechnung ziehen.[1] Das Paradies selbst ist zweifelsohne ein Gebilde der Sage, welches der Bibelerzähler in der Grundidee vorfand und dann mit eigenen geographischen Zuthaten versah, die ihm die bemerkenswerthesten waren und so kommt es, dass Ströme und Länder, die nicht im geringsten etwas mit einander zu thun haben, in einen unverständlichen Zusammenhang gebracht wurden. Unter der Voraussetzung nun, dass das Paradies mit seiner bis auf das Detail eingehenden Beschreibung lediglich ein Produkt der Phantasie und Combination ist, kann daher auch die Frage nicht ins Gewicht fallen, ob nicht etwa doch der Ableitung jener vier Flüsse aus einer gemeinsamen Quelle die Anschauung einer unterirdischen Verbindung zu Grunde gelegen hat, ganz so wie wir sie später im Mittelalter finden. Ein zwingender Grund liegt zu dieser Annahme nicht vor, obwohl den Juden die Trennung zwischen Euphrat- und Tigrisquelle hätte bekannt sein können[2] und ein trotzdem geforderter gemeinsamer Ursprung beider daher auch von ihnen nur unterirdisch hätte erklärt werden können. Von subterrestrischen Wasserverbindungen ist aber bei ihnen sonst nie mehr die Rede.

Mit ebenso wenig Wahrscheinlichkeit können wir, wie Sprenger vermuthete, die Araber als Urheber dieser Lehre ansehen; denn die eine Pliniusstelle (VI, 28, 159) besagt doch zu wenig, als dass wir ihr eine solche Bedeutung beizulegen hätten. Mögen auch hin und wieder Beispiele von unterirdischen Stromadern von den Arabern im eigenen Lande beobachtet sein, so ist doch jedenfalls die weitere Ausbildung dieser Lehre kein rein semitisches Erzeugnis, sondern wir haben, wie dies aus der Fülle der oben citierten Beispiele klar geworden sein wird, dieselbe bei Griechen und Römern zu suchen, in deren Ländern unter-

---

[1]) Friedr. Delitzsch: Wo lag das Paradies? Leipzig 1881 hält den Euphrat für den biblischen Strom in Eden, welcher nordwärts von Babylon durch zahllose nach dem Tigris hinüberführende Rinnsale mit diesem gleichsam zu einem Strome verschmilzt. In den sich vom Euphrat abzweigenden Kanälen: Pallakopas und Schatt en-Nil sieht er den Pischon und Gichon. Das ausgebildete Kanalsystem Babyloniens erhob das Land zu beispielloser Fruchtbarkeit und Lieblichkeit und ließ es in den Augen eines Morgenländers paradiesisch erscheinen. — Es kann hier der Ort nicht sein, alle zum Theil höchst wunderlichen Deutungen der Flüsse, wie sie in neuerer Zeit versucht sind, einzeln aufzuführen und wir verweisen deshalb auf Pressel's übersichtliche Zusammenstellung in Herzogs Real-Encykl. für prot. Theologie. XX (1. Aufl.) s. v. Paradies.

[2]) Aus Inschriften von Salmanassar II. (IX. Jahrh. v. Chr.) geht wenigstens hervor, dass die Quellen beider Flüsse nach semitischer Anschauung als besonders weit voneinander entfernt gedacht wurden.

irdische Ströme noch häufiger beobachtet wurden. Sie bildeten die Theorie aus und von ihnen gieng sie auf das Mittelalter über.[1])

Was nun die vier Paradiesflüsse anbelangt, so war man bei zweien derselben bis heutigen Tages niemals im Zweifel gewesen, welche Ströme man in ihnen zu sehen habe. In Chiddekel und Phrat hatte man stets richtig den Tigris und Euphrat wiedererkannt; auch ließ die etymologische Entwicklung der Namen kein Bedenken dagegen aufkommen.[2]) Nicht minder können wir diese Thatsache für das Mittelalter verzeichnen und wir treffen hierin eine seltene Übereinstimmung an. Anders verhielt es sich dagegen mit dem zweiten Strompaar, dem Pischon und Gichon, die heute wie früher die verschiedenartigsten Deutungen sich haben gefallen lassen müssen und infolge dessen für die jedesmalige Lage des Paradieses ausschlaggebend waren.

Wenn wir im folgenden die Ansichten der Alten über jene Flüsse, welche man später in der christlichen Zeit dem vermeintlichen Paradiese entquellen ließ, näher betrachten, so werden wir hierbei zu dem Resultate gelangen, dass die Alten zur Deutung eines unterirdischen Fließens jener Flüsse schon selbst die Veranlassung gegeben.

Über die Quellen des Tigris lagen bei den Alten verschiedene Nachrichten vor. Bald sprach man nur von einer Quelle, bald von mehreren. Herodot berichtet, dass die eine bei den Armeniern, die anderen bei den Matienern ihren Ursprung nehmen.[3]) Strabo hinwiederum lässt nur eine Quelle vom Berge Niphates ausgehen[4]) und so nehmen es auch die Späteren an. Noch schwankender aber sind die Aussagen über den weiteren Lauf des Tigris und indem man auch die in jener Gegend liegenden Seen mit ihm in Verbindung brachte, entstand eine grenzenlose Verwirrung. Strabo lässt ihn in seinem Oberlaufe den See Thospitis oder Arsene seiner ganzen Breite nach durchfließen. Am Ende des Sees fällt er dann in einen Schlund, läuft eine Strecke unter dem Boden fort und kommt in Chalonitis wieder zum Vorschein. Anders dagegen Plinius, der neben dem lacus Thospitis einen zweiten See Arethusa annimmt, zwischen deren beiden sich eine Tauruskette hinziehen soll. Nachdem der Tigris zuerst jenen natronhaltigen Arethusasee durchflossen,

---

[1]) A. Sprenger: Alte Geographie Arabiens. Bern 1875 sagt u. a. p. 50: »Doch ist der Einfall von der Wiedergeburt der Flüsse mit all' ihrer Individualität so originell, dass er schwerlich in mehreren Ländern zugleich entstanden ist. Ich halte ihn für arabischen Ursprungs, weil dort Erscheinungen beobachtet werden, welche dazu einladen.« — Es ist aber durchaus falsch, dass, wenn ähnlich klingende Mythen, die ihren Ursprung in irgend einer Naturerscheinung haben, bei verschiedenen Völkern angetroffen werden, sofort auf gegenseitige Uebertragung bezw. Abhängigkeit mythologischer Gedanken geschlossen wird. Naturerscheinungen sind sich in allen Ländern gleich und können auch gleiche oder doch ähnliche Mythenbildung im Gefolge haben. Nur von diesem Gesichtspunkte aus dürfen wir auch die arabische Sage von 'Ayn alnâqa, der Kameelsquelle im Lande der Ga'ada auffassen, über deren Namen sich die Bewohner von Falag erzählen, dass, als eine Frau auf einem Kameel bei der Quelle vorbeiritt, sich das Kameel mit ihr in die Quelle stürzte und später einiges von ihrem Geschmeide im Flusse Mohallim bei Hagar in Bahrayn zum Vorschein kam. Mit den ähnlich lautenden Sagen der Griechen, — dass Flöten des Marsyas aus dem Mäander in den sikyonischen Asopus geschwommen seien, dass Opferschalen, die bei Olympia in den Alpheus gefallen, in der Arethusa wieder zum Vorschein gekommen und dass diese Quelle trübe wird, wenn man zu Olympia Stiere schlachtet u. s. m. — hat die arabische nicht das geringste zu schaffen.

[2]) Cf. Kiepert: Lehrbuch p. 136. Delitzsch l. c. 169 ff., Herzogs Real-Encykl. s. vv. Tigris und Euphrat.

[3]) Herodot V. 52.

[4]) Strabo XI, 529.

setzt er unter dem Taurus seinen Lauf fort und tritt auf der anderen Seite desselben bei Zoroanda wieder hervor, um bald darauf sich in den Thospitis zu ergießen, den er auch auf unterirdischem Wege verlässt und dann nach 25 Millien bei Nymphaeum wieder hervorsprudelt. Auch Ptolemäus nimmt einen doppelten See an.[1]) Wenn diese vielfach sich widersprechenden Angaben auch nicht gerade aus der Luft gegriffen sind, so lassen sie doch nur bedingungsweise eine Erklärung zu. Nach althergebrachtem Volksglauben entleere sich der See von Wan unterirdisch nach dem Tigris zu und bilde so die unmittelbare Quelle desselben; und in der That scheint dieser Sage ein richtiger Kern zu Grunde zu liegen, wofern die Nachrichten Streckers auf keinem Irrthum beruhen. Derselbe berichtet, dass an der Südseite der den Wan-See südlich begrenzenden Bergzüge einige starke Quellbäche des Tigris sofort mit großer Wassermasse aus dem Gebirge hervorbrechen und für Abflüsse des Sees gehalten werden.[2])

Diese Angaben machen es uns erst erklärlich, wie die mittelalterlichen Exegeten zur Annahme eines unterirdischen Laufes der Paradiesflüsse bestimmt wurden. Dass sie mit den oben dargestellten Quellenverhältnissen des Euphrat und Tigris auf Grund eigener Beobachtungen bekannt waren, kann nicht erwiesen werden und ist auch kaum anzunehmen, wenn wir uns diese beiden Ströme beispielsweise auf der Karte des Andrea Bianco betrachten, wo der gänzliche Mangel einer auch nur annähernden Kenntnis der Richtungsverhältnisse derselben entgegentritt. Auf Autopsie kann also ihr Wissen von dem stellenweise

[1]) Strabo l. c.: φέρεται δὲ δι' αὐτῆς (sc. Ἀρσήνης) ὁ Τίγρις ἀπὸ τῆς κατὰ τὸν Νιφάτην ὀρεινῆς ὁρμηθείς . . . κατὰ δὲ τὸν μυχὸν τῆς λίμνης εἰς βάραθρον ἐμπεσὼν ὁ ποταμὸς καὶ πολὺν τόπον ἐνεχθεὶς ὑπὸ γῆς ἀνατέλλει κατὰ τὴν Χαλωνῖτιν und XVI, 746: διαρρεῖ δ' ὁ Τίγρις τὴν Θωπῖτιν καλουμένην λίμνην κατὰ πλάτος μέσην. περαιωθεὶς δ' ἐπὶ θάτερον χεῖλος κατὰ γῆς δύεται μετὰ πολλοῦ ψόφου καὶ ἀναφυσημάτων. ἐπὶ πολὺ δ' ἐνεχθεὶς ἀφανὴς ἀνίσχει πάλιν οὐ πολὺ ἄπωθεν τῆς Γορδυαίας. — Plin. h. n. VI, 27, 31: Influit in lacum Arethusam . . . transvectusque occurrente Tauro monte in specu mergitur; supterque lapsus a latere altero eius erumpit. Locus vocatur Zoroanda. Eundem esse manifestum est, quod demersa perfert. Alterum deinde transit lacum, qui Thospites appellatur: rursusque in cuniculos mergitur, et post XXV mill. passuum circa Nymphaeum redditur. Cf. Ammian. XXIII, 6. Justin. XLII, 3, 9. Seneca qu. nat. III, 26. VI, 8. Dion. Perieg. 989. — Nero Caesar b. schol. Lucani III, 261:

Quique perratam subductus Persida Tigris
Deserit, et longo terrarum tractus hiatu
Reddit quaesitas iam non quaerentibus undas.

Der Name Ἀρσήνη (bei Ptol. Ἀρσίσσα), welcher auch noch dem lacus Thospites (bei Strab. Θωπῖτις, handschriftlich Θωνῖτις) beigelegt wird, scheint sich nur auf den nordöstlichen meerbusenartigen Theil des Sees bezogen zu haben, welcher als gesondert angesehen zur Annahme eines zweiten Sees Veranlassung gegeben hat. — Wilhelm Strecker: Ueber die wahrscheinliche ältere Form des Wan-Sees, in Zeitschrift der Gesellschaft für Erdkunde. Berlin IV (1869) p. 550 vermuthet, dass der Thospites und der Arsissa ursprünglich getrennt waren, infolge des stetigen Steigens des Wan-Sees aber im Laufe der Zeit in Verbindung traten, in dem das Wasser die frühere Landverbindung überstieg. Dagegen weist H. Kiepert nach, dass hier nur ein Fehler des Ptolemaeus vorliege, welcher die beiden Seen in älteren Quellen vielleicht schon vorfand und die allein dem Wan-See zugehörenden Ortsnamen auf beide Seen vertheilte.

[2]) Es geht die Sage, dass das Wasser des Sees einst durch ein sichtbares Loch in den Bergen am Südrande abfloss: Hirten von den Nomadenstämmen hätten dasselbe, neugierig zu erfahren, was nachher geschehen würde, verstopft und nach mehreren Tagen an denselben Platz zurückgekehrt das Loch nicht wiederfinden können, weil es schon unter Wasser gesetzt gewesen, das nun seitdem immer steige. Strecker l. c. 551. — In der That sollen Bergspalten an der Südseite den Abfluss des Sees wahrscheinlich machen.

stattfindenden Verschwinden des Tigris schwerlich beruhen und so bliebe nur die Überlieferung der Alten übrig.

Der Massiliote Cl. Marius Victor († 450) gibt in seiner poetischen Übertragung der Genesis auch eine Beschreibung von dem Oberlaufe des Tigris:

Tertius hinc rapido percurrens gurgite Tigris
It comes Euphrati iuncta quos mole ruentes
Tellus victa cavo sorbet patefacta baratro,
Donec in Armeniae saltus ac Media Tempe,
Quos non sustinuit, nec iam capit evomat amnes.
Sed Tigris, nigro tamquam indignatus Averno,
Prosilit aethereas motu maiore sub auras,
Et rursus speluca subit, mersusque cavernis
Intus agit fremitus et fortior obite factus
Multiplicatur aquis, atroque citatior antro
Exit, et Assyrios celeri secat agmine campos.[1])

Dass ihm für diese Stelle ein antiker Bericht vorgelegen, ist aus jedem Worte zu erkennen. Allerdings — und das ist das einzig auffallende — hat er von den Seen keine Notiz genommen. Aber dasselbe beobachten wir auch bei Epiphanius, welcher den Tigris aus einer Assyrien gegenüberliegenden Gegend kommen lässt, die er auf unterirdischem Wege verlässt, um dann zwischen den Ländern der Kardiäer und Armenier wieder ans Tageslicht zu treten und hierauf Assyrien zu durcheilen. Dasselbe berichtet er vom Euphrat.[2])

Nicht minder hatte sich im späteren Mittelalter ein Nachklang von diesen Vermuthungen erhalten. So bei Albertus Magnus: *Tigris etiam ipse de monte Caucaso nascitur et est quasi violenta eius nativitas: natus enim aestivis temporibus sub humo de superioribus Aethiopiae videtur currere: et hoc probat cespitis viriditas in loco cursus sui, cum alibi sint arida loca: et ideo latere videtur ibi et subito oritur: propter quod ortus eius non certe comprehenditur, eo quod de obscuritate terrae promat.*[3])

Ja auch Roger Baco hatte sich von solchen Überlieferungen beeinflussen lassen. Nach Plinius berichtet er wörtlich den eigenthümlichen Lauf des Tigris und seine Vereinigung mit dem Euphrat und schließt aus den Angaben des Boëthius (*de consolatione V.*) und des Sallust, nach denen Euphrat und Tigris aus einer Quelle entständen, dass dies sich nur auf die Paradiesquelle beziehen könne. — Brunetto Latini und Petrus de Alliaco citieren dieselbe Stelle des Sallust, die wir übrigens bereits bei Isidor finden.[4]) Latini beschreibt den weiteren Lauf des Tigris nach Plinius folgendermaßen: *Tigris .... tant que il trueve Moutor*

[1]) Cl. M. Victor. comment in Genes. Migne s. l. t. 61, 944.

[2]) Epiphan. Migne s. gr. 89. 541: Τρίτος δὲ Τίγρις ὁ πορευόμενος κατέναντι τῶν Ἀσσυρίων, καὶ διατέμνων τὰ μέρη τῆς Ἀνατολῆς, καὶ δύνων ὑπὸ τὴν γῆν, ἀνίσχει ἀπὸ τῆς Ἀρμενίας κατὰ μέσον Καρδιαίων καὶ Ἀρμενίων καὶ ἀναπηγάζει πάλιν καὶ διατέμνεται εἰς τὴν τῶν Ἀσσυρίων.

[3]) Alb. Magn. de nat locor. Jammy V, 285.

[4]) Rog. Baco, Op. mai. Jebb p. 210. — Brun. Latini, Tresor 156: issent en Hermenie de une meisme fontaine. — Petrus de All. imag. mund. c. 56. fol. 35: Sallustius autem auctor certissimus asserit Tigrim et Eufratem uno fonte manare in Armenia qui per diversa euntes longius dividuntur spatio medio relicto multorum milium. Ex quo Hieronymus advertit aliter de Paradisi fluminibus intelligendum. Sciendum est enim eos sic ex Paradiso exoriri ut intelligatur eos inde a terra absorptos postea variis in locis exire. — Isid. Hispal. Origg. c. XXXI. Arev. IV. 135.

(mons Taurus) à l'encontre; lors entre desoz terre et ist de l'autre part à Zomonde (Zoroanda), puis s'en entre desouz terre et court dedanz tant que il apert en la terre de Jubeniens (= Adiabener) et des Arabiens.

Mit dem Euphrat hatte es bei den Alten eine ähnliche Bewandtnis. Wenn sich auch die Angaben hierüber mehr auf den Unterlauf als auf die Quelle beziehen, so trugen sie dennoch im Verein mit jenem Sallustcitat zu dem Glauben bei, dass auch bei der Euphratquelle jener mysteriöse Ursprung anzunehmen sei. So lag aus dem Alterthum jene schon einmal erwähnte Nachricht des Plinius vor, dass die Araber einen Fluss ihres Landes für den wiederaufgetauchten Euphrat halten, in welchem Sprenger den Chârid vermuthet, welchen die Karawanen, die den Weihrauch nach Norden brachten, überschreiten mussten.[1]) Hiermit ist eine Angabe des Erathosthenes zu vergleichen, welche bei Strabo allerdings stark entstellt ist, indem nämlich der Euphrat mit den arabischen Sumpfseen (Sirbonis lac.) oder wie dies wahrscheinlich zu emendieren ist, mit dem todten Meere in unterirdischer Verbindung stehen sollte. Zu einer solchen Schlussfolgerung kann Eratosthenes nach Bergers Vermuthung nur durch die Thatsache geführt sein, dass am Euphrat und im todten Meere Asphalt gewonnen wurde.[2]) Auch später noch tritt eine ähnliche Sage auf, wonach der Euphrat sogar mit dem Nil in Ägypten zusammenhänge, wenn es bei Philostratus heisst: Ἐπεὶ δέ φασιν ἐς ἕλος ἀφανίζεσθαι τὸ πολὺ τοῦ Εὐφράτου καὶ τελευτᾶν τὸν ποταμὸν τοῦτον ἐν τῇ γῇ. λόγου δ'ἔνιοι θρασυτέρου ἅπτονται, φάσκοντες αὐτὸν ὑπὸ τῇ γῇ ῥέοντα ἐς Αἴγυπτον ἀναφαίνεσθαι καὶ Νείλῳ ξυγκεράννυσθαι.[3])

Der Euphrat wird von den mittelalterlichen Exegeten und Kosmographen stets in Verbindung mit dem Tigris behandelt. Auf Grund jener Salluststelle galt ihr gemeinsamer Ursprung für erwiesen.

Wie nun über den Euphrat und Tigris bei den Alten mannigfache Gerüchte ihres Verschwindens in der Erde im Umlauf waren, welche die mittelalterlichen Gelehrten bestärken mussten, wenn nicht überhaupt veranlassten, auch bei ihren Paradiesflüssen eine gleiche Erscheinung hinsichtlich ihrer weit entlegenen Quellen zu vermuthen, so war dies beim Nil nicht weniger der Fall und die Frage nach der Lage der Nilquellen war ein ungelöstes Problem geblieben und schon sprichwörtlich geworden, indem man mit „*Nili caput quaerere*" ein aussichtsloses Unternehmen zu bezeichnen pflegte. Aus jener oben citierten Philostratusstelle ersehen wir, dass man Nil und Euphrat als e i n e n Fluss zu erweisen suchte. Wurde auch der Zusammenhang beider in dieser Weise von den mittelalterlichen Autoren nicht acceptiert (ich habe wenigstens keine Belegstelle gefunden, doch kann eine Kenntnis jener Sage vom Euphrat sehr wohl vorhanden gewesen sein, wie es bei der nächstfolgenden Sage vom Indus der Fall war) so trug sie doch jedenfalls zur Bestätigung der biblischen Behauptung bei, dass Nil und Euphrat in inniger Beziehung zu einander stehen, dass beide dieselbe Quelle haben. — Vom Nil und Indus wurde dasselbe gefabelt. Als Alexander der Große im Hydaspes Krokodile sah und am Akesines ägyptische Bohnen, so glaubte er die Quellen des Nil gefunden zu haben und beabsichtigte einen Zug nach Ägypten zu unternehmen.[4]) Diese Hypothese kann nicht eine bloße „Privatansicht" Alexanders gewesen sein, wie

[1]) Plin. VI, 28. Sprenger: Alte Geographie Arabiens p. 50.
[2]) Strabo. XVI, 741. Berger, geographische Fragmente d. Erat p. 266 f.
[3]) Philostr. Apoll. Tyan. I, 20. Cf. Kalkmann: Pausan. p. 85.
[4]) Strabo XV, 696, cf. Arrian. Anab. VI, 1, 2.

Delitzsch meint, wir haben vielmehr mit Berger anzunehmen, dass eine bekannte geographische Unterlage Alexander zu diesem Ausspruch veranlasste, wobei sein Lehrer Aristoteles mitgewirkt zu haben scheint.[1])

Noch im Mittelalter nahm man diese Angabe für bare Münze und der byzantinische Geschichtschreiber Prokop von Caesarea berichtet gleichfalls, dass der Nil aus Indien nach Ägypten läuft. Auch Gregor von Tours deutet etwas ähnliches an, wenn er den Nil von O herkommen lässt.[2]) — Wie sehr man aber bestrebt war mit dem Nil unterirdische Flussläufe zu verbinden, zeigt sich ferner darin, dass man den Inopus für einen Ausfluss des Nil zu halten pflegte, indem dieser unter der Erde weiterfließen und unter dem Namen Inopus wieder hervortreten sollte.[3]) Dass man aber die Nilquellen stets in ein mystisches Dunkel zu hüllen gewohnt war, finden wir noch bei Albertus Magnus: *Nilus autem qui est fluvius Meridionalis, currit de sub monte qui vocatur Buris: non tamen oritur in ipso, quia sicut dicitur in cosmographia in exordio suo Nilus de secretioribus promit.*[4])

Weniger lässt sich beim Ganges, den man gemeinhin für den Phison der Bibel hielt, ein unterirdisches Fließen nachweisen und zwar wohl nur deshalb, weil dieser den Alten zu sehr aus den Augen gerückt war, als dass er in ihren Liedern und Sagen hätte eine Rolle spielen können. Auch den Ganges ließ man aus unbekannten Quellen kommen, wie Dicuil nach Solin 52, 6. 7 citiert.[5]) Im übrigen aber wurde ein unterirdischer Verlauf demselben ohne zwingenden Grund und mehr nur wegen Analogie mit den drei anderen Flüssen zugesprochen. Dass man gerade ihn als den biblischen Phison ansah, hat seinen Grund in den näheren Bezeichnungen von Genes. II, 11. 12. Der Phison, sagt Epiphanius, wird bei den Indern und Äthiopen Ganges genannt. Die Bewohner von Evilat sind ihm die innersten Inder (ἐσώτατοι Ἰνδοί). Er fließt durch das große Äthiopien und mündet im SW außerhalb Gades in den großen Ocean, welcher die ganze Erde umgibt. (διαπερᾷ δὲ τὴν μεγάλην Αἰθιοπίαν, καὶ πίπτει πρὸς νότον καὶ δύσιν, ἔξωθεν [τ]ῶν Γαδείρων, εἰς τὸν μέγαν Ὠκεανὸν τὸν κυκλοῦντα πᾶσαν τὴν γῆν.) Überhaupt folgte der Annahme, dass Geon der Nil und Phison der Ganges sein müsse, die Mehrzahl der Exegeten.[6]) Etwas befremdender mag es erscheinen, dass einzelne Exegeten, und zwar besonders die syrischen vielmehr in der Donau jenen Phison wiedererkennen wollten. Es lässt sich dieses einzig und allein nur verstehen, wenn wir auf das hinweisen, was wir weiter unten über die Beziehungen der mittelalterlichen Paradiesfrage zur griechischen Hyperboreersage auseinandersetzen werden. Man entnahm dieser allerlei charakteristische Züge und verwob sie in die Paradieserzählung. Auch die Donau ist ein solches Requisitstück. Ganz abgesehen davon, dass man ihre Quellen tief in Gebirgen verborgen und

---

[1]) Delitzsch: Wo lag das Paradies? p. 22. Berger l. c. p. 50.

[2]) Prokop. de aedificiis V, 1, Bonn. Ausg. III. 331: Νεῖλος μὲν ἐξ Ἰνδῶν ἐπ' Αἴγυπτον φέρεσθαι. — bell. Gothic. IV, 6. t. II, 481. — Greg. Touron. ante dictus vero fluvius (Nilus) ab Oriente veniens ad occidentalem plagam versusque ad Rubrum mare vadit.

[3]) Kallimach. Hymn. in Del. 206 ff.

[4]) Alb. Magn. Meteor. l. II. tr. 2 c. 7. p. 47.

[5]) Dicuil l. c. p. 31.

[6]) Epiphan. 89. 539. Johan. Damasc. 94, 904. Augustin Eucher. Lugdun. 50, 907. Isid. Origg. Arev. IV, 134. Zonaras. Annales ed. Pinder Bonn. Ausg. 1841 p. 22. Rupert. Tuitiens. Opp. Paris 1638 comm. in Genes. II, 39 p. 31. etc. etc.

völlig unbekannt dachte, hielt man sie sogar für einen Fluss des Hyperboreerlandes selbst und ließ sie direkt von den Rhipäen ausgehen.[1])

Wie wir aus allen unseren bisherigen Betrachtungen ersehen, so lagen im Mittelalter unzweifelhaft Nachrichten der Alten über subterrestrische Flussläufe vor. Dieselben fanden Anwendung auf die vier Paradiesflüsse, wobei außerdem sehr wahrscheinlich ist, dass bei drei derselben (Euphrat, Tigris, Nil) ein stellenweise stattfindender unterirdischer Lauf auf Grund antiker Sagen direkt Nachahmung fand, aber auf die Quellen jener Flüsse selbst beschränkt wurde. Für das spätere Mittelalter lässt sich dies mit Sicherheit nachweisen; Albertus Magnus, Baco, Petrus de Alliaco citieren wörtlich darauf bezügliche Stellen aus Sallust, Seneca, Plinius u. a. m. Aber auch das frühere Mittelalter muss zweifelsohne Kenntnis davon gehabt haben. Bei Basilius und Gregor von Nyssa finden wir Lehrmeinungen des Aristoteles, in dessen Meteorologie (I, 13) auch jener unterirdischen Flusssysteme gedacht wird. Beim Ravennaten findet sich sogar ein direktes Zeugnis hierfür, wenn dieser den eigenartigen Ursprung der Paradiesflüsse seinen Lesern durch das Alpheios-Arethusawunder glaublich zu machen sucht. Er, der beschränkte buchstabengläubige Mönch nahm nicht Abstand, einen obscuren griechischen Mythus für beweiskräftig zu halten.[2])

2. Quellenlehre.

Im innigsten Anschluss an die Lehre von den unterirdischen Wasseradern haben wir hier die verschiedenartigen Theorien zu betrachten, welche die Entstehung der Flussquellen zum Gegenstande haben. Freilich wird sich auch hier wieder zeigen, wie neben selbstständigen Beobachtungen die Tradition ihre bemerkenswerthe Rolle spielt, so dass sie für die Ausbildung des Systems immer Ausschlag gebend blieb und so kommt es, dass neben leidlich verständigen, theilweise sogar sehr richtigen Darstellungen des Sachverhalts doch auch wieder mittelalterliche Monstrositäten der plumpesten Art uns entgegentreten.

Jeder Fluss nimmt seinen Ursprung in einer oder mehreren Quellen, die in gebirgigen Gegenden liegen, durchrinnt das Land nach tiefer liegenden Stellen zu und wird in seinem Laufe allmählich verstärkt theils durch Nebenflüsse, die ähnlich wie der Hauptstrom entstehen, theils direkt durch atmosphärische Niederschläge; das so in der einen Hauptader vereinigte Wasser wird dann dem Weltmeere zugeführt. Dies war der einfache Thatbestand, wie er sich jedem unbefangenen Beobachter ergab, wenngleich das Mittelalter auch hier Ausnahmen zu verzeichnen hat; so scheut sich Kosmas beispielsweise nicht, die Flüsse ganz munter bergauf fließen zu lassen.

Die Schwierigkeiten begannen aber, als man Beziehungen zwischen Quelle und Weltmeer herzustellen suchte und zwar hatte die Bibel hierzu selbst Veranlassung gegeben. Beim Prediger Salomo I, 7 heißt es:

---

[1]) Dass die Donau aus verborgenen Quellen hervorsprudelt, siehe bei Senec. qu. nat. IV, 1. Ausonius epigr. IV. — Pindar. Olymp. od. III. Schol. Apoll. Rhod. IV. 284. 286. Cf. Berger, wiss. Erdkunde p. 81 Erat. p. 346.

[2]) Ravenn. p. 16: . . . illis respondetur quomodo legimus de fonte Arethusa. illud vero quod in sacra scriptura insertum est et eius similia, quod ex alio fonte de alia insula mare per medium aquae cursum dat, quod multis modis probatum est et quia omni modo hoc ab omnipotenti potest fieri domino.

»Alle Wasser laufen ins Meer, noch wird das Meer nicht voller; an den Ort, da sie herfließen, fließen sie wieder hin.« Es war für mittelalterliche Begriffe ein sehr berechtigter Schluss, dass das Meer bei stetigem Zufluss der Ströme schließlich einmal überlaufen müsste, wenn nicht auf irgend eine Weise ein Ausweg geschaffen wäre und was dementsprechend die Quellen betraf, die das Flusswasser lieferten, so war hier das Umgekehrte der Fall, sie hätten sich im Laufe der Zeit erschöpfen müssen. Wenn es auch den Exegeten nicht schwer gefallen wäre, die Quellen als unerschöpflich und das Meer als nicht füllbar sich zu denken, so hatte ihnen die Bibel eine andere Erklärung schon an die Hand gegeben, indem sie die Flüsse an ihren Ursprungsort zurückkehren liess und so den Zuwachs, den das Meer erhalten hätte, wieder ausglich durch Entziehung einer quantitativ gleichen Menge Wassers, welches zur Speisung der Quellen diente. — Der unveränderte Stand des Meeres war jedenfalls auch für die Bibel der Grund zur Annahme einer rücklaufenden Bewegung der Flüsse zur Quelle hin gewesen. Über die Art und Weise aber, wie dieser Rücklauf stattfindet, sagt sie nicht das mindeste aus und in Folge dessen hatte das Mittelalter in der Vervollständigung dieser Lehre ein Feld seiner Spekulationen und Phantasmagorien gefunden. Die Erklärungen fielen daher äußerst mannigfach aus und neben vieler Willkür, welche hierbei zu Tage trat, war hinwiederum die eigene Erfindungsgabe zu gering, so dass Anlehnungen an das Alterthum allenthalben zu treffen sind.

In dem stetigen Ausgleich von Meer und Quelle durch Zufluss und Abfluss war von vornherein der Kreislauf des gesammten Wassers auf der Erde zum Ausdruck gebracht und alle jene Quellenhypothesen drehten sich wesentlich um den einen Punkt zwischen Meer und Quelle die Verbindung herzustellen, das fehlende Glied zwischen beiden in die Kette einzufügen.

Die Alten hatten das Vorhandensein submariner Flussläufe behauptet und dadurch die Flüsse unter sich in Zusammenhang gebracht. Aber das Mittelalter hatte diese Lehre nur in soweit acceptiert, als sich ihre Verwendung bei den Paradiesflüssen durchaus nöthig machte. Allerdings hätte auch durch sie der Kreislauf des Wassers hergestellt werden können und vermuthlich hat selbst die Bibel den Rücklauf der Flüsse nicht anders gedacht wissen wollen; aber dass ein Fluss nach seinem Eintritt ins Meer mit seiner gesammten Wassermasse als Quelle eines anderen wieder hervorsprudeln sollte, konnte auf die Dauer nicht befriedigen, zumal da jede Quelle als dünne Wasserader und nie als ein breiter Strom hervortritt.

Es wurden auch von vornherein alle jene Theorien zurückgewiesen, welche in unterirdischen Seen die unerschöpflichen Reservoire zur Bildung aller Flüsse der Erde sahen. Denn diese Seen, sagt Gregor von Nyssa, müssten sich erschöpfen, wenn kein neuer Zufluss stattfände. Außer diesen Seen aber noch andere annehmen zu wollen, welche einander speisen, würde ins unendliche führen.[1]) Selbst die Alten scheinen an dieser Auffassung nicht viel Gefallen gefunden zu haben, wie die geringe Verbreitung zeigt. Aus Senecas Bericht hierüber erfahren wir, dass man entsprechend dem großen Ocean der Erdoberfläche einen unterirdischen Ocean annahm, der natürlich größer sein musste als jener,

[1]) Gregor. Nyc. 44, 112.

wenn er der Ursprung aller Flüsse sein sollte. [1]) Noch Albertus Magnus hielt es für nothwendig, diese Annahme zu widerlegen: denn die Erdoberfläche sei dem Areal nach kleiner als der Ocean; ein innerer Hohlraum der Erde müsste daher trotz aller seiner Größe doch immer noch kleiner sein als ihre Oberfläche und das Vorhandensein eines Oceans im Innern der Erde, der noch größer ist als derjenige an der Oberfläche ist somit völlig ausgeschlossen. [2])

Die Lösung der Frage wurde daher auf einem anderen, allerdings nicht weniger künstlichen Wege versucht.

Wir hatten bei Besprechung der Elementenlehre gesehen, dass Wasser und Erde das Bestreben haben, sich gegenseitig auszustoßen; aber wegen der ihnen beiden gemeinsamen Eigenschaft der Kälte zeigen sie dennoch einen inneren Zusammenhang, eine gewisse Verwandtschaft. Wenn Feuchtigkeit und Kälte wesentlich dem Wasser eigenthümlich sind, Kälte aber auch der Erde, so folgert Gregor von Nyssa hieraus, dass einerseits das Wasser in der Erde, anderseits die Erde im Wasser enthalten sein müsse (καὶ τὸ ὕδωρ ἐν τῇ γῇ ἐστι, καὶ ἡ γῆ ἐν τῷ ὕδατι); die größte Verwandtschaft mit der Kälte zeigt aber das Wasser. Hierhinter verbirgt sich jener aristotelische Gedanke, wonach ein jedes Element zwar zwei Eigenschaften aufweist, aber von diesen beiden die eine die Grundbestimmung bildet. Aristoteles sah für das Feuer die Wärme als bestimmend an, für die Erde die Trockenheit, für das Wasser hingegen nicht die Feuchtigkeit, wie man erwarten sollte, sondern die Kälte. [3]) So auch im Anschluss an ihn Gregor von Nyssa, wenn er sagt: ἡ ψυχρότης . . . . . . πλείονι δὲ μοίρᾳ τῷ ὑγρῷ προςῳκείωται. [4]) Durch diesen Satz ist seiner Erdphysik eine bestimmte Richtung vorgezeichnet, die ihn nothwendigerweise zu der Behauptung führen musste, dass die Erde in der Tiefe nicht progressiv an Wärme zunähme bis zu einem innersten Feuerkerne hin, sondern im Gegentheil, dass das Erdreich je weiter von der Oberfläche entfernt auch desto kälter werden müsse und je kälter es ist, desto mehr für die Bildung von Wasser geeignet sei. Als Beweis fügt er nur noch hinzu, dass man bei dem Graben eines Brunnen zuerst auf schlammiges Erdreich stößt und erst mit weiterem Vorgehen in die Tiefe (εἶτα πρὸς τὸ μᾶλλον κατεψυγμένον διὰ τοῦ βάθους χωρήσαντες) schließlich auf Wasser trifft, welches anfangs noch trübe, bei gehöriger Tiefe aber im festen Gestein an Klarheit gewinnt, indem hier der Stein trotz aller Dichtigkeit von feinen Äderchen durchzogen ist, durch die das Wasser hindurch sickert. Über diese rein äußerliche Betrachtung kommt er aber nicht hinaus und wir verstehen daher nicht, wie der eigentliche Process der Umwandlung aus Erde in Wasser in den Anfangspunkten jener Äderchen von ihm gedacht ist. An einer anderen Stelle tritt seine oberflächliche Beobachtungsweise noch deutlicher hervor, indem er den feuchten Niederschlag an metallischen Gegenständen für ein Produkt des Metalles selbst hält, trotzdem ihm und seinen Zeit-

---

[1]) Seneca, qu. nat. III. 8: . . . sic interiora terrarum abundare aquis dulcibus, nec minus illas stagnare, quam apud nos Oceanum et sinus eius, immo eo latius quo plus terra in altum patet. Cf. Plat. Phaed. p. 111. Hippocrat. de nat. puer. c. 8.

[2]) Albert. Magn. Meteor II, 2 Jammy II, 48: quod enim ibi aquae ita late stagnent sicut apud nos Oceanum, ex hoc falsum probatur: quia totius terrae circulus exterior minor est aqua Oceani; sed interior concavitas terrae minor incomparabiliter quam exterior circulus terrae: cum ergo non possint stagnare in concavitate aliqua, non possint ita late stagnare sicut Oceanus.

[3]) Arist. gener. et corr. II, 3, 331. Cf. Zeller: Philos. d. Gr.[3] II, 2 p. 444.

[4]) Greg. Nyc. 44, 109.

genossen der Vorgang bei Bildung der Wolken und ihre Zurückverwandlung in Regentropfen sehr wohl bekannt war. Wenn an Salz, Metall u. dgl., für welche die Trockenheit charakteristisch ist, dennoch eine gewisse Feuchtigkeit zuweilen hervortritt, so zeige sich darin nach seiner Meinung gerade, wie Trockenes in Feuchtes umgesetzt werde. Nicht weniger gezwungen ist die Erklärung des umgekehrten Vorganges, der Verwandlung des Wassers in Erde, worauf wir bei der Meteorologie zu sprechen kommen werden. Jedenfalls gibt die Kälte — und bei dieser Behauptung bleibt er stehen — zur Genesis des Wassers den hauptsächlichsten Impuls, denn dies zeige auch die Thatsache, dass die nördlichen kalten Gegenden der Erde (τοὺς πρὸς ἀρκτῴους τῶν τόπων καὶ μᾶλλον κατεψυγμένους) an Wasser Überfluss haben. Denn auch die sonnigen südlichen Regionen würden wasserreich sein, wenn das Fehlen der Kälte dem Entstehen der Feuchtigkeit nicht hinderlich wäre.[1])

Dieselbe Ansicht treffen wir auch bei Johannes Philoponos an, nach dessen Meinung gleichfalls das feste und trockene in Flüssigkeit übergeht (χεόμενα πρὸς ὑγρόν). Es ist derselbe Process sagt er, wie wenn Speise in Blut übergeht und dieses in Nerven und Knochen. Auch Wilhelm von Conches scheint an jener Stelle, wo er über die Sammlung des Brunnenwassers spricht, mit dem sudor terrae nichts anderes gemeint zu haben.[2])

Auffallend ist nur, dass Albertus für diese Theorie nicht mehr Interesse gezeigt hat, obwohl er sie anführt und neben anderen Faktoren zur Quellenbildung für richtig bestehen lässt. Diesmal ist nicht Aristoteles, sondern Seneca der Hauptvertreter dieser Ansicht, wenn auch jener sie schon erwähnt. So finden wir bei Aristoteles eine Angabe, welche den Kern jener Lehre enthält, wonach wasserhaltiger Dampf in der Erde sich in Folge der daselbst herrschenden Kälte in Wassertropfen niederschlägt in ganz ähnlicher Weise wie die Regentropfen auf der Erde. Aber hier macht die wasserhaltige Beschaffenheit des Dampfes selbst wieder eine Erklärung nöthig und diese Schwierigkeit umgeht Seneca, indem er in jedem der vier Elemente ein Partikelchen der übrigen Elemente latent vorhanden sein lässt. So enthält die Erde als Element auch einen Bruchtheil Wasser und Luft und gerade dieser Umstand bewirke es, dass die Umwandlung des ganzen Theiles Erde in Wasser bezw. Luft leichter von statten gehe.[3])

Nur so kann auch jene oben erwähnte Ansicht des Nysseners verstanden werden, wenn dieser jedem trockenen Körper a priori einen Grad von Feuchtigkeit inne wohnen lässt und dasselbe besagt auch der Ausspruch des Philoponos, wenn dieser das Wort γῆ von einem Verbum γῶ = »enthalten, in sich fassen« ableiten will, da die Erde nicht bloß

[1]) Greg. Nyc. 44, 108: ὧν ξηρότης μέν ἐστι τὸ ἰδίωμα. εἰ δέ τις αὐτῶν νοτία καθίκοιτο, ἰκμαλέοι γίνονται, καὶ πρὸς τὴν ὑγρὰν ποιότητα τὸ ἐν αὐτοῖς ξηρὸν μεταβάλλουσιν.

[2]) Guilelm. phil. et astr. p. 63: Cum enim terra aliquid humoris contineat et si perforata sit, descendunt guttae aquae ad modum sudoris hominis, inde est aqua putei.

[3]) Arist. Meteor I, 13, 9. Zur Erklärung sei noch hinzugefügt: Aristoteles nimmt eine doppelte Evaporation der Erde an, indem die eine ἀναθυμίασις mehr dem Dampfe, die andere mehr dem trocknen Hauche der Luft ähnelt. Der Dampf entsteht aus der Feuchtigkeit in und auf der Erde, die luftförmige Evaporation aber aus Erde selbst, welche trocken ist. Meteor. I, 4, 2. — Seneca qu. n. III, 10: Et aera et aquam facit terra: sed non magis umquam sine aqua est, quam sine aere. Et ideo facilior invicem transitus est, quia illis, in quae transeundum est, iam mixta est.

Thiere und Pflanzen, sondern auch die übrigen Elemente einschließe.[1]) Was Gregor Reisch mit jenen vapores meint, die sich im Innern der Erde an den Wänden der Höhlungen niederschlagen, so lässt sich nicht erkennen, ob er sich der vorgenannten Ansicht anschloss, oder wie Aristoteles für die Dämpfe den Wassergehalt voraussetzte.[2])

Der Kreislauf des Wassers vollzog sich nun nach dieser Lehre folgendermaßen. Jeder einzelne Tropfen des Flusswassers, der in das Meer rann, machte hier eine Metamorphose durch und schlug sich auf den Meeresboden nieder — oder er wurde von der Sonne absorbiert, in der Luft dann zu einem kleinen Erdstäubchen ausgetrocknet und setzte sich auf der Erdoberfläche wieder ab. Was also die Erde in Folge der Production des Quellwassers an eigener Masse im Innern verlor, wurde ihr wieder ersetzt durch Ablagerung von außen her, und so kam die geforderte Circulation des Wassers durch Vermittlung einer stetigen Auflösung und wieder erfolgenden Verdichtung der erdigen Bestandtheile zu Stande. Daher, setzt Gregor von Nyssa hinzu, können sich die Flüsse nicht erschöpfen, da beständig Erde in Wasser verwandelt wird. Aber auch die Größe und Masse der Erde (ὄγκος τῆς γῆς) leidet darunter nicht, da sich immer neue Erde aus der Austrocknung der Dämpfe bildet. — Wenn sich diese Theorie auch das ganze Mittelalter hindurch erhalten hatte, so hat sie doch nie eine dominierende Stellung eingenommen und man duldete sie eigentlich mehr nur neben den anderen, als dass man sie für ausreichend erachtet hätte. Hat doch selbst Gregor von Nyssa, der sich sehr eingehend mit ihr befasst, der Quellenbildung auf meteorischem Wege den Vorzug gegeben.

Die beiden anderen Theorien, denen wir uns nunmehr zuwenden wollen, haben mit der vorigen das eine gemein, dass das vom Meere aufgenommene Flusswasser gleichfalls einen doppelten Weg einschlägt, um zur Erde zurückzugelangen, nur dass diesmal das Wasser nach Erreichung der letzteren ohne jeden elementaren Wechsel einzugehen sogleich durch dieselbe bis zur Quelle hindurchsickert. Ein Theil des Wassers nämlich nimmt seinen Weg durch die Luft und fällt als Regen nieder, ein anderer Theil wird direkt aus dem Ocean vom Lande aufgesogen. Zwischen diesen beiden Erklärungsweisen schwankte man, indem man der einen oder der anderen den Vorzug gab, meistens auch beide zugleich annahm und sie nicht selten mit jener vorherbesprochenen in Verbindung brachte, so dass man also in der Bildung einer Quelle die Resultante vieler Vorgänge sah.

Dass man die Quellen unmittelbar mit dem Ocean in Verbindung brachte, wurde wesentlich begünstigt durch die Lehre von unterirdischen Flussläufen und hatte man sich einmal für diese erklärt, so war auch ein weitverzweigtes, bis zu den feinsten Capillarspalten ausgebildetes Kanalsystem nichts besonders auffälliges mehr. Fassen wir aber die Darstellungen, welche hierüber aus dem Mittelalter vorliegen, etwas näher ins Auge.

Basilius berichtet uns in der 4. Homilie seines Hexaemerons die Thatsache, dass das Wasser des Meeres die Quelle für alle Feuchtigkeit der Erde sei. Er zertheilt sich dann durch verborgene Gänge, wie die lockeren und hohlen Theile des Landes zeigen, in welchen das Wasser

---

[1]) Philop. IV, 10 p. 165.

[2]) Gr. Reisch. l. IX, c. 15, fol. 200.

wie in Röhren rinnt.[1]) Die ganze Erde ist also voll unterirdischer Kanäle (ὅτι ὑπόνομος ἐστιν ἡ γῆ, διὰ πόρων ἀφανῶν ἐκ τῶν ἀρχῶν τῆς θαλάσσης ὑπονοστοῦντος τοῦ ὕδατος.[2]) Johannes Damascenus vergleicht diese Kanäle mit Adern, die das Wasser des Meeres den Quellen zuführen und Ambrosius hebt die für das Land segensreiche Wirksamkeit des Meeres hervor, weil dieses das Land mit der erforderlichen Feuchtigkeit tränkt und in verborgenen Gängen ihm dieselbe zuführt.[3]) Auch Augustin findet nichts befremdendes darin, dass die ganze Erde aus der einen Quelle im Abyssus durch wechselseitiges Hin- und Zurückströmen bewässert wird. Seine darauf bezügliche Betrachtung geht von Genes. II, 6 aus, wo es heißt: eine Quelle ging auf von der Erde (Luther übersetzt Nebel). Diese Quelle sieht er in dem Abyssus selbst, und zwar unterscheidet er hierbei zwischen dem Abyssus, welcher durch das Meer repräsentiert wird und jenem, welcher in den Höhlungen der Erde enthalten ist. Dieser sei jener fons, von dem die Schrift spricht und nicht ohne Grund sei der Singular gesetzt, propter naturae unitatem. Von hier aus vertheilt sich die Feuchtigkeit durch Spalten und Ritzen in das ganze Erdreich.[4]) Isidor lässt das Wasser gleichfalls durch verborgene Gänge zum Abyssus, von wo es ausgegangen, zurückkehren,[5]) und Beda führt die von Brunnengräbern gemachten Beobachtungen an, welche bestätigen, dass die ganze Erde von unsichtbaren Wasseradern durchzogen sei, welche im Meere ihren Anfang nehmen.[6]) Zu vergleichen sind hiermit die Angaben bei Glykas; alle Gewässer, sowohl Quellen wie Brunnen, haben im Meere ihren Ursprung. Denn das dem Meere benachbarte Land ist durchlöchert und unterminiert, als ob es Adern hätte, durch welche es aus dem Meere das Wasser führend die Quellen hervorsprudeln lässt.[7]) Bei den Späteren findet sich dieser Vorgang unendlich oft wieder beschrieben: so bei Rupert von Deutz[8]), Peter

---

[1]) Basil. I, 38: Τοῦτο (ὕδωρ) μὲν ἐν τοῖς ἀφανέσι πόροις διαδιδόμενον, ὡς δηλοῦσιν αἱ σομφώδεις τῶν ἠπείρων καὶ ὕπαντροι, ὑφ' ἃς ἡ ῥοώδης διαυλωνίζουσα θάλασσα . . .

[2]) Basil. t. I. 39.

[3]) Joann. Damasc. 94, 904: Ὅθεν πᾶσα ἡ γῆ διάτρητός ἐστι καὶ ὑπόνομος, ὥσπερ τινὰς φλέβας ἔχουσα, δι' ὧν ἐκ τῆς θαλάσσης δεχομένη τὰ ὕδατα, τὰς πηγὰς ἀνίησι. Ambrosius Hex. III, 5. 14. 177: Bonum igitur mare, quia terras necessario suffulcit humore, quibus per venas quasdam occulte succum quendem haud inutilem subministrat.

[4]) Augustin. de Genes. ad litt. 34. 329: Cur ergo sit incredibile, si ex uno abyssi capite alterna inundatione fluente atque refluente, tunc universa terra rigata est? Quod si ipsius abyssi magnitudinem, ea parte excepta quod mare dicitur et evidenti amplitudine atque amaris fluctibus terras ambit, in ea sola parte, quam reconditis sinibus terra continet, unde se omnes fontes amnesque diversis tractibus venisque distribuunt, et suis quique locis erumpunt, fontem voluit appellare Scriptura, non fontes, propter naturae unitatem: cumque per innumerabiles vias antrorum atque rimarum ascendentem de terra et ubique dispertitis quasi crinibus irrigantem omnem faciem terrae, non continua specie tamquam maris aut stagni, sed sicut videmus ire aquas per alveos fluminum flexusque rivorum, et eorum excessu vicina perfundere: quis non accipiat, nisi qui non contentioso spiritu laborat?

[5]) Isid. Origg. l. XIII. t. IV, 123: . . . per occulta quaedam terrae foramina percolatur, et ad caput omnium fontesque revolutum recurrit. ibid p. 131: Nam omnes aquae sive torrentes per occultas venas ad matricem abyssum revertuntur.

[6]) Beda in libr. Genes VII, p. 12: Nam et fossores puteorum hoc probant, quia tellus omnis per invisibiles venas aquis est repleta manantibus aquae trahunt ex mari principium.

[7]) Glyk. Annal. p. 31: ἡ γὰρ γειτονοῦσα τῇ θαλάσσῃ γῆ διάτρητος etc. im Übrigen nach Joann. Damasc. (s. o.)

[8]) Rupert. Tuit. I. 34 t. I, 12: Sed indesinenter trahens aquas in omnes venas, copiosam fugit abyssi mammam. II, 24 t. I, 29: Siquidem omnes aquae potabiles atque salubres, ubicunque fluant, vel undique appar aut de fonte paradisi per occultos

dem Lombarden [1]), Honorius von Augsburg [2]), Vincenz von Beauvais [3]), Albertus Magnus [4]), Brunetto Latini [5]), Ristoro von Arezzo [6]), Gregor Reisch [7]), Konrad von Megenberg [8]) etc. etc.

Ungleich verbreiteter und allgemein bekannter war die andere Theorie, wonach das durch die Sonnenwärme verdampfte Meerwasser zur Wolke wurde und als Regen niederfiel, um in den Erdboden einzuziehen. Diese Ansicht war so vulgär und überzeugend, dass es kaum nöthig sein wird, die Anhänger derselben einzeln mit Namen zu nennen, zumal da ihr alle Kosmographen ohne Ausnahme huldigten.

Aber auch bei diesen beiden Theorien war der Kreislauf des Wassers — und hierauf kam es zunächst hauptsächlich an — ermöglicht worden, wie bei der ersten. Während aber bei dieser ein elementarer (chemischer) Umsatz nöthig war, gelangte bei jenen ohne einen solchen das Wasser direkt zur Quelle zurück.

Es erübrigt noch den Vorgang etwas näher zu betrachten, der nunmehr eintritt, nachdem das Wasser vom Erdreich wieder aufgenommen: wie nämlich das hier und dort hindurchsickernde Wasser zu einer Quellader vereinigt wird. Denn jene Fälle gehören zu den Seltenheiten, wo, wie Gregor von Nyssa beschreibt, die Regentropfen an der Oberfläche bleiben und zu Gießbächen (ῥεῖθρα) zusammenrinnen, welche dann den Flüssen zueilen. [9]) Die größere Masse sickert in den Erdboden. Hier angekommen lässt sie Albertus Tropfen für Tropfen durch feine Capillarspalten zusammenrinnen. Jene Äderchen münden dann in einen großen Hohlraum *(receptaculum, vorago)* im Innern der Erde. [10]) Auf die

---

meatus originem trahunt, et ex eius dulcedine hoc habent, ut potabiles sive salubres sint . . . Wie die Leber die Quelle des Blutes ist und dieses durch die Adern des Körpers vertheilt ist, sic ille fons universam terram per venas occultas vegetat et in multos redundat fontes et flumina: sed eorum omnium quatuor ista sunt capita, id est principalia flumina.

[1]) Petr. Lombard. Migne 192. 681: cuncta flumina et maria magno mari junguntur.

[2]) Honorius Augustod. Max. Bibl. XX, 972: Hoc (mare) per venas terrae occulto meatu discurrit . . . In seipsum tandem refluit, ut scribitur. Ad locum, unde exeunt flumina revertuntur, ut iterum fluant. Omnia flumina intrant mare (Pred. Salomo I, 7).

[3]) Vincent. Bellov. spec. nat. V, 21. p. 322: Aquas de mari per occultos meatus excipit. Easdemque ad matricem abyssum per apertos rivos ac flumina remittit.

[4]) Alb. Magn. Meteor. l. II. tr. 2. c. 9. p. 49: Principium autem commune omnium aquarum indeficientium est ex mari quod vocatur Amphitrites sive Oceanus.

[5]) Brunetto Lat. p. 114.

[6]) Ristoro, p. 20, 80.

[7]) Greg. Reisch fol. 200: Propter haec quidam flumina aliqua per occultos terrae meatus a mari exire, rursus in alia parte illabi infirmant.

[8]) Konrad v. Megenberg, Buch der Nat. Augburg 1475: Von dem mere fleüsset manig arm in manig stuck des ertreychs . . . Auch fleüsset des meerwassers vil in des ertreychs hölern danon dye grossen See offt und dick kumen und die stillstenden mer, yedoch wiss das nit all schiffreiche wasser von dem aussfluss des mers komen, wann etliche haben iren vorsprung in den gar grossen holen gepirgen do es kalt und velsig ist wann do entschleüst sich der wässerig dunst in wassertropffen der dem ertreych zu gemischt ist von teglichem wetter und von den schneen die durch das iar auff ettlichen gepirgen liegen, und sammeln sich die Tropfen zusammen von eynem hol zu dem andern piss so lang das eyn kleins Bächlin darauss wirdet. Und auss vil bächlin wirdet eyn zemal grosser pach, er wächst so lang und vil das er sucht seine fugsamen ausgang auss dem gepirge. wo er dann aussbricht da wirt eyn vrsprung eins fliessenden wassers oder eines prunnen auff dem perg oder eines Sees auf dem perg.

[9]) Gregor. Nyc. 44, 112.

[10]) Alb. Magn. Meteor. l. II. tr. 2. c. 5. p. 45: sicut congregatur gutta cum gutta ad faciendum paludem vel stagnum, ita congregatur vena cum vena ad implendam vastam

Größe desselben macht er vorzüglich aufmerksam und er setzt ihn in einen besonderen Gegensatz zu den Gewässern an der Erdoberfläche, welche durch Terrainformationen in mehrere Becken geschieden seien, während jenes Receptaculum ein großer umfangreicher Raum ist *(quia superficie terrae separata per parva loca vallium et depressionum et stagnantur et paludantur in eis: sed sub terra receptaculum aquae parvum esse non potest: quia impletur terra premente ipsum: et ideo non est sub terra receptaculum, nisi sit vastum et amplum fortissima habet latera.)* [1] Nach dieser Darstellung gewinnt es den Anschein, als nehme er nur einen einzigen großen Hohlraum an, an einer späteren Stelle spricht er aber von mehreren solchen *(terra est habens multas concavitates.)* [2]

Auch der Herstellung künstlicher Wasserreservoire, der Brunnen gedenkt er bei dieser Gelegenheit. Die durch das ganze Erdreich vertheilten Wasseräderchen werden gezwungen, sich an einem bestimmten Orte zu entleeren, und zwar dadurch, dass man an jener Stelle eine Grube gräbt, wodurch ihnen der Weg abgeschnitten wird, ehe sie zu einem anderen, natürlichen Hohlraum gelangen.

Auch bei Wilhelm von Conches finden wir jene Wasseräderchen beschrieben, welche dieser *Cataractae* (Ausbrüche) nennt und diese ausdrücklich von den eigentlichen Quellen unterscheidet. Im übrigen ist er in Betreff der Sammlung des Brunnenwassers mit Albertus einer Meinung, wenn er es aus jenen Kanälchen herleitet. Zugleich aber spricht er auch von der Erzeugung des Wassers aus trockenen Bestandtheilchen der Erde und hält dieselben für einen wesentlichen Factor zur Brunnen- und Quellenbildung. [3]

Je nach der Größe eines solchen Hohlraumes wird die Wassermasse dementsprechend größer oder kleiner ausfallen und dies hinwiederum bedingt die Länge der Ströme an der Erdoberfläche. Hierbei machte man zugleich die Beobachtung, dass die längsten Ströme auch stets auf den höchsten Gebirgen entspringen, und zwar ist der Grund hierfür darin zu suchen, dass hohe Gebirge auch stets große Höhlungen zeigen, welche das Wasser ansammeln. Das Gegentheil ist der Fall, wenn Flüsse am Fuß der Gebirge oder in der Ebene entspringen, was übrigens nicht häufig vorkommt. [4]

Eine eigene Erklärung aber machte es nöthig, das so im Hohlraum angesammelte Wasser nach oben zum Mundloch der Quelle (ostium fontis) treten zu lassen. Zwar legte die Mehrzahl diesem Vorgange keine

---

voraginem subterraneam, quae efficitur principium fluxus aquae: quia ibi paulatim comprimuntur aquae et congregantur ad invicem et fit ex eis principium materiale cursus fluminum aliquorum.

[1]) Alb. Magn. l. c.

[2]) Alb. Magn. Meteor. l. II. tr. 2. c. 10. p. 49.

[3]) Guilelm. de Conch. phil. et astr. p. 63: Sed de puteis, unde humores habeant dissensio; si enim cataractas ut fontes haberent, et implerentur et discurrerent. Contra quod dicimus: Etsi de cataractis habeant principium, non enim implentur tamen. Contingit cataractam ibi non finiri, sed hinc et illinc esse. Unde ultra transit aqua vero putei et non ebullit sursum. Ubi fons est, finita est Cataracta . . . Nobis videtur, ex utroque sit causa. Quod enim ex Cataractis sit ex hoc probari potest, quod iuxta flumina statim reperitur aqua putei et quod saepe contingit uno puteo, post alterum facto, aquam de primo auferri. Quod vero ex sudore terrae sint, per hoc probatur, quod in siccis et editis locis, aqua putei reperitur.

[4]) Alb. Magn. Meteor. l. II, t. 2, c. 7, p. 46: quia ibi videlicet sub montibus et locis altis sunt vastae concavitates thesauros et copias habentes plurimarum aquarum. Oppositum autem huius causa quare in pedibus montium longe ab ipsis montibus in locis planis non frequenter oriuntur aquae: et si oriuntur, sunt paucae et deficientis fluxus.

Bedeutung bei und ließ das Wasser ohne Schwierigkeit nach oben steigen, um dort abzufließen. Für jeden consequenten Aristoteliker aber war es eine feststehende Thatsache, dass das Wasser wegen seiner relativen Schwere den tiefsten ihm erreichbaren Punkt aufsucht und daher aus jenem Hohlraum nicht so ohne weiteres emporgehoben werden könne, ganz gleichgiltig zunächst, ob das Wasser direkt aus dem Meere oder von den Niederschlägen der Luft herrührt. Wilhelm von Conches scheint eine schwache Ahnung von artesischen Brunnenbildungen gehabt zu haben, wenn er sagt, dass das Wasser in der Tiefe wegen der Dichtigkeit des Erdreiches nicht weiter nach unten dringen könne und so gezwungen werde, wieder nach oben einen Ausweg zu suchen.[1] — Auch schon von anderer Seite her hatte man den hydrostatischen Druck als die causa movens erkannt und wir erinnern hier noch einmal an jene oben ausführlich dargestellte Theorie Brunetto Latinis und Pauls von Burgos, welche den Auftrieb des Wassers bis zu den höchsten Bergspitzen auf den höher liegenden Meeresspiegel zurückführten.

Meist nahm man aber die Sonne zu Hilfe und ließ sie auf das Wasser in der Erde dieselbe Wirkung ausüben, wie auf das Meerwasser. So ist u. a. der Vorgang bei Michael Glykas geschildert. Darnach findet die Anziehung und Ausdampfung aus der Tiefe von Seiten der Sonne sogar bis zum Gipfel des Berges statt, und zwar ist der Berg um so geeigneter zur Anziehung, je schwammiger und aufgelockerter er ist. Das Wasser sickert von allen Seiten zusammen, sammelt sich an einem Ort, durchbricht dort das Erdreich und tritt so mit Gewalt hervor. Die Quelle ist perennierend, weil die Sonne ständig aus der Tiefe die Feuchtigkeit in die Höhe zieht. Er vergleicht diesen Process mit dem Wachsthum der Pflanzen, da auch bei diesen der Saft durch das Medium der Sonne nach oben gezogen wird und so die Blüthe hervortreibt. Auch bei ihm entspringen die größten Flüsse auf den höchsten Gebirgen, wie dies der Kaukasus, Parnass und die Pyrenäen beweisen.[2] Nach seiner Angabe liegen die Hohlräume in gleicher Höhe mit der Öffnung der Quelle und das Wasser hat nur nöthig sich durch Erosion jene Öffnung zu schaffen. Nach der Meinung Anderer aber liegt der Hohlraum tiefer und es ist nun die Frage, wie wird das Wasser zum Austritt aus dem Berge nach oben geführt. Albertus erklärt sich dies in der sehr künstlichen Weise, dass an der Decke der Höhle sich Wasserdampf entwickelt, welcher erwärmt im Stande ist, das am Boden befindliche Wasser zu sich nach oben zu ziehen. (?) Durch eine derartige unausgesetzte Bewegung wird nothwendig im Laufe der Zeit eine Öffnung entstehen, durch welche das Wasser seinen Weg nach unten fortsetzen kann.[3]

---

[1] Guilelmus de Conch. l. c. Inde aqua propter spissitudinem terrae non valens ultra defluere, cogitur sursum ebullire.

[2] Mich. Glyk. Annal. p. 31: αἱ μέγισται μεγάλαι πηγαὶ διὰ τοῦτο καὶ μᾶλλον ἐν ὄρεσι γίνονται, ὅτι μέχρι καὶ αὐτῆς τῆς τοῦ ὄρους γίνεται κορυφῆς ἡ ἀπὸ τοῦ βάθους ὁλκὴ καὶ ἀναθυμίασις. καὶ μᾶλλον εἰ σομφῶδες τύχῃ τὸ ὄρος εἶναι καὶ πρὸς τὴν ὁλκὴν ἐπιτήδειον. εἶτα καταρρέον ἔνθεν κἀκεῖθεν τὸ ὕδωρ, καὶ ἔν τινι τόπῳ συρρυὲν, τὴν γῆν ἐκεῖσε ῥήγνυσι καὶ οὕτω μετὰ βίας ἐξέρχεται. ἀέναος δὲ ἡ πηγὴ, ὅτι καὶ διηνεκὴς ἡ ἀπὸ τοῦ βάθους παρὰ τοῦ ἡλίου ὁλκή.

[3] Alb. Magn. Meteor. l. II. tr. 2. c. 12. p. 50: Modus autem elevationis est iste. Vapor sub terra contentus et reflexus in se ad solidum concavi superius calefacit et calore aquas de subtus attrahit. Itemque in aquis solidis parietibus concavitatis reflexus ebulliendo sicut ventus quidam inclusus elevat sursum et cum continua actione sua ad montis latera necessario aliquando aperiat porum, per illum aqua incipit effluere per devexum loci quod in exteriori parte invenit.

Alle diese Erklärungen zeigen aber, mit wie primitiven Mitteln man arbeitete und wie dieselben mehr aus theoretischen Combinationen als aus wirklichen Beobachtungen hervorgingen. Ebenso gezwungen erklärt sich Albertus auch das Versiegen alter Quellen und das Hervortreten neuer. Es kommt häufig vor, meint er, dass das Wasser erdige Bestandtheile mit sich aus der Tiefe zum Quellenmundloche emporzieht und dieses schließlich verstopft; dadurch bleibt die Quelle aus. Zuweilen aber kann auch durch irgend eine andere Ursache z. B. ein Erdbeben, eine Verwerfung *(casus)* der Hohlgänge eintreten und dann tritt das Wasser an anderen Stellen zu Tage.[1]) Im Anschluss hieran beschreibt er ferner einen eigenartigen Fall, den er selbst in Augenschein genommen und wissenschaftlich untersucht haben will. Derselbe ereignete sich bei der Stadt Lauffen, wo der Neckar drei Stunden lang auf der Strecke von einer Millie so austrocknete, dass die Fische unten auf dem Flussboden abgesetzt wurden, während im Ober- wie im Unterlauf das Wasser unausgesetzt weiter floss, nur nicht an jener erwähnten Stelle. »Ich aber kam sogleich an Ort und Stelle, untersuchte die Terrainverhältnisse und sah, dass der Boden des Flusses selbst festanstehend war und gerade an jenem Punkte zwischen nicht sehr hohen Bergen floss, aber doch hohe Uferböschungen hatte. In Folge des (in der Erde) eingeschlossenen Dampfes hatte sich daselbst der Boden gehoben und war geborsten. Deswegen floss das Wasser von der Erhebung nach den Enden zu ab. Als aber der Dampf ausgestossen war, senkte sich der Boden wieder und der Fluss ging nach wie vor darüber hin.[2])

Die Entstehung heißer Quellen und ihre sanitäre Wirksamkeit war gleichfalls eine viel behandelte Frage, die auch von den Alten schon in verschiedener Weise gelöst war. Bei ihnen nahmen die Quellenwunder einen breiten Raum in Anspruch, deren Spuren sich übrigens bis an das Ende des Mittelalters verfolgen lassen. Noch Alexander Neckam führt dieselben Beispiele auf, wie wir sie bei Plinius und Solinus finden.[3])

Der erste, der im Mittelalter eine genetische Erklärung anstrebte, scheint Basilius gewesen zu sein. Das Quellwasser, sagt er, wird vom Wind in der Erde nach oben getrieben; wenn es nun durch Erdreich fließt, welches reich an Metalladern ist, so nimmt es eine wärmere Beschaffenheit an und kann sogar siedend heiß werden. Er macht sogar schon die Beobachtung, dass solche Quellen meist auf Inseln und an Küstenländern vorkommen. Ähnliches sei auch auf dem Festlande an einigen Orten der Fall, die nahe an Flussufern liegen.[4])

Eine andere Deutung treffen wir bei Johannes von Damascus an, wenn dieser berichtet, dass das Wasser vielfach in enge Röhren eingeschlossen und gepresst, dadurch zugleich erwärmt wird.[5]) Während bei ihm der bloße Druck schon genügt Hitzegrade im Wasser zu erzeugen, nimmt dagegen Isidor noch eine andere Ursache hinzu, welche wir auch bei den Alten schon finden.[6]) Einige Erdstriche sind nämlich reich an

---

[1]) Alb. Magn. l. II, tr. 2, c. 13. p. 51.

[2]) Alb. Magn. l. c.

[3]) Nach Solin. c. 10 ist Isidor. Origg. XIII, 13, p. 112. Alexander Neckam de nat. rer. II, 3 ff., p. 128. Gr. Reisch fol. 201.

[4]) Basil. I. 39: Ἤδη δὲ καὶ θερμοτέρας ἐκ μετάλλων ποιότητος κατὰ τὴν διέξοδον προσλαβοῦσα, ἐκ τῆς αὐτῆς τοῦ κινοῦντος αἰτίας ζέουσα γίνεται, ὡς τὰ πολλά, καὶ πυρώδης. ὅπερ πολλαχοῦ μὲν τῶν νήσων, πολλαχοῦ δὲ τῶν παραλίων τόπων ἔξεστιν ἱστορῆσαι.

[5]) Joann. Damasc. 94. 904: (ὕδωρ) βίᾳ ῥηγνύμενον θερμαίνεται· κἀντεῦθεν τὰ αὐτοφυῆ θερμὰ ἀνάγονται ὕδατα.

[6]) Cf. Senec. III, 24. Vitruv. VIII, 3.

Schwefel und Alaun und wenn das kalte Wasser durch die Röhren fließt, so wird es durch die einfache Berührung mit dem Schwefel schon glühend; nicht aber hat es die heiße Beschaffenheit vom Ursprung der Quellwassersammlung an. Deshalb führt das Wasser auch meist Schwefel- und Alaunbestandtheile mit sich, Stoffe, welche durch die geringste Berührung ins Glühen gebracht werden. [1]) Dieselbe Ansicht hatte Honorius adoptiert. [2])

Während Johannes Philoponos die Wärme der Quellen allein dem unterirdischen [3]) Feuer zuschreibt, will Michael Glykas beide Theorien verbinden, wenn er die Wasserwärme sowohl im feurigen Erdreich, als auch im Drucke und Pressung der Röhren entstanden sieht. [4]) Dass ein unterirdisches Feuer die Ursache zur Entstehung der Thermalquellen abgebe, hatte schon Empedokles und die Mehrzahl der Alten gelehrt. Albertus nennt einen gewissen Milesius, der den Dampf als die Ursache des Hitzegehaltes bezeichnete; die erhitzten Dämpfe sollten das Quellwasser erwärmen. Hierin bestreitet Albert ihn, indem er den Dampf nur für eine lokale Erscheinung ausgibt, der dem Wasser beigemischt sei und mit ihm hinausgeführt wird. Denn sonst würde das warme Wasser zeitweise aufhören zu fließen, was in Wirklichkeit doch nicht der Fall ist. [5]) Andere suchten in der Sonne das erwärmende Element. Die Erde ist in der Tiefe aufgelockert *(rara)* und zeigt nur an der Oberfläche eine harte Schale. Die Sonnenstrahlen dringen nun in die Erde ein und die so eingeführte Hitze sammelt sich daselbst an einem Orte an, welcher eine dichte Oberfläche hat. Dadurch werden nun auch die denselben durchziehenden Gewässer erwärmt und sprudeln als warme Quellen hervor. Albert weist diese Theorie gleichfalls zurück, denn wenn die Sonne die Ursache wäre, so könnten jene Quellen im Sommer zwar warm, müssten aber im Winter kalt sein und dies widerspricht dem offenbaren Thatbestande. [6]) Auch der Ansicht Demokrits kann er nicht beistimmen, wenn dieser im Kalk den Ursprung der Wärme suchte. Denn der Kalk selbst ist nur durch das in der Erde befindliche Feuer oder auch durch die in den Erdboden eindringende Sonnenwärme entstanden, indem diese beiden Factoren die Steine zu Kalk brennen. Der Kalk, in den die so erzeugte Wärme einzieht und latent in demselben eingeschlossen ist, könne aber, meint Albert, auch nur temporär eine Wärmequelle bilden, da er nach einiger Zeit erlischt, während doch die Quelle ständig heißes Wasser ausstößt. [7])

Zum Schluss gibt Albert seine eigene Ansicht. Wie Isidor, so nahm auch er brennende Schwefelminen an, durch die das Wasser in eine erhöhte Temperatur versetzt wird. Dass es gerade Schwefel ist, zeige sich darin, dass das hervorquellende Wasser den Geruch und Geschmack von Schwefel aufweist. Die Entzündung desselben suchte aber auch er in der reibenden Bewegung des Dampfes und in der eindringenden

[1]) Isid. Origg. XIII. 13. p. 123: Quaedam enim terrae sunt, quae multum sulphuris et aluminis habent; itaque cum per venas calentes aqua frigida venit, vicino sulphuris calore contacta excandescit: nec talis ab origine effluit, sed permutatur, dum venit. Sulphur enim alumenque secum ferunt aquae, utramque materiam igne plenam minimisque motibus incalescentem.

[2]) Honorius c. XLVIII. p. 972.

[3]) Joan. Philop. IV, 10, p. 165.

[4]) Mich. Glyk. Annal. p. 31; nach Joann. Damasc. s. o.

[5]) Alb. Magn. de propr. element. p. 325.

[6]) Alb. M. l. c.

[7]) Alb. M. l. c.

Sonnenwärme.[1]) Die auffallende Erscheinung, dass häufig eine warme Quelle neben einer kalten hervorsprudelt, erklärt er dahin, dass zwar die äußeren Quelllöcher dicht nebeneinander liegen, hingegen die inneren Wasserreservoire weit von einander getrennt sind.

Die wärmere Beschaffenheit dieser Quellen zur Winterszeit hat darin seinen Grund, dass im Winter die Poren der Erde durch die Kälte verdichtet (zugefroren) sind und in Folge dessen keine Wärme entweiche. die folglich dem Quellwasser ausschließlich zu Gute kommt. So hatte es Wilhelm von Conches schon angenommen[2]) und später findet es sich auch bei Gregor Reisch noch.[3])

Albertus und die anderen berichten auch noch von anderen Eigenartigkeiten der Flüsse, die zumeist aber auf Nachrichten der Alten beruhen und von ihnen nach scholastischer Manier erklärt wurden. Nur noch eine Erscheinung wollen wir hier erwähnen, deren Erklärung von jeher viel Schwierigkeit gemacht hatte und zur Aufstellung der verschiedenartigsten Deutungen Anlass gab.

Wir hatten oben hervorgehoben, dass man die Länge der Flüsse und ihre Wassermenge in ein bestimmtes Verhältnis zur Höhe der Gebirge, denen sie entquellen, zu setzen pflegte. Bei einigen Flüssen aber traf dies nicht zu; ihre periodisch auftretende übermäßige Wasserfülle musste eine andere Ursache haben. Wenn man Erscheinungen dieser Art am Ganges, am Euphrat und an der Wolga beobachtete,[4]) so war der Nil doch stets der bemerkenswertheste Fall gewesen und ihm hatte man am meisten seine Aufmerksamkeit zugewendet. Die Gründe seiner Inundation sind namentlich seit Heinrich Barths großer tabellarischer Arbeit[5]) bekannt geworden und in den Tropenregen und den Schneeschmelzen auf den Hochgebirgen am Äquator zu suchen.

Über die Zeit der Nilüberschwemmung zeigt sich Anastasius der Sinaite sehr genau unterrichtet. Der Fluss beginnt im Juni zu schwellen und setzt sein Wachsthum im Juli fort. Im August und September hat er Egypten in ein Meer verwandelt und wo man früher pflügte, fährt man dann zu Schiff. Im October und November fängt er an abzunehmen und hat im December und Januar sich allmälich auf sein früheres Bett beschränkt.[6])

---

[1]) Alb. M. l. c.: Dicamus igitur, quod aqua illa currit super mineras sulphuris incensas: et propter id calefit et egreditur calida. Signum autem huiusmodi est, quod odor sulphuris semper invenitur in aqua thermarum et aliquando invenitur etiam in ea sapor sulphuris ex sulphure aquae mixto. Sulphur enim de facili accenditur sub terra vel vapore vel ex motu vaporis terrei . . . vel etiam ex hoc quod comprimitur calor qui impressus est terrae a radiis solis ad unum locum per circumstans frigus: et tunc inflammat mineras in illo loco inventas. — So erklärte es auch Gr. Reisch noch fol. 200.

[2]) Alb. M. l. c. und Guilelm. de Conch. p. 63: . . . pori terrae constringuntur nec potest calor evaporare, qui remanens intus terram calefacit et aquam. In aestate vero poris, superficiei terrae, ex calore apertis, fumus evaporat minuiturque calor: inde ab intus erumpens exit frigida.

[3]) Gr. Reisch, fol. 200.

[4]) Vom Ganges sagt es Dicuil p. 31 nach Solin 52, 6, 7; vom Euphrat Isidor Origg. t. IV, p. 135 nach Plinius. -- Über die Wolga berichtet uns die gleiche Erscheinung Rubruk, der darin ein Analogon zum Nil sehen wollte. Recueil de voyages et de Mémoires publié par la Société de Géogr. Paris 1839. t. IV. 265. Cf. Schmidt: Über Rubruk's Reisen, in „Zeitschrift der Gesellschaft für Erdkunde" zu Berlin 1883. XX, 185.

[5]) Zeitschrift für allgemeine Erdkunde XV, (1863).

[6]) Anast. Sin. 89, 886.

Über die Gründe der Nilschwelle hatten die mittelalterlichen Kosmographen keine anderen Ansichten, als wir sie bei den Alten schon finden.[1])

Die richtige Auffassung, dass sie durch die Tropenregen veranlasst sei, finden wir sogar bei Kosmas. Im Winter bahnen sich viele Flüsse in Folge der zahlreichen Regengüsse zu ihm den Weg. Der Winter der dortigen Gegend aber ist bei uns der Sommer vom Monat Epiphi bis zum Monat Thoth, wie die Egypter sie nennen und drei Monate regnet es dort sehr stark, sodass eine Menge Zuflüsse zum Nil sich bilden.[2])

Am unerklärlichsten war den meisten der Umstand, dass, da die Quellen des Nil in der heißen Zone liegen, die dort erfolgenden Niederschläge nicht sofort von der Hitze wieder aufgesogen wurden. Michael Glykas behauptet daher, dass sich die Regenwolken nicht dort entwickeln, sondern erst von den Winden zur verbrannten Zone hingetrieben werden und sich dort in solcher Menge plötzlich niederschlagen, dass der Nil schon nicht mehr einen flussähnlichen Charakter zeigt. Das Nilwasser ist deshalb süß, weil es vom Regen herrührt, und warm, weil es aus der heißen Zone kommt. Die Annahme, dass der schmelzende Schnee die Überschwemmung veranlasse, widerlegt er folgendermaßen: Der Nil entwickelt keine Winde. Denn der in jenen Gegenden erzeugte Wasserdampf wird durch die gewaltige Hitze, die dort lagert, ganz und gar aufgezehrt; — zu dieser Schlussfolgerung wurde er veranlasst durch die allgemein verbreitete Annahme, dass jeder Wind aus der dampfhaltigen Evaporation der feuchten Erde sich bildet. Wenn daher einige behaupten, dass der Nil vom schmelzenden Schnee anschwölle, so würden von dorther den Nil entlang reichliche Windzüge ausgehen müssen, was doch nicht der Fall ist.[3])

Isidor schloss sich im wesentlichen der herrschenden Meinung an, die wir schon bei Herodot finden, von diesem aber zurückgewiesen war.[4]) Egypten kann wegen der Trockenheit seines Klimas keine Regenwolken entwickeln; es benutzt daher die sommerlichen Überschwemmungen des Nils statt des Regens. Denn vom Monat Mai an treten die Etesien ein, die erst schwach sind, dann immer mehr an Stärke zunehmen und täglich von der 6.—10. Stunde wehen. Die Nilfluthen werden durch sie aufgestaut und vor ihren Mündungen häufen sich Sandbarren an. Die so zurückgeworfenen Wassermassen können keinen anderen Ausweg finden, als dass sie sich über das umliegende Land ergießen. Sobald die Winde dann aufhören, werden auch die Sandbarren wieder durchbrochen und der Fluss kehrt in sein altes Bett zurück.[5])

Beda bringt auszugsweise aus Isidor dasselbe.[6])

[1]) Über die Nilschwelle bei den Alten, vergleiche Berger, wissenschaftliche Erdkunde, p. 104—120.

[2]) Kosmas 88. 100.

[3]) Glyk. Annal. d. 32. 33.

[4]) Berger l. c. p 105 mit Quellennachweisen.

[5]) Isid. nat. rer. c. XLIII p. 71, 72: (Etesiae) nascuntur enim mense Maio, quarum flatus initio languens est, sed per dies augescit. Nam flant ab hora sexta in decimam. Harum igitur flatu resistente undis oppositisque etiam ostiis eius, quibus in mare influit, arenarum cumulis, Nili fluctus intumescunt ac retro reverti coguntur sicque aquae erumpentes propelluntur in austrum, quibus congestis Nilus in Aegyptum erumpit. Quiescentibus quoque etesiis ruptisque arenarum cumulis rursus in suum alveum redit fluvius. — Isidor lässt die Etesien aus W. wehen. — Die Angabe von der Sperrung der Mündung durch Sand beruht gleichfalls auf antiker Ansicht. Lucret. de nat. rer. VI, 725. Pomp. Mela I, 9, 4.

[6]) Beda, nat. rer. c. XLIII, p. 117, 118.

Dicuil beschreibt die Inundation nach Solin 32, 1 ff.[1])

Übergehen wir die Angaben der Übrigen, die sich meist auf bloßes Citieren der einfachen Thatsache beschränken, so ist nur noch die Untersuchung Bacos über diesen Gegenstand besonders bemerkenswerth. Auch er geht hierbei von den Nachrichten der Alten aus und stützt sich vorzüglich auf Seneca und Aristoteles. — Die Überschwemmungen des Nilflusses sind für das Land nur bedingungsweise von Werth. Wenn er seine Ufer nur um 12 Ellen überschreitet, so tritt eine Hungersnoth in Egypten ein, bei 13 Ellen Flusshöhe ist diese überwunden, bei 14 herrscht große Freude, bei 15 Ellen ist man in Sicherheit vor einer Theuerung und bei 16 genießt man das Vergnügen in vollen Zügen. Wenn der Fluss einen noch höheren Wasserstand zeigen sollte, so werden die Einwohner durch den außerordentlichen Wohlstand des Landes zur Schlemmerei verführt; schwillt er noch mehr an, so schadet er geradezu. — Er beginnt zu schwellen am Neumond nach dem Solstitium, wenn die Sonne in das Zeichen des Krebses tritt und hundert Tage später, wenn sie in dem der Waage steht, beginnt er wieder zu fallen.

Hinsichtlich der Gründe für die mit kalendermäßiger Bestimmtheit eintretende Nilschwelle weiß sich Baco nicht endgiltig zu entscheiden und seine Untersuchung läuft eigentlich nur auf eine Kritik der Alten hinaus. Wunderbar ist es, dass die Überschwemmung im Sommer geschieht, wo doch am meisten Wasser von der Sonne aufgesogen wird. Hierin kommt dem Nil nach Aristoteles kein anderer Fluss gleich, nach Plinius nur noch der Euphrat, nach Bacos Meinung außer dem Euphrat noch die Ethilia (Wolga). Die Annahme des Thales, dass jährlich periodisch eintretende Winde die Nilmündungen durch Sandanhäufungen versperren und den Fluss dadurch zum Schwellen bringen, lässt sich sehr einfach aus Aristoteles und Seneca widerlegen. Bei eintretender Überschwemmung beginnt nämlich das Wasser vom Oberlauf aus zu wachsen, die Egypter steigen vor Freude in die Schiffe und fahren dem schwellenden Flusse entgegen. Dies widerspricht aber der Thales'schen Ansicht, nach der das Schwellen vom Unterlaufe aus beginnt und allmälich rückwärts schreitet. Der Philosoph Anaxagoras bringt die wahrscheinlichste Ansicht von allen vor, wenn er die Inundation auf die Schneeschmelze in den äthiopischen Bergen zurückführt *(nivem liquefieri in aestate in montibus Aethiopiae et sic Nilum augmentari)*, gleichwie bei uns auch Rhone, Po, Donau und die Alpenflüsse *ex nivium liquore* wachsen. Hiergegen führen Aristoteles und Seneca eine Anzahl Gründe auf, unter denen die bemerkenswerthesten sind: dass die Schneeschmelze nicht gleichzeitig mit der Nilschwelle eintrete und ferner dass der Nil wächst, wenn gerade der kalte Nordwind weht, während doch der heiße Südwind eher die Schmelze befördern müsste, ganz abgesehen davon, dass nach der Meinung des Aristoteles Schnee in dem heißen Äthiopien überhaupt nicht vorkommen kann. Aristoteles sucht die Ursache vielmehr in den nördlichen Winden, die die Regenwolken nach den Nilquellen hintreiben und dort als Regen niederfallen lassen. Aber auch dieser Annahme gegenüber verhält sich Baco äußerst skeptisch und macht besonders auf den Widerspruch aufmerksam, dass die dortige Gegend wegen allzu großer Hitze unbewohnbar sei und doch sollen daselbst starke Niederschläge erfolgen und noch dazu im Sommer. Überhaupt aber, meint Baco, sind diese Gründe alle hinfällig, denn Faktoren dieser Art (Regen, jährliche Winde etc.) werden auch an anderen Flüssen

[1]) Dicuil. p. 23.

wahrgenommen, aber niemals hat man die Beobachtung gemacht, dass sie hierdurch angeschwollen wären. — Bei dem absoluten Zweifel an der Stichhaltigkeit der Gründe, welche die Alten vorgebracht, bleibt Baco stehen; er konnte über die Schwierigkeit des Problems aus Mangel an Nachrichten nicht hinwegkommen und hat auf eine eigene Deutung Verzicht geleistet.[1])

3. Der Ocean; das Wasser.

Ganz abgesehen von der Frage, ob man dem Erdkörper die Scheiben- oder Kugelgestalt zusprach, hatte man doch stets in den über dem Wasserspiegel hervorragenden Landmassen eine allseitig vom Ocean umgebene, inselförmige Bildung erkennen wollen. Jenseits der Küste lag der undurchdringliche Ocean, über den allerlei Fabeln im Umlauf waren. So finden wir es in der Bibel, so auch bei den Griechen. Die völlige Unkenntnis des die Erde umgebenden poseidonischen Reiches ließ der Phantasie freien Spielraum und so fabelte man alsbald von einem den Erdrand unmittelbar umkreisenden Okeanosflusse. Wurde dieser auch von den Alten schon angezweifelt und schließlich definitiv zurückgewiesen, so hatte sich der Glauben an einen solchen dennoch lange Zeit erhalten und noch im Mittelalter finden wir Spuren davon, indem auch der dem Paradiese entquellende Strom mit ihm in Zusammenhang gebracht wurde und schließlich völlig verschmolz.

Dass der Ocean die bewohnte Erde umschließen musste, war durch die allgemeine Kosmologie bedingt, wie wir sie bei den Syrern fanden. So sahen sie u. a. den Ocean als Grund für die Unerreichbarkeit des Paradieses an. Wollten sie dieses völlig isolieren, so hatten sie hierzu eine continuierliche, in sich geschlossene, sich ringförmig um die Erde legende Okeanosfläche nöthig, welche Paradies und Oikumene von einander schied. Nach Kosmas konnte dieser Ocean unmöglich befahren werden »wegen der Menge der Strömungen und der ausgestoßenen Dämpfe, welche sogar die Strahlen der Sonne verdunkeln, und wegen der weiten unermesslichen Ausdehnung.[2]) Auch Ephräm kann nicht Worte genug finden, die gewaltige Größe des Meeres zu schildern, »welches die ganze Erde umgibt, und in welchem sich kein lebendes Wesen befindet und über welches auch kein Vogel fliegen kann, weil, gleichwie eine Mauer um die Stadt gezogen ist, so auch dieses die Erde umgibt«.[3]) Ebenso spricht Theodoret von dem sehr großen Meere, welches, um den Erdrand herum, einige Atlantisches Meer, andere aber Okeanos nennen.[4]) Der den Syrern geistesverwandte Pseudo-Cäsarius folgt ihnen auch in diesem Punkte und in der 63. Apokrisis spricht er sich dahin aus, dass der Ocean ringförmig die Erde umgibt, »wie dies bis auf den heutigen Tag noch feststeht«.[5]) Bei dem Damascener treffen wir die gleiche Annahme und er identificiert geradezu den Okeanos mit jenem Fluss, von dem die Bibel sagt (Gen. II, 10): Ein Fluss ging aus von Eden.[6]) Nur Johannes Philoponos widersetzt sich dieser Ansicht

---

[1]) Rog. Baco, op. mai. Jebb. p. 202 ff.

[2]) Kosmas 88, 85: ἀδυνάτου ὑπάρχοντος τοῦ Ὠκεανοῦ πλέεσθαι διὰ τὸ πλῆθος τῶν ῥευμάτων, καὶ τῶν ἀναδιδομένων ἀτμῶν, καὶ ἀμβλυνόντων τὰς ἀκτῖνας τοῦ ἡλίου καὶ τῷ πολλὰ διαστήματα ἔχειν.

[3]) Ephräm. opp. syr. t. I, p. 121.

[4]) Theodoret. Cyren. 80, 93: Ἔξωθεν δὲ πάλιν ἐπίκειται τὸ μέγιστον πέλαγος, ὃ τινὲς μὲν Ἀτλαντικόν, τινὲς δὲ Ὠκεανὸν ὀνομάζουσιν.

[5]) Caesar. 38, 932.

[6]) Joann. Damasc. 94, 904.

eines die Erde umgebenden Oceans. »Einige von den Geographen meinten, dass der Ocean im Kreis um die ganze Erde herumläuft und sie gleichsam als Insel in seinen Golf umschließt. Sie wurden dazu verleitet, wie Aristoteles sagt, weil sie das homerische Lied nicht richtig verstanden, welches die Sonne sich aus dem Ocean erheben und in ihm wieder untergehen lässt.« Den Grund hierfür sieht er in der Unmöglichkeit einer Wasserverbindung des westlichen und östlichen Meeres im Süden Libyens. »Auf Grund einer unsinnigen Angabe aber vermutheten einige, dass der Ocean im Süden mit dem erythräischen Meer sich vereinige (Ὑπώπτευσαν δέ τινες ἐξ ἀλόγου φήμης, ὅτι κατὰ τὸ νότιον ὁ ὠκεανὸς τῇ ἐρυθρᾷ ἐπιμίγνυται). Denn sie sagen, dass einige Seefahrer auf dem Verbindungsmeer (κατὰ περίστασιν) in das rothe Meer gelangt seien, was offenbar falsch ist. Denn so würde sich der Ocean durch das ganze Libyen und die verbrannte Zone (κεκαυμένη ζώνη) selbst hinziehen, diese zu passieren wäre aber für Seefahrer wegen der großen Hitze (ἐκπύρωσις) unmöglich. Aber es wäre auch nöthig, dass der Nil durch die verbrannte Zone hindurch aus den jenseitigen Gegenden käme und in den Ocean sich ergösse. Denn einige sagen, dass er im gegenüberliegenden Lande (ἐκ τῆς ἀντοικουμένης) seinen Ursprung habe und bis zu uns hinabsteigt.« Aus der Unmöglichkeit, dass der Nil erst den südlichen Ocean durchströmen müsse, um dann wieder auf dem Lande seinen Lauf fortsetzen zu können, weist er die Existenz einer continuierlichen Wasserverbindung im Süden der Oikumene und damit die Annahme eines kreisförmigen Oceans zurück.[1])

Bei den Abendländern war der rings umgebende Ocean ebenfalls eine feststehende Thatsache geworden, die keines Beweises mehr bedurfte. Ambrosius[2]), Augustin[3]), Isidor[4]) und die übrigen Compilatoren, sowie die byzantinischen Annalisten finden in dem unermesslichen Okeanos etwas ganz selbstverständliches.

Es lag in der Natur der Sache, wenn man diesen Ocean mit allen Requisiten des Schreckens, wie Nebel, Finsternis, Seeungeheuern ausstattete. Dass man ihm eine unergründliche Tiefe gab, war bei der regen Phantasie nichts auffallendes mehr. Die Annahme des Fabianus (bei Plinius), dass das tiefste Meer nur 15 Stadien tief sei, bestreitet daher Dicuil, indem er es in Frage stellt, ob Fabianus auch die Tiefe des ganzen Oceans gemessen habe.[5])

Andere hinwiederum wie Glykas finden die Annahme eines unermesslich tiefen Oceans übertrieben. Während die Menschen unglaubliche Dinge in Erfahrung zu bringen suchen, wie die Entfernung des Mondes und der Sonne von der Erde, »schämen sie sich nicht, die Tiefe des Meeres nicht zu kennen, wo sie doch eine Lothschnur herablassen können«.[6])

Einen Fortschritt gegenüber der einfachen Leine sehen wir in dem Vorschlag, welchen später Nicolaus von Cues zum Messen von Meerestiefen macht, indem er ein Bathometer beschreibt, das jedenfalls zeigt, dass Nicolaus die Unzulänglichkeit der einfachen Lothschnur bei bedeutenderen Meerestiefen gekannt haben muss. Die fragliche Stelle

---

[1]) Philopon. IV, 5, p. 152 f.
[2]) Ambrosius. III. 3. 14, 174.
[3]) Augustin. de civ. Dei l. XVI. c. 9.
[4]) Isidor. Origg. l. XIII. t. IV, p. 124: Oceanum et graeci et latini ideo nominant, quod in circuli modo ambiat orbem.
[5]) Dicuil p. 76. — Cf. Plinius II, 223.
[6]) Glyk. Annal. p. 40, 41.

lautet: *Cum plumbo fieret, formato ad instar lunae octo dierum: ita tamen, quod cornu unum sit ponderosius et aliud levius et in leviori pomum aut aliud leve tali instrumento appendatur, quod plumbo in fundum pomum trahente et primo cum ponderosiori parte terram tangente et se sic successive inclinante: pomum de cornu liberatum, sursum revertatur, habita scientia, per simile plumbum et pomum in aliqua aqua notae profunditatis. Nam ex diversitate ponderum aquae ex clepsydra, a tempore projectionis plumbi et reversionis pomi in diversis aquis scitur quaesitum.* Diese uns durch keine Zeichnung näher erläuterte Stelle glaube ich folgendermassen interpretieren zu müssen: Ein gebogener Körper von der Gestalt einer Mondsichel ist an dem einen Horn aus Blei fabriciert, während dagegen das andere Horn aus bedeutend leichterem Material besteht. Diesen so geformten Gegenstand denke man sich in der Mitte an der Lothleine befestigt. Er wird sich wegen des nach unten ziehenden Bleigewichtes nothwendig senkrecht stellen. Hängt man an dem anderen Horne einen leichten (im Wasser schwimmenden) Körper, etwa eine Frucht *(pomum)* an einer Schlinge auf und senkt man diesen ganzen Apparat in das zu messende Wasser, so wird die Frucht wegen ihrer Schwimmkraft das Bestreben zeigen nach oben zu gelangen.

Sobald nun der Apparat und zwar zuerst das bleierne Horn desselben unten auf dem Meeresboden aufstößt, wird sich die Mondsichel wagerecht stellen, dadurch zugleich aber auch das als Haken dienende andere Horn die Schlinge mit der Frucht loslassen und diese kehrt zur Oberfläche zurück. Die Zeit nun, die die Frucht zum Untersinken und Wiederauftauchen braucht, lässt auf die Tiefe des Meeres schließen. Denn aus Versuchen, die man vorher mit demselben Apparat an Gewässern von schon bekannter Tiefe gemacht, kennt man das Verhältnis das zwischen der Tiefe und der Zeit des Unter- und Auftauchens der Frucht besteht. Es lässt sich also die Tiefe auch jedes anderen Gewässers, bei dem die Zeit des Unter- und Auftauchens der Frucht ermittelt ist, als 4. Glied einer Proportion berechnen.[1])

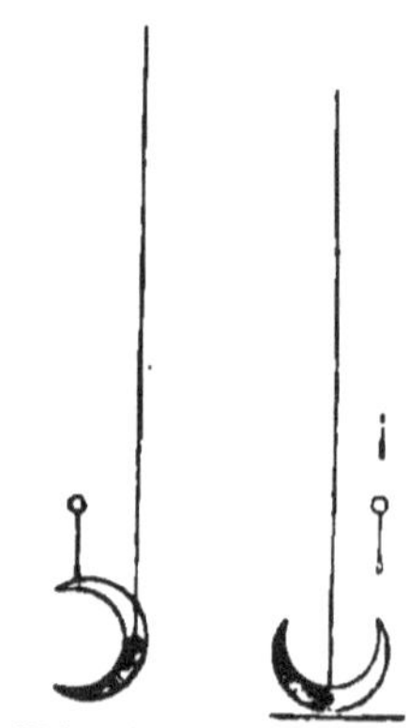

Während des Sinkens — Nach Erreichung des Bodens

Über die Wildheit und Unermesslichkeit des Oceans wurde im Mittelalter viel gefabelt.[2]) Man erging sich in den übertriebensten Erzählungen von Abenteuern, welche Seefahrer zu bestehen hatten, die weiter in den Ocean hinaussteuern wollten. Zumeist beschränkte man sich auf die Küstenfahrt und so kamen natürlich jene Erscheinungen, welche allein der offene Ocean aufweist, nicht zur Kenntnis, fehlen deshalb also auch in den Schriften der mittelalterlichen Physiker.

Wenn Kosmas unter seinen Reiseerlebnissen u. a. auch berichtet, dass an der Mündungsstelle des Persischen Meerbusens in den Ocean

[1]) Nicolai de Cusa cardinalis Idiotae, de staticis experimentis lib. IV. Basel 1565. p. 177.

[2]) Isidor. nat. rer. p. 69: Oceani autem magnitudo incomparabilis et intransmeabilis latitudo perhibetur, quod etiam Clemens discipulus apostolorum visus est indicare cum dicit: Oceanus intransmeabilis est hominibus et hique ultra eum sunt mundi. Philosophi autem aiunt quod post oceanum terra nulla sit sed solo denso aere nubium contineatur mare sicut et terra subterius, ideo et Lucanus V. 623 ff.

eine ungewöhnlich große Welle hervorgebracht wird, und zwar in der Weise, dass die Fluthen reißend aus dem Busen in den Ocean hineinziehen und sogar Schiffe mit ergreifen,[1]) so ist dies wohl nur eine eigene Erfindung des Kosmas, die er anderen Erscheinungen analog nachgebildet hat, wie sie etwa der Euripus und die Charybdis zeigen, von denen die Alten so viel Aufhebens machten und die auch im Mittelalter viel Erwähnung fanden.[2])

Was die Stromerscheinungen in kleineren Gewässern und Binnenseen anbetraf, so führte man diese gewöhnlich auf den Wind als treibenden Factor zurück.[3])

Es lässt sich denken, dass in einer Zeit, wo alle Objekte der Natur nur einer äußerlichen sinnfälligen Beobachtung unterzogen wurden, von einer qualitativen Analyse des Wassers keine Rede sein konnte. Hierzu kam noch, dass in der aristotelischen Elementenlehre das Wasser selbst als einfacher Körper galt und dass dadurch von vornherein jede Gelegenheit zu weiterem Nachdenken abgeschnitten war. Man unterschied das Wasser allenfalls nach seiner T e m p e r a t u r (kalt und warm), nach seiner F a r b e (klar, trübe, schlammig) und nach seinem G e s c h m a c k (süß, salzig, bitter etc.); weiter verstieg man sich aber nicht. Indessen diese drei Qualitätsunterschiede wurden viel behandelt und besonders die verschiedene Geschmacksbeschaffenheit des Wassers war bis zum Ausgang des Mittelalters ein mit großer Vorliebe erörtertes Problem. Der Unterschied zwischen den süßen Gewässern des Festlandes und den salzigen des Meeres musste zu Erklärungsversuchen anregen.

Beda scheint überhaupt nur diese beiden Arten des Wassers anzunehmen. *Aquarum duplici natura formantur et reformantur omnia quae cernuntur in terra. Nam salsae in mari convenientes mortalibus fructus nutriunt in terris et aere dulces aptius alendis fructibus sitique sedandae congruunt.*[4]) Während er die anderen Gattungen als unwesentlich übergeht, hatte dagegen Isidor eine größere Zahl anzunehmen für nöthig erachtet, indem er außer dem Süß- und Salzwasser auch noch Natron-, Alaun-, Schwefel-, Erdpech haltiges Wasser und schließlich Heilquellen unterschied.[5]) Es herrschte hierin aber viel Willkür und die Verzeichnisse wunderbarer Quellen aus dem Alterthum trugen nicht zum wenigsten zur Vermehrung der Wassersorten bei, wie sich dies bei Anastasius zeigt.[6]) Eine ziemlich vollständige Tabelle merkwürdiger Quellen, Flüsse und Seen findet sich bei Isidor, der sich hierbei wesentlich auf Plinius, Solinus und Vitruv stützt[7]) und im späteren Mittelalter bei Alexander Neckam.[8])

---

[1]) Kosmas 88, 88.

[2]) Über den Euripus z. B. Ambrosius IV, 7. 14, 216. Über Scylla und Charybdis Isidor. nat. rer. p. 78 und öfter.

[3]) Ambros. III, 2. 14. 172: . . . vel hoc concedant potuisse inmisso vento aquas currere, quod quotidie videmus in mari, ut inde aquae currant, unde flaverit ventus. — Augustin. De Genesi ad lit. lib. imperfectus. 34, 225: . . . illud certe apertissimum puto, quod aquam ventus movet et nonnulla terrena.

[4]) Beda. nat. rer. p. 116.

[5]) Isidor. Origg. XIII, c. 13, p. 121: Aquarum naturae multa est diversitas: aliae enim salis, aliae nitri, aliae aluminis, aliae sulphuris, aliae bituminis, aliae curam morborum adhibentes.

[6]) Anastas. 89, 879: Aqua genitalis, ut Aegyptia aqua multos generans . . . Aqua quae adiri non potest; ut Ammoniaca . . Aqua amara. Aqua accedens ad saporem bituminis, aqua perimens, ut quae est in desertis Aethiopiae: aqua calida et salubris.

[7]) Isid. Origg. l. c. 121 ff.

[8]) Neckam, nat. rer. II, c. 1, 2, p. 128 ff.

Betrachten wir aber zunächst die Ansichten etwas näher, die über die Ursache des Salzgehaltes des Meerwassers herrschten.

Man ging von der Annahme aus, dass anfangs, als das Wasser die Erde vollständig bedeckte, der Salzgehalt noch nicht vorhanden gewesen sein könne, denn, so meint Ephräm, obgleich die Gewässer als Abyssus auf der Erdoberfläche standen, so waren sie doch noch keine Meere und erst als die Meeresbecken sich gebildet und somit das Wasser zum Abfließen in dieselben gezwungen war, wurden die nunmehr gebildeten Meere salzig. Der teleologische Grund sei in der eigenartigen Beschaffenheit des Salzes zu suchen, welches einer Fäulnis des stehenden Meereswassers vorbeugen sollte.[1]) Ebenso sagt Anastasius, dass das Wasser anfangs süß gewesen und dass erst im Laufe der Zeit der Salzgehalt sich eingestellt hätte.[2]) Johannes von Damascus, welcher alles Wasser, auch das Meer, aus der Paradiesquelle herleitet, will den Grund des Salzgehaltes in der Stagnation sehen.[3])

Eine andere Schwierigkeit aber stellte sich entgegen, als es galt den Grund für die Umwandlung des salzigen Meereswassers zu erklären, welches verdunstet, auf meteorischem Wege zu süßem Regenwasser wurde und so das Material für Quellen und Flüsse liefert. Wir hatten oben beim Kreislauf des Wassers die elementare Feuchtigkeit kennen gelernt, wonach in jedem Atom Wasser ein Partikel trockener Bestandtheile enthalten sein soll. Eine ebensolche Scheidung wurde mit dem Meerwasser vorgenommen, und zwar mit mehr Berechtigung. — Ein Tropfen salzigen Meerwassers wird durch die Sonne aufgesogen und in die Höhe entführt; aber das, was hier entführt wird, sind auch nur die reineren und leichteren Bestandtheile jenes Tropfens, während die schweren, trockenen Theile, das Salz, als Residuum im Meere zurückbleibt. Hieraus zog man sehr richtig den Schluss, dass das Gewicht des Salzwassers größer sein müsse als das des Süßwassers und dass sich infolge dessen jenes unter diesem lagert. Schon verhältnismäßig früh finden wir die Kenntnis dieser Thatsache vor, wobei allerdings dahingestellt bleiben muss, ob sie auf wirklichen Beobachtungen beruht.

Ephräm sagt, dass bei der Sintfluth, wo die Meere schon mit Salzwasser vorhanden waren, dass letztere sich dennoch nicht mit dem darüber befindlichen süßen Sintfluthwasser vermischte, sondern unten liegen blieb.[4])

Deutlicher spricht sich Beda über diesen Punkt aus, wenn es bei ihm heißt: *marinis autem aquis dulces superfundi, utpote leviores, ipsas vero ut gravioris naturae magis sustinere superfusas*[5]) und *summam aequorum aquam dulciorem esse profunda.*[6]) Honorius berichtet wesentlich dasselbe. *Salsa maris (aqua) est gravior, dulcis fontium et fluminum est levior .... Suprema maris unda non est adeo amara quam ea, quae in imo est posita.*[7])

Albert der Große kommt zu demselben Resultate, dass salziges Wasser dichter und schwerer ist als süßes Wasser und führt für die Dichtigkeit des Salzwassers zwei Experimente an. Eine in Salzwasser

[1]) Ephraem. I. 10.
[2]) Anast. 89, 888. Diese Stelle citiert Glyk. p. 30.
[3]) Joann. Damasc. 94, 904: Οὗτος (ποταμός) χορηγεῖ τὸ ὕδωρ ταῖς θαλάσσαις, ὅπερ ἐν ταῖς θαλάσσαις χρονίζον καὶ ἑστὼς ἀκίνητον, πικρὸν γίνεται.
[4]) Ephraem. I. 10 E. 8.
[5]) Beda, nat. rer. p. 117.
[6]) Beda l. c.
[7]) Honor. c. XLVIII. Max. Bibl. XX, p. 972 und c. XLV, p. 972 (nach Beda.)

gelegte hohle Wachskugel wird nach Verlauf einiger Zeit durch die Poren des Wachses sich mit Wasser vollgesogen haben, welches aber infolge der Durchseihung süß geworden ist. Ferner ein frisch gelegtes Ei wird in einem mit Salz gesättigtem Wasser oben schwimmen, im süssen dagegen untertauchen.[1]

Noch eine andere Eigenschaft aber legte man dem Salzwasser bei, nämlich die, dass das Salz in demselben die Fähigkeit besäße, die Süßwasserbestandtheile aufzuzehren. Schon Gregor von Nyssa hob hervor, dass dem Salze die Trockenheit eigen sei und dass dasselbe daher eine dementsprechende Wirkung auf seine Umgebung ausübe, indem es alle feineren Theile des Wassers gleichsam austrockne. Da nun das Salz in dem ganzen Weltmeer sich vorfindet, so wird es auch in jedem Theile des Meeres gleichmäßig (ὁμοίως) wirksam sein.[2]

Beide Lehrmeinungen nun, nämlich:

1. Dass die Süßwasserbestandtheile zum Theil von der Sonnenhitze aufgesogen und

2. zum Theil durch die eigenartige Wirksamkeit des Salzes in nichts aufgelöst werden, wurden als die gemeinsame Ursache angesehen, dass das Meer, welches alltäglich durch eine Unzahl von Flüssen gespeist wird, dennoch nicht überfließt. Hierzu fügte man, wie wir oben gesehen, als weitere Ursache hinzu:

3. dass ein Theil des Meerwassers in die Erde sickert und infolge der Durchseihung durch das Erdreich ausgesüßt zu den Quellen zurückgelangt, von denen es einst ausgegangen.

Diese drei Momente sah man als die Ursache des stetig sich gleichbleibenden Niveaus des Meeresspiegels an und das ganze Mittelalter behielt dieselben bei. Es hat den Anschein, bemerkt der Nyssener, dass das Meer immer in denselben Grenzen verbleibt. Denn einerseits bringen die in das Meer mündenden Gewässer allerdings eine Vermehrung hervor, anderseits jedoch wird dieses Plus wieder von der Hitze aufgesogen, welche gleich wie ein Schröpfkopf (σικύα) functioniert. Indessen findet in den binnenländischen und nördlichen Gegenden dies Gesetz keine Anwendung, da dort das Meer nicht erwärmt wird und folglich auch keine Absorbierung stattfindet. Und zwar aus zweierlei Gründen. Erstens gibt es nur ein zusammenhängendes Meer; wenn nun die südlichen Gegenden von andauernder Hitze getroffen werden und durch die Verdunstung ein Sinken des Meeresspiegels an dieser Stelle die Folge ist, so findet auch in den kalten Gegenden eine Verminderung der Wassermassen statt, da das Wasser das Bestreben hat, die Differenz wieder auszugleichen.[3]

Sodann aber übt zugleich auch das Salz die oben erwähnte Wirkung aus. Dieselbe Annahme treffen wir auch schon bei Clemens Romanus an, in dessen Recognitiones;[4] diese Stelle citiert Isidor und fügt ihr die übrigen Gründe bei.[5] Die Ursache des Salzgehaltes gibt er nach dem Hexaemeron des Ambrosius: *Mare ipsum ideo ferunt ipsi (veteres) salsam atque amaram aquam habere, quod ea, quae fluviis in freta influat, calore absumatur tantumque rapore diurno consumi, quantum*

[1] Albert. Magn. Meteor. l. II, tr. 3. c. 10, p. 64.
[2] Greg. Nyc. 44, 99.
[3] Greg. Nyc. l. c.
[4] Clemens Rom. Recogn. VIII, 24: Sed dicis mihi, salsa aqua naturaliter consumit fluentum dulce, quod ei fuerit infusum.
[5] Isid. Origg. XIII, 14 und nat. rer. p. 70.

quotidie ex diversis fluviorum cursibus invehatur. Quod ex solis quadam diiudicatione fieri perhibetur, qui quod purum ac leve est, rapit, quod grave atque terrenum relinquit: ex quo remanet salsum illud atque aridum quod sine usu ac suavitate potandi sunt.[1]) Die drei Ursachen des gleichen Meeresstandes bringt auch Beda und die Salzbildung erklärt er ebenfalls durch Aufsaugen der feineren Wassertheilchen durch die Sonne.[2]) In kurzem Resumé stellt Michael Glykas die Thatsachen zusammen: »Wegen der rauchigen Evaporation (καπνώδης ἀναθυμίασις), welche dem Meere innewohnt und es gleichsam ausbrennt und ausdörrt und ihm eine salzige Beschaffenheit verleiht, wird das Salzwasser als Überbleibsel zurückgelassen (ὥσπερ τι περίττωμα τὸ ἁλμυρὸν ὕδωρ ὑφίσταται). Auch das Flusswasser müsste, wenn es austrocknet und verdampft, eine salzige Beschaffenheit zeigen, aber die fortwährende Bewegung gestattet dieses nicht. Das Meer dagegen, das in dem ausgehöhlten Raume stagniert und verbleibt, ist leicht zur Salzbildung bereit.« — »Denn die Sonne bewirkt die Ausathmung des Meeres und zieht das süßere Wasser zu sich in die Luft, das salzigere und schwerere aber lässt sie unten. Die Untersuchung lehrt, dass das Meerwasser dichter ist als das Flusswasser (ὅτι δὲ παχύτερόν ἐστι τὸ θαλάττιον ὕδωρ τῶν ποταμίων ὑδάτων, αὐτὸ τὸ πρᾶγμα παρίστησιν). Denn schwer belastete Schiffe können in Flüssen nicht fahren, im Meere aber werden diese leicht vorwärts gebracht wegen der darunter liegenden Dichtigkeit.«[3])

Unter den der späteren Zeit Angehörigen ist ferner Wilhelm von Conches zu nennen, der dem Wasser einen von Natur faden Geschmack zuschreibt. Auch er sieht in der Hitze den einzigen Grund für die Salzhaltigkeit; da das Meer theilweise der heißen Zone angehört, so wird es durch die Hitze verdichtet und dadurch salzig. »Denn es ist bekannt, dass Wasser durch Aufsieden in Salz übergeht.«[4])

Alexander Neckam schließt sich ihm an. Nach Aristoteles seien alle Gewässer *indifferentes secundum speciem*, ob sie nun süß oder salzig sind. Jedes Wasser ist von Natur fade und unschmackhaft *(est enim omnis aqua naturaliter insipida)*. Den Salzgehalt führt er gleichfalls auf die Hitze der Sonne und Planeten zurück.[5])

Albertus huldigt im wesentlichen derselben Ansicht, wenn er auch den Erzeugungsprocess etwas complicierter darstellt, indem er die beiden aristotelischen Dampfarten (den kalten feuchten und kalten trockenen Dampf) mit hineinbringt. Jener bildet sich an der Oberfläche des Meeres, dieser dagegen am Meeresboden durch Einfluss der Sonne und Sterne. Der wässerige Dampf als der leichtere und feinere steigt in die Luft, der trockene Dampf bleibt im Meere zurück und vertheilt sich durch dasselbe. Gleich wie im menschlichen Körper die gehaltvollen Bestandtheile der Speise aufgesogen und den Gliedern zur Ernährung zugeführt werden, die grobe unverdauliche Masse aber zurückbleibt, so bleibt auch der gröbere erdige Dampf im Meere zurück. Durch die hin-

---

[1]) Ambros. II, 3. 14, 164 — Isid. nat. rer. p. 71: Cur mare amaras habeat aquas.

[2]) Beda, nat. rer. p. 117: Mare idcirco dicunt salsum permanere, tot fluminibus ac pluviis irrigatum, quod exhausto a sole dulci tenuique liquore, quem facillime trahit vis ignea, omnis asperior crassiorque linquatur.

[3]) Glyk. Ann. p. 30.

[4]) Guilelm. de Conch. p. 62: Naturalis sapor aquae insipidus est, unde naturaliter est insipidum Phlegma, et accidente tamen fit salsa. Cuius ratio talis est: Cum mare, ut diximus, torridae zonae sit suppositum, ex calore spissatur fitque salsum. Certum nempe est, per ebullitionem aquam transire in salem.

[5]) Neckam II, c. 1, p. 127.

zutretende Hitze wird dieser Dampf verbrannt, so dass er schließlich dem Wasser einen salzigen Geschmack mittheilt; schreitet der Verbrennungsprocess noch weiter vor, so wird das Salz in Asche umgesetzt und hiervon rührt der bittere Geschmack des Wassers her.[1] Das Salz entwickelt sich also durch die Hitze aus erdigem, trockenem Dampf. Indem nun aber dieser erdige Bestandtheil durch die Vermischung mit Wasser eine helle Farbe anzunehmen geneigt, außerdem aber in ihm selbst von der eingeführten Hitze her eine heiße Gluth enthalten ist, so fängt er zu leuchten an und dies besonders in der Finsternis. Wenn dann das Meer in Bewegung ist, so scheint es kleine Funken zu sprühen. Dies tritt vorzüglich bei jenen Meeren ein, die stark salzhaltig und in heißen Zonen gelegen sind.[2]

Der Albert'schen Auffassung folgt auch Gregor Reisch, sodass man vermuthen kann, er hat jene als Quelle benützt. Er fügt auch keinen neuen Gedanken hinzu, sondern bringt in kurzen Worten die einfachen Thatsachen. Selbst das Experiment mit der Wachskugel fehlt nicht.[3]

4. Ebbe und Fluth.

Das Phänomen der Gezeiten, Ebbe und Fluth, war zu allen Zeiten ein zu nahe liegender Gegenstand gewesen, um nicht Interesse zu erwecken. Die regelmäßige Wiederkehr derselben genau mit dem Gange des Mondes übereinstimmend, musste zu Erklärungen auffordern und hinsichtlich der Ursache konnte man nicht lange im Unklaren sein. Dass der Mond auf das Meer unmittelbar Einfluss ausüben müsse, war daher der nächstliegendste Gedanke, wie wir ihn selbst bei Naturvölkern schon treffen. So sehr aber auch diese Schlussfolgerung auf der Hand lag und als die allein giltige hätte bestehen sollen, so konnten sich die Alten doch nicht enthalten, noch andere Ursachen zu muthmaßen, die natürlich aller Beweise bar als bloße Hirngespinnste sich darstellen. Durch Überlieferung fanden sie auch bei den mittelalterlichen Kosmographen Eingang. Hin und wieder machte man einige energische Versuche, in die Wechselbeziehungen zwischen Mond und Meer tiefer einzudringen, aber diese Versuche laufen auch vielfach nur auf astrologischen Aberglauben hinaus.

Die geheimen Kräfte, die man den Gestirnen allgemein zuschrieb, fanden durch die Gezeiten ihre unwiderlegliche Bestätigung; aber man dehnte diesen Einfluss auch auf Menschen und Thiere aus und auf diesem Gebiete trieb er jene wunderlichen Blüthen, von denen wir in der neuesten Zeit noch Proben finden. Schon Basilius weiß von dem Einfluss der Gestirne auf animalische Wesen zu berichten. »Mit der Veränderung

[1] Alb. Magn. Meteor. l. II. tr. 3, c. 15. II, p. 64: Cum ergo remanet ille vapor terreus grossus dispersus in substantia maris, ex frigiditate aquae circumstantis expellitur ad ipsum caliditas (?), quae expulsa urit partes eius, quae ustae salis saporem accipiunt et salsant aquas: sal enim est ex speciebus terrae combustae, … ideo liquescit frigido et humido et coagulatur sicco et calido; si autem excedat calor adurens modum mensurae suae, tunc non fit vapor ille sal, sed quasi cinis: et tunc erit in aquis sapor amarissimus.

[2] Alb. Magn. l. c.: Quia autem terrestre ex commixtione cum aqua propter aquae perspicuitatem tendit ad albedinem: et cum ignis urens est in ipso incipit fulgere, praecipue in tenebris: ideo etiam propter modicas partes salis in mari repressas, mare quando movetur in nocte, videtur scintillas emittere et facit praecipue illud mare quod multum est salsum et in climatibus calidis.

[3] Greg. Reisch c. XVI. f. 201.

des Mondes hängt auch die Veränderung der körperlichen Beschaffenheit der Thiere zusammen. Anders sind ihre Leiber beim Zunehmen des Mondes, anders beim Abnehmen beschaffen. Nimmt er ab, so sind sie dünn und leer, nimmt er zu, so werden sie voller, weil er eine mit Wärme vermischte Feuchtigkeit ihnen unbemerkt einflößt.«[1]) Daneben stellt er aber den Vorgang von Ebbe und Fluth in ganz vernünftiger Weise dar. Auch die Gezeiten entsprechen nach Beobachtungen der Meeresanwohner genau dem Mondwechsel. »Denn die Gewässer in den Meerengen sind z. Z. des Neumondes keinen Augenblick ruhig, sondern sie wogen und toben immer fort, bis er wieder erscheint und der Ebbe wieder einen geregelten Gang gibt. Das westliche Meer aber hat eine Ebbe und Fluth, indem es bald zurückfließt, bald aber überströmt, wie wenn es durch das Einathmen des Mondes zurückgezogen und durch sein Ausathmen wieder zur Ausfüllung des ihm eigenen Raumes veranlasst würde.«[2])

Die einfache Thatsache des Phänomens bringt auch Anastasius, ohne aber irgend eine Vermuthung über den Vorgang selbst aufzustellen. Gleich darauf bespricht er den Einfluss des Mondes auf die Thierwelt, wenn er sagt, dass die Pupille beim Affen sich erweitert oder verengt, je nach dem der Mond zu- oder abnimmt.[3])

Mit Basilius führt auch Ambrosius die Gezeiten auf das Ein- und Ausathmen des Mondes zurück, aber seine Darstellung ist ebenso wenig klar.[4])

Isidor verhält sich dieser Frage gegenüber gänzlich passiv und referiert nur drei Ansichten. Nach Solin (XXIII, 20, 21) seien in den Tiefen des Oceans Windlöcher, durch welche in wechselnder Folge bald ein Aufsaugen, bald wieder ein Ausstoßen des Meerwassers stattfindet, je nach dem der Luftzug hinein- oder hinausgeht. Andere dagegen suchen die Ursache im Monde und wieder andere in der Sonne. Die Sonne soll vermöge ihrer Wärme das Wasser an sich ziehen und auch den übrigen Gestirnen zu Gute kommen lassen, um diese vor einer völligen Vernichtung durch Feuer zu bewahren. Aber Isidor kann sich zu keiner Ansicht recht entschließen und stellt eine definitive Entscheidung hierüber Gott anheim.[5])

---

[1]) Dagegen sind seine Behauptungen von Einflüssen der Gestirne auf Temperamente, Affecte und Krankheiten des Menschen nicht als absurd von der Hand zu weisen. Mit jenen Krankheiten kann er wohl nur Mondsucht, Somnambulismus u. a. m. gemeint haben; und hinsichtlich der Einwirkungen von Sonne und Mond auf das menschliche Gemüthsleben finden wir in der modernen Moralstatistik interessante Belege: So z. B. hängt die Häufigkeit der Selbstmorde von der Länge der Tage ab etc. Cf. Öttinger: Moralstatistik. Siehe dagegen Zöckler, Theol. u. Nat. I, 193.

[2]) Basil. VI, 11. p. 61.

[3]) Anast. 89, 904.

[4]) Ambrosius 14. 216: Ampotis quoque, quae in Oceano esse perhibetur, cum reliquis diebus ordinem suum servare dicatur, lunari exortu evidens mutationis suae fertur indicium dare; ut mare ipsum occidentale, in quo spectatus ampotis, solito amplius accedat ac recedat et maiore aestu feratur, tamquam lunae quibusdam aspirationibus retrorsum trahatur, et iterum iisdem impulsum ac retractum in mensuram propriam refundatur.

[5]) Isidor. nat. rer. p. 69: . . . in profundis oceani esse quosdam meatus ventorum, veluti mundi nares per quas emissi anhelitus vel retracti alterno accessu recessuque, nunc evaporante spiritu efflent maria nunc retrahente spiritu reducant. Sed utrum ventorum spiritu aquae erigantur an lunari cursu increscant an sole retrahente decrescant, hoc deo soli cognitum est, cuius et opus mundus et solique mundi ratio nota est.

Beda hält sich vollständig an Plinius II, 99. Die Fluth des Oceans folgt dem Monde, der durch Ein- und Aushauchen das Meer zum Schwellen bringt. Er theilt die Fluthen in Laedones und Malinae, in größere und kleinere. Die Malina steigt in 6 Stunden, fällt aber in 7: der Laedon dagegen braucht ebensoviel Stunden zum Schwellen, wie zum Zurücktreten. Und während der Laedon jeden 5. und 20. Monatstag beginnt, hebt die Malina mit jedem 13. und 28. Tage an und dauert bis zum nächsten Laedon immer 7 Tage 12 Stunden, d. h. also vom 13.—20. Tage und 28.—5. Tage des nächsten Monats. Zur Zeit des Aequinoctiums und Solstitiums pflegen die Fluthen stärker zu sein. Ganz auf Plinius beruht auch die Meinung, dass die Fluth weniger stark auftritt, wenn der Mond nach N steht und sich weiter von der Erde entfernt hat, als wenn er nach S gegangen und wegen der größeren Nähe auch einen dementsprechenden Einfluss auszuüben im Stande ist. Nach Verlauf von 8 Jahren kommt dieselbe Reihe von Fluthen wieder vor.[1])

Honorius weiß nichts Neues hinzuzufügen. Nur ist bei ihm die Wiederkehr derselben Flutherscheinung nicht alle 8, sondern alle 19 Jahre. Im übrigen folgt er Beda und Isidor, welchem er das Einziehen und Ausstoßen des Meerwassers durch submarine Höhlungen entnimmt.[2])

Die Ansicht des Macrobius hat in Wilhelm von Conches einen Vertreter gefunden. Mitten in der heißen Zone gehen genau dem Äquator entlang nach O und W zwei Strömungen, deren wirkliche Existenz von Vielen bestritten wird, da bisher noch Niemand wegen allzu großer Hitze dorthin gelangt ist. Von den Physikern werden sie jedoch als nothwendig erachtet. Sobald die eine nach dem Westpunkt gelangt ist, theilt sie sich in zwei, von denen die eine nach S, die andere nach Norden sich wendet und den Küsten der Erde entlang geht. Das Gleiche findet im O statt, wo sich die Ströme in analoger Weise bewegen. Sobald nun aber der östliche und westliche Strom im N zusammengetroffen sind, so schwillt infolge des Anpralls und der Wasserfülle das Meer an und es entsteht die bekannte Erscheinung der Fluth. In gleicher Weise treffen im S die Ströme zusammen. Diese Darstellung hat Wilhelm vollständig dem somnum Scipionis des Macrobius II. 9 entnommen.

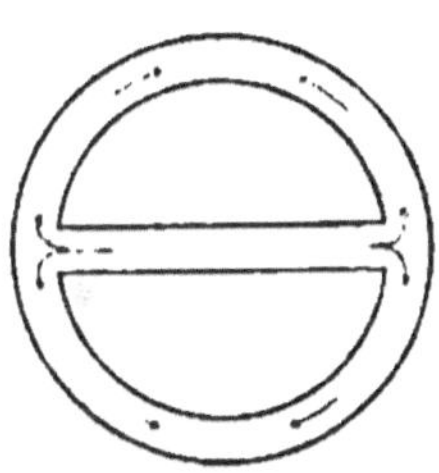

Noch einer anderen Erklärung gedenkt er, wenn er weiter berichtet, dass einige die Ursache der Fluth in submarinen Bergen sehen. Sobald die Strömungen zu jenen Bergen gelangt sind, so stauen sie sich an ihnen und das Meer fällt brausend zurück und füllt den rückwärtsliegenden Raum aus, während vorn eine Abnahme eintritt.[3])

Roger Baco hält sich vorzüglich an die Araber, wenn er diesen auch nicht in allen Punkten beistimmt. Nach einer Angabe des Alpetragius.

[1]) Beda, nat. rer. p. 116.

[2]) Honorius c. XL. XLI. p. 972.

[3]) Guilelm. de Conch. p. 60: Hoc vero mare cum usque ac Occidentem venerit, duas refluxiones ibi agit, quarum altera ad Austrum, altera ad Septentrionem vergit, terrae latera sequentes. Similiter in Oriente facit duas ad praedicta latera se vergentes refluxiones. Cum vero haec Occidentalis refluxio et illa Orientalis ad septentrionem se vergentes sibimet occurrunt, ex repercussione ingurgitatur retro mare fitque illa famosa accessio et recessio Oceani, quae dicitur fluctus maris. Similiter aliae duae in alio capite terrae sibi sunt occurentes.

in dessen Buch de motibus coelestibus übe die Bewegung des ersten Himmels auf alle Weltkörper mit Ausnahme der Erde einen Einfluss aus. Je weiter sie aber entfernt sind, desto langsamer finde die Bewegung statt und mit desto mehr Hindernissen. Deshalb bewege sich das Wasser in seiner Sphäre auch langsamer und unregelmäßiger, als andere Weltkörper. Alepetragius fügt auch noch hinzu, dass durch diese Bewegung Ebbe und Fluth bedingt sei; aber dies passt nicht zu jener vorhergehenden Annahme, dass sich das Wasser unregelmäßig bewegt, denn gerade die Gezeiten sind ganz sicher und bestimmt und wechseln mit dem Monde. — Ebenso führt Albumasar die Erscheinung auf den Mond zurück und sagt weiter, dass sie pünktlich des Tages und des Nachts eintrete, je nach der Stelle, welche der Mond auf seiner Bahn erreicht und gegenüber der Sonne einnimmt. Aber er gibt uns keinen Grund hierfür an, als den, dass der Mond dies bewirke. An dem Ort, über welchem der Mond steht, tritt die Fluth ein, an einem anderen die Ebbe. — Man muss aber, meint Baco, den Gang des Mondes oberhalb des Horizontes näher ins Auge fassen und das Einfallen der Mondstrahlen auf die Meeresfläche in Rücksicht ziehen. Der Mond steigt über irgend eine Gegend des Meeres empor und seine Strahlen fallen Anfangs noch in spitzen Winkeln auf das Meer und weil dies der Fall ist, so vermögen sie auch nur eine schwache Wirkung auszuüben. Die Strahlen haben gerade noch die Kraft, in der Tiefe des Meeres die Dämpfe zu entwickeln und das Meer dadurch zum Schwellen zu bringen, aber sie können diese Dümpfe nicht mehr in die Luft emporziehen. Deshalb fluthet das Wasser an jener Stelle nur auf, solange die Bildung der Dämpfe anhält. Aber je mehr sich der Mond der Mitte des Himmels nähert, desto stärker vermögen die Strahlen zu wirken, weil sie auch immer senkrechter auf die Fläche fallen. Die Folge hiervon ist, dass sie nun die im Meer entwickelten Dämpfe nicht bloß bis zur Oberfläche desselben ziehen und es zum Schwellen bringen, sondern sie in die Luft entführen. Die Fluth im Meere lässt deshalb allmählich nach, je mehr sich der Mond der Mittagslinie nähert. Wenn er diese dann passiert hat und sich wieder zum Untergange neigt, so tritt die Ebbe ein. — Albumasar meint nun und hierin stimmen ihm andere bei, dass der Mond eine gleiche Wirkung auf die entgegengesetzten Theile der Erde ausübe. Denn wenn der Mond in dem Viertel zwischen dem Ost- und Südpunkte steht, findet nicht nur hier die Fluth statt, sondern auch auf der anderen Seite der Erde. Ähnlich wechselt die Ebbe. Aber Albumasar gibt hierfür keinen Grund an, sondern sagt nur, dass der Mond auch in den entgegenliegenden Theilen diesen Effect erziele. Wie kann der Mond also an einer Stelle wirken, wo er doch nicht steht, denn durch die Erde kann er mit seinen Strahlen unmöglich dringen? Zur Erklärung dient ihm die reflectierende Kraft des Mondes. Nach Bacos Meinung besteht der gestirnte

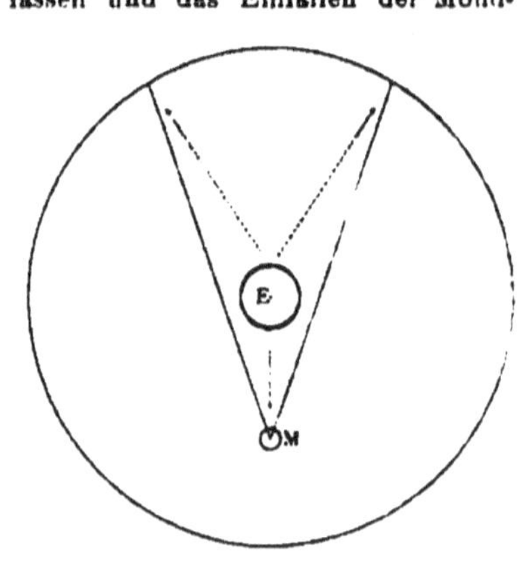

Himmel ganz und gar aus einer festen Masse (*densum per totum*), denn von allen Seiten wird unser Blick durch eine dichte Fläche begrenzt. Steht nun der Mond an irgend einer Stelle des Himmels, so fallen seine Strahlen auf diesen und werden reflectiert, sodass sie also auch jenen Ort der Erde zu treffen vermögen, welcher dem direct vom Mond beschienenen Ort gerade entgegengesetzt ist. Die Wirkung aber, die der bloße Reflex ausübt, ist die gleiche, als wenn er unmittelbar wirkt; daher findet denn auch an der entgegengesetzten Stelle ein Auffluthen des Oceans statt.[1])

Eine noch eingehendere Würdigung des Fluthphänomens findet sich bei Albertus Magnus in seinem liber de proprietatibus elementorum. Er zeigt auch hier wieder seine große Umsicht, mit der er das gesammte Material, welches ihm schriftlich und zum Theil auch mündlich übermittelt war, zu ordnen verstand und das alles zu einem Ganzen verarbeitete, wobei wohl hin und wieder eine Absurdität, nie und nimmer aber ein völliger Widerspruch seiner Meinungen zu verzeichnen ist.

Dem Auftreten von Ebbe und Fluth liegen drei Momente zu Grunde. Das erste ist in der Beschaffenheit des Wassers zu suchen, das zweite in der des Ortes und das dritte in der Stellung des Mondes.

1. Das Wasser ist *aqua spissa, salsa* und *terrestreitati admixta*. Der starke Salzgehalt schließt Wärme in sich und dieser bewirkt, dass sich in der Tiefe des Meeres der Dampf leichter erhebt. Der Umstand aber, dass das Meerwasser dicht und mit erdigen Bestandtheilen gemischt ist, hat zur Folge, dass auch der Dampf gröber und dichter wird. (*ex salsedine habet calorem naturalem, quod facit ut facilius in profundo eius vapor elevetur et quod ipse est terrestris, confert ad grossitiem et spissitudinem illius vaporis qui elevatur in ea de profundo eius*). Der eingeschlossene Dampf bringt das Meer zum Schwellen, solange er dasselbe noch nicht verlassen hat; und zwar findet das Schwellen in doppelter Bewegung statt. Die eine von diesen geht aus der Tiefe nach der Oberfläche und wird ebullitio oder fervor genannt; die andere Bewegung tritt an der Oberfläche ein, als eine superfusio, indem das aus der Tiefe aufgestiegene Wasser sich an der Oberfläche verbreitet und über das nächstliegende Wasser sich ergießt; hierbei stößt das Meer zugleich mit dem feineren Dampfe einen widerlichen Geruch (*foetor*) aus. Dieser Geruch zeigt den Seeleuten das Herannahen der Fluth an, wie auch die stärkere Zunahme des Windes, welche ja auch den Uferbewohnern ein Zeichen für die kommende Fluth ist.

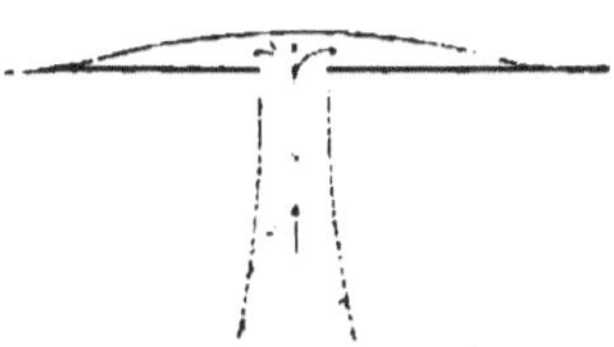

2. Die Meeresbecken sind häufig von Riffen (*scopuli*) erfüllt. Dieselben häufen den Dampf zwischen sich an und halten ihn fest; und während die sanft geneigten oder geebneten Stellen (*mollia loca*) im Meere den Dampf schnell aushauchen, halten die compact-felsigen Stellen (*solida loca*) ihn fest und lassen ihn erst frei, wenn irgend ein

[1]) Baco op. Mai. IV, 4. 5. p. 85 ff. In quo datur causa fluxus et refluxus maris per radios. p. 86: . . . procul dubio coelum stellatum aut nonum est densum per totum, nam visus noster stat ad alteram illorum, sed non terminatur visus nisi per densum, ad quorum alterum multiplicati radii lunae existentes in quarta una reflectuntur ad quartam oppositam et sic virtus lunae est directa in quarta una et eius reflexio in eodem tempero in quarta opposita.

Himmelskörper auf ihn einwirkt. Diese von Bergen umstandenen Receptacula sind die eigentlichen Erzeuger der Dämpfe. Deshalb zeigt auch das über den Riffen stehende Wasser stets gekräuselte Wellen wegen der Bewegung des aus der Tiefe gehobenen Dampfes.

3. Der Mond bringt zweimal täglich die Fluth hervor, einmal wenn er vom Ostpunkte bis zur Mitte des Himmels emporsteigt und zweitens wenn er vom Westpunkte aus das entsprechende Stück zurücklegt. Befindet er sich aber in den zwischenliegenden Bogenstücken, so tritt die Ebbe ein.[1])

Außerdem gibt er noch mehrere Gründe an, die das Anschwellen der Fluth verstärken, unter denen als bemerkenswerthester folgender hier genannt sein mag. Die Stellung des Mondes zur Sonne ist für die Futh von Bedeutung. Befinden sich beide in Conjunction an derselben Stelle des Thierkreises, so vermögen sie auch mit vereinter Kraft zu wirken und die Fluth tritt desto stärker auf (Springfluth); steht aber der Mond zur Sonne im rechten Winkel (*per quartam caeli partem a sole*), so ist zwar die Fluth noch ziemlich bedeutend, der Ausschlag bei der Ebbe kommt aber weniger prägnant zum Ausdruck (*confortatur accessus maris et recessus debilitatur*). (Nippfluth.)

Außerdem spielt noch der Wind eine Rolle, welcher die Fluth begünstigt oder hemmt. *Diximus superius, quod in profundo maris elevatur ventus qui facit ebullire mare* und dieser gelangt selten bis zum Ufer. Am Ufer dagegen weht ein starker Landwind (*elevatus de terra.*) Wenn dieser mit dem Monde von O kommt, so verstärkt er die Fluth; anders ist es, wenn das Gegentheil der Fall ist.[2])

Wenn jemand behaupten wollte, dass, wenn der Mond die Bewegung verursachte, so müsste sie auch an Quellen, Flüssen, Seen auftreten, so werden wir hierauf antworten, dass nicht allen Wassern dieselbe *dispositio aquae* innewohnt. Indessen gibt er zu, dass alle Gewässer, wenn auch nur unmerklich vom Mond beeinflusst werden. *Aquae enim omnes aliquid accipiunt imitationis a luna quando ascenderit super eas, licet hoc sit insensibile.* Dies zeigt sich sogar an Pflanzen, Thieren und Menschen (Anschwellen der Haut, Anhäufung der Säfte unter der Oberfläche des Körpers); selbst bei Metallen. So warten die Alchimisten die geeignete Mondzeit zu ihren Arbeiten ab, um reinere Metalle zu erzielen. — Anderseits haben das todte Meer und »das Meer bei Äthiopien, welches von einigen Indisches Meer genannt wird« keine Ebbe und Fluth, obwohl Sonne und Mond es ebenso bescheinen. *Et huius causa est: quia aqua utriusque eorum marium spississima est, quam lumen solis penetrare non potest: nec vapores eius subtiliantur ita quod ebulliat: et ideo stat neque accedens neque recedens.* — Nehmen die Fluthen noch größere Dimensionen an als unter normalen Verhältnissen, so ist dies auf Fixsterne und Planeten zurückzuführen, die gerade mit dem Monde in einem und demselben Thierzeichen stehen. Die große Sintfluth wurde nur dadurch hervorgerufen, dass zu gleicher Zeit mehrere Sterne in Conjunction traten und so ganz besonders stark auf das Wasser wirkten.[3])

Die Darstellungen der übrigen Physiker kommen neben den ausführlichen Untersuchungen Bacos und Alberts kaum noch in Betracht, zumal da sie sich meist auf bloße Wiedergabe der genannten Ansichten beschränken.

[1]) Alb. M. de propr. elementor. V, 305.
[2]) Alb. M. l. c. p. 307. — [3]) Alb. M. l. c. p. 307, 312.

DRITTES CAPITEL.

Das Land.

1. Auftauchen der Festlandsmassen, Entstehung der Gebirge.

Durch das Eingangscapitel der Genesis wurden die mittelalterlichen Exegeten und Physiker von vornherein auf ein Thema gelenkt, welches zu den schwierigsten Fragen der Geophysik gehört und welches wegen der Unmöglichkeit einer endgiltigen Lösung auch stets nur Hypothese bleiben wird: die Geogonie. Es ist begreiflich, dass die Bibel eine freiere Entwicklung dieses Problems völlig ausschloss, zumal da sie einen großen Theil des Weges, den man hierbei einzuschlagen habe, schon selbst vorgezeichnet hatte. Man verlor sich in Spitzfindigkeiten und Grübeleien, die kaum der Mühe verlohnten und richtete sein Augenmerk meist auf Nebensachen, die zum Theile nur auf einer incorrecten Ausdrucksweise der Bibel beruhten. Hierzu gesellten sich dann wunderliche Einfälle anderer Art, wie die Annahme einer augenblicklichen Schöpfung (Simultanschöpfung) durch das göttliche Machtwort, welche vom Juden Philo ausging und von Origenes noch bestimmter ausgebildet wurde. Es kann hier aber der Ort nicht sein, alle Stadien, welche der christliche Schöpfungsbegriff im Mittelalter durchgemacht hatte, zu besprechen, da dies unserer Aufgabe auch fern liegt und wir wollen hier nur auf jene geogonische Hypothese aufmerksam machen, die allerdings eine frappierende Ähnlichkeit mit modernen evolutionistischen Lehren hat. Es ist die auf aristotelischen Lehrsätzen sich aufbauende, aber dennoch durchaus originelle Theorie Gregors von Nyssa, welcher die gleichartigen Bestandtheile der kreisenden Materie nach der ihnen innewohnenden Schwere sich zusammenordnen lässt und dies durch ein Experiment anschaulich zu machen sucht. Auch bei Johannes Philoponos scheint ein ähnlicher Gedanke zu Grunde zu liegen. [1])

Uns soll hier aber vorzüglich die Frage nach der genetischen Entwicklung der Festländer und Gebirge beschäftigen.

Genesis I, 9 heißt es: »Und Gott sprach, es sammle sich das Wasser an besondere Örter, dass man das Trockene sehe.« Dieser schlichte Vers hatte den Exegeten unendlich viel Kopfzerbrechen gemacht und es ist interessant zu sehen, eine wie verschiedenartige Deutung demselben zu Theil wurde. Die Hauptschwierigkeit lag zunächst darin, dass nach den

---

[1]) Zöckler, Theol. und Nat. I, 200.

vorhergehenden Versen die Erde allseitig vom Wasser bedeckt sein sollte. Eine continuierliche Wasserfläche füllte daher von vornherein auch schon die Becken und Vertiefungen der Erde aus, wenn diese solche überhaupt aufzuweisen hatte und es war nun die schwierige Aufgabe der Exegeten, den Verbleib des Wassers zu erklären. Wohin also konnte sich das Wasser verlaufen, wenn die Erde ganz und gar vom Wasser bedeckt war oder was dasselbe ist, wie konnte »das Trockene« zum Vorschein kommen?

Das Verlaufen des Wassers in besondere Höhlungen machte erst eine Entstehung dieser nothwendig und selbst wenn diese auch schon vorher vorhanden wären, so hätte dies auf den Stand des Wassers keinen Einfluss gehabt. Es hätten daher entweder neue Vertiefungen entstehen oder die alten hätten noch tiefer ausgehöhlt werden müssen. Um diesen schwierigen Punkt zu umgehen, hielten einige an der Präexistenz der Höhlungen fest und suchten daher für die Bedeckung der Erde mit Wasser einen eigenen Ausweg. So meinte Beda, dass das Wasser, welches nach biblischer Angabe die Erde einhüllte, nicht als Flüssigkeit, sondern als eine aufgelöste Dunstwolke zu denken sei. Erst als der Moment eintrat, dass es sich verlaufen sollte, habe sich die wasserdampfhaltige Wolke concentriert und als Regen niedergeschlagen. Hierbei kamen demselben die vorhandenen Höhlungen, die die Erde schon besaß, zu Statten und dieselben nahmen nunmehr das Wasser auf. — Auch Peter der Lombarde folgte nach Beda dieser Ansicht.[1])

Ungleich schwieriger gestalteten sich aber die Verhältnisse, sobald man das Wasser in concentrierter Form den Erdboden bedecken ließ; hierfür musste denn eine andere Erklärung gefunden werden.

Wir wollen aber sogleich an dieser Stelle einfügen, dass mit der Entstehung der Festlandsmassen meist auch die der Gebirge im Zusammenhang behandelt wurde, da man beide als den Effect einer und derselben Ursache ansah. Die Festländer standen zu den zwischen ihnen liegenden Meerbecken in demselben Verhältnis wie die Berge zu ihren Thälern. Die Festländer waren ihnen daher auch nur Gebirge im großen Maßstabe und die Gebirge hinwiederum nur die höchsten Punkte der Festländer.

Berg und Thal sind correlate Begriffe wie Licht und Schatten. Daher lassen sich denn auch die Hypothesen über ihr Entstehen von zwei Gesichtspunkten aus stellen:

1. Bildeten sich zuerst die Thäler (Meerbecken) und gaben so zum Entstehen der Gebirge (Festländer) Anlass? oder

2. war das Umgekehrte der Fall, war die Entstehung der Gebirge das Primäre und hatte eo ipso die Thalbildung im Gefolge?

Nach diesen beiden Richtungen hin wurde der Gegenstand behandelt, ohne dass damit gesagt sein soll, dass man sich der Doppelseitigkeit des Problems recht bewusst war. Denn wir finden zumeist Fälle, wo man beiden Factoren gerecht zu werden suchte und Meer und Festland sich gegenseitig compensieren ließ.

Severian von Gabala arbeitete noch mit sehr primitiven Mitteln; er sah in den Thälern nur abnorme Bildungen der Erdoberfläche, die

[1]) Beda, in libr. Genes. Giles VII, 12. — Petr. Lombard. Sent. lib. II, distinctio 14. Migne 192, 681: Si autem quaeratur ubi congregatae sunt aquae quae totum texerant spatium usque ad coelum, potuit fieri ut terra subsidens concavas partes praeberet, ubi fluctuantes aquas reciperet. Potest etiam credi primarias aquas rariores fuisse, sic ut nebula tegeret terras, sed congregatione esse spissatas, et ideo facile in unum posse redigi locum.

durch Aufspaltung des Erdreiches entstanden wären. Denn diese Höhlungen waren anfangs nicht vorhanden (οὔπω ἦν τὰ κοιλώματα τῶν ὀρέων) und erst als auf Gottes Befehl das Wasser sich verlaufen sollte, barst die Erde an verschiedenen Stellen und bildete tiefe Becken, welche von den Meeren eingenommen wurden (καὶ ἐρράγη ἡ γῆ, καὶ κόλπους ἐποίησε). [1])

Nach Ephräm lässt sich das Verlaufen des Wassers in dreifacher Weise erklären. »Entweder senkte sich der Grund des Meeres, um die Gewässer zugleich mit den Gewässern, welche über der ganzen Erde standen in sich aufzunehmen, oder die Gewässer verzehrten einander, soweit als der Raum ausreichte oder der Grund des Meeres spaltete sich und es entstand auf der Erde eine große Tiefe und es strömten die Gewässer im Augenblick in diese Versenkung.«

Die meisten Exegeten verzichteten jedoch auf eine rationelle Erklärung jenes Vorganges bei Bildung der Hohlräume und überwiesen die Ursache ihrer Entstehung dem göttlichen Machtwort. Wir können daher aus ihren lakonischen Angaben nur mühsam errathen, wie sie sich den Process dachten oder ob sie überhaupt einen solchen annahmen.

Wenn Prokop von Gaza meint, dass jene Becken sich erst bildeten, als das Wasser sich zurückziehen sollte, so können wir hieraus nur so viel schließen, dass die Bildung der Meeresbecken die Hauptursache für das Entstehen der Festländer abgab, ohne weiter zu untersuchen, wie die Höhlung der Becken stattfand. [2])

Auch Johannes von Damascus weiß neben dem nackten Thatbestande nichts weiter beizubringen. Jedenfalls sieht er gleichfalls, wie Prokop, die Aushöhlung der Erde zur Aufnahme des Wassers als das Primäre an, die als positives Ergebnis die Herausmodelierung des Festlandes im Gefolge hatte. Das Wasser ist ihm hierbei die persona agens, welche neben den Festländern auch die Gebirge gleichzeitig entstehen ließ. [3]) Überhaupt hatte man im Mittelalter eine ausgebildete Kenntnis von jenem äußerst wichtigen geologischen Factor: der Erosion. Freilich konnte es nicht ausbleiben, dass wie alle Theoreme und Hypothesen jener Zeit, so auch diese in einem exorbitanten Maße übertrieben wurde. Wie in dem niederfallenden Regen, so sah man auch in dem Meere eine hervorragende Kraft, die zur Gestaltung des Landes den hauptsächlichsten Impuls gab. Sehr anschaulich weiß Ambrosius die Gewalt des Meeres darzustellen. Sehen wir nicht, sagt er, wie das oft von Wellen durchfurchte Meer sich zu einem Wasserberge erhebt und wieder niederstürzt und wenn es seinen Angriff gegen das Ufer ausgeführt, in Schaum aufgelöst zurückprallt? Auch Ambrosius ist es, welcher es offen ausspricht, dass man die Bildung des Meeresbecken in der erodierenden Thätigkeit des Meeres selbst zu suchen habe. Das Meer konnte sich seine Betten selbst aushöhlen, wohin es sich verlief *(Potuit etiam ipsa aquarum vis profundiora ea facere, quae insederat)*. Hierzu war es im Stande durch die wilde Bewegung seiner Fluthen, welche Tag für Tag die tiefsten Tiefen des Oceanes aufwühlen und den Sand aus der Tiefe emporwirbeln *(qui quotidie ima pelagi torquere et arenas vertere soleat de profundo)*. [4]) Indem nun so das Meer seinen Boden an einzelnen Stellen aushöhlte und das aus den Höhlungen entfernte Material zur Seite warf,

[1]) Severian. 56, 447.
[2]) Procop. Gaz. 87, 73.
[3]) Joann. Damasc. 94, 904, 5: Τῷ οὖν θείῳ προστάγματι κοιλώματα ἐν τῇ γῇ γεγόνασι, καὶ οὕτως εἰς τὰς συναγωγὰς αὐτῶν συνήχθησαν τὰ ὕδατα. ἐντεῦθεν καὶ τὰ ὄρη γεγόνασι.
[4]) Ambros. Hex. III, 3. 14, 175.

war der erste schwache Anfang zur Bildung eines Meerbeckens, sowie anderseits in jenen Sandanhäufungen der erste Anfang einer Festlandserhebung gemacht.

Bei **Johannes Philoponos** finden wir den Sachverhalt in derselben Weise dargestellt. Zur Aufnahme des Wassers wurden einzelne Stellen der Erde zur Tiefe ausgehöhlt, während die anderen für die Landbildung übrig blieben. Denn die Erdmassen, welche die damals noch nicht gebildeten Erdhöhlungen erfüllten, konnten weder in ein Nichts zusammenschrumpfen, um so die Becken entstehen zu lassen, noch konnten sie anderseits von selbst anschwellen und ihr eigenes Volumen vergrößern, um als Festland hervorzutauchen — was bleibt da übrig, meint er, als anzunehmen, dass die damals erscheinenden Berghöhen über das Antlitz der Wassersphäre sich erhoben, indem sie aus den Becken zurückwichen, in die das Wasser zusammenfließen sollte.[1] Diesen Gedanken führt er dann noch weiter aus, indem er auf die Beobachtungen hinweist, welche man an den Alluvionen der Flüsse gemacht hat. Wenn Flüsse und Meere ihr Bett bisweilen verändern, anderseits aber auch durch die Anschwemmung dieser (πρόσχωσις) Land abgesetzt und in die Höhe gehoben wird — wofür die Geschichte reich an Beispielen ist — und wenn, wie einige sagen, Unterägypten eine Anhäufung des Flusses (ποταμόχωστα) ist, so ist es nicht wunderbar, wenn dies auch im Anfang der Welt geschah.[2]

In den nächsten Jahrhunderten nach Philoponos hat sich niemand mehr mit der Frage nach Entstehung der Festländer und Gebirge befasst. Der allgemeine Stillstand in der wissenschaftlichen Arbeit kam auch hierbei zum Vorschein und als dieselbe im XII. Jahrhundert wieder ernstlicher aufgenommen wurde, stand man jenem Problem ziemlich rathlos gegenüber und die sonderbarsten Einfälle stoßen uns auf. So suchte der mehrmals genannte Abt **Rupert von Deutz** in der Existenz von Gebirgen die weise Einrichtung der Vorsehung zu erkennen, welche die Erde für den Menschen erst dadurch bewohnbar machte, dass sie dem scharfen Windzuge, der über die Erde streicht, durch Entstehenlassen der Gebirge ein Hindernis setzte. Aber hören wir seine Argumentation. Wisse nämlich, dass wenn die Erde überall eben verliefe, *(aequalis ubique iaceret)*, so würden die Winde und Stürme auf ihr nicht geringer sein als die auf dem Meere. Denn noch jetzt, meint er, pflegen in Gegenden, die der Gebirge entbehren, und zwar besonders in der libyschen Wüste jene Stürme Fußgänger und Reiter mitzureißen, gleichwie auf dem Meere. In diesen ebenen und völlig öden Erdgegenden wühlt der Wind den sandigen Erdboden auf und der mit ungeheuerer Gewalt getriebene Sandstaub füllt Mund und Augen des Reisenden und hält ihn in seinem Marsche auf, ein Schiffbruch, wie er auf dem Meere nicht größer sein kann. Was dann, wenn sich nirgends Berge erhoben hätten und die ganze Erde sich als Ebene gesenkt hätte? Wenn die Winde überallhin hätten dringen können, was würden diese anrichten, wenn sie nirgends einen Widerstand finden, an dem sie sich brechen?[3]

---

[1] Joann. Philop. IV, 3. p. 149: Καὶ ἐπειδήπερ τὰ ἀναπληροῦντα πρότερον τὰς μήπω γενομένας τῆς γῆς κοιλότητας, οὔτε εἰς τὸ μὴ ὂν ἐφθάρη, οὔτε τῆς περὶ μέτρον τῆς γῆς ὑπερεξέπιπτον, ὅπερ ἀδύνατόν τε καὶ ἄτοπον ὑποτίθεσθαι, τί λείπεται ἢ τὰ φαινόμενα νῦν τῶν ὀρῶν ὕψη, τῆς ἐπιφανείας ὑπερανεστῆναι τῆς γῆς, τῶν δοχείων εἰς ἃ τὸ ὕδωρ ἤμελλε συρρεῖν ὑποχωρήσαντα.

[2] Joann. Philopon. l. c. p. 149.

[3] Rupert. Tuitiens. I, 34. p. 12: Hic plane illud sciendum est, quia si terra aequalis ubique iaceret, non levior quam in mari ventorum tempestas in ea regnaret. Nam solet et nunc in locis illis, qui montibus carent, videlicet maxime in Libia

Während Rupert in der Erhebung der Gebirge einen bestimmten Zweckgedanken, wie er sich aus seiner Mystik entwickelte, erkennen wollte, tritt bei Ristoro von Arezzo doch wenigstens das ernstliche Bestreben hervor, eine rationalistische Erklärung zu finden, wenn dieselbe auch, auf scholastischen Principien beruhend, zum Theile noch wunderlich ausfiel. Ristoro erkannte aber, dass die Gebirgsbildung nicht der Effect einer einzigen Ursache sein könne, sondern dass man in ihr die Resultante von vielerlei Processen sehen müsse. Er zeigt jedenfalls, dass er für die Vorgänge in der Natur ein offenes Auge hatte. Allerdings beruht gleich das erste Moment, welches er herbeizieht, auf ganz denselben vagen Speculationen, wie seine oben dargestellte Hypothese von der Festlandsbildung, welche durch die attrahierende Wirkung des Planetenhimmels auf die Erde und dadurch erfolgte Emporziehung dieser über den Wasserspiegel eingetreten ist. Derselbe Gedanke leitete ihn nun auch bei der weiteren Frage nach der Gebirgsbildung. Die Sterne befinden sicht nicht alle in derselben Kugelperipherie; die einen stehen vielmehr höher, die anderen tiefer, d. h. die einen dem Weltmittelpunkte ferner als die anderen. Wenn wir uns nun von einem tieferliegenden Sterne, sagt er, in Gedanken zu einem höherliegenden fortbewegen, so springen wir gleichsam einen Berg hinauf; und wenn wir vom höherliegenden zum tieferliegenden übergehen, so steigen wir wie in ein Thal hinab. Der Himmel ist also bergig und thalreich (*montuoso e valloso*). Diese ungleiche Stellung der Sterne unter sich übt nun auch auf die Erde einen analogen Einfluss aus. Wurde die Erde schon durch die Sterne emporgezogen, so wurde weiter auch ihre Oberfläche durch diese modelliert. Ein hochstehender Stern wird eine andere Wirkung ausüben als ein tiefstehender und infolge dessen ein (durch die Sterne fixierter) Berg am Himmel eine andere Wirkung als ein Thal. Und wenn ein Siegel mit Bergen und Thälern in Wachs gedrückt wird, so wird auch das Wachs dieselben Berge und Thäler zeigen. Ebenso bringt der Himmel einen gleichen Ausschlag auf der Oberfläche der Erde zu Stande und macht diese bergig und thalreich, indem die höherstehenden Sterne das unter ihnen befindliche Erdreich auch höher hinaufziehen als tieferstehende.[1])

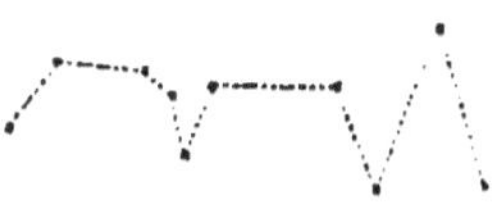

tempestas non minus quam in pelago turbare foris deprehensos quoscunque tam pedites quam equo sedentes. Etenim ubi per loca aequalia et nuda gignentium ventus coortus arenam humo excitavit, magna vi agitata, ora oculosque implet et ita profectum incessumque impedit, ut in nullo mari maius naufragium. Quid si nulli usquam montes ascendissent, si cuncta in planum terra descendisset? Si ubi paululum ventis currere licet, tantas vires brevi colligunt, quid possent, si nullum in toto mundo haberent repagulum.

[1]) Ristoro VI, 3, p. 78 f.: e se noi ne movemo da una stella e andremo suso all' altra, saliremo quasi al monte: e se noi ne moviamo da una stella alta e verremo giù alla bassa, scenderemo quasi in giù nella valle . . . Adunque secondo questa via, troviamo il cielo montuoso e valloso: e questo fue per maggior virtude, e per potere fare più diversa e variata operazione; che la stella alta dee fare per ragione altra operazione che la bassa, e'l monte per ragione dee fare altra operazione che la valle. E se lo sugello, ch'è montuoso o valloso, impriemo nella cera, è mestieri che la cera sia montuosa e vallosa. E se'l cielo colla sua virtude ha ad operare e impriemere nella terra per adoperarsi suso, è mestieri ch'egli faccia la terra montuosa e vallosa.

Aber mit dieser Theorie scheint er doch nicht überall auskommen zu können und er hält es in einem späteren Capitel für nöthig, noch andere Factoren aufzusuchen, die bei der Bergbildung thätig sind. Zuerst macht er auf den Alluvialboden der Flüsse aufmerksam, welcher durch die mitgeführten Sedimente sich bildet und auch im Kleinen schon Thäler und Hügel zeigt. (*E questo si conosce ne' fiumi quando elli crescono, chè quando elli si vengono abbassando, vedrassi lo letto dell'acqua scoperto, come la rena, la quale è lì apportata, tutta montuosa e vallosa.*) — Aber dasselbe zeigt sich am Meeresstrande. Hier beschreibt er die Sandanhäufungen längst der Küste, womit er nur Dünen gemeint haben kann. Das Wasser zieht den Sand aus der Tiefe nach sich empor und setzt ihn an der Küste ab, wo er sich allmählich zu Bergen anhäuft.

Überhaupt hatte man den Dünenbildungen zweifelsohne viel Aufmerksamkeit geschenkt und die obigen Festlandshypothesen eines Ambrosius und Philoponos müssen aus Kenntnisnahme solcher Alluvialerscheinungen hervorgegangen sein. Im übrigen lassen uns aber die Nachrichten der Physiker hierüber im Stich und nur beiläufig wird dieser Meersandhügel in historischen Berichten Erwähnung gethan. So berichtet der Bischof Prudentius von Troyes in der Fortsetzung der Bertinianischen Annalen, dass im Jahre 839 eine große Sturmfluth Friesland heimsuchte, wodurch die dortigen Sandwälle, welche man Dünen nennt, dem Erdboden gleichgemacht wurden (*ut (Frisia) aggeribus arenarum illic copiosis, quos dunos*[1]) *vocitant, fere coaequaretur.*[2])

Noch eingehender ist ein solcher Dünenbruch beim Pfarrer Lambert von Ardre (c. 1200) beschrieben. Eine Fluthwelle brach bei Sandgate (*locus Sangaticus*) am Canal mitten durch die Dünen (*per medium dunarum sive harenose molis dorsum*) und schuf in dem dahinterliegenden Lande durch Überfluthen einen seeartigen Hafen, welcher für Schiffer ein sicherer Aufenthaltsort wurde. Da aber das Wasser zu stagnieren begann, so bildete es sich zu einer tiefen Lagune (*mariscum profundissimum*) aus und als dann der Dünenrücken, der vorher vom Wasseranprall durchbrochen war, durch unausgesetztes Antreiben von Sand zu einem Walle wieder verbunden und verfestigt war, wurde so die Lagune völlig vom Meere abgeschnitten (*dunarum dorso aquarum impetu primo erupto, assidua nunc arenae ventilatione in molem conglutinato et consolidato seclusus est mariscus ab oceano.*[3])

Auch bei Ristoro dürfen wir durchaus eine nähere Kenntnis von Dünenbildungen voraussetzen, wenn wir auf seine obige Darstellung blicken. — Selbst die einfache Fluth könne diese Sandanhäufungen im Gefolge haben. Wenn sie das Land bedeckt und sich dann wieder zurückzieht, so kann sie hierbei das Erdreich von einer Stelle entfernen und auf einer anderen ablagern (*può torre la terra da uno luogo e porla ad un altro).* Ein untrügliches Zeichen für diese Art Bergbildungen sind die vielen Fischgerippe (*ossa di pesce*), Schnecken (*chiocciole*) und Muscheln (*nicchi*), welche dem Sande mit untergemischt sind. Auf Grund solcher

[1]) Diese Stelle scheint der älteste Beleg des Wortes Düne im niederdeutschen Sprachstamm. Vergleiche niedd. düne, niederl. duin. Schwerlich ist es schon in so früher Zeit aus dem englischen (angels. dûn, neuengl. down) übernommen, wie dies Kluge: Etymologisches Wörterbuch der deutschen Sprache. 4. Auti. Straßburg 1888, p. 62 annimmt. Möglich ist, dass die gemeinsame Quelle des angelsächsischen und niederdeutschen Wortes im keltischen zu suchen ist. (gall. Uxellodunum, Noviodunum, Virodunum. Cf. Glück: Die bei J. Caesar vorkommenden keltischen Namen. München 1857, p. 139.)

[2]) Prudentii Trecensis Annal. 839, M. G. SS. I, 433.

[3]) Lamberti Ardensis Historia comitum Ghisnensium. M. G. SS. XXIV, 599.

Naturerscheinungen baut nun Ristoro ebenso wie seine Vorgänger in dieser Frage, seine Hypothesen von Gebirgsbildung auf. Was Flüsse und Meere uns Tag für Tag durch Ablagerungen und Anhäufungen im Kleinen vor Augen führen, ist bei Gebirgen im Großen der Fall gewesen; auch sie sind theilweise, so weit nicht andere Factoren hinzukamen, nur Resultate der stetig arbeitenden Fluth. Häufig finden wir, fügt er hinzu, dass die Spitzen der Berge ans festem, anstehendem Fels bestehen, welcher indessen auch nur aus einer durch Wasser zusammengekitteten Erdmasse sich gebildet hat. Denn gleich darunter fangen die Gerölle an, sowie Tuff untermischt mit rundlichen Flusssteinen *(tufo mescolato con cotali pietre ritonde di fiume)* mit Fischgräten etc. Besonders letzteres ist ein Zeichen, dass jene Berge durch die Fluth gebildet waren. Daneben sieht Ristoro aber auch in Erdbeben die Ursache von Bergbildungen, indem er diese durch Aufblähungen des Erdreichs erfolgen lässt. Wenn man auf einen solchen Berg geht und stampft mit dem Fuße auf, so tönt es dumpf und hohl, wodurch angezeigt wird, dass er im Innern tief und aufgelockert ist *(come s'egli cupo e sollo dentro)*. Ebenso wie durch Erdbeben Berge entstehen können, können sie auch durch diese wieder zusammenstürzen.[1]

Wie Dante sich das Hervortauchen des Festlandes dachte, ist oben eingehend dargelegt. Er suchte im Fixsternhimmel die Kraft, welche das Festland heraushob, doch ließ er das Festland theilweise auch durch innere Dämpfe herausgetrieben sein.

Entsprechend der von Dante bekämpften Theorie von einer Trennung des Erd- und Wassermittelpunktes hatte der obengenannte Paul von Burgos jenen Genesisvers erklärt. Ursprünglich hätten beide Kugeln ein gemeinsames Centrum gehabt. Erst als das Trockene hervortauchen sollte, trat eine Trennung der beiden Mittelpunkte ein, und zwar so, dass sie nun beide aus dem ihnen vorher gemeinsamen Weltmittelpunkte rückten. Hierdurch kam die Erde zum Vorschein.

Auch Albertus Magnus hat diese Theorie gekannt; doch konnte er ihr keinen Geschmack abgewinnen.[2] — Im übrigen operiert Albert selbst mit denselben Mitteln, die wir schon bei den anderen kennen gelernt haben, wenn er auch einige von diesen mit aller Entschiedenheit zurückweist.

So war er mit der Ansicht gewisser Naturphilosophen, die das Wasser als bedeutsamsten Factor der Festlandbildung ansahen, durchaus nicht einverstanden. Ursprünglich hätte nach deren Ansicht die Erde weder Berge noch Thäler gehabt und erst Meer und Fluthwellen hätten dieselben hervorgebracht. Denn das Meer verändert sich von Ort zu Ort, es höhlt die weichen und lockeren Stellen aus und was es dem einen Orte durch Abspülung entrissen, setzt es an einem anderen wieder ab *(quod erasit et allurione abstraxit, addit locis aliis.)* So entstanden die *loca fluviorum et marium* und die Berge.[3] Albert sucht die Entstehung dieser Ansicht in einer anderen Hypothese, die, wie aus seiner Darstellung hervorgeht, seiner Zeit viel Anklang gefunden haben muss: nämlich in der Lehre von der Rotation der Wassersphäre um die Erdsphäre. Einige Physiker *(Physiologi)*, sagt Albert, haben die

---

[1] Ristoro l. c. p. 85 ff.

[2] Alb. magn. nat. locor. c. 7. V, 271: . . . quod quarta terrae. quae est Aquilonaris. est elevata extra locum centricum mundi et ideo porrigitur super aquas, ut sit congrua habitationi: et tres aliae quartae sunt sub aquis et ideo non est in eis habitatio nisi natantibus tantum.

[3] Alb. Magn. propr. elem. c. IV. t. V, p. 326 f.

Behauptung aufgestellt, dass das Mittelmeer und der Ocean sich stetig von Ort zu Ort verschiebe *(quod mare tam Mediterraneum quam Oceanus mutatur de loco ad locum)*. Die Ursache dieser Bewegung habe man in der Bewegung des Sternhimmels zu suchen. Zum Beweise für ihre Aussage führen sie die mannigfachen Gestaltungen der Berge, Hügel und Thäler an. Denn die Gipfel der höchsten Gebirge und die Tiefen der Thäler sind nur dadurch entstanden, dass die Meereswelle hier die Erdmasse zerstörte, um sie dort aufzubauen. Dieses mit Wasser gemischte Erdreich bildete zunächst noch einen breiigen, chaotischen Schlamm und erst durch Hinzutreten der Kälte (?) wurde die Feuchtigkeit aus demselben entfernt. So bildete sich der Stein[1]) und deshalb seien auch alle Berge reich an Steinen. Da es nun aber bergartige Erhebungen auf der ganzen Erde gibt, so meinte man, müsse diese sämmtlich das Meer gebildet haben, welches erst im Laufe der Zeit den Ort dieser seiner früheren Thätigkeit verlassen hat und somit habe man also einen Beweis, dass sich der Ocean von Ort zu Ort vorwärtsschiebt. Noch ein anderes Moment führt Albert an, welches die Anhänger dieser Lehre nicht zum wenigsten in ihrem Irrthum bestärkt hat: Es grub Jemand einen Brunnen und als er in die Tiefe bis zu einer schlammigen Erdschicht vorgedrungen war, fand er daselbst das Steuerruder eines großen Schiffes; hieraus glaubte er schließen zu müssen, dass an jener Stelle einst das Meer gestanden habe, wenn dies auch nicht mehr in der Erinnerung der Menschen wäre; denn die Umsetzung des Meeres findet nicht plötzlich, sondern allmählig während vieler Jahrhunderte statt *(quia non permutatur mare de loco ad locum, nisi per saecula multorum longa hominum sibi succedentium, ita quod longitudo illa comprehenditur memoriis hominum)*.[2]) Wir ersehen jedenfalls hieraus, dass säkulare Hebungen und Senkungen der Festlandmassen auf Grund beobachteter Verschiebungen der Strandlinie bereits in den Kreis ihrer Untersuchungen getreten waren. Freilich gingen die Deutungen dieser seltsamen Erscheinung noch verschiedene Wege, wenn man auch darin einig war, dass diese nur durch die Gestirne verursacht sein kann. Während aber die einen sie auf die attractive Wirkung derselben zurückführen zu müssen glaubten, sieht Albert den Grund vielmehr in ihrer austrocknenden Thätigkeit.

Wie wir oben gesehen, hatte man das Emportauchen des Festlandes zum Theil auf die Anziehungskraft des Sternhimmels zurückgeführt. Dasselbe Resultat erzielte eine andere Hypothese, welche die Anziehungskraft nicht auf den Erdkörper selbst, sondern auf den Wasserkörper wirken ließ; denn auch dann musste ja das Antlitz der Erde zum Vorschein kommen. Man ging noch einen Schritt weiter, wenn man es bei der bloßen excentrischen Lagerung beider Sphären nicht bewenden ließ, sondern entsprechend der Rotation der Sterne eine gleiche Bewegung auch dem Wasser zusprach. Diese Lehre weist Albert als völlig unhaltbar zurück. Er geht die einzelnen Gestirne durch und zeigt, dass sie diesen Einfluss nicht üben könnten. Wäre es beispielsweise der Mond, so müsste die gesammte Wassermasse sich in 28 Tagen einmal um den Erdkörper wälzen. Die Folge hiervon wäre, dass alle Agricultur zu

[1]) Alb. Magn. propr. elem. c. II. t. V. p. 301: Terra autem commixta aquis maris facta est lutum conglutinosum et ex illo facta est primo talem humiditatem extrahens. Secundo autem algido respersum humidum comprimente factus est lapis.

[2]) Alb. Magn. propr. elem. l. c. und später noch einmal . . . ita quod mutationes istae quae non sunt nisi post multa saecula, non sunt in recordatione.

Grunde ginge, was doch nicht der Fall ist. — Beim Mercur und Venus würde dieses alle 10 Monate eintreten müssen, bei der Sonne jährlich einmal, beim Jupiter alle 12 Jahre, beim Saturn alle 30 Jahre, bei vereinigter Wirksamsamkeit von Saturn und Jupiter alle 20 Jahre. Würde jedoch der ganze Fixsternhimmel, welcher alle 100 Jahre um einen Grad vorrückt, die Rotation des Wassers veranlassen, so würde der Kreislauf erst in 36000 Jahren vollendet sein.[1]) Der Ausschlag müsste sich an Städten und anderen topographischen Fixpunkten zeigen, wenn hier das Meer vor- oder zurückgeht. Wir sehen aber nicht, dass irgend etwas dieser Art eintritt; auch ist uns hierüber nichts ähnliches aus vergangener Zeit durch Chroniken überliefert worden. Das Zurückweichen des Meeres an der englischen und flandrischen Küste ist nicht auf natürlichem Wege geschehen, sondern durch die Thätigkeit des Menschen, durch Aufführen von Dämmen u. dgl. m.[2]) Auch den Einwand, dass Ägyten einst unter Wasser lag und demnach eine sehr junge Landbildung sei, sucht Albert zu entkräften, da man hier nicht eine *permutatio* des Meeres *super circulum terrae* anzunehmen habe, sondern den gewöhnlichen Fall einer Austrocknung des Meeres. Was er hier nur andeutet, hat er in der Meteorologie weiter ausgeführt. *Dico enim generaliter quod quaecunque terra superficie rorida est et humida: est enim roridus humor in superficie et humor est humidus in profundo: cum, inquam, siccatur talis terra, ipsa primo venit ad temperiem antequam incipiat abundare in superficie siccitas et tunc rarificatur commixtio eius quae est ex humido et sicco: et tandem invalescente calore solis et virtute stellarum calidarum super eam, erit superficies sicca et tunc iterum commixtio eius erit corrupta et erit sterilis.*[3]) Jedoch geht dieser Process nun sehr allmählich vor sich; denn das Erdreich trocknet nicht mit einem Schlage aus *(nec loca illa simul exiccata sunt, sed successive locus post locum* und später *non tamen simul accidit ubique, sed successive).* Was wir hier beim Nil beobachten, tritt noch häufiger mitten im Meere auf. So werden bisweilen Stellen, welche tief unter dem Merresspiegel liegen, ausgetrocknet und hinwiederum andere, die trocken liegen, in die Tiefe versenkt.[4]) — Diese eigenartigen Erscheinungen lassen sich nur durch den Lauf der Sonne *(motus solis)* erklären sowie durch außerordentliche Vorkommnisse in der Sternenwelt, wenn mehrere Planeten in Conjunction treten u. dgl. Sie vermögen periodenweise ein wärmeres Klima hervorzurufen und so kommt es, dass der Winter, welcher eine Reihe von Jahren zu rauh ausfiel, plötzlich wärmer wird; und dasselbe findet beim Sommer statt. Jenen oben beschriebenen Fall, dass sich ein Steuerruder im Brunnen vorfand, muss man folglich dahin erklären, dass dieses bereits in ältester Zeit durch irgend einen Zufall hineingerathen, dass sodann Erde darüber geschüttet und die Kälte derselben es vor Fäulnis geschützt habe — oder dass irgend einmal in früherer Zeit das Meer an jener Stelle stand und dieses erst später durch Menschenhand abgedämmt und zurückgedrängt wurde. Auch in Köln fanden sich *paramenta mirabilis schematis et decoris* in Brunnen, was auf frühere Bewohner in alter Zeit *(antiquitus)* schließen lässt.[5])

---

[1]) Alb. Magn. l. c. V. p. 302.

[2]) Alb. Magn. l. c. V. p. 303.

[3]) Alb. Magn. Meteor. t. II. p. 52.

[4]) Alb. Magn. l. c.: Amplius autem in mari accidit aliquando, quod loca, quae profunda erant aliquando in abysso aquae, exiccantur, et loca, quae sicca erant, profundantur, sicut accidit in Pentapoli, quod profundata est in mari rubro.

[5]) Alb. Magn. propr. elem. V, p. 303.

Nach Albert's Ansicht sind es vorzüglich zwei Momente, die der Berg- und Thalbildung zu Grund liegen, von denen das eine von universaler, das andere nur von partieller Bedeutung ist.

Berge entstehen infolge von Erdbeben; wenn die Erdkruste an der Stelle, wo das Erdbeben stattfindet, dicht gefügt und nicht leicht reißbar ist, so wird der Boden durch den besonders starken, unterirdischen Wind in die Höhe gehoben und bildet so einen Berg. Weil nun Erdbeben meist in der Nähe von Meeren und sonstigen Gewässern stattfinden, so treten an Meeresküsten auch häufig die höchsten Gebirge auf.[1]) Im 2. Buch seiner Meteorologie beschreibt er uns die Bildung jener Höhlen, in denen der Erdbeben verursachende Dampf sich entwickelt. Durch die Sonnen- und Sternwärme wird die Feuchtigkeit in der Erde aufgesogen und es bilden sich Poren und Spalten, wie wir dies häufig in sumpfigen Gegenden beobachten, wo die von der Sonne trocken gelegten Stellen Risse bekommen. Was hier im kleinen an der Oberfläche geschieht, findet im Großen im Innern der Erde statt. Der Dampf zehrt die gesammte Feuchtigkeit in seiner Umgebung auf, wodurch jene Hohlräume entstehen. Die obere Decke derselben wird dann durch den sich stets verstärkenden Druck des Dampfes nach oben getrieben und hat so die Bergbildung an der Außenseite zur Folge.[2]) Die Festigkeit jener Stelle, wo ein Berg entstehen kann, ist wesentlich in den compacten Felsmassen zu suchen, welche ursprünglich aus einer schlammigen Masse bestanden und erst durch hinzutretende Wärme ausgetrocknet und zu einer Felsmasse verdichtet wurden. Ein Beweis hierfür sind die vielen Seethiere und Trümmerreste von Schiffen, die vielfach in anstehendem Gesteine eingeschlossen im Schoß der Berge sich vorfinden, und welche dorthin nur durch den Meeresschlamm gekommen sein können, denn jene Stelle des Meeres wurde durch ein Erdbeben über den Wasserspiegel gehoben und dann durch die Wärme zu Stein ausgedörrt.

Eine fernere Ursache zur Berg- und Thalbildung ist nur von untergeordneter Bedeutung. Sie ist jene Erosions- und Alluvialtheorie, die wir schon bei den Kirchenvätern kennen gelernt haben. *Tollit enim mare aut undis aut accessu aut recessu multam terram et addit eam super aliam et generat montem in partem unam et vallem in partem aliam: et ad hoc operatur id quod in praecedenti opinione inductum est, quod terra rara et mollis et rasilis est: et ideo in ea frequenter sunt valles et iuxta montes ubi durior est et tenacior et radi non potest.* Was hier das Meer bewirkt, das kann in der Wüste durch den Wind verursacht werden. Denn in solchen Gegenden erfassen die Winde den Sand und lagern

---

[1]) Alb. Magn. l. c. V. p. 327: . . . montes nascuntur ex terrae motu ubi superficies terrae solida est et compacta et scindi non potest: tunc enim ventus fortiter multiplicatus et agitatus elevat locum illum in sublime et facit montes: et quia terrae motus frequenter habet naturam iuxta mare et iuxta aquas claudentes aliquos poros terrae, ne evaporet vapor terreus in visceribus terrae clausus, ideo iuxta mare et iuxta aquas frequentissime nascuntur altissimi montes.

[2]) Alb. Magn. Meteor. II. tr. 2. c. X. p. 49: continuo autem calore solis et stellarum agente in ipsum humidum quod erat in poris eius, exhalavit et facti sunt pori et foramina concava, sicut expresse videtur in locis paludosis exiccatis, ubi terra scinditur, et fiunt illae scissurae magnae in terris calidis et in tempore calido. Sicut autem fit in superficie terrae, ita est sub terra, quod vapor congregatus et inclusus exhalare non potens resolvit terram humorosam et facit specus in ipsa et tantus potest esse, quod si solida est, super ipsum elevat eam et facit montem collem parvum vel magnum, eo quod vaporosum quaerit maiorem locum: et ideo sub montibus hujus specus frequentius sunt.

ihn an einer anderen Stelle ab und so entsteht ein kleiner oder großer Berg, je nach der Menge des Sandes. Tritt dann außerdem noch Feuchtigkeit hinzu, so beginnt auch hier wieder der Versteinerungsprocess. Bleibt diese fern, so besitzen diese Sandberge nur an der Oberfläche durch das auf ihr wachsende Kraut- und Wurzelwerk eine leidliche Cohärenz. [1])

2. Anschwellung der Erde im Norden.

Eine der merkwürdigsten Lehrmeinungen in der physischen Erdkunde des Mittelalters ist die Annahme eines hohen Gebirges im Norden der Erde. Wir hatten dasselbe schon vorher bei Besprechung der Kosmologie des Kosmas Indikopleustes kennen gelernt, welcher es als das nothwendige Requisit verwendete, um den nächtlichen Aufenthalt der Sonne zu erklären. »Die nördlichen und westlichen Gegenden der Erde, sagt er, sind bei weitem die höchsten, die südlichen dagegen verhältnismäßig niedrig. Und so breit die Erde ist, welche selbst unmerklich niedrig liegt, um so viel höher wird sie nach N und W zu befunden; und weiter darüber hinaus liegt der Ocean für sie in der Tiefe, während die östlichen und südlichen Regionen denselben im gleichen Niveau haben.« [2]) An einer späteren Stelle spricht er direkt von einem Berge, dem er die Gestalt eines κῶβος gibt, ganz so wie es die im Codex Laurentianus erhaltenen Ideogramme zeigen. Darnach hätten wir uns also die Erde allmälig von SO nach NW zu anschwellend zu denken, während sie außerdem noch im N von einer Bergkuppe gekrönt ist.

Schon vor ihm hatte Ephräm desselben Gegenstandes Erwähnung gethan; er spricht sogar von zwei aus Krystallfelsen bestehenden Bergen, die nach seiner Angabe »die Warzen des Nordens« genannt werden. [3]) Auch der Pseudo-Caesarius lässt, wie wir gesehen, zu demselben Zweck wie Kosmas die Erde zu einem hohen Gebirge im Norden anschwellen, welches er in den kappadokischem Bergland erkennen zu müssen glaubte. [4]) (s. o.)

Aber prüfen wir zunächst, wie man zu diesem eigenartigen Gedanken einer nördlichen Erdanschwellung kam und richten wir daher unsere Blicke auf das Alterthum, jenen universellen Born mit seiner Fülle von Ideen für eine geistesarme Zeit.

Wir haben auch bei den Alten zwischen allmäligem Ansteigen des Bodens vom Südrande bis zum Nordrande der Oikumene und der Existenz eines nördlichen Gebirges zu unterscheiden, wenn auch beide Annahmen nur als der verschiedene Ausdruck einer und derselben Theorie zu verstehen sind. Für das erstgenannte Moment liegen uns zwei Citate in der Pseudo-Plutarchischen Schrift *De placitis philosophorum* vor. Dieselbe ist, wie Herm. Diels überzeugend nachgewiesen, nur ein Auszug aus den *Placita* des Aëtius aus der Mitte des II. Jahrhunderts, der seinerseits aus den älteren *placita* eines Anonymus des I. vorchristlichen Jahrhunderts schöpfte. — Darnach hätte Empedokles von Agrigent die Behauptung aufgestellt, dass die Südhälfte der Erdscheibe sich gesenkt habe, weil die Luft der im Süden wirkenden Sonnengluth von dort nach

[1]) Alb. Magn. l. c. V, 327.
[2]) Kosmas 68, 88.
[3]) Ephraemi opp. syr. T. I. p. 121. F. 5.
[4]) Caesar. l. c. 38, 964.

Norden entwichen sei.[1]) Auch Leukipp und Demokrit schlossen sich dieser Ansicht an, nur dass letzterer für diese Erscheinung eine andere Ursache angab, indem er behauptete, die Erdscheibe habe wegen des üppigen Pflanzenwuchses auf der südlichen Kreishälfte eine Störung in ihrem Gleichgewicht und dadurch eine Neigung nach Süden erlitten.[2])

Die Übereinstimmung der antiken und mittelalterlichen Aussagen über das Geneigtsein der Erdscheibe sind zu sehr in die Augen springend, als dass wir hier nicht eine Abhängigkeit zu vermuthen hätten. Freilich ist es eine andere Frage, wie wir diese zu erklären haben. Natürlich kann die Vermittlung auch nur durch jene Placita oder doch jedenfalls durch einen Auszug aus dritter, vierter oder späterer Hand erfolgt sein.

Die Consequenz, die Kosmas weiter aus dieser Annahme zieht, scheint sein eigenes Geistesproduct zu sein, wenn er auch behauptet, dass sie das Resultat gemachter Beobachtungen anderer sei. Er erinnert an den Sprachgebrauch, dass die auf dem Ocean nach N. oder W. fahrenden Ἀναβόλεις genannt werden, weil sie hinauf und infolge dessen langsam fahren. Bei der Rückkehr aber, wo sie von höheren nach tieferen Gegenden gelangen, fahren sie schneller und legen die Fahrt in wenigen Tagen zurück. Und die zwei Flüsse Tigris und Euphrat, die von N. d. h. aus Persarmenien nach S. fließen, haben eine bei weitem schnellere Strömung als dies beim Nil, d. h. dem Geon der Fall ist. Denn dieser wird von tiefliegenden Ländern nach den höheren nördlichen gedrängt und fließt bergauf, hat daher eine viel langsamere Strömung.[3]) — Zu vergleichen ist hier ferner eine Angabe Isidors, in der er gleichfalls die Anschwellung der Erde nach N. zu erwähnt, während sie sich nach S. zu um ebenso viel neigt.[4])

Die ganze Frage aber des allmählichen Ansteigens der Erde haben wir nothwendig im Zusammenhang zu betrachten mit der Sage von einem Berg oder Gebirge am Nordrande derselben. Schon die Alten waren über die nördlichen Gegenden Europas sehr im Unklaren. Zweifelhafte Nachrichten von Gebirgen, von deren geographischer Lage man sich keine rechte Vorstellung machen konnte, gaben zu allerlei Muthmaßungen Anlass. Der Name der Rhipäen taucht daher allenthalben auf,

---

[1]) Plut. de plac. philos. II, 8: Ἐμπεδοκλῆς τοῦ ἀέρος εἴξαντος τῇ τοῦ ἡλίου ὁρμῇ, ἐγκλιθῆναι τὰς ἄρκτους, καὶ τὰ μὲν βόρεια ὑψωθῆναι, τὰ δὲ νότια ταπεινωθῆναι, καθ' ὃ καὶ τὸν ὅλον κόσμον. Cf. Diels Doxogr. 337.

[2]) Plut. l. c. III, 12: Λεύκιππος παρεκπεσεῖν τὴν γῆν εἰς τὰ μεσημβρινὰ μέρη, διὰ τὴν ἐν τοῖς μεσημβρινοῖς ἀραιότητα. — Δημόκριτος, διὰ τὸ ἀσθενέστερον εἶναι τὸ μεσημβρινὸν τοῦ περιέχοντος, αὐξομένην τὴν γῆν κατὰ τοῦτο ἐγκλιθῆναι. — Hiermit zu vergleichen sind zwei andere Stellen, die nur im Allgemeinen von dem Höhersein der nördlichen Gegenden sprechen. Anaximenes in Hippolyt. Ref. I, 7 Diels, Doxogr. 560 und Arist. Meteor. II, 1, 15: Περὶ δὲ τοῦ τὰ πρὸς ἄρκτον εἶναι τῆς γῆς ὑψηλὰ σημεῖόν τι καὶ τὸ πολλοὺς πεισθῆναι τῶν ἀρχαίων μετεωρολόγων τὸν ἥλιον μὴ φέρεσθαι ὑπὸ γῆν, ἀλλὰ περὶ γῆν καὶ τὸν τόπον τοῦτον, ἀφανίζεσθαι δὲ καὶ ποιεῖν νύκτα διὰ τὸ ὑψηλὴν εἶναι πρὸς ἄρκτον τὴν γῆν. Cf. Ideler ad Arist. Meteor. I. p. 506. — Schaubach: Geschichte der griechischen Astronomie p. 137 Berger: Eratosthenes p. 68 Anm. 2.

[3]) Kosmas, 88, 68 f.: Ἐξ αὐτῶν δὲ τῶν πραγμάτων ἔνεστιν ἰδεῖν ὅτι οἱ πλέοντες τὰ βόρεια καὶ δυτικὰ μέρη, Ἀναβόλεις καλοῦνται, ὡς ἄνω που ἀνερχόμενοι καὶ βραδυπλοοῦντες ἐν τῷ ἀνέρχεσθαι· ἐν δὲ τῷ ἐπιστρέφειν ὡς ἐξ ὕψους ἐπὶ τὰ κάτω ἐρχόμενοι, ταχυπλοοῦντες, καὶ δι' ὀλίγων ἡμερῶν τὸν πλοῦν ἀνύοντες. Καὶ οἱ δύο δὲ ποταμοὶ Τίγρης καὶ Εὐφράτης, ἀπὸ τῶν βορείων μερῶν, τουτέστι Περσαρμενίας, ἐπὶ τὰ νότια κατερχόμενοι, πολλὰ πάνυ ῥεύματα ἔχουσι πλεῖον πολὺ τοῦ παρ' ἡμῖν Νείλου ποταμοῦ, τουτέστι τοῦ Γηών. Ὁ γὰρ Νεῖλος οὗτος ποταμὸς, ἀπὸ τῶν χθαμαλῶν καὶ νοτίων τόπων ἐπὶ τὰ ὑψηλότερα καὶ βόρεια μέρη ὠθούμενος καὶ ἄνω που τρέχων ὁμαλώτερα πάνυ ῥεύματα ἔχει.

[4]) Isid. de nat. rer. No. IX. p. 21: Formatio autem mundi ita demonstratur. Nam quemadmodum erigitur mundus in septentrionalem plagam ita declinatur in australem. — Cf. Isid. Origg. III, 29.

bei Geographen nicht minder wie bei Dichtern und stets verband man mit ihm den Begriff des Rauhen und Wilden. Aus einer Höhle an der Südseite der Rhipäen strömt wie ein Fluss aus einer Quelle der Boreas hervor. Schnee und Eis hüllen das Gebirge ein und ein ewiger eiskalter Winter ohne Wechsel der Jahreszeit herrscht dort.[1]) Es wäre ein vergebliches Bemühen, irgend welche Localisierung des Namens vornehmen zu wollen, wie dies von anderer Seite vielfach geschehen; auch die Etymologisierungsversuche desselben sind von zweifelhaftem Werthe.[2])

Es kommt nun aber noch hinzu, dass die Rhipäen nicht das einzige Gebirge dieser Art waren, dass man vielmehr im Gegensatz zu ihnen auch von der Existenz hyperboreischer Berge sprach. So machten Eustathius und Aethicus einen Unterschied zwischen beiden, während andere beide identificierten und Stephanus die Rhipäen nur für einen einzelnen Gebirgszug im Gebirge des Hyperboreer hielt.[3]) Wie sich die Sache nun auch verhalten mag, für uns hat zunächst nur die einfache Thatsache Wichtigkeit, dass im Norden der Erde allgemein ein gebirgiges Hochland angenommen wurde.

Im Mittelalter aber sollten die nördlichen Berge auch noch eine andere Rolle spielen.

Wir wissen, welche Örtlichkeit man dem Paradiese angewiesen, um demselben eine möglichst isolierte Lage zu geben. Nicht genug, dass man es jenseits eines unbeschiffbaren Oceans verlegte, so dachte man es sich auch häufig auf einem hohen Berge liegend, dessen Höhe alle diejenigen der Erde übertraf. »Die Höhen aller Berge liegen unter seiner Höhe,« sagt Ephräm. »Zu seinem äußersten Rande nur gelangte das Haupt der Sintfluth, seine Füße küsste sie und betete sie an und wendete sich hinabzusteigen und zu berühren das Haupt der Berge und Höhen.«[4]) Stufenweise baut es sich dort auf und jede höhere Stufe schließt den Genuss eines höheren Ruhmes in sich. Johannes von Damascus lässt es höher über die Erde emporragen und stattet es mit der reinsten und feinsten Luft aus.[5]) Ihm schließt sich Moses Barcepha, der Bischof von Beth-ramam und Beth-ceno an.[6]) Auch auf den kartographischen Darstellungen findet sich dieser Gedanke wiedergegeben. So auf der von d'Avezac 1866 entdeckten Karte von St. Sever[7]) und auf der Karte des Richard von Haldingham.[8]) Zu vergleichen hiermit sind ferner die Angaben des Johannes von Marignola, des Bischofs von Bysinia in Calabrien, welcher im Jahre 1339 von Papst Benedict XII. mit einer Gesandtschaft an den Groß-Chan nach Cambaluc oder Cambalech (Peking) betraut, bei der ihm gebotenen Gelegen-

[1]) Ripaei montes (Ῥίπαια oder Ῥιπαῖα ὄρη bei Ptolemaeus).

[2]) Hierin ist besonders stark gefrevelt worden. Die Alten leiteten den Namen von ῥιπτεῖν (Serv. Georg. III. 382) her, weil der Boreas aus dem Gebirge geschleudert würde. Nicht weniger abenteuerlich sind die modernen Erklärungsversuche, indem man es vom ostjakischen Rhiaph = Berg ableitete, vom angelsächsischen hrof = Dach, vom deutschen Riff oder vom tatarischen rif-aet = hoch (St. Croix zu Vib. Sequest. p. 365) oder von reep = Berg (Schlözer, Allg. Welthist. Th. XXXI, p. 112). — alles nur willkürliche Vermuthungen, die sprachwissenschaftlich nicht im mindesten haltbar sind.

[3]) Eustat. zu Dionys. Perieg. 314 Aethicus 717. Stephan. Byz. 654.

[4]) Ephraem. opp. syr. t. III, p. 563, B. 4; B. 6; t. I, p. 23. C. 1.

[5]) Joann. Damasc. 94, 912: πάσης τῆς γῆς ὑψηλότερος κείμενος· εὔκρατος δὲ, καὶ ἀέρι λεπτοτάτῳ καὶ καθαρωτάτῳ περιλαμπόμενος.

[6]) Moses Barcepha, Comm. de Paradiso cap. 9.

[7]) Im Bulletin de la Soc. de Géogr. 1877, und im Bolletino della società geogr. ital. 1882.

[8]) Bei Jomard, Monuments de la geographie.

heit auch das Paradies besuchte und beschrieben hat.[1] »Wir gelangten, sagt er, zu dem berühmten mons Seillanus (Ceylon) dem Paradiese gegenüber, welches, wie die Einwohner nach Überlieferung ihrer Väter erzählen, nur 40 italienische Meilen davon entfernt liegt, sodass man die Wasser rauschen hört, die herabstürzen aus der Quelle im Paradiese. Es ist aber das Paradies ein vom östlichen Ocean umgrenzter Ort jenseits des columbinischen Indiens dem mons Seillanus gegenüber und um so viel höher als die Erde, dass er, wie Johannes Scotus bezeugt, bis an die Mondscheibe reicht.«

Wie wir aus allen diesen Stellen ersehen, war es eine ziemlich geläufige Vorstellung geworden, das Paradies auf Bergeshöhen sich zu denken: für unseren vorliegenden Zweck kommt aber noch ein anderes Moment hinzu, welches mit dem ersteren vielfach in Verbindung gebracht wurde. Das Paradies wurde meist nach Osten hin verlegt, ganz so wie es die Bibel (Genes. II, 8) vorschrieb; dies hinderte aber nicht, dass dennoch Abweichungen von dieser Angabe sich zeigen und dass allmählich das Paradies weiter nach Norden rückte, eine Thatsache, auf die auch Marinelli schon aufmerksam gemacht hat.[2] Bei Ephräm und Kosmas legt es sich sogar ringförmig um die ganze Erde herum. Das Paradies »im Norden und auf einem Berge« ist aber nur durch falsche Deutungen von Bibelversen, wie Ezech. 28. 14 und Jes. 14, 14: »Ich will mich setzen auf den Berg des Stiftes, an der Seite gegen Mitternacht« in Aufnahme gekommen und wurde meines Erachtens befördert, wenn nicht überhaupt veranlasst durch antike Reminiscenzen von jenem nördlichen Gebirgswall.

Mit der eranischen Anschauung hingegen von der gleichfalls im Norden liegenden Haraberezaiti, wo keine Nacht, keine Finsternis, kein kalter und kein heißer Wind, ein ewig mildes Klima herrscht, hat die christlich-mittelalterliche nicht das geringste zu thun; und ebensowenig mit dem indischen Götterberge Meru, trotzdem der Ursprung von vier Flüssen auf demselben sehr zu einer Identification mit den vier Paradiesflüssen auffordert.

Anderseits steht aber eine Kenntnis der griechisch-römischen Nachrichten von den Rhipäen und hyperboreischen Bergen als gesichert fest. So heißt es — um nur ein Beispiel anzuführen — bei Isidor: *Hyperborei montes Scythiae dicti, quod supra id est ultra eos flat Boreas. Ripaei montes in capite Germaniae sunt a perpetuo ventorum flatu nominati.* Nam ῥιπή graece impetus et ὁρμή dicitur ἀπὸ τοῦ ῥίπτειν.[3]

Die Rhipäen scheinen also auch dem Mittelalter noch als ein rauhes, von Schnee und Eis umstarrtes Gebirge, als die Heimat des Boreas bekannt gewesen zu sein und sie tragen alle Eigenschaften an sich, die man als wenig paradiesisch bezeichnen muss. Gleichwohl brachte man dieses Gebirge dennoch mit dem Paradiese in Zusammenhang — in Rücksicht nämlich auf das jenseits desselben liegende Land des vom Gewebe der Sage umsponnenen, fabelhaften Volkes der Hyperboreer.

---

[1] In die ihm von Karl IV. aufgetragene Abfassung einer Chronik von Böhmen flocht er die Resultate seiner Reise mit ein. Nach dem Prager Manuscripte herausgegeben von Dobner: Monumenta historiae Boemiae 1768 t. II. Neuerdings sind die auf das Paradies bezüglichen Stücke von Gubernatis veröffentlicht in dessen Storia dei viaggiatori italiani nelle Indie Orientali. Livorno 1875. — Vergleiche auch die Monographie von Meinert: Joh. von Marignolas Reise in das Morgenland. Prag 1820.

[2] Marinelli. Erdkunde bei den Kirchenvätern. p. 22.

[3] Isid. Origg. XIV. c. 8. p. 185.

Während das Gebirge selbst als der Inbegriff aller Unwirthlichkeit aufgefasst wurde und auch das südlich angrenzende Land einen gleichen Charakter an sich trug, indem es einige wegen der Kälte sogar für unbewohnbar hielten, änderte sich die Physiognomie des Landes, sobald man die Rhipäen überschritten. Hier wohnte ein überaus glückliches Volk in Ruhe und Frieden. Ihr sonniges durch Milde des Klimas begünstigtes Land war nach jeder Seite hin mit Vorzügen ausgestattet. Nur einmal ging bei ihnen im Jahre die Sonne auf und nur einmal unter, z. Z. der Frühlings- und Herbstnachtgleiche — ein halbjähriger Tag folgte einer halbjährigen Nacht und die sagenhaften hellen Nächte des Nordens scheinen, wie Preller richtig vermuthet, auch hierbei mitgewirkt zu haben. Jene Hyperboreer wohnen in Gärten und Hainen, essen kein Fleisch, sondern nur Baumfrüchte, kennen weder Krieg noch Streit, weder Alter noch Krankheit und alle sind durch das Gelübde der ewigen Unschuld gebunden. Sie waren das priesterliche Volk Apollos, dem ihr heiliger Dienst geweiht war, und der in ihrem Lande seine Wohnung hatte.[1]) So haben denn auch die Dichter dieses paradiesische Schlaraffenleben der Hyperboreer häufig zu poetischer Darstellung gebracht und hierbei ebenso oft der Rhipäen Erwähnung thun müssen, wie denn schließlich Rhipäen und Hyperboreer zwei unzertrennliche Namen geworden waren. Auch der Name „Hyperboreer“ selbst weist auf jene „Berge“ hin, denn er bedeutet Ultramontani = die jenseits der Berge, nicht: die jenseits des Nordwindes, wenn sich dies sachlich auch halten liesse.[2])

Wenn wir nun aus unseren bisherigen Betrachtungen das Facit ziehen, so ergibt sich für uns folgendes: Es hat sich die griechische

[1]) Noch bei Baco findet sich eine Darstellung dieser Art, op. mai. p. 227: Et ultra Russiam ad aquilonem est gens Hyperborea, quae sic nominatur a montibus magnis, qui vocantur Hyperborei. Et haec gens propter aeris salubritatem vivit in sylvis, gens longaeva, usquequo fastidiant mortem, optimarum consuetudinum gens quieta et pacifica nulli nocens nec ab alia gente molestatur. Sed alii confugiunt ad eam sicut asylum. Cf. l. c. p. 193. — Außerdem vergleiche Avien. or. marit. 648. Clemens Alex. Strom. p. 305 Cyrill. adv. Justin. IV, 134. Pind. Pyth. X. Plin. h. n. IV, 89. — Cf. Preller: Griech. Mythologie, 4. Aufl., herausgeg. von C. Robert. Berlin 1886. I, 242—246. In Betreff der hellen Nächte siehe Müllenhoff: Deutsche Alterthumskunde I, 5.

[2]) So Herodot schon IV, 36, der behauptet, dass wenn es „Übernordwindige“ (ὑπερβόρεοι ἄνθρωποι) gebe, es ebenso auch »Übersüdwindige« (ὑπερνότιοι) geben müsse. — Die Etymologie des Wortes hat ebenso Irrthümer im Gefolge gehabt, wie die von Rhipäen. Da die Rhipäen als der Ursprungsort des Boreas galten, so lag die Deutung auf Übernordwindige nahe. Das Wort Boreas selbst aber scheint keine andere Bedeutung gehabt zu haben als »Bergwind« im allgemeinen und wurde erst auf die aus dem thrakischen Berglande, als für die Griechen von Norden her wehenden Böen angewendet. Schon Joh. Heinr. Voss wollte in Boreas das nördliche Gebirge bezeichet wissen und Völcker (Mythische Geographie p. 146) erklärte es fälschlich aus Oreas mit vorgeschlagenem B entstanden. — Das Wort aus griechisch ὄρος abzuleiten ist unmöglich, da der Vorschlag eines anlautenden β sich nicht erklären lässt. Aber ebenso falsch ist es, wenn G. Curtius (Grundzüge der griechischen Etymologie. 5. Aufl., Leipzig 1879. p. 348) vor ὄρος ein verlorenes Digamma nachweisen will, das später in β sich verwandelt habe; denn dann müsste sich dies auch in dem blossen ὄρος zu erkennen geben, was nicht der Fall. Dagegen lässt sich βορέας sprachlich sehr wohl mit sanskrit. giris und slaw. gora in Zusammenhang bringen. So bezeichnet gora in allen slavischen Sprachen (slovenisch, bulgarisch, serbisch, polnisch, russisch, niedersorbisch und mit dialektischen Änderungen auch im cechischen, klein-russischen etc.) = Berg (Miklosich: Etymologisches Wörterbuch der slavischen Sprachen, Wien 1886, p. 73). Uns liegen also in jenem g des Slavischen und β des Griechischen nur verschiedene Lautwandlungen des ursprünglichen indogermanischen Velars vor. Denselben Gedanken hat, wie ich nachträglich sehe, neuerdings auch F. de Saussure ausgesprochen (Mémoire sur le système primitif des voyelles dans les langues indo-européennes. Paris 1887, p. 264.)

Sage einer nördlichen Erdanschwellung, sowie die eines jenseits derselben in der Fülle des Glückes lebenden Urvolkes auch noch im Mittelalter nachweisbar erhalten. (Isidor, Baco.) Dieselbe zeigte eine entfernte Ähnlichkeit mit der biblischen Paradieserzählung und verschmolz allmählich mit dieser. Freilich finden sich nicht alle Einzelheiten der antiken Sage in derselben Zusammengehörigkeit in der mittelalterlichen wieder; bald ist nur das eine, bald das andere aus jener herausgenommen und mehr oder weniger mit dieser vereinigt worden. Einmal ist es die nördliche Lage, ein anderesmal das Local eines Berges. Beide Momente fanden einige schwache Stützpunkte durch die Bibel. Das Hyperboreerland liegt zwar hinter jenen Bergen. Ein Analogon hierfür findet sich unter anderen bei Moses Barcepha, der von „äußerst rauhen und unwegsamen Bergen“ spricht, hinter denen das Paradies liegen soll.[1]) Sonst hat man es meist auf den Berg selbst verlegt. Nur mit Hilfe der Hyperboreersage lässt sich auch die Thatsache erklären, dass einzelne Exegeten den Pischon des Paradieses für die Donau hielten; denn die Donau ist speciell ein Fluss des Hyperboreerlandes (s. oben pag. 90). — Anderseits wurde dieser nördliche Berg auch zur Erklärung des nächtlichen Verschwindens der Sonne verwendet, eine Annahme, die, wie gezeigt, gleichfalls auf antiker Grundlage sich aufbaut.

So durchsetzen sich und verschmelzen oft die heterogensten Anschauungen verschiedener Zeiten miteinander und das Anfangs unerklärliche, complicierte mittelalterliche Sagengebilde löst sich schließlich in die einfachsten Elemente auf, deren Wurzeln sämmtlich bis ins Alterthum hinaufreichen.

3. Vulkanismus.

Wie den nur sehr allmählig sich vollziehenden Veränderungen der Erdoberfläche, so hatte man auch den mit großer Gewalt und meist plötzlich auftretenden vulkanistischen und seismischen Erscheinungen[2])

---

[1]) Moses Barcepha, Comment. de Paradiso cap. 12.

[2]) Da wir die Erdbebenkunde der physischen Geographie im engeren Sinne nicht zurechnen können, so beschränken wir uns darauf, eine kurze Skizze ihrer historischen Entwickelung zu geben. Während Thales in den Erdbeben nur ein Schwanken der Erdscheibe erkennen wollte, führte sie Anaximenes auf das allmähliche Austrocknen des Erdkörpers zurück, welcher dadurch Risse und Sprünge bekommt und so die Erschütterungen veranlasst. Nahm Demokrit das vom Winde aufgerüttelte Wasser im Innern der Erde als treibenden Factor an, so sah Aristoteles diesen vielmehr in den trockenen Dünsten, welche das Erdreich entwickelt und bei genügender Ansammlung als unterirdische Winde die Erdoberfläche in Mitleidenschaft ziehen. (Arist. Meteor. II, 7. Seneca VI, 13.) Dieser Ansicht huldigte auch die Mehrzahl der mittelalterlichen Kosmographen. Weist sie Kosmas Indikopleustes allerdings zurück (t. 88, 65) und lässt sie einfach auf Gottes Befehl erfolgen (88, 129 mit Hinweis auf Bibelcitate: Psalm 103, 32. Apostelgesch. 2, 4. Amos 9, 5) so finden wir sie dagegen unverändert vor bei Joh. Philoponos (IV, 10, p. 165. Τοῦ δὲ ἀέρος τοῦ εἰς αὐτὴν ἐναπολαμβανόμενα. μέγα τεκμήριον οἱ σεισμοὶ ἀναβράσσων), Isidor (nat. rer. c. XLVI, p. 76: . . . terram in modum spongiae esse conceptumque ventum rotari et ire per cavernas; cumque tantum ierit, quantum terra capere non possit, huc adque illuc ventus fremitum et murmura mittit, dehinc quaerentis vi viam evadendi, dum sustinere eum terra non possit, aut tremit aut dehiscit ut ventum egerat). Beda (nat. rer. c. XLIX, p. 121 meist Isidor folgend, doch bringt er noch einen Zusatz, aus dem eine Kenntnis der Seebeben hervorzugehen scheint (?), wenn es bei ihm heißt: Fiunt simul cum terrae motu et inundationes maris, eodem videlicet spiritu infusi vel residentis sinu recepti), Glykas (Ann. p. 13: οὐδὲν γάρ ἕτερόν ἐστιν ὁ σεισμὸς εἰ μὴ ὑπόγειος ἄνεμος), Honorius Augustodun. (imag. mundi p. 972, nach Beda), Neckam (nat rer. II, 48, p. 158), Gregor Reisch (Marg. phil. f. 202.) Eine umfangreiche Untersuchung über Erd-

seine Aufmerksamkeit zugewendet. Freilich nimmt die Lehre von den Vulkanen in ihren naturphilosophischen Untersuchungen nur ein kleines Feld ein, zumal da solche Berge ausschließlich in Südeuropa in ihrer Thätigkeit sich zeigen und ihre vielfach von erschütternden Katastrophen begleiteten Ausbrüche den meisten nur von Hörensagen bekannt waren. Es ist daher natürlich, dass entsprechend einer oberflächlichen Kenntnis der Vulkane die Erklärungsversuche ihrer Entstehung ebenso oberflächlich und phantastisch ausfallen mussten.

Es machte von vornherein Schwierigkeit, im strengen Anschluss an Aristoteles das Innere der Erde als eine feurige Masse aufzufassen, welche von Zeit zu Zeit einen Ausweg durch Spalten und Öffnungen der Erde suchte. Das Feuer nahm den höchsten, die Erde den tiefsten Ort im Weltall ein; beide Elemente waren als die heterogensten auch am weitesten von einander entfernt. Aber an der offenbaren Thatsache, dass die Vulkane Feuer und glühendflüssige Massen hervorspeien, ließ sich nicht rütteln und man musste daher, so schwer es sich auch bewerkstelligen ließ, unter der Erde, also entgegen der üblichen Reihenfolge der Elemente, Feuer voraussetzen. Gregor von Nyssa steht ganz auf aristotelischem Boden, wenn er sagt, dass die Erde in der Tiefe progressiv an Kälte zunähme; und diese Kälte erklärt er dahin, dass wegen des dichten Gesteines die Sonnenwärme nicht hindurch dringen kann (. . . ἔνθα μᾶλλον εἰκός ἐστι μηκέτι τὴν ἡλιακὴν θερμότητα διαδύεσθαι τῇ πυκνότητι τοῦ λίθου κωλυομένην) [1]) Dagegen meint Johannes Philoponos (trotz Aristoteles), dass die Erde im Innern Feuer bergen müsse, denn das zeigen die überall auf der Erde hervorsprudelnden warmen Quellen und die Feuerkessel auf Sicilien, Lipara und anderen Gegenden.[2]) Auch der Syrer Ephräm spricht von unterirdischem Feuer, welches nicht allein die Quellen erwärmt, sondern auch die organische Welt in ihrem Wachsthum befördert. „Damit nicht die Kälte die Bäume, Saaten und Pflanzen austrocknet und damit nicht die Menschen und Thiere vor Kälte erstarren, entzündete sich im Innern der Erde ein Feuer.“[3]) — Mit Berufung auf Patrikios, den Bischof von Prusa, glaubt auch Glykas, dass gleichwie Feuer und Wasser im Himmel sind, so auch beide unter der Erde sich vorfinden müssen.[4])

Das Wenige, was uns über vulkanistische Hypothesen aus dem Mittelalter erhalten ist, ist wesentlich eine Reproduction antiker Ideen; zu diesem Zweck hat besonders Justins *Epitoma historiarum Philippicarum* des Trogus Pompeius lib. IV, 1—12 gedient. Auf ihn stützt sich Isidor bei der Beschreibung des Aetnas. Ganz Sicilien, heißt es, zeigt eine sehr leichte und gebrechliche Bauart, welche durch die zahlreichen Höhlungen und Gänge seines Innern noch erhöht wird. Die letztgenannten sind von Schwefel und Erdpech *(sulphur et bitumen)* erfüllt und dem

beben hat Albertus Magnus geliefert (Meteor. lib. III, 2 und im liber de pass. aeris t. V, p. 339) gleichfalls auf aristotelischer Grundlage sich aufbauend. Überhaupt ist der Anschluss an Aristoteles ein so enger, dass man mit ihm die Erdbebenkunde stets als einen Theil der Meteorologie ansah. Auch neuerdings hat man ihr einen ähnlichen Titel zulegen wollen. Vgl. de Rossi: Meteorologia endogena. Milano 1879, 1882.

[1]) Gregor. Nyc. 44, 109, 112.

[2]) Joann. Philop. IV, 10, p. 165: Τοῦ δὲ ἐμφωλεύοντος αὐτῇ πυρὸς τὰ ἀναδιδόμενα πολλαχοῦ τῆς γῆς θερμὰ λουτρά, καὶ οἱ ἐν Σικελίᾳ, τοῦ πυρὸς κρατῆρες καὶ ἐν Λιπάρᾳ καὶ ἐν ἄλλοις πλείοσι τόποις, ἀπόδειξις ἀκριβής.

[3]) Ephr. op. syr. T. I, p. 121. D 1. E 1.

[4]) Glykas, Annal. p. 34: πῦρ γὰρ καὶ ὕδωρ ἐν τῷ οὐρανῷ εἶναι λέγει, ὡσαύτως καὶ ὑποκάτω τῆς γῆς πῦρ καὶ ὕδωρ.

starken Windzuge, welcher von außen Zutritt zu diesen Gängen hat, ist es zuzuschreiben, wenn sich jene leicht brennbaren Stoffe entzünden und reiche Nahrung finden. Infolge dessen sehen wir häufig Flammen, Dampf und Rauch an verschiedenen Stellen hervorbrechen. So ist der Aetna seit Jahrhunderten ein feuerspeiender Berg und sobald der Wind mit besonderer Kraft durch die Luftlöcher der unterirdischen Hohlräume bläst, wirft der Berg sogar Steinmassen mit aus. Auch die Aeolischen Inseln sind seit lange in dieser Weise thätig, nur dass bei diesen der Feuerbrand eine andere Nahrung haben müsse, die er in der bloßen Feuchtigkeit des umliegenden Meeres(!) erkennen will.[1])

Inhaltlich und meist auch wörtlich gibt Beda dieselbe Vulkantheorie nach Isidor wieder[2]) und Honorius hat seinerseits wieder Beda zum Gewährsmann.[3]) In derselben Weise erklären auch Dicuil[4]) und selbst noch Petrus de Alliaco die vulkanischen Erscheinungen.

Auch Albertus Magnus sucht die Ursache für Vulkanbildungen in localen Entzündungen der schwefelhaltigen mit Naphtha gemischten Erde, welche durch den daselbst erzeugten und eingeschlossenen Dampf entzündet wird; weil nun das Meerwasser die Öffnungen jener Dampf enthaltenden Räume verstopft, so entzünde sich das Erdreich an Küstengegenden schneller als anderswo. Und es brennt solange als noch Stoff vorhanden ist, — oft viele Jahre lang; häufig auch ewig, wenn nämlich die brennbare Materie sich unausgesetzt neu bildet. Weil in einzelnen Gesteinen viel Naphtha enthalten ist, so bleiben, wenn sie ausgebrannt sind, nur poröse und leichte Massen zurück, die auf dem Wasser sogar schwimmen wie z. B. der Bimsstein *(pumex)*. — Die Ursache der Entzündung kann nach seiner Meinung auch eine zufällige sein; so berichtet er, dass Hirten auf einem Berge ein Feuer anzündeten, welches den ganzen Berg in Flammen setzte und viele Jahre hindurch loderte. Später erlosch es wieder, wie dies auch beim Aetna der Fall ist, welcher für erloschen gilt. — Ein anderer Berg stößt Rauch wie ein Schornstein aus, sobald Regenwasser die Spalten und Risse desselben erfüllt.[5])

---

[1]) Isid. nat. rer. c. XLVII p. 77 = Justin epit. et Jeep. IV, 1—6. 11—12.

[2]) Beda rer. nat. p. 121.

[3]) Honor. August. imag. mundi c. XLIII. p. 972

[4]) Dicuil p. 66. 67 (nach Plinius III. 86—89. Solin 5, 9.)

[5]) Alb. Magn. propr. elem. cap. III. t. V, p. 328: causa enim materialis terra sulphurea et permixta cum unctuosa naphtha et efficiens est vapor commotus in terra et exire non potens: et quia per os terrae et foramina obstruit aqua maris, ideo citius accenditur iuxta mare quam alibi: et tamdiu ardet, quamdiu non est consumpta materia: et forte ardet ad multos annos, vel in perpetuum, si materia continue regenerari contingat. Et quia in quibusdam lapidibus multa naphtha imbibita est, quando combusti sunt, remanent multum porosi et leves et natant super aquas, sicut facit pumex. — Bei Besprechung der Gebirgsbildung etc. führt Albert an, dass Vulkane im Grunde genommen dieselbe Entstehung haben, wie einfache Berge. Der unterirdische Dampf lässt das Erdreich zu einem Berge anschwellen; nimmt nun der Druck des Dampfes zu, so sprengt er schließlich die Decke und der Berg wird zum Vulkan. Meteor. II, tr. 2, c. 10, p. 49: Si autem locus non est solidus super vaporem, aliquando scindit locum: et quando est calidus, aliquando eiicit multos cineres.

VIERTES CAPITEL.

Die Luft.

Zonenlehre, Klimatologie. Winde.

Nach dem Vorgange der Alten behielt man die fünf charakteristischen Parallelkreise auf der Erdkugel bei, wie sie durch die römischen Geographen: Plinius h. n. II, 70, Seneca qu. nat. V, 17. Macrobius I, 15. Martianus Capella l. VIII dem Mittelalter überliefert wurden.[1]) Abgesehen von geringfügigen Änderungen blieben die Benennungen jener Kreise, sowohl die griechischen wie die lateinischen, dieselben und wir können von einer Aufzählung der unendlich vielen Erwähnungen dieser zu den Grundbegriffen der mathematischen Geographie gehörigen und in jedem noch so kurzen Elementarbüchelchen des Mittelalters beschriebenen Linien füglich Abstand nehmen.

Auf Grund dieser Linien hatten die Alten die Erdoberfläche in 5 Zonen getheilt (zuerst Parmenides), welche dann durch Theilung der heißen Zone auf 6 (Polybios) und durch Dreitheilung derselben Zone auf 7 erweitert wurden. Die verschiedene Stellung der Sonne und die hierauf gegründete Bewohnbarkeit der Erde, sowie die willkürliche Ansetzung von Parallelkreisen bemerkenswerther Orte und hieran sich anschließende Lehre von den Klimaten mit ihren verschiedenen Tageslängen — alle hierauf bezüglichen Beobachtungen und Untersuchungen giengen unverändert auf das Mittelalter über und wurden trotz ihrer Einfachheit in behaglicher Breite und Weitschweifigkeit zur Darstellung gebracht.

Die Vergleichung der verschiedenen Schattenlängen des Gnomons hatte, wie oben gezeigt, zur Berechnung des Erdumfanges geführt; auch eine allgemeine Eintheilung der Bewohnerschaft gründete sich hierauf. Basilius beschreibt den Gang und Stand der Sonne im Winter und Frühling. »Von hier schreitet sie, fährt er fort, zur Sommersonnenwende und verschafft uns die längsten Tage. Denn die längsten Tage sind die-

[1]) So finden wir sie beispielsweise bei Isidor wiedergegeben, nat. rer. p. 22: Man nimmt fünf Kreise auf der Erde an, welche die Griechen παραλλήλους i. e. zonas nennen. Der nördliche Polarkreis, circulus ἀρκτικός, zu zweit der nördliche Wendekreis circulus θερινός, dann der Äquator circulus ἰσημερινός, als vierter der südliche Wendekreis circulus χειμερινός und als fünfter der südliche Polarkreis circulus ἀνταρκτικός oder man bezeichnete jene Kreise auch als septentrionalis, solstitialis, aequinoctialis, hiemalis (brumalis) und australis.

jenigen, an welchen die Schatten zur Mittagszeit am kürzesten sind. Und dies geschieht bei uns, die wir Einschattige (ἑτερόσκιοι) genannt werden und die nördlichen Theile der Erde bewohnen; denn es gibt auch einige, die zwei Tage im Jahr am Mittag gar keinen Schatten haben, denen die Sonne über dem Scheitel steht, weshalb man diese Schattenlose (ἄσκιοι) genannt hat. Die aber, welche jenseits des Gewürzlandes (ἀρωματοφόρος γῆ) wohnen, wechseln die Schatten nach beiden Seiten — denn sie allein werfen um Mittag den Schatten auch nach Süden, — weshalb sie von einigen auch Doppelschattige (ἀμφίσκιοι) genannt werden.« [1])

Auch die von den Alten überlieferte Klimateneintheilung finden wir wieder und zwar schon bei Kosmas. Im 6. Buch, welches über die Größe der Sonne (περὶ μεγέθους) handelt, gibt er auch die Schattenlehre und sagt dort: »Im Anfang der Sommersonnenwende, am 25. Tage des Monats Pauni (Παῦνι) zur 6. Stunde, wenn die Sonne bereits die Mitte des Himmels erreicht, sehen wir deutlich, dass der Schatten des Menschen nach S. fällt. Hier zu Alexandrien aber zu derselben Zeit am 25. Pauni bis zum 30. Thoth um 6 Uhr habe ich erwiesen, dass der Schatten nach N. zu nur einen Fuß beträgt (τὴν σκιὰν ἐπὶ τὰ βόρεια μέρη πόδα ἕνα κλίνουσαν καὶ μόνον). Der Abt Stephan, Presbyter von Antiochien, wusste nach jenem Weltschema Sonnen- und Mondfinsternisse voraus zu bestimmen. Jener nun bezeugte, dass er in Antiochien, wie auch in Byzanz den Schatten gemessen, und zwar, dass er in Antiochia $1\frac{1}{2}$ Fuß (πόδα ἕνα ἥμισυ) und in Byzanz zu derselben Zeit 2 Fuß (πόδας δύο) lang gewesen sei. Antiochia liegt in demselben Klima wie Rhodos, nämlich dem vierten; Byzanz etwas über das 5. Klima hinaus. Denn folgendermaßen vertheilt man die Klimate:

1. Klima durch Meroe,
2. » » Syene,
3. » » Alexandrien,
4. » » Rhodos,
5. » » den Hellespont,
6. » » den Pontos (Euxinos),
7. » » die Maeotis und den Borysthenes.

Hierauf folgt der Ocean (λοιπὸν ὁ Ὠκεανός).

Wenn nun aber, wie wir mit eigenen Augen sehen, der Schatten im 3. Klima nach N. nur einen Fuß sich ausdehnt, im 4. aber $1\frac{1}{2}$ Fuß, im 5. ferner 2 Fuß, ist hiernach nicht augenscheinlich klar, dass für je ein Klima $\frac{1}{2}$ Fuß hinzugezählt oder abgezogen werden müsse? (ὅτι κατὰ κλίμα ποδὸς τὸ ἥμισυ προστίθεται ἢ ἀφαιρεῖται). Wenn dies nun richtig ist, was ja auch in der That der Fall, so wird hieraus die Größe der Sonne zu 2 Klimaten gefunden. Denn wenn im 3. Klima der Schatten 1 Fuß lang ist, so beträgt er im 2. Klima $\frac{1}{2}$ Fuß und im 1. Klima werden wir als völlig schattenlos befunden.« [2]) Seine Klimatentafel, die sich an antike Vorlagen anlehnt, ist am Schluss unvollständig.

Auch diejenige Bedas ist voller Irrthümer, die zum Theile wohl nur Schreibfehler sein können. Sie beruht wesentlich auf Plinius VI fin.

[1]) Basil. I. 57 f. — Nach ihm gibt Ambrosius seine Darstellung mit weiteren Erläuterungen. Hex. 14, 213.

[2]) Kosmas Indik. 88, 321. Cf. 88, 325.

	Verhältnis des Gnomons zur Schattenlänge nach		Längster Tag nach	
	Beda	Plinius	Beda	Plinius
1. Klima ab Indiae parte Austr. — col. Herculis	8 : 6	7 : 4	14	14
2. » ab occasu Ind. — Arab. — Cyprus — Creta — sept. Africa	35 : 23	35 : 24	$14\frac{2}{5}$	$14\frac{1}{5}$
3. » Imaus — Taurus — Rhodus — Syracusae — Gades	? : 38	100 : 77	$14\frac{1}{2}\frac{1}{30}$	$14\frac{1}{2}\frac{1}{30}$
4. » Imaus (ab alt. latere) — Ephesus — sept. Sicilia — Gall. Narbon.	21 : 16	21 : 17	$14\frac{2}{3}$	$14\frac{2}{3}$
5. » ab introitu Casp. maris Bactrii — Tarent — Hispania	7 : 6	7 : 6	15	15
6. » Caucasus — Campan. Etrur. — Hispania. Tarrac. — Lusitania	9 : 8	9 : 8	$15\frac{1}{9}$	$15\frac{1}{9}$
7. » Casp. mar. (alter. ora) — Thracia — Venetia — Revenna — Pyrenaeus — Celtiberia	35 : 36	35 : 36	$15\frac{3}{5}$	$15\frac{3}{5}$

Außerdem bringt er noch den weiteren Zusatz des Plinius von 5 später hinzugefügten Klimaten. Ein Klima durch Meroe und Ptolemais mit $12\frac{1}{2}$stündigem Tag und ein zweites durch Syene mit 13stündigem Tag. Ferner im N drei, von denen das eine durch die Tanaismündung, Sarmatien, Dacien, Germanien, Gallien geht und den längsten Tag zu 16 Stunden hat, das zweite durch das Hyperboreerland und Britannien mit 17stündigem Tag, das dritte durch Scythien und Thule mit sechsmonatlichem Tag und Nacht. [1])

Gedankenlose Abschriften solcher Klimatentabellen nach alten Autoren finden wir auch später noch allenthalben vor.

Mit Vorliebe wandte man sich der Frage nach der Bewohnbarkeit der Erde im N. und S. zu und hierbei kamen auch mehr oder weniger die durch Reisen gemachten Erfahrungen zur Geltung, indem man einzelnen Erdstrichen, denen man mit apodiktischer Bestimmtheit eine Bewohnerschaft aus theoretischen Gründen abgesprochen hatte, eine solche nachträglich zuertheilen musste. Die ganze Frage wurde im Zusammenhang mit der Zonenlehre behandelt, wenngleich sich auch herausstellte, dass die von Menschen bewohnbaren Landstriche sich nicht so den mathematisch abgezirkelten Linien der Wende- und Polarkreise etc. anschmiegen wollten, als man es gern gehabt hätte. Das ständige Citieren antiker Lehrmeinungen hierüber, um die eigene Ansicht zu stützen, konnte natürlich auf eine gesunde Lösung der Frage nur hemmend wirken.

Gemeinhin galt der Äquator für gänzlich unbewohnbar, weil hier die Sonne aus größter Nähe mit ungetheilter Kraft ihre Wirkung ausüben konnte und somit eine Vegetation, wie auch eine Besiedelung von Menschen von vornherein ausschloss. Dasselbe galt von den polaren Gegenden, in denen die Kälte im gleichen Sinne wirkte, wie dort die Wärme. Nur der zwischenliegende Gürtel hatte ihrer Meinung nach die Existenzbedingungen für Lebewesen aufzuweisen, da er von dem Gebiet allzugroßer Kälte sowie anderseits von dem allzugroßer Wärme hinreichend entfernt war. [2]) Auch Kosmas war mit dieser Ansicht einver-

[1]) Beda nat. rer. c. XLVIII. p. 119. — Hierauf folgt ein Capitel, welches noch andere gnonomische Berechnungen einzelner Ortschaften enthält. c. XLVIII. p. 120.

[2]) Isidor. nat. rer. p. 23: Sed ideo aequinoctialis circulus inhabitabilis est, quia sol per medium caelum currens nimium his locis facit fervorem, ita ut nec fruges ibi nascantur propter exustam terram nec homines propter nimium ardorem habitare

standen und hatte sie seinem kosmographischen Bilde einverleibt. Die östlichen und südlichen Gegenden, als die niedrigen und von der Sonne durchglühten, sind wärmer; die nördlichen oder westlichen dagegen, als die höheren und weiter von der Sonne entfernten, sind kälter. Deshalb sind auch die Leiber der dortigen Bewohner weißer. Aber nicht wird die gesammte Erde bewohnt. Denn die nach N. zu gelegenen hyperboreischen Gegenden bleiben von Kälte starrend unbewohnt und das gleiche ist der Fall bei den südlichsten wegen allzu großer Hitze. So sagt auch David: Weder vom Anfang (ἐξ ἐξόδων), noch Untergang (δυσμῶν), noch von den wüsten Bergen (Ps. 74, 7), wo er für Osten Anfang sagt, Untergang aber für Westen, als wüst aber die übrigen Zonen bezeichnet, nämlich die nördlichen und südlichen. Dies erzählen der Wahrheit gemäß auch die Heiden (καλῶν τὴν ἀνατολήν, δυσμὰς δὲ τὰ δυτικά, ἔρημα δὲ τὰ λοιπὰ κλίματα, ὡσανεὶ τὰ ὑπερβόρεια καὶ τὰ ὑπερνότια). [1])

Die Annahme der Alten, dass entsprechend unserer gemäßigten Zone eine zweite auf der südlichen Erdhälfte sich befinde, verwirft er als mit der heiligen Schrift nicht vereinbar. Denn sie hat noch niemand gesehen oder durch Hörensagen von ihr erfahren. [2])

Der mit dem griechischen Weltbau durchaus vertraute Basilius scheint dagegen nicht abgeneigt zu sein, auch den südlichen Gegenden eine gemäßigte Temperatur zuzusprechen. Denn Gott versetzt die Sonne von einem Ort an den anderen, damit sie nicht immer an demselben Platze verbleibe und so durch ihre Hitze die Ordnung der Dinge störe. Vielmehr führt sie der Schöpfer bald gegen S. zur Wintersonnenwende, bald versetzt er sie zu den Zeichen der Tag- und Nachtgleiche; und von da nähert er sie dem Norden zur Zeit der Sommersonnenwende, so dass durch ihren allmählichen Umlauf in den einzelnen Erdgegenden eine gemäßigte Temperatur erhalten wird.

Bei den Abendländern tritt mit Ambrosius, Isidor und Beda das Schablonenhafte in der Lehre von den Zonen wieder in den Vordergrund. Plinius, Seneca und Aristoteles fanden in der Folgezeit nach dieser Richtung hin eingehende Würdigung. [3])

Erst in Albertus Magnus begrüßen wir wieder den großen Geographen, der leider noch unter dem Einflusse seiner Zeit stehend den Alten allzu viel Ehrerbietung zollte, zuweilen auch mit Preisgabe seiner eigenen Erfahrungen. Seine klimatologischen Betrachtungen im *liber de natura locorum* haben stets ungetheilte Bewunderung gefunden und wir haben in ihnen den ersten Versuch einer vergleichenden Erdkunde zu sehen.

Freilich sieht sich auch Albert noch genöthigt von der schematischen Zoneneintheilung der Alten auszugehen, aber er steht ihr doch schon mit mehr Kritik gegenüber. Die mittlere Zone werde *perusta* und *torrida* genannt. So haben sie Plato, Pythagoras und Demokrit schon bezeichnet und daraus den weiteren Schluss gezogen, dass sie auch un-

---

permittantur. At contra septentrionalis et australis circuli sibi coniuncti idcirco non habitantur, quia a cursu solis longe positi sunt nimioque caeli rigore ventorumque gelidis flatibus contabescunt. Solstitialis vero circulus, qui in oriente inter septentrionalem et aestivum est conlocatus, vel iste qui in occidente inter aestivum et australem positus est, ideo temperati sunt eo quod ex uno circulo rigorem, ex altero calorem habebant. — Ebenso Beda nat. rer. t. VI, 103.

[1]) Kosmas 88, 89.

[2]) Kosmas 88, 108.

[3]) Honorius imag. l. I, c. 6. Vinc. Bellov. l. VI, c. 14—18. Greg. Reisch l. VII, tr. 1. Petrus de All. c. 7—13.

bewohnbar sein müsse. Nach Albert's Angabe stützten sie ihre Ansicht durch die Thatsache, dass jeder Sonnenstrahl unter dem gleichen Winkel reflectiert wird, als er auf die Ebene einfällt, dass folglich jeder senkrecht einfallende Strahl auch wieder senkrecht, also in sich selbst zurückstrahlen müsse *(oportet necessario, quod radius incidens alicui terrae perpendiculariter in seipsum reflectatur: in seipsum autem reflexus radius causat adustionem).* Hierdurch wird denn auch in den Äquatorialgegenden eine erhöhte Temperatur erzeugt. Neben anderen Gründen wiesen sie besonders auf den Umstand hin, dass das Meer die empfangene Sonnen- und Sternenwärme wieder ausstrahle, und zwar infolge der Reibung des bewegten Meeres und seiner wiedererfolgenden Glättung. Die ausgestrahlte Wärme wirft sich dann auf das ohnehin schon von der Sonne durchglühte Land in der Umgegend und macht dies gänzlich unbewohnbar *(calor.... expellitur ad littora et comburit et reddit locum inhabitabilem).* Gegen diese Gründe führt Albert die des Ptolemäus und der Araber, vorzüglich des Avicenna ins Feld. Schon die nackte Thatsache spricht dagegen, dass ja, wie wir erfahrungsmäßig wissen, zwischen dem Sonnenwendekreis und dem Äquator Menschen leben, nämlich die Äthiopen und Inder und so muss man mit Ptolemäus und Avicenna annehmen, dass die heiße Zone nicht vollständig ausgedörrt sei *(non omnino esse torridam).* Man muss in ihr vielmehr einzelne Zonen unterscheiden; denn der Aufenthalt in der heißen Zone ist in der Gegend des sommerlichen Wendekreises bald angenehm, bald wieder unerträglich *(aliquando delectabilis et aliquando laboriosa).* Dagegen ist unter dem Äquator selbst stets ein angenehmes Wohnen *(et continua et delectabilis est habitatio),* weil nämlich hier der Zeitunterschied, wo die Sonne (zweimal im Jahre) direct im Zenith steht, sehr bedeutend (nämlich ein halbes Jahr) ist,[1]) was bei den beiden Wendekreisen nicht der Fall ist. Denn hier wird die Erde kurz vor und sehr bald nach der Wende erhitzt, sodass der Boden die aufgenommene Sonnenwärme kaum ausgestrahlt hat, um bald darauf von neuem einer verzehrenden Gluth ausgesetzt zu werden. — Auch Baco theilt diese Anschauung.[2])

Von nicht geringerer Bedeutung wie die Frage nach der Bewohnbarkeit der heißen Zone war eine andere, ob denn überhaupt auf der südlichen Hemisphäre Menschen wohnen. Zwar hatte Ptolemäus aus verschiedenen Gründen dieselbe verneint, besonders desshalb, weil dort der Sonnenkörper der Erde am nächsten ist. — Sodann war man in dem Glauben befangen, dass der Kälte am Nordpol eine Hitze am Südpol entsprechen müsse, auf Grund einer steigenden Temperatur durch die sieben Klimate hindurch und schließlich trug nicht zum wenigsten hierzu bei, dass noch niemand diese Gegenden bereist hat. Albert verwirft diese Auffassung und er folgt hierin dem Averroes (lib. IV. von Aristoteles *de coelo et mundo*), der jene Gegenden für bewohnbar hält. Zwischen dem sehr heißen Strich unter dem Winter-

[1]) Albert. Magn. nat. locor. I. 6. t. V. p. 270: calor accessus eius non figitu circa locum unum et ideo nullum locum incendit et intervenit magnum tempus inte calorum solis quem facit accendendo et eum quem facit in secundo accessu: propte quod unus calor alium in loco non invenit et ideo calor non multiplicatur.

[2]) Baco op. mai. 82. Sed procul dubio. Ptolemaeus vult, quod locus ille sit temperatus respectu Tropicorum. Atque Avicena docet (I de animalibus und I artis medicinae), quod locus ille est temperatissimus. Deshalb setzten auch die Theologen das Paradies dorthin. Cf. l. c. 83: Nec est dubium quin locus sit temperatus, sed an sit temperatissimus, non percipio adhuc. Et ideo non est certificatum, an paradisus debeat ibi esse.

wendekreise und dem sehr kalten am Südpol liegt eine gemäßigte Zone, die auch für Besiedlung geeignet ist *(locus temperatus et congruus habitationi)*. Schon Ptolemäus berichtet von den beiden Stämmen der Äthiopen, dass der eine unter dem Sommerwendekreis, also bei uns, wohne, der andere im Winterwendekreis, der aber vielmehr ihr Sommerwendekreis ist. — Andere sprachen von unermesslich großen Sandwüsten *(deserta arenosa longi spatii)*, die zwischen beiden lägen und deren Sterilität einen Durchzug verhindert. Hieraus schloss man irrig, dass auch niemand darüber hinaus mehr wohnen könne. Es berechtigt uns nichts, sagt Albert, die Annahme zu verwerfen, dass über den Äquator nach S. hinaus ein Erdviertel liege, welches seiner Natur nach bewohnbar sei und in der That auch bewohnt werde. Denn die Thatsache, welche auch Homer schon anführt, dass daselbst Äthiopen wohnen, ist ausschlaggebend. Dass jene Gegend am südlichen Wendekreise zuweilen *adusta* ist, verhindert durchaus nicht, dass sie doch zuweilen bewohnt werden kann, so lange nämlich die Sonne sich in nördlicheren Zeichen befindet, während dessen also in den südlichen Gegenden Winter ist. Daher sei es denn auch möglich, dass Menschen des nördlichen Erdviertels zu jenen des südlichen gelangen können, ohne dass sie die Sonnengluth daran hindert. Denn sie können jene Wendekreiszone unbeschadet durchschreiten, sie dürfen nur nicht zur Zeit der Sonnenwende selbst die Sonne zweimal hintereinander über sich passieren lassen. Der Übergang dorthin ist also möglich, doch kommt er selten vor; denn in der That finden sich jene obengenannten Wüsteneien, die von Stürmen heimgesucht werden und die einen Durchzug von vielen Wochen erfordern; dies alles und die Trockenheit der Gegend bewirken daher, dass wir so wenig von den dortigen Bewohnern wissen.[1])

Aber die Bewohnbarkeit der Erde hielt man nicht nur davon abhängig, soweit es die Sonne gestattet, sondern auch soweit es das Wasser nicht verhindert. Es war, wie wir gesehen hatten, auch noch im Mittelalter eine geläufige Annahme gewesen, die Südhälfte der Erdkugel vom Wasser eingenommen zu denken. Die Excentricitätshypothese der Erd- und Wassersphäre machte diesen Schluss eo ipso nothwendig und dies war denn auch der Grund, dass Albert sich ihr nicht anschließen mochte. Hatte Ptolemäus nur $^1/_6$ der Erdoberfläche für bewohnbar gehalten, so hatte dagegen Aristoteles dem Lande mehr als $^1/_4$ des gesammten Areals zugetheilt und ihm folgten hierin die Araber. Auch Baco meint (mit Berufung auf Aristoteles, Seneca, Plinius), dass das Meer zwischen der Westküste Spaniens und der Ostküste Indiens viel zu klein sei, als dass es $^3/_4$ der Erde bedecken könne. Auch im Buche Esra heißt es schon, dass $^6/_7$ bewohnt seien und nur $^1/_7$ mit Wasser bedeckt.[2]) Die Aussprüche aller dieser Autoritäten rechtfertigten den Zweifel an Ptolemäus' Annahme einer so geringfügigen Landbedeckung.

An den Polen, sagt Baco, ist ein Überschuss an Wasser, weil jene Gegenden wegen ihrer Entfernung von der Sonne sehr kalt sind

[1]) Alb. Magn. nat. loc. V, 271, 272. — Doch stimmt er den übrigen Fabeleien nicht bei, wie z. B. dass sub torrida zona ex parte meridiei esse montes de lapide, qui dicitur magnes et est illud genus magnetis talis naturae, quod carnes humanas sibi attrahit, sicut noster magnes ferrum.

[2]) Vom Buche Esra sagt Baco l. c. 183: Et ne aliquis impediat hanc auctoritatem, dicens quod liber ille est apocryphus et ignotae auctoritatis, dicendum est, quod sancti habuerunt illum librum in usu et confirmant veritates sacras per illum librum.

und somit der Erzeugung von Feuchtigkeit Vorschub leisten. Desshalb strömt auch das Wasser beständig vom Pol der Richtung des anderen Poles zu und füllt somit den schmalen Meerestheil zwischen Spanien und Indien aus.[1]) Durch eine beigefügte Zeichnung sucht er das Verhältnis anschaulich zu machen. Zwei kreisförmige Abschnitte stellen die in der Ebene ausgebreitete Kugelkalotten der beiden um den Nord- und Südpol befindlichen Meerestheile dar, welche durch einen Meeresarm, nämlich jenen Ocean zwischen Spanien und Indien miteinander verbunden sind. Dies ist also nach seiner Meinung die gesammte überhaupt vorhandene Wassermenge der Erde (wobei er die Neben- und Binnenmeere als zu unbedeutend nicht in Rechnung zieht) und diese kann unmöglich ⁵/₆ derselben ausmachen.

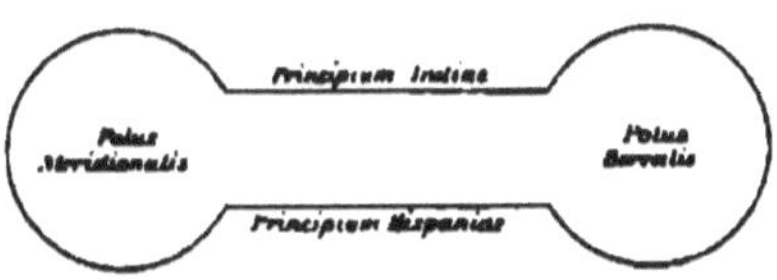

Entsprechend der Frage nach der Bewohnbarkeit der Äquatorgegend wurde auch die nach der Beschaffenheit der Polarregionen lebhaft behandelt. Wie groß die beiden kalten Zonen sind, ließ sich nicht erweisen. Albert gibt nur an, dass sie einen oder mehrere Monate unbewohnbar sind. Dies bestätigen auch die Leute, die über den 56. Grad hinaus wohnen und das Feuer mit Gefahr ihres Lebens nicht entbehren können. Auch die Fische kommen mit Eintritt der Kälte nach südlicheren Gegenden, um im Sommer dorthin zurückzukehren.[2])

Zahlreich sind die Fabeln, die über die Unnahbarkeit jener Gegenden im Umlauf waren: besonders die fortdauernde Kälte und ständige Finsternis (*rigio tenebrosa continue*). Niemals erscheinen dort Sterne und Sonne oder doch nur mit mattem Schimmer, halbjährlich abwechselnd mit einer tiefen Nacht. Auch dies sucht Albert sich in scholastischer Manier zu erklären, indem nämlich die dortige Kälte die Luft zu einem dichten Nebel verdicken soll. Denn die schief auffallenden Sonnenstrahlen sind dort bereits sehr schwach und vermögen nur die Dämpfe aus dem Wasser zu erheben, nicht aber vermöge der Wärme sie zu absorbieren.[3]) Auch die Seefahrer jenes nördlichen Oceans

---

[1]) Baco 184: Versus enim polos mundi oportet quod aqua abundet quia loca illa frigida sunt propter elongationem a sole, sed frigus multiplicat humores; et ideo a polo in polum decurrit aqua in corpus maris et extenditur inter finem Hispaniae et inter principium Indiae non magnae latitudinis et vocatur Oceanus.

[2]) Alb. Magn. nat. loc. V, 272.

[3]) Nebenbei mögen hier die Anschauungen über Bildung atmosphärischer Niederschläge etc., die man zumeist den Alten (Aristoteles entnahm, eine kurze Darstellung finden. — Basilius t. I, 30: Wenn sich die Dünste in der Höhe sammeln und die Luft durch den Druck der Winde verdichtet wird. — und wenn dann die Feuchtigkeit, die bisher dunstartig und fein in der Wolke zerstreut war, sich miteinander verbindet, so entstehen Tropfen, die durch die Schwere der verbundenen Feuchtigkeit auf die Erde herabfallen; dies ist die Bildung des Regens. Wenn aber die Feuchtigkeit durch die Gewalt der Winde zertheilt und in Schaum verwandelt wird, alsdann bei heftiger Kälte gefriert, so fällt, indem die Wolke bricht, der Schnee herab. Cf. l. c. p. 39. 53. — Den Process der Wolkenbildung behandelt eingehend Gregor v. Nyssa 44, 94: Die Feuchtigkeit wird durch die Sonnenwärme aus der Erde gesogen und in die Lüfte entführt. Ein Beweis hiefür ist, dass wenn dichte Dünste aus der Erde hervorsteigen, eine wolkenähnliche Anhäufung sich zu erheben scheint und bei der großen Dichtigkeit wird sie auch für das Auge wahrnehmbar. — Zuweilen vollzieht sich auch ein feineres Ausströmen der Feuchtigkeit und kommt in ihrer Feinheit der Luft gleich, wird aber nicht eher den Augen sichtbar, als bis sie sich concentriert und so durch Verfilzung ([illegible])

können nicht weiter fahren und wenn sie sich in die Finsternis hineinwagten, würden sie den Weg zum Licht nicht mehr zurückfinden können. Hierzu kommt die ungeheure Menge Treibeis, denn im Winter gefriert das Meer und im Sommer löst sich das Eis in Theile auf und kommt ins Treiben *(quia tempore hiemis congelata sunt glacie solidissima et tempore aestatis fluit in eis glacies divisa, quae vel in mari congelata fuit vel per flumina influit in mare.*[1]) Die Unkenntnis nordischer Länderräume kam hinzu, um falsche Schlüsse hinsichtlich der Bewohnbarkeit aufkommen zu lassen.

Ungleich größeres Interesse wird es für uns haben, wenn wir das ausgebildete Verständnis für die Wechselbeziehungen des Klimas auf das Land, die Natur und den Menschen bei Albert kennen lernen. Auch Baco hatte schon mit Bestimmtheit den Gedanken ausgesprochen, dass alle Länder der Erde nicht bloß auf die äußere Natur, sondern auch auf den Menschen und seine Sitten ihren Einfluss ausüben.[2])

Im *liber de natura locorum* schildert Albert den Einfluss von Meeren, Bergen und Wäldern auf die Bewohnbarkeit und Gesundheit der Länder.[3]) Das Meer ist seiner Natur nach warm, einerseits wegen der verbrannten erdigen Bestandtheile, die ihm beigemischt sind, anderseits infolge der Sonnenstrahlen, die in ihm sich zerstreuen. Dies hat nun im Gefolge, dass die benachbarten Küstenländer entweder warm und trocken — oder warm und feucht — oder kalt und feucht sind. Südlich und am Meer liegende Orte werden durch den Reflex der Sonnenstrahlen auf das Ufer ausgedörrt und sind desshalb sandig, warm und trocken. — Orte dagegen, die sich dem kalten und gemäßigten Klima nähern, sind, sobald sie an Meeren liegen, warm und feucht. Solche Gegenden haben daher mehr Feuchtigkeit als die Wärme absorbieren kann, sie sind deshalb besonders wasserdampfhaltig *(vaporosa)* und fieberreich *(pestiferosa habitantibus)*. Ortschaften gehen in solchen Ländern vielfach zu Grunde, oder haben eine große Sterblichkeit unter Menschen und Thieren zur Folge (*quod inducunt gravem mortalitatem in homines et alia animalia.*) — Der Norden aber ist kalt und feucht und die aufgelösten Dämpfe sind kalt und dick und wirken erkältend auf das Land *(infrigidantes loca illa)*.

eine Wolke bildet. Daher werden die leichten und dampfartigen Feuchtigkeitstheilchen, so lange sie wegen ihrer Leichtigkeit in der Luft schweben, auch noch durch den Wind in Suspension gehalten. Wenn aber die gleichartigen Theile der Feuchtigkeit sich mehr verdichten und dadurch schwer werden, dann fallen sie als Tropfen auf die Erde nieder. Die Wärme entzieht sie dann der Erde wieder, aus ihnen bildet sich dann wieder die Wolke, die zusammengepresste Wolke wird dann zu Regen u. s. f. Cf. p. 95. 99. — Aehnlich stellt Joh. Philoponos den Vorgang dar II, 1 p. 53. III, 10, p. 123, IV, 17, p. 175. Severian vergleicht die Wolken mit Schläuchen, die das Meerwasser heraufziehen 56, 458. Ebenso Pseudo-Caesarius 38, 945 Resp. 79. Derselbe lässt die Sonne wie einen Schröpfkopf (σικύας δίκην) auf das Meer wirken und zieht die Feuchtigkeit empor. (38, 996.) — Kosmas Ind. kann nicht umhin die antiken Darstellungen ernstlich in Frage zu ziehen 88, 68. 69 und lässt das Wasser durch Engel aus dem Meere hinaufziehen, um es von dort als Regen herabträufeln zu lassen 88, 129. Er beruft sich auf Amos IX, 6. Sacharja X, 1. — Die Occidentallen folgen meist jener obigen Erklärung. Ambrosius Hex. 14, 178. Augustin, De Gen. ad. lit. 34, 265 f. 280. De Gen. ad lit. imperf. 34, 237—9. Isidor nat. rer. c. XXXII—XXXV p. 58-60. Origg. l. XIII, c. 7. t. IV, p 112. 3. Beda nat. rer. c. XXXII ff. p. 114. Honorius XX, c. 56. p. 973, c. 59 ib. Vincenz v. Beauv. l. IV, c. 42, 43, 45—47. Eingehend nach Aristoteles hat Albertus Magnus die Frage behandelt. Meteor. lib. I. tr. 1 und lib. II. tr. 1. t. II.

[1]) Alb. Magn. nat. loc. V, 273.

[2]) Baco op. mai 83.

[3]) Alb. Magn. nat. loc. V, 277.

Schon die vier Himmelsgegenden üben in jedem Klima ihren Einfluss aus. Die Bewohner eines Ortes, der nach Osten zu offen liegt, haben ein verhältnismäßig günstiges Klima, wenn sie nicht gerade zu nördlich oder zu südlich wohnen. Wenn bei ihnen die Sonne aufgeht, so erregt sie einen frischen Wind und die Sonnenstrahlen mindern die Kälte *(ventum purum movet [sol] super eos et radii solis temperant frigus eius)*. Desshalb bringen sie an ihren Häusern auch große und weite Fenster nach Osten an. — Dagegen haben diejenigen, die einen nach Westen zu offenen Ort bewohnen, keine Fenster nach Westen, sondern verschließen dieselben vielmehr, weil hier die Sonne untergeht und zur Verfeinerung der Luft nichts beiträgt. Dazu tritt ein scharfer Nachtwind ein. — Die Bewohner der nach Süden geöffneten Gegenden haben es ungünstig wegen des stürmischen, heißen, feuchten und fieberbringenden Windes, der von dorther weht, und weil die Poren ihrer Haut wegen der Hitze geöffnet sind, so müssen sie Kleider tragen, damit der Wind nicht bis an ihr Mark dringe *(ne ventus ad medullas eorum penetret)* und ihre Häuser müssen sie an der Südseite besonders stark construieren.[1])

Auch die Berge haben Einfluss auf das Klima. Wenn ein Ort im Norden Berge hat, so wird er warm liegen, weil er gegen den Nordwind geschützt ist, kalt dagegen, wenn die Berge im Süden liegen und besonders wenn diese Schnee tragen.

Ein Ort, der tief zwischen Bergen eingeschlossen liegt, ist unvortheilhaft, weil er stets von erdigen Dämpfen erfüllt ist, welche auf den Körper eindringen und weil die Luft daselbst trocken ist. Sodann hat der Wind nicht leicht Zutritt zu ihm, um die Luft zu klären. — Dagegen ist eine auf dem Berge gelegene Stadt zur Bewohnung am geeignetsten und gesündesten. Ein Ort aber, der in der Ebene liegt, hat keine andere Naturbeschaffenheit, als die, welche ihm seine Lage nach Länge und Breite gibt. Gegenden in der Nähe von Sümpfen und Teichen sind feucht und fiebergefährlich. Auch Orte, die in Wäldern liegen, haben eine dicke Luft mit vielen Nebeln, weil der Waldboden nassfeucht ist.[2])

Selbst die Erzeugnisse jeden Ortes nehmen dessen Beschaffenheit an. So bemerken wir, dass alles, was in heißliegenden Ländern wächst, selbst sehr heiß und von großer Trockenheit ist und vielfach auch infolge der Wärme eine schwarze Farbe annimmt, wie z. B. der Pfeffer. Dasselbe ist bei den Menschen der Fall, z. B. den Äthiopen, die im Embryonalzustand schon die schwarze Hautfärbung annehmen.[3]) Sie haben aufgeworfene Lippen *(ora prominentia)* und ihre Augen und Adern sind von der Hitze geröthet. Weil ihre Leiber von warmer Luft umgeben sind, so müssen sie porenreich und trocken sein *(porosa et sicca)* und weil aus ihnen beständig die Feuchtigkeit (der Schweiß) heraustreten kann, sind ihre Körper leicht und beweglich. Entsprechend berichtet Albert von den Gothen und Daciern, dass sie wegen der Kälte weiß an Farbe sind. Weil aber ihr Körper wenig Poren hat und die Kälte ihn zusammenzieht, so bleibt die Feuchtigkeit in demselben zurück.

Das vierte und fünfte Klima hat für die Menschen den meisten Vorzug. Dies zeigt sich auch an ihrem langen Leben, ihren guten

[1]) Alb. Magn. l. c. V, 283.
[2]) Alb. Magn. l. c. V, 278.
[3]) Alb. Magn. l. c. V, 281: Aethiopes, quorum primum semen generationis calidum est et matrix mulierum calida et sicca et decoquit semen conceptum decoctione fortissima et nigrescunt corpora eorum.

Sitten und löblichen Bestrebungen. Die Sitten der Nordländer aber sind wolfsartig *(lupini propter cordium eorum calorem)*. Leichtfertig sind die Südländer; nur die der mittleren Klimate pflegen die Gerechtigkeit und sind treu. Auch auf die Geschichte könne sich dies erstrecken; denn nur desshalb habe das römische Reich solange Bestand gehabt, mehr als andere Reiche.

Steinige Orte *(loci lapidosi)* erzeugen sehr tapfere, im Kriege ausdauernde Menschen mit knorrigen harten Gliedern *(membra nodosa)* und unzählmbaren Sitten. Bewohner von feuchten und kalten Gegenden aber sind fleischig, fett, von schönem Antlitz und nicht sehr groß; sie haben meist eine weiße oder gelbe Hautfarbe.[1])

Wie die Menschen so nehmen auch die Thiere und Pflanzen die Eigenthümlichkeiten des Bodens an. So sind Bären und Hasen in kalten Gegenden weiß, während sie in anderen mehr zur schwarzen oder gelben Färbung hinneigen.[2])

* * *

Die Beobachtungen der Luftströmungen hatten nicht nur einen wissenschaftlichen Zweck, sondern auch einen praktischen und schon deshalb schenkte man ihnen stets große Aufmerksamkeit. Freilich konnte man nicht allzu tief in das Wesen und die Gesetze derselben eindringen, da die nöthigen Vorbedingungen hiezu von vorherein fehlten und beispielsweise eine Kenntnis des atmosphärischen Druckes völlig mangelte. Indessen hatte man auf eine Erklärung der Entstehung des Windes keineswegs Verzicht geleistet, wie man sich denn ungescheut an die schwierigsten Probleme wagte und auf alles eine Antwort finden wollte und musste.

Hier und dort finden wir Definitionen des Wortes »Wind«, über welche einzelne aber nicht hinauskamen. »Wind ist bewegte Luft« hieß es. »Dass du nun nicht glaubst, redet Severian seinen Leser an, dass die Luft etwas anderes sei als der Wind. Denn die bewegte Luft ist Wind wie es jeder Versuch bezeugt. Denn oft bewegen wir durch einen Fächer oder ein Tuch die ruhende Luft und wir bewirken so durch die Bewegung den Wind der Luft.«[3])

Ähnlich urtheilt Johannes Damascenus, Augustin, Isidor u. A.[4]) Nur die wenigsten aber vertieften sich weiter in die Frage, wie denn diese Luft in Bewegung gesetzt würde. Als eine geistreiche Spekulation dürfen wir es betrachten, wenn Isidor die *persona agens* in kosmischen oder irdischen Körpern vermuthet,[5]) und das gleiche scheint Anastasius vorgeschwebt zu haben, wenn er die Stärke des Windes vom Ab- und Zunehmen des Mondes abhängig macht.[6])

---

[1]) Alb. Magn. l. c. V, 282.

[2]) Alb. Magn. l. c. V, 283.

[3]) Severian. Gabal, 56, 436.

[4]) Joann. Damasc. 94, 900: Ἄνεμος δέ ἐστι κίνησις ἀέρος, ἢ ἄνεμός ἐστι ῥεῦμα ἀέρος τῇ τῶν τόπων ἐξαλλαγῇ, ὅθεν [illegible] τὰς ἐπωνυμίας ἀμείβων. — Augustin. De Gen. ad lit. l. imperf, 34, 225: ventus autem est aer motus et quasi fluctuans. Isidor. nat. rer. p. 61. Orig. XIII, 11, 1. nach Lucret. VI, 685. — Beda c. XXVI de ventis p. 112.

[5]) Isidor. nat. rer. 61: Quod cum evenerit occultiore quodam motu caelestium vel terrenorum corporum per magnum spatium mundi ventus vocatur.

[6]) Anast. Sin. 89, 904: Similiter spiritus quoque, cui est innatum, ut sit super aquam, in cursu ortuque et occasu lunae eiusque incremento et defectu procedit et recedit et multiplicatur ac decrescit. Itaque qui navigant, diligentissime observant et considerant aspectum lunae, et figuram ac lucem et quatuor eius conversiones.

Meist jedoch schloss man sich der aristotelischen Lehrmeinung an, welche den Wind als eine Folge der dampfartigen Exhalation der Erde erklärte. So finden wir es bei Johannes Philoponos. Die Winde sind nicht eine Erschütterung und Fluss der Luft (χεῦμα καὶ ῥεῦμα ἀέρος), wie Hippokrates meint, sondern sie entstehen nach Aristoteles aus einer rauchigen Evaporation (ἐκ τῆς καπνώδους ἀναθυμιάσεως). Auch der Psalmist (147 v. 16—18) sagt schon: »Er lässt seinen Wind wehen und es thaut auf.« Dies deutet offenbar auf den Hauch der Winde hin, welche mit dem ὑπέκκαυμα gleicher Natur sind. Denn die Winde entstehen von oben und werden meist bis zur Erde und zum Wasser hinabgetragen.[1]) Auch Michael Glykas berichtet ausführlich hierüber. »Der Wind wird von einem dichten Dampf (ἀτμὶς παχεῖα) verursacht, der von den Wolken herabfährt und der entweder auf der Erde oder dem Meere entsteht. Wenn er auf einen entgegenstehenden Körper trifft, so prallt er zurück (ἀναπάλλεται εἰς τοὐπίσω). Da aber das Zurückgestoßene nach hinten zu entweichen verhindert wird durch das von hinten nachdrängende, so wird er nach den Seiten gebrochen und dann von neuem auf jenen Körper stoßend wird er wieder zerstreut. So entsteht denn ein Wirbelwind, der von der Erde und dem Meere die sich darbietenden Körper emporhebt.[2])

Bei den Compilatoren des späteren Mittelalters finden wir nirgends neue Theorien über den Wind aufgestellt. Albertus interpretiert den Aristoteles mit gewohnter Gründlichkeit, ohne aber neue Principien in der Frage aufstellen zu können.[3])

Über den Lauf der Winde hatten sich eigenartige Anschauungen herausgebildet, die ihren Ausgangspunkt zweifelsohne in Pred. Salomo 1, 6 haben: »Der Wind geht gen Mittag und kommt herum zur Mitternacht und wiederum herum an den Ort, da er aufging.« Auf ihn stützt sich Johannes Philoponos. Die Winde befinden sich untereinander in einem Kreislauf. Man nehme z. B. den Nordwind (τὸ βόρειον πνεῦμα). Dieser dringt in Bewegung gesetzt nach Süden vor; wenn aber die Bewegung des Windes aus S her geschieht, so macht er eine Bewegung nach N. Ebenso steht es mit den übrigen einander entgegengesetzten Winden.[4]) Auch Glykas bespricht den Kreislauf des Windes, den er Sipho nennt. Er wird im Kreis um die Erde herumgeführt und kehrt wieder zu seinem Anfang zurück.[5]) Systematisch ausgebildet finden wir späterhin diese Lehre bei Wilhelm von Conches. Ähnlich der Fluthwelle, wie er sie beschreibt, (s. oben) geht auch ein Luftstrom vom West- und Ostpunkte der Erdinsel aus. An beiden Punkten spaltet sich der jedesmalige Luftzug und läuft längs des Festlandes nach N und S. Wenn dann der östliche und westliche Nordstrom im Norden zusammenprallen, so nehmen sie beide eine südliche Richtung an, und der so ge-

[1]) Jo. Philop. II, 2 p. 55. II, 3 p. 57 f.

[2]) Glyk. Annal. p. 14.

[3]) Alb. Magn. de pass. aeris t. V, 334: Ventus fit ex vapore sicco terrestri materialiter: efficitur autem a calore solis hunc vaporem elevante et non consumente. . . . Locus autem generationis est citra mediam regionem, quae est maximi frigoris: ascendit enim illuc vapor terreus: et cum sit per naturam gravis et frigidus, obviat ei frigus loci, et inspissat et gravat ipsum et facit descendere aliquantulum. Calor autem solis in ipso etiam non est de facili separabilis ab ipso: quia magis confortatur in sicco terrestri quam in vapore humido: et ideo iterum relevat ipsum et inde sit revoluta impulsio aëris quae ventus vocatur.

[4]) Jo. Phil. III, 10 p. 123.

[5]) Glykas Ann. p. 14.

bildete Wind wird von uns als Boreas (Nordwind) bezeichnet. Er ist kalt, weil er aus einer kalten Region kommt; hat er aber die heiße Zone überschritten, so wird er warm. Ähnlich ergeht es dem Südstrom, der erst kalt ist und nach Passieren der heißen Zone als warmer Südwind zu uns kommt. Von diesen vier Cardinalwinden hat man die Seitenwinde (venti collaterales) zu unterscheiden. Ihr Entstehen erklärt er folgendermaßen. Ist z. B. der Ostwind schneller als der Westwind, so wird der Zusammenprall beider nicht genau im Nordpunkte, sondern zwischen diesem und dem Westpunkte stattfinden und eine Abweichung beider hervorrufen, die von uns als Nordwestwind empfunden wird.[1])

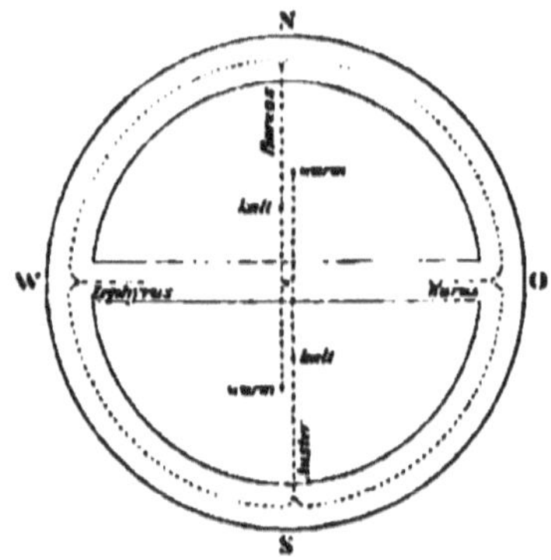

Was die Anzahl der Winde anbelangt, so nahm man gemeinhin zwölf an (incl. der vier Hauptwinde) wie auch die Alten schon, denen man auch die Namen derselben entlehnte. Aber eine grenzenlose Verwirrung trat hierbei ein, indem man die Namen willkürlich bald diesem bald jenem Winde zuertheilte.[2])

[1]) Guilelm. de Conchis; phil. mund. f. 61 cap. 15. — Den Kreislauf der Winde berichtet auch Gr. Reisch f. 203.

[2]) Cf. Joan. Damasc. 94, 900. Isidor. nat. rer. c. XXXVII p. 62. Orig. XIII, c. XI. p. 117. Mich. Glyk. p. 13. Rupert Tuit. I, 26 t. I, 10. Guil. de Conch. l. c. Honorius imag. mundi c. LV p. 973. Vinc. Bell. spec. nat. l. IV. c. 26 ff. Alb. Magn. de pass. aeris p. 335. Greg. Reisch IX, 18. f. 203. Außerdem enthalten die Kartenwerke viele Angaben hierüber.

REGISTER.

INHALT.

Einleitender Theil.

KLIMA-SCHWANKUNGEN

seit 1700

nebst Bemerkungen über die Klimaschwankungen der Diluvialzeit.

Von

Dr. EDUARD BRÜCKNER

a. o. Professor der Geographie an der Universität zu Bern.

Mit einer Tafel, 13 Figuren im Texte und zahlreichen Tabellen.

GEOGRAPHISCHE ABHANDLUNGEN

HERAUSGEGEBEN VON

PROF. Dr. ALBRECHT PENCK IN WIEN.

BAND IV. – HEFT 2.

WIEN UND OLMÜTZ

ED. HÖLZEL.

1890.

KLIMA-SCHWANKUNGEN

seit 1700

nebst Bemerkungen über die Klimaschwankungen der Diluvialzeit.

Von

DR. EDUARD BRÜCKNER

a. o. Professor der Geographie an der Universität zu Bern.

Mit einer Tafel, 13 Figuren im Texte und zahlreichen Tabellen.

GEOGRAPHISCHE ABHANDLUNGEN

HERAUSGEGEBEN VON

PROF. DR. ALBRECHT PENCK IN WIEN.

BAND IV. – HEFT 2.

WIEN UND OLMÜTZ

ED. HÖLZEL.

1890.

VORWORT.

Die vorliegende Abhandlung ist das Resultat dreijähriger Studien. Die Veranlassung zu denselben gaben Untersuchungen, welche ich über die Schwankungen des Wasserstandes im Kaspischen Meer, im Schwarzen Meer und in der Ostsee anstellte. An diesen Meeren zeigten sich eigenthümliche, lang dauernde Oscillationen ihres Spiegels, deren Rhythmus eine gewisse Ähnlichkeit mit dem Rhythmus der Schwankungen der Alpengletscher nicht verkennen ließ. Es lag daher nahe zu vermuthen, dass beide Erscheinungen der Ausfluss ein und derselben Ursache seien. 1885 hatte Lang für die Alpen dargethan, dass das abwechselnde Vorrücken und Schwinden der Gletscher durch ein Alternieren relativ regenreicher und dabei kühler Zeiträume mit regenarmen und warmen veranlasst werde. Von selbst ergab sich mir daher der Schluss, dass die gleichen Schwankungen der Witterung auch außerhalb der Alpen im Einzugsgebiet jener Meere auftreten müssen. Eine Discussion einschlägiger Beobachtungen bestätigte dieses und zeigte gleichzeitig, dass diese Schwankungen nicht auf Europa beschränkt sind, sondern auf der ganzen Nordhemisphäre und nicht minder auch auf der Südhemisphäre wiederkehren.

Am 13. April 1887 konnte ich die ersten, zunächst nur die Nordhemisphäre betreffenden Ergebnisse meiner Untersuchung der in Karlsruhe tagenden Deutschen Meteorologischen Gesellschaft vortragen[1]. Trotzdem in dieser Weise das Hauptresultat, die Feststellung der Allgemeinheit der Klimaschwankungen, schon 1887 vorlag, so erfolgte doch der Abschluss der ganzen Untersuchung erst Ostern 1890. Es war das Bestreben, einen möglichst großen Theil des vorhandenen Beobachtungsmaterials allseitig zu verwenden und hierdurch einen Einblick in die Einzelheiten des Mechanismus der Klimaschwankungen zu gewinnen, welches diese Verspätung verursachte. Nicht unwesentlich trug auch das Einarbeiten in einen mir neuen Beruf dazu bei, dass der Termin des Abschlusses der Arbeit immer mehr hinausgeschoben werden musste. Für das Entgegenkommen, welches mir bei diesem mehrfachen Aufschub Herausgeber und Verleger der »Geographischen Abhandlungen« bewiesen, spreche ich denselben meinen Dank aus.

---

[1]) Brückner: Die Schwankungen des Wasserstandes im Kaspischen Meer, dem Schwarzen Meer und der Ostsee in ihrer Beziehung zur Witterung. Meteorologische Zeitschrift 1887, Juniheft S. 232 und Annalen der Hydrographie und maritimen Meteorologie 1888, Heft II. Außerdem erschienen noch folgende vorläufige Mittheilungen: Brückner: Notre climat subit-il des changements? Archives des sciences physiques et naturelles Sept.—Oct. 1888 in Compte Rendu des Travaux présentés à la session de la Soc. Hélvétique de sc. nat. réunie à Soleure les 6, 7 et 8 août 1888. (Auch abgedruckt in Ciel-et-Terre 1888 und in Übersetzung im „Wetter" 1889, Seite 19.) — Brückner: In wie weit ist das heutige Klima constant? Verhandlungen des VIII. deutschen Geographentages zu Berlin am 24., 25 und 26. April 1889. Berlin, 1889, Seite 101. (Wieder abgedruckt in der „Gaea" 1890.)

Dass die gewonnenen Ergebnisse in keiner Weise abschließend sind, brauche ich nicht hervorzuheben, handelt es sich doch um den Beginn der Discussion einer bisher nicht beachteten Frage. Manche Probleme konnten überhaupt nur gestreift werden, so unter anderem die wichtige Frage nach der Endursache der Klimaschwankungen. Nur aphoristisch ist die praktische Bedeutung der Klimaschwankungen behandelt und nur wenige Worte sind den durch die Klimaschwankungen verursachten Schwankungen der Meere gewidmet, obwohl diese ursprünglich den Ausgangspunkt der Untersuchung bildeten; das in meinen Händen befindliche einschlägige Material ist noch nicht vollständig genug, um allgemeine Resultate zu liefern; es muss die Verwerthung desselben einer späteren Veröffentlichung vorbehalten bleiben.

Eine gewisse Schwierigkeit bot die Wahl eines passenden Titels. Ich schreibe Klimaschwankungen seit 1700, obwohl ich im Verlaufe meiner Untersuchungen auch Material für weiter zurückliegende Jahrhunderte fand und bis zum Jahre 1000 zurückzugehen versuchte. Allein thatsächlich ist das Material erst von 1700 an so reichhaltig und vielseitig, dass die Klimaschwankungen im Einzelnen verfolgt werden konnten. Die Ergebnisse für die früheren Jahrhunderte sind noch durchaus der Ergänzung bedürftig.

Was die Darstellung des Weges anbetrifft, auf dem die Ergebnisse gewonnen wurden, so habe ich mich hier einer gewissen Ausführlichkeit befleißigt, um dem Leser bis ins Einzelne einen Einblick in die Methode der Arbeit und ihm reichliche Gelegenheit zur Nachprüfung zu geben.

Einige Worte mögen mir noch zur Erklärung eines von mir vielgebrauchten Ausdrucks gestattet werden. Ich spreche überall von den etwa 35jährigen Schwankungen des Klimas als den säcularen, indem ich dieses Wort in dem von Lang benutzten Sinn gebrauche. Säcular nenne ich mit ihm jene Schwankungen, von denen drei auf ein Jahrhundert gehen, im Gegensatz zu den kurz dauernden, unregelmäßigen Schwankungen der Witterung von Jahr zu Jahr und ebenso im Gegensatz zur elfjährigen Periode der Witterung, die als Folge der elfjährigen Periode der Sonnenfleckenhäufigkeit vertreten wird.

Ich war im Verlauf meiner Untersuchung mehrfach genöthigt, von dem Entgegenkommen auswärtiger meteorologischer Institute und Gelehrter Gebrauch zu machen. Die Herren A. Angot in Paris, Prof. Dr. F. A. Forel in Morges, Hofrath Dr. J. Hann in Wien, Prof. Dr. W. Köppen in Hamburg, Director A. Paulsen in Kopenhagen, Dr. Sieger in Wien und R. Wehrli in Zürich hatten die große Freundlichkeit, mir theils ungedruckte Beobachtungen, theils handschriftliche Zusammenstellungen langjähriger Reihen zur Verfügung zu stellen. Von großem Werth war mir, der ich mich in Bern fern von größeren meteorologischen Bibliotheken befinde, die Hilfe, die mir durch Zusendung meteorologischer Werke von Herrn R. Billwiller, Director der Schweizerischen Meteorologischen Centralanstalt in Zürich, Herrn Hofrath Dr. J. Hann, Director der k. k. Centralanstalt für Meteorologie in Wien, und Herrn geheimen Admiralitätsrath Dr. G. Neumayer, Director der Deutschen Seewarte in Hamburg, zu Theil wurde. Ich spreche allen genannten Herren hiermit meinen verbindlichsten Dank aus.

Bern, Mai 1890.

Ed. Brückner.

INHALT.

	Seite
Vorwort	III—IV
Inhalt	V—VIII
Erstes Capitel: Der gegenwärtige Stand der Frage nach den Klimaänderungen	1—42

Definition des Begriffes Klima. I. Die Klimate der geologischen Vergangenheit. Lyell's Anschauung. Heer's homogenes Klima der vortertiären Zeit. Die Abkühlung des Erdenklimas in der Tertiärzeit (Heer und Engler). Neumayr greift das homogene Klima der Jura-, der Kreide- und Steinkohlenzeit an. Die karbonische Eiszeit. Nathorst und Neumayr treten für eine Verlegung der Erdaxe während der Tertiärzeit ein. Das Klima der Diluvialzeit. — II. Die Frage nach Klimaänderungen in historischer Zeit. a) Änderungen des Regenfalles. Allgemeine Änderungen desselben auf der ganzen Erde behauptet. Dissiccationstheorie von Whitney, Th. Fischer. Kritik des Beweismateriales. Partsch gegen Fischer. Angebliche locale Änderung des Regenfalles in den gemäßigten Breiten und in den Tropen: Abnahme infolge von Entwaldung, Zunahme infolge von Bewaldung. Abnahme des fließenden Wassers in den Culturländern: Wex. Unbrauchbarkeit correspondierender Regenbeobachtungen zum Entscheid der Frage nach dem Waldeinfluss auf den Regenfall. Die experimentellen Untersuchungen Blanford's und Gaunet's. Keine Regenabnahme an den Beobachtungen nachzuweisen. Die continuierliche Wasserabnahme in den Culturländern existiert nicht. Zunahme des Regenfalles infolge von Entwaldung in Australien. Angeblicher Einfluss der Culturländereien im inneren Nordamerika auf den Regenfall. — b) Änderungen der Temperatur. Allgemeines Kälterwerden des Klimas der Nordhemisphäre bald behauptet, bald widerlegt. Constanz der Temperatur in historischer Zeit: Ideler, L. Dufour. Änderungen der Windverhältnisse. Zusammenfassung: Es fehlt ein rother Faden durch das Gewirr der Hypothesen über Klimaänderungen. — III. Meteorologische Cyklen. Hypothesen über die Wiederkehr der Witterung eines Jahres in bestimmter Periode. Vieljährige Perioden der kalten Winter: Krafft, Renou, Köppen. Einfluss der Sonnenfleckenperiode auf die meteorologischen Elemente: Temperatur, Regenfall, Luftdruck etc. Gletscherschwankungen im Zusammenhang mit säcularen Schwankungen der Witterung: v. Sonklar, Forel, Richter, Lang.

Zweites Capitel: Die Schwankungen des Kaspischen Meeres	43—86

Filipow's Veröffentlichung der Pegelbeobachtungen zu Baku und Aschur-Ade. Kritik derselben. Feststellung der Pegelcorrectionen nach der Methode der Differenzen. — Die Thatsache der säcularen Schwankungen. Die Schwankungen seit 1851 nach den Pegelbeobachtungen. Das Sinken des Meeres seit 1808—14. Beobachtungen von Lenz, Larin, Humboldt, Eichwald, Monteith und Ssokolow. Das geringe Ansteigen zum Maximum von 1847. Höhe des Wasserstandes in den Jahren 915 und 1638 nach Abu-Ischak-el-Istachri und Olearius. Sehr tiefer Wasserstand im XII. Jahrhundert. Die Karawanserei von Baku. Hoher Stand im Anfang des XIV. Jahrhunderts, bezeugt in der Geschichte des Scheicks Sefi-Eddin. Die Schwankungen im XVIII. Jahrhunderte nach den Beobachtungen von Lerch, Ssoimonow, Tatischtschew, Rytschkow, Pallas, Hablizl, Hanway, Woodroof, Gmelin und Reineggs. Vergleich der nur scheinbar einander ausschließenden Resultate von Lenz und Ssokolow. Tabelle der Wasserstandshöhen des Kaspischen Meeres von 915—1878. — Die Ursache der säcularen Schwankungen des Wasserstandes. Ältere Erklärungsversuche meist auf Temperatur sich stützend. Berghaus und Chanykow betonen zuerst den Regenfall. Vergleich der Schwankungen des Meeres mit denen des Wasserstandes der Wolga, des Regenfalles und der Temperatur an russischen Stationen. Quantitative Bestätigung des Zusammenhanges mit diesen. Die nachgewiesenen säcularen Schwankungen der Witterung als Klimaschwankungen. Rückschluss aus den Schwankungen des Meeres auf analoge Klimaschwankungen im vorigen Jahrhundert bestätigt durch die Register über die Dauer der winterlichen Eisdecke auf den russischen Strömen. Neben den Schwankungen kurzer Dauer (30—40 Jahren) auch solche von viel längerer.

Seite

Drittes Capitel: Die säcularen Schwankungen der abflusslosen Seen . . 87—116

Gegensatz der abflusslosen Seen, der vollkommenen und der unvollkommenen Fluss-Seen. Theoretische Betrachtung der Vorgänge an den Seen bei dauernder Vermehrung der Zufuhr. Bei abflusslosen Seen Streben nach Ausdehnung der Wasserfläche zur Herstellung des Gleichgewichtes zwischen Zufuhr und Abfuhr, bei den Fluss-Seen nach Erhöhung des Wasserstandes. Kaspisches Meer und Bodensee als Beispiele. Verspätung des Anwachsens des Sees bei abflusslosen Seen sehr bedeutend, bei Fluss-Seen gering. Verspätung der Epochen der abflusslosen Seen bei Schwankungen der Zufuhr sehr bedeutend. Zusammenfassung der Ergebnisse der theoretischen Betrachtungen. — Die Schwankungen der abflusslosen Seen (z. Th. nach Sieger): Die Seen Asiens, Europas, Amerikas (nach Gilbert und J. C. Russell), Afrikas und Australiens (nach Jevons und H. C. Russell). Tabellen der Seespiegelschwankungen. Gleichzeitigkeit der Hochstände einerseits, der Tiefstände andererseits. Die mittleren Epochen der Seespiegelschwankungen in diesem Jahrhundert. Partielle Ausnahmen: Katabothren-Seen und Seen der subtropischen Region der alten Welt. Keine Verschiebung der Epochen entsprechend der geographischen Länge und Breite, wie Sieger annimmt. Mittlere Epochen im vorigen Jahrhundert. Nach Ort und Zeit regellos wechselnde Intensität der Epochen. Die Seespiegelschwankungen als Symptome der allgemeinen Klimaschwankungen in den abflusslosen Gebieten. Ob Temperatur- oder Regenschwankungen, ist nur nach meteorologischen Beobachtungen zu entscheiden.

Viertes Capitel: Die säcularen Schwankungen der Flüsse und Fluss-Seen 117—132

Gegensatz der Oscillationen in Fluss-Seen und abflusslosen Seen. Erstere gering und daher bis vor kurzem unbekannt. Säculare Schwankungen des Bodensees, dargestellt durch Fünfjahrsmittel. Nicht klimatische Factoren, welche in Seen und Flüssen eine Änderung des Wasserstandes verursachen können. Methode der Prüfung der Pegelbeobachtungen. Tabelle der Schwankungen der Flüsse und Fluss-Seen Europas, Afrikas und Amerikas nach Lustrenmitteln des Wasserstandes. Identität der Schwankungen an Flüssen und Fluss-Seen. Die mittleren Epochen der Schwankungen. Spaltung der Maxima in Europa. Zusammenfassung der aus den Schwankungen der hydrographischen Phänomene gewonnenen Resultate. Das Wesen der Klimaschwankungen dadurch nicht klargestellt.

Fünftes Capitel: Säculare Schwankungen des Regenfalles . . . . 133—193

Fehlerquellen, welche die Homogenität der Reihen von Regenbeobachtungen stören. Methode der Differenzen zur Aufdeckung und Ausmerzung der Discontinuitäten. Beispiele. Regenmengen in Procenten ausgedrückt, die auf das Mittel der Normalperiode 1851—80 sich beziehen. Die Lustrenmittel als gute Repräsentanten der Schwankungen des Regenfalles. Quellennachweis und Bemerkungen zu den Tabellen. Lage und mittlere Regenmenge von 321 Stationen. Säculare Schwankungen des Regenfalles an denselben nach Lustren. Zusammenfassung der Stationen in 63 Gruppenmittel. I. Schwankungen im Zeitraum 1831—85. Gebiete regulärer Schwankungen (Regenmaxima 1841—55 und 1871—85), sowie dauernder und temporärer Ausnahme. Die Schwankungen in den fünf Erdtheilen und im Gesammtmittel für die Landflächen der Erde; zeitliches Zusammenfallen ihrer Epochen; ihre Amplitude. Keine Compensation auf den Landflächen, wohl aber auf dem Meere. Die Schwankungen für zwei Drittel der Landflächen bewiesen. Die Lage der Epochen ändert sich nicht mit der geographischen Länge und Breite. Verschärfung der Schwankungen mit zunehmender Continentalität des Klimas. Abnahme der Regenmenge gegen das Innere der Continente in der Trockenperiode rasch, in der feuchten Periode langsam; in der letzteren Ausgleichung der Gegensätze, in der ersteren Verschärfung derselben. II. Schwankungen des Regenfalles vor 1830. Ihre Allgemeinheit nach den Regenbeobachtungen wie den Beobachtungen an abflusslosen Seen wahrscheinlich. Feuchte Perioden 1691—1715, 1736—55, 1771—80 und 1806—25. Mittlere Dauer der Schwankungen 36 Jahre. Zusammenfassung. Die Ursache dieser Schwankungen des Regenfalles kann nur in Schwankungen des Luftdruckes liegen.

Sechstes Capitel: Säculare Schwankungen des Luftdruckes . . . . . . 194—219

Beschränkung auf einen kleinen Theil der Erde. — I. Säculare Schwankungen der Jahresmittel. Hann's Resultate über mehrjährige Perioden des Luftdruckes. Säculare Schwankungen der Jahresmittel des Luftdruckes an 44 Stationen des Nordatlantischen Oceans, Europas und Asiens. Die Trockenperioden als Perioden tiefen Druckes auf dem Nordatlantic und in Indien, hohen Druckes in Europa. Compensationsverhältnis zwischen dem Nordatlantik und Europa. Karten der Luftdruckabweichungen zwischen 1861—65 und 1876—80, 1856—65 und 1841—55. Gefällsverhältnisse des Luftdruckes zwischen dem Nordatlantik und Sibirien 1861—65 und 1876—80. — II. Schwankungen der Jahresperiode. Jahreszeitenmittel nach trockenen und feuchten Perioden für 14 Stationen. Der säculare Gang der Jahreszeitenmittel. Verschiedenes Verhalten im Winter und Sommer. Verschärfung der Jahresamplitude in den Trockenperioden. Gefällsverhältnisse des Luftdruckes zwischen dem Nordatlantic und Sibirien im Sommer und im Winter 1861—65 und 1876—80 und säculare Schwankungen der Gradienten. Einfluss derselben auf den Regenfall. — III. Zusammenfassung und Schlussfolgerungen. Die Regenperiode ist verursacht durch eine Milderung aller Luftdruckdifferenzen nach Ort und Zeit, die Trockenperiode durch eine Steigerung derselben. Schluss hieraus auf säculare Schwankungen der Temperatur.

Seite

Siebentes Capitel: Säculare Schwankungen der Temperatur . . . . . 220—243

Einflüsse, welche die Homogenität der Temperaturreihen stören können. Methode der Prüfung der Reihen. Quellennachweis. Verwendung von Köppen's Gruppenmitteln. Tabellen der rohen und der ausgeglichenen Gruppenmittel. Die Schwankungen sind auf der ganzen Erde mit wenigen temporären Ausnahmen gleichzeitig und gleichsinnig: Warm 1791—1805, 21—35, 51—70, kühl 1806—20, 36—50, 71—85. Lage der Epochen. Verschiedenes Verhalten von Sibirien im Sommer und Winter. Temperaturschwankungen in verschiedenen klimatischen Zonen und Erdtheilen. Mittel für die Erde. Amplitude der Schwankungen rund 1 Grad Celsius. Differenz der Mitteltemperatur warmer und kühler Perioden 0,3—0,6°. Vergleich der Schwankungen der Temperatur mit den Schwankungen des Regenfalles und des Luftdruckes. Die Schwankungen der Temperatur sind die primären. Die Ursache derselben kann nur in Oscillationen der Wärmezufuhr gesucht werden. Speculationen über den Effect einer verstärkten Wärmezufuhr erfahren durch die Beobachtungen zum großen Theile ihre Bestätigung. Die Ursache der Klimaschwankungen ist wahrscheinlich in der Sonne zu suchen. Absolut kein Zusammenhang der Klimaschwankungen mit der Sonnenfleckenhäufigkeit. Eine 35jährige Periode der Witterung wird durch die meteorologischen Beobachtungen nicht angezeigt. Gründe, warum eine entsprechende, circa 35jährige Periode der Sonnenstrahlung bisher verborgen bleiben konnte.

Achtes Capitel: Die Periodicität der Klimaschwankungen, abgeleitet auf Grund der Beobachtungen über die Eisverhältnisse der Flüsse, über das Datum der Weinernte und die Häufigkeit strenger Winter . . 244—272

I. Säculare Schwankungen der Eisverhältnisse der Flüsse. Bedeutung der winterlichen Eisdecke in Russland. Factoren, welche auf den Moment des Gefrierens und des Aufgehens einwirken. Quellennachweis. Bemerkungen und Tabellen über die Dauer der eisfreien Zeit und das Datum des Aufganges. Zusammenfassung zu Gruppen. Ausdehnung der Resultate betreffend die Temperaturschwankungen auf Russland und Sibirien und rückwärts bis 1700, zum Theile sogar bis 1560. Zunahme der Amplitude der Schwankung der Eisverhältnisse beim Vorschreiten nach Westen, erklärt allein durch die Größe der periodischen Variation der Temperatur zur Zeit des Gefrierens und Aufgehens der Flüsse. — II. Säculare Schwankungen des Termines der Weinernte. Angot's Abhandlung. Ergänzungen des Materiales durch handschriftliche Mittheilungen von Angot, Forel und Wehrli. Nichtmeteorologische Momente, welche auf die Zeit der Weinlese einwirken können. Anwendung der Methode der Differenzen. Bemerkungen und Tabellen für 89 Stationen in Frankreich, SW-Deutschland und in der Schweiz 1391—1888. Gruppenmittel und Gesammtmittel aller Reihen. Discussion der Tabellen. Angot kannte keine Schwankungen infolge klimatischer Oscillationen. Diese Schwankungen gehen den Schwankungen der Temperatur und des Regenfalles parallel. — III. Tabelle der Schwankungen der Häufigkeit strenger Winter 1000—1775. Vergleich mit den Schwankungen der Eisverhältnisse und des Termines der Weinernte. — IV. Die mittlere Periodenlänge der Klimaschwankungen. Tabelle der Klimaschwankungen von 1000 bis 1880. Mittlere Länge der Periode 34,8 ± 0,7 Jahre. Die Klimaschwankungen auf dem Boden Mitteleuropas als der örtliche Ausdruck der Klimaschwankungen auf der ganzen Erde seit 1000.

Neuntes Capitel: Die Bedeutung der Klimaschwankungen für Theorie und Praxis . . . . 273—290

Einfluss der Klimaschwankungen auf die Dimensionen der Gletscher; ferner auf die Dimensionen und Abflussverhältnisse der Seen; auf die Häufigkeit der Überschwemmungen und auf den Wasserstand der Flüsse. Hierdurch sowie durch die wechselnde Dauer der Eisdecke Beeinflussung des Verkehrslebens. Beziehungen der Klimaschwankungen zur Landwirthschaft, erläutert durch eine Tabelle der Wein- und Weizenerträge. Voraussicht einer großen ökonomischen Krise in den trockenen Gebieten am Großen Salzsee. Einfluss auf die Typhushäufigkeit, erläutert an mehreren Tabellen. Einfluss auf den Wasserstand des Oceans an seinen Küsten und der relativ abgeschlossenen Meerestheile durch Vermittelung der Wasserführung der Flüsse: Ostseeküste und französische Canalküste (Tabelle). Erklärung mancher angeblicher Verschiebung der Strandlinie durch die Klimaschwankungen (Paschen, Bouquet de la Grye). Sueß geht zu weit. Bedeutung der Klimaschwankungen für die Mittelbildung in der Klimatologie, erläutert an drei Stationen. Prognosen auf Grund der Klimaschwankungen. Verzeichnis von Gelehrten, welche die Klimaschwankungen ahnten: Hann, Schweinfurth, Dove, Zimmermann, Plantamour, Lorenzoni, Kluge, Hagen, Marié Davy, Jevons, J. A. Brown, vielleicht auch Fritz. Erster zielbewusster Nachweis durch Sonklar, aber nur für die Alpen. Die Allgemeinheit und Bedeutung der Klimaschwankungen bisher nicht erkannt. Die Geschichte der Frage nach der Änderung des Klimas spiegelt die Klimaschwankungen wieder.

Seite

Zehntes Capitel: Die Klimaschwankungen der Diluvialzeit . . . . . . 291—318

Allgemeinheit des Eiszeitphänomens. Die Depression der Schneegrenze in verschiedenen Gebieten, so auch in den Tropen. Wiederholung der Vergletscherungen. Betrag des Rückzuges der Gletscher in der Interglacialzeit. Relative Dauer der Postglacialzeit und der Interglacialzeit. In abflusslosen Gebieten während der Eiszeit Hochstand der Seen, so im Great Basin von Nordamerika, in Südamerika, Afrika und Asien; so auch am Kaspischen Meer. Zweizahl der Hochstände der Seen im Great Basin erwiesen, getrennt durch eine Zeit, in welcher die Seen wahrscheinlich verschwunden waren. Dauer der postlakustren und interlakustren Zeit. Zeitliches Zusammenfallen des Hochstandes der Seen und Gletscher oft vertreten, aber verschieden gedeutet. Ansichten über die klimatischen Verhältnisse der Eiszeit beruhten bisher fast nur auf Speculation. Unsere Klimaschwankungen geben eine bessere Basis. Das Klima der Eiszeit allgemein kühler und local feuchter als heute, erläutert an der Lage der diluvialen Schneegrenze. Temperaturerniedrigung nur etwa 3 bis 4 Grad Celsius. Schilderung der faunistischen und floristischen Verhältnisse der Präglacialzeit, Interglacialzeit, Postglacialzeit und Glacialzeit selbst. Interglacialzeit in Mitteleuropa als Steppenperiode. Mannigfaltigkeit der Faunen und Floren erklärt sich durch die Klimaschwankungen. Tabellarische Zusammenfassung der Klimaschwankungen der Diluvialzeit. Klimaschwankungen geringerer Ordnung, über mehrere Jahrhunderte sich erstreckend, sind für die historische Zeit wie für die Diluvialzeit wahrscheinlich; sie stehen in der Mitte zwischen den Klimaschwankungen der Diluvialzeit und denjenigen der fünfunddreißigjährigen Periode.

Schluss: Rückblick auf die Ergebnisse . . . . 319—323

Schilderung des Weges der Untersuchung. Umfang des benutzten Materials. Thatsache der Temperaturschwankungen in einer 35jährigen Periode. Amplitude derselben. Schwankungen des Luftdrucks dadurch hervorgerufen. Letztere veranlassen Schwankungen des Regenfalls. Amplitude der Schwankungen des Regenfalls. Ausnahmegebiete. Die Temperaturschwankungen sind allgemein, diejenigen des Luftdruckes und des Regenfalles wechseln von Ort zu Ort, so dass der Regenfall auf dem größeren Theil der Landflächen der Erde in den kühlen Perioden größer ist als in den warmen. Mittlere Periodenlänge der Klimaschwankungen 34.8 ± 0.7 Jahre, bestimmt nach den Beobachtungen von 1000 bis 1885. Die Ursache der 35jährigen Klimaschwankungen ist noch ganz unbekannt, ebenso die Ursache der diluvialen und der sich über mehrere 100 Jahre erstreckenden. Drei Systeme der Klimaschwankungen, die mit einander interferiren.

Erläuterungen zur Tafel . . . . . . 323—324

Berichtigungen.

Seite 36, Zeile 9 von oben und Zeile 8 von unten lies: »Russell« statt »Russel«

Seite 83, Zeile 28 und 29 von oben lies »(vgl. Capitel VIII)«, statt »und weiter unten . . . vollständig wiedergegeben.«

Seite 84 in der Tabelle links lies: kalt »1806—1820, 1831—1850« und warm »1791—1805, 1850—1880«.

Seite 113, Zeile 6 der kleinen Tabelle, Columne Gr. Salt L. lies: »1873—74« statt »1863—24.«

Seite 171 in der Überschrift der Figur lies: »Säculare Schwankungen des Regenfalles«, statt »Regelmäßige säculare Schwankungen des Regenfalles«; ferner »61/65« statt »61/66«.

Seite 187 in der Überschrift der Figur lies: »1881—85« statt »1876—80«.

ERSTES CAPITEL.

Der gegenwärtige Stand der Frage nach den Klimaänderungen.

Definition des Begriffes Klima. I. Die Klimate der geologischen Vergangenheit. Lyells Anschauung. Heers homogenes Klima der vortertiären Zeit. Die Abkühlung des Erdenklimas in der Tertiärzeit (Heer und Engler). Neumayr greift das homogene Klima der Jura-, der Kreide- und Steinkohlenzeit an. Die karbonische Eiszeit. Nathorst und Neumayr treten für eine Verlegung der Erdaxe während der Tertiärzeit ein. Das Klima der Diluvialzeit. — II. Die Frage nach Klimaänderungen in historischer Zeit. a) Änderungen des Regenfalls. Allgemeine Änderungen desselben auf der ganzen Erde behauptet. Dissiccationstheorie von Whitney. Th. Fischer. Kritik des Beweismateriales. Partsch gegen Fischer. Angebliche locale Änderung des Regenfalls in den gemäßigten Breiten und in den Tropen: Abnahme infolge von Entwaldung, Zunahme infolge von Bewaldung. Abnahme des fließenden Wassers in den Culturländern: Wex. Unbrauchbarkeit correspondierender Regenbeobachtungen zum Entscheid der Frage nach dem Waldeinfluss auf den Regenfall. Die experimentellen Untersuchungen Blanford's und Gannet's. Keine Regenabnahme an den Beobachtungen nachzuweisen. Die continuierliche Wasserabnahme in den Culturländern existiert nicht. Zunahme des Regenfalls infolge von Entwaldung in Australien. Angeblicher Einfluss der Culturländereien im inneren Nordamerika auf den Regenfall. — b) Änderungen der Temperatur. Allgemeines Kälterwerden des Klimas der Nordhemisphäre bald behauptet, bald widerlegt. Constanz der Temperatur in historischer Zeit: Ideler, L. Dufour. Änderungen der Windverhältnisse. Zusammenfassung: Es fehlt ein rother Faden durch das Gewirr der Hypothesen über Klimaänderungen. — III. Meteorologische Cyklen. Hypothesen über die Wiederkehr der Witterung eines Jahres in bestimmter Periode. Vieljährige Perioden der kalten Winter: Krafft, Renou, Köppen. Einfluss der Sonnenfleckenperiode auf die meteorologischen Elemente: Temperatur, Regenfall, Luftdruck etc. Gletscherschwankungen im Zusammenhang mit säkularen Schwankungen der Witterung: v. Sonklar, Forel, Richter, Lang.

Wie Wind und Wetter von Tag zu Tag sich ändert, wie auf Regen Sonnenschein folgt und auf Sonnenschein Regen, so wechseln auch trockene und feuchte, kalte und warme Jahre mit einander ab. Berechnet man für einen Ort die mittlere Temperatur eines Jahres aus den täglich zu bestimmten Stunden angestellten Thermometerbeobachtungen und vergleicht dieselbe mit derjenigen der benachbarten Jahre, so treten in unseren Breiten nicht selten Unterschiede von 2 bis 3° C., ja selbst noch mehr zu Tage. Stellen wir diese Temperaturschwankungen von Jahr zu Jahr durch eine Curve graphisch dar, so erhalten wir eine unruhig auf- und abspringende Zickzacklinie. Gleichwohl aber verläuft dieselbe keineswegs absolut willkürlich; vielmehr gruppieren sich ihre Ausschläge deutlich um eine gewisse Mittellinie. Die letztere repräsentiert uns die klimatische Mitteltemperatur jenes Ortes, die eckige Curve dagegen die Witterung der einzelnen Jahre in ihrer Aufeinanderfolge. »Unter Klima verstehen wir die Gesammtheit der meteorologischen Erscheinungen, welche den mittleren Zustand der Atmosphäre an irgend einer Stelle der Erdoberfläche charakterisieren. Was wir Witterung nennen, ist nur eine Phase, ein einzelner Act aus der Aufeinanderfolge der Erscheinungen, deren voller, Jahr für Jahr mehr oder minder gleichartiger Ablauf das Klima eines Ortes bildet. Das Klima ist die Gesammtheit der Witterungen eines längeren oder kürzeren Zeitraumes, wie sie durchschnittlich zu dieser Zeit des Jahres einzutreten pflegen.«[1]) So verbindet sich uns mit dem Worte Witterung der Begriff des Unbeständigen, des Wechselnden, mit dem Worte Klima durchaus der Begriff des Beständigen, das nur von Ort zu Ort, nicht aber von Zeit zu Zeit sich ändert. Das Bewusstsein der Constanz des Klimas ist tief eingewurzelt im Volk und spricht sich in der sicheren Zuversicht aus, dass die ungewöhnliche Witterung einer Jahreszeit oder eines Jahres durch diejenige des folgenden wieder wett gemacht werden müsse.

Allein auch das Klima ist im Lauf der Zeiträume nicht immer sich gleich geblieben. Zahllos sind die Hypothesen und Theorien, die über Änderungen des Klimas in der Vergangenheit aufgestellt wurden und naturgemäß mehr oder minder lebhaft das Interesse weiterer Kreise in Anspruch nahmen, lässt doch der strenge Nachweis einer in vergangenen Zeiten vor sich gegangenen Änderung des Klimas sofort den Gedanken an die Möglichkeit einer zukünftigen Änderung auftauchen; eine solche aber könnte sich nicht ohne einschneidende Wirkung auf das wirthschaftliche Leben der Völker vollziehen. Gewiss nur durch diese praktische Bedeutung der Frage ist es zu erklären, wenn die Zahl der aufgestellten Hypothesen so groß ist, dass es wohl überhaupt keinen denkbaren Fall einer Klimaänderung gibt, der nicht seinen Vertreter gefunden hätte. Bei diesem Wirrwarr der widersprechendsten Meinungen, die meist nur sehr schwach gestützt erscheinen, ist es kein Wunder, wenn es heutzutage bei den Meteorologen fast gegen den guten Ton verstößt, sich überhaupt mit der Frage der Klimaänderung zu beschäftigen, geschweige denn eine neue Hypothese zu den alten hinzuzufügen.

Es kann nicht unsere Absicht sein, hier alle irgendwann und irgendwo geäußerten Meinungen über Klimaänderung zusammenzustellen; eine solche einigermaßen vollständige Zusammenstellung würde leicht Bände füllen. Allein es mag uns gestattet werden, mit wenigen Strichen den heute noch herrschenden Widerstreit der Meinungen zu skizzieren, indem wir hierbei die Legion der Hypothesen und Theorien nach großen Gesichtspunkten in Gruppen einordnen.

I. Die Klimate der geologischen Vergangenheit.

So alt die Geologie ist, so alt ist auch die Erkenntnis, dass die Klimate der geologischen Vergangenheit andere waren als die heutigen. Doch gibt es wohl wenige Gebiete, in denen die Speculation in dem Maße der Feststellung der Thatsachen vorausgeeilt ist, wie gerade in dieser Frage. Ehe auch nur ein verschwindender Bruchtheil des einschlägigen Thatsachenmateriales bekannt war, da machte man sich schon daran, die Änderungen des Klimas in der geologischen Vorzeit, die man erkannt zu haben glaubte, theoretisch erklären zu wollen. So schoss vom Anfang dieses Jahrhunderts an bis zur Gegenwart eine Hypothese

[1]) Hann: Handbuch der Klimatologie. Stuttgart, 1883. S. 1.

nach der andern auf, von denen die Mehrzahl jedes Werthes entbehrte, während andere wenigstens geeignet waren durch eingehende speculative Erörterungen der verschiedenen für die Erklärung einer Änderung des Klimas in Betracht kommenden Factoren einer zukünftigen, auf reeller Grundlage zu errichtenden Theorie vorzuarbeiten. Von all diesen rein speculativen Hypothesen können wir hier gänzlich absehen; denn keine einzige von ihnen genügt auch nur einigermaßen den zu stellenden Anforderungen. Wir begnügen uns mit einer kurzen Darstellung der Ansichten, die über das Klima der verschiedenen geologischen Formationen auf Grund des Thatsachenbefundes geäußert wurden und heute noch unvermittelt nebeneinander bestehen.

Schon früh musste man darauf stoßen, dass die alte Lebewelt, deren fossile Reste man eingeschlossen in den geologischen Formationen fand, ihrem klimatischen Charakter nach von der heute an Ort und Stelle existierenden verschieden war. Der Gedanke an eine Klimaänderung lag also nahe. Zwei Wege gab es nun, die zur Feststellung der Klimate der Vorzeit führen konnten. Entweder man verglich die organischen Formen aus verschiedenen Formationen und aus der Gegenwart mit einander und suchte aus der Änderung des Charakters derselben die Änderungen des Klimas im Laufe der Zeiten zu erkennen. Oder aber man legte das Hauptgewicht auf den Vergleich der Floren und Faunen ein und derselben Periode und strebte darnach, für die Vorzeit die Existenz oder das Fehlen von Klimaabstufungen festzustellen, wie wir ihnen heute zwischen Pol und Äquator begegnen. Beide Wege sind eingeschlagen worden.

Der erste Weg ist der ältere und seit Anfang dieses Jahrhunderts oft betreten worden. Er führte zuerst zu der Theorie einer allmälichen fortschreitenden Abkühlung des Erdenklimas. Lyell freilich kam zu einem etwas abweichenden Ergebnis.[1]) Auch er wurde allerdings zur Annahme eines früher im Allgemeinen wärmeren Klimas geführt; doch sollten sich in diese Zeit warmen Klimas temporär Perioden niedrigerer Temperatur einschalten, nicht nur in der Diluvialzeit, sondern auch im Miocän, im Eocän und im Perm. Die Frage nach der Existenz von Klimazonen berührte er, wie auch seine Vorgänger, kaum.

Ganz anders verfuhr Heer, indem er eingehend die Pflanzenüberreste derselben Periode an verschiedenen Punkten der Erdoberfläche mit einander verglich. Die Untersuchung der fossilen Floren schien ihm die Thatsache eines einförmigen tropischen Klimas auf der ganzen Erdoberfläche in weit entlegenen Perioden darzuthun, die unvereinbar ist mit dem heutigen solaren Klima und seinen Abstufungen vom Äquator bis zum Pol. Die moderne Polarforschung, vor allem die Reisen Nordenskjöld's, der die Polarregionen mit der bestimmt ausgesprochenen Absicht aufsuchte, das Klima der Vorzeit zu erforschen, gestatteten die auf dem Boden der heißen und gemäßigten Zonen gewonnenen Ergebnisse bis zum äußersten Norden auszudehnen.

Diese Homogenität des Klimas konnte freilich nur für einige Epochen der geologischen Vergangenheit behauptet werden, vor allem für das Carbon. Es fand die Polarexpedition von Nares[2]) in den unteren Carbonschichten unter 74 und 76° N. Br. dieselbe üppige Carbonflora,

[1]) Lyell: Principles of Geology. 10th ed. Chap. X.—XIII.

[2]) G. S. Nares: »A Narrative of a Voyage to the Polar Sea during 1875—76 in H. M. Ships »Alert« and »Discovery.« London. 1878. Bd. II. S. 331 f. Citat nach Whitney.

welche die Gebiete der gemäßigten neuen und alten Welt zur Carbonzeit besiedelte, während sie im Kohlenkalk an der Nordküste von Grinnell-land (83° N. Br.) Korallen und Cephalopoden von durchaus tropischem Habitus entdeckte[1]) und Oswald Heer von der Bäreninsel und von Spitzbergen karbonische Pflanzengattungen und Arten beschrieb, die mit denen Europas identisch waren.[2]) Ähnliches schien sich auch für einzelne Theile der mesozoischen Aera zu ergeben. So lehrte uns Nathorst dieselbe Juraflora in Spitzbergen und in Indien kennen,[3]) zeigten Nathorst und Heer,[4]) wie in Nordgrönland in der Kreideperiode gleichzeitig wie in Europa und Nordamerika unvermittelt die Laubhölzer auftreten.

In der Tertiärperiode erst erleidet nach Heer und Engler[5]) das homogene Klima der Erde eine Störung und es beginnt vom Pol ausgehend die Heranbildung der heutigen klimatischen Zonen. Die vorschreitende Abkühlung spiegelt sich deutlich in den Wandlungen wieder, von welchen Flora und Fauna in gleicher Weise ergriffen werden. Heer's classische Arbeiten haben gezeigt, dass in der Schweiz die Floren in der Tertiärzeit genau in derselben Weise zeitlich aufeinander folgten und hier fossil übereinander geschichtet sind, wie sie heute räumlich zwischen Pol und Äquator sich einordnen.[6]) Die tropische Eocänflora wird von der subtropischen Miocänflora abgelöst, die ihrerseits am Ausgang der Tertiärperiode einer borealen Flora vom Charakter der heutigen Platz macht. Zu einem entsprechenden Resultat gelangte Lesquereux durch Untersuchung der fossilen Floren des Felsengebirges in den Vereinigten Staaten.[7])

Das Vordringen der Abkühlung vom Pol gegen niedere Breiten, welches durch diese Aufeinanderfolge der Floren angedeutet wird, erhielt erst seine volle Bestätigung durch die Funde der Reste von Tertiärfloren innerhalb des Polarkreises, die namentlich von Nordenskjöld ausgebeutet wurden. Wieder war es Heer, dessen Meisterhand das gesammelte Material ausschließlich zur Bearbeitung anvertraut wurde und der in einer stattlichen Reihe von Bänden die »Flora fossilis arctica« beschrieb. Es gelang für die Gebiete von Ost- und Westgrönland, Grinnellland, die Lenamündung und Spitzbergen der Nachweis einer Flora von demselben Charakter wie die subtropische Flora des schweizer Miocäns.

Es entstand nunmehr die Frage, ob wirklich die arktische Tertiärflora gleichzeitig mit der Miocänflora der Schweiz lebte oder ob sie vielleicht einen Vorläufer derselben darstellt, also älter ist, und zu einer Zeit existierte, als in der Schweiz noch tropisches Klima und tropische Vegetation herrschten. Eine zuverlässige Lösung dieser Frage wäre nur durch continuierliches Verfolgen der Miocänschichten nach Norden mög-

[1]) O. Heer: Flora Fossilis Arctica. Bd. V. Abth. 1, S. 17.

[2]) Heer a. a. O. Bd. II. Abth. 1, Bd. III. Abth. 1 und Bd. IV. Abth. 1.

[3]) Nathorst: Polarforskningens bidrag till forntidens växtgeografi in A. E. Nordenskjöld: Studier och forskningar föranledda af mina resor i höga norden. Stockholm 1883.

[4]) Heer: Flora fossilis arctica. Bd. I. S. 60 und an anderen Orten des großen Werkes mehr. Bd. I. S. 53 ff. u. Bd. VII. S. 226 findet sich eine kurze Zusammenfassung aller klimatologischen Resultate Heer's.

[5]) Engler: Versuch einer Entwickelungsgeschichte der Pflanzenwelt. 2 Bde. Leipzig 1879 und 1882.

[6]) Heer: Flora fossilis Helvetiae.

[7]) Lesquereux: A Review of the Fossil Flora of North-America. Bull. of the Geol. and Geog. Survey of the Territories. II. Ser. Nr. V.

lich; ein solches aber ist infolge der Unterbrechung des Festlandes durch den Ocean ausgeschlossen. Heer [1]) und Engler [2]) hielten an der Gleichzeitigkeit der miocänen Flora der Schweiz und ihrer nahen Verwandten in den Polargebieten fest und nahmen daher einen relativ geringen Temperaturunterschied zwischen den Polargebieten und Mitteleuropa an. Andere Forscher dagegen, wie J. H. Gardner und Saporta, wollten in der arktischen Tertiärflora mit subtropischem Charakter eher ein Äquivalent der tropischen Eocän- und Oligocänflora als der subtropischen Miocänflora Mitteleuropas sehen. [3]) Es würde dann zwischen der subtropischen Tertiärflora der Polargebiete und der subtropischen des schweizer und westdeutschen Miocäns ein ähnliches Altersverhältnis bei gleichzeitiger naher Verwandtschaft bestehen, wie zwischen der fossilen miocänen Flora Mitteleuropas und der heute noch fortlebenden nahe verwandten subtropischen Vegetation Japans und der südlichen Vereinigten Staaten, und die Temperaturdifferenz zwischen Mitteleuropa und dem Polargebiete wäre bedeutender, als Heer sie annahm.

In jedem Fall aber zeigt der Arkto-Tertiär selbst eine deutliche klimatische Sonderung in zwei Zonen, deren äußere, bis 75° Nordbreite reichende, eben jene Tertiärflora birgt, welche mit der schweizer miocänen eine Reihe subtropischer Arten gemeinsam hat, während die innere unter 80° Breite gefundene lebhafte Anklänge an die heutige boreale Flora aufweist. [4])

So sehen wir nach Heer und Engler im Verlauf der Tertiärzeit die Herausbildung der heutigen Zonen des solaren Klimas sich vollziehen. Am Pol macht sich zuerst die Abkühlung bemerkbar, die vielleicht schon in der Oligocänzeit derartige Dimensionen angenommen hatte, dass die tropische Vegetation bis in die gemäßigten Breiten verdrängt war und eine subtropische Flora die südlichen Theile der Polarzone in Besitz genommen hatte, während polwärts von 75° Breite das kühle Klima nur noch die Existenz einer borealen Flora gestattete. Die Abkühlung schritt im Lauf der Miocän- und Pliocänperiode weiter fort und Ring für Ring schoben sich die Pflanzenzonen südwärts und engten immer mehr und mehr das Gebiet der tropischen Vegetation ein. Am Ausgang der Tertiärzeit, im Pliocän, hatten sich im Großen und Ganzen die Verhältnisse von heute herausgebildet und eine der heute lebenden klimatisch außerordentlich nahestehende Flora besiedelte Mitteleuropa. [5])

Man hat den Betrag des Kälterwerdens des Klimas zu berechnen gesucht; derselbe war in verschiedenen Breiten ein ganz verschiedener. Während im Gebiete der heutigen Tropen sich von Anbeginn an die tropische Vegetation hielt, eine einigermaßen bemerkbare Abkühlung also überhaupt nicht stattfand, hat man für den Süden Mitteleuropas, wo auf das tropische Eocänklima nacheinander das subtropische Miocänklima und endlich am Schluss der Pliocänperiode das boreale folgte, ein Sinken der Temperatur um 14—15° gefunden; für die Polarregion, wo am Ausgang der Kreideperiode noch Gewächse gediehen, deren Verwandte heute den Wendekreis nicht mehr überschreiten, am

[1]) Heer: Flora fossilis arctica. Bd. I. S. 73, Bd. VII. S. 22.

[2]) Engler a. a. O. Bd. I. S. 2 f.

[3]) Penck in Verh. des V. Deutschen Geographentages. Berlin 1885. S. 33; Neumayr: Erdgeschichte. Bd. II. Leipzig 1887. S. 510.

[4]) Heer: Flora fossilis arctica. Bd. VII, S. 225.

[5]) Geyler und Kinkelin: Oberpliocänflora aus den Baugruben des Klärbeckens bei Niederrad und der Schleuse bei Höchst a. M. Sep.-Abdr. aus den Abh. d. Senckenbergischen naturf. Ges. Frankfurt a. M. 1887, S. 43 f.

Schluss der Tertiärzeit aber Schnee- und Eisfelder neben einer dürftigen arktischen Vegetation sich ausdehnten, ergibt sich ein Sinken um fast 30° C.[1])

Mit wenigen Schlagworten lässt sich die eben vorgetragene Anschauung Heer's charakterisieren: Homogenes Klima zur Carbonzeit und wohl auch in einzelnen Perioden der mesozoïschen Ära — von den Polen beginnende und von hier aus fortschreitende Abkühlung in der Tertiärzeit.[2])

Was die Ursache dieses eigenthümlichen Kälterwerdens des Klimas in der Tertiärzeit war, darüber vermochte man sich nicht zu äußern. Jedenfalls hat aber die alte Hypothese, welche dasselbe mit der Verminderung der Eigenwärme der sich abkühlenden Erdkugel in Beziehung brachte, heute auch nicht mehr einen Schein von Berechtigung. Ganz abgesehen von allen schwerwiegenden physikalischen Bedenken spricht uns ja die aus den Fossilresten von Heer entzifferte Geschichte der Erde von einem continuierlich fortschreitenden Kälterwerden des Klimas überhaupt nur während der Tertiärzeit, aber weder vor noch nach derselben. Dass aber der Abkühlungsprocess der Erdkugel durch Wärmeverlust in den Weltenraum in den langen geologischen Zeiträumen vor der Tertiärzeit ein unmerklich langsamer gewesen sein sollte, um sich dann während der relativ nur sehr kurzen Tertiärzeit in enormem Maße zu beschleunigen, ist sehr unwahrscheinlich.

So gewaltig auch das von dem genannten Forscher beigebrachte Beweismaterial und so groß die Schärfe seiner Schlussfolgerungen ist, so haben sich doch in der allerletzten Zeit gegen diese Anschauungen Bedenken erhoben und vor allem die Lehre vom homogenen Klima der alten Perioden ist heute wieder in Frage gestellt.

Dreierlei Kategorien von Argumenten waren es, welche für die bedeutende Wärme und Homogenität des Klimas auf der ganzen Erde während früherer Perioden beigebracht wurden. Die eine umfasst jene, welche sich auf die große Üppigkeit der Vegetation in der Vorzeit stützen, die allein die Ablagerung so mächtiger Kohlenflötze ermöglichen könne; die zweite beruft sich darauf, dass die Organismen der vortertiären Perioden durchweg mehr Verwandtschaft und Analogie mit der heutigen Lebewelt der Tropen als mit jener kälterer Gegenden zeigen; die dritte Art der Folgerung endlich geht davon aus, dass Fauna und Flora der Vorzeit in sehr verschiedenen geographischen Breiten übereinstimmend sind.

Alle diese Argumente sind, wie Melchior Neumayr auszuführen sucht, theils nicht zwingend, theils unrichtig und auf Irrthum beruhend.[3])

Das erste Argument ist direct falsch, wie übrigens schon seit langer Zeit erkannt ist. Heute bilden sich ja Lager kohliger Substanzen gerade nur in den kalten Gebieten mit nichts weniger als üppiger Vegetation, während in den warmen die pflanzlichen Stoffe rasch durch Verwesung vernichtet werden.

---

[1]) Vgl. auch Penck: Deutsches Reich. Wien, Prag, Leipzig. 1887. S. 107.

[2]) Eine treffliche Darstellung dieser Anschauungen gibt Penck: Die erdgeschichtliche Bedeutung der Südpolarforschung. Verh. d. V. deutschen Geographentages. Berlin, 1885. S. 25 ff.

[3]) M. Neumayr: Über klimatische Zonen während der Jura- und Kreidezeit. Denkschr. Wiener Akad. Math. nat. Cl. Bd. XLVII. Ferner: Die klimatischen Verhältnisse der Vorzeit. Schriften des Ver. z. Verbreitung naturw. Kenntnisse in Wien 1889. Mehrfach auch in seiner Erdgeschichte Bd. II (Leipzig 1887).

Gegen die zweite Art der Argumente wird der Einwand erhoben, es sei das Anpassungsvermögen der Lebewesen an verschiedene klimatische Verhältnisse entschieden unterschätzt worden; dasselbe kann, wie Neumayr zu zeigen sucht, sich mit der Zeit geändert haben, als Mitbewerber auftraten, die besser gegen die Unbill des Klimas geschützt waren als jene alten Formen, und die daher die letzteren in die Tropen verdrängten. Auch heute gedeihen Pflanzen, die wild nur in den Tropen zu leben vermögen, in rauheren Klimaten, sobald man sie im Kampf ums Dasein gegen die besser gewaffneten Concurrenten schützt, d. h. sie auf Äckern und Beeten zieht, die man von »Unkraut« frei hält.

Auch die so vielfach betonte Identität der Faunen und Floren in den verschiedensten Breiten hat sich bei genauerem Zusehen nicht als absolut herausgestellt. Neumayr that im Gegentheil für die Jura- und Kreidezeit das Vorhandensein einer zonalen Anordnung in der Verbreitung gewisser Meeresorganismen dar, aus der er auf die Existenz von Klimazonen schließt, die in ihrer Lage zu den Polen den heutigen Klimazonen entsprechen.

Die Flora des Carbons ist nach Neumayr ebenfalls keineswegs so absolut gleichmäßig. Manches spricht im Gegentheil für gewisse klimatische Unterschiede, so die Seltenheit oder das Fehlen der Sigillarien in den Kohlen hoher Breiten und das Fehlen der typischen Steinkohlenflora zwischen den Wendekreisen. Doch besaßen ohne Zweifel die Polarregionen damals eine höhere Jahrestemperatur, vor allem mildere Winter, als heute.

Den stärksten Stoß aber dürfte die Lehre vom homogenen Klima der Carbonzeit erleiden, wenn sich die Deutung gewisser carboner Vorkommnisse als Gletscherbildungen bestätigen sollte.[1]) Es treten nämlich in den oberen Carbonschichten im südlichen Afrika, in Australien und in Indien mehrfach eigenthümliche Conglomerate auf, die in Schieferthon und feinkörnigem Sandstein eingebettet, gekritzte Blöcke von glacialem Habitus enthalten; in Indien [2]) und in Südafrika [3]) ist das Liegende dieser Ablagerungen sogar an einzelnen Stellen mit Schrammen versehen. So scheint sich denn Alles zu vereinigen, um die Existenz von ausgedehnten Eismassen am Ende der Carbonzeit sicherzustellen. Gleichwohl ist Angesichts der zahlreichen Täuschungen, denen selbst gewiegte Geologen durch Verwechseln von pseudo-glacialen Bildungen mit echtglacialen zum Opfer gefallen sind,[4]) zur Zeit die Frage nach der carbonischen Eiszeit noch als eine offene zu behandeln. Frappieren könnte freilich das scheinbar durchaus harmonische Auftreten von Glacialerscheinungen an drei so weit von einander entfernten Punkten der Erdoberfläche in gleichaltrigen Schichten, wäre nur nicht diese genaue Gleichaltrigkeit zum Theile eben aus dem Vorkommen jener angeblich glacialen Erscheinungen abgeleitet worden. Wie dem auch sei, in jedem Fall muss heute die Lehre vom homogenen Klima der Carbonzeit und

[1]) Eine ausführliche Darlegung der Frage geben W. Waagen: Die carbone Eiszeit (Jahrb. d. k. k. geolog. Reichsanstalt 1887. S. 143—192) und Feistmantel: Über die Pflanzen und Kohlen führenden Schichten in Indien (bezw. Asien), Afrika und Australien und die darin vorkommenden glacialen Erscheinungen (Sitzungsber. d. k. böhm. Ges. d. Wiss. Prag 1887. S. 1—109).

[2]) Waagen, a. a. O. S. 147.

[3]) A. Schenck: Die geologische Entwicklung Südafrikas. Petermann's Mitth. 1888. S. 229 f.; ferner: Über Glacialerscheinungen in Südafrika. Verh. d. D. Geographentages. Berlin 1889.

[4]) Vgl. Penck: Pseudo-glaciale Erscheinungen. Ausland 1884. S. 641 ff.

der vortertiären Perioden überhaupt als erschüttert gelten; »es spricht,« nach Neumayr,[1] »geradezu Alles gegen die Annahme einer über die ganze Erde, vom Äquator bis zum Pole gleichmäßig heißen Temperatur.«

Auch auf den Abkühlungsprocess des Erdenklimas, welcher sich nach Heer und Engler von den Polen beginnend so einheitlich während der Tertiärzeit vollzogen haben soll, haben die letzten Forschungen Nathorst's und Neumayr's neues Licht geworfen; es scheint, dass derselbe sich keineswegs so einfach abspielte, wie man zuerst glaubte.

Neumayr hat die Continuität des Abkühlungsprocesses angegriffen. Er sucht es wahrscheinlich zu machen, dass Europa zur Zeit des unteren Eocäns ein etwas kühleres Klima besaß, als zur Zeit des mittleren und des oberen; die letztere Periode stelle ein Wärmemaximum dar.[2] Erst von jener Zeit an datiere der Beginn einer fortschreitenden Abkühlung, die bis zur Diluvialzeit anhielt. Nathorst spricht aus, dass in der oberen Jurazeit auf Spitzbergen ein rauheres Klima herrschte als in der Tertiärzeit und zeigt, dass in Japan seit der Miocänzeit überhaupt keine Abkühlung zu bemerken ist.[3] Auch in Sachalin und Kamtschatka weist die tertiäre (miocäne) Flora auf ein im Vergleich zur Gegenwart nur sehr wenig wärmeres Klima hin. Die Abkühlung während der Tertiärzeit ist also nicht allgemein, sie zeigt sich vielmehr gerade in den zuerst auf ihre Fossilflora erforschten Gebieten Europas und vor allem Grönlands am allerintensivsten, beträgt sie doch, wie wir oben sahen, für Grönland und Grinnell-Land nahezu 30° C. Nathorst hebt hervor, dass nun gerade Japan, das Gebiet ohne Abkühlung, und Grönland, das Gebiet intensivster Abkühlung, nahezu auf einem Meridiankreis liegen. Es würde sich die geographische Anordnung der miocänen Floren verschiedenen klimatischen Charakters durch die Annahme der Lage des Pols unter 70° N. Br. und 120° O. L. v. Greenwich, d. h. durch eine Verschiebung desselben um 20° in der Richtung auf Japan hin erklären lassen, während der heutige Pol zu jenen Pflanzenzonen stark excentrisch liegt. Es würden dadurch die Floren von Kamtschatka, vom Amurland und Sachalin innerhalb des Polarkreises, diejenigen von Spitzbergen und Grinnell-Land noch nördlich vom 60°. Breitenkreis zu liegen kommen. Die Floren Japans, Alaskas, vom Makenzie-River, von Grönland und Island mit subtropischem Charakter lägen zwischen 50 und 60° N. Br., diejenigen der Schweiz mit schon mehr tropischem Charakter unter 38° N. Br. So sind wir, schreibt Nathorst, durch den heutigen Stand unserer Kenntnis dahingeführt, eine Veränderung in der Lage der Pole in der tertiären Zeit als sehr wahrscheinlich anzunehmen. Er ist heute nicht der einzige, der diese Ansicht vertritt.

Unabhängig von ihm war Neumayr zu ganz ähnlichen Ergebnissen gekommen[4] und nicht nur auf der Nordhemisphäre, sondern auch auf der Südhemisphäre werden paläontologische Thatsachen dafür angeführt.[5] Freilich nicht alle Schwierigkeiten sind damit gelöst; denn welche

[1]) Neumayr: Die klimatischen Verhältnisse der Vorzeit. A. a. O. S. 27 des Separatabdruckes.

[2]) Neumayr a. a. O. S. 30.

[3]) Nathorst: Zur fossilen Flora Japans. Paläontolog. Abhandlungen, herausgegeben von Dames und Kayser. Bd. IV. Nr. 3, 1888. S. 53, 51 ff.

[4]) Neumayr: Erdgeschichte II. S. 511—514.

[5]) Nathorst a. a. O. S. 55. Über die von vielen Astronomen geleugnete Möglichkeit einer Verlegung der Erdaxe innerhalb der Erdkugel hat sich jüngst Schiaparelli keineswegs so ablehnend geäußert. Vgl. Neumayr: Erdgeschichte II. S. 513.

Stellung wir auch dem Pol innerhalb des Ringes tertiärer Florenüberreste anweisen mögen, immer liegen ihm die Fundstellen tertiärer Waldbäume weit näher als heute die nördliche Grenze des Baumwuchses. Es war also, schließt Neumayr, das Klima der Tertiärzeit im allgemeinen etwas wärmer als das heutige, aber bei weitem nicht in dem Maße als die durch die Verschiebung der Pole besonders begünstigten Länder Grinnellland, Grönland, Spitzbergen und West- und Mitteleuropa es vermuthen lassen.[1])

Werfen wir einen Blick zurück, so müssen wir freimüthig gestehen, dass wir über die klimatischen Verhältnisse der vordiluvialen geologischen Vergangenheit herzlich wenig, ja fast nichts wissen. Vor wenigen Jahren noch galt die Theorie einer allmählich und continuierlich vor sich gehenden Abkühlung des Erdenklimas als die herrschende und auch heute noch zählt sie Anhänger; in die Siebziger Jahre und in den Anfang der Achtziger fallen die Arbeiten Heer's über das homogene Klima und die allmähliche Abkühlung in der Tertiärzeit; der allerneuesten Zeit gehören diejenigen Nathorst's und Neumayr's an, welche das homogene Klima wie die gleichmäßige tertiäre Abkühlung leugnen. Diese Ansichten stehen sich heute noch gegenüber. Es ist daher ein vollkommenes Verkennen der Sachlage, wenn v. Czerny 1881 schreibt, man müsse sich jetzt mit der Darlegung der Ursachen beschäftigen, derentwegen das Klima seit den ältesten Zeiten Veränderungen unterworfen gewesen sei, denn diese Veränderungen selbst seien eine seit lange her durch die Geologen festgestellte und bewiesene Sache.[2])

Etwas besser steht es um unsere Kenntnis vom Klima der durch gewaltige Gletscherausdehnung ausgezeichneten Diluvialzeit; wir werden demselben weiter unten ein ganzes Capitel widmen; an dieser Stelle können wir uns daher ganz kurz fassen, indem wir die dort abgeleiteten Resultate vorausnehmen.

Es gab eine Zeit, da glaubte man die so außerordentlich gesteigerte Gletscherentfaltung der Diluvialperiode durch locale Ursachen erklären zu können. Die angeblich früher weit bedeutendere Erhebung der Gebirge spielte hierbei eine große Rolle. In dieser Weise äußerte sich beim Beginn seiner Glacialstudien Charpentier[3]) und ihm folgten viele andere nach. Heute aber, nachdem die Glacialforschung festgestellt hat, dass das Phänomen der Eiszeit durchaus ein allgemeines und überall in seiner Intensität proportional der Größe der heutigen Gletscher ist, muss diese Anschauung als widerlegt gelten, und ein Zweifel kann darüber nicht mehr bestehen, dass in der Eiszeit überall klimatische Verhältnisse herrschten, die von den heutigen etwas verschieden waren.

Im Allgemeinen ist man anzunehmen geneigt, diese Differenz betreffe hauptsächlich die Niederschläge, die in der Eiszeit weit reichlicher gewesen sein müssten. Das ist jedoch nicht richtig: unserer Meinung nach hat die alte Anschauung von Agassiz und Charpentier vom Jahr 1841, welche die Gletscher als Thermometer betrachtet, ihre volle Berechtigung. Wir werden unten darthun, dass auch die Temperatur in der Eiszeit tiefer gewesen sein muss, wenn auch die Differenz gegen heute wahrscheinlich überall geringer als 5° C. war. So schiebt sich zwischen den Ausgang der Tertiärzeit, dessen klimatische Verhältnisse

---

[1]) Neumayr: Klimatische Verhältnisse der Vorzeit. A. a. O. S. 38.

[2]) v. Czerny: Die Veränderlichkeit des Klimas und ihre Ursachen. Wien, Pest, Leipzig, 1881. S. 76.

[3]) Charpentier in den Annales des mines, 1835.

den heutigen sehr nahe standen, die Eiszeit mit einem kühlen und feuchten Klima ein. Allein nicht nur eine Eiszeit gab es, sondern mindestens deren zwei und beide waren durch eine relativ trockene Interglacialzeit getrennt. Es sind wiederholte Klimaschwankungen, welche die Diluvialzeit auszeichnen, und die mit ihrem Auf- und Ab eigenthümlich gegen die continuierliche, lang anhaltende Abkühlung des Klimas abstechen, die sich in der Tertiärzeit vollzog.

Was die Ursache dieser Klimaschwankungen der Diluvialzeit ist, wissen wir heute ebenso wenig, wie wir die Ursache des tertiären Abkühlungsprocesses kennen. Es ist noch keine einigermaßen genügende Theorie aufgestellt worden, welche mit den Thatsachen vollkommen im Einklang stehen würde. Wir verzichten hier darauf, auf Speculationen einzugehen, wie sie von Croll,[1]) Blytt,[2]) auch von Schmick[3]) unternommen wurden, wenn wir auch ihren Werth als erste Versuche anerkennen.

Das Eiszeitklima ist ein anderes als das heutige: das Klima hat sich seit der Eiszeit geändert. Die Änderung vollzog sich bereits angesichts des Menschen[4]) und sofort entsteht die Frage, ob der letztere wenigstens einen Theilbetrag derselben in seinen Überlieferungen registriert hat. Es ist die Frage nach den Änderungen des Klimas in historischer Zeit, an die wir herantreten.

II. Ansichten über Klimaänderungen in historischer Zeit.

Zahllos und mannigfach sind die Hypothesen oder Theorien über Klimaänderungen in historischer Zeit, die aufgestellt und mit größerem oder geringerem Erfolg gegen die nie ausbleibenden Angriffe vertheidigt wurden. Bald werden allgemeine Ursachen angerufen, welche, völlig unabhängig vom Menschen, allgemeine Klimaänderungen veranlasst haben sollen; bald sind es Eingriffe des Menschen in die Natur, besonders Modificationen des Pflanzenkleides der Erde durch denselben, welche man verantwortlich machen will. Meist ist es gerade eine Änderung der wichtigsten meteorologischen Elemente, der Temperatur oder des Regenfalls, die man beobachtet haben will. Die übrigen klimatischen Factoren spielen in der Literatur über die vorliegende Frage nur eine ganz untergeordnete Rolle. Wenn auch hier und da der Versuch gemacht wird, Änderungen etwa der Windrichtung oder Windstärke darzuthun, so geschieht es fast immer nur in der Absicht, einer Erklärung der Änderung der Temperatur oder des Regenfalles näher zu treten.

Vom Regen, d. h. vom Wasser, ist die Existenz und das Gedeihen des Menschen in fast noch höherem Maße abhängig als von den Wärmeverhältnissen. Gegen Kälte vermag sich der Mensch bis zu einem gewissen Grade durch die Kleidung zu schützen; der absoluten Trockenheit erliegt er sofort. So wurde von jeher gerade die Frage nach Änderungen des Regenfalls in historischer Zeit besonders lebhaft ventiliert.

Naturgemäß fesseln hier unser Interesse zunächst diejenigen Versuche, welche sich mit dem Nachweis der seit Schluss der Eiszeit eingetretenen Änderung der Regenverhältnisse beschäftigen.

---

[1]) Croll: Climate and Time (1875), sowie eine Reihe neuerer Publicationen.

[2]) Blytt im Biologischen Centralblatt. Band IV. S. 33 ff.

[3]) Schmick's zahlreiche Schriften finden sich zusammengestellt im Geogr. Jahrbuch Bd. V, Gotha 1874, S. 236.

[4]) Penck: Mensch und Eiszeit. Archiv für Anthropologie Bd. XV. (1884.) Heft 3.

Unter den zahlreichen einschlägigen Arbeiten gebührt dem großen Werk von J. D. Whitney unstreitig der erste Platz.[1]) Nach ihm ist die Eiszeit ein locales Phänomen für jedes einzelne Gebirge und eine nothwendige Erscheinung im allgemeinen Abkühlungsprocess der Erde. Der Letztere soll dadurch, dass er im Laufe der Zeiten die Verdunstung von der Oberfläche der Meere immer mehr mindert, eine allmähliche Austrocknung der Landmassen der Erde im Gefolge haben; es sei dies jenes Trockenerwerden des Klimas, auf welches wir unbedingt aus dem Schwinden der diluvialen Gletscher schließen müssen. Diesen Austrocknungsprocess aus historischen Daten darzuthun war eine der Hauptaufgaben, die Whitney sich stellte. Er ist freilich nicht der Erste, der in dieser Weise eine Minderung des Regenfalls auf der Erde infolge allgemeiner, außerhalb des Menschen und seiner Thätigkeit liegender Ursachen verficht. Unter seinen Vorgängern ist vor allem Theobald Fischer zu nennen, der in verschiedenen Schriften für ein Trockenerwerden des Klimas der Mittelmeerländer seit dem Alterthum eingetreten ist.[2]) Er spricht allerdings auch die Ausrodung der Wälder, welche vielfach in der Umgebung des Mittelmeeres in historischer Zeit die Physiognomie der Landschaft vollkommen geändert hat, nicht von jeder Schuld frei; doch ist ihm der Austrocknungsprocess und das Vordringen der Wüste gegen das Mittelmeer eine zu allgemeine Erscheinung, um durch solche, jedenfalls nur locale und erst nördlich von 34° Nordbreite wesentliche Eingriffe der Menschen genügend erklärt zu werden. Er hält dieselbe vielmehr für die Äußerung einer allgemeinen Zunahme der Trockenheit der subtropischen Zone an ihrer Äquatorialgrenze.

Während Fischer seine Untersuchungen auf die Umgebung des Mittelmeeres beschränkte, hat Whitney Material zur Constatierung der historischen Klimaänderung für alle Länder der Erde gesammelt. Man findet dasselbe in einem besonderen Abschnitt gleichzeit mit den prähistorisch-geologischen Beweisen für das Trockenerwerden des Klimas seit der Eiszeit mitgetheilt. Da sind bezügliche Beobachtungen zusammengetragen für das Gebiet des aralo-kaspischen Beckens, für Persien, Centralasien, das Mittelmeergebiet, die Sahara, Innerafrika und Südamerika und aus denselben wird der Schluss gezogen: das Klima ist in historischer Zeit auf der gesammten Erde trockener geworden. Es ist das eine Bestätigung der für einzelne Gebiete außer von Fischer auch schon von Humboldt,[3]) Schmick,[4]) W. T. Blanford,[5]) v. Richthofen,[6]) O. Fraas, Chavanne[7]), jüngst noch von Jadrinzew,[8])

---

[1]) Whitney: Climatic Changes of later Geological Times. Memoirs of the Museum of Comparative Zoology at Harvard College. Cambridge 1882.

[2]) Theobald Fischer: Über Klimaänderungen an der Äquatorialgrenze der subtropischen Regenzone (Ausland, 1877 S. 891, ohne Namen erschienen): Beiträge zur physischen Geographie der Mittelmeerländer. Leipzig, 1877; Studien über das Klima der Mittelmeerländer. Petermann's Mitth. Ergänzungsheft Nr. 48. Gotha, 1879. S. 41 ff.; Zur Frage der Klimaänderung im südlichen Mittelmeergebiet etc. Petermann's Mitth. 1883. S. 1 ff.

[3]) Humboldt für das Aralo-Kaspische Becken in: L'Asie centrale. Paris 1843. Vol. II. S. 142.

[4]) Schmick: Die Aralo-Kaspische Niederung und ihre Behandl. Leipzig 1874.

[5]) Blanford für Persien in Quarterly Journal of the Geological Society. Vol. XXIX. (London 1873) S. 493.

[6]) v. Richthofen für das Gebiet des Lob-Nor in: China. I. S. 110.

[7]) Chavanne: Die Sahara. Wien 1879. S. 627.

[8]) Jadrinzew über das Schwinden der westsibirischen Seen in den Iswestija der k. russ. geogr. Ges. XXII. Nr. 2.

Venukof[1]), W. Götz[2]) und vielen Anderen geäußerten Ansicht; sie alle nehmen ein Trockenerwerden des Klimas, und zwar unabhängig von der Thätigkeit des Menschen an.

Verschiedenartig sind die Thatsachen, aus denen auf dieses Trockenerwerden geschlossen wird. Zum geringen Theil nur ist der Beweis ein geologischer, insofern, als er auf Wandlungen hydrographischer Erscheinungen sich stützt, die in jeder Beziehung dem Einfluss des Menschen entrückt sind, wie das Sinken des Spiegels abflussloser Seen; so schließt von Richthofen aus dem vor 4000 Jahren weit größeren Umfang des Lob-nor im Tarymbecken auf eine Zunahme der Trockenheit seit jener Zeit; in dieser Weise wurde früher das Verschwinden des Meerbusens Aibugir am Aralsee als Zeichen des Eintrocknens desselben aufgefasst und analog deutete man eine beobachtete, angeblich continuierliche Senkung des Spiegels des Kaspischen Meeres. Der weit größere Theil des Beweismaterials aber stützt sich auf Aenderungen des Pflanzenkleides der Erde, auf das Verschwinden von Oasen in Folge von Wassermangel, kurz auf Erscheinungen, welche dem Wirkungskreis des Menschen keineswegs ganz entzogen und daher nicht vollkommen und absolut beweiskräftig sind. Es sind zum großen Theil dieselben Thatsachen, welche, wie wir weiter unten sehen werden, auch als Beweis der Klimaänderung in Folge localer Entwaldung gedeutet werden.

In der That sind denn auch Widersprüche gegen jene Theorie des Austrocknens nicht ausgeblieben und fast für jede Gegend, für welche ein Trockenerwerden des Klima's behauptet wurde, ist die Berechtigung dieser Behauptung bestritten worden. Man wies darauf hin, dass eine Zurückdrängung des Ufers eines abflusslosen Sees sehr wohl auf einen localen Verlandungsprocess zurückgeführt und der Rückgang der Culturländereien im Mittelmeergebiet der zunehmenden Indolenz der Orientalen zugeschrieben werden könne. So entschieden Fischer für eine Aenderung des Klima's in den Mittelmeerländern Afrikas eingetreten ist, so entschieden weist Zittel[3]) eine solche für die historische Zeit von der Hand und jüngst hat sich Partsch ihm auf Grund eines äußerst kritisch zusammengestellten Materiales angeschlossen: Das Niveau des Schott el Djerid im tunesischen Afrika hat sich seit dem Alterthum nicht geändert u. s. f.[4]) Ähnlich äußert sich auch Tietze.[5])

Sehr alt und heute weit verbreitet ist die Ansicht, der Wald habe einen wesentlichen Einfluss auf den Regenfall. In der That scheint ein solcher a priori durchaus wahrscheinlich. Der Wald bietet zunächst der vom Winde bewegten Luft ein mechanisches Hindernis, das sie ähnlich wie Hügel und Bergzüge zu übersteigen gezwungen ist. So geringfügig die Hebung der Luft hiebei ist, so muss sie doch theoretisch an der Luvseite zu einer Verstärkung der Condensation führen. Allein der Einfluss des Waldes äußert sich auch in anderer Weise dadurch, dass über ihm die Luft relativ feucht erhalten bleibt. Der Wald hemmt den

---

[1]) Venukof in der Revue de géographie X. Paris 1886. S. 81 f.

[2]) W. Götz: Die Verkehrswege im Dienste des Welthandels. Stuttgart 1888. S. 418, 506, 610, 669.

[3]) Zittel: Beiträge zur Geologie und Paläontologie der Libyschen Wüste etc. Paläontographica Bd. XXX. S. 42.

[4]) Partsch: Über den Nachweis einer Klimaänderung der Mittelmeerländer. Verhandlungen des VIII. Deutschen Geographentages. Berlin 1889. S. 123.

[5]) E. Tietze: Ueber Steppen und Wüsten. Schriften des Vereines zur Verbreitung naturwissenschaftlicher Kenntnisse. Wien, 1885, S. 160.

raschen Abfluss des Regenwassers und speichert im Waldboden einen Wasservorrath auf, den er durch die Baumkronen wieder verdunsten lässt. Auch dieses Phänomen muss auf eine Mehrung des Niederschlages über dem Wald hinwirken, umsomehr, als die feuchte Luft infolge der großen Reibung, welche der Wind an der Oberfläche des Waldes erleidet, und welche die Luftbewegung verzögert, die Tendenz hat, über dem Walde zu verharren. Wenn nun der Wald einfach durch sein Dasein in dieser Weise eine Mehrung des Regenfalles und seiner Häufigkeit veranlassen soll, so muss ein Niederschlagen desselben, wie es überall der Ackerbau und die Cultur mit sich bringt, unbedingt von einer Minderung des Regens und einer Zunahme der Dürre gefolgt sein. Am schärfsten wird diese Ansicht durch die Worte charakterisiert: Der Mensch schreitet über die Erde und ihm folgt die Wüste.[1])

Wohl für kein Gebiet der Erde ist der Einfluss der Entwaldung auf den Regenfall so vielfach betont worden, wie für die Mittelmeerländer und jene von Fischer und Whitney als ein allgemeines Phänomen gedeutete Zunahme der Trockenheit seit dem Alterthume ist weit häufiger der localen waldvernichtenden Thätigkeit des Menschen zugeschrieben worden. In der That, vergleichen wir das einst an den Gestaden des östlichen Mittelmeeres so blühende Culturleben mit dem Vegetieren der heutigen Orientalen auf dem gleichen Boden, so springt uns der enorme culturelle Niedergang jener Gebiete in die Augen und nur zu leicht sind wir geneigt, jenes Degenerieren der alten Culturvölker denselben Ursachen zuzuschreiben, welche unsere eigene Arbeitskraft erschlaffen machen, sobald wir den Orient betreten, der sengenden Dürre des Klima's. Den heutigen Trägern der Cultur als Bewohnern des kühlen und feuchten Nordens scheint die Culturblüte des Alterthums bei den heutigen klimatischen Verhältnissen des Orients undenkbar: Das Klima muss seit dem Alterthume trockener und wärmer geworden sein. Da bietet denn die Entwaldung jener Gebiete, die seit den ältesten Zeiten vor sich gegangen ist, eine willkommene Erklärung: der Mensch hat seine eigene Cultur durch Entwaldung umgebracht und sein Land verwüstet, auf dem er heute nur mehr ein kümmerliches Dasein zu fristen vermag. Eine Bestätigung scheint sich durch den Vergleich der Schilderungen des Landescharakters im Alterthume und heute zu ergeben.[2]) In dieser Weise äußern sich Herschel, Arago, Kämtz Lecoq, Clavé, David Milne Home, Mathieu, Wilson Flagg, G. vom Rath, Fautrat, Marsh, Simony[3]), Denza[4]), u. s. w. Auch Theobald Fischer glaubt wenigstens einen Theil des »Austrocknens« der Mittelmeerländer, soweit dieselben nördlich vom 34. Breitengrad liegen, der Entwaldung auf Rechnung setzen zu dürfen. Allein vielfach übersah man, dass im Alterthum Bewohner der subtropischen Zone schrieben, die Pflege der heutigen Wissenschaft aber vorwiegend dem

[1]) Citiert bei Simony: Schutz dem Walde! Schriften des Vereines zur Verbreitung naturwissenschaftl. Kenntnisse in Wien. Bd. LXX. 1876/77. Wien, 1877. S. 425.

[2]) Eine übersichtliche Zusammenstellung der Literatur über den Einfluss der Entwaldung auf das Klima gibt uns D. Milne Home im Journal Scot. Meteor. Soc. New Ser. IV, 1870. S. 35 ff, ferner Löffelholz-Colberg: Die Bedeutung und Wichtigkeit des Waldes. Leipzig 1872; endlich Whitney a. a. O. S. 155 ff. Wir citieren hier nur die in den genannten Publikationen nicht erwähnten Autoren.

[3]) Simony: Schutz dem Walde. Schriften des Vereines zur Verbreitung naturw. Kenntnisse. Wien. 1877. S. 451.

[4]) Denza: La meteorologia e la fisica terrestre al III. congresso geografico internazionale di Venezia. Rom 1882. S. 16 ff. (Citat bei Günther.)

gemäßigten Europa obliegt. Der Südländer musste nothwendig dieselben Erscheinungen mit andern Augen sehen und mit anderen Farben malen als der Bewohner des Gebietes jenseits der Alpen.

Diese Zunahme der Trockenheit soll noch heute vor sich gehen: so will Trottier[1]) auf Grund der Regenbeobachtungen zu Port d'Alger eine solche seit 1838, besonders aber seit 1855 in Algier constatieren; eine Besserung erwartet er ebenso wie Niel[1]) nur durch Aufforstung in großem Stil. Nach Marmont[2]), dessen Beobachtungen ohne Citat auch N. Gräger[3]) wiedergibt, sollen in Ober-Egypten die Regen, die noch vor 100 Jahren häufig waren, aufgehört haben, seit die Araber die Bäume auf den Grenzgebirgen des Nilthales gegen Osten und Westen niedergeschlagen haben. Den entgegengesetzten Erfolg haben nach ihm wie nach Anderlind[4]) (1888) die großen Baumanpflanzungen des laufenden Jahrhunderts in der Umgebung von Kairo gehabt, eine Ansicht, die gleichfalls schon viel früher (1835) durch Marmont geäußert wurde. Hier sollen die Regen häufiger geworden sein, während sie früher fast ganz fehlten. Ebenso soll nach Murphy[5]) die Umgebung des Baches Kidron bei Jerusalem sich eines reichlicheren Regenfalles erfreuen, seitdem dort ein Maulbeerhain angelegt worden ist, u. s. f.

Kein Wunder, dass unter solchen Umständen bereits hie und da die Waldfrage im Zusammenhange mit der Klimafrage von den Regierungen behandelt worden ist. So wendet die italienische Regierung neuerdings der Wiederbeholzung des Landes und der von dieser zu erwartenden Aufbesserung des Klimas große Aufmerksamkeit zu.[6]) Das Ziel dieser Anpflanzungen hebt Pater Denza mit den wenigen Worten hervor: Es muss verhindert werden, dass Perioden der Wolkenbrüche mit Perioden der Dürre abwechseln.[7])

Beobachtungen aus anderen Gegenden scheinen diese Schlüsse bezüglich des Waldeinflusses und die an die Aufforstung geknüpften Erwartungen durchaus zu stützen.

Vielfach glaubte man für Deutschland eine Besserung des Klimas seit dem Alterthum erkennen zu können, bestehend in einer Minderung der Bewölkung und des Regenfalles als Folge der zunehmenden Entwaldung. In der That schien ein Vergleich der trüben Schilderung Germaniens, wie sie uns etwa Tacitus gibt, mit der Gegenwart auf eine Änderung des Klimas hinzuweisen; man bedachte nicht, dass die Schilderung des Römers naturgemäß subjectiv gefärbt sein musste. Aber auch für die jüngste Zeit hat man mehrfach für Theile Mitteleuropas eine Änderung des Klimas im Zusammenhang mit der Abholzung nachweisen wollen. In diesem Sinn äußert sich van Bebber in seinem Werk über die Regenverhältnisse Deutschlands,[8]) in diesem Sinn auch Studnička für Böhmen.[9]) Nach Wessely ist in Ungarn das Steppenklima seit den Zeiten Maria Theresias in fortwährendem Vorrücken be-

[1]) Trottier referirt bei O. Niel: Géographie de l'Algérie 23 éd. T. I. 1876. Seite 178.
[2]) Marmont referiert bei Berghaus: Länder- u. Völkerkunde. Bd. II. 1837. S. 309.
[3]) N. Gräger: Sonnenschein und Regen. Weimar. 1870. S. 153.
[4]) Anderlind in der Meteorolog. Zeitschrift. 1888. S. 154.
[5]) J. J. Murphy: Are we drying up? Nature XV. (1876) S. 6.
[6]) David Milne Home a. a. O.; Günther: Geophysik Bd. II. S. 290.
[7]) Denza a. a. O. S. 16 ff., citiert bei Günther.
[8]) van Bebber: Regenverhältnisse Deutschlands. München, 1877. S. 119.
[9]) Studnička: Hyetographie von Böhmen. Archiv f. naturw. Landesdurchforschung von Böhmen. Bd. VI. Nr. 3. Prag 1887.

griffen; nur von einer energischen Aufforstung verspricht er sich Hilfe und Rettung vor der Dürre.[1])

Für den Süden Frankreichs, die Vendée, die Provence und besonders das Departement du Var vertrat 1836 Rivière[2]) in der Pariser Akademie die Entwaldungstheorie; durch das Erfrieren und die nachfolgende Ausrodung der Olivenwälder in den Jahren 1821—22 sollte eine erhebliche Minderung des Regenfalles und ein allgemeines Versiegen der Quellen veranlasst worden sein. Ähnlich äußerte sich für das ehemalige Poitou und das Departement der unteren Charente Fleuriau de Bellevue.[3]) Überhaupt wurde die Frage der Klimaänderung durch die Vernichtung des Waldes in Frankreich mehrfach erörtert, so 1858 durch Ladoucette, der in der französischen Deputiertenkammer hervorhob, das Klima der Departements Pyrénées Orientales und Hérault sei durch Waldverwüstung trockener und wärmer geworden.[4]) Daher beschäftigte sich die Gesetzgebung ernstlich mit der Frage der Wiederaufforstung.[5])

In der Schweiz schrieb schon in den Zwanziger Jahren unseres Jahrhunderts Kasthofer die zunehmende Dürre der immer weiter um sich greifenden Entblößung des Schweizer Hochgebirges von Waldungen zu und rieth zur Wiederaufforstung.[6])

Auch in den Vereinigten Staaten spielt die Entwaldung eine große Rolle und wird als Ursache einer Abnahme des Regenfalles gedeutet, die man sowohl in den Neu-England-Staaten als in den pacifischen Staaten beobachtet zu haben glaubt.[7]) und F. B. Hough[8]), als Präsident des von der American Association for the Advancement of Science ernannten Comités, fordert in seinem Bericht energisch zur Vergrößerung des Waldbestandes auf, um der zunehmenden Trockenheit zu steuern.

In Sibirien waren die Sechziger Jahre unseres Jahrhunderts durch außerordentliche Dürren ausgezeichnet, in deren Gefolge Hungersnöthe auftraten. Man stand vielfach nicht an, diese Zunahme der Trockenheit mit der zunehmenden Entwaldung in ursächlichen Zusammenhang zu bringen. Van den Brinken schreibt sogar die Trockenheit der südrussischen Steppen der Waldverwüstung durch die Nomaden zu! Diese Beispiele mögen für die nördliche gemäßigte Zone genügen.

Nicht minder hat man die zunehmende Entwaldung für ein angebliches Trockenerwerden des Klimas in einzelnen Gegenden der Tropen verantwortlich machen zu müssen geglaubt.

Blanqui[9]) hält die Trockenheit des Klimas der Kapverdischen Inseln für eine Folge der Entwaldung, während St. Helena seit Napoleons I. Zeiten durch eine geringe Zunahme des Waldes an Regen gewonnen habe. Ebenso sollen auf Ascension die Regen häufiger geworden sein, seitdem die Engländer die Insel zum Theile wieder bewaldet haben.[10])

---

[1]) Wessely in Simony: Schutz dem Walde! a. a. O. S. 497.
[2]) Rivière: Effets des défrichements. Comptes Rendus II. 1836. 2. S. 858.
[3]) Fleuriau de Bellevue bei Berghaus: Länder- und Völkerkunde. Stuttgart 1837. Bd. II. S. 30.
[4]) Hough: Report upon Forestry. Washington 1878. S. 292.
[5]) Marsh: The Earth as modified by human action. New York, 1877. S. 395.
[6]) Kasthofer: Bemerkungen auf einer Alpenreise. Aarau, 1822. Anhang: Klima des Alpengebirges. S. 329.
[7]) Vgl. die Zusammenstellung bei Whitney: Climatic changes in later geological Time. Cambridge, 1882. S. 162 f.
[8]) Hough: a. a. O.
[9]) Blanqui erwähnt bei Marsh a. a. O. S. 184.
[10]) J. J. Murphy in Nature Vol. XV. S. 6.

Die Insel Madeira verlor Anfang des 15. Jahrhunderts durch eine Feuersbrunst ihre Wälder und bereits um 1450 wollte man eine merkliche Abnahme des Regenfalles erkennen.[1])

Meldrum erwähnt Ende der Sechziger Jahre, dass die Bewohner der feuchten Gebiete von Mauritius absichtlich die Wälder lichteten, um trockeneres Ackerland zu erhalten. Doch ging die Abholzung zu weit und hatte Anfang der Sechziger Jahre entsetzliche Dürren im Gefolge; um den letzteren zu entgehen ist Meldrum für Wiederbewaldung.[2])

In Indien ist, wie Gibson 1846 an die Regierung berichtet,[3]) nach der Aussage aller Eingeborenen, seitdem die Entwaldung so gewaltig um sich griff, das Klima der Umgebung Bombays und der Nilgiri-Hügel trockener geworden. Den gleichen Effect hat nach Bidin die Entwaldung der Landschaft Coorg in den westlichen Ghats gehabt.[4]) Jüngst wies Blanford[5]) für eine Region in den südlichen Centralprovinzen Indiens den umgekehrten Vorgang nach: eine Zunahme des Regens bei gleichzeitiger Zunahme der Waldbedeckung.

Wheeler schreibt in seinem Bericht über seine zweite Expedition nach Neu-Mexiko, das Klima des letzteren werde von Jahr zu Jahr durch Entwaldung wüstenartiger. In St. Cruz, West-Indien, soll sich nach Hubbert infolge der Entwaldung die Regenmenge in dem Grade verringert haben, dass die Verödung und Entvölkerung der Insel immer traurigere Dimensionen annimmt.[6]) Ähnlich äußerte sich Sachs über Theile der venezolanischen Küstengebiete[7]) und Hartt[8]) über Brasilien; die Entwaldung habe hier bereits einen deutlichen Einfluss auf das Klima von Bahia ausgeübt.

Aus den zahlreichen Beispielen für die Tropen sei noch eines hier besonders hervorgehoben, welches einen zwingenden Beweis für den Einfluss des Waldes auf den Regenfall zu geben scheint und als solcher oft Verwendung gefunden hat. Wir meinen die Beobachtungen in der Umgebung des Sees von Tacarigua oder Valencia in Venezuela. 1800 weilte Alexander v. Humboldt an seinen Ufern und constatierte, dass sein Umfang seit Gründung der Stadt Valencia, besonders aber in den letzten 30 Jahren des vorigen Jahrhunderts stark abgenommen hatte. Humboldt stand nicht an, dieses Sinken des Sees der Ausrodung der Wälder zuzuschreiben, welche in der zweiten Hälfte des 18. Jahrhunderts große Dimensionen angenommen hatte. 22 Jahre später besuchte Boussingault den See und erfuhr, dass derselbe seit einer Reihe von Jahren wieder stark steige; Inseln, die 1796 emporgetaucht waren, waren wieder verschwunden, weite Ackerflächen, die vollkommen trocken gelegen hatten, waren in Gefahr ersäuft zu werden. Wieder gibt der Wald die Erklärung. In den ersten Jahrzehnten unseres Jahrhunderts herrschten nämlich in Venezuela blutige Kämpfe, die sich zum Theile gerade in der Umgebung des Sees abspielten. Hierdurch

---

[1]) Peschel: Neue Probleme der vergleichenden Erdkunde. Leipzig. 1870. S. 163.

[2]) Meldrum in Quarterly Journal R. Meteorological Society Vol. IV. London, 1868, S. 187.

[3]) D. Milne Home a. a. O.

[4]) Bidin referiert im Geogr. Jahrbuch IV. S. 30.

[5]) Blanford: The Rainfall of India. Part. II. S. 135 ff. und Meteorolog. Zeitschrift 1888. S. 35.

[6]) Simony a. a. O. S. 465 f.

[7]) Sachs erwähnt von Fritz in Petermann's Mitth. 1880. S. 251 f.

[8]) Hartt: Geology and physical Geography of Brasil. Boston, 1870. S. 321. (Citat bei Whitney.)

gingen Industrie und Ackerbau stark zurück und der tropische Urwald eroberte kraft seiner Üppigkeit gar bald einen großen Theil des Bodens wieder zurück, den der Mensch ihm entrissen. Sofort nahm mit der Ausbreitung des Waldes auch der Regenfall wieder zu und gar bald begann der See von Tacarigua wieder zu steigen. Gewiss dem Anschein nach ein schlagender Beweis für den Waldeinfluss, wie man ihn glänzender nicht verlangen kann![1]

Auch aus der gemäßigten Zone der Südhemisphäre liegen analoge Beobachtungen vor. So sollen nach Milne Home[2] in Australien in einer Gegend, in welcher noch vor 20 Jahren 37 Zoll Regen fielen, heute — Home schrieb 1870 — infolge der Entwaldung nur 17 Zoll fallen. Infolgedessen ist in einer der australischen Colonien der Anfang mit der Gründung eines eigenen Departements zur Erhaltung und Vergrößerung der Wälder gemacht worden. Wirklich hat auch stellenweise die Aufforstung bedeutende Dimensionen angenommen und Landsborough hebt hervor, dass hierdurch auch das Klima Australiens feuchter zu werden beginne und der ganze Erdtheil bald nicht nur für Viehzucht, sondern auch für Ackerbau geeignet werden dürfte.[3] Nach Strzelecki ist dagegen das Klima Tasmaniens, Dank sei es der Waldverwüstung, erheblich trockener geworden.[4]

Für die Capcolonie in Südafrika haben S. Fritsch, Wilson und Livingstone eine Zunahme der Trockenheit behauptet. Fritsch, der dieselbe 1863—66 bereiste, fand überall Spuren einer solchen;[5] ihre Ursache sieht er in der zunehmenden Entwaldung. Die gleiche Beobachtung machten Böhm und Bernsmann im Herero-Land.[6]

Überschauen wir die geschilderten Ansichten, mögen sie nun für Theile der alten oder der neuen Welt, für Gebiete der gemäßigten oder der tropischen Zone aufgestellt worden sein, wägen wir die Namen ihrer Vertreter, so scheint es unzweifelhaft: Entwaldung hat vielfach auf der Erde den Regenfall gemindert, Aufforstung ihn gemehrt.

Eine große Stütze erhielt diese Anschauung durch den Versuch, eine Abnahme des fließenden Wassers in allen Culturländern nachzuweisen. Dass durch Entwaldung der Wasserreichthum einer Quelle herabgemindert, ja selbst vollkommen vernichtet werden kann, ist eine seit langer Zeit bekannte Thatsache. Becquerel ist für dieselbe eingetreten,[7] ebenso vor ihm Boussingault,[8] der Schweizer Marchand[9] und viele andere Gelehrte, die wir zum Theile schon als Anhänger der Theorie, dass Entwaldung den Regenfall mindere, kennen gelernt haben.

Zweimal aber in unserem Jahrhundert wurde das Problem eine brennende Tagesfrage: in den Dreißiger- und Anfang der Siebziger-Jahre. Im erstgenannten Decennium entstand eine weitschichtige Literatur

---

[1]) Boussingault: Influence des défrichements sur la diminution des cours d'eau. Annales de Chimie et de Physique. T. LXIV, 1837, S. 118—122.
[2]) D. Milne Home a. a. O.
[3]) Landsborough referiert in Nature Vol. XVI, 1877. S. 217.
[4]) Strzelecki: Van Diemens-Land. S. 192 f. (Citat bei Milne Home.)
[5]) Über Fritsch, Wilson und Livingstone siehe das Referat von Hann in Zeitschr. f. Meteorologie. 1869. S. 18 ff.
[6]) Böhm und Bernsmann in Petermann's Mitth. 1878. S. 307 ff.
[7]) Becquerel im Atlas météorologique de l'Observatoire de Paris, 1867.
[8]) Boussingault: Rural Economy. S. 686. Citat bei Whitney.
[9]) Marchand: Über die Entwaldung der Gebirge. Bern 1849. S. 29 ff.

über die Wasserabnahme in den Flüssen und Strömen Mitteleuropas im Anschluss an die epochemachenden Untersuchungen von Heinrich Berghaus [1]) über die deutschen Ströme und von P. Merian [2]) speciell über den Rhein. An vieljährigen, zum Theile sogar 100jährigen Beobachtungsreihen zeigte Berghaus, dass der Wasserspiegel der Elbe und Oder im großen Ganzen eine continuierliche Senkung erfahren habe. Er glaubte diese Senkung als die Folge einer Abnahme der durchfließenden Wassermenge betrachten zu müssen und brachte die Verminderung der letzteren mit der Urbarmachung und Entsumpfung des Landes in Zusammenhang, welche den Wasserverbrauch durch Verdunstung sehr gesteigert hätten. Ja, er spricht die Befürchtung aus, es möchte die Elbe, wenn die Verminderung des Wasserstandes in demselben Verhältnis fortschreiten sollte, nach 24 Jahren, d. h. um das Jahr 1860, mit den jetzt üblichen Fahrzeugen nicht mehr als Wasserstraße benutzt werden können. Das war im Jahre 1837; später dehnte er seine Untersuchungen auf Weser, Weichsel und Memel aus und kam zu den gleichen Resultaten. [3]) Beidemal äußerte er sich über die Ursache dieser allgemeinen Verminderung, wenngleich er der Entwaldung mit Schuld gibt, im Sinne Pfeil's, [4]) und vorsichtiger als die Mehrzahl seiner Zeitgenossen, welche die ganze Wasserabnahme auf Rechnung der Minderung des Regenfalls durch Entwaldung setzen wollten.

Diese Klagen beschränkten sich jedoch nicht nur auf Mitteleuropa. Dieselbe Wassernoth herrschte in Russland. Die Quellgebiete der Oka und des Don, die noch in den ersten zwei Jahrzehnten unseres Jahrhunderts wald- und wasserreich waren, sind nach einem 1842 schreibenden Autor A . . . . wald- und wasserarm geworden. [5]) Das zeigt sich überall in Russland. 1836 werden lebhafte Klagen über den Wassermangel in der Wolga geführt, der seit einer Reihe von Jahren infolge der Waldverwüstung eingerissen sei und die Schifffahrt hemme. Daher wurde vom Kaiser Nicolaus eine Commission zur Untersuchung der Frage über den Einfluss der Verminderung der Wälder auf die Verminderung des Wassers in der oberen Wolga ernannt, die in der That jene Meinung voll bestätigt zu haben scheint. [6])

Anfang der Siebziger-Jahre trat G. Wex [7]) mit seiner bekannten Arbeit über die Wasserabnahme in den Quellen, Flüssen und Strömen an die Öffentlichkeit. Sein Material war weit größer als dasjenige von Berghaus, bestand jedoch gleichfalls ausschließlich in Beobachtungen des Wasserstandes. Aus einem Sinken der Wasserstände schloss Wex auf eine continuierliche Minderung der Regenmenge in den Cultur-

[1]) Berghaus: Allgemeine Länder- und Völkerkunde. II. Bd. Stuttgart 1837. S. 300 ff. und S. 325.

[2]) Merian in Poggendorff's Annalen. LVII. 1842. S. 314 ff.

[3]) Berghaus in seinen Annalen der Erd-, Völker- und Staatenkunde. III. Reihe. V. Bd. 1838. S. 95.

[4]) Pfeil: Rührt der niedrige Wasserstand der Flüsse etc. von der Verminderung der Wälder her? Berghaus' Annalen. III. Reihe. IV. Bd. 1837. S. 289 ff.

[5]) A . . . .: Über die Ursachen der Missernten in Russland und die Mittel, denselben zu begegnen. Journal des Ministeriums der Reichsdomänen. 1842, Th. IV. S. 135 f. (In russischer Sprache.)

[6]) Siehe P. v. Köppen's Bericht an die Commission etc. in v. Baer und v. Helmersen: Beiträge zur Kenntnis des russischen Reiches. Bd. 4. S. III. f., das Vorwort der Herausgeber, das sich ebenso wie Köppen's Bericht energisch gegen das Ergebnis der Commission wendet.

[7]) Wex: Über die Wasserabnahme in den Quellen, Flüssen und Strömen. Zeitschrift d. österr. Ingenieur- und Architekten-Vereines. 1874. Ferner Wex: II. Abhandlung über die Wasserabnahme etc. Ebenda 1879.

ländern, die er für einige Fälle sogar zu berechnen suchte; er findet aus den Pegelbeobachtungen bei Basel für die Jahre 1857—72 eine Senkung des Wasserstandes um 1·07 *cm* jährlich und aus der hieraus berechneten Minderung der Wassermenge eine Minderung des Regenfalls im Einzugsgebiete des Rheins oberhalb Basel um 6·05 *mm* jährlich.[1]) So leitete Wex aus seinen Resultaten als allgemeines Gesetz ab: in den Culturländern findet eine continuierliche Abnahme des Wassers in den Quellen, Flüssen und Strömen statt, verursacht in erster Reihe durch die zunehmende Entwaldung und die hierdurch bedingte Minderung des Regenfalls. Zu dem gleichen Resultat wurde für die Elbe M. W. Schmidt geführt.[2])

Dieser Nachweis musste ernstliche Besorgnis hervorrufen. 1873 beschäftigte sich infolge dessen der in Wien tagende landwirthschaftliche und forstliche Congress eingehend mit der Frage[3]) und als das preußische Abgeordnetenhaus eine Commission beauftragt hatte, ein vorgeschlagenes Gesetz betreffend die Erhaltung und Begründung von Schutzwaldungen zu prüfen, da hob dieselbe gerade die stetige Abnahme des Wasserstandes in den preußischen Strömen als eine der schlimmsten Folgen der Entwaldung hervor, welcher man nur durch Wiederaufforstung entgehen könne.[4]) Es ist sehr bemerkenswerth, dass um die gleiche Zeit oder doch nur wenige Jahre früher auch in Russland sich die gleichen Klagen vernehmen ließen und in Regierungskreisen die Waldfrage wieder erwogen wurde.[5])

So vielfach bezeugt nun dieser Einfluss der Entwaldung auf den Regenfall ist, so ist doch die Zahl der Stimmen, die sich gegen einen solchen erhoben haben, kaum kleiner als diejenige seiner Vertheidiger und es ist schwer zu entscheiden, wo die Wahrheit liegt.

Erst vor relativ kurzer Zeit hat die forstliche Meteorologie, vor allem durch das Vorgehen Ebermayers, einen Aufschwung genommen. Es ist daher kein Wunder, dass nur wenige zuverlässige Beobachtungen bezüglich des Waldeinflusses auf das Klima überhaupt und besonders auf den Regenfall vorliegen und diejenigen, die vorhanden sind, scheinen wenig geeignet, die Theorie von der Minderung des Regens durch Entwaldung zu stützen. Ebermayer[6]) selbst schließt auf Grund seiner Untersuchungen, dass in Ebenen von gleichem allgemeinem Charakter der Einfluss des Waldes auf die Regenmenge jedenfalls sehr gering ist; mit der Erhebung über die Meeresoberfläche nehme er jedoch zu.

Nicht alle Forscher haben ihre Schlüsse mit jener Vorsicht und Umsicht gezogen wie Ebermayer und einige sind, zum Theile durch nachweisbare Trugschlüsse, zu anderen Resultaten gekommen. So wollen Fautrat und Sartiaux aus den von ihnen angestellten Beobachtungen des Regenfalles über dem Wald und über freiem Land eine Mehrung der Regenmenge über dem Walde nachweisen.[7]) Mit Recht

[1]) Wex: II. Abhandlung etc.

[2]) M. W. Schmidt: Wasserstandsbeobachtungen an der Elbe im Königreich Sachsen. Civilingenieur. (Leipzig) 1878, S. 559.

[3]) Hough a. a. O. S. 292.

[4]) Schlichting in der Deutschen Bauzeitung 1875. S. 274.

[5]) Vgl. z. B. im Journal des k. russischen Ministeriums der Reichs-Domänen 1863, April, die Übersicht über die Waldwirthschaft. S. 167.

[6]) Ebermayer: Die physikalischen Einwirkungen des Waldes auf Luft und Boden etc. Berlin, 1873. S. 202.

[7]) L. Fautrat in Comptes Rendus. Bd. 83. Paris 1876. S. 514.

wird jedoch von einem Referenten (Hann?) hervorgehoben,[1] dass die beiden Stationen, deren Beobachtungen verglichen werden, unter ganz verschiedenen Bedingungen beobachteten. Analog sind die Resultate, welche Mathieu aus sechsjährigen vergleichenden Beobachtungen inmitten eines Waldes und auf nicht bewaldetem Terrain in der Nähe von Nancy gewonnen hat.[2] Aus seinen Messungen stellte sich heraus, dass die Regenmenge der bewaldeten Gegend jene der unbewaldeten um 6 Procent übertraf. Allein dieses Resultat erscheint durchaus unsicher, wenn man bedenkt, dass beide Stationen zwar in gleicher Seehöhe, doch in etwas verschiedener Lage und 17 *km* von einander entfernt sich befanden. Es lässt sich überhaupt gegen alle Versuche, die vorliegende Frage mit Hilfe correspondierender Beobachtungen im Wald- und im Freilandgebiet zu lösen, der Einwurf erheben, dass man nie vor dem Eingreifen uncontrollierbarer Factoren sicher sein kann, welche locale Unterschiede im Regenfall veranlassen, deren Auftreten nichts mit dem Waldeinfluss zu thun hat. Dieses gilt auch von den Untersuchungen A. Woeikof's, der energisch für den Einfluss des Waldes eingetreten ist.[3]

Wie zahlreich solche locale Factoren, die zum Theil in der Aufstellung des Regenmessers beruhen, sind und wie durch sie selbst auf ganz kleinem Gebiete ohne irgend welche Erhebungen die gemessene Regenmenge von Ort zu Ort wechselt, haben die durch Hellmann[4] angeregten Beobachtungen des Regenmesser-Versuchsfeldes bei Berlin erwiesen. Hier beobachteten 1886 und 1887, über eine waldlose mit Feldern und Gebäuden bedeckte Fläche von nur 40 *qkm* zerstreut, 10 Stationen. Gleichwohl differierten die zweijährigen Mittel des Regenfalles bis zu 16 Procent. Das zeigt zur Evidenz, dass auf dem Wege der Vergleichung gleichzeitiger Beobachtungen an verschiedenen Stationen der Einfluss des Waldes auf den Regenfall überhaupt sehr schwer zu erweisen ist.

Jüngst ist nun endlich der, wie uns dünkt, einzig mögliche Weg, den Waldeinfluss darzuthun, von Blanford eingeschlagen worden.[5] Wir hatten bereits oben Gelegenheit, von seinen Resultaten kurze Notiz zu nehmen. In den südlichen Centralprovinzen Indiens findet sich ein ausgedehntes Gebiet, das früher intensiv entwaldet wurde, seit einiger Zeit aber sich wieder mit Wald zu bedecken begann. Das Ende des Raubbaues und der Beginn der Wiederbewaldung fällt auf das Jahr 1875 und gegenwärtig ist die ganze Fläche wieder mit Wald bestanden. Blanford berechnet nun für 14 Stationen des fraglichen Gebietes den mittleren Regenfall für die Jahre 1866—75 sowie 1876—85 und constatiert eine erhebliche Mehrung desselben, die an sieben nicht allzuweit entfernt, jedoch schon außerhalb des neubewaldeten Areals gelegenen Stationen fehlt. Er steht nicht an, diese Mehrung dem Waldeinfluss zuzuschreiben, und zwar umsomehr, als die Zunahme von Jahr zu Jahr als continuierlich sich erwies. So vermehrt denn nach Blanford, wenigstens

[1]) Zeitschr. f. Meteorologie. 1874. S. 394.

[2]) Vgl. A. Woeikoff: Einfluss der Wälder auf das Klima. Petermann's Mitth. 1885. S. 81.

[3]) Woeikoff: Die Klimate der Erde. Bd. I. Jena, 1887. S. 290 ff. sowie mehrfach in den zahlreichen Schriften des hochverdienten Forschers.

[4]) Hellmann in der Meteorologischen Zeitschrift. 1887. S. [62] und im »Wetter« 1888. S. 165 ff.

[5]) Blanford: The Rainfall of India. Part. II. S. 135 ff. und Meteorolog. Zeitschrift. 1888. S. 35.

in tropischen Gegenden, die Aufforstung den Regenfall und Entwaldung muss ihn daher mindern.

Zu einem ganz andern Resultate kam für das gemäßigte Nordamerika Gannet mit Hilfe einer ähnlichen Methode, die gleichfalls darauf ausgeht, quantitative Änderungen des Regenfalles in Gegenden zu constatieren, deren Vegetationscharakter eine allmähliche durchgreifende Aenderung erlitt.[1] Da ist zunächst die Prairieregion, welche Iowa, das nördliche Missouri, das südliche Minnesota, den größten Theil von Illinois und einen kleinen Theil Indianas, zusammen 5000 Quadratmeilen umfasst; hier wurde die Aufforstung im großartigsten Maßstabe durchgeführt. Da dieselbe eine continuierliche war, so muss jede Beobachtungsreihe, sobald man sie der Zeit nach genau halbiert, für ein und denselben Ort in ihrer ersten Hälfte die Regen-Verhältnisse einer Periode geringerer Waldbedeckung, in ihrer zweiten diejenigen einer Periode größerer Waldbedeckung darstellen. Gannet fand, dass der Regenfall in der zweiten Periode trotz der zunehmenden Bewaldung um 4 Percent abgenommen hatte. Der entgegengesetzte Vorgang spielte sich in Ohio, sowie in den Neuengland-Staaten ab, wo die Entwaldung immer mehr um sich griff. Es ergab sich für Ohio trotzdem nur eine Minderung des Regenfalls um 0·5 Procent, für die Neuengland-Staaten im Mittel von 12 Stationen, die vor 1860 beobachteten, eine Mehrung des Regenfalls um 7 Procent, im Mittel von 14 Stationen nach 1860 überhaupt keine Änderung. Aus diesen Daten schließt Gannet, dass Abholzung und Aufforstung eines Landes einen merklichen Einfluss auf die Menge des Niederschlages nicht ausüben.

Wird in dieser Weise auf Grund von experimentellen Untersuchungen über den Waldeinfluss, wenigstens für die gemäßigte Zone, von Ebermayer und Gannet die Möglichkeit geleugnet, dass Entwaldung eine wesentliche Änderung der Regenmenge nach sich ziehen könne, während allerdings für die Tropen durch Blanford das Gegentheil erwiesen scheint, so hat andererseits auch die Discussion langjähriger meteorologischer Beobachtungen keineswegs jene so vielfach behauptete Minderung des Regenfalles ergeben. So zeigen Schott[2] und Draper[3], dass von einer Minderung des Regenfalles in den östlichen Vereinigten Staaten für die letzten 60 Jahre keine Rede sein kann, so thut Jamieson[4] 1859 für Grossbritannien dar, dass die Regenmenge seit der Mitte des vorigen Jahrhunderts sich nicht geändert hat. Die gleiche Anschauung vertraten Burton[5] und Schweinfurth[6] für Ägypten gegenüber Anderlind u. A. Die Commissionen der Mehrzahl der Akademien europäischer Staaten, denen Wex seine Abhandlung über die Abnahme der Wasser- und Regenmenge in Culturländern zur Begutachtung eingesandt hatte, konnten aus den meteorologischen Beobachtungen ihrer Gebiete gleichfalls in keiner Weise eine Abnahme des Regenfalls constatieren, trotz der vielfach zunehmenden Entwaldung. So äußerte sich die Pariser

[1]) Gannet's Abhandlung ist eingehend referiert in »Das Wetter«. 1888. S. 97—105.

[2]) Schott in Smithsonian Contributions to Knowledge. Vol. XXIV. Washington 1885. S. 228.

[3]) Draper in Zeitschrift für Meteorologie. 1874. S. 239.

[4]) Jamieson erwähnt im Gutachten der Wiener Akademie über die Abhandlung von Wex. Sitzungsberichte d. Wiener Akademie II. Abth. 1874. S. 642. Ein Referat erschien auch in Kämtz' Repertorium für Meteorologie.

[5]) Burton: The Gold Mines of Midian. London, 1878, S. 26.

[6]) Schweinfurth in Bädecker: Ägypten. Bd. I, 1878, S. 79.

Akademie[1]), so die St. Petersburger[2]), die Wiener[3]) und so auch die Commission des Oesterreichischen Ingenieur- und Architekten-Vereines[4]). Allerdings reichen exacte meteorologische Beobachtungen nur in wenigen Fällen über die Mitte des vorigen Jahrhunderts zurück, so dass diese Nachweise im besten Fall für die Dauer eines Jahrhunderts gelten. Zwar sind Versuche gemacht worden durch Vergleich der meteorologischen Beobachtungen, welche unabhängig von Instrumenten angestellt wurden, auch für weiter zurückliegende Zeiträume der Frage nach Änderungen des Regenfalles näher zu treten. Es folgert la Cour aus dem Vergleich der Daten des meteorologischen Tagebuches von Tycho de Brahe mit den heutigen meteorologischen Aufzeichnungen, dass die Bewölkungs- und Regenverhältnisse an der Küste des Sundes seit 300 Jahren sich nicht geändert haben.[5]) Ebenso hat R. Wolf aus einem von J. Gessner 1747 gehaltenen Vortrag geschlossen, dass seit 140 Jahren die mittlere Niederschlagsmenge in der Nordschweiz weder eine Mehrung noch eine Minderung erfahren habe.[6]) Solche Beweise aber, welche der quantitativen Schärfe entbehren, sind natürlich in keinerlei Weise zwingend. Soweit exacte Regenbeobachtungen vorliegen, soweit ergibt sich aus den aufgeführten Untersuchungen als allgemeines Resultat: Trotzdem die Entwaldung bis in die letzte Zeit immer größere Dimensionen angenommen hat, hat doch nach den meteorologischen Aufzeichnungen die Regenmenge der entwaldeten Länder nicht abgenommen. Die Wasserabnahme in den Flüssen müsste, soweit sie vorhanden ist, durch andere Factoren erklärt werden. In welcher Weise, darauf wies u. A. Marié Davy hin.[7]) Auch er führt das Sinken der Wasserstände in Frankreich auf die Ausdehnung des Culturbodens zurück, erklärt dasselbe jedoch nicht durch eine Minderung des Niederschlages, sondern durch eine Zunahme der Verdunstung, denn diese sei bei Culturland am größten und größer als bei Waldland.

So wurden die meteorologischen Consequenzen widerlegt, welche Wex aus der von ihm vertretenen Wasserabnahme in den Gewässern in Übereinstimmung mit der Entwaldungstheorie gezogen hatte. Allein selbst der Ausgangspunkt von Wex, die Wasserabnahme in den Flüssen, wurde für nicht bewiesen erklärt. Schon Pfeil[8]) warnte in den Dreißiger Jahren in einer äußerst kritischen Abhandlung davor, das von Berghaus u. a. beobachtete Sinken des Wasserstandes ohneweiters als Symptom einer thatsächlichen Minderung des abfließenden Wassers zu betrachten. K. E. v. Baer und Helmersen,[9]) wie auch Berghaus[10])

---

[1]) Das Gutachten der Par. Akad. erwähnt Grebenau in d. D. Bau-Ztg. 1876. S. 426.

[2]) Bulletin de l'acad. des sc. de St. Pétersbourg. T. XXI, 1876. S. 293—302.

[3]) Sitzungsber. Wiener Akad., math.-nat. Cl. LXIX. Bd. II. Abth. 1874. S. 642.

[4]) Bericht in der Zeitschrift des genannten Vereines. Jahrgang 1881. S. 86.

[5]) La Cour: Tycho Brahes meteorologische Dagbog holdt paa Kransborg for aarene 1582—1597. Kopenhagen. 1876.

[6]) R. Wolf erwähnt bei Günther: Geophysik II. S. 294.

[7]) Marié Davy in Zeitschrift für Meteorologie 1874 S. 145. ff.

[8]) Pfeil: Rührt der niedrige Wasserstand der Flüsse und insbesondere derjenige der Elbe und Oder, welchen man in neuerer Zeit bemerkt, von der Verminderung der Wälder her? Pfeil's kritische Blätter f. Forst- u. Jagdwirthschaft. Bd. XI. 1837. Heft 2. S. 62 ff.; wieder abgedruckt in Berghaus' Annalen der Erd-, Völker- u. Staatenkunde. III. Reihe. Bd. IV. 1837. S. 289.

[9]) Baer und Helmersen: Beiträge zur Kenntnis des russischen Reiches. 4. Bd. Petersburg 1841. Vorwort zum Bericht von P. v. Köppen an die Commission zur Untersuchung der Frage über den Einfluss der Verminderung der Wälder auf die Verminderung des Wassers in der oberen Wolga.

[10]) Berghaus: Länder- und Völkerkunde. Bd. II. S. 310.

stimmten ihm bei und erklärten den Wald für unschuldig an jenem Sinken. Später wurde gelegentlich der durch die Abhandlung von **Wex** veranlassten Discussion besonders von technischer Seite, so von J. **Schlichting**,[1] **Sasse**[2] u. a. darauf hingewiesen, dass Wasserstandsbeobachtungen nur dann ein relatives Bild von der durchfließenden Wassermenge zu geben vermögen, wenn Querprofil und Geschwindigkeit des Flusses an Ort und Stelle sich nicht geändert haben. Das ist aber eine Voraussetzung, die bei geschiebeführenden Flüssen niemals zutrifft. Ja, solche Änderungen werden durch die Correctionen der fließenden Gewässer geradezu hervorgerufen, welche in diesem Jahrhundert besonders intensiv in das Leben der Flüsse eingriffen. So deutete **Grebenau**[3] das auch nach seiner Ansicht allgemeine Sinken der Wasserstände, das er im Mittel auf jährlich 1 *cm* berechnete, als eine Folge der Tieferlegung der Sohle der Flüsse, als ein Werk der Erosion. In gleichem Sinne äußert sich **Fessel**[4] über die Ursache des allgemeinen Sinkens der Wasserstände.

Wieder andere machten geltend, die Senkung der mittleren Jahreswasserstände sei die Folge einer Änderung im Regime der Flüsse, welche durch die zunehmende Entwaldung und Entsumpfung des Einzugsgebietes veranlasst sei. Durch die Entwaldung haben sich die Abflussverhältnisse für den Regen gänzlich geändert: der letztere rinnt heute weit rascher ab als früher, da er noch durch den Waldboden wie von einem Schwamme aufgesogen und erst allmählich an die Flüsse abgegeben wurde. Hierdurch sind die unperiodischen Schwankungen des Wasserstandes häufiger und beträchtlicher, die Hochwasser zahlreicher und höher, die Niedrigwasser zahlreicher und tiefer geworden. Ein solcher Vorgang aber muss unbedingt in einem Sinken des Jahreswasserstandes sich äußern. Bei jedem Fluss befindet sich der Wasserstand, bei welchem das dem Jahresmittel der Wassermenge pro Secunde entsprechende Wasserquantum abfließt, über dem Mittel der Wasserstände; denn die Wasserführung wächst nicht einfach proportional der Wassertiefe, sondern proportional einer höheren Potenz der letzteren. Nur bei einem Fluss ohne Jahresschwankung entspricht der Pegelstand, welcher der mittleren Durchflussmenge zukommt, auch dem arithmetischen Mittel aller Wasserstände. Je mehr aber Niedrigwasser und Hochwasser in der Höhe differieren, desto mehr senkt sich der mittlere Jahreswasserstand unter das der mittleren Durchflussmenge entsprechende Niveau. Es wird sich also infolge der Entwaldung ein Sinken der Jahreswasserstände einstellen, ohne dass die Durchflussmenge sich geändert hätte. In diesem Sinne äußerte sich das hydrotechnische Comité des österreichischen Ingenieur- und Architekten-Vereines,[5] in diesem Sinne auch v. **Helmersen** und **Wild**,[6] ferner **Whitney**,[7] **Markham**.

---

[1]) **Schlichting** in »Deutsche Bauzeitung« 1875. S. 273. Vgl. auch die oben erwähnten Berichte der Akademien und Gesellschaften.

[2]) **Sasse** in »Deutsche Bauzeitung« 1873. S. 259, 268.

[3]) **Grebenau**: Resultate der Pegelbeobachtungen an den elsass-lothringischen Flüssen Rhein und Mosel von 1807—1872. Strassburg, 1874. (III. Heft d. statist. Mitth. über Elsass-Lothringen.) Ferner: Flusssenkungen und die damit zusammenhängenden Erscheinungen. Vortrag. Deutsche Bauzeitung 1876. S. 425.

[4]) **Fessel**, Deutsche Bauzeitung 1873. S. 329.

[5]) Bericht in der Zeitschrift d. ö. Ingen.- u. Archit.-Vereines 1875. S. 157 ff. Schluss-Resumé.

[6]) v. **Helmersen** und **Wild**'s Bericht über die Abhandlung von **Wex**. Bull. de l'acad. des sc. de. St. Pétersbourg 1876. S. 293 ff.

[7]) **Whitney** a. a. O. S. 179 f.

Hann,[1]) v. Wagner[2]) u. a. Entwaldung ändert das Regime der Gewässer und dadurch den Wasserstand, ohne den Regenfall und die Wassermenge zu beeinflussen, so lautet hier die Parole.

Allein selbst dieser doch relativ bescheidene Einfluss des Waldes ist mit Erfolg bestritten worden, indem von hervorragender Seite der Richtigkeit der Grundthatsache, von welcher Berghaus wie Wex ausgegangen waren, die continuierliche Senkung des Wasserspiegels der Ströme in den Culturländern, geleugnet wurde. Schlichting machte darauf aufmerksam, dass Wex' eigenes Material zum Theil gar kein continuierliches Sinken des Wasserstandes zeigt, sobald man dasselbe anders in Mittel zusammenfasst, als es Wex gethan.[3]) Soweit aber eine Senkung nicht zu leugnen sei, soweit dürfte sie zum Theile gewiss dadurch zu erklären sein, dass der Eisstau seltener und geringer geworden.[4]) Hagen that dar, dass das Sinken des Wasserstandes nur bei einigen Flüssen Preußens zu beobachten ist, bei andern wieder nicht[5]) und Pralle[6]) wie Schlichting[7]) zeigten durch Vergleich der Beobachtungen mehrerer Pegelstationen der Elbe, dass das Sinken des Wasserspiegels nur local auftritt und demselben an anderen Punkten des gleichen Flusslaufes ein Steigen entspricht. Das deutet aber unbedingt auf locale Bettveränderungen hin und nicht auf eine Minderung der Wassermenge. Zu dem gleichen Resultate kam schon früher Graeve, der sich gleichzeitig auch energisch gegen Grebenau's Theorie der allgemeinen Eintiefung der Flüsse wendet und dieselbe einfach durch den Hinweis entkräftet, dass, wenn Grebenau's Speculationen richtig wären, fast alle Flüsse vor relativ kurzer Zeit hoch über dem Niveau der alten an ihrem Laufe gelegenen Städte und Ortschaften geflossen sein müssten.[8]) Jüngst hat in diesem Sinne auch Honsell sich gegen ein allgemeines Sinken des Wasserstandes in den Flüssen ausgesprochen. So ist denn weder die Theorie von Wex noch diejenige von Grebenau nöthig, denn das, was beide erklären wollten, die allgemeine Senkung der Flusswasserstände in Culturländern, existiert nicht und die zu beobachtenden Bewegungen des Wasserspiegels der Flüsse sind unstät, unregelmäßig und durch locale Verhältnisse bedingt.

Blicken wir zurück auf die zahllosen geschilderten Hypothesen! Die Entwaldung hat allerwärts das Klima trockener gemacht, die Wassermenge in Quellen, Bächen und Flüssen gemindert, heißt es auf der einen Seite; von einer Zunahme der Trockenheit keine Spur, keine Spur von einer Minderung der Wassermenge auf der anderen. Zwei Ansichten, die sich vollkommen ausschließen und doch beide vertreten durch Namen ersten Ranges! Wir können heute zwischen ihnen nicht

[1]) Hann: Thatsachen und Bemerkungen über einige schädliche Folgen der Zerstörung des natürlichen Pflanzenkleides der Erdoberfläche. Zeitschr. f. Met. 1869. S. 18 ff. Hier auch über Markham.

[2]) v. Wagner: Hydrologische Untersuchungen an der Weser, Elbe, dem Rhein und mehreren kleineren Flüssen. Braunschweig, 1881. S. 24.

[3]) Schlichting in Franzius und Sonne: Handbuch der Ingenieur-Wissenschaften. IV. Bd.: Der Wasserbau. Leipzig. 1883. S. 73 der II. Auflage.

[4]) Schlichting in der Deutschen Bauzeitung 1875. S. 144.

[5]) Hagen: Über die Verminderung der Wasserstände in den preußischen Strömen. Abh. d. kgl. Akademie der Wiss. in Berlin. 1880.

[6]) Pralle: Wasserstandsverhältnisse der Oder. Ztschr. f. Bauwesen 1882. S. 188.

[7]) Schlichting: Elbestromschau 1869 u. 1873. Deutsche Bauztg. 1875. S. 274.

[8]) Graeve: Über den Wasserreichthum u. die Senkung der Flüsse in Culturländern. Deutsche Bauzeitung 1877. S. 261, 271 ff.

entscheiden. Nur eines geht aus allem zur Evidenz hervor, dass wir bezüglich des Einflusses des Waldes auf den Regenfall noch vollkommen im Dunkeln tappen.

Das drängt sich uns in noch höherem Grade auf, wenn wir erfahren, dass die Entwaldung nicht nur den Regenfall und die Wassermenge der Gewässer mindern, sondern an einigen gesegneten Punkten der Erdoberfläche ihn mehren soll. Ich denke hier nicht etwa an die alte Erzählung des Theophrast, nach welcher, wie Seneca berichtet,[1] der Hämus durch Entwaldung wasserreich geworden sein soll, sondern an Autoren, die in den allerletzten Jahren geschrieben haben. So haben sich merkwürdiger Weise Stimmen erhoben, welche für ein allgemeines Steigen des Wasserstandes der Flüsse eingetreten sind, und wieder musste die Entwaldung daran Schuld sein. Schmid schreibt 1858, vielfach sei die Ansicht verbreitet, dass infolge der Entwaldungen in Polen und der dort ausgeführten Meliorationen gegenwärtig (1858) der Weichsel mehr Wasser zugeführt werde als früher.[2] Er selbst freilich bekämpft diese Ansicht und führt die auch von ihm anerkannte Hebung der Wasserstände auf den größeren Eisstau infolge der Eindeichungen zurück, also ähnlich und doch umgekehrt wie Schlichting, der die beobachtete Senkung der Wasserstände der Minderung des Eisstaues zuschrieb.

Wir schilderten oben, dass in Australien früher die Zunahme der Trockenheit, welche man beobachtet haben wollte, allgemein durch die Entwaldung erklärt wurde. Nach den neuesten Untersuchungen in Neu-Süd-Wales und in anderen Theilen Australiens, die R. Abbay,[3] M. E. Abbott[4] und R. von Lendenfeld[5] mittheilen, ist das aber durchaus falsch. Im Gegentheil hat sich vielerorts seit Ende der Sechziger Jahre gezeigt, dass gerade die Entwaldung den Wasserschatz einer Gegend vermehrt. So sind der Lake George und der Lake Bathurst, zwei abflusslose Seen in Neu-Süd-Wales, seit den Fünfziger Jahren sehr gestiegen, nach Abbay offenbar, weil nach erfolgter Entwaldung ihres Einzugsgebietes ihnen heute das Regenwasser sehr viel rascher als früher und ohne zu verdunsten zufließt. Mehrfach sind früher trockene oder doch nur von einem spärlichen Gerinne durchflossene Thäler nach erfolgter Fällung der Wälder in den Besitz eines permanent fließenden lebhaften Baches gekommen. Abbott und Lendenfeld rathen daher dringend die Entwaldung immer weiter auszudehnen, um die trockenen Gebiete mit Wasseradern zu bereichern. »Es würden dadurch immer größere Wassermassen auf Australien herabgezogen und theilweise dort festgehalten werden.«[5] Zwar wird zur Erklärung dieser mit den Verhältnissen der alten Welt so wenig in Einklang stehenden Erscheinung das eigenthümliche, große Wasserbedürfnis der australischen Waldbäume angerufen, durch welches der Waldboden fortwährend ausgetrocknet werde.[6] Allein es muthet uns doch sonderbar an, dass derselbe australische Wald, dessen Niederschlagen früher ganz allgemein als Ursache

[1] Seneca: Quaestiones naturales III, 11.

[2] Schmid: Nachrichten über die Ströme des preußischen Staates. III: Weichselstrom. Zeitschr. f. Bauwesen VIII, 1858, S. 158 f.

[3] Abbay in Nature XIV. S. 47 f.

[4] Abbott in den Publicationen der R. Geographical Society of N.-S.-Wales, referiert im American Meteorological Journal. Vol. IV, 1887. Oct. S. 247.

[5] R. v. Lendenfeld: Der Einfluss der Entwaldung auf das Klima Australiens. Petermann's Mittheilungen. 1888. S. 41 ff.

[6] von Lendenfeld a. a. O. S. 43.

der zunehmenden Dürre galt, heute abgeholzt werden soll, um dem Land Regen und Wasser zu geben; man möchte geneigt sein anzunehmen, dass die Wahrheit hier wie so oft in der Mitte liegt, dass der Wald und die Entwaldung früher ebenso unschuldig an der behaupteten Minderung des Regenfalles und der Wassermenge waren, wie sie es heute an deren Mehrung sind. Die Regenabnahme wie die Regenzunahme hätten sich dann beide ganz unabhängig von der Entwaldung und aus ganz anderen Ursachen vollzogen. In jedem Fall ist dieser eigenthümliche Einfluss der Entwaldung auf das Klima Australiens, der zu Zeiten in das Gegentheil sich verkehrt, gewiss geeignet, unseren Ausspruch oben zu bestätigen, dass wir über den Waldeinfluss auf den Regenfall heute noch nichts wissen.

Nicht besser steht es mit einem anderen Eingriff in die Klimaverhältnisse der Erdoberfläche, der dem Menschen zugeschrieben wird; ich meine die Besserung des Klimas durch Ausbreitung der Culturländereien in ursprünglich trockenen und fast vegetationslosen Gebieten. Uralt ist diese Ansicht; schon Theophrast erzählt, dass bei der Stadt Arcadia auf Kreta Quellen und Seen eintrockneten, als man aufhörte, das Land zu bebauen, dass jedoch nach der Zerstörung der Stadt, als der Boden wieder Bebauer gefunden hatte, auch das Wasser wieder erschien.[1]) Jüngst ist diese Hypothese in größtem Umfang für die trockenen Gebiete des fernen Westens der Vereinigten Staaten von Nordamerika aufgestellt worden.

Die Thatsachen, aus denen man so weitgehende Schlüsse auf eine Änderung des Klimas zieht, sind nicht meteorologischer Natur; es ist vielmehr das Vordringen des Ackerbaues in Gegenden, welche noch vor 30 Jahren als vollkommen unfähig für jede Cultur galten. Im Jahre 1856 zog die Linie, welche die unfruchtbare »große amerikanische Wüste« östlich begrenzen sollte, zwischen dem 96. und 97. Meridian durch Dakota, Nebraska, Kansas, das Indianer-Territorium und Texas. Allmählich bauten sich jedoch Ansiedler auch jenseits dieser Linie an und Schritt für Schritt drang der Ackerbau nach Westen vor. Heute hat er schon den 100. Meridian überschritten und den 102. stellenweise erreicht; der amtliche Census für Kansas von 1885 gibt für den zwischen 97° und 100° Länge gelegenen Streifen dieses Staates eine Bevölkerung von mehr als einer halben Million an, welche in den letzten 20 Jahren sich dort niedergelassen hat. Es ist ein Glaubenssatz der Ansiedler, dass sie selbst eben dadurch, dass sie dem trockenen Land Ackerboden abgewannen und denselben mit Getreide und Mais bepflanzten, das Klima verändert und regenreicher gemacht haben. Ihrer eigenen Energie schreiben sie die Umgestaltung des Landes und seines Klimas zu.[2]) Ähnliches wird von Montana und Dakota berichtet.[3])

Das Gleiche ist in der Umgebung des großen Salzsees vor sich gegangen. Hier hat man beobachtet, dass von 1860 an die Flüsse sich zu füllen begannen; ihr Wasser konnte zur Berieselung der Felder abgeleitet werden und der Ackerbau ergriff Besitz von Ländereien, die

[1]) Ideler: Über die angeblichen Veränderungen des Klimas. Berghaus' Annalen der Erd-, Völker- und Staatenkunde. Bd. V, 1832. S. 425.

[2]) Vgl. das Referat von Heyer über N. R. Hilton: Report of the Kansas State Board of Agriculture, for the Quarter ending March 31. Topeka 1888, im »Wetter« 1889. S. 223 f. Das Original war mir nicht zugänglich.

[3]) American Meteorological Journal. Vol. IV. 1887. Oct. S. 242.

noch vor Kurzem nicht anbaufähig waren.[1]) Der große Salzsee stieg um mehr als 3 *m* und seine Fläche wuchs von 4532 *qkm* auf 5609 *qkm*. Dieses Steigen des Sees hat nun gerade mit der Ausbreitung der Ansiedlungen in der Umgebung begonnen und die Zunahme des Regenfalls und der Wassermenge in den Flüssen und im See wird direct dieser Ausbreitung der Culturländereien auf Kosten der Wüste zugeschrieben. So äußerte sich 1869 Cyrus Thomas über die seit acht Jahren zu beobachtende Besserung des Klimas;[2]) er ist überzeugt, dass mit Zunahme der Bevölkerung auch ferner der Regenfall zunehmen werde. Hough spricht sich 1878 ganz ähnlich aus. Die arbeitsamen Mormonen, sagt er, haben das Recht zu erwarten, dass eine immer weitergehende Ausbreitung der Culturländereien den Regenfall noch mehr steigern wird; durch fernere Baumpflanzungen wird die Luft immer feuchter werden, sodass endlich eine genügende Regenmenge fällt.[3]) Diese Worte sind nur ein Ausdruck der allgemeinen Volksmeinung. Ob nun aber der Regenfall wirklich zugenommen hat oder nicht, darüber entspann sich eine große Controverse.

Gilbert, der unermüdliche Erforscher des Great-Basin, äußert sich über die Ursache der Wasserzunahme im Gebiet des großen Salzsees in der ihm eigenen kritischen Weise. Er lässt es unbestimmt, ob dieselbe die Folge einer Klimaänderung ist, oder die Folge einer Änderung der Abflussverhältnisse des Landes durch den Menschen.[4]) Wenn aber ersteres der Fall sein sollte, dann will er durchaus nur an eine allgemeine Klimaänderung denken, die sich ganz unabhängig vom Menschen vollzog, vergleichbar den geologischen Klimaänderungen. Die eingetretene Änderung der Wasserverhältnisse hält er für beständig innerhalb längerer Zeiträume und nicht nur etwa für den Ausdruck einer Oscillation des Klimas von nur kurzer Periode, die sich um eine Mittellage herum vollzieht.

Für eine Zunahme des Regenfalls in den weiten Ebenen des fernen Westens sprachen sich jüngst wieder Morrow, Snow, Ch. F. Adams und Greely aus, während Dorsey[5]) ebenso wie H. A. Hazen[6]) aus den Regenbeobachtungen eine Zunahme nicht erkennen konnten und S. R. Thompson[7]) die Frage überhaupt zur Zeit noch nicht für spruchreif erklärt. Drei Arbeiten, die in der allerletzten Zeit erschienen, suchen dem Problem in exacter Weise mit meteorologischem Material näher zu treten.

Es ist klar, dass der Entscheid sofort durch Vergleich zweier Regenkarten sich ergibt, die auf Grund eines aus verschiedenen Zeiträumen stammenden Beobachtungsmaterials entworfen wurden. Diesen Weg schlug Mark W. Harrington ein, indem er die Regenkarte der Vereinigten Staaten, die Blodget, gestützt auf die älteren Beobachtungen vor 1856 entworfen hat, mit der Regenkarte von Ch. Denison verglich, welche auf dem Beobachtungsmaterial des Signal-Service aus

---

[1]) Siehe Gilbert in Powell: Report on the Lands of the Arid Region of the United States. 2^d Ed. Washington 1879. S. 57 ff.

[2]) Gilbert a. a. O. S. 71.

[3]) Hough a. a. O. S. 92.

[4]) Gilbert a. a. O. S. 67—77.

[5]) Über Adams, Snow, Morrow, Greely und Dorsey berichtet kurz Harrington im American Met. Journal. Bd. IV. S. 369 und Curtis ebenda Vol. V. S. 69 ff.

[6]) H. A. Hazen: Variations of Rainfall West of the Mississippi River. Signal Service Notes. N. VII. Washington, 1883.

[7]) Thompson im American Met. Journal. I. S. 59.

den Jahren 1870 bis 1883 basiert. Er fand, dass sich die Isohyeten der Prairiegebiete zwischen 45° und 30° Nordbreite im allgemeinen nach Westen verschoben haben, was einer Zunahme des Regenfalls entspricht.[1])

Zu einem genau entgegengesetzten Resultat kam Gannet. Mit Hilfe seiner bereits oben S. 21 geschilderten Methode findet er für das Gebiet zwischen Missouri und Felsengebirge, dass keine Vermehrung des Niederschlages eingetreten und mithin die Cultivierung des Landes ohne Einfluss auf die Niederschlagsverhältnisse geblieben ist.[2]) Auch die neuesten Untersuchungen von G. E. Curtis führten zu dem gleichen negativen Ergebnis.[3])

Gegen jene Hypothese, dass die zunehmende Cultivierung des Landes den Regenfall gemehrt habe, sprach sich schon früher sehr energisch Whitney aus;[4]) es sei undenkbar, dass am großen Salzsee die Bebauung von nur 1/400 der gesammten Fläche des Territoriums (gleich 1/12 der Fläche des Sees) den Regenfall in dem Maß habe vermehren und den See steigen lassen können, wie es der Fall ist. Zudem zeige sich auch in Nachbargebieten eine Zunahme des Wassers, obgleich dort nur Entwaldung, aber kein Anbau stattgefunden habe. Ablehnend verhält sich auch Powell in einer Ende 1888 publicierten Abhandlung.[5])

So sehen wir hier denselben Widerstreit der Meinungen herrschen, wie bezüglich der Frage des Waldeinflusses. Da wird behauptet, das Klima des innern Amerika sei Dank dem Ackerbau feuchter geworden; dann heißt es, der Ackerbau sei unschuldig daran; endlich gar, es sei von einer Zunahme des Regens überhaupt nichts zu spüren.

Fassen wir die Ergebnisse unseres kleinen historischen Excurses zusammen, indem wir mit wenigen Worten den momentanen Stand der Frage nach der Änderung des Regenfalles in historischer Zeit skizzieren.

Eine Zunahme des Regenfalles in historischer Zeit wird heute nur für wenige und beschränkte Gebiete behauptet, und dann fast immer auf die Thätigkeit des Menschen zurückgeführt.

Dagegen ist die Zahl der Forscher, die für eine Minderung des Regens eingetreten sind, eine sehr bedeutende. Allein über die Ursache dieser Minderung herrschen ganz verschiedene Anschauungen. Während die einen alles auf Rechnung der zunehmenden Entwaldung setzen wollen, freilich ohne etwas sicheres über die Art der Wirkung des Waldes auf den Regenfall zu wissen, sprechen die anderen, an ihrer Spitze Whitney, der Entwaldung einen so weitgehenden Einfluss aut den Regenfall ab und nehmen einen allgemeinen Austrocknungsprocess der Erde an, von welchem die zahllosen Einzelthatsachen nur Symptome seien.

Im schärfsten Gegensatz zu allen diesen Forschern befinden sich nicht minder zahlreiche und angesehene Gelehrte, welche jede Änderung des Regenfalles in historischer Zeit leugnen. Es ist bemerkenswerth, dass gerade unter den Gegnern der Änderung sich die Mehrzahl der Meteorologen findet, deren Beobachtungen allerdings nicht gar weit zurückreichen.

[1]) Harrington im American Met. Journal. Vol. IV. S. 309 ff. Vgl. mein Referat in der Met. Zeitschrift 1888. S. 43.

[2]) Gannet a. a. O. S. 108.

[3]) Curtis: The Trans-Mississippi Rainfall Problem Restated. American Met. Journal. Vol. V (Juni 1888). S. 66 ff.

[4]) Whitney a. a. O. S. 176.

[5]) Powell in den Proc. R. Geogr. Soc. London 1888. S. 793.

Eine Einigung zwischen diesen grundverschiedenen Anschauungen scheint völlig unmöglich und unwillkürlich fragen wir uns: wie konnte ein solcher Wirrwarr der Meinungen entstehen?

Nicht gering ist die Zahl der Forscher, welche für eine Änderung der Temperatur in historischer Zeit eingetreten sind. Die Mehrzahl derselben stützt sich nicht auf Temperaturbeobachtungen, sondern auf Erscheinungen im Pflanzenkleid und in der Thierwelt der Erde, oder auf hydrographische Phänomene, deren Änderung man durch Vergleich historischer Daten aus verschiedenen Zeiträumen erkannt haben will.

Der Umstand, dass die Bevölkerung Grönlands heute im Vergleich zum 15. Jahrhundert nur sehr gering sei und vor allem, dass Grönlands Ostküste noch am Ausgang des Mittelalters von Colonisten bewohnt gewesen sein soll, während heute jene Regionen von Eis starren und von einem schier undurchdringlichen Packeisgürtel blockiert sind, ist vielfach als Beweis für ein Kälterwerden des Klimas in historischer Zeit gedeutet worden. Man sprach direct von einem Südwärtswandern der Isothermen auf dem nordatlantischen Ocean. Diese Ansicht scheint sehr alt zu sein; sie ist bis heute oft wiederholt worden. Sie wurde wesentlich unterstützt durch den Namen »Grünland,« der für das heutige Grönland in der That nichts weniger als passend ist. Arago theilt sie in seiner Abhandlung über den Wärmezustand der Erde mit,[1]) ebenso Bernhard Studer,[2]) ferner von neueren Schriftstellern u. a. Czerny[3]) und jüngst noch hat Michelier[4]) aus diesem angeblich früher so viel milderen Klima Grönlands weitgehende Schlüsse ziehen wollen. Auch Whitney[5]) hält an einer Änderung der klimatischen Temperatur von Grönland fest, wenn auch in einer mehr kritischen Weise als seine Vorgänger. Gleichwohl ist allen diesen Schlüssen heute der wesentlichste Theil ihres Bodens durch Conrad Maurer entzogen worden, der nachwies, dass niemals normannische Siedelungen an der Ostküste Grönlands bestanden haben und dass die im 10. Jahrhundert gegründeten eskimohaften kleinen Normannen-Weiler der Westküste im Laufe des 14. Jahrhunderts nicht dem ungünstiger gewordenen Klima, sondern der Invasion der Eskimos erlagen, welcher sie, vom Mutterland im Stich gelassen nicht zu widerstehen vermochten.[6])

Ein mehr oder minder allgemeines Kälterwerden des europäischen Klimas ist häufig behauptet worden. Ein solches schien in trefflichem Einklang mit dem Kälterwerden Grönlands zu stehen. So wird der Niedergang des Culturlebens in Island mit einer Änderung der Temperaturverhältnisse in Zusammenhang gebracht;[7]) gleichzeitig soll sich hier ein Rückzug der Baumgrenze vollzogen haben, der als ein Symptom der Verschlechterung des Klimas gedeutet wird. Im ganzen Norden Europas und Asiens sollen Anzeichen eines Kälterwerdens des Klimas zu beobachten sein.[8]) Auf den Shetlands-Inseln, in Island und Schott-

[1]) Arago: Oeuvres complètes. T. VIII. Paris 1858. S. 243.
[2]) B. Studer: Lehrbuch der physikalischen Geographie, II. Bern, Chur, Leipzig 1847. S. 306.
[3]) Czerny: Veränderlichkeit des Klimas. Wien, Pest, Leipzig 1881. S. 5.
[4]) Michelier: Etude sur les variations des glaciers des Pyrénées. Annales du Bureau Central Mét. de France. 1885. Part. I. S. 207—234.
[5]) Whitney a. a. O. S. 239.
[6]) Vgl. das Referat Kirchhoff's über Czerny, Leopoldina 1881. S. 176.
[7]) Whitney a. a. O. S. 239 f. u. 286.
[8]) Ideler in Berghaus' Annalen. 1832, V. Bd. S. 421.

land weicht nach v. Czerny [1]), in Lappland nach Whitney, [2]) in Sibirien nach v. Middendorf [3]) und F. Schmidt [4]) die Baumgrenze südwärts zurück. Analoges haben viele Forscher in den Alpen beobachtet, so Kasthofer [5]) und Tschudi [6]) für die Schweiz, denen Theobald, [7]) Muret, [8]) Leresche [9]) und Coaz [10]) unbedingt beistimmen, so Whitney [11]) für die Alpen überhaupt.

Dieses Zurückweichen der Baumvegetation wird fast immer als das sichere Zeichen einer Klimaänderung gedeutet. Dagegen macht jedoch schon 1837 Ideler geltend, [12]) dass das Südwärtsrücken der polaren Baumgrenze sehr wohl durch Menschenhand veranlasst sein kann, werden doch gerade die größten und schönsten Bäume fortwährend für Bauzwecke gefällt und hierdurch die geringeren Bäume ihres Schutzes gegen den Wind beraubt; diese führen daher einen gegen früher wesentlich erschwerten Kampf ums Dasein. Ähnlich will Coaz [13]) das Abwärtsrücken der Baumgrenze im Gebirge den Verwüstungen durch das Vieh und die Älpler zuschreiben, nicht aber einer Änderung der Temperaturverhältnisse, und auch L. Dufour schließt aus jener Thatsache keineswegs unbedingt auf eine Änderung des Klimas.

Für Großbritannien und Irland vertrat Ende des vorigen Jahrhunderts Hamilton ein Kälterwerden des Klimas, gestützt auf das Urtheil sachverständiger Landwirthe. [14]) Glaisher zeigte dagegen, dass Londons Temperatur in den letzten 100 Jahren entschieden wärmer geworden. Allein es ergab sich, dass Glaisher's Schluss nur für London gilt, wo die Temperaturzunahme eine Folge der immer größer anwachsenden Stadt ist, die im Laufe der Zeit das meteorologische Observatorium vollkommen einschloss. [15]) Buchan endlich kam durch Untersuchung langjähriger Temperaturreihen zu dem Resultat, die klimatische Temperatur Schottlands habe sich überhaupt nicht geändert, so lange Thermometerbeobachtungen angestellt werden. [16])

Ein Land, für welches die Frage der Klimaänderung, und zwar speciell der Temperaturänderung in historischer Zeit, besonders eingehend und von den verschiedensten Seiten untersucht wurde, ist Frankreich. Die Änderungen, die man hat erkennen wollen, sind zum Theile einander gerade entgegengesetzt. Nach Picot soll Frankreich seit dem Alterthum bedeutend wärmer geworden sein, eine Folge der allmählich vor sich gegangenen Entwaldung. [17]) Die gleiche Ansicht vertrat später Ladoucette für das südliche Frankreich in der Kammer. [18]) Genau das

[1]) Czerny a. a. O. S. 49.
[2]) Whitney a. a. O. S. 236.
[3]) v. Middendorf: Sibirische Reise Bd. IV 1, St. Petersburg 1867, S. 612.
[4]) F. Schmidt: Resultate der zur Aufsuchung eines Mamuthcadavers etc. ausgesandten Expedition. Bull. d. St. Petersburger Akademie. Bd. VIII. 1872. S. 26.
[5]) Kasthofer: Bemerkungen auf einer Alpenreise etc. Aarau, 1822.
[6]) Tschudi: Die Alpen. 1859. S. 305.
[7]) Theobald im Jahrbuch des Schweizer Alpenclubs für 1868.
[8]) Muret bei Dufour in Bull. Soc. Vaud. des sc. X. S. 373.
[9]) Leresche bei Dufour a. a. O. S. 378.
[10]) Coaz, Brief an Dufour bei Dufour a. a. O. S. 379.
[11]) Whitney a. a. O. S. 236 f.
[12]) Ideler a. a. O. S. 420 f.
[13]) Coaz a. a. O. S. 375.
[14]) Hamilton in Transactions of the Irish Academy. Vol. II, 1788. Citiert bei Günther: Geophysik, Bd. II. S. 294. War mir nicht zugänglich.
[15]) Vgl. Whitney a. a. O. S. 228.
[16]) Buchan: Climate of Scotland. Athenaeum, 1876. S. 329.
[17]) Picot siehe bei Ideler a. a. O. S. 425.
[18]) Ladoucette bei Hough: Report upon Forestry. Washington 1878. S. 293.

Umgekehrte schließt nun aber Arago[1]) aus der früher weiter nach Norden reichenden Verbreitung der Weincultur; es sollen die Sommer in Frankreich im Laufe der letzten Jahrhunderte kühler und die Winter wärmer geworden sein. Und abermals ist die zunehmende Entwaldung Schuld daran! In Übereinstimmung damit suchte 1870 Bourlot[2]) für das Elsass aus phänologischen Beobachtungen den Nachweis zu führen, dass sich seit dem 13. Jahrhundert das Klima erheblich verschlechtert habe. Freilich nicht für ganz Frankreich glaubt Arago eine derartige Änderung des Klimas vertreten zu müssen, sondern nur für dessen größten Theil. Er beruft sich darauf, dass auch in anderen Ländern die Entwaldung den gleichen Einfluss auf die Temperaturverhältnisse ausgeübt habe. Allein abgesehen davon, dass diese von Arago behauptete Wirkung der Entwaldung allen Erfahrungen widerspricht, die bezüglich des Waldeinflusses auf die Temperatur gemacht wurden, so wird heute, nach dem Vorgehen Ideler's und Ch. Martins'[3]) auch der Ausgangspunkt seiner Resultate, das Südwärtsrücken der nördlichen Grenze des Weinbaues, ganz anderen Ursachen als klimatischen zugeschrieben. In Frankreich, wie in Deutschland und England, wo gleichfalls in früheren Jahrhunderten Wein in höheren Breiten gebaut wurde als heute, betrachtet man gegenwärtig jenes Südwärtsrücken des Weinstockes nur als das Symptom eines verfeinerten Geschmackes und eines erleichterten Verkehrs, der gute Waare um billigen Preis aus großer Entfernung herbeizuschaffen gestattet.

Hatten nun Picot, Arago u. a. sich entschieden für eine Änderung der Temperaturverhältnisse Frankreichs in dem einen oder dem andern Sinne ausgesprochen, so wurde von anderen eine solche vollkommen negiert. In einer kritischen Untersuchung wies Charles Martins, wie wir oben erwähnten, die Anschauung Arago's als unberechtigt zurück. Er verwahrte sich jedoch auch gegen die entgegengesetzte Hypothese, indem er uns lehrte, dass die Angaben der Römer, aus denen man auf eine Besserung des Klimas hatte schließen wollen, nur relativ aufzufassen sind, ganz wie es 13 Jahre früher der treffliche Ideler gethan. Für Deutschland, Dänemark und Skandinavien widerlegten Schouw[4]) und Dove durch Discussion der meteorologischen Beobachtungen die Existenz einer continuierlich vor sich gehenden Änderung der Temperatur, während Zimmermann[5]) später für Hamburg wieder ein Kälterwerden des Klimas vertrat. Für Genf zeigten Gautier[6]) und Plantamour,[7]) dass eine irgend bemerkbare Temperaturänderung seit der Mitte des vorigen Jahrhunderts nicht zu constatieren ist.

Für Toskana hat Arago[8]) eine Änderung des Klimas vertreten, ein Kühlerwerden der Sommer und ein Wärmerwerden der Winter, das er ebenfalls der zunehmenden Entwaldung zuschrieb. Doch macht Whitney[9]) mit Recht auf die Unzuverlässigkeit des von Arago benutzten meteoro-

---

[1]) Arago: Oeuvres complètes. T. VIII. Paris 1858. S. 230 ff.

[2]) Bourlot im Bull. de l'Ass. sc. de France, 1870. 23. Januar.

[3]) Ideler a. a. O. S. 449; Ch. Martins: Le climat de la France a-t-il changé? Annuaire météorologique de France pour 1850. S. 121.

[4]) Schouw: Skildring af Vejrligets Tilstand i Danmark. Kjöbenhavn 1826. Citiert und referiert bei Ideler a. a. O. S. 428 ff.

[5]) Zimmermann in Poggendorff's Annalen 1856. 98. Bd. S. 323.

[6]) Gautier in Bibl. univ. de Genève. 1843 janvier. (T. XLIII.) S. 158.

[7]) Plantamour: Le climat de Genève. Genève.

[8]) Arago a. a. O. S. 227.

[9]) Whitney a. a. O. S. 234.

logischen Beweismateriales aus dem 17. Jahrhundert aufmerksam. Auch für einzelne andere Gegenden der Subtropenzone sind Änderungen der Temperaturverhältnisse berichtet worden. Hauptsächlich ist es ein Südwärtsrücken der Nordgrenze der Dattelpalme in Afghanistan, das in dieser Weise verwerthet wurde, so von Bellew[1]) und Whitney,[2]) während Theobald Fischer bei dieser Erscheinung lieber an eine Vernachlässigung der Cultur durch den Menschen denken will.[3])

Genau wie in Frankreich, so stehen auch in Nordamerika zwei grundverschiedene Hypothesen über Klimaänderung einander gegenüber. Ende des vorigen Jahrhunderts vertrat Larochefoucauld-Liancourt[4]) für Kanada eine Zunahme der Sommerhitze und eine Minderung der Winterkälte. Ähnlich äußerte sich, wie Volney (1803) berichtet,[5]) erheblich früher für einzelne Theile der Vereinigten Staaten Peter Kalm. Dem entgegengesetzt sollen nach S. Williams[6]) und Williamson,[7]) die ungefähr gleichzeitig mit den eben genannten schrieben, sowie nach der allgemeinen Volksmeinung in den Neuengland-Staaten, nach Jefferson[6]) in Virginia und nach Thomassy[8]) in Louisiana, die Sommer gerade erheblich kühler, überhaupt das Klima gemäßigter geworden sein. Kühlere Sommer hat auch, wie Loomis und Newton[9]) auf Grund meteorologischer Beobachtungen berichten, im Laufe dieses Jahrhunderts Newhaven erhalten. Alle diese Änderungen werden fast einstimmig der zunehmenden Entwaldung zugeschrieben, bezw., wie im Fall von Newhaven, einer localen Aufforstung. Dagegen aber stehen die Resultate zahlreicher Forscher, welche jede Änderung der Temperatur leugnen, so Humboldt, Noah Webster und Forry,[10]) so in neuester Zeit Schott[11]) auf Grund eines großen meteorologischen Materials, so Draper,[12]) vor allem gestützt auf die unveränderte Dauer der winterlichen Eisdecke des Hudson.

Neben diesen Zeugnissen für eine in historischer Zeit eingetretene Aenderung der Temperatur besitzen wir nun, außer den in die obige Darstellung bereits verwobenen, noch eine ganze Reihe von Angaben, welche für eine Constanz der Temperaturverhältnisse sprechen. Ein Vergleich der Berichte über Cultur und Pflanzenleben in historischen Denkmälern aus dem Alterthume mit den heutigen Verhältnissen führte Arago dazu, für Palästina, Syrien, Ägypten und Griechenland jede Änderung der Temperatur zu leugnen.[13]) Dasselbe Resultat gewann mit

---

[1]) Bellew: From the Indus to the Tigris. London 1874. S. 239.

[2]) Whitney a. a. O. S. 283.

[3]) Fischer: Die Dattelpalme. Ergänzungsheft Nr. 64 zu Petermann's Mitth. Gotha 1881. S. 50.

[4]) Larochefoucault-Liancourt: Voyage dans les États-Unis de l'Amérique septentrionale. Vol. II. S. 207.

[5]) Volney: Tableau du climat et du sol des États-Unis d'Amérique. Paris. 1803. T. I. S. 288.

[6]) Williams und Jefferson referiert bei Ideler a. a. O. S. 422.

[7]) Williamson erwähnt bei Draper in Zeitschr. f. Met. 1874. S. 240.

[8]) Thomassy bei Dufour a. a. O. S. 364.

[9]) E. Loomis and H. A. Newton: On the Mean Temperature and on the Fluctuations of Temperature at Newhaven. Transactions of the Connecticut Academy of Arts and Sciences. Vol. I. S. 194. (Citat bei Whitney.)

[10]) Humboldt etc. bei Draper a. a. O.

[11]) Schott: Tables, Distribution and Variations of the Atmospheric Temperature in the United States. Smithsonian Contributions to Knowledge. Vol. XXI. S. 311.

[12]) Draper s. Referat in der Zeitschr. der österr. Ges. f. Meteorologie. Bd IX. 1874. S. 239 f.

[13]) Arago a. a. O. 222 ff.

Hilfe der gleichen Methode E. Biot[1]) für China; nach ihm hat seit 3300 Jahren die Temperatur dieses Landes sich nicht geändert. In demselben Sinn sind auch die Resultate von Ideler und jüngst diejenigen von Partsch für das Klima der Mittelmeerländer ausgefallen.[2])

Vor allem aber besitzen wir die trefflichen Untersuchungen von L. Dufour über die Frage der Änderung des Klimas in der Schweiz.[3]) Seine kritische Stellung in der Discussion über die Ursache des Sinkens der Baumgrenze in den Alpen haben wir bereits oben skizziert. Er zeigt ferner, dass alle Angaben über frühere Cultur des Ölbaumes oder des Weinstockes in Gegenden, die heute jener Pflanzen entbehren, theils missverstanden, theils unzuverlässig sind und im Widerspruch mit anderen Angaben stehen, theils endlich durch willkürliche Eingriffe des Menschen, die nichts mit dem Klima zu thun haben, erklärt werden können. Überhaupt sind alle Beweise für eine Änderung des Klimas in der Schweiz, die aus stattgefundenen Änderungen der Vegetationsverhältnisse abgeleitet werden, nicht zwingend, da jene Änderungen auch auf andere Weise sich erklären lassen. Jedoch ist es in jedem Fall einigermaßen bemerkenswerth, dass alle jene Phänomene, sofern man sie als Symptome einer Klimaänderung deuten wollte, einheitlich auf eine Verschlechterung des Klimas, auf ein Sinken der Temperatur hinweisen würden. Zu dem gleichen Resultate führt auch die Untersuchung der Register über den Termin der Weinernte in der Schweiz. Es fand die Weinernte im sechzehnten Jahrhundert und im Beginn des siebzehnten früher statt als heute, besonders aber als im achtzehnten Jahrhundert. So interessant diese Thatsache ist, so verhehlt sich Dufour nicht, dass auch der Termin der Weinernte Einflüssen unterliegen kann, die nichts mit dem Klima zu thun haben. Er lässt daher die Frage, ob das Klima sich geändert hat oder nicht, vollkommen offen. In der That hat jüngst A. Angot gezeigt, dass diese im Laufe der Jahrhunderte zunehmende Verspätung der Weinernte auf schweizerischem Boden im benachbarten Jura und im Departement Côte d'Or nicht auftritt[4]).

So ist man denn heute bezüglich der Frage nach der Änderung oder Constanz der Temperaturverhältnisse in historischer Zeit genau so weit wie mit der Lösung der Frage nach Änderungen des Regenfalls. Das Klima wird wärmer, sagen die einen, das Klima wird kälter, die anderen. Die Ursache der behaupteten Temperaturänderung wird gleichfalls in ganz Verschiedenem gesucht. Ein Kälterwerden des Klimas wird heute freilich niemand mehr mit der zunehmenden Entwaldung in Zusammenhang bringen, wie es Arago that. Dagegen wird das Wärmerwerden mehrfach auch heute der Entwaldung auf Rechnung gesetzt. Im Ganzen jedoch herrscht entschieden vielmehr die Neigung, die Änderung der Temperatur allgemeinen Ursachen zuzuschreiben. Zwei Hypothesen stehen hier einander gegenüber. Schmick fasst alle Daten zusammen, die für ein Wärmerwerden des Klimas sprechen, und bringt diese, nach ihm der ganzen Nordhemisphäre eigene Änderung der Temperaturverhältnisse mit der Präcession der Tag- und Nachtgleichen

---

[1]) E. Biot: La température ancienne de la Chine. 1841. (Citat bei Dufour.)

[2]) Partsch, Verh. des VIII. Deutschen Geographentages zu Berlin. Berlin, 1889.

[3]) Dufour: Variation du climat. Bull. Soc. Vaudoise des Sc. nat. X. S. 359—436.

[4]) A. Angot: Etude sur les vendanges en France. Annales du Bureau Central météorologique de France. 1883. Part I, S. B. 83.

in Zusammenhang.[1]) Whitney dagegen spricht von einem allgemeinen Abkühlungsprocess der Erde, der sich an allen Theilen ihrer Oberfläche in historischer Zeit äußern soll und nichts anders sei als jene in den jüngsten geologischen Perioden vom Beginn der Tertiärzeit an datierende fortschreitende Abkühlung.[2]) Allen diesen Anschauungen gegenüber aber steht heute noch wie früher der Ausspruch zahlreicher Gelehrter, unter denen die Mehrzahl der Meteorologen sich findet: Die Temperaturverhältnisse haben sich in historischer Zeit nicht geändert.

Gering ist gegenüber der Legion von Hypothesen über eine Änderung der Temperatur oder des Regenfalles die Zahl der Versuche, den Beweis der Änderung irgend eines anderen klimatischen Elementes zu erbringen. Doch sind immerhin, z. B. bei Änderungen des Windes für verschiedene Gegenden Behauptungen aufgestellt, verfochten und angegriffen worden. So soll nach S. Williams und Jefferson sich in Neu-England die Häufigkeit der Westwinde vermindert, diejenige der Ostwinde vermehrt haben.[3]) Diese Änderung wird wieder der Entwaldung zugeschrieben. Nach Simony ist in dem entwaldeten Karstgebiete die Bora weit heftiger geworden.[4]) Lespiault suchte für Frankreich eine tiefgehende Änderung des Klimas darzuthun, die er der stetig zunehmenden Wucht der an die Westküste Frankreichs anprallenden Stürme zuschreibt.[5]) Gerade umgekehrt will Blavier eine Abnahme der Winde und eine Zunahme der Ruhe in der Atmosphäre verbunden mit einer Vermehrung der Nebel erkannt haben, welche er einer hypothetischen Abbeugung des Golfstromes von der Küste Frankreichs auf Rechnung setzen will.[6]) Gruß findet für einige Punkte Europas im Lauf dieses Jahrhunderts Änderungen der Windrichtung.[7]) So sollen in München seit 1865 die Nordwinde weit seltener als früher, die östlichen und westlichen Winde aber häufiger geworden sein, in Leipzig ist eine geringe Zunahme der westlichen und nördlichen Winde zu spüren, in Berlin eine solche der östlichen und nordwestlichen, während in Lund gerade die nördlichen und östlichen Winde in diesem Jahrhundert seltener sind als im vorigen.

Wir sind am Ende unseres Rundganges angelangt. Durch ein wahres Labyrinth sind wir gewandert, ohne dass uns ein Ariadnefaden geleitet hätte. Immer wieder und immer wieder begegneten wir denselben unlösbaren und unvereinbaren Widersprüchen. Fast wie ein psychologisches Räthsel erscheint es uns, dass auf Schritt und Tritt für ein und dasselbe Land von ernsten Männern der Wissenschaft Änderungen des Klimas behauptet werden, die einander ausschließen, nicht minder ein psychologisches Räthsel, wie für die verschiedenartigsten und oft entgegengesetzten Änderungen immer wieder und immer wieder der Wald als Sündenbock bezeichnet wird, der alle Schuld tragen

[1]) Schmick: Die Aralo-kaspische Niederung im Lichte der Lehre von den säcularen Schwankungen des Seespiegels und der Wärmezonen. Leipzig. 1874.
[2]) Whitney a. a. O.
[3]) S. Williams und Jefferson referiert bei Idelor a. a. O. S. 426.
[4]) F. Simony: Schutz dem Walde! Schriften d. Vereines zur Verbr. naturw. Kenntnisse in Wien. Bd. XVII, 1876–77. Wien 1877. S. 456.
[5]) Lespiault nach Günther. Geophysik II. S. 289.
[6]) Blavier: Changement du climat sur les côtes de la Vendée etc. L'Astronomie (de Flammarion) 1883. S. 106 ff. Citat bei Günther. Das Original war mir leider nicht zugänglich.
[7]) Gruß: im »Wetter« 1888. S. 137 und Met. Zeitschrift 1888, S. [57] Nr. (155).

soll. Und dabei zeigt sich etwas ganz Auffallendes — das Fehlen eines jeglichen erlösenden Fortschrittes. Die Meinungen stehen einander noch heute ebenso unvermittelt gegenüber wie vor 40 Jahren. Wollte das Klima allen Aussprüchen gerecht werden, die in den letzten Jahren und Jahrzehnten gethan sind, so müsste es bald in dieser, bald in jener Richtung sich ändern und auf und ab pendeln. Werfen wir einen Blick auf das Gewirr von Hypothesen zurück, dann müssen wir gestehen, dass wir auch heute noch weit von der definitiven Beantwortung der Frage nach der Änderung oder Constanz des Klimas in historischer Zeit entfernt sind und heute noch müssen wir voll dem Ausspruche beipflichten, den L. Dufour vor 20 Jahren that: »Die Frage nach der Änderung des Klimas in historischer Zeit ist noch völlig offen und die Behauptung der Mehrzahl der Meteorologen, das Klima ändere sich nicht, ist nicht weniger und nicht mehr bewiesen als die entgegengesetzte.[1]« Sollte sich aber das Klima wirklich continuierlich ändern, dann erfolgt diese Änderung gewiss nur äußerst langsam; denn nur dann ist es erklärlich, dass wir heute noch nichts Bestimmtes davon wissen.

III. Meteorologische Cyklen.

Parallel mit dem geschilderten Forschen nach einer continuierlichen Änderung des Klimas in historischer Zeit lief in den letzten Jahrzehnten das Suchen nach meteorologischen Cyklen, nach säcularen Auf- und Abschwankungen der Witterung in festen Perioden, veranlasst zum Theil durch die im Stillen genährte Hoffnung, eine sichere Methode der Prognosenstellung für die Zukunft zu erwerben. Das geschah in zwei grundverschiedenen Richtungen, die sowohl ihrer Methode als auch ihren Resultaten nach nichts mit einander gemein haben. Bald war es eine regelrechte systemlose Periodenjagd, welche zur Aufstellung der verschiedenartigsten Cyklen führte. Dann wieder suchte man, von einer periodischen Erscheinung auf der Sonne ausgehend, eine Periode von derselben Länge für die meteorologischen Elemente der Erde nachzuweisen. So entstand die weitschichtige Literatur über den Einfluss der Sonnenfleckenhäufigkeit und ihrer 11jährigen Periode auf irdische meteorologische Verhältnisse.

Überall auf der Erde spielt sich der Wechsel der Witterung entsprechend dem Wechsel der Jahreszeiten in einem Cyklus ab; nur zu nahe lag daher der Gedanke, es möchten vielleicht ähnliche Cyklen von erheblich längerer Periode, gleichsam als Jahre höherer Ordnung, existieren, innerhalb deren der Wechsel der Witterung von Jahr zu Jahr sich regelmäßig ändert. Es hat in der That das Suchen nach Perioden der Witterung in der Meteorologie zu jeder Zeit eine freilich wenig dankbare Rolle gespielt. Die Art und Weise, in welcher solche Cyklen aufgestellt und bewiesen wurden, ist meist eine höchst ungenügende. Eine Probe hiervon geben eine Reihe von kleinen Mittheilungen, die im April und Mai 1886 in Symons's Monthly Meteorological Magazine erschienen. Da will z. B. Brumham eine 40jährige Periodicität der kalten und der warmen Winter erkannt haben, doch so, dass mehrere Perioden neben einander herlaufen. Heiße und trockene Sommer kehren nach 425 Jahren wieder; G. T. Gwilliam will eine Wiederkehr warmer Sommer nach je 17 Jahren constatieren. Brumham findet dagegen nach einer zweiten Mittheilung einen 8, 10, 12, 19, 29, 39, 40, 68 und

[1] L. Dufour a. a. O. S. 420.

136jährigen Cyklus der wiederkehrenden heißen Sommer und prophezeit für den Sommer 1886 große Hitze, da dieser Sommer allen jenen Cyklen, ausgenommen den 19jährigen, angehöre. Der kühle Sommer 1886 dürfte ihn wohl eines besseren belehrt haben. Das Material, auf das sich diese Schlüsse stützen, ist mehr als dürftig.

Selbst hervorragende Meteorologen haben eine Periodicität der Witterung finden wollen. Doch hält der Beweis einer solchen der strengen Kritik meist nicht Stand. So vertritt der hochverdiente Leiter des meteorologischen Netzes von Neu-Süd-Wales H. C. Russel eine 19jährige Periode der Witterung;[1]) das soll nun aber nicht heißen, dass alle 19 Jahre ein Maximum des Regenfalles oder der Temperatur eintrete, sondern nur, dass jedes Jahr den Charakter des 19 Jahre zurückliegenden besitze; allein sein Beweis ist durchaus nicht zwingend. Für Buenos Ayres glaubt Benj. Gould eine 18jährige Periode der Windstärke gefunden zu haben.

Das Suchen nach einer Periodicität der kalten Winter ist eine sehr häufige Erscheinung. Wir erwähnten eben einen solchen Fall. Aber schon 1741 stellte der Petersburger Akademiker Krafft als Gesetz auf, dass alle 30—34 Jahre sich besonders strenge Winterkälte einfinde;[2]) durch eine, freilich wenig vollständige Statistik der strengen Winter seit Anfang unserer Zeitrechnung sucht er seine Ansicht zu stützen. Bis in die jüngste Zeit sind solche Versuche wiederholt worden, so 1876 von Chavanne, der aus den Eisverhältnissen des arktischen Polarmeeres auf Perioden schließt, deren Länge ein Vielfaches von 3 beträgt, also 3, 6, 9, 12, 15, 18, 21 etc. Jahre umfasst.[3])

Allen diesen Versuchen ist gemeinsam, dass sie sich an das einzelne Jahr klammern und sich den Witterungsverlauf mit einer, ich möchte sagen, mathematischen Sicherheit vollziehend denken. Es treten natürlich Abweichungen von dem gefundenen Gesetz auf; dieselben werden als zufällig erklärt; allein es fehlt durchweg der Nachweis, dass diese Abweichungen in der That weniger zahlreich sind als sie sein müssten, wenn in der Gruppierung der Jahre der reine Zufall waltete. Sobald man aber diesen Prüfstein an das angebliche Gesetz anlegt, fällt dasselbe wohl immer vollkommen zusammen.

Einen weit höheren Grad von Wissenschaftlichkeit besitzen Nachweise einer Periodicität, die sich auf mehrjährige Mittel stützen. Freilich sind auch hier, wenn man nicht die Häufigkeit der Abweichungen in der soeben skizzierten Weise prüft, Trugschlüsse leicht möglich. Das zeigt noch eine Ende 1888 in den Comptes Rendus veröffentlichte Mittheilung von A. Duponchel;[4]) derselbe vereinigte die Jahresmittel der Temperatur zu Paris von 1804 an zu 12jährigen Mitteln 1804—1815, 1816—1827 etc. und wundert sich, dass die Abweichungen je zweier aufeinanderfolgender Gruppen vom vieljährigen Mittel »in der Regel« ein entgegengesetztes Vorzeichen besitzen; ja er ist sogar geneigt, auf Grund einer solchen von ihm aufgestellten 24jährigen Periode der

[1]) H. C. Russel: History of Floods in the River Darling. Journal and Proc. R. Society New-South-Wales for 1886. Sydney. 1887. S. 156 f.

[2]) Krafft: Ausführliche und umständliche Beschreibung des im Januar-Monat 1740 in St. Petersburg errichteten Eispalastes etc. St. Petersburg, Akademie der Wissenschaften, 1741. In russischer Sprache. S. 23—29.

[3]) Chavanne: Die Eisverhältnisse im arktischen Polarmeere und ihre periodischen Veränderungen. Petermann's Mitth. 1876. S. 254 ff.

[4]) Duponchel in den Pariser Comptes Rendus 1888. 2e semestre. S. 427.

Witterung für 1896/97 einen strengen und für 1908/09 einen milden Winter zu prophezeien!

Gelegentlich der Bearbeitung des Beobachtungsmateriales großer meteorologischer Netze hat man hier und da Cyklen finden wollen. Wild ist für eine 23jährige Periode der Temperatur zu St. Petersburg eingetreten; später fand er auch für den Regenfall an den russischen Stationen eine ungefähr 40jährige Periode.[1])

Eine vieljährige Periode der kalten Winter fand E. Renou,[2]) doch in ganz anderem Sinn als die oben erwähnten Autoren. Dieselbe charakterisiert sich dadurch, dass alle 41 Jahre ein besonders strenger Winter eintritt, um den herum sich in den benachbarten 20 Jahren zahlreiche minder strenge, jedoch durchaus kalte Winter gruppieren, während die folgenden 20 Jahre relativ sehr arm an kalten Wintern sind. Er nimmt also einen Wechsel von Zeiträumen mit vielen kalten und solchen mit vielen warmen Wintern an. In analoger Weise vertritt Köppen für die letzten zwei Jahrhunderte eine 45jährige, für die früheren aber eine 130jährige Periode der strengen Winter.[3])

Hornstein glaubt eine 70jährige Periode des Luftdruckes an den Beobachtungen von Prag, Mailand, Wien und München erkannt zu haben. Dieselbe steht im Einklang mit einer entsprechenden Periode der Sonnenflecken. Eine Periode von 22 Jahren, sowie vor allem eine solche von sieben Jahren fand Schott für die Temperatur der Vereinigten Staaten. Doch ändert sich die Länge der Periode von Fall zu Fall etwas.[4])

Von allen meteorologischen Cyklen, die sich in mehr oder minder fester Periode vollziehen, ist keiner in gleicher Vielseitigkeit und Wissenschaftlichkeit behandelt worden, wie die beiläufig 11jährige Periode der meteorologischen Elemente, die man als Folge der 11jährigen Periode der Sonnenfleckenhäufigkeit zu vermuthen berechtigt war.[5])

Gleich nachdem Schwabe und R. Wolf die Periodicität der Sonnenflecken erkannt hatten, begann man nach 11jährigen Perioden der Temperatur zu suchen. Schon vorher hatte Gautier im Anschluss an die von Schwabe 1843 aufgestellte 10jährige Periode der Sonnenfleckenhäufigkeit eine 10jährige Periode der Temperatur für eine Reihe Stationen nachzuweisen gesucht. 1853 vertrat dann Fritsch zum ersten Mal eine 11jährige Periode der Temperatur für sieben Stationen Europas. Die Jahre der Sonnenfleckenminima sind nach beiden durch besonders hohe Wärme ausgezeichnet. In der Folge haben verschiedene Forscher in zahlreichen Schriften diese Beziehungen weiter zu ergründen gesucht,

---

[1]) Wild: Temperaturverhältnisse des Russischen Reiches. Supplementband zum Repert. f. Met. St. Petersburg 1881. S. 279; ferner Wild: Regenverhältnisse des Russischen Reiches. Supplementband zum Rep. f. Met. St. Petersburg, 1887 S. 80.

[2]) Renou: Périodicité des grands hivers. Annuaire de la Société météorologique de France 1861. S. 19 ff.

[3]) Köppen in der Zeitschr. f. Meteorologie. 1881. S. 183 ff.

[4]) Schott: Tables etc. of the Atmospheric Temperature in the United States. Smithsonian Contributions. Vol. XXI. Nr. 277. S. 314.

[5]) Zusammenfassende Darstellungen über den Stand dieser Frage gaben Hahn: Über die Beziehungen der Sonnenflecken zu meteorologischen Erscheinungen. Leipzig 1877; H. Fritz: Die Beziehungen der Sonnenflecken zu den magnetischen und meteorologischen Erscheinungen der Erde. Haarlem 1878; v. Czerny: Die Veränderlichkeit des Klimas etc. Wien, Pest, Leipzig 1881, S. 9 ff.; die letzte und gründlichste Zusammenfassung gab v. Bebber in seinem Handbuch der ausübenden Witterungskunde. Bd. I. Stuttgart 1885. S. 199—257. Dort findet man alle Literatur sorgfältig zusammengetragen. Wir können uns daher hier mit der Nennung der Namen ohne Citat begnügen.

so Zimmermann, Piazzi Smith, Stone, Hill, Hahn, welche zu positiven Ergebnissen kamen, während Celoria für Mailand, Hann für Wien und Schott für die Vereinigten Staaten eine Beziehung zwischen Sonnenflecken und Temperatur nicht erkennen konnten und Baxendell, Weilenmann, Blanford, Roscoe und B. Stewart allerdings einen Zusammenhang nachweisen wollten, jedoch mit Vertauschung der Epochen. Nach ihnen ist die Temperaturcurve nicht das Spiegelbild der Fleckencurve, sondern ihr direct parallel.

Unter allen einschlägigen Arbeiten ragen an Bedeutung Köppen's Abhandlungen über mehrjährige Perioden der Witterung weit hervor. Köppen's Resultate sind auch heute nicht überholt worden: es ergibt sich nach ihnen für die ganze Erde, dass die Curven der Sonnenflecken und der Temperatur im Zeitraum 1816—1860 einander als Spiegelbilder durchaus in dem von Gautier und Fritsch vertretenen Sinne entsprechen, dass aber vor 1816 und nach 1860 sich bald Übereinstimmung findet, bald wieder nicht.

Nicht minder zahlreich sind die Versuche, eine 11jährige Periode des Regenfalls darzuthun. 1872 wies Meldrum zuerst auf eine Periodicität der Cyklonen im Indischen Ocean südlich des Äquators hin, welche mit der Periodicität der Sonnenflecken derart übereinstimmt, dass die Maxima und die Minima der Häufigkeit zusammenfallen; im Anschluss hieran suchte er später darzuthun, dass auf der Erdoberfläche zur Zeit der Sonnenfleckenmaxima etwas mehr Regen fällt, als zur Zeit der Minima. Lockyer, R. Wolf, Symons, Hunter, Brocklesby und H. Fritz sind der Theorie Meldrum's beigetreten, während Celoria, B. Stewart, Strachey und Whipple, zum Theil auch Jelinek an dem von ihnen bearbeiteten Material jenen Zusammenhang nicht nachweisen konnten. Doch muss im allgemeinen die Zunahme der Niederschläge bei Zunahme der Fleckenhäufigkeit als wahrscheinlich gelten. Zu einem hochwichtigen Resultat gelangten Hill und E. Douglas Archibald, indem sie, unabhängig von einander, zeigten, dass die Winterregen und die Sommerregen Indiens sich ganz verschieden verhalten; erstere besitzen ein Maximum zur Zeit des Sonnenfleckenminimums, letztere dagegen zur Zeit des Sonnenfleckenmaximums gemeinsam mit den continentalen und trockenen Gebieten der Erde.

Auch Beziehungen der übrigen meteorologischen Elemente zu den Sonnenflecken hat man finden wollen. So haben Hornstein, Forssmann, Hahn, S. A. Hill, H. F. Blanford, F. Chambers, Douglas Archibald und J. Allan Broun eine Periode des Luftdrucks vertreten, die der 11jährigen der Sonnenflecken entspricht. Der Zusammenhang scheint für Südasien nachgewiesen und ist derart, dass die höheren Barometerstände den Maxima, die tieferen den Minima entsprechen. Wo aber die wegen der sich gleichbleibenden Gesammtmasse der Luft geforderte Compensation stattfindet, ist noch nicht aufgehellt. Für die Cyklonen gilt, so viel es scheint, das von Meldrum aufgestellte und von A. Poey vertheidigte Gesetz, dass ihre Häufigkeit mit den Flecken zunimmt. Ebenso erfährt nach Rühlmann die Windstärke gleichzeitig eine Zunahme, während ein Einfluss auf die Windrichtung noch nicht erwiesen ist. Das Gleiche gilt von der Bewölkung, der Gewitterhäufigkeit und von den Hagelfällen.

Man ist noch weiter gegangen und hat den Einfluss einer supponierten 11jährigen Periode der Witterung auf hydrographische und selbst auf wirthschaftliche Verhältnisse nachweisen wollen. So hat Reiß eine den Sonnenflecken entsprechende Periodicität der Ueberschwemmungen behauptet, nachdem schon früher Dawson für die Oscillationen der großen amerikanischen Seen und Fritz für die Schwankungen der Flüsse überhaupt, ja selbst der Gletscher Europas eine 11jährige Periode, zum Theile freilich mit wenig Erfolg, vertreten hatten. Hunter spricht von einer 11jährigen Periode der Hungersnöthe in Indien, Jevons von einer solchen der Handelskrisen u. s. w.

Wenn man den gegenwärtigen Stand der Sonnenflecken-Frage in der Meteorologie überblickt, so lässt sich nicht leugnen, dass in der That enge Beziehungen zwischen den verschiedenen meteorologischen Elementen und der Periode der Sonnenfleckenhäufigkeit existieren. Allein die physikalische Erklärung dieses Zusammenhanges liegt noch zum Theil sehr im Argen, wie zum Beispiel bezüglich des Regenfalls und selbst bezüglich der Temperatur, ist doch die einfache Frage noch nicht gelöst, ob die reine Sonne oder die fleckenreiche Sonne mehr Wärme ausstrahlt. Ebenso ist es völlig unaufgeklärt, wie es kommt, dass ein Element an dem einen Ort der Sonnenfleckenperiode folgt, an dem andern wieder entschieden nicht und dass diese Parallelität auch wieder am gleichen Ort eine geraume Zeit besteht, dann wieder verschwindet. Kurz, die Frage ist noch eine durchaus dunkele und unerledigte. Dieses gilt schon von der 11jährigen Periode der Sonnenflecken und in noch viel höherem Grade von der großen 55jährigen, deren Einfluss auf unsere Atmosphäre, abgesehen von den uns hier nicht berührenden Nordlichtern und den magnetischen Erscheinungen, zur Zeit noch recht hypothetisch ist.

Das Suchen nach einer ganz bestimmten Periode ist es, welches die eben geschilderten Theorien beherrscht und wenigstens im Fall der Sonnenfleckenperiode in der Regel zum Ziel führte. Die übrigen aufgestellten Cyklen entbehren dagegen z. Th. vollkommen des wissenschaftlichen Bodens. Grundverschieden von denselben sind die Anschauungen, denen wir uns nunmehr zuwenden und die zum größten Theil ein Product der letzten Jahre sind.

In eine neue Phase trat die ganze Frage nach den Klimaänderungen in historischer Zeit, als man nicht mehr eine kontinuierliche Änderung, sei es des Regenfalls, sei es der Temperatur, in einer Richtung zu finden trachtete und auch nicht nach kurzen Perioden der Witterung von bestimmter Länge suchte, sondern das meteorologische Material auf säkulare Auf- und Abschwankungen des Klimas innerhalb längerer Zeiträume hin zu untersuchen begann.

Die Veranlassung hierzu gaben die so eigenthümlichen Schwankungen der Gletscher. Nur in meteorologischen Verhältnissen konnten dieselben ihre Ursachen besitzen, ist doch die Existenz des Gletschers direct an gewisse klimatische Bedingungen geknüpft, deren Änderung unbedingt eine Änderung der Größenverhältnisse des Gletschers veranlassen muss; das konnte einem Zweifel nicht unterliegen. Schon lange betrachtete man daher die Gletscher als eine Art Thermometer oder Witterungsmesser überhaupt. Um so auffallender aber war es, dass sich dieser unzweifelhaft bestehende Zusammenhang zwischen Gletscher- und Witterungsschwankungen nicht direct an der Hand der meteorologischen Beobachtungen nachweisen ließ, bis 1858 v. Sonklar[1]) das erste erlösende Wort sprach,

[1]) v. Sonklar: Ueber den Zusammenhang der Gletscherschwankungen mit den meteorologischen Verhältnissen. Sitzungsberichte der Wiener Akademie, 32. Band, 1858, S. 169—206. Mit einer Kurventafel.

das leider ungehört verhallte. In seiner trefflichen Abhandlung wies er für etwa zwei Jahrhunderte die Parallelität der Gletscherschwankungen mit Schwankungen der Temperatur und des Niederschlages nach. Für die neuere Zeit benützte er die meteorologischen Beobachtungen von Mailand und Hohenpeißenberg; für die älteren Jahre sammelte er alle ihm zugänglichen Daten über die Witterung einzelner Jahreszeiten, soweit sie das Gebiet der Alpen und ihrer Umgebung betrafen. Da ihm für die letzten 100 Jahre sowohl allgemeine Witterungsangaben als auch exacte Beobachtungen vorlagen, so suchte er mit Hilfe einer sinnreichen Methode, die freilich nicht ganz unanfechtbar ist, den Werth der einzelnen allgemeinen Ausdrücke, wie »kalt«, »sehr kalt« u. s. w. quantitativ zu bestimmen. Er gewann Relativzahlen, welche entsprechend den der Gletscherbildung günstigen Faktoren, der Kälte und der Nässe, wachsen und mit ihnen abnehmen. In vollkommener Klarheit erkannte v. Sonklar bereits, dass nicht der Witterungscharakter des einzelnen Jahres für die Gletscherschwankungen maßgebend ist, sondern erst eine Summierung der Witterung vieler Jahre die Gletscher zum Rückzug oder zum Vorstoß bringt. Es schien ihm daher eine entsprechende Behandlung des meteorologischen Materiales nöthig, um die Parallelität der Gletscherschwankungen mit Schwankungen der Witterung zeigen zu können. Er vermochte dieses dadurch zu erreichen, dass er sich von den einzelnen Jahren mit ihrer sehr unregelmäßigen und zufälligen Witterung emancipierte und dieselben zu Fünf- und Zehnjahrsmitteln zusammenfasste. Mit dieser Ausgleichung des Einflusses der einzelnen Jahre war der Weg gewiesen, der allgemein zum Ziel führen musste.

v. Sonklar's Resultate sind klar und bestimmt. Sowohl auf Grund der allgemeinen Witterungsangaben als auch der instrumentalen Beobachtungen stellte er fest, dass die Gletschervorstöße in den Alpen um 1770, 1810—20 und in den Vierziger-Jahren mit feuchten und kühlen Perioden zusammenfielen, der Gletscherrückgang aber am Ende des vorigen Jahrhundertes und in den Zwanziger- und Dreißiger-, wie in den Fünfziger-Jahren dieses Jahrhundertes mit trockenen und warmen Perioden.

Aber die Arbeit v. Sonklar's blieb unbeachtet und die Frage nach der Ursache der Gletscherschwankungen galt nach wie vor für ungelöst bis zum Erscheinen der Untersuchungen Forel's im Jahre 1881, die eine Lösung wenigstens anbahnten. Forel kam völlig unabhängig von Sonklar, jedoch mit einer ganz ähnlichen Methode der Ausgleichung der von Jahr zu Jahr jäh auf- und abspringenden Witterungskurve zu dem gleichen Resultate. Es gelang ihm an den Beobachtungen von Genf zu zeigen, dass thatsächlich die Perioden, in denen die Gletscher vorstoßen, durch unmittelbar vorhergehende Perioden niedriger Sommer-Temperatur und reichlicheren Niederschlages verursacht sind, hingegen jene des Gletscherschwindens relativ warmen und trockenen Zeiten angehören.[1])

Den gleichen Weg schlug zwei Jahre später Eduard Richter in seiner trefflichen Monographie des Obersulzbachgletschers ein.[2]) Er verwerthete die Beobachtungen des Regenfalls zu Klagenfurt für seine Zwecke, indem er durch Bildung 5jähriger Mittel den allgemeinen

[1]) Forel: Variations périodiques des glaciers. Archives des sc. phys. et nat. Genève, 1881. 3. Pér. T. VI, S. 22 u. S. 451.

[2]) E. Richter in der Zeitschrift des Deutschen und Österreichischen Alpenvereins 1883 S. 75 ff.

Verlauf der Regenkurve festzustellen suchte. Er kam zu dem Resultate, dass die Regenperiode 1842—52 die Ursache des Gletschervorstoßes in den 50er Jahren sein müsse, dagegen die trockene Periode von 1852 bis 1872 die Ursache der außergewöhnlichen Dimensionen des letzten Rückganges. Auffallend ist ihm dagegen die bedeutende Zunahme der Niederschläge von 1872—1878, welche sich in der Bewegung der Gletscher noch nicht geäußert habe.

Eine allgemeinere Bedeutung erhielt dieser Nachweis durch C. Lang, der die Untersuchung streng nach der von Forel eingeschlagenen Methode auf die gesammte Umgebung der Alpen ausdehnte und die Beobachtungen von neun Regenstationen und fünf Temperaturstationen verarbeitete, die meist dem Fuß der Alpen und ihrem Vorland angehören.[1]) Auch hier ergab sich ein ausgesprochener Parellelismus zwischen Regenfall, Temperatur und Gletscherschwankungen.

Bei der Wichtigkeit, welche gerade die Untersuchungen von Forel, Richter und Lang für die Frage haben, die uns weiter unten beschäftigen wird, sei es gestattet, die Resultate jener Forscher in einer Tabelle zusammenzufassen. Diejenigen v. Sonklar's ließen sich darin nicht aufnehmen, weil dieser Temperatur und Regenfall nicht trennt. Es fallen Niederschlagsmaxima, beziehungsweise Niederschlagsminima auf die Jahre:

		Niederschlagsmaxima			Niederschlagsminima		
Genf	(Forel[2])	—	1842/57	1878/80	1835/41	—	1858/77
Klagenfurt . . .	(Richter)	—	1842/52	1872/78	—	—	1852/72
Mailand	(Lang)	1810/14	1840/49	1880/84	1825/29	—	1865/74
Prag	»	1815/19	1845/49	—	1820/24	—	—
Wien	»	—	—	1875/79	—	—	—
München	»	—	1850/54	1880/84	—	—	1870/74
Hohenpeißenberg	»	1805/09	1835/44	—	1820/29	—	—
Reichenhall . . .	»	—	1845/49	—	—	1855/59	—
Stuttgart	»	—	1845/54	1880/84	—	1860/64	—
Chioggia	»	1800/09	—	—	—	—	—

Es entspricht also dem Schwinden der Alpengletscher im Allgemeinen in der Umgebung der Alpen eine Periode zu geringen, dem Stoßen eine solche zu großen Niederschlages; in beiden Fällen geht die Ursache der Wirkung um ein geringes voraus.

Das gleiche konstatierten Forel und Lang für die Temperatur.

		Temperaturmaxima			Temperaturminima		
Genf	(Forel[3])	—	—	1826/35	1856/75	—	1836/55
Mailand	(Lang)	—	1790/94	1820/29	1845/49	1810/19	1835/44
Stuttgart	»	—	—	1825/34	1860/64	—	1835/44
Regensburg . . .	»	1775/79	1795/99	1825/34	—	1815/19	1835/44
München	»	—	—	1830/34	1865/69	—	1840/64
Hohenpeißenberg	»	—	1790/94	1820/24	—	1810/19	1835/39

So kann denn kein Zweifel darüber bestehen, dass das Alpengebiet und seine nächste Umgebung langjährige Schwankungen des Regenfalls

---

[1]) C. Lang: Der säculare Verlauf der Witterung als Ursache der Gletscherschwankungen in den Alpen. Zeitschrift für Meteorologie 1885 S. 443 ff.

[2]) Es ist zu beachten, dass die Jahreszahlen Forel's nicht direct mit denen Richter's und Lang's zu vergleichen sind. Die Zahlen der ersten niederschlagsreichen Periode 1842—57 sind so zu verstehen, dass die 10jährigen Mittel 1833—42, 34—43..., 48—57 über dem vieljährigen Mittel waren. Richtiger würde man also zu setzen haben: regenreich 1837—1852, indem man das erste Dekadenmittel 1833—42 auf das mittlere Jahr 1837, das letzte 1848—57 auf 1852 bezieht.

[3]) Nur nach den Sommertemperaturen.

und der Temperatur erlebt, welche von den Gletscherschwankungen registriert werden. Die letzteren erscheinen als vollkommen sichere Anzeichen der säkularen Schwankungen der Witterung, wie Lang diesen Wechsel vieljähriger feuchter Perioden mit trockenen, kühler mit warmen genannt hat.

Eine unerwartete Bestätigung erhielt diese Anschauung durch eine kleine, jedoch für die Methode der ganzen Forschung wichtige Arbeit von A. Swarowsky in Wien über die Schwankungen des Neusiedler Sees.[1]) Er zeigte, wie eine zum Theil sehr auffallende Parallelität zwischen den Schwankungen dieses abflusslosen Sees und den Schwankungen der Gletscher stattfindet, und erbrachte damit den Beweis dafür, dass auch abflusslose Seen treffliche Messer der Witterung in ihrer säkularen Änderung sind — eine Thatsache, die man freilich schon a priori oft vermuthet hatte.

Die für die Alpen und das benachbarte Gebiet des Neusiedler Sees dargethanen Schwankungen der Witterung im Lauf langer Zeiträume sind in jeder Beziehung überraschend; sie scheinen bedeutender als die Schwankungen des Regenfalls und der Temperatur, die der 11jährigen Periode der Sonnenflecken folgen; denn ihnen folgen die Gletscher, während eine 11jährige Periode der Gletscherschwankungen zwar von Fritz behauptet worden ist, aber gewiss für jeden Unbefangenen nicht existiert.

Diese Schwankungen sind noch ganz dunkel; wir wissen nicht, ob sie sich auf die Umgebung des Alpengebietes beschränken oder über dasselbe hinausgreifen, vielleicht Europa oder gar noch erheblichere Theile der Erde umfassen. Vermuthen können wir etwas derartiges; ist doch von allen Gletschergebieten bekannt, dass die Glescher nicht stationär bleiben, sondern vielfach Größenänderungen erfahren. Allein ob diese Schwankungen gleichzeitig auftreten oder in einzelnen Gegenden verspätet, in anderen verfrüht, hiervon wissen wir nichts. Und vollends die Kenntnis der Ursache derselben entzieht sich uns noch vollkommen.

Diese Fragen waren es, welche die in den folgenden Seiten niedergelegte Untersuchung anregten. Ich hätte damit beginnen können, alles Material über Gletscherschwankungen in europäischen und außereuropäischen Gebirgen zusammenzutragen. Doch hielt mich davon die Erwägung ab, dass die Oscillationen der Gletscher doch nur ein unvollkommener und sehr träger Maßstab für säkulare Schwankungen der Witterung sind. Es bedarf erst der statistischen Zusammenstellung der Beobachtungen an zahlreichen Gletschern eines Gebirges, um die mittleren Stoß- und Rückzugsperioden zu constatieren, verhalten sich doch oft benachbarte Gletscher in Folge der Eigenthümlichkeiten ihres Bettes und ihrer Lage ganz verschieden. Daher sind wir erst in allerletzter Zeit durch die Arbeiten Forel's zu einem genaueren Bilde der Gletscherschwankungen in den Alpen während des laufenden Jahrhundertes gelangt; ein solches schon heute für die außereuropäischen Gebirge zu gewinnen, musste a priori für aussichtslos gelten. Dagegen schien die Lösung der Aufgabe leichter und zuverlässiger auf dem von Swarowsky eingeschlagenen Weg zu sein, durch den Vergleich der Schwankungen abflussloser Seen mit den Schwankungen des Regenfalles und der Temperatur im Alpengebiet. Wir beginnen mit dem größten der abflusslosen Seen — dem Kaspischen Meere.

[1]) Swarowsky im Bericht über das XII. Vereinsjahr des Vereins der Geographen der Universität Wien. Wien 1886 S. 18.

ZWEITES CAPITEL.

Die Schwankungen des Kaspischen Meeres.

Filipow's Veröffentlichung der Pegelbeobachtungen zu Baku und Aschur-Ade. Kritik derselben. Feststellung der Pegelcorrectionen nach der Methode der Differenzen. — Die Thatsache der säcularen Schwankungen. Die Schwankungen seit 1851 nach den Pegelbeobachtungen. Das Sinken des Meeres seit 1809—14. Beobachtungen von Lenz, Lurin, Humboldt, Eichwald, Monteith und Ssokolow. Das geringe Ansteigen zum Maximum von 1847. Höhe des Wasserstandes in den Jahren 915 und 1638 nach Abu-Ischak-ol-Istachri und Olearius. Sehr tiefer Wasserstand im XII. Jahrhundert. Die Karawanserei von Baku. Hoher Stand im Anfang des XIV. Jahrhunderts, bezeugt in der Geschichte des Scheicks Sefi-Eddin. Die Schwankungen im XVIII. Jahrhunderte nach den Beobachtungen von Lerch, Ssoimonow, Tatischtschew, Rytschkow, Pallas, Hablizl, Hanway, Woodroof, Gmelin und Reineggs. Vergleich der nur scheinbar einander ausschließenden Resultate von Lenz und Ssokolow. Tabelle der Wasserstandshöhen des kaspischen Meeres von 915—1878 — Die Ursachen der säcularen Schwankungen des Wasserstandes. Aeltere Erklärungsversuche meist auf Temperatur sich stützend. Berghaus und Chanykow betonen zuerst den Regenfall. Vergleich der Schwankungen des Meeres mit denen des Wasserstandes der Wolga, des Regenfalls und der Temperatur an russischen Stationen. Quantitative Bestätigung des Zusammenhanges mit diesen. Die nachgewiesenen säcularen Schwankungen der Witterung als Klimaschwankungen. Rückschluss aus den Schwankungen des Meeres auf analoge Klimaschwankungen im vorigen Jahrhundert bestätigt durch die Register über die Dauer der winterlichen Eisdecke auf den russischen Strömen. Neben den Schwankungen kurzer Dauer (30—40 Jahren) auch solche von viel längerer.

Über die Schwankungen des Wasserstandes im Kaspischen Meere hat in jüngster Zeit N. Filipow geschrieben; seine Abhandlung erschien im Jahre 1880 in russischer Sprache und ein Nachtrag im Jahre 1882/83.[1]) Wir erfahren, dass schon seit 1837 auf Anregung von E. Lenz am Kaspischen Meere Pegelbeobachtungen gemacht wurden; da aber die alten Messungen etwas unvollständig sind, so veröffentlicht Filipow dieselben nicht. Erst für die zweite Hälfte des laufenden Jahrhunderts finden wir zwei Reihen von Pegelbeobachtungen bei ihm mitgetheilt,

[1]) Filipow: Über die Schwankungen des Wasserstandes im Kaspischen Meer. Morskoj Sbornik 1880 Nr. 7, S. 1—57 und Nr. 8, S. 15—68. Iswestija der kaukasischen Abth. der K. russ. geogr. Ges. für 1882—83 S. 257 ff. Beides in russischer Sprache. Da mir beim Niederschreiben dieses Capitels die russische Literatur nicht im Original vorlag, sondern nur die von mir selbst in den Bibliotheken zu St. Petersburg und zu Dorpat angefertigten Abschriften und Excerpte, so war ich mehrfach nicht in der Lage, bei den Citaten die Seite des Originals zu nennen, sondern musste mich mit einem allgemeinen Citat begnügen.

die in Baku in den Jahren 1851 bis 1878 und in Aschur-Ade in den Jahren 1852 bis 1874 gewonnen wurden; doch versäumt es der Verfasser, sein Material streng zu prüfen und zu verarbeiten. Ein Theil dieser Beobachtungen wurde übrigens bereits von Kämtz 1860 der Öffentlichkeit übergeben.[1])

Die Lage der Stationen ist bekannt: Baku liegt am Westufer des Kaspischen Meeres am Ostende des Kaukasus; das zeitweilig auch als meteorologische Station fungierende Aschur-Ade ist eine kleine, den Russen gehörende Insel in der äußersten Südostecke des Meeres, der Bucht von Astrabad, in der Verlängerung der Nehrung gelegen, welche letztere von der offenen See absperrt. Filipow setzt mit Vorliebe für Aschur-Ade den Namen des größeren Astrabad.

In Baku wurde um 7 Uhr Morgens, 2 Uhr Mittags und 9 Uhr Abends beobachtet: für Aschur-Ade finden sich keine Beobachtungszeiten angegeben. Man sollte nun meinen, dass Filipow die Monatsmittel als arithmetische Mittel aus allen Beobachtungen gebildet hätte. Das ist aber leider nicht der Fall. Er theilt für jeden Monat nur den absolut höchsten und den niedrigsten Wasserstand mit und findet aus diesen beiden Beobachtungen seine Monatsmittel. Daher sind die letzteren nur angenähert richtig. Es ist dieses ein Verfahren, das früher wohl fast ausschließlich, leider aber auch heute noch hier und da angewandt wird, wenn es sich um mittlere Wasserstände handelt. Das ist umsomehr zu bedauern, als allen in dieser Weise abgeleiteten Mittelwerthen ein principieller Fehler anhaftet: sie geben den Wasserstand ohne Ausnahme zu hoch an. Der Grund hierfür ist leicht einzusehen: Die Minima in den einzelnen Monaten, meist veranlasst durch ablandige Winde, entfernen sich nie so weit von dem wahren Mittelwasser als die in der Regel durch auflandige Winde verursachten Maxima, in welchen sich die Wirkung des Windes auf der ganzen Meeresfläche summiert. Man denke nur an die gewaltigen Sturmfluthen, denen keineswegs ein Sinken des Wasserstandes um den gleichen Betrag entspricht.

Wir müssen uns sonach sagen, dass die von Filipow veröffentlichten Mittel nicht eigentlich auf den mittleren Wasserstand sich beziehen, sondern auf eine Niveaufläche, die über dem wahren Mittelwasser liegt; wie hoch, wissen wir freilich nicht. Wenn es sich jedoch wahrscheinlich machen lässt, dass diese Höhe von Jahr zu Jahr sich ungefähr gleich bleibt, dann würden uns immerhin die Mittel Filipow's auch ein Bild der Bewegung des wahren Mittelwassers geben. Das ist in der That der Fall, wie aus der nachfolgenden Tabelle hervorgeht. Dieselbe enthält für jedes vollständige Beobachtungsjahr das Mittel aus den monatlichen Maxima, ebenso dasjenige aus den monatlichen Minima und die Differenz beider Mittel. Die Zahlen weichen mehrfach von den bei Filipow gegebenen ab, da eine Reihe von Druck- und Rechenfehlern ausgemerzt wurden.[2])

Man sieht sofort, dass die Änderung der mittleren Extreme von Jahr zu Jahr im gleichen Sinn erfolgt und dass die Differenz zwischen

[1]) Kämtz: Über den Wasserstand des Kaspischen Meeres im Laufe des Jahres, Kämtz' Repertorium für Meteorologie Bd. III, Dorpat 1860 S. 178 ff.

[2]) Es war das dadurch möglich, dass Filipow für jedes Jahr sowohl die einzelnen Monatsextreme, als auch das aus ihnen abgeleitete Monatsmittel sowie das Jahresmittel gibt, und zwar die beiden letzteren zweimal in zwei verschiedenen Tabellen. So ließen sich für jedes Jahresmittel drei Angaben theils direct entnehmen, theils berechnen, welche sich gegenseitig controllierten.

denselben zwar von Jahr zu Jahr schwankt, aber doch nicht sehr erheblich. Sie beträgt für Baku 35 Centimeter, für Aschur-Ade 38 Centimeter; der wahrscheinliche Fehler der Differenz des einzelnen Jahres ist nur ± 4 Centimeter, beziehungsweise ± 7 Centimeter. Offenbar sind die Zufälligkeiten bereits im Mittel der Extreme ziemlich ausgeglichen. Es ist nach allem keine Frage, dass auch der wahre mittlere Wasserstand von Jahr zu Jahr sich entsprechend den mittleren Extremen ändern wird. Mithin können uns die Mittel aus den mittleren Maxima und Minima in ihrer Änderung von Jahr zu Jahr mit erheblicher Annäherung als Repräsentanten der Änderung des mittleren Wasserstandes gelten. Es dürfte thatsächlich die Differenz zwischen dem angenäherten Mittelwasser Filipow's und dem wahren Mittelwasser eine im großen und ganzen constante sein.

Mittlere Extreme. (cm)

	Baku			Aschur-Ade				Baku			Aschur-Ade		
	Max.	Min.	Diff.	Max.	Min.	Diff.		Max.	Min.	Diff.	Max.	Min.	Diff.
1851	16	— 9	25	—	—	—	1865	—	—	—	5	—22	27
1852	— 2	—36	34	86	40	46	1866	108	71	37	—	—	—
1853	—19	—53	34	89	44	45	1867	134	91	43	—	—	—
1854	— 2	—40	38	99	68	31	1868	168	130	38	—	—	—
1855	— 1	—31	30	108	56	52	1869	175	130	45	—	—	—
1856	— 2	—41	39	108	52	56	1870	143	99	44	142	105	37
1857	—16	—51	35	—	—	—	1871	—	—	—	120	95	25
1858	—19	—46	27	107	64	43	1872	—	—	—	130	103	27
1759	— 8	—43	35	—	—	—	1873	96	60	36	—	—	—
1862	— 1	—37	36	—	—	—	1874	119	79	40	146	114	32
1863	— 2	—24	22	—	—	—	1878	158	116	42	—	—	—
1864	0	—28	28	3	—27	30							

Leider weisen die Reihen außer dieser Unzulänglichkeit noch zwei Übelstände auf, welche ihren Werth beeinträchtigen. Sie sind erstens keineswegs lückenlos; es fehlen in Baku die Jahre 1860, 1871 und 1872; in Aschur-Ade die Jahre 1857, 1859 bis 1861, 1868 und 1869, und selbst die vorhandenen Jahre sind zum Theil unvollständig, sodass ein jährliches Mittel bei je 5 Jahren sich nur mit Interpolation einiger Monate bilden ließ. Schwerwiegender als dieser Mangel ist der Umstand, dass beide Reihen der inneren Einheitlichkeit entbehren, da in Baku sowohl als auch in Aschur-Ade mehrmals neue Pegel gesetzt wurden. Nur über eine dieser Verlegungen lässt sich Filipow im Text seiner Abhandlung aus;[1]) seine Angaben sind jedoch dürftig; er sagt: »Der neue Pegel zu Baku wurde im October 1866 gesetzt; er steht so, dass, als auf den beiden übereinstimmenden alten Pegeln der Wasserstand + 127 Millimeter war, am neuen Pegel der Meeresspiegel bei + 914 Millimeter stand, d. h. es entspricht der Nullpunkt des alten Pegels einem Wasserstande von + 787 Millimeter am neuen.« In welcher Weise und wann diese Differenz bestimmt wurde, wird nicht mitgetheilt; es scheint, dass es mit Hilfe einiger correspondierender Beobachtungen an beiden Pegeln und zwar, wie wir sehen werden, erst in späterer Zeit geschah. Die Correctionen, die Filipow hier angibt, beziehen sich nämlich gar nicht auf den neuen Pegel von 1866, sondern auf einen dritten zwischen 1871 und 1873 errichteten. Auch seine 1883 erschienene kleine Abhandlung,[2])

---

[1]) Filipow im Morskoj Sbornik N. 7, S. 40.

[2]) Filipow in Iswestija der Kaukasischen Abtheilung der k. russ. geograph. Gesellschaft 1882—83 S. 257.

welche sich ausführlich über die Vorgeschichte der Pegelbeobachtungen von Baku vor 1860 verbreitet, enthält über die für uns in Betracht kommenden Pegeländerungen nichts. In Aschur-Ade fanden nach Filipow 1862 und 1867 Veränderungen am Pegel statt; den Betrag, um welchen die Höhe der Nullpunkte differiert, führt er aber im Text nicht an. Auf der von ihm gegebenen graphischen Darstellung der Änderung des Mittelwassers von Jahr zu Jahr konnte ich ausmessen, dass derselbe zur Reduction der Pegelbeobachtungen vor 1862 sowie derjenigen am Pegel von 1867 auf den Pegel von 1862 die Correction —610 anbringt. Es sind also dem Anschein nach die Wasserstände vor 1862 und nach 1866 auf denselben Nullpunkt bezogen.

Die Pegel zu Baku und Aschur-Ade sind begreiflicher Weise nicht durch ein Nivellement mit einander verbunden. Es wird jedoch erwähnt, dass der Nullpunkt des Pegels von 1866 zu Baku und desjenigen von 1867 zu Achur-Ade in gleicher Höhe standen. Wie diese Relation gefunden wurde, ist wohl leicht ersichtlich: man nahm an, dass das für einen größeren Zeitabschnitt gefundene Mittelwasser von Baku mit dem Mittelwasser zu Aschur-Ade für den gleichen Zeitraum in einer Niveaufläche liege.

Es ist zu beklagen, dass infolge der Verlegungen der Pegelnullpunkte, deren Betrag entschieden nicht mit genügender Sorgfalt constatiert worden ist, das Beobachtungsmaterial in der von Filipow veröffentlichten Form zunächst unbrauchbar erscheint, und den Anforderungen, welche man heutzutage an Pegelbeobachtungen zu stellen berechtigt ist, nicht genügt. Gleichwohl glaube ich auf Grund des vorliegenden Materials die Bewegung des Wasserstandes im Kaspischen Meer verfolgen zu können, weil dessen Schwankungen so bedeutend sind, dass sie die Unsicherheit der Pegelreductionen weit übertreffen.

Die Abhandlung von Filipow enthält keine Kritik der Beobachtungen; Filipow hat sich nicht einmal der Mühe unterzogen, die Pegelbeobachtungen derselben Station aus verschiedenen Jahren auf Grund der von ihm gegebenen Correctionen vergleichbar zu machen. Nachholen ließe sich das Versäumnis nach den bisher üblichen Methoden nur in der Weise, dass an Ort und Stelle Erhebungen über die Lage der Nullpunkte der verschiedenen Pegel gemacht würden. So gelang es Seibt durch eingehendes Studium der Akten jener Behörden, denen die Pegel zu Swinemünde und zu Travemünde unterstellt sind, für diese Stationen ein absolut exactes Material herzustellen.[1]) Dieses Verfahren vermögen wir nicht bei unseren Reihen einzuschlagen; uns liegen die Zahlen vor, wie sie Filipow gibt, und auf Grund dieser Zahlen selbst müssen wir versuchen, uns eine Kritik derselben zu bilden und die verschiedenen Pegel auf einen einheitlichen Nullpunkt zu reducieren. Dieses wird uns durch die Anwendung einer Methode möglich, welche in der Meteorologie bei der Prüfung meteorologischer Beobachtungsreihen fortwährend gebraucht wird, sobald es sich um gleichzeitige Beobachtungsreihen von mehreren Stationen handelt.

Die Erfahrung lehrt, dass die Änderung der Temperatur, des Luftdruckes etc. an benachbarten Stationen im Mittel parallel verläuft, und dass eine beträchtliche Abweichung einer Station von ihren Nachbaren

---

[1]) Seibt: Das Mittelwasser der Ostsee bei Swinemünde. Publ. des kgl. preuß. geodt. Instituts. Berlin. 1881; Das Mittelwasser der Ostsee bei Travemünde. Ebenda 1885.

sich fast immer auf Beobachtungsfehler zurückführt. Dass dasselbe Gesetz auch für jährliche Mittelwerthe des Wasserstandes in abgeschlossenen Meerestheilen gilt, zeigen Untersuchungen, welche von v. Maydell für das Schwarze Meer ausgeführt sind.[1]) Für die Ostsee hat Seibt mit weit strengeren Methoden die Änderung des Wasserstandes von Jahr zu Jahr zu Swinemünde und zu Travemünde untersucht und ist zu dem gleichen Resultat gekommen.[2]) Beide Forscher fanden unabhängig von einander, dass die Änderungen des Mittelwassers an Stationen desselben Meeres nahezu parallel gehen, dass einerseits an sämmtlichen Stationen des Schwarzen Meeres, andererseits zu Swinemünde und Travemünde im Laufe der Jahre gleichzeitig der Wasserstand steigt und fällt. Es heißt das nichts weiter, als dass der Meeresspiegel bei seinen Schwankungen von Jahr zu Jahr sich mehr oder weniger horizontal als Niveaufläche einstellt. Hiernach ist es eminent wahrscheinlich, dass auch in dem Kaspischen Meere die Bewegung des Meeresspiegels von Jahr zu Jahr an allen Punkten der Küste die gleiche ist, umsomehr als dasselbe eine in sich völlig abgeschlossene und jeder Communication mit dem Ocean entbehrende Wassermasse darstellt. Es müsste also das Mittelwasser von Jahr zu Jahr zu Baku und zu Aschur-Ade um den gleichen Betrag und im gleichen Sinn sich ändern. In der That wird dieses durch die Zahlen der nachfolgenden Tabelle im großen bestätigt, soweit sie sich auf Jahre beziehen, in denen keine Pegeländerung an einer der Stationen stattfand.

Freilich ist die Übereinstimmung des Ganges der Zahlen keine absolute und nicht so vollständig wie an den Stationen der Ostsee und des Schwarzen Meeres. Hieran ist zweifellos die rohe von Filipow zur Ableitung des Jahresmittelwassers angewandte Methode schuld. Trotzdem genügt die vorhandene Übereinstimmung durchaus, um die Anwendung der geschilderten Methode der Differenzen zu gestatten.

Ich habe in den Columnen (1) und (2) correspondierende Mittel derselben Jahre für Baku und Aschur-Ade zusammengestellt. Wenn von einer der Stationen kein voller Jahrgang, sondern nur einige Monate, jedoch nie weniger als acht Monate, vorlagen, so wurde auch für die andere ein Mittel aus denselben Monaten gebildet, um in jeder Beziehung vergleichbare Werthe zu erhalten. Diese Mittel aus unvollständigen Jahren sind durch cursive Ziffern vor den vollständigen Jahresmitteln ausgezeichnet. Die hier in Metermaß (cm) umgerechneten Zahlen beziehen sich auf den Nullpunkt des jeweiligen Pegels.

Bereits eine flüchtige Betrachtung der Columnen lässt einige Unterbrechungen der Reihen erkennen. Eine Discontinuität fällt sofort auf bei Baku zwischen den Jahren 1865 und 1866; bei Aschur-Ade zwischen den Jahren 1858 und 1862, sowie zwischen 1866 und 1867. Noch deutlicher tritt dieses hervor, wenn man für jede Station die Differenz zweier auf einander folgender Zahlen bildet, also die Änderung des Wasserstandes von Jahr zu Jahr berechnet (Col. 3 und 4). Die großen Sprünge, welche weit über alle anderen Differenzen hervorragen und daher auf eine Änderung des Pegels schließen lassen, sind durch Fettdruck hervorgehoben. Vergleicht man die Änderung der Zahlen für Baku und Aschur-Ade mit einander, indem man die Differenzen der Col. (3) und (4) bildet, so erkennt man in Col. (5), dass die Abweichungen der beiden Pegelstationen von einander in den kritischen Jahren die anderen Ab-

[1]) v. Maydell im Morskoj Sbornik, 1884 N. 11.
[2]) Seibt: Das Mittelwasser der Ostsee bei Travemünde. Berlin 1885 S. 45.

Consolidierung der Pegelbeobachtungen zu Baku und Aschur-Ade.

Jahr	Jahresmittel uncorrigiert		Aenderung von Jahr zu Jahr			Differenz		nach Brückner					nach Filipow		
								I. Rechnung			II. Rechnung				
	Baku	Aschur-Ade	Baku	Aschur-Ade	Diff.	Baku-Aschur-Ade		Baku	Aschur-Ade	Diff.	Aschur-Ade	Diff.	Baku	Aschur-Ade	Diff.
	(1)	(2)	(3)	(4)	(5)	(6)		(7)	(8)	(9)	(10)	(11)	(12)	(13)	(14)
1852	−18.8	63.2				− 82.0		−19	63	− 82	63	− 82	−19	63	− 82
			−17	4	−21										
53	−36.3	67.5				−103.8		−36	67	−103	67	−103	−36	67	−103
			15	16	− 1										
54	−21.1	83.3				−104.4	$B_1 - A_1 =$	−21	83	−104	83	−104	−21	83	−104
			5	− 1	6										
55	−16.3	82.0				− 98.3	−100.9 ±4.8	−16	82	− 98	82	− 98	−16	82	− 98
			− 4	− 2	− 2										
56	−19.6	79.7				− 99.3		−20	80	− 99	80	− 99	−20	80	− 99
			−12	6	−18										
58	−32.0	85.8				−117.8		−32	85	−118	85	−118	−32	85	−118
			9	−87	96										
62	*−23.4*[1]	*− 1.0*				− 22.4		*−23*	*92*	−115	*94*	−117	*−23*	*60*	− 83
			11	− 8	19										
63	*−11.9*[2]	*− 8.6*				− 3.3	$B_1 - A_2 =$	*−12*	*84*	− 96	*86*	− 98	*−12*	*52*	− 64
			− 2	− 4	2										
64	−14.2	−12.2				− 2.0	−8.2 ±4.7	−14	80	− 94	82	− 96	−14	19	− 63
			1	4	− 3										
65	*−12.7*[1]	*− 7.8*				− 4.9		*−13*	*85*	− 98	*87*	−100	*−13*	*54*	− 67
			97	− 5	102										
66	*84.3*[3]	*−13.0*				97.3	$B_2 - A_2 =$ 97.3	*−21*	*80*	−101	*80*	−101	5	*48*	− 43
			27	131	− 104										
67	*110.7*[1]	*118.1*				− 7.4	$B_2 - A_3 =$	5	*118*	−114	*118*	−114	*32*	*118*	− 86
			10	5	5										
70	120.9	123.2				− 2.3	0.2 ±5.2	15	123	−108	123	−108	42	123	− 81
			− 2	−14	12										
71	*119.4*[4]	*109.2*				10.2		*13*	*109*	− 96	*109*	− 96	*40*	*109*	− 69
			−46	1	−47										
73	*73.4*[4]	*110.2*				− 36.8	$B_3 - A_3 =$	*− 6*	*110*	−116	*110*	−116	*− 6*	*110*	−116
			26	20	6										
74	98.8	130.0				− 31.2	−34.0 ±2.8	20	130	−110	130	−110	20	130	−110
							Mittel	−11	93	−103 ±3	93	−103 ±2	−5	74	−78 ±6

[1]) 9 Monate. — [2]) 10 Mon. — [3]) 11 Mon. — [4]) 8 Mon.

weichungen um fast das fünffache übertreffen; die schon von Filipow erwähnten Veränderungen des Pegels einmal zu Baku und zweimal zu Aschur-Ade treten scharf hervor. Die Betrachtung der Zahlen der Columne (5) lehrt uns noch eine vierte, von Filipow unbeachtete, offenbare Pegeländerung zu Baku zwischen den Jahren 1871 und 1873 kennen. Die Differenz der betreffenden Zahlen der Columnen (3) und (4) weist hier eine Größe auf, welche zwar kleiner als zu den Zeitpunkten der von Filipow erwähnten Pegeländerungen ist, jedoch sämmtliche übrige Differenzen um mehr als das Doppelte übertrifft. Während die größte Abweichung der Wasserstandsbewegung zwischen Baku und Aschur-Ade 21 *cm* sonst nicht übersteigt, erhebt sich dieselbe dem Anscheine nach 1871—73 plötzlich auf 47 *cm*. Da wir einen entsprechenden Sprung in den Zahlen der Col. (3) für Baku, nicht aber der Col. (4) für Aschur-Ade treffen, so schließe ich, dass zwischen 1871 und 1873 der Pegel zu Baku geändert wurde.

Wir haben es also im ganzen an jeder Station mit zwei Verlegungen des Nullpunktes oder mit drei verschiedenen Pegeln zu thun. Ich bezeichne im Nachfolgenden die Pegel zu Baku mit B, diejenigen zu Aschur-Ade mit A und füge zu diesen Buchstaben die Indices 1, 2, 3 hinzu, welche anzeigen sollen, dass vom ersten, ältesten, beziehungsweise von dem zweiten oder dem dritten und letzten Pegel der betreffenden Station die Rede ist.

Um einerseits die von Filipow angegebenen Correctionen zu prüfen, anderseits für die vierte von mir aufgefundene Pegeländerung einen wahrscheinlichen Betrag der Verschiebung des Nullpunktes zu finden, verfuhr ich, wie folgt. Ausgehend von der Annahme, dass die Änderungen des Wasserstandes von Jahr zu Jahr an beiden Stationen nicht allzu verschieden sich vollziehen, verglich ich die discontinuierlichen Beobachtungen zweier Pegel der einen Station mit den continuierlichen an ein und demselben Pegel der andern, indem ich die Differenzen der auf den jeweiligen Pegelnullpunkt bezogenen Mittelwasser bildete. Hierdurch erhielt ich wahrscheinliche Correctionsgrößen für die Reduction der beiden Pegel der zweiten Station auf den einen der ersten Station. Die Differenz dieser Correctionsgrößen ergab dann die gesuchte Differenz der Nullpunkte der beiden Pegel der discontinuierlichen Reihe. Durch Anwendung dieser Operation gelang es, alle Discontinuitäten der Reihen zu eliminieren.

Ich erhielt als mittlere Differenz des ersten Pegels zu Aschur-Ade A_1 und des ersten Pegels zu Baku B_1 — 100.9 Centimeter mit einem mittleren Fehler von $\pm$ 4.8 Centimeter; ferner die mittlere Differenz des Pegels A_2 in Aschur-Ade und desselben Pegels B_1 in Baku zu — 8.2 $\pm$ 4.7 Centimeter. Hieraus findet man als Correction C_{A_2} der Pegelstände von A_2 für die Reduction derselben auf den Pegel A_1:

$$C_{A_2} = + 100.9 \pm 4.8 - 8.2 \pm 4.7 = + 92.7 \pm 6.7 \text{ Centimeter.}$$

Sehr ungünstig ist es, dass die Pegel A_2 und B_2 nur ein einziges nicht einmal vollständiges Jahr (1866) — es fehlt der August — gleichzeitig beobachtet wurden, mithin nur die Beobachtungen dieses einen Jahres zur Reduction des Pegels B_2 auf den Pegel B_1 zur Verfügung stehen. Unter der Annahme, dass die unbekannte Niveaudifferenz des Mittelwassers zu Aschur-Ade und desjenigen zu Baku 1866 gleich der mittleren Niveaudifferenz in den Jahren 1862 bis 1865 war, erhalten wir

$$C_{B_2} = - 97.3 - 8.2 \pm 4.7 = - 105.5 \pm 4.7 \text{ Centimeter.}$$

In gleicher Weise finden wir für die Reduction des Pegels A_3 zunächst auf A_2

$$-97.3 + 0.2 \pm 5.2 = -97.1 \pm 5.2$$

und des Pegels A_3 auf A_1 sonach mit Hilfe des Werthes für $C_{A'}$

$$C_{A'} = -97.1 \pm 5.2 + 92.7 \pm 6.7 = -4.4 \pm 8.5;$$

endlich für die Reduction des Pegels B_3 auf B_2

$$+34.0 \pm 2.8 + 0.2 \pm 5.2 = +34.2 \pm 5.9$$

und des Pegels B_3 auf B_1 sonach mit Hilfe des Werthes für $C_{B'}$

$$C_{B'} = +34.2 \pm 5.9 - 105.5 \pm 4.7 = -71.3 \pm 7.5.$$

In der nachfolgenden Tabelle stelle ich meine berechneten Correctionen zur Reduction der Pegelbeobachtungen an den beiden Stationen auf die ältesten Pegel mit den von Filipow angegebenen zusammen:

Pegel	Brückner cm	Filipow cm	Differenz cm
B_2	-105.5 ± 4.7	-78.7	-26.8 ± 4.7
B_3	-71.3 ± 7.5		$+7.4 \pm 7.5$
A_2	$+92.7 \pm 6.7$	$+61.0$	$+31.0 \pm 6.7$
A_3	-4.4 ± 8.5	± 0.0	-4.5 ± 8.4

Meine berechneten Correctionen für B_3 und A_3 sind genau gleich den von Filipow angegebenen, sobald man die mittleren Fehler berücksichtigt; die letzteren sind hier größer als die Abweichungen meiner Correctionen von denen Filipow's. Hingegen differieren die Correctionen für B_2 und A_2 sehr erheblich. Was B_2 anbetrifft, so scheint wohl sicher, dass hier ein Irrthum von Filipow vorliegt; es war ihm unbekannt, dass B_2 und B_3 verschiedene Nullpunkte besaßen; wie aus seinem Text ersichtlich, identificiert er beide Pegel; er dürfte seine Correction für B_2 gar nicht, wie er glaubte, am Pegel B_2 sondern am Pegel B_3 bestimmt und auf die Beobachtungen am Pegel B_2 ausgedehnt haben, in der Meinung B_2 und B_3 seien identisch. Leider lässt sich dies aus seinen Angaben nicht direct feststellen. Allein wahrscheinlich erscheint es auch aus dem Umstand, dass Filipow zur Zeit der Beobachtungen am Pegel B_1 und am Pegel B_3 in der Marinestation Baku anwesend war, während die Beobachtungen am Pegel B_2 in seiner Abwesenheit stattfanden. Diese Erwägungen veranlassen mich meine Correction für B_2 als annähernd richtig zu betrachten; ich darf dieses umsomehr, als meine mit Hilfe von $C_{B'}$ gefundene Correction $C_{B'}$ mit der von Filipow angegebenen übereinstimmt. In gleicher Weise dürfte, da die mit Hilfe der Größe $C_{A'}$ berechnete Reductionsgröße $C_{A'}$ mit der von Filipow angegebenen Correction identisch ist, also wohl der Wirklichkeit entspricht, auch die Größe $C_{A'}$ richtig sein. Ich führe daher zur Reduction der Angaben des Pegels A_2 auf den Pegel A_1 meine Correction statt der abweichenden von Filipow ein, über deren Herkunft nichts bekannt ist. Die Correction für A_3 setze ich übereinstimmend mit Filipow = o und diejenige für B_3 = 79 Centimeter. Durch Anbringen meiner Correctionen an die Jahresmittel (1) und (2) erhalten wir die continuirlichen Reihen

(7) und (8) mit den Differenzen (9). Die letzteren gestatten uns, unter der Annahme, dass die Meeresfläche im Mittel der Beobachtungen genau eine Niveaufläche war, den Abstand der Nullpunkte der Pegel B_1 und A_1 zu 103 $\pm$ 3 Centimeter zu berechnen.

Dieser als 16jähriges Mittel gefundene Abstand der Nullpunkte von B_1 und A_1 von einander gibt uns die Möglichkeit, unsern Werth für C_{A_1} noch etwas zu verbessern. Wir haben unsere Correctionen für Aschur-Ade auf Grund eines aus den 7 Jahren 1852 bis 1858 berechneten Abstandes der Nullpunkte von B_1 und A_1 um 100.9 $\pm$ 4.8 Centimeter abgeleitet. Der Abstand ergab sich also aus 7 Jahren um 2.3 Centimeter zu klein gegenüber dem jedenfalls zuverlässigeren Werth 103.3 $\pm$ 3.0 Centimeter aus 16jährigen Beobachtungen. Ersetzen wir daher jenen alten Werth durch den neuen, so erhalten wir für Aschur-Ade die verbesserten Correctionen.

$$C_{A_1} = +\ 95.0 \pm 5.6 \text{ Centimeter},$$
$$C_{A_1} = -\ 2.1 \pm 7.7 \text{ Centimeter}.$$

Es stimmt die verbesserte Correction für A_1 noch mehr mit der von **Filipow** gegebenen überein als die frühere; C_{A_1} ist um 2.3 Centimeter gewachsen. Columne (10) enthält die verbesserte Reihe von Aschur-Ade, Columne (11) die verbesserten Differenzen.

Durch Anbringen aller von **Filipow** gegebenen Correctionen wurden die Reihen (12) und (13) mit den Differenzen (14) gefunden. Der mittlere Fehler des Resultates aus den Differenzen (11) von $\pm$ 2 Centimeter ist nur 1/3 desjenigen des Resultates aus den Differenzen (12) von $\pm$ 6 Centimeter und zeigt, wie wesentlich die von uns berechneten Correctionen denen **Filipow's** überlegen sind. Es wurden daher bei Ableitung der unten folgenden Resultate zur Reduction auf die alten Pegel B_1 und A_2 durchweg die nachfolgenden Correctionen angebracht:

für Baku	1866—1871	—106 *cm*
	1873—1878	— 79 *cm*
für Aschur-Ade	1862—1866	+ 95 *cm*
	1867—1874	0 *cm*

Die Thatsachen der säcularen Schwankungen.

Selten halten sich im Laufe eines Jahres Wasserzufuhr- und Wasserabfuhr im Kaspischen Meere das Gleichgewicht; je nach dem Überwiegen der einen oder der andern enthält das kaspische Becken in einem gegebenen Moment mehr oder weniger Wasser als vor Jahresfrist. Es ändert sich der Wasserstand von Jahr zu Jahr. Die Änderungen sind sehr bedeutend, weil ein Deficit an Einnahmen nicht vom Ocean gedeckt und ein Plus nicht zum Ocean abgeführt werden kann.

Diese Schwankungen des Wasserstandes sind den Küstenbewohnern seit alter Zeit bekannt, rufen sie doch bedeutende Verschiebungen der Küstenlinie hervor. Nach **Kämtz** wird vielfach eine 7jährige Periode von den Anwohnern angenommen, eine Legende, deren Ursprung **Kämtz** auf die sieben fetten und sieben magern Kühe in Pharaos Traum zurückführen möchte.[1]) Dann aber lebt unter ihnen sehr viel weiter verbreitet die Sage von einer regelmäßigen 30jährigen Periode der Bewegung des Kaspischen Meeres: dasselbe soll abwechselnd durch 30 oder 35 Jahre

---

[1]) **Kämtz** in seinem Repertorium für Meteorologie, III, S. 178.

hindurch steigen, um sodann wieder während eines gleichen Zeitraumes zu sinken. Man könnte füglich die Periode richtiger eine 60jährige nennen. Von der 30jährigen Periode wurde Hanway erzählt, als er 1743 am Kaspischen Meere weilte.[1]) Lerch berichtet 1747 darüber[2]), ebenso Rytschkow 1762[3]) und Müller[4]). Aus den Schriften dieser Reisenden und Gelehrten ist die Sage in zahllose andere Abhandlungen übergegangen, ohne dass man sich streng über ihre Berechtigung Rechenschaft gab. Eine solche Kritik suchte Lenz zu üben, als er 1831 über die Veränderungen der Höhe, welche die Oberfläche des Kaspischen Meeres bis zum April 1830 erlitten hat, schrieb[5]). Er gelangte insofern zu einem negativen Ergebnis, als er zwar Schwankungen constatierte, jedoch jede Regelmäßigkeit derselben in Abrede stellen musste.

Zu dem entgegengesetzten Resultat kam sein Nachfolger Ssokolow, der zum Theil auf demselben Material wie Lenz, zum Theil aber auch auf neu gesammeltem fußend, mit Entschiedenheit für eine 30jährige Periode eintrat[6]), die jedoch Chanykow gleich darauf wieder ganz im Sinne von Lenz leugnete[7]). Doch muss erwähnt werden, das Chanykow überhaupt keine Kenntnis von den Untersuchungen Ssokolows besaß, sondern nur diejenigen von Lenz kannte. Der jüngste Forscher auf dem Gebiet der Schwankungen des Kaspischen Meeres, Filipow, will nun fast sämmtliche Resultate seiner Vorgänger umstürzen[8]); er sucht die von Lenz ausgesprochenen großen Schwankungen des Meeres als unbewiesen hinzustellen und ficht die 30jährige Periode von Ssokolow an. Die Untersuchungen von Chanykow waren ihm überhaupt unbekannt, als er seine erste große Abhandlung schrieb; er erwähnt ihrer erst in seinem später erschienenen kleinen Nachtrag. Ihm gilt eine Änderung des Wasserstandes nur dann für wirklich bewiesen, wenn sie mit dem Pegel verfolgt ist. Von den Pegelbeobachtungen der Zukunft verspricht er sich erst die Lösung der Frage nach den Schwankungen des Kaspischen Meeres. Die hier und da sich selbst widersprechenden Ausführungen Filipow's stechen, wenig zu ihrem Vortheil, von den klar durchdachten Darstellungen eines Lenz scharf ab, der nicht nur aus jenen von Filipow gering geachteten Kennzeichen die Schwankungen des Wasserstandes für die Vergangenheit feststellte, sondern für die Zukunft Schwankungen voraussagte, die nunmehr thatsächlich eingetroffen sind. In jeder Beziehung weit über der Abbhandlung von Filipow steht auch die treffliche Arbeit von Chanykow.

[1]) Hanway: Beschreibung seiner Reise von London durch Russland und Persien 1742—50. Hamburg und Leipzig 1754, Bd. I S. 110.

[2]) Lerch in Büsching's Magazin für die neuere Historie und Geographie Bd. X. Halle 1776. S. 440.

[3]) Rytschkow: Orenburgische Topographie oder Beschreibung des Orenburgischen Gouvernements. Wieder abgedruckt 1887 S. 147 f. (russisch). Die erste Auflage 1762.

[4]) Müller: Sammlung russischer Geschichte. Bd. IV S. 10.

[5]) Lenz' Abhandlung wurde am 30. November 1831 in der Sitzung der Akademie zu St Petersburg gelesen; erschien auch in Poggendorff's Annalen 1832 S. 357 und in Berghaus' Annalen der Erd-, Völker- und Staatenkunde, Bd. IV Heft 5. Aug. 1832 S. 409 ff.

[6]) Ssokolow in den Sapiski des hydrographischen Departements des Marine-Ministeriums (russisch) Theil VI. St. Petersburg 1848 S. 1 ff.

[7]) Chanykow: Über die Schwankungen des Wasserstandes im Kaspischen Meer. Iswostija der kaukasischen Abth. d. k. russ. geograph. Ges. 1852, II. Tiflis. 1853 S. 68—152.

[8]) Filipow a. a. O.

Um in diesem Widerstreit der Meinungen uns ein eigenes Urtheil zu bilden, wollen wir zunächst den Thatbestand festzustellen suchen. Naturgemäß werden wir uns zunächst mit der jüngsten Vergangenheit zu beschäftigen haben, für welche Pegelmessungen vorliegen, und uns später erst den weiter zurückliegenden Zeiten zuwenden, um, so weit es möglich ist, an der Hand alter Reiseberichte und Küstenbeschreibungen jene längst vergangenen Schwankungen des Meeres zu verfolgen.

Die von uns consolidierten Pegelbeobachtungen zu Baku und Aschur-Ade lassen die Änderungen des Wasserstandes in der jüngsten Zeit trefflich erkennen, wie die auf der nächsten Seite folgende Tabelle zeigt. Die Columnen (1) und (2) geben die Jahresmittel der Pegelstände zu Baku und Aschur-Ade auf die Pegel B_1 beziehungsweise A_1 bezogen. Das Verfahren, welches ich einschlug, um auch aus unvollkommenen Jahrgängen einigermaßen brauchbare Jahresmittel zu erhalten, ist das folgende. Ich berechnete auf Grund des unten wiedergegebenen normalen jährlichen Ganges des Wasserstandes[1]), um wieviel das Mittel jeder der vorkommenden Combinationen von Monaten vom Jahresmittel abweicht, und brachte die so erhaltene Correction an das kein volles Jahr umfassende Mittel an. Ich zog diese Methode der andern vor, die fehlenden Monate der einen Station nach den vorhandenen der zweiten zu interpolieren, weil diese auf der Annahme beruht, dass von Monat zu Monat der Wasserstand sich an beiden Punkten parallel ändert. Das aber ist schon im langjährigen Mittel nicht ganz der Fall, da die Epochen der Jahresperiode an beiden Stationen nicht genau coincidieren. Die nach dieser Methode aus unvollständigen Jahren abgeleiteten Zahlen sind durch cursive Ziffern kenntlich gemacht. In dieser Weise wurden die nachfolgenden Monate interpoliert: für Baku 1861 Januar bis Juni, 1865 October bis December, 1871 Januar bis April, 1875 Juli bis December, 1877 Januar bis März; für Aschur-Ade 1862 October bis December, 1863 Januar bis März, 1866 August, 1867 Januar, November, December, 1873 Mai, August bis October.

Columne (3) enthält den Wasserstand im Kaspischen Meer als arithmetisches Mittel der Jahres-Wasserstände zu Baku und Aschur-Ade, bezogen auf den Pegel B_1. Durch cursiven Druck sind hier die Jahre ausgezeichnet, an denen nur eine der beiden Stationen beobachtete. (4) gibt die Änderung des Wasserstandes von Jahr zu Jahr wieder und zwar bedeutet — ein Sinken, + ein Steigen. Die Columne (5) wurde aus (3) durch Bildung 5jähriger Mittel abgeleitet. Die unvollständigen, das heißt weniger als fünf Jahre umfassenden Mittel sind cursiv gedruckt. Columne (6) enthält die Abweichung des Wasservolums im Kaspischen Meere in einem gegebenen Jahre vom langjährigen Mittel 1851—1878 berechnet aus (3) und dem Areal des Meeres. Endlich veranschaulicht Columne (7) die Änderung des Volums von Jahr zu Jahr.

Auf den ersten Blick erkennt man, dass in den Fünfziger-Jahren und in der ersten Hälfte der Sechziger der Spiegel des Kaspischen Meeres sehr tief stand, dass derselbe sich sodann von 1866 bis 1868/69

[1]) Jahresperiode des Wasserstandes (*cm*) auf Mittelwasser bezogen:

Jan.	Febr.	März	April	Mai	Juni	Juli	Aug.	Sept.	Okt.	Nov.	Dec.
Baku (21—23 Jahre):											
−12.0	−15.9	−21.3	−8.3	0.8	13.0	22.3	21.6	10.7	2.4	−4.7	−9.2
Aschur-Ade (14—17 Jahre):											
−16.2	−14.0	−10.6	−7.5	−0.8	12.4	19.4	22.2	20.1	2.4	−12.6	−14.4

Änderung des Wasserstandes im Kaspischen Meere (cm)

Jahr	Baku auf B₁ bezogen (1)	Aschur-Ade auf A₁ bezogen (2)	Mittel auf B₁ bezogen (3)	Wasser-stands-Änderung (4)	5jähr. Mittel (5)	Volum-abweichung v. Mittel cbkm (6)	Volum-änderung cbkm (7)
1851	3	—	*3*		—	*13*	
				−33			−145
52	−19	63	−30		−17	−132	
				− 6			−26
53	−36	67	−36		−21	−158	
				+15			+66
54	−21	83	−21		−26	− 92	
				+ 2			+ 8
55	−16	82	−19		−26	− 84	
				− 3			−13
56	−20	80	−22		−24	− 97	
				−12			−53
57	−34	—	*−34*		−25	*−150*	
				+ 9			+40
58	−32	86	−25		*−27*	−110	
				0			0
59	−25	—	*−25*		*−28*	−110	
60	—	—	—	− 4	*−24*	—	−18
61	*−29*	—	*−29*		−22	−128	
				+13			+58
62	−19	*99*	−16		−20	− 70	
				0			0
63	−13	*84*	−16		−19	− 70	
				− 1			− 9
64	−11	82	18		−19	− 79	
				+ 1			+ 9
65	*−14*	86	−16		−12	− 70	
				− 2			− 9
66	−17	*85*	−18		0	− 79	
				+26			+114
67	6	*113*	8		13	35	
				+35			+154
68	43	—	*43*		19	189	
				+ 3			+13
69	46	—	*46*		24	202	
				−29			−137
70	15	123	17		25	75	
				−12			−53
71	*6*	108	5		17	22	
				+ 7			+31
72	—	116	*12*		12	53	
				− 7			−31
73	− 1	*115*	5		17	22	
				+18			+79
74	20	180	28		*20*	101	
				+18			+79
75	*41*	—	*41*		*30*	180	
				+ 8			+36
76	—	—	—		*43*	—	
77	*49*	—	*49*		*49*	216	
				+ 9			+39
78	58	—	*58*		—	255	

sehr bedeutend hob, um später wieder etwas zu sinken. 1873 erreicht der Wasserstand ein secundäres Minimum, auf welches bis 1878 eine continuierliche Hebung folgt. Vergleichen wir das Jahr mit dem niedrigsten Mittelwasser (1853) mit dem Jahre 1878, in welchem innerhalb des vorliegenden Zeitraumes das Mittelwasser seinen höchsten Stand erreicht, so ergibt sich von 1853 bis 1878 ein Steigen des Wassers um 94 Centimeter oder fast 1 Meter.

Würden uns nur die Beobachtungen einer Station, etwa diejenigen von Baku vorliegen, so ließen sich mit Recht Zweifel an jenem gewaltigen Steigen des Meeresspiegels erheben. Gerade bei dem naphthareichen Baku liegt es nahe, nicht an Eigenbewegungen des Meeres zu denken, sondern an Bewegungen der Küste mitsammt dem Pegel. Bodenbewegungen sind in der weiteren Nachbarschaft von Baku keineswegs so selten. An jener Stelle, wo man heute, 12 Meilen von der Kuramündung entfernt, die Insel Pogorelaja Plita findet, befand sich nach Larin[1]) im Anfang unseres Jahrhunderts nur eine Untiefe, so dass 1811 ein Schiff auf derselben sein Steuer verlor. 1830 war hier eine Insel entstanden, die 1 Kilometer lang, $^3/_4$ Kilometer breit und 6 Faden hoch war: 1838 war sie nach den Beobachtungen von Ssokolow wieder fast ganz versunken, 1843 jedoch nach demselben Gewährsmann wieder sehr bedeutend vergrößert. Es ergibt sich innerhalb eines Zeitraumes von nur 15—20 Jahren eine Hebung um circa 9 Meter. Dass diese Hebung nicht etwa in einer Senkung des Meeresspiegels bestand, lehren gleichzeitige Überlieferungen aus Baku, wo der Wasserstand allerdings auch von 1815—1830 fiel, jedoch um einen Betrag, der 3 Meter nicht überschritt. Diese Erscheinungen gebieten uns Vorsicht in unseren Schlüssen, sobald es sich um Wasserstandsänderungen an Küstenpunkten des Kaspischen Meeres handelt, bei denen nach ihrem geologischen Bau Bodenbewegungen möglich und wahrscheinlich sind. Allein wir sind in der angenehmen Lage, die Beobachtungen des Pegels zu Baku an denen von Aschur-Ade controllieren zu können. Allerdings haben wir jene Beobachtungen bereits zur Feststellung der Pegelcorrectionen und zur Consolidierung der Bakuer Reihe benützt, und es scheint sonach, als wenn wir uns in einem Circulus vitiosus bewegen wollten. Doch müssen wir uns ins Gedächtnis zurückrufen, dass die von uns aus dem Vergleich beider Reihen berechneten Correctionen der jüngsten Pegel vollkommen mit den von Filipow nach ganz anderer Methode gefundenen übereinstimmten; damit erhielten wir auch eine Garantie für die Richtigkeit der übrigen als Summanden in jenen enthaltenen Correctionen, die von denen Filipow's abwichen. Der Einklang der beiden Reihen für Baku und Aschur-Ade kann daher keineswegs nur durch unsere Correctionen veranlasst sein. Mit dieser Erkenntnis ist uns die Möglichkeit genommen, jenes Steigen des Wasserspiegels um 1 Meter seit der Mitte des Jahrhunderts auf Bodenbewegungen zurückzuführen, es sei denn, dass man zu der unwahrscheinlichen Annahme greift, die Küstenbewegung habe zufällig an beiden Stationen gleichzeitig und in gleicher Intensität eingesetzt. Wir weisen diese Annahme umsomehr von der Hand, als durch die Seeleute des Kaspischen Meeres an zahlreichen Stellen ein Tieferwerden des Fahrwassers, Befahrbarwerden von Untiefen und früher unpassierbaren Wasserpfaden innerhalb der letzten zwei Jahrzehnte sicher gestellt ist.[2]) Das Ansteigen des Wassers seit Mitte der Sechziger-Jahre zeigt sich an allen Küsten in gleicher Weise.

Die von Filipow mitgetheilten Pegelbeobachtungen brechen mit dem Ende des Jahres 1878 ab; wir sind für die letzten Jahre auf seine

[1]) Larin's Handschriftliche Aufzeichnungen sind bei Filipow referiert.
[2]) Filipow a. a. O. Nr. 7 S. 51.

Angaben im Text angewiesen. Nach ihm fand 1879 ein so starkes Steigen des Wassers statt, dass er dasselbe mit dem Anschwellen 1867 und 1876 vergleicht. Die jüngsten Daten, die mir über den Wasserstand des Kaspischen Meeres vorliegen, stammen aus 1882, sind jedoch leider mit keinem der Pegel von Baku in Relation gesetzt. Filipow constatierte[1]) Anfang Juni 1882 an einer von Lenz 1830 eingegrabenen Marke, dass der Wasserspiegel 24 Centimeter über dem Wasserstand zur Zeit der Anwesenheit von Lenz im März 1830 lag. Letzterer war nun, wie wir weiter unten Seite 60 zeigen werden, am Pegel B_1 gemessen + 27 Centimeter. Sonach würde die Wasserhöhe im Juni 1882 einem Pegelstande von + 51 Centimeter am Pegel B_1 entsprechen. Dieser Betrag würde auf einen mittleren Wasserstand des Jahres 1882 von + 38 Centimeter zu schließen gestatten, d. h. auf ein Sinken des Meeresspiegels um 20 Centimeter im Vergleich zum Mittelwasser von 1878.

Wenn wir uns mit diesen dürftigen Angaben für die jüngste Zeit begnügen müssen, so geschieht es, weil das neueste Beobachtungsmaterial noch nicht veröffentlicht ist; allein die Unkenntnis der Ereignisse der letzten Jahre ist doch nur eine temporäre, denn die Beobachtungen sind vorhanden. Weit schlimmer steht es mit dem Zeitraum, der vor 1850 liegt. Zwar erging schon 1836, wie wir oben erwähnten, auf Anregung des Akademikers Lenz ein Erlass, dass zu Baku Pegelbeobachtungen angestellt werden sollten; doch fielen letztere vor 1850 so spärlich aus, dass Filipow von ihrer Publication Abstand nahm. Wir sind daher für den Zeitraum vor 1850 auf das Material angewiesen, das einzelne Reisende und Hydrographen über die Schwankungen des Meeres sammeln konnten. Die hierauf bezüglichen Angaben sind von den genannten drei Gelehrten E. Lenz, A. P. Ssokolow und Chanykow[2]) bereits vor 35—50 Jahren einer eingehenden Kritik unterzogen und zusammengestellt worden. Die drei Forscher kamen zu Resultaten, welche von einander zum Theile nicht unerheblich abweichen. Wir wollen im Nachfolgenden versuchen, aus ihren Darstellungen den wirklichen Thatbestand herauszuschälen.[3])

Was zunächst die Änderungen des Wasserstandes von 1800 bis 1850, wo die veröffentlichten Pegelbeobachtungen einsetzen, anbetrifft, so stimmen darin Lenz, Ssokolow und Chanykow überein, dass in den ersten Jahren des Jahrhunderts der Meeresspiegel einen hohen Stand inne hatte und hierauf fortwährend sank. Als Lenz im März 1830 Baku besuchte, da traten ihm mehrfach deutliche Spuren dieses intensiven Sinkens in den letztvergangenen Jahren entgegen.[4]) Die längs der Küste hinziehende Stadtmauer zeigte durch die Farbe ihres untersten Theiles, dass sie einst von den Wellen bespült wurde; 1830 stand sie 8 Meter vom Ufer entfernt und der Wasserstand war etwa 3½ Meter unter jenem, den die Spuren an der Mauer markierten. Sollte auch wirklich der abso-

[1]) Filipow in den Iswestija der kaukas. Abtheilung der k. russ. geograph. Gesellschaft 1882—83 S. 262.

[2]) Chanykow in den Iswestija der Kaukasischen Abtheilung der k. russischen geographischen Gesellschaft 1853 Nr. 2.

[3]) Ich übergehe bei Schilderung des letzteren alle diejenigen Angaben über Änderung der Tiefe etc., welche sich auf Anschwemmungen oder Abspülungen des Meeres oder der Flüsse, auf eine Verlegung von Flussmündungen u. s. w. zurückführen lassen. Man findet dieselben bei den genannten Autoren zusammengestellt und kritisch beleuchtet.

[4]) Lenz in Poggendorff's Annalen 1832 S. 359—364.

lute Betrag dieses Sinkens, wie Filipow annehmen zu müssen glaubt, zu hoch gegriffen sein, so kann an dem Sinken selbst ein Zweifel nicht bestehen. Ein seit 1805 in Baku anwesender Beamter, früher Seemann auf einem Kriegsschiff, führte Lenz an mehrere Punkte, an denen das Sinken des Wassers aus der Veränderung der Landungsplätze der Böte ersichtlich war. Vor allem fand sich da eine Felsplatte, an welcher in den ersten Jahren der Anwesenheit jenes Beamten die Böte anzulegen pflegten. Im März 1830 lag die betreffende Landungsstelle 3 Meter über dem Meeresspiegel, sodass Lenz wieder zu der Annahme gezwungen wurde, dass 1805 und in den nächstfolgenden Jahren das Wasser um jenen Betrag höher stand als 1830. Fast genau dieselbe Größe der Änderung des Wasserstandes erhielt Lenz nach einigen anderen Punkten an der Stadtmauer. Das Sinken scheint sich nicht ganz continuierlich vollzogen zu haben: Lenz erfuhr, dass 1817 das Meer zum letzten Mal die Mauer von Baku bespülte; es sank dann bis zum Jahre 1824, wo es eine Zeit lang still stand, jedoch nur um später wieder zu fallen. Damit stimmt die Beobachtung Bassargin's überein, dass vom Herbst 1824 bis zum Sommer 1825 das Meer ausnahmsweise stieg, dann aber sofort weiter fiel.[1])

In einer handschriftlichen Lootsenanweisung, welche Filipow vorlag, hebt Larin, der 1823—25 gemeinsam mit Bassargin hydrographische Aufnahmen im Kaspischen Meere ausführte, die sehr bemerkbare Erniedrigung des Meeresniveaus bei Baku hervor. Bei der Eroberung von Baku durch die Russen sei noch die Festungsmauer vom Meer bespült worden, während jetzt, 1830, hier ein weiter Strand entstanden sei, auf dem die importierten Waaren aufgespeichert werden. Larin schließt hieraus auf ein Sinken des Meeres um 0.9 Meter.[2]) Diese letzte Angabe weicht quantitativ sehr wesentlich von derjenigen von Lenz ab. Sie wird vollständig widerlegt durch die Feststellungen von Abich.[3]) Dieser ersah aus einem 1804 gleich nach der Einnahme von Baku durch die Russen entworfenen genauen Plan, dass in jenem Jahre das Wasser unmittelbar an den Thoren der Stadt stand; 1856, als Abich schrieb, musste man an jener Stelle einen 17 Faden langen Abhang zum Ufersaum herabsteigen. Nach einem Nivellement vom 15. März 1853 bestimmte Abich den Betrag, um welchen das Meer seit 1804 gefallen war, zu 3.9 Meter und das Fallen von 1804 bis 1830 nach einer noch vielfach zu erwähnenden Marke von Lenz zu 2.9 Meter, ein Resultat, das trefflich demjenigen von Lenz entspricht.

Die Anzeichen eines Sinkens des Wasserniveaus sind nicht auf Baku beschränkt. Auf seiner Reise von Baku nach Astrachan hörte Lenz aus dem Munde der Einwohner verschiedener Ortschaften mehrfach von dem Sinken während der letzten Jahre, so bei Derbent, wo früher vom Wasser bespülte Mauern trocken umgangen werden konnten, ferner in Kislar und Astrachan.[4]) Humboldt erwähnte in einer Rede, die er in St. Petersburg hielt, ebenfalls das Sinken des Kaspischen Meeres an seinem nördlichen Ufer, über welches er auf seiner sibirischen Reise 1829 Nachrichten ein-

[1]) Ssokolow a. a. O. S. 40.

[2]) Nach dem von Filipow in den Iswestija der Kaukasischen Abth. der russischen geograph. Gesellschaft 1882—83 S. 263 gegebenen Auszug.

[3]) Abich: Vergleichende chemische Untersuchungen des Wassers des Kaspischen Meeres, des Urmia- und Wansees. St. Petersburg 1856. Aus den Mémoires de l'Académie imp. des sc. de St. Pétersbourg VI. ser. T. VII S. 47—51.

[4]) Lenz in Berghaus' Annalen Bd. VI, 1832 S. 416.

sammelte.[1] Auf einer späteren Reise hörte er an der Küste des Karabugas, dass hier der Wasserspiegel 1832 am tiefsten gestanden habe, seit 1833 aber wieder etwas steige.[2] Doch hielt er alle diese Bewegungen des Wasserspiegels für local. Eichwald schildert, dass die Tiefen an der Küste bei Astrabad seit einigen Jahren, vom Jahre seines Aufenthalts daselbst (1825) zurückgerechnet, ungemein abgenommen hätten.[3] Monteith bemerkt über das Fallen des Kaspischen Meeres innerhalb der Jahre 1811—1828, dasselbe habe, wie alle anderen Seen in Persien, an Tiefe verloren. In dem Haff von Enzili waren drei neue Inseln entstanden und schon mit Gras bewachsen. Das Haff von Gemischwan bei Lenkoran konnte man damals (1828) durchwaten, was 1812 nicht der Fall war, und da Lenkoran von der Seeseite keine Festungswerke hatte, weil es hier für unangreifbar galt, so wäre es im Jahre 1826 fast von den Persern eingenommen worden, weil die Stadt damals vom Wasser 400 Meter entfernt lag.[4] Ein ungenannter Verfasser schreibt 1820 in einer Abhandlung über die Hindernisse der Schifffahrt im Kaspischen Meer: es ist eine feststehende Thatsache, dass die Oberfläche des Kaspischen Meeres im Laufe der letzten zehn Jahre sich vier bis fünf Fuß (= 1·2 bis 1·5 *m*) gesenkt habe.[5]

So liegen uns übereinstimmende Berichte aus allen Theilen des Kaspischen Meeres vor und die Zahlenangaben lassen erkennen, dass jene Senkung wohl zwei Meter übersteigt, wenn sie vielleicht auch nicht den Betrag von drei Metern erreicht haben mag, wie Lenz annimmt.

Wann aber begann das Sinken des Wasserstandes? Lenz konnte dieses wenigstens angenähert auf Grund der Angaben eines Kaufmanns feststellen. Nach diesem bespülte das Meer bis zum Jahre 1817 den Fuß der Mauer von Baku, seit jener Zeit aber nicht mehr. Das Sinken muss also vor 1817 eingesetzt haben. Hiermit stimmt völlig die Angabe Gamba's, dass das Meeresniveau während der vier letzten Jahre vor seinem 1820 erfolgten Besuch von Baku sehr wesentlich und zwar um einen Meter gefallen sei.[6] Die Äußerung des oben erwähnten Anonymus würde dagegen ungefähr auf das Jahr 1810 hinweisen. Besonders sorgfältig hat Ssokolow die einschlägigen Angaben zusammengestellt, indem er alte Karten und Aufzeichnungen über mehrere Inseln sammelte, die bald über den Meeresspiegel emportauchten, dann wieder unter demselben verschwanden. Er hält nach allen Berichten unbedingt die Jahre 1809—1814 für die Zeit des Beginns des Sinkens.[7] Dieses dürfte jedenfalls als richtig anzunehmen sein.

Mit dem Jahre 1830 hörte das Sinken nicht auf. 1845 schreibt Ssokolow, dass seit den letzten 30 oder 40 Jahren das Meer, mit nur kurz dauernden Ausnahmen, an den Robben-Inseln (Tjuleni-Inseln bei der Halbinsel Mangischlak) gefallen sei, was auch im ganzen flachen nordöstlichen Theil des Meeres deutlich zu erkennen wäre. Im ganzen nördlichen Theil ist das Wasser nach ihm um einen Faden (= 2 *m*) flacher geworden.[8] In Baku war 1837 ein kleiner Canal vom Meer zum Zollhaus

[1] Bei Lenz a. a. O. S. 417 nach mündlicher Äußerung Humboldts.
[2] Humboldt: L'Asie centrale T. II S. 337.
[3] Eichwald: Geographische Ephemeriden Bd. XXV S. 407.
[4] Monteith in Berghaus: Länder- und Völkerkunde, Bd. II S. 391.
[5] Vaterländische Sapiski für 1820. Citiert bei Filipow in Iswestija etc. S. 263.
[6] Gamba: Voyage dans la Russie méridionale etc. Bd. II S. 307.
[7] Ssokolow a. a. O. S. 86.
[8] Ssokolow: Bemerkungen über das Kaspische Meer. Morskoj Sbornik 1845 S. 169 ff.

ins Land hineingeführt und in demselben ein Pegel errichtet worden. Es wurden unregelmäßige Beobachtungen an demselben angestellt, bis 1842 in Folge des fortgesetzten Sinkens des Meeres der Boden des Canals trocken gelegt wurde; er blieb es bis zum Jahre 1847, wo durch ein nachfolgendes Anschwellen der Canal sich wieder zu füllen begann. Wir finden sonach zwischen 1842 und 1847, also um 1844—1845 herum ein Minimum des Wasserstandes, welches nicht unerheblich unter dem Stand vom März 1830 lag. Damit stimmt überein, wenn Ssokolow schreibt, das Sinken sei bis 1843 gegangen; dann habe aber das Meer halt gemacht und gegenwärtig (1847) berichte man wieder von einer Hebung.[1])

Dieses Ansteigen von der Mitte der 40er Jahre an, das jedoch schon im Anfang der 50er, wie wir aus unseren Pegelbeobachtungen ersahen, wieder einem geringen Sinken Platz gemacht hatte, wird auch durch verschiedene Berichte von Beamten an die Behörden verbürgt. Von der Halbinsel Mangischlak meldet es 1847 der Leiter des Wachtschiffes, von der Küste bei Astrabad berichtet der Officier des dortigen militärischen Postens darüber. In der Nähe der Uralmündung schätzte man, dass 1847 das Wasser um 1 Arschin = 0.7 Meter höher stieg als in den Jahren vorher; 1848 soll jedoch schon wieder wenig von dieser Hebung des Meeresspiegels zu beobachten gewesen sein; bei Astrachan sei es überhaupt nicht bemerkt worden. Da diese Hebung demnach an fast allen Küsten des Kaspischen Meeres zur Beobachtung gelangte, so ist sie jedenfalls eine allgemeine gewesen. Wir werden weiter unten Gelegenheit haben, für ihren Betrag einen Minimalwerth festzustellen.

Ebenso allgemein ist die gleich nach 1847 wieder einsetzende Senkung. Chanykow beobachtete, dass in Derbent sich das Meer von 1847 bis zum März 1853 um 29.5 Faden zurückzog. Für den gleichen Zeitraum ergibt sich bei Baku ein Rückzug um 15.6 Faden und bei Lenkoran um 19 Faden. Diese Zahlen stehen trefflich miteinander in Übereinstimmung, sobald man die verschiedene Böschung der Ufer berücksichtigt.[2])

Aus allen diesen Beobachtungen geht hervor, dass im Anfang des Jahrhunderts der Meeresspiegel eine hohe Lage hatte, dass dann ein intensives Sinken begann, welches zur Zeit der Beobachtungen von Lenz 1830 und von Ssokolow 1845 noch fortdauerte. Erst nach 1845 findet dasselbe durch ein einige Jahre hindurch sich vollziehendes Steigen eine Unterbrechung, an welches jedoch sofort wieder ein Sinken anschließt. Das Letztere macht erst im Anfang der Sechziger-Jahre einer intensiven Hebung Platz.

Wir wollen nunmehr versuchen, für möglichst viele Zeitpunkte vor Beginn der regelmäßigen Pegelbeobachtungen im Jahre 1852 angenäherte Wasserstandshöhen aufzustellen, um auch quantitativ die Bewegung des Meeresspiegels übersehen zu können. Es finden sich mehrfach Angaben darüber, wie tief der Meeresspiegel in einem bestimmten Jahr unter gewissen Fixpunkten lag. Leider aber hat man oft versäumt mitzutheilen, ob die betreffende Höhenangabe für das Jahresmittel des Wasserstandes gilt oder für einen bestimmten Monat oder gar nur für einen bestimmten Tag. Sobald aber eine solche Zeitangabe fehlt, so sind die abgeleiteten Wasserstandshöhen für das betreffende Jahr um den vollen

[1]) Ssokolow a. a. O. S. 38 und 42. Gleich nachdem das obige unter mehrfacher Nennung der Jahreszahl 1843 mitgetheilt worden ist, heißt es bei Ssokolow, das Meer habe 1842 halt gemacht. Das ist offenbar ein Druckfehler.

[2]) Chanykow a. a. O. S 130ff.

Betrag der Amplitude der Jahresschwankung unsicher. Das müssen wir im Auge behalten. Wir gehen aus vom März des Jahres 1830; zu jener Zeit ließ Lenz zu Baku und auf der Insel Nargin in der Bucht von Baku Marken einschlagen; es stand das Wasser damals 1.4 Meter unter der Marke auf Nargin und 1.8 Meter unter derjenigen von Baku. Nach der Marke von Baku sind während der Beobachtungen am Pegel B_1 6 Nivellements vom Meeresufer aus geführt worden. Es fanden:

Beobachter	Zeit	Marke über dem Meere m	monatl. Wasserstand an B_1 m	Höhe der Marke auf B_1 bezogen m
Abich [1].	März 1853	2.8	−0.6	+2.2
Chanykow [2].	Mai 1853	2.4	−0.4	+2.0
Ssokolow [3].	1854	—	—	+2.1
Spaski-Awtonomow [2]	März 1854	2.6	−0.5	+2.1
» »	Sept. 1854	2.0	−0.1	+1.9
Filipow [4]	1856/57	—	—	+2.1

Die Marke entspricht also einem Pegelstande von +2.07 ±0.04

Berechnet wurde diese Größe unter der Voraussetzung, dass an den Tagen der Nivellements der Wasserstand nicht wesentlich vom betreffenden den Tabellen Filipows entlehnten Monatsmittel abwich. Wenn die Nivellements bei Windstille ausgeführt worden sind, so dürfte diese Annahme wenigstens annähernd richtig sein. Die genügende Übereinstimmung der Resultate spricht dafür.

Im März 1830 stand nach Lenz das Wasser 1.8 Meter unter der Marke: wir erhalten daher für jenen Monat am Pegel B_1 den Wasserstand + 27 Centimeter und, da der März im langjährigen Mittel 13 Centimeter unter dem Jahresmittel bleibt, für das Jahresmittel von 1830 etwa + 40 Centimeter. Diese Zahl weicht von der von Chanykow angenommenen Größe erheblich ab; der letztere gibt (a. a. O. S. 129) das Niveau im März 1830 bezogen auf den Meeresspiegel Ende 1852 zu + 100 Centimeter an, was einem Pegelstand von + 54 Centimeter am Pegel B_1 entsprechen würde, wenn wir unter dem Ende 1852 den December 1852 verstehen. Er stützt sich hierbei auf ein einziges Nivellement von Abich zwischen der Marke von Lenz und dem Meeresspiegel aus 1847. Ich gebe der oben mit Hilfe von 6 Nivellements gefundenen Größe unbedingt den Vorzug.

Aus der Höhe der Marke von Lenz über dem Nullpunkte des Pegels B_1 können wir annähernd auch den Wasserstand für jene Zeitpunkte bestimmen, in denen der oben erwähnte Pegelcanal bei Baku durch das Sinken des Meeres trocken gelegt und durch dessen Steigen wieder mit Wasser erfüllt wurde. Mehrere von der Marke aus zum Canal geführte Nivellements, über welche Chanykow ausführlich berichtet, ergeben, dass die Canalsohle 2.42 Meter unter der Marke lag[5]). Dieses gibt auf den Nullpunkt des Pegels B_1 bezogen — 35 Centimeter als Wasserstand für den November 1842 beim Trockenwerden des Canals

[1]) Abich a. a. O., auch referiert in der Zeitschrift für Erdkunde VII, Berlin 1856, S. 195.

[2]) Chanykow a. a. O.

[3]) Nach Filipows Bericht in den Iswestija der kaukas. Abth. der russ. geogr. Ges. 1881—88. Der Bericht ist leider unklar, so dass einige andere erwähnte Nivellements nicht benutzt werden konnten.

[4]) Filipow im Morskoj Sbornik 1880 Nr. 7. und 8.

[5]) Chanykow a. a. O. S. 145. Dieses Resultat ist als Mittel von 6 Nivellements, die nur sehr wenig von einander abweichen, zuverlässiger als die von Filipow (a. a. O. S. 260) nach einem einzigen Nivellement von Abich gegebene Zahl 2·15 Meter.

und für den Anfang des Jahres 1847, als das steigende Meer ihn wieder erfüllte. In der Zwischenzeit 1843—46 erreichte selbst das Hochwasser des Sommers den Boden des Canals nicht, so dass wir mit Berücksichtigung des normalen jährlichen Ganges auf ein Mittelwasser dieser vier Jahre von tiefer als — 59 Centimeter schließen müssen.

Eine andere Frage ist es, wie hoch das Wasser 1847 stieg. Hier sind wir ganz auf die Angaben von Chanykow angewiesen, die sich auf zwei von Abich ausgeführte Nivellements stützen.[1] Nach Abich stand 1847 der Wasserspiegel 17 Centimeter über jenem Niveau, in dem er sich zur Zeit der Beobachtung von Lenz im März 1830 befand. Da das letztere dem Werth + 27 Centimeter am Pegel B_{I} entspricht, so war der Wasserstand 1847 am Pegel B_{I} gemessen + 44 Centimeter. Andererseits hebt Chanykow nach Abich hervor, dass das Wasser 1847 sich 117 Centimeter über dem Stande Ende 1852 befand. Das wäre + 71 Centimeter am Pegel B_{II}, da das Decembermittel 1852 gleich — 46 Centimeter war. Die Differenz beider Resultate von 27 Centimeter vermag ich nicht zu erklären. Wir wollen, um einen Minimalwerth des Steigens festzustellen, uns des kleineren Werthes bedienen. Wir wissen leider nicht, ob sich dieser auf das Jahresmittel oder auf einen einzelnen Monat oder gar einen Tag bezieht. Im ungünstigsten Fall würde er für den Juli gelten, der sich im Mittel 22 Centimeter über das Jahresmittel erhebt; darnach dürfte der mittlere Wasserstand von 1847 wahrscheinlich nicht unter + 22 Centimeter geweesen sein. Es fand also von 1843—46 bis 1847 ein Steigen des Wassers um mindestens 71 Centimeter statt, worauf bis 1853 ein Sinken um 58 Centimeter folgte. Ganz abgesehen von den Angaben Abich's und Chanykow's dürfen wir auch aus einem anderen Grund nicht annehmen, dass das Maximum von 1847 viel kleiner gewessen sei als + 22: ein Steigen um viel weniger als 71 Centimeter hätte nicht so allgemein die Aufmerksamkeit erregen können, wie es thatsächlich der Fall war und wie wir es oben schilderten.

Das Maß der Senkung des Kaspischen Meeres vor 1830 ist gleichfalls bestimmbar, da nicht nur Schätzungen durch anerkannt treffliche Beobachter, sondern auch Nivellements vorliegen. Ich stelle die Resultate in der nachfolgenden Übersicht zusammen. Es sank das Meer nach:

Lenz	während	1816—1830	zu Baku, Mauer	3 m
»	»	16— 30	» » Landungsfels	3 m
Gamba	»	16— 20	» »	1 m
Anonymus . . .	»	10— 20	im ganzen Meere	1.2—1.5 m
Abich	»	04— 30	zu Baku	2.9 m
Larin	»	06— 30	» »	0.9 m
Ssokolow . . .	»	1808/15— 43	im nördlichen Theile	1.8 m

Die fünf ersten der angeführten Angaben stimmen trefflich in Bezug auf den Betrag des Sinkens überein, während die beiden letzten bedeutend abweichen. Man könnte sonach ein Sinken des Meeresspiegels vor 1830 um etwa 3 Meter annehmen.

In jüngster Zeit hat Filipow Einwendungen gegen einen solchen bedeutenden Betrag geltend gemacht. Er weist darauf hin, dass nach Lenz 1816 die Thürme eines alten Gebäudes im Hafen von Baku über dem Wasser sichtbar wurden, welche 1830 4 Fuß = 1.2 Meter hoch über den Meeresspiegel emporragten. Darnach könne das Sinken des

[1]) Chanykow a. a. O. S. 129.

letzteren 1.2 Meter in 14 Jahren nicht wohl überschritten haben. Nach einer Seekarte nebst Beschreibung von Michailow aus dem Jahre 1807 stand damals das Wasser 1½ bis 3 Fuß hoch über jenen Thürmen; sonach würden wir wieder bis 1830 nur ein Sinken des Meeres um 5—7 Fuß oder 1.5—2.1 Meter in 23 Jahren, also noch weniger für 1816—1830 erhalten.[1] Voraussetzung ist freilich hierbei, dass eine Zerstörung der Thürme und eine Erniedrigung derselben nicht stattgefunden hat; ob diese Voraussetzung berechtigt ist, scheint a priori fraglich und dürfte nur an Ort und Stelle entschieden werden können. Ein Fallen des Meeres um mindestens 2 Meter vom Anfang des Jahrhunderts bis 1830 muss jedoch nach allem angenommen werden.

Wir stellen in der nachfolgenden kleinen Tabelle unsere Ergebnisse übersichtlich zusammen. Es war der Wasserstand auf B_1 bezogen:

1816	mindestens	+240 *cm*
1830		+ 40 *cm*
1843—46		— 59 *cm*
1847	höher als	+ 22 *cm*
1851—55		— 21 *cm*
1856—60		— 27 *cm*
1861—65		— 19 *cm*
1866—70		+ 19 *cm*
1871—75		+ 17 *cm*
1876—78		+ 54 *cm*

Wenn in dieser Weise die Bewegung des Wasserstandes bis zum Beginn des laufenden Jahrhunderts sich mit aller Sicherheit und selbst quantitativ zurückverfolgen lässt, so gelingt dieses leider nicht mehr in dem Maße für das 18. Jahrhundert oder gar für noch weiter zurückliegende Zeiträume.

Das einschlägige Material ist von den drei mehrfach genannten Forschern Lenz, Chanykow und Ssokolow zusammengetragen worden. Während die beiden ersten und besonders Chanykow bis in die ältesten Zeiten zurückgreifen, beschränkt sich Ssokolow ganz auf den Zeitraum nach 1700, da er alle früheren Angaben für unzuverlässig hält. In der That liegt auch erst für das 17. Jahrhundert eine genügende Anzahl von Beobachtungen vor, um sie gegenseitig zu controllieren. Für die weiter entfernten Zeiten wird das Material sehr spärlich und das Resultat daher zum Theile weniger sicher. Nichtsdestoweniger glauben wir hier auch auf diese ältesten Zeiten Bezug nehmen zu müssen.

Für das erste Jahrhundert unserer Zeitrechnung will Chanykow einen Stand 26 *m* über dem Stand Ende 1852 annehmen.[2] Er schließt dieses aus Angaben von Strabo über die Entfernung der Rionmündung von der Kuramündung, über die Breite des sandigen Uferstriches an der Westküste des Kaspischen Meeres u. s. w., die alle im Vergleich zur Gegenwart zu niedrig gegriffen sind. Ob jene Entfernungsangaben bei Strabo wirklich zuverlässig genug sind, um so weitgehende Schlüsse an dieselben zu knüpfen, erscheint mir sehr fraglich.

[1]) Filipow in den Iswestija der Kaukas. Abth. d. k. russ. geograph. Gesellschaft 1882—83 S. 264. Wie sich mit dieser Ausführung der 5 Zeilen weiter abgedruckte Passus verträgt »es war das Niveau von 1807 gleich dem von 1850«, ist nicht zu ergründen. Filipow leitet dieses aus derselben Beschreibung von Michailow ab: Da Michailow von neun Thürmen des versunkenen Gebäudes spricht und auch neun Thürme 1850 über Wasser zu sehen waren, so soll das Niveau gleich gewesen sein. Dass Michailow die Thürme nur unter Wasser gesehen haben kann, das nach ihm 1½—3 Fuss tief über ihnen steht, entgeht Filipow vollständig.

[2]) Chanykow a. a. O. S. 80—85.

Etwas besser steht es mir der von Chanykow für die Zeit um 915 bestimmten Höhe des Wasserstandes im Kaspischen Meer.[1] In Abu-Ischak-el-Istachri's Bericht über seine Reisen, welche die Allumschlossenheit des Kaspischen Meeres feststellten, findet sich die wichtige Mittheilung, dass die steinerne Festungsmauer von Derbent in das Meer hinausgebaut sei und zwar stünden sechs ihrer Vorsprünge im Wasser. Das bezieht sich auf die nördliche Mauer. Vergleicht man diese Daten mit der Zeichnung von Olearius, die im April 1638 aufgenommen wurde[2], so erkennt man, dass in diesem Jahr die Mauer nur bis zum dritten Vorsprung ins Meer ging. Auf dem 1847 vom russischen Generalstab aufgenommenen Plan von Derbent steht die Mauer überhaupt ganz trocken. Beim dritten Vorsprung aber trifft man nach Chanykow noch heute einen deutlich sichtbaren horizontalen Zerstörungsstreifen als alte Strandlinie, eben diejenige, an welcher das Meer auf der Abbildung des Olearius stand, und zwar spricht die große Deutlichkeit der Linie für ein sehr langes Verweilen des Meeres in dieser Höhe. Die Messungen an der Mauer ergeben, dass zur Zeit des Istachri (915—921) das Meer sich im Vergleich zum Jahr 1847 230 Faden weiter ins Land erstreckt haben muss, zur Zeit des Olearius dagegen nur 15½ Faden. Es entspricht das einer Lage des Meeresspiegels 9·28 Meter, beziehungsweise 5·26 Meter über dem Niveau Ende 1852. Das letztere, repräsentiert durch das Decembermittel 1852, war nach den Tabellen von Filipow gleich — 46 Centimeter am Pegel B_1 gemessen. Sonach erhalten wir für 915—921 einen Wasserstand gleich + 882 Centimeter und für den April 1638 + 480 Centimeter oder für das Jahresmittel 1638 nach Anbringung einer Correction von + 8 Centimeter + 488 Centimeter. Ob dieses Resultat absolut sicher ist, ist schwer zu entscheiden. Voraussetzung ist dabei, dass es sich bei allen drei Beobachtungen wirklich genau um dieselbe Mauer handelte und dass von dieser Mauer nicht etwa im Laufe der Jahrhunderte der zum Meere hin und im Meer gelegene Theil völlig zerstört worden ist und infolge dessen die Vorsprünge irrthümlich identificiert werden, endlich auch dass Olearius seine Zeichnung sehr sorgfältig entwarf, und solche Einzelheiten wie die Vorsprünge der Mauer nicht schematisch, sondern absolut exact wiedergab. Über die Berechtigung dieser Voraussetzung kann nur durch Autopsie und durch eingehendes Studium der Originalquellen ein Urtheil gewonnen werden. Dasjenige von Chanykow fiel günstig aus.

Wir kommen nunmehr zur Besprechung einer Reihe von Angaben, welche als Beweise für einen ganz außerordentlich tiefen Stand des Kaspischen Meeres während einer Epoche des Mittelalters gedeutet wurden.

Vielfach war nach Eichwald 1825[3] und nach Lenz 1830[4]) unter den Einwohnern von Baku die Sage verbreitet, vor langer Zeit habe das Meer wohl 20 Kilometer vom Lande weiter zurückgestanden als jetzt; damals seien die Inseln Nargin, Wulf u. a. in der Nachbarschaft von Baku Theile des festen Landes gewesen, ja die West- und Ostküste des Meeres habe durch eine Landenge im Zusammenhang gestanden. Die letztere ist freilich, wie Chanykow betont, unbedingt ins Reich der

[1]) Chanykow a. a. O. S. 90—97.

[2]) Olearius: Moskowitische und Persianische Reisebeschreibung. Abbildung S. 376 der mir vorliegenden neuen Auflage von 1696. (S. 499 der ersten deutschen Ausgabe nach Lenz.)

[3]) Eichwald: Reise auf dem Kaspischen Meer und in den Kaukasu Bd. I, 1834.

[4]) Lenz in Berghaus' Annalen Bd. VI, 1832 S. 419.

Fabel zu verweisen. Allein die Sage selbst scheint Lenz, so weit sie die Inseln betrifft, nicht grundlos; denn die Annahme eines einstigen Zusammenhanges der Inseln mit dem Festland werde durch die Reste einer Fahrstraße auf der Insel Nargin bei Baku bestätigt, welche heute als zu klein gänzlich unbewohnt ist. Jener alte Weg führte von der Insel direct in das hier bis 30 Fuss tiefe Wasser und auf die nächste Landzunge des Festlandes zu. Benutzbar kann er nur bei einem sehr viel niedrigeren Wasserstand gewesen sein. Gegen dieses letztere wesentlichste Argument hat sich Eichwald gewandt,[1]) indem er die angeblichen Räderspuren auf Nargin unbedingt für Auswaschungen im weichen Gestein erklärt. Chanykow stimmt ihm hierin bei.[2]) Einzig die Sage von dem früheren Landzusammenhang bliebe sonach zurück, aus welcher in der vorliegenden Frage ein positiver Entscheid abgeleitet werden könnte. Einen solchen Beweis aber erklärt Filipow nicht für stichhaltig. Doch scheint er einem Umstand hierbei zu wenig Gewicht beizumessen, nämlich, dass auch an mehreren anderen Punkten des Kaspischen Meeres Anzeichen eines früher sehr viel tieferen Standes vorhanden sind.

Nach den von Ssokolow wiedergegebenen Berichten der Perser finden sich die Trümmer einer versunkenen Stadt in der Nähe der Kurmündung; doch konnten dieselben von zwei zu ihrer Aufsuchung ausgesandten russischen Schiffen nicht gefunden werden, so dass ihre Existenz nicht über allem Zweifel erhaben ist.[3]) Völlig sichergestellt ist dagegen durch Eichwald, dass an der Ostküste des Kaspischen Meeres bei dem sogenannten Silberhügel eine alte Karawanserei sich unter Wasser findet. Eichwald hält sie für das alte Emporium Abosgum.[4]) Auch in der Bucht von Rescht an der Südküste des Kaspischen Meeres stehen Häuser unter Wasser, welche gewiss erst nach ihrer Erbauung in ihre heutige Lage gekommen sind. Vor allem aber sind noch heute bei Baku die wohlerhaltenen Trümmer einer Karawanserei unter Wasser anzutreffen, von welchen nur die oben schon kurz erwähnten Thürme über das Meeresniveau hervorragen. Die Nachrichten über dieses Gebäude unter Wasser reichen sehr weit zurück: Tatischtschew hörte 1743 von demselben als von einer versunkenen Stadt erzählen; 1723 beschreibt es Ssoimonow.[5]) So kehren überall an den Ufern des Kaspischen Meeres die Spuren eines früher erheblich tieferen Standes wieder. In welche Zeit wir diesen niedrigen Wasserstand zu versetzen haben, lehrte eine Untersuchung der versunkenen Gebäude.

Am bestimmtesten ist bis heute die Feststellung des Alters der Karawanserei bei Baku gelungen. Lenz setzt ihre Erbauung in weit entlegene Zeiten und vor die Gründung Bakus an seiner gegenwärtigen Stelle.[6]) Letzteres sei nämlich seiner ganzen Lage nach als Hafenstadt erbaut; ein Hafen aber konnte Baku, wie aus der Configuration des Meeresbodens hervorgeht, nicht sein, so lange die Karawanserei trocken lag und der Meeresspiegel an 12 Meter tiefer stand als heute. Doch ist dieser Schluss, wie Chanykow zeigt, irrig.[7]) Die Bauart der Kara-

[1]) Eichwald a. a. O.
[2]) Chanykow a. a. O. S. 117.
[3]) Ssokolow in den Sapiski des hydrographischen Departements des Marine-Ministeriums Bd. IV, St. Petersburg, 1846 S. 102 ff.
[4]) Eichwald in den geographischen Ephemeriden Bd. XXIV S. 401.
[5]) Erwähnt bei Filipow in den Iswestija etc. S. 268.
[6]) Lenz in Berghaus' Annalen VI. Bd., 1832, S. 421.
[7]) Chanykow a. a. O. S. 114—121.

wanserei weist unbedingt auf die Araber als Erbauer hin; auch die Orientierung des Gebäudes nach den Himmelsrichtungen lässt nur diese Deutung zu. Es ist genau derselbe Baustyl, den man in Baku selbst am Jungfrauen-Thurm findet, welcher nach den Untersuchungen von Chanykow durch Massudi im ersten Drittel des XII. Jahrhunderts und zwar zwischen 1130 und 1135 errichtet wurde. Die Gründung Bakus als Hafen in seiner heutigen Lage geschah aber schon am Ausgang des V. oder zu Anfang des VI. Jahrhunderts. Der Name der Stadt wird schon Ende des IX. Jahrhunderts genannt und das älteste noch existierende Denkmal in Baku trägt die Jahreszahl 471, nach der Hedschra gerechnet, d. h. 1078 nach unserer Zeitrechnung. In das XII. Jahrhundert verlegt daher Chanykow den Bau der Karawanserei; in jene Zeit müssten wir also auch die tiefe Lage des Meeresspiegels setzen.

Irgend ein Anhalt für den Zeitpunkt, in welchem die Inseln bei Baku ihre problematische Verbindung mit dem Lande eingebüßt hätten, fehlt. Dagegen gibt Hanway als Zeitpunkt der Erbauung der versenkten Häuser in der Bucht von Rescht den Anfang des XVIII. Jahrhunderts an.[1]) Es muss dahin gestellt bleiben, ob diese Zeitangabe falsch ist oder ob die Versenkung hier das Resultat einer localen Erdbebenkatastrophe ist, wie Ssokolow annehmen will.

Ebenso lässt sich über den Zeitpunkt der Erbauung der Karawanserei am Silberhügel, der Überreste des alten Emporium Abosgum, wie Eichwald glaubt, nichts definitives aussagen, ehe die Bauart genau studiert ist. Wir haben also an den Daten festzuhalten, die wir der Karawanserei in Baku verdanken, und einen Theil des XII. Jahrhunderts als eine Periode sehr niedrigen Wasserstandes zu betrachten. Auch darüber, wie tief damals der Wasserstand unter dem heutigen Niveau gewesen sein dürfte, geben uns die Verhältnisse an der Karawanserei Auskunft.

Lenz glaubte aus der Gestaltung des Meeresbodens schließen zu müssen, es habe bei Gründung der Karawanserei der Meeresspiegel unbedingt 12—15 Meter tiefer gelegen als im Jahre 1830.[2]) Dem aber widersprach Chanykow auf das entschiedenste, indem er zeigte, dass der Ort des Gebäudes mit dem Land durch eine Untiefe verbunden ist, die im Jahre 1852 nirgends mehr als 4.57 Meter Tiefe besaß.[3]) Eine Senkung des Meeresspiegels um nicht ganz 5 Meter würde also das Plateau der Karawanserei bereits wieder mit dem Festland und Baku verbinden. Hieraus ergibt sich, dass der Meeresspiegel im XII. Jahrhundert nur circa 5 Meter unter dem Niveau von 1852 und etwa $4^1/_2$ Meter unter dem von Lenz 1830 beobachteten Wasserstand gelegen haben dürfte, nicht aber 12—15 Meter, wie Lenz meinte. Allein auch nachdem die verbindende Landbrücke bereits unter Wasser gesetzt worden war, konnte die Karawanserei noch sehr wohl eine Zeit lang benutzt werden, da in ihrer Umgebung das Wasser 1853 nur 1.8—2.0 Meter hoch stand.

Es ist nun sehr wichtig, dass jenes Steigen des Meeres, welches bald nach Erbauung der Karawanserei eintrat und die letztere unter Wasser setzte, durch verschiedene historische Denkmäler aus dem XIV. Jahrhundert bezeugt wird. So berichtet Marino Sanuto, dass der unterirdische Abfluss des Kaspischen Meeres zum Ocean durch ein Erdbeben verschüttet sei und daher das Meer rapid steige, und zwar um

[1]) Hanway's Reise. Theil I. Hamburg und Leipzig. 1754 S. 109.
[2]) Lenz a. a. O. S. 421.
[3]) Chanykow a. a. O. S. 121.

8 Centimeter (d. h. 0.4 Arschin) jährlich; schon seien einige Städte zerstört. In der Geschichte des Scheichs Sefi-Eddin wird erzählt, dass das Grab des Scheichs Sa-Chid in Lenkoran in Gefahr war von dem fortwährend steigenden Meer verschlungen zu werden, als urplötzlich das Wasser wieder zu sinken begann. Die Zusammenstellung der Angaben verschiedener Quellen über gleichzeitige Ereignisse führte Chanykow zu dem Schluss, jenes Sinken des Wassers müsse im December 1306 oder im Januar 1307, also jedenfalls im ersten Viertel des XIV. Jahrhunderts, begonnen haben. Durch ein Nivellement nach dem noch heute in Lenkoran existierenden Grab des Scheichs Sa-Chid zeigte Chanykow, dass das Wasser damals bis zu 10.7 Meter über den Stand von 1852 (oder am Pegel B_1 bis zu + 11.2 Meter) emporgestiegen war, d. h. also volle 15¼ Meter über den Stand zur Zeit der Erbauung der Karawanserei. Es mag Wunder nehmen, dass uns trotzdem nichts von einer Zerstörung Bakus oder Derbents berichtet wird. Allein diese Städte liegen nach Chanykow so hoch, dass selbst ein bedeutendes Anschwellen des Meeres sie fast ganz unberührt lassen musste.[1])

Der nächste Zeitpunkt, für welchen uns eine auf die Wasserhöhe des Kaspischen Meeres bezügliche Angabe vorliegt, ist das Jahr 1400. Bakui berichtet aus jener Zeit, dass das Meer einen Theil der ehemaligen Stadt Baku verschlungen und zu seiner Zeit bei einer heute noch existierenden Moschee gestanden habe; offenbar handelt es sich um ein Anschwellen des Meeres mit darauf folgendem Stillstand. Aus der Höhe der Moschee berechnet Lenz für 1400 eine Höhe des Meeresspiegels von 4.5 Meter über dem Niveau von 1830[2]) d. h. eine Höhe von + 4.8 Meter auf den Pegel B_1 bezogen. Doch dürfen wir nicht verschweigen, dass Ssokolow die Zuverlässigkeit der Angaben Bakuis bezweifelt und sie für zu unbestimmt erklärt, um aus ihnen so weitgehende Schlüsse zu ziehen, wie Lenz, dem Chanykow beistimmte.[3])

Auch den Schluss von Lenz auf den Wasserstand des Jahres 1685 bekämpft Ssokolow. Derselbe stützte sich auf eine Angabe und eine Abbildung Bakus von Kaempfer, aus welcher Lenz entnehmen wollte, dass das Meer 1685 die Südmauer der Stadt bespülte.[4]) Es würde das einem Pegelstand an B_1 von + 4.5 Meter entsprechen. Ssokolow weist nun aber darauf hin, dass Kaempfer eine ganz andere Seite der Stadt zur Darstellung brachte, als Lenz glaubt, und nicht die Südmauer, sondern die Nordmauer abbildete. Dadurch wird der Schluss von Lenz hinfällig.[5])

So dürfen wir denn vor dem Jahre 1700 nur die Wasserstände um 915, im XII. Jahrhundert, im ersten Viertel des XIV. Jahrhunderts und im Jahre 1638 (Olearius) als ziemlich sicher gestellt betrachten. Mit der Annäherung an die Gegenwart im XVIII. Jahrhundert, häufen sich die Beobachtungen und wir können die Schwankungen des Wasserstandes mehr im Einzelnen entziffern.

Mit den Schwankungen des Kaspischen Meeres während des XVIII. Jahrhunderts haben sich ausschließlich Lenz und Ssokolow beschäftigt; Chanykow acceptiert nur ohne weiteres die Resultate von Lenz. Lenz und Ssokolow aber kamen dem Anschein nach zu Er-

[1]) Vgl. über dieses Steigen Chanykow a. a. O. S. 122–127.
[2]) Lenz a. a. O. S. 421.
[3]) Ssokolow a. a. O. S. 44.
[4]) Lenz a. a. O. S. 421.
[5]) Ssokolow a. a. O. S. 44.

gebnissen, die einander ausschließen; Ssokolow, als der spätere, polemisiert energisch gegen Lenz. Trotzdem wird es sich im Verlauf unserer Darstellung zeigen, dass beide Recht haben und dass sowohl die von Lenz als die von Ssokolow behaupteten Schwankungen stattfanden. Lenz hat die Bewegung des Meeres im Großen festgestellt, Ssokolow dagegen diese großen Schwankungen von sehr langer Dauer vernachlässigt und dafür solche von weit geringerem Betrage und geringerer Dauer constatiert, die thatsächlich mit jenen großen Schwankungen interferieren. Doch wenden wir uns dem Beobachtungsmaterial zu.

Lerch,[1]) der zwei Reisen nach Persien ausführte und hierbei 1734 und 1747 Baku berührte,[2]) schreibt: »Die unterste Mauer, vorn an der See, steht jetzt im Wasser; vor 30 Jahren aber war es da noch trocken, wo sie steht.« Leider ist es nicht ersichtlich, ob Lerch unter »jetzt« das Jahr 1734 oder 1747 versteht und ob daher die Zeit niedrigen Wasserstandes auf 1704 oder 1717 fällt. Aus Angaben von Rytschkow, die wir weiter unten wieder geben, geht hervor, dass das Jahr 1717 gemeint sein muss. Dass das Wasser später die Mauern von Baku bespülte, wird für 1727 von Gaerber[3]) erwähnt und ist aus Lerch's Darstellung gleichfalls für 1747 ersichtlich. Nach Ssoimonow waren 1723 noch über das Wasser emporragend Theile der mehrfach erwähnten Karawanserei sichtbar. 20 Jahre später aber (1743) hört Tatischtschew von den Seeleuten, dass in der Bucht von Baku unter dem Wasser eine Stadt mit Thürmen zu sehen sei, und dass einige Thürme und Mauern bei niedrigem Wasser sichtbar werden sollen.[4]) Die Combination beider Beobachtungen ergibt, dass die Sichtbarkeit der Trümmer von 1723 bis 1743 bedeutend abgenommen hatte, d. h. dass der Meeresspiegel gestiegen war.[5]) Dieses wird durch eine andere Stelle bei Tatischtschew bestätigt, wo es heißt: »Bei meiner Anwesenheit (in Baku 1743) erzählte man mir, dass seit 1723 das Wasser um 8 Fuß (= 2.4 Meter) gestiegen sei; 1744 aber sank es mehr als 1 Fuß (= 0.3 Meter) ebenso wie in Astrachan.« Aus allem ergibt sich, dass das Meer zu Baku um 1715 herum tief stand, worauf dann eine Hebung und um 1743 ein Maximum folgten.

Dieselbe Schwankung lässt sich auch für andere Punkte der Küste des Kaspischen Meeres erweisen. So berichtet 1762 Rytschkow vom Kaspischen Meer[6]): »Es findet noch eine andere merkwürdige Erscheinung bei diesem Meere statt, nämlich dass das Wasser in demselben während 30 oder 35 Jahren steigt, und während ebenso viel Jahren wieder fällt. Einige behaupten, dass ein solches Steigen 10 oder 12 Meter erreiche. Im Jahre 1715 fing das Wasser, wie allgemein behauptet wird, an zu steigen, und erreichte im Jahre 1742 seinen höchsten Stand; im Jahre 1743 begann es wieder zu fallen. Das wurde 1744 sehr sichtbar, da die Senkung des Wasserspiegels an den zum Meer hin gelegenen

[1]) Lerch in Büsching's Magazin f. d. neue Historie u. Geogr. Bd. III. S. 15. Bd. X. S. 468.

[2]) Nicht 1732 und 1747, wie Lenz schreibt.

[3]) Gaerber in Müller's Sammlung russischer Geschichte. Bd. IV. S. 129.

[4]) Nach Filipow in Iswestija etc. S. 263.

[5]) Filipow zieht aus der Gegenüberstellung der Aussprüche von Ssoimonow und Tatischtschew den kühnen Schluss, dass der Wasserstand 1723 und 1743 nahezu gleich war; denn in beiden Jahren seien die Thürme der Karawanserei sichtbar gewesen!

[6]) Rytschkow: Topographie des Orenburgischen Gouvernements. Wiederabgedruckt im Jahre 1887, Orenburg. S. 147 f. In russischer Sprache.

Inseln ungefähr 1 Meter betrug; das Steigen dauerte also 27 Jahre. Indessen ist es nicht absolut sicher, dass das Steigen genau 1715 anfing; denn nur aus Beobachtungen, die mit Sachkenntnis angestellt worden wären, ließe sich ein solcher Schluss mit Sicherheit ziehen.« Ein anderer Gewährsmann, Pallas, schildert [1]) nach den Erzählungen eines Greises, dass die Gegend von Gurjew an der Uralmündung vor 1730 trocken lag; das Ufer des Ural war einige Meter hoch. [2]) Die Insel Kamennoi konnte zu Zeiten zu Fuß durch eine Furt vom Festland aus erreicht werden und weiter seewärts befanden sich die Inseln Pestschanyj, Kamynin und Peschnyj. Nach dem Steigen des Wassers in jenem Jahre verschwanden die drei letztgenannten Inseln und erschienen bis zu Pallas' Zeit nicht wieder. In einer Zeit nach 1730 sank das Meer jedoch wieder bis 3 Jahre vor der 1769 erfolgten Ankunft von Pallas, d. h. bis 1766, und seitdem merkte man, dass die See wieder wuchs. Das niedrigste Wasser (1766) war gleichwohl sehr viel höher als vor 1730, so dass die drei verschwundenen Inseln sich nicht zeigten. Kamennoi war 1770 auf ein Viertel seines Areals reduciert und viel niedriger als 5—6 Jahre vorher (also 1764 oder 1765); das Meer stand in der Höhe der Ufer des Ural. Von dieser Hebung nach 1766 berichtet auch Hablizl, indem er erzählt, nach der Ansicht der Bewohner von Baku nähere sich das Meer gegenwärtig (1781—82) seit einer ganzen Reihe von Jahren wieder den Mauern von Baku. Hieraus würde sogar hervorgehen, dass es in den Sechziger Jahren von der Mauer ganz zurückgetreten war, [3]) wenn nicht Gmelin für 1770 und Reineggs für 1780 ausdrücklich erwähnten, dass das Wasser die Mauern bespüle.

Auf der Landzunge von Krasnowodsk war 1715 eine Festung angelegt worden. Als Hablizl am Kaspischen Meer weilte, 1781—82, war dieselbe schon lange verschwunden, im Meer versunken, wie die Turkmenen erzählten, zusammen mit zwei anderen Festungen.

1743 berührte Hanway auf seiner Reise die Wolgamündung. Wir entnehmen seiner Schilderung [4]) folgende für unsere Frage wichtige Angaben. Als die russische Schifffahrt auf dem Kaspischen Meere begann (1556), fand man 1.5 Meter Wasser auf beinahe 9 Meilen gegen Süden und Südosten der Tschetyri Bugry (4 Hügel) an der Wolgamündung. Peter der Große beobachtete 1722 an derselben Stelle 1.8 Meter Wasser, so dass die Schiffe weit vom Lande abhalten mussten; 1743 aber war die Tiefe wieder 3.5 Meter. Seit dreissig Jahren war das Wasser stark gestiegen, so dass es an der russischen Seite, circa 20 Kilometer von der Mündung der Wolga und von Astrachan, an der Ost- und Westseite des großen Deltas dieses Flusses stark um sich gegriffen hatte. Über die Verhältnisse an der Südküste des Meeres erfahren wir, dass im Anfang des XVIII. Jahrhunderts das Land auf ungefähr 8 englische Meilen an der Seite des Flusses Longorud (in der Nähe von Rescht) trocken und wohl bewohnt war. 1743 stand hier Wasser, so dass nur die Spitzen einiger Häuser zu sehen waren. Ebenso konnten früher (noch innerhalb der letzten 50 Jahre (von 1743 zurückgerechnet) Esel die Bai von Astrabad passieren, wo 1743 2 Klafter Wasser stand. Dasselbe hörte

---

[1]) Pallas: Reise durch verschiedene Provinzen des Russischen Reiches. Bd. I, St. Petersburg, 1771. S. 434.

[2]) Lenz a. a. O. S. 425.

[3]) Ssokolow a. a. O. S. 30.

[4]) Hanway: Beschreibung seiner Reise etc. Bd. I. Hamburg und Leipzig, 1754. S. 109.

nach Hanway Capitän Woodroof 1743 am Balkhan an der Ostküste, »so dass keineswegs zu zweifeln ist, dass die großen Flüsse eine unermessliche Menge Wasser in das Meer gebracht haben, und dieses ist es eben, was die Einwohner an den Küsten unruhig macht.« Soweit die Angaben von Hanway; sie stimmen trefflich mit den Daten der anderen Reisenden überein. Nur an der Richtigkeit der Angabe, dass die bei Resoht unter Wasser stehenden Häuser im Anfang des XVIII. Jahrhunderts trocken gelegen hätten, glaubt Lenz zweifeln zu müssen, da dann die Hebung des Meeres seit jener Zeit an 40 Fuss betragen haben müsste. Lenz verweist daher, wie wir oben sahen, das Versinken der Häuser bei Resoht in eine viel frühere Zeit, während Ssokolow dasselbe einem Erdbeben zuschreibt.

Überblicken wir sämmtliche uns vorliegende Berichte, so geht aus allen ohne Ausnahme mit Sicherheit hervor, dass der Meeresspiegel um 1715 tief stand, sodann sich bis 1743 hob. Es beginnt ein geringes Sinken, welches nach Pallas bis 1766 dauerte und von einem erneuten Steigen abgelöst wird, so dass nach Gmelin 1770[1]) und nach Reineggs 1780[2]) die Stadtmauern von Baku wieder vom Wasser bespült werden. Der hohe Wasserstand hält sich bis zum Anfang des laufenden Jahrhunderts, wo zwischen 1809 und 1814 ein Sinken bis zum Jahre 1845 einsetzt.

Nur scheinbar abweichend von diesem Resultat ist dasjenige von Lenz; derselbe fasst das Ergebnis seiner Untersuchungen in der nachfolgenden Tabelle zusammen, welche die Wasserstände des Kaspischen Meeres zu verschiedenen Zeiten, verglichen mit dem Stand vom März 1830 zu Baku, in Meter umgerechnet, enthält.[3])

Anfang des 18. Jahrhunderts	(Lerch)	circa	0.0 Meter
Im Jahre 1727	(Gärber)	+	3.0 „
„ „ 1732	(Lerch)	+	3.0 „
„ „ 1747	(Lerch)	+	3.0 „
„ „ 1770	(Gmelin)	+	3.0 „
„ „ 1780	(Reineggs)	+	3.0 „
„ „ 1820	(Gamba)	+	2.1 „
„ „ 1830	(Lenz)		0.0 „

Dieser Versuch von Lenz, auch für das vorige Jahrhundert in Ziffern den Wasserstand auszudrücken, ist, nicht ganz mit Unrecht, von Ssokolow und Filipow als kühn und nicht haltbar bezeichnet worden.

Wir müssen uns vor allem entschieden gegen die Constanz des Wasserstandes von 1727 bis 1815 aussprechen, die Lenz einfach aus der von verschiedenen Gewährsmännern gemachten Angabe ableitet, das Wasser bespüle die Mauer von Baku. Es kommt entschieden darauf an, wie hoch das Wasser an der Mauer emporreichte: nach Ssokolow begann das Sinken des Meeres unbedingt zwischen 1805 und 1814, aber erst 1817 bespülte dasselbe zum letzten Male die Mauer von Baku. Andererseits aber scheint es Thatsache zu sein, dass die von Pallas,

[1]) Gmelin: Reise durch Russland. III. Bd. St. Petersburg 1774. S. 52.

[2]) Reineggs: Allgemeine historisch-topographische Beschreibung des Kaukasus. Gotha und Leipzig, 1796. I. Th S. 144.

[3]) Lenz a. a. O. S. 424. Für das Jahr 1685 fand Lenz einen Wasserstand von + 4.3 Meter. Auf Grund dieser Angabe glaubte ich (Ann. der Hydrographie etc. 1888, Februarheft, Anmerkung) für das Jahr 1685 ein Maximum des Wasserstandes annehmen zu dürfen. Doch ersah ich später aus der vielfach citierten Abhandlung von Ssokolow, dass hier ein Versehen von Lenz vorliegt. (Vgl. oben S. 66.)

Rytschkow u. s. w. bezeugten Schwankungen des Wasserstandes nach 1727 das Meeresniveau nicht so bedeutend erniedrigten, dass die Mauer von Baku vollkommen trocken gelegt worden wäre. Wenn daher auch die absoluten Zahlen von Lenz wenig exact sind, so geht doch die qualitative Richtigkeit des durch sie dargestellten Resultates schon aus den oben gegebenen Beschreibungen hervor: Auf das Minimum im Anfang des vorigen Jahrhunderts folgt eine Periode hohen Wasserstandes bis zum Anfang des laufenden Jahrhunderts; sie wird abgelöst durch eine Periode niedrigen Wasserstandes, die heute noch nicht abgeschlossen ist; denn noch steht der Spiegel des Meeres weit unter dem Niveau von 1809—14. Die Periode des hohen Wasserstandes im vorigen Jahrhundert wird unterbrochen durch ein geringes Sinken von 1743 an, das sein Minimum um 1766 erreicht und dem ein Steigen folgt, ebenso wie die Periode tiefen Standes in diesem Jahrhundert durch eine fast 1 Meter betragende Hebung um 1847 unterbrochen wird, nach welcher das Meer wieder auf seinen tiefen Stand herabsinkt. Wie sich die Verhältnisse in der Zukunft gestalten, ob wir in der mit 1867 beginnenden Hebung die Vorboten eines zukünftigen länger anhaltenden hohen Standes entsprechend demjenigen des vorigen Jahrhunderts sehen dürfen oder nur einen allerdings weit intensiveren und andauernderen Vorstoß wie 1847, werden zukünftige Beobachtungen lehren.

In etwas anderer Weise als Lenz hat Ssokolow die Bewegung des Wasserspiegels tabellarisch darzustellen gesucht.[1]) Er wählte im nördlichen Theile des Kaspischen Meeres die Inseln Pestschanyj und Kamynin an der Mündung des Uralflusses und zwei der Robbeninseln (Tjulenij-Inseln), im mittleren Theil die Zweibrüderfelsen nördlich von der Halbinsel Apscheron, ferner die »Sandinsel« an der östlichen Einfahrt in die Bucht von Baku und die Landenge, welche die Derwisch-Insel mit der Naphtha-Insel Tschelekenj, südlich des Busens von Krasnowodsk, verbindet, und erforschte eingehend nach alten Karten und Aufzeichnungen, sowie nach mündlichen Überlieferungen die Geschichte dieser sehr niedrigen Inseln, welche bald vom Wasser bedeckt sind, dann wieder emportauchen. Wir können es uns nicht versagen auf die Geschichte dieser Inseln etwas einzugehen.

Über die Inseln an der Mündung des Uralflusses berichteten wir bereits nach Pallas. Dieselben fehlen auf der Karte von Kolodkin vom Jahre 1809—14, dürften also damals unter Wasser gestanden haben.

Die Insel Podgornyj, eine der Robbeninseln, erscheint auf den Karten von Tokmatschew und Panin 1764 als Insel; 1786 aber wird sie von Moller nur als Untiefe eingezeichnet, über welcher das Wasser 1.2 Meter hoch stand. 1723 hatte Ssoimonow sie als Insel geschildert.

Die zweite der Robbeninseln wird von Kolodkin 1809—14 als Untiefe mit 1.2 Meter Wasser verzeichnet, erschien also erst nach dieser Zeit wieder; ebenso wird sie in der Lootsenanweisung von Woodroof aus den Vierziger Jahren des vorigen Jahrhunderts als Sandbank angegeben, während sie auf den Karten von Ssoimonow und Werden (1719—21) als Insel figuriert.

Die Zweibrüderfelsen sind sowohl bei Kolodkin (1809—1814) als bei Ssoimonow (1719) als Inseln markiert, während sie Woodroof 1742 und 1743 trotz eifrigen Suchens nicht sichten konnte. 1770 will

[1]) Ssokolow in den Sapiski des hydrographischen Departements etc. Bd. IV, 1848, S. 1 ff.

sie Gmelin gesehen haben; doch sind sie von seinem Standpunkt überhaupt nicht sichtbar.

Die Sandinsel (Pestschanyj) bei Baku war am Ausgang des vorigen Jahrhunderts und zu Beginn des heutigen nur eine Untiefe, die nicht über dem Wasser hervortrat, so noch 1807 bei Michailow und Wesselyj. Kolodkin (1809—14) und Ssoimonow (1719) stellen sie als Insel dar.

Die Derwisch- und die Naphtha-Insel waren 1809—14 getrennt und vereinigten sich erst 1819 wieder. Woodroof fand in den Vierziger Jahren des XVIII. Jahrhunderts an der Stelle der sie heute verbindenden Landenge 3.0—3.7 Meter Wasser, obwohl man noch vor 18 Jahren trockenen Fußes von einer Insel zur anderen hatte gehen können. Auch 1764 waren die Inseln nach Tokmatschew getrennt; wenn er aber die Tiefe über der sie verbindenden Sandbank zu 3½ Faden = 7 Meter angibt, so dürfte das wohl auf Irrthum beruhen.

Die nachfolgende kleine Tabelle gibt die Resultate Ssokolow's in übersichtlicher Form wieder.

	über Wasser	unter Wasser	über Wasser	unter Wasser
Zwei Inseln an der Ural-Mündung . . bis	1730	—	—	1769
Insel Podgornyj	1726	—	1764	1786
Robben-Insel	1719, 1726	1743	—	—
Zwei-Brüder-Felsen	1719, 1726	1743	—	—
Sand-Insel bei Baku	1719, 1726	—	—	1782
Landenge der Derwisch-Insel . . .	1726	1743, 1764	—	—

Alle Inseln sowie die Landenge der Derwisch-Insel erscheinen dann zwischen 1809—14 oder etwas später auf den Karten wieder.

Die Tabelle lässt keinen Zweifel darüber, dass wir um 1720 herum eine Periode allgemein niedrigen Wasserstandes anzuerkennen haben, um 1743 eine solche hohen Wasserstandes, um 1764 wieder eine freilich nur durch eine Insel indicierte Periode tiefen Wasserstandes, auf welche um 1780 eine zweite Periode hohen Wasserstandes folgte.

Auch diese Tabelle wird von Filipow mit Unrecht angegriffen. Derselbe bezweifelt einfach die Behauptung der Beobachter, die Inseln seien zu gewissen Zeiten verschwunden gewesen, indem er sie als unwahrscheinlich und falsch hinstellt. Er möchte lieber an temporäre Überschwemmungen, veranlasst durch Winde, also an Sturmfluthen denken. Allein wenn ein scharfer Beobachter, wie Pallas, 1769 auf der Insel Kamynin an der Uralmündung steht und vergeblich nach den auf einer Karte aus dem Anfang des Jahrhunderts angegebenen zwei südlich vorgelagerten Inseln ausschaut und auf dem Festland in Gurjew erfährt, sie seien seit 1730 verschwunden, so kann doch wohl von keiner Sturmfluth die Rede sein. Ähnlich haltlos sind die Einwände Filipow's gegen die anderen in dieser Tabelle niedergelegten Beobachtungen.

Durch einen Umstand wird allerdings der Werth jener Jahreszahlen etwas eingeschränkt: dieselben geben zwar an, dass in bestimmten Jahren die Inseln über oder unter dem Wasserspiegel waren; allein wir erfahren nicht, wann sie auftauchten und wann sie wieder verschwanden. Auch das hat Ssokolow festzustellen gesucht und zwar durch Combination dieser Daten mit den von uns oben geschilderten Berichten der Reisenden über Hebung und Senkung des Wasserspiegels; er leitet in dieser Weise nachfolgende Übersicht der Bewegung des Kaspischen Meeres vor 1848 ab:

Bis	1744	Steigen, dann bis	1766	Sinken
"	1809—14	" " "	1825	"
in	1825	" " "	1842	"
seit	1847	"		

Diese Resultate stimmen durchaus mit denen von Lenz überein, wenn wir die Richtung der Bewegung des Spiegels ins Auge fassen und nicht den absoluten Betrag derselben; sie sind völlig identisch mit unserem Ergebnis oben aus den Reiseberichten.

Fassen wir am Schluss unser definitives Resultat in einer Tabelle zusammen. Die Wasserstände sind alle auf den Pegel B_1 bezogen.

Schwankungen des Wasserstandes im Kaspischen Meere.

Im Jahre 915/21	+ 8.8 m	
Im XII. Jahrhundert	— 4.2 m	
Im Jahre 1306/07	+11.2 m	
" " 1638	+ 4.9 m	
" " 1715/20. . . . circa	+ 0.3 m	
Von 1730/40 an bis 1809/14 die ganze Zeit relativ hoher Stand . .		Steigen ca. 1715/43, Sinken 1744/66 " " 1767/80 (?)
Im Jahre 1815 . mindestens	+2.40 m	Sinken 1809/14—1845 " 1847 —56/60
" " 1830	+0.40 m	
" " 1842/46 . . . unter	—0.59 m	
" " 1847 . . . höher als	+0.22 m	
Mittel 1851/55	—0.21 m	
" 56/60	—0.27 m	Steigen 1845—1847 " 1866—1878
" 61/65	—0.19 m	
" 66/70	+0.19 m	
" 71/75	+0.17 m	
" 76/78	+0.54 m	

Maxima des Wasserstandes fallen in den letzten zwei Jahrhunderten auf die Jahre 1743, zwischen 1780 und 1809, 1847 und 1879; Minima dagegen auf 1715, 1766, 1845 und 1856—60.

An dieser Tabelle vermögen wir die Grundlosigkeit der Sage von einer 30jährigen oder richtiger gesprochen von einer 60jährigen Periode des Kaspischen Meeres zu erkennen. Es begegnet uns, wenn wir von Maximum zu Maximum, beziehungsweise von Minimum zu Minimum fortschreiten kein einziges Intervall von 60 Jahren, sondern der Reihe nach Intervalle von 52, 59 und 32, beziehungsweise 51, 79 und 12 Jahren. Zwischen dem Beginn des Fallens 1743 und dem Ende des Steigens 1879 haben wir drei große Schwankungen nachgewiesen, so dass wir ihre mittlere Dauer zu 45 Jahren berechnen könnten, ferner zwischen den Minima 1715 und 1855—60 gleichfalls drei Perioden mit einer mittleren Dauer von 47 Jahren. Doch wird es sich im Verlauf unserer Untersuchung zeigen, dass uns ein Minimum des Wasserstandes gegen das Ende des vorigen Jahrhunderts entgangen ist, weil gerade aus dieser Zeit gar keine Beobachtungen vorliegen. Berücksichtigen wir dieses Minimum schon jetzt im voraus, so ergiebt sich die mittlere Dauer einer Schwankung zu 34—36 Jahren. Die Abweichungen der einzelnen Fälle von dieser mittleren Dauer sind sehr beträchtlich, so dass wir von einer strengen Periodicität nicht sprechen dürfen. Ssokolow's Schluss auf eine solche erscheint entschieden verfrüht.

Die Ursachen der säcularen Schwankungen des Wasserstandes des Kaspischen Meeres.

Die Frage nach den Ursachen der eigenthümlichen und für die Umrisse der Ufer hochbedeutsamen Schwankungen ist vielfach discutiert worden. Die Discussion reicht bis tief in das vorige Jahrhundert zurück. Von Anbeginn spielen in derselben die meteorologischen Verhältnisse eine Hauptrolle. Eine klare und bestimmte Ansicht als Erklärung des Steigens von 1715 bis 1743 äußert schon 1743 Hanway, indem er dasselbe den seit einiger Zeit gemäßigteren Sommern zuschreibt.[1]) Die gleiche Anschauung vertritt Tatischtschew[2]) und zu dem gleichen Resultat gelangt der ungenannte Verfasser der Schrift »über die Hindernisse der Schifffahrt im Kaspischen Meer«, der 1820 auf die Gleichzeitigkeit des Sinkens des Wassers und des Auftretens warmer Jahre und umgekehrt hinweist.[3]) Gmelin erklärt es für irrig, dass die Natur mit dem Steigen und Fallen eine gewisse Ordnung beobachte; »es kommt alles auf die Witterung und auf die Winde an und die sich in die See stürzenden Flüsse tragen zu diesem Phänomen gleichfalls ein namhaftes bei.[4]« Ebenso äußert Pallas, »es sei vielleicht gar keine Ordnung darin, sondern Alles von dem Zufluss des Wassers aus den Flüssen und folglich von der allgemeinen Witterung gewisser Jahre abhängig.« [5])

Ausführlich erörtert Lenz die Ursachen, welche das Fallen und Steigen vor und nach 1715 und das Fallen vor 1830 veranlasst haben könnten.[6]) Er hält es nicht für unmöglich, dass um 1700 der Boden des Meeres stark eingesunken und ihm der Meeresspiegel gefolgt sei. Da nun nach dem Sinken der Zufluss durch die Ströme derselbe blieb, die Verdunstung aber des kleineren Areals wegen verringert war, so genügte die letztere der Gleichgewichtsbedingung nicht mehr, und so musste jener Verkleinerung der verdunstenden Fläche durch Sinken eine Vergrößerung derselben durch Steigen des Meeres folgen. In gleicher Weise schließt Lenz, müsste auf das Sinken bis 1830 ein Steigen folgen, wenn ersteres thatsächlich durch Einstürze des Meeresbodens veranlasst wurde. Als wahrscheinlichste Ursache der Schwankungen betrachtet jedoch Lenz die wechselnde Verdunstung. Er stützt sich hierbei auf die Angaben von Rytschkow, Pallas und Hanway, dass das Steigen von kalter Witterung begleitet gewesen sei, und sucht in dieser Kälte die Ursache des Steigens, während nach Ansicht der Küstenbewohner die Kälte eine Folge des Wachsens des Meeres sein sollte. Im Einklang damit steht nach Lenz, dass in Dagestan 1830 zu einer Zeit des Sinkens des Meeres überall über schreckliche Hitze geklagt wurde. Auch nach dieser Hypothese erwartet Lenz ein Ansteigen des Meeres für die Zukunft, da jene starke Verdunstung vor 1830 in keinem Fall als normal und dauernd angesehen werden dürfe: mit dem Abnehmen der Hitze würde auch die Verdunstung abnehmen und sich wieder mit

---

[1]) Hanway: Beschreibung seiner Reise etc. Bd. I. Hamburg und Leipzig, 1754. S. 110.

[2]) Tatischtschew nach Angabe von Lenz a. a. O.

[3]) Vaterländische Sapiski für 1820. Citat bei Ssokolow a. a. O. S. 51. Filipow schiebt demselben Autor gerade die entgegengesetzte Ansicht unter. Iswestija etc. S. 268.

[4]) Gmelin: Reise durch Russland etc. St. Petersburg, 1774. Bd. III. S. 267.

[5]) Pallas: Reise durch die verschiedenen Provinzen des russischen Reiches. St. Petersburg, 1771. Bd. I. S. 435.

[6]) Lenz in Berghaus' Annalen VI, (1832) S. 434—441.

dem Zufluss ins Gleichgewicht setzen; dann aber würde auch der Meeresspiegel seine alte Ausdehnung wieder anzunehmen bestrebt sein und sich heben.

Auf andere Ursachen als diese letzten Schwankungen möchte Lenz jene Bewegung des Wasserspiegels in alter Zeit zurückführen, durch welche die Karawanserei zu Baku, diejenige beim Silberhügel und die Häuser bei Rescht unter das Meer geriethen. Es soll der südliche Theil des Kaspischen Beckens infolge vulkanischer Ereignisse allmälig gesunken sein, so dass sich Wasser aus dem nördlichen Theil in den südlichen zurückzog und hier Städte und Dörfer überschwemmte. Nur in dieser Weise glaubt Lenz die Spuren eines früheren hohen Wasserstandes im ganzen Norden, wie die Meeresablagerungen in den Kalmücken-Steppen an der Kuma und am Manytsch, mit jenen genannten Spuren eines früheren tiefen Wasserstandes im südlichen Theil des Beckens in Einklang bringen zu können. Er beachtet hierbei nicht genügend, dass die Spuren eines hohen Standes im Norden der geologischen Vergangenheit angehören, diejenigen eines tiefen im Süden aber der historischen Zeit entstammen. In der That sind in jüngster Zeit durch Konschin auch an der südöstlichen Küste über dem Meeresniveau am Usboi Ablagerungen nachgewiesen, welche mit denen der Kalmücken-Steppen gleichalterig sind.[1])

Lenz betrachtet bei seiner Theorie der Schwankungen des Wasserstandes im Kaspischen Meer von den beiden den Wasserstand regelnden Factoren nur die Verdunstung, d. h. die Temperatur als variabel, den Niederschlag aber, welcher die Flüsse speist, als constant. Auch Ssokolow kennt nur die Temperatur und den Wind als Factoren, die den Wasserstand beeinflussen.[2])

Berghaus ist wohl der erste gewesen, der mit Nachdruck dem Niederschlag zu seinem Rechte verhalf. In seiner Länder- und Völkerkunde führt er 1837 aus, dass es bei dem außerordentlich großen Einzugsgebiet des Kaspischen Meeres nicht gleichgiltig für den Wasserstand sein könne, ob viel oder wenig Regen auf das erstere fällt. Auf Schwankungen des Niederschlages und der Wasserzufuhr möchte er daher in allererster Reihe die Schwankungen des Wasserstandes zurückführen.[3]) Noch weit klarer und bestimmter spricht sich 1853 Chanykow[4]) darüber aus. Er will die Schwankungen des Kaspischen Meeres in erster Reihe durch Schwankungen des Regenfalles erklären und zeigt, wie das Maximum 1847 einem Maximum des Regenfalles und der relativen Feuchtigkeit zu St. Petersburg, Jekaterinenburg, Slatoust und Bogoslowsk entspricht. Überhaupt haben nach ihm die Curven des Regenfalles und des Wasserstandes denselben Charakter. Von vulkanischen Hebungen und Senkungen will er nichts wissen.

Filipow's[5]) Anschauungen bezeichnen diesen klaren und präcisen, ihm freilich unbekannt gebliebenen Ausführungen gegenüber einen Rückschritt. Auch er spricht allerdings den Regenfall als Ursache der

---

[1]) Muschketow: Turkestan Bd. I. S. 696. St. Petersburg 1886.

[2]) Ssokolow a. a. O. S. 46 ff.

[3]) Berghaus: Länder- und Völkerkunde. Bd. II. S. 397. Von den gelegentlichen Bemerkungen einiger Reisender, die neben der Temperatur auch einen Einfluss des Regenfalles und der Wasserführung der Flüsse für möglich halten (siehe oben), sehen wir hier ab.

[4]) Chanykow a. a. O. S. 137.

[5]) Filipow a. a. O.

Schwankungen an. Doch misst er noch vulkanischen Bodenbewegungen einen sehr erheblichen Einfluss zu.

So stehen sich, wenn wir von dem Hereinziehen vulkanischer Kräfte absehen, heute eine Theorie der wechselnden Verdunstung und eine Theorie der wechselnden Wasserzufuhr zum Kaspischen Meer gegenüber; beide vermögen a priori die Schwankungen zu erklären; allein beide beruhen noch heute zum großen Theil auf Speculation. Einen strengen Beweis durch Feststellung des meteorologischen Thatbestandes zu liefern, ist die Aufgabe der folgenden Zeilen.

Zu diesem Zweck bilden wir 5jährige Mittel des Wasserstandes des Kaspischen Meeres und vergleichen dieselben mit den 5jährigen Mitteln des Wasserstandes der Wolga, der Niederschläge und der Temperatur im Einzugsgebiet des Kaspischen Meeres.

Die Quellen, nach denen die vorliegenden Zahlen berechnet wurden, sind folgende:

1. Für das Kaspische Meer siehe oben.

2. Für den Wasserstand der Wolga die graphische Darstellung Filipow's im Morskoj Sbornik 1880, Nr. 8; es fehlt das Jahr 1870; die Zahlen für den Hochwasserstand geben den mittleren Wasserstand während derjenigen Zeit an, während welcher der Wolgaspiegel sich über dem Jahresmittel befand, die Zahlen für Niedrigwasser den Wasserstand des übrigen Zeitraumes.

3. Für den Regenfall zu Tiflis (1846—80), Lugan (1837—80), St. Petersburg (1837—80), Slatoust (1837—80), Baku (1847—80) und Astrachan (1846—80) Wild's Regenverhältnisse des Russischen Reiches. Supplementband zum Repertorium für Meteorologie. St. Petersburg. 1887. [1])

4. Für die eisfreien Tage der Wolga zu Astrachan (1837—79; es fehlen 1839 und 1842) Rykatschew: Über den Auf- und Zugang der Gewässer des Russischen Reiches, II. Supplementband zum Repertorium für Meteorologie. St. Petersburg, 1887.

5. Für die Temperaturverhältnisse Köppen in der Zeitschrift für Meteorologie 1873, S. 258; 1881, S. 145; Süd-Russland 19 Stationen; Nordwest-Russland 10 Stationen; Nordost-Russland 9 Stationen. Die Zahlen sind Abweichungen vom Normalwerthe.

	Wasserstand cm			Regenfall mm								Temperatur °C.			
	Kasp. Meer Wasserst.	Hochwasser der Wolga	Niedrigwasser der Wolga	Baku	Astrachan	Tiflis	Lugan	St. Petersburg	Slatoust	Mittel [1])	Wolga eisfreie Tage	S.-Russland	NW.-Russland	NE.-Russland	Mittel
1837/40	—	—	—	—	—	—	394	478	412	96	259	—.58	—.56	.27	—.44
1841/45	—	—	—	—	—	—	443	480	422	101	272	—.01	+.04	+.25	+.09
1846/50	—	—	—	522	253	141	309	476	446	95	264	+.17	—.08	—.03	+.02
1851/55	—21	300	—53*	464	337	151	354	382	567	103	273*	+.34*	+.17	+.78*	+.43*
1856/60	—27*	304	—38	452*	233	112*	351	381*	511	89	268	+.08	+.32*	—.21	+.06
1861/65	—19	279*	—27	455	199*	128	281*	492	446	87*	254	—.37	—.20	—.28	.28
1866/70	19	341	—11	538	214	168	378	607	398*	102	273	+.14	—.08	—.54	+.20
1871/75	17	—	—	448	251	187	373	528	568	107	267	+.12	—.08	+.52	—.16
1876/80	53	—	—	519	276	172	467	559	489	112	280	—	—	—	—

[1]) Die Mittel des Regenfalles, die wir hier benutzen, weichen zum Theil von den von mir in den Annalen der Hydrographie 1888, Februarheft, publicierten ab, da letztere den Annalen des physikalischen Central-Observatoriums entlehnt wurden.

Ein Vergleich dieser Reihen mit der Bewegung des Wasserstandes im Kaspischen Meer thut zunächst die Abhängigkeit der letzteren von den Niederschlagsverhältnissen dar. Fassen wir die Bewegung des Wasserstandes von Lustrum zu Lustrum ins Auge, so fallen sofort zwei große Sprünge oder Hebungen desselben auf, die eine von 1861—65 auf 1866—70 um 38 Centimeter, die andere von 1871—75 auf 1876—80 um 36 Centimeter. Auf die letztere darf kein allzu großes Gewicht gelegt werden, da in dem Lustrum 1876 bis 1880 allein zu Baku und hier auch nur während der Jahre 1877 und 1878 beobachtet wurde; ihre Existenz ist sichergestellt, nicht aber ihr Betrag. Dagegen ist die Hebung in den Sechziger Jahren durch Beobachtungen in einer Gesammtdauer von 9 Jahren im Lustrum 1861—65 und von 8 Jahren im Lustrum 1866—70 auch ihrem Betrage nach sicher verbürgt. Gleichzeitig mit dem Ansteigen des Kaspischen Meeres sehen wir hier auch das Hochwasserniveau der Wolga bei Astrachan sich von 279 Centimeter auf 341 Centimeter, also um 62 Centimeter erheben. Ein ursächlicher Zusammenhang beider Erscheinungen ist bei ihrer Gleichzeitigkeit außerordentlich wahrscheinlich.

Allein darf diese Hebung des Wolgaspiegels bei Astrachan als ein Zeichen verstärkter Wasserführung des Flusses angesehen werden? Ließe sich dieselbe nicht bei dieser, der Wolgamündung so nahe und noch nicht 1 Meter über dem Niveau des Kaspischen Meeres gelegenen Pegelstation auf eine Rückstauung des Flusswassers infolge der Hebung des Meeresspiegels zurückführen? Dem widerspricht, dass das Anschwellen des Wolga-Hochwassers um 62 Centimeter bedeutender ist als die Hebung des Meeresspiegels in der Sommerzeit, die für den Juli nur 42 Centimeter beträgt; dann ist aber vor allem das Anschwellen der Wolga in der zweiten Hälfte der Sechziger Jahre keineswegs auf ihr Mündungsgebiet beschränkt. Auf ihrem ganzen Lauf ist sie in diesen Jahren durch besonders gewaltige Hochfluthen ausgezeichnet. Das Jahr 1867 brachte das größte Hochwasser innerhalb der letzten 40 Jahre; es wurde veranlasst durch den außerordentlichen Schneefall des Winters 1866—67.[1]) Auch das Hochwasser von 1868 war sehr hervorragend. Es kann also nur die Hebung des Kaspischen Meeres der vermehrten Wasserführung der Wolga zugeschrieben werden; die letztere ist die Ursache, das Steigen des Kaspischen Meeres die Folge.

Ein Vergleich mit dem Regenfall im Einzugsgebiet des Kaspischen Meeres bestätigt diesen Schluss. Derselbe wird repräsentiert durch die Stationen Baku und Astrachan am Gestade des Kaspischen Meeres. Tiflis im Kaukasus, Slatoust im Ural, Lugan im südlichen und St. Petersburg im nördlichen Russland. Es mag befremden, dass diese Stationen, die einzigen mit längeren Beobachtungsreihen, die wir benutzen konnten, nur zum Theil im Einzugsgebiete des Kaspischen Meeres liegen, während Lugan und St. Petersburg zwar nicht allzu weit von der Wasserscheide entfernt, allein doch jenseits derselben sich befinden. Gleichwohl dürfen dieselben entsprechend dem Gesetz, dass bedeutende Abweichungen der Witterung von der normalen sich über weite Landgebiete ausdehnen, als Repräsentanten des Einzugsgebietes der Wolga und der anderen, dem Kaspischen Meer tributären Flüsse betrachtet werden.

---

[1]) Woeikow in den Abhandlungen meteorologischen Inhaltes, besonders abgedruckt aus den Publicationen der k. russischen geographischen Gesellschaft. Nr. 1 St. Petersburg 1871. S. 63.

Fast an allen Stationen erkennen wir einen plötzlichen Sprung im Regenfall, der der Änderung des Wasserstandes im Kaspischen Meer entspricht. Im zweiten Lustrum der Sechziger-Jahre fielen durchschnittlich pro Jahr in Tiflis 83 Millimeter, in Baku 15 Millimeter, in Astrachan 40 Millimeter, in Lugan 97 Millimeter und in St. Petersburg 115 Millimeter mehr als in den einzelnen Jahren des ersten Lustrums. Eine Abweichung hiervon zeigt das Uralgebirge, woselbst das zweite Lustrum der Sechziger-Jahre noch trockener war als das erste. Eine Steigerung der Niederschläge findet hier erst nach 1870 statt.

Drücken wir die Lustrenmittel der einzelnen Stationen in Procenten des Mittels der Jahre 1851 bis 1880 aus und bilden dann für jedes Lustrum aus den 5 Stationen ein allgemeines Lustrenmittel, so repräsentiert uns dieses bis zu einem gewissen Grade das Verhältnis des Regenfalls jenes Lustrums im ganzen Einzugsgebiet des Kaspischen Meeres zum langjährigen Mittel. Auch in diesem Generalmittel tritt als der schärfste Sprung derjenige von 87% 1861—65 auf 102% 1866—70 auf. Dieser parallele Gang lässt schon direct einen Zusammenhang zwischen Wasserstand und Regenfall vermuthen. Die quantitative Behandlung der Frage erhebt diese Vermuthung zur Gewissheit.

Im Laufe eines Jahres wird durchschnittlich dem Kaspischen Meer eine Wassermasse zugeführt, welche sein Niveau um 109 Centimeter erhöhen würde,[1]) wenn nicht die Verdunstung sie aufzehrte; also in fünf Jahren eine Wassermasse äquivalent einer Erhöhung um 545 Centimeter. Ist nun das Meer von 1861—65 auf 1866—70 um 38 Centimeter gestiegen, so muss um diesen Betrag die Wasserzufuhr im Lustrum über die Verdunstung überwogen haben: d. h. es fand, sofern die Verdunstung als unverändert betrachtet wird, eine Vermehrung der Wasserzufuhr um 8% statt, veranlasst durch eine entsprechende Vermehrung des Regenfalls. Thatsächlich betrug die letztere im Mittel unserer sechs Stationen 15%, also mehr als erforderlich wäre zur Hebung des Niveaus um die beobachtete Größe. Es folgt hieraus, dass in dem Lustrum 1866—70 auch die Verdunstung größer gewesen sein dürfte als normal, und in der That geht dieses indirect aus der Temperatur hervor: Es hatte 1861—65 die Wolga im Durchschnitt 254 eisfreie Tage, 1866—70 aber 277. Aus den Angaben von Köppen entnehmen wir ferner, dass das fragliche Lustrum zu warm war in Süd-Russland um 0.14°, in Nordwest-Russland um 0.08°, im Ural um 0.54°, im Mittel um 0.20° C.

Wenn sich in dieser Weise im Großen ein übereinstimmender Gang in den Lustrenmitteln des Niederschlages und des Wasserstandes im Kaspischen Meer zeigt, so ist dieses doch nicht mehr in gleichem Maß der Fall bei dem Gang der Elemente von Jahr zu Jahr. Und in der That kann es auch nicht anders sein, da die in Betracht kommenden veränderlichen Factoren naturgemäß von Jahr zu Jahr weit mehr wechseln als von Lustrum zu Lustrum. Dazu kommt der Umstand, dass der Wasserstand des Kaspischen Meeres überhaupt nicht den Änderungen des Niederschlages von einem bürgerlichen Jahr zum andern, sondern vielmehr von einem Winter zum andern folgt, erhält es doch seinen größten Zufluss durch die Schneeschmelze in den weiten Ebenen Russlands. Man findet daher eine bessere Übereinstimmung zwischen Wasserstand und Regenfall, wenn man die Jahressummen des letzteren von October zu October bildet. Allein selbst diese Zahlen bedürfen einer Correction, da von den sommerlichen Niederschlägen nur 20—25% zum

[1]) Woeikow: Klimate der Erde II, 1887, S. 266.

Meer gelangen, von den winterlichen aber 60—70%. Eine Vermehrung der Jahressumme durch besonders ergiebige Sommerregen übt daher nur ein Drittel des Effects auf den Wasserstand des Meeres aus, wie eine Vermehrung der winterlichen Schneefälle um den gleichen Betrag. Eine weit bessere Parallelität im Gang von Jahr zu Jahr als zwischen Regenfall und Wasserstand des Kaspischen Meeres treffen wir daher zwischen der Wasserstandsbewegung in letzterem und in der Wolga, besonders wenn wir die Änderungen der Temperatur, d. h. die Verdunstung mit in Betracht ziehen.

Überblicken wir die Tabelle, so zeigen sich in derselben einige große Züge ausgesprochen. Oben hatten wir um 1847 ein kurz dauerndes Maximum des Wasserstandes im Kaspischen Meer kennen gelernt, das sich noch im Jahre 1851 mit einem Wasserstand von + 3 Centimeter bemerkbar macht. In den folgenden Jahren sank das Wasser so stark, dass das Lustrummittel 1851—55 sehr niedrig ausfällt. Einem Minimum begegnen wir in den Jahren 1856—60; auf dieses Lustrum wie auf das folgende fällt auch im Durchschnitt ein Minimum des Regenfalles. Seit 1866 bis 1880 ist der Wasserstand im Kaspischen Meer gestiegen und hat der Regenfall im gesammten Einzugsgebiet zugenommen.

Wenden wir uns dem Zeitraum zu, welcher dem Minimum voranging, so sehen wir, dass derselbe wieder durch intensiven Regenfall ausgezeichnet ist. Es betrug derselbe:

	Tiflis	Baku	Astrachan	Lugan	St. Petersburg	Slatoust	Mittel		Slatoust
	mm	mm	mm	mm	mm	mm	%		mm
1841—55	(488)	(205)	(146)	341	429	479	101	1841—55	479
1856—65	458*	216*	120*	296*	396*	478*	87*	1856—70	450*
1866—80	499	247	176	410	546	483	109	1871—80	529

Die Mittel, bei denen ein Lustrum fehlt, sind durch Klammern ausgezeichnet.

Bei Slatoust scheint das Minimum 1856—65 zu fehlen, allein sobald man das Lustrum 1866—70 noch zu der mittleren Gruppe hinzuschlägt, erscheint es auch hier scharf und deutlich.

Dem Maximum des Regenfalles 1841—55 entspricht ein Ansteigen des Kaspischen Meeres zum Maximum um 1847. Wie im Kaspischen Meer dieses Anschwellen sehr viel geringer ist, als das mit 1866 beginnende, so ist auch das erste Maximum des Regenfalles kleiner als dasjenige 1866—80. Es spiegelt sich der Gang des Regenfalles genau in der Schwankung des Kaspischen Meeres wieder.

Zu einem ähnlichen Resultat gelangt man betreffs der Frage nach einer Abhängigkeit der Wasserstands-Schwankungen von den Schwankungen der Temperatur. Um möglichst natürliche Gruppen zu bilden, ergab sich die Nothwendigkeit, dieselben um fünf Jahre gegen die Gruppen des Regenfalles zurückzuschieben. Es war die Temperatur verglichen mit der normalen in

	Süd-Russland	Nordwest-Russland	Südost-Russland	Mittel
1836—50	—0.14	—0.20	—0.05	—0.13
1851—60	+0.21	+0.24	+0.28	+0.24
1861—75	—0.04	—0.09	—0.06	—0.06

Auch hierin liegt eine Schwankung ausgesprochen: auf eine kühle Periode folgt eine entschieden warme 1851—60, welche wieder von einer kühlen abgelöst wird. Allein die Schärfe der Schwankung ist viel geringer als beim Regenfall; dies ist schon daraus ersichtlich, dass dieselbe in den Lustrenmitteln nur zum Theile deutlich zu Tage tritt: ausgesprochen kalt ist hier das Lustrum 1836—40; die Temperatur steigt und erreicht ihr Maximum in dem ausgesprochen warmen Lustrum 1851—55. Wenn auch in den folgenden Jahren insofern eine Abnahme der Temperatur stattfindet, als keines der Lustren die Temperatur des Lustrums 1851—56 erreicht, so schwankt doch thatsächlich die Curve ziemlich unbestimmt hin und her.

Aus der letzten Tabelle scheint hervorzugehen, dass die Temperatur in gleichem Sinn auf den Wasserstand einwirkt, wie der Niederschlag. Allein wenn wir uns zur Prüfung dieses Resultates den Lustrenmitteln zuwenden, so müssen wir gestehen, dass nur die warmen Jahre 1851—55, vielleicht auch noch 1856—60 mit dem tiefen Stand des Meeresspiegels in Einklang stehen, hingegen dem kalten Lustrum 1861—65 ein tiefer Stand und demjenigen 1836—40 sogar ein intensives Fallen entspricht. Umgekehrt ist das starke Anschwellen des Meeres in der zweiten Hälfte der Sechziger-Jahre von relativ hoher Temperatur begleitet. Wir sehen hieraus, dass die Temperatur während der letzten Schwankung des Meeresspiegels eine ganz untergeordnete Rolle gespielt hat.

Es führt sich die Schwankung des Wasserstandes im Kaspischen Meer seit den Vierziger-Jahren auf eine große Schwankung des Regenfalles in seinem Einzugsgebiet zurück, eine Abnahme desselben bis zum Beginn der Sechziger-Jahre und eine Zunahme nach jener Zeit. Nur zum Theil verstärkt wird diese Schwankung durch eine Schwankung der Temperatur.

Die große und langdauernde Schwankung des Regenfalles im Gebiet des Russischen Reiches scheint bis vor kurzem eine entsprechende Aufmerksamkeit nicht gefunden zu haben. Nur F. Th. Köppen ist geneigt aus dem periodischen Auftreten der *Cecidomyia destructor* (Gallmücke) im südlichen Russland auf eine circa 28jährige Periodicität des Regenfalles zu schließen, da dieses Insect besonders in feuchten Jahren gedeiht, so in Charkow 1852 und 1880[1]). Als Bestätigung seiner Ansicht führt er eine Äußerung von Morosow an, nach welcher in der Ukraine Anzeichen für eine 30jährige Periode des Regenfalles vorliegen sollen.[2]) In allerletzter Zeit hat auch Wild eine ungefähr 40jährige Periode des Regenfalls für einige Stationen Russlands vertreten[3]). Er gelangt zu dem Schluss, dass fast überall im Russischen Reich um das Jahr 1863 eine Epoche geringer Niederschläge stattgefunden hat. Sein Ergebniss deckt sich also, wenigstens für die letzten 50 Jahre, mit dem von mir wenige Monate vor dem Erscheinen seines großen Werkes ausgesprochenen und hier ausführlich entwickelten Resultat.[4])

Die Schwankungen des Regenfalles und der Temperatur erscheinen von tief einschneidender Bedeutung für das gesammte von ihnen be-

[1]) F. Th. Köppen: Schädliche Insecten. II. Abtheilung des III. Bandes. St. Petersburg 1883. S. 338 (in russischer Sprache).

[2]) F. Th. Köppen a. a. O. S. 529: die Abhandlung Morosows über schädliche Insecten, welche in den Verhandlungen des Kreistages 10.—19. Februar 1882 zu Charkow (S. 97) erschien, vermochte ich nicht einzusehen.

[3]) Wild: Regenverhältnisse des Russischen Reiches. Supplementband zum Rep. f. Met. St. Petersburg, 1887. S. 80; gedruckt auf Verfügung der Petersburger Akademie der Wissenschaft, die vom October 1887 datiert.

[4]) Vgl. meinen am 14. April 1887 vor der Versammlung der meteorologischen Gesellschaft zu Karlsruhe gehaltenen Vortrag, der in kurzem Auszug im Juni-Heft 1887 der Meteorologischen Zeitschrift wiedergegeben und im Februar-Heft 1888 der Annalen der Hydrographie in extenso abgedruckt wurde.

troffene Gebiet, vermögen sie doch Flüsse und Seen zu beeinflussen. In regnerischen und kühlen Perioden schwillt das Hochwasser der Wolga bedeutender an, als es sonst zu geschehen pflegt: das Niedrigwasser sinkt nicht bis zu seinem tiefen Niveau herab. Es hebt sich der Spiegel des Kaspischen Meeres, dasselbe tritt über seine flachen Ufer aus und überschwemmt die Gefilde. Schwankungen der wichtigsten klimatischen Elemente von solcher Dauer und solcher Wirkung sind offenbar ihrem Wesen nach grundverschieden von den unregelmäßigen, rasch aufeinander folgenden Schwankungen der Witterung von Jahr zu Jahr. Sie stehen ihrer Dauer und Wirkung nach in der Mitte zwischen diesen und den klimatischen Änderungen, welche sich in der geologischen Vergangenheit vollzogen und in der Diluvialzeit den Wechsel der Eiszeiten und Interglacialzeiten hervorbrachten. Gerade den letzteren sind sie, wie sich zeigen wird, darin verwandt, dass sie auf sämmtliche hydrographischen Phänomene einwirken, welche in der Diluvialzeit den Änderungen des Klimas folgten.

Jene in rasch aufeinander folgenden Ausschlägen vor sich gehenden Schwankungen der jährlichen Mittelwerthe der meteorologischen Elemente nach beiden Seiten einer Mittellinie bezeichnet man als den Wechsel der Witterung von Jahr zu Jahr. Klimaänderungen nennt man den Wechsel kalter und warmer, feuchter und trockener Perioden in der geologischen Vergangenheit. Schwankungen der Mittellinie, um welche der Wechsel der Witterung von Jahr zu Jahr stattfindet, wie wir sie oben kennen gelernt haben, hat man wohl als säculare Schwankungen der Witterung bezeichnet;[1]) allein bei ihrer Bedeutung dürfen wir es wagen, sie mit dem Namen von Klimaschwankungen zu belehnen; denn es ändert sich mit ihnen thatsächlich das Klima. Wir stützen uns hierbei auf die Autorität eines Hann. 1867 spricht Hann vom Sinken des Kaspischen Meeres, des Todten Meeres u. s. w. und schließt mit den Worten: »Dies sind Beispiele von Anzeichen klimatischer Änderungen, von denen die aus der Gegenwart das größte Interesse in Anspruch nehmen.«[2]) 1867 begann am Kaspischen Meer eine Periode des Anschwellens; an die Stelle der Lehre von der einseitigen Änderung seines Wasserstandes tritt diejenige einer Schwankung desselben; auf die »klimatische Änderung« Hann's vor 1867 folgt seit jener Zeit eine klimatische Änderung in entgegengesetzter Richtung; an Stelle der von Hann hervorgehobenen Klimaänderung setzen wir eine Klimaschwankung. Eine Klimaschwankung, welche das ganze Gebiet des Kaspischen Meeres erlebte, ist die Ursache der Schwankung seines Wasserstandes seit den Vierziger-Jahren.

Der Spiegel des Kaspischen Meeres hat auch in jenen Zeiten, in denen es noch keine meteorologischen Beobachtungen in diesem Gebiet gab, Veränderungen erlitten, welche wir oben kennen lernten. Um 1743, ferner um ca. 1810 und 1847 erreichte derselbe einen höchsten, um 1715 und 1765, 1843 und 1856—60 einen tiefsten Stand. Wie die letzte Schwankung als Folge einer großen Klimaschwankung sich erwies, so dürfen wir auch aus den älteren Schwankungen des Kaspischen Meeres auf gleichzeitige Oscillationen des Klimas schließen in der Weise, dass die Zeiten hohen Wasserstandes nass oder kalt oder beides gleichzeitig waren, die Zeiten tiefen Wasserstandes hingegen trocken oder warm oder beides gleichzeitig. Bezeichnen wir als eine Periode hohen Wasser-

[1]) So Lang in der Zeitschrift für Meteorologie 1885. S. 443.
[2]) Hann in der Zeitschrift der Ges. f. Meteorologie. Bd. II. 1867. S. 115.

standes den Zeitraum von dem Beginn des intensiven Steigens bis zum Beginn des intensiven Fallens, andererseits als Periode niedrigen Wasserstandes, den Zeitraum vom Beginn des intensiven Fallens bis zum Beginn des intensiven Steigens, indem wir gleichzeitig die Jahreszahlen auf 5 Jahre abrunden, so würde sich dann nachfolgende Chronologie der Klimaschwankungen für das Einzugsgebiet des Kaspischen Meeres ergeben:

Trocken oder warm	Nass oder kühl.
1715—1730	1730—1750
1750—1770	1770—1815
1815—1845	1845—1855
1855—1865	1865—1880

Die Dauer der nassen und der trockenen Zeiträume umfasst bald 10, bald 20 oder 30, einmal sogar 45 Jahre.

In der That ergibt sich eine Bestätigung dieser von uns gemuthmaßten Klimaschwankungen aus den nachweisbaren Schwankungen der Temperatur im vorigen Jahrhundert.

Wenn nämlich auch exacte meteorologische Beobachtungen am Thermometer und am Regenmesser im Gebiet des Kaspischen Meeres nicht über das Jahr 1837 zurückreichen, so besitzen wir doch in den Berichten der Reisenden manche werthvolle Andeutungen über säculare Änderungen der Witterung, die, wie wir oben sahen, schon früh mit den Schwankungen des Wasserstandes in Beziehung gebracht wurden.

In der Topographie des Orenburgischen Gouvernements von Rytschkow[1]) heißt es, nachdem das Steigen des Kaspischen Meeres von 1715—1743 geschildert ist: »Wenn die Einwohner sich nicht täuschen, was bei ungebildeten Leuten leicht möglich ist, so findet bei höherem Wasser eine Zunahme von Kälte, bei niedrigem eine Zunahme von Hitze in der Umgebung dieses Meeres statt. Indessen ist so viel gewiss, dass in den Jahren 1741 und 1742 fast alle Gartengewächse, besonders die zarten Bäume, wie Pfirsiche, Nüsse und ähnliche erfroren; und alle behaupten einstimmig, dass schon seit 10 Jahren die Sommerhitze geringer sei, was einem geschickten Physiker auszumitteln bleibt.« Damit stimmt völlig eine Angabe von Pallas aus 1769 überein:[2]) »In eben dem Jahre (des intensiven Steigens 1730) ist in diesen Gegenden (an der Uralmündung) der Schneefall, der bis dahin, wie der Winter überhaupt, sehr gering war, so stark gewesen, dass der Schnee den Mauern der Festung gleich gelegen. Vorher dauerte der rechte Winter 2 Monate, und die Schifffahrt war vom März bis zum Januar offen; nachher sind die Winter strenger und anhaltender geworden und das Eis steht nunmehr viel länger. Doch ist diese Kälte auch mit erfolgter Abnahme der See wieder etwas gemildert. Diese Abnahme aber hat bis etwa vor 3 Jahren (also bis 1766) gedauert.« Auch Hanway erwähnt des zeitlichen Zusammenfallens kalter Witterung mit dem Steigen des Meeres.

Allein weit werthvolleres und exacteres Material, um die Frage nach langjährigen Schwankungen der Temperatur und damit des Klimas zu beantworten, besitzen wir in den sorgfältigen Aufzeichnungen über das Aufgehen und Gefrieren der Flüsse, welche zum Theil bis 1700 zurückreichen.

[1]) Rytschkow a. a. O. S. 147.
[2]) Pallas a. a. O. Bd. I, S. 434.

Es ist einleuchtend, dass, je tiefer die Temperatur eines Jahres ausfällt, desto mehr die eisfreie Zeit des Flusses verkürzt wird und umgekehrt. Allerdings hängt das Aufbrechen des Flusseises und der Beginn des Eisganges nicht nur von der Temperatur an Ort und Stelle ab, sondern weit mehr noch von dem Anschwellen seines Wassers, welches die Eisdecke emporhebt und sprengt. Das Anschwellen der russischen Flüsse ist aber wieder ganz von der durch die Temperatur bedingten Schneeschmelze abhängig und tritt, je nachdem die letztere früher oder später beginnt, auch früher oder später ein. Dadurch wirkt auf das Aufgehen eines Flusses an gewisser Stelle die wärmere oder kältere Witterung oberhalb ein. In jedem Fall ist der Zeitpunkt des Aufgehens wie des Gefrierens, also auch die Dauer der eisfreien Zeit von Jahr zu Jahr an ein und derselben Beobachtungsstation eine fast ganz reine Function der Temperatur an der Station selbst und in dem oberhalb derselben gelegenen Stromgebiete. Diese kurze Erörterung möge uns als Grundlage für die folgenden Ausführungen genügen. Wir werden weiter unten Gelegenheit haben, in strengerer Form auf das Verhältnis der Temperatur zur Dauer der winterlichen Eisdecke zu sprechen zu kommen.

Schwankungen der eisfreien Zeit an russischen Strömen in Abweichungen (Tagen) vom vieljährigen Mittel.

Jahre	Dwina bei Archangelsk	Newa bei St. Petersburg	Mittel von 11 Stationen	Zahl der —	Zahl der +	Jahre	Dwina bei Archangelsk	Newa bei St. Petersburg	Mittel von 11 Stationen	Zahl der —	Zahl der +
Normal	176	218				1791—95	— 7.4	7.0	—2.1	3	3
1706—10	—	10.6[1])	10.6	—	1	1796—00	1 0	2.4	0.2	1	3
1711—15	—	2 0	2.0	—	1	1801—05	— 8.4	— 3.4	—4.3	5	1
1716—20	—	— 3.6	— 3.6	1	—	1806—10	—11.8	—15.2	—6.2	7	1
1721—25	—	9.2	9.2	—	1	1811—15	—10.8	— 0.8	—7.4	8	1
1726—30	—	11.0	11.0	—	1	1816—20	— 9.4	—10.8	—1.9	6	4
1731—35	—	1.8	1.8	—	1	1821—25	4 4	22.6	7.7	2	7
1736—40	— 8.4	—13.0	—10.7	2	—	1826—30	8.2	17.2	4.5	4	6
1741—45	— 0.2	— 2.2	—11.2	2	—	1831—35	4.8	2.8	—3.4	7	4
1746—50	— 8.0	—12.0	—10.0	2	—	1836—40	5.0	— 1.2	—1.9	6	5
1751—55	11.8	10.2	11.0	—	2	1841—45	— 7.2	— 1.4	—8.9	7	4
1756—60	—13.8	0.8	— 6.5	1	1	1846—50	4.6	8.6	2.0	4	6
1761—65	2.0	8 8	7.8	—	4	1851—55	9.2	— 7.8	1.1	3	6
1766—70	2.8	4.3	6.1	—	4	1856—60	5.6	— 6.2	—1.1	4	5
1771—75	19.8	— 6.8	1.4	3	1	1861—65	1.2	0.0	—0.7	4	7
1776—80	— 2 2	— 4.4	— 3.8	3	1	1866—70	— 1.4	0.6	3.5	2	8
1781—85	3.0	— 2.0	0.4	8	3	1871—75	2.2	— 6.0	—0.2	5	5
1786—90	— 1.4	—10.7	— 2.7	6	—	1876—79	11.4	5.8	7.9	2	8

Das Material über das Aufgehen und Gefrieren der russischen Flüsse ist in jüngster Zeit von **Rykatschew** gesammelt und publiciert worden.[2]) Ich habe aus demselben für zahlreiche Stationen an verschiedenen Flüssen Lustrenmittel abgeleitet; dieselben sind unten im Capitel VIII publiciert. 11 der betreffenden Stationen habe ich, nachdem ich jedes Lustrenmittel durch die Abweichung vom langjährigen Mittel ausgedrückt hatte zu einem Generalmittel vereinigt, das ich hier mittheile. Beigefügt habe ich außerdem die Lustrenmittel der beiden längsten Reihen, die an der Newa zu St. Petersburg und an der Dwina zu

[1]) 4 Jahre.

[2]) **Rykatschew**: Über den Auf- und Zugang der Gewässer im Russischen Reich. St. Petersburg. 1887. II. Supplementband zum Repertorium für Meteorologie

Archangelsk gewonnen wurden. Die Zahlen bedeuten Abweichungen von dem langjährigen Mittel der eisfreien Zeit, so dass also durch — die kalten und durch + die warmen Jahre charakterisiert sind. Um über die Bedeutung der Generalmittel sich ein Urtheil bilden zu können, ist noch für jedes Lustrum die Zahl der — und die der + angegeben.

Von den 11 benutzten Reihen bezieht sich genau genommen nur etwa die Hälfte auf das Gebiet des Kaspischen Meeres; die Onega und die nördliche Dwina ergießen sich in das weiße Meer. Die Ssuchona und die Ssyssola sind Nebenflüsse der Dwina und allein die Bjelaja, die Wjatka und die Kama gehören dem System der Wolga und dadurch demjenigen des Kaspischen Meeres an.

Betrachten wir unsere Tabelle, so erkennen wir, dass Zeiträume, in denen die Zahl der eisfreien Tage unter dem langjährigen Mittel bleibt, abwechseln mit solchen, wo dieselbe sich über jenes erhebt. Die Beobachtungen zu St. Petersburg z. B. lehren uns, dass im Gebiet der Newa die folgenden Jahre waren:

warm	kalt
1706—35	1736—50
1751—70	1771—90
1791—1800	1801—20
1821—35	1836—60
1861—79	—

Dass dieses Resultat nicht etwa nur ein scheinbares, veranlasst durch zufällige Combination von je 5 Jahren, sondern in den Thatsachen begründet ist, ergibt sich, wenn man nicht einfach von Lustrum zu Lustrum 5jährige Mittel bildet, sondern für jedes einzelne Jahr das Mittel aus den nächst benachbarten Jahren setzt. Ich habe dieses für die Dwina und die Newa in 10jährigen Mitteln durchgeführt und weiter unten im Capitel VIII die Reihen vollständig wiedergegeben, um an ihnen die Zuverlässigkeit unserer Lustrenmittel darzuthun.

Wir erhalten aus dieser Tabelle Zeiträume zu hoher, beziehungsweise zu niedriger Temperatur.

Newa		Dwina	
kalt	warm	kalt	warm
—	1710—33	—	—
1734—49	1750—69	1738—48	1749—54
1770—92	1793—1800	1755—64	1765—85
1801—16	1817—36	1786—1820	1821—39
1837—63	1864—76	1840—47	1848—74

Es wechseln nach den Beobachtungen an beiden Flüssen warme und kalte Zeiträume ab. An beiden Stationen finden innerhalb der Periode, in welcher beide functionierten, je 7 Zeichenwechsel statt. Drei von diesen Zeichenwechseln vollziehen sich an beiden Flüssen nahezu gleichzeitig: 1748—49, 1816—20, 1836—39, während die anderen nicht unerheblich weit aus einander fallen. Bezeichnen wir mit allgemein warm, beziehungsweise allgemein kalt die Zeiträume, in welchen beide Reihen gleiche Vorzeichen besitzen, so finden wir

allgemein kalt	allgemein warm
—	1710—1733
1734—1748	1750—1754 1765—1769
1786—1792	1797—1798
1801—1816	1821—1836
1840—1847	1864—1876

Wenig sicher gestellt sind hier in ihrem Werth die warme und die kalte Periode zwischen 1786 und 1798, welche nur ganz wenige Jahre umspannen.

Fassen wir die letzten zwei Columnen der Tabelle ins Auge, in denen die Beobachtungen an allen Flüssen gleichsam condensiert sind, so sehen wir, dass um die Jahre 1810 und 1840 die Flüsse überhaupt im Mittel spät aufgehen und früh gefrieren, hingegen um die Jahre 1825 und 1865 sehr lange eisfrei sind.

Berücksichtigen wir das Verhältnis der Anzahl der Minus- und Plus-Vorzeichen! Überwiegen erstere, so erscheint der Zeitraum als eine Kälteperiode, überwiegen letztere, als eine Wärmeperiode. Darnach ergaben sich die Schwankungen der Temperatur folgendermaßen. Die Jahreszahlen sind den Endpunkten der Lustren entsprechend abgerundet.

Nach der Dauer der Eisbedeckung der Flüsse		Nach den Schwankungen des Kaspischen Meeres	
kalt	warm	nass oder kalt	trocken oder warm
—	(1706)—1735	—	1716—1730
1736—1750	1751—1770	1731—1750	1751—1770
1771—1790	1791—1800	1771—1815	—
1801—1820	1821—1830		1816—1845
1831—1845	1846—1880	1846—1855	1856—1865
		1866—(1880)	—

Es wechselten im gesammten europäischen Russland Zeiträume, in denen die Mehrzahl der Flüsse länger als normal eisfrei blieben, mit solchen ab, in welchen die Eisdecke eine abnorm lange Dauer besitzt; es alternierten demnach warme und kalte Perioden, deren Ausdehnung seit Anfang des 18. Jahrhunderts durch die Jahreszahlen annähernd gegeben ist.

Ich habe oben eine Übersicht der Klimaschwankungen beigefügt, deren Existenz wir nach den Schwankungen des Wasserstandes des Kaspischen Meeres vermutheten, und mit Befriedigung müssen wir wahrnehmen, dass sich beide Resultate zum Theil völlig decken. Dass mehrfach Verschiebungen der Grenzen stattfinden, kann uns nicht Wunder nehmen, sind doch die vorliegenden Zahlen, vor allem diejenigen für das Kaspische Meer, nur rohe Annäherungen.

Allein an zwei Punkten ergibt sich eine nicht unwesentliche Incongruenz. Die, nach der Dauer der Eisdecke zu urtheilen, durch eine Wärmeperiode getrennten Kälteperioden 1771—90 und 1801—20 verschmelzen in ihrem Effect auf den Wasserstand des Kaspischen Meeres in eine einzige, welche sich über die Jahre 1770—1815 ausdehnt. Doch erkennen wir aus unserer Tabelle, dass jene Wärmeperiode 1791—1800 sehr wenig intensiv war: von zehn Lustrenmitteln der einzelnen Flüsse weisen nur sechs eine abnorm lange Dauer der eisfreien Zeit auf, während vier eine abnorm lange Dauer der Eisdecke erkennen lassen. In der That verschwindet auch diese Wärmeperiode fast ganz im allgemeinen Mittel der Abweichungen. Wenn dieselbe daher keinen wesentlichen Einfluss auf den Wasserstand des Kaspischen Meeres ausgeübt hätte, so wäre das verständlich. Doch mag sich das scheinbare Fehlen einer entsprechenden Senkung des Wasserstandes auch aus dem Mangel jeglicher Beobachtungen im kritischen Decennium erklären.

Die zweite weit bedeutendere Incongruenz betrifft den ganzen Zeitraum seit 1830. Da ist zunächst die jüngste Vergangenheit, welche nach den Bewegungen des Kaspischen Meeres, sowie nach unseren oben Seite 75 gegebenen Temperaturabweichungen eher eine kühle genannt werden müsste, gleichwohl aber eine Beschränkung der eisfreien Jahreszeit der Flüsse nicht aufweist.

Man könnte den Grund hierfür in der Steigerung des Schiffsverkehrs suchen wollen, für welchen eine Fahrstraße möglichst lange künstlich freigehalten wird, wie auf der Elbe. Während die Elbe bei Hamburg in früheren Jahren regelmäßig für kurze Zeit ganz zufror, wird dieses heute fast immer völlig verhindert. Allein das kann nur für Flüsse mit erheblichem Verkehr gelten, wie die Newa bei St. Petersburg, die Dwina bei Archangelsk, die ganze Wolga, gewiss aber nicht für kleinere Flüsse, wie die Ssyssola, Onega, Ssuchona, Wjatka und Bjelaja. Der gegenüber den großen Schwankungen vor 1850 entschieden unbestimmte und verschwommene Gang der Temperatur in den letzten dreißig Jahren dürfte Thatsache sein. Es stimmt das auch ganz gut mit den Temperaturbeobachtungen, wenn wir auf die einzelnen Lustren zurückgehen; wir entsinnen uns des ziemlich regellosen Auf- und Abspringens der Lustrenmittel der Temperatur (Seite 75) innerhalb des letzten Zeitraumes.

Doch reicht der Mangel an Übereinstimmung zwischen den Schwankungen des Kaspischen Meeres und denjenigen der Temperatur weiter zurück. Während der ganzen Kälteperiode 1831—1845 sinkt das Kaspische Meer statt zu steigen und erst in der folgenden Wärmeperiode 1846—1847 vollzieht sich eine Hebung desselben. Es schließt sich die Bewegung des Kaspischen Meeres in diesen Jahren eng der Bewegung des Regenfalles, hingegen fast gar nicht der Bewegung der Temperatur an. Hieraus geht hervor, dass in den letzten fünfzig Jahren der Einfluss des Regenfalles bei weitem über denjenigen der Temperatur überwog. Um so auffallender ist die völlige Übereinstimmung zwischen Wasserstand und Temperatur vor 1830: aus derselben müssen wir schließen, dass der mächtige Einfluss des Regenfalles der Wirkung der Temperatur nicht entgegentrat, sondern dieselbe unterstützte. Es dürften die kühlen Perioden auch regenreich, die trockenen regenarm gewesen sein. Ich glaube dieses umsomehr annehmen zu müssen, als nach allem, was wir wissen, die Schwankungen vor 1830 sehr viel bedeutender waren als seit jener Zeit. Von 1715 haben wir ein sehr bedeutendes Steigen des Spiegels bis 1743, nach Lenz um etwa 3 Meter; ein Sinken um 2—3 Meter ist für die Jahre 1815—1830 sichergestellt. Klein sind demgegenüber in der Zeit der Discrepanz der Temperatur und des Regenfalles das kurzdauernde Ansteigen von 1847 um circa 3/4 Meter und selbst das langdauernde der letzten Jahre seit 1867 zu nennen. So gewaltige Schwankungen wie diejenigen vor 1830 scheinen offenbar nur möglich, wenn der Regenfall der Temperatur zu Hilfe kommt.

Die langen Reihen der Beobachtungen über Auf- und Zugang der Gewässer erlauben uns einer Frage näher zu treten, wenn wir auch ihre Lösung nicht völlig zu erbringen vermögen. Aus welchen Ursachen stand allem Anschein nach das Wasser des Kaspischen Meeres während des ganzen Zeitraumes 1730—1815 um etwa 2—3 Meter höher als von 1830—1880? Beiden Zeiträumen gehören Perioden des Sinkens und Perioden des Steigens an, die sich um jene Mittellage herum vollziehen.

Wir bilden für diese Zeitabschnitte Mittel der Dauer der eisfreien Zeit der Flüsse und finden:

	Stand des Meeres	Eisfreie Zeit der Flüsse
1700—1730	tief	+5.8
1730—1815	hoch	—2.1
1815—1880	tief	+1.0

Darnach wäre jener Unterschied im Stande des Kaspischen Meeres auf einen Unterschied der Temperatur zu schieben: Die Gegenwart seit 1815 ist wärmer als die Zeit 1730—1815 es war. Es scheinen sich also neben jenen relativ kurzdauernden Schwankungen des Klimas solche von mehr als hundert Jahren Länge abzuspielen.

Wir sind am Ende unserer Ausführungen über das Kaspische Meer und seine Schwankungen; man gestatte uns einen kurzen Rückblick. Wir erkannten aus exacten Pegelmessungen, dass das Kaspische Meer seit 1850 eine erhebliche Schwankung seines Wasserstandes erlebt hat; ein Vergleich mit den Resultaten meteorologischer Beobachtungen führte zu der Erkenntnis, dass in lang dauernden Schwankungen der Witterung, vor allem des Regenfalles, die Ursachen jener Schwankungen des Wasserstandes zu suchen wären. Durch Überlieferung ist uns Kunde von früheren Schwankungen des Kaspischen Meeres seit dem Anfang des 18. Jahrhunderts geworden. Es lag die Vermuthung nahe, dass jene alten Schwankungen gleich den heute vor unseren Augen sich vollziehenden auf Schwankungen des Regenfalles und der Temperatur zurückzuführen sind. Diese Vermuthung wurde zur Gewissheit, als wir durchaus entsprechende Schwankungen der Temperatur aus der wechselnden Dauer der Eisbedeckung der Flüsse bis 1700 zurück nachzuweisen vermochten. Dass auch der Regenfall gleichzeitige und entsprechende Schwankungen seit Anfang des 18. Jahrhunderts erlitt, erschien außerordentlich wahrscheinlich.

Wir gelangen zu dem Schluss: Das gesammte europäische Russland von der Dwina im Norden bis zur Wolgamündung und dem Kaukasus im Süden, von den Abhängen des Ural im Osten bis zu der Newa und dem Dnjeper im Westen erlebte seit Anfang des 18. Jahrhunderts großartige Schwankungen des Klimas, nasse Kälteperioden um die Jahre 1745, 1775, 1810, 1845 und 1880 und trockene Wärmeperioden um die Jahre 1715, 1760, 1795, 1825 und 1860. Die Klimaschwankungen wirkten ein auf die Flüsse, indem sie die Dauer ihrer Eisbedeckung und die Höhe ihres Wasserstandes regelten, sie wirkten ein auf das gewaltige Kaspische Meer, indem sie bald seinen Spiegel hoben, bald ihn senkten.

Es ist ein wichtiges Ergebnis, zu dem uns die Untersuchung des Kaspischen Meeres und seiner Schwankungen geführt, ein Ergebnis, durch welches mit einem Schlage die Grenzen der von Lang für den Boden der Alpen aufgestellten säcularen Schwankungen der Witterung über das weite Einzugsgebiet des Kaspischen Meeres hinaus vorgeschoben worden. Gleichzeitig haben wir hierdurch in großem Maßstab dargethan, dass in der That, wie Swarowsky für den Neusiedler-See aussprach, ein abflussloser See mit seinem Wasserstand vortrefflich auf jede Änderung des Klimas, des Regenfalles wie der Temperatur, reagiert. Es gilt nun zu untersuchen, ob auch an anderen abflusslosen Seen analoge Schwankungen des Wasserstandes auftreten, und eventuell dieses Wahrzeichen der Klimaschwankungen über die ganze Erde hin zu verfolgen.

DRITTES CAPITEL.

Die säcularen Schwankungen der abflusslosen Seen.

Gegensatz der abflusslosen Seen, der vollkommenen und der unvollkommenen Flussseen. Theoretische Betrachtung der Vorgänge an den Seen bei dauernder Vermehrung der Zufuhr: Bei abflusslosen Seen Streben nach Ausdehnung der Wasserfläche zur Herstellung des Gleichgewichtes zwischen Zufuhr und Abfuhr, bei den Flussseen nach Erhöhung des Wasserstandes. Kaspisches Meer und Bodensee als Beispiele. Verspätung des Anwachsens des Sees bei abflusslosen Seen sehr bedeutend, bei Flussseen gering. Verspätung der Epochen der abflusslosen Seen bei Schwankungen der Zufuhr sehr bedeutend. Zusammenfassung der Ergebnisse der theoretischen Betrachtungen. — Die Schwankungen der abflusslosen Seen (z. Th. nach Sieger): die Seen Asiens, Europas, Amerikas (nach Gilbert und J. C. Russell), Afrikas und Australiens (nach Jevons und H. C. Russell). Tabellen der Seespiegelschwankungen. Gleichzeitigkeit der Hochstände einerseits, der Tiefstände andererseits. Die mittleren Epochen der Seespiegelschwankungen in diesem Jahrhundert. Partielle Ausnahmen: Katabothren-Seen und Seen der subtropischen Region der alten Welt. Keine Verschiebung der Epochen entsprechend der geographischen Länge und Breite, wie Sieger annimmt. Mittlere Epochen im vorigen Jahrhundert. Nach Ort und Zeit regellos wechselnde Intensität der Epochen. Die Seespiegelschwankungen als Symptome der allgemeinen Klimaschwankungen in den abflusslosen Gebieten. Ob Temperatur- oder Regenschwankungen, ist nur nach meteorologischen Beobachtungen zu entscheiden.

Beim Beginn meiner Untersuchungen im Frühjahr 1887 hatte ich die Absicht, für eine möglichst große Zahl von abflusslosen Seen alles Material zusammenzustellen, das auf deren Schwankungen Bezug hat, ähnlich wie es oben für das Kaspische Meer geschah. Diese Arbeit wurde mir abgenommen, als Herr Dr. R. Sieger in Wien mir mittheilte, dass er seine Forschungen über die Schwankungen der hocharmenischen Seen mehr oder minder über die ganze Erde ausdehnen wolle. Diese Entlastung war mir um so willkommener, als jene Zusammenstellung bei der außerordentlichen Zersplitterung des Materials äußerst zeitraubend zu werden versprach. Es liegt in der Natur der Sache, dass unter solchen Umständen sich dieses Capitel vorwiegend auf die Untersuchungen von Sieger stützt [1], die im Laufe des Jahres 1888 veröffent-

[1] R. Sieger Schwankungen der innerafrikanischen Seen. Bericht f. d. XIII. Vereinsjahr (1887) des Vereines der Geographen a. d. Universität Wien. S. 41—90. — Gletscher- und Seespiegelschwankungen. Mitth. des Deutschen und Österr. Alpenvereines 1888. — Die Schwankungen der hocharmenischen Seen seit 1800 in Vergleichung mit einigen verwandten Erscheinungen. Mitth. d. k. k. Geogr. Ges. in Wien, Jahrgang 1888, 80 S. — Neue Beiträge zur Statistik der Seespiegelschwankungen. Bericht für das XIV. Vereinsjahr etc. S. 1—14. In der Folge sollen diese Schriften der Reihe nach mit Sieger I., II., III. und IV. citiert werden.

licht wurden. Bei dieser im Großen referierenden Darstellung werden sich jedoch viele Punkte ergeben, in denen ich nicht mit Sieger übereinstimmen kann. Außerdem wird hier und da ergänzendes Material hinzuzufügen sein.

Ehe wir jedoch mit unserem Bericht über die Schwankungen der Seen an der Hand der Untersuchungen Sieger's beginnen, wird es gut sein, uns über den Werth der Oscillationen eines Seespiegels als Anzeichen klimatischer Schwankungen ein Urtheil zu bilden.

Ich beschränke mich hier auf die Darstellung der Schwankungen abflussloser Seen. Die Seen mit Abfluss werden später im Zusammenhang mit den Flüssen abgehandelt werden. Diese Theilung scheint mir durchaus natürlich. Denn thatsächlich sind Seen mit Abfluss nichts anderes als Theile eines Flusslaufes, die seenartig erweitert sind. Die Höhe ihres Wasserstandes wird von anderen Factoren reguliert als bei den abflusslosen Seen. Die Factoren der Wasserzufuhr sind bei beiden allerdings dieselben, Zuflüsse und Regen; allein die Wasserabfuhr geschieht einmal ausschließlich durch Verdunstung, das andere Mal hauptsächlich durch Abfließen. Hiedurch sind die Schwankungen des Seespiegels in beiden Fällen von wesentlich verschiedenem Charakter. Die theoretische Betrachtung zweier extremer Fälle wird hierüber Klarheit verbreiten; wir werden die Vorgänge an einem See verfolgen, der sein Wasser nur durch Verdunstung verliert und sodann an einem See mit Abfluss, bei welchem die Verdunstung so klein ist, das sie vernachlässigt werden kann.

Zur ersten Gruppe gehören alle abflusslosen Seen; zur zweiten dagegen nur ein Theil der abfließenden Seen, nämlich die Seen, bei denen der auf den Seespiegel fallende Regen den Betrag der Verdunstung von der Wasserfläche übertrifft oder doch ihm gleichkommt. Wir wollen sie vollkommene Flussseen nennen. Die Seen, bei denen die Verdunstung größer ist als der Regenfall auf die Seefläche stehen in der Mitte zwischen beiden Typen und nähern sich bald mehr dem einen, bald mehr dem anderen, je nachdem die Hauptabfuhr durch Verdunstung oder durch Abfluss geschieht; wir nennen sie unvollkommene Flussseen. Diese Classification der Seen lässt sich auch mit Rücksicht auf die chemische Beschaffenheit des Seewassers aufrecht erhalten. Die abflusslosen Seen sind salzig und ihr Salzgehalt nimmt im Allgemeinen zu. Bei den vollkommenen Flussseen ist der Salzgehalt des Abflusses höchstens gleich dem Salzgehalt der Zuflüsse und in allen den Fällen sogar geringer, in denen die Verdunstung hinter dem Regenfall zurückbleibt, und daher das durch die Zuflüsse dem See gespendete Wasser durch die Beimengung des reinen Regenwassers noch eine Minderung seines Salzgehaltes erfährt. Bei den unvollkommenen Flussseen findet dagegen im Seebecken eine wenn auch meist nur unbedeutende Concentration des Salzgehaltes infolge der starken Verdunstung statt. Der Salzgehalt des Sees und des Abflusses ist größer als derjenige der Zuflüsse und zwar verhält sich der Salzgehalt im Abfluss zu demjenigen in den Zuflüssen umgekehrt wie ihre Wassermenge. Dieser Salzgehalt bleibt constant. Als Mittel aus den Beobachtungen an zahlreichen Strömen hat man gefunden, dass Flusswasser gelöste Substanzen im Betrag gleich $^1/_{6000}$ seines Gewichtes enthält: es entspricht das einem Salzgehalt von 0.017%. Ist die Verdunstung vom See, dem die Zuflüsse Wasser von diesem Salzgehalt zuführen, sehr bedeutend, so dass nur ein kleiner Bruchtheil, sagen wir z. B. $^1/_{100}$ der zugeführten Wassermenge den Ausfluss passiert, so wird das Wasser des letzteren einen Salzgehalt von 1.7% besitzen müssen.

Solche Seen kommen vor. Wir werden weiter unten ein Beispiel im Pooposee kennen lernen.

Doch das sind Verhältnisse, wie sie nur in trockenen und warmen Klimaten mit großer Verdunstung auftreten und auch hier nur beim Zusammentreffen günstiger orographischer Bedingungen, welche eine sehr bedeutende Ausdehnung des Seespiegels gestatten. Die Schwelle, über welche der Abfluss erfolgt, liegt dann nur wenig unter jenem Niveau, welches der Seespiegel einnehmen würde, wenn der See abflusslos wäre und die Verdunstung ganz allein die Abfuhr besorgen würde. Diese Seen stehen naturgemäß den abflusslosen Seen sehr nahe. Im Allgemeinen aber wird bei einem Flusssee dem Abfluss eine Rolle zufallen, die größer oder doch nur unwesentlich kleiner ist als die Rolle der Verdunstung, d. h. es wird der Abfluss sehr erheblich unter jenem Niveau liegen, bis zu welchem der See bei Schließung des Abflusses anschwellen müsste, damit die Verdunstung allein die Wasserabfuhr besorgen könnte. Auch dann muss der Salzgehalt des Abflusses größer sein als derjenige der Zuflüsse; doch ist sein Wasser durchaus noch Süßwasser und der See wird den vollkommenen Flussseen näher stehen als den abflusslosen.

Betrachten wir zunächst einen abflusslosen See. Eine dauernde Vergrößerung der Zufuhr sei plötzlich eingetreten; dieselbe bewirkt ein Steigen des Wasserstandes; hierdurch nimmt in Folge der schrägen Böschung der Ufer der Seespiegel und damit die verdunstende Wasserfläche an Ausdehnung zu. Es wächst also der Betrag der Verdunstung, bis er endlich der gesteigerten Zufuhr wieder gleich geworden ist. Wie viel die Hebung des Wasserspiegels betragen muss, damit dieses Gleichgewicht erreicht wird, hängt durchaus von orographischen Verhältnissen ab. Bei einem See mit flachen Ufern wird bereits eine geringe Steigung genügen; bei einem solchen mit steilen Ufern dagegen wird eine beträchtliche Steigung erforderlich sein. Man sieht, dass der Betrag der verticalen Schwankung eines abflusslosen Sees einfach eine Function der Steilheit der Ufer ist. Gebirgsseen mit steilen Ufern werden sich bei einer Änderung der Zufuhr um den gleichen Betrag viel höher heben und weit tiefer senken, als Seen in Flachländern. Es kann eine Hebung des Gebirgssees um viele Meter auf die gleiche Ursache sich zurückführen, wie die Hebungen eines flach gelegenen Sees um den Bruchtheil eines Meters. Immer aber wird die Vermehrung der Zufuhr eine Vergrößerung der Wasserfläche und ein Hinausschieben der Ufer veranlassen.

Könnte man ohne weiteres die Verdunstung proportional der verdunstenden Fläche setzen, so müsste der Zuwachs an Seeareal genau proportional der Zunahme der Wasserzufuhr sein. Das ist nun aber nicht ganz richtig. Denn erstens nimmt mit der Vergrößerung der Wasserfläche die Intensität der Verdunstung ab; bei einem kleinen Gewässer wird im Winde fortwährend trockene Luft über die Wasserfläche dahingeführt; die Luft hat keine Zeit, ihren Feuchtigkeitszustand über der Wasserfläche wesentlich zu ändern und die Verdunstung wird überall nahezu gleich intensiv sein. Ist dagegen die Wasserfläche groß, so wird die Verdunstung an der Luvseite des Sees zwar ebenso groß wie früher sein, an der Leeseite aber viel geringer; die Luft streicht über die Wasserfläche hinweg, beladet sich immer mehr mit Feuchtigkeit, je länger der zurückgelegte Weg ist, und verliert immer mehr ihre Fähigkeit, Wasserdampf aufzunehmen. Die Intensität der Verdunstung erreicht daher an der Leeseite des Sees ihr Minimum, das umso tiefer sinkt, je breiter der See ist. Ihre mittlere Intensität ist also geringer als früher bei dem kleinen Gewässer. Es muss daher im obigen Fall die Wasserfläche etwas mehr als proportional der Zunahme der Zufuhr wachsen. Andererseits erfährt mit der Ausdehnung des Seespiegels auch diejenige Fläche eine Vergrößerung, deren Regenfall ohne jeglichen Abzug dem See zugute kommt. Dadurch wird allerdings den Zuflüssen des Sees ein gewisses Areal entzogen; allein trotzdem ist es für die gesammte Zufuhr ein Gewinn, da die Flüsse doch nur ein Drittel des auf jene dem See neu einverleibten Flächen fallenden Regens, ja in trockenen Klimaten noch viel weniger, wirklich erhielten. Jene ursprüngliche Vergrößerung der Zufuhr führt somit zu einer ferneren, wenn auch sehr geringen Mehrung ihrer selbst. Es ist also die Zunahme der Seefläche etwas mehr als proportional der ursprünglichen Zunahme der Zufuhr.

Eine Vergrößerung der Wasserzufuhr durch die Flüsse des Kaspischen Meeres um nur 5% würde den Spiegel dieses größten Binnensees um etwas mehr als 5%, d. h. um etwas mehr als 22.000 *qkm* vergrößern. Nehmen wir die Küstenlänge des Meeres zu beiläufig 6400 *km* an, so entspricht das einem Vordringen des Meeres an jedem Punkte des Strandes um mindestens 3 *km*. Der gleiche Effect würde eintreten, wenn die Intensität der Verdunstung infolge einer geringen Temperaturerniedrigung um 5% abnehmen würde. Eine Minderung des Regenfalls dagegen oder eine Steigerung der Verdunstung um 5% würde an allen Punkten der Küste einen Rückzug des Meeres um mehr als 3 *km* verursachen. Man sieht, wie empfindlich abflusslose Seen für Änderungen der Wasserzufuhr und der Verdunstung sind. Sie folgen diesen Änderungen, indem sie ihre Wasserfläche bald ausdehnen, bald zusammenziehen.

Wesentlich anders reagieren Seen mit Abfluss auf eine Störung von Zufuhr und Abfuhr. Bei einer Vermehrung der Zufuhr findet zunächst wie bei einem abflusslosen See ein Steigen des Spiegels statt; denn es wird nicht soviel Wasser abgeführt als zugeführt. Dieses Steigen führt auch hier zu einer Vergrößerung des Seeareals, d. h. der verdunstenden Wasserfläche; doch ist das nur eine nebensächliche Wirkung. Der Haupteffect des Steigens ist, dass der Querschnitt des Abflusses wächst. Mit dem letzteren wächst die Stromgeschwindigkeit des Abflusses rascher als einfach proportional der Tiefe und daher in rascher Progression die Abflussmenge in bestimmter Zeit. Die Vergrößerung des Querschnittes hat bald einen Betrag erreicht, bei dem das Gleichgewicht zwischen Zufuhr und Abfuhr wieder hergestellt ist. Die Hebung des Seespiegels kann hierbei ganz unbedeutend sein. Nehmen wir an, es sei eine Vermehrung der Zufuhr um 5% eingetreten; dieselbe äußert sich darin, dass die Zuflüsse des Sees im Vergleich zu früher angeschwollen sind. Um das hieraus entspringende Plus an Wasser gleichmäßig wegzuführen und das Gleichgewicht zwischen Zufuhr und Abfuhr wieder herzustellen, genügt eine Vergrößerung des Querschnittes des Ausflusses um weit weniger als 5%. Es ist nämlich bei vollkommenen Flussseen der Ausfluss mindestens ebenso wasserreich, wie alle Zuflüsse zusammen. Eine Vergrößerung seines Querschnittes um 5% würde daher seine Wasserführung um weit mehr als 5% steigern.

Sehen wir von der Verbreiterung des Flussbettes beim Steigen des Wasserstandes ab, so würde eine Zunahme der Tiefe des Ausflusses um weit weniger als 5% der Gleichgewichtsbedingung genügen. Das ist aber immer nur eine sehr kleine Größe und nur gering ist daher die resultierende Hebung des Seespiegels. Ein concretes Beispiel möge das für einen großen See illustrieren.

Der Rhein verlässt bei Konstanz den Bodensee, um gleich darauf in den etwas tiefer liegenden Untersee zu fließen. Die mittlere Tiefe des Stromes an der Konstanzer Brücke beträgt etwa 5 *m*. Bei einem Anschwellen der Zuflüsse des Bodensees um 5% ihrer Wassermenge würde nach obigem diese mittlere Tiefe des Ausflusses zur Herstellung des Gleichgewichtes um erheblich weniger als 5%, d. h. um weniger als 25 *cm* sich vergrößern müssen. Nun sind in Konstanz Messungen der Wassermenge des Rheins bei verschiedenen Wasserständen ausgeführt und mit ihrer Hilfe ist eine Wassermassencurve entworfen worden, welche die Abhängigkeit der Wasserführung von dem Wasserstand darstellt. Aus dieser Curve lässt sich entnehmen, dass eine Hebung des jährlichen Mittelwassers um nur 6 *cm* genügt, um die Wasserführung um 5% zu steigern. Es erhöht also ein Anwachsen der Zufuhr zum Bodensee von 5% dessen Wasserstand nur um den sehr kleinen Betrag von 6 *cm*.[1])

Während die abflusslosen Seen einer Änderung der Zufuhr durch Ausdehnung oder Zusammenziehung ihres Spiegels zu entsprechen suchen, compensieren vollkommene Flussseen dieselbe durch eine Hebung oder Senkung des Wasserspiegels und gleichzeitige Änderung des Ausflussquerschnittes genau so wie die Flüsse. Dort ist die horizontale Bewegung der Ufer das wesentliche, hier die verticale Bewegung des Spiegels. Dort sind die Schwankungen in horizontaler und infolge dessen auch in verticaler Richtung groß, hier nur sehr klein und unbedeutend. Unvollkommene Flussseen stehen in der Mitte sowohl was die Bedeutung als auch was den Betrag der Bewegung des Wasserspiegels anbetrifft. Sobald die Wasserzufuhr hier wächst, werden sie sich meist den vollkommenen Flussseen in ihrem Verhalten nähern; denn es nimmt dann in der Regel das Verhältnis der Abflussmenge zur Verdunstungsmenge zu. Wenn aber die Wasserzufuhr abnimmt, so nähern sie sich in ihrem Verhalten den abflusslosen Seen und gar leicht kann es bei einem See mit sehr kleinem Verhältnis der Abflussmenge zur Verdunstungsmenge geschehen, dass bei einer Minderung der Zufuhr die constant gebliebene Verdunstung den Wasserspiegel bis unter die Schwelle des Abflusses erniedrigt und der See abflusslos wird. Nehmen wir wieder ein numerisches Beispiel. Es finde bei einem unvollkommenen See, bei welchem sich Abflussmenge und Verdunstungsmenge verhalten wie 1 : 100, eine dauernde Vergrößerung der Zufuhr um 5% statt. Sind die Ufer des Sees sehr steil, so steigt derselbe, ohne eine wesentliche Vergrößerung zu erfahren. Die Verdunstungsmenge ändert sich also nicht. Es muss infolge dessen der See solange steigen, bis der Abfluss im Stande ist statt des früheren 1 Procent 6% der Zuflussmenge abzuführen. Legen wir die Wassermassencurve des Rheins bei Konstanz zu Grunde und nehmen wir eine ursprüngliche Tiefe des Abflusses von 1½ Meter an, so würde dazu ein Steigen des Sees um nahezu 3 Meter nöthig sein. Sind dagegen die Ufer äußerst flach, so kann eine Ausdehnung des Seespiegels und eine Mehrung der Verdunstung um 5% eintreten, ohne dass eine sehr erhebliche Hebung des Spiegels stattfindet; dann bleibt der Abfluss fast constant und die Verdunstung wächst allein. Solche Verhältnisse sind extrem; in der Regel werden sowohl Abfluss als Verdunstung an der Compensierung der vermehrten Zufuhr participieren. Anders, wenn eine Minderung der Wasserzufuhr um 5%

[1]) Die sich auf den Rhein beziehenden Angaben sind dem Atlas zu Honsell's Werk: Der Bodensee (Stuttgart 1872) entlehnt.

stattfindet. Die Verdunstung ist, wenn wir wieder unser obiges Beispiel hernehmen, zunächst sich gleichgeblieben, verzehrt 4% mehr als die Zufuhr beträgt und erniedrigt den Spiegel des Sees bald unter die Schwelle des Abflusses, der trocken gelegt wird; das Areal des Sees wird dabei auf 96% seiner ursprünglichen Größe reduciert; sobald das geschehen, herrscht wieder Gleichgewicht; der See aber ist abflusslos geworden.

Die obigen Zeilen dürften hinreichend zeigen, in welcher Weise ein See, mag er nun einen Abfluss besitzen oder nicht, bestrebt ist, bei Änderungen der Zufuhr das Gleichgewicht zwischen Wasserzufuhr und Wasserabfuhr herzustellen. Sie skizzieren das Endresultat, bei welchem jenes Gleichgewicht wieder eingetreten ist. Allein bisher ist ein Punkt nicht berührt worden, die Frage nach der Zeit, die vom Eintritt der Änderung der Zufuhrmenge bis zur Erreichung des neuen Gleichgewichtszustandes verstreicht. Die Beantwortung gerade dieser Frage aber ist sehr wesentlich, sobald es gilt aus Schwankungen der Seen auf Schwankungen ihrer Wasserzufuhr oder -Abfuhr zu schließen. Dass die Bewegung des Seespiegels diese Schwankungen der Zufuhr und Abfuhr nur verspätet wiederspiegeln kann, ist zweifellos. Allein wie groß kann diese Verspätung werden?

Auch hier tritt wieder jene Scheidung der Seen in abflusslose, sowie in vollkommene und unvollkommene Flussseen in ihre Rechte ein. Es ist klar, dass die Verspätung direct proportional sein muss der Differenz des ursprünglichen Seevolums und desjenigen, bei welchem das neue Gleichgewicht erreicht wird. Diese Differenz aber kann ganz verschieden ausfallen. Bei einem abflusslosen See mit steilen Ufern wird sie eine sehr bedeutende sein; denn erst hoch über dem ursprünglichen Niveau erreicht der See jene Größe, bei welcher die Verdunstung wieder der gesteigerten Zufuhr die Stange zu halten vermag. Bei einem abflusslosen See mit flachen Ufern wird sie dagegen nur klein bleiben. Gerade umgekehrt ist es bei Seen mit Abfluss. Die Hebung des Seespiegels, die zur Herstellung des Gleichgewichtes führt, ist hier gleich groß, mögen nun die Ufer flach oder steil sein. Das mit Wasser auszufüllende Volum ist aber bei steilen Ufern etwas kleiner als bei flachen. Hier wird infolge dessen die Verspätung bei einem Gebirgssee geringer sein als bei einem Flachlandsee. Im allgemeinen ist die Verspätung bei einem Flusssee viel kleiner als bei einem abflusslosen See, weil bei dem ersteren in der Regel die beiden Gleichgewichts-Niveaus vor und nach der Vermehrung der Zufuhr sich nur wenig von einander entfernen. Dass ferner bei gleicher Zufuhr ein kleiner See in jedem Fall eine geringere Verspätung wird aufweisen müssen als ein grosser See, ist selbstverständlich. Der Betrag der Verspätung lässt sich für jeden See bestimmen, wenn man außer den morphologischen Verhältnissen seiner Ufer den Betrag der Zunahme der Zufuhr kennt und daher die neue Gleichgewichtslage des Seespiegels berechnen kann.

Solange gleich nach erfolgter Vermehrung der Zufuhr um 5% der Seespiegel sich noch in der Nähe der alten Gleichgewichtslage befindet, solange übersteigt die Zufuhr die Abfuhr um 5%. Diese 5% werden also ganz zur Ausfüllung des Sees benutzt. Ist dann später der Seespiegel im Laufe der Zeit in die Nähe der neuen Gleichgewichtslage emporgehoben, so halten Zufluss und Abfluss einander nahezu die Wage und es bleibt fast nichts übrig, um den Seespiegel weiter zu erhöhen. Die jährlichen Überschüsse, welche in der Zwischenzeit zur Erhöhung des Seespiegels dienen, liegen also zwischen 5% und 0% und betragen im Mittel 2.5%. So oft diese 2.5% der jährlichen Zufuhr in das Volum hineingehen, um welches der See zur Erreichung der neuen Gleichgewichtslage vergrößert werden muss, soviel Jahre beträgt die Verspätung. Suchen wir die Ordnung der Größen, um die es sich hierbei handelt, wieder durch Beispiele zu erkennen.

Am Bodensee waren, wie wir oben sahen, die Gleichgewichtsfläche von heute und diejenige bei einer um 5% größeren Wasserzufuhr nur 6 Centimeter in verticaler Richtung von einander entfernt. Da die Fläche des Bodensees 476 km^2 beträgt, so beläuft sich das Volum, welches zur Erreichung des neuen Gleichgewichtes mit Wasser zu erfüllen ist, auf 28,560.000 m^3 oder rund 0.03. km^3. Die Wasserzufuhr zum Bodensee können wir mit großer Annäherung gleich der Wasserabfuhr bei Konstanz setzen, d. h. beiläufig gleich 300 m^3 pro Secunde. Von der plötzlich eintretenden Vermehrung um 5%, d. h. um 15 m^3 in der Secunde, dient im Durchschnitt die Hälfte zur Ausfüllung des Sees, d. h. 7.5 m^3 pro Secunde. Unter solchen Umständen würde das Gleichgewicht in 30,000.000 : 7.5 Secunden gleich circa 1½ Monat erreicht sein. Die Verspätung ist also eine äußerst geringe, weil die Hebung gering ist, dann aber auch weil die Seefläche im Vergleich zum Einzugsgebiet klein ist und nur 1/10 desselben beträgt. Allein auch gesetzt den extremen Fall, dass der See ebenso groß wäre, wie sein Einzugsgebiet, so würde die Verspätung doch nur zwei Jahre sieben Monate erreichen.

Nehmen wir jetzt einen abflusslosen See. Als solcher bietet sich uns das Kaspische Meer dar. Eine Vermehrung der Wasserzufuhr um 5% würde eine neue Gleichgewichtslage des Meeresspiegels verlangen, bei welcher seine Fläche um 5% größer sein müsste als heute. Das wird erreicht durch das Steigen des Meeres. Aus dem Areale des Meeres selbst, welches dem Areal der Isohypse — 26 *m* entspricht, ferner aus dem Areal, das von der Isohypse 0 *m*, sowie von der Isohypse — 183 *m* (= 100 Faden) eingeschlossen wird, lässt sich mit Hilfe der hypsometrischen Curve [1]) annähernd die Isohypse finden, welche ein Areal umschließt, das jener Bedingung des neuen Gleichgewichtes genügt. Diese Isohypse liegt ca. 4 *m* über dem heutigen Spiegel des Kaspischen Meeres. Um 4 *m* muss also der Meeresspiegel erhöht werden. Nach Woeikow erhöht nun die jährliche Wasserzufuhr das Kaspische Meer ungefähr um 1 *m* und um ebensoviel erniedrigt die Verdunstung dasselbe. [2]) Bei einer Vermehrung der Zufuhr um 5% wächst der Effect der ersteren auf den Wasserstand auf 105 *cm* an, während die Verdunstung gleich groß bleibt. Von den 5 *cm* Überschuss der Zufuhr über die Verdunstung wird in der Zeit des Übergangs aus dem alten Niveau in das neue durchschnittlich die Hälfte, d. h. 2·5 *cm* im Jahr zur thatsächlichen Erhöhung des Wasserstandes verbraucht. Darnach würde das Gleichgewicht erst nach 160 Jahren wieder erreicht werden. Also eine ganz enorme Verspätung! Und bei Berechnung dieser Zahlen ist noch nicht einmal berücksichtigt, dass das Meer beim Steigen über seine heutigen Ufer austritt, dass also nicht nur die prismatische Tafel mit dem heutigen Meer als Grundfläche, sondern die abgestumpfte Pyramide mit einer kleinen Grundfläche gleich dem Areal des heutigen Meeres und einer großen gleich dem um 5% größeren Areal der neuen Gleichgewichtsfläche mit Wasser zu erfüllen ist.

Das Kaspische Meer kann recht gut als Repräsentant der Mehrzahl der abflusslosen Seen gelten. Seine Ufer sind im Norden sehr flach,

---

[1]) Vgl. Heiderich in Peterm. Mitth. 1888.

[2]) Woeikow: Klimate der Erde. Bd. II, S. 265. Jena, 1887.

im Süden relativ steil; sein Einzugsgebiet ist etwa fünfmal so groß wie sein Spiegel — alles Verhältnisse, wie sie als Durchschnittswerthe betrachtet werden dürfen. Bei Seen, die flachere Ufer haben als das Kaspische Meer, wird die Verpätung geringer sein, bei solchen mit steileren Ufern aber noch größer.

Aus unseren Betrachtungen ergibt sich, dass die Verspätung im allgemeinen bei einem Flusssee wegen der geringen Hebung des Wasserspiegels eine weit geringere ist, als bei einem abflusslosen, dass sie im Übrigen abhängt von der localen Bodengestaltung und vor allem auch vom Wasserreichthum der Zuflüsse. Sie kann bei abflusslosen Seen sehr leicht über viele Jahrzehnte sich erstrecken. Es werden also die Seen auf eine Änderung des Klimas reagieren, aber mit bedeutender und von Fall zu Fall sehr wechselnder Verspätung. Das ist ein Resultat von großer Wichtigkeit, sobald es sich darum handelt, aus Schwankungen der Seen auf Schwankungen des Klimas zu schließen, wie wir es oben für das Kaspische Meer mit Erfolg thaten. So ohne weiteres ist es allerdings noch nicht verwerthbar. Denn wir haben bisher immer nur von einer einmaligen, also bleibenden Änderung der Wasserzufuhr oder, was auf dasselbe herauskommt, der Wasserabfuhr gesprochen. Nun aber gilt es Schwankungen der Zufuhr zu constatieren und nicht constante Änderungen derselben und es entsteht die Frage, wie sich bei solchen Schwankungen die Verspätung gestaltet.

Bei den Flussseen ist die Verspätung bei einer Änderung der Zufuhr gering; sie werden daher auch mit einer sehr geringen Verspätung den Auf- und Abschwankungen der Zufuhr folgen. Ja, sie werden auch secundäre Schwankungen der Zufuhr von kurzer Dauer, die eine Folge der wechselnden Witterung sind, wiederspiegeln können. Wir dürfen daher ihre Schwankungen ohneweiteres als Index der Schwankungen der Zufuhr behandeln. Es wird von ihnen im nächsten Capitel die Rede sein.

Bei den abflusslosen Seen wird dagegen die Verspätung wohl zu berücksichtigen sein.

Hier wird das Steigen genau solange fortdauern müssen, als die Zufuhr größer ist als die Verdunstung. Bleibt die Verdunstung die ganze Zeit gleich oder doch nahezu gleich, wie es bei einem See mit senkrechten Ufern der Fall sein müsste, so coincidiert das Maximum des Wasserstandes mit dem Moment, in dem die abnehmende Zufuhr wieder ihren Mittelwerth erreicht hat; das Minimum fällt zeitlich zusammen mit dem Augenblick, in dem die zunehmende Zufuhr wieder ihrem Mittelwerth gleichgekommen ist.

Diese Erwägung entspricht in zwei Punkten nicht ganz der Wirklichkeit. Zunächst sind die Ufer der Seen immer schräg abgeböscht und nicht senkrecht. Es wächst daher die Seefläche beim Steigen. Je höher folglich das Wasser gestiegen ist, desto mehr Wasser ist nöthig, um den Spiegel des Sees um ein ferneres Stück zu heben. Das kann an sich zunächst auf die Lage der Epochen keinen Einfluss haben, sondern nur dazu dienen, die Höhe des Maximums etwas zu deprimieren, andererseits die Tiefe des Minimums zu mindern, also die Schwankungen des Wasserstandes zu dämpfen. Der Wechsel in dem Areal des Sees bewirkt aber auch etwas anderes: Die Verdunstungsmenge bleibt sich nicht völlig gleich, sondern ihr Gesammteffect wächst annähernd proportional der Seefläche. Dieses muss dazu dienen, die Verspätung der Epochen etwas zu verringern. Doch ist dieser Einfluss gering.

Nehmen wir wieder das Kaspische Meer als Beispiel. Seine Zuflüsse sollen eine Schwankung derart erleiden, dass zunächst ihre Wasserführung einschließlich des Regenfalls auf den Meeresspiegel in ihrem Effect auf den Wasserstand des Meeres gleich 100 *cm* ist,[1]) darauf jedes Jahr um 1 *cm* anwächst, bis sie im 11. Jahre 110 *cm* erreicht; dann soll sie bis 90 *cm* abnehmen, um wieder auf 100 *cm* zu steigen. Aus unserer hypsometrischen Curve erfahren wir, wie hoch die betreffenden Gleichgewichtsflächen sich über, bezw. unter der ursprünglichen befinden. Aus dem Überschuss der Zufuhr über die Verdunstung lässt sich dann für jedes Jahr der ungefähre Wasserstand berechnen. Ich habe das in zweierlei Weise durchgeführt, zuerst angenähert, indem ich von der Vergrößerung der Seefläche beim Steigen absah, also die Ufer mir senkrecht dachte, dann aber genau mit Berücksichtigung des Anwachsens der Seefläche, des hierdurch verlangsamten Steigens und der vergrößerten Verdunstung, wie es den thatsächlichen orographischen Verhältnissen entspricht. Die nachfolgende kleine Tabelle enthält das Resultat wenigstens für den ersten Theil der obigen Schwankung, indem sie den Zustand für jedes fünfte Jahr (um die Zeit des Maximums für jedes Jahr) zeichnet.

		angenähert		genau		
Jahr	Wasserzufuhr	Steigen des Wasserstandes	Wasserstand am Ende des Jahres	Steigen des Wasserstandes nach Abzug der Zunahme der Verdunstung	Wasserstand am Ende des Jahres	Gleichgewichtslage für die betreffende Zufuhr
1.	100	0 *cm*	0 *cm*	0 *cm*	0 *cm*	0 *cm*
2.	101	1	1	1.00	1.00	80
3.	102	2	3	1.98	2.98	160
6.	105	5	15	4.87	14.73	400
11.	110	10	55	9.40	52.82	700
16.	105	5	90	3.97	83.36	400
17.	104	4	94	2.93	86.29	320
18.	103	3	97	1.90	88.19	240
19.	102	2	99	0.89	89.78	160
20.	101	1	100	−0.12	89.66	80
21.	100	0	100	−0.98	88.68	0
22.	99	−1	99	−2.08	86.60	−70
23.	98	−2	97	−3.05	83.55	−140

Die Verspätung ist nach der angenäherten Rechnung eine sehr beträchtliche. Das Maximum der Zufuhr fällt auf das Jahr 11, das Maximum des Wasserstandes dagegen erst auf das Jahr 20 und 21. Die Verspätung beträgt also $9^1/_2$ Jahre. Ebenso steht es mit dem Minimum. Die Epochen treten in dem Moment ein, wo die Curve der Wasserzufuhr durch die Mittellage geht.

Etwas anders gestaltet es sich, wenn wir die mit der Größe der Seefläche variierende Verdunstung, sowie den Einfluss der Ausdehnung der Seefläche auf das Tempo der Wasserstandserhöhung berücksichtigen, wie das in Columne 5 und 6 geschehen ist. Infolge der Ausdehnung der Seefläche ist hier die Zunahme des Wasserstandes eine langsamere. Das Maximum des Wasserstandes ist um 10 *cm* herabgedrückt und gleichzeitig verschoben worden. Es fällt auf das Jahr 19 statt auf das Jahr 20 bis 21. Die Minderung der Verspätung ist also nicht bedeutend; letztere beläuft sich statt auf $9^1/_2$ Jahre thatsächlich auf 8 Jahre. Das hätten wir auch in anderer Weise erkennen können. Es findet sich nämlich, wie aus der letzten Columne hervorgeht, dasjenige Niveau, in welchem

[1]) Woeikow, a. a. O.

der vergrößerte Seespiegel ebensoviel Wasser durch Verdunstung verlieren würde, als die gesteigerte Zufuhr ihm spendet, fast durchwegs sehr erheblich über dem thatsächlichen momentanen Stand des Wasserspiegels. Erst kurz vor dem die Zufuhr auf ihren alten Werth 100 zurückgesunken ist, hat sich auch jene Gleichgewichtsfläche wieder soweit gesenkt, dass sie sich der Höhe des sich hebenden Spiegels nähert und schließlich beide zusammenfallen. In diesem Moment beginnt naturgemäß erst das Sinken des Wasserstandes.

Dieses Verhalten ist offenbar nicht etwa eine Eigenthümlichkeit des Kaspischen Meeres, sondern tritt bei allen abflusslosen Seen auf, bei denen das Gleichgewichts-Niveau so hoch liegt, dass sie während der kurzen Dauer einer halben Schwankung bei weitem nicht vom Seespiegel erreicht werden kann.

Noch etwas anderes geht aus unserer Tabelle hervor: der abflusslose See macht die Schwankungen der Zufuhr nur stark gedämpft mit. Die Gleichgewichtslage, welche dem Maximum der Zufuhr entsprechen würde, liegt in unserem Fall volle 6 Meter über dem Maximum, das der Wasserstand thatsächlich erreicht, und ebenso die Gleichgewichtslage des Minimums der Zufuhr ebensoviel unter dem Minimum des Wasserstandes. Auch das ist offenbar ein Gesetz, das von der Individualität des Kaspischen Meeres unabhängig ist. Denn es kommt hierbei nicht auf die Größe eines Sees an, sondern auf das Verhältnis seines Zuflusses an Wasser zu seiner Fläche. Je größer dieses Verhältnis ist, desto stärker sind die Schwankungen des Sees bei einer Änderung der Zufuhr um den gleichen Procentsatz und umgekehrt.

Unter den Factoren, welche der Verspätung entgegenarbeiten können, ist im allgemeinen nur die Verdunstung zu nennen. Wie sie in diesem Sinne infolge der Flächenzunahme des Sees wirkt, sahen wir oben. Wesentlich verstärkt wird natürlich dieser Einfluss noch, wenn die Intensität der Verdunstung selbst Schwankungen erleidet, bald nach den Zuflüssen ihr Maximum erreicht und hoch ist, wenn die Flüsse sinken; das kann nur durch entsprechende Temperaturschwankungen verursacht werden. Andere Einflüsse gibt es nicht, es sei denn, dass die Zufuhr zum See so gigantisch anwächst, dass der See in kurzer Zeit bis zur Höhe einer relativ hochgelegenen neuen Gleichgewichtsfläche ausgefüllt werden kann, d. h. dass er der sich bei abnehmender Wasserzufuhr wieder senkenden Gleichgewichtslage weiter entgegen zu kommen vermag als im obigen Beispiel.

Würde die Wasserführung zum Kaspischen Meer vom 7. bis zum 16. Jahr unseres Beispiels, statt nur 75% des ursprünglichen Werthes, im Ganzen 310% oder im Durchschnitt jährlich 31% mehr Wasser in den See gebracht haben als verdunsten konnte, so würde im 17. Jahr, in welchem die Zufuhr wieder auf 105% herabgesunken sei, der Spiegel des Meeres 4 Meter über dem Ausgangspunkte stehen; das ist aber jenes Niveau, bei welchem die Verdunstung gerade einer Zufuhr von 105% die Wage halten kann. Bei fernerem Sinken der Zufuhr müsste daher der Spiegel sich bereits zu erniedrigen beginnen. Das Maximum des Wasserstandes fiele also auf das Jahr 16—17 und die Verspätung würde nur 5—6 Jahre betragen statt wie im Beispiel 9½ Jahre. Solche Erscheinungen können bei Seen wohl eintreten, welche in der trockenen Zeit fast gar keine und in der feuchten bedeutende Zuflüsse erhalten.

Diese von uns theoretisch entwickelte, so bedeutende Verspätung der Schwankungen abflussloser Seen steht scheinbar im Widerspruche mit der Thatsache, dass die Jahresschwankung bei denselben meist sehr scharf accentuiert und nur mit einer unerheblichen Verspätung von wenigen Monaten hinter den Epochen der Wasserzufuhr auftritt. Doch ist dieser Einwurf unberechtigt. Die Epochen müssen auch hier in jenem Moment eintreten, wenn Verdunstung und Zufuhr einander gleich sind. Das Sinken erfolgt, solange die Verdunstung größer ist als die Zufuhr, das Steigen, wenn letztere überwiegt. Da jedoch die Schwankungen in der Jahresperiode nur von sehr kurzer Dauer sind, so kann selbst im äußersten Fall die Verspätung nicht mehr als wenige Monate betragen. Trefflich zeigt dieses das Kaspische Meer. Wir geben hier seine Jahresperiode als Mittel der Aufzeichnungen zu Baku und Astrabad wieder und vergleichen seine Schwankungen mit den Schwankungen der Wolga bei Astrachan. Die Zahlen sind auf das Jahres-Mittelwasser bezogen.

Jan.	Febr.	März	April	Mai	Juni	Juli	Aug.	Sept.	Oct.	Nov.	Dec.
Wolga bei Astrachan, *cm*											
−50	−60	−70*	−40	120	220	100	−20	−40	−30	−50	−60
Kaspisches Meer, *cm*											
−14	−15	−16*	−8	0	13	21	22	15	2	−9	−12

Das Maximum des Wasserstandes im Kaspischen Meer ist ausschließlich ein Effect des Wolga-Hochwassers. Alle übrigen Zuflüsse zeigen mehr Frühjahrshochwasser. Und was sehen wir? Das Maximum fällt fast genau mit dem Moment zusammen, in dem die Wasserführung der Wolga nach dem Sinken des Hochwassers wieder dem Jahresmittel entspricht. Also eine Verspätung, so groß als sie nur irgend sein kann; das beweist, dass die Verdunstung dem colossalen Hochwasser der Wolga gegenüber völlig machtlos ist. Das Minimum zeigt diese Verspätung nicht; vielmehr coincidiert dasselbe mit dem Minimum der Wasserführung der Wolga. Die Erklärung hierfür geben die Zuflüsse, welche das Kaspische Meer aus den südlicheren Gegenden erhält, wie Emba, Ural, Kuma, Kur etc., die mehr oder weniger alle ein Hochwasser im Frühjahr besitzen und dadurch schon im April und Mai das Kaspische Meer steigen machen. Der Einwand, dass die Jahresschwankung bei den abflusslosen Seen nicht verspätet, ist also nicht stichhaltig. Die Verspätung ist so groß, als sie bei der kurzen Periode sowie unter dem Einfluss der im Sommer anwachsenden Verdunstung irgend sein kann, und relativ ebenso groß wie bei unserer oben skizzierten vieljährigen Schwankung. Der absolute Betrag der Verspätung ist nothwendig eine Function der Dauer der Schwankung, nicht so der relative Betrag. Es kann bei Schwankungen, die sich über einen sehr langen Zeitraum, vielleicht über Jahrhunderte erstrecken, die Verspätung der Epochen sehr klein werden im Verhältnis zur Dauer der Schwankungen, wenn die Änderung der Zufuhr so langsam erfolgt, dass die Auffüllung des Sees nahezu den Schwankungen des Gleichgewichts-Niveaus zu folgen vermag. Ganz verschwinden wird sie aber auch hier nicht und ihr absoluter Betrag wird bedeutend sein.

Fassen wir unsere Ergebnisse bezüglich der Art und Weise, wie die Seen den Schwankungen ihrer Zuflussmenge, bezw., was dasselbe ist, den Schwankungen ihrer Abfuhrmenge folgen, in wenigen Thesen zusammen.

1. Die Schwankungen der vollkommenen Fluss-Seen sind klein und folgen ohne wesentliche Verspätung den Schwankungen der Zuflussmenge.

2. Die Schwankungen der abflusslosen Seen sind groß und zeigen eine sehr bedeutende Verspätung der Epochen im Vergleich zu den verursachenden Schwankungen der Wasserzufuhr. Dieselbe kann soweit gehen, dass das Maximum des Wasserstandes unmittelbar in dem Moment eintritt, in dem die Wasserzufuhr wieder ihren Mittelwerth erreicht.

3. Abflusslose Seen, deren Zuflüsse sehr bedeutende Schwankungen erleiden, zeigen eine geringere Verspätung, als solche, bei denen die Schwankungen der Wasserzufuhr nur wenige Procente betragen. Das gleiche gilt von den Seen mit flachen Ufern im Gegensatz zu denjenigen mit steilen Ufern.

4. Secundäre Schwankungen der Zufuhr wird ein abflussloser See nicht mitmachen, solange diese Schwankungen wenig intensiv sind und infolgedessen in ihrem Verlauf die Differenz Zufuhr—Abfuhr das gleiche Vorzeichen behält. Dieselben machen sich dann nur in dem Sinn geltend, dass sie das Steigen oder Fallen des Wassers bald beschleunigen, bald verlangsamen.

5. Die unvollkommenen Fluss-Seen stehen in jeder Beziehung in der Mitte zwischen den vollkommenen Fluss-Seen und den abflusslosen Seen.

An der Hand dieser fünf Thesen treten wir nunmehr heran an die Besprechung der Schwankungen der abflusslosen Seen.

Ich habe die Resultate Sieger's im Verein mit den meinigen für das Kaspische Meer nebst einigen Ergänzungen in einer Tabelle zusammengefasst. Diese ist jedoch nicht einfach eine Copie der Tabelle Sieger's sondern von mir nach seinem Text neu und in etwas anderer Weise entworfen worden. Wo sich thatsächliche Abweichungen von Sieger's Tabelle finden, da führen dieselben sich entweder auf Berichtigungen zurück, die Sieger selbst nachträglich gibt, und in einigen im einzelnen zu erwähnenden Fällen auf eine verschiedene Auffassung des von Sieger benutzten Materials. Außerdem sind einige Seen aufgenommen, für welche Sieger kein Material vorlag, so in Australien und Nordamerika.

Ehe wir an die Besprechung der Einrichtung der Tabelle herantreten, empfiehlt es sich einige Bemerkungen über die einzelnen Seen vorauszuschicken.

Wenden wir uns zuerst den nächsten Nachbarn des Kaspischen Meeres — den Seen Hoch-Armeniens zu, deren Schwankungen Sieger ganz besonders eingehend untersucht hat. Zwei große abflusslose Seen liegen hier inmitten von mehreren kleineren: Der Wansee in der Gebirgshalbinsel zwischen den Quellgebieten des Tigris und des Euphrat[1]) und der Urmiasee bereits außerhalb des eigentlichen Gebirges auf dem iranischen Tafelland.[2]) An beiden ließen sich nach den Berichten verschiedener Reisender Schwankungen constatieren und zum Theil weit zurück verfolgen. Wir geben sie nach Sieger wieder. Nur das von letzterem in seiner Tabelle für den Urmiasee unter 1856? erwähnte Maximum, das (nach III S. 17) ganz unbedeutend ist, wurde von uns fortgelassen. Als dritter großer See Armeniens tritt uns mit dem vollkommenen Charakter eines Gebirgssees der Göktschasee entgegen.[3]) Er zeichnet sich vor seinen Nachbarn im Süden und Südwesten dadurch aus, dass er einen Abfluss besitzt. Genau genommen gehört

[1]) Sieger, III S. 2—11; IV S. 5—8.
[2]) Sieger, III S. 14—21; IV 2—4.
[3]) Sieger, III S. 21—23 und Vorwort des Separatabdruckes.

er daher nicht in dieses Capitel, sondern sollte mit der ganzen Gruppe der Seen mit Abfluss im folgenden Abschnitt abgehandelt werden. Trotzdem glaubte ich ihn hierher stellen zu dürfen, weil sein Abfluss im Vergleich mit seinen Zuflüssen außerordentlich klein ist, ja zu Zeiten sogar ganz zu verschwinden scheint.[1]) Es findet auch am Göktschasee die Wasserabfuhr vorwiegend durch die Verdunstung statt, wie bei den constant abflusslosen Seen. Er gehört zu der von uns oben aufgestellten Classe der unvollkommenen Fluss-Seen. Daher sind auch seine Schwankungen bedeutender als sonst bei Seen mit Abfluss.

Um diese Seen herum gruppieren sich zahllose kleine Wasserflächen; von einigen derselben sind Schwankungen des Wasserstandes bekannt, so vom Arinsee bei Arin dicht am Wansee,[2]) vom Eldscheggsee bei dem Ort gleichen Namens,[3]) und vom westlichsten der armenischen Seen, dem Göldschiksee.[4])

Schreiten wir weiter nach Osten, so nimmt die Kunde über Schwankungen der Seen erheblich ab. Über die Seen Irans vermochte Sieger nur weniges anzuführen. Der See von Sultanabad in Persien war zu Anfang der Achtziger-Jahre stark gestiegen.[5]) Für den großen Sumpfsee Hamun liegen Anzeichen von Schwankungen vor. Zeitweise bildet er ein einziges großes Überschwemmungsgebiet, zeitweise aber trennen sich die beiden im Norden gelegenen Hamunseen, von denen der östliche den Hilmend aufnimmt, und das umgebende Sumpfland deutlich von einander.[6]) Der für gewöhnlich abflusslose Abistadasee im östlichen Afghanistan schwoll Ende der Siebziger-Jahre so gewaltig an, dass er zum Fluss Aghasan überfloss.[7]) Über die Schwankungen des Lob Nor im Tarym-Becken machte Przewalsky 1876 ganz bestimmte Angaben.[8]) Auch für den Pangongsee in Tibet liegen Zeugnisse über Schwankungen vor. Das von Sieger in seine Tabelle aufgenommene Maximum vor und um 1841 scheint uns jedoch sehr problematisch. Es verträgt sich Strachey's Aussage, der See sei von 1821 bis 1848 zurückgegangen, durchaus mit der Angabe von Schlagintweit (1856), dass vor 1841 jährliche Hochwasser 4—5 Fuss über dem normalen Stand häufig waren, seither aber nicht auftraten; die Annahme eines Maximums um 1841 widerspricht dagegen direkt Strachey's Mittheilung, ohne mit Sicherheit aus Schlaginweit's Beobachtungen und Erkundigungen hervorzugehen.

Für die anderen Seen Asiens konnte Sieger nichts anführen, was auf bestimmte Schwankungen hingewiesen hätte. In den nördlichen Gebieten des westlichen Sibiriens ist an den Seen eine mehr oder minder continuierliche Abnahme bemerkbar, welche die daneben wahrscheinlich vorhandenen kürzeren Schwankungen der Beobachtung leicht zu entziehen vermag.[9]) So nimmt der Aralsee ab, so der See Tschany[10]) und der Balchaschsee. Dagegen werden vom Alakul Schwankungen erwähnt; doch sind die Angaben wenig bestimmt.[11])

[1]) Sieger, III S. 22 und 44.
[2]) Sieger, III S. 12.
[3]) Sieger, III S. 12 ff.
[4]) Sieger, III S. 23 ff.
[5]) Sieger, IV S. 8.
[6]) Sieger, III S. 47; IV S. 8.
[7]) Sieger, III S. 47.
[8]) Sieger, III S. 49.
[9]) Sieger, III S. 48.
[10]) Jadrinzew in den Iswestija d. k. russ. geogr. Ges. 1886.
[11]) Sieger, III S. 48.

Europa besitzt bei seinem maritimen Klima begreiflicherweise nur eine geringe Anzahl abflussloser Seen. Für einige derselben sind nun Schwankungen sicher bezeugt. Da ist zunächst der Neusiedlersee, 50 *km* südöstlich von Wien, über dessen Schwankungen Aufzeichnungen bis 1600 zurück vorliegen. Dieselben vollziehen sich in so gewaltigem Umfang, dass der See zu Zeiten vollkommen austrocknet und dann wieder ein Areal von 350 *qkm* bedeckt. Sie sind von Swarowsky eingehend erforscht worden; einige Ergänzungen gibt Sieger.[1]) Über den ursprünglich abflusslosen, heute aber durch den Sió-Canal entwässerten Plattensee liegt nur die Nachricht vor, dass er 1853—1863 stark fiel. Dieses Fallen dauerte nach Eröffnung des Canals, 1864, noch fort.[2]) Dagegen konnte Sieger für den abflusslosen Trasimenersee, allerdings nur für das 17. und 18. Jahrhundert, einige Daten zusammenstellen.[3])

Vielleicht am genauesten ist die Geschichte des einstigen Fuciner-Sees bekannt.[4]) Er befand sich 85 *km* östlich von Rom und 130 *km* nordwestlich von Neapel. Bis 1600 reichen hier die Angaben zurück. Gewiss nicht immer beziehen sich die Überlieferungen über Hochstand und Tiefstand auf die Umkehrpunkte der Schwankungen; doch dürften sie ungefähr in deren Nähe fallen, sodass die Schwankungen sich einigermaßen sicher reconstruieren lassen. Dieselben sind besonders groß, stieg doch z. B. das Wasser 1816 9·25 *m* über den Stand von 1783, um dann von 1817—1836 um 12·43 *m* zu sinken. 1816 bedeckte der See 16.660 *ha*, 1835 aber nur 13.466 *ha*. Seine Oberfläche hatte sich also vom Maximum 1816 zum Minimum 1835 um 19·2% verkleinert. Die Schwankungen richteten bedeutende Verheerungen in der Umgebung an und um diesen zu wehren, wurde 1862 mit der künstlichen Ablassung des abflusslosen Sees zum Liri begonnen, die 1875 vollendet war. Doch sind von Brisse nach den an Ort und Stelle seit 1855 ununterbrochen angestellten Regenbeobachtungen auch für die Zeit nach 1862 die Schwankungen des Sees berechnet worden, wie sie eingetreten wären, wenn der Mensch nicht störend eingegriffen hätte. Wir haben diese berechneten, bis in die Mitte der Siebziger-Jahre gehenden Daten in unsere Tabelle aufgenommen und in Klammern gesetzt.

Noch in einer Beziehung ist der Fuciner-See von Interesse: er besaß mehrere sicher nachgewiesene unterirdische Abflüsse, die bei höherem Wasserstand in Function traten. Trotz derselben aber verhielt er sich ganz genau wie ein abflussloser See und erlebte wie ein solcher Schwankungen, die sich ausschließlich auf klimatische Ursachen zurückführen. Das so vielfach zur Erklärung der Seespiegelschwankungen angewendete Märchen von der abwechselnden Verstopfung und Wiedereröffnung hypothetischer unterirdischer Abflüsse gilt für diesen See nicht, obwohl thatsächlich unterirdische Abfuhrcanäle existierten.

Diese Eigenschaft leitet uns zu einigen anderen Katabothrenseen hinüber, bei denen in der That ein Wechsel der unterirdischen Abfuhr stattzufinden scheint. Denn es treten hier eine Reihe von Schwankungen des Seespiegels auf, denen keine Analogien in der Nachbarschaft zur Seite stehen und die auch nicht den Änderungen der klimatischen

[1]) Swarowsky im Bericht über das XII. Vereinsjahr (1886) des Vereins der Geographen an der Universität Wien. Wien 1886. S. 15. — Sieger, III S. 63. Sieger, IV S. 13.

[2]) Sieger, IV S. 13.

[3]) Sieger, III S. 63.

[4]) Brisse et Rotrou: Dessèchement du lac Fucino. Rom 1876. S. 35—53. Ferner Sieger, III S. 58 ff.

Factoren entsprechen, daneben freilich dann auch solche, die sich durchaus auf klimatische Einwirkung zurückführen. So der See von Ostrovo, 100 Kilometer westlich von Saloniki.[1]) Während die Anschwellungen bald nach 1800 und um 1859 an anderen Seen Analoga besitzen, ist die hier beobachtete Schwellung nach 1825 ganz vereinzelt. Ebenso fallen der Kopais-See und der Pheneus durchaus aus der Rolle.[2]) Die abnormen Schwankungen am Kopais sind von Kramer ausdrücklich auf die Vernachlässigung der früher künstlich reingehaltenen Katabothren zurückgeführt worden. Der bekannteste dieser Seen ist der Zirknitzer-See. Allein es ist wichtig, dass gerade er sich den klimatischen Schwankungen seiner Nachbarn auffallend anschließt. Die Katabothren vermögen hier offenbar die Schwankungen nicht wesentlich zu beeinflussen.[3]) Ähnlich verhält sich der Semtiser und der Lüner-See in den Alpen.[4])

Betreten wir nunmehr die neue Welt.

Für den größten der abflusslosen Seen Nordamerikas, den Großen Salzsee von Utah, liegen Angaben über die Wasserhöhe seit der zweiten Hälfte der Vierziger-Jahre vor; dieselben sind von G. K. Gilbert zusammengestellt und discutiert worden.[5]) Die Schwankungen dieses Sees haben in besonders hervorragendem Grade die Aufmerksamkeit der weitesten Kreise auf sich gezogen, weil sie als die Anzeichen einer continuierlich fortschreitenden Besserung des Klimas gedeutet wurden; diese aber sollte, wie wir oben sahen, die Folge der Ausbreitung der Culturländereien auf Kosten der Wüste sein. Das hat sich nun entschieden nicht bestätigt; denn auf das Aufsehen erregende Steigen des Sees von 1861 bis 1874 ist ein Sinken gefolgt, das 1877 begann und bis 1889 andauerte, nur von einem relativ geringen Vorstoß 1886 unterbrochen. Anfang 1889 stand der See schon wieder etwas tiefer als bei seinem kleinen Maximum im Jahre 1856 und als im Jahre 1864 gleich nach Beginn der großen Hebung. Nach einer graphischen Darstellung von Gilbert finde ich für die Maxima und Minima des Wasserstandes im Jahresmittel die folgenden Werthe: 1847—50 0.6 *m*, 1856 1.3 *m*, 1861 0.6 *m*, 1872—73 3.9 *m*, 1883 2.1 *m*, 1886 2.8 *m* und 1888 1.7 *m*. Aus der Curve ließen sich die Lustrenmittel genau berechnen, wie folgt:

1846—50	51—55	56—60	61—65	66—70	71—75	76—80	81—85	86—89
m 0.64	1.26	1.29	1.36	3.29	3.81	3.16	2.25	2.33

Die verticalen Schwankungen sind also von sehr erheblichem Betrag und übersteigen 3 Meter. Nicht minder groß sind die Schwankungen in horizontaler Richtung; Gilbert fand die Zunahme der Seefläche von 1850 bis zum Maximum nach 1870 zu 17%[6]). Das würde nach unserer obigen Ausführung bei unveränderter Verdunstung einer Zunahme des Regenfalles um mehr als 17% entsprechen.

Für einige der kleineren abflusslosen Seen des Great Bassin hat J. C. Russell werthvolles Material veröffentlicht.[7]) Doch führen sich

---

[1]) Sieger III. S. 62.
[2]) Sieger a. a. O. S. 62.
[3]) Sieger III. S. 63. Sieger IV. S. 13 f.
[4]) Sieger IV. S. 14.
[5]) G. K. Gilbert in Powell: Report on the Land of the arid Region of the U. S. II. Ed. Washington 1879. S. 58 ff. Die Jahre nach 1877 nach einer handschriftlichen graphischen Darstellung Gilbert's, deren Mittheilung ich Herrn Dr. Sieger verdanke.
[6]) Gilbert a. a. O. S. 67.
[7]) J. C. Russell: Lake Lahontan. U. S. Geological Survey, Monograph XI. 1885.

nicht alle geschilderten Schwankungen auf klimatische Ursachen zurück. Es hat mehrfach eine Verlegung der Flussläufe stattgefunden, die sich natürlich im Wasserstand der Seen äußern musste. Da Sieger auf diese Seen nicht genauer eingeht — Russell's Buch kam ihm erst während der Drucklegung seiner Abhandlung zu, so müssen wir uns mit ihnen etwas ausführlicher befassen.

Der Honey Lake (40.2° N. Br. 120.3° W. v. Gr.) besitzt auf der Karte von Russell eine Fläche von 233 km^2; er ist abflusslos und erleidet sehr bedeutende Schwankungen.[1]) Im Sommer 1852 und 1863 war er vollkommen ausgetrocknet, dagegen 1867 233 km^2 groß. 1877 und 1882 war er ungefähr gleich tief. Aus diesen Daten dürfte nicht mehr zu schließen sein, als dass auf den Tiefstand von 1863 ein Steigen folgte und der See hierauf sich mehr oder minder wasserreich erhielt.

Der Pyramiden-See und der Winnemucca-See liegen etwas westlich vom Honey-See.[2]) Beide Seen sind salzig und für gewöhnlich abflusslos. Ihr Hauptzufluss ist der Truchee-River, der sich kurz vor seiner Mündung in den Pyramiden-See theilt und einen Ast in den Winnemucca-See sendet. Diese Bifurkation gestaltet das Verhältnis der Seen zu einander zu einem sehr eigenthümlichen: Bei hohem Wasserstand fließt der Pyramiden-See durch den Truchee-River zum Winnemucca-See ab. 1862 standen beide Seen sehr tief und der Truchee-River speiste beide. Doch befanden sich in diesem Jahr in einiger Entfernung vom Ufer im Pyramiden-See abgestorbene Bäume, die auf ein Steigen des Sees zu irgend einer Zeit vor 1862 hinweisen. 1868 und 1869 stiegen beide Seen sehr bedeutend, der Winnemucca-See um 10 engl. Fuß und der Pyramiden-See um 10 oder 15 Fuss, sodass er zum Winnemucca-See überfloss. Der letztere hat seitdem fortwährend zugenommen und 1882 stand sein Spiegel 15 Meter über dem Niveau von 1867 (nach einer andern Angabe 12 Meter über dem Niveau von 1862).

Der Pyramiden-See hingegen hat sich in der Zeit irgendwann nach 1868 bis 1882 um 3.7 Meter gesenkt. Doch ist nach einem Zeugnis eines Mr. Frasier, der die Seen seit 1862 kennt, auch der Pyramiden-See 1882 noch viel höher als beim Beginn seiner Anwesenheit in der ersten Hälfte der Sechziger-Jahre. Wir sehen also: Tiefstand der Seen in der ersten Hälfte der Sechziger-Jahre, Beginn eines intensiven Steigens 1867; beim Winnemucca hatte dasselbe 1882 noch nicht aufgehört; dagegen machte es am Pyramiden-See irgendwann in den Siebziger-Jahren einer 1882 noch fortdauernden Senkung Platz, die jedoch selbst in diesem Jahr den Seespiegel nicht auf das alte Niveau von 1862 zu erniedrigen vermochte. Diese Verschiedenheit der Bewegung der beiden Seen im letzten Decennium führt sich darauf zurück, dass beide hauptsächlich durch den Truchee-River gespeist werden, der bald mehr Wasser dem Winnemucca-See, bald mehr dem Pyramiden-See zuführt. 1876 schloss sich seine Mündung in den Pyramiden-See für einige Zeit völlig und er ergoss seine ganze Wassermasse in den Winnemucca-See. Wenn der letztere noch 1882 stieg, der Pyramiden-See aber sank, so dürfte sich das wohl ohne Zweifel darauf zurückführen lassen, dass noch heute der Winnemucca-Arm des Flusses der wasserreichere ist. Offenbar sind wir nicht berechtigt, aus den Schwankungen eines einzelnen der zwei Seen auf klimatische Schwankungen

[1]) Russell a. a. O. S. 55.
[2]) Russell a. a. O. S. 64–65.

zu schließen. Dieses Recht haben wir jedoch sofort, wenn wir beide gemeinsam ins Auge fassen. Der an beiden auftretende Tiefstand Anfang der Sechziger-Jahre ist ohne Zweifel klimatischen Ursprungs, ebenso das Anschwellen bis zum Anfang der Siebziger-Jahre. Nunmehr divergieren die Bewegungen. Würden wir für jedes Jahr das Areal kennen, welches beide Seen zusammen einnahmen, dann würden wir dasjenige Jahr, in welchem diese Summe ihren größten Werth erreicht, als das Jahr des klimatisch höchsten Standes der Seen betrachten können. So dürfen wir nur sagen, dass 1882 beide Seen noch nicht wieder den Tiefstand von 1862 erreicht hatten.

In einem ähnlichen Verhältnis stehen die beiden Carsonseen zueinander;[1]) doch ist über deren Schwankungen nur bekannt, dass sie zeitweise völlig austrocknen. Ebenfalls nur wenig theilt Russell über den Walkersee mit. Abgestorbene Bäume, die im Wasser stehen, sind hier Zeugen eines vor nicht gar langer Zeit noch existierenden 4 bis 5 Fuss tieferen Standes des Sees.[2]) Wichtiger ist dagegen für uns die Bemerkung, »dass das Steigen des Pyramiden- und Winnemucca-Sees innerhalb der letzten 15 oder 20 Jahre (von 1882 oder 1885 zurückgerechnet) zeitlich zusammenfällt mit einem ähnlichen Steigen, das am Goose Lake, Horse Lake und Mono Lake in California, dem Walker Lake und Ruby Lake in Nevada und dem großen Salzsee und Rush Lake in Utah sich gezeigt hat.«[3]) Wir müssen sonach für alle diese Seen in den Siebziger-Jahren und zu Beginn der Achtziger-Jahre einen im Vergleich zum Beginn der Sechziger-Jahre hohen Wasserstand annehmen, es jedoch dahingestellt sein lassen, wann das absolute Maximum erreicht wurde. Jedenfalls aber können wir Sieger nicht beipflichten, der, offenbar auf das absolute Maximum des großen Salzsees vom Jahre 1873 gestützt, für diese Seen aus den Ausführungen Russell's auf eine Abnahme von 1873 bis 1882 schloss.[4]) Letzterer spricht durchaus nur von einer »Zunahme der Seen in den letztren 15 oder 20 Jahren«. Sieger's Bemerkung könnte nur für den Seviensee gelten, der 1872 eine gewisse Höhe besaß und 1882 ausgetrocknet war. Doch hebt Russell hervor, dass sein Volum sehr starken Schwankungen unterworfen sei, da er nur ganz flach ist. Davon, dass sein Maximum gerade 1872 eintrat, ist nichts gesagt.[5])

Ueber die Seen des tropischen Südamerika lagen Sieger nur spärliche Angaben vor. Der kleine See, in welchen sich der Abfluss des Titicaca ergießt und der bald den Namen Aullagas, bald den Namen Poopo führt, soll 1748 und besonders 1845 in bedrohlicher Weise angeschwollen sein, sodass wenigstens im letzteren Jahr der Desaguadero-Fluss seine Richtung änderte und vom Poopo zum Titicaca floss statt umgekehrt.[6]) Neuerdings hat sich gezeigt, dass der Poopo-See selbst einen offenen, aber bald in Klüften versinkenden Abfluss besitzt. Allein dieser Abfluss zeichnet sich wie der Poopo-See nach Agassiz durch einen deutlich erkennbaren Salzgehalt aus. Wir haben hier ein Beispiel jener oben geschilderten, sehr unvollkommenen Fluss-Seen mit Salzgehalt vor uns, die den abflusslosen Seen sehr nahe stehen. Minchin dürfte

[1]) Russell, a. a. O. S. 68.
[2]) Russell, a. a. O. S. 70.
[3]) Russell, a. a. O. S. 65.
[4]) Sieger, III S. 60.
[5]) Russell, a. a. O. S. 230.
[6]) Sieger, III S. 67.

daher wohl Recht haben, wenn er die Hauptarbeit bei der Wasserabfuhr an diesem See der Verdunstung und Absorption auf Rechnung setzt.[1])

Der See von Valencia oder Tacarigua verhält sich wesentlich anders, als jener in den trockenen Hochthälern der Anden gelegene Salzsee mit Abfluss. Hier ist das Wasser süß oder doch fast süß, obwohl der See nur zu Zeiten zu einem Nebenfluss des Orinoco entwässert wird und den größten Theil des Jahres abflusslos ist. Seine Schwankungen wurden von Sieger zum Theile nach Sievers dargestellt.[2]) Eine 1888 erschienene Abhandlung von E. v. Hesse-Wartegg bringt nichts neues.[3]) Nur für die erste Hälfte des Jahrhunderts liegen zuverlässige Angaben vor. Nicht mehr als wahrscheinlich erscheint es, dass der See 1853 und 1872 erheblich höher stand als 1800; ob auch höher, als in den Dreißiger- und Sechziger-Jahren muss jedoch unentschieden bleiben. Dieser See hat in der Frage nach dem Einfluss des Waldes auf das Klima eine große Rolle gespielt, wie wir oben S. 16 schilderten. Seine Schwankungen wurden als Folge abwechselnder Entwaldung und Wiederbewaldung seines Einzugsgebietes gedeutet. Und doch führen sie sich thatsächlich auf ganz allgemeine klimatische Ursachen zurück — auf die allgemeinen Klimaschwankungen.

Über die Schwankungen der afrikanischen Seen liegt eine besondere Untersuchung Sieger's vor.[4]) Nur ein Theil dieser Seen ist dauernd abflusslos. Die meisten, und zwar gerade die großen Seen gehören zu denjenigen, die zu Zeiten abflusslos sind, dann aber wieder einen Abfluss erhalten. Dieses hat Sieger in trefflicher Weise für den Nyassa-See, den Tsade und den Tanganyika dargethan. Das zeitweise Überfließen ist nichts anderes, als die Folge einer Anschwellung, die durch klimatische Ursachen veranlasst wird. In Übereinstimmung damit werden die Seen stellenweise oder zeitweise salzig befunden, dann wieder süß. Es hat der Tsade temporär im Bahr el Ghasâl einen Abfluss nach Osten.[5]) Der Tanganyika bekam 1874 einen Abfluss im Lukuga, welcher 1878 am stärksten war, seitdem jedoch wieder kleiner geworden ist.[6]) Doch hatte 1883 der See noch nicht wieder sein altes Niveau aus der Zeit vor der ersten Anschwellung erreicht. Ebenso war der Nyassa-See 1886 im Begriff, seinen Abfluss zu verlieren.[7]) Das Einschrumpfen des Lukuga lehrt uns auch, dass die Erniedrigung des Tanganyikaspiegels und daher wohl auch diejenige der übrigen Seen keineswegs nur der Effect des Einschneidens des Abflusses war, sondern offenbar durch klimatische Verhältnisse bedingt wurde. Bemerkenswerth ist es übrigens, dass wohl 200 Jahre lang der Tanganyika-See nicht so hoch stand wie 1878 und offenbar in den Siebziger-Jahren zum erstenmal in diesem Jahrhundert einen Abfluss erhielt. Auch der salzige Likwa-(Leopold)-See und der Schirwa-See zeigen analoge Schwankungen.[8]) Von den kleinen abflusslosen Seen des nördlichen Afrika liegen keine Angaben vor. Nur vom alten Mörissee Birket el Qurum weiß man, dass sein Spiegel 1871 weit tiefer stand als 1840 und auch tiefer als 1885.[9]) Doch gibt uns das kein

[1]) Minchin in den Proc. R. Geogr. Soc. New Ser. Vol. IV. p. 672 f.
[2]) Sieger, III S. 67 ff. Sieger, IV S. 10.
[3]) v. Hesse-Wartegg in Petermann's Mitth. 1888. S. 321 ff.
[4]) Sieger, I.
[5]) Sieger, I S. 42—45.
[6]) Sieger, I S. 45—51.
[7]) Sieger, I S. 52 ff.
[8]) Sieger, I S. 52, 55. Sieger, III S. 69.
[9]) Sieger, III S. 70.

Recht, jene Jahre als Jahre des Minimums, beziehungsweise der Maxima zu betrachten und davon zu sprechen, der See habe sich von 1840 bis 1871 gesenkt. Eine Zunahme ist dagegen für den Zeitraum 1875 bis 1885 verbürgt.

Australien ist vor anderen Welttheilen dadurch ausgezeichnet, dass es relativ die größte des Abflusses zum Ocean entbehrende Fläche besitzt. Eine Folge hiervon sind die zahllosen abflusslosen Seen, in denen sich das geringe Wasser sammelt. Über die Bewegung des Wasserspiegels der großen Seen Lake Eyre und Lake Torrens ist nichts Genaueres bekannt; man weiß nur, dass die Schwankungen dieser sehr flachen Seen von Jahr zu Jahr ganz enorm sind. Dagegen ist die Geschichte einiger kleinerer Seen in Neu-Süd-Wales in ihren Einzelheiten genau festgestellt. Ich stütze mich bei der folgenden Beschreibung derselben auf die Angaben von Jevons [1]) und H. C. Russell.[2])

Am eingehendsten sind die Schwankungen des abflusslosen Lake George untersucht, der sich unter 35° S. Br. und 149° 20′ E. v. Gr. findet. 1820 wurde er entdeckt; er besaß damals eine sehr erhebliche Ausdehnung und wuchs in den folgenden Jahren 1821 und 1822 noch mehr. Nach Russell dürfte er 1822/3 seinen höchsten Stand erreicht haben. Bei einem zweiten Besuch 1824 war er größer als 1820. Sehr erstaunt und ungläubig waren die Reisenden, als ihnen 1820 Schwarze erzählten, das Bett des Sees sei vor Jahren vollkommen trocken gewesen. Dass dieses im Jahre 1816 der Fall gewesen, wie Russell in einer auch von Sieger wiedergegebenen Curve hypothetisch andeutet, dafür fehlt jeder Anhalt. Nach dem Verhalten des benachbarten Lake Bathurst dürfte es erheblich früher, etwa um die Wende des Jahrhunderts herum, gewesen sein.

Nach 1824 begann ein starkes Fallen des Wassers; 1828 war die Länge des Sees von 32 *km* auf 24 *km* zusammengeschwunden; 1832 konnte man durch ihn hindurchreiten; 1836 besuchte ihn Th. Mitchel, fand aber an seiner Stelle nur ausgedehnte Wiesen, der See war verschwunden. 1842 und 1843 begann sich wieder Wasser in seinem Becken zu sammeln, das jedoch nur eine maximale Tiefe von 1 *m* erreichte, daher trocknete der See 1845 schon wieder aus und lag bis 1850 trocken; er füllte sich erst von 1850—1852 wieder bis zu 3·3 *m* Maximaltiefe an, doch nur, um im Sommer 1859 abermals vollkommen vom Erdboden zu verschwinden. 1860 schwoll er wieder etwas an, hob sich dann 1864 sehr stark und erreichte 1874 ein Maximum. 1887 enthielt er noch 3 *m* tief Wasser. Bezeichnen wir als Hochwasserperioden alle Jahre, in denen die Maximaltiefe 3 *m* erreichte und überstieg, so haben wir Hochwasser von 1820 beginnend bis 1828, Hochwasser 1852 und endlich Hochwasser 1864 bis 1868 und 1870 bis 1886. Das Maximum 1852 ist jedoch so unbedeutend, das man wohl die ganze Periode von 1829 bis 1863 als Periode niedrigen Wasserstandes mit einer vorübergehenden Unterbrechung um 1852 bezeichnen muss.

Nicht weit östlich vom Lake George liegt, gleichfalls von Bergen eingeschlossen, der kleine abflusslose Lake Bathurst.[3]) Er wurde 1817 von Hume entdeckt, der ihn später 1824 etwas angeschwollen

[1]) Jevons in Waugh's Almanach 1859 S. 76.

[2]) H. C. Russell: Climate of New South Wales. Sydney 1877. S. 29 ff., 182 ff. und H. C. Russell: Notes upon Floods in Lake George. Journ. and Proc. R. Soc. New South Wales for 1880. Sydney 1887. S. 241—260. Sieger konnte nur die letztgenannte Publication benutzen.

[3]) H. C. Russell: Climate of New South Wales. Sydney 1877. S. 29.

fand; nach H. Hall erreichte er 1823 seinen höchsten Stand und größten Umfang. Von Eingebornen wurde dem letztern erzählt, dass vor Jahren an der Stelle des Lake Bathurst eine Reihe von Tümpeln gestanden hätten; Hall glaubt diese Zeit etwa 25 Jahre zurück, also in die letzten Jahre des 18. Jahrhunderts, verlegen zu müssen. Von 1824 an nahm der See an Größe ab und 1839 berichteten die Zeitungen, Lake Bathurst sei ebenso wie Lake George völlig ausgetrocknet. Nordwestlich vom Lake George liegt bereits in der Ebene unter 33° 40' S. Br. und 147° 40' östlicher Länge in 600 *m* Höhe der Lake Cowal.[1] Dieser See war 1867 vollkommen ausgetrocknet, begann sich jedoch 1870 zu füllen und war 1876 23 *km* lang und 16 *km* breit. Neuere Nachrichten liegen leider über ihn nicht vor.

Wir haben unseren Rundgang bei den abflusslosen Seen der Welt beendigt. Unsere Ausbeute ist nicht groß im Vergleich zur großen Zahl der Seen. Versuchen wir trotzdem aus derselben allgemeine Schlüsse zu ziehen, wie es Sieger gethan hat. Sieger hat zu diesem Zweck die Resultate seiner Quellenforschungen nicht nur in der schon oben erwähnten Tabelle zusammengestellt, sondern für die Mehrzahl der Seen sogar eine graphische Darstellung der Schwankungen durchzuführen gesucht. Das letztere Mittel ist entschieden vortrefflich, um die Übersicht zu erleichtern. Doch scheint mir in einer solchen graphischen Darstellung eine wesentliche Gefahr zu liegen. Es ist immer misslich Curven zu geben, wo es sich, wie fast überall im vorliegenden Fall, nicht um Quantitäten, sondern um Richtungen handelt. Denn der Leser ist dann nur zu sehr geneigt, einer Curve eine gewisse quantitative Zuverlässigkeit zuzutrauen, die ihr thatsächlich nicht innewohnt, und zwar in keiner Hinsicht. Denn wir kennen erstens fast nie den Betrag der Hebung oder Senkung des Seespiegels, vor allem aber auch in sehr vielen Fällen nicht einmal die zeitliche Lage der Maxima und Minima. Unser Material sagt uns oft nur, dass in einem bestimmten Jahr der Wasserstand höher oder tiefer war, als in irgend einem andern. Verbinden wir aber dann die bekannten Punkte graphisch durch Linien, so erhalten wir Curven, die unter Umständen ein ganz falsches Bild der Bewegung des Wassers geben können. Aus diesem Grunde will ich es unterlassen, die Schwankungen der Seen graphisch darzustellen, und mich mit der nachfolgenden übersichtlichen Tabelle begnügen.

In die Tabelle habe ich auch die Angaben über die Schwankungen der Gletscher der Alpen und des Kaukasus aufgenommen. Für die letzteren lagen die Zusammenstellungen Sieger's[2] vor. Für die Alpengletscher dagegen benutzte ich einerseits die von Fritz,[3] andererseits die von Forel[4] aufgestellten Perioden des Stoßens und des Schwindens. Diese Perioden decken sich nicht ganz; denn Fritz und ebenso Heim nennen Zeiten des Gletschervorstoßes diejenigen, in welchen die Mehrzahl der bekannten Gletscher der Alpen im Anwachsen begriffen war, und Zeiten des Schwindens diejenigen, in denen die Mehrzahl der Gletscher einen mehr oder minder intensiven Rückzug erlebten. Anders Forel. Er berechnet von 5 zu 5 Jahren das Procentverhältnis der im Vorrücken begriffenen Gletscher zu der Gesammtzahl der beobachteten

[1] Russell a. a. O. S. 28.
[2] Sieger, III S. 39 ff.
[3] Von Heim adoptiert in seiner Gletscherkunde. Stuttgart 1885. S. 509.
[4] Forel: Variations périodiques des glaciers des Alpes. Jahrb. d. Schweizer Alpenclubs XXI. Bern 1886. S. 369.

und nennt die Jahre, in denen dieses Procentverhältnis wächst, Jahre positiver Bewegung, und die Jahre, in denen das Procentverhältnis sich mindert, solche negativer Bewegung.

In der Tabelle sind die Seen nach Erdtheilen und hier im Einzelnen nach der geographischen Länge von West nach Ost angeordnet. Links sind die mittleren Jahre der Epochen angeschrieben, auf welche wir gleich zu sprechen kommen werden, sowie die Richtung der Bewegung in der Zeit zwischen je zwei Epochen, also Steigen oder Sinken. Die Tabelle selbst führt für jeden See an, wann sein Wasser den höchsten oder niedrigsten Stand einnahm, und wann es im Steigen oder im Sinken begriffen war. Sieger hatte in seinen Tabellen nicht scharf zwischen

Schwankungen der abflusslosen Seen vor 1800.

	Alpengletscher	L. di Fucino	Trasimener-See	Zirknitzer-See	Neusiedler-See	Wan-See	Kaspisches Meer	See von Valencia
Max. um 1600	Zunahme 1595 bis 1610	starke Hebg. um 1600	Max. 1607					
		tief 1658					hoch 1638	
	Zunahme 1677 bis 1681				ziemlich gross 1674			
		tief 1693						
Sinken	Zunahme 1710 bis 1719							
Minimum um 1720				hoch 1707 bis 1714	Ausgetrocknet 1693 bis 1738		tief 1715 bis 1720	
Steigen					Steigen von 1742 an	Steigen nach 1716	Steigen	
Maximum um 1740			Max. 1730			hoch Mitte des Jahrh.	Max 1742 bis 1743	
Sinken	Abn. 1750 bis 1767		hierauf offenbar				Sinken	
Minimum um 1760		Min 1752 1746 bis 1760 tief	sinken und dann				Min 1765 bis 1766	
Steigen	Zunahme 1760 bis 1778	Steigen nach 1760	Steigen		Steigen 1760 bis 1770 intensiv		Steigen	
Maximum um 1780		hoch 1787 oder 1789	hoch 1769 bis 1773	tief 1779	hierauf hoch		von 1790?	hoch um 1770
Sinken		geringes Sinken			geringes Sinken		hoher Stand	
Minimum 1800		kleines Min. 1792 oder 1795			kleines Min. Auf [illegible]		bis 1809–14	

Schwankungen der Gletscher und abflusslosen Seen nach 1800. I.

	Europa												Asien							
	Alpengletscher nach Fritz	Alpengletscher nach Forel	L. di Fucino	Lüner-See	Semti-sur-See	Zirknitzer-See	Neusiedler-See	Platten-See	S. v. Ostrovo	Kopais	Pheneus-See	Kaspisches Meer	Göldschik-See	Wan-See	Arin-See	Eldscheg-See	Göktscha-See	Urmia-See	Gletscher des Kuhrama	S. v. Sultanabad
Min. um 1800		Min. 1800 (?)	Min. 1792 oder 1796				kl. Min. Anf. 00er					Seit 1780 hoher								
Steigen	Zunahme 1811–22	Zunahme 1800–15	Steigen				geringes Steigen		Steigen bald nach 1800			Stand bis 1809/14		starkes Steigen von 1800 an						
Max. um 1820		Max. 1815	Max. 1816			hoch 1801 f., 1820	hoher				Min. 1818	Max. 1809,14		Max. 1820				Max. 1810?		
Sinken	Abn. 1821–40	Abnahme 1815–30	Sinken		Sinken	Sinken	Stand		Sinken [illegible] 18,5	Steigen 1826–34	Steigen Max. 1830	Sinken		Sinken				Sinken kurz vor 1830 bis nach 50	Abn. [illegible] nach 1843	
Min. um 1835		Min. 1830	Min. 1835		Min. 1834	Min. 1834,5	bis				Sinken, Min. 1837	Min. 1844,45		Min. 1838			tief in 20er und 30er J.	Min. Anf. 30		
Steigen	Zunahme 1840–56	Zunahme 1830–45	Steigen		Steigen	Steigen	zu					Steigen	Steigen erheblich (vor 47 begonnen)	Steigen 1839–41	Steigen 1838–50		Steigen	Steigen 1834–50	Zunahme bis nahe 1860	
Max. um 1850		Max. 1845	Max. 1846	Max. Jahr?		hoch 1844/5 1861,2	1850					(?) Max. 1847		hoch 1841–50	Max. 18..	Max. Ende 40er und in den 50er	Max. 1843	hoch 1850		
Sinken	Abnahme 1855–75	Abnahme 1845–75	Sinken Min. 1850 Steigen Max. 1861 Sinken	Sinken		Sinken	Sinken von 1856 an	Sinken 1855–68	Steigen um 1850 Sinken			Sinken	vermutlicher Rückgang	[illegible] Steig. u. h. Ende 50er und Anf. 60er	[illegible] Steig. u. hoch Ende der 50er	Sinken in der 1. Hälfte der 60er	Sinken Steigen Max. Ende d. 50er	Sinken	Abnahme 1860–80	
Min. um 1865		Min. 1875	Min. 1871	Min. 1860er		tief 1857, 64 u. 71	ausgebrochen 1865 oder 1868					Min. Ende 50er		Sinken tief Anf. 70er	Sinken verschw. ca. 1870	Min. 60er	Sinken, das 1870 noch nicht beendigt.	tief Anf. 50er und Anf. 60er		
Steigen	Zunahme v. 75 an	Zunahme 1875–88	Steigen	Steigen		Steigen	Steigen von Anf. 70er an					Steigen v. 1866 an	Steigen Ende 70er	Steigen Ende 70er		Steigen		Steigen	Zunahme 1870–87	Steigen
Max. um 1880		Max. 1880 (?)		Max. 1879		hoch 1879–80 87/90						hoch. Max. 1879,79		hoch in den 80er		hoch 1880		hoch um 1880		hoch Anf. 80er
Sinken				Sinken 1887 tief								1882 etwas unter 1879/80								

Schwankungen der Gletscher und abflusslosen Seen nach 1800. II.

	Asien					Nord.-Amerika				Süd-Amerika		Afrika						Australien		
	Hamun-S.	Abistada-S.	Alakul	Lob-Nor	Pangong	Honey-L.	Pyramid- u. Winnemucca L.	Goose-L., Mono-L., Horse-L., Walker-L., Ruby-L. u. Rush-L.	Great Salt-L.	S. v. Valencia	Poopo-S.	Moeris-S.	Tsade	Tanganyika	Likwa-S.	Nyassa-S.	Schirwa-S.	L.-Cowal	L. Bathurst	L. George
Min. um 1800										tief 1800									tief ca 1800	trocken ca 1800 (?)
Steigen										Steigen									Steigen	Steigen
Max. um 1820					Max ca 1820					Max. 1822 oder etwas später									Max. 1820	Max. 1822/3
Sinken					Sinken (bis 1849?)					Sinken									Sinken	Sinken ?
Min. um 1835		tief 1839	Sinken vor Anf. der 40er							Min. (1836?) 1841									trocken 1839	trocken 1838–40
Steigen													tief 40er Steigen							Steigen
Max. um 1850	hoch 1841		Min 1849 oder 1853	hoch ca 1850	tief 1856				kl. Max 1850	hoch 1853 ?	sehr hoch 1845	hoch 1840	hoch nach 1853							kleines Max. 1850
Sinken	Sinken			Sinken					Sinken			Sinken	geringes Sinken							Sinken
Min. um 1865	tief 1872			Min. Ende 60er	Min. vor 1863	trocken 1859 bis 1863	tief 1868	tief Anf. 60er	Min. 1861			tief 1871	kleinere Min. 1866			hoch 1859(?)	1859 hoch im Vgl. zu 1897	trocken 1867		trocken 1860
Steigen	Steigen	Steigen	Hebung in den 60er	Steigen seit 70	Steigen vor 1863 beginnend	Steigen, so dass 1867 hoch	Steigen vom 1867 an	Steigen	Steigen bes. vor 67			Steigen	Steigen in d. J. nach 1870 bemerkt	Steigen in den 60er (ev. schon seit den 40er?)	Steigen in den 70er	Steigen		Steigen		Steigen
Max. um 1880	hoch 1886	hoch 1878/9					hoch in den 70er Jahren	hoch in den 70er	Max. 1873/4 hoch bis 1877			hoch 1885		Max. 1878		Max. 1875(?)	hoch 1886	hoch 1870		Max. 1876
Sinken							Anf. 80er noch höher als 1861		Sinken bis 1889					Sinken	Sinken in den 80er	Sinken	tief 1897			Sinken

Richtung der Bewegung und Epoche unterschieden; bei ihm bedeutet das Zeichen + bald das Maximum, bald eine Zeit des Steigens. Diese Zweideutigkeit ist in unserer Tabelle vermieden. Außerdem ist bei uns möglichst streng zwischen den Jahren mit hohem, bezw. tiefem Wasserstand, und den Jahren des absoluten Maximums, bezw. Minimums, durch Vorsetzen der Worte hoch (tief) und Max. (Min.) vor die zugehörige Jahreszahl unterschieden.

Die Bestimmung der zeitlichen Lage der Epochen setzt natürlich eine bis zu einem gewissen Grade continuierliche Beobachtung des Sees voraus. Vereinzelte Besuche von Reisenden können, sofern nicht Erkundigungen bei den Anwohnern zu bestimmteren Resultaten führten, in der Regel nur ergeben, ob der See hoch oder tief stand im Vergleich mit früheren Beobachtungen. Doch dürften die Jahre hohen Wasserstandes meist wohl in die Nähe des Maximums, diejenigen tiefen Wasserstandes in die Nähe des Minimums fallen.

Treten wir nach diesen erläuternden Bemerkungen in die Discussion der Tabelle ein.

Ich hatte aus der probeweisen Zusammenstellung einer Reihe hydrographischer und meteorologischer Daten im Frühjahr 1887 den Schluss gezogen, dass die Schwankungen der hydrographischen Phänomene wie die Schwankungen des Klimas sich auf den Ländern der Nordhemisphäre im großen Ganzen gleichzeitig und gleichsinnig vollziehen. Diesen Schluss bestätigte **Sieger** auf Grund seiner Untersuchungen der Seespiegelschwankungen. Auch unsere Tabelle zeigt diese Gleichzeitigkeit. Dass die letztere keine absolute ist, darf uns nicht Wunder nehmen. Gleichwohl gruppieren sich die Epochen der einzelnen Seen deutlich um gewisse mittlere Epochen, eben jene, welche links als Eingang der Tabelle vorgesetzt sind. Die Maxima des Wasserstandes coincidieren mehr oder minder mit einander und ebenso die Minima, und nur bei einigen wenigen, als Ausnahmen zu bezeichnenden Seen und auch hier nur zeitweise fällt ein Minimum auf eine Zeit allgemeinen Hochstandes und umgekehrt. Um die Größe der Abweichungen vom Mittelwerth zu skizzieren, stellen wir hier für sämmtliche Epochen der letzten 100 Jahre die größten Abweichungen nach beiden Seiten zusammen. Die localen und temporären Ausnahmen von der allgemeinen Regel der Gleichzeitigkeit, welche in unseren Tabellen durch einen dunkeln Rahmen ausgezeichnet sind, ebenso auch die einfachen Angaben über Hochstand oder Tiefstand ohne genaue Fixierung der Lage des Maximums, bezw. des Minimums wurden hierbei nicht berücksichtigt. Neben das abgerundete Jahr der mittleren Epoche ist in Klammern das arithmetische Mittel der betreffenden Epochen der einzelnen Seen gesetzt.

Mittlere Epoche	Früheste Abweichung	Späteste Abweichung
Min. 1800 (1797.5)	1792 Fuciner-See	1800 Valencia S., L. George.
Max. 1820 (1818.6)	1809/14 Kasp. Meer	1823 L. Bathurst.
Min. 1835 (1835.4)	Anf. 30er Urmia-See	1844/45 Kaspisches Meer.
Max. 1850 (1849.9)	1843 Göktscha-See	1856 Great Salt-L.
Min. 1865 (1864.5)	Ende 50er Kasp. Meer	Anf. 70er Wan-See.
Max. 1880 (1877.7?)	1873/4 Great Salt-Lake	Anf. 80er Armenische Seen.

Bedenkt man, dass die gleichnamigen mittleren Epochen 30 bis 40 Jahre von einander entfernt sind, so muss man sagen, die Abweichungen sind nur gering, beträgt doch der Spielraum der Reihe nach nur 8, circa 13, 13, circa 14 und 9 Jahre. Nur ein einziges Mal entfernen sich die Abweichungen so weit vom Mittel, dass das verfrühte

Maximum an einem See sich mit dem verspäteten Minimum am andern zeitlich deckt; es ist dieses am Göktscha-See und am Kaspischen Meer der Fall. Ein bestimmtes Gesetz bezüglich der geographischen Verbreitung der Verfrühungen und der Verspätungen ergibt sich aus der obigen kleinen Tabelle nicht. Das Kaspische Meer, die armenischen Seen und der Große Salzsee figurieren sowohl unter den Verspätungen als auch unter den Verfrühungen.

Betrachten wir jetzt die Ausnahmen von diesem Gesetz der Gleichzeitigkeit der Epochen. Dieselben führen sich nur zum Theil auf klimatische Verhältnisse zurück, zum anderen Theil aber erweisen sie sich ohneweiteres als Folge anomaler Vorgänge bei der Wasserabfuhr. In Europa erscheinen Pheneus- und Kopais-See mit durchaus eigenthümlichen Schwankungen, die nichts gemein haben mit den Schwankungen ihrer Nachbarseen. Allein Sieger hat dieses so ganz abweichende Verhalten durch die unterirdischen Abzugscanäle sehr gut erklärt, welche z. B. am Kopais-See nachweislich bald besser, bald schlechter von Menschenhand gereinigt werden und je nachdem ein Sinken oder ein Steigen des Sees veranlassen. Analog steht es wenigstens zeitweise mit dem See von Ostrovo, der gleichfalls Katabothren besitzt. Hier folgen die Bewegungen des Wasserspiegels zeitweise den allgemeinen Schwankungen, dann aber wieder weichen sie weit ab. Anders liegen die Thatsachen am Kaspischen Meer. An irgend einen Einfluss unterirdischer Abzugscanäle kann man bei diesem mächtigsten aller Seen nicht denken. Trotzdem fehlt das Minimum um 1800; die ganze Zeit von 1780 bis 1809—14 herrscht hoher Wasserstand. Wir konnten oben nicht entscheiden, ob hier wirklich eine Ausnahme vorliegt oder aber nur ein Mangel an Beobachtungen. Der Umstand, dass am Neusiedler-See, sowie nach Sieger auch an anderen Seen, dieses Minimum nur schwach entwickelt war, lässt uns ein Übersehen desselben am Kaspischen Meer möglich und wahrscheinlich erscheinen. So bleibt in Europa als sicher nachgewiesene Ausnahme vom Gesetz, die einzig durch klimatische Verhältnisse erklärt werden kann, nur der in der subtropischen Zone gelegene Lago di Fucino noch. Hier schaltet sich zwischen das Maximum von 1846 mit darauffolgendem Sinken sowie das Minimum um 1871 ein sehr bedeutendes Maximum um 1861 ein, also gerade zu jener Zeit, in welche im allgemeinen Minima des Wasserstandes fallen.

Asien besitzt eine Reihe von thatsächlichen Ausnahmen unter den armenischen Seen. Bis 1850 und nach 1870 vollziehen sich die Schwankungen ganz regelmäßig; nur am Göktscha-See fällt das Maximum um 1880, wie es scheint, ganz aus. Allein zwischen 1850 und 1870 schaltet sich am Wan-See, am Arin-See und am Göktscha-See statt einer einheitlichen Periode tiefen Wasserstandes eine solche hohen Standes ein, die von zwei Perioden niedrigen Standes zeitlich begrenzt wird. Das Maximum liegt hier genau wie beim Fuciner-See um 1860 herum. Beim Urmia-See ist dieses Maximum wieder verschwunden oder doch nur kaum angedeutet (1856? nach Sieger). Sollte es kein Zufall sein, dass auch diese Seen, wie der Fuciner, der subtropischen Zone angehören?

Auch der Alakul bildet eine Ausnahme mit seinem, allerdings zeitlich nicht genau zu fixierenden Minimum, in den Vierziger- oder Fünfziger-Jahren und auch er empfängt sein Wasser aus einem Gebiet mit subtropischem Regen. Dem Pangong-See in Tibet fehlt das Maximum von 1850, obwohl er sich im übrigen dem Gesetz entsprechend verhält.

Unter den afrikanischen Seen zeigen drei partielle Ausnahmen. Der tiefe Stand des Tsade um 1840 und die hohen Stände des Nyassa- und des Schirwa-Sees um 1860 sind gesetzwidrig. Im übrigen aber folgen die Seen durchaus den allgemeinen Schwankungen.

Wenden wir uns nun im einzelnen der Frage zu, ob die Abweichungen der Lage der Epochen vom Mittel irgendwie gesetzmäßig sind oder nicht. Sieger glaubt eine solche Gesetzmäßigkeit gefunden zu haben, einen Einfluss der geographischen Länge. »In der Regel treten nämlich die östlicher gelegenen Gletscher und Seen später in die übereinstimmenden Bewegungen ein, als die westlicheren.« Um dieses darzuthun, gibt er den folgenden kleinen Auszug aus seinen Tabellen, in den außer abflusslosen Seen auch Seen mit Abfluss aufgenommen sind.[1])

	Alpengletscher	Seen in den Alpen	L. Fucino	Wansee	L. George	Gr. Salt-L.	Canad.-Seen.
Lage:	circa 5—15° E.		13½° E.	42—43° E.	149½° E.	112-113° W.	76-92° W.
Min.	um 1800	um 1800?	1793	—	—	—	1819
Max.	» 1815	1817	1816	1820	1823	—	1838
Min.	» 1830	1835	1835	1838	1840 ff.	1847	1851
Max.	» 1845	1845	1846	1850	1852	1856	1859
Min.	—	1850	1850	1852 ff.	1859	1862	1869
Max.	1850—5	1855—6	1861	1862 ff.	1874	1874	1876
Min.	1875	1860—5	(1872)	1875?	—	—	um 1880
Max.	1886—7?	1876—80	—	—	—	—	1886?

In der That scheint diese Tabelle Sieger's Ansicht zu bestätigen. Doch spielt die Willkür in der Auswahl der Seen eine so große Rolle dass sich ohne Mühe durch eine analoge Zusammenstellung das Gegentheil erweisen lässt. Wir brauchen nur den Wansee durch das Kaspische Meer zu ersetzen, dann ist die Tabelle gestört. Ferner hat Sieger auch in der obigen Tabelle die Epochen der Seen der neuen und der alten Welt etwas willkürlich parallelisiert. So setzt er das Maximum der Siebziger-Jahre, das an den amerikanischen Seen, wie am Lake George auftritt, in eine Reihe mit dem Maximum von 1861/62, welches sich nur isoliert an den subtropischen Seen der alten Welt zeigte. Das ist entschieden unstatthaft. Es muss jenes Maximum dem Maximum von 1880 zugerechnet werden; denn es fehlen durchaus Maxima, welche eine Verbindung zwischen ihm und demjenigen von 1861 herstellen würden: es fällt kein einziges Maximum auf die Jahre 1862 bis 1872. Solche intermediäre Maxima aber müssten wir unbedingt erwarten, wenn dasjenige von 1873/74 durch Verspätung aus dem Maximum von 1861 hervorgegangen wäre. Scheiden wir die sechs sich durchaus abnorm verhaltenden Seen des Subtropengebietes der alten Welt aus, bei denen neben dem normalen Maximum um oder kurz vor 1850 in den Jahren 1859—1861 noch ein zweites auftritt, dann treffen wir gar von 1856—1873 keinen einzigen Hochstand an. Die gleiche strenge Scheidung zeigt sich zwischen dem Maximum von 1820 und demjenigen von 1850. Wenn wir von dem Kopaissee und dem See von Ostrova mit ihren Katabothren absehen, so erstreckt sich hier der Zeitraum, der frei von Hochständen ist, von 1824 bis 1839. Ich möchte daher jener Tabelle Sieger's die nachfolgende gegenüberstellen, in welche die Schwankungen des Bodensees eingefügt sind, die im nächsten Capitel besprochen werden sollen.

[1]) Sieger IV. S. 2.

	Boden-see	Kaspisches Meer	Urmia-see	L. George	Gr. Salt L.
Min.	—	?	—	1800	—
Max.	1817—20	1809—14	1810 ?	1822—3	—
Min.	1831—35	1844—45	Anf. 30er	1838—40	—
Max.	1851—55	1847	1850	1852	1856
Min.	1856—60	1856—60	ca. 1860	1859	1861
Max.	1876—80	1878—79	ca. 1880	1874	1863—24

Von einer Verspätung nach Osten hin ist hier nichts zu erkennen.

Ebensowenig kann ich einen durchgreifenden Unterschied zwischen den Seen verschiedener Breiten oder zwischen den Seen der Nordhemisphäre und denjenigen der Südhemisphäre erkennen. Würden wir nur das letzte Maximum ins Auge fassen, dann würden wir vielleicht Sieger's freilich nur sehr vorsichtig als Vermuthung geäußerten Satz beistimmen, dass innerhalb desselben Meridians jeder südlicher gelegene See früher in die Schwankungen eintritt. Allein ziehen wir die früheren Epochen heran, so ist davon nicht viel zu sehen.

So hat es nach dem Maximum von 1880 zu urtheilen, den Anschein, als wenn die Seen der Südhemisphäre etwas früher ihre Epochen erleben als diejenigen der Nordhemisphäre. Letztere erreichen den höchsten Stand meist erst gegen Ende der Siebziger- und am Anfang der Achtziger-Jahre, die freilich nicht sehr zahlreichen Seen der Südhemisphäre, deren Schwankungen wir verfolgen können, dagegen vielfach schon um die Mitte der Siebziger-Jahre, der Tanganyika-See 1878, der Nyassa-See 1875, der Lake George 1874 und der Lake Cowal 1876, also im Mittel im Jahre 1875·8. Das Mittel für die Nordhemisphäre beträgt 1879·7 und die Verspätung somit 4 Jahre. Doch auch die Nordhemisphäre besitzt Seen mit sehr früh eintretendem Maximum; es sind das die Seen des Great Basin von Nordamerika, die in den Jahren 1873 bis 1875 oder 1876 culminieren. Es ist daher schwer zu sagen, ob jenes Vorauseilen der Südhemisphäre nur ein scheinbares, durch die zufällige Auswahl der Seen bedingtes oder aber ein gesetzmäßiges ist. Leider liegen für frühere Epochen zu wenig Beobachtungen vor, um durch diese einen Entscheid herbeizuführen. Diejenigen aber, die vorhanden sind, sprechen keineswegs für ein regelmäßiges Vorauseilen der Südhemisphäre. Es fallen die Maxima am Lake George und am Lake Bathurst in Australien auf 1822/23 und 1852, die Minima auf 1839/40 und 1859, bezw. 1867, dagegen in der Nordhemisphäre die Maxima im Mittel auf 1817 und 1848 und die Minima auf 1835 und 1865.

Wir müssen im Gegensatz zu Sieger betonen, dass die Abweichungen der Epochen der einzelnen Seen von den mittleren Epochen nicht von einem Gesetz geregelt werden, sondern durchaus zufällige sind. Vor allem findet keine Verschiebung derselben entsprechend der geographischen Länge oder der geographischen Breite statt. Die Seen erleben thatsächlich auf der ganzen Erde gleichzeitig eine Hochwasserperiode und gleichzeitig eine Niederwasserperiode. Einzelne Seen bilden allerdings temporäre Ausnahmen von dieser Allgemeinheit. Das gilt besonders von den Seen der Subtropenzone der alten Welt, und zwar für die Zeit von 1850 bis 1870. Doch ist die Zahl der Seen und die Ausdehnung des Gebietes, das sie vertreten, viel zu klein, als dass wir deswegen mit Sieger überhaupt für die Schwankungen der Seen in diesem Zeitraume zwei Typen unterscheiden dürften. Denn die Mehrzahl der von Sieger zusammen mit den subtropischen Seen in eine Gruppe vereinigten Seen schließt sich vollkommen den allgemeinen Schwankungen an, sobald man an der Gleichzeitigkeit dieser Schwankungen festhält und nicht mit Sieger eine Verspätung nach Osten zu annimmt. Es gilt dieses vom Lake George, dem Großen Salzsee. und seinen Nachbarn im Great Basin, ferner auch, wie wir im nächsten Capitel sehen werden, vom Bodensee und zum Theile auch von den Seen des St. Lorenzstromes.

Wir sahen oben, dass in diesem Jahrhundert die mittleren Epochen durch die Jahre 1800, 1820, 1835, 1850, 1865 und 1880 bezeichnet werden. Diese Jahreszahlen weichen zum Theil von den von Sieger gegebenen ab. Sie wurden als arithmetische Mittel der Epochen der einzelnen Seen gefunden, jedoch auf fünf Jahre abgerundet. Sieger dagegen ordnet in seiner Zusammenfassung die Epochen der einzelnen Seen gewissen »mittleren Ausgangspunkten der Bewegung« unter. Es ist daher begreiflich, dass seine Zahlen häufig um fünf Jahre von den meinigen differieren und zwar dann immer den meinigen vorauseilen.

Nur für das laufende Jahrhundert lassen sich die mittleren Epochen mit befriedigender Genauigkeit feststellen. Gehen wir weiter zurück, so wird die Zahl der Seen, für welche uns Beobachtungen vorliegen, immer kleiner. Für das 18. Jahrhundert gelingt die Bestimmung der mittleren Epochen noch einigermaßen. Ein Anwachsen ist für die Zeit nach 1765 am Neusiedler-See und am Kaspischen Meer verbürgt. Dasselbe kehrt auch bei den Alpengletschern wieder und führt allgemein zu einem Hochstand um das Jahr 1780 herum. Ihm geht in den Fünfziger- und Sechziger-Jahren ein Minimum voraus: Trasimener-See, Lago di Fucino 1752, Kaspisches Meer 1765—66. Auch das Maximum um 1740 ist recht gut verbürgt, nicht minder das Minimum um 1720, das am Neusiedler-See und am Kaspischen Meer erscheint. Damit sind wir aber auch am Ende angelangt. Für das 17. Jahrhundert erfahren wir fast nichts. Nur dass um 1600 herum ein bedeutendes Maximum der Seespiegelschwankungen fällt, wird durch die Alpengletscher wie durch das Verhalten des Lago di Fucino und des Trasimener-Sees übereinstimmend bezeugt. Wie weit uns dagegen der Tiefstand des Fuciner-Sees um 1656 und um 1683 auf gleichzeitige allgemeine Minima, oder die Zunahme der Gletscher 1677—81 und 1710—16 auf ebensolche unmittelbar vorhergegangene Maxima zu schließen gestattet, muss dahingestellt bleiben. Wir können unsere obige Reihe der mittleren Epochen mit einiger Sicherheit nur bis 1700 zurück ergänzen, wie folgt: Max. 1600 . . . . . Min. um 1720, Max. um 1740, Min. um 1760, Max. um 1780, Min. um 1800.

Die Abstände der Epochen von einander sind bei den einzelnen Seen durchaus ungleich. Am Kaspischen Meer haben wir dieses bereits erkannt. Unsere Tabelle gibt zahlreiche andere Beispiele. Aber auch die mittleren Epochen, die als Extract unserer ganzen Tabelle erscheinen, weisen auf keine strenge Periodicität hin. Die Entfernung von Maximum zu Maximum oder von Minimum zu Minimum schwankt hier zwischen 40 und 30 Jahren und beträgt im Mittel 35.6 Jahre.

Sehr charakteristisch ist es, dass die Schwankungen bei den verschiedenen Seen verschieden intensiv auftreten und dass selbst bei ein und demselben See die Intensität der Epochen von Zeit zu Zeit sich ändert: An dem einen See ist dieses Maximum das bedeutendste, am anderen jenes und ebenso geht es mit den Minima. Nach den Schwankungen der Alpengletscher und denjenigen der Gletscher des Kaukasus erscheint das Maximum um 1850 weit ausgesprochener und bedeutender als dasjenige von 1880. Anders am Kaspischen Meer, am Großen Salzsee und am Lake George! Hier wird das Maximum von 1850 nur durch eine relativ unbedeutende Anschwellung von kurzer Dauer markiert. Dieselbe verschwindet fast vollkommen neben dem Maximum von 1820 oder demjenigen von 1880. Wäre dieses geringe Maximum der Aufmerksamkeit der Beobachter entgangen, so würden jene Seen von 1830 bis 1865 scheinbar nur eine einzige Periode niedrigen Wasserstandes besitzen und daher als Ausnahmen zu bezeichnen sein. Vielleicht, dass sich in dieser Weise das abweichende Verhalten des Alakul und des Pangong-Sees erklärt. Es wechselt also die Intensität der Maxima und der Minima von Ort zu Ort und von Zeit zu Zeit, ohne dass sich darin irgend ein Gesetz offenbarte. Diesen Satz sprach ich im Februar 1888 aus[1]) und ihn kleidet Sieger in folgende Worte: »Der Betrag, und zum Theil auch die Dauer der einzelnen Anschwellungen und Entleerungen sind von örtlichen Bedingungen mit abhängig.«

Die Constatierung der Seespiegel-Schwankungen ist uns nicht Selbstzweck; wir haben ihnen nachgespürt, um aus ihnen auf Schwankungen der meteorologischen Verhältnisse zu schließen. Es gilt nunmehr die hydrographischen Resultate ins Klimatologische zu übersetzen.

Die geschilderten Schwankungen der abflusslosen Seen besitzen eine klimatische Ursache; uns ist das selbstverständlich nach den Resultaten, die wir am Kaspischen Meer gewannen. Und doch hat sich erst in allerletzter Zeit die Anschauung vom ursächlichen Zusammenhang zwischen Änderungen des Seespiegels und Änderungen des Klimas allgemein Bahn gebrochen. Am Kaspischen Meer äußerte sich der Volksglaube schon früh in diesem Sinn, während die Gelehrten zum Theil bis heute nichts davon wissen wollten. Wir sahen, wie noch vor kurzem Filipow am Kaspischen Meer diese Theorie nur bis zu einem gewissen Grade gelten liess. Hann[2]), Chanykow[3]) und von Sonklar[4]) haben allerdings für das Kaspische Meer, Gilbert[5]), Abbey[6]) u. A. für den Großen Salzsee den Zusammenhang durchschaut, doch mit Ausnahme Chanykow's nicht bewiesen; die Ausdehnung des Phänomens über die ganze Erde war aber vollkommen unbeachtet geblieben und ist erst durch uns und später in viel ausgedehnterem Maß, wenn auch in der oben geschilderten, bedingten und, wie ich glaube, von uns widerlegten Form von Sieger dargethan worden, der für die Mehrzahl der Seen die Existenz der Schwankungen erst neu entdecken musste. Heute können wir unbedenklich sagen: Die Existenz der Schwankungen der Seen allein schon berechtigt uns ohne weiteres, Klimaschwankungen für ihr Einzugsgebiet anzunehmen.

Wie die Seespiegelschwankungen allgemein und gleichzeitig sind, so müssen auch die Klimaschwankungen für die Länder der Erde allgemein und gleichzeitig sein, das steht fest. Allein worin können diese Klimaschwankungen bestehen? Welches sind die meteorologischen Elemente, deren Oscillationen das Anschwellen und Abschwellen der Seen verursachen? Das ist vollkommen dunkel und ohne Beiziehung meteorologischer Beobachtungen nicht zu entscheiden. Jedenfalls kann es sich nur

[1]) Meteorologische Zeitschrift 1888, Februarheft S. [14].
[2]) Hann, siehe oben S. 80.
[3]) Chanykow a. a. O.
[4]) v. Sonklar: Von den Überschwemmungen. Wien, Pest, Leipzig, 1883. S. 31 und 36.
[5]) Gilbert in Powell: Report on the Land of the Arid Regions of the U. S. Washington, 1879. S. 68.
[6]) Abbey in Nature Vol. XIV. S. 48.

um die Temperatur handeln, welche die Verdunstung regelt, oder um den Regenfall, von dem die Zufuhr zum See abhängt, vielleicht auch um beide gleichzeitig. Der Einfluss einer Temperaturschwankung ist nicht zu unterschätzen; dieselbe wird zunächst die Verdunstung von der Seeoberfläche, also die Abfuhr, variieren lassen, dann aber auch die Verdunstung des aufs Land fallenden Regens, also die Zufuhr, beeinflussen. Auch die Wirkung einer Schwankung des Regenfalles wird eine doppelte sein müssen, eine directe, soweit sie die Wassermenge bestimmt, die den Zuflüssen zukommt, und eine indirecte insofern, als Hand in Hand mit ihr eine Änderung der Bewölkungsverhältnisse geht, die wiederum auf die Verdunstung einwirkt. Allein welchem dieser Factoren die Hauptarbeit zuzuschreiben ist, wissen wir nicht. Wir können nur sagen: Die Maxima der Seen sind veranlasst durch kühle oder feuchte oder kühle und feuchte, die Minima durch trockene oder warme oder trockene und warme Witterung. Etwas bestimmter sind die Schlüsse, die wir aus den Seespiegelschwankungen bezüglich der Lage der Epochen der Klimaschwankungen ziehen können: Die ersteren müssen nicht unerheblich hinter den Klimaschwankungen nachhinken. Die Epochen der letzteren dürften früher fallen als die mittleren Epochen der Schwankungen der Seen. Wie groß diese Verspätung der Seen ist, lässt sich nicht im Voraus bestimmen; doch dürfte sie sich von See zu See ändern. Hierin haben wir vielleicht eine der Ursachen, welche das abweichende Verhalten manches Sees von seinen Nachbarn erklären kann. Jedenfalls aber fallen die Epochen der Seespiegelschwankungen noch in die entsprechenden Theile der Curve der Klimaschwankungen, die Maxima in die kühlen oder feuchten oder kühlen und feuchten, die Minima in die warmen oder trockenen oder warmen und trockenen Zeiträume und zwar gegen das Ende derselben. Es ergibt sich also aus den Schwankungen der abflusslosen Seen folgende allgemeine Übersicht der Klimaschwankungen:

Trocken oder warm oder trocken und warm	Feucht oder kühl oder feucht und kühl
vor und um 1720	vor und um 1740
» » » 1760	» » » 1780
» » » 1800	» » » 1820
» » » 1835	» » » 1850
» » » 1865	» » » 1880

Wir könnten nun genau, wie wir es für das Kaspische Meer gethan haben, für die einzelnen Seen die meteorologischen Beobachtungen ihres Gebietes zusammenstellen und discutieren und von Fall zu Fall untersuchen, was die Ursache der Schwankungen ist. Doch sparen wir uns dieses für später auf. Es genügt uns hier, constatiert zu haben, dass auf den weitausgedehnten Gebieten der Erde, welche den abflusslosen Seen tributär sind, synchrone Klimaschwankungen existieren. Allein jene Gebiete bilden nur den kleineren Theil der Landflächen der Erde und noch wissen wir nicht, wie es in den Ländern steht, welche sich zum Ocean hin entwässern. Suchen wir uns zunächst über das Verhalten dieser Länder zu den Klimaschwankungen Rechenschaft zu geben, indem wir alles uns erreichbare Material über die Schwankungen der Fluss-Seen und der Flüsse in ähnlicher Weise verarbeiten, wie es hier mit den Beobachtungen über abflusslose Seen geschah.

VIERTES CAPITEL.

Die säcularen Schwankungen der Flüsse und Fluss-Seen.

Gegensatz der Oscillationen in Fluss-Seen und abflusslosen Seen. Erstere gering und daher bis vor kurzem unbekannt. Säculare Schwankungen des Bodensees dargestellt durch Fünfjahrsmittel. Nicht klimatische Factoren, welche in Seen und Flüssen eine Änderung des Wasserstandes verursachen können. Methode der Prüfung der Pegelbeobachtungen. Tabelle der Schwankungen der Flüsse und Fluss-Seen Europas, Afrikas und Amerikas nach Lustrenmitteln des Wasserstandes. Identität der Schwankungen an Flüssen und Fluss-Seen. Die mittleren Epochen der Schwankungen. Spaltung der Maxima in Europa. Zusammenfassung der aus den Schwankungen der hydrographischen Phänomene gewonnenen Resultate. Das Wesen der Klimaschwankungen dadurch nicht klargestellt.

Wir haben bereits oben gesehen, in welcher Weise die Fluss-Seen den Schwankungen der Wasserzufuhr folgen; es geschieht ohne wesentliche Verspätung. Eine so gewaltige Integration, wie sie bei den abflusslosen Seen stattfand, gibt es daher hier nicht.. Die abflusslosen Seen gleichen die mannigfachen kleinen Oscillationen des Regenfalles aus und geben nur die großen Wellen der Klimaschwankungen wieder. Die Fluss-Seen dagegen sind verurtheilt auch den geringen Oscillationen zu folgen. Die Curve ihrer Schwankungen ist weit unstäter und zeigt vielmehr Umkehrpunkte, secundäre, tertiäre und quartäre Maxima und Minima als diejenige der abflusslosen Seen. Dabei bewegen sich die Schwankungen in sehr viel engeren Grenzen; denn das Niveau des Sees ist durch den Abfluss bis zu einem gewissen Grade festgelegt. Säculare Oscillationen, deren Betrag nach mehreren Metern zählt, wie am Kaspischen Meer oder am Salzsee, sind ausgeschlossen, und das Verhältnis der Schwankungen in der Jahresperiode zu denjenigen in längeren Zeiträumen ist wesentlich anders als bei den abflusslosen Seen. An der Mehrzahl der letzteren tritt die Jahresschwankung an Betrag weit hinter den säcularen Schwankungen zurück. Bei den Fluss-Seen pflegt die Amplitude der Jahresschwankung nur wenig kleiner zu sein als diejenige der säcularen Schwankungen; ja mehrfach ist sie sogar größer. Einige Beispiele mögen das illustrieren (siehe die kleine Tabelle auf nächster Seite).

Die Gesammtheit dieser Umstände erschwert natürlich sehr bedeutend die Feststellung säcularer Schwankungen an Fluss-Seen, sobald nicht exacte und ununterbrochen durch viele Jahre hindurch fortgesetzte Pegelbeobachtungen vorliegen. Mit vereinzelten Angaben über den Wasserstand ist bei einem vollkommenen Fluss-See nicht viel zu machen; denn jeder zufällig beobachtete Hochstand kann eine ganz vorübergehende, vielleicht durch ein einziges Gewitter veranlasste Erscheinung sein und inmitten einer Zeit niedrigen Wasserstandes auftreten und umgekehrt. Allein selbst Pegelbeobachtungen lassen meist die säculare Schwankung aus den Jahresmitteln gar nicht ohneweiteres erkennen, so unruhig tanzt die Curve der letzteren auf und ab; es bedarf erst einer rechnerischen Operation, einer Vereinigung der einzelnen Jahresmittel zu mehrjährigen Mitteln, um die vieljährigen Schwankungen klar und deutlich zu Tage treten zu lassen. So konnte es geschehen, dass die Schwankungen der Alpenseen noch vollkommen unbeachtet blieben, als man schon lange mit den Schwankungen der Gletscher vertraut war. Erst in den allerletzten Jahren sind dieselben gleichsam entdeckt worden und zwar dienten hier die weit größeren Schwankungen der abflusslosen Seen als Ausgangspunkt. Nachdem die Parallelität der Oscillationen des Kaspischen Meeres mit den Gletscherschwankungen in den Alpen erkannt worden war, entstand naturgemäß sofort die Frage, ob nicht an den Fluss-Seen der Alpen analoge Schwankungen auftreten. Es bestätigte sich das durchaus am Bodensee.

	Amplitude der Jahresschwankung	Amplitude der säcularen Schwankung	Verhältnis
	Abflusslose Seen:		
Kaspisches Meer	38 *cm*	300 *cm* [1])	1 : 8
Lago di Fucino	?	1240	—
Great Salt Lake [2])	50	330	1 : 7
	Fluss-Seen:		
Bodensee [3])	165	110	1 : 0.7
Ladogasee [4])	251	118	1 : 2
Ontariosee [4])	38	86	1 : 2

Ich lasse hier die Jahresmittel des Wasserstandes des Bodensees nach den Pegelbeobachtungen zu Constanz folgen. Die Jahresmittel der Jahre 1821—1851 sind einer von Honsell veröffentlichten graphischen Darstellung entnommen.[5]) Die bei der Ausmessung der Ordinaten unterlaufenen Fehler dürften, Dank sei es dem großen Maßstab der Darstellung, 1 Centimeter nicht übersteigen. Die Mittel nach 1852 sind in den Beiträgen zur Hydrographie des Großherzogthums Baden (I. Heft, Karlsruhe 1884, S. 59) abgedruckt. Alle Jahresmittel sind auf den Nullpunkt des neuen Constanzer Pegels bezogen und in Centimetern ausgedrückt.

Aus der zweiten Columne, welche diese Pegelstände bezogen auf Constanzer Null enthält, wird wohl Niemand säculare Schwankungen des Seespiegels erkennen können; sie gehen vollkommen unter inmitten der unregelmäßigen Oscillationen kurzer Dauer. Aus diesen Zahlen wurde das sechzigjährige Mittel des Wasserstandes zu 338 $\pm$ 1.5 Centimeter berechnet.

Die dritte Columne bringt die Abweichungen der einzelnen Jahre von jenem 60jährigen Mittel. Diese stellen die Bewegung des Seespiegels

[1]) Mit Berücksichtigung früherer Jahrhunderte sogar bis zu 15 *m*.
[2]) Gilbert in Powell: Report on the Land of the arid Regions of the U. S. 2. Ed. Washington 1879, Diagramm S. 64.
[3]) Nach Honsell a. a. O.
[4]) Nach Woeikoff in Ztschr. f. Met. XVI, 1881, S. 287.
[5]) Honsell: Der Bodensee. Atlas. Stuttgart 1879. Tafel IV.

Jahresmittel des Wasserstandes des Bodensees nach den Beobachtungen zu Constanz.

Jahr	Auf Pegel-Null bezogen cm	Abweichungen vom Mittel cm	Fünfjahrs-Mittel cm	Jahr	Auf Pegel-Null bezogen cm	Abweichungen vom Mittel cm	Fünfjahrs-Mittel cm
1821	345	7	−12	1851	362	24	13
22	312	−26	−2	52	348	10	9
23	341	3	0	53	348	10	10
24	355	15	−6	54	317	−21	2
25	339	1	3	55	366	28	−7
26	316	−22	3	56	323	−15	−16
27	357	19	0	57	300	−38	16
28	342	4	−2	58	304	−34	−17
29	336	−2	6	59	318	−20	−17
30	330	−8	−6	60	361	23	−12
31	358	20	−8	61	324	−14	−7
32	295	−43	−11	62	321	−17	−5
33	331	−7	13	63	331	−7	−16
34	322	16	15	64	328	−10	−14
35	320	−18	7	65	306	−32	−5
36	347	9	−7	66	332	−6	−2
37	335	−3	−4	67	368	30	2
38	331	−7	−2	68	354	16	5
39	335	−3	3	69	340	2	6
40	331	−7	−8	70	320	−18	2
41	343	5	−3	71	336	−2	1
42	311	−27	1	72	351	13	−1
43	356	18	2	73	346	8	5
44	356	18	5	74	330	8	13
45	335	−3	7	75	354	16	16
46	356	18	0	76	372	34	23
47	320	−18	−4	77	368	30	29
48	323	−15	1	78	380	42	28
49	336	−2	3	79	359	21	22
50	362	24	8	80	351	13	19

schon viel deutlicher dar. Allein von irgend einem durch längere Zeit hindurch anhaltenden Steigen und darauffolgenden Sinken, wie wir es bei den abflusslosen Seen kennen lernten, ist nicht viel zu sehen. Die Curve hat nicht weniger als 16 Culminationspunkte, die durch Einsenkungen von einander getrennt sind, setzt sich also aus zahlreichen Oscillationen kurzer Dauer zusammen. Diese gilt es zu eliminieren, um den allgemeinen großen Schwankungen auf die Spur zu kommen. Eine sehr einfache Methode, die Bildung von Fünfjahrsmitteln, führte zum Ziel: Man setzt für jedes Jahr das Mittel der Gruppe von 5 Jahren, in deren Centrum jenes Jahr sich findet. Das ist in der letzten Columne geschehen. Dabei wurden zur Bildung der Fünfjahrsmittel 1821, 1822, 1879 und 1880 die Jahresmittel 1819, 1820, 1881 und 1882 mit berücksichtigt. Hier sind in der That die kurzdauernden Oscillationen geschwunden und diejenigen von langer Dauer treten klar und deutlich zu Tage: 1825—1829 etwas über dem vieljährigen Mittel, 1830—1841 tief, 1842 bis 1854 hoch, 1855—1866 tief, 1867—1880 hoch. Die Epochen fallen wie folgt: Minimum 1834, Maximum 1851, Minimum 1858 und Maximum 1877.

Schon eine rohere Methode hätte Ähnliches geleistet. Wir können nämlich jene Schwankungen sehr gut annähernd wiedergeben, indem wir nicht für jedes Jahr, sondern nur für jedes fünfte Jahr das Mittel von 5 Jahren setzen. Es geschieht das, indem wir die Mittel 1819/23, 1824/28 u. s. f., oder 1820/24, 1825/29 u. s. f. bilden. Am natürlichsten bieten sich die Lustrenmittel dar, deren Anwendung in der Meteorologie vom Wiener Congress speciell empfohlen ist, also die Mittel 1821/25, 1826/30, 1831/35 etc.

Sollen nun wirklich diese Reihen Repräsentanten der allgemeinen Schwankungen sein, so müssen sie auch untereinander gut übereinstimmen. Um dieses darzuthun, wurde die folgende kleine Tabelle entworfen. Die oben angeschriebenen Jahreszahlen in derselben beziehen sich auf die Mitte der einzelnen Fünfjahrsmittel der obersten Reihe, die unteren dagegen auf die Mitte der Fünfjahrsmittel der untersten Reihe. Die Centren der Fünfjahrsmittel der mittleren Reihen liegen zwischen den oben und unten bezeichneten Jahren, also — 12 bei 1821, — 2 bei 1822, 0 bei 1823 etc.

Fünfjahrsmittel für den Bodensee.

	1821	26	31	36	41	46	51	56	61	66	71	76
Mittel 1819—23 etc.	—12	3	— 8*	—7	—3	0	13	—16*	— 7	—2	1	23
» 20—24 »	— 2	0	—11*	—4	1	—4	9	—16*	— 5	2	— 1	29
» 21—25 »	0	—2	—13*	—2	2	1	10	—17*	—16	5	5	28
» 22—26 »	— 6	6	—15*	—3	5	3	2	—17*	—14	6	13	22
» 23—27 »	3	—6	— 7	—8*	7	8	— 7	—12*	— 5	2	16	19
	1825	30	35	40	45	50	55	60	65	70	75	80

Eine graphische Darstellung der Zahlen (Fig. 1) zeigt die Identität dieser Schwankungen noch deutlicher.

Die Übereinstimmung der fünf unteren Curven untereinander ist nach 1855 eine vollständige. Es fallen die Maxima auf die Jahre 1876 bis 1880, die Minima auf 1856—1860. Etwas geringer ist der Einklang vor 1855. Das Maximum der vierten Curve fällt stark verfrüht auf 1843, die übrigen dagegen regelmäßig auf die Jahre 1850—1852. Auch die Lage des Minimums der fünften Curve im Jahre 1839 bildet eine Ausnahme, während die übrigen Minima coincidieren (1831—1833).

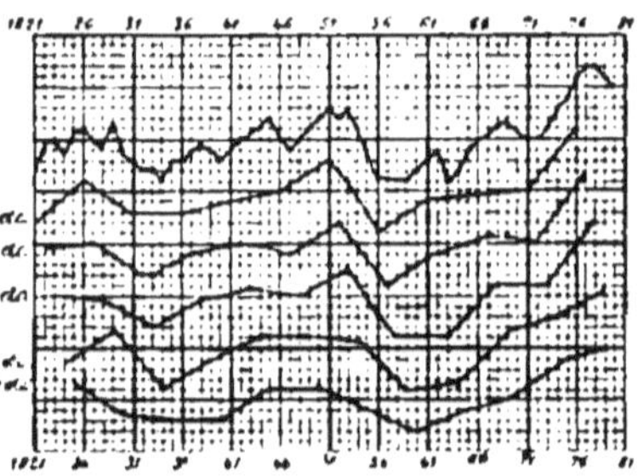

Fig. 1. Schwankungen des Bodensees, dargestellt durch verschiedene Fünfjahresmittel.

Diese Übereinstimmung macht es schon an sich wahrscheinlich, dass jede der Curven als Repräsentant der von dem Fünfjahrsmittel der einzelnen Jahre gezeichneten Schwankungen des Seespiegels gelten darf. Um dieses zu veranschaulichen, wurde nach den Fünfjahrsmitteln der einzelnen Jahre die oberste Curve der Figur entworfen. In der That zeigt jede einzelne der unteren Curven deutlich die großen Züge der oberen: relativer Hochstand in den Zwanziger-Jahren, ein Minimum in der ersten Hälfte der Dreißiger-Jahre, ein Maximum um 1850 und endlich ein Minimum in der zweiten Hälfte der Fünfziger- mit darauffolgendem bedeutendem Ansteigen zum Hochstand Ende der Siebziger-Jahre. Welche der Reihen wir nehmen, ist hierbei ziemlich gleichgiltig.

Wir werden im Folgenden von dieser Erfahrung ausgedehnten Gebrauch machen, indem wir die Schwankungen der Seespiegel durch Lustrenmittel darstellen. Einem Einspruch wollen wir sofort vorbeugen. Die einfachen Jahresmittel springen äußerst unregelmäßig auf und ab, sodass man nicht viel von den Schwankungen sieht, die in den Lustrenmitteln so deutlich zu Tage treten. Sollten da nicht vielleicht diese Schwankungen durch den reinen Zufall der Gruppierung der Jahre veranlasst und erst in die Beobachtungen hineingerechnet worden sein? Die ganze Betrachtung der Fünfjahrsmittel oben macht das nicht sehr wahrscheinlich. Allein, wir besitzen auch ein strenges Criterium dafür, dass jene Schwankungen in der That existieren. Aus dem früher mitgetheilten wahrscheinlichen Fehler des 60jährigen Mittelwassers zu Constanz lässt sich nämlich leicht berechnen, wie groß der wahrscheinliche Fehler eines 5jährigen Mittels sein muss. Wir finden $\pm 5{\cdot}1$ *cm*. Würde die Anordnung der Jahre mit hohem und mit tiefem Wasserstand ausschließlich vom Zufall regiert werden, so müsste der wahrscheinliche Fehler aller von uns gebildeten Fünfjahrsmittel jenem Betrage gleichkommen. Anders, wenn gewisse langdauernde Schwankungen des Wasserstandes vorhanden sind. Dann muss der thatsächliche Fehler der Fünfjahrsmittel kleiner sein, als der aus dem Fehler des 60jährigen Mittels berechnete. Nun beträgt der wahrscheinliche Fehler der einzelnen Lustrenmittel:

1821—25	± 4.2 *cm*	1841—45	± 5.5 *cm*	1861—65	± 2.7 *cm*
26—30	± 4.2	46—50	± 6.3	66—70	± 5.0
31—35	± 6.1	51—55	± 5.0	71—75	± 3.4
36—40	± 1.6	56—60	± 6.6	76—80	± 3.5

Mittel ± 4.5 *cm*

Er ist also kleiner als der berechnete, d. h. die durch die Lustrenmittel angezeigten Schwankungen sind reell. Der wahrscheinliche Fehler der Fünfjahrsmittel 1820/24, 1825/29 etc. ergibt sich im Mittel sogar zu nur $\pm 3{\cdot}9$ *cm*. Diese Mittel stellen also die Schwankungen noch besser dar, als die Lustrenmittel; ein Blick auf unsere Figur bestätigt das. Doch wollen wir uns trotzdem in Zukunft an die Lustrenmittel halten, um alle Reihen in einheitlicher Weise zu verwerthen.

Alles das hier für die Fluss-Seen ausgeführte gilt Wort für Wort ebenfalls für die Flüsse. Auch bei ihnen verschwinden die Schwankungen langer Dauer unter den kurz dauernden Oscillationen und auch hier offenbaren erst die Lustrenmittel klar und deutlich die Existenz derselben. Ebenso ist als Zeichen der Realität der Schwankungen der wahrscheinliche Fehler der Lustrenmittel hier kleiner als er für ein 5jähriges Mittel, berechnet aus dem Fehler des vieljährigen Mittels, sein sollte. Für Oppeln an der Oder ergibt sich z. B. aus den Beobachtungen 1831—1880 der mittlere Wasserstand zu $1{\cdot}71 \pm 2{\cdot}2$ *cm*. Der wahrscheinliche Fehler eines 5jährigen Mittels sollte sein $\pm 7{\cdot}0$ *cm*; derjenige des Lustrenmittels ist aber thatsächlich nur $\pm 6{\cdot}4$ *cm*, ganz wie es die Existenz von Schwankungen langer Dauer erfordert. Auch für die Flüsse wenden wir die Lustrenmittel zur Darstellung ihrer Schwankungen an.

Mit diesen Ausführungen ist die Methode klargelegt, welche wir unten zur Konstatierung von Schwankungen der Flüsse und Fluss-Seen verfolgen wollen, und deren Berechtigung erwiesen. Allein, noch ein Punkt bleibt zu discutieren übrig: Welche Bedeutung haben eigentlich die Schwankungen? Betrachten wir zunächst einen See. Gewiss führen sich Änderungen des Wasserstandes hier immer auf Änderungen der Verhältnisse des Zuflusses oder des Abflusses zurück. Allein es braucht das keineswegs immer das Quantum der zufließenden und der abfließenden Wassermasse zu betreffen. Eine Änderung des Seespiegels kann zum Beispiel sehr wohl auch durch eine Änderung der Sohle des Abflusses hervorgerufen werden. In der That hat in dieser Weise der Wallensee eine fortwährende Erhöhung seines Spiegels durch den Schutt erfahren, den die Linth in seinen Ausfluss zum Zürichsee hineinbrachte und der dessen Sohle sehr rasch erhöhte. Der Seespiegel hob sich immer mehr und der See überschwemmte seine Ufer, bis der Linth durch Einleitung in den See selbst das Handwerk gelegt wurde. Heute lagert sie in einem rasch wachsenden Delta ihre Geschiebe ab, statt, wie früher, auf dem Boden des Wallensee-Ausflusses. Die Fälle der Tieferlegung von Seen durch Einschneiden ihres Abflusses andererseits sind zu häufig, als dass ich Beispiele anzuführen brauchte. So steht der Fluss-See, selbst nur das außerordentlich verbreiterte und vertiefte Stück eines Flusslaufes, in enger Abhängigkeit von den Vorgängen im Bett seines Ausflusses. Alle diejenigen Factoren, welche eine Änderung des Wasserstandes im Ausfluss ohne Änderung der abfließenden Wassermenge verursachen, müssen auch auf den Stand des Sees zurückwirken. Dieses leitet uns über zu einer Frage, deren Beantwortung für uns den Entscheid über die Verwendbarkeit oder Unverwendbarkeit der Wasserstands-Beobachtungen an Flüssen und Fluss-Seen in sich schließt. Es ist die Frage nach dem Verhältnis des Wasserstandes im Fluss zur Wassermenge.

Dieselbe ist in den letzten Jahren besonders lebhaft discutiert worden im Anschluss an die Aufsehen erregenden Untersuchungen von Wex über die Wasserabnahme in den Strömen und Flüssen der Culturländer. Wir hatten oben Gelegenheit, darüber zu referieren und können uns hier kurz fassen. [1])

Uns kommt es darauf an, aus Änderungen des Wasserstandes der Flüsse auf entsprechende Änderungen ihrer Wassermenge zu schließen. Alle diejenigen Factoren werden uns daher stören müssen, welche den Wasserstand beeinflussen, ohne dass die Wasserführung sich änderte. Diese störenden Factoren zerfallen in zwei Gruppen. Sie können erstens in Änderungen des Flussbettes bestehen, dann aber auch in Änderungen der Vertheilung der abfliessenden Wassermasse über das Jahr.

Sehr mannigfache Umgestaltungen erfährt ein Flussbett im Laufe der Zeit. Unsere großen Ströme besitzen alle auf dem größten Theil ihres Laufes eine bewegliche Sohle; fortwährend wandern in ihnen Sand- und Kiesbänke thalabwärts; hier wird Geschiebe von der Sohle oder vom Ufer fortgeführt, dort wieder angeschwemmt. Laterale und verticale Erosion und Accumulation verändern das Querprofil von einem Tag zum andern. Auf solche Vorgänge ist es zurückzuführen, wenn an ein und demselben Strom in geringer Entfernung hier die Wasserstände steigen, dort sich senken, wie das Schlichting an der Elbe und Graeve an der Weichsel gezeigt haben. [2]) Groß sind auch die Veränderungen im Flussbett, die der Mensch veranlasst, indem er den Strom bald durch Deiche oder Brücken einengt, bald seinen Lauf abkürzt und seine Geschwindigkeit steigert. Erstere werden, ähnlich den Wehren, das Mittelwasser heben, letztere es senken müssen. Alte Pegel mit langen Beobachtungsreihen finden sich häufig in großen Städten; gerade dort aber sind die Eingriffe des Menschen in das natürliche Leben des

[1]) I. Capitel, S. 18.

[2]) Schlichting in der Deutschen Bauzeitung 1875. S. 274 f. — Graeve ebenda 1877. S. 263.

Flusses besonders zahlreich und wechselnd. Auch der Eisstau verdient hier genannt zu werden, der in den letzten Jahren im Norden Deutschlands so traurige Katastrophen herbeigeführt hat. Eine Vermehrung desselben, etwa infolge der Einengung des Flusses, muss den Wasserstand heben, eine Minderung durch Sprengung oder künstliches Freihalten des Flussbettes ihn senken.

In anderer Weise bewirkt eine Änderung der Jahresperiode der Wasserabfuhr auch eine Änderung des Mittelwassers. Bekanntlich liegt der Wasserstand, bei welchem die Wasserführung eines Flusses in der Zeiteinheit der aus der gesammten Jahresmenge berechneten mittleren Wasserführung entspricht, über dem arithmetischen Mittel der Pegelbeobachtungen, das als Mittelwasser bezeichnet wird, und zwar wächst die Differenz mit der Amplitude der Jahresschwankung der Wasserführung. Daher muss jede Änderung der letzteren auch eine Änderung des Mittelwassers im Gefolge haben. Eine Zunahme der Hochwasser z. B., wie sie von vielen Seiten behauptet und als Folge der Entwaldung gedeutet worden ist, muss bei unveränderter Menge des abfließenden Wassers auch von einer Minderung der Niederwasser begleitet sein; die Differenz zwischen beiden wächst und das arithmetische Mittel der Pegelbeobachtungen sinkt tiefer unter den Pegelstand der mittleren Wasserführung herab.

Man darf also keineswegs Wasserstand und Wassermenge mit einander vertauschen und es ist immer sehr misslich, aus Wasserständen auf Wassermengen zu schließen, wenn nicht gleichzeitig die Gewähr dafür vorliegt, dass keiner der erwähnten Einflüsse störend eingegriffen hat. Allein, so schwerwiegend alle diese Bedenken sind, so kommen sie doch glücklicherweise für uns z. Th. nicht in Betracht, zum andern Theil können wir ihnen Rechnung tragen. Alle jene Störungen wirken nämlich theils continuierlich nach einer Richtung, wie die fortwährenden Eindeichungen und Correctionen, theils ganz unregelmäßig und ohne jeden Rhythmus, bald nach der einen, bald nach der andern Richtung. Offenbar aber kann das uns nicht genieren. Denn wir wollen aus den Pegelbeobachtungen Schwankungen der Wassermenge constatieren, die sich zwar nicht in strenger Periode, aber doch durchaus rhythmisch vollziehen, wie wir aus unserer Betrachtung der abflusslosen Seen wissen. Diese rhythmischen Schwankungen des Wasserstandes werden also, falls sie vorhanden sind, mit den durch jene Störungen verursachten Änderungen interferieren. Doch wird es leicht sein, diese von jenen zu unterscheiden. Unsere Schwankungen müssen sich nämlich jedenfalls an verschiedenen Punkten eines Flusses oder an benachbarten Flüssen parallel vollziehen. Denn Anomalien der Witterung, welche jene verursacht haben dürften, pflegen sich immer über sehr weite Gebiete zu erstrecken. Dagegen werden die von der Wassermenge unabhängigen Wasserstandsänderungen von Pegel zu Pegel und von Fluss zu Fluss verschieden sein. Der Vergleich der Wasserstands-Beobachtungen benachbarter Pegelstationen wird uns daher leicht diese secundären Änderungen von denen unterscheiden lassen, welche eine Folge der Änderung der Wassermenge sind. Diese Methode des Prüfens durch Vergleich ist dieselbe, die wir oben gelegentlich der Kritik der Pegelbeobachtungen am Kaspischen Meer anwandten. Auch hier, bei Flüssen wie bei Fluss-Seen, wird sie es uns ermöglichen, das brauchbare von dem unbrauchbaren Material zu scheiden und uns dadurch vor Trugschlüssen bewahren.

Bei dieser Prüfung erwiesen sich die Beobachtungen an der Isar bei München, an der Oder bei Oderberg, sowie bei Ratibor und am

Pregel bei Königsberg als unbrauchbar. Bei den drei erstgenannten fand eine sehr bedeutende Erosion des Flussbettes statt, während die störende Ursache am Pregel nicht festgestellt werden konnte. Damit soll nicht gesagt sein, dass die Zahlen unserer Tabellen ganz frei von störenden Einflüssen sind. Im Gegentheil, sicher erklärt sich die eine oder die andere Abweichung des einen Flusses von seinen Nachbarn durch solche, so vor allem das vielfach auftretende kontinuirliche Sinken oder Steigen, mit welchem unsere Schwankungen interferieren.

Die Beobachtungen der Flüsse und Fluss-Seen, welche der Kritik standhielten, sind zu Lustrenmitteln verdichtet und in der folgenden Tabelle zusammengestellt worden. Wo für einen Fluss die Beobachtungen mehrerer Stationen vorlagen, sind diese in der Reihenfolge angeordnet, in welcher sie flussabwärts auf einander folgen. Um unvollständige Lustrenmittel von vollständigen auch äußerlich zu unterscheiden, ist hinter dieselben ein Punkt gesetzt. Weniger als 3 Jahre wurden jedoch nie zu einem Mittel vereinigt. Überall sind die Maxima durch Fettdruck, die Minima durch Asterisken charakterisiert. Ich dachte zuerst daran, alle Lustrenmittel durch Abweichungen vom vieljährigen Mittel darzustellen, um die Schwankungen deutlicher hervorzuheben. Doch habe ich später davon abgesehen, weil kaum eine der mitgetheilten Reihen völlig frei von geringen störenden Einflüssen ist, die hier den Spiegel des Flusses continuierlich heben, dort ihn senken, ohne doch die Schwankungen verdecken zu können. Das vieljährige Mittel ist in so einem Falle natürlich keineswegs derjenige Pegelstand, zu dessen beiden Seiten sich unsere Schwankungen vollziehen. Die Abweichungen von demselben zeichnen daher die letzteren auch nicht deutlicher, als es die Abweichungen von einem beliebigen Nullpunkt thun würden. Die Wasserstände beziehen sich also durchweg auf den Nullpunkt des Pegels der Station.

Wir schicken noch eine kurze Übersicht über die Literatur voraus, der wir unsere Zahlen entlehnten. Die Lustrenmittel wurden fast durchweg von mir neu gebildet.

1. Seine bei Paris nach Fritz: Die Beziehungen der Sonnenflecken zu den magnetischen und meteorologischen Erscheinungen der Erde. Haarlem. 1878. S. 135.

2. Genfer See bei Genf nach Forel: Limnimétrie du lac Léman V. (Bull. Soc. Vaud. Sc. nat. T. XVII. S. 326). Mitgetheilt sind sowohl die Lustrenmittel der Jahresmittel als auch diejenigen der absoluten Jahresmaxima. Beide Reihen zeigen parallelen Gang. Bei den Jahresmitteln fehlen die Jahre 1816 und 1817.

3. Neuenburger See nach Sieger: Neue Beiträge zur Statistik der Seespiegelschwankungen. Bericht des Vereines der Geographen der Universität Wien. Wien, 1888. S. 12. Sieger hat die in Mém. Soc. sciences nat. de Neuchâtel zerstreuten Originalarbeiten kritisch verarbeitet. Die Beobachtungen von 1872 an sind für unsere Zwecke unbrauchbar, da man in diesem Jahr mit der großen Aare-Correction begann, durch welche die Seen von Neuenburg, Murten und Biel um 2 *m* tiefer gelegt wurden. 1816 fehlt.

4. Zürichsee nach K. Wetli: Bewegung des Wasserstandes des Zürichsees etc. Zürich, 1885. 1845 sollen sich durch Errichtung der Freischleusen an der Limmat die Abflussverhältnisse etwas geändert haben. Doch ist der Wasserstand dadurch offenbar nicht in Mitleidenschaft gezogen worden; die ganze Reihe erscheint durchaus homogen.

5. Bodensee nach Honsell a. a. O. (siehe oben S. 118). Es fehlt 1816.

6. und 7. Ammersee und Würmsee nach Sieger a. a. O. Es fehlt am Ammersee 1826, am Würmsee 1836 und 1847. Am Ammersee dürfte nach Sieger in den Jahren 1881—1885 eine Tieferlegung des Ausflusses erfolgt sein. Wir haben diese Jahre daher nicht in unsere Tabelle aufgenommen.

8. Inn bei Kufstein nach v. Sonklar: Über die Überschwemmungen. Wien, 1883. S. 117 ff. Lustrenmittel der jährlichen Maxima. Da diese an mehreren Flüssen und Fluss-Seen, für welche sie mir neben den Jahresmitteln vorlagen (Rhein, Weichsel, Nil, Genfersee etc.), einen säcularen Gang besitzen, der demjenigen der Jahresmittel parallel ist, so stehe ich nicht an, für den Inn aus dem Gang der absoluten Maxima des Wasserstandes auf denjenigen des Innspiegels überhaupt zu schließen. Auch Sieger äußert sich in diesem Sinne für die Schweizer Fluss-Seen.[1])

9. Donau bei Wien nach dem Bericht der hydrotechnischen Commission des österreichischen Ingenieur- und Architekten-Vereines in dessen Zeitschrift, 1888. S. 79.

10. Donau bei Orsova nach Fritz a. a. O. S. 136.

11. Etsch bei Trient nach von Sonklar a. a. O. Lustrenmittel der absoluten Jahresmaxima. Da diese sich im säcularen Gang den Schwankungen der Jahresmittel an den Nachbarflüssen anschließen, so dürfte das über den Inn bei Kufstein gesagte auch hier gelten. Nur der ganz außerordentliche Hochstand von 1868, der beiweitem höchste der ganzen Beobachtungsperiode, erhebt sich so bedeutend (über 2 *m*) über die Hochstände der benachbarten Jahre, dass ich ihn eliminieren zu müssen glaubte. Zieht man ihn zur Mittelbildung heran, so beträgt das Lustrenmittel 1866/70 3·52 *m* statt 3·42 *m*. Außerdem fehlt 1858.

12. Neckar bei Heilbronn nach Schoder in »Württembergische Meteorologie 1876 und 1877« (Württemb. Jahrbücher. Jahrgang 1828, Stuttgart 1878, S. 114).

13. Rhein bei Straßburg nach Grebenau: Resultate der Pegelbeobachtungen an den elsass-lothringischen Flüssen Rhein und Mosel. Strassburg 1874 (III. Heft der statist. Mitth. über Elsass-Lothringen S. 42). Es fehlt 1806.

14. Rhein bei Mainz nach Reiß: Periodische Wiederkehr von Wassernoth und Wassermangel etc. Leipzig. 1883. S. 40. Lustrenmittel der absoluten Maxima, deren Gang identisch ist mit der Bewegung des Rheinspiegels oberhalb bei Strassburg und unterhalb zu Cöln. Es fehlen 1816 und 1817. Reiß nimmt zwischen 1852 und 1853 eine Discontinuität an, die sich jedoch in den Zahlen absolut nicht zeigt.

15. Rhein bei Cöln bis 1810 nach Berghaus: Länder- und Völkerkunde. Bd. II. Stuttgart, 1837. S. 264; die späteren Jahre nach L. Rodde: Wasserstandsverhältnisse der norddeutschen Ströme. Zeitschrift des königlich preußischen statistischen Bureaus. XVII, 1877. S. 221. Es fehlt 1811.

16. Rhein bei Düsseldorf nach Hagen: Wasserstände der preußischen Ströme (Sitzungsbericht der Berliner Akademie 1880). Es fehlt 1880.

17. Rhein bei Emmerich nach Berghaus a. a. O. S. 254.[2])

18. Weser bei Bremen nach Fritz a. a. O. S. 136.

---

[1]) Sieger: Die Schwankungen der hocharmenischen Seen etc. S. 55.

[2]) Die von Blink (der Rhein in den Niederlanden, Forschungen zur deutschen Landes- und Volkskunde. IV. Band. Heft 2. S. 54 ff.) mitgetheilten Pegelstände an 10 holländischen Stationen bestätigen unsere Resultate; doch lassen sie sich nicht in unsere Tabelle einfügen, da nur die Decennienmittel gegeben werden.

19. Elbe bei Torgau nach Hagen a. a. O. Es fehlt 1880.

20. Elbe bei Magdeburg bis 1835 nach Berghaus a. a. O. S. 290; seit 1826 nach der graphischen Darstellung von Maens in den Mittheilungen des Vereines für Erdkunde zu Halle a. S. 1885. Es fehlen 1884 und 1885.

21. Elbe bei Lenzen (nächst Wittenberge) nach Rodde a. a. O. Es fehlt 1811.

22., 23. und 24. Oder bei Kosel, Krappitz und Oppeln nach Pralle in der Zeitschrift für Bauwesen 1882. S. 179 ff.

25. Oder bei Küstrin nach Berghaus a. a. O. S. 319.

26. Oder bei Neu-Glietzen von 1812 bis 1845 nach Rodde a. a. O., später nach Hagen a. a. O. Die Lustrenmittel nach Rodde weichen zum Theile etwas von denen nach Hagen ab: 1856—50 2.79 und 2.46 *m*, 1871—75 2.12 und 2.01 *m*. Ich habe Hagen, der später schrieb, den Vorzug gegeben. Es fehlen 1811 und 1880.

27. Weichsel bei Thorn nach Hagen. 1880 fehlt.

28. Weichsel bei Kurzbracke vor 1846 nach Rodde, später nach Hagen. Nach Rodde ist 1851—55 2.31 *m* und 1866—70 1.52 *m*. 1811 und 1880 fehlen.

29. Memel bei Tilsit nach Hagen. 1880 fehlt.

30. Saimasee (Finnland) bei Lauritsola nach A. Donner: Vattenobservationer i Saima sjö vid Lauritsola sluss åren 1847—87. Fennia I. Nr. 14 (Helsingfors 1889).

31. Ladogasee bei Walaam bis 1873 nach Woeikoff in der Zeitschrift für Meteorologie. XVI. 1881. S. 288. Herr Prof. Woeikoff hatte die Freundlichkeit mich darauf aufmerksam zu machen, dass infolge eines Versehens das Minuszeichen vor allen a. a. O. über den Ladogasee mitgetheilten Zahlen wegblieb. Für die späteren Jahre siehe ebenda S. 289 und die Angaben bei Woeikoff, Klimate der Erde. Band II. Jena, 1887. S. 267. Der Onegasee soll sich ebenso verhalten haben, wie der Ladogasee. An beiden Seen war das Jahr 1879 durch den höchsten Stand ausgezeichnet und es folgte ein Sinken bis 1887.[1]) Die Zahlen sind streng genommen keine Lustrenmittel, da Woeikoff die Mittel nicht für das bürgerliche Jahr bildete, sondern für 1860—61, 1861—62 etc. Welches Datum als Anfangspunkt eines solchen Jahres angenommen wurde, ist nicht angegeben. Für unsere Lustrenmittel ist diese Abweichung vom bürgerlichen Jahre jedoch ohne Bedeutung.

32. Nil bei der Insel Roda nächst Cairo nach Fritz in der Zeitschrift für Meteorologie. XIII. 1878. S. 363 f. Die Lustrenmittel und Mittel der jährlichen Maximalstände. Bei einem Fluss mit einer so äußerst gewaltigen Jahresschwankung wie der Nil, geben diese ohne Zweifel ein besseres Bild von den säcularen Schwankungen der Wasserführung, als die Jahresmittel, in welche die Niederwasserstände mit gleichem Gewicht eingehen wie die Hochwasserstände. Übrigens verläuft die Curve der Jahresmittel parallel derjenigen der Hochwasserstände.

33. Nil bei Cairo nach Balfour Stewart in Nature XXV. S. 268. Ich weiß nicht, ob nicht vielleicht dieser Pegel von Cairo mit demjenigen der Insel Roda identisch ist. Die Zahlen sind Jahresmittel des Wasserstandes. 1879 und 1880 fehlen.

34. Nil bei den Barrages unterhalb Cairo nach Fritz in der Zeitschrift für Meteorologie. XV. 1880. S. 303. Die Zahlen sind Jahresmittel. Es fehlen 1879 und 1880.

---

[1]) Mündliche Angabe des Herrn Prof. Woeikoff.

35. Mississippi bei Natchez nach v. d. Groeben in der Zeitschrift für Meteorologie XIX. 1884. S. 4 f. Natchez liegt am untersten Lauf des Mississippi. Die Zahlen bedeuten Wassermengen in Cubikkilometern, nicht Wasserstände. Es fehlen leider viele Jahre, nämlich 1821, 1826, 1827, 1832, 1833, 1842, 1843, 1848, 1861—1871 und 1883—85.

36, 37 und 38. Michigan-See, Erie-See und Ontario-See nach Woeikoff in der Zeitschrift für Meteorologie XVI. 1881. S. 288. Bezüglich der Jahresmittel gilt das für den Ladogasee gesagte.[1]) Es fehlen an allen 3 Seen die Jahre 1856—1858 und 1878—1880.

Säculare Schwankungen der Flüsse und Fluss-Seen (m).

Fluss	Seine	Genfer-See		Neuenburger-See	Züricher-See	Boden-See	Ammer-See
Station	Paris	Genf Mittel	Genf Max.	Neuenburg	Zürich	Constanz	Stogan
1796—00	—	—	2.01*	—	—	—	—
1801—05	1.32	—	2.07	—	—	—	—
1806—10	1.37	—	2.29	—	—	—	—
1811—15	1.11	—	1.98	—	9.00	—	—
1816—20	1.46	1.18.	2.48	2.49.	9.30	3·41.	—
1821—25	1.14	1.27	2.26	2.55	9.92	3.38	—
1826—30	1.10	1.08	2.16	2.39*	9.32	3.36	.49.
1831—35	1.04*	1.04*	2.06*	2.43	8.96*	3.25*	.39*
1836—40	1.49	1.23	2.27	2 52	9.40	3.36	.41
1841—45	1.29	1.43	2.34	2.63	9.39	3.40	.40
1846—50	1.20	1.32	2.28	2.49	9.76	3.39	.44
1851—55	1.43	1.27	2.28	2.66	9.07	3.48	.47
1856—60	.98*	1.27*	2.00*	2.32	8.97	3.21*	.28*
1861—65	...	1.47	2.29	2.17*	8.85*	3.22	.28*
1866—70	—	1.60	2.46	2.31	9.26	3.43	.36
1871—75	—	1.60	2.57	—	8.61*	3.43	.30
1876—80	—	1.68	2.57	—	9.41	3.66	.37
1881—85	—	—	—	-	—	3.42	—

Fluss	Würm-See	Inn	Donau		Etsch	Neckar	Rhein
Station	Starnberg	Kufstein	Wien	Orsova	Trient	Heilbronn	Straßburg
1806—10	—	—	—	—		—	1.47.
1811—15	—	—	—	—		—	1.61
1816—20	—	—	—	-	—	—	1.67
1821—25	—	—	—	—	-	—	1.76
1826—30	—	—	2.82	—	—	—	1.41
1831—35	—	—	2.35	—	—	—	I.19*
1836—40	.23.	—	2.86	—	—	1.20	1.31
1841—45	.27	—	2.20*	3.04	—	1.13	1.35
1846—50	.43	4.17	2.46	2.97	3 64	1.13	1.56
1851—55	.50	4.13	2.43	3.15	2.82	1.22	1.31
1856—60	.48*	3.31*	2.09	2.54	2.15.	1.03	1.05
1861—65	.49	3.45	1.95*	2.19*	3.31	.98*	.86*
1866—70	.50	3.68	2.14	2.65	3.42	1.13	1.05
1871—75	.50	4.15	-	—	3.70.	1.06	—
1876—80	.57	4.17	—	-	3.73	-	-
1881—85	.51	—	—		—		—

[1]) Die bei Sieger: Neue Beiträge etc. citierte Abhandlung von Gilbert Changes of level in the great Lakes (reprinted from the new review, The Forum, Vol. 5. New York, June 1888) p. 425 ff. Ann. Rep. of the Chief of Engineers U. S. Army, for the year 1887, p. 2417 ff. stand mir leider nicht zur Verfügung.

Fluss	Rhein				Weser	Elbe	
Station	Mainz	Köln	Düsseldorf	Emmerich	Bremen	Torgau	Magdeburg
1801—05	—	3.07	2.76	3.10	—	—	2.54
1806—10	—	3.07	2.98	3.02	—	—	2.13
1811—15	—	2.64.	2.48	2.62	—	—	1.88*
1816—20	3.87.	3.00	2.93	2.90	1.33	—	1.97
1821—25	3.60	3.12	2.74	2.82	1.14*	1.72	2.01
1826—30	3.30*	2.63	2.65	2.69	1.56	2.06	2.25
1831—35	3.82	2.66*	2.48*	2.41*	1.22	1.75*	1.83*
1836—40	3.70	2.98	2.88	—	1.38	1.91	2.02
1841—45	4.16	3.06	2.85	—	1.47	2.09	2.05
1846—50	4.08	2.94	2.74	—	1.11	2.07	1.99
1851—55	4.00	3.08	2.93	—	1.44	2.19	2.21
1856—60	2.86	2.54	2.29	—	.69*	1.70	1.71
1861—65	3.68	2.38*	2.20*	—	.88	1.49*	1.52
1866—70	3.68	2.98	2.67	—	1.02	1.68	1.76
1871—75	3.22	2.67	2.48	—	.83	1.18	1.38*
1876—80	4.38	..	2.66	—	—	1.19.	1.70
1881—85	—	—	—	—	—	—	1.93.

Fluss	Elbe	Oder					Weichsel	
Station	Lenzen	Kosel	Krappitz	Oppeln	Küstrin	N.-Glietzen	Thorn	Kurzbracke
1801—05	..	—	—	—	1.67	—	—	—
1806—10	—	—	—	—	1.38	—	—	—
1811—15	2.06.	—	—	1.37	1.12	1.78.	—	2.32.
1816—20	2.27	1.68	—	1.69	1.28	1.88	—	2.46
1821—25	1.79	1.25	—	1.30*	1.00*	1.66	—	2.11
1826—30	2.28	1.40	—	1.74	1.37	2.06	—	2.20
1831—35	1.74*	.93*	—	1.50	1.11	1.71*	—	1.67*
1836—40	2.00	.97	1.90	1.69	—	2.23	—	2.14
1841—45	2.04	1.06	2.07	1.75	—	2.04	—	2.01
1846—50	2.10	1.18	2.12	1.77	..	2.46	1.32	1.87
1851—55	2.56	1.22	2.16	1.88	—	2.67	1.75	2.41
1856—60	1.97	.88*	1.86	1.67	—	1.89	.99	1.40
1861—65	1.58	.98	1.82*	1.61*	—	1.77*	.71*	.94*
1866—70	1.85	1.02	1.88	1.70	—	2.06	1.10	1.46
1871—75	1.50*	.95	1.92	1.62	—	2.01	1.21	1.66
1876—80	—	1.32	2.12	1.86	—	2.35.	1.23.	1.65
1881—85	—	—	—	—	—	—	—	—

Fluss	Memel	Saima-See	Ladoga-See	Nil			Mississippi[1]	Michigan-See
Station	Tilsit	Lauritsala	Walaam	Roda	Cairo	Barrages	Natches	Milwaukee
1821—25	—	—	—	—	—	—	2.18*	—
1826—30	—	..	—	6.80	—	—	2.03.	—
1831—35	—	—	—	6.44*	—	—	1.84.	—
1836—40	—	—	—	6.55	—	—	1.65*	—
1841—45	—	—	—	6.97	—	—	2.32.	—
1846—50	2.37	3.41.	—	7.30	—	—	2.14.	—
1851—55	2.67	3.29*	—	7.13	3.65	3.08	1.77	—
1856—60	1.89	3.36	—	6.92*	2.67*	2.72	1.84	.84.
1861—65	1.77*	3.69	—1.20*	7.20	3.40	3.45	—	.61
1866—70	2.06	3.65	— .87	7.39	3.19	3.24	—	.45*
1871—75	2.00	3.72	—1.03.	7.52	3.30	3.35	1.70*	.48
1876—80	2.35	3.65	Max. 1879	—	3.13.	3.50.	1.88	.80.
1881—85	—	3.44	Sinken	—	—	—	2.20.	—

[1]) Nicht Wasserstand, sondern Wassermenge in Cubikkilometern.

Fluss Station	Erie-See Cleveland	Ontario Charlotte	Fluss Station	Seine Paris	Rhein Köln	Rhein Emmerich	Elbe Magdeburg	Oder Küstrin
1801–05	—	—	1726–30	—	—	—	2.61.	—
1806–10		—	1731–35	1.10	—	—	2.68	—
1811–15	—	—	1736–40	1.32	—	—	2.99	—
1816–20	—	—	1741–45	1.07*	—	—	2.95	—
1821–25	—	—	1746–50	1.12	—	—	2.74	—
1826–30	—	—	1751–55	1.26	—	—	2.64	
1831–35	—		1756–60	1.40	—	—	2.59*	—
1836–40	—	—	1761–65	1.10*	—	—	2.64	—
1841–45	—	—	1766–70	1.24		—	2.91	—
1846–50	—	—	1771–75	1.40	—	3.52	2.95	
1851–55	—	—	1776–80	1.20	—	3.24	2.63	
1856–60	.80.	.82.	1781–85	1.12	2.98	3.09	2.72	1.55
1861–65	.63	.85	1786–90	1.32	2.85	3.18	2.47	1.61
1866–70	.50	.77	1791–95	1.22	2.96.	3.08	2.15*	1.17*
1871–75	.43*	.47*	1796–00	1.09*	2.67*	2.74*	2.23	1.33
1876–80	.67.	.68.	1801–05	1.32	3.07	3.10*	2.54	1.67
1881–85	—	—	1806–10	1.37	3.07	3.02	2.13	1.33

Das erste, was sich uns beim Betrachten der Tabelle aufdrängt, ist die Übereinstimmung der Fluss-Seen und Flüsse inbezug auf die Amplitude ihrer säcularen Schwankungen. Die letztere beträgt am Genfersee 39 *cm*, am Neuenburger 49, am Zürichsee 91 *cm* etc.; und an der Seine 56 *cm*, an der Donau bei Wien 51, bei Orsova 96, am Rhein bei Düsseldorf 73 etc. Der Charakter der Fluss-Seen als erweiterte Flüsse bestätigt sich also ganz.

Das Bild der Schwankungen selbst entspricht ganz den Resultaten, die wir aus den Schwankungen der abflusslosen Seen zogen. Auch hier gruppieren sich die Hochstände und die Tiefstände um gewisse mittlere Epochen und zwar sind es dieselben, die uns an den abflusslosen Seen entgegentraten; nur fallen sie zum Theil etwas früher:

Maxima: Flüsse und Fluss-Seen	Maxima: Abflusslose Seen	Minima: Flüsse und Fluss-Seen	Minima: Abflusslose Seen
um 1740	um 1740	um 1760	um 1760
» 1775	» 1780	» 1795	» 1800
» 1820	» 1820	» 1831/35	» 1835
» 1850	» 1850	» 1861/65	» 1865
» 1876/80	» 1880		

Aber auch hier gibt es einige Ausnahmen von der Regel; doch zeigen dieselben keine Gesetzmäßigkeit nach Ort und Zeit. An der Seine ist das Maximum von 1850 sehr stark verfrüht und fällt auf 1836/40; die übrigen Epochen sind dagegen in diesem Jahrhundert durchaus gesetzmäßig. Bei den Strömen Norddeutschlands herrscht wieder die Neigung, das Maximum von 1820 auf 1801/05 zu verlegen. Der obere und mittlere Rhein besitzt das gewöhnliche Maximum um 1820. Bei Köln zeigt sich im ersten Lustrum des Jahrhunderts ein secundäres Maximum neben demjenigen von 1821/25 und bei Düsseldorf ist das erstere das Hauptmaximum geworden. Weiter flussabwärts verschärft es sich noch mehr. Analoges ist an der Elbe und besonders an der Oder zu beobachten, wo bei Küstrin das Hauptmaximum ebenfalls auf 1801/05 fällt, d. h. nahezu mit dem Minimum von 1795 coincidiert. Doch fällt das letztere keineswegs aus, sondern tritt an allen drei Strömen wohl ausgesprochen zwischen 1791 und 1800 auf. Überhaupt herrscht in Mitteleuropa eine gewisse Neigung zur Spaltung der Maxima, wie auch Sieger bemerkt,[1]) so besonders im Zeitraum 1841—1855, der sich allgemein durch hohen Wasserstand auszeichnet. Maxima fallen auf alle drei Lustren, auf dasjenige 1846/50 jedoch nur an einigen Flüssen der Alpen, während dasselbe in Mitteleuropa sonst durch ein Sinken des Wasserstandes charakterisiert wird; hier entfällt das Maximum bald auf 1851/55, bald auf 1841/45. Durch einen Rückgang ist auch das Lustrum 1871/75 gekennzeichnet; ja in einem Fall, an der unteren Elbe, wird dieser Rückgang so intensiv, dass der Wasserstand unter das Niveau von 1861/65 sinkt und daher das absolute Maximum zwischen 1850 und 1880 verspätet. Doch beginnt die Periode des letzten Ansteigens fast überall schon 1866, und der Rückgang zu Anfang der Siebziger-Jahre erscheint nur von relativ untergeordneter Bedeutung. Die Minima treten im allgemeinen geschlossener auf als die Maxima.

Eine thatsächliche und wesentliche Ausnahme scheint in mehreren Beziehungen der Saimasee, der Vertreter der finnischen Seen, zu bilden. Hier fällt um 1850 das Minimum der ganzen Beobachtungsperiode und das darauffolgende Maximum erscheint verfrüht im Lustrum 1871/75. Das Sinken seit Anfang der Achtziger-Jahre, das noch 1887 anhielt, ist wieder im Einklang mit der Mehrzahl der übrigen Flüsse und Seen. Der benachbarte Ladogasee zeigt diese Unregelmäßigkeiten nicht.

Das hier Gesagte gilt in erster Reihe für Mitteleuropa, nämlich das Seinebecken, ganz Deutschland mit der Schweiz und Österreich-Ungarn, sowie das Alpengebiet. Für die übrigen Theile Europas liegen mir zur Zeit leider keine entsprechenden Beobachtungen vor, obwohl z. B. am Po und an der Themse solche angestellt worden sind. Es ist also nur ein kleiner Theil Europas vertreten. Allein rechnen wir dazu die Areale, für welche durch die Schwankungen des Kaspischen Meeres, wie des Lago Fucino die Existenz der Klimaschwankungen festgestellt ist, so beträgt das doch schon nahezu die Hälfte unseres Erdtheils.

Für Asien konnte ich keine hydrographischen Daten dieser Art auffinden. Dagegen existieren für Afrika wichtige Beobachtungen am Nil. Der Rhythmus der Schwankungen ist vollkommen identisch mit demjenigen Mitteleuropas, mögen wir nun den Pegel von Roda oder den an den Barrages ins Auge fassen, mögen wir die absoluten Maxima des Wasserstandes oder die Jahresmittel berücksichtigen. Das ist von großer Tragweite. Denn das Hochwasser des Nil entsteht im tropischen Sudan. Also participiert auch dieser an den Klimaschwankungen. In voller Übereinstimmung damit stehen die Angaben Sieger's über den Wasserstand der Nilseen.[2]) Der Albert-Nyanza soll 1876 hohen Wasserstand gezeigt haben und sank dann von 1879—1884 wieder; der Victoria-Nyanza ließ 1858 und 1862 Zeichen des Rückganges, Ende der Siebziger-Jahre wieder solche starken Ansteigens beobachten. Alle diese Erscheinungen schließen sich recht gut den Schwankungen der abflusslosen afrikanischen Seen an, die wir oben schilderten. Der Parallelismus zeigt sich auch darin, dass, wie bei jenen der Rückzug um 1860 nur schwach angedeutet war, ja in einzelnen Fällen ganz zu fehlen schien, so auch am Nil das Minimum von 1860 nur schwach entwickelt ist und an Intensität weit hinter dem Minimum von 1831/35 zurückbleibt. So ist auch

[1]) Sieger: Neue Beiträge etc. S. 11 und 13.

[2]) Sieger: Schwankungen der innerafrikanischen Seen. Bericht über das XIII. Vereinsjahr des Vereines der Geographen an der Universität Wien. Wien, 1887. S. 56 f. und 60.

für einen erheblichen Bruchtheil des afrikanischen Continents die Existenz der Klimaschwankungen durch hydrographische Phänomene erschlossen.

Setzen wir unseren Fuß hinüber in die neue Welt, so begegnet uns hier vor allem die lange und wichtige Beobachtungsreihe zu Natchez am Mississippi. Aus den Schwankungen der Wassermenge an dieser Station, nicht mehr weit von der Mündung, müssen wir auf die mittleren Schwankungen im gesammten Einzugsgebiet dieses Riesenstromes schließen. Denn nur der Red River vermehrt unterhalb Natchez dessen Wassermenge. Und wieder sehen wir unsere alten Epochen: 1821/25 hoch, 1836/40 tief, 1841/50 hoch, 1851/75 tief, dann wieder hoch. Die Epochen coincidieren durchaus mit unseren mittleren Epochen; nur für das Minimum um 1860 lässt sich das nicht feststellen, da für die Zeit 1861 bis 1871 leider keine Beobachtungen vorliegen. Das Verhalten des Michigan-Sees, sowie der abflusslosen Seen des Great Basin, welche mit dem Mississippi zusammen das Maximum der Siebziger-Jahre aufweisen, lässt ein Minimum anfangs der Sechziger-Jahre wahrscheinlich erscheinen. Abweichend verhält sich dagegen der bereits in der Nähe der atlantischen Küste gelegenen Eriesee und der Ontariosee, an denen das Minimum auf den Anfang der Siebziger-Jahre fällt, also stark verspätet. Nach Sieger's Angabe[1]) würden die canadischen Seen auch in früheren Jahren als Ausnahmen erscheinen, mit Minima um 1819 und 1851, sowie mit Maxima um 1838 und 1859. Allein die Beweiskraft der Thatsachen, auf die sich diese Schlüsse stützen, ist durchaus anfechtbar; wenn auf 1819 der tiefste und auf 1838 der höchste bekannte Wasserstand entfällt, so sagt das bei Fluss-Seen so gut wie gar nichts; denn diese absoluten Extreme können sehr wohl inmitten von Jahren mit durchschnittlich hohem oder durchschnittlich tiefem Wasserstand auftreten. Das scheint in der That der Fall gewesen zu sein; wenigstens zeigen die Regenmengen im Einzugsgebiet der canadischen Seen ein sehr deutliches Minimum im Lustrum 1836/40 und ein Maximum um 1820 herum. Auch das von Sieger mit einem Fragezeichen versehene Minimum um 1851 findet in den Regenmengen keineswegs seine Bestätigung.

Rechnen wir das Great Basin, das Stromgebiet des Mississippi und das Einzugsgebiet der großen Süßwasserseen zusammen, so repräsentiert uns ihre Summe fast das ganze Areal der Vereinigten Staaten, für welches sonach die Klimaschwankungen constatiert sind. Auch hier verlaufen sie gleichzeitig und parallel, sofern wir vom Eriesee und dem Ontariosee absehen.

Wir haben an der Hand der Schwankungen von 38 abflusslosen Seen, von 13 Flussseen und 13 Flüssen, deren Wasserstand an 39 Pegelstationen beobachtet wurde, die Klimaschwankungen über alle Continente hin verfolgt. Nicht gleichmäßig sind diese hydrographischen Beobachtungen vertheilt. Australien, Südamerika und Asien gehen im Vergleich zu den anderen drei Erdtheilen ziemlich leer aus. Überall aber haben sich zwei Thatsachen ergeben:

1. Die Existenz der Klimaschwankungen auf allen Continenten.

2. Die Gleichzeitigkeit ihrer gleichsinnigen Epochen auf der ganzen Landoberfläche der Erde, für welche Beobachtungen vorliegen, abgesehen von einigen wenigen und nur temporären Ausnahmegebieten (subtropische Seen, Erie und Ontario.)

[1]) Sieger, Neue Beiträge etc.

Diese Schwankungen ließen sich an mehreren Punkten des europäischen Continents bis zum Beginn des vorigen Jahrhunderts zurückverfolgen. Sie vollziehen sich nicht in einer strengen Periode. Auch ändert sich die Intensität der Epochen immer von Gebiet zu Gebiet und von Zeit zu Zeit etwas, doch ohne dass hier eine Gesetzmäßigkeit gefunden werden könnte.

Die Schwankungen der hydrographischen Phänomene gestatten jedoch durchaus nicht zu bestimmen, worin denn eigentlich jene Klimaschwankungen bestehen, ob wir es mit Schwankungen des Regenfalles oder mit solchen der Temperatur oder endlich mit solchen beider Elemente zu thun haben. Sie lassen uns auch vollkommen im Dunkeln über den Betrag dieser Klimaschwankungen und seine Änderung von Ort zu Ort. Nur qualitative Schlüsse, und auch diese nur bis zu einem gewissen Grade, vermögen wir aus jenen abzuleiten. So wichtig sie uns als Hinweis auf die Existenz der Klimaschwankungen sind, so kann doch das Wesen der letzteren, endlich auch ihre Ursache, einzig und allein durch eine Discussion meteorologischer Aufzeichnungen, vor allem der Regen- und Temperaturbeobachtungen klargelegt werden

FÜNFTES CAPITEL.

Säculare Schwankungen des Regenfalles.

Fehlerquellen, welche die Homogenität der Reihen von Regenbeobachtungen stören. Methode der Differenzen zur Aufdeckung und Ausmerzung der Discontinuitäten. Beispiele. Regenmengen in Procenten ausgedrückt, die auf das Mittel der Normalperiode 1851—80 sich beziehen. Die Lustrenmittel als gute Repräsentanten der Schwankungen des Regenfalles. Quellennachweis und Bemerkungen zu den Tabellen. Lage und mittlere Regenmenge von 321 Stationen. Säculare Schwankungen des Regenfalles an denselben nach Lustren. Zusammenfassung der Stationen in 63 Gruppenmittel. I. Schwankungen im Zeitraum 1831—85. Gebiete regulärer Schwankungen (Regenmaxima 1841—55 und 1871—85), sowie dauernder und temporärer Ausnahme. Die Schwankungen in den 5 Erdtheilen und im Gesammtmittel für die Landflächen der Erde; zeitliches Zusammenfallen ihrer Epochen; ihre Amplitude. Keine Compensation auf den Landflächen, wohl aber auf dem Meer. Die Schwankungen für $^7/_8$ der Landflächen bewiesen. Die Lage der Epochen ändert sich nicht mit der geographischen Länge und Breite. Verschärfung der Schwankungen mit zunehmender Continentalität des Klimas. Abnahme der Regenmenge gegen das Innere der Continente in der Trockenperiode rasch, in der feuchten Periode langsam; in der letzteren Ausgleichung der Gegensätze, in der ersteren Verschärfung derselben. II. Schwankungen des Regenfalles vor 1830. Ihre Allgemeinheit nach den Regenbeobachtungen wie den Beobachtungen an abflusslosen Seen wahrscheinlich. Feuchte Perioden 1691—1715, 1736—55, 1771—80 und 1806—25. Mittlere Dauer der Schwankungen 36 Jahre. Zusammenfassung. Die Ursache dieser Schwankungen des Regenfalles kann nur in Schwankungen des Luftdruckes liegen.

Barometer, Regenmesser und Thermometer sind die drei Hauptinstrumente des Meteorologen und als solche seit mehr als 200 Jahren bekannt und gebraucht. Allein man würde sich sehr täuschen, wollte man den an denselben angestellten alten Beobachtungen Vertrauen entgegenbringen. Denn erst seit kurzer Zeit, seit kaum einem Jahrhundert, hat die Beschaffenheit und Behandlung dieser Instrumente jenen Grad von Vollkommenheit erreicht, den man zum allermindesten für die Zwecke der Meteorologie verlangen muss. Die Ursache der Unbrauchbarkeit alter Beobachtungen liegt bei den verschiedenen Instrumenten in ganz Verschiedenem. Die alten Barometer waren für Luftdruckmessungen nicht genügend genau gearbeitet; die Unbrauchbarkeit der letzteren ist eine Folge der Untauglichkeit des Instrumentes. Das kann vom Regenmesser, diesem einfachsten aller Instrumente, nicht gelten; dafür aber spielt hier die Aufstellung eine außerordentliche Rolle. Erst der allerletzten Zeit war es vorbehalten, durch ausgedehnte Vergleiche benachbarter Regenmesser hierüber einiges Licht zu verbreiten; allein auch heute noch sind wir weit davon entfernt, angeben zu können, was denn eigentlich das Ideal einer Aufstellung ist: es gibt auch heute noch keine allgemein gültige Normalaufstellung für dieses so wichtige Instrument. Und nun gar die alten Temperaturbeobachtungen! Bei ihnen verbindet sich in der Regel die Unvollkommenheit des Instrumentes mit der ungenügenden Aufstellung, um sie gänzlich unbrauchbar erscheinen zu lassen. Diesen Umständen ist es zuzuschreiben, dass oft eine unsägliche Mühe und Aufopferung der Beobachter vergeblich gewesen ist oder doch nur dazu geführt hat, die Methoden der Beobachtung zu verbessern und zu verfeinern, ohne dem Meteorologen ein in jeder Beziehung brauchbares Beobachtungsmaterial zu schaffen.

So urtheilen wir heute über die Mehrzahl der Beobachtungen des vorigen und selbst noch zum Theile über solche aus dem Anfang des laufenden Jahrhunderts. Und doch müssen wir dessen gewärtig sein, dass einst die Nachwelt ähnlich auch über uns und unsere Handhabung der meteorologischen Instrumente urtheilen wird. Denn die Ansprüche an die Exactheit der Beobachtungen wachsen von Tag zu Tag. Unsere Instrumente haben allerdings einen Grad von Vollkommenheit erreicht, der voraussichtlich für lange genügen dürfte. Auch die Behandlung derselben hat große Fortschritte gemacht, vor allem durch Einführung der von Zeit zu Zeit zu wiederholenden Vergleiche mit Normalinstrumenten, eine Methode, durch welche heute Änderungen der Constanten des Instrumentes leicht entdeckt und in ihrem Werth bestimmt werden können. Allein nur wenig sind wir in den Fragen vorwärts gekommen, welche die Aufstellung betreffen. Das gilt vom Thermometer; das gilt vom Regenmesser und gilt auch bis zu einem gewissen Grade vom Barometer.

Eine gute Aufstellung hat zwei Anforderungen zu genügen. Erstens müssen die meteorologischen und klimatischen Verhältnisse des Aufstellungsortes den durchschnittlichen Verhältnissen der weiteren Nachbarschaft entsprechen; denn wir wollen ja nicht die klimatischen Verhältnisse jeder Ecke und jedes Winkels bestimmen. Zweitens dürfen keine Einflüsse vorhanden sein, welche, ohne in den Witterungsverhältnissen zu beruhen, auf die Angaben der Instrumente einwirken. Wir dürfen, um gleich ein drastisches Beispiel heranzuziehen, wenn wir den Regenfall messen wollen, unsern Regenmesser nicht unter die Traufe stellen und unser Thermometer zur Bestimmung der klimatischen Temperatur nicht in den Keller hängen.

So leicht diese Forderungen zu stellen sind, so schwer sind sie zu erfüllen, am leichtesten noch für das Barometer. Früher glaubte man, es sei alles geschehen, sobald das Instrument nur fest und vertical aufgehängt sei. Eine Discussion in der Zeitschrift »Science«, an der sich hauptsächlich amerikanische Meteorologen betheiligten, hat aber jüngst gezeigt, dass auch hier die Aufstellung einen, allerdings meist nur sehr geringen Einfluss ausübt, sobald die Luft heftig bewegt ist und auf den Aufstellungsraum eine saugende Wirkung auszuüben vermag.[1]) Von weit größerer Bedeutung ist die Frage der Thermometer-Aufstellung. Hierüber ist die Discussion noch im vollen Gang; gerade jetzt dürfte sich ein vollkommener Umschlag in der Anschauung über die Güte der Aufstellung vorbereiten; es gewinnt nämlich nach den eingehenden Untersuchungen Köppen's den Anschein, dass fast alle künstlichen Beschirmungen der Thermometer, welche letztere vor Strahlungseinflüssen schützen

---

[1]) »Science«, Vol. VIII. cf. mein Referat hierüber in der Meteorologischen Zeitschrift 1886, S. 460 und 1887, S. [18], [90] und [105].

sollen und in verschiedener Form, als Wild'sche Hütte, als Stevenson's Screen u. s. w. im Gebrauche stehen, von Übel sind. [1]) So schlimm steht es mit unserer Thermometer-Aufstellung, dass jüngst Hann es durch einen Wahrscheinlichkeitsbeweis darthun konnte, dass mehr oder weniger alle unsere Thermometer im Sommer zu hohe und im Winter zu tiefe Temperaturen angeben. [2]) Nicht viel besser ist es um die Aufstellung der Regenmesser bestellt. Ehe wir jedoch an eine Schilderung der zahllosen hier in Betracht kommenden Fehlerquellen gehen, wollen wir präcisieren, welche Anforderungen wir überhaupt für unsere Zwecke, zur Constatierung säcularer Schwankungen des Klimas, an meteorologische Beobachtungsreihen stellen müssen, und auf welche wir verzichten können.

Wir wollen nicht die Regenbeobachtungen eines Ortes mit denen eines andern vergleichen, sondern nur die Regenbeobachtungen am selben Ort aus verschiedenen Zeiten. Alle diejenigen Fehlerquellen, welche unbedingt zu vermeiden sind, sobald es sich etwa um das Entwerfen von Regenkarten handelt, werden daher für unsere Zwecke einer Beobachtungsreihe keinen Eintrag thun, solange sie die ganze Reihe von ihrem Beginn bis zu ihrem Ende in gleichmäßiger Weise beeinflussen, solange sie die Homogenität derselben nicht stören. Das ist sehr wesentlich. Aber auch so gibt es noch der Fehlerquellen genug, welche zu vermeiden sind.

Jede Verstellung des Regenmessers kann eine scheinbare Verminderung der Regenmenge ergeben. Dass das selbst für ganz ebenes Land gilt, zeigen die Resultate des Regenmesser-Versuchsfeldes in Berlin. [3]) Besonders eine Änderung der Höhe des Regenmessers über dem Boden ist von großem Einfluss. Regenmesser auf Thürmen oder Dächern geben immer kleinere Mengen als solche am Erdboden. Beispiele hierfür sind zahlreich und zum Theil allgemein bekannt. Ich kann mich mit der Wiedergabe der Resultate von Wild begnügen. [4]) Dieser verglich zu St. Petersburg die Angaben eines Regenmessers, dessen oberer Rand 2 *m* über dem Boden sich befand, mit den Angaben von neun anderen in verschiedenen Höhen in unmittelbarer Nachbarschaft aufgestellten. Er fand, dass, wenn die Regenmenge jenes Regenmessers in 2 *m* Höhe gleich 1 gesetzt wird, die Regenmenge nach den anderen Instrumenten im 10jährigen Mittel betrug:

Höhe des Messers	1	2	3	4	5	10	15	20	30 *m*
Regenmenge	1.030	1.000	.975	.953	.933	.859	.799	.754	.708

Auch ein Wechsel des Beobachters und damit der Art und Weise der Messung ohne Änderung der Aufstellung kann die Homogenität stören. Das zeigt sich zum Beispiel an den Beobachtungen zu Paris, die bis 1688 zurückreichen, aber nichts weniger als homogen und daher

[1]) Köppen: Untersuchungen über die Bestimmung der Lufttemperatur. Aus dem Archiv der deutschen Seewarte. X, 1887, Nr. 2.

[2]) Hann: Resultate des ersten Jahrgangs der meteorologischen Beobachtungen auf dem Sonnblick. Sitzungsbericht der Wiener Akademie, math.-nat. Cl. Bd. XCVII. Abth. II. Januar 1888. cf. mein Referat darüber in der Meteorologischen Zeitschrift, 1889, S. [33].

[3]) Siehe oben S. 20 (180).

[4]) Wild: Regenverhältnisse des Russischen Reiches. V. Supplementband zum Repertorium für Meteorologie. St. Petersburg, 1887. S. 2.

für uns in der vorliegenden Form unbrauchbar sind.[1]) Gruppiert man nämlich die Jahressummen nach den einzelnen Beobachtern, so ergeben sich ganz verschiedene Mittel, zum Theil ohne dass der Aufstellungsort sich geändert hätte. Am frappantesten ist das im Beginn des vorigen Jahrhunderts gewesen. Die Beobachtungen von Lahire 1688—1717 ergaben eine mittlere Regenmenge von 502 *mm*, diejenigen seiner Nachfolger 1718—1747 nur eine solche von 388 *mm*. Man war unvorsichtig genug, hieraus auf eine Änderung des Regenfalls schließen zu wollen. Maraldi schrieb 1735:[2]) »Seit lange gab es kein so regenreiches Jahr wie 1734; es ist das regenreichste seit 1720; trotzdem aber fiel nicht so viel Regen wie zur Zeit des Beginnes der Pariser Beobachtungen.« Da man das letztere nach den Schilderungen der Ueberschwemmungen jenes Jahres und früherer Jahre entschieden nicht gelten lassen kann, so müssen offenbar die neueren Beobachtungen ohne Sorgfalt gemacht und die gemessenen Regenmengen einfach zu klein gewesen sein; letztere schnellten auch sofort mit einem Wechsel des Beobachters 1748—1755 auf 504 *mm* empor. 1773 begann eine neue Serie; der Regenmesser stand auf der Plattform des Observatoriums, musste also nach den neueren Erfahrungen noch immer zu geringe Mengen angeben, die aber trotzdem größer waren, als alle bisherigen Messungen. Als dann gar zu Beginn unseres Jahrhunderts unten im Hof des Observatoriums an einem nach den heutigen Begriffen durchaus geeigneten Ort ein Regenmesser aufgestellt wurde, da wuchs die Regenmenge von Paris noch mehr: das Mittel 1806—1885 ist 552 *mm*.

Solche Unterbrechungen der Homogenität sind bei älteren Reihen sehr häufig. Paris gibt uns ein treffliches Beispiel, weil dieselben hier besonders eingehend untersucht und ihre Gründe festgestellt sind. Wir müssen uns hüten, dass wir uns nicht durch solche Discontinuitäten zu Trugschlüssen verleiten lassen. Glücklicherweise ist es möglich, solche Störungen der Homogenität zu erkennen.

Hann und Wild haben gezeigt, dass der Gang der Niederschlagssummen von Monat zu Monat, wie von Jahr zu Jahr an benachbarten oder doch nicht allzuweit von einander entfernten Stationen mehr oder minder parallel verläuft.[3]) Der Bezirk, in welchem dieses Gesetz für eine bestimmte Station gilt, ist sehr erheblich; er hat nach Wild für Russland einen Durchmesser von 300 *km*. Dieses Gesetz gibt ein treffliches Mittel an die Hand, um längere Beobachtungsreihen auf ihre Homogenität hin zu prüfen. Freilich setzt die Anwendung desselben zunächst voraus, dass wenigstens eine der vorliegenden Reihen durch Kritik der einzelnen Beobachtungen nach den Original-Tagebüchern in ihrer Homogenität gesichert ist. Allein auch ohne dieses für uns in der Mehrzahl der Fälle überhaupt nicht mögliche und sehr weitläufige Verfahren kann ein brauchbares Resultat gewonnen werden, wenn es sich um mindestens drei Reihen handelt, welche auf ihren parallelen Gang hin zu prüfen sind. Der Gang der Mehrzahl der Stationen muss dann als der richtige angesehen werden und derjenige der Minderheit als durch Fehler ent-

[1]) Vgl. hierzu die Publicationen über den Regenfall zu Paris im Annuaire météorologique de l'Observatoire de Montsouris, so 1873 und 1877, S. 156; ferner Renou: Etude sur le climat de Paris, Annales du Bureau central mét. de France. 1885. Part. I, S. B. 259 f.

[2]) Maraldi in Histoire et Mémoires de l'Académie des Sciences pour 1735.

[3]) Hann: Untersuchungen über die Regenverhältnisse von Österreich-Ungarn. II. Sitzungsbericht der Wiener Akademie, math.-nat. Cl. 1880. LXXXI. Bd. II. Abth. S. 57 f. — Wild a. a. O.

stellt. Dieses wird besonders dann mit Sicherheit behauptet werden dürfen, wenn bei mehr als drei Stationen die abweichenden auch untereinander stark differieren.

Doch war es mir nicht möglich, diese Methode in der von **Hann** und **Wild** eingeschlagenen Weise zu benutzen und bis auf die einzelnen Monatssummen zurückzugehen, da mir meist die letzteren gar nicht zur Verfügung standen. Ich musste mich mit dem Vergleich der einzelnen Jahresmittel, vielfach auch nur der Lustrenmittel benachbarter Stationen begnügen.

Jüngst hat **Kaminsky** Einwände gegen diese Methode erhoben und an russischen Beobachtungen darzuthun gesucht, dass der Vergleich der correspondierenden Jahressummen benachbarter Stationen bloß auf grobe Fehler aufmerksam machen kann, weil die Schwankungen der Verhältniszahlen zwischen diesen Jahressummen bis zu 25% betragen.[1]) Das trifft die Methode nur insofern, als sie zur Aufdeckung zeitlich ganz beschränkter Fehler dienen soll, nicht aber wenn es sich um einen Sprung mit dauernder Veränderung handelt, wie er durch eine Änderung der Aufstellung des Regenmessers, eine Verlegung der Station etc. verursacht wird; gerade aber die Constatierung solcher dauernder Veränderungen ist für uns besonders wichtig. Die Feststellung von einmaligen, etwa aus der Rechnung oder einer Messung entspringender Fehler ist Pflicht eines Jeden, der die Regenbeobachtungen eines Ortes als solche bearbeitet und publiciert. Wir aber dürfen und müssen annehmen, dass die Monographien, denen wir unsere Zahlen entlehnen, uns ein in dieser Beziehung zuverlässiges Material bieten. Solche einmalige Fehler bringen uns auch dann, wenn sie groß genug sind, um im Lustrenmittel zu Tage zu treten, keine eigentliche Gefahr; denn sie beeinflussen nur eine einzige Zahl. Anders steht es mit den Fehlern, welche aus einem Bruch der Continuität entspringen. Diese können uns leicht zu Trugschlüssen verleiten; ihnen also und ihnen allein müssen wir mit aller Energie nachspüren. Dafür aber ist die Methode des Vergleiches benachbarter Reihen vortrefflich.

Der directe Vergleich der absoluten Regenmengen benachbarter Stationen ist wenig geeignet zur Constatierung von Discontinuitäten. Das hat schon **Hann** ausgesprochen. Er bildet daher das Verhältnis des Regenfalles an benachbarten Stationen für jedes Jahr und zeigt, dass dieses von Jahr zu Jahr nur relativ kleine Schwankungen aufweist; völlig constant ist es allerdings nicht.[2]) Wie **Hann** so verfuhren auch **Wild**[3]) und **Hellmann**.[4]) Ich habe diese Methode nicht eingeschlagen, weil sich mir eine bequemere und dabei nicht weniger zuverlässige darbot. Ich musste nämlich, aus weiter unten zu besprechenden Gründen, die absoluten Jahressummen des Regenfalles für jede Station in Procenten ihres vieljährigen Mittels ausdrücken. Waren diese Procente einmal für mehrere Stationen berechnet, so konnten sie recht gut statt jener nur durch eine weitläufige Division zu gewinnenden Verhältniszahlen zur Prüfung der Reihen verwendet werden.

[1]) **Kaminsky**: Vergleichbarkeit der Niederschlagsbeobachtungen im europäischen Russland. Repertorium für Meteorologie. Band XII. Nr. 9. S. 32.

[2]) **Hann** a. a. O.

[3]) **Wild** a. a. O.

[4]) **Hellmann**: Regenverhältnisse der iberischen Halbinsel. Zeitschrift der Gesellschaft für Erdkunde zu Berlin, 1888. S. 307.

Bezeichnen wir mit a und b die Jahressummen des Regenfalles zweier Stationen, mit A und B deren vieljährige, womöglich aus denselben Jahrgängen abgeleitete Mittel, so liegt der Methode von Hann die Gleichung zu Grunde

$$a : b = K$$

wo K eine Constante ist. Dann muss aber auch sein

$$A : B \quad K.$$

Drücken wir nun a und b in Procenten (c und c_1) des vieljährigen Mittels aus, dann haben wir

$$100 \times \frac{a}{A} = c \text{ und } 100 \times \frac{b}{B} = c_1$$

Wenn die Prüfung durch Vergleich der Procentzahlen gestattet sein soll, so müssen c und c_1 einander gleich sein. Das ergibt sich aber sofort aus der obigen Gleichung für die Methode Hann's. Es ist

$$a : b = K = A : B$$

oder umgestellt

$$\frac{a}{A} = \frac{b}{B}$$

Beide Methoden sind also im Princip ganz gleichwerthig. Das wurde durch eine Prüfung an mehreren Beispielen bestätigt: Die Abweichungen der Procente mehrerer Nachbarstationen von einander sind nicht größer als diejenigen der Verhältniszahlen.

Während die Differenz der absoluten Regenmengen von Jahr zu Jahr nach einigen von Hann probeweise zusammengestellten österreichischen Stationen eine durchschnittliche mittlere Abweichung von ± 13 bis 18% ihres vieljährigen Mittels besitzt, ist die mittlere Abweichung jenes Verhältnisses nur etwa ± 5.2 bis 9.3%.[1]) Die mittlere Abweichung der Procentzahlen der gleichen österreichischen Stationen von einander ist für dieselben Jahre auch nur ± 6.3 bis 10.6%. Unsere Methode liefert also weit bessere Resultate als der Vergleich der absoluten Regensummen und kaum weniger gute als der Vergleich der Verhältniszahlen der Regenmengen an verschiedenen Stationen.

Ich möchte nun an einigen Beispielen zeigen, wie ich nach dieser Methode Discontinuitäten an einzelnen Reihen constatierte.

Beim Vergleich des säcularen Ganges der Lustrenmittel der englischen Stationen fallen bei Orleton und Exeter die geringen Regenmengen der Jahre vor 1855 beziehungsweise 1850 auf. Es ist das Mittel der Procentzahlen für diese Stationen und einige Nachbarstationen, sowie die Differenz gegen die letzteren:

	1831/50	1851/85		1831/55	1855/85
Orleton	90.2	100.0	Exeter	91.6	104.2
Oxford	99.5	100.7	Oxford	100.2	99.9
Bolton	103.8	100.0	Chilgrove	99.0	101.3
Orleton—Oxford	—9.3	—0.7	Exeter—Oxford	—8.6	+4.3
Orleton—Bolton	13.6	0.0	Exeter—Chilgrove	—7.4	+2.9
Mittel	—11.4	—0.4	Mittel	—8.0	+3.6

[1]) Hann a. a. O. S. 56.

Die Regensummen der älteren Jahre sind also an beiden Stationen um etwa 11—12% zu klein im Vergleich zu denen der neueren Jahre. Darnach kann kein Zweifel darüber obwalten, dass bei Orleton um 1850 und bei Exeter um 1855 herum ein Bruch liegt. Wenn ich die Reihen trotzdem in meine Tabellen aufnahm, so geschah es, weil die Beobachtungen der letzten 30—35 Jahre durchaus homogen sind.

Eine andere Reihe, deren Homogenität ich anfechten möchte, ist diejenige von Deutschbrod in Böhmen. Es sind hier die Differenzen

für das Mittel 1831—45

Deutschbrod—Prag	= +14%
Deutschbrod—Bodenbach	= +12%
Mittel .	+13%

für das Mittel 1846—70

Deutschbrod—Prag	= −11%
Deutschbrod—Bodenbach	= −11%
Mittel .	−11%

Es liegt offenbar bei Deutschbrod ein sehr bedeutender Bruch (24%) um 1845 vor, und zwar genauer zwischen 1844 und 1845. Ich habe daher die Reihe cassiert.

In dieser Weise wurden die unten mitgetheilten Reihen geprüft. Zahlreiche Reihen, bei denen dabei Discontinuitäten zu Tage traten, wurden gänzlich ausgeschieden. Doch geschah das immer nur dann wenn die letzteren über allen Zweifel erhaben waren. Wo das nicht der Fall war, da habe ich lieber die Reihe aufgenommen, um den Verdacht einer willkürlichen Auswahl zu vermeiden. Kleinere Störungen der Homogenität sind also gewiss mehrfach in den Tabellen unten vorhanden, aber eben auch nur kleinere. Brüche von der Größe jenes bei Deutschbrod dürften nicht vorhanden sein.

Nicht unwichtig war die Frage, in welcher Weise die geprüften Reihen der Regenbeobachtungen für unsere Zwecke am besten zu verwenden seien. Die Wiedergabe der Jahressummen in Millimetern erschien unvortheilhaft, weil wegen der von Ort zu Ort wechselnden Größe des Niederschlages der säculare Gang der Zahlen an verschiedenen Orten nur schwer hätte verglichen werden können und eine Mittelbildung für ganze Landcomplexe aus dem gleichen Grund überhaupt nicht möglich gewesen wäre. Auf eine solche aber musste es uns ankommen, um die immer vorhandenen localen Unregelmäßigkeiten des Regenfalles zu eliminieren. Alle diese Übelstände wurden vermieden, sobald man die Jahressummen durchwegs in Procenten eines vieljährigen Mittels ausdrückte, wie das schon vielfach geschehen ist. Doch glaubte ich in einer Beziehung von dem bisherigen Brauch abgehen zu müssen.

Ich bezog, dem Vorgang von Symons folgend, die Procentzahlen nicht auf das jeweilige vieljährige Mittel, das aus allen vorhandenen Beobachtungen abgeleitet war, sondern, wo es irgend anging, immer auf das 30jährige Mittel 1851—1880. Der Gründe, die mich hierzu veranlassten, sind folgende. Die Existenz von Schwankungen des Regenfalls, die durch die Discussion der hydrographischen Phänomene, wie auch einiger meteorologischer Reihen wahrscheinlich gemacht war, musste nothwendig auf die vieljährigen Mittel von Einfluss sein. Sobald periodische Schwankungen vorhanden sind, so kann sich ein Mittel nur dann dem »Normalwerth« nähern, wenn dasselbe eine Zahl von Beobachtungsjahren umfasst, die ein ganzes Vielfaches der Länge der Periode jener Schwankungen ist. Andernfalls entfernt sich dasselbe bald mehr bald minder vom wirklichen Normalwerth.[1]) Vieljährige Mittel aus verschiedenen und verschieden langen Zeiträumen sind daher streng genommen nicht miteinander zu vergleichen, also auch nicht die in Procenten derselben ausgedrückten Jahressummen der einzelnen Jahre. Diese Übelstände wurden durch die Wahl der Periode 1851—1880 vermieden; denn auf das Anfangs- wie auf das Endjahr derselben fallen Epochen der Klimaschwankungen; jene 30 Jahre entsprechen also einer ganzen Schwankung. Am Festhalten dieser Normalperiode bestärkte mich noch das Erscheinen von Hann's Abhandlung über die Luftdruckverhältnisse Mitteleuropas, in welcher gleichfalls dieser Zeitraum als Normalperiode eingeführt ist. Es ist also die Mehrzahl der unten folgenden Procentzahlen auf das 30jährige Mittel 1851 bis 1880 bezogen. Nur in relativ wenigen Fällen war durch die Verhältnisse ein Abweichen von diesem Grundsatze geboten. Es ist das dann immer besonders hervorgehoben.

Wenn bei einer Reihe mehrere Jahre jenes Zeitraumes fehlten, wurde deren vieljähriges Mittel mit Hilfe von Nachbarstationen auf den Zeitraum 1851/80 reduciert. Nur die Abwesenheit von ein oder zwei Jahren wurde meist nicht berücksichtigt. Die Reduction geschah mit Hilfe der Procentzahlen der vollständigen Reihe einer benachbarten Station. Es wurde für den Zeitraum, in welchem beide Stationen gleichzeitig beobachteten, einerseits das Mittel M der absoluten Jahressummen der zu reducierenden Station, andererseits das Mittel m der Procentzahlen der vollständigen Reihe gebildet. Der Quotient $(M : m) \times 100$ gibt dann das reducierte Mittel.

Diese Reductionsmethode liefert sehr gute Resultate. Als Beispiel dafür, wie genau dieselbe ist, möge die Reihe der Station Carbeth Guthrie in Schottland dienen. Um deren Beobachtungen, die sich über die Jahre 1816—1860 erstrecken, in Procenten des Mittels 1851/80 auszudrücken, musste das letztere erst durch Reduction gewonnen werden. Es geschah das mit Hilfe gleichzeitiger Beobachtungen an Nachbarstationen, die schon in Procenten des Mittels 1851/80 ausgedrückt waren. Ich fand als Mittel 1851/80 für Carbeth Guthrie

nach	Lawrik Castle	(10	Jahre	gleichzeitiger	Beobachtung)	1110 *mm*
»	Greenock	25	»	»	»	1093 »
»	Largs	20	»	»	»	1095 »
»	Castle Toward	35	»	»	»	1097 »
»	Bothwell Castle	15	»	»	»	1080 »
					Mittel	1095 ± 4 *mm*

Diese kurzen Angaben genügen, um die Art und Weise zu skizzieren, in welcher das Material gesichtet und ergänzt wurde.

Eine Mittheilung der Procentzahlen für die einzelnen Jahre verbot der Raum; ich hätte dazu an 60 Druckseiten bedurft. Ich musste mich daher mit der Wiedergabe der Lustrenmittel begnügen.

Es frägt sich jedoch: geben die Lustrenmittel wirklich ein gutes Bild der säcularen Schwankungen des Regenfalls? Diese Frage ist un-

[1]) Vgl. über diese Frage weiter unten Capitel IX.

bedingt zu bejahen. Um das darzuthun, habe ich die folgende ausführliche Tabelle berechnet, welche für vier Stationen die Änderung des Regenfalls von Jahr zu Jahr zur Darstellung bringt. Die Stationen wurden aus den verschiedensten Klimaten gewählt; Paris vertritt das oceanische Klima, Prag dasjenige des continentaleren Europas, Barnaul das continentalste Klima der Erde, Madras endlich das tropische Klima. Für jedes Jahr wurde das Mittel aus den Regenmengen dieses Jahres, wie der beiden vorhergehenden und der beiden nachfolgenden Jahre gesetzt, und zwar ausgedrückt in Procenten des 30jährigen Mittels 1851/80. Der leichteren Übersicht wegen gebe ich diese Procente in Abweichungen von 100; diese zeichnen ein sehr deutliches Bild der Schwankungen des Regenfalls, da sie durch das Vorzeichen sofort erkennen lassen, ob der Regenfall über dem Normalwerth (+) war, oder unter demselben blieb (—).

Schwankungen des Regenfalles von Jahr zu Jahr.

Nach Fünfjahrsmitteln in Abweichungen der Procente von 100.

	Paris	Prag	Madras	Barnaul		Paris	Prag	Madras	Barnaul
1815	—10	—	— 1	—	1850	11	5	12	12
16	— 7	—	13	—	51	10	7	4	8
17	2	—	14	—	52	10	8	6	2
18	3		20	—	53	6	4	4	1
19	7	—	23	—	54	8	0	— 4	— 6
20	0	—	21	—	55	6	1	12	— 6
21	—10*	—	0	—	56	3	— 3	6	— 9
22	— 1		— 1	—	57	— 1	0	— 1	—14
23	0	—	— 7	—	58	6	4	— 8	—13
24	— 7		— 1	—	59	2	6	7	—21
25	— 2	—	11		60	1	11	14	—27
26	4	—	16		61	1	10	—11	—31
27	2	—	17	—	62	— 5	— 2	—14	—36
28	4	—	7	—	63	—11*	—12	— 8	—33
29	10		0		64	— 6	—11	— 3	—38
30	9	—	—29*	—	65	— 3	15*	— 9	—39*
31	5	1	29		66	— 2	— 15*	—14	—28
32	3	—10	28		67	1	— 7	—18*	—22
33	4	—15	25		68	— 3	— 3	— 7	—24
34	0	—18*	24	—	69	— 7	— 7	— 5	—16
35	6	8	12		70	— 6	— 7	16	— 1
36	7	—13	5		71	1	— 7	20	— 4
37	10	2	1		72	— 5	—10	33	0
38	13	3	8		73	0	— 3	18	15
39	9	5	13		74	0	0	3	29
40	2	—4	8	71	75	1	2	0	24
41	2	—4	7	66	76	— 1	1	— 9	25
42	4	2	12	46	77	4	18	—13	50
43	6	6	4	24	78	1	23	— 3	54
44	8	6	13	28	79	2	23	7	52
45	12	23	31	22	80	— 2	26	0	68
46	12	22	33	27	81	— 5	25	13	78
47	12	12	23	33	82	— 11*	25	21	74
48	13	16	22	31	83	— 8	13	18	74
49	8	16	16	29	84		—	19	—

Vergleicht man den Gang der Zahlen von Jahr zu Jahr mit dem Gang der in der Tabelle unterstrichenen Lustrenmittel, so erkennt man, dass beide identisch sind. Dieses geht noch deutlicher aus der umstehenden Figur hervor, in welcher ein Theil der Tabelle graphisch dargestellt ist.

Die ausgezogenen Curven veranschaulichen den Gang des Regenfalls zu Barnaul, Madras und Prag nach Fünfjahrsmitteln von Jahr zu Jahr, die gestrichelten Curven dagegen den Gang der Lustrenmittel. Der Maßstab ist so gewählt, dass einem Ansteigen des Regens um 10% ein Ansteigen der Curve um einen Theilstrich entspricht. Nur die der Mitte der Lustren entsprechenden Verticallinien des Netzes sind ausgezogen.

Säkulare Schwankungen des Regenfalles nach Fünfjahrmitteln und nach Lustrenmitteln

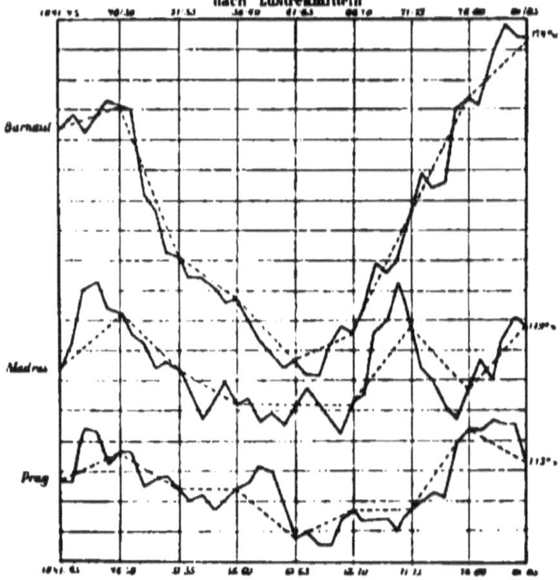

Fig. 2

Nachdem wir uns in dieser Weise von der Zulässigkeit unserer Methode überzeugt haben, wenden wir uns unseren Tabellen zu. Dieselben geben

für	198	Stationen in	Europa
	39	» »	Asien
	50	» »	Nordamerika
	16	»	Central- und Südamerika
	12	» »	Australien
	6	» »	Afrika

im Ganzen für 321 Stationen der Erde mit einer gesammten Beobachtungsdauer von 13.500 Jahren, den Regenfall von Lustrum zu Lustrum an, ausgedrückt in Procenten des vieljährigen Mittels (meist 1851/80) oder vielmehr durch deren Abweichungen von 100. Den Tabellen schicken wir einen Quellennachweis und Bemerkungen voraus, die für die einzelnen Stationen über fehlende Jahre, deren Ergänzung, sowie über die Bildung des Mittels Aufschluss geben, auf welches die Procente bezogen sind.

Quellennachweis zu den Tabellen.

Die benutzten Quellen sind, nach Ländern geordnet:

Deutsches Reich:

1. v. Möllendorf: Die Regenverhältnisse Deutschlands. Görlitz 1862.
2. Dove: Witterungserscheinungen im nördlichen Deutschland 1858—63, Zeitschrift des königlich preußischen statistischen Bureaus Bd. VI. Ferner die Zusammenstellungen und Abhandlungen Dove's ebenda Bd. XII, XIV und XXIV. Die Jahressummen mussten hier zum Theile erst berechnet werden.
3. Arndt: Regenhöhe der Monate etc. 1871—1875, ebenda XXXVII. Die amtlichen Publicationen ebenda Bd. XLIV, XLVII und XLIX, sowie für die Jahre 1879—85 die »Ergebnisse der meteorologischen Beobachtungen, veröffentlicht vom königl. preußischen meteorol. Bureau« in derselben Zeitschrift.
5. Karsten: Luftfeuchtigkeit, Niederschläge und Verdunstung in den Herzogthümern Schleswig und Holstein. Berlin 1872.
6. Magener: Klima von Posen. Posen 1868.
7. Drechsler: Ergebnisse von 50jähr. Beobachtungen der Witterung zu Dresden, mathematisch-physikalischer Salon. Dresden 1879.
8. O. Birkner: *Niederschlagsverhältnisse des Königreiches Sachsen. Mittheilungen des Vereines für Erdkunde zu Leipzig, Jahrgang 1885.
9. Bergholz: Klima von Bremen. Separatabdruck. (Ort und Zeit?)
10. Jelinek: Zusammenhang der Niederschlagsmengen mit der Häufigkeit der Sonnenflecken. Zeitschrift für Meteorologie 1873, S. 89.
11. Jahrbuch des königlich sächsischen meteorologischen Institutes.
12. Siebert: Niederschlagsverhältnisse Badens, Beiträge zur Hydrographie des Großherzogthums Baden, II. Heft, Karlsruhe 1885.
13. Ziegler: Niederschlagsbeobachtungen in der Umgebung von Frankfurt a. M. Jahresbericht des physikal. Vereines für 1884—85. Frankfurt 1886.
14. Lang: Der säculare Verlauf der Witterung als Ursache der Gletscherschwankungen. Zeitschrift für Meteorologie 1885, S. 443.
15. Nederlandsch Meteorologisch Jaarboek 1878. II. Deel.
16. Annalen der Schweizerischen Central-Anstalt für Meteorologie.
17. Beobachtungen der meteorologischen Stationen in Bayern etc., herausgegeben von der königlich bayerischen meteorologischen Centralstation.
18. Meteorologische Beobachtungen in Deutschland, herausgegeben von der Deutschen Seewarte.

Österreich-Ungarn und Rumänien:

19. Hann: Untersuchungen über die Regenverhältnisse von Österreich-Ungarn. Sitzungsbericht der Wiener Akademie. Bd. 81 (1880) S. 59.
20. Jahrbücher der k. k. Centralanstalt für Meteorologie und Erdmagnetismus zu Wien.
21. Ebenso zu Budapest.
22. Wagner: Niederschläge und Gewitter zu Kremsmünster. Programm des k. k. Obergymnasiums zu Kremsmünster. Ostern 1888. Linz 1888.
23. Handschriftliche Aufzeichnungen von Herrn Hofrath Dr. J. Hann. (für Prag vor 1830.)
24. Hann: Klima von Bukarest. Meteorologische Zeitschrift 1889. S. 71.

Östliches Mittelmeergebiet:

25. Nederlandsch Meteorologisch Jaarboek 1878. II. für Athen.
26. Meteorologische Zeitschrift 1886, S. 504, für Constantinopel.
27. Zeitschrift für Meteorologie 1884, S. 31, für Jerusalem.

Italien und Triest:

28. E. Millosevich: Sulla distribuzione della pioggia in Italia. Annali dell' Ufficio Centrale di Meteorologia Italiana. Ser. II, Vol. III, Parte I, 1881. Rom 1882, S. 5—143.

29. Nachtrag dazu ebenda Vol. V, Parte I, 1883. Rom 1885.

30. Nederlandsch Met. Jaarboek 1878, II. S. 280, für Rom II. vor 1831.

31. Hann: Regenverhältnisse (siehe oben Nr. 19) für Triest.

32. Annali dell' Ufficio Centrale di Meteorologia Italiana.

Algerien:

33. Raulin: Observations pluviométriques faites dans l'Algérie et les colonies françaises, publiées dans les Actes de l'Académie des Sciences, Belles-Lettres et Arts de Bordeaux. Bordeaux, Paris 1876.

34. Annales du Bureau central mét. de France.

Iberische Halbinsel:

35. Hellmann: Regenverhältnisse der iberischen Halbinsel. Zeitschrift der Gesellschaft für Erdkunde zu Berlin, XXIII. Bd. 1888. S. 307.

36. Hann: Regenfall zu San Fernando. Met. Zeitschrift 1886. S. 269

Frankreich:

36. V. Raulin: Observations pluviométriques faites dans le Sud-Ouest de la France (Aquitaine et Pyrénées) de 1774 à 1860. (Extrait des Actes de l'Académie des Sciences etc. de Bordeaux). Bordeaux, Paris 1864.

37. Raulin: Observations etc. surtout de 1861 à 1870. Ebenda 1871.

38. Raulin: Tableau comparatif des Observations pluviométriques faites dans le Sud-Ouest de la France de 1861—64; dito 1865, dito 1865—70. Ebenda.

39. Raulin: Sur les Observations pluviométriques faites dans la Neustrie. (Centre septentrional de la France) de 1688 à 1870. Ebenda.

40. Raulin: Observations pluviométriques faites dans l'est de la France de 1763 à 1870.

41. Raulin: Observations pluviométriques faites dans le Sud-Est de la France (Alpes et Provence) de 1728 à 1870. Ebenda.

42. Raulin: Observations pluviométriques faites dans la France Méridionale de 1704 à 1870. Ebenda 1876.[1])

43. Annuaire mét. de l'Observatoire de Montsouris 1877, S. 156 (für Paris).

44. Renou: Climat de Paris II. Annales du Bureau central mét. de France 1885, Part. I, S. B. 259 ff.

45. Annuaire mét. de la France pour 1850, S. 86 (für Châlons-sur-Marne).

46. Annuaire de la Soc. mét. de France 1849 S. (112), 1852 S. 152, 1855 S. (22), 1859 (für Brest), 1875 S. 154. 1884 S. 69.

47. Atlas mét. de l'Observatoire de Paris 1876, S. K. 1—4; ferner für die Jahre 1871 bis 1876 bei vielen Stationen die Jahrgänge 1871—76 dieser Publication.

48. Fines: Climatologie du Roussillon. Ann. Bureau central mét. de France 1881, P. I.

49. Annales du Bureau central mét. de France, Part. III., für die Jahre 1876—85.

---

[1]) Ich konnte diese Publicationen Raulin's, nachdem ich sie in verschiedenen der großen Bibliotheken Deutschlands vergeblich gesucht hatte, durch die Güte des Herrn Hofrath Dr. J. Hann von der k. k. Centralanstalt für Meteorologie in Wien zur Einsicht erhalten. Da sie dort nur in Separatabdrücken existieren, so vermag ich zum Theile die Zeit des Erscheinens nicht anzugeben.

50. Résumé des observations centralisées pour le service hydrométrique du Bassin de la Seine für die Jahre von 1871 an. Diese Résumés erschienen mit großen Regentabellen theils im Atlas météorologique, theils im Annuaire de la Soc. mét. de France.

Holland und Belgien:

51. Nederlandsch Meteorologisch Jaarboek II. Deel 1878. Utrecht 1886.

52. Lancaster: La pluie en Belgique. Annuaire de l'Observatoire royal de Bruxelles. 1884, 51 année. Brüssel 1883. S. (150), (193), (202).

England:

53. Symons: Fluctuation of the Fall of Rain in England 1830—79 British Rainfall 1881, S. 18 ff.

54. Nachtrag für die Jahre 1870—76. British Rainfall 1880, S. 27.

55. Symons: Fluctuation of Rainfall 1726—1865. British Assoc. Report, Nottingham 1866, S. 286.

Schottland:

56. Buchan: Scottish Rainfall. Journal Scott. Met. Soc. New Ser. Vol. III. S. 206 ff.

57. Gale ebenda. New Ser. Vol. V, S. 21 f., für Mount Stuart und Rothesay.

58. Buchan ebenda. New Ser. Vol. I. S. 237 und Vol. V, S. 77 (für Gordon Castle und Carbeth Guthrie).

59. Für die neuesten Jahre die Witterungsübersichten im Quarterly Journal of the Scott. Met. Soc.

Atlantische Inseln:

60. Quarterly Journal of the R. Met. Soc. X. S. 159, für Makree, Irland.

61. Für die Orkney- und Shetlands-Inseln siehe die Quellen für Schottland.

62. Nederlandsch Met. Jaarboek 1878 II.

63. Meteorologisk Aarbog udgivet of det danske met. Institut.

Skandinavien:

64. Nederl. Meteorolog. Jaarboek 1878 II.

65. Météorologiska Jaktagelser, Sverige.

66. Meteorologisk Aarbog udgivet of det danske met. Inst. und Jahrbuch des Norwegischen meteorologischen Institutes.

67. Bulletin mét. mensuel de l'Observatoire de l'université d'Upsal.

68. Tidblom: Meteorologische Beobachtungen zu Lund 1741—1870. Lund 1876.

Außerdem wurden mir von dem Director des dänischen meteorologischen Institutes Herrn A. Paulsen die Jahressummen des Regenfalles zu Kopenhagen 1826—55 in zuvorkommendster Weise mitgetheilt, die mir gedruckt nicht vorlagen. Ferner verdanke ich Herrn Hofrath Dr. J. Hann die Mittheilung handschriftlicher Zusammenstellungen der Regenbeobachtungen für die schwedischen Stationen, die theils von ihm, theils noch von Director Jelinek gemacht worden waren. Ich benutze die Gelegenheit, den genannten Herren für die mir erwiesene Hilfe meinen verbindlichsten Dank auszusprechen.

Galizien, Europäisches und asiatisches Russland:

69. Wild: Regenverhältnisse des Russischen Reiches. V. Supplementband zum Repertorium für Meteorologie. St. Petersburg 1887.

70. Annalen des physikalischen Central-Observatoriums. Theil II (für die Jahre nach 1882).

71. Hann: Regenverhältnisse etc. (vgl. oben Nr. 19) für Lemberg und Krakau.

Ost-Indien:

72. Blanford: Rainfall of India, Part III. Indian Meteorological Memoirs Vol. III, Part III. Calcutta 1888.

Australien:

73. Russel: Results of Rain and River Observations made in N.-S.-Wales and Part of Queensland during 1886. Sydney 1887, S. 73 ff.

Vereinigte Staaten von Nordamerika:

74. Charles A. Schott: Tables and Results of the Precipitation in Rain and Snow, in the United States. 2 Ed. Smithsonian Contributions to Knowledge. Vol. XXIV. Washington 1885.

75. Report of the Chief Signal Officer (für die neueren Jahre).

76. Regenfall zu New Bedford. Met. Zeitschrift 1889.

Central-Amerika:

77. Hann: Regenfall in Mexiko. Met. Zeitschrift 1889. S. 150.

78. Sobiecky ebenda 1886, S. 463, für St. Christopher.

79. Zeitschrift für Meteorologie 1874, S. 319 für Barbados.

80. Symons's Met. Magazine 1879, S. 69, für Trinidad.

81. Raulin: Observations etc. (vgl. oben Nr. 33).

Süd-Amerika:

82. Meteorol. Zeitschrift 1886, S. 131, für Rio.

83. Zeitschrift für Meteorologie 1885, S. 367 für Santiago, Chile; S. 505 für Georgetown.

84. Tripp: South American Rainfall south of the Tropics. Scott Geographical Magazine. June 1889. Curventafel.

Afrika:

85. Köppen: Regenverhältnisse von Mauritius. Annalen der Hydrographie 1887, S. 280.

86. Stone: Results of Met. Observations made at the R. Observatory, Cape of Good Hope. Cape Town 1871, S. [22].

87. Raulin: Observations etc. (vgl. oben Nr. 33) für S. Louis.

Bemerkungen zu den Tabellen.

Aufgenommen sind hier nur solche Angaben, welche nicht ohneweiteres aus den Tabellen hervorgehen; so sind z. B. fehlende Lustren nicht erwähnt, ebenso auch nicht mitgetheilt, ob sich die Procente auf das vieljährige Mittel oder das Normalmittel 1851—80 beziehen, da dieses aus der Schrift der ersten Tabelle hervorgeht. Die gebrauchten Abkürzungen bedeuten f. = fehlt; erg. = ergänzt (immer nur von einzelnen Jahren); M. red. = das Mittel wurde mit Hilfe der genannten Nachbarstationen auf den Zeitraum 1851—80 reduciert; diese Reduction wurde vorgenommen, wenn ein oder mehrere Lustren fehlten. Fehlten nur einzelne Jahre, aber kein ganzes Lustrenmittel, so wurde dazwischen von einer Reduction abgesehen und das Normalmittel 1851—80 einfach als Mittel der Lustrenmittel gefunden. Ist trotz fehlender Jahre von keiner Ergänzung die Rede, so ist dieselbe aus irgend welchen Gründen unterblieben.

Die Reihenfolge der Stationen ist in den Bemerkungen genau dieselbe wie in den Tabellen.

Deutschland.

Die in verschiedenen Quellen für dieselbe Station mitgetheilten Daten weichen hie und da etwas von einander ab. Es wurde dann die spätere Bearbeitung des Original-Materiales als die richtigere betrachtet. Köln f. 1846, 1847; Gütersloh f. 1872 (erg. nach Boppard, Jena, Braunschweig und Bremen) 1836: Bremen f. 1871—75 (M. red. nach den nordwestdeutschen Stationen); Heiligenstadt f. 1852 (erg. nach Gütersloh und Braunschweig) 1846, 47: Jena f. von 1865 an (M. red. nach Dresden); Torgau f. 1846, 47; Berlin f. 1846, 47; Stettin f. 1874 (erg. nach Frankfurt a. O. und Berlin) 1846, 47; Frankfurt a. O. f. 1881 (erg. nach Berlin und Stettin) 1846, 47: Görlitz 1846, 47; Köslin 1871 (erg. nach Stettin); Posen, Breslau und Königsberg f. 1846, 47; Tilsit f. 1876 (erg. nach Königsberg) 1831; — Gießen f. 1851 (erg. nach Frankfurt a. M.); Frankfurt a. M. 1836, 48; Mannheim 1841, 53, 1854 (erg. nach Karlsruhe); Karlsruhe 1831, 32 (die älteren Beobachtungen sind unbrauchbar); Hohenpeißenberg 1791—93, 1800 (vielj. M., nicht red.); Isny 1865, 75 (erg. nach München und Stuttgart); Zürich 1836; Aarau 1851—55 (M. red. nach Zürich).

Österreich-Ungarn.

Hann's auf vieljährige Mittel bezogene Procentzahlen wurden umgerechnet und auf das jeweilige Mittel 1851—80 bezogen. Bodenbach f. 1884, 85 (erg. nach Prag); Prag ist nicht homogen: Differenz Prag—Hohenpeißenberg 1806 bis 1825 —15%, 1826—56 +3%; ich habe daher die Reihe von Prag zerlegt und die Procente 1806—25 auf das 20jährige Mittel dieses Zeitraumes (375 *mm*) bezogen; Czaslau 1851, 60, 61, 73 (erg. nach Prag); Salzburg 1857, 70, 71 (erg. nach Alt-Aussee und Kremsmünster); Alt-Aussee 1851, 73 (erg. nach Salzburg und Kremsmünster); Budapest 1851, 52, 55, 60 (erg. nach den drei anderen ungarischen Stationen); Debreczin 1851, 52, 72 (ebenso erg.); Wallendorf-Bistritz 1851, 52, 75 (ebenso erg.).

Rumänien.

Bukarest f. 1870, 73 (21jährig. M.)

Östliches Mittelmeergebiet.

Jerusalem f. 1861—63 (vielj. M.); Constantinopel f. 1850, 56; Athen (vielj. M.).

Italien.

Es sind zum Theile sehr lange Reihen, die mir vorliegen; doch nicht immer ist die Homogenität absolut sicher. So stimmen z. B. Padua und Mailand im vorigen Jahrhundert schlecht mit einander überein. Es scheint, dass vor 1810 die Regenmengen zu Padua zu groß und diejenigen zu Mailand zu klein im Vergleich zu den später gemessenen ausfielen. Leider fehlen Nachbarstationen, um die Änderung quantitativ zu bestimmen. Bei Padua scheinen dann wieder nach einem Vergleich mit Mailand und Pavia die Regenmengen der Jahre 1811—30 um 9 Procent zu klein zu sein. Doch wurde diese Discontinuität nicht corrigiert, weil der Betrag derselben relativ gering ist. Nicht homogen ist die Reihe von Bologna; ein Bruch liegt in der Mitte der Fünfziger-Jahre vor; die Differenz der auf das jeweilige Mittel 1851—80 bezogenen Procente ist

	vor 1856	nach 1855
gegen Modena	—25.5	+11.6
gegen Pavia	—20.7	+ 3.0
gegen Mailand	—27.1	+ 5.8
Mittel	—24.5	+ 6.8

Die Procente von Bologna sind also im Vergleich zu den Nachbarstationen vor 1856 um 24.5 zu groß, nach 1855 um 6.8 zu klein. Um die Regenmengen vor jenem Zeitpunkte mit den späteren vergleichbar zu machen, sind erstere im Verhältnis (100 + 6.8) : (100 — 24.5) = 1.43 zu vergrößern. Ich habe dieses ausgeführt und diese consolidierte Reihe dann in Procente verwandelt. — Millosevich beanstandet einige (im Ganzen etwa 20) Monatssummen, indem er sie mit Fragezeichen versieht, die er naturgemäß bei den Jahressummen wiederholt. Solcher beanstandeter Monats- und Jahressummen finden sich bei Mailand 6, bei Venedig, Verona, Pavia, Rom I und Neapel je 1 und bei Locorotondo 9. Hierauf wurde bei Bildung der Lustrenmittel keine Rücksicht genommen. Verona f. 1827, 28; Pavia 1846, 68; Rom 1781; Neapel 1832.

Algerien.

Algier f. 1836, 37, 75—77, 84, 85. Die Procente beziehen sich auf die Reihe »Môle de la marine et Ponts-et-Chaussées«. Doch sind die Zahlen für die Jahre 1838—43 nach den Beobachtungen von Dau, diejenigen von 1871 an nach denen am Militärhospital (Le Dey) interpoliert. Es geschah dies mit Hilfe von 5, beziehungsweise 4 Jahren correspondierender Beobachtungen. Die Regenmengen von Dau wurden zur Reduction mit 0.71 multipliciert, diejenigen des Militärhospitals mit 1.06. Constantine f. 1836, 37, 48—53; 4 Jahre der beiden Lustren um 1850 wurden zu einem Mittel vereinigt.

Spanien und Portugal.

Lissabon f. 1885; Madrid f. 1851—53; Santiago f. 1856, 57, 83—85 (vielj. M. 1858—82). Wo einzelne Monate fehlten, wurden dieselben durch Normalwerthe ersetzt.

Frankreich.

Für Frankreich liegt ein sehr reiches, leider aber auch sehr ungleichmässiges Material vor. Raulin, unser Gewährsmann für die Jahre vor 1871, enthält sich so ziemlich der Kritik der Beobachtungen. Die von uns für den Norden und die Mitte Frankreichs mitgetheilten Beobachtungsreihen sind, wenigstens für die letzten 60 Jahre, homogen. Für die untereinander oft sehr wenig übereinstimmenden Reihen Süd-Frankreichs möchte ich das nicht absolut behaupten. Die Jahressummen nach 1870 mussten für alle Stationen erst zusammengesucht werden. Dabei war eine Schwierigkeit zu überwinden. In Frankreich besitzen viele Orte zwei Regenstationen und es war nicht leicht festzustellen, auf welche sich die neueren Messungen bezogen. Für viele Stationen konnten die Jahressummen 1871—75 überhaupt nicht aufgefunden werden, da die Publication der meteorologischen Beobachtungen Frankreichs damals nicht regelmäßig geschah. In den Kriegsjahren 1870 und 71 hatte man zudem vielfach die Beobachtungen unterbrechen müssen.

Brignoles f. 1869, 70 (M. red. nach Nachbarstationen); Marseille I. (Beobachtungen des jüngeren Catelin); Marseille II, (Observatorium) f. 1816, 19—21, 71—76 (M. red. nach Montpellier und Perpignan); Avignon f. 1815; Orange f. 1816, 17, 65; Viviers f. 1776, 77, 1830; Nimes f. 1871, 72 (M. red. nach Montpellier und Perpignan); Alais f. 1801, 02, 14, 16, 26: Hippolyte f. 1836 (M. red. nach Montpellier und Perpignan); Montpellier f. 1766, 1813, 1851, 71, 77 (die alte Reihe 1767—1815 auf ihr vielj. Mittel 762 *mm* bezogen, die neue auf das Mittel 1851—80 853 *mm*); Beziers (M. red. nach Montpellier und Perpignan, von 1871 Mittel aus den Beobachtungen zweier Stationen); Sallèles f. 1854, 56 (M. red. nach Perpignan, Beziers und Montpellier); St. Ferriol f. 1810, 52 (M. red. nach Toulouse); Lampy-Neuf (M. red. nach Perpignan, Beziers und Montpellier); Poitiers 1776, 77, 1819, 20; La

Rochelle f. 1776, 94, 95; Courçon (M. red. nach Toulouse und Bordeaux); Pichon près Carbon Blanc f. 1731, 37; Bordeaux 1776 (die alte Reihe 1716 bis 1785 auf ihr vielj. Mittel bezogen 683 *mm*, die neue auf das Mittel 1851 bis 1880 750 *mm*, red. nach Toulouse); Sorèze f. 1796, 1840; Toulouse I (Observatorium) f. 1865 (M. red. nach Toulouse II); Toulouse II (Ingénieurs) f. 1871 (M. red. nach Toulouse I); Le Puy f. 1871; Lyon (M. red. nach Bourg); Bourg f. 1871, 72.

Tours f. 1871; Orléans f. 1871, 72; Gien f. 1871; Laroche f. 1885; Pannetière f. 1882, 83; La Collancelle f. 1882; Decize f. 1836, 71 (M. red. nach Clamecy, La Collancelle und Pannetière); Clamecy f. 1882; Poully f. 1882.

Brest f. 1812, 19 (Mittel 1811—40); Rouen f. 1863; Mondidier f. 1870 (M. red. nach Nachbarstationen); Versailles f. 1846; Paris, Terrasse f. 1755, 71, 72, 87, 92 (M. für die Zeit nach 1770, red. nach Paris, Hof und Versailles, ist 585. Die Jahre 1691 bis 1718 sind auf das Mittel der Beobachtungen La Hires für diesen Zeitraum 484 *mm* bezogen, diejenigen 1719 bis 1754 auf das Mittel der Beobachtungen der beiden Maraldi und ihrer Nachfolger aus diesen Jahren 416 *mm*. Zwischen 1718 und 1719 liegt ein sehr scharfer Bruch, verursacht durch den Wechsel der Beobachter. Das Lustrenmittel 1716—20 wurde als Mittel der Procentzahlen 1716—18, bezogen auf La Hires Mittel, und der Procentzahlen 1719—20, bezogen auf das Mittel der Beobachtungen Maraldi's und Nachfolger, gebildet); Châlons-sur-Marne von 1841 an unbrauchbar (Mittel 1811—40); Nancy f. 1871—75.

Belgien und Holland.

Lüttich f. 1846 (M. red. nach Maastricht und Brüssel); Brüssel f. 1831, 32; Gent f. 1836, 37 (M. red. nach den übrigen Stationen der Gruppe); Vlissingen (M. ebenso red.); Amsterdam f. 1852.

England.

Benutzt wurden für die Jahre nach 1830 nur neun Stationen, welche Symons als die besten und zuverlässigsten bezeichnet. Mir scheinen die älteren Jahre von Orleton vor 1850 und von Exeter vor 1855 nach dem Vergleich mit Nachbarstationen etwas unsicher. [1]) Symons theilt die Jahressummen des Regenfalles in Procenten mit, die er alle auf das Mittel aus den Jahren 1830 bis 1879 bezieht. Es ist dasselbe Princip, dem auch wir folgen. Doch musste ich seine Procente in Procente des Mittels 1851—80 umrechnen.

Für die älteren Reihen wurden die von Symons mitgetheilten, auf das vieljährige Mittel bezogenen Procente benutzt. Nur für Lyndon ging dieses nicht an, da diese Reihe nicht homogen ist und zwischen 1769 und 1770 einen deutlichen Bruch aufweist. Es ist die Differenz der Procentzahlen für Lyndon bei Symons, die auf das Gesammtmittel bezogen sind, gegen diejenigen der einzigen gleichzeitig beobachtenden und kaum 100 Kilometer entfernten Station Chatsworth:

Lyndon—Chatsworth	1761—69	—6.8
	1770—98	+4.9
	Differenz	11.7

Also sind die Regenmengen vor 1770 um 11—12 Procente zu klein. Zum gleichen Schluss kommt man durch Bildung der vieljährigen Mittel für

Lyndon	1737—69	538 *mm*
	1770—98	637 *mm*

[1]) Vgl. oben S. 138

Ich habe daher die Reihe zerlegt und beide Hälften wie zwei ganz verschiedene Reihen behandelt.

Plymouth f. 1726; Lyndon f. 1736, 99, 1800; Chatsworth f. 1804, 05. Unter der Ueberschrift »Verschiedene Stationen« ist Symons' Mittel »Various stations« mitgetheilt.

Schottland.

Thurston (M. red. nach Haddington und Inveresk); Haddington f. 1875, 79, 80 (erg. nach Edinbourgh); Inveresk f. 1836 (erg. nach Edinbourgh) 1881, 82; Glencorse f. 1881, 82; Edinbourgh f. 1821, 53 (erg. nach Nachbarstationen) f. 1881, 82; Loch Leven Sluice f. 1841 (erg. nach Edinbourgh) 1881, 82; Bothwell Castle und Laurik Castle f. 1881, 82; Carbeth Guthrie f. 1860 (erg. und M. red. nach Bothwell Castle, Laurik Castle, Greenock, Largs und Castle Toward); Greenock Waterworks Nr. 2 f. 1840 (erg. und M. red. nach Castle Toward, Rothesay und Largs), 1881, 82; Largs (M. red. nach Greenock); Cameron House 1836, 40--42, 59, 60, 62 (erg. nach Castle Toward, Largs und Greenock); Castle Toward 1842, 43 (erg. und M. red. nach Greenock); Rothesay 1875 (erg. und M. red. nach Greenock); Stanley 1869, 70 (erg. und red. nach Loch Leven Sluice und Arbroath); Castle Newe 1870 (erg. und M. red. nach Culloden und Arbroath).

Irland.

Makree f. 1831, 32, 64, 65.

Atlantische Inseln.

Bressay f. 1875; Thorshavn f. 1885; Stykkisholm f. 1856, 57, 85.

Norwegen und Schweden.

Bei Kristiania scheinen die Regenmengen vor 1855 zu klein zu sein.

Lund zeigt einen Bruch Mitte der Sechziger-Jahre: mittlere Differenz der auf das Mittel 1851—80 bezogenen Procentzahlen 1836—65 gegen Kopenhagen —12, Stockholm —11, 1866—85 aber +15 und +2, d. h. es dürften die Regenmengen nach 1865 um etwa 20 Procente zu groß sein. Daher sind die Procente der Jahre 1866—85 auf das Mittel dieser Jahre (622 *mm*) bezogen, das nach dem benachbarten Kopenhagen zu urtheilen um kaum ein Procent vom Mittel 1851—80 abweichen dürfte, die früheren Jahre dagegen auf das vieljährige Mittel 1746—1865 (506 *mm*). Ein anderer Bruch scheint bei 1835 zu liegen: Differenz vor 1835 gegen Stockholm +5.3, Upsala +4.7, dagegen 1836—65 —4.0 und —5.7; also dürften die Regenmengen des letzteren Zeitraumes im Vergleich zu denen des ersteren um rund 10 Procente zu klein sein. Dieser relativ kleinere Bruch wurde nicht weiter berücksichtigt. Lund f. 1746, 47, 51, 52, ein Jahr aus 1806—10, 74, 85; Wexiö f. 1885 (die Beobachtungen der Jahre 1791—1825 und 1861—84 sind nicht vergleichbar, daher auf das jeweilige vielj. M. bezogen). Stockholm fehlen 2 Jahre aus dem Anfang der Sechziger, 1885 (bedeutender Bruch um 1810: 25jähriges Mittel vor 1810 588 *mm*, 1811—50 393 *mm*, 1851—80 394 *mm*. Daher sind die Procente vor 1810 auf das vieljährige Mittel 588 *mm* bezogen.) Upsala f. 3 Jahre (3 Mittel: 1741—60 426 *mm*, 1791—1825 359 *mm*, 1851—80 554 *mm*: Procente auf das jeweilige vieljährige Mittel bezogen, beziehungsweise seit 1836 auf das Mittel 1851—80); Falun f. 1826, 27, 50, 85 (M. red. nach Upsala und Stockholm); Tollforsbruck f. 1859, 60.

Galizien und Russland.

Mehrfach wurden einzelne Monate nach Nachbarstationen, wo dieses nicht anging, auch durch Normalwerthe ergänzt. Åbo f. 1764, 95, 96; Riga (nach 1881 viel zu große Regenmengen): Moskau (M. red. nach benachbarten Stationen); Warschau f. 1811, 12, 33 (das Jahr 1833 wurde ausgeschieden, weil für dasselbe eine gigantische und offenbar unrichtige Regenmenge angegeben wird: 1182 mm = 200%; Lemberg hatte nur 79%); Krakau f. 1851, 58 (ergänzt nach Warschau und Lemberg); Lemberg f. 1851 (erg. nach Warschau); Kijew (M. red. nach benachbarten Stationen); Kischinew 1851, 52; Nikolajew f. 1856, 57 (erg. und M. red. nach Nachbarstationen); Sewastopol 1861, 62, 69, 80 (vielj. M.); Lugan f. 1836, 37; Astrachan f. 18 Monate (9 durch normale erg.); Baku f. 1846, 47; Tiflis 1846; Alexandropol (M. nach Tiflis red.); Irgis f. 1861, 62, 84, 85 (M. nach Orenburg auf 1846—75 red.), Bogoslowsk f. 1836, 37; Slatoust f. 1836; Barnaul f. 1836, 37; Nertschinsk Hüttenwerk f. 1885, 10 Monate durch Nominalwerthe ersetzt; Nikolajewsk am Amur f. 1872, 73, 74, 83, 84, 85, 7 Monate durch normale ersetzt (M. nach Nertschinsk red.); Peking f. 1856, 57, 58, 62—67, 84, 85, 4 Monate durch normale ersetzt.

Ost-Indien.

Mehrfach wurden einzelne Monate durch Normalwerthe ersetzt, so bei Bombay für alle Jahre 1817—46 die Wintermonate November bis Mai, in denen keine Beobachtungen gemacht wurden; es konnte das unbedenklich geschehen, da die normale Regenmenge dieser Monate noch nicht 2 Procent der Jahressumme beträgt. Shimoga, Mysore und Bangalore f. 1836; Tumkur f. 1836 (M. red. nach Bangalore); Cuddapah f. 1851, 55; Madras f. 1811, 12; Bombay f. 1816; Poona f. 1841, 43, 50; Sholapur f. 1851, 52; Sekunderabad 1841, 42 (M. red. nach Bombay); Nagpur (M. red. nach Sekunderabad und Jubbulpore); Aska Suggar Work (2 Jahre und 11 Monate ersetzt durch die Beobachtungen einer zweiten 2½ Kilometer nordwestlich gelegenen Station, deren Regenmenge fast immer genau gleich der von Aska Suggar Work war; M. red. nach Madras, Jubbulpore und Sekunderabad); Deesa (die unvollständigen Jahre 1856 und 1860 zu einem ganzen Jahre vereinigt); Shahpur f. 1851—53; Jullendur f. 1851; Saharanpur, Budaun und Gorakhpur (M. red. nach Umballa und Nainital); Nainital (die unvollständigen Jahre 1861 und 1862 zu einem Jahre vereinigt); Katmandu f. 1876; Dacca f. 1826, 55—60 (M. red. nach Calcutta); Gauhati f. 1846, 47.

Australien.

Brisbane f. 1846—57; New Castle f. 1861; Bathurst 1856—58, 66—68; Windsor f. 1856, 57; Gaulburn 1856—58; Deniliquin 1856—58, 62; Bukelong 1856; Hobart 1880—81. Die Procente sind alle auf das Mittel 1856 bis 1885 bezogen, statt wie gewöhnlich auf 1851—80; denn 1851—55 beobachteten nur zwei Stationen. Die Mittel der Stationen New Castle, Windsor und Camden Park sind mit Hilfe der anderen Stationen auf den Zeitraum 1856—85 reduciert.

Vereinigte Staaten von Nordamerika.

Leider ist das Material für die Vereinigten Staaten zum Theile wenig zuverlässig. Gewiss trifft die Schuld hierfür hauptsächlich die Beobachter; allein auch die Publication der Daten in der großen Arbeit von Schott ist nicht ganz zuverlässig und oft kritiklos. Wenigstens konnte ich bei den Angaben der geographischen Coordinaten, bei Mitteln vieljähriger Reihen etc. zahlreiche Druckfehler entdecken. Unter solchen Umständen war auch die Prüfung der Reihen eine äußerst schwierige und unsichere. Benachbarte Stationen weichen zum Theile sehr erheblich von einander ab, ohne dass man doch gerade die eine oder die andere als die fehlerhafte bezeichnen könnte. Ich habe in solchen Fällen alle publiciert, trotzdem ich für deren Homogenität keine Gewähr hatte. Einzelne fehlende Jahre wurden daher nirgends ergänzt, wohl aber, so weit es möglich war, die Mittel auf den Zeitraum 1851—80 reduciert.

Sitka f. 1846, 47, 55, 60, 64—67, 75; Astoria f. 1852, 53, 75 (M. red. nach den anderen Stationen dieser Gruppe); Ft. Vancouver f. 1851 (M. ebenso red.); Sacramento und Benicia Barraks (M. red. nach San Francisco); San Diego f. 1873; Santa Fé f. 1851, 52, 62, 66, 67 (Schott's Mittel benutzt); Ft. Garland f. 1856—58, 64—66, 75—80, 84, 85 (Schott's M.); Ft. Gibson f. 1836, 57—72 (Mittel der Lustrenmittel); Ft. Riley f. 1851—53, 75 (Schott's M.); Kearney f. 1846—48, 63 ff. (Schott's M.); Bellevue f. 1856, 57, 63, 67, 75 (Schott's M.); Ft. Randall f 1856, 64—66, 75—80, 84, 85 (Schott's M.); Ft. Abercrombie f. 1866, 75 (Schott's M.); Austin f. 1882, 83 (M. red. nach Washington, Ark., Savannah und Key West; die erhaltenen Mittel weichen nur um wenige Millimeter von einander ab); Ft. Smith f. 1836, 37, 50, 51, 58, 59; New Orleans f. 1837, 38, 45, 46, 60—69 (M. red. nach Austin, Reihe nicht homogen); Savannah f. 1836, 60—68 (M. red. nach Austin); Key West f. 1831, 32, 39—50, 60, 64, 66—70 (M. red. nach Austin); Leavenworth f. 1836, 66; S. Louis f. 1836; Ft. Madison f. 1846, 47, 53, 75 (M. red. nach Leavenworth und S. Louis); St. Paul f. 1884, 85; Milwaukee f. 1842, 43, 53, 72; Detroit f. 1838, 46—48, 51—53, 56, 57 (M. red. nach Milwaukee und Cincinnati); Cincinnati (M. red. nach Marietta); Marietta f. 1824, 25 (M. red. nach Steubenville u. Cincinnati); Steubenville f. 1868 (M. red. nach Cincinnati). — Gardiner f. 1836, 53, 54, 60, 75 (M. red. nach Boston); Lunenburg Ver. f. 1846, 47, 75 (M. red. nach Boston); Rochester f. 1836, 72; Pen Yan (M. red. nach Rochester); Lunenburg Mass. 1874, 75 (M. red. nach Boston); Boston f. 1816, 17, 40 (ältere Reihe vor 1840 auf das vielj. Mittel 988 *mm* bezogen, jüngere auf das Mittel 1851—85 1224 *mm*); Amherst f. 1875 (M. red. nach Boston); Worcester f. 1863, 64, 81 (M. red. nach Boston und Amherst); Providence f. 1881 (M. red. nach New Bedford und Boston); Newark f. 1875 (M. red. nach New-York); Flatbush f. 1874, 75 (M. red. nach New-York und Newark); Morrisville f. 1852, 60, 75 (M. red. nach Philadelphia); Washington f. 1849—51.

Central-Amerika.

Die drei mexikanischen Reihen sind zwar vollständig, aber kurz. Die längste derselben wurde daher mit Hilfe der beiden kürzeren ergänzt, die sechs, beziehungsweise sieben Beobachtungsjahre mit der langen Reihe gemeinsam haben. La Pointe-à-Pitre f. 1851—53 (dafür gesetzt Juni 1849 bis Mai 1850), 67—69 (aus 1867 und 1869 ein Jahr gebildet); La Basse Terre f. 1831, 36 Januar bis Juni, 37 Juli bis December (1836 und 37 zu einem Jahr vereinigt), 45, 46, 47, 52, 68; Fort de France f. 1838 (aus den vorhandenen Monaten der Jahre 1834—40 4 vollständige Jahre zusammengesetzt), 1842, 43, 50, 52—54, 66; Trinidad f. 1861, 79, 80. — Georgetown f. 1857—63 (aus 1856, 64 und 65 wurde ein Mittel für 1856—65 gebildet); Cayenne f. 1846, 47; Rio f. 1863—67 (1861, 62, 68—70 zu einem Mittel vereinigt); Buenos Aires f. 1856—57, 85. Für die La Plata-Mündung bildete Tripp ein Mittel aus Buenos Aires, Estancia San Juan und Bahia Blanca.

Afrika.

St. Louis, Senegal, f. 1860; Mauritius f. 1851, 52 (Procente auf 1856—85 bezogen).

Die erste Tabelle bringt ein Verzeichnis der Stationen, deren geographische Coordinaten in Graden mit einer Decimale und ihre mittlere Regenmenge, auf welche sich die Procente beziehen; cursiv gedruckt sind die vieljährigen, d. h. nicht auf den 30jährigen Zeitraum 1851—80, sondern auf einen anderen Zeitraum sich beziehenden Mittel, eingeklammert diejenigen, die auf den Zeitraum 1851—80 reduciert wurden; ohne Klammern endlich in gewöhnlicher Schrift die 30jährigen Mittel 1851—80, die direct gewonnen werden konnten. Musste wegen mangelnder Homogenität eine lange Reihe in mehrere Theile zerlegt und für diese das jeweilige vieljährige Mittel gebildet werden, so ist doch in der Tabelle nur das jüngste dieser Mittel genannt. Die älteren findet man in den »Bemerkungen« oben.

Die zweite Tabelle enthält die auf jene Mittel bezogenen Procente von Lustrum zu Lustrum, und zwar in Abweichungen von 100. Ein Punkt hinter der Zahl zeigt an, dass das Lustrum nicht vollständig ist und auch nicht nach Nachbarstationen ergänzt wurde. Doch wurden mit ganz wenigen (circa 4) Ausnahmen Lustrenmittel nur gebildet, wenn mindestens 3 Jahrgänge vorlagen.

Lage und mittlere Regenmenge von 321 Stationen der Erde.

Ort	N. Breite (Grade)	E. v. Gr. (Grade)	Mittl. Regenmenge mm
Mitteleuropa.			
Kleve	51.8	6.1	805
Köln	50.9	7.0	605
Boppard	50.2	7.6	665
Gütersloh	51.9	8.4	733
Bremen	53.1	8.8	681
Kiel	54.3	10.1	662
Heiligenstadt	51.4	10 1	593
Jena	50.9	11.8	581
Torgau	51.6	13.0	541
Freiberg in Sachsen	50.9	13.3	627
Dresden	51.1	13.7	590
Berlin	52.5	13.4	570
Stettin	53.4	14.6	511
Frankfurt a. O.	52.4	14.6	523
Görlitz	51.2	15.0	654
Köslin	54.2	16.2	632
Posen	52.4	16.9	499
Breslau	51.1	17.0	558
Königsberg in Pr.	54.7	20.5	610
Tilsit	55.1	21.9	690
Gießen	50.6	9.9	658
Frankfurt a. M.	50.1	8.7	636
Trier	49.7	6.6	697
Mannheim	49.5	8.5	645
Karlsruhe	49.0	8.4	838
Stuttgart	48.8	9.2	625
München	48.2	11.6	801
Hohenpeißenberg	47.8	11.0	*589*
Isny	47.7	10.0	(1400)
Zürich	47.4	8 6	1056
Aarau	47.4	8.0	(957)
Genf	46.2	6.1	838
Bodenbach	50.8	14.2	632
Prag	50.1	14.4	416
Czaslau	49.9	15.4	472
Brünn	49.2	16.6	523
Salzburg	47.8	13.0	1170
Alt-Aussee	47.6	13 7	2002

Ort	N. Breite (Grade)	E. v. Gr. (Grade)	Mittl. Regenmenge mm
Kremsmünster	48.1	14.1	1031
Wien	48.2	16.4	584
Klagenfurt	46.6	14.3	984
Budapest	47.5	19.0	560
Debreczin	47.5	21.6	639
Hermannstadt	45.8	24.1	655
Wallendorf-Bistritz	47.1	24.6	707
Bukarest	44.4	26.1	*591*
Mittelmeergebiet.			
Jerusalem	31.8	35.2	*558*
Konstantinopel	41.0	29.0	724
Athen	38.0	23.7	*355*
Bologna	44.5	11.5	637
Modena	44 6	10.9	700
Parma	44.8	10.3	612
Triest	45.6	13.8	1063
Venedig	45.4	12.3	808
Padua	45.4	11.9	848
Verona	45.5	11.0	786
Pavia	45.2	9.2	756
Mailand	45.5	9 2	992
Genua	44.4	8 9	1307
Florenz	43.8	11.2	947
Siena	43.3	11.3	759
Rom I.	41.9	12.5	811
Rom II.	41.9	12.5	801
Neapel	40.9	14.2	851
Locorotondo	40.8	17.3	925
Palermo	38.1	13.3	596
Constantine	36.4	6.5	*682*
Algier	36.7	3.1	707
Mostagenem	35.9	0.0	*508*
San Fernando	36.5	W 6.2	731
Lissabon	38.7	9.1	751
Madrid	40.4	3.7	384
Santiago	42.9	8.6	*1647*

Ort	N. Breite (Grade)	E. v. Gr. (Grade)	Mittl. Regenmenge mm
Brignoles	43.4	6.0	(1039)
Marseille I.	43.3	5.3	*541*
Marseille II.	43.3	5.3	(492)
Avignon	44.0	4.8	*589*
Orange	44.2	4.8	*784*
Viviers	44.5	4.7	*917*
Joyeuse	44.5	4.2	*1292*
Nimes	43.8	4.3	(638)
Alais	44.1	4.1	*979*
Hippolyte	44.0	3.8	(950)
Montpellier	43.6	3.9	853
Beziers	43.4	3.1	(531)
Perpignan	42.7	2.9	546
Sallèles, Aude	?	?	(499)
St. Ferriol	43.4	2.4	(754)
Lampy-Neuf	43.4	1.9	(1089)
Arquette, Aude	?	?	*673*

West- und Nordwest-Europa.

Ort	N. Breite (Grade)	E. v. Gr. (Grade)	Mittl. Regenmenge mm
Poitiers	46.6	0.3	*581*
La Rochelle	46.2	W 1.2	*647*
Courçon	46.2	0.8	(671)
Pichon	44.9	0.5	*583*
Bordeaux	44.8	0.6	(740)
Sorèze, Haute-Garonne	?	?	*1211*
Toulouse, Obs.	43.6	E 1.4	(585)
Toulouse, P.-et-Ch.	43.6	1.4	(661)
Le Puy	45.0	3.8	694
Lyon	45.8	4.8	(715)
Bourg	46.2	5.2	963
Tours	47.4	0.7	620
Orléans	47.9	1.9	641
Gien	47.7	2.6	589
Laroche	48.0	3.5	618
Pannetière, Nièvre	?	?	916
La Collancelle, Nièvre	?	?	810
Decize	46.8	3.4	(765)
Clamecy	47.4	3.5	718
Montbard	47.5	4.3	739
Pouilly	47.0	5.1	774
Dijon	47.3	5.0	696
Brest	48.4	W 4.5	*987*
Rouen	49.4	E 0.6	759
Versailles	48.8	2.1	576
Paris, Hof	48.8	2.3	552
Paris, Terrasse	48.8	2.3	(525)
Mondidier	49.7	2.6	(536)
Châlons, Marne	49.0	4.3	*506*
Nancy	48.7	5.2	771
Lüttich	50.7	5.6	(787)
Brüssel	50.8	4.4	731
Maastricht	50.8	5.7	568
Gent	51.1	3.9	(860)
Vlissingen	51.4	3.6	(607)
Utrecht	52.1	5.1	697
Amsterdam	52.4	4.9	690
Helder	53.0	4.8	656
Groningen	53.2	6.6	673
Zwanenburg, Holland	?	?	*680*

Ort	N. Breite (Grade)	E. v. Gr. (Grade)	Mittl. Regenmenge mm
		W. v. Gr.	
Boston	53.0	0.0	569
Pode Hole	52.8	0.1	636
Nash Mills	51.8	0.4	701
Chilgrove	50.9	0.8	862
Oxford	51.8	1.3	597
Bolton	53.6	2.4	1181
Orleton	52.4	2.7	797
Kendal	54.3	2.8	1267
Exeter	50.7	3.5	796
Lyndon, Rutland	?	?	*637*
Derby	52.9	1.5	*620*
Chatsworth	53.2	1.6	*722*
Manchester	53.5	2.2	*902*
Plymouth	50.4	4.2	*773*
Verschied. Stationen Englands	—	—	*716*
Thurston	56.0	2.5	(730)
Haddington	56.0	2.8	677
Inveresk	55.9	3.0	720
Glencorse	55.9	3.2	978
Edinbourgh	56.0	3.2	695
Loch Leven Sluice	56.2	3.3	922
Bothwell Castle	ca 55.7	ca 4.0	741
Laurick Castle	56.2	4.3	1189
Carbeth Guthrie	56.0	4.4	(1095)
Greenock	56.0	4.8	(1670)
Largs	55.8	4.9	(1180)
Cameron House	?	?	1527
Castle Toward	ca 55.9	ca 5.0	(1274)
Mount Stuart	ca 55.8	ca 5.1	*1261*
Rothesay	55.8	5.1	(1225)
Stanley	56.5	3.4	(795)
Arbroath	56.6	2.6	718
Castle Newe	57.2	3.0	(886)
Culloden	57.5	4.1	642
Gordon Castle	57.6	3.4	*676*
Makree (Irld.)	54.2	8.5	*954*
Sandwich (Orkad.)	59.1	3.3	940
Bressay (Shetlds.)	60.2	1.2	*1008*
Thorshavn (Faröer)	62.0	6.7	*1770*
Stykkisholm	65.0	22.7	*643*
		E. v. Gr.	
Kristiansund	63.1	7.8	*930*
Skudesnaes	59.1	5.3	*1091*
Mandal	58.0	7.4	*1214*
Sandösund	59.1	10.5	*595*
Kristiania	59.9	10.7	598
Kopenhagen	55.7	12.6	563
Lund	55.7	13.2	*506*
Wexiö	56.9	14.8	*647*
Stockholm	59.3	18.1	394
Upsala	59.9	17.6	554
Falun	60.6	15.7	(482
Tollforsbruck, Schweden	?	?	*549*
Hudicksvall	61.7	17.2	*541*
Abo	60.4	22.3	*604*

Ost-Europa.

Ort	N. Breite (Grade)	E. v. Gr. (Grade)	Mittl. Regenmenge mm
Riga	57.0	24.1	495
Helsingfors	60.2	24.9	567

Ort	N. Breite (Grade)	E. v. Gr. (Grade)	Mittl. Regenmenge mm
S. Petersburg	59.9	30.3	491
Moskau	55.8	37.7	(554)
Warschau	52.2	21.0	599
Krakau	50.1	20.0	670
Lemberg	49.8	24.0	650
Kijew	50.4	30.5	(523)
Kischinew	47.0	28.8	470
Nikolajew	47.0	32.0	(372)
Ssimferopol	45.0	34.1	445
Ssewastopol	44.6	33.5	385
Lugan	48.6	39.3	367
Astrachan	46.4	48.0	159
Baku	40.4	49.8	252
Tiflis	41.7	44.8	478
Alexandropol	40.8	43.8	(375)
Nord-Asien.			
Irgis	48.6	61.3	172
Orenburg	51.8	55.1	392
Bogoslowsk	59.8	60.0	395
Jekaterinenburg	56.8	60.6	346
Slatoust	55.2	59.7	496
Barnaul	53.3	83.8	226
Nertschinsk (Hüttenwerk)	51.3	119.6	386
Nikolajewsk	53.1	140.7	(382)
Peking	40.0	116.5	565
Indien.			
Shimoga	13.9	75.6	759
Mysore	12.3	76.7	734
Tumkur	13.3	77.1	(807)
Bangalore	13.0	77.6	913
Cuddapah	14.4	78.8	691
Madras	13.1	80.2	1216
Bombay	18.6	72.8	1780
Poona	18.5	74.2	(760)
Sholapur	17.7	75.9	724
Sekunderabad	17.4	78.6	675
Nagpur	21.1	79.2	1072
Jubbulpore	23.2	78.0	1376
Aska	19.6	84.7	(1193)
Kurachee	24.8	67.1	187
Deesa	24.3	72.2	647
Beawar	26.2	74.4	523
Shahpur	32.3	72.5	353
Jullundur	31.3	75.6	716
Umballa	30.4	76.9	929
Saharanpur	30.0	77.6	(955)
Budaun	28.0	79.2	(852)
Gorakhpur	26.8	83.3	(1249)
Nainital 1950 m	29.4	79.5	2336
Almora 1675 m	29.6	79.7	1003
Katmandu 1329 m	27.7	85.2	1431
Calcutta	22.6	88.4	1692
Dacca	23.7	90.4	(1885)
Gauhati	26.2	91.8	1763
Moulmein	16.5	97.7	4859
Australien.	S. Br.		
Brisbane[1]	27.5	153.0	1214
Newcastle[2]	32.9	151.8	1189

Ort	S. Breite (Grade)	E. v. Gr. (Grade)	Mittl. Regenmenge mm
	S. Br.		
Bathurst[1]	33.4	149.6	626
Camden Park[2]	?	?	837
Windsor[1]	33.6	150.8	845
Sydney[1]	33.8	155.2	1253
Goulburn[1]	34.8	149.8	670
Deniliquin[1]	35.5	145.0	422
Melbourne[1]	37.8	145.0	647
Bukelong[1]	?	?	708
Adelaide[1]	34.9	138.6	521
Hobart[1]	42.9	147.5	636
Vereinigte Staaten von Nord-Amerika.	N. Br.	W. v. Gr.	
Sitka, Alaska	57.1	135.3	1905
Astoria Oregon	46.2	123.8	(2085)
Ft. Vancouver, Ter. Wash	45.7	122.5	(1122)
Sacramento, Cal.	38.6	121.4	(549)
Benicia Barr., Cal.	38.0	122.1	(372)
S. Francisco, Cal.	37.8	122.4	568
S. Diego, Cal.	32.7	117.2	235
Santa Fé, N. Mex.	35.7	106.0	379
Ft. Garland, Col.	37.4	105.4	377
Ft. Gibson, Ind. Ter.	35.8	95.3	909
Ft. Riley, Kan.	39.0	96.6	623
Kearney, Nbr.	40.6	99.0	641
Bellevue, Nbr.	41.1	95.9	738
Ft. Randall, Dak.	43.0	98.6	394
Ft. Abercrombie, Dak.	46.4	96.4	479
Austin, Tex.	30.3	97.7	(831)
Washington, Ark.	33.7	93.7	1384
Ft. Smith, Ark.	35.4	94.5	958
New Orleans, La.	28.6	90.2	(1514)
Savannah, Ga.	32.1	81.1	(1194)
Key West, Fl.	24.6	81.8	(1040)
Leavenworth, Kan.	39.4	94.9	908
S. Louis, Mo.	38.6	90.2	979
Ft. Madison, Io.	40.6	91.5	(931)
St. Paul, Min.	44.9	93.1	743
Milwaukee, Mich.	43.1	88.0	832
Detroit, Mich.	42.3	83.0	(877)
Cincinnati, Ohio.	39.1	84.5	(1025)
Marietta, Ohio.	39.5	81.4	(1108)
Steubenville, Ohio.	40.4	80.7	(1109)
Toronto, Ontario	43.6	79.4	(889)
Gardiner, Me.	44.2	69.8	1111
Brunswick, Me.	43.9	70.0	956
Lunenburg, Ver.	44.5	71.7	1015
Rochester, N. Y.	43.1	77.7	924
Pen Yan, N. Y.	42.7	77.1	(793)
Albany, N. Y.	42.7	71.8	1048
Lunenburg, Mass.	42.6	71.7	(1322)
Boston, Mass.	42.4	71.0	1224
Amherst, Mass.	42.4	72.6	(1148)
Worcester, Mass.	42.3	71.8	(1208)

[1] Mittel durchwegs 1856—85.
[2] Ebenso, doch Mittel reduciert.

Ort	N. Breite (Grade)	W. v. Gr. (Grade)	Mittl. Regenmenge mm
Providence, R. I. .	41.8	71.4	(1173)
New Bedford, Mass.	41.6	70.9	1168
New Haven, Conn.	41·3	73.0	*1200*
New York, N. Y. .	40.8	73.9	1229
Newark, N. Y. . .	40.7	74.4	(1159)
Flatbush, N. Y. . .	40.6	74.0	(1010)
Morrisville, Pa. . .	40.2	74.9	(1082)
Philadelphia, Pa. .	39.9	75.2	1132
Washington, D. C.	38.9	77.0	1052
Central-Amerika.			
Xochimilco, Mexiko	?	?	*585*
Pabelon, »	?	?	*507*
Queretaro, »	21.0	100.3	*598*
Combinierte Reihe, Mexiko	—	—	562
St. Kitts, St. Christopher.	17.3	62.8	*1334*
Pointe-à-Pitre, Guad.	16.3	61.5	*1574*
Basse-Terre, Guad.	16.0	61.7	*1808*
St. Pierre	14.8	61.2	*2409*
Ft. de France, Mart.	14.7	61.1	*2091*
Barbados	13.2	60.8	*1491*
Trinidad	10.6	61.4	*1675*
Léogane, Haïti . .	18.5	72.6	*1346*
Süd-Amerika.			
Georgetown. . . .	6.8	58.2	*2120*
Cayenne	4.9	52.3	*2864*
	S. Br.		
Rio	22.9	43.3	*1089*
Buenos Aires. . .	34.6	58.4	*825*
La Plata-Mündung (3 Stationen) . .	—	—	*788*
Santiago	—33.4	70.7	*321*
Afrika.			
	N. Br.		
St. Louis, Senegal.	16.0	16.5	*416*
	S. Br.	E. v. Gr.	
Kapstadt	33.9	18.5	*620*
Mauritius.	20.1	57.8	*1181*

Säculare Schwankungen des Regenfalles an den einzelnen Stationen.

Dargestellt durch Abweichungen der auf das 30jährige Mittel 1851–80 (beziehungsweise auf das vieljährige Mittel) bezogenen Procente der Lustrenmittel von 100.

1681—1735.

	1681–85	86–90	91–95	96–00	1701–05	06–10	11–15	16–20	21–25	26–30	31–35
Padua	—	—	—	—	—	—	—	—	—	16	1
Bordeaux. . . .	—	—	—	—	—	—	—	0	3	11	— 4
Paris.	—	—	2	8	0	0	11	—13	—15*	— 3	—14
Plymouth	—	—	—	—	—	—	—	—	—	5.	— 6

1731—1785.

	1731–35	36–40	41–45	46–50	51–55	56–60	61–65	66–70	71–75	76–80	81–85
Mittelmeer-Gebiet.											
Padua	1	—22*	— 1	6	14	11	15	16	4	9	1
Mailand	—	—	—	—	—	—	—	—11	—14*	—11	— 8
Marseille I. . .	—	—	—	—	8	—16*	1	—13	19	— 1	—16*
Marseille II. . .	—	—	—	—	—	—	—	—25	22	2	—11*
Viviers	—	—	—	—	—	—	—	—	—	—16*	— 4
Montpellier . . .	—	—	—	—	—	—	—	— 6.	11	4	— 4
West- und Nordwest-Europa.											
La Rochelle . .	—	—	—	—	—	—	—	—	—	—15*	— 7
Pichon	12.	17.	— 2	0	—13	3	1	—17*	—	—	—
Bordeaux. . . .	8	11	— 4	7	—11	7	— 1	— 9	—	—12.	— 8
Poitiers	—	—	—	—	—	—	—	—	—	13.	— 4
Paris.	—14	12	—12	14	19.	—	—	—	10.	— 1	— 4
Zwanenburg . .	—	—	— 9	— 2	12	2	26	3	— 2	— 5	7
Lyndon	—	2.	—12	—13*	6	4	6	11	14	— 4	— 2
Chatsworth. . .	—	—	—	—	—	—	4	7	6	— 9	— 3
Plymouth. . . .	— 6	— 2	—12	7	—	—	—	—	—	—	—

	1731/35	36/40	41/45	46/50	51/55	56/60	61/65	66/70	71/75	76/80	81/85
Lund	—	—	—	— 7.	—14*	—10	— 1	3	10	— 1	9
Upsala	—	—	4	1.	8	—12	—	—	—	—	—
Åbo	—	—	—	—	13	14	— 6.	— 8	— 8*	— 8	— 8

Central-Amerika.

	1731/35	36/40	41/45	46/50	51/55	56/60	61/65	66/70	71/75	76/80	81/85
Léogane, Haïti	—	—	—	—	—	—	9	—11*	2	— 1	1

1781—1835.

	1781/85	86/90	91/95	96/00	1801/05	06/10	11/15	16/20	21/25	26/30	31/35
Mittel-Europa.											
Stuttgart	—	—	—	—	—	—	—	—	—	— 2	— 4*
Hohenpeißenberg	—	—	9.	— 3.	5	12	12	— 8	—15*	— 4	— 5
Genf	—	—	—	—	—	—	—	—	—	— 1	—12*
Prag	—	—	—	—	—	— 3	9	1	— 6	— 8	—15*
Mittelmeer-Gebiet.											
Bologna	—	—	—	—	—	—	15	0	—29*	— 6	4
Padua	1	— 4*	0	7	22	17	— 5	—22	—29*	—14	—10
Verona	—	—	—	—	—	—	—	—	13	4.	5*
Pavia	—	—	—	—	—	—	19	3	—18*	5	— 8
Mailand	— 8	— 8	1	— 1	— 3	5	13	— 8*	— 1	— 1	— 5
Rom II	5.	— 2	— 6	9	— 8*	14	8	3	31	— 7	—20*
Neapel	—	—	—	—	—	—	—	—	—12	4	—33*
Palermo	—	—	—	—	—	— 3	—17	5	4	—18*	8
Marseille II.	—11*	15	3	6	— 5	—25	—22	—44*	—19.	5	—13
Avignon	—	—	—	—	—	17	— 9.	—10	—15*	23	— 9
Orange	—	—	—	—	—	—	—	4.	— 2	10	—40*
Viviers	— 4	8	— 1	0	— 3	16	5	— 2	— 9*	8.	—
Joyeuse	—	—	—	—	—	1	2	— 6	—15*	17	—
Alais	—	—	—	—	2.	3	12.	2.	—18*	— 1.	—
Montpellier	— 4	15	—	—11*	4	— 2	— 4.	—	—	—	.
St. Ferriol	—	—	—	—	—	—	—	—	—23*	—19	— 8
Lampy-Neuf	—	—	—	—	—	—	—	—	15	— 8	8
Arquette	—	10	— 9*	3	— 3	—	—	—	—	—	—
West- und Nordwest-Europa.											
Poitiers	— 4	4	— 1	0	—11*	2	— 1	— 2.	—	—	—
La Rochelle	— 7	17	5.	—	—	—	—	—	—	—	—
Courçon	—	—	—	—	—	—	— 3	— 5	— 3	—12	—20*
Sorèze	—	—	—	—12.	—20*	13	18	— 4	— 4	8	21
Toulouse	—	—	—	—	—	—	4	—15	—19*	— 7	— 5
Brest	—	—	—	—	—	—	— 6.	— 1.	8	— 3	—12*
Mondidier	—	15	— 4*	— 2	17	16	17	25	2	6	— 9*
Paris, Terrasse	— 4	— 4.	—20*	—	—	—11	— 7	— 3	— 4	0	—11*
Paris, Hof	—	—	—	—	—	—	—	3	0*	4	4
Châlons, Marne	—	—	—	—	—	—	— 5	7	1	1	— 9*
Zwanenburg	7	— 3	— 8	—10	—21*	— 4	— 9	4	2	5	— 7
Lyndon	— 2	— 7*	— 1	— 4.	—	—	—	—	—	—	—
Oxford	—	—	—	—	—	—	—	— 6	3	— 2	4
Derby	—	—	—	—	—	—	— 1	— 3	7	1	— 8*
Chatsworth	— 3	3	— 3	— 1	—11*	1	2	—	—	—	—
Manchester	—	—	—	— 3	—13	— 7	— 2	4	15	4	4
Versch.Stat.Engl.	—	—	—	—	—	—	—	2	4	3	0
Edinbourgh	—	—	—	—	—	—	—	—	— 6.	0	—16
Carbeth Guthrie	—	—	—	—	—	—	—	— 3	0	— 4	2

	1781/85	86/90	91/95	96/00	1801/05	06/10	11/15	16/20	21/25	26/30	31/35
Rothesay	—	—	—	—	—	—	—	—	— 7*	— 3	— 4
Mount Stuart	—	—	—	—	—11*	1	7	3	—	—	—
Gordon Castle	—	—	—	—	— 5*	6	8	2	— 5*	—	—
Kopenhagen	—	—	—	—	—	—	—	—	—	12	— 4
Lund	9	9	1	15	16	12.	—12	4	— 2	— 5	— 4
Wexiö	—	—	—	—	— 9	—10	13	— 5	10	1	—
Stockholm	—	—12	16	6	—14*	4	13	—10	17	—17*	— 2
Upsala	—	—	— 9.	6	—14*	0	— 2	3	14.	—	—
Falun	—	—	—	—	—	—	—	—	—	4.	—12
Tollforsbruck	—	—	—	—	—	—	—	—	4	8	— 6
Hudicksvall	—	—	—	—	—	—	—	— 2	— 3	— 7	—21*
Abo	— 8	— 3	13.	2.	—	—	—	—	—	—	—
Ost-Europa.											
Warschau	—	—	—	—	—	—	—17.	1	—17	—12	—18.
Lemberg	—	—	—	—	—	—	—	—	—	12	—27*
Indien.											
Madras	—	—	—	—	—	—	— 7.	20	— 7	7	—25*
Bombay	—	—	—	—	—	—	—	25.	6	22	11
Poona	—	—	—	—	—	—	—	—	—	—22	—
Nagpur	—	—	—	—	—	—	—	—	—	14	—
Dacca	—	—	—	—	—	—	—	—	—	10.	— 4.
Vereinigte Staaten von Nord-Amerika.											
Marietta	—	—	—	—	—	—	—	— 4.	4.	— 4	0
Brunswick	—	—	—	—	—	11	2	—13	—	—	—
Albany	—	—	—	—	—	—	—	—	—	— 3	— 4*
Boston	—	—	—	—	—	—	—	5.	— 8	9	8
New-Bedford	—	—	—	—	—	—	—	— 9	1	25	7
New-Haven	—	—	—	—	—	9	7	—16	—	—	—
Morrisville	—	—	—	—	—	—	—	—	—	— 4	— 4*
Philadelphia	—	—	—	—	—	—	—	—	—	—11	— 8

1831—1885.

	1831/35	36/40	41/45	46/50	51/55	56/60	61/65	66/70	71/75	76/80	81/85
Mitteleuropa.											
Kleve	—	—	—	—	— 2	—10*	— 7	9	— 7	18	— 5
Köln	—	—	—	9.	12	— 6	—19*	0	— 7	21	14
Boppard	—	—	—	2	9	—12*	— 8	7	— 7	7	0
Gütersloh	—	3.	9	—12	4	—13	—16*	5	— 1	24	— 5
Bremen	— 9*	12	18	11	9	— 6	—11*	— 2	—	14	15
Kiel	—	—	—	—	3	—16*	— 9	16	— 9	15	6
Heiligenstadt	—	—	—	24.	11	— 9*	— 2	— 6	— 8	13	24
Jena	— 9*	— 4	— 2	1	2	— 8	— 9*	—	—	—	—
Torgau	—	—	—	6.	25	— 9	— 2	— 6	—16*	9	6
Freiberg in Sachsen	—	—	— 3	— 8	13	— 1	— 3*	9	— 2	— 1	31
Dresden	—14*	— 7	— 3	— 2	8	4	— 4*	6	—12	— 3	5
Berlin	—	—	—	— 3.	8	—14*	— 2	14	— 9	3	2
Stettin	—	—	—	— 8.	6	—17*	— 7	8	— 2	6	6
Frankfurt a. O.	—	—	—	3.	13	1	—10*	10	—16	2	3
Görlitz	—	—	—	4.	16	—11*	— 4	— 2	— 7	8	3
Köslin	—	—	—	—	— 7	—15*	— 5	14	3	8	15
Posen	—	—	—	10.	9	— 8*	— 8	16	— 8	— 1	— 3
Breslau	—	—	—	— 4.	12	— 4	— 6*	0	— 5	2	— 3
Königsberg	—	—	—	13.	11	—23*	— 5	4	— 4	16	13
Tilsit	—10*	—11	— 9	— 9	4	—26*	— 3	17	— 8	18	— 4
Gießen	—	—	—	—	3	—11*	— 9	2	—11	16	— 5
Frankfurt a. M.	—	— 1.	13	— 4.	2	1	—12*	4	— 5	8	1

	1831/35	36/40	41/45	46/50	51/55	56/60	61/65	66/70	71/75	76/80	81/85
Trier	—	—	—	—	4	— 1	—14*	11	— 5	5	0
Mannheim	—	—	4	4	— 2	—23	—26*	— 7	22	52	34
Karlsruhe	—17*	1	— 2	— 5	— 1	—25	—31*	4	26	49	38
Stuttgart	— 4*	1	— 3	4	5	— 7	—20*	5	— 6	22	8
München	—	—	—	—	5	— 2	— 6*	— 1	— 4	9	10
Hohen-peißenberg	— 5*	8	9	—19*	—	—	—	—	—	—	—
Isny	—	6	8	5	— 5	—11	—12*	16	— 6	—	—
Zürich	—	—20*	3	7	1	—22	—31*	7	14	30	13
Aarau	—	—	—	—	—	—16	—19*	— 4	8	32	26
Genf	—12*	— 4	15	8	3	— 4	— 8*	— 1	— 1	11	0
Bodenbach	— 1*	7	0	6	11	— 7	—11*	6	—10	11	10
Prag	—15*	3	0	16	4	4	—12*	— 3	— 8	10	14
Czaslau	—	—	—	—	6	8	—29*	4	—14	25	24
Brünn	—	—	—	—	— 6	— 1	—10*	— 4	— 3	24	— 5
Salzburg	—	—	—	—	— 9	—12*	— 7	4	3	21	10
Alt-Aussee	—	—	—	—	— 8	—10*	0	11	— 5	13	— 2
Kremsmünster	—19*	— 7	— 6	7	0	— 4	—10*	13	— 5	6	— 2
Wien	—	—	—	3	— 4	—14*	— 8	2	1	21	3
Klagenfurt	—23*	— 4	9	14	— 4	—12*	—12*	3	3	22	4
Budapest	—	—	—	—	5	—16	—27*	0	6	32	30
Debreczin	—	—	—	—	17	5	—20*	—12	— 6	16	25
Hermannstadt	—	—	—	—	3	1	— 8*	4	— 7	8	17
Wallendorf-Bistritz	—	—	—	—	7	6	—14*	4	— 5	2	2.
Bukarest	—	—	—	—	—	—	—	—11*	2.	0	7

Mittelmeergebiet.

	1831/35	36/40	41/45	46/50	51/55	56/60	61/65	66/70	71/75	76/80	81/85
Jerusalem	—	—	—	—	—	—	—38*	— 2	11	11	—
Konstantinopel	—	—	—	0	— 1	— 3	—10*	7	— 2	8	— 9
Athen	—	—	—	—	—	—	—25*	0	26	— 1	—
Bologna	4	0	— 2	11	23	8	—19*	— 8	—17	11	—11
Modena	2	7	12	11	18	4	— 4*	3	—14	— 8	—15*
Parma	—	—	13	1	15	—12	—14*	—11	— 1	24	21
Triest	—	—	— 3	— 7	21	— 3	—16*	— 5	— 7	9	— 6
Venedig	—	1	2	— 6	14	—11	—21*	2	— 9	20	—28
Padua	—10	— 2	3	— 2	8	— 5	—11*	1	0	5	— 9
Verona	— 5	3	—	8	— 6	— 7	—14*	4	17	4	7
Pavia	— 8	— 9	—	13.	11	—15	— 3	—17*	8	14	3
Mailand	— 5	17	21	17	10	4	— 3	—12*	1	1	4
Genua	—	1	4	— 6	3	— 3	—12*	1	23	— 3	— 6
Florenz	—27*	12	— 9	— 9	0	—23*	—11	38	12	—15	—20
Siena	—	—	6	9	15	—29*	8	— 3	— 3	11	0
Rom I.	— 9	—28*	—13	— 4	—10	— 2	2	4	— 8	15	4
Rom II	—20*	— 7	— 6	— 6	— 8	0	6	—10*	16	— 3	—
Neapel	—33*	—11	2	0	1	7	— 9*	2	7	—12	— 3
Locorotondo	—12	10	—16*	3	5	1	3	— 9*	7	— 7	—
Palermo	8	— 5	2	3	4	12	— 1	—21*	15	— 7.	21
Constantine	—	7.	— 1	28.		—10	—10	—14*	—	—	—
Algier	—	—20*	1	6	15	8	— 8	—13*	5.	— 7.	16
Mostagenem	—	—	—	—	— 1	— 4*	0	4	—	—	—
S. Fernando	—	—	—	—	— 9	—11*	4	14	21	—19	3
Lissabon	—	—28*	— 7	—22	1	7	9	—17*	— 8	10	— 4.
Madrid	—	—	—	—	16.	—16*	11	— 7	— 8	4	28
Santiago	—	—	—	—	—	—11*	—10	2	— 1	13	11
Brignoles	—	—	8	— 2	— 2	— 4	10	— 6*	—	—	—

	1831/35	36/40	41/45	46/50	51/55	56/60	61/65	66/70	71/75	76/80	81/85
Marseille II. . .	−13	19	26	− 7	2	6	8	−14*	—	1.	− 1
Avignon	− 9	4	—	—	—	—	—	—	—	—	—
Orange.	−40*	− 7	11	0	13	9	3.	—	—	—	—
Nimes	—	—	—	1	− 1	32	−23*	−10	4.	—	—
Hippolyte . . .	—	−23*	2	0	14	10	14	−10	—	—	—
Montpellier. . .	—	—	—	—	− 7.	15	13	−19*	0.	− 5.	−22*
Beziers.	—	—	14	− 4	11	5	2	−32*	—	4	0
Perpignan . . .	—	5	4	—	15	6	7	−28*	0	− 2	− 5
Sallèles.	—	3	18	5	16.	7.	10	−32*	—	—	—
St. Ferriol . . .	− 8	−23*	6	−17	5.	8	2	− 5	—	—	—
Lampy-Neuf . .	8	−19	9	−20*	− 5	13	− 2	− 4*	—	—	—

West- und Nordwest-Europa.

	1831/35	36/40	41/45	46/50	51/55	56/60	61/65	66/70	71/75	76/80	81/85
Courçon	−20*	11	10	−14	2	11	−13*	2	—	—	—
Bordeaux. . . .	—	—	21	14	− 1	18	−28*	− 7	—	3	− 1
Sorèze	21	−20*	—	—	—	—	—	—	—	—	—
Toulouse, Obs. .	—	—	22	− 1	− 5	− 7	− 9*	− 2	—	17	12
— P.-et-Ch. . .	− 5	−13	21	− 2	− 7	1	− 8*	− 8	6.	—	—
Le Puy.	—	—	—	—	6	− 7	− 7*	− 5	− 1.	15	—
Lyon	—	—	12	5	8	3	−14	−16*	—	17	0
Bourg	—	—	—	16	3	4	−14*	2	− 7.	12	− 6
Tours	—	—	—	—	− 3	3	− 7*	4	− 8.	6	12
Orléans	—	—	—	—	3	− 2	−15*	4	− 6.	16	0
Gien	—	—	—	—	11	4	−14*	− 3	− 1.	2	− 7
Laroche	—	—	—	−10	3	− 4	− 9*	− 2	− 1	12	− 5.
Pannetière . . .	—	—	—	—	7	1	−20*	3	− 8	11	−12.
La Collancelle. .	—	—	—	—	− 6	− 3	−12*	4	4	13	− 6.
Decize	—	7.	2	−11	1.	− 1	−13*	0	1.	—	—
Clamecy	—	—	—	—	2	− 1	−14*	2	− 1	11	−11.
Montbard. . . .	−22	5	− 1	− 7	13	4	−21*	0	− 9	14	0
Poully	−13*	2	7	− 6	1	9	−14*	− 6	− 4	13	− 6.
Dijon.	− 8*	12	3	− 4	2	6	− 5	− 9*	− 8	11	− 2
Brest.	−12*	14	—	—	—	—	—	—	—	—	—
Rouen	—	—	—	7	13	3	−11*	− 5	− 8	7	3
Versailles. . . .	—	—	—	− 1.	− 7	0	−10*	2	3	12	3
Paris, Hof . . .	4	13	6	13	6	6	−11*	− 3	0	1	− 8
Paris, Terrasse .	−11*	4	− 2	4	− 5	4	−14*	− 1	9	—	—
Mondidier . . .	− 9*	14	3	8	6	− 2	−10*	− 5.	—	—	—
Châlons, Marne .	− 2*	− 2*	—	—	—	—	—	—	—	—	—
Nancy	—	—	—	1	3	1	−11*	− 3	− 5.	15	2
Lüttich.	—	—	—	−13.	6	0	−14*	4	− 3	—	—
Brüssel.	−14.	− 2	5	− 2	2	− 9	−13*	5	− 4	24	—
Maastricht . . .	—	—	—	—	4	−11	−17*	9	2	12	18
Gent	—	− 8.	− 5	−17	− 4	−22*	− 8	18	11	—	—
Vlissingen . . .	—	—	—	—	—	−12*	8	14	−24*	19	19
Utrecht	—	—	—	—	12	− 7	−15*	0	5	5	5
Amsterdam . . .	—	—	—	—	− 9.	−11*	−11*	20	3	8	13
Helder	—	—	—	2	−14*	− 4	− 6	14	− 1	10	5
Groningen . . .	—	—	—	8	9	− 7*	− 5	6	− 7	3	3
Zwanenburg . .	− 7	− 6	17	1	4	− 4	—	—	—	—	—
Boston	− 4*	− 1	9	11	− 7	1	−17*	− 3	1	25	15
Pode Hole . . .	4	− 1	12	7	− 4	− 1	− 4*	− 4	1	13	2
Nash Mills . . .	− 3	− 7	− 3	−10	− 1	2	−14*	− 4	− 2	19	9
Chilgrove. . . .	− 1	2	0	2	− 2	− 1	− 8*	− 3	2	12	− 3
Oxford	0	− 5	− 1	4	− 3	− 4	−14*	− 4	3	23	4
Bolton	11	1	− 3	6	− 7*	1	0	5	1	1	− 5
Orleton.	−11	− 9	−12*	− 7	− 5	− 8	− 9*	− 2	5	14	0
Kendal.	15	6	12	3	− 6	−10*	4	4	8	0	5
Exeter	−11	− 7	− 6	− 3	−15*	− 7	− 7	2	18	11	8

	1831/35	36/40	41/45	46/50	51/55	56/60	61/65	66/70	71/75	76/80	81/85
Thurston	—	—	−10*	− 3	− 5	− 2	− 2	−24*		—	—
Haddington . . .	—	− 1	−16*	− 8	−12	− 1	− 1	−25*	7	15	—
Inveresk	—	− 2	−18*	− 9	−12	− 4	5	−11*	8	14	6*
Glencorse . . .	—	6	−13*	−13	1	−13*	− 1	− 5	1	17	− 7.
Edinbourgh . . .	−16*	2	−16*	6	−13	0	2	− 4*	5	9	−21.
Loch Leven Sluice	—	—	− 7*	5	− 2	− 2	1	−11*	4	9	0
Bothwell Castle .	—	—	—	4	− 6	− 7*	− 1	− 5	15	4	0.
Laurick Castle .	—	—	—	—	− 2	− 5*	4	− 2	8	− 3	5.
Carbeth Guthrie	2	5	− 3	3	− 6	− 9*	—	—	—	—	—
Greenock	—	− 6	− 9*	10	− 2	− 5*	− 1	4	—	− 4	5.
Largs	—	—	− 2	1	− 7	− 8*	9	3	6	—	—
Cameron House	—	2	− 5	12	0	− 7*	6	3	11	− 7	—
C. Toward . . .	—	0	−13*	13	− 5	−12*	10	5	5	—	—
Rothesay	− 4	5	2	4	− 6*	− 5	3	2	8	—	—
Stanley	—	5	1	5	− 4	− 8*	− 7	− 9	—	—	—
Arbroath	—	—	—	15	−12*	− 3	4	− 5	4	13	—
Castle Newe . .	—	11	− 6	4	− 4	− 1	3	−12*	—	—	—
Culloden	—	—	1	− 4	−17*	− 5	11	1	2	8	—
Makree	5.	− 6	− 5	2	1	− 3	9	—	—	—	...
Sandwich	—	—	− 1	6	− 3*	− 2*	− 1	7	− 2	1	—
Bressay	—	—	—	—	8	− 9	3	− 5	5	—	—
Thorshavn . . .	—	—	—	—	—	—	—	18	− 2	−14*	− 2.
Stykkisholm . .	—	—	—	—	—	9	1	2	14	− 7	−20.*
Kristiansund . .	—	—	—	—	—	—	−23*	13	−22	14	18
Skudesnaes . . .	—	—	—	—	—	—	− 7*	− 4	− 4	− 1	16
Mandal	—	—	—	—	—	—	—	−13*	− 6	− 2	20
Sandösund . .	—	—	—	—	—	—	−18	18	−25*	8	17
Kristiania . . .	—	—	−10	− 5	−13	− 1	15	− 8*	− 7	13	− 2
Kopenhagen . .	− 4	− 8*	15	1	1	− 8*	3	1	8	− 5	− 1.
Lund	− 4	− 13*	0	− 8	0	−12*	− 1	− 8	4.	− 1	1.
Wexiö	—	—	—	—	—	—	3	1	− 2	− 8	6.
Stockholm . . .	−12	10	6	−11	−15*	2	− 2.	8	− 4	11	27.
Upsala	—	3	− 2	4	3	− 4	− 4	12	−11*	4	0
Falun	−12*	− 7	−10	−12.	—	—	− 6	16	−11*	8	28.
Tollforsbruck . .	− 6*	1	9	− 7	7	−15*	—	—		—	.
Hudicksvall. . .	−21*	− 6	4	16	7	10	—	—	—	—	—

Ost-Europa.

	1831/35	36/40	41/45	46/50	51/55	56/60	61/65	66/70	71/75	76/80	81/85
Riga	—	—	—	—	10	−17	−17*	−15	5	24	41
Helsingfors . . .	—	—	—	− 3	−12	1	13*	7	2	−16	—
St. Petersburg .	—	− 3	− 2	− 3	−22	−22*	0	24	8	14	0
Moskau.	—	—	—	—	—	−11*	−10	3	11	1	− 8
Warschau . . .	−18*	—	−14	− 1	24	5	−13*	1	− 5	−10	−13
Krakau	—	—	—	—	23	− 8	− 3	−13*	1	1	0
Lemberg	−27*	14	—	—	8	1	− 4*	9	− 8	1	7
Kijew	—	—	—	—	—	−14*	− 6	7	− 1	10	7
Kischinew . . .	—	—	—	—	1	−15*	− 9	6	− 6	21	—
Nikolajew . . .	—	—	—	—	—	2	− 5	−19*	1	3	—
Ssimferopol .	− 9*	−13	14	8	—	—	—	—	—	—	—
Ssewastopol . .	—	—	12	− 6	—	—	−14.*	−14	−11	31	—
Lugan	—	8.	21	−16	− 4	− 4	−24*	3	2	28	9
Astrachan . . .	—	—	—	− 8	− 1	−27*	−17	9	20	18	16
Baku	—	—	—	− 7.*	24	− 8	−21*	−15	0	10	− 9
Tiflis	—	—	—	13	− 3	− 5	− 5*	12	− 6	8	31
Alexandropol . .	—	—	—	—	14	2	−11*	− 7	—	—	—

Nord-Asien.

	1831/35	36/40	41/45	46/50	51/55	56/60	61/65	66/70	71/75	76/80	81/85
Irgis	—	—	—	—	—	—	15.	16	−17*	−14	−11.
Orenburg. . . .	—	—	—	−14*	0	0	7	16	−11*	—	—

	1831/35	36/40	41/45	46/50	51/55	56/60	61/65	66/70	71/75	76/80	81/85
Bogoslowsk . . .	—	−12.*	2	16	6	4	−19	−28*	27	18	7
Jekatharinenburg . . .	—	5	−22*	30	− 5	−22*	−17	14	13	19	− 1
Slatoust	—	−17.	−15	−10	14	3	−10	−20*	14	− 1	−15
Barnaul	—	63	24	11	1	−13	−34*	−24	14	54	74
Nertschinsk . .	—	—	27	36	− 7	− 9	−16*	11	6	14	33.
Nikolajewsk . .	—	—	—	—	—	—	−12*	− 9	− 4	45	21.
Peking	—	—	26	14	8	−32.*	− 2	−18.	36	9	30.
Indien.											
Shimoga	—	−18.*	−18	17	−10	−11*	1	6	9	6	30
Mysore	—	−37.*	2	− 2	16	1	11	− 5	−29*	6	15
Tumkur	—	−26.*	− 6	9	2	9	—	—	− 9	1	− 4
Bangalore . .	—	−14.*	− 3	9	1	− 2	− 4*	0	− 1	5	−10
Cuddapah . . .	—	—	—	—	− 2.	− 3	−27*	− 1	28	5	26
Madras	−25*	8	4	22	4	− 4	− 9*	− 7	18	− 3	18
Bombay	11	− 1*	1	16	0	− 9*	0	3	1	4	7
Poona	—	—	−14.	−12.	—	2	12	3	3	−21*	− 3
Sholapur . . .	—	—	—	—	−17.	11	−20*	6	− 2	22	9
Sekunderabad . .	—	—	—	7	2	−17*	0	5	− 4	15	17
Nagpur	—	—	—		—	− 8*	− 6	− 6	0	14	29
Jubbulpore . . .	—	—	—	22	10	−15*	− 8	9	15	−11	19
Aska	—	—	—	—	—	1	− 2	− 7*	− 4	6	6
Kurachee[1]) . . .	—	—	—	—	—	−32*	4	44	−23*	1	6
Deesa	—	—	—	—	—	− 3	5	−16*	− 5	1	16
Beawar	—	—	—	—	—	0	21	−34*	23	− 8	− 1
Shahpur	—	—	—	—	3.	−26	26	−35*	14	18	13
Jullundur	—	—	—	—	−10.	−13	2	− 9	15	15	−15
Umballa	—	—	—	—	7	− 3	11	−13	14	−16	−22*
Saharanpur . . .	—	—	—	−13	− 7	—	12	− 8	12	− 8	4
Budaun	—	—	—	5	− 7	—	3	−13	27	− 9	− 4
Gorakhpur . . .	—	—	—	7	6	—	− 2	− 4	13	−12	− 6
Nainital	—	—	—	—	19	− 2	− 9.*	− 3	− 5	1	1
Almora	—	—	—	−10	− 2	−12*	4	− 9	5	14	7
Katmandu . . .	—	—	—	—	7	2	1	− 4*	− 2	− 3.	3
Calcutta	− 3	−19*	1	6	0	− 6	11	6	− 8	− 3	− 2
Dacca	− 4.	—	—	—	4.	—	7	− 7	−16*	17	−11
Gauhati	—	—	—	2.	4	13	− 2	1	−14*	− 2*	− 8
Moulmein . . .	—	—	—	—	−15*	−12	18	8	12*	−11	− 1
Australien.											
Brisbane	—	—	—	—	—	− 8	− 1	18	10	7	−27*
Newcastle . . .	—	—	—	—	—	—	1.*	3	16	−13	−11*
Bathurst	—	—	—	—	—	0	− 9*	25.	4	− 5	−15*
Camden Park . .	—	—	—	—	—	—	− 7*	13	17	1	−28*
Windsor	—	—	—	—	—	—	11.	17	− 1	− 4	−28*
Sydney	—	—	—	—	—	5	− 5*	2	11	0	−13*
Goulburn	—	—	—	—	—	22.	−34*	20	11	9	−28*
Deniliquin . . .	—	—	—	—	—	− 4.	− 6.*	1	24	0	−14*
Melbourne . . .	—	—	—	—	—	4	3	− 2*	12	− 5	−11*
Bukelong	—	—	—	—	—	4.	−27*	12	33	− 1	−22*
Adelaide	—	—	−11	17	16	− 4*	3	− 4*	11	1	− 7*
Hobart	—	—	−25*	−14	−16	− 6	13	− 8*	1	− 6	4
Vereinigte Staaten von Nord-Amerika.											
Sitka	—	—	—	16.	9.	13.*	− 3.	7.	−11.	—	—
Astoria	—	—	—	—	− 6.	−11*	2	− 3	3.	—	—
Ft. Vancouver .	—	—	—	—	0.	− 8	−21*	—	—	—	—
Sacramento . . .	—	—	—	—	− 6.	−22*	−17	—	—	20	0
Benicia Barraks	—	—	—	—	2	−11	—	—	−11	13	27

[1]) Lustrum 1866—70 ohne 1869 nur −18.

	1831-35	36-40	41-45	46-50	51-55	56-60	61-65	66-70	71-75	76-80	81-85
S. Francisco	—	—	—	—	— 7	—23*	— 6	15	11	10	9
S. Diego	—	—	—	—	1	— 7	—20*	18	— 9.	18	43
Santa Fé	—	—	—	—	58.	—18	13.	—24.*	— 5	— 7	—
Ft. Garland	—	—	—		—	—40.	67.*	24.	45.	—	—29.
Ft. Gibson	—	0	— 8	3	8	—	—	—	13	—13	—
Ft. Riley	—	—	—	—	—14*	— 7	— 6	19	6	—	—
Kearney	—	—	—	40	2	— 8	—18.*	—	—	—	—
Bellevue	—	—	—	—	—	—11.	—17.*	7.	0.	—	—
Ft. Randall	—	—	—	—	—	16.	3.	—15*	— 2.	—	69.
Ft. Abercrombie	—	—	—	—	—	—	—11*	14.	5.	—	—
Austin	—	—	—	—	—	—12*	—11	12	7	— 6	— 4.
Washington Ark.	—	—	— 8	9	0	— 1	—	—	—	—	—
Ft. Smith	—	3.	4	4.	4.	—14*	—	—	—	—	—
New-Orleans	—	—20.	—15.	—12.	—28.*	— 5	—	—	12	6	4
Savannah		20	14.	25	— 3	— 1.	—	—	— 4	16	10
Key West	—	—32.*	—	—	17	— 5	—19.*	—	3	6	22
Leavenworth	—	— 9.	—16*	15	—15	8	—14*	— 4	8	17	10
S. Louis	—21	—11	0	—43	4	22	— 5	—10*	—10	— 1	7
Ft. Madison	—	—	—	41	4.	5	— 5	4	—16.*	—	8
St. Paul	—	—	—	—	—	—	— 8*	6	8	— 6	1.
Milwaukee	—	—	—11.	—15	— 3.	— 5	4	— 6	— 7.	16	— 2
Detroit	—	—12.	—18	28.		— 8.	—15*	—	— 5	18	— 5
Cincinnati	—	8	15	37	—	— 6	— 3	— 1	— 2	16	11
Marietta	0	—14*	—10	9	— 9	2	— 2	—	—	—	—
Steubenville	— 6	0	—13	16	—12	7*	— 1	— 8.	—	—	—
Toronto	—	—	10	0	0	— 3	— 2	8	—18*	—	—
Gardiner	—	—17.*	— 8	1	4	— 3.	— 3	6	— 6.	—	2
Lunenburg Ver.	—	—	—	—22*	— 4	— 9	7	1	8.	—	—20*
Rochester	—16	—20.*	—14	— 3	14*	—10	12	9	2	8	—16.*
Pen Yan	—13	— 7	17*	—14	—16	— 5	8	—	—	—	—
Albany	— 4*	2	— 1	5	—	—	—	—	—	—	—
Lunenburg Mass	—	—	— 8*	— 4	0	9	—19*	2	5.	—	—
Boston	8	—15.*	—	—	—13	4	15	— 5	— 5	3	— 6
Amherst	—	— 7*	— 6	— 3	3	— 2	1	3	— 7	—	— 8
Worcester	—	—	— 7	—10*	19	0	—12.*	— 3	—	—	— 2.
Providence	—15.	—20*	—11	—11	— 4	— 7*	0	5	6	—	—
New Bedford	7	— 7*	0	4	1	— 6*	— 3	5	8	— 3	— 6
New York	—	—14	—22*	— 2	— 3	2	14	6	— 5	—14	— 8
Newark	—	—	—	2	— 1	— 2	— 1	8	9.	—	—
Flatbush	5	0*	11	3	—	22	— 5	2	— 2.	—	—
Morrisville	— 4*	2	2	—	5.	0.	0	8	3.	—	—
Philadelphia	— 8	— 5	10*	— 1	— 3	3	3	7	4	—15	—15
Washington (D.C.)	—	—10	—	19.*	19.*	6	3	14	— 6	14	11

Central-Amerika.

	1831-35	36-40	41-45	46-50	51-55	56-60	61-65	66-70	71-75	76-80	81-85
Xochimilco	—	—	—	—	—	—12	9	— 6	— 1	—	—
Pabelon	—	—	—	—	—	—	—	—	—14*	16	17
Queretaro	—	—	—	—	—	—	—	—	— 5	2	—19*
Comb. Reihe	—	—	—	—	— 8	— 8	14	— 2	— 6	7	— 4
St. Kitts	—	—	—	—	—	7	10	— 9	—17*	17	— 9
Pointe-à-Pitre	—	—	—	—	30.	— 6	—12*	—11	—	—	—
Basse-Terre	—30.	—37.*	23.	—	75	—17	22	10.	—	—	—
St. Pierre	17	—12*	— 5	0	— 9	23	2	—17*	—	—	—
Ft. de France	—	— 7.	— 5.	—10.	13.	3	12	— 6.	—	—	—
Barbados	—	—	—	—	9	—11	4	— 4	—	—	—
Trinidad	—	—	—	—	—		6.	— 5	— 9	8.	—

Süd-Amerika.

	1831-35	36-40	41-45	46-50	51-55	56-60	61-65	66-70	71-75	76-80	81-85
Georgetown	—	—	—	20	10	1.		—12*	—10	— 2	— 7
Cayenne	—	—	—	21.	15	14	—33*	—16	—	—	—

	1831/35	36/40	41/45	46/50	51/55	56/60	61/65	66/70	71/75	76/80	81/85
Rio	—	—	—	—	0	3	—12.*		9	—	—
Buenos Aires . .	—	—	—	—	—	10.	— 3	9*	— 3	6	— 1
La Plata (3 St.).	—	—	—	—	—	-	—26*	—15	—12	8	45
Santiago	—	—	—	—	—	—	—	— 8	—21*	29	—
Afrika.											
St. Louis (Sen.).	—	—	—	—	—	12.	—17	5	—	—	—
Kapstadt	—	—	— 7	3	—11	8	— 1	0	—	—	—
Mauritius	—	—	—	—	—13.	— 8	—14*	— 5	21	3	3

Die Betrachtung der einzelnen Reihen ergibt sofort mehrere Resultate. Die Existenz von vieljährigen Schwankungen des Regenfalles auf der ganzen Erde lässt sich nicht leugnen; ebensowenig ist zu verkennen, dass die Epochen dieser Schwankungen auf großen Landflächen und in ganz verschiedenen Gegenden der Erdoberfläche zeitlich zusammenfallen. Sehr viel schärfer jedoch treten alle diese Ergebnisse zu Tage, wenn wir uns von den einzelnen Stationen emancipieren und immer je mehrere benachbarte zu einer Gruppe vereinigen. Hierdurch merzen wir die Zufälligkeiten aus, die im säcularen Gang des Regenfalles einer Station zwar nur selten die Lage der Epochen zu beeinflussen vermögen, wie der Gleichlauf der Schwankung an benachbarten Stationen zeigt, wohl aber den procentischen Betrag der Abweichung vom Mittel. Ich bildete daher im Ganzen 54 Gruppen, deren Berechtigung sich ohneweiters aus der Tabelle der einzelnen Stationen ergab. Die Gruppenmittel sind in der Tabelle S. 167 f. abgedruckt; nur 3 derselben umfassen weniger als 3 Stationen. Da für mehrere wichtige Gebiete nur je eine Station vorlag, so habe ich noch 9 einzelne Reihen aus den Jahren nach 1830 mit aufgenommen und dieselben fernerhin wie die Gruppen behandelt. Die Tabelle stellt die Quintessenz der Beobachtungen aller Stationen dar. Nur 5 der in der großen Tabelle oben enthaltenen Stationen sind nicht verwerthet worden, nämlich Santiago in Chile und S. Louis in Senegal, weil die Reihen nur je 3 Lustren umfassen; Bressay auf den Shetlands-Inseln und Poona in Vorder-Indien, weil deren Beobachtungen in offenbarem Widerspruch mit denjenigen der Nachbarstationen stehen, ohne dass doch ein Fehler oder Bruch sich hätte mit Sicherheit nachweisen lassen; endlich New-Orleans als nicht homogen.

Die Zahl der benutzten Stationen wechselt etwas von Lustrum zu Lustrum, je nachdem einzelne derselben zu functionieren aufhören und andere ihre Beobachtungen beginnen. Daher ist bei jedem Gruppenmittel in Klammern bemerkt, innerhalb welcher Grenzen die Zahl der benutzten Stationen schwankt. Die Bildung der Gruppenmittel bringt schon eine große Ausgleichung von Zufälligkeiten mit sich. Doch dürfte für die Zwecke der graphischen Darstellungen eine noch etwas stärkere Ausgleichung am Platze sein. Ich nehme dieselbe vor nach der Formel $\frac{a + 2b + c}{4}$ = Ordinate von b, und für das Anfangsglied (a) wie das Endglied (z) nach der Formel $\frac{2a + b}{3}$ = Ordinate von a, $\frac{y + 2z}{3}$ = Ordinate von z. Die in dieser Weise ausgeglichenen Reihen sind in der Tabelle S. 168 f. wiedergegeben. Über die Zusammensetzung der Gruppenmittel und deren geographische Umgrenzung mögen folgende Bemerkungen orientieren.

Es wurden Stationen zu Gruppen vereinigt:

1. **Nordwest-Deutschland:** Kleve, Köln, Boppard, Gütersloh, Bremen und Kiel 5 Stationen.

2. **Mittleres Nord-Deutschland:** Heiligenstadt, Jena, Torgau, Freiberg i. Sachsen und Dresden 5 Stationen.

3. **Nordost-Deutschland:** Berlin, Stettin, Frankfurt a. O., Görlitz, Köslin, Posen, Breslau, Königsberg und Tilsit 9 Stationen.

4. **Nord-Deutschland:** Mittel der Gruppenmittel 1—3.

5. **Süd-Deutschland und Schweiz:** Gießen, Frankfurt a. M., Trier, Mannheim, Karlsruhe, Stuttgart, München, Hohen-Peißenberg, Isny, Zürich, Aarau und Genf 12 Stationen.

6. **Böhmen:** Bodenbach, Graz, Czaslau und Brünn 4 Stationen.

7. **Österreichisches Alpengebiet:** Salzburg, Alt-Aussee, Kremsmünster, Wien und Klagenfurt 5 Stationen.

8. **Ungarn:** Budapest, Debreczin, Hermannstadt, Wallendorf-Bistritz 4 Stationen.

9. **Rumänien:** Bukarest 1 Station.

10. **Östliches Mittelmeergebiet:** Jerusalem, Constantinopel und Athen 3 Stationen.

11. **Oberitalien:** Mailand, Pavia, Verona, Padua, Venedig, Triest, Parma, Modena und Bologna 9 Stationen.

12. **Mittelitalien:** Genua, Florenz, Siena und Rom I und II 5 Stationen.

13. **Unteritalien:** Neapel, Locorotondo und Palermo 3 Stationen.

14. **Algerien:** Constantine, Algier und Mostagenem 3 Stationen.

15. **Iberische Halbinsel** (ohne Nordwesten): San Fernando, Lissabon und Madrid 3 Stationen.

16. **Iberische Halbinsel, Nordwesten:** Santiago 1 Station.

17. **Mediterranes Frankreich,** umfassend die Départements: Var (Station Brignoles), Bouches-du-Rhône (Marseille I und II), Vaucluse (Avignon, Orange), Ardèche (Viviers, Joyeuse), Gard (Allais, Nîmes, Hippolyte), Hérault (Montpellier, Beziers), Tarn (St. Ferriol), Aude (Sallèles, Lampy-Neuf, Arquette) und Pyrénées-Orientales (Perpignan) 17 Stationen.

18. **Süd-Frankreich** (ohne Mittelmeerküste) umfassend die Départements Rhône (Lyon), Haute-Loire (Le Puy), Haute-Garonne (Sorèze, Toulouse Obs. und P.-et-Ch.), Gironde (Bordeaux, Pichon), Charente-Inférieure (Courçon, La Rochelle) und Vienne (Poitiers) 10 Stationen.

19. **Mittel-Frankreich,** umfassend die Départements Indre-et-Loire (Tours), Loiret (Orléans, Gien), Yonne (Laroche), Nièvre (Pannetière, La Collancelle, Decize, Clamecy) und Côte-d'Or (Montbard, Pouilly und Dijon) 11 Stationen.

20. **Nord-Frankreich,** umfassend die Départements Finisterre (Brest), Seine-Inférieure (Rouen), Seine-et-Oise (Versailles), Seine (Paris Cour und Paris Terrasse), Somme (Mondidier), Marne (Châlons) und Meurthe (Nancy) 8 Stationen.

21. **Holland und Belgien:** Zwanenburg, Groningen, Helder, Amsterdam, Utrecht, Vlissingen, Gent, Maastricht, Brüssel und Lüttich 10 Stationen.

22. **Ost-England:** Oxford, Chilgrove, Nash Mills, Pode Hole und Boston 5 Stationen.

23. **West-England:** Exeter (erst von 1856 an), Kendal, Orleton (seit 1851) und Bolton 4 Stationen.

24. **Ganz England** (alle Reihen): Lyndon, Oxford, Plymouth, Derby, Manchester, Chatsworth und »verschiedene andere Stationen« 7 Stationen.

25. **Südost-Schottland:** Loch Leven Sluice, Edinbourgh, Glencorse, Inveresk, Haddington und Thurston 6 Stationen.

26. Südwest-Schottland: Rothesay, Castle Toward, Cameron House, Largs, Greenock, Carbeth Guthrie, Lanrick Castle und Bothwell Castle 8 Stationen.

27. Nord-Schottland: Culloden, C. Newe, Arbroath und Stanley 4 Stationen.

28. Ganz Schottland: Mittel der Gruppenmittel 25, 26 und 27.

29. Irland: Makree 1 Station.

30. Atlantische Inseln: Stykkisholm (Island), Thorshavn (Faröer), Sandwich (Orkney) 3 Stationen.

31. Norwegen: Kristiansund, Skudesnaes, Mandal, Sandösund und Kristiania 5 Stationen.

32. Schweden: Kopenhagen, Lund, Wexiö, Stockholm, Upsala, Falun, Tollforsbruck, Hudiksvall und Åbo 9 Stationen.

33. Nordwest-Russland: Riga, Helsingfors, St. Petersburg und Moskau 4 Stationen.

34. Südwest-Russland: Warschau, Krakau, Lemberg, Kijew, Kischinew, Nikolajew, Ssimferopol und Ssewastopol 8 Stationen.

35. Südost-Russland und Kaukasus: Lugan, Astrachan, Baku, Tiflis und Alexandropol 5 Stationen.

36. West-Russland: Mittel der Gruppen 33 und 34.

37. Kirgisen-Steppe: Irgis und Orenburg 2 Stationen.

38. Ural: Bogoslowsk, Jekatherinenburg und Slatoust 3 Stationen.

39. Westsibirien: Barnaul 1 Station.

40. Ostsibirien: Nertschinsk (Hüttenwerk), Nikolajewsk und Peking 3 Stationen.

41. Dekan: Shimoga, Mysore, Tumkur, Bangalore, Cuddapah, Madras, Bombay, Sholapur, Sekunderabad, Jubbulpore, Nagpur und Aska (Poona nicht) 12 Stationen.

42. Indus-Wüste, Südrand: Kurachee, Deesa, Beawar 3 Stationen.

43. Punjab: Shahpur und Jullundur 2 Stationen.

44. Ebene von Hindostan: Umballa, Saharanpur, Budaun, Gorakhpur 4 Stationen.

45. Süd-Abfall des Himalaya: Nainital, Almora, Katmandu 3 Stationen.

46. Bengalen und Assam: Calcutta, Dacca und Gauhati 3 Stationen.

47. Britisch Birma: Moulmein 1 Station.

48. Südost-Australien: Newcastle, Bathurst, Camden Park, Windsor, Sydney, Goulburn, Deniliquin, Melbourne, Bukelong und Adelaide 10 Stationen.

49. Tasmanien: Hobart 1 Station.

50. Alaska: Sitka 1 Station.

51. Westküste der Vereinigten Staaten: S. Diego Cal., S. Francisko Cal., Benicia Barracks Cal., Sacramento Cal., Ft. Vancouver Ter. Wash und Astoria Or. 6 Stationen.

52. Staaten des fernen Westens: Santa Fé N.-Mexiko, Ft. Garland Cal., Ft. Gibson Ind. Ter., Ft. Riley Kan., Kearney Nebr., Bellevue Nebr., Ft. Randall Dak. und Ft. Abercrombie Dak. 8 Stationen.

53. Südstaaten: Austin Tex., Washington Ark., Ft. Smith Ark., Savannah Ga., Key West Fl. 5 Stationen.

54. Östliches Inland: Leavenworth Kan., S. Louis Mo., Ft. Madison Io., St. Paul Min., Milwaukee Wis., Detroit Mich., Cincinnati Ohio, Marietta Ohio, Steubenville Ohio und Toronto Ontario. 10 Stationen.

55. Nördliche atlantische Staaten (nördl. von 42°): Gardiner Me., Brunswick Me., Lunenburg Ver., Rochester N. Y., Pen Yan N. Y., Albany N. Y., Lunenburg Mass., Boston Mass., Amherst Mass. u. Worcester Mass. 10 Stationen.

56. **Südliche atlantische Staaten** (südl. von 42°): Providence R. I., New Bedford Mass., Newhaven Con., New-York N. Y., Newark N. Y., Flatbush N. Y., Morrisville Pa., Philadelphia Pa. und Washington D. C. 9 Stationen.

57. **Atlantische Staaten**: Mittel der beiden Gruppen 55 u. 56.

58. **Mexiko**: Xochimilco, Pabelon und Queretaro 3 Stationen.

59. **Antillen**: St. Kitts (St. Christopher), Point-à-Pitre und Basse-Terre (Guadeloupe), St. Pierre und Ft. de France (Martinique), sowie zwei als Mittel vieler Stationen gefundene Reihen für Barbados und Trinidad 7 Stationen.

60. **Süd-Amerika, Norden**: Georgetown und Cayenne 2 Stationen.

61. **Brasilien**: Rio 1 Station.

62. **La Plata-Mündung**: Buenos Ayres (1856—60), später **Tripp's** aus drei Stationen combinierte Reihe 3 Stationen.

63. **Kapkolonie**: Kapstadt 1 Station.

64. **Mauritius**: Alfred-Observatorium 1 Station.

Säkulare Schwankungen des Regenfalls 1831—1885 nach Gruppenmitteln.

Die Zahlen bedeuten Abweichungen von 100.

Nicht ausgeglichene Gruppenmittel.

	1831/35	36/40	41/45	46/50	51/55	56/60	61/65	66/70	71/75	76/80	81/85
N-Deutschl. W. [1])	—9*	7	13	1	6	—10	—12*	6	—5	16	4
— Mitte (2—5)	—11*	—6	—3	2	12	—5	—4	1	—9*	5	14
— Osten (1—9)	—19*	1	—9	0	8	—13*	—6	9	—6	7	4
— Mittel	—13*	0	0	1	9	—10*	—7	5	—7	9	7
S-Deutschland [7])	10*	—1	7	—1	2	11	—17*	3	2	23	12
Böhmen (2—4)	8*	5	3	11	4	1	—16*	1	—8	20	8
Oesterr. Alpen [3])	21*	—6	2	8	—5	—9*	—8	5	—1	18	1
Ungarn (4)	—	—	—	—	8	—1	—17*	—1	3	15	18
Rumänien (1)	—	—	—	—	—	—	—	—11*	2	0	7
Östl. Mittelmeer [4])	—	—	—	0	—1	—3	—24*	1	12	6	—9
Italien, N. (6—9)	—4	2	7	5	13	—4	—12*	—5	—2	9	—4
— Mitte (4—5)	—14*	—5	—4	—3	0	—11*	—1	6	6	1	—6
— Süden (2—3)	—11*	—2	—4	2	3	7	0	—9*	10	—9	9
Algerien (1—3)	—	6*	0	9	15	—2	—6	—8*	5	7	16
Spanien, S u. M. [5])	—	—28*	—7	—22	8	—7	8	—3*	2	—2	9
— NW (1)	—	—	—	—	—	—11*	—10	2	—1	13	11
Frankr., medit. [6])	12*	—5	11	—6	6	10	4	—16*	1	0	—7
— Süden [7]) (2—7)	—1	—7*	17	3	0	3	—18*	—5	—1	13	1
— Mitte (3—11)	—14*	6	3	—8	8	2	—13*	0	—2	11	—4
— Norden (3—6)	6*	9	4	5	3	2	—11*	—2	0	9	0
Belgien, Holland [8])	—7*	5	5	—3	1	—9*	—9*	10	—2	12	10
Engl., Osten (5)	1	2	3	3	—3	—1	—11*	—4	1	18	6
— Westen (2—4)	13	4	4	4	—6*	—5	—3	2	8	6	3
Schottland SO [9])	—16*	1	—12*	—6	—7	—4	1	—13*	5	13	—6
— SW (2—8)	—1	1	—5	6	—5	—7*	4	1	8	—3	3
— Norden (2—4)	—	8	—1	5	—9*	—4	4	—4	3	10	—
— Mittel	8*	3	—6	2	—7*	—5	3	5	5	7	—1
Irland (1)	5	—6*	—5	2	—1	—3	9*	—	—	—	—
Atlant. Inseln [10])	—	—	—1	6	—3*	2	0	9	3	—7	—11*
Norwegen (4—5)	—	—	—	—	—	—	—8	1	—13	6	14
Schweden (6—7)	—10*	—3	3	—2	[illegible]	—4*	—1	5	—3*	1	10
Russland, NW [11])	—	—3	—2	—3	—5	—12*	—10	5	7	14	11
— SW (2—7)	—18*	0	4	0	14	—5	—8*	—3	—4	8	0
— SO (1—5)	—	8	21	—4	8	—8	—16*	0	4	15	12

[1]) 2—5. — [2]) 3—11. — [3]) 2—5. — [4]) 1—3. — [5]) 1—3. — [6]) 5—11. — [7]) Ohne Mittelmeergebiet. — [8]) 1—10. — [9]) 1—6. — [10]) 1—3. — [11]) 1—4.

	1831/35	36/40	41/45	46/50	51/55	56/60	61/65	66/70	71/75	76/80	81/85
Kirgisensteppe [1])	—	—	—	—14*	0	0	11	16	—14	—14*	—11
Ural (3)	—	—11	—12*	15	3	— 8	—15*	—11	18	12	— 3
W-Sibirien (1)	—	—	24	31	1	—13	—34*	—24	14	54	74
O-Sibirien (2—3)	—	—	26	15	0	—20*	—10	— 5	9	23	28
Dekan (2—12)	— 7	—16*	— 3	12	0	0	— 6*	0	2	6	14
Indus-Wüste (3)	—	—	—	—	—	—12*	10	— 2	— 2*	— 2	7
Punjab (2)	—	—	—	—	— 4	—20	14	—22*	14	16	— 1
Hindostan (3—4)	—	—	—	0	0	— 3	6	—10*	16	—11	— 7
Himalaya-Fuß [2])	—	—	—	—10	8	— 4	— 1	— 5*	— 1	4	4
Bengalen (1—3)	— 4	—19*	1	4	3	4	5	0	—18*	4	— 7
Britisch-Birma (1)	—	—	—	—	—15*	—12	18	8	12	—11*	— 1
SO-Australien [3])	—	—	—11	17	16	2	— 6*	10	14	— 1	—19
Tasmanien (1)	—	—	—25*	—14	—16	— 6	13	— 8*	1	— 6	4
Alaska (1)	—	—	—	16	9	—13*	— 3	7	—11	—	—
V. St. W-Küste [4])		—	—	—	— 3	—13*	—12	15	— 1	15	20
— Far West (1—7)	—	0	— 8*	21	14	—11	—15*	4	9	—18	20
Süden (1—6)	— 21*	—16	3	13	5	— 7	—15*	12	2	5	8
— Osten (2—10)	— 3	— 6*	— 5	15	— 2	2	— 5*	— 1	— 5	10	4
— Atl. Küste, N. [5])	— 6	—11*	— 9	— 7	— 3	— 2	1	1	— 1	6	8
— — Süd. (4—8)	5	— 6*	— 4	— 4	— 3	2	2	7	2	— 4	— 4
— — Mittel	— 3	— 9*	— 6	— 6	— 3	0	2	4	1	1	— 6*
Mexiko (1—3)	—	—	—	—	— 8*	— 8	14	— 2	— 6*	7	— 4
Antillen (1—7)	— 6	— 19*	11	— 5	24	0	6	— 6	—13*	13	— 9
Guyana (1—2)	—	—	—	20	22	10	—22*	—14	—10	— 2	— 7
Brasilien (1)	—	—	—	—	0	3	—12*		9	—	—
La-Plata (1—3)	—	—	—	—	—	10	—26*	—15	—12	8	45
Kapkolonie (1)	—	—	— 7	3	11*	8	1	0	—	—	—
Mauritius (1)	—		—	—	—13	— 8	—14*	— 5	21	3	3

Ausgeglichene Gruppenmittel.

Gebiete regelmäßiger Schwankung.

	1831/35	36/40	41/45	46/50	51/55	56/60	61/65	66/70	71/75	76/80	81/85
N-Deutschl. W. [6])	— 4*	5	9	5	1	— 6*	— 5	— 1	3	8	8
— Mitte (2—5)	— 9*	— 6	— 2	3	5	— 1	— 3	— 3*	— 3	4	11
— Osten (1—9)	—13*	— 8	— 5	0	1	— 6*	— 4	1	1	3	4
— Mittel	9*	— 4	0	3	2	— 4	— 5*	— 1	0	4	6
S-Deutschland [7])	— 6*	— 1	3	2	— 2	— 9	—10*	— 2	7	15	16
Böhmen (2—4)	— 4*	1	6	7	5	— 2	— 8*	— 5	1	10	12
Österr. Alpen [8])	—16*	— 8	2	3	— 3	— 8*	— 5	0	5	9	6
Ungarn (4)	—			—	5	— 3	— 9*	— 6	2	11	17
Rumänien (1)	—	—	—	—	—	—	—	— 7*	— 2	2	5
Östl. Mittelmeer [9])	—	—	—	0	— 1	— 8	—12*	— 2	8	4	— 3
Italien, N. (6—9)	— 2	2	5	8	7	— 2	— 8*	— 6	0	3	0
— Mitte (4—5)	—11*	— 8	— 4	— 3	— 4	— 6*	— 2	4	5	1	— 4
— Süden (2—3)	— 8*	— 5	— 2	1	4	4	— 1	— 2*	1	0	3
Algerien (1—3)	—	— 4	1	8	9	1	— 6*	— 4	2	9	13
Spanien, N. (1)	—	—	—	—	—	—11*	— 7	— 2	3	9	12
Frankreich S. [10])	3*	0	9	6	2	1	— 7*	— 6	2	7	5
— Mitte (3—11)	— 7*	0	1	— 2	0	— 2	— 6*	— 4	2	4	1
— Norden (3—6)	— 1*	4	5	4	3	— 1	6*	— 4	— 2	4	9
Belgien, Holld. [11])	— 6*	— 3	1	0	— 2	— 7*	— 4	2	5	8	11
Engld., Osten (5)	— 1*	0	2	2	— 1	— 4	— 7*	— 4	4	11	10
Norwegen (4—5)	—	—	—	—	—		— 5*	— 5	— 5	3	11
Schweden (6—7)	— 6*	— 3	0	0	— 1	— 2*	0	1	0	2	7
Russland, NW [12])	—	— 3	— 2	— 3	— 6	—10*	— 4	2	8	11	12
— SW (2—7)	— 9*	— 4	2	4	6	— 1	— 6*	— 4	— 1	3	3
— Westen	— 9*	— 4	0	1	0	— 6*	— 5	— 1	4	7	8
— SO (1—5)	—	9	12	5	1	— 6	—10*	— 3	6	12	13

[1]) 1—2. — [2]) 1—3. — [3]) 1—11. — [4]) 3—6. — [5]) 4—8. — [6]) 2—5. — [7]) 3—11. — [8]) 2—5. — [9]) 1—3. — [10]) Ohne Mittelmeergebiet. — [11]) 1—10. — [12]) 1—4.

	1831/35	36/40	41/45	46/50	51/55	56/60	61/65	66/70	71/75	76/80	81/85
Ural (3)	—	-11*	-5	5	8	-7	-12*	-5	9	13	2
W-Sibirien (1)	—	—	26	22	5	-15	-26*	-17	14	49	67
O-Sibirien (2—3)	—	—	22	14	-1	-12*	-11	-3	9	16	26
Dekan (2—12)	-4	10*	-2	5	3	-2	-3*	-1	2	7	11
Himalaya-Fuß [1])	—	—	—	-3	1	0	-3	3*	-1	3	4
SO-Australien [2])	—	—	-2	10	13	4	0*	7	9	-2	-13
Alaska (1)	—	—	—	14	5	-5	-5*	0	-5	—	—
V. St., W-Küste [3])		—	—	—	-6	-10*	5	4	7	12	18
— Far W (1—7)		-3	1	12	9	-6	-9*	0	2	1	9
— Süden (1—6)	-19*	-12	1	6	-1	-8*	-6	3	5	5	7
— Inneres, O. [4])	-4	5*	0	6	3	-2	-2	-3*	0	5	6
Antillen (1—7)	-10	-14*	12	1	11	8	2	5*	-2	2	-1
Guyana (1—2)	—	—	—	21	18	5	-12	-15*	-9	-5	-5
Brasilien (1)	—	—	—	—	1	-1	—	3*	2	—	—
La Plata (1—3)	—	—	—	—	—	-2	-14	-17*	-8	12	33
Mauritius (1)	—	—	—	—	-11	11*	-10	1	10	8	3
Gebiete temporärer Ausnahme.											
Spanien, S. u. M. [4])		21*	16	-12	-6	-1	2	1	0*	2	5
Frankr, medit. [5])	-6*	-3	2	1	4	7	0	-7*	-4	-2	-5
England, W. [7])	10	6	4	2	4	5*	2	2	6	6	4
Schottland, SO [8])	-11*	6	-7	-8	-6	-4*	-4	-5	2	6	0
— SW (2—8)	0	-1	-1	0	3	-4	0	4	4	1	1
— Norden (2—4)	—	5	3	0	4*	-3	0	0	8	6	—
— Mittel	4	-2	2	-2	1*	4	-1	0	8	5	2
Indus-Wüste (3)				—	—	4*	2	1	2*	0	4
Punjab (2)	—	—	—	—	9*	2	-3	-4	6	11	5
Hindostan (3—4)	—	—		0	1*	0	0	0	3	-3	-8*
Bengalen (1—3)	-9	-10*	-3	3	4	4	4	-2	-6*	3	-3
V. St., Atl. K. N. [9])	8	-5	9*	-6	-4	-2	0	0	1	1	-3
— Süden (4—8)	2	4	4*	-4	2	1	3	4	2	-2	4*
— Mittel	-3	-7*	7*	-5	3	0	2	3	2	-1	-4*
Gebiete dauernder Ausnahme.											
Irland (1)	1	3	-4*	1	1	1	5	—		—	—
Atlant. Inseln [10])		—	1	2	0*	0	3	5	2	-6	-10*
Kirgisensteppe [11])			—	9*	-4	3	10	7	6	13*	12
Britisch-Birma (1)		—	—		13*	-5	8	12	5	-3	-4*
Tasmanien (1)			-21*	-17	-13	-4	3	0	3*	-2	0
Mexiko (1—3)			—	—	8*	2	4	1	2*	1	0
Kapkolonie (1)			4	3	3	1	2	0			

Wir treten an die Discussion der Tabellen heran, indem wir zunächst die Jahre vor 1830 außer Betracht lassen.

Es zeigt sich, dass sämmtliche Länder der Erde gewisse Schwankungen des Regenfalles erleben. In keinem der vertretenen Gebiete bleibt sich der Regenfall von Lustrum zu Lustrum auch nur angenähert gleich. Allein auch eine continuierliche Änderung desselben nach einer Richtung ist nirgends zu spüren.

Andererseits aber wechseln auch die Vorzeichen der Abweichungen nicht von Lustrum zu Lustrum. Es treten vielmehr Lustren mit gleichem Vorzeichen in Gruppen zusammen, d. h. es wechseln überall längere Zeiträume mit reichlichem Regenfall und solche mit spärlichem mit einander ab. Durch mehrere Lustren hindurch nimmt der Regenfall zu, um

[1]) 1—3. — [2]) 1—11. — [3]) 3—6. — [4]) 2—10. — [5]) 1—3. — [6]) 5—11. — [7]) 2—4. [8]) 1—6. — [9]) 4—8. — [10]) 1—3. — [11]) 1—2.

dann ebenso wieder abzunehmen. Dieses ist mit ganz wenigen Ausnahmen allen Gebieten gemeinsam.

Die Perioden reichlichen, wie diejenigen spärlichen Niederschlages fallen zeitlich nicht überall genau zusammen. Bei weitem die größere Zahl der vertretenen Gebiete erlebte 1831 bis 1840 und 1856 bis 1870 trockene Perioden, dagegen 1841 bis 1855 und 1871 bis 1885 feuchte. Dieser Rhythmus der Schwankungen entspricht genau demjenigen, den wir oben an den abflusslosen Seen wie an den Flüssen und Fluss-Seen kennen gelernt haben. Einige wenige Gebiete zeigen dauernd ein genau umgekehrtes Verhalten; einige andere endlich bilden wenigstens temporäre Ausnahmen.

Dem an erster Stelle genannten Typus mit zwei regenreichen Perioden zwischen 1841 und 1855, und 1871 und 1885 gehören an: das Deutsche Reich, Österreich-Ungarn, Rumänien, die Balkanhalbinsel, Palästina, Italien, Nordwest-Spanien, Frankreich mit Ausnahme der Mittelmeerküste, Belgien und Holland, das östliche England, Norwegen, Schweden, das europäische Russland, das Uralgebiet, ganz Sibirien, Nord-China, das Plateau von Dekan, der Südabfall des Himalaya, Australien, Alaska, die gesammten Vereinigten Staaten von Nord-Amerika mit Ausnahme der an der Küste des atlantischen Oceans gelegenen, die Antillen, das ganze Südamerika, so weit Beobachtungen vorliegen, nämlich Guyana, Brasilien, Argentinien und Chile, endlich in Afrika Algerien, das Senegalgebiet und Mauritius. Das ist weit mehr als ¾ des Gesammtareals, aus welchem uns Regenbeobachtungen von genügender Dauer vorliegen. Wir wollen daher diesen Typus der Schwankungen des Regenfalles in Zukunft den regelmäßigen nennen.

Einen in jeder Beziehung entgegengesetzten Typus mit Maxima in den Dreißiger-Jahren wie zwischen 1856 und 1870 und Minima zwischen 1841 und 1855, wie 1871 und 1885 gehören nur an: Irland, die Inseln des Nordatlantischen Oceans, die Kirgisensteppe, Britisch-Birma, Tasmanien und das Cap der guten Hoffnung. Wir bezeichnen diese Gebiete als solche dauernder Ausnahme.

Endlich haben wir eine Reihe von Gebieten mit nur temporärer Abweichung, welche eine Zeit lang den regelmäßigen Schwankungen folgen, um dann plötzlich für einige Lustren sich unregelmäßig zu verhalten. Hierher gehören: Süd- und Mittel-Spanien nebst Portugal, das mediterrane Frankreich, West-England, Schottland, die Indus-Wüste, das Punjab, die Ebene von Hindostan, Bengalen, die atlantische Küste der Vereinigten Staaten, endlich Mexiko.[1] Die Mehrzahl dieser Gebiete nimmt allerdings Theil an dem Maximum des Regenfalles zwischen 1871 und 1885, zeigt aber außerdem noch ein Maximum zwischen 1856 und 1870.

Ich habe nun die einzelnen Gruppen nach diesen drei Typen geordnet und hierauf als Mittel sämmtlicher Gruppenmittel für jeden Typus die mittlere Schwankung abgeleitet. Dabei wurde für Norddeutschland und Schottland wie für die Ostküste der Vereinigten Staaten nur je das Gesammtmittel gesetzt. Bei der großen Ausdehnung des Gebietes mit regulärer Schwankung des Regenfalles schien es mir ferner geboten, Mittel für die einzelnen Erdtheile zu bilden. Hierdurch ergab sich gleichsam eine Art Controlle des Resultates, das als Mittel aus allen Gruppen

[1] Die atlantischen Staaten Nordamerikas lassen sich nach der ausgeglichenen Reihe auch als Gebiet dauernder Ausnahme auffassen.

gefunden worden war. Die Lustrenmittel sind wieder Procente des vieljährigen Mittels und durch Abweichungen von 100 ausgedrückt.

Regelmäßige säculare Schwankungen des Regenfalles nach Erdtheilen und im Mittel für die ganze Erde

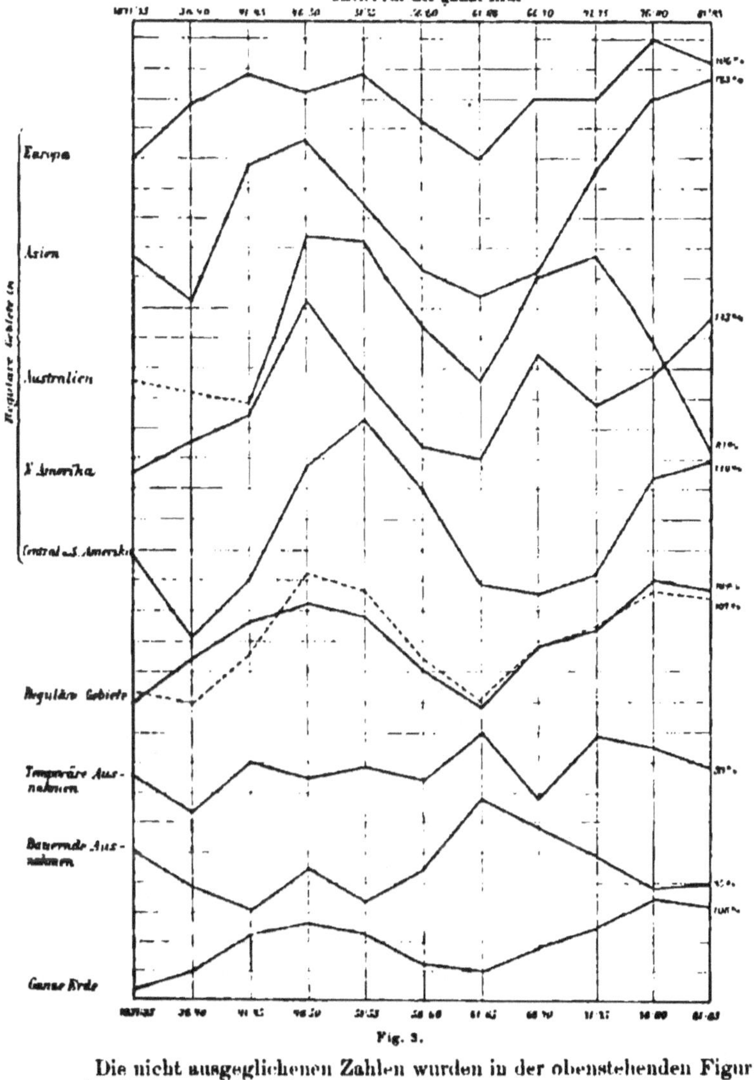

Fig. 3.

Die nicht ausgeglichenen Zahlen wurden in der obenstehenden Figur graphisch dargestellt. Ein Ansteigen der Curven um 1 Millimeter entspricht einer Zunahme des Regenfalles um 1%. Die Zahlen rechts am

Rande der Figur beziehen sich auf das Ende der Curve, bei der sie stehen, d. h. auf das Lustrum 1881—85.

Mittel für die Gebiete regulärer Schwankung des Regenfalles nach Erdtheilen.

Nicht ausgeglichen.

	1831/35	36/40	41/45	46/50	51/55	56/60	61/65	66/70	71/75	76/80	81/85
Europa	—10*	— 1	4	1	4	— 4	—10*	0	0	10	6
Asien	— 7	—14*	9	13	2	— 9	—13*	— 9	8	20	23
Australien . .	—	—	—11	17	16	2	— 6*	10	14	— 1	—19
Nord-Amerika .	—12*	— 7	— 8	16	3	— 8	—10*	7	— 1	4	13
Central- u. Süd-Amerika . . .	— 6	—19*	—11	8	16	5	—11	— 12*	— 9	7	10

Mittel für die ganze Erde.

Nicht ausgeglichen.

	1831/35	36/40	41/45	46/50	51/55	56/60	61/65	66/70	71/75	76/80	81/85
Regul. Geb. I.	—10*	— 3	3	6	4	— 5	—11*	— 1	1	10	9
„ „ II.	— 9	— 10*	— 2	11	8	— 3	—10*	— 1	2	8	7
Dauernde Ausnahmen . . .	5	— 6	—10*	— 3	— 8	— 3	9	4	— 1	— 6*	— 5
Temporäre Ausnahmen . . .	— 3	— 9*	0	— 3	— 1	— 3	5	— 6	4	2	— 1
Gesammte Landflächen .	— 8*	— 5	1	3	1	— 4	— 5*	— 1	2	7	6

Die fünf ersten Curven zeigen in schlagender Weise die Allgemeinheit der Schwankungen des Regenfalles in allen Erdtheilen. Überall begegnet uns von den Dreißiger-Jahren an ein Ansteigen des Regenfalles bis 1850 und darauf ein Sinken gegen 1860 hin, das dann wieder einem Steigen gegen 1880 hin Platz macht. Dabei sind trotz fehlender Ausgleichung die Curven für Asien und Central- und Süd-Amerika von ganz auffallender Glätte. Europa zeigt dagegen in der zweiten Hälfte der Vierziger-Jahre einen unbedeutenden Rückgang des Regenfalles und in der ersten Hälfte der Siebziger-Jahre einen Stillstand als Unterbrechung des Steigens. In Nordamerika tritt diese Unterbrechung noch schärfer hervor. 1871—75 sinkt der Regenfall wieder etwas (um 1%) unter das vieljährige Mittel, um sofort wieder zu steigen. Doch sind das alles nur Einzelheiten, welche das allgemeine Bild in keiner Weise verändern. Eine Abweichung von den anderen Curven weist dagegen diejenige für Australien auf; der Regenfall sinkt hier schon von der Mitte der Siebziger-Jahre an, erreicht also ein Maximum im Lustrum 1871—75, während Europa dasselbe erst 1876—80 und die anderen Erdtheile erst 1881—85 erlebten. Die Lage des Maximums um 1850 und des Minimums um 1860 ist dagegen bei Australien genau so wie bei den übrigen Erdtheilen.

Ich gebe hier eine kleine Übersicht über die Lage der regenreichen und der trockenen Zeiträume:

	trocken	regenreich	trocken	regenreich	trocken
Europa	1831—40	1841—55	1856—70	1871—85	—
Asien	1831—40	1841—55	1856—70	1871—85	—
Australien . . .	—45	1846—55	1856—65	1866—75	1876—85
Nord-Amerika .	1831—40	1841—55	1856—65, 71—75	1866—70, 76—85	—
Central- u Süd-Amerika . .	1831—45	1846—60	1861—75	1876—85	—
Allen gemeinsam	1831—40	1846—55	1861—65	1876—85[1])	—

[1]) Ohne Australien.

Die absoluten Epochen coincidieren nicht genau, sondern nur ungefähr; sie gruppieren sich um gewisse mittlere Epochen herum. Von einem regelmäßigen Verspäten oder Verfrühen einzelner Erdtheile, wie es Sieger aus den Schwankungen der abflusslosen Seen erkennen zu können glaubte, ist gleichwohl keine Rede. Nehmen wir die besonders stetig verlaufende Curve für Asien zum Ausgang, so zeigen die anderen Erdtheile eine Verfrühung oder Verspätung der Epochen, wie folgt.

	Minimum um 1830	Maximum um 1850	Minimum um 1860	Maximum um 1880
Europa	verfrüht	gleich	gleich	verfrüht
Nord-Amerika	verfrüht	gleich	gleich	gleich
Central- und Süd-Amerika	gleich	verspätet	verspätet	gleich
Australien	—	gleich	gleich	verfrüht

Es scheint die Lage der Epochen von gewissen Zufälligkeiten abhängig zu sein, die nicht im Zusammenhang stehen mit den Ursachen der großen Schwankungen selbst; denn diese verlaufen in allen Erdtheilen gleich, wenn wir von dem ganz isolierten etwas abweichenden Verhalten Australiens seit 1876 absehen.

Die Intensität der Schwankungen ist von Erdtheil zu Erdtheil etwas verschieden. Ich stelle hier die Amplituden zusammen, indem ich die Differenzen der Procentzahlen der Epochen bilde. Die Zahlen geben also an, um wie viel Procent des vieljährigen, beziehungsweise des 30jährigen Mittels 1851—80, Maximum und Minimum differieren. Am Kopf stehen die Jahreszahlen der ungefähren mittleren Epochen.

	1830—1850	1850—1860	1860—1880	Mittel
Europa	14%	14%	20%	16%
Asien	27	26	36	30
Australien	—	23	20	22
Nord-Amerika	28	26	23	26
Central- und Süd-Amerika	35	28	22	28
Mittel	26%	23%	24%	24%

Die geringste Schwankung hat Europa — nur etwa 16% des vieljährigen Mittel; bei Asien erreicht sie dagegen den doppelten Betrag. Im Durchschnitt der Erdtheile beläuft sie sich auf ungefähr 24%, d. h. auf ¼ des normalen Regenfalles, eine nicht zu verachtende Größe, die nichts geringeres besagt, als dass im trockensten Lustrum nicht mehr als ¾ des Regens des feuchtesten Lustrums fallen. Die Schwankungen, mit denen wir es zu thun haben, sind also sehr groß. Sehr wichtig ist es, dass dieselben im Laufe der Zeit nur einen geringen Wechsel der Intensität zeigen. Europa ist zu allen Zeiten durch die geringsten Schwankungen ausgezeichnet. Diese Gleichmäßigkeit der Zahlen ist uns eine Gewähr dafür, dass sie wirklich gute Näherungswerthe darstellen.

Aus allen Reihen, welche die regulären Schwankungen des Regenfalles zeichnen, habe ich ein allgemeines Mittel (I in der Tab. S. 172) gebildet und dieses in der sechsten ausgezogenen Curve (S. 171) graphisch dargestellt. In demselben dominiert natürlich, Dank sei es der außerordentlich großen Zahl von Stationen und Gruppenmitteln, der Einfluss Europas. Doch erhält man ein nur sehr wenig verändertes Bild, wenn man das allgemeine Mittel aus den fünf Mitteln für die Erdtheile ableitet (II in der Tabelle). Dieses wird durch die gestrichelte Curve repräsentiert. Mit Hilfe dieser beiden Curven können wir nun die mittlere Lage der Epochen bestimmen: Minimum 1831—35 oder 1836—40,

Maximum 1846—50, Minimum 1861—65 und Maximum 1876—80. Die mittlere Amplitude der Schwankungen ergibt sich aus diesen Curven naturgemäß etwas kleiner, als wir sie oben fanden; denn die Epochen fallen in den verschiedenen Erdtheilen nicht absolut zusammen. Sie ist nach dem Mittel

	1830—50	1850—60	1860—80	Mittel
aller Gruppen	16%	17%	21%	18%
der Erdtheile	21	21	18	20

während wir sie als Mittel der Amplituden der Erdtheile etwas größer zu 24% fanden.

Die beiden folgenden Curven markieren den Gang des Regenfalles in den Gebieten temporärer wie dauernder Ausnahme und zwar bei der kleinen Anzahl dieser Gebiete gleich für die ganze Erde und nicht für die einzelnen Erdtheile getrennt. Die Gebiete dauernder Ausnahme haben um 1831—35 und 1861—65 scharf ausgesprochene Maxima, zusammenfallend mit den Minima der Gebiete regulärer Schwankung. Die Minima fallen auf 1841—45 und 1876—80. Dabei macht sich in den Vierziger-Jahren eine Spaltung des Minimums bemerkbar, vergleichbar der Spaltung des Maximums in Europa um die gleiche Zeit. Die Amplitude dieser Schwankungen ist ähnlich groß wie bei den regulären Gebieten; sie betrug zwischen 1830 und 1845 10%, 1845—1860 19%, 1860—1880 15% oder im Mittel 15%. Die Curve der temporären Ausnahmen zeigt die relativ kleinsten Schwankungen, zum Theile wohl deswegen, weil etwas verschiedene Curven mit einander zu einem Mittel vereinigt wurden. Aus diesem Grunde möchte ich auf diese Curve kein erhebliches Gewicht legen und unterlasse eine eingehende Discussion derselben.

Die unterste Curve endlich bietet uns ein Bild der Schwankungen des Regenfalls auf der ganzen Erde, wie sie sich im Mittel aller einzelnen Gruppen, der regulären wie der irregulären, ergeben. Sie hat keine eigentliche physikalische Bedeutung; sie soll nur zeigen, in wie hohem Grade die Gebiete regelmäßiger Schwankung die Ausnahmegebiete an Ausdehnung übertreffen. Wären in den Ländern, aus denen Beobachtungen vorliegen, die Ausnahmen ebenso zahlreich vertreten, wie die regelmäßigen Schwankungen, so müsste als Mittel für alle Länder der Erdoberfläche ungefähr eine gerade Linie resultieren. Das ist nun aber keineswegs der Fall, sondern in unserer Curve kommen klar und deutlich die regulären Schwankungen zur Geltung. Die Amplitude derselben ist naturgemäß kleiner als diejenige des Mittels der regulären Gebiete allein, und zwar ungefähr halb so groß. Sie beträgt für 1830—1850 16%, 1850—1860 8% und 1860—1880 12%, im Mittel 12%. Es fallen also im Mittel aller vertretenen Gebiete der Erde in den trockenen Lustren 1831/35 und 1861/65 nur etwa 88%[1]) der Regenmenge der feuchten Lustren 1846/50 und 1876/80. Diese Schwankung ist viel erheblicher, als sie irgend im Zusammenhange mit der eilfjährigen Sonnenfleckenperiode nachgewiesen werden konnte.

Das vorliegende Resultat könnte, so wie es gewonnen wurde, durch das Überwiegen einiger weniger Curven mit sehr starker Schwankung verursacht sein. Allein auch eine Zusammenstellung der Häufigkeit der Maxima und der Minima in den verschiedenen Lustren

[1]) Genauer 100—106 : 94=88.7.

liefert das gleiche Ergebnis. Dieselbe wurde einfach durch Abzählen der S. 167 ff. durch Fettdruck hervorgehobenen Maxima wie der durch Asterisken bezeichneten Minima gewonnen, und zwar sowohl nach der Tabelle der »rohen« als auch der ausgeglichenen Gruppenmittel. Es ist die Anzahl der auf die einzelnen Lustren fallenden Epochen:

		1831/35	36/40	41/45	46/50	51/55	56/60	61/65	66/70	71/75	76/80	81/85
Zahl der Reihen		31	38	44	50	56	59	60	60	59	58	57
Roh	Max.	2	5	10	13	10	2	10	6	10	25	14
	Min.	18	11	4	1	7	13	22	11	6	2	1
Ausgeglichen	Max.	2	1	10	15	9	2	7	4	7	15	29
	Min.	20	7	5	1	7	16	21	9	5	1	5

Da die Zahl der Reihen von Lustrum zu Lustrum schwankt, so ist diese Tabelle noch nicht vollkommen klar und beweiskräftig. Sie wird dieses erst, wenn man die Häufigkeit auf die gleiche Anzahl der Reihen reduciert. Zu diesem Zweck dividierte ich jede der obigen Zahlen durch die Zahl der Reihen in dem betreffenden Lustrum und erhielt dadurch die procentische Häufigkeit, wie folgt:

		1831/35	36/40	41/45	46/50	51/55	56/60	61/65	66/70	71/75	76/80	81/85
Roh	Max.	6	13	23	26	18	3	17	10	17	43	25
	Min.	58	29	9	2	12	22	37	18	10	3	2
Ausgeglichen	Max.	6	3	23	30	16	3	12	7	12	26	51
	Min.	65	18	11	2	12	27	35	15	8	2	9

		1831/40	1841/55	1856/70	1871/85
Roh	Max.	19	67	30	85
	Min.	87	23	77	15
Ausgeglichen	Max.	9	69	22	89
	Min.	83	25	77	19

Es ist also auch nach der Häufigkeit der Epochen durchaus der Rhythmus der regulären Schwankungen auf den vertretenen Theilen der Erdoberfläche der überwiegende. Wären die Schwankungen vom reinen Zufall beherrscht, so müsste die Häufigkeit der Minima und Maxima bei der großen Zahl der Reihen in jedem Lustrum ungefähr die gleiche sein. Statt dessen sehen wir, dass die procentische Häufigkeit der Maxima von 1831/35 bis 1846/50 um das Vierfache zunimmt, dann bis 1856/60 sinkt, um hierauf wieder zu steigen. Der Gang der Häufigkeit der Minima ist gerade umgekehrt. Im Lustrum 1831/35 erleben 58% der Gebiete ihr Minimum, 1846/50 26% ihr Maximum, 1861/65 37% ihr zweites Minimum und 1876/80 43% ihr zweites Maximum. Ziehen wir gar die Lustren der regenreichen, wie die der regenarmen Perioden zusammen, so besitzen in den Jahren 1831—40 87% der Gruppen ihr erstes Minimum, 1841—55 67% derselben ihr erstes Maximum, 1856—70 77% ihr zweites Minimum und endlich 1871—85 85% ihr zweites Maximum. Es folgen also im Mittel 79% der Gebiete den regulären Schwankungen und nur 21% bilden Ausnahmen — fürwahr ein gewaltiges Überwiegen der ersteren, welches uns zur Evidenz zeigt, dass von einer Compension der Regenmengen auf den Landflächen der Erde keine Rede ist.

Nicht alle Länder der Erde sind in unseren Tabellen vertreten, über große Gebiete liegen uns keine brauchbaren meteorologischen Nachrichten vor. Die wichtigsten derselben sind Arabien, Persien, das asiatische Hochland, Hinter-Indien, Süd-China, der ganze austral-asiatische Archipel, die westliche Hälfte Australiens, Polynesien, Canada, das Great Basin der Vereinigten Staaten, das Innere Südamerikas, der größte Theil Afrikas und die Polarländer. Für alle übrigen Theile der Erde besitzen wir dagegen genügend zahlreiche meteorologische Beobachtungen, um ihre Theilnahme an den Schwankungen des Regenfalls sicherzustellen. Allerdings sind die Stationen oft nur spärlich gesät; so haben wir für das enorme Gebiet Sibiriens nur 3 Stationen Barnaul, Nertschinsk und Nikolajewsk am Amur; allein der säculare Gang der Regenmengen stimmt an allen so vollkommen überein und harmoniert gleichzeitig mit den Erscheinungen im europäischen Russland, wie in Nord-China, repräsentiert durch Peking, dass wir unbedenklich die an ihnen constatierten Schwankungen für ganz Sibirien als bewiesen gelten lassen müssen. Aber auch für einige der angeführten Gebiete ohne für uns brauchbare meteorologische Beobachtungen müssen wir die Schwankungen des Regenfalles als streng bewiesen erachten, liegen uns doch aus denselben Nachweise von Schwankungen der Seen vor, die wir im III. und IV. Capitel kennen lernten. Für Persien beweisen uns 3 Seen, der See von Sultanabad, der Hamunsee und der Abistadasee, durch ihre Schwankungen die Existenz einer feuchten Periode in den Vierziger-Jahren, einer trockenen in den Sechziger-Jahren (genauer vor 1872) und einer zweiten feuchten um 1880. Im Tarymbecken registrierte der Lob-nor die gleichen Schwankungen des Regenfalles durch seinen Hochstand um 1846, sein Sinken bis Ende der Sechziger-Jahre und sein Steigen nach 1870, ebenso in Tibet der Pangongsee mit seinem Tiefstand um 1856. Das Verhalten des Alakul spricht dafür, dass das Ausnahmegebiet der Kirgisensteppe bis in den Winkel zwischen Tarbagatai und Alatau zu verlängern ist; doch sind die Angaben über ihn nur sehr dürftige. Für Armenien und den östlichen Theil Kleinasiens bezeugen die Schwankungen am Wansee, Arinsee, Urmiasee, Eldschegsee und Göldschiksee Maxima des Regenfalles um 1840—50 und um oder nach 1880, während der benachbarte Göktschasee im kleinen Kaukasus das letztere vermissen lässt. Der Tiefstand der Seen von Urmia, Eldscheg und Göldschik um 1860 deutet auf ein Regenminimum um diese Zeit hin. Dagegen erlebten der Wansee, der Arinsee und der Göktschasee gleichzeitig ein, dem Anschein nach allerdings nur secundäres Maximum des Wasserstandes und des Regenfalles; ihr Einzugsgebiet muss daher als ein Gebiet partieller Ausnahme gelten.

Für das Innere des östlichen Australien bestätigen die Schwankungen des Lake George, Lake Bathurst und Lake Cowal die auf Grund der Regenstationen der Küste gewonnenen Resultate.

In Inner-Afrika wird für alle Seen, für welche überhaupt Nachrichten vorliegen, ein Steigen in den Siebziger-Jahren mit Hochstand am Ende dieses Decenniums und darauffolgendem Sinken berichtet. Damit ist die Ausdehnung der letzten Regenperiode über ganz Inner-Afrika bestätigt. Das gleiche Resultat ergeben die Beobachtungen der Nilwasserstände zu Cairo. Das Minimum des Regenfalles, welches die letzteren um 1860 herum klar erkennen lassen, ist dagegen nicht an allen Seen beobachtet worden, dürfte aber wohl aus dem allgemeinen Steigen Siebziger-Jahre gefolgert werden.

Endlich stellen die Schwankungen von 10 abflusslosen Seen im »Großen Becken« der Vereinigten Staaten von Nordamerika mit Minimum zu Anfang der Sechziger und Maximum in den Siebziger-Jahren auch die Theilnahme dieses Gebietes an den regulären Schwankungen des Regenfalls fest.

Berücksichtigen wir alle diese Gebiete, über deren Verhalten zu den Klimaschwankungen uns abflusslose Seen Auskunft geben, so können uns gänzlich als Terra incognita nur gelten: Arabien, Hinter-Indien, Süd-China, der ganze austral-asiatische Archipel, die Westhälfte Australiens, Polynesien, Canada, das Innere Südamerikas und die Polarländer. Die Gesammtheit dieser unbekannten Areale dürfte kaum mehr als $^1/_3$ der gesammten Landfläche der Erde ausmachen. Ich glaube, wir haben daher eine gewisse Berechtigung anzunehmen, dass die Gebiete regulärer und irregulärer Schwankung an dem Areal, über welches wir keine Kenntnisse besitzen, in demselben Verhältnis participieren, wie an dem in unseren Tabellen vertretenen. Ich möchte aus diesem Grunde die obenstehenden Curven der regulären Gebiete, der Gebiete dauernder Ausnahme und endlich das Gesammtmittel für die bekannten Theile der Erde als Repräsentanten der Schwankungen auf sämmtlichen Landflächen der Erde, auch auf den unbekannten, betrachten und den Satz aussprechen: **Sämmtliche Landflächen der Erde erlebten seit 1830 säculare Schwankungen des Regenfalls, die Mehrzahl mit Maxima des Niederschlages zwischen 1840 und 1855, wie zwischen 1870 und 1885, eine ganz kleine Minderzahl mit Maxima vor 1840 und zwischen 1855 und 1870. Dabei belief sich die Differenz zwischen dem regenreichsten und dem trockensten Lustrum auf etwa $^1/_5$ bis $^1/_4$ des vieljährigen Mittels. Durch das Überwiegen der Gebiete mit regulärer Schwankung kommt es, dass insgesammt alle Landflächen der Erde in den trockenen Lustren 1831/35 und 1861/65 nur etwa $^2/_3$ der Regenmenge der feuchten Lustren 1846/50 und 1876/80 erhielten. Eine Compensation findet auf den Landflächen der Erde nicht statt.**

Ich sage ausdrücklich: Die Landflächen der Erde und nicht die Erdoberfläche; denn über den größeren Theil der letzteren, die Oceane, wissen wir leider gar nichts. Es ist daher sehr wohl möglich, dass die auf den Landflächen vergeblich gesuchte Compensation sich auf den Oceanen oder doch auf Theilen derselben vollzieht. Die Verbreitung der Ausnahmegebiete spricht sogar dafür. Oder sollte es ein Zufall sein, dass wir von allen 16 Ausnahmen 6, nämlich Irland, West-England, Schottland, die nordatlantischen Inseln, Spanien und Portugal und die Ostküste der Vereinigten Staaten, am Nordatlantischen Ocean antreffen, 5 andere an der Küste des Indischen Oceans, 3 wenigstens in dessen Nähe und nur eine einzige, die Kirgisensteppe, weit ab vom Meer im Innern der Landmassen? Es scheint vielmehr durch den Kranz von Ausnahmegebieten, welcher den Nordatlantischen Ocean umgibt, die ganze Fläche des letzteren als Ausnahmegebiet bezeichnet zu werden.

Noch auf einen anderen Punkt möchte ich aufmerksam machen. Vergleichen wir nämlich die Verbreitung unserer Ausnahmegebiete mit **Köppen's** Regenkarte,[1]) so fällt es auf, dass die Mehrzahl derselben Gebieten mit Winterregen oder Gebieten mit regenarmem Sommer oder endlich Übergangsgebieten zwischen Winter- und Sommerregen entspricht; so die nordatlantischen Inseln, Irland, Schottland, Westengland, Spanien, Portugal, das mediterrane Frankreich, die Kirgisensteppe, die Induswüste und das Punjab, die Kapstadt, endlich Tasmanien; das sind von 6 Gebieten dauernder Ausnahme 5 und von 10 Gebieten temporärer Ausnahme 6. Irgend welche Schlüsse lassen sich daraus zur

[1]) In **Berghaus'** physikalischem Atlas. III. Abth. Nr. XII.

Zeit nicht ziehen; denn es gibt andererseits auch sehr viele Gebiete mit Winterregen, welche den regelmäßigen Schwankungen des Regenfalles folgen.

Wenden wir uns nunmehr, nachdem wir die Generalmittel für die Erdtheile und für die ganze Erde discutiert haben, der Betrachtung der Mittel für kleinere Gebiete zu. Über die Lage der Epochen derselben in verschiedenen Lustren haben wir uns schon geäußert; doch enthielt die obige Zusammenstellung die Epochen der regulären Reihen wie auch der irregulären vereint. Die nachfolgende Tabelle gibt uns nun Aufschluss über die Häufigkeit der Epochen nach verschiedenen Typen der Schwankungen. Die Zahlen wurden in der gleichen Weise gefunden wie oben, doch nur für die nicht ausgeglichenen Reihen.

Häufigkeit (Anzahl) der Epochen der regulären Schwankung in verschiedenen Lustren:

	1831/35	36/40	41/45	46/50	51/55	56/60	61/65	66/70	71/75	76/80	81/85
Maxima	—	2	9	12	10	1	—	2	6	19	12
Minima	15	5	2	—	—	11	22	5	3	—	—

Häufigkeit (Anzahl) der Epochen der irregulären Schwankung in verschiedenen Lustren:

	1831/35	36/40	41/45	46/50	51/55	56/60	61/65	66/70	71/75	76/80	81/85
a) dauernde Ausnahmen:											
Maxima	1	—	—	—	—	1	4	2	—	—	—
Minima	—	1	1	1	4	—	—	1	1	2	1
b) temporäre Ausnahmen:											
Maxima	1	3	1	1	—	—	6	2	4	6	2
Minima	3	5	1	—	3	2	—	5	2	—	—

Die Lage der Epochen der regulären Schwankungen wechselt etwas; doch gruppieren sie sich deutlich um gewisse mittlere Zeitpunkte herum, wie wir das schon früher erkannten. Es könnte diese Thatsache vielleicht als mit der Allgemeinheit und Gleichzeitigkeit der Schwankungen, die wir behaupten, im Widerspruch stehend gedeutet werden. Doch wäre dieses gänzlich unrichtig; im Gegentheil müsste es als sehr auffallend und unwahrscheinlich gelten, wenn wirklich ein absolutes Zusammenfallen der Epochen in sämmtlichen Gebieten mit regulärer Schwankung zu beobachten wäre. Es gibt keine einzige periodische meteorologische Erscheinung, die sich von Fall zu Fall mit mathematischer Exactheit vollziehen würde. An der Realität einer strengen Jahresperiode der Temperatur oder des Regenfalles kann auch nicht der leiseste Zweifel bestehen, und doch sehen wir die Epochen von Jahr zu Jahr nicht genau auf den gleichen, sondern bald auf den einen, bald auf den anderen Monat fallen, Dank sei es dem Eingreifen von störenden Factoren, die sich von Jahr zu Jahr verschieden verhalten, — Dank sei es gewissen Zufälligkeiten. Es wäre nun sehr merkwürdig, wenn solche Zufälligkeiten für unsere säcularen Schwankungen des Regenfalles nicht in Betracht kämen.

Dass die Verschiedenheit der Lage der Epochen in den einzelnen Erdtheilen keine gesetzmäßige ist, sahen wir schon oben. Dieser Ausspruch bestätigt sich, wenn wir uns nun den einzelnen Gruppenmitteln zuwenden. Sieger hat den Satz aufgestellt, dass die östlicher gelegenen Gebiete immer später in die Schwankungen des Regenfalles eintreten, als ihre westlichen Nachbaren. Er spricht in einer Anmerkung direct von der Möglichkeit von Klimaströmungen, welche die Erde vielleicht umkreisen könnten.[1]) Um diesen Satz zu prüfen, habe ich Fig. 4 S. 180 entworfen, welche eine Reihe von Curven enthält, die von West nach Ost angeordnet sind. Ich habe die ausgeglichenen Reihen genommen, da die nicht ausgeglichenen noch mehrfach kleinere Unregelmäßigkeiten enthalten, welche das Bild zwar nicht wesentlich verändern, die Übersicht der Figur aber etwas stören würden. Ein Emporsteigen der Curven um 1 *mm* entspricht einer Zunahme des Regenfalles um 1%. Die Zahlen rechts beziehen sich wieder auf den Endpunkt der Curve, bei der sie stehen.

Von irgend einer regelmäßigen Verschiebung der Epochen ist nicht das mindeste zu sehen. Nehmen wir die Curve von Ostengland zum Ausgang, so zeigen im Vergleich zu derselben eine Verspätung oder Verfrühung der Epochen

	Minimum 1831/35	Maximum 1846/50	Minimum 1861/65	Maximum 1876/80
Nord-Deutschland	gleich	gleich	gleich	verspätet
SW-Russland	gleich	verspätet	gleich	gleich
SO-Russland	—	verfrüht	gleich	verspätet
Ural	—	gleich	gleich	gleich
West-Sibirien	—	verfrüht	gleich	verspätet
Ost-Sibirien	—	verfrüht	verfrüht	verspätet
Ver. Staaten, Westküste	—	—	verfrüht	verspätet
» Far West	—	gleich	gleich	verspätet
» Inneres, Osten	verspätet	gleich	verspätet	verspätet
	Maximum 1831/35	**Minimum 1846/50**	**Maximum 1861/65**	**Minimum 1876/80**
Ver. St., Atlant. Küste	—	verfrüht	verspätet	verspätet
N-Atlantische Inseln	—	verspätet	verspätet	verspätet
Irland	—	verfrüht	—	—

Die einzige Gegend, in welcher man allenfalls ein Verspäten der Epochen im Sinne Sieger's erkennen könnte, ist der Atlantische Ocean. Die Curve, welche die Schwankungen des Regenfalles in den atlantischen Staaten Nordamerikas veranschaulicht, ließe sich durch Verschieben der Curve für die östlichen Staaten des Inneren um etwa 15 Jahre erhalten. Ebenso könnte man die Curve für Ostengland als die um 10 Jahre verspätete Curve der atlantischen Inseln auffassen. Allein wir erhielten dann auf der geringen Längendifferenz zwischen dem Innern Amerikas und der Küste, wie zwischen Irland und England eine Verspätung von je 10—15 Jahren, dagegen von England über Asien bis in das Innere Nordamerikas und ebenso von der atlantischen Küste Nordamerikas bis Irland gar keine Verspätung. Es ist unter solchen Umständen gewiss sehr viel natürlicher, das Gebiet des Atlantischen Oceans als ein Gebiet der Ausnahme aufzufassen, wie wir es thaten. Die Gleichzeitigkeit der Schwankungen wird also nicht durch ein regelmäßiges Verspäten gestört.

Ähnlich verhält es sich mit dem von Sieger vermutheten Einfluss der geographischen Breite; auch von diesem ist nichts zu spüren, wie die Figuren 5 u. 6 auf S. 181 u. 182 lehren. Die erste derselben gestattet die Schwankungen des Regenfalles in der alten Welt von Norden nach Süden zu verfolgen, von Schweden unter 60° N. Br. über Italien, Algerien und Indien nach Mauritius und Australien unter 35° S. Br.;

[1]) Sieger: Schwankungen der hocharmenischen Seen. Mittheilungen der k. k. geographischen Gesellschaft zu Wien. 1888. S. 75 und 77 des Sonderabdrucks.

Änderung der säkularen Schwankungen des Regenfalles beim Vorschreiten von West nach Ost

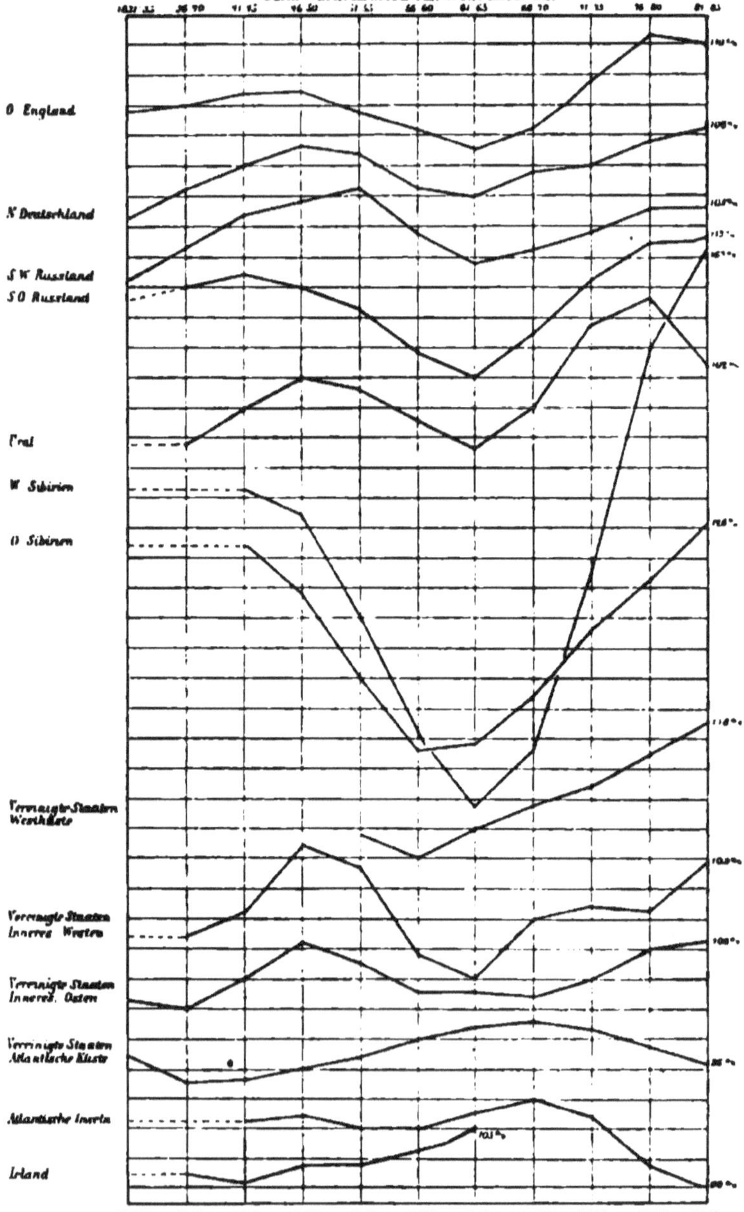

Fig. 4

die zweite ebenso in der neuen Welt von Alaska unter 60° N. Br. bis zur La-Plata-Mündung unter 35° S. Br.

Von einer regelmäßigen Verspätung der Epochen nach Norden zu ist keine Rede. Die Curven sprechen deutlich genug; wir verzichten

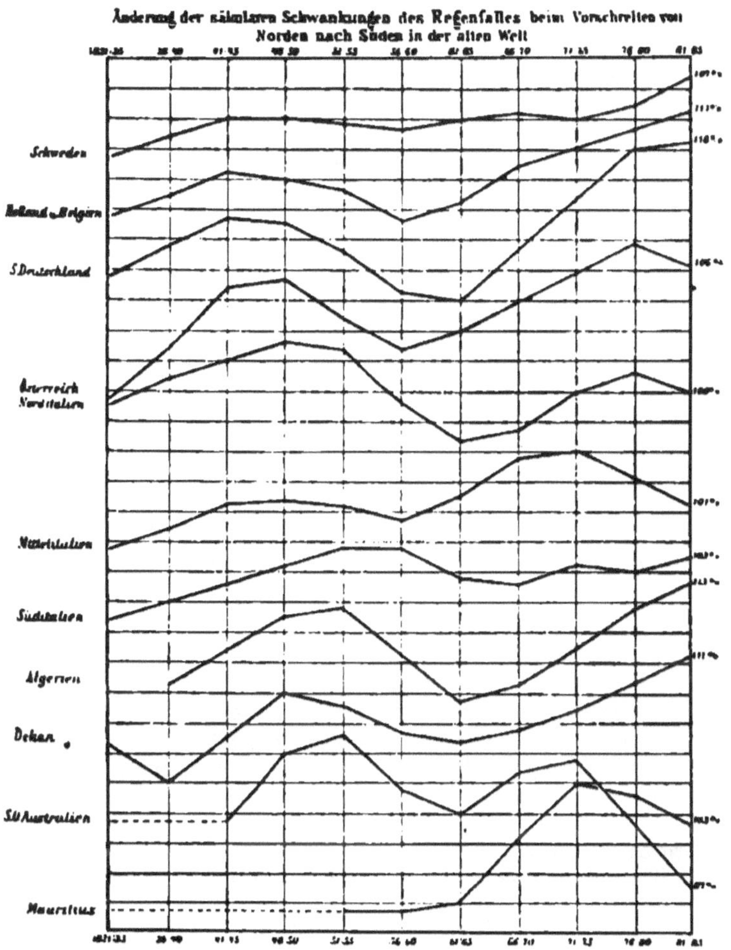

Fig. 5.

daher auf eine Zusammenstellung, ähnlich der oben für den Einfluss der Länge gegebenen. Nur auf das Verhältnis zwischen Nordhemisphäre und Südhemisphäre empfiehlt es sich noch kurz einzugehen, da von Lang in einem Referat über Sieger's »Schwankungen der afrikanischen Seen« die Vermuthung ausgesprochen wurde, beide Hemisphären verhielten sich gerade umgekehrt.[1]) Unsere Curven zeigen nichts davon; beide Hemisphären weisen vielmehr genau synchrone Schwankungen auf. In Mauritius erscheinen das Minimum um 1861—65 wie das Maximum um 1876—80 um ein Lustrum, jedoch keineswegs um eine halbe Schwankung früher als bei der Mehrzahl der nordhemisphärischen Gruppen. In Australien ist nur das Maximum von 1876—80 um ein Lustrum verfrüht: die anderen Epochen entsprechen ganz der mittleren Lage der Epochen im Norden. An der La-Plata-Mündung treffen wir dann aber wieder das Minimum von 1861—65 auf 1866—70 verschoben und das

Änderung der säkularen Schwankungen des Regenfalles beim Vorschreiten von Norden nach Süden in der neuen Welt

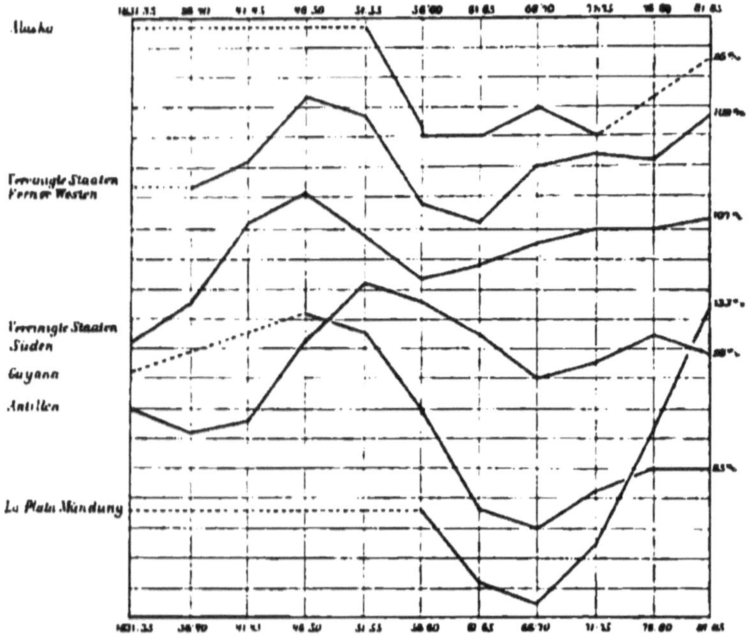

Fig. 6.

letzte Maximum auf 1881—85. Diese Abweichungen sind also durchaus regellos und nicht größer, als wir sie mehrfach in einzelnen Gebieten der Nordhemisphäre antrafen.

Eine andere Frage, welche sich aus unseren Curventafeln sofort beantworten lässt, ist die nach der Amplitude der Schwankungen. Wir verstehen darunter die Differenz zwischen dem Lustrenmittel des Maximums und jenem des Minimums ausgedrückt in Procenten des vieljährigen Mittels. Ein anderes Maß der Intensität der Schwankungen erhalten wir durch das Verhältnis zwischen dem Regenfall zur Zeit des Minimums und jenem zur Zeit des Maximums. Wir haben in der nach-

[1]) Lang in der Münchener Allgemeinen Zeitung. 1888.

folgenden Tabelle beide relativen Maße zusammengestellt, und zwar nach den nicht ausgeglichenen Reihen.

Änderung der Amplitude der Schwankungen des Regenfalles beim Vorschreiten von West nach Ost.

	als Differenz				als Verhältnis			
	1850—1830	1850—1860	1880—1860	Mittel	1850 : 1830	1850 : 1860	1880 : 1860	Mittel
Ost-England	5	14	29	16	1.05	1.16	1.33	1.18
Nord-Deutschland	22	19	19	20	1.24	1.22	1.22	1.23
SW-Russland	32	22	16	24	1.39	1.24	1.14	1.26
SO-Russland	—	39	31	35	—	1.44	1.37	1.40
Ural	—	30	33	32	—	1.34	1.39	1.36
W-Sibirien	—	65	108	86	—	1.98	2.64	2.31
O-Sibirien	—	46	48	47	—	1.58	1.60	1.59
Dekan	28	18	20	22	1.33	1.19	1.21	1.24
Ver. St. A., Westküste	—	—	38	38	—	—	1.38	1.38
» Far West	—	36	35	36	—	1.42	1.41	1.42
» Süden	34	28	27	30	1.43	1.33	1.32	1.36
» Inneres, Osten	21	20	15	19	1.22	1.21	1.16	1.20
» Atlant. Küste	—	—13	—10	—12	—	.88	.90	.89
Atlantische Inseln	—	—12	—20	—16	—	.89	.82	.86
Irland	—11	—15	—	—13	.90	.87	—	.88

Die Zahlen wie die früher gegebenen Curven zeigen, dass die Amplitude der Schwankungen an demselben Ort ihre Größe von Schwankung zu Schwankung relativ wenig ändert; dagegen ist sie in verschiedenen Gegenden ganz verschieden. Und zwar macht sich deutlich eine Verschärfung der Amplitude bemerkbar, wenn wir vom atlantischen Gestade Europas nach Osten fortschreiten, mögen wir nun eine einzelne Schwankung berücksichtigen oder die mittlere Amplitude. In Ost-England beträgt im Mittel die Regenmenge des feuchtesten Lustrums das 1.18-fache derjenigen des trockensten Lustrums, in Südwestrussland bereits das 1.26-fache, in Südostrussland das 1.40-fache, in Westsibirien gar das 2.31-fache. In Barnaul fällt zur Zeit des Maximums mehr als doppelt so viel Regen als zur Zeit des Minimums, fürwahr eine ganz riesenhafte Schwankung! Weiter gegen Osten nimmt die Schwankung wieder ab, um in Ostsibirien auf 1.59 zu sinken. Es ist also in der alten Welt die Schwankung im Innern der Landmassen am schärfsten; sie nimmt in der Richtung zu den Küsten der Oceane an Intensität ab; am Atlantischen Ocean wird sie relativ unbedeutend, während sie an der Ostküste des asiatischen Festlandes (Peking, Nikolajewsk) noch immer einen erheblichen Betrag aufweist. Von den ostasiatischen Inseln fehlen leider Beobachtungen, so dass wir über die Intensität der Schwankungen am Westrand des pacifischen Oceans leider nichts aussagen können. Eine sehr bedeutende Dämpfung der Schwankung ist auch beim Vorschreiten von Sibirien zur vorderindischen Halbinsel zu erkennen. Das Verhältnis der beiden extremen Lustren ist hier nur 1.24.

Ähnliches begegnet uns im nordamerikanischen Continent, wenn auch die Gegensätze in der Intensität der Schwankungen nicht so groß sind. Doch ist hier schon gleich an der pacifischen Küste die Schwankung sehr groß (1.38). In den trockenen Gebieten des »Fernen Westens« erreicht sie ihr Maximum mit 1.42, um von hier nach Süden wie nach Osten zu abzunehmen und schließlich an der atlantischen Küste einer umgekehrten (irregulären) Schwankung von geringer Amplitude Platz zu machen.

Für die südlichen Continente fehlen gerade im Innern Beobachtungen, sodass wir über die Änderung der Intensität der Schwankungen beim Vorschreiten von der Mitte zur Küste nichts aussagen können. Trotzdem glaube ich auf Grund der Erfahrungen in den Nordcontinenten das Gesetz aussprechen zu dürfen: Die Intensität der Schwankungen des Regenfalles nimmt mit der Continentalität des Gebietes zu.

In dieser Form ausgesprochen ist das Gesetz richtiger als in der andern früher von mir gewählten: Verschärfung der Schwankungen beim Vordringen in die Continentalmassen;[1]) es scheint nämlich nicht die Entfernung vom Weltmeer für die Intensität der Schwankungen maßgebend zu sein, sondern thatsächlich die Continentalität des Klimas. Peking und Nikolajewsk am Amur, in unmittelbarer Nähe des Weltmeers gelegen, aber mit einem streng continentalen, excessiven Klima ausgestattet, besitzen gewaltige Schwankungen des Regenfalles, ebenso die von uns als Westküste der Vereinigten Staaten von Amerika bezeichnete Gruppe, die gleichfalls, von Astoria und Ft. Vancouver abgesehen, trotz der Nähe des Oceans ein continentales Klima eignet. Ordnen wir jene beiden Stationen, denen eine Regenmenge von mehr als 1000 *mm* zukommt, als besondere Gruppe aus, so erhalten wir folgende zwei Reihen

Westküste der Vereinigten Staaten von Nord-Amerika.

	1851/55	56/60	61/65	66/70	71/75	76/80	81/85
Nördlich von 45° N. Br. . .	— 3	— 7	—12*	— 3	3	—	—
Südlich von 40° N. Br. . . .	— 3	—16*	—15	16	—3	15	20
			oder ausgeglichen				
Nördlich von 45° N. Br. . .	— 4	— 7	— 8*	— 4	1	—	—
Südlich von 40° N. Br. . . .	— 7	—12*	— 8	4	6	12	18

Die Differenz der Extreme innerhalb des Zeitraums, der beiden Gruppen gemeinsam ist, beträgt für die nördlichen Stationen mit oceanischem Klima 9%, für die südlichen mit continentalem dagegen 18%. Es bestätigt sich also auch hier das obige Gesetz.

In Amerika nimmt, Dank sei es der großen Gebirgsmauer im Westen, die Continentalität in unseren Breiten von der atlantischen Küste an nach Westen bis dicht an die pacifische Küste zu; südlicher in der Breite des Passats macht diese Zunahme selbst am Gestade des Oceans kaum einer Abnahme Platz. In der alten Welt dagegen ist nördlich von 35° N. Br. von der Küste Europas bis zur pacifischen Küste eine Zunahme der Continentalität nach Osten zu spüren. Genau entsprechend verhält sich auch die Intensität der Schwankungen des Regenfalles.

Suchen wir dieses Gesetz auch auf kleinerem Raum zu erkennen, so wie wir es eben an der Westküste der Vereinigten Staaten thaten. Ich habe zu diesem Zweck die folgende kleine Tabelle zusammengestellt. Die Amplitude ist in Procenten des vieljährigen Mittels des Regenfalles als Differenz der Epochen gegeben. Die Reihen sind so angeordnet, dass die Gebiete mit oceanischem Klima vorausgestellt wurden. Die mit einander zu vergleichenden Reihen sind durch eine seitliche Klammer vereinigt.

Wir haben bei zunehmender Continentalität durchweg eine Zunahme der mittleren Amplitude der Schwankung von Belgien und Holland über Norddeutschland, Süddeutschland und Böhmen bis Ungarn;

[1]) Vergleiche meinen Vortrag vor dem Achten Deutschen Geographentag zu Berlin. Berlin, Reimer, 1889.

Zunahme der Amplitude der Schwankung mit der Continentalität.

	1850—30	1850—60	18[illegible]—60	Mittel
Belgien und Holland . .	12	14	21	16
Norddeutschland . . .	22	19	19	20
Süddeutschland	17	24	40	27
Böhmen	19	27	36	27
Ungarn.	—	23	35	29
Belgien und Holland . .	12	14	21	16
Frankreich, Norden . . .	15	20	20	18
„ Mitte	20	19	24	21
„ Süden	24	30	28	27
Algerien	—	23	24	23
Oestliches Mittelmeer .	—	24	36	30

ebenso von Belgien und Holland über Nordfrankreich nach Südfrankreich; endlich vom westlichen Theil des Mittelmeeres nach dem östlichen. Nicht vollkommen fügt sich dagegen Nordwest-Deutschland dem Gesetz im Vergleich mit dem mittleren und östlichen Nord-Deutschland. Die Schwankung ist ferner in Süditalien kleiner als in Algerien, was sich freilich eventuell durch die fast insulare Gliederung Süditaliens erklären ließe. Endlich passt die Kirgisensteppe mit ihrer widersinnigen Schwankung nicht recht zu dem Gesetz. Dass dieses an den Beobachtungen der beiden einzigen Stationen Orenburg und Irgis liegt, die unter einander ziemlich gut stimmen, scheint fraglich. Das sind aber auch die einzigen Ausnahmen, die sich vielleicht in einigen Fällen nur heute als solche darstellen. Abgesehen von ihnen gilt daher der Satz ganz allgemein: Die Schwankungen verschärfen sich mit zunehmender Continentalität; die Minima werden tiefer und die Maxima höher. Das bietet uns auch die Erklärung für die Thatsache, die wir oben kennen lernten, dass in Gesammteuropa die Schwankungen weit weniger intensiv auftreten als in den anderen Erdtheilen; Europa ist eben der oceanische Continent par excellence.

Dieser Satz könnte zu dem Missverständnis Anlass geben, als würde zu Zeiten das gesammte Bild der Regenvertheilung auf der Erde gestört, vor allem die Abnahme der Regenmenge in der Richtung gegen das Innere des Continents aufgehoben und in das Gegentheil verkehrt. Das kann selbstverständlich niemals der Fall sein.

Die nachfolgende kleine Tabelle gibt darüber Aufschluss. Sie enthält in absolutem Maß die Regenmenge verschiedener Gebiete der alten wie der neuen Welt zur Zeit des Maximums und zur Zeit des Minimums. Die Zahlen wurden mit Hilfe der Procentzahlen der einzelnen Gruppen aus der als Mittel aller Stationen der Gruppe bestimmten mittleren absoluten Regenmenge abgeleitet. Diese Art der Berechnung war durchaus der Mittelbildung aus den directen Regenbeobachtungen der einzelnen Stationen vorzuziehen, da bei der letzteren das Eingehen einer Station sofort die Vergleichbarkeit eines Lustren-Mittels mit seinen Vorgängern hätte vernichten müssen. Durch den ersteren Weg ist dieser Übelstand vermieden. Für jede Gruppe ist dieses vieljährige (meist 30jährige) Mittel des Regenfalles mitgetheilt, ferner ihre mittleren Coordinaten, die als Mittel der Coordinaten der einzelnen Stationen gefunden wurden. Ich habe es vorgezogen, statt einfach das Mittel der beiden trockensten wie der beiden feuchtesten Lustren zu geben, auch auf bestimmte, extreme Lustren einzugehen. Die Anordnung der Gruppen ist so, dass sie die Änderung der Regenmenge beim Vorschreiten vom Atlantischen Ocean für die Mehrzahl der Gebiete durch Asien und

Nordamerika zum Atlantischen Ocean zurück leicht übersehen lässt. Die für die einzelnen Lustren gegebenen Zahlen zeigen diese Änderung in einem bestimmten Zeitraum. In den beiden letzten Columnen sind die Zahlen dagegen mittlere Minima und mittlere Maxima, gefunden als Durchschnitt der jeweilen beobachteten beiden trockensten, beziehungsweise feuchtesten Lustren des Gebietes; sie geben also die Verhältnisse bei einer mittleren Schwankung an.

	Mittlere		Mittlere	Regenmenge				Mittleres	
	Breite	Länge E. v. Gr.	Regenmenge	1831/35	1846/50	1861/65	1881/85	Min.	Max.
Atlantische Inseln	62.^	—10.9	1118	—	1185	1118	995	1218	1040
Irland	51.2	— 8.5	954	1002	973	1040	—	1021	897
Ost-England	52.1	— 0.5	673	666	693	599	713	599	744
Nord-Deutschland	52.1	12.7	647	563	653	602	692	573	705
SW-Russland	47.8	28.0	514	422	514	473	515	447	570
SO-Russland	43.6	45.1	325	—	312	273	364	273	384
Ural	57.3	60.1	412	—	474	350	400	350	480
W-Sibirien	53.3	82.8	226	—	296	149	393	149	347
O-Sibirien	48.1	125.6	444	—	559	400	568	355	564
Ver. St. A., Westküste, S.	36.8	—120.8	431	—	—	379	517	379	517
» Far West	41.1	— 99.2	568	—	687	483	682	483	684
» Inneres, Osten . .	41.2	— 86.7	940	912	1081	893	979	,890	1059
» Atlant. Küste . .	41.8	— 73.9	1105	1072	1093	1127	1072	1149	1072
Atlantische Inseln	62.0	— 10.9	1118	—	1185	1118	995	1218	1040

Die Abnahme der Regenmenge gegen das Innere der Continente besteht immer und zu jeder Zeit. Die Verschärfung der Schwankungen gegen das Centrum der Continente hat nur den Erfolg, diese Abnahme zur Zeit des Minimums zu steigern, zur Zeit des Maximums zu mindern. In der regenreichen Periode erscheinen die Isohyeten gegen das Innere vorgerückt; der Einfluss des Oceans erstreckt sich gleichsam auf größere Entfernungen: das Klima hat etwas von seiner Continentalität verloren.

Die Abnahme der Regenmenge betrug zwischen den

	Atlantischen Inseln u. Ost-England	SO-Russland u. West-Sibirien	Ver. St., Far West u. Atlant. Küste
1846—50	492	16	406
1861—65	519	124	644
1881—85	282	—31	390
Mittl. Min.	619	124	666
» Max.	296	37	388

Es nehmen also von der Trockenperiode zur feuchten Periode die Unterschiede zwischen dem oceanischen und dem continentalen Klima ab, sowohl in der alten als auch in der neuen Welt. Das oceanische Klima dringt gleichsam tiefer in das Festland vor. Am prägnantesten spricht sich das aus, wenn wir die Zahlen graphisch darstellen, wie es in Fig. 7, S. 187 geschehen ist. Hier gibt die ausgezogene Linie die Änderung der Regenmenge im letzten feuchtesten Lustrum (1881—85) und die gestrichelte ebenso im letzten trockensten Lustrum (1861—65) und zwar in der Richtung von West nach Ost an. Da von den Inseln des Pacifischen Oceans Beobachtungen fehlen, so lasse ich sie an dessen Westküste beginnen und an dessen Ostküste endigen. Über dem Atlantischen Ocean habe ich sie unbedenklich ausgezogen, da die Neuengland-Staaten, die nordatlantischen Inseln und Irland ein durchaus einheitliches Verhalten zeigen und wir daher Ähnliches für die zwischenliegende Meeresfläche annehmen müssen. Als Abscissen wurden die jeweiligen Entfernungen der mittleren Punkte der einzelnen Gruppen von einander aufgetragen, sodass ein Millimeter einer Entfernung von 200 *km* entspricht. Die absoluten Regenmengen wurden als Ordinaten aufgetragen; ein Theilstrich entspricht hier 100 *mm*. Ein ganz analoges Bild hätten wir erhalten, wenn wir die zwei anderen extremen Lustren, für welche allerdings weniger Material vorgelegen hätte oder die mittleren Extreme dargestellt hätten.

Die Curve zeigt in besonders deutlicher Weise, was wir schon oben bezüglich der Lage der Ausnahmegebiete aussprachen, dass nämlich die Regenperiode des Festlandes zeitlich mit einer relativen Trockenperiode auf dem Ocean zusammenfällt und umgekehrt. Die auf den Landmassen der Erde vergeblich gesuchte Compensation scheint sich in der That zwischen Festland und Meer zu vollziehen; freilich nachgewiesen ist das zunächst nur für den Nordatlantischen Ocean. Von anderen Theilen des Weltmeeres, vor Allem von dem Pacifischen Ocean, fehlen leider Beobachtungen. Diese Erkenntnis nöthigt uns, eine Einschränkung der bisher von uns allgemein gebrauchten Ausdrücke »Regenperiode« und Trockenperiode» anzunehmen; wir werden in Zukunft von der continentalen Trocken-, beziehungsweise Regenperiode sprechen müssen.

Änderung des Regenfalls von West nach Ost 1861—65 und 1876—80.

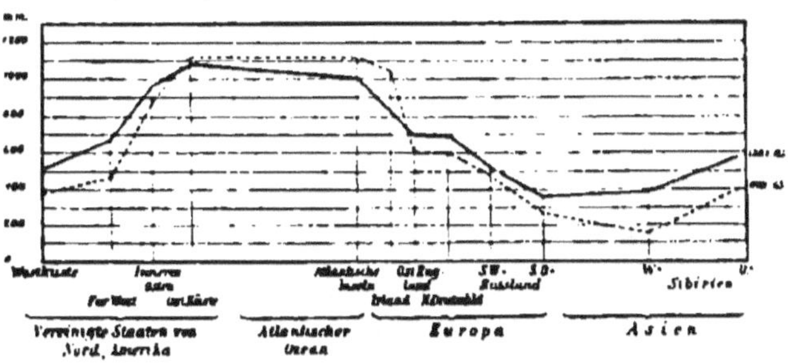

Fig. 7.

Es hat ganz den Anschein, als wenn atmosphärische Feuchtigkeit, die während der continentalen Trockenperiode dem Ocean zugute kam und dessen Regenmenge steigerte, in der continentalen Regenperiode demselben entzogen wird und auf dem Festland niederfällt. Einen Maßstab für den Betrag dieses vermehrten Übertretens oceanischer Feuchtigkeit auf die Landflächen gibt uns das Wandern der Isohyeten, das wir aus unserer Figur trefflich erkennen können. Unter der Annahme, dass die Änderung der Regenmenge zwischen zwei Gebieten proportional der Entfernung erfolgt, erhalten wir vom Lustrum 1861—65 zum Lustrum 1881—85 nachfolgende Verschiebung der Isohyeten in der Richtung landeinwärts (+):

Verschiebung der Isohyeten in Kilometern.

	nach den Lustren 1861—65 u. 1881—85			nach den mittleren Extremen		
	Alte Welt			Alte Welt		
Isohyete	Westseite	Ostseite	Nordamerika	Westseite	Ostseite	Nordamerika
1000 *mm*	—1000	—	200	—600	—	700
900	— 500	—	300	—200	—	500
800	— 100	—	400	100	—	600
700	300	—	500	1000	—	500
600	1500	—	1200	1600	—	1100
500	400	—	2000	1000	—	2000
400	600	2300	verschwunden	800	—	verschwunden
300	verschwunden		—	verschwunden		—

Die Verschiebung ist also an der Küste des Atlantischen Oceans gering, ja bei einigen Isohyeten sogar negativ, d. h. vom Lande weg zum Ocean gerichtet. Gegen das Innere der Landmassen nimmt die Verschiebung zu. Die Isohyete von 400 *mm* nähert sich z. B. der westsibirischen Station Barnaul im feuchten Lustrum 1881—85 von Westen um 600 *km*, von Osten um 2300 *km*. Die Regenmenge von Barnaul im Lustrum 1881—85 treffen wir im Lustrum 1861—65 erst 3700 *km* westlich und 2300 *km* östlich. Das heißt nun nichts anderes, als dass Westsibirien in der Regenperiode um mehrere tausend Kilometer dem Ocean näher liegt als in der Trockenperiode. Für den fernen Westen Nordamerikas beträgt die Annäherung an den Ocean etwa 500 *km*. Diese Überlegung lässt die ungeheuere Bedeutung unserer Klimaschwankungen für jene trockenen Gebiete ahnen.

Die Schwankungen des Regenfalles vor 1830.

Unsere bisherigen Betrachtungen stützten sich ausschließlich auf die Regenbeobachtungen nach 1830; erst seit diesem Jahr sind die Reihen zahlreich genug, um so weittragende Schlüsse zu ziehen, wie die obigen. Nachdem jedoch die verschiedenen Gesetze an einer großen Zahl von Reihen abgeleitet worden sind, haben wir ein Recht, uns auch den weiter zurückliegenden Zeiträumen zuzuwenden, aus denen uns nur spärliche Beobachtungen überkommen sind. Wären dieselben auch zu wenig zahlreich gewesen, um an ihnen das Problem der Klimaschwankungen zum erstenmal darzuthun, so sind sie doch zahlreich genug, um, nachdem jener Nachweis für die letzten 50 Jahre geglückt ist, Rückschlüsse auf die Klimaschwankungen früherer Decennien zu gestatten. Wir beschränken uns zunächst auf den Zeitraum 1781—1830.

Die Schwankungen des Regenfalles an den einzelnen Stationen sind bereits früher Seite 157 in unserer großen Tabelle mitgetheilt. Wir fassen nun die Stationen in Gruppen zusammen, die wir genau so umgrenzen, wie die für die Periode 1831—85 unterschiedenen Gruppen. Auch geben wir wieder zwei Tabellen, eine der nicht ausgeglichenen und eine der ausgeglichenen Gruppenmittel.

1785—1835

	1781/85	86/90	91/95	96/1800	1801/05	06/10	11/15	16/20	21/25	26/30	31/35
	Nicht ausgeglichene Gruppenmittel										
S-Deutschland [1])	—	—	9	— 3*	5	12	12	— 8	—15*	— 2	—10
Böhmen (1)	—	—	—	—	—	— 3	9	1	— 6	— 3	— 6*
Italien, N. (2—5)	— 3	— 6*	0	3	9	11	10	— 7	—12*	— 2	— 4
— Mitte (1)	5	— 2	— 6	9	— 8	14	8	3	31	— 7	—14*
— Süden (1—3)	—	—	—	—	—	— 3	—17	5	— 4	— 7	—11*
Frankreich, mediterran. (4—8)	— 9	12	— 2	0	— 1	2	— 8	— 0	—11	4	—12*
— SW (2—4)	— 6	10	2	— 6	—15*	7	5	— 6	— 9*	— 4	— 1
— Norden (1—5)	— 4	5	—12*	— 2	17	2	0	6	1	2	— 6*
Holland (1)	— 7	— 8	— 8	—10	—21*	— 4	— 9	4	2	5	— 7*
England (2—4)	2	— 2	— 2	— 3	—12*	— 8	0	— 2	8	1	— 2
Schottld. (2—4)	—	—	—	—	— 8*	4	5	1	— 4	— 2	— 6*
Schweden (2—7)	0	— 2	3	7	— 5	2	3	— 2	7	— 1	—10*
SW-Russland [2])	—	—	—	—	—	—	—17	1	—17	0	—18*
Dekan (1—3)	—	—	—	—	—	—	— 7	22	0	14	— 7*
V. St., Inneres, Osten (1)	—	—	—	—	—	—	—	— 4	4	— 4	— 3
— Atl. Küste [3])	—	—	—	—	—	—	—	— 2	— 3	3	— 3*

[1]) 1—4. — [2]) 1—8. — [3]) 2—5.

Ausgeglichene Gruppenmittel

	1781/85	86/90	91/95	96/00	1801/05	06/10	11/15	16/20	21/25	26/30	31/35
S-Deutschland [1]	—	—	5	3	5	10	7	— 5	—10*	— 7	— 6
Böhmen (1)	—	—	—	—	—	1	4	1	— 3	— 5*	— 4
Italien, N. (2—5)	— 3	— 4*	— 1	4	8	10	6	— 4	— 8*	— 5	— 2
— Mitte (1)	2	— 1	— 1*	1	2	7	8	11	14	1	—11
— Süden (1—3)	—	—	—	—	—	— 8	— 5	— 3	— 2	— 7	— 8
Frankreich, mediterran. (4—8)	— 3*	8	2	— 1	0	0	— 3	— 8*	— 7	— 4	— 6
— SW (2—4)	— 2	4	2	— 6	— 7*	1	2	— 4	— 7*	— 4	— 3*
— Norden (1—5)	— 1	— 2	— 5*	0	9	6	2	3	3	0	— 1
Holland (1)	2	— 2	— 7	—12	—14*	—10	— 4	0	3	1	— 4*
England (2—4)	— 3	— 2	— 2	— 5	— 7*	— 4	— 1	1	4	2	— 1*
Schottld. (2—4)	—	—	—	—	— 3	1	4	1	— 2	— 4*	— 3
Schweden (2—7)	— 2	0	4	4	0	0*	1	2	3	— 1	— 6*
SW-Russland [2]	—	—	—	—	—	—	—11	— 8	— 8	— 9	— 9*
Dekan (1—3)	—	—	—	—	—	—	2	9	9	5	— 4*
V. St. Inneres, Osten (1)	—	—	—	—	—	—	—	— 1	0	— 2	— 4*
— Atl. Küste [3]	—	—	—	—	—	—	—	— 2	— 1	0	— 3*

Die europäischen Gruppen überwiegen in diesen weit zurückliegenden Zeiten natürlich noch mehr an Zahl als 1831—85.

Es tritt uns auch hier ein Wechsel feuchter und trockener Perioden entgegen; doch ist die Gleichzeitigkeit etwas weniger ausgesprochen, als wir sie in den letzten 50 Jahren kennen lernten, vermuthlich wegen der geringeren Güte und Zuverlässigkeit der Reihen. Die Mehrzahl der Gebiete hatte 1806 bis 1820 oder 1825 mehr Regen als im vieljährigen Mittel, vorher und nachher dagegen weniger. Deutliche Ausnahmegebiete fehlen fast ganz. Ich habe daher in die nachfolgenden Mittel für die Erdtheile zwei Gebiete, welche wir früher als temporäre Ausnahmen kennen lernten, nämlich Schottland und das mediterrane Frankreich, miteinbezogen und nur die atlantische Küste der Vereinigten Staaten ausgeschlossen, die mit ihrem Maximum um 1826—30 thatsächlich als Ausnahme erscheint. Das Mittel für die ganze Erde wurde wieder auf zwei Arten berechnet — als Mittel aller Gruppen (I) und als Mittel aller Erdtheilmittel (II).

Mittel für die Erdtheile und die ganze Erde.

	1781/85	86/90	91/95	96/00	1801/05	06/10	11/15	16/20	21/25	26/30	31/35
Nicht ausgeglichen											
Europa	— 2	2	— 2	— 1	— 4*	3	0	— 1	— 2	— 1	— 8*
Asien	—	—	—	—	—	—	— 7	22	0	14	— 7*
Nord-Amerika	—	—	—	—	—	—	—	— 4	4	— 4	— 3
Ganze Erde I	— 2	2	— 2	— 1*	— 4*	3	0	0	— 2	0	— 8*
» » II	— 2	2	— 2	— 1*	— 4*	3	— 3	6	1	3	— 6*
Ausgeglichen											
Europa	— 1	0	— 1	— 2*	— 1	1	1	— 1	— 1	— 3	— 4*
Asien	—	—	—	—	—	—	2	9	9	5	— 4*
Nord-Amerika	—	—	—	—	—	—	—	1	0	— 2	— 4*
Ganze Erde I	— 1	0	— 1	— 2*	— 1	1	1	— 3	— 3	— 2	— 4*
» » II	— 1	0	— 1	— 2*	— 1	0	1	3	3	0	— 2*
Häufigkeit der Epochen											
Maximum	2	2	—	—	2	2	4	3	4	2	—
Minimum	—	1	1	1	4	—	—	—	3	—	1
Häufigkeit der Epochen auf gleiche Anzahl der Reihen reduciert											
Maximum	25	25	—	—	20	17	29	18	25	12	—
Minimum	—	12	11	11	40	—	—	—	18	—	69
Maximum	50		20			101					—
Minimum	12		62			18					69

[1] 1—4. — [2] 1—3. — [3] 2—9.

Die Regenperiode zwischen 1806 und 1825 tritt in den Mitteln für die Erdtheile wie im Mittel für die Erde klar und bestimmt hervor, auch in der Zusammenstellung der Lage der Maxima und Minima. Die Periode geringen Regenfalles 1791—1805 ist gleichfalls nicht zu bezweifeln und sehr scharf ist der Abfall gegen das Minimum um 1830.

Nicht so sicher können wir uns über die mittlere Lage der Epochen äußern, da die Zahl der Reihen zu klein ist. Nach der Häufigkeit der Maxima ergibt sich das Lustrum 1811—15 als Centrum der Regenperiode; nach dem Mittel aus den Mitteln für die drei Erdtheile dagegen das Lustrum 1816—20, während in Europa allein das Lustrum 1806—10 das Maximum trägt. Es scheint demnach das Maximum um 1815 herum zu fallen. Über die Lage des Minimums um 1830 im Lustrum 1831—35 kann kein Zweifel obwalten. Auf welches Lustrum dagegen das Minimum am Ausgang des vorigen Jahrhunderts fällt, will ich nicht entscheiden. Wir müssen uns an der Constatierung einer trockenen Periode von 1791 bis 1806 genügen lassen.

Dieser Trockenzeit scheint wieder eine Regenperiode vorherzugehen. Über deren Lage und zeitliche Ausdehnung können wir uns jedoch erst ein Bild schaffen, indem wir abermals 50 Jahre zurückgreifen und die Beobachtungen des Zeitraumes 1731—85 mittheilen. Ich füge noch das aus drei Stationen (Plymouth, Paris, Bordeaux) abgeleitete Mittel für die Jahre 1691—1730 hinzu.

Vor 1785.

Nicht ausgeglichen

	1731-35	36-40	41-45	46/50	51-55	56/60	61-65	66/70	71-75	76-80	81-85
Italien, N. (2)	—	—	—	—	—	—	—	2	— 5	— 1	— 3
Frkr. med. (1-4)	—	—	—	—	8	—16*	1	—15	17	— 5	— 9
— SW (2—3)	7	14	— 3	4	—12*	5	0	— 13*	—	— 5	— 6
— N (1—2)	—14	12	—12	14	19	—	—	—	10	6	— 4
Holland (1)	—	—	— 9	— 2	12	2	26	8	— 2	— 5	7
England (1—2)	— 6	0	—12*	— 3	6	4	5	9	10	— 6	— 2
Schweden (1—3)	—	—	4	4	2	— 3	— 4*	— 2	1	— 4	0
Antillen	—	—	—	—	—	—	9	—11*	2	— 1	1

Ausgeglichen

	1731-35	36-40	41-45	46/50	51-55	56/60	61-65	66/70	71-75	76-80	81-85
Italien, Nord. (2)	—	—	—	—	—	—	—	0	— 3	— 3	— 3
Frkr. med. (1—4)	—	—	—	—	0	— 6	— 7*	— 2	4	0	— 3*
— SW (2—3)	9	8	3	— 2	— 4	0	— 2	— 8*	—	— 5	— 2
— N (1—2)	— 5*	0	0	9	17	—	—	—	9	5	— 1
Holland (1)	—	—	— 7	0	6	10	14	7	— 1	— 1	2
England (1—2)	— 4	— 5	— 7*	— 3	3	5	6	8	6	— 1	— 3
Schweden (1—3)	—	—	4	3	— 1	— 2	— 3	— 2	— 1	— 2	— 2
Antillen (1)	—	—	—	—	—	—	2	— 3*	— 2	0	0

Mittel für Europa

	1681-85	86-90	91-95	96-1700	1701-05	06-10	11-15	16-20	21-25	26-30	31-35
Nicht ausgegl.	—	—	2	8	0	0	11	— 6	— 6	3	— 8*
Ausgeglichen	—	—	4	4	2	3	4	— 2	— 4*	— 2	— 1

	1731-35	36-40	41-45	46-50	51-55	56/60	61-65	66/70	71/75	76/80	81-85
Nicht ausgegl.	— 4	9	— 6	5	5	— 3	0	— 4*	7	— 2	— 4*
Ausgeglichen	0	2	1	2	3	0	— 2*	0	2	0	— 2

Sehr deutlich ist das Bild, das wir erhalten, nicht. Doch ist es gleichwohl wahrscheinlich, dass wir um 1771—75 ein Maximum des Regenfalles vor uns haben und ebenso ein Maximum um 1750 herum, dazwischen aber eine Einsenkung. Nur Holland (Zwanenburg) mit der ganz abnormen Regenmenge von 126% im Lustrum 1761—65 fügt sich dem nicht; ein Beobachtungs- oder Druckfehler scheint mir nicht ausgeschlossen. Ich habe daher die Reihe bei Bildung des untenstehenden Mittels für Europa nicht berücksichtigt. Das letztere, als Quintessenz der kleinen Tabelle, lässt ebenfalls zwei Regenperioden erkennen 1736—55 und 1771—75, getrennt durch eine Trockenperiode 1756—70. Vom Maximum um 1771—75 sinkt der Regenfall continuierlich bis zu dem eben besprochenen Minimum in den Neunziger-Jahren des vorigen Jahrhunderts. Ebenso scheint eine Abnahme des Regenfalles von den Vierziger-Jahren rückwärts gegen 1730 angedeutet. Auf das Lustrum 1731—35 fällt ein Minimum. Diese Trockenperiode erstreckt sich von 1716 an bis 1735 und ihr geht, nach den Beobachtungen von Paris zu urtheilen, von 1691 bis 1715 eine feuchte Periode voraus.

Dürfen wir diese Schwankungen vor 1830 auch für diejenigen Theile der Erde annehmen, welche nicht durch Regenbeobachtungen vertreten sind? Ich glaube, ja. Zunächst spricht eine hohe innere Wahrscheinlichkeit dafür, dass, wenn die Schwankungen zwischen 1830 und 1885 auf dem größten Theil der Landoberfläche der Erde wiederkehrten, dieses auch mit früheren Schwankungen der Fall gewesen sein dürfte. Dann haben wir auch an einigen abflusslosen Seen Anzeichen, dass Gebiete, die uns keine Regenbeobachtungen aus jenen zurückgelegenen Zeiten überliefert haben, an den Schwankungen theilnahmen. Ein Maximum des Wasserstandes entsprechend einem solchen des Regenfalles um 1811—15 herum treffen wir am Kaspischen Meer, am Wansee, am Urmiasee in Vorderasien, am Lake George in Australien, endlich am See von Valencia in Südamerika. Ein Minimum am Ende des vorigen Jahrhunderts begegnet uns am Lake George, am See von Valencia und am Neusiedlersee.

Das Maximum um 1771—75 entspricht dem Maximum am Kaspischen Meer, am Trasimenersee und am Neusiedlersee. Das Minimum 1756—70 kehrt am Kaspischen Meer und am Tsadsee wieder. Das Maximum in den Vierziger-Jahren des vorigen Jahrhunderts hat ein Analogon am Kaspischen Meer und am Wansee, das Minimum 1721—25 gleichfalls am Kaspischen Meer und am Wansee und endlich steht auch das Maximum 1691 bis 1715 nicht allein da; ihm entspricht ein hoher Stand des Zirknitzersees 1707—14.

So sind zwar die Daten für das vorige Jahrhundert dürftig; sie stehen aber recht wohl mit einander in Einklang und gestatten die Vermuthung, dass die auf europäischem Boden an Regenbeobachtungen festgestellten Klimaschwankungen mehr oder minder auf allen Theilen der Erde wiederkehrten.

Seit dem Beginn der Regenbeobachtungen haben wir im Ganzen sechs feuchte Perioden, getrennt durch fünf Trockenperioden kennen gelernt. Diese große Zahl legt uns die Frage nach der Dauer einer Schwankung nahe. Wir können um 1700 herum das Centrum einer feuchten Periode vermuthen, ebenso wie wir um 1880 ein solches nachgewiesen haben. In den dazwischen liegenden 180 Jahren zählen wir im Ganzen fünf vollständige Schwankungen, erhalten also die mittlere Länge derselben zu etwa 36 Jahre; doch ist das nur ein Mittelwerth, von dem sich die einzelnen Werthe zum Theile nicht unerheblich entfernen. Da wir die Lage der Epochen im vorigen Jahrhundert nicht genau kennen, also auch ihre Entfernung von einander nicht angeben können, so vermögen wir die Dauer einer ganzen Schwankung nur als Summe der Dauer einer Regenperiode und einer benachbarten Trockenperiode zu berechnen. Wir erhalten der Reihe nach als Dauer der feuchten Zeiträume 25, 20, 10, 20, 15 und 15 Jahre und als Dauer der trockenen

Zeiträume 20, 15, 25, 15 und 15 Jahre. Die mittlere Länge einer feuchten Periode bestimmt sich demnach zu 17.5 Jahren mit einem wahrscheinlichen Fehler von ± 1.5 Jahren, die mittlere Länge einer trockenen Periode zu 18 ± 1.4 Jahren und als mittlere Länge einer ganzen Schwankung finden wir 35.5 Jahre.

Zusammenfassung.

Werfen wir einen Blick zurück auf die mannigfachen Ergebnisse dieses Capitels!

Es wechseln auf den Landflächen der Erde trockene und feuchte Perioden miteinander ab; seit Anfang des vorigen Jahrhunderts gab es feuchte Perioden 1691—1715, 1736—55, 1771—80, 1806—25, 1841—55 und 1871—85 und dazwischen liegende Trockenperioden 1716—35, 1756—70, 1781—1805, 1826—40 und 1856—70. Die mittlere Lage der Epochen ließ sich nur für das laufende Jahrhundert exact bestimmen und ergab Maxima des Regenfalles in den Lustren um 1815, 1846—50 und 1876—80, Minima 1831—35 und 1861—65.

Doch wechselt die Lage der Epochen etwas von Ort zu Ort; allein nur sehr wenige Gebiete besitzen Maxima während der eben als allgemeine Trockenzeiten bezeichneten Perioden und umgekehrt. Es findet also auf den Landflächen keine Compensation des Regenfalles statt: einem zu viel in dem einen Gebiet entspricht nicht ein zu wenig im andern. Bemerkenswerth ist es, dass die Ausnahmegebiete sich zum großen Theil an den Gestaden des Oceans finden; es scheint, dass die auf dem Lande vergeblich gesuchte Compensation sich auf dem Meer vollzieht; für den Nordatlantischen Ocean muss dies als erwiesen gelten; denn überall an seinen Gestaden wie auch auf seinen Inseln treffen wir Ausnahmegebiete an. Es ist also der durch die Jahreszahlen oben geschilderte Rhythmus der Schwankungen ein specifisch continentaler.

Darauf weist auch die mit zunehmender Continentalität wachsende Amplitude der Schwankung hin; je continentaler das Gebiet, desto größer wird das Verhältnis des Regenfalles zur Zeit des Maximums zu demjenigen zur Zeit des Minimums. Das heißt nichts anders, als dass die Gegensätze zwischen Festland und Ocean sich in der feuchten Periode mildern, die trockenen Gebiete werden feuchter, die oceanischen trockener: es findet gleichsam in der feuchten Periode eine Überfluthung des Landes mit feuchter oceanischer Luft statt, während diese in der Trockenperiode über dem Ocean selbst festgehalten wird.

Es ist ein vollkommenes System der Schwankungen, das wir auffanden und 200 Jahre zurück verfolgen konnten.

Was aber sind nun die Ursachen dieser so eigenthümlichen und, wie wir später sehen werden, in mannigfache Verhältnisse des menschlichen Lebens tief einschneidenden Schwankungen? Wir müssen uns nicht verhehlen, dass die Antwort bezüglich der Endursache kaum heute schon bestimmt und präcise ausfallen kann; doch dürfte es uns vielleicht gelingen, in der langen Kette von Ursachen einen Schritt vorwärts in der Richtung zur Endursache zu thun, indem wir festzustellen suchen, ob nicht gewisse andere meteorologische Elemente Oscillationen zeigen, welche denen des Regenfalles entsprechen.

Der Regenfall hängt in außerordentlichem Grade von den Windverhältnissen ab. Schwankungen der Windverhältnisse sind es, welche den Wechsel feuchter und trockener Witterung von Tag zu Tag, wie nicht minder auch von Jahr zu Jahr, in allererster Reihe bedingen. So liegt es denn nahe zu prüfen, ob nicht die Windbeobachtungen jene Schwankungen des Regenfalles wiederspiegeln, die wir kennen lernten. Allein leider ist die Anemometrie heute noch nicht zu jener Exactheit gelangt, deren wir unbedingt bedürfen, um die vermuthlich nur geringen Schwankungen der Windverhältnisse sicher nachweisen zu können.

Dazu kommt, dass gerade die Windbeobachtungen, sobald sie den Unterwind betreffen und an der Windfahne gemacht werden, in hohem Grade dem Einfluss der Umgebung unterliegen. Auf eine Änderung dieses Einflusses dürften sich voraussichtlich jene Änderungen der Windrosen an einigen europäischen Stationen zurückführen, auf welche in jüngster Zeit G. Gruß an der Hand einer Tabelle aufmerksam machte.[1]) Für unsere Zwecke bietet die Tabelle leider nichts; sie ist in Folge der Größe der Zeitabschnitte (Decennien), in welche die Beobachtungsreihen zerlegt sind, zur Constatierung relativ kurzdauernder Schwankungen, wie die uns beschäftigenden, nicht brauchbar. Wir unterziehen uns umsoweniger der gerade bei Windbeobachtungen so lästigen und weitläufigen Neuberechnung von Lustrenmitteln, als uns die Untersuchung eines anderen meteorologischen Elementes mit aller Schärfe auf Änderungen und Schwankungen der Windrichtung zu schließen gestatten dürfte.

Es ist der Wind nichts anderes als eine Bewegung der Luft, die durch Unterschiede des Luftdruckes in einer Niveaufläche hervorgerufen wird. Die Druckvertheilung erlaubt infolgedessen immer einen zuverlässigen Schluss auf die Windverhältnisse. Sollten daher unsere Schwankungen des Regenfalles mit Schwankungen der Windverhältnisse zusammenhängen, so muss sich diese in den Verhältnissen der Luftdruckvertheilung klar aussprechen.

---

[1]) Das Wetter 1888. S. 137 f.

SECHSTES CAPITEL.

Säculare Schwankungen des Luftdruckes.

Beschränkung auf einen kleinen Theil der Erde. — I. Säculare Schwankungen der Jahresmittel. Hann's Resultate über mehrjährige Perioden des Luftdruckes. Säculare Schwankungen der Jahresmittel des Luftdruckes an 44 Stationen des Nordatlantischen Oceans, Europas und Asiens. Die Trockenperioden als Perioden tiefen Druckes auf dem Nord-Atlantic und in Indien, hohen Druckes in Europa. Compensationsverhältnis zwischen dem Nord-Atlantic und Europa. Karten der Luftdruckabweichungen zwischen 1861—65 und 1876—80, 1856—65 und 1841—55. Gefällsverhältnisse des Luftdruckes zwischen dem Nord-Atlantic und Sibirien 1861—65 und 1876—80. — II. Schwankungen der Jahresperiode. Jahreszeitenmittel nach trockenen und feuchten Perioden für 14 Stationen. Der säculare Gang der Jahreszeitenmittel. Verschiedenes Verhalten im Winter und Sommer. Verschärfung der Jahres-Amplitude in den Trockenperioden. Gefällsverhältnisse des Luftdruckes zwischen dem Nord-Atlantic und Sibirien im Sommer und im Winter 1861—65 und 1876—80 und säculare Schwankungen der Gradienten. Einfluss derselben auf den Regenfall. — III. Zusammenfassung und Schlussfolgerungen. Die Regenperiode ist verursacht durch eine Milderung aller Luftdruckdifferenzen nach Ort und Zeit, die Trockenperiode durch eine Steigerung derselben. Schluss hieraus auf säculare Schwankungen der Temperatur.

Leider vermögen wir nur für relativ kleine Gebiete der Erde etwaigen Schwankungen des Luftdruckes in säcularen Perioden nachzuspüren; denn es liegen nur für wenige Orte genügend zuverlässige, langjährige Beobachtungsreihen vor. Zwar brauchen wir für unsere Zwecke nicht alle jene Anforderungen an eine Reihe zu stellen, die unbedingt erfüllt sein müssen, soll dieselbe zur Zeichnung von Isobarenkarten verwerthet werden. Die absoluten auf das Meeresniveau reducierten Werthe des Barometerstandes bedürfen wir nicht und damit wird für uns die genaue Kenntnis der Seehöhe des Barometers gleichgiltig, die für das Entwerfen von Isobarenkarten eine Hauptbedingung bildet. Ebensowenig kommen für uns jene Barometercorrectionen in Betracht, welche an die beobachteten Stände anzubringen sind, um dieselben mit den Beobachtungen benachbarter Stationen vergleichbar zu machen. Dagegen müssen wir verlangen, dass jede der hier zur Verwendung kommenden Beobachtungsreihen in sich selbst homogen ist, d. h., dass die Daten derselben aus allen Zeiten streng mit einander verglichen werden dürfen.

I. Schwankungen der Jahresmittel.

Für Mitteleuropa liegt uns Hann's Bearbeitung der Luftdruckverhältnisse vor.[1]) Hier ist zum ersten Mal ein in jeder Beziehung voll-

[1]) Hann: Die Vertheilung des Luftdruckes über Mittel- und Süd-Europa. Geograph. Abhandlungen. Bd. II. Heft 2. Wien, 1887.

kommenes Material verarbeitet und veröffentlicht worden. Ja, noch mehr, wir finden hier direct schon auf mehrjährige Perioden des Luftdruckes hingewiesen, die den von uns für den Regenfall dargethanen zu entsprechen scheinen.

Hann fragt zunächst: Aendert sich der Gradient zwischen zwei Orten in gesetzmäßiger Weise von Jahr zu Jahr? Er bildet die Differenzen der Jahresmittel des Luftdruckes für Paare von Orten, für welche ihm lange Reihen homogener Luftdruckmittel vorlagen und die in ihrer Aufeinanderfolge die Variationen der Luftdruck-Differenzen über Europa in der Richtung von Nord nach Süd und von Ost nach West nachzuweisen gestatteten. Er gleicht die erhaltenen Differenzenreihen aus, indem er für jedes Jahr das Mittel aus 5 Jahren, d. h. aus dem betreffenden und den zwei unmittelbar vorhergehenden wie folgenden setzt. In dieser Weise werden zunächst die Differenzen der Jahresmittel des Luftdruckes zwischen Kremsmünster und Genf, sowie Paris und Basel behandelt. Es zeigt sich, dass ein recht regelmäßiges Wachsen und Abnehmen der Luftdruckunterschiede zwischen zwei weit von einander entfernten Orten stattfindet. Doch scheinen die Perioden unregelmäßig und von variabler Länge. So erreicht z. B. die Luftdruckdifferenz zwischen Kremsmünster und Genf 1846, 1857, 1863, 1873 und 1881 Maxima, zwischen welche sich Minima einschalten. Ebenso die Differenz Paris—Basel. Statt hier die Zahlen für jedes einzelne Jahr aufzuführen, stellen wir nur die Lustrenmittel zusammen, genau so, wie wir es für den Regenfall oben gethan haben, und vergleichen dieselben mit den Schwankungen des Regenfalles in Europa.

1841/45	46/50	51/55	56/60	61/65	66/70	71/75	76/80	81/85
Luftdruckdifferenz: Kremsmünster—Genf 1*mm* +								
.45	.47	.29	.46	.31	.05	.50	.26	.25
Luftdruckdifferenz: Paris—Basel 17*mm* +								
.64*	.84	**1.17**	.85	**1.13**	1.01	.97	.77	.64*
Regenfall in Europa (Procent)								
104	101	**104**	96	90*	100	100	**110**	106

Ein Zusammenhang der Schwankungen der Luftdruckdifferenzen nach den Lustrenmitteln und derjenigen des Regenfalles ist für Kremsmünster-Genf dem Anschein nach nicht vorhanden. Dagegen entspricht dem Minimum des Regenfalles um 1860 herum eine allgemeine Zunahme der Luftdruckdifferenz Paris und Basel. Deutlicher noch wird diese Parallelität, wenn wir die Daten nach den feuchten, bezw. trockenen Zeiträumen zusammenfassen:

	Feuchte Periode 1841—55	Trockenperiode 1856—65	Feuchte Periode 1866—85
Kremsmünster—Genf (*mm*)	1.40	1.38	1.26
Paris—Basel (*mm*)	17.88	17.99	17.85
Regenfall in Europa (Procent)	103	93	104

In analoger Weise, wie für Kremsmünster—Genf und Paris—Basel, gibt nun Hann noch für 16 andere Stationspaare die Abweichungen — oder richtiger Correctionen — der fünfjährigen Mittel der Luftdruckdifferenzen vom Gesammtmittel 1851—80. Es geht aus diesen Tabellen hervor, dass in der That langjährige Perioden existieren, in welchen die Luftdruck-Anomalien in gleichem Sinn andauern. So war 1851—60 der Luftdruck im Süden verglichen mit demjenigen im Norden constant niedriger als im 30jährigen Mittel. Von 60° n. Br. bis etwa zur Nordküste des Mittelmeeres zeigen die Luftdruckdifferenzen eine continuierliche Abnahme des Druckes nach Süden an, von hier bis 38° Breite wieder eine Zunahme. Von 1860 ab, besonders aber in den Jahren 1864—68, finden wir eine continuierliche, relative Drucksteigerung nach Süden bis zum Mittelmeer und von da ab wieder eine Umkehrung. »Es gewinnt so den Anschein, als ob die Druckanomalien im Süden über dem Mittelmeer immer die entgegengesetzten seien von jenen, die gleichzeitig über Mitteleuropa nach Norden hin bis zum 60. Breitengrad auftreten.« In den Siebziger-Jahren tritt dann, wenn auch weniger ausgesprochen, eine Änderung ein. Nicht so scharf sind die langjährigen Perioden der Druckzunahme oder -abnahme in der Richtung von West nach Ost.

Um diese Zahlen Hann's für unsere Zwecke verwendbar zu machen, geben wir als Auszug aus denselben die Lustrenmittel wieder. Hat die in der Tabelle enthaltene Zahl das Pluszeichen, so sagt dieses, dass die nach rechts folgende, also südlichere, bezw. östlichere Station einen um den betreffenden Werth höheren Luftdruck (im Vergleich mit der Station oben) hatte. Folgen sich mehrere Pluszeichen von oben nach unten, so zeigt der Luftdruck auf der ganzen Linie eine Zunahme von Nord nach Süd. bezw. von West nach Ost.

Correctionen der 5jährigen Mittel der Luftdruckdifferenzen zur Reduction auf das Gesammtmittel 1851—80.

Richtung N nach S.

	Mittel	1851/55	56/60	61/65	66/70	71/75	76/80
Culloden—London . . .	— 6.16	—.40	—.34	.89	.34	—.19	—.51
Christiania--Kopenhagen	— .40	—.41	—.03	.38	.28	—.06	—.41
London—Paris	4.77	—.41	—.21	.01	.11	.24	·12
Kopenhag.- Leipzig . .	8.60	—.42	—.81	.13	.52	.21	.38
Paris- Perpignan	— 5·36	—.41	—.10	—.04	.15	—.01	.35
Wien—Triest	—14.66	—.09	—.22	—.30	.11	.12	.41
Perpignan—Lissabon . .	6.42	.41	.30	—.53	—.24	—.01	.21
Triest—Palermo	4.75	.20	.04	—.17	—.05	—.15	.20

Richtung W nach E.

	Mittel	1851/55	56/60	61/65	66/70	71/75	76/80
Culloden-Christiania . .	— 1.05	—.28	.11	.78	—.77	.20	—.35
Christiania—Petersburg .	— 2.66	—.07	—.52	.20	.28	.10	—.20
Paris—Basel	17.97	—.20	.12	—.16	—.04	.05	.20
Basel—München	22.36	.13	.06	.24	—.08	—.03	—.36
München—Wien	—28.73	—.19	07	.14	—.20	—.05	.07
Wien-Hermannstadt . .	19.73	—.03	—.01	.08	—.08	.10	—.02
Hermannstadt—Tiflis . .	— 2.86	—.96	.04	.43	—.13	.31	—.11
Lissabon—Palermo . . .	0.65	—.12	—.09	.34	—.14	—.03	—.03

Es ist die Trockenperiode 1856—65, vor allem das trockenste Lustrum 1861—65, durch eine continuierliche relative Zunahme des Luftdruckes von Westen nach Osten, sowie in meridionaler Richtung gegen den 53. Breitengrad hin ausgezeichnet. Besser vermögen wir dieses zu erkennen, wenn wir die Lustren nach ihrem Charakter in Bezug auf den Regenfall zusammenfassen.

Richtung N—S.

	Culloden-London	Christiania-Kopenhagen	London-Paris	Kopenhagen-Leipzig	Paris-Perpignan	Wien-Triest	Perpignan-Lissabon	Triest-Palermo
1856/65	.28	.18	—.10	—.34	—.07	—.26	—.12	—.06
1866/80	—.12	—.06	.16	.37	.16	.21	—.01	00
Differenz	.40	.24	—.26	—.71	—.23	—.47	—.12	—.06

Richtung W—E.

	Culloden-Christiania	Christiania-Petersburg	Paris-Basel	Basel-München	München-Wien	Wien-Hermannstadt	Hermannstadt-Tiflis	Lissabon-Palermo
1856/65	.44	—.16	—.02	.15	.10	.01	.24	.12
1866/80	—.31	.06	.07	—.24	—.06	.00	.02	—.07
Differenz	.75	.22	.09	.39	.16	.01	.22	.19

Alle diese Zahlen aber vermögen uns den Zusammenhang der Schwankungen des Regenfalles mit solchen des Luftdruckes nicht mit jener Prägnanz darzustellen, wie es die einfachen Abweichungen der Jahresmittel von einem langjährigen Mittel, demjenigen 1851—80, im Stande sind. Aus den betreffenden Tabellen von Hann stellten wir daher die nachfolgenden Daten zusammen, indem wir unser Material nach einigen anderen Quellen zu vervollständigen strebten. Bezüglich der Bemerkungen über die Lage der Stationen, die Güte der Beobachtungen, etwaige Correctionen u. s. w. verweisen wir auf Hann's Werk. Nur für 9 Stationen müssen wir einige Bemerkungen vorausschicken, weil deren Beobachtungen von Hann theils überhaupt nicht benutzt, theils ausdrücklich als nicht genügend auf ihre Homogenität geprüft bezeichnet wurden.

Bemerkungen zu den Stationen:

Madrid, nach Hann in der Meteorologischen Zeitschrift 1889, S. 392.

Tiflis, das Lustrum 1851—55 scheint unsicher.

Stykkisholm, von Hann, wie auch Tiflis, als nicht genügend geprüft bezeichnet, ist offenbar nicht homogen; ein Bruch zwischen 1865 und 1866 liegt vor. Differenz gegen Culloden vor 1866 2.89 *mm*, nach 1865 1.80 *mm*; also sind die Daten seit 1866 um etwa 1.09 *mm* zu gross. Durch Differenzenbildung gegen London findet man 0.92 *mm*. Ich habe daher von 1866 an die Correction —1.00 *mm* an die von Hann veröffentlichten Daten angebracht.

Kopenhagen, die Lustren 1841—50 nach handschriftlichen Aufzeichnungen von Capitän Hoffmeyer, im Besitz von Herrn Professor W. Köppen in Hamburg.

St. Petersburg, von Hann als nicht genügend geprüft bezeichnet; die älteren Lustren nach Pernet im Repertorium für Meteorologie III (St. Petersburg 1874). Die Lustren vor 1854 scheinen erheblich zu hoch. Die Differenzen gegen Warschau ergeben als Correction —.69, Krakau —.59. Bildet man die beiden 30jährigen Mittel 1826—55 und 1856—85, so ergibt sich für das erstere die Correction —.32. Nach allem muss eine Correction von mindestens —.30 *mm* angenommen werden. Ich habe dieselbe angebracht.

Katharinenburg am Ural, aus den Annalen des physik. Central-Observatoriums ausgezogen. Die dort mitgetheilten Correctionen sind, so weit sie nicht widerrufen wurden, angebracht. Außerdem wurde nach den Differenzen gegen Petersburg, welche die Correction —.37 ergeben und Warschau (Correction —.94) an die Lustren vor 1856 die Correction —.4 angebracht.

Barnaul, theils nach den Petersburger Annalen, theils nach handschriftlichen Aufzeichnungen, die Herr Director Hann mir freundlichst zur Verfügung stellte. Die in den Annalen erwähnten Correctionen wurden von mir angebracht. An die Jahre 1877—85 wurde außerdem die Correction —1.1 *mm* angebracht, die sich durch Differenzenbildung gegen Katharinenburg wie gegen Nertschinsk übereinstimmend zu —1.20 bezüglich —1.01 *mm* ergab.

Nertschinsk, Hüttenwerk, nach den Petersburger Annalen; vor 1846 unbrauchbar, sonst gut; die Correctionen der Annalen sind angebracht.

Hongkong, nach Hann in der Meteorologischen Zeitschrift 1886 S. 322. Hann bezeichnet die absoluten Werthe als etwas unsicher, bringt aber im übrigen der Reihe Vertrauen entgegen, indem er sie in extenso publiciert. Ob die niedrigen Jahresmittel 1864—67 sich auf eine locale Barometer-Correction zurückführen, oder richtig sind, muss dahingestellt bleiben. Lassen wir sie fort, so erhalten wir als Abweichung 1861—63 +1.23 und 1868—70 —.92*. Am säcularen Gange wird dadurch nur wenig geändert.

Säculare Schwankungen des Luftdruckes an 44 Stationen in Europa und Asien.

Dargestellt durch Abweichungen vom Mittel 1851—80.

	1 Stykkisholm	2 Thorshavn	3 Culloden	4 Christiania	5 Kopenhagen	6 Upsala	7 St. Petersburg
Seeh. *m*	11.3	?	31.7	24.6	0	24	4.5
Mittel	751.93	54.54	54.72	55.71	59.67	56.12	58.34
1826/30	—	—		—	—	—	.49
31/35	—	—	—	—		—	—.10
36/40	—	—	—	—	—	—	.34
41/45	—	—	—.08	—	—.51*	—	—.20*
46/50	—.17	—	—.18	—	—.21	—	.11
51/55	.58	—	.51	.29	—.08	.48	—.04
56/60	.58	—	.44	.62	—.63	.50	.13
61/65	—1.05*	—	—.52*	.32	.74	.43	.55
66/70	—.40	.32 [1])	—.28	—.99*	—.67	—.96*	—.68*
71/75	—.17	—.10	—.11	.14	.13	.21	.27
76/80	.49	—.54	—.08	—.36*	—.73*	—.73*	—.53*
81/85	—1.01	—.35	—.80	.59	.30	.03	.75

	8 London	9 Utrecht	10 Paris	11 Genf	12 Basel	13 München	14 Leipzig
Seeh. *m*	?	13.6	67.4	405.9	277.5	529.3	119.2
Mittel	751.36	59.98	56.04	26.73	38.07	15.70	51.07
1826/30	—	—	—.06	—	—	—	—
31/35	—	—	.70	—	.39	—	—
36/40	—	—	—.64	—.28	—.26	—	—
41/45	—	—	—.85*	—.51*	—.52*	—.08	—
46/50	—	—	—.26	—.24	—.18	.30	—
51/55	.14	—.10	—.24	—.37	—.43	—.29*	—.50*
56/60	.13	.15	—.04	.01	.08	.16	—.18
61/65	.41	.51	.45	.45	.30	.55	.87
66/70	.10	—.01	.24	.21	.20	.13	—.12
71/75	—.26	.01	.01	.00	.06	.03	.34
76/80	—.55*	—.55*	—.40*	—.32*	—.21*	—.55*	—.37*
81/85	—	.21	.11	.17	.45	.04	.06

[1]) 1867—1870.

	15	16	17	18	19	20	21
	Berlin	Prag	Krems-münster	Klagenfurt	Wien	Agram	Budapest
Seeh. *m*	41.5	201.8	390.0	453.7	199.3	162.5	153.3
Mittel	757.64	43.73	27.99	22.26	44.41	47.86	48.39
1826/30	—	—	—.38	—	—	—	—
31/35	—	—	2.45	—	—	—	—
36/40	—	—	.47	—	—	—	—
41/45	—	—	—.37	—	—	—	—
46/50	—		—.08	.12	—	—	—
51/55	—.35*	—.07	—.39*	—.74*	—.46*	—	—
56/60	.12	.35	.16	—.26	.25	—	.34
61/65	.44	.85	.45	.65	.71	.39	.58
66/70	—.37	—.34	—.45	.27	—.04	—.16	.07
71/75	1.02	—.09	.19	.34	.01	.31	.14
76/80	—.83*	—.70*	—.36*	—.24*	—.46*	—.24*	—.46*
81/85	—.41	.44	.22	.51	.47	.62	.45

	22	23	24	25	26	27	28
	Hermann-stadt	Königs-berg	Warschau	Krakau	Lemberg	Ponta-Delgada	Lissabon
Seeh. *m*	414.4	22.6	119.4	220.3	297.6	20	102.3
Mittel	724.68	58.73	50.04	42.57	35.01	64.25	55.00
1826/30	—	—	—.18	.38	—	—	—
31/35	—	—	.67	1.05	—	—	—
36/40	—	—	—.33	—.85*	—	—	—
41/45	—	—	—.53*	—.79	—	—	—
46/50	—	—	—.42	—.70	—	—	—
51/55	—.48*	—.43	—.39	—.45	—.31*	—	—.26*
56/60	.24	.55	.34	.51	.24	—	.14
61/65	.74	1.19	.68	1.11	.67	—	—.13
66/70	—.13	—.17	—.33	—.05	—.21	.40	.13
71/75	.11	.20	.15	—.25	.05	.46	—.03
76/80	—.48*	—1.33*	—.45*	—.85*	—.45*	—.56*	.00
81/85	.35	.16	.64	—.25	.73	.41	.22

	29	30	31	32	33	34	35	36
	San Fernando	Madrid	Palermo	Perpignan	Mailand	Triest	Lesina	Athen
Seeh. *m*	29.2	655.0	72.2	—	147.1	26	19.5	102.7
Mittel	761.36	06.61	54.33	61.40	47.79	59.07	59.16	52.93
1826/30	—	—	.25	—	—	—	—	—
31/35	—	—	.87	—	—	—	—	—
36/40	—	—	.28	—	—	—	—	—
41/45	—	—	.23	—	—	—	—	—
46/50	—	—	.30	—	—	—.75	—	—
51/55	—.41*	—.69*	—.37*	—.65*	—.55*	—.55	—.67	—
56/60	.14	.19	.05	—.14	—.08	.03	—.04	—
61/65	.01	.27	.22	.42	.39	.41	.39	—.34
66/70	.24	.36	.00	.39	.23	.07	.07	—.01
71/75	—.15*	—.11*	—.04*	.01	.21	.13	.23	—.08
76/80	.19	—.04	.12	—.05*	—.17*	—.06*	.05*	—.39*
81/85	.24	.19	.30	—	.89	.75	.58	—.14

	37 Konstantinopel	38 Tiflis	39 Katharinenburg	40 Barnaul	41 Nertschinsk Hüttenw.	42 Hongkong	43 Bombay	44 Calcutta
Seeh. *m*	0	409	272.4	146.6	660?	?	?	?
Mittel	762.29	27.61	35.38	49.46	04.85	60.53	?	?
1826/30	—	—	—	—	—	—	—	—
31/35	—	—	—	—	—	—	—	—
36/40	—	—	.42	—	—	—	—	—
41/45	—	—	—.32*	—.14	—	—	—	—
46/50	—	—	.07	—.07	.45 [1])	—	—.18 [3])	—
51/55	—	.40	—.21	.03	—.06	.16 [2])	—.01	—.09 [2])
56/60	.11	.14	.17	—.26	—.04	—.20	—.02	—.15
61/65	.05	.24	—.39*	—.54*	—.10	—.38	—.15	—.18
66/70	.07	—.06	.28	.90	—.45*	-1.68*	.24	.21
71/75	—.18	—.27	.04	—.19	.29	—.12	.08	—.08
76/80	—.25*	—.44	.20	.06	.36	2.19	.28 [1])	.25
81/85	.11	—.07*	.06	.42	.15	1.38	—	—

Um die Uebersicht zu erleichtern und etwaige Zufälligkeiten noch etwas auszugleichen, wurden Gruppen gebildet, und zwar der Reihe nach für den Nordatlantischen Ocean aus den Stationen 1—3; Nordeuropa 4—7; England, Frankreich, Holland und Schweiz 8—12; Süd- und Mittel-Deutschland nebst Österreich 13—19; Ungarn 20—22; Galizien, Polen, Ostpreußen 23—26; Azoren 27; Spanien 28—30; Sicilien 31; Südfrankreich, Norditalien, Küstenland und Dalmatien 32—35; Balkanhalbinsel 36 und 37; Westsibirien 39 und 40; Ostsibirien 41; Südchina 42; Indien als Mittel aus Bombay, Calcutta und Batavia. [5])

Die charakteristischen Lustren der Regenschwankungen treten hier als Träger der Epochen auf, doch in verschiedenen Gebieten durchaus in verschiedener Weise: auf dem Nordatlantischen Ocean anders als auf dem europäischen Festland und auf letzterem anders als in Sibirien und Indien.

Säculare Schwankungen des Luftdruckes in verschiedenen Theilen Europas und Asiens.

Dargestellt durch Abweichungen vom Mittel 1851—80.

	Nordatlantischer Ocean	Nord-Europa	Schweiz, Frankreich, Holland	S.- und M.-Deutschland, Oesterreich	Ungarn	Galizien, Polen, Ostpreußen	Azoren
Z. d. Stat.	1—3 [6])	1—4	1—5	1—7	1—3	1—4	1
1826/30	—	.49	—.06	—.38	—	.10	—
31/35	—	—.10	.54	2.45	—	.86	—
36/40	—	.34	—.39	.47	—	—.59	—
41/45	—.08	—.36*	—.63*	—.22	—	—.66*	—
46/50	—.18	—.05	—.21	.11	—	—.56	—
51/55	.54	.16	—.20	—.40*	—.48	—.40	—
56/60	.51	.49	.07	.09	.29	.41	—
61/65	—.78*	.51	.42	.65	.57	.01	—
66/70	—.12	—.82*	.15	—.13	—.07	—.19	.40
71/75	—.13	.19	—.04	.26	.21	.04	.46
76/80	.32	—.59*	—.41*	—.50*	—.39*	—.77*	—.56*
81/85	—.72	.42	.23	.19	.47	.32	.41

[1]) 3½ Jahre. — [2]) 1853—55. — [3]) 1847—50. — [4]) 1876—78.

[5]) Hann a. a. O. S. 110.

[6]) D. h. die Zahl der für die verschiedenen Lustren benutzten Stationen schwankt zwischen 1 und 3.

	Spanien	Sicilien	Südfrankreich, Norditalien, Küstenland, Dalmatien	Balkanhalbinsel	Westsibirien	Ostsibirien	Süd-China	Indien
Z. d. Stat.	3	1	1—4	1	1—2	1	1	3
1826/30	—	.25	—	—	—	—	—	—
31/35	—	.87	—	—	—	—	—	—
36/40	—	.28	—	—	.42	—	—	—
41/45	—	.23	—	—	—.23	—	—	—
46/50	—	.30	—.75*	—	.00	.45	—	—.10
51/55	—.45*	—.37*	—.60	—	—.09	—.06	.16	—.10
56/60	.16	.05	—.06	.11	—.04	—.04	—.20	.00
61/65	.05	.22	.40	.05	—.46*	—.10	—.38	—.52*
66/70	.24	.00	.19	.07	.59	—.45*	-1.68*	.59
71/75	—.10*	—.04*	.14	—.18	—.08	.29	.12	—.13
76/80	.05	.12	—.06*	—.25*	.13	.36	2.19	.02
81/85	.22	.30	.74	.11	.24	.15	1.38	.00

Betrachten wir zunächst die Verhältnisse in Europa. Hier entsprechen der Trockenperiode um 1860 wie derjenigen um 1830 Perioden hohen Luftdruckes, dagegen den feuchten Perioden 1841—55 und um 1880 solche niedrigen Druckes. Ausnahmen von dieser Regel gibt es nicht; nur die Intensität der Luftdruck-Maxima oder -Minima wechselt etwas von Gebiet zu Gebiet. Diese Beziehungen zwischen Luftdruckschwankungen und Schwankungen des Regenfalles sind sehr scharf ausgesprochen. Die nachfolgende Zusammenstellung der mittleren Schwankung des Regenfalles in Europa, wie wir sie im Cap. V fanden, und der mittleren Schwankung des Luftdruckes daselbst zeigt dieses trefflich.

Abweichungen des Regenfalles und des Luftdruckes vom Mittel 1851—80 in Europa.

1826/30	31/35	36/40	41/45	46/50	51/55	56/60	61/65	66/70	71/75	76/80	81/85
Regenfall, Procent											
—1	—10*	—1	4	1	4	—4	—10*	0	0	10	6
Luftdruck *mm* [1])											
.08	.92	.02	—.29*	—.19	—.35*	.17	.42	—.02	.10	—.33*	.34

Es ist durchaus die eine Zahlenreihe das Spiegelbild der anderen, und zwar in dem Maße, dass selbst dem unbedeutenden Rückgang des Regenfalles um 1846/50 auch eine geringe Zunahme des Luftdruckes entspricht.

Analoges und doch umgekehrtes sehen wir auf dem Atlantischen Ocean. Es ist hier die Schwankung des Luftdruckes genau der Schwankung desselben über Europa entgegengesetzt. Einer Druckzunahme hier entspricht eine Druckabnahme dort und umgekehrt. Es besteht also ein strenges Compensationsverhältnis zwischen Europa und dem Nordatlantischen Ocean.

Interessant ist es, dass gleichwohl die Beziehungen zwischen Luftdruck und Regenfall auf dem Nordatlantischen Ocean dieselben sind, wie auf dem europäischen Continent. Wir hatten im Nordatlantischen Ocean ein großes Ausnahmegebiet bezüglich der Schwankungen des Regenfalles kennen gelernt, auf dem gerade die continentalen Regenperioden sich durch Trockenheit auszeichneten, die continentalen Trockenperioden aber durch starken Regen. So sehen wir denn wieder bei sinkendem

[1]) Mittel der Gruppenmittel.

Luftdruck den Regen zunehmen, bei steigendem ihn abnehmen. Die Gegenüberstellung der folgenden beiden Reihen spricht klarer, als es Worte könnten.

Schwankungen des Regenfalles und des Luftdruckes auf dem Nordatlantischen Ocean, in Abweichungen vom Mittel 1881—85.

	1841/45	46/50	51/55	56/60	61/65	66/70	71/75	76/80	81/85
Regenfall % [1])	1	2	0*	0*	3	**5**	2	—6	—10*
Luftdruck *mm*	—.08	—.18	**.54**	.51	—.78*	—.12	—.13	**.32**	—.72

Wieder ist die eine Curve das Spiegelbild der anderen, wenn auch nicht so vollkommen, wie das für Europa der Fall war. Offenbar hatte dort die große Zahl der Regen- wie der Luftdruckstationen eine Ausmerzung der Zufälligkeiten herbeigeführt, die bei der geringen Zahl der Stationen, die uns die Verhältnisse des Nordatlantischen Oceans repräsentieren, nicht zu erwarten ist.

Diese Beziehungen sind nun nicht etwa zufällige, sondern sie haben ihren guten physikalischen Sinn. Wenn auf dem Ocean relativ (d. h. verglichen mit den »Normal-Werthen«) hoher Druck herrscht und auf dem Land relativ niedriger, wie das während der beiden Regenperioden 1841—55 und 1871—85 der Fall war, so muss das naturgemäß den Uebertritt feuchter, oceanischer Luft vom Meer auf's Land in hohem Grade erleichtern, d. h. den Regen auf dem Lande mehren. Das kann aber nur auf Kosten des Regens auf dem Meer geschehen. Denn die Luft, welche jene auf's Land übergetretene feuchte Luft ersetzt, stammt aus der Höhe und senkt sich über dem Ocean herab, ist daher trocken. Wenn dagegen der Luftdruck auf dem Lande hoch ist und auf dem Meer relativ tief, wie das um 1830 und um 1860 der Fall war, so wird der Übertritt oceanischer Luft auf's Land erschwert, die Luft wird auf dem Ocean festgehalten und nur hier kann sie nunmehr ihren Wasserdampf als Regen niederschlagen: das Land erlebt dagegen gleichzeitig eine Trockenperiode. In dieser Weise erklärt sich das hochinteressante Compensationsverhältnis zwischen dem Nordatlantischen Ocean und Europa, das sich beim Regen zeigte, durch ein entsprechendes Compensationsverhältnis beim Luftdruck.

Zum Theil wesentlich anders verhalten sich Sibirien, China und Indien. Hier fehlen jene Beziehungen zwischen Regenfall- und Luftdruckschwankungen, die wir in Europa kennen lernten. Die Regenschwankungen Europas kehren zwar in ganz Asien und zwar potenziert wieder; allein die Schwankungen des Luftdruckes vollziehen sich umgekehrt wie in Europa. Dieselben sind dabei zum Theile auffallend wenig regelmäßig; doch ist eine Tendenz zu niedrigem Luftdruck in der Trockenperiode ausgesprochen, während die regenreichen Perioden um 1850 und um 1880 bei relativ hohem Luftdruck stattfanden. Die Zusammenstellung der betreffenden Reihen auf der nächsten Seite zeigt dieses; dieselben wurden nicht ausgeglichen.

Das uns von Europa und vom Nordatlantischen Ocean bekannte Verhältnis zwischen Regenfall und Luftdruck kehrt nur in Indien und auch hier nur zum Theil wieder. Es entspricht das Maximum des Regenfalles in Nordindien und in Britisch-Birma tiefem Luftdruck, das Minimum hohem Luftdruck. Es sind also gerade diejenigen Gebiete, die wir als Ausnahmen von den regulären Schwankungen des Regenfalles

[1]) Ausgeglichene Reihe.

kennen gelernt haben, die das alte Verhältnis zum Luftdruck zeigen, während die Halbinsel von Vorderindien (Dekan) ein Minimum des Regenfalles gleichzeitig mit dem Minimum des Luftdruckes aufweist. Sibirien aber bildet durchaus eine Abnormität.

Schwankungen des Regenfalles und des Luftdruckes in Asien.

In Abweichungen vom Mittel 1851—80.

	41/45	46/50	51/55	56/60	61/65	66/70	71/75	76/80	81/85
Westsibirien.									
Regenfall % . .	24	31	1	—13	—34*	—24	14	54	74
Luftdruck *mm* .	—.23	00	—.09	—.04	—.46*	—.49	—.08	.09	.24
Ostsibirien.									
Regenfall % . .	26	15	0	—20*	—10	— 5	9	23	28
Luftdruck *mm* .	—	45	—.06	—.04	—.10	—.45*	.29	.36	.21
Indien.									
Regenfall. Dekan	—3	12	0	0	— 6*	0	2	6	14
» N-Indien [1])	1	2	0	— 8	9	— 8	4	2	—2*
» Birma .	—	—	—15*	—12	18	8	12	—11*	— 1
Luftdruck . . .	—	—.10	—.10	.00	—.52*	.59	—.13	.02	.00

Dieses Ergebnis für Sibirien muss zunächst in hohem Grade verwundern. Man sollte meinen, dass gerade eine Änderung des Luftdruckes in Sibirien das Eindringen feuchter Luft erleichtern müsse. Doch ist dagegen zweierlei einzuwenden. Erstens wissen wir nicht, ob jene Schwankungen der Jahresmittel des Luftdruckes in erster Reihe durch Schwankungen des hohen Druckes im Winter oder des tiefen Druckes im Sommer verursacht sind. Ja, es wäre auch möglich, dass diese Schwankungen im Sommer und im Winter sich gerade umgekehrt vollzögen; wie dann das Mittel ausfällt, ist ganz dem Zufall überlassen. Vor allem aber müssen wir bedenken, dass es für den Übertritt oceanischer Luft auf das Festland nicht sowohl auf die Luftdruckverhältnisse und die Gradienten im Innern des Continents fern vom Meer ankommt, sondern vielmehr auf die Gradienten an der Küste. Ein Minimum im Innern des Landes übt keine Fernwirkung aus; nur dann vermag es oceanische Luft ins Land zu ziehen, wenn es im Stande ist, auch an der Küste die Gradienten zu steigern. Das aber ist in der Trockenperiode nicht der Fall. Wir haben gerade dort, von wo die Haupteinfuhr oceanischer Luft gegen Sibirien stattfindet — über Europa — in der Trockenperiode relativ hohen Luftdruck, und eine Verstärkung der vom Land zum Meer gerichteten Gradienten. Dieselbe muss ihre Wirkung bis in das Innere Sibiriens fühlbar machen, gleichgiltig wie die Luftdruckvertheilung hier ist. Es lagert sich in der Trockenperiode zwischen die beiden Gebiete relativ tiefen Luftdruckes auf dem Nordatlantischen Ocean und in Sibirien ein Band relativ hohen Luftdruckes, welches den Luftaustausch zwischen jenen erschwert. Deutlich geht dieses aus den nachfolgenden beiden Kärtchen hervor. Die erste derselben bringt die Differenzen des Luftdruckes zwischen dem feuchtesten Lustrum der letzten Regenperiode, 1876—80, und dem letzten trockensten Lustrum, 1861—65, zur Darstellung. Die Curven geben in Millimetern an, um wie viel der Luftdruck 1861—65 höher (+), beziehungsweise tiefer (—) war als 1876—80. Die Zahlen sind nach der obigen Tabelle berechnet.

Es war der Luftdruck im trockenen Lustrum 1861—65 über ganz Europa höher als in dem feuchten Lustrum 1876—80. Das »relative«

[1]) Mittel der Gruppen Indus-Wüste, Punjab, Ebene Hindostan und Bengalen.

Barometermaximum war am intensivsten (mehr als 1.5 *mm*) innerhalb eines Gebietes zwischen den Stationen Krakau, Prag und Kopenhagen. Die Beobachtungen von Warschau, Lemberg und vor allem von Katharinenburg zeigen, dass auch nach Osten dieses Gebiet größter Abweichung, geschlossen war. Nach allen Seiten hin nimmt die Abweichung ab und erreicht den Werth Null längs einer Linie, die westlich von England gegen Süden zieht und sich in etwa 44° N. Br. gegen Südost wendet, sodass der Südwesten der iberischen Halbinsel außerhalb derselben bleibt. Lissabon und San Fernando haben eine negative Abweichung, d. h. im Lustrum 1876—80 höheren Luftdruck als 1861—65. Eine geringe positive Abweichung treffen wir im Mittelmeer an. Dass das Gebiet der positiven Abweichungen sich hier im Süden weit nach Osten erstreckt, lehrt uns Tiflis. Mehr im Norden hat Katharinenburg jedoch schon wieder negative Abweichung.

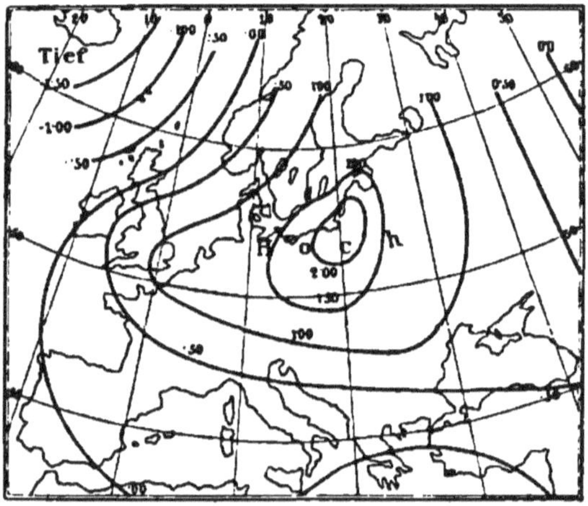

Fig. 8. Differenz der Luftdruckmittel 1861—65 und 1876—80. (+ heißt, dass 1861—65 höheren Druck besaß.)

Das gleiche Bild, nur etwas abgeschwächt, hätten wir erhalten, wenn wir statt der extremen Lustren die Luftdruckverhältnisse im Mittel der ganzen Trockenperiode und im Mittel der feuchten Periode mit einander verglichen hätten. Es ist nun sehr wichtig, dass auch die Regenperiode 1841—55 von einer ganz entsprechenden Luftdruckabweichung, verglichen mit den Jahren 1856—65, begleitet war. Allerdings ist die Zahl der Stationen, deren Luftdruckbeobachtungen bis zum Jahre 1841 zurückreichen, nicht gross, gleichwohl aber genügend, um uns zu jener Erkenntnis zu führen.

Lehrreich ist ein Vergleich der beiden Kärtchen. Das Centrum des relativen Hochdruckgebietes liegt im Kärtchen für 1841/55 und 1856/65 südlicher als in demjenigen für 1876/80 und 1861/65, sodass die Abweichung zu Petersburg geringer ist (0.12 *mm*), diejenige von München, Basel und Genf hingegen größer. Schottland (Culloden —0.15 *mm*) gehört bereits einem Gebiet zu tiefen Druckes im Westen auf dem Atlantischen Ocean an. Dafür, dass auch hier das Maximum gegen Osten geschlossen ist, spricht die außerordentlich geringe positive Abweichung von Katharinenburg (+.04 *mm*); doch genügte die Zahl der Stationen nicht, um das kartographisch darzustellen.

Das gleiche Bild erhalten wir, wenn wir die Jahre 1841—55 mit denen der vorhergehenden Trockenperiode (1826—40) vergleichen.

Immer ist die Trockenzeit durch einen über Europa lagernden Rücken relativ hohen Druckes ausgezeichnet. Dieser Rücken hemmt den Zutritt oceanischer Luft zum europäischen wie zum nordasiatischen Festland.

Selbstverständlich soll damit nicht gesagt sein, dass ein barometrisches Maximum sich über Europa etabliert; die Luftdruckvertheilung bleibt in der Trockenperiode wie in der feuchten Periode in ihren allgemeinen Zügen dieselbe. Es ist nur ein relatives Maximum, das in der Trockenperiode über Europa entsteht, ein Maximum verglichen mit den

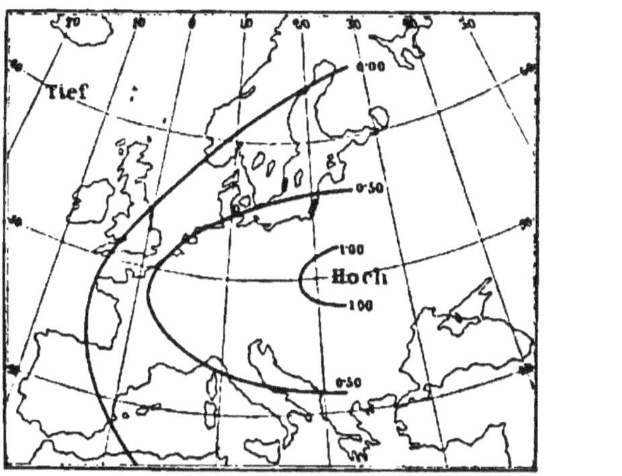

Fig. 9. Differenz der Luftdruckmittel aus 1856—65 und 1841—55. (+ heißt, dass 1856—65 höheren Druck besaß.)

Normalwerthen oder mit den Werthen während der feuchten Periode.

Um nun diese Verhältnisse zu veranschaulichen, wollen wir graphisch die Änderung des Luftdruckes beim Vorschreiten vom Nordatlantischen Ocean gegen Sibirien verfolgen. Die Beobachtungen der Stationen, über welche uns der Weg führt, mussten zu diesem Zweck auf das Meeresniveau reduciert werden. Es geschah dieses nach der von **Hann** angegebenen Methode[1]), indem an die von ihm auf das Meeresniveau reducierten 30jährigen Mittel die in unserer Tabelle S. 198 mitgetheilten Abweichungen angebracht wurden. Für Katharinenburg und Barnaul wurde die Reduction aufs Meeresniveau nach der von **Hann**[2]) mitgetheilten vereinfachten Formel ausgeführt. Die nachfolgende Zusammenstellung gibt die auf das Meeresniveau reducierten Stände wieder; die Schwere-Correction ist selbstverständlich angebracht.

---

[1]) **Hann** a. a. O. S. 178 f.

[2]) **Hann** in **Berghaus'** physikalischem Atlas. S. 6 des Textes zum Atlas der Meteorologie.

Jahresmittel des Luftdruckes im Meeresniveau 700 mm +

	Stykkisholm	Culloden	Paris	Prag	Krakau	Lemberg	Katharinenburg	Barnaul
1861/65	53.2	58.0	62.7	63.1	63.6	63.0	61.3	63.3
1876/80	54.8	58.4	61.9	61.6	61.7	61.8	61.9	63.9

Diese Zahlen sind nun in der untenstehenden Figur graphisch dargestellt. Die Entfernung der Ordinaten von einander ist proportional der Entfernung der Stationen gewählt. Als Einspunkt diente für jede Curve der gleichzeitige mittlere Luftdruck in Stykkisholm. Hierdurch ist die Einsicht in die Gefällsverhältnisse der Curven erleichtert. Dieselben stellen also eigentlich dar, um wie viel der Luftdruck an den verschiedenen Stationen den Luftdruck von Stykkisholm übertraf. Ein Ansteigen der Curven um 1 Theilstrich entspricht einer Zunahme des Luftdruckes um 1 *mm*. Da der Luftdruck zu Stykkisholm bei beiden Curven gleich Eins gesetzt wurde, obwohl er das eine Mal 753.2 und das andere Mal 754.8 betrug, so ist die ganze Curve für die Trockenperiode im Vergleich zu derjenigen der Regenperiode um 1.6 Theilstriche aufwärts verschoben.

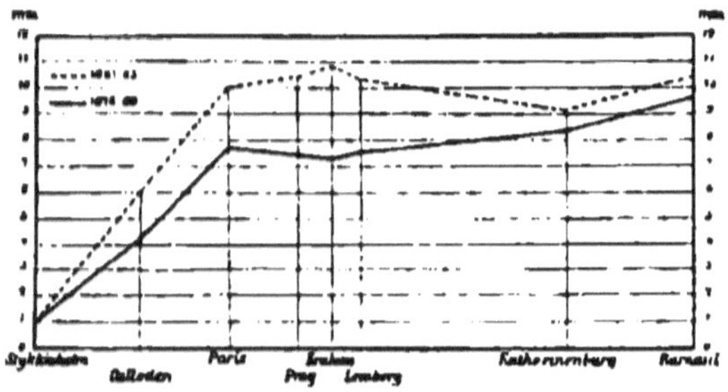

Fig. 10. Aenderung des Luftdruckes beim Vorschreiten vom Nordatlantischen Ocean nach Sibirien, 1861—65 und 1876—80.

Die geringere Steilheit der vom Land zum Meer gerichteten Gradienten auf dem Ocean und über Europa im Lustrum 1876—80 tritt klar hervor. Sie ist es, welche die Regenperiode über Europa und Nordasien verursachte.

Resumieren wir!

Wir sind dazu gelangt, säculare Schwankungen der Jahresmittel des Luftdruckes auf großen Theilen der alten Welt zu constatieren. Diese Schwankungen vollziehen sich gleichzeitig mit den Schwankungen des Regenfalles. Es sind die Luftdruckverhältnisse der Trockenperiode im Vergleich zu denjenigen der Regenperiode ausgezeichnet: 1. Durch eine Vertiefung der Cyklone bei Island (Stykkisholm, Culloden); 2. durch eine Verstärkung des Hochdruckrückens von den Azoren an bis ins Innere des europäischen Russland (zahlreiche Stationen von Ponta Delgada bis Petersburg); 3. durch eine Vertiefung der ausgedehnten Mulde tiefen Druckes über dem nördlichen Indischen Ocean und der chinesischen Südsee (Bombay, Calcutta, Batavia, Hongkong); 4. durch eine Minderung des Druckes über Sibirien (Katharinenburg, Barnaul, Nertschinsk).

Die Jahresmittel des Luftdruckes resultieren auf dem Ocean und auf dem Festland, wie auch in verschiedenen Theilen des letzteren, aus ganz verschiedenartigen Jahreszeitenmitteln; auf diese dürfte es sich nunmehr empfohlen einzugehen und zu fragen: Ist die Abweichung der Luftdruckvertheilung im Jahresmittel der feuchten Zeiträume von derjenigen der trockenen hauptsächlich durch die Verhältnisse des Sommers oder diejenigen des Winters oder aber durch diejonigen beider Jahreszeiten gleichzeitig veranlasst?

II. Schwankungen der Jahresperiode.

Hann hat bereits nach dem Vorgange Kreil's nachgewiesen, dass die jährliche Periode des Luftdruckes, wie dieselbe sich in den Monatsmitteln ausspricht, in Europa langjährige Schwankungen erleidet. Er stellte 20jährige Mittel 1826—45, 1846—65 und 1866—85 neben einander, um dieses darzuthun. Diese Zeiträume decken sich nun aber in keiner Weise mit den Epochen unserer Regenschwankungen; ein Zurückgehen auf die Lustren schien daher geboten. Allein die Schwankungen der Jahresperiode des Luftdruckes sind von Lustrum zu Lustrum noch sehr unregelmäßige; so musste zu einer Neuberechnung der Monatsmittel getrennt für die Jahre der feuchten und trockenen Perioden geschritten werden. Als Trockenzeiten mussten für Europa die Perioden 1826—40 und 1856—65 behandelt werden, als feuchte Zeiten dagegen die Perioden 1841—55 und 1866—85. Dieselben Perioden sind auch in Asien trocken oder feucht, jedoch mit einer Ausnahme: Das Lustrum 1866—70 zeichnet sich in Europa bereits durch sehr reichlichen Regenfall aus, während es in Asien durchaus noch zur Trockenperiode gehört. Es hätte also für Asien das Jahr 1870 als Grenze der letzten Trockenperiode und der letzten feuchten Periode betrachtet werden müssen. Doch sprach ein schwerwiegender Umstand dagegen: In Barnaul, Katharinenburg, Calcutta und Bombay weist das Lustrum 1866—70 bereits jenen hohen Luftdruck auf, der für die Regenperiode um 1880 herum charakteristisch ist. Aus diesem Grunde und um direct synchrone Daten zu erhalten, habe ich auch für Asien die Mittel für 1856—65 und 1866—80 gebildet.

Für jeden dieser Zeiträume wurde nun der jährliche Gang des Luftdruckes abgeleitet. Doch zeigte es sich, dass der Gang der Monatsmittel selbst nach diesen 10—20jährigen Perioden keine durchgreifenden Unterschiede klar hervortreten ließ, sondern noch sehr unregelmäßig verläuft. Es haben sich offenbar die Zufälligkeiten noch nicht genügend ausgeglichen. So griff ich denn zu den Jahreszeitenmitteln, die ich hier für eine Reihe von Stationen wiedergebe, und zwar nicht nur für die oben bezeichneten Trockenperioden und Regenperioden, sondern auch für diejenigen Lustren der feuchten wie der trockenen Periode, welche Extreme der Luftdruckverhältnisse darboten. Es war das überall das Lustrum 1861—65, gleichzeitig das trockenste der ganzen Periode, und in Europa und in Hongkong das Lustrum 1876—80, im übrigen Asien 1881—85 als das feuchteste der ganzen Periode.

Ich glaubte mich mit einer kleineren Zahl von Stationen begnügen zu dürfen, da wir oben zeigten, auf wie ausgedehnten Gebieten die Schwankungen des Luftdruckes gleichmäßig verlaufen.

Ein Blick auf die Tabelle, in welcher die Maxima durch Fettdruck, die Minima durch Sternchen markirt sind, lehrt uns, dass eine Verlagerung der Epochen der jährlichen Periode des Luftdruckes nicht stattfindet. Zwar treffen wir in den verschiedenen Zeiträumen Abweichungen: so ist Petersburg und Tiflis in der Trockenzeit 1856/65 durch ein Herbstmaximum ausgezeichnet, Krakau und Warschau durch ein ebensolches in der feuchten Periode 1841/55. Allein diese Lage der Epochen ist nicht etwa charakteristisch für jeden trockenen, bezw. feuchten Zeitraum; sie fehlt dem trockenen Lustrum 1861/65, bezw. der feuchten Periode 1866/80. Es ergibt sich also kein Gesetz und jene Verlagerungen erscheinen als zufällig und unwesentlich für die Schwankungen des Regenfalls.

Jahresperiode des Luftdruckes nach Jahreszeiten-Mitteln während den feuchten und den trockenen Perioden.

	Winter	Frühl.	Som.	Herbst	Jahr	Winter	Frühl.	Som.	Herbst	Jahr
	Stykkisholm 740 *mm* +					Culloden 750 *mm* +				
1841–55[1]	7.09*	15.23	14.66	11.57	12.14	3.02*	6.25	5.52	4.53	4.83
56–65	5.67*	14.83	14.62	11.67	11.70	3.27*	5.53	5.74	4.18	4.68
66–85	6.44*	14.71	14.09	11.35	11.63	2.30*	5.78	5.89	3.63	4.40
61–65	5.68*	13.81	14.27	9.84	10.88	3.73	5.37	5.18	2.51*	4.20
76–80	7.55*	15.03	14.17	12.91	12.42	3.65*	5.29	5.03	4.57	4.64
	San Fernando 760 *mm* +					Palermo 750 *mm* +				
26–40	—	—	—	—	—	4.94	3.82*	5.09	5.36	4.80
41–55	—	—	—	—	—	4.37	3.64*	4.92	4.59	4.38
56–65	3.47	0.59*	0.67	1.01	1.44	5.29	3.21*	4.51	4.89	4.48
66–85	3.90	0.16*	0.56	1.34	1.49	5.49	2.96*	4.52	4.76	4.43
61–65	3.52	0.23*	0.85	0.90	1.37	5.61	3.33*	4.61	4.69	4.56
76–80	4.35	0.50	0.49*	0.86	1.55	5.72	2.76*	4.63	4.73	4.46
	Tiflis 720 *mm* +					Paris 750 *mm* +				
26–40	—	—	—	—	—	7.24	5.11*	6.18	5.62	6.04
41–55	—	—	—	—	—	6.33	4.83*	6.00	5.21	5.59
56–65	9.79	7.05	4.21*	10.15	7.80	7.71	4.92*	6.60	5.75	6.24
66–85	9.90	6.26	4.00*	9.34	7.40	7.11	4.86*	6.42	5.73	6.03
61–65	10.17	6.93	4.22*	10.07	7.85	8.36	5.42	6.84	5.36*	6.49
76–80	9.61	5.91	3.93*	9.19	7.17	7.18	3.74*	5.53	6.09	5.64
	Kremsmünster 720 *mm* +					Krakau 730 *mm* +				
26–40	10.22	7.62*	9.42	9.48	9.19	14.12	11.17*	12.15	13.60	12.76
41–55	8.17	6.52*	8.26	8.09	7.76	12.20	10.91*	11.88	12.67	11.92
56–65	9.73	6.39*	8.43	8.84	8.35	14.94	11.63*	12.50	14.50	13.38
66–85	9.05	6.16*	8.23	8.16	7.91	13.60	10.79*	11.72	12.77	12.22
61–65	10.22	6.75*	8.43	8.55	8.49	15.65	12.17*	12.59	14.29	13.68
76–80	8.65	5.21*	7.89	8.11	7.47	13.00	9.87*	11.26	12.75	11.72
	Warschau 740 *mm* +					Petersburg 750 *mm* +				
26–40	11.58	8.84*	9.02	10.95	10.09	10.14	9.02	6.91*	9.48	8.89
41–55	10.04	8.96*	9.09	10.25	9.59	8.55	9.27	7.56*	8.99	8.60
56–65	12.02	8.82*	9.40	11.96	10.55	9.48	8.26	7.08*	9.88	8.68
66–85	11.19	9.07*	9.39	10.53	10.04	8.84	8.44	7.48*	8.42	8.29
61–65	12.57	9.21*	9.37	11.73	10.72	10.14	8.77	6.64*	10.04	8.90
76–80	10.59	8.16*	9.19	10.43	9.59	9.09	7.63	6.93*	7.60	7.81
	Katharinenburg 780 *mm* +					Barnaul 740 *mm* +				
41–55	7.25	5.65	2.43*	7.21	5.63	15.43	9.62	1.64*	10.91	9.40
56–65	7.83	5.98	1.17*	6.14	5.28	15.16	10.22	0.89*	9.96	9.06
66–85	7.25	5.81	2.32*	6.74	5.52	15.63	10.28	1.82*	11.30	9.76
61–65	7.49	5.18	1.21*	6.16	5.01	15.02	10.15	0.89*	9.67	8.93
81–85	6.09	6.90	2.33*	6.45	5.44	15.33	10.93	2.07*	11.23	9.88
	Nertschinsk 700 *m* +					Hongkong 750 *mm* +				
56–65	8.71	3.89	0.43*	6.10	4.78	15.18	10.60	4.76*	10.42	10.24
66–85	9.18	3.46	0.73*	6.43	4.95	16.00	10.81	5.68*	11.39	10.97
61–65	9.18	3.53	0.12*	6.18	4.75	15.08	10.44	4.59*	10.47	10.15
81–85[2]	8.86	4.04	0.68*	6.35	4.98	17.33	12.71	7.63*	13.19	12.72

[1]) Nur 1846—55. — [2]) Für Hongkong das Lustrum 1876—80.

Eine ganz ausgesprochene Gesetzmäßigkeit finden wir in Bezug auf den säcularen Gang der Jahreszeiten-Mittel. In ihnen spiegelt sich der Gang der Jahresmittel wieder, aber in den verschiedenen Jahreszeiten verschieden intensiv.

Es besitzt im Winter der trockenen Periode die Mehrzahl der Stationen Europas höheren Druck als im Winter der feuchten Periode, so Paris, Kremsmünster, Krakau, Warschau, St. Petersburg und Katharinenburg. Die nordatlantischen Stationen Stykkisholm und Culloden zeigen dagegen im Winter der Trockenperiode gerade tieferen Druck, ebenso wie auch ihr Jahresmittel tiefer war. Es besteht also auch im Winter ein Compensationsverhältnis zwischen beiden Gebieten, wie im Jahresdurchschnitt. Die Unterschiede zwischen zwei aufeinander folgenden Perioden mit entgegengesetztem Charakter sind dabei im Winter groß und sehr viel größer als im Sommer. Auch die Sommermittel zeigen ein ähnliches Verhalten wie die des Winters, allein viel weniger ausgesprochen und auf einem kleineren Theil des Gebietes. Durch höheren Druck zeichnet sich der Sommer der Trockenperiode auf dem Atlantischen Ocean, in West- und in Mitteleuropa aus. In Osteuropa und Asien dagegen hat derselbe durchaus tieferen Druck als der Sommer der feuchten Periode; es ist hier der säculare Gang des Luftdruckes im Sommer zum Theile umgekehrt wie der Gang der Jahresmittel.

Besser als in der ausführlichen Tabelle kommen diese Unterschiede zwischen Sommer und Winter in der nachfolgenden Zusammenstellung zum Ausdruck. Dieselbe enthält in ihrem ersten Theil die Differenz des Luftdruckes zwischen einer mittleren Trockenperiode und einer mittleren feuchten Periode für jede Station und jede Jahreszeit, wie für das Jahr, ferner in ihrem zweiten Theil die Differenz der extremen Lustren. Klarer als durch Worte lässt sich die Bedeutung der Zahlen in folgenden Formeln erklären. Es bedeuten die Zahlen der Tab. I für jede Jahreszeit die Differenz

$$\tfrac{1}{2}\,(1826/40 + 1856/65) - \tfrac{1}{2}\,(1841/55 + 1866/85)$$

und die Zahlen der Tab. II die Differenz

$$1861/65 - 1876/80, \text{ bezw. } 1861/65 - 1881/85.$$

Das Zeichen + heißt, dass der Luftdruck der betreffenden Jahreszeit in der Trockenperiode um den angegebenen Betrag höher, — dass er tiefer ist als in der feuchten Periode.

I. Differenz zwischen dem Luftdruck einer mittleren Regenperiode und demjenigen einer mittleren Trockenperiode.

	Winter	Frühl.	Som.	Herbst	Jahr	Diff. W.-S.
Stykkisholm	—1.10	—0.14	0.24	0.21	—0.18	—1.34
Culloden	0.61	0.49	0.04	0.06	0.08	0.59
San Fernando	—0.43	0.43	0.11	—0.33	—0.05	—0.54
Palermo	0.19	0.22	0.08	0.45	0.24	0.11
Tiflis	—0.20	0.79	0.21	0.81	0.40	—0.41
Paris	0.76	0.18	0.18	0.21	0.33	0.58
Kremsmünster	1.37	0.66	0.68	1.04	0.93	0.69
Krakau	1.63	0.55	0.52	1.33	1.00	1.11
Warschau	1.18	—0.19	—0.03	1.07	0.50	1.21
St. Petersburg	1.11	—0.22	—0.52	0.98	0.34	1.63
Katharinenburg	0.58	0.25	—1.21	—0.84	—0.30	1.79
Barnaul	—0.37	0.27	—0.84	—1.14	—0.52	0.47
Nertschinsk	—0.47	0.43	—0.30	—0.33	—0.17	—0.17
Hongkong	—0.82	—0.21	—0.92	—0.97	—0.73	0.12

II Differenz zwischen dem Luftdruck des extrem-feuchten Lustrums 1876/80 (bezw. 1881/85) und demjenigen des extrem-trockenen 1861/65.

	Winter	Frühl.	Som.	Herbst	Jahr	Diff. W.-S.
Stykkisholm	−1.92	−1.22	0.10	−3.07	−1.54	−2.02
Culloden	0.08	0.08	0.15	−2.06	−0.44	−0.07
San Fernando	−0.83	−0.27	0.36	0.04	−0.18	−0.47
Palermo	−0.11	−0.57	−0.02	−0.04	0.10	−0.09
Tiflis	0.56	1.02	0.29	0.88	0.68	0.27
Paris	1.18	1.68	1.31	−0.73	0.85	−0.13
Kremsmünster	1.57	1.54	0.54	0.44	1.02	1.03
Krakau	2.65	2.30	1.33	1.54	1.96	1.32
Warschau	1.98	1.05	0.18	1.80	1.13	1.80
St. Petersburg	1.05	1.14	−0.29	2.44	1.09	1.34
Katharinenburg	1.40	−1.72	−1.12	−0.29	−0.43	2.52
Barnaul	−0.31	−0.78	−1.18	−1.56	−0.95	0.87
Nertschinsk	0.32	−0.51	−0.56	−0.17	−0.23	0.88
Hongkong	−2.25	−2.27	−3.04	−2.72	−2.57	−0.79

Im Allgemeinen haben die Differenzen der Jahreszeiten-Mittel dasselbe Vorzeichen wie diejenigen der Jahresmittel; es sind also auch die einzelnen Jahreszeiten in der Trockenperiode gegenüber der feuchten durch höheren Druck auf dem Festland ausgezeichnet. Doch ändert sich die Größe dieser Differenzen von Jahreszeit zu Jahreszeit erheblich; dieselben sind fast ohne Ausnahme im Winter und Herbst größer als im Sommer und Frühling, meist mehr als doppelt so groß. Es erreicht die Differenz an einigen Stationen den Werth Null, ja im Osten unseres Gebietes und auf dem Nordatlantischen Ocean sogar das entgegengesetzte Zeichen. In Warschau, St. Petersburg und Katharinenburg ist der Luftdruck während der Trockenperiode zwar im Winter wie im Jahresmittel erheblich höher, als in der Regenperiode, im Sommer aber tiefer. Die gleiche Erscheinung zeigt der Luftdruck im Sommer in ganz Asien, während der Winter sich mehr unbestimmt verhält. In Stykkisholm ist der Luftdruck im Winter wie im Jahresmittel in der Trockenperiode tiefer, im Sommer aber etwas höher als in der Regenperiode. Man kann das gesammte dazwischenliegende Gebiet Europa's als ein Übergangsgebiet auffassen, das sich im Winter den Verhältnissen Osteuropas anschließt, im Sommer denjenigen des Nordatlantischen Oceans.

Nicht ohne Interesse ist es, die Differenz der Abweichungen von Sommer und Winter zu bilden. Diese Differenz ändert sich von Ort zu Ort und nimmt gegen Osteuropa hin außerordentlich zu (vgl. die 6. Colonne in den Tab. I u. II oben). Sie ist andererseits auch auf dem Atlantischen Ocean groß. Hieraus müssen wir schliessen, dass wenigstens im Osten und auf dem Atlantischen Ocean die Amplitude der Jahresschwankung des Luftdruckes während der Trockenzeit größer ist, als während der Regenzeit; die Winter- wie die Sommermittel müssen sich weiter vom Jahresmittel entfernen, als in der feuchten Periode.

Um dieses klar hervortreten zu lassen, berechnete ich die nachfolgende Tabelle der Abweichungen des Luftdruckes in den verschiedenen Jahreszeiten von dem zugehörigen Jahresmittel. Dieselbe hat den großen Vortheil, dass sie vollkommen frei von allen etwa noch vorhandenen Discontinuitäten der Reihen ist, da die letzteren durch die Subtraction vom Jahresmittel eliminiert wurden. Beigefügt ist diesen Abweichungen die Differenz Winter—Sommer, die einen guten Maßstab für die Amplitude der Jahresschwankung gibt. Ich hätte die wahre Amplitude mittheilen und aus derselben genau die gleichen Resultate

Abweichungen der Jahreszeiten-Mittel des Luftdrucks vom zugehörigen Jahresmittel nach trockenen und feuchten Perioden in Millimetern.

	Winter	Frühl.	Som.	Herbst	Diff. W.—S.	Winter	Frühl.	Som.	Herbst	Diff. W.—S.
	Stykkisholm					Culloden				
1841—55[1])	—5.05	3.09	2.52	—0.57	—7.57	—1.81	1.42	0.69	—0.30	—2.50
56—65	—6.03	3.13	2.92	—0.08	—8.95	—1.41	0.85	1.06	—0.50	—2.47
66—85	—5.19	3.08	2.46	—0.28	—7.65	—2.10	1.38	1.49	—0.77	—3.59
61—65	—5.25	2.98	3.29	—1.04	—8.54	—0.47	1.17	0.98	—1.69	—1.45
76—80	—4.87	2.61	1.75	0.49	—6.62	—0.99	0.65	0.89	—0.07	—1.38
	San Fernando					Palermo				
1826-40	—	—	—	—	—	0.14	—0.98	0.29	0.56	—0.15
41—55	—	—	—	—	—	—0.01	—0.75	0.54	0.21	—0.55
56—65	2.03	—0.85	—0.77	—0.43	2.80	0.81	—1.27	0.03	0.41	0.78
66-85	2.41	—1.33	—0.93	—0.15	3.34	1.06	—1.47	0.09	0.33	0.97
61—65	2.15	—1.14	—0.52	—0.47	2.67	1.05	—1.23	0.05	0.13	1.00
76—80	2.80	—1.05	—1.06	—0.69	3.86	1.26	—1.70	0.17	0.27	1.09
	Tiflis					Paris				
1826—40	—	—	—	—	—	1.20	—0.93	0.14	—0.42	1.06
41—55	—	—	—	—	—	0.74	—0.76	0.41	—0.38	0.33
56—65	1.99	—0.75	—3.59	2.35	5.58	1.47	—1.32	0.36	—0.49	1.11
66—85	2.59	—1.14	—3.40	1.94	5.99	1.08	—1.17	0.39	—0.30	0.69
61—65	2.32	—0.92	—3.63	2.22	5.95	1.87	—1.07	0.35	—1.13	1.52
76—80	2.44	—1.26	—3.24	2.02	5.68	1.54	—1.93	—0.11	0.45	1.65
	Kremsmünster					Krakau				
1826—40	1.03	—1.57	0.23	0.29	0.80	1.36	—1.59	—0.61	0.84	1.97
41—55	0.41	—1.24	0.50	0.33	—0.09	0.28	1.01	—0.04	0.75	0.32
56-65	1.38	—1.95	0.08	0.50	1.30	1.57	—1.74	—0.87	1.13	2.44
66—85	1.14	—1.75	0.23	0.25	0.91	1.38	—1.43	—0.50	0.55	1.88
61—65	1.73	—1.74	—0.06	0.06	1.79	1.97	—1.51	—1.09	0.61	3.06
76—80	1.18	—2.26	0.42	0.64	0.76	1.28	—1.85	—0.46	1.03	1.74
	Warschau					St. Petersburg				
1826—40	1.49	—1.25	—1.07	0.86	2.56	1.25	0.13	—1.98	0.59	3.23
41—55	0.45	—0.63	—0.50	0.66	0.95	—0.05	0.67	—1.04	0.39	1.09
56—65	1.47	—1.73	—1.15	1.41	2.62	0.80	—0.42	—1.60	1.20	2.40
66—85	1.15	—0.97	—0.65	0.49	1.80	0.55	0.15	—0.81	0.13	1.36
61—65	1.85	—1.51	—1.35	1.01	3.20	1.24	—0.13	—2.26	1.14	3.50
76—80	1.00	—1.43	—0.40	0.84	1.40	1.28	—0.18	—0.88	—0.21	2.56
	Katharinenburg					Barnaul				
1841—55	1.62	0.02	—3.28	1.58	4.90	6.03	0.22	—7.97	1.51	13.58
56—65	2.55	0.70	—4.11	0.86	6.66	6.10	1.16	—8.17	0.90	14.27
66—85	1.72	0.28	—3.20	1.22	4.92	5.87	0.52	—7.94	1.54	13.81
61—65	2.48	0.17	—3.80	1.15	6.28	6.09	1.22	—8.04	0.74	14.13
81—85	0.65	1.46	—3.11	1.01	3.76	5.45	1.05	—7.81	1.35	13.26
	Nertschinsk					Hongkong				
1856—65	3.93	—0.89	—4.35	1.32	8.28	4.94	0.36	—5.48	0.18	10.42
66—85	4.24	—1.49	—4.21	1.48	8.45	5.03	—0.16	—5.29	0.42	10.32
61—65	4.43	—1.22	—4.63	1.43	9.06	4.93	0.29	—5.56	0.32	10.49
81—85[2])	3.88	—0.94	—4.30	1.37	8.18	4.61	—0.01	—5.09	0.47	9.70

[1]) Stykkisholm nur 1846—55.

[2]) Hongkong: Lustrum 1876—80.

ziehen können, wie die untenstehenden. Allein ich gab jener Differenz Winter—Sommer aus drei Gründen den Vorzug vor der wahren Amplitude; erstens fallen die Epochen an ein und derselben Station nicht immer auf die gleiche Jahreszeit, sodass die Amplituden verschiedener Perioden oft eine verschiedene Bedeutung besitzen; zweitens ist die Jahresperiode an verschiedenen Stationen verschieden, sodass der Amplitude auch von Ort zu Ort ganz verschiedene Bedeutung zukommt. Vor allem aber schien es ganz besonders wichtig, über das Verhalten der beiden in Bezug auf die Temperatur extremen Jahreszeiten Aufschluss zu erhalten.

Fassen wir zunächst die Differenz Winter—Sommer in's Auge!

Es sind, mit wenigen Ausnahmen, in ganz Osteuropa, sowie in Mitteleuropa, auf dem Atlantischen Ocean, wie in Asien die Trockenperioden durch eine erhebliche Verschärfung der Jahresperiode des Luftdruckes gegenüber den feuchten Perioden ausgezeichnet. Nur zwei Stationen in Spanien und Italien, San Fernando und Palermo, zeigen durchweg die umgekehrte Erscheinung, während Culloden, Tiflis und Nertschinsk sich das eine Mal so, das andere Mal anders verhalten. Doch ist es sehr bemerkenswerth, dass auch diese drei partiellen Ausnahmen sich alle dem obigen Gesetze anschliessen, wenn man die extremen Lustren mit einander vergleicht: Ueberall ist das trockenste Lustrum durch eine stärkere Schwankung ausgezeichnet als das feuchteste. Zählen wir die einzelnen Fälle, in denen die Trockenperiode eine größere Schwankung aufwies als die benachbarte feuchte Periode, so sind deren 25; entgegengesetztes Verhalten begegnet uns nur in fünf Fällen. Berücksichtigen wir auch die extremen Lustren, so sprechen 35 für das Gesetz und nur 9 dagegen.

Die Verminderung der Jahresschwankung in der feuchten Periode äußert sich mehr oder weniger zu allen Jahreszeiten, besonders aber im Winter und im Sommer. Es ist die Abweichung des Luftdruckes vom Jahresmittel im Winter der Trockenperiode größer als im Winter der feuchten Periode. Dieses hat nun je nach der verschiedenen Periode des Luftdruckes eine verschiedene Bedeutung. Wir finden in der Trockenperiode relativ zu hohen Druck in den festländischen Gebieten (Nertschinsk zum Theil, Barnaul, Katharinenburg, St. Petersburg, Warschau, Tiflis zum Theil, Krakau, Kremsmünster, Paris und Hongkong zum Theil), auf dem Ocean hingegen gleichzeitig zu tiefen Druck (Stykkisholm, Culloden zum Theil). Das umgekehrte begegnet uns im Sommer; hier herrscht in der Trockenperiode relativ zu tiefer Druck auf den festländischen Gebieten, zu hoher Druck auf dem Ocean. Der West- und Südrand des europäischen Continents bildet dabei ein Übergangsgebiet, dessen einzelne Theile bald dem oceanischen Typus der Abweichungen, bald dem mittel- und osteuropäischen folgen, und zwar ganz unabhängig davon, ob ihre jährliche Periode den oceanischen Rhythmus besitzt mit hohem Druck in der warmen Jahreszeit oder den continentalen mit hohem Druck in der kalten Jahreszeit. So z. B. Tiflis, das bei continentalem Rhythmus gleichwohl in der Trockenperiode zu tiefen Druck im Winter aufweist wie Stykkisholm, im Sommer hingegen mit gleichfalls zu tiefem Druck sich den Stationen Mittel- und Osteuropas wie Asiens anschließt.

Gruppieren wir die Stationen des Übergangsgebietes! Es haben im Sommer continentalen Typus, d. h. in der Trockenperiode zu tiefen Druck: Tiflis und Palermo; im Sommer oceanischen, d. h. zu hohen Luftdruck in der Trockenzeit: San Fernando; unbestimmt: Culloden. Im

Winter continentalen Typus, d. h. zu hohen Druck in der Trockenzeit: Culloden; oceanischen Typus: San Fernando, Tiflis; unbestimmt: Palermo.

Wir fassen das Resultat unserer bisherigen Untersuchung der Änderung der jährlichen Periode des Luftdruckes von der Trockenperiode zur Regenperiode in einem einfachen Schema zusammen. Hierbei sind die Ausdrücke »zu hoch« und »zu tief« relativ zu verstehen, d. h. im Vergleich mit der aus langjährigen Beobachtungen gefundenen mittleren Abweichung des Luftdruckes der betreffenden Jahreszeit vom zugehörigen Jahresmittel.

	N.-Atlantic		W.- und M.-Europa		O.-Europa und N.-Asien	
	Wint.	Som.	Wint.	Som.	Wint.	Som.
Trockenperiode	zu tief	zu hoch	zu hoch	zu hoch	zu hoch	zu tief
Regenperiode	zu hoch	zu tief	zu tief	zu tief	zu tief	zu hoch

Deutlich führt uns dieses Schema wieder das Compensationsverhältnis zwischen dem Nordatlantischen Ocean und dem Continent vor Augen. Einem »zu hoch« in einem Gebiet entspricht ein »zu tief« im andern und umgekehrt. West- und Mitteleuropa gehören bald dem continentalen Gebiete an und dann wieder dem oceanischen.

Welche Bedeutung besitzen nun die von uns festgestellten Resultate für die Gradienten über der alten Welt und damit für den Regenfall? Um diese Frage zu beantworten, könnten wir, wie oben für die Jahresmittel, so auch für jede Jahreszeit Karten entwerfen. Doch ziehen wir es vor, die Änderung der Gradienten längs einer bestimmten Linie graphisch zu verfolgen.

Wir wählen wieder die Linie Stykkisholm—Mitteleuropa—Westsibirien. Über den Luftdruck im Meeresniveau, und zwar im Sommer wie im Winter der extremen Lustren 1861/65 und 1876/80, gibt die nachfolgende kleine Tabelle Aufschluss. Die Reduction geschah ganz wie bei den Jahresmitteln; die Schwerecorrection ist angebracht.

Luftdruck im Meeresniveau 700 *mm* +

	Stykkisholm	Culloden	Paris	Warschau	Katharinenburg	Barnaul
			Winter			
1861—65	48.0	57.5	64.9	64.4	65.4	70.5
1876—80	49.9	57.4	63.7	62.4	66.3	72.3
			Sommer			
1861—65	56.6	58.9	62.9	60.3	55.8	54.2
1876—80	56.5	58.7	61.6	60.1	56.4	55.4

In der umstehenden Figur sind diese Zahlen zur Darstellung gebracht worden. Die Curven zeigen an, wie hoch der Luftdruck an den einzelnen Stationen über oder unter dem gleichzeitig in Stykkisholm herrschenden war. Um die absoluten Werthe erkennen zu können, ist daher die Curve der Trockenperiode für den Winter um 1.9 Theilstriche abwärts, diejenige für den Sommer aber um 0.1 Theilstriche aufwärts zu verschieben. Ein Theilstrich entspricht einer Druckänderung um 1 *mm*. Die Zahlen am Rande links beziehen sich auf die Curven für den Winter, diejenigen rechts auf die Curven für den Sommer.

Klarer als es durch Worte möglich wäre, zeigen die Wintercurven, wie im trockenen Lustrum das Ansteigen des Luftdruckes beim Vorschreiten vom Ocean ins Herz des Continents durchschnittlich steiler ist, als im feuchten Lustrum. Nicht so klar liegen die Verhältnisse im Sommer. Auch hier ist allerdings im Westen zunächst der Anstieg im trockenen Lustrum steiler, als im feuchten, aber nur bis Mitteleuropa;

von hier an macht sich 1861/65 ein verstärkter Abfall des Luftdruckes gegen Sibirien hin geltend. Man sollte meinen, dass dieser verstärkte Abfall die Regenmenge in Sibirien steigern müsse. Doch ist das nicht der Fall und könnte auch nicht der Fall sein. Betrachten wir nämlich die Isobarenkarte für den Juli in Hann's Atlas der Meteorologie, so liegt über Europa, von den Azoren beginnend und bis ins Eismeer bei Nowaja Semlja reichend, ein Rücken hohen Druckes, der das Minimum auf dem Nordmeer von der großen asiatischen Cyclone trennt. Diesen Rücken muss, bildlich gesprochen, die feuchte, oceanische Luft übersteigen, wenn sie in Westsibirien Regen bringen soll. Nun aber verschärft sich dieser Rücken 1861/65 (vgl. die Figur) und damit wird naturgemäß die Regenzufuhr gegen Sibirien vermindert. Durch diese Accentuierung des trennenden Hochdruckrückens wird der Einfluss der

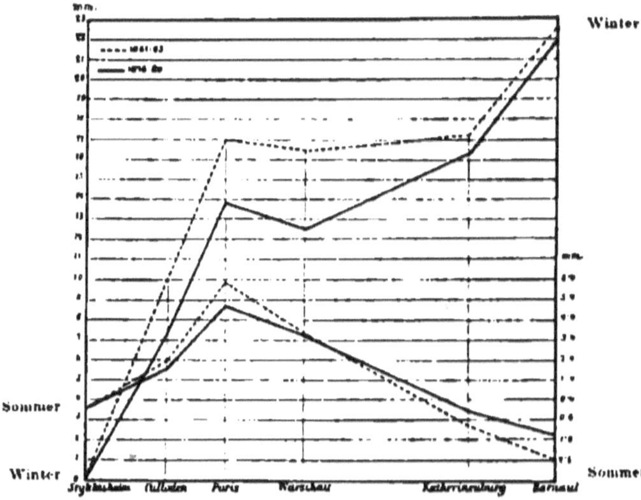

Fig. 11. Änderung des Luftdruckes beim Vorschreiten vom Nordatlantischen Ocean nach Sibirien im Winter und im Sommer 1861—65 und 1876.

Vertiefung des asiatischen Minimums, wenigstens für Sibirien, mehr als paralysiert, wie die Regenbeobachtungen lehren.

Diese Schlussfolgerungen werden durchaus bestätigt, wenn wir die Änderung des Gradienten mehr im Einzelnen ziffernmäßig und für alle vier Jahreszeiten feststellen.

Wir acceptieren hierbei die von Hann angewandte[1]) und bereits S. 196 kurz angedeutete Methode und verfolgen die Änderung der Gradienten längs zweier Linien; die eine legen wir von Stykkisholm über St. Petersburg, Katharinenburg und Barnaul nach Nortschinsk; Hongkong musste leider fortgelassen werden, da gerade die Beobachtungen der Sechziger-Jahre verdächtig sind. Eine zweite Linie ziehen wir von Stykkisholm über Culloden und Paris nach San Fernando. Gestattet uns die erste Richtung die Änderung des Gradienten zwischen dem Nordatlantischen

[1]) Hann a. a. O. S. 105 f.

Ocean und Sibirien zu verfolgen, so ermöglicht die zweite uns einen Einblick in das Luftdruckgefälle vom Azoren-Maximum gegen Mitteleuropa und von hier gegen das isländische Minimum. Ich berechnete zunächst die zwischen zwei auf einander folgenden Stationen in einer bestimmten Jahreszeit herrschende Luftdruckdifferenz für die 30jährige Periode 1856—85 (die cursiven Zahlen der Tabelle),[1]) ferner die Luftdruckdifferenzen für die einzelnen Trockenperioden und feuchten Perioden wie für die extremen Lustren 1861—65 und 1876—80. Die letzteren Differenzen wurden nun nicht in Abweichungen vom vieljährigen Mittel ausgedrückt, sondern in Correctionen, welche an die einzelnen Differenzen anzubringen sind, um das vieljährige Normalmittel 1856—85 zu erhalten. Diese Correctionen haben nämlich, wie Hann gezeigt hat, einen großen Vortheil vor den Abweichungen voraus: Ihr Vorzeichen lässt direct den Sinn der Abweichung des Gradienten vom Normalmittel erkennen. Hat die in der Tabelle enthaltene Correction das + Zeichen, so sagt dies, dass die nach rechts folgende, also östlichere, bezw. südlichere Station einen um die betreffende Zahl höheren Luftdruck hatte; folgen sich mehrere + Zeichen nach rechts, so zeigt der Luftdruck auf der ganzen Linie eine Zunahme beim Vorschreiten von West nach Ost, bezw. von Nord nach Süd; folgen sich mehrere — Zeichen, so bedeutet das eine continuierliche relative Druckabnahme in der betreffenden Richtung.[2]) Die Schwere-Correction ist an die Zahlen angebracht worden.

Ein Blick in die Tabelle lehrt, dass im allgemeinen während der Regenperiode die vom Land zum Ocean gerichteten Gradienten geschwächt oder die vom Ocean zum Lande gerichteten verstärkt werden.

Betrachten wir zunächst die Vorgänge auf der Linie Stykkisholm-Paris-San Fernando. Zwischen Stykkisholm und Culloden ist der Gradient in allen Theilen des Jahres vom Lande zum Meer gerichtet. In den feuchten Perioden ist er im Winter immer abgeschwächt, sodass er den Übertritt oceanischer Luft auf das Land erleichtert, in den Trockenperioden dagegen verstärkt. Eine Minderung desselben in der Regenperiode und eine Verstärkung in der Trockenzeit oder mit anderen Worten ein Verhalten desselben, wie es die Erscheinung der Schwankungen des Regenfalles in Europa erheischt, begegnet uns insgesammt 13 Mal, ein entgegengesetztes Verhalten, das wir kurz als widersinnig bezeichnen wollen, dagegen nur 7 Mal; dabei ist es bemerkenswerth, dass sich die widersinnigen Fälle mit einer einzigen Ausnahme im Frühling und Sommer ereigneten. Zwischen Culloden und Paris ist die Zahl der widersinnigen Fälle 4; 1 Fall ist unbestimmt und 15 verhalten sich regulär, zeigen also eine Verstärkung der oceanwärts gerichteten Gradienten in der Trockenzeit und eine Schwächung in der Regenzeit; hier sind die widersinnigen Fälle auf den Winter und Herbst beschränkt. Zwischen Paris und San Fernando ist der Gradient vom Azoren-Maximum zum Land gerichtet. Es muss daher eine Verstärkung desselben Regenfall auf dem Lande erzeugen, eine Schwächung Trockenheit. Wir haben 12 Fälle zu verzeichnen, in denen das zutrifft und nur 4 Ausnahmen, die sich auf die beiden Übergangsjahreszeiten Frühling und Herbst vertheilen. Auf der ganzen Linie Stykkisholm-San Fernando haben wir im Winter 11 Treffer, einen unbestimmten und 2 widersinnige Fälle zu verzeichnen, im Frühling 9 Treffer und 5 widersinnige Fälle, im Sommer

[1]) Dieses Mittel wurde als Mittel der für die Perioden 1856—65 und 1866—85 oben gegebenen Zahlen gefunden.

[2]) Den Beweis hierfür siehe bei Hann a. a. O. S. 105 f.

Correctionen der Mittel der Luftdruckdifferenzen für trockene und feuchte Perioden zur Reduktion auf das Gesammtmittel 1856—85.

	Nord—Süd			West—Ost				
	Stykkisholm—Culloden	Culloden—Paris	Paris—San-Fernando	Stykkisholm—St. Petersburg	St. Petersburg—Katharinenburg	Katharinenburg—Barnaul	Barnaul—Nertschinsk	Stykkisholm—Nertschinsk
	Winter			Winter				
1856—85	*—6.29*	*—4.01*	*—4.46*	*—12.82*	*21.74*	*—17.58*	*46.54*	*37.88*
41—55	— .79	—1.32	—	—1.64	.32	.32	—	—
56—65	.88	— .17	— .51	.71	— .03	— .53	.00	.15
66—85	— .86	.18	.52	— .70	.03	.52	.00	— .15
61—65	1.38	.00	—1.11	1.41	—1.03	— .33	.61	.66
76—80	— .62	—1.10	.90	—1.56	1.00	.54	—.34	— .36
	Frühling			Frühling				
1856—85	*—0.46*	*1.36*	*—4.68*	*— 3.30*	*22.66*	*—14.07*	*46.66*	*41.95*
41—55	.13	— .65	—	.46	—1.17	— .38	—	—
56—65	— .19	.16	.18	— .15	.17	— .11	.24	.15
66—85	.18	— .15	— .19	.15	— .18	.12	— .25	— .16
61—65	.67	.82	— .68	1.38	—1.14	.62	— .05	.81
76—80	— .63	— .78	1.27	— .98	— .15	1.19	— .69	— .63
	Sommer			Sommer				
1856—85	*—1.03*	*—0.10*	*— 3.30*	*—2.64*	*25.66*	*— 9.33*	*40.87*	*54.56*
41—55	— .60	— .21	—	— .02	.41	— .40	—	—
56—65	— .34	.17	— .04	— .46	— .37	.11	.32	— .40
66—85	.34	— .16	.03	.47	.38	— .11	— .31	.43
61—65	— .55	.97	— .10	— .55	.11	.06	.01	— .38
76—80	— .60	— .19	.85	— .16	.42	.69	— .87	.08
	Herbst			Herbst				
1856—85	*—1.96*	*—1.25*	*—4.63*	*—7.36*	*22.92*	*—13.91*	*44.46*	*46.11*
41—55	.57	—1.16	—	— .22	.93	— .49	—	—
56—65	.12	— 27	— .18	.57	—1.03	— .37	.51	— .32
66—85	— .11	.26	.17	— .57	1.03	.37	— .50	.32
61—65	.28	1.01	.10	2.56	—1.17	— .68	.88	1.59
76—80	— .73	— .32	— .67	—2.95	2.20	.78	—1.01	— .98

bezüglich 11 und 3, im Herbst 9 und 5 oder insgesammt 40 Treffer (= 72%), 15 widersinnige Fälle und 1 unbestimmten Fall. Die nachfolgende kleine Zusammenstellung erleichtert die Übersicht. Die römischen Ziffern links bezeichnen die Stationspaare, wie sie in unserer Tabelle von links nach rechts aufeinanderfolgen. Der eine unbestimmte Fall ist hier zu gleichen Theilen den Rubriken gut und schlecht zugewiesen.

	Wint.		Frühl.		Som.		Herbst		Summe	
	gut	schlecht	gut	schlecht	gut	schlecht	gut	schlecht	gut	schlecht
I	5	—	2	3	2	3	4	1	13	7
II	2½	2½	5	—	5	—	3	2	15½	4½
III	4	—	2	2	4	—	2	2	12	4
Σ	11½	2½	9	5	11	3	9	5	40½	15½

Es ist nach allem in Europa jede Trockenperiode verursacht durch eine in allen Jahreszeiten, besonders aber im

Winter und Sommer, sich geltend machende Schwächung der nach dem Festland gerichteten Gradienten, jede Regenperiode durch eine Verstärkung derselben.

Treten wir an unsere zweite Linie heran, so treffen wir nicht die gleiche Entschiedenheit des Resultates. Über die Vertheilung der Treffer und der widersinnigen Fälle gibt die nachfolgende Zusammenstellung Aufschluss.

	Wint.		Frühl.		Som.		Herbst		Summe	
	gut	schlecht	gut	schlecht	gut	schlecht	gut	schlecht	gut	schlecht
IV	5	—	2	3	2	3	5	—	14	6
V	—	5	4	1	1	4	—	5	5	15
VI	—	5	1	4	4	1	1	4	6	14
VII	3	1	4	—	4	—	4	—	15	1
Σ	8	11	11	8	11	8	10	9	40	36
VIII	4	—	4	—	—	4	2	2	10	6

Die Zahl der Treffer ist hier nur um ein geringes größer als diejenige der widersinnigen Fälle: 53% gegen 47%. Groß ist zwar die Zahl der Treffer zwischen Stykkisholm und Petersburg, groß ebenso zwischen Barnaul und Nertschinsk; dagegen wiegen bei den Combinationen mit Katharinenburg die widersinnigen Fälle etwas vor. Es zeigt sich hier wieder, wie wir schon in der Figur S. 206 sahen, dass für den Regenfall in Sibirien die Luftdruckverhältnisse über Europa wichtiger sind, als diejenigen über Sibirien selbst.

Die Resultate, die wir auf Grund unserer Curven für die beiden extremen Lustren zogen, haben sich nun auch für alle Trockenzeiten und Regenzeiten bestätigt.

III. Zusammenfassung und Schlussfolgerungen.

Fassen wir die Resultate, welche sich uns im Verlauf unserer Untersuchung der säcularen Schwankungen des Luftdrucks ergeben haben, in wenigen Worten zusammen!

Es sind die Luftdrucksverhältnisse der Trockenperiode im Vergleich zu denjenigen der Regenperiode ausgezeichnet:

1. durch eine Vertiefung der habituellen Cyklone auf dem Nordatlantischen Ocean im Jahresmittel;

2. durch eine Erhöhung des Hochdruckrückens, der von den Azoren gegen das Innere Russlands zieht, besonders in seinem in Mitteleuropa gelegenen Theil;

3. durch eine Vertiefung der ausgedehnten Mulde tiefen Drucks über dem nördlichen Theile des Indischen Oceans und der chinesischen Südsee;

4. durch eine Minderung des Hochdrucks über Sibirien im Jahresmittel;

5. durch eine ganz allgemein auftretende Vergrößerung der Amplitude der Jahresschwankung. Diese bewirkt,

6. dass in der trockenen Periode im Winter auf dem Nordatlantischen Ocean relativ tiefer Druck herrscht, in Europa und Sibirien dagegen relativ hoher; ferner

7. dass im Sommer auf dem Nordatlantischen Ocean und in West- wie Mittel-Europa relativ hoher, im europäischen Russland und Sibirien aber relativ tiefer Druck besteht.

Sehen wir von Sibirien ab, wo dem Jahresmittel in Folge der grossen jährlichen Periode des Luftdrucks nur eine geringe Bedeutung zukommt, so besagen die unter 1—4 aufgeführten Gesetze nichts anderes, als dass sich in der feuchten Periode die Gegensätze in der Luftdruckvertheilung von Ort zu Ort etwas ausgleichen, in der Trockenperiode aber verschärfen. Der äquatoriale Gürtel niedrigen Luftdrucks füllt sich relativ aus; die Maxima der Rossbreiten verlieren an Höhe und die subpolaren barometrischen Minima nehmen an Tiefe ab. Umgekehrt in der Trockenperiode.

Die Punkte 5—7 aber besagen nichts anderes, als dass die zeitlichen Luftdruckgegensätze eine Milderung erfahren — dass die Extreme sich einander nähern. Wir können daher unser Gesammtergebnis in einem einzigen Satz zusammenfassen:

Es ist jede der regenreichen Perioden von einer Milderung aller Luftdruck-Differenzen, jede der Trockenperioden von einer Steigerung derselben begleitet, und zwar sowohl der Lufdruck-Differenzen von Ort zu Ort als auch derjenigen an demselben Ort von Jahreszeit zu Jahreszeit.

Diese Resultate sind nicht etwa zufällige; denn sie sind auf Grund der Daten einer Reihe von Stationen gewonnen, deren Beobachtungen sich zum Theile über zwei Trockenperioden und zwei Regenperioden erstrecken. Die Trockenzeit 1826/40 weist in Europa genau dieselben Luftdruckanomalien auf, wie die Trockenzeit 1856/65, die feuchte Periode 1841/55 die gleichen wie die feuchte Periode 1866/85.

Diese Schwankungen des Luftdrucks, die sich gleichzeitig mit den Schwankungen des Regenfalls vollziehen, müssen als die Ursache der letzteren betrachtet werden. Unsere Untersuchung der Regenbeobachtungen leitete uns zu einem Resultate, das wir in einen nahezu gleichen Wortlaut einkleiden konnten, wie unser Ergebnis bezüglich des Luftdruckes. Ein Vergleich der säcularen Schwankungen des Regenfalls an den Küsten des Nordatlantischen Oceans mit denen im Innern der alten wie der neuen Welt führte zu dem Satz: in den (continentalen) Regenperioden gleichen sich die klimatischen Unterschiede zwischen Ocean und Continent bezüglich des Regenfalls etwas aus.

Jene festgestellten Schwankungen der Luftdruckverhältnisse müssen in der That synchrone Schwankungen des Regenfalls im Gefolge haben; denn durch dieselben ändern sich die Gradienten von Zeit zu Zeit derart, dass oceanische Luft bald schwerer, bald leichter aufs Festland übertreten kann. Auf eine Erleichterung dieses Übertritts wirken in der feuchten Periode hin: die Verflachung der nordatlantischen Cyklone im Jahresmittel wie im Winter und Herbst, die Verflachung des Hochdruckgebietes über Europa im Jahresmittel wie in allen Jahreszeiten, die Verflachung der Mulde tiefen Drucks über dem nördlichen Indischen Ocean, die allerdings nur zum Theile nachgewiesene Verflachung der winterlichen Anticyklone in Sibirien. Dem reichlichen Regenfall entgegenzuarbeiten scheint in der feuchten Periode nur die Schwächung des Gebietes niedrigen Drucks im Sommer über Sibirien. Allein dieselbe bleibt wirkungslos, weil für den Übertritt oceanischer Luft auf das Land nicht die Luftdruckvertheilung im Herzen des Continents, sondern diejenige an seinen Rändern maßgebend ist, und diese ist dem Übertritt oceanischer Luft günstig. Gleichwohl liegt hier eine gewisse Schwierigkeit vor.

Es ist ein einheitliches Bild, das uns die Schwankungen der Luftdruckverhältnisse und diejenigen des Regenfalles erkennen lassen. Zwar begegnen wir vereinzelten Widersprüchen. Manche Erscheinungen der Regenschwankungen in der alten Welt entbehren noch der Erklärung durch entsprechende Luftdruckbeobachtungen; ich erinnere nur an die so eigenthümliche Vertheilung der Gebiete regulärer Schwankung des Regenfalls und der Ausnahmegebiete in Indien, in der Kirgisensteppe etc. Allein trotzdem spricht die Mehrzahl der Thatsachen eine zu deutliche Sprache, als dass wir die ursächliche Verknüpfung jener beiden Elemente in ihren säcularen Schwankungen leugnen könnten.

Es ist nur ein kleiner Theil der Erdoberfläche, auf welchem wir unsere Resultate betreffend die säcularen Schwankungen des Luftdruckes gewonnen haben. Wie weit die allgemeine Bedeutung derselben, die wir eben andeuteten, auch auf anderen Gebieten sich bestätigt, bleibt abzuwarten. Es wäre in hohem Grade interessant zu untersuchen, wie sich etwa der australische Insel-Continent oder Nordamerika verhalten. Zur Zeit aber stehen mir keine genügend zuverlässigen und dabei langjährigen Reihen von Luftdruckbeobachtungen zur Verfügung; es bedarf erst so eingehender und kritischer Vorarbeiten, wie sie Hann für Europa geliefert hat, ehe sichere Schlüsse auch für jene Continente gezogen werden können, und es dürfte wohl einige Zeit dauern, bis dieses möglich wird; denn die Beobachtungsreihen aus jenen Gebieten haben heute nur in ganz vereinzelten Fällen die für unsere Zwecke wünschenswerthe Länge von mindestens 30—40 Jahren erreicht.

Wir haben in der Erkenntnis der Klimaschwankungen einen großen Schritt vorwärts gethan, indem wir die säcularen Schwankungen des Regenfalles, zunächst freilich nur auf einem relativ beschränkten Theil der festen Erdoberfläche, auf Schwankungen des Luftdruckes zurückführten. Wir sind damit noch nicht am Ziel; die Schwankungen des Luftdruckes können uns nicht als Endursache gelten; sie selbst müssen sich auf eine fernere Ursache zurückführen lassen. Diese fernere Ursache aber kann nur in Schwankungen der Temperatur bestehen.

In der Luftdruckvertheilung auf der Erdoberfläche spiegeln sich deutlich die Temperaturverhältnisse der letzteren wieder. Nicht minder ist es die Temperatur und ihr Wechsel von Jahreszeit zu Jahreszeit, welche die Jahresschwankung des Luftdruckes hervorruft. Ja, selbst das Dasein der ephemeren Cyklonen und Anticyklonen, die entstehen, auf der Erdoberfläche dahinwandern und wieder vergehen, sind wir gewohnt, Unterschieden in der Temperatur an der Erdoberfläche zuzuschreiben, wenn wir auch in den seltensten Fällen in der Lage sind, im einzelnen das Entstehen eines solchen Phänomens im Zusammenhang mit auftretenden Temperaturdifferenzen nachzuweisen. Die Beziehungen der Luftdruckvertheilung zur Temperaturvertheilung sind so eng, dass man in Ermangelung von Barometerbeobachtungen statt der Isobaren Isothermen zur Constatierung von lang andauernden Luftdruckunterschieden zu verwenden gesucht hat: wo habituelle Luftdruckdifferenzen sind, da müssen auch Temperaturdifferenzen sein und umgekehrt. Diese Thatsache zwingt uns dazu, aus dem Vorhandensein der säcularen Schwankungen des Luftdruckes auf säculare Schwankungen der Temperatur zu schließen. Den letzteren gilt es nunmehr nachzuspüren.

SIEBENTES CAPITEL.

Säculare Schwankungen der Temperatur.

Einflüsse, welche die Homogenität der Temperaturreihen stören können. Methode der Prüfung der Reihen. Quellennachweis. Verwendung von Köppen's Gruppenmitteln. Tabellen der rohen und der ausgeglichenen Gruppenmittel. Die Schwankungen sind auf der ganzen Erde mit wenigen temporären Ausnahmen gleichzeitig und gleichsinnig: Warm 1791–1805. 21–35, 51–70, kühl 1806–20, 36–50, 71–85. Lage der Epochen. Verschiedenes Verhalten von Sibirien im Sommer und Winter. Temperaturschwankungen in verschiedenen klimatischen Zonen und Erdtheilen. Mittel für die Erde. Amplitude der Schwankungen rund 1° C. Differenz der Mitteltemperatur warmer und kühler Perioden 0.3–0.6°. Vergleich der Schwankungen der Temperatur mit den Schwankungen des Regenfalles und des Luftdruckes. Die Schwankungen der Temperatur sind die primären. Die Ursache derselben kann nur in Oscillationen der Wärmezufuhr gesucht werden. Speculationen über den Effect einer verstärkten Wärmezufuhr erfahren durch die Beobachtungen zum großen Theil ihre Bestätigung. Die Ursache der Klimaschwankungen ist wahrscheinlich in der Sonne zu suchen. Absolut kein Zusammenhang der Klimaschwankungen mit der Sonnenfleckenhäufigkeit. Eine 55jährige Periode der Witterung wird durch die meteorologischen Beobachtungen nicht angezeigt. Gründe, warum eine entsprechende ca. 36jährige Periode der Sonnenstrahlung bisher verborgen bleiben konnte.

Die Temperaturbeobachtungen reichen auf dem Boden Europas nicht minder weit zurück, als die Beobachtungen des Regenfalles. Leider aber ist auch ihre Zuverlässigkeit nicht größer. Wir führten bereits oben S. 133 aus, dass sowohl die Güte als auch die Aufstellung der Instrumente im vorigen und zum Theil auch noch in dem laufenden Jahrhundert vieles zu wünschen übrig liess. Constante Fehlerquellen, die sich während der ganzen Beobachtungszeit in gleicher Weise geltend machen, berühren uns allerdings nicht; wohl aber sind Änderungen jeglicher Art nur zu leicht im Stande, die für uns unentbehrliche Homogenität einer Reihe zu stören. Solche Änderungen sind leider häufig und gerade bei Temperaturbeobachtungen häufiger und in ihrem Erfolg wesentlicher als bei anderen meteorologischen Elementen.

Die Jahresmittel des Regenfalles und des Luftdruckes werden nur in verschwindendem Maß von der Auswahl der Beobachtungsstunden beeinflusst. Ein Wechsel der letzteren ist daher für die Homogenität der Reihen ohne nennenswerthe Bedeutung. Anders bei der Temperatur mit ihrer scharf ausgesprochenen täglichen Periode! Eine Änderung der Stundencombination ändert sofort das Mittel und die neuen Mittel lassen sich nur dann mit Hilfe einer Correction auf das Mittel der alten Stundencombination reducieren, wenn die tägliche Periode der Temperatur genau bekannt ist. Für Europa allein ist eine solche Reduction einigermaßen sicher auszuführen dank den Untersuchungen Wild's.[1]) Schon für die Vereinigten Staaten von Nordamerika wird dieselbe unsicher; Schott gibt nur für 15 Stationen den täglichen Gang der Temperatur genauer bekannt, soweit dieses nach meist nur zweijährigen Mitteln möglich ist[2]). Und von diesen 15 Stationen liegen dazu nicht weniger als 11 in dem kleinen Gebiet östlich vom 79. Längengrade, während über das 30—40 Mal größere übrige Gebiet der Vereinigten Staaten nur 4 zerstreut sind.

Wie bedeutend der Einfluss einer Änderung der Thermometeraufstellung sein muss, hat jüngst Köppen besonders eingehend gezeigt.[3]) Solche Änderungen sind gerade in den letzten Decennien auf weiten Gebieten mehrfach bei der Gründung oder Reorganisation der meteorologischen Netze vorgenommen worden. Jedes der letzteren bezweckte mit der Einführung einer neuen Aufstellung allerdings eine größere Annäherung an die Wahrheit; die für uns so wichtige Continuität der Beobachtungen aber ging dabei streng genommen immer verloren. Ich erinnere z. B. an die Einführung der Wild'schen Hütte im Beobachtungsnetz des Russischen Reiches um das Jahr 1872 herum. Mag das Thermometer in derselben nun wirklich die wahre Lufttemperatur angeben, wie Wild glaubt, oder eine zu hohe Temperatur, wie Köppen jüngst zu zeigen gesucht hat, in jedem Fall gibt es die Temperatur anders an als in seiner früheren Aufstellung.

Das sind alles Übelstände, denen wir nur durch eine genaue Prüfung der einzelnen Reihen auf ihre Homogenität hin mit Hilfe der Methode der Differenzen begegnen können.

Ich habe eine solche Prüfung an den Lustrenmitteln von 106 längeren Reihen durchgeführt, soweit es vorhandene benachbarte Stationen ermöglichten, und etwaige Brüche auszumerzen gesucht. So ergab sich z. B. für Philadelphia eine Unterbrechung um 1840 herum. Es ist nämlich das Mittel für die Stationen

	Philadelphia	Salem Mass.	Brunswik Me.	Cincinnati Ohio
1806/40	52.49° F	47.55° F	43.69° F	54.22° F
1841/70	53.96	47.90	44.13	54.56
Differenz	— 1.47	— 0.35	— 0.44	— 0.34

Es gibt also die alte Reihe von Philadelphia um 1.09° F oder rund um 1.10° F zu tiefe Temperaturen im Vergleiche zur neuen Reihe. In dieser Weise wurden mehrfach größere und kleinere Brüche bei den Reihen nach 1800 ausgemerzt. Für das vorige Jahrhundert war dieses leider nicht in dem Maße möglich, weil die Stationen zu wenig zahlreich sind, um einander zu controlieren.

Nach erfolgter Prüfung wurden alle Lustrenmittel in Abweichungen vom 30jährigen Mittel 1851—80 ausgedrückt. Nur bei Australien (Sydney) beziehen die Abweichungen sich auf das Mittel 1856/80 und bei den Stationen der Vereinigten Staaten von Nordamerika auf das Mittel 1841/70; für letzteres Gebiet standen mir nach 1870 keine Beobachtungen zur Verfügung. Die Stationen des Signal Service, deren Temperaturbeob-

[1]) Wild: Temperaturverhältnisse des Russischen Reiches. Supplementband zum Repert. f. Meteorologie. St. Petersburg, 1881.

[2]) Schott: Temperature in the United States.' Smithsonian Contributions Nr. 277. Washington, 1876.

[3]) Köppen: Untersuchungen über die Bestimmung der Lufttemperatur. Aus dem Archiv der Deutschen Seewarte X, 1887, Nr. 2. Hamburg, 1888.

achtungen jährlich publiciert werden, sind nicht identisch mit den Stationen, die früher beobachteten.

Die benützten Quellen sind die folgenden:

1. Nederlandsch Meteorologisch Jaarboek II. Theil der Jahrgänge 1871. 1873 und 1878.

2. Wild: Temperaturverhältnisse des Russischen Reiches. Supplementband zum Repertorium für Meteorologie. St. Petersburg 1881.

3. Annalen des physikalischen Central-Observatoriums zu St. Petersburg. 1876—1885.

4. Hann: Temperaturmittel aus der Periode 1851—85 für die österreichischen Alpen und deren Grenzgebiete. Jahrbücher der k. k. Centralanstalt für Meteorologie und Erdmagnetismus. Jahrgang 1885.

5. Margules: Temperaturmittel aus den Jahren 1851—85 etc. für Ost-Schlesien, Galizien, Bukowina, Ober-Ungarn und Siebenbürgen. Ebenda 1887.

6. Schneider: Klima von Bremen (Sonderabdruck ohne Zeit und Ort).

7. Hoppe: Ergebnisse der Temperaturbeobachtungen in Sachsen. Mittheilungen des Vereines für Erdkunde zu Leipzig für 1885.

8. Lang: Der säculare Verlauf der Witterung als Ursache der Gletscherschwankungen in den Alpen. Zeitschrift der österreichischen Gesellschaft für Meteorologie, 1885, S. 443.

9. Schott: Tables of the Atmospheric Temperature in the United States. Smithsonian Contributions to Knowledge Vol. XXI. Washington 1876.

10. Zusammenstellungen langer Reihen von Hann in der Meteorologischen Zeitschrift.

Ich veröffentliche die Lustrenmittel der einzelnen Stationen nicht, da dieselben zu viel Raum in Anspruch nehmen würden, sondern nur die durch Zusammenfassen mehrerer Stationen gebildeten Gruppenmittel. Diese letzteren setzen sich zusammen, wie folgt:

1. Norddeutschland: Warschau, Krakau, Breslau, Posen, Dresden, Leipzig, Arnstadt, Kiel und Bremen. 9 Stationen.

2. Süddeutschland und Schweiz: München, Regensburg, Hohenpeißenberg, Innsbruck, Stuttgart, Mülhausen, Basel, Genf und St. Bernhardt. 9 Stationen.

3. Österreich, Mähren und Böhmen: Pressburg, Wien, Kremsmünster, Alt-Aussee, Brünn und Prag. 6 Stationen.

4. Ungarn: Hermannstadt und Arvavaralja. 2 Stationen.

5. Steiermark, Kärnten und Krain: Graz, Cilli, Laibach, Hochobir, Klagenfurt und Saifnitz. 6 Stationen.

6. Ober-Italien: Triest, Venedig, Bozen, Mailand, Turin und Modena. 6 Stationen.

7. Mittel- und Unter-Italien: Rom und Palermo. 2 Stationen.

8. Spanien: San Fernando. 1 Station.

9. Frankreich: Paris, Lyon, Toulouse und Perpignan. 4 Stationen.

10. Holland und Belgien: Trier, Brüssel, Utrecht, Zwanenburg, Haarlem und Leuwarden. 6 Stationen.

11. Großbritannien: Greenwich, Chiswick, Oxford, Manchester, Rothesay und Orkney-Inseln. 6 Stationen.

12. Skandinavien: Kopenhagen, Christiania, Stockholm. 3 Stationen.

13. Nordwest-Russland: Helsingfors, Worö, Baltischport, Reval, Kronstadt, St. Petersburg, Riga, Mitau und Wilna. 9 Stationen.

14. Südwest-Russland: Kischinew, Kijew, Nikolajew, Ssimferopol und Ssewastopol. 5 Stationen.

15. Südost-Russland: Lugan, Baku, Orenburg und Fort Alexandrowsk. 4 Stationen.

16. Nordost-Russland: Ust-Ssyssolsk, Bogoslowsk, Katharinenburg und Slatoust. 4 Stationen.

17. West-Sibirien: Tobolsk und Barnaul. 2 Stationen.

18. Ost-Sibirien: Nertschinsk (Hüttenwerk), Jakutsk, Nikolajewsk am Amur und Peking. 4 Stationen.

19. Australien: Sydney. 1 Station.

20. Vereinigte Staaten, Inneres: Fort Snelling (Min.), Fort Gibson (Ind. Ter.), Fort Leavenworth (Kan.), Muscatine (Io.), S. Louis (Ms.), Cincinnati (Ohio) und Toronto (Ontario). 7 Stationen.

21. Vereinigte Staaten, Atlantische Küste, Norden: Montreal (Canada), Brunswick (Me.), Salem (Mass.), Newhaven (Con.), New-York und Philadelphia. 6 Stationen.

22. Vereinigte Staaten, Atlantische Küste, Süden: Charleston (S. C.), Savannah (Ga.), Fort Brooke (Fla) und Fort Jesup (La.). 4 Stationen.

Ungleiche Gewichte habe ich den einzelnen Stationen bei der Bildung der Mittel nicht ertheilt.

Die in dieser Weise gewonnenen Reihen sind unten in der Tabelle I mitgetheilt. Tabelle III gibt dieselben Reihen ausgeglichen nach der bereits für den Regenfall angewandten Formel $\frac{1}{4}(a + 2b + c)$ und für das erste, bezw. letzte Glied nach der Formel $\frac{1}{3}(2a + b)$ wieder.

Diese Zusammenstellung kann in keiner Weise auf Vollständigkeit Anspruch machen; darum wird sie durch die Tabellen II und IV ergänzt. Dieselben enthalten Lustrenmittel der Temperatur für verschiedene Gebiete der Erde, berechnet aus den von Köppen in seiner großen Arbeit über mehrjährige Perioden der Witterung [1]) publicierten Reihen, die von ihm in Nachträgen bis zum Jahre 1875 fortgeführt wurden.

Beim Beginne meiner Untersuchungen gedachte ich mich ganz auf die Verarbeitung der Köppen'schen Reihen zu beschränken. Doch erhoben sich später einige nicht unwesentliche Bedenken dagegen. Für die Zwecke, für welche Köppen seine Reihen verwendete, die Constatierung einer 11jährigen Periode der Witterung im Zusammenhange mit der 11jährigen Periode der Sonnenfleckenhäufigkeit, konnten ihm bereits kürzere Reihen dienlich sein, sobald sie nur mindestens 11 Jahre umfassten. Solche kurze Reihen sind natürlich für uns gänzlich unbrauchbar. Ferner leitete Köppen seine Gruppenmittel aus den Abweichungen der einzelnen Stationen von ihrem jeweiligen vieljährigen Mittel ab, während es für unsere Zwecke entschieden dienlicher erscheinen musste, alle Mittel auf einen und denselben Zeitraum, die Periode 1851/80, zu beziehen. Sobald die vieljährigen Mittel aus mindestens 30jährigen Beobachtungen gebildet sind, so weichen sie allerdings nur wenig von dem Mittel der Normalperiode ab. Wenn aber kürzere Reihen zur Unter-

[1]) Zeitschrift der Österr. Gesellschaft für Meteorologie 1873, S. 257, ff., 1880. S. 279 und 1881, S. 140.

suchung herbeigezogen werden, wie zum Theile bei Köppen, so können die Abweichungen erheblich werden. Endlich konnte Köppen die Jahre nach 1876 nicht mehr berücksichtigen, da sein letzter Nachtrag Anfang 1881 erschien. Mir aber musste es daran liegen, auch das Verhalten der Temperatur in den Lustren 1876/80 und 1881/85 kennen zu lernen. Diese Umstände ließen es mir wünschenswerth erscheinen, wenigstens für eine Reihe von Gebieten genau nach den für den Regenfall angewendeten Methoden Gruppenmittel abzuleiten und diese dann mit den Gruppenmitteln Köppen's zu vergleichen. Erwies sich der Gang als parallel, dann durfte ich annehmen, dass die angenäherte Methode Köppen's brauchbare Resultate auch für Gebiete liefert, für welche keine exact abgeleiteten Gruppenmittel vorlagen. Es controlliert eine Tabelle die andere.

Die Stationen, welche Köppen zu Gruppen vereinigte, brauchen wir hier nicht aufzuzählen, da seine Abhandlung an allgemein zugänglicher Stelle erschien. [1])

Ich lasse nun die Tabellen folgen.

I. Säculare Schwankungen der Temperatur, dargestellt durch Abweichungen vom Mittel 1851—80.

Nicht ausgeglichene Reihen.

Lustrum	Nord-Deutschld.	Süd-Deutschld. u. Schweiz	Österreich u. Böhmen	Ungarn	Krain, Steiermark, Kärnten	Oberitalien	Mittel- und Unteritalien	Spanien	Frankreich	Holland u. Belgien	Groß-britannien
1756/60	—	—.9	—	—	—	—	—	—	—	—	—
61/65	—	—.3	—	—	—	—.1	—	—	—	—	—
66/70	—	—.8	—.1*	—	—	—	—	—	—	—	—
71/75	—	.1	.95	—	—	.4	—	—	—	.8	-1.0
76/80	—	.6	.55	—	—	.2	—	—	—	.4	—.1
81/85	.2	—.3	.30	—	—	.2	—	—	—	—.7	-1.3*
86/90	—.2	—.15*	.60	—	—	.80	—	—	—	-1.3*	-1.2
91/95	—.55*	.60	.50	—	—	.20	—	—	—	—.25	—.8
96/00	—.35	.43	.85	—	—	.20	—	—	—	—.45	—.75
1801/05	—.6	.13	.00*	—	—	.25	—	—	—	—.80	—.50
06/10	.10	.65	.70	—	—	—.15*	—	—	.1	—.15	—.45
11/15	—.60*	—.95*	.20	—	—.6*	—.3	—.3	—	—.2	—.20	—.90*
16/20	—.45	—.70	.20	—	.0	—.2	.6	—	—.3*	—.25	—.30
21/25	.20	.35	.75	—	.6	.3	.7	—	.5	.45	.15
26/30	—.10	—.18	—.07	—	.1	.1	—.45*	—	—.1	.05	.30
31/35	.28	.50	.37	—	.6	—.6	—.20	—	.5	.07	.75
36/40	—.52*	—.47*	—.40*	—	—	-1.2*	—.35*	—	—.4*	—.03	—.38
41/45	—.13	.22	—.40*	—	—	—.75	.20	—	.05	.60	—.52*
46/50	.08	—.10	—.12	—	.4	.05	—.10	—	.15	.00	.22
51/55	.17	—.47*	—.22	.35	—.13	—.32	—.25	.1	—.40*	—.84*	—.04
56/60	—.04	—.21	—.15	—.25*	—.10	—.26	—.35*	—.2	—.22	.02	.02
61/65	.08	.34	.23	—.15	.55	.36	.15	.1	.48	.25	.02
66/70	.36	.37	.42	.15	.35	.18	.05	.2	.42	.35	.45
71/75	—.21*	.07	—.18	—.20*	—.28*	.22	—.10*	.0	.17	.17	.04
76/80	—.03	—.08	—.32*	.15	—.23	—.02	.5	—.1	—.23*	—.70*	—.16*
81/85	.00	—.03	—.10	.05	—.08	—.18	—	—.4*	—	—	—

[1]) Köppen in der Zeitschrift der Österreichischen Gesellschaft für Meteorologie, Band VIII (Jahrgang 1873) S. 257 ff.), Band XV (Jahrgang 1880) S. 279 und Band XVI (Jahrgang 1881) S. 140.

Lustr.	Skandinav.	NW.-Russl.	SW.-Russl.	SO.-Russl.	NO.-Russl.	W.-Sib.	O.-Sib.	Austr.	Ver. St. (Inn.)	Ver. St. Atl. K. (Nord)	Ver. St. Atl. K. (Süden)
1751/55	—	.3	—	—	—	—	—	—	—	—	—
56/60	—	—.6*	—	—	—	—	—	—	—	—	—
61/65	—	—.1	—	—	—	—	—	—	—	—	—
66/70	—	.0		—	—	—	—	—	—	—	—
71/75	—	.3	—	—	—	—	—	—	—	—	—
76/80	—	.2	—	—	—	—	—	—	—	—	—
81/85	—	—1.6*	—	—	—	—	—	—	—	—.1	—
86/90	—	—1.0	—	—	—	—	—	—	—	—.10	—
91/95	—	—.1	—	—	—	—	—	—	—	.40	—
96/00	—	—.15	—	—	—	—	—	—	—	—.07	—
1801/05	—.2	—.37	—	—	—	—	—	—	—	.67	—
06/10	—.45*	—.93*	—	—	—	—	—	—	—.1	—.22	—
11/15	—.40	—.57	.2	—	—	—	—	—	—.3*	—.45	—
16/20	—.25	—.10	1.0	—	—.4	—	—	—	—.2*	—.55*	—
21/25	.9	.95	—.05	—	1.3	—	—	—	.05	.22	60
26/30	.2	—.07	—.48	—	.9	—	—	—	1.05	.73	1.00
31/35	.7	.16	—1.00*	—	—.4	—.8	—.4	—	—.20	—.20	—.13
36/40	—.85*	—.58*	—.78*	—.8	—.57*	—1.80*	—.2	—	—.54*	—.75*	—.00*
41/45	—.20	—.24	.10	—.3	.10	.15	—.23	—	—.27	.00	—.25
46/50	.07	.02	.50	.2	—.42	—.30	.37	—	—.16	.23	.43
51/55	.73	—.03	1.07	.18	.32	.10	—.20	—	.29	.10	.10
56/60	.30	.35	.23	—.30	.40	—.15	—.20	—.8	—.10	—.43	—.30
61/65	—.03	—.18	—.27	—.68*	.07	—.3	.10	.0	.32	.26	—
66/70	—.03	—.08	.47	.25	.50	.4	.20	.4	—.10	.05	.3
71/75	.03	.00	—.03	.18	—.43*	.3	.27	.1	—	—	—
76/80	—.47*	.10	—.30*	.40	.40	—.1	.33	.3	—	—	—
81/85	—	.24	—.10	.03	—.23	—.6*	.50	—	—	—	—

II. Säculare Schwankungen der Temperatur, dargestellt durch Abweichungen vom vieljährigen Mittel, berechnet nach Köppen's Reihen.

Nicht ausgeglichen.

Lustr.	N. Dtschl.	Westl. Mittel-Europa	Oest.-Ung.	Italien	Pyren.-Halb.-Insel	Mittelmeergebiet	Gross-Britan.	Nord-Europa	NW.-Russl.	S.-Russl.
1731/35	—.34	—	—	—	—	—	—	—	—	—
36/40	—.43*	—	—	—	—	—	—	—	—	—
41/45	—.35	—	—	—	—	—	—	—	—	—
46/50	.45	—	—	—	—	—	—	—	—	—
51/55	.04	—	—	—	—	—	—	—	.28	—
56/60	.25	—.52	—	—	—	.19	—	—	—.22	—
61/65	.20	—.53	—	—	—	.03	—	—	—	—
66/70	—.08*	—.98*	—.62*	—	—	—.42*	—	—	—	—
71/75	.61	.00	.52	—	—	.29	—.52	—	—	—
76/80	.73	.36	.06	—		—.01	.47	—	—	—
81/85	.04	—.10	.06	—	—	—.13	—.73*	—	1.04	—
86/90	—.18	—.09	.25	—	—	.14	—.54	—	—.53	—
91/95	.19	.48	.57	—	—	.06	.03	—	.39	—
96/00	—.02	.14	44	—	—	.20	—.29	—	.17	—
1801/05	—.45*	.04	—.10	—	—	28	.14	—.27	.02	—
06/10	.33	.07	.35	—	—	—.02	—.03	—.46*	—.89*	—
11/15	—.42*	—.39*	—.17*	—	—	—.25*	—.31*	—.12	—.72	—
16/20	—.28	—.36	—.15	—	—	.10	—.10	.03	—.18	—
21/25	.76	.52	.75	—	—	.39	.32	.85	.76	.80
26/30	—.26	—.23	—.27	—	—	—.14	.12	.17	—.16	—.35
31/35	.43	.35	.16	—	—	—.24	.54	—.06	.29	—.76*
36/40	—.56*	—.30*	—.93*	—	—	—.33*	—.53*	—.33*	—.50*	—.58
41/45	—.18	—.09	—.27	—	—	.28	—.28	.11	.04	—.01
46/50	.03	.05	—.03	—	—	.16	.40	—.01	—.08	.17
51/55	—.32	—.31	—.17	—.08	—.42	—.02	—.05	—.22	.17	.34
56/60	.19	—.09	—.20	.29	—.02	.12	.34	—.38	.32	.08
61/65	.23	.36	.09	.17	.20	.07	.36	—	—.20	—.37*
66/70	.32	.31	.28	.14	.24	.05	.09	—	.12	.14
71/75	—.09	—.14	—.27	—.04	—.11	—	.09		—.08	.12

Lustrum	Ural	SW-Sibirien	O-Sibirien	Hinterindien und Sunda	NW-Indien	Nord-Indien	Vorder-Indien	Australien	NW-Amerika	NO-Amerika
1796/00	—	—	—	—	—	—	.00	—	—	—
1801/05	—	—	—	—	—	—	.52	—	—	—
06/10	—	—	—	—	—	—	—	—	—	—
11/15	—	—	—	—	—	—	—.07	—	—	—
16/20	—	—	—	—	—	—	—.42*	—	—	—
21/25	—	—	.69	—	—	—	.39	—	—	—
26/30	.25	—	.46	—	—	—	—.20	—	—.35	—
31/35	—.25	.21	—.47*	—	—	—	.47	—	.13	—
36/40	—.27*	—.27*	—.29	—	—	—	—.39*	—	.74	—
41/45	.25	—.01	.10	.15	—	—	.16	.26	.09	—.84*
46/50	—.03	.40	.23	—.33*	—	—	—.15	—.14	—.94*	.49
51/55	.78	.48	.00	.10	—.06	.06	.07	—.09	—.47	—
56/60	—.21	—.27*	.15	.18	.00	.58	—.08	.14	.02	1.12
61/65	—.28*	—.11	.26	—.07	—.36*	—.60*	—.05	—.14	—.22	—.72
66/70	.63	.53	.42	—.01	.10	.68	.00	.19	—	—.12
71/75	—	.40	.78	—.07*	—.10	—.03	—.12	—.01	—	—
76/80	—	—	—	—	.08	—.01	—	—	—	—

Lustrum	Ver. Staaten Inneres (Köppen)	Ver. Staaten Inneres (Schott)	Ver. Staaten, Atlantische Küste	Vereinigte Staaten, Süden (Köppen)	Vereinigte Staaten, Süden (Schott)	Tropisches Amerika	Gemässigtes Süd-Amerika	La Plata-Mündung	Süd-Afrika
1766/70	—	—	—.30*	—	—	—	—	—	—
71/75	—	—	.30	—	—	—	—	—	—
76/80	—	—	—.02	—	—	—	—	—	—
81/85	—	—	—.11	—	—	—	—	—	—
86/90	—	—	—.06	—	—	—	—	—	—
91/95	—	—	.64	—	—	—	—	—	—
96/00	—	—	.63	—	—	—	—	—	—
1801/05	—	—	.58	—	—	—	—	—	—
06/10	—	—	—.26	—	—	—	—	—	—
11/15		—	—.58*	—	—	—	—	—	—
16/20	—	—	—.55	—	—	—	—	—	—
21/25	.0	—.1	.25	1.0	.4	—	—	—	—
26/30	.9	.9	.55	1.0	.9	—.13	—	—	—
31/35	.0	—.1	—.31	—.2	—.3	.20	—	—	—
36/40	—.4*	—.4*	—.83*	—.5*	—.5*	—.37*	—	—	—
41/45	—.2	.1	.01	.1	—.2	.38	.05	.05	—.30*
46/50	—.1	—.1	.17	.1	.2	—.02	.07	—.07	—.38
51/55	.5	.2	.20	.3	.0	.23	.25	—	.24
56/60	—.3	—.5	—.17	—	—	—.16	—.09	—.02	.29
61/65	.0	—	.32	—	—	—.28	—.20*	—.07	.05
66/70	.2	—	.09	—	—	.10	.20	.14	—.01
71/75	—	—	—	—	—	.33*	—	—.35*	—

III. Säculare Schwankungen der Temperatur.

Ausgeglichene Reihen der Tab. I.

Lustrum	Nord-Deutschl.	Süd-Deutschl. und Schweiz	Österreich und Böhmen	Ungarn	Krain, Steierm., Kärnthen	Ober-Italien	Mittel- und U.-Italien	Spanien	Frankreich	Holland und Belgien	Groß-britannien
1756/60	—	—.7*	—	—	—	—	—	—	—	—	—
61/65	—	—.6	—	—	—	—	—	—	—	— 7	—
66/70	—	—.4	.25*	—	—	—	—	—	—	— 12	—
71/75	—	.0	.59	—	—	.3	—	—	—	.	—.7
76/80	—	.2	.59	—	—	.2	—	—	—	.	—.6
81/85	.07	—.04	.44		—	.35	—	—	—	—.6	-1.0
86/90	—.19	.09	.60	—	—	.50	—	—	—	—.89*	1.1*
91/95	—.41	.37	.61	—	—	.35	—	—		—.56	—.89
96/00	—.46*	.40	.55	—	—	.21	—	—	—	—.49	.70
1801/05	—.36	.34	.39	—	—	.14	—	—	—	—.55	—.55
06/10	—.25	.12	.40	—	—	—.09		—	.0	—.32	—.58
11/15	—.39*	—.40	.32*	—	—.4*	—.21*	.4	—	—.2*	—.20	—.64*
16/20	—.32	—.50*	.34	—	0	—.1	.6	—	—.1	—.06	—.34
21/25	—.06	—.04	.41	—	.3	.1	.39	—	.2	.18	.08
26/30	.07	.12	.24	—	.4	.0	—.10	—	.2	.16	.38
31/35	—.02	.09	.07		.4	—.6	—.30*	—	.1	.04	.36
36/40	—.22*	—.06	—.22	—	—	—.94*	—.18	—	—.06	.15	.07
41/45	—.18	—.03	—.33*	—		—.66	—.01	—	—.04	.29	—.30
46/50	.05	—.11	—.21		.22	—.24	—.06	—	—.01	.06	.03
51/55	.10	—.31*	—.18	.15	.01	—.21	—.24	0	.22*	—.16*	.04
56/60	.04	—.14	—.07	.08	.06	—.12	—.20	.0	—.09	—.01	.09
61/65	.12	.21	.18	—.10*	.34	.16	.00	.0	.29	.22	.13
66/70	.15	.29	.31	—.01	.24	.24	.04	.1	.37	.28	.24
71/75	.02	.11	.12	—.02	—.11	.15	.09	.0	.13	.00	.09
76/80	—.07*	—.03	—.14	.04	—.20*	.09	.30	—.2	—.07*	—.41*	—.07*
81/85	—.01	—.05*	—.17*	.08	—.13	—.13*	—	—.3*	—	—	—

Lustrum	Skandinavien	NW-Russland	SW-Russland	SO-Russland	NO-Russland	W-Sibirien	O-Sibirien	Australien	Vereinigte Staaten Inneres	Ver. Staaten Atlant. Küste Norden	Ver. Staaten Atlant. Küste Süden
1751/55	—	.0	—	—	—	—	—	—	—	—	—
56/60	—	—.2	—	—	—	—	—	—	—	—	—
61/65	—	—.2		—	—	—	—	—	—	—	—
66/70	—	0	—	—	—	—	—	—	—	—	—
71/75	—	.2	—	—	—	—	—	—	—	—	—
76/80		—.2	—	—	—	—	—	—	—	—	—
81/85	—	-1.0*			—	—	—	—	—	—.10*	—
86/90	—	—.9	—	—	—	—	—	—	—	.02	—
91/95	—	—.34	—	—	—	—	—	—	—	.16	—
96/00	—	—.10	—	—	—	—	—	—	—	.23	—
1801/05	—.28	—.46	—	—	—	—	—	—	—	.26	—
06/10	—.38*	—.70*	—	—	—	—	—	—	—.2	—.06	—
11/15	—.25	—.54	.5	—	—	—	—	—	—.2	—.42*	—
16/20	.25	.04	.54	—	.2	—	—	—	—.16	—.33	—
21/25	.56	.41	.10	—	.8	—	—	—	.24	.16	.73
26/30	.5	.24	—.50	—	.7	—	—	—	.49	.37	.62
31/35	.19	—.08	—.82*	—	—.12	-1.13	—.3	—	.03	—.10	.04
36/40	—.30*	—.31*	—.62	—.6	—.36*	—1.06	—.26	—	—.89*	—.42*	—.40*
41/45	—.30*	—.26	—.02	—.3	—.20	—.45	—.07	—	—.31	—.13	—.17
46/50	.17	—.06	.54	.07	—.10	—.09	—.08	—	—.08	.14	.18
51/55	.46	.08	.72	.06	—.04	—.06	—.06	—	.08	.00	.08
56/60	.32	.12	.32	—.28	—.14	—.12	—.12	—.5	.10	—.12	—.17
61/65	.05	—.02	.04	—.35*	—.01	—.09	.05	—.1	.11	.04	—
66/70	—.02	—.08*	.16	.00	.12	.2	.19	.2	.04	.12	—
71/75	—.11	.00	.03	.25	.01	.2	.27	.2	—	—	—
76/80	—.30*	.11	—.18*	.25	.04	—.1	.36	.2	—	—	—
81/85	—	.10	—.17	.15	—.02*	—.4*	.44	—	—	—	—

IV. Säculare Schwankungen der Temperatur.

Ausgeglichene Reihen der Tab. II.

Lustrum	N.-Deutschland und Holland	Westliches Mittel-Europa	Oesterreich-Ungarn	Mittelmeergebiet	Groß-britannien	Nord-Europa	NW-Russland	S.-Russland	Ural	SW-Sibirien	O.-Sibirien
1731/35	—.37	—	—	—	—	—	—	—	—	—	—
36/40	—.39*	—	—	—	—	—	—	—	—	—	—
41/45	—.17	—	—	—	—	—	—	—	—	—	—
46/50	.14		—	—	—	—	—	—	—	—	—
51/55	.19	—		—	—	—	—	—	—	—	—
56/60	.18	—.52	—	.14	—	—	—	—	—	—	—
61/65	.14	—.64*	—	—.04	—	—		—	—	—	—
66/70	.16	—.62	—.24*	—.13*	—	—		—	—	—	—
71/75	47	—.16	.12	.04	—.19	—		—	—	—	—
76/80	.53	.16	.18	.04	—.08	—	—	—	—	—	—
81/85	.16	.02	.11	—.03	—.38	—	.52	—	—	—	—
86/90	—.03*	.05	.28	.05	—.44*	—	.09	—	—	—	—
91/95	.04	.25	.46	.12	—.19	—	.10		—	—	—
96/00	—.08	.20	.34	.18	—.10	—	.19	—	—	—	—
1801/05	—.15	.05	.15	.18	—.01	—.33*	—.17	—	—	—	—
06/10	—.05	—.05	.11	.00	—.06	—.33*	—.62	—	—	—	—
11/15	—.20*	—.27*	—.04*	—.10*	—.19*	—.17	—.63*	—	—	—	—
16/20	—.06	—.15	.07	.08	—.05	.20	—.08	—	—	—	—
21/25	.24	.11	.27	.18	.16	.48	.30	.42	—	—	.61
26/30	.17	.10	.09	—.03	.28	.28	.18	—.16	.08	—	.28
31/35	.01	.04	—.22	—.24*	.17	—.07	—.02	—.61*	—.13	.05	—.19
36/40	—.22	—.08	—.49*	—.16	—.20*	—.15	—.17*	—.48	—.14*	—.08*	—.29*
41/45	—.22*	—.11	—.38	.10	—.17	—.03	—.12	—.11	.05	.03	—.06
46/50	—.11	—.08	—.12	.14	.12	—.03	.01	.17	.24	.32	.09
51/55	—.10	—.16*	—.14	.06	.16	—.21	.14	.23	.33	.27	.10
56/60	.07	—.03	—.12	07	.25	—.33*	.15	.01	.02	—.04*	.14
61/65	.24	.24	.06	.08	.29	—	.01	—.13*	—.04*	.01	.27
66/70	.20	.21	.10	.06	.16	—	—.01	.01	.33	.34	.47
71/75	.05	.01	—.06	—	.09	—	—.01	.13	—	.44	.60

Lustrum	Hinter-Indien und Sunda	NW-Indien	Nord-Indien	Vorder-Indien	NW-Amerika	NO-Amerika	Ver. Staaten Inneres (Köppen)	Ver. Staaten Inneres (Schott)	Ver. Staaten Atlantische Küste	Tropisches Amerika
1766/70	—	—	—	—		—	—	—	—.10*	—
71/75	—	—	—	—	—	—	—	—	.07	—
76/80	—	—	—		—	—	—	—	.04	—
81/85	—	—	—	—	—	—	—	—	—.08	—
86/90	—		—		—	—	—	—	.10	—
91/95		—	—	—		—	—	—	.31	—
96/00	—	—	—	.17	—	—	—	—	.32	—
1801/05	—	—	—	.35	—	—	—	—	.23	—
06/10	—	—	—	—	—	—	—	—	—.13	—
11/15	—	—	—	—.19*	—	—	—	—	—.49*	—
16/20	—	—	—	—.13		—	—	—	—.36	—
21/25	—	—	—	.04	—	—	.3	.2	.12	—
26/30	—	—	—	.12	—.19	—	.4	.4	.26	—.02
31/35	—	—	—	.09	.16	—	.1	.1	—.22	—.02
36/40	—		—	—.04	.42	—	—.2	—.2*	—.49*	—.04*
41/45	—.01		—	—.06*	.00	—.40	—.2*	—.1	—.16	.09
46/50	—.10	—	—	—.02	—.56*	.05	.0	.0	.14	.14
51/55	.01	—.04	.23	—.02	—.46	—	.2	.0	.10	.07
56/60	.10	—.10	.16	—.04	—.16	.51	.0	—.2	.04	—.09
61/65	.01	—.16*	.02	—.04	—.14	—.11	—.1	—	.10	—.16
66/70	—.04	—.06	.18	—.04	—	—.32	—.1	—	.05	—.10
71/75	—.05*	—.04	.15	—.08*	—	—	—	—	—	—.19*
76/80	—	—.09	—.02	—	—	—	—	—	—	—

Mögen wir die unausgeglichenen oder die ausgeglichenen Reihen ins Auge fassen, überall sehen wir, dass Perioden mit auffallend hoher Temperatur und solche mit auffallend niedriger mit einander abwechseln. In einem Lustrum erreicht die Temperatur ein Maximum und einige Zeit darauf wieder ein Minimum. Der Verlauf der Kurve zwischen den Epochen zeigt jedoch bei den Reihen der Tabellen I und II keine absolut stetige Änderung, wie es mehr oder minder beim Regen der Fall war; eine solche tritt erst nach erfolgter Ausgleichung deutlicher zu Tage. Das Wesentliche an diesen Schwankungen der Temperatur ist nun, dass sie sich im allgemeinen in allen Ländern der Erdoberfläche gleichsinnig vollziehen, wenn wir die Lage der Epochen ins Auge fassen; letztere gruppieren sich nämlich jedesmal um einen gewissen mittleren Zeitpunkt herum. Es wechseln Zeiträume, auf welche mehr oder minder überall Maxima der Temperatur fallen, mit solchen ab, welchen fast alle Minima der Temperatur angehören. Die nachfolgende kleine Zusammenstellung gibt darüber Aufschluss. Als kalt, bezw. warm sind hier die Zeiträume bezeichnet, welche sich durch Häufigkeit der Temperatur-Minima, bezw. -Maxima auszeichneten. Die Rubrik »gut« gibt die Zahl der Reihen an, bei welchen in der That die Epochen in die betreffenden Zeitabschnitte fallen, die Rubrik »schlecht« die Zahl der Reihen, welche sich abweichend verhalten. Die Namen der betreffenden Gebiete, die als Ausnahmen zu gelten haben, sind rechts aufgeführt. Als unbestimmt sind diejenigen Reihen bezeichnet, welche in der Periode, um die es sich handelt, sowohl ein Maximum als ein Minimum der Temperatur aufweisen. Die Zählung wurde durchweg an den nicht ausgeglichenen Reihen vorgenommen.

		gut	unbestimmt	schlecht	Ausnahmegebiete
		nach Tab. I (Brückner's Gruppenmittel)			
warm	1791—1805	2	—	2	N-Deutschland. Österreich. Böhmen
kalt	1806—1820	8	2	1	SW-Russland
warm	1821—1835	14	1	1	SW-Russland
kalt	1836—1850	15	—		—
warm	1851—1870	11	6		
kalt	1871—1885	15	2	2	SO-Russland und O-Sibirien.
	Summe	68	11	6	
		nach Tab. II (Köppen's Gruppenmittel)			
warm	1791—1805	6	—	1	N-Deutschland und Holland
kalt	1806—1820	9	—	—	
warm	1821—1835	14	2	—	—
kalt	1836—1850	17	3	—	..
warm	1851—1870	11	5	2	NW- und N-Indien
	Summe	57	10	3	

Lassen wir die unbestimmten Reihen fort, so fallen 92% der Epochen meiner Gruppenmittel und ebenso 95% der Epochen von Köppen's Gruppenmittel in die bezeichneten Zeiträume und nur 8%, bezw. 5% zeigen ein abweichendes Verhalten. Rechnen wir von den unbestimmten Fällen diejenigen, bei welchen die irreguläre Epoche in die unmittelbare Nachbarschaft der Periode fällt, deren Vorzeichen sie hat, noch zu den »guten«, den Rest zu den »schlechten«, so stimmen 86%, bezw. 89% mit der Regel und 14%, bezw. 11% bilden Ausnahmen. Die Zahl der Ausnahmen ist also eine sehr geringe.

In etwas anderer Form stellt eine zweite kleine Tabelle dieses Resultat dar. Dieselbe gibt an, wie viele Maxima und wie viele Minima der Temperatur in Tab. I und II auf die einzelnen Lustren fallen.

Lustrum	Zahl der Max.	Zahl der Min.	Lustrum	Zahl der Max.	Zahl der Min.
1791/95	5	·	1841/45	1	4
1796/00	—	—	1846/50	1	3
1801/05	3	2	1851/55	9	4
1806/10	2	5	1856/60	5	3
1811/15	—	11	1861/65	9	6
1816/20	1	3	1866/70	15	—
1821/25	18	—	1871/75	—	8
1826/30	7	1	1876/80	1	7
1831/35	8	3	1881/85	1	3
1836/40	1	29	1886/90	?	?

Es fallen auf die Zeiträume 1791—1805, 1821—35 und 1851—70 von im Ganzen 87 Maxima 79 und auf die Zeiträume 1806—20, 1836—50 und 1871—85 von im Ganzen 92 Minima 73.

Aus dieser Tabelle ist auch ersichtlich, welche Lustren ganz besonders von den Epochen bevorzugt werden. Es sind das 1811/15 und 1836/40, auf welche zusammen nahezu die Hälfte der Minima, und 1821/25 und 1866/70, auf welche mehr als ein Drittel der Maxima entfällt. Die Lage des Minimums der Kälteperiode nach 1870 ist noch nicht mit Sicherheit zu bestimmen, da die Zahl der zur Verfügung stehenden Reihen außerhalb Europas sehr klein war. Überhaupt ist es auffallend, dass das letzte Maximum wie auch das letzte Minimum etwas verschwommen sind und nicht so scharf auftreten, wie die früheren Epochen.

Fragen wir nach den Gebieten, welche ein abweichendes Verhalten zeigen, so sind das nach meinen Gruppenmitteln die folgenden: Es haben ein Minimum um 1830 und 1865 herum Mittel- und Unteritalien zum Theil und SW- und SO-Russland; nach den Gruppenmitteln Köppen's: Süd-Russland, Ural, SW- und Ost-Sibirien, NW- und N-Indien, endlich das gemäßigte Südamerika. Manche von diesen Ausnahmen dürften vielleicht nur scheinbar sein, wie Mittel- und Unteritalien, für welche Gruppe in der kritischen Zeit um 1830 herum nur eine Station zur Verfügung stand. Gesichert scheint nur die Ausnahmestellung Süd-Russlands und Sibiriens. Diese Gebiete zeichnen sich durch einen eigenthümlichen Gang der Temperatur aus. Zunächst ist hier das im allgemeinen noch warme Lustrum 1831/35 auffallend kalt und zum Theil sogar kälter als 1836/40; die Temperatur steigt dann langsam und erreicht früher als die Mehrzahl der übrigen Gebiete — 1851/55 — ein Maximum, sinkt 1861/65 wieder auf ein Minimum zurück, um 1866/70 abermals stark zu steigen. Die Mitte der im allgemeinen warmen Periode 1851/70 ist also hier durch ein secundäres Kältemaximum ausgezeichnet. Es scheint, dass dasselbe durch eine strenge Winterkälte seine Erklärung findet, während die Sommer gleichzeitig warm sind. Wenigstens weisen die Beobachtungen von Barnaul und Nertschinsk darauf hin:

	Barnaul Winter	Barnaul Sommer	Nertschinsk Winter	Nertschinsk Sommer
1856/65	—17.4° C.	17.7° C.	—27.1° C.	16.7° C
1851/55 und 1866/70	—16.9	17.7	—26.1	16.5

Um zu untersuchen, ob sich die Schwankung ihrem Charakter nach mit der geographischen Breite ändert, habe ich aus den Reihen, welche Köppen für die verschiedenen Zonen der Erde mittheilt, Lustrenmittel abgeleitet; sie sind in der nachfolgenden Tabelle mitgetheilt; links finden sich die direct gefundenen Werthe, rechts dieselben ausgeglichen nach den mehrfach erwähnten Formeln.

Säculare Schwankungen der Temperatur in verschiedenen klimatischen Zonen.

	Rohe Lustrenmittel						Ausgeglichene Lustrenmittel					
	Tropen	Subtropen	Warme gemäßigte Zone	Kalte gemäßigte Zone	Kalter Gürtel	Ganze ektrop. Zone	Tropen	Subtropen	Warme gemäßigte Zone	Kalte gemäßigte Zone	Kalter Gürtel	Ganze ektrop. Zone
1821/25	.34	.60	.49	.47	.81	.58	.20	.50	.37	.40	.09	.49
26/30	.07	.45	.14	.25	.45	.30	.13	.34	.16	.26	.44	.26
31/35	.33	-.20	.13	.05	.34*	-.13	.06	-.09	.17	.01	.11	.09
36/40	.37*	-.40*	-.56*	.39*	.20	-.40*	.05*	.26*	-.35*	.17*	.23*	.26*
41/45	.21	-.02	.15	-.07	-.18	.09	.02	.10	-.20	-.12	.17	-.13
46/50	.11	.06	.07	.01	.12	.06	.03	.05	.04	.02	-.19	.05
51/55	.13	.11	.16	.15	-.35*	.16	.02	.05	.07	.08	-.17	.09
56/60	.08	.08	.12	.03	.13	-.04	.03	-.02	.00	.06	-.06	.02
61/65	.10	-.04	.06	.03	-.17	-.01	.08	-.02	.05	.07	.01	.02
66/70	.03	.10	.21	.20	.37	.15	-.09	.03	.16	.14	.10	.10
71/75	.18	—	—	—	—	—	-.13	—	—	—		—

Alle Reihen, die nicht ausgeglichenen für die Tropen ausgenommen, lassen klar und deutlich unsere Schwankungen erkennen. Auch in den Tropen ist das, wenigstens vor 1850, der Fall, wenn wir die absoluten Maxima und Minima in's Auge fassen und von dem Alternieren der Vorzeichen absehen, das eine Folge der 11jährigen Sonnenfleckenperiode ist. Schwächen wir den Einfluss der letzteren durch Ausgleichung, so tritt die Schwankung klar und rein hervor.

Dass unsere Schwankungen in den Tropen von der 11jährigen Periode der Sonnenflecken verdunkelt werden, ist sehr bemerkenswerth. Doch gilt dieses keineswegs von allen Gebieten. Die Reihe für Vorderindien in Tabelle II z. B. zeigt die Schwankungen sehr deutlich bis 1850. Weiter hin wird der Verlauf der Curve ein verschwommener; sie nähert sich einer geraden Linie. Hinter-Indien und die Sunda-Inseln lassen die Schwankungen wieder deutlich erkennen, so besonders das Wärmemaximum 1856/60, während NW- und N-Indien gänzlich abweichen. Das gleiche gilt vom tropischen Amerika nur zum Theil. Sollte sich vielleicht die fehlende Übereinstimmung eines Theiles der Reihen für die Tropen auf die relativ größere Zahl kurzer, zum Theil sogar noch nicht 11jähriger Reihen zurückführen, welche Köppen zu verwenden gezwungen war? [1])

Außerhalb der Tropenzone vermag die Sonnenfleckenperiode das Bild nicht mehr zu stören. Dieses thun die nachfolgenden Zahlen für die Gesammtheit der ektropischen Gebiete dar, indem sie den Gang der Temperatur nach strenger Eliminierung des Einflusses der Sonnenflecken zur Anschauung bringen. [2])

[1]) Köppen a. a. O. 1873. S. 246.

[2]) Über die Art und Weise, nach welcher diese Eliminierung geschah, vgl Köppen a. a. O. S. 264.

	rohe Werthe	ausgeglichen		rohe Werthe	ausgeglichen
1801/05	.13	.05	1836/40	−.24*	−.24*
1806/10	−.10	−.16	1841/45	−.23	−.15
1811/15	−.55*	−.28*	1846/50	.11	.05
1816/20	.08	.00	1851/55	.20	.09
1821/25	.39	.30	1856/60	−.14	.01
1826/30	.32	.20	1861/65	.12	.02
1831/35	−.23	.10	1866/70	−.01	.03

Alle charakteristischen Merkmale der Schwankungen treten auch hier klar hervor. Das weist darauf hin, dass **unsere Schwankungen nichts mit der 11jährigen Periode der Sonnenflecken zu thun haben.**

Um den Einfluss der geographischen Länge, wie der Lage auf den verschiedenen Hemisphären zu untersuchen, berechnete ich Mittel für die Erdtheile als Mittel der einzelnen Gruppen. Und zwar führte ich für Nordamerika und für Europa die Rechnung doppelt durch, einmal an meinen Gruppenmitteln und dann an denjenigen von Köppen. Obwohl die Zahl und Auswahl der Stationen wie auch die Mittel, auf welche die Abweichungen für jede Station bezogen wurden, ganz verschiedene sind, zeigen doch die beiden Paare von Mitteln eine sehr weitgehende Übereinstimmung. Die Abweichung derselben von einander ist im Durchschnitt nicht mehr als 0.1°C. Hieraus muss man folgern, dass die Zahlen in der That vortreffliche Näherungswerthe sind, die selbst durch eine bedeutende Vermehrung der Anzahl der Stationen nicht wesentlich modificiert werden können.

Säculare Schwankungen der Temperatur in verschiedenen Erdtheilen.

Lustrum	Europa (Köppen)	Europa (Brückner)	Asien (Köppen)	Australien (Köppen)	Australien (Brückner)	Nordamerika (Köppen)	Nordamerika (Brückner)	Mittel- und Südamerika (Köppen)	Südafrika (Köppen)	Ganze Erde	Vor 1720 beobachtende Reihen in Neu-Engl. u. Europa
1731/35	−.34	—	—	—	—	—	—	—	—	−.34	—
36/40	−.43*	—	—	—	—	—	—	—	—	−.43*	—
41/45	−.35	—	—	—	—	—	—	—	—	−.35	—
46/50	.45	—	—	—	—	—	—	—	—	.45	—
51/55	.16	—	—	—	—	—	—	—	—	16	.09
56/60	−.08	−.75*	—	—	—	—	—	—	—	−.08	−.07
61/65	−.10	−.17	—	—	—	—	—	—	—	−.10	.02
66/70	−.53*	−.30	—	—	—	−.30*	—	—	—	−.42*	−.54*
71/75	.18	.27	—	—	—	.30	—	—	—	.24	.19
76/80	.32	.32	—	—	—	−.02	—	—	—	.15	.14
81/85	.47	−.43	—	—	—	−.11	−.10	—	—	.18	−.22
86/90	−.16	−.35	—	—	—	−.06	−.10	—	—	−.11	−.15
91/95	.29	−.05	—	—	—	.64	.40	—	—	.46	.39
96/00	.11	.00	—	—	—	.03	−.07	—	—	.07	.09
1801/05	−.05	−.26	—	—	—	.58	.67	—	—	.26	.05
06/10	−.09	−.05	—	—	—	−.26	−.16	—	—	−.18	−.11
11/15	−.34*	−.34*	—	—	—	−.58*	−.38*	—	—	−.46*	−.37*
16/20	−.15	−.05	—	—	—	−.55	−.37	—	—	−.35	−.17
21/25	.64	.46	.54	—	—	.51	.29	—	—	.56	.57
26/30	−.14	−.03	.17	—	—	.65	.03	−.13	—	.14	−.03
31/35	.06	.14	−.01	—	—	−.13	−.18	.20	—	.03	.08
36/40	−.57*	−.54*	−.31*	—	—	−.32*	−.63*	−.37*	—	−.39*	−.54*
41/45	−.05	−.08	.09	.26	—	−.16	−.17	.16	−.30	.00	−.08
46/50	.09	.04	.02	−.14*	—	−.03	.17	−.01	−.38*	−.08	.09
51/55	−.11	.03	.29	−.09	—	.12	.16	.24	.24	.11	−.06
56/60	.01	−.08	−.05	.14	−.8	.03	−.28	−.09	.29	.06	.06
61/65	.10	.11	−.07	−.14	.0	−.15	.20	−.18	.05	−.06	.18
66/70	.19	.28	.31	.19	.4	−.14	−.07	.15	−.04	11	.16
71/75	−.07	−.02	.25	−.01	.1	—	—	−.34	—	.04	—
76/80	—	−.09*	−.05*	—	.3	—	—	—	—	−.07	—
81/85	—	−.08	—	—	—	—	—	—	—	−.08*	—

An der Identität der Schwankungen in allen Erdtheilen kann hiernach kein Zweifel bestehen. Dieses geht noch klarer aus der beistehenden Figur hervor, welche die Mittel für die Erdtheile nach **Köppen's** Reihen,[1]) in der mehrfach erwähnten Weise ausgeglichen, zur Darstellung bringt. Eine Hebung der Curven um einen Theilstrich entspricht einer Temperaturzunahme um 0.2° C. Die Jahreszahlen 1781, 86 etc. sind statt der Lustren 1781/85, 1786/90 etc. gesetzt.

Aus den Mitteln für die Erdtheile wurde ein Mittel für die ganze Erde abgeleitet, welches gleichfalls ausgeglichen dargestellt ist. Hinzugefügt ist endlich noch ein Mittel aus den Beobachtungen der bereits vor 1820 beginnenden Serien in Europa und in den Neuenglandstaaten, berechnet nach den von **Köppen** für die einzelnen Jahre mitgetheilten Zahlen.

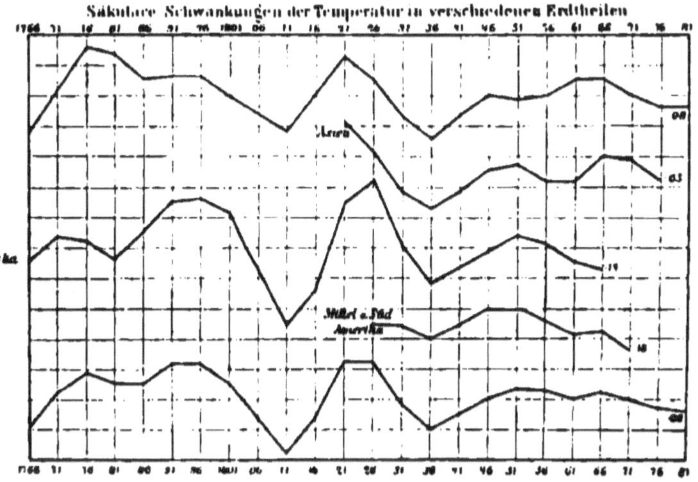

Fig. 12.

Dieses Mittel für die ganze Erde im Vereine mit dem von **Köppen** für Nord-Deutschland und Holland gegebenen, gestattet, unsere Schwankungen bis 1730 zurückzuverfolgen. Wir haben ein Minimum der Temperatur 1736/40, ein Maximum 1746/50, abermals ein Minimum 1766/70 mit folgendem Maximum 1791/95. Damit ist der Anschluss an die Schwankungen der letzten 100 Jahre erreicht. Das gilt zwar nur für kleine Gebiete der Erde; da jedoch die letzten Schwankungen sich auf der ganzen Erde gleichzeitig und gleichsinnig vollzogen, so dürfen wir das Resultat verallgemeinern. Wir werden weiter unten Gelegenheit haben, an hydrographischen und phänologischen Beobachtungen dieses Resultat für Russland und Sibirien, wie für Frankreich zu bestätigen. Darnach müssen wir die Zeit von mindestens 1731 bis 1745 als Kälteperiode betrachten, 1746 bis 1755 als Wärmeperiode, 1756 bis 1790 wieder als Kälteperiode.

[1]) Europa nach 1870 nach meiner Reihe.

Nehmen wir das Minimum der Temperatur im Lustrum 1736/40 als Ausgangspunkt, so zählen wir bis zum Minimum 1881/85 im Ganzen vier Schwankungen und erhalten daraus als mittlere Dauer einer Schwankung 36 Jahre. Die wirkliche Dauer weicht allerdings von diesem mittleren Werth zum Theil recht erheblich ab; sie beträgt der Reihe nach von Maximum zu Maximum und von Minimum zu Minimum gerechnet 30, 45, 45, 30, 25, 45 und 45 Jahre.

Die constatierten Schwankungen der Temperatur sind keineswegs unbedeutend, im Gegentheil, ihre Amplitude erreicht zum Theil Werthe von mehr als einem Grad Celsius. Es beträgt die Differenz zwischen den benachbarten Epochen z. B. in Nord-Deutschland 0.65, 0.70, 0.88, 0.80 und 0.88° C., in Süd-Deutschland gar 1.60, 1.45, 0.97 und 0.84° C, in Oesterreich und Böhmen 0.75, 1.15 und 0.82° C u. s. f. Es würde zu weit führen, die Werthe für die einzelnen Gruppen hier mitzutheilen; ich begnüge mich mit der Angabe der Amplituden, die sich aus der Tabelle S. 232 für die Erdtheile und die ganze Erde ergeben.

Amplitude der säcularen Schwankungen der Temperatur. (°C.)

Zeiträume, denen die Epochen angehören.	Europa	Asien	Australien	Nord-Amerika	Mittel- u. Süd-Amerika	S-Afrika	Ganze Erde	Vor 1820 beobachtende Reihen in Neu-Engl. u. Europa
1731/45–1746/55	.88						.88	
1746/55–1756/90	.98		–	– –			.87	—
1756/90–1791/05	1.00			.91			.88	.93
1791/05–1806/20	.81			1.22	—		.92	.76
1806/20–1821/35	.98			1.23	– –	–	1.02	.94
1821/35–1836/50	1.21	.85		.97			.95	1.11
1836/50–1851/70	.76	.62	.33	.41	.61	.67	.50	.72
1851/70–1871/85	.27	.36			.58		.19	

Die Amplitude ist in allen Erdtheilen auffallend gleich groß und rund 1° C. Dabei bleibt sie sich von 1730 bis 1850 sehr gleich. Nach diesem Jahr aber tritt überall eine Verkleinerung auf, also eine Abschwächung der Schwankungen. Es entspricht das durchaus der oben erwähnten Thatsache, dass nach 1850 die Lage der Epochen nicht so gleichmäßig ist und die Schwankung verschwommen erscheint im Vergleich zu den scharfen und bestimmten Ausschlägen derselben vor 1850. Es ist dies nicht etwa eine Folge der größeren Zahl von Stationen; denn jede einzelne der Stationen zeigt die Erscheinung nicht minder deutlich als die Gruppenmittel.

Jener Betrag von 1° C., um den die Temperatur in einer etwa 36jährigen Periode schwankt, ist thatsächlich sehr groß. Er lehrt, dass die Isothermen sich zu Zeiten um mehrere hundert Kilometer polwärts verschieben, um sich in der folgenden Kälteperiode ebensoweit wieder äquatorwärts zurückzuziehen. Auf Hann's Isothermenkarte gemessen beträgt diese Verschiebung für Mitteleuropa etwa 300 *km* oder rund 3 Breitengrade. Eine solche Verschiebung ist gleichbedeutend mit einer sehr bemerkbaren Klimaänderung, erhält doch z. B. Königsberg im kältesten Lustrum eine Jahrestemperatur, wie sie im wärmsten Lustrum Riga zukommt, Berlin die Jahrestemperatur von Rügen oder Bornholm und Wien die Jahrestemperatur von Prag.[1] Es ist also durchaus berechtigt, wenn wir so gewaltige Schwankungen der Temperatur als Klimaschwankungen bezeichnen.

Interessant ist ein Vergleich dieser Amplitude mit der Amplitude der 11jährigen Temperaturperiode, die **Köppen** für die erste Hälfte dieses Jahrhunderts nachwies. Die letztere ist kleiner und beträgt für die Tropen im Mittel nur 0.73° und für die ektropische Zone 0.53°. **Unsere Schwankungen sind also ihrem Betrag nach weit bedeutender als die Schwankungen der 11jährigen Periode des Sonnenfleckencyklus.** Es mag deswegen auffallen, dass letztere seit geraumer Zeit bereits erkannt sind, erstere aber bis jetzt gänzlich unbeachtet blieben. Allein das Auffinden der 11jährigen Periode ist ja nur dem Umstand zu danken, dass an der Oberfläche der Sonne sich Veränderungen in 11jähriger Periode erkennen ließen, von welchen man einen gewissen Einfluss auf die atmosphärischen Vorgänge vermuthen durfte. Ohne diesen äußern Antrieb wäre die 11jährige Temperaturperiode wohl noch lange verborgen geblieben. Ein solcher Sporn lag für unsere größeren und längeren Schwankungen nicht vor.

Diese Schwankungen sind so bedeutend, dass sie sich klar in vieljährigen Mittelwerthen aussprechen, wenn wir die Lustren der oben S. 229 aufgeführten kalten und warmen Zeiträume zu Mitteln zusammenfassen. Ich habe das für alle Gruppen durchgeführt, theile jedoch hier nur die Zahlen für die Erdtheile mit, die aus der Tabelle S. 232 abgeleitet wurden.

Abweichungen der kalten und warmen Perioden vom vieljährigen Mittel.

	Europa	Asien	N-Amerika	Mittel-S-Amerika	S-Afrika	Ganze Erde	Vor 1820 beob. Reihen in Europa u. Neu-Engl.
1731/45	−.37					.37	—
1746/55	.31			—		.31	—
1756/90	.01		.04			−.02	.09
1791/05	.12		.42	—		.26	.18
1806/20	−.19		.46	—	—	.33	−.22
1821/35	.19	.23	.34	.04	—	.24	.21
1836/50	−.14	.07	−.17	−.07	−.34	−.16	−.18
1851/70	.05	.12	.03	.03	.14	.06	.09
1871/85	−.08	—	—	—	—	−.06	—

Die Differenzen zwischen den kalten und warmen Perioden sind erheblich genug, wenn man bedenkt, dass es sich um 15- und 20jährige Mittel handelt. Im Mittel für die ganze Erde und die Periode 1730—1885 betragen dieselben 0.40° C. und bei Weglassung der Schwankung nach 1850 sogar 0.47°; um diesen Betrag sind die warmen Perioden im Mittel wärmer als die kalten.

Zusammenfassung und Schlussfolgerungen.

Wir sind am Schluss unserer Untersuchung über die säcularen Schwankungen der Temperatur. Es ergab sich, dass thatsächlich solche Schwankungen existieren. Ihre Dauer belief sich im Mittel auf 36 Jahre und ihre Amplitude, gemessen durch den Abstand eines kältesten Lustrums

[1] Alle Temperaturen auf das Meeresniveau reduciert gedacht.

von den benachbarten wärmsten, war rund 1° C. Es alternieren auf der ganzen Erde, soweit Beobachtungen vorliegen, kühle und warme Perioden. Irgend regelmäßig vertheilte oder auch ständig als solche auftretende Ausnahmegebiete ließen sich nicht nachweisen; nur Sibirien und Süd-Russland zeigten ein etwas abweichendes Verhalten durch ihre gerade in der sonst warmen Periode abnorm strengen Winter. Wir sind sonach zu dem Ausspruch berechtigt: Es wechseln vieljährige Perioden, in denen sich die Lufttemperatur auf der ganzen Erde mehrere Zehntel Grad unter der normalen befindet, mit solchen ab, in den dieselbe ebensoviel über der normalen ist.

Es liegt nun nahe, die Frage aufzuwerfen: Wie verhalten sich die einzelnen Jahreszeiten zu diesen Schwankungen der Temperatur? Sind dieselben hauptsächlich durch die Sommertemperaturen oder durch die Wintertemperaturen verursacht oder aber durch beide? Leider führte eine probeweise Zusammenstellung, die ich vornahm, zu keinem Resultat. Nur für Barnaul und Nertschinsk scheint ein abweichendes Verhalten von Sommer und Winter wahrscheinlich, wie oben S. 230 ausgeführt wurde. Alle übrigen beigezogenen Stationen ließen überhaupt nichts erkennen.

Wir haben die Untersuchung der Temperaturbeobachtungen auf vieljährige Schwankungen hin völlig unabhängig von unseren Resultaten über Schwankungen des Regenfalles und des Luftdruckes geführt; nur so ließ sich derselben ein objectiver Charakter wahren. Es ist nun, nachdem wir unsere Resultate gewonnen, an der Zeit, dieselben mit den früher abgeleiteten zu vergleichen. Wie verhalten sich die Schwankungen der Temperatur zu den Schwankungen des Luftdruckes und des Regenfalles?

Für eine enge Beziehung derselben zu einander spricht die gleiche mittlere Länge der Periode von rund 36 Jahren, die wir sowohl für die Schwankungen der Seen als auch für jene des Regenfalles und der Temperatur erhielten. In der That fallen im großen Ganzen die kühlen Perioden und die feuchten zeitlich zusammen. Die nachfolgende Zusammenstellung möge dieses zeigen.

Saeculare Schwankungen

der Seen		des Regenfalls		der Temperatur	
Min.	1720	trocken . . .	1716/35	....	—
Max.	1740	nass	1736/55	kalt . . .	1731/45
Min. . . .	1760	trocken . . .	1756/70	warm	1746/55
Max.	1780	nass	1771/80	kalt	1756/90
Min. . . .	1800	trocken . . .	1781/05	warm	1791/05
Max. . . .	1820	nass	1806/25	kalt	1806/20
Min.	1835	trocken . . .	1826/40	warm	1821/35
Max.	1850	nass . . .	1841/55	kalt	1836/50
Min	1865	trocken . .	1856/70	warm	1851/70
Max. .	1880	nass	1871/85	kalt	1871/85

Geringe Verschiebungen kommen allerdings vor und zwar machen dieselben sich immer in Form einer Verspätung der Schwankungen des Regenfalls hinter den Schwankungen der Temperatur geltend, z. B. kalt 1806/20, nass 1806/25. Diese Verspätung um 5 Jahre tritt besonders seit 1820 deutlich hervor; die Temperaturkurve ist um diesen Betrag gegen die Regenkurve zurückgeschoben.

Nur eine einzige Ausnahme tritt uns entgegen: die warme Periode 1746/55 und die trockene 1756/70 haben kein einziges Jahr gemeinsam.

Doch müssen wir nicht vergessen, dass uns aus dieser Zeit nur sehr wenige Beobachtungen zur Verfügung standen (vergl. hiezu Cap. VIII).

Coincidieren in dieser Weise die kühlen und feuchten und ebenso die warmen und trockenen Perioden, so ist dieses doch mit den Epochen nicht in dem Maß der Fall. Ich führe den Vergleich an den Mitteln für Europa durch, indem ich gleichzeitig die Schwankungen des Luftdrucks über Mitteleuropa, repräsentiert durch die bereits früher (S. 201) benützten Zahlen, hinzufüge.

Säculare Schwankungen der meteorologischen Elemente in Europa während der letzten 100 Jahre, in Abweichungen vom Mittel.

	1786/90	91/95	96/1800	1801/05	06/10	11/15	16/20	21/25	26/30	31/35
Temperatur °C.	−.16	.29	.11	−.05	−.09	.34*	−.15	.64	.14	.06
Luftdruck mm	—	—		—	.		—	—	.08	.02
Regenfall %	3	0	−1*	−1	4	0	−2	−6	−1	−10*

	1836/40	41/45	46/50	51/55	56/60	61/65	66/70	71/75	76/80	81/85
Temperatur °C.	−.57*	−.05	.09	−.11	.01	.10	.19	.07	.09*	−.08
Luftdruck mm	.02	−.29*	−.19	.35*	.17	.42	.02	.10	.33*	.34
Regenfall %	−1	4	1	4	4	−10*	0	0	10	6

Die untenstehende Figur stellt diese Zahlen graphisch dar. Die Jahreszahlen oben stehen für das Lustrum dem sie angehören, also 1791 für 1791/95 etc.

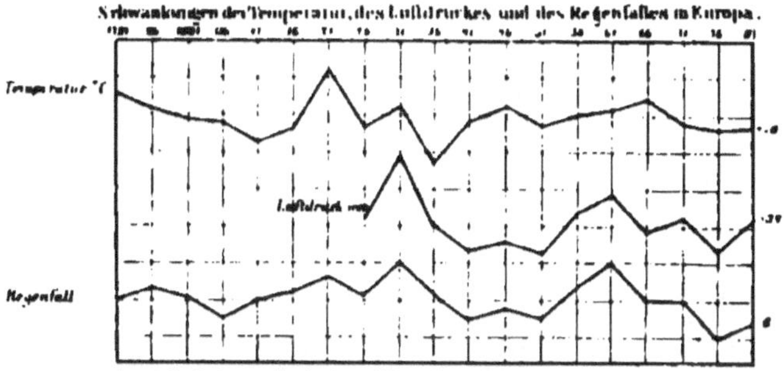

Anm. Die Ordinaten für den Regenfall sind von oben nach unten abgetragen so dass einem Sinken der Curve ein Steigen des Regenfalles entspricht.

Fig. 13.

Ein völliges Zusammenfallen ist hier nur einmal zu constatieren: 1876/80 weist ein Minimum der Temperatur und des Luftdrucks und gleichzeitig ein Maximum des Regenfalls auf. Sonst differiert die Lage der Epochen in der Regel um 5 Jahre, so um 1795, 1810, 1840 und 1865. Eine Differenz von zwei Lustren tritt nur einmal, in der Trockenperiode um 1830 herum, auf: Temperatur-Maximum 1821/25, Regen-Minimum 1831/35. Dabei ist keineswegs das Temperatur-Maximum oder Minimum immer früher als die entsprechende Epoche des Luftdrucks und des Regenfalls. Zu einem ähnlichen, wenn auch etwas weniger scharf ausgesprochenen Ergebnis führt ein Vergleich der Schwankungen der Temperatur in den Vereinigten Staaten mit denjenigen des Regenfalls im Inneren derselben, also abgesehen von der uns als Ausnahmegebiet bekannten atlantischen Küste.

Es ist ein eigenthümlicher und doch streng logischer Weg, den wir bei unserer Untersuchung gegangen sind. Aus Schwankungen der

Seen und Flüsse schlossen wir auf synchrone Schwankungen des Regenfalles, die wir in der That nachweisen konnten. Die letzteren erklärten sich durch Schwankungen des Luftdruckes und diese wieder zwangen zu der Annahme, dass Temperaturschwankungen in längerer Periode existieren, eine Annahme, die wir bestätigt fanden. So fügt sich alles, die säcularen Schwankungen des Regenfalles, des Luftdruckes und der Temperatur, zu einem harmonischen Ganzen, einem einheitlichen Bild der Klimaschwankungen, welche unsere Erde erlebt.

Es kann keinem Zweifel unterliegen, dass die Schwankungen der Temperatur das Primäre, die Schwankungen des Luftdruckes und des Regenfalles dagegen das Secundäre sind. Wir mussten aus der Existenz von Schwankungen des Luftdruckes direct auf solche der Temperatur schließen. Führen wir dieses nunmehr im Einzelnen aus, indem wir die durch die Oscillationen des Luftdruckes indicierten Schwankungen der Temperatur mit den aus den Thermometerbeobachtungen festgestellten vergleichen; es wird uns vielleicht dadurch gelingen, zwar nicht mit Sicherheit die Endursache der gesammten Klimaschwankungen zu finden, aber doch die Richtung anzudeuten, in der jene liegen dürfte.

Im vorigen Capitel gelangten wir zu dem wichtigen Ergebnis, dass die Trockenperioden durch eine Verschärfung der zeitlichen und örtlichen Gegensätze des Luftdruckes ausgezeichnet sind. Vor allem galt dieses für den Atlantischen Ocean und für Europa. Um jene Erscheinung hervorzurufen, d. h. im Winter relativ hohen Druck auf dem Lande, relativ tiefen auf dem Meer und andererseits im Sommer tiefen Druck auf dem Lande und hohen Druck auf dem Meer zu erzeugen, muss offenbar die Temperaturdifferenz zwischen Wasser und Land verstärkt sein. Das kann durch eine Zunahme der Wärmeeinstrahlung, — wir setzen den Fall — der Sonne, geschehen. Dieselbe macht sich in diesen relativ hohen Breiten hauptsächlich im Sommer bemerkbar; sie bewirkt auf dem Lande eine bedeutende Erwärmung; das Meerwasser vermag mit derselben bei seiner großen Wärmecapacität nicht gleichen Schritt zu halten und die sommerliche Temperaturdifferenz zwischen Wasser und Land und daher auch die Luftdruckdifferenz wird abnorm groß. Im Winter erkaltet das Land doppelt rasch: seine Temperatur wird kaum etwas von jener verstärkten Wärmeeinstrahlung erkennen lassen; denn die Wärmestrahlung von der Sonne ist um diese Zeit überhaupt sehr gering. Das Meer aber hat seinen Überschuss an Wärme, den es im Sommer empfing, noch nicht völlig abgegeben, es ist wärmer als gewöhnlich und die Temperaturdifferenz zwischen Meer und Continent ist wieder abnorm gross, dieses Mal zu Gunsten des Meeres. Es verschärft sich infolgedessen gleichzeitig auch die Luftdruckdifferenz; das Barometer steht auf dem Meer zu tief, auf dem Land zu hoch. Diese Verstärkung der winterlichen Anticyklonen auf dem Lande kann nun ihrerseits die Temperatur daselbst beeinflussen, indem sie die Ausstrahlung begünstigt und die Temperatur deprimiert.

Von den Vorgängen, die wir in dieser Weise theoretisch als Folge einer Zunahme der Sonnenstrahlung ableiten, ist nun ein guter Theil durch die Beobachtungen erwiesen, so vor allem die Luftdruckphänomene, wenn wir unter „Land" Russland und Sibirien verstehen. Erwiesen ist ferner die höhere Temperatur im Jahresmittel, und zwar für die oceanischen wie für die continentalen Gebiete. Für letztere gelang wenigstens auf dem Boden Sibiriens auch der Nachweis, dass in der Trockenzeit 1856/65 die Winter abnorm kalt, die Sommer abnorm heiß waren, während sich in Europa eine solche Änderung der Jahresperiode der

Temperatur nicht constatieren ließ. Ein Phänomen scheint sich allein dieser Erklärung nicht fügen zu wollen, die Verschärfung des im Sommer von den Rossbreiten über Mitteleuropa nach Nowaja Semlja hin ziehenden Hochdruckrückens, der die nordatlantische Cyklone von der großen asiatischen trennt und es bewirkt, dass die letztere trotz ihrer Vertiefung in der Trockenzeit keine oceanische Luft auf's Land zu ziehen vermag. Die Ursache dieser Verschärfung dürfte keine thermische, sondern eine dynamische sein. Der verstärkte aufsteigende Luftstrom, der sich im relativ heißen Sommer der Trockenperiode über der asiatischen Cyklone geltend macht, muss ein verstärktes Herabsteigen der Luft in den benachbarten Hochdruckgebieten hervorrufen, d. h. die letzteren noch verschärfen. Diese Verstärkung des Luftdruckes trifft begreiflicherweise im Westen weniger die nordatlantische Cyklone, in welcher auch im Sommer eine aufsteigende Luftbewegung stattfindet, sondern hauptsächlich den beide Cyklonen trennenden Rücken.

Charakteristisch war ferner für die Trockenperiode eine Erhöhung des barometrischen Maximums bei den Azoren im Jahresmittel und eine Vertiefung der ausgedehnten Mulde tiefen Druckes über dem nördlichen Theil des Indischen Oceans und der chinesischen Südsee. Auch diese Phänomene lassen sich ohneweiters als Folge einer vermehrten Wärmestrahlung der Sonne deuten.[1]) Zur Zeit des Maximums der Wärmezufuhr von der Sonne oder einige Zeit nachher muss die mittlere Temperatur der Atmosphäre in der Tropenzone ein Maximum erreichen. Die Temperatur der Gebiete hoher Breiten kann dagegen nur wenig beeinflusst worden sein, nimmt doch der Effect der Steigerung der Wärmezufuhr in gleicher Weise gegen den Pol hin ab, wie der Effect der Strahlung selbst. Es muss also eine Vergrößerung der Temperaturdifferenz zwischen der Tropenzone und den polaren Gebieten eintreten und von einer entsprechenden Vergrößerung der Luftdruckdifferenz begleitet werden. Es wird sich die Zone niedrigen Druckes unter dem Aequator vertiefen, wie wir dieses in Indien und Südchina beobachten. Andererseits wird in jenen Gebieten, in welchen ein Herabsteigen der in der Höhe vom Aequator zum Pol sich bewegenden Luft stattfindet, eine Erhöhung des Luftdruckes eintreten müssen, so unter den Rossbreiten, was durch die Beobachtungen zu Ponta Delgada auf den Azoren[2]) bestätigt wird; so auch im Winter in der asiatischen Anticyklone. Stehen in dieser Weise die beobachteten Luftdruckphänomene vollkommen mit den Forderungen der Theorie im Einklang, so ist das nicht in gleichem Maß mit den aus den Temperaturbeobachtungen abgeleiteten Resultaten der Fall. Es sind nämlich die säcularen Schwankungen der Temperatur keineswegs in den Tropen am schärfsten, wie man nach der Theorie erwarten sollte. Die Schwankungen gehen hier vielmehr nach den aus Köppen's Zahlen abgeleiteten Reihen zu urtheilen mehr oder minder unter in den kurzdauernden Oscillationen der elfjährigen Periode der Sonnenflecken. Doch ist es wohl möglich, dass dies nur scheinbar ist; denn Köppen hat, wie wir oben erwähnten, gerade für die Tropen sehr viele ganz kurze Reihen zur Ableitung seiner von uns der Untersuchung zu Grunde gelegten Mittel benutzt, welche für unsere Zwecke wenig brauchbar sind. Erst die Verarbeitung langer Temperaturreihen

[1]) Ueber den Effekt einer Vermehrung der Sonnenstrahlung auf Luftdruck und Temperatur vergl. Hann in Zeitschrift für Meteorologie. 1880, Seite 160.

[2]) Durch das ausgesprochene Minimum zur Zeit der supponirten geminderten Wärmezufuhr 1876/80.

der Tropen kann hierüber Klarheit bringen; heute aber ist deren Zahl noch so klein, dazu die Frage der Thermometeraufstellung gerade für die Tropen so wenig gelöst, das keine irgend abschließenden Resultate möglich sind. Wenn ich hier die Vermuthung ausspreche, dass sie wohl einst in dem Sinne ausfallen dürften, den die Theorie verlangt, so stütze ich mich darauf, dass die anderen Phänomene alle mit jener Theorie im Einklang stehen.

Wir haben bisher immer nur von Schwankungen der Intensität der Sonnenstrahlung gesprochen. In der That ist die Sonne heute die vornehmste Wärmequelle für die Erdoberfläche. Ob dieses immer der Fall war und ob sie heute wirklich die einzige Wärmequelle ist, lassen wir dahingestellt sein. Denkbar ist es jedenfalls, dass auch andere Himmelskörper oder der Weltenraum selbst durch seine Energie die Temperatur der Erdoberfläche beeinflussen. Die Discussion über die Frage nach der Größe der Wärmestrahlung von den Sternen ist noch nicht definitiv geschlossen. Zwei Ansichten stehen einander gegenüber; Maurer hält dieselbe wohl mit Recht für unmessbar klein [1], während Pernter ihr eine Bedeutung zuspricht. Die Eigenwärme der Erde kommt dagegen heute nach den Untersuchungen eines William Thomson gewiss nicht mehr in Betracht. Welche der Wärmequellen unsere Oscillationen der Temperatur auf der Erde verursacht, können wir heute nicht entscheiden. Nur das können wir sagen: Tellurische Ursachen sind bei der Allgemeinheit der Klimaschwankungen von vornherein vollkommen ausgeschlossen. Ich persönlich glaube, dass Vorgänge auf der Sonne am besten die geschilderten Erscheinungen zu erklären vermöchten.

Es scheint nämlich, dass jene Schwankungen in der Wärmezufuhr, auf welche wir schließen müssen, an ein und demselben Ort eine Jahresperiode besitzen, die mit der Jahresperiode der Sonnenstrahlung für jenen Ort identisch ist. Wenigstens kann ich mir nicht denken, wie etwa eine Vermehrung der Wärmezufuhr, die alle Breiten zu allen Jahreszeiten gleichmäßig trifft, eine Vergrößerung der Temperatur-Differenzen hervorrufen könnte, auf die man doch aus dem Verhalten des Luftdruckes schließen muss. Auch die kalten Winter und heißen Sommer, welche Sibirien in der Wärmeperiode erlebt, wollen nicht recht dazu stimmen. Dagegen scheint allerdings wieder die in den verschiedensten Breiten so gleichmäßige Größe der Amplitude der Temperaturschwankungen für eine solche von der Breite unabhängige Ursache zu sprechen.

Wenn ich die Vermuthung ausspreche, es seien möglicherweise Vorgänge auf der Sonne die Ursache der Klimaschwankungen, so möchte ich doch hervorheben, dass diese Vorgänge mit den so viel discutierten Sonnenflecken und der Periode ihrer Häufigkeit nichts zu thun haben können. Ich muss dies betonen, da in jüngster Zeit sowohl Fritz [2]) als auch Reiß [3]) meine ihnen aus vorläufigen Publicationen bekannt gewordenen Resultate mit den Oscillationen der Sonnenfleckenfrequenz in Übereinstimmung bringen wollten.

Das geht meiner Ansicht nach nicht, ohne dass man den Thatsachen Gewalt anthut. Die 11jährige Periode der Sonnenflecken mag vielleicht 11jährige Schwankungen des Regenfalls verursachen, wenn ich

[1]) Maurer in der Meteorol. Zeitschr. 1890, Januarheft.

[2]) Fritz: Die wichtigsten periodischen Erscheinungen der Meteorologie und Kosmologie. Leipzig. 1889. S. 381.

[3]) Reiß: Lehrbuch der Physik. 7. Aufl. 1890, S. 847.

auch dieselben noch nicht als bewiesen gelten lassen kann; unsere Schwankungen der Seen etc. aber sind von ihr sicher unabhängig.

Um dieses darzuthun, empfiehlt es sich Wolf's Relativzahlen der Sonnenflecken-Häufigkeit genau in derselben Weise zu Lustrenmitteln zusammenzufassen, wie wir das mit den Beobachtungen der meteorologischen Elemente thaten. Ich theile in der nachfolgenden Tabelle Lustrenmittel für die Sonnenflecken-Häufigkeit, die Temperatur und den Regenfall der ganzen Erde mit, und zwar sowohl ausgeglichen als auch roh. Die letzteren sind Abweichungen vom vieljährigen Mittel. Auf der Tafel am Schluss sind die Zahlen graphisch dargestellt.

Säkulare Schwankungen der Sonnenflecken-Häufigkeit, verglichen mit den Schwankungen der Temperatur und des Regenfalls.

	nicht ausgeglichen			ausgeglichen		
	Sonnenflecken Relativzahlen	Temperatur ° C.	Regenfall %	Sonnenflecken Relativzahlen	Temperatur ° C.	Regenfall %
1731/35	17.0	—.34	—4	34.5	—.37	0
36/40	69.6	—.43*	9	48.2	—.39*	2
41/45	16.6*	—.35	—6	39.2	—.17	1
46/50	53.8	.45	5	38.5*	.18	2
51/55	29.8	.16	5	38.7	.17	3
56/60	41.4	—.08	—3*	40.6	—.02	0
61/65	49.8	—.10	0	52.0	—.18*	2*
66/70	67.2	—.42*	—4	57.2	—.18*	0
71/75	44.4	.24	7	59.0	.05	2
76/80	80.0	.15	—2	59.3	.18	0
81/85	32.8	.18	—2	64.1	.10	—2*
86/90	110.8	—.11	2	75.4	.10	0
91/95	47.0	.46	—2	53.6	.22	—1
96/00	9.4	.07	—1	17.8	.22	—2*
1801/05	5.6*	.26	—4*	7.6*	.10	—1
06/10	9.8	—.18	3	9.8	—.14	1
11/15	13.8	—.46*	0	17.2	—.36*	1
16/20	31.4	—.35	0	21.0	—.15	—3
21/25	7.2	.56	—2	23.8	.23	—3
26/30	49.2	.14	0	34.1	.23	—2
31/35	30.8	.03	—8*	53.3	—.05	—5*
36/40	102.4	—.39*	—5	65.2	—.19*	—4
41/45	25.4	.00	1	60.6	—.12	0
46/50	89.3	—.08	3	60.2	—.01	2
51/55	37.0*	.11	1	54.4	.05	0
56/60	54.3	.06	—4	49.3*	.04	—3
61/65	51.5	—.06	—5*	53.0	.01	—4*
66/70	54.8	.11	—1	57.4	.03	—1
71/75	68.2	—.04	2	51.1	—.01	2
76/80	13.1*	—.07	7	38.2*	—.06	6
81/85	58.6	—.08*	6	43.4	—.08*	6

Einen Zusammenhang zwischen den Schwankungen der Sonnenflecken-Häufigkeit und unseren Klimaschwankungen wird wohl nach dieser Tabelle niemand behaupten. Zunächst ist die Periode in beiden Fällen ganz verschieden lang. Wir zählen von 1736 an bis 1885 drei 55jährige Perioden der Sonnenflecken-Häufigkeit, von denen die letzte noch nicht beendigt zu sein scheint, dagegen vier Schwankungen der Temperatur und des Regenfalls; unsere Klimaschwankungen vollziehen sich in einer etwa 36jährigen Periode. Diese Thatsache allein schon schließt, sollte man meinen, jede Möglichkeit eines Zusammenhanges aus. Noch mehr ist das der Fall, wenn wir ins Einzelne gehen.

Es entspricht dem Maximum der Sonnenflecken-Häufigkeit 1736/40 eine kühle und regenreiche Periode, dem Maximum 1786/90 aber eine warme und trockene, der Maximalperiode 1836—50 wieder eine kühle und feuchte. Dem Sonnenflecken-Minimum 1746/50 entspricht hohe Temperatur, demjenigen 1801—15 aber tiefe Temperatur und starker Regenfall. Das vorletzte Minimum 1856/60 fand bei Trockenheit und Wärme statt, das letzte 1876/80 dagegen bei Nässe und Kälte, also wieder gar kein Zusammenhang.

Noch etwas geht aus der Zusammenstellung hervor, nämlich das gänzliche Fehlen einer 55jährigen Periode der Witterung, wie sie als Folge der großen Sonnenflecken-Periode von verschiedenen Seiten vertreten wurde. Zeitweise freilich schließt sich die Temperaturcurve der Sonnenfleckencurve an, aber eben nur zeitweise; so, wenn wir die ausgeglichenen Reihen nehmen, von 1736 bis 1770 und 1821—55. Von 1770 bis 1820 aber und seit 1855 fehlt jede Übereinstimmung. Es ist sehr auffallend, dass dieses Resultat sich zeitlich zum Theile mit dem von Köppen deckt, welcher fand, dass die 11jährige Periode der Sonnenflecken 1815—54 sich scharf im Gange der Temperatur aussprach, vor 1815 aber und nach 1855 nicht. So wie die Thatsachen liegen, kann ich nicht umhin, jenes temporäre Zusammengehen der 36jährigen Periode der Klimaschwankungen mit der 55jährigen Periode der Sonnenflecken-Häufigkeit dem reinen Zufall zuzuschreiben oder vielmehr der nothwendig aus der verschiedenen Periodenlänge resultierenden Verschiebung der Perioden gegeneinander, welche bald ein Übereinstimmen, bald ein Auseinandergehen veranlassen muss. Jenes temporäre und zufällige Zusammengehen ändert also nichts an dem Satz: Die Klimaschwankungen vollziehen sich unabhängig von den Schwankungen der Sonnenflecken-Häufigkeit; eine 55jährige Periode der Witterung, wie sie der letzteren entsprechen würde, ist in unseren Zusammenstellungen nicht zu erkennen.[1] Wenn eine solche 55jährige Periode der Witterung behauptet worden ist, so dürfte sich das durch unsere 36jährigen Klimaschwankungen erklären, welche temporär der Sonnenfleckenperiode gleich laufen. Es mag vielleicht eine solche existieren; allein constatieren lassen wird sich dieselbe erst nach Eliminierung der weit größeren, in den Lustrenmitteln so deutlich ausgesprochenen 36jährigen Schwankungen, die jene in jedem Fall gänzlich überwuchern.

Indem ich dieses niederschreibe, möchte ich mich gleichwohl dagegen verwahren, dass ich jeglichen Einfluss der Sonnenflecken auf die Witterung leugne. Im Gegentheil, die obige Tabelle zeigt deutlich einen solchen Einfluss in gewissen Einzelheiten, wenn auch die großen Züge der Klimaschwankungen durch dieselben nicht berührt werden. Vergleicht man nämlich die Änderung der Temperatur wie diejenige der Sonnenflecken-Häufigkeit von Lustrum zu Lustrum, so erfolgt dieselbe in 22 Fällen unter 30 in dem Sinn, dass einer Zunahme der Sonnenflecken eine Minderung der Temperatur und umgekehrt entspricht. Nimmt man jedoch auf den Betrag dieser Änderungen Rücksicht, so ist von keiner Übereinstimmung mehr die Rede. Es interferiert also der Einfluss der Sonnenflecken mit jener Kraft, welche unsere Klimaschwankungen erzeugt, doch so, dass letztere durchaus das Übergewicht behält. Manches spricht dafür, wie wir oben sahen, dass auch diese Kraft ihren Sitz in der Sonne hat, dass also die Sonnenstrahlung

[1] Selbstverständlich wird hier abgesehen vom Nordlicht und vom Erdmagnetismus.

eine etwa 36jährige Periode aufweist, die unabhängig von den Sonnenflecken ist.

Es mag Wunder nehmen, dass solche Oscillationen der Intensität der Sonnenstrahlung sich bisher der Beobachtung ganz entzogen haben; mir ist wenigstens keine Erscheinung an der Sonnenoberfläche von einer 36—37-jährigen Periode bekannt. Allein die Messung der Sonnenstrahlung liegt heute noch sehr im Argen; wir können selbst Unterschiede, welche sicher vorhanden sind und deren Betrag sich sogar rechnerisch bestimmen lässt, durch die directe Beobachtung nicht nachweisen. Es ist die Wärmemenge, welche die Sonne der Erde in gleichen Zeiten zustrahlt, während des Periheliums um 1/15 ihres ganzen Betrages größer als jene im Aphelium. Und doch haben die actinometrischen Beobachtungen diesen beträchtlichen Unterschied noch nicht darthun können. Wie viel leichter mag da eine säculare Variation der Intensität der Sonnenstrahlung der Beobachtung entgangen sein, deren Amplitude wohl erheblich kleiner ist als 1/15 des mittleren Betrages und deren Dauer mehrere Jahrzehnte umfasst!

Auch die Erfahrungen, die man gelegentlich der Untersuchung der elfjährigen Sonnenflecken-Periode gemacht hat, lehren, wie schwer es ist, Änderungen der Intensität der Sonnenstrahlung zu erkennen. Obwohl in der That der Einfluss dieser Sonnenfleckenperiode auf einige meteorologische Elemente, wenigstens für gewisse Gegenden, nachgewiesen ist, vermochte man doch noch nicht direkt festzustellen, ob die reine Sonne oder die fleckenreiche Sonne mehr Wärme ausstrahlt. Hier war es eine optische Erscheinung an der Sonnenscheibe, welche Variationen der Wärmeeinstrahlung zur Erde und der meteorologischen Elemente ahnen ließ und direct zur Untersuchung einlud, ohne dass bis heute die letztere von allgemeinem Erfolg gekrönt gewesen wäre. Nach einer 36jährigen Periode der Sonnenstrahlung zu suchen, lag aber bis jetzt gar keine Veranlassung vor; kein Wunder also, dass sie nicht gefunden wurde. Die von uns constatierten Klimaschwankungen sind das erste Symptom einer solchen.

Diese Klimaschwankungen vollziehen sich nicht in einer absolut strengen Periode. Wir fanden auf Grund der Beobachtungen der letzten 130 Jahre ihre mittlere Dauer zu rund 36 Jahren, eine Zahl, von der sich die einzelnen Werthe zum Theile nicht unerheblich entfernen. Die Berechnung dieser mittleren Dauer wurde uns dadurch ermöglicht, dass wir die Schwankungen der abflusslosen Seen wie diejenigen des Regenfalles und der Temperatur mit Sicherheit etwa bis zum Jahre 1740 zurückverfolgen konnten. Allein wir sind damit noch nicht an eine Grenze gelangt, welche nicht überschritten werden könnte. Es gibt in der That exacte Beobachtungen, welche die Schwankungen des Klimas mehr als hundert Jahre weiter zurück zu verfolgen und in genauerer Weise ihre Periodenlänge festzustellen gestatten. Sie sind nicht an meteorologischen Instrumenten gewonnen, sondern an Phänomenen, welche als natürliche Witterungsmesser dienen können. Wir meinen die Register über den Auf- und Zugang der Gewässer, über das Datum der Weinernte und über die Häufigkeit kalter Winter. Der Betrachtung der Schwankungen dieser Phänomene ist das nächste Capitel gewidmet. Es wird sich gleichzeitig hierbei die Möglichkeit ergeben, einige örtliche Lücken in unseren Resultaten, die durch das Fehlen meteorologischer Beobachtungen veranlasst sind, zu ergänzen.

ACHTES CAPITEL.

Die Periodicität der Klimaschwankungen, abgeleitet auf Grund der Beobachtungen über die Eisverhältnisse der Flüsse, über das Datum der Weinernte und die Häufigkeit strenger Winter.

I. Säculare Schwankungen der Eisverhältnisse der Flüsse. Bedeutung der winterlichen Eisdecke in Russland. Faktoren, welche auf den Moment des Gefrierens und des Aufgehens einwirken. Quellennachweis, Bemerkungen und Tabellen über die Dauer der eisfreien Zeit und das Datum des Aufganges. Zusammenfassung zu Gruppen. Ausdehnung der Resultate betreffend die Temperaturschwankungen auf Russland und Sibirien und rückwärts bis 1700, zum Theil sogar bis 1560. Zunahme der Amplitude der Schwankung der Eisverhältnisse beim Vorschreiten nach Westen, erklärt allein durch die Grösse der periodischen Variation der Temperatur zur Zeit des Gefrierens und Aufgehens der Flüsse. — II. Säculare Schwankungen des Termines der Weinernte. Angot's Abhandlung. Ergänzungen des Materiales durch handschriftliche Mittheilungen von Angot, Forel und Wehrli. Nichtmeteorologische Momente, welche auf die Zeit der Weinlese einwirken können. Anwendung der Methode der Differenzen. Bemerkungen und Tabellen für 29 Stationen in Frankreich, SW-Deutschland und in der Schweiz 1391—1888. Gruppenmittel und Gesammtmittel aller Reihen. Discussion der Tabellen. Angot kannte keine Schwankungen infolge klimatischer Oscillationen. Diese Schwankungen gehen den Schwankungen der Temperatur und des Regenfalles parallel. — III. Tabelle der Schwankungen der Häufigkeit strenger Winter 800—1775. Vergleich mit den Schwankungen der Eisverhältnisse und des Termines der Weinernte. — IV. Die mittlere Periodenlänge der Klimaschwankungen. Tabelle der Klimaschwankungen von 1000 bis 1880. Mittlere Länge der Periode 34.8 ± 0.7 Jahre. Die Klimaschwankungen auf dem Boden Mitteleuropas als der örtliche Ausdruck der Klimaschwankungen der ganzen Erde seit 1000

I. Säculare Schwankungen der Eisverhältnisse der Flüsse.

Die Register über den Auf- und Zugang der Gewässer reichen zum Theile bis zum Jahr 1700 zurück. Nicht nur die Majestät des Bildes, welches der Eisgang auf einem mächtigen Strom mit seinen bald langsam thalabwärts gleitenden, bald sich krachend drängenden und im Wirbel drehenden Eisschollen darbietet, musste zur Aufzeichnung des Datums dieser Erscheinung anregen. Es war vor allem für den Handel und Verkehr von unschätzbarer Bedeutung zu wissen, um welche Zeit der Fluss in seine winterlichen Fesseln geschlagen und wann er von denselben befreit zu werden pflegt. Die Bedeutung der Eisdecke der Gewässer ist allerdings in den verschiedenen Ländern eine wesentlich verschiedene. Im oceanischen Westen Europas gefrieren die Flüsse nur ganz ausnahmsweise einmal in einem abnorm strengen Winter für kurze

Zeit. Je mehr wir uns aber dem continentalen Osten nähern, desto mehr wächst die Dauer und Bedeutung der Eisdecke. Im europäischen Russland und in Sibirien bildet das Eis den Winter hindurch eine sichere Brücke über den Fluss, die den Verkehr von einem Ufer zum andern ermöglicht; es dient zugleich als bequeme ebene Fahrstraße für den Schlittenverkehr der am Ufer flussaufwärts und flussabwärts gelegenen Siedelungen. Freilich beschränkt es dafür die Navigation und damit meist den Großverkehr auf die warme Jahreszeit. In doppelter Weise spielt hier der Fluss seine Rolle als Verkehrsweg. Nur im Herbst, wenn er sich mit zerbrechlichem Jungeis bedeckt, das die Schifffahrt hindert, ohne doch Schlitten und Pferd tragen zu können, oder im Frühling, wenn das Eis birst und der Eisgang beginnt, ruht der Fluss von seiner Rolle aus; wie er sonst den Verkehr förderte, so hemmt er jetzt denselben und Ortschaften an seinen Ufern, die im Winter und im Sommer nachbarliche Beziehungen pflegen konnten, rücken zur Zeit des Zugangs und noch mehr zur Zeit des Aufgangs in unerreichbare Ferne von einander fort. Diese Zeiten sind die verkehrslosen für weite Flächen Russlands.

Ehe wir an die Wiedergabe und Discussion der Beobachtungen herangehen, empfiehlt sich eine Erörterung der Frage, welche Vorgänge den Moment des Gefrierens und denjenigen des beginnenden Eisgangs beeinflussen. Dürfen beide Erscheinungen wirklich als eine reine Function der Lufttemperatur betrachtet werden? Das ist nur bis zu einem gewissen Grade gestattet. Das Gefrieren des Flusses tritt in dem Moment ein, in welchem die Temperatur der obersten Wasserschicht unter 0° sinkt. Wann dieses geschieht, hängt nicht nur von der Lufttemperatur ab, sondern auch von der Wassermasse des Flusses. Es muss, ehe die Oberflächentemperatur so tief sinken kann, die ganze Wassermasse auf 4°, d. h. auf die Temperatur ihres Dichtigkeitsmaximums abgekühlt sein. Die Zeitdauer aber, innerhalb deren das geschehen kann, hängt ihrerseits von dem ursprünglichen Wärmeinhalt des Wassers ab, ferner auch sehr wesentlich von der Wassermenge. Es wird derselbe Fluss unter sonst völlig gleichen Verhältnissen bei geringerer Wasserführung früher gefrieren können als bei größerer Wasserführung.

Ganz ähnlich wirkt die Wassermenge auf den Termin des Aufgehens der winterlichen Eisdecke. Das letztere wird wohl nur äußerst selten ausschließlich durch das Thauen des Eises verursacht. Es gesellt sich fast immer ein Anschwellen des Flusses hinzu, verursacht durch die Schneeschmelze im Stromgebiet weiter oberhalb, welches die Eisdecke hebt, sie dabei sprengt und durch Zerstückelung in Schollen den Eisgang ermöglicht. Je rascher und intensiver dieses Anschwellen des Flusses stattfindet, desto früher tritt der Eisgang ein. Das erstere hängt fast ganz von der Intensität der Schneeschmelze ab, d. h. indirect von der Temperatur im oberhalb gelegenen Theil des Einzugsgebietes. Erst in zweiter Reihe kommt die Menge des im Winter gefallenen Schnees, welche das Schmelzwasser liefert, sowie die von der Strenge des Winters und der Mächtigkeit der schützenden Schneedecke abhängige Dicke des Eises in Betracht.

Ist in dieser Weise der Termin des Gefrierens und des Aufgehens und damit auch die Dauer der winterlichen Eisdecke keine ganz reine Function der Temperaturverhältnisse, so spielen die letzteren doch bei weitem die Hauptrolle dabei. Es müssen sich daher in den Verhältnissen des Flusseises im wesentlichen die Temperaturverhältnisse abspiegeln. Damit ist jedoch nicht gesagt, dass die Änderung jener Termine wie der Dauer der Eisdecke von Jahr zu Jahr genau den Jahresmitteln der Temperatur folgt. Das Temperaturmittel, das uns durch das Verhalten des Flusseises repräsentiert wird, ist wesentlich anders gebildet als unser Jahresmittel, in das alle Monate mit gleichem Gewicht eingehen. Es wird darin den Wintertemperaturen und noch mehr den Sommertemperaturen ein äußerst geringes Gewicht gegeben, dagegen der Temperatur des Frühlings und derjenigen des Herbstes ein sehr großes; darauf machte schon Wild aufmerksam.[1]) Trotzdem aber folgen die säcularen Schwankungen der Eisdauer wie diejenigen des Beginnes des Eisganges der Flüsse den säcularen Schwankungen der Jahresmittel der Temperatur. Das zeigt die Zusammenstellung von Wild, wenn man von der Zeit nach 1840 absieht; unsere Tabelle unten lässt ebenfalls erkennen, dass im Großen die Schwankungen der Dauer der winterlichen Eisdecke und diejenigen der Temperaturmittel parallel verlaufen. Es können daher die Register über den Auf- und Zugang der Gewässer auch dort zum Beweis säcularer Schwankungen der Temperatur herangezogen werden, wo Thermometerbeobachtungen fehlen.

Das Flusseis und sein Verhalten hat vor dem Thermometer den wesentlichen Vorzug voraus, dass es fast ganz dem Einfluss der Menschen entzogen ist. Factoren, wie Instrumentalfehler und Fehler der Aufstellung, welche so leicht die Homogenität der Temperaturreihen stören, kommen hier für die Homogenität nicht in Betracht. Nur in den allerletzten Jahrzehnten mögen die Termine des Zugangs wie des Aufganges an den von Dampfern befahrenen Flüssen willkürlich durch das Bestreben verschoben worden sein, das Fahrwasser mit Eisbrechern künstlich freizuhalten, wie wir das oben S. 85 für die Elbe ausführten. Unter solchen Umständen scheint die Homogenität der Register über den Auf- und Zugang der Gewässer gesichert, abgesehen natürlich von einzelnen Druck- oder Schreibfehlern, die sich in die Originalpublicationen eingeschlichen haben können.

Für die weiter unten folgenden Tabellen dienten als Quellen:

1. Rykatschew: Über den Auf- und Zugang der Gewässer des Russischen Reiches. II. Supplementband zum Repertorium für Meteorologie. St. Petersburg 1887. Zahlreiche Druckfehler wurden vor Verarbeitung der Reihen nach dem Druckfehlerverzeichnis der betreffenden Publication und vor allem nach der ausführlichen Besprechung Woeikofs in den Iswestija der k. russ. geogr. Gesellschaft, Bd. XXIII, berichtigt.

2. Für die Donau, Annalen der Hydrographie und maritimen Meteorologie, Bd. 1880, S. 477.

3. Heydenreich: Klimatische Verhältnisse von Lithauen im Reg.-Bez. Gumbinnen nach den 50jährigen Beobachtungen zu Tilsit. Tilsit 1870.

4. Draper: Über die Eisbedeckung des Hudson. Zeitschrift für Meteorologie. 1874. S. 240.

Die Tabellen enthalten für 32 Stationen die mittlere Dauer der eisfreien Zeit im Jahr und für 12 Stationen das mittlere Datum des Aufganges und zwar für die einzelnen Lustren. Die unvollständigen Lustrenmittel sind durch einen nachgesetzten Punkt kenntlich gemacht.

Eine besondere Aufmerksamkeit habe ich der Frage zugewandt, bis zu welchem Grade der Genauigkeit die Lustrenmittel die säcularen Schwankungen der Eisverhältnisse darstellen, und zu diesem Zweck für zwei Flüsse, die Newa zu St. Petersburg und die Dwina zu Archangelsk,

[1]) Wild: Temperaturverhältnisse des Russischen Reiches. Supplementband zum Rep. f. Met. St. Petersburg 1881. S. 285 f.

die Änderung der Eisverhältnisse von Jahr zu Jahr untersucht, indem ich für jedes Jahr das Mittel der benachbarten 10 Jahre setzte. Das Resultat war der Methode der Lustrenmittel günstig; letztere stellen die Schwankungen durchaus exact dar. Der Raum verbietet leider die ursprünglich beabsichtigte Veröffentlichung der ausführlichen, beweisenden Tabelle; da Rykatschew in seinem großen Werk die Zehnjahrsmittel für die Dwina mittheilte, so darf ich mich wohl mit einem kleinen Auszug für die Newa 1801/50 begnügen. Am Kopf der Tabelle sind die Jahrzehnte vermerkt, links am Rande die einzelnen Jahre. Die Berechnung der zehnjährigen Mittel für jedes Jahr geschah derart, dass das Mittel aus diesem Jahre, wie den fünf vorhergegangenen und den vier folgenden gebildet wurde. Die Lustrenmittel stehen bei ihrem mittleren Jahre.

Schwankungen der Dauer der eisfreien Zeit auf der Newa zu St. Petersburg nach Zehnjahrsmitteln und Lustrenmitteln in Abweichungen vom Mittel 1816/80 (219.5 Tage).

	1800		1810		1820		1830		1840	
	10j. M.	Lustr.	10j. M.	Lustr.	10j. M.	Lustr.	10j. M.	Lustr.	10j. M.	Lustr.
1	−4.2		−9.1		11.0		5.3		−7.7	
2	−5.3		−8.9		14.6		4.3		−7.7	
3	−5.4	−4.9	−9.5	−2.3	14.4	21.1	3.9	1.3	−5.3	−2.9
4	8.2		−9.5		16.8		−0.1		−3.3	
5	−10.8		−7.1		18.4		−1.7		−3.5	
6	−14.6		−3.7		18.6		−2.6		−2.1	
7	−18.8		4.6		11.8		−4.0		−4.9	
8	−16.6	−16.7	2.9	−11.8	11.4	15.7	−5.7	−2.7	−4.0	2.1
9	−12.9		4.1		8.6		−7.3		−3.2	
10	−9.5		4.7		8.5		−6.2		−4.6	

Ueber fehlende Jahre gibt nachfolgende Zusammenstellung Auskunft. Die Stationen sind ihrer Lage nach von Osten nach Westen geordnet, wie in den Tabellen.

Lena 1855; Sselenga 1869 f.; Angara 1795, 1803, 54, 55; Ob (Barnaul) 1836, 37, 40, 41, 43, 45, 46, 49, 65; Irtysch 1811, 43—48, 50; Bogoslowsk (Teich) 1846, 55, 74 ff.: Kama (Dedjuchin) 1811, 23, 38—45, 55; Kama (Perm) 1804—24, 27, 29, 35, 36, 44, 61, 80; Belaja 1833, 44, 65: Ai (Slatoust) 1863, 64, 70, 74, 75; Ssyssola 1816, 43, 55—57, 79, 80; Wytschegda 1837, 38, 41, 42, 53, 56, 57, 61, 80; Ssuchona 1793, 94, 1803, 13, 16—18, 20, 22—24, 26, 28, 29, 32—35, 55—58, 61, 80; Wologda 1829 bis 1835, 37, 43, 45—54, 56—58 (durch 55 ersetzt), 61, 79 f.; Dwina 1880; Onega 1800—11, 79 f.; Newa 1709, 12; Düna 1813, 25, 29, 33: Wjatka (Slobodskoj) 1879 f.; Wjatka (Wjatka) 1816, 55—58, 62, 64, 65, 79 f.: Kama (Jelabuga) 1826, 28, 33, 34, 38, 39, 41, 55, 80: Wolga (Ssimbirsk) 1831, 79 f.: Wolga (Ssaratow) 1761, 62, 1806, 50, 57, 58, 80: Wolga (Astrachan) 1814—27, 39, 42, 44, 80; Dnjepr (Jekaterinoslaw) 1847, 61, 80; Dnjepr (Kijew) 1845—55, 79 f: Weichsel 1833, 34, 80; Memel 1870 ff.; Donau 1836, 80; Hudson 1816, 17, 60. — Jenissei 1796, 1803, 04, 9—13, 15, 19, 84, 85: Tschussowaja 1855—61, 65, 66; Kama 1786, 1804—17, 24, 35, 36, 58, 61, 80; Ssyssola 1771, 72, 82—84, 87—89, 91, 93—95, 97—99, 1843, 55—57, 80; Waga (Welsk) 1806, 32, 33, 55, 79 f: Waga (Werchowashskij Possad) 1801 (durch 1800 ersetzt), 04, 07, 32—35, 39 f.: Lickscha 1827, 30, 31, 47, 48, 57, 64; Kyro 1741, 43, 1851; Åbo 1780, 1832, 40; Kumo 1828, 71, 74; Düna 1559—61, 69, 70, 73—75, 99, 1600, 03—08, 10, 11, 13, 14, 20, 24, 25, zwischen 1640 und 1700 sind nur vorhanden die Jahre 1643, 49, 50, 53, 59, 62, 67, 87, 89 und 92.

Die Lustrenmittel der Dauer der eisfreien Zeit wurden in Abweichungen vom Mittel 1816—1880 ausgedrückt, diejenigen des Datums des Aufganges dagegen in Correctionen, welche an das beobachtete Lustrenmittel anzubringen sind, um jenes Mittel 1816—1880 zu erhalten. Infolgedessen weist ein negatives Vorzeichen überall auf zu niedrige Temperatur hin, ein positives dagegen auf zu hohe Temperatur. Wo das 65jährige Mittel 1816—1880 nicht direct gebildet werden konnte, wurde dasselbe durch Reduction nach Narbarstationen derselben Gruppe (siehe unten) gewonnen. Die Berechtigung dieser Reduction hat Woeikof im Gegensatz zu Rykatschew erwiesen[1]. Nur die Zahlen für den Aufgang des Eises an den finnischen Flüssen beziehen sich durchweg auf das Mittel 1781—1845. Das Datum ist nach dem neuen Styl gerechnet. Rykatschew erwähnt, dass er bei der Verwandlung des alten Styls in den neuen nicht berücksichtigte, dass die Differenz im 18. Jahrhundert nicht zwölf Tage betrug wie im 19., sondern nur eilf. Ich habe die geringfügige Correction nicht angebracht: es sind daher streng genommen die Zeiten des Aufgangs im vorigen Jahrhundert um 1·0 Tage zu verkleinern, beziehungsweise die in der Tabelle mitgetheilten Correctionen um 1·0 zu vergrößern. Für das 16. und 17. Jahrhundert, in welches nur die Reihe von Riga zurückreicht, beträgt die an unseren Zahlen anzubringende Correction +3·0, beziehungsweise +2·0 Tage. Die Dauer der eisfreien Zeit wird dadurch selbstverständlich nicht beeinflusst.

Dauer der eisfreien Zeit an 32 Flussstationen,
ausgedrückt durch Abweichungen (Tage) vom Mittel 1816—80 und
Datum des Aufgangs des Flusseises an 12 Stationen,
ausgedrückt durch Correctionen zur Reduction der Lustrenmittel auf das Mittel 1816/80.

Fluss	Lena	Ssolenga	Angara	Jenissei	Ob	Irtysch	Ob	Tsch	Kama
Station	Kirensk	Ssolenginsk	Irkutsk	Jenisseisk	Barnaul	Tobolsk	Obdorsk	Bogoslowsk	Dedjuchin
N. Breite	57.8	51.1	52.3	58.4	53.3	58.2	66.5	59.8	59.4
Ö. Länge	108.1	106.9	104.3	92.1	83.8	68.2	66.6	60.0	56.6
Mittel 1816/80	163.9	207.4	279.7	196.8	196.7	189.7	148.5	162.0	187.0
1736—40	—	—	—10.3*	.	—	—	—	—	—
41—45	—	—	—6.9	—	—	—	—	—	—
46—50	—	—	2.8	—	—	—	—	—	—
51—55	—	—	12.7	—	2.9	—	—	—	—
56—60	—	—	3.7	—	9.5	—	—	—	—
61—65	—	—	—3.1	—	—8.5*	—	—	—	—
66—70	—	—	4.1	—	—6.3	—	—	—	—
71—75	—	—	—1.7	—	12.3	—	—	—	—
76—80	—	—	—	—	—2.7	—	—	—	—
81—85	—	—	—	—	2.1	—	—	—	—
86—90	—	—	—7.5*	—	—4.3*	—	—	—	—
91—95	—	—	5.5.	—	—3.8	—	—	—	—
96—00	—	—	—5.7	—	7.3	—	—	—	—
1801—05	—	—	—2.9.	—	—	—	—	—	—
06—10	—	—	—0.5	—	—	—	—	—	—
11—15	—	—	—24.9*	—	—	—12.9.*	—	—	0.2.
16—20	—2.3	—	—4.1	—	—	—8.5	—	—	—5.6
21—25	—1.9	—	7.1	—	—	5.3	—	—	10.9.
26—30	—3.5	—	12.3	5.6	—	2.5	—	—	—3.6
31—35	—7.9*	—	7.5	—5.6	—	0.5	—	—	—6.6
36—40	0.5	—	—15.5	—10.0*	—12.9.*	—1.5*	—2.1	—	—
41—45	2.3	—	—5.9	0.8		2.0.	—4.5	—6.8*	—
46—50	—5.9	—11.2*	—4.3	—3.6	—9.0.		—13.6*	—3.5.	1.0
51—55	—2.1.	0.4	—18.7.*	—2.6	—10.1	—	1.9	3.5.	—1.8.
56—60	—	6.8.	—	0.6	4.3	4.9	3.1	0.0.	—
61—65	—	2.4	—	—1.2	—5.9.*	—	—	—	—
66—70	—	6.6.	—	12.0	0.3	—	—	3.2.	—
71—75	—	—	—	0.2	—7.5	—	—	10.3.*	—
76—80	—	—	—	1.4	—	—	—	—	—

[1]) Woeikof in den Iswestija der kaiserlich russischen geographischen Gesellschaft, Band XXIII.

Fluss	Kama	Belaja	Ai	Ssyssola	Wytschegda	Ssuchona	Wologda	Dwina	Onega
Station	Perm	Ufa	Slatoust	Ust-Ssyssolsk	Ssolwytschegodsk	Welikij-Ustjug	Wologda	Archangelsk	Onega
N. Breite	58.0	54.7	55.2	61.7	61.8	60.8	59.2	64.5	63.9
Ö. Länge	56.3	56.0	59.7	50.8	46.9	46.3	39.9	40.5	38.1
Mittel 1816—80	2 8.1	210.8	174.1	196.0	192.3	196.3	201.7	179.0	199.0
1736—40	—		--				..	—11.4*	—
41—45	--	—	—	--		-	-	—3.2	—
46—50	—	--	.	..		--	--	—11.0	--
51—55	--	.	.	—	—	--	.	8.8	—
56—60	—	—	.	—	—	—	--	—16.8*	—
61—65	—	-	...	—	—	10.1	--	—1.0	—
66—70	—	--	—	.	—	9.9	--	—0.2	-
71—75	—	—	--	—	—	—.1*	..	16.8	—
76—80	—	—	--	--	-	2.5	...	—5.2	—
81—85	—	—18.0*	—		—	10.9	--	—0.0	—8.6
86—90	—	—4.4	--	—	—	1.5	-	—4.4	—3.8
91—95	—	—6.4		-	—	4.4	—	—10.4	—13.6*
96—00	—3.3	2.6	--	--	—	—	—	—2.0	—11.2.
1801—05	7.0.	—5.4	--	—	—	—3.3.	—	—5.4	—
06—10	—	—5.4	—	—	--	—10.1*	14.7*	—14.8*	—
11—15	—	—18.8*	--	—	--	—8.1.	--	—13.8	—11.2.
16—20	—	—3.6	—	—18.0*	--	—5.4.	—	—12.4	—13.6*
21—25	—	—8.6	—	—0.6	--		—	1.4	6.8
26—30	6.9	3.4	—	—1.6	—	—3.0.	16.6.	5.2	16.8
31—35	1.1.	—4.8*.	—	3.8	—		—	1.8	—0.6
36—40	—6.3*.	—4.2	—	5.4	—4.3.	—1.7	0.3.	2.0	4.4
41—45	—4.9.	0.2.	—12.5*	—5.5*.	—11.6*.	—11.5*	—13.0*.	10.2*	—20.4*
46—50	—2.7	1.2	—12.5	6.6	4.9	2.7	—	1.6	—3.4
51—55	—4.9	—0.8	1.9	—4.2.	7.7.	2.2.	—	—0.2	3.8
56—60	—	—7.3*	2.7	5.0.	0.7.	—	5.3.	2.8	—0.8
61—65	—16.6*.	—1.8.	—11.8*.	4.4	1.7.	.9.	—1.9.	—1.8	—0.2
66—70	0.3	—	13.4.	4.0	2.1	6.3	—0.5	—4.4*	2.0
71—75	—0.1	—	10.2.	1.2	3.3	—5.1*	—7.1*	—0.8	—6.6*
76—80	—4.1.	—	—	—0.2*.	—0.5*.	7.2.	1.3.	8.4.	11.3.

Fluss	Nowa[1]	Düna	Wjatka	Wjatka	Kama	Wolga	Wolga	Wolga	Dnjepr
Station	Petersburg	Riga	Slobodskoj	Wjatka	Jelabuga	Ssimbirsk	Ssaratow	Astrachan	Jekatorinoslaw
N. Breite	59.9	56.9	58.7	58.6	55.8	54.3	51.5	51.5	48.5
Ö. Länge	30.1	21.1	50.2	49.7	52.1	48.4	46.0	46.1	35.1
Mittel 1816—80	218.5	238.0	195.0	208.2	207.1	230.1	225.3	264.9	277.0
1761—65	7.3	—	—	—	—	--	9.7.	—	—
66—70	2.8	—	—	—	—	—	17.3	—	—
71—75	—8.3	...	--	—	—	—	—6.1	—	—
76—80	—5.9	—	—	—	—	—	—9.5*	—	--
81—85	—3.5	..	--	—	—	—	6.7	--	—
86—90	—12.2*	—	--	-	--	—	—1.9	--	--
91—95	5.5	—	—	—	—	--	—0.1	—	—
96—00	0.9	—	—	—	—	—	—	—	—
1801—05	—4.9	—	—	5.2	—	--	—	—	—
06—10	—16.7	—	--	—5.4*	—	—	—5.8.	2.5	—
11—15	—2.3	—18.0.*	-	1.8	—	-	—0.1	—17.9*.	—
16—20	—11.8		—	—5.4*.	8.5*	—	8.5	—	6.7
21—25	21.1	33.2.		8.0	1.3		—	—	30.4
26—30	15.7	7.8	—	7.0	10.2*		—	—10.9	2.6
31—35	1.3	10.3.	2.2	—2.2	—10.4*.	—19.6*.	—17.7*	—7.5	—11.8
36—40	—2.7	15.0	0.6	1.6	2.6.	—10.5	—13.5	—2.9.	—11.8
41—45	—2.9	5.6	4.4	—8.2*	—3.9.	4.5	2.3	6.8.	—26.6
46—50	2.1	14.2	10.6	7.2	—5.1*	—5.5	—0.5.*	—1.3	26.0.
51—55	9.3*	—19.0*	—1.4	—3.2.	2.1.	0.5	—	14.1	1.4
56—60	—7.7	—5.6	6.2	1.6.	—	3.5	5.6.*	2.9	--
61—65	—1.5	0.0	—3.4*		3.3	—0.1	2.3	—10.5*	—71.6.
66—70	—0.9	—7.6	1.8	2.0	7.1	6.9	6.7	7.7	7.8
71—75	—7.5	0.0	—2.0	—4.4.	—0.8	15.9	10.5	2.3	—5.2
76—80	4.3	7.4	6.7.	11.1.	8.9.	20.0.	9.9.	14.9.	13.8.

[1]) Frühere Jahre siehe Tabelle S. 251.

Fluss	Dnjepr	Weichsel	Memel	Donau	Hudson	Jenissei	Tschussowaja	Kama	Ssyssola
Station	Kijew	Warschau	Tilsit	Galatz	Albany	Jenisseisk	Ust-Utkinskaja-Staniza	Perm	Ust-Ssyssolsk
N. Breite	50.5	52.3	55.1	45.4	42.7	58.5	57.0	58.0	61.7
Ö. Länge	30.5	21.0	21.9	27.9	−73.8	92.1	59.6	56.3	50.8
Mittel 1816–80	268.7	301.9	284.7	327.8	273.3	5. V	24. IV	25. IV	5. V
1771–75	—	—	—	—	—	—	—	—	10.7.
76–80	—	—	—	—	—	—	—	—	8.8
81–85	—	−3.5			—	—	—	—	−1.5*.
86–90	—	6.1	—	—	—		—	−2.5.	
91–95	—	19.7	—	—	—	—	—	−8.6*	6.3.
96–00	—	—	—	—	—	−4.5.*	—	−2.0	
1801–05	−14.5*	—	—	—	—	2.0.	—	4.3	−0.4
06–10	−3.9	—	—	—	—	−2.0.	—	—	−3.6
11–15	−4.3	—	—	—	—	—	—	—	−5.4*
16–20	6.5	—	—		−18.9*	2.5.	—	1.3.	−2.8
21–25	10.3	12.5	24.5	—	12.9	2.6	—	3.2.	1.4
26–30	4.5	−20.7	−14.9	—	10.7	0.6	1.2	1.0	4.2
31–35	−7.3	−20.4.	15.7	—	−5.9	−1.8	−2.6	−2.5.	3.0
36–40	−13.9*	−24.1*	−36.3*	−9.4.	−7.1*	−5.0*	−3.8	−6.5*.	2.4
41–45	5.1.	−9.5	11.1	−10.8*	1.5	3.8	−4.6*	−5.6	−3.8*.
46–50	—	−8.9	−2.1	−2.8	6.9	−3.8	−2.4	0.0	−1.6
51–55	—	13.7	−4.3	−27.2	−8.1*	−0.2	−1.2.	0.0	−1.8.
56–60	−13.9*	−13.7	−19.3	4.8	10.9	−1.2	—	2.8.	0.3.
61–65	−11.1	−1.1	3.9	−23.8*	−3.1.	0.0	9.3.	−0.2.	−1.0
66–70	−4.5	14.5	13.5.	−1.4	—	3.2	−1.2.	−1.0	−2.4
71–75	8.1	2.7	—	−7.2	—	0.4	0.8	0.6	−0.6
76–80	−3.9.	12.1.	—	7.1.	—	−0.6	−0.8	−3.2*.	−4.0*.
81–85	—	—	—	—	—	−5.3*.	—	—	—

Fluss	Waga	Waga	Lickscha[1]	Borgå[1]	Kyro[1]	Åbo[1]	Kumo[1]	Düna[2]
Station	Welsk	Werchowashskij-Possad	Pielis	Borgå	Storkyro	Åbo	Björneborg	Riga
N. Breite	61.1	60.7	64.3	60.4	63.0	60.5	61.5	57.0
Ö. Länge	42.1	42.0	30.1	25.7	22.3	22.3	21.8	24.1
Mittel 1816–80	29. IV	25. IV	3. V	24. IV	26. IV	16. IV	24. IV	7. IV
1741–45	—	—	—	—	−1.7.	−8.0*	—	−6.6
46–50	—	—	—	—	4.4	−4.8	—	0.0
51–55	—	—	—	—	0.2	1.6	—	2.6
56–60	—	—	—	—	1.6	−5.0	—	2.4
61–65	—	—	—	—	1.4	0.8	—	2.6
66–70	—	—	—	—	−0.6	—	—	−2.8
71–75	—	—	—	0.3	0.6	−4.4	—	−3.4
76–80	—		—	1.3	0.0	−0.2.	—	5.0
81–85	—	—	—	−1.0*	2.0	—	—	−7.2
86–90	—	—	—	−0.9	−1.4*	—	—	−8.6*
91–95	—	—	—	7.9	5.8	—	—	5.4
96–00	—	—	—	2.1	2.8	—	—	−2.8
1801–05	—	7.8.	—	7.8	4.0	3.8	6.0	−2.8
06–10	−6.0*	3.2.	—	−10.7*	−11.4*	−11.0*	−11.2*	−13.5*
11–15	−3.0	−5.4*	—	−0.7	1.8	−0.6	−0.2	−3.4
16–20	−2.4	−2.8	—	−5.1	−5.5	−4.2	−3.6	−4.2
21–25	—	3.2	—	5.6	2.5	7.2	6.4	11.0
26–30	3.0	1.6	2.7.	0.2	1.1	−2.0	0.8.	−3.2
31–35	11.6.	4.0.	1.0.	4.1	3.9	3.2.	6.8	11.2
36–40	—		−1.6	5.8*	0.0	−4.5.	−0.2	−6.6*
41–45	−5.2*	—	−1.2	−1.1	−3.3	—	1.6	−3.8
46–50	5.6	—	8.7	—	0.6	—	2.8	−1.2
51–55	5.8.	—	−5.6*	—	−4.2.	—	−13.6*	−6.2
56–60	—	—	5.4.	—	—	—	—	2.0
61–65	0.2	—	−4.0.	—	—	—	—	4.8
66–70	−0.4	—	−3.2	—	—	—	—	−0.8
71–75	2.8	—	—	—	—	—	−0.7.	−3.2*
76–80	2.7.	—	—	—	—	—	—	1.2

[1] Die finnischen Stationen bezogen auf das Mittel 1781—1845.

[2] Frühere Jahre siehe S. 251.

Um die in den einzelnen Reihen noch zu Tage tretenden Localeinflüsse zu eliminieren, wurden dieselben zu Gruppen vereinigt, und zwar in der nachfolgenden Weise:

Für die Dauer der eisfreien Zeit:

1. Sibirien: Lena, Sselenga, Angara, Ob bei Barnaul und bei Obdorsk und Irtysch.

2. Ural-Gebiet: Toich bei Bogoslowsk, Kama bei Dodjuchin und bei Perm, Belaja und Ai.

3. Nord-Russland (im Ganzen das Einzugsgebiet des Weißen Meeres): Ssyssola, Wytschegda, Ssuchona, Wologda, Dwina und Onega.

4. Baltische Provinzen: Newa und Düna.

5. Süd-Ost-Russland: Wjatka bei Sslobodoskoj und Wjatka, Kama bei Jelabuga und Wolga bei Ssimbirsk, Ssaratow und Astrachan.

6. Süd-West-Russland: Dnjepr bei Jekaterinoslaw und bei Kijew, Weichsel, Memel und Donau.

7. Atlantische Staaten, Nord-Amerika: Hudson.

Ferner für die Reihen, enthaltend das Datum des Aufganges:

8. Sibirien: Jenissei.

9. Nord-Russland: Tschussowaja, Kama, Ssyssola, Waga bei Welsk und bei Werchowashskij Possad.

10. Finnland: Lickscha, Borgå, Kyro, Åbo und Kumo.

11. Baltische Provinzen: Düna.

Die Gruppenmittel sind sowohl nicht ausgeglichen als auch ausgeglichen mitgetheilt. Vorausgeschickt wird den Gruppenmitteln eine kleine Tabelle, enthaltend die Resultate der ältesten Beobachtungen an der Newa zu St. Petersburg (1706—1760) und an der Düna zu Riga (1556—1760). Dieselben schließen sich unmittelbar an die Gruppenmittel »eisfreie Zeit in den baltischen Provinzen« und »Datum des Aufgangs in den baltischen Provinzen« an, da letztere in ihren ersten Lustren nur auf den Beobachtungen zu St. Petersburg, bezw. zu Riga beruhen.

	Datum des Aufgehens der Düna bei Riga [1] Mittel 7. IV.					Eisfreie Zeit der Newa bei St. Petersburg [2] Mittel 219.5	
	roh	ausgegl.		roh	ausgegl.	roh	ausgegl.
1556—60	—1.7.*	—2.1*	—	—	—	—	…
1561—65	—3 0.*	—1.0	1687—92	2 7.	—	—	—
1566—70	3.7.	1.4	—	—	—	—	—
1571—75	1.0.	1.3	1706—10	—	—	9.1	6.2
1576—80	—0 4	0.4	1701—15	1.6	—0.7	0.5	1.2
1581—85	1.6	—0.4	1716—20	—5.4*	—0.8*	—5.1*	—0.5*
1586—90	—4.4	—3.2	1721—25	5.8	0 2	7.7	5.0
1591—95	—5.6	—5.7*	1726—30	—5.4	1.9	9.5	6.8
1596—00	—7.0.*	—5.5	1731—35	10.2	4.7	0 8	—1.1
1601—05			1736—40	3.8	0.3	—14.5*	—8.1
1606—10	—2.4.	—2.6	1741—45	—6.6*	—2.4*	—3.7	—8.8*
1611—15			1746—50	0.0	—1.0	—13.5	—5.5
1616—20	1.5	—1.2	1751—55	2.6	1.9	8.7	1.4
1621—25	—5.3.*	—2.3	1756—60	2.4	2.5	—0.7	6.1
—	—	—		Die Fortsetzung siehe in den Tabellen auf S. 249 und 250.			
1641—50	7.3	—					
1651—67	—21.4.*	—					

[1]) Correctionen, die an die Lustrenmittel anzubringen sind, um das vieljährige Mittel zu erhalten.

[2]) Abweichungen vom vieljährigen Mittel.

Säculare Schwankungen der Dauer der eisfreien Zeit auf den Flüssen in verschiedenen Gebieten.

Abweichungen (in Tagen) vom Mittel 1816—80.

Rohe Mittel.

Lustrum	Sibirien	Ural	N-Russl.	Baltische Provinzen	SO-Russland	SW-Russland	Atl. Staaten N-Amerika	Mittel
1736—40	—10.3*	—	—11.4*	—14.5*	—	—	—	—12.1*
41—45	—6.9	—	—3.2	—3.7	—	—	—	—4.6
46—50	2.9	—	—11.0	—13.5	—	—	—	—7.4
51—55	7.8	—	8.8	8.7	—		—	8.4
56—60	6.6	—	—16.8*	—0.7	—		—	—3.6
61—65	—5.8*	—	4.6	7.3	9.7	—	—	4.4
66—70	—1.1	—	4.6	2.8	17.3	—	—	5.9
71—75	5.3	—	8.3	—8.3	—6.1	—	—	—0.2
76—80	—2.7	—	—1.4	—5.9	—9.5*	—	—	—4.9
81—85	2.1	—18.0*	2.8	—3.5	6.7	—3.5	—	—2.2
86—90	—5.9*	—4.4	—2.2	—12.2*	—1.9	6.1	—	—5.1*
91—95	1.1	—6.4	6.6	5.5	—0.1	10.7	—	4.4
96—00	0.8	—0.9	—6.6	0.9	—	—	—	—1.3
1801—05	2.9	1.2	—4.4	—4.9	5.2	—14.5*	—	—3.4
06—10	—0.5	—5.4	—13.2*	—16.7*	—2.9	—3.9	—	—7.1
11—15	—18.9*	—9.3	—11.0	—10.2	—6.6*	—4.3	—	—10.0*
16—20	—5.0	—4.6	—9.7	—11.8	—1.8	—0.1	—18.9*	—7.4
21—25	3.5	9.8	9.9	27.2	3.4	15.8	12.9	10.8
26—30	4.2	2.2	6.8	11.8	2.6	—7.1	10.7	3.7
31—35	—1.4	—3.4	0.5	5.8	—9.2*	—6.0	—5.9	—2.8
36—40	—7.1*	—5.2*	1.0	—8.8	—3.7	—19.1*	—7.1	—7.1*
41—45	—3.0	—5.0	—12.0*	1.3	—2.0	—0.8	1.5	—2.9
46—50	—6.8	—3.7	2.5	8.1	0.9	—4.6	6.9	0.5
51—55	—5.2	—1.8	1.9	—14.2*	2.0	9.5	—8.1*	—2.2
56—60	3.9	—2.3	2.6	—6.6	1.7	—10.5	10.9	0.0
61—65	—1.6	—10.1*	0.5	—0.7	—1.9	—8.5	—3.1	—3.6
66—70	6.3	5.6	1.6	—4.2	5.4	6.0	—	3.5
71—75	—3.6*	6.8	—2.5*	—3.7	3.6	0.4	—	0.0
76—80	1.4	—4.1	4.6	5.9	12.1	7.8	—	4.5

Ausgeglichene Mittel.

Lustrum	Sibirien	Ural	N-Russl.	Baltische Provinzen	SO-Russl.	SW-Russland	Atl. St. N-Amerika	Mittel
1736—40	—8.0*	—	—8.7*	—8.1	—	—	—	—9.6*
41—45	—5.5	—	—7.2	—8.8*	—	—	—	—7.2
46—50	1.4	—	—4.1	—5.5	—	—	—	—2.8
51—55	6.1	—	—2.6	.8		—	—	1.4
56—60	3.8	—	—5.0	3.6	—	—	—	1.4
61—65	—1.5	—	— .8	4.2	12.2	—	—	2.8
66—70	— .7	—	5.5	1.2	9.6	—	—	4.0
71—75	1.7	—	5.0	—4.9	—1.1	—	—	.2
76—80	.5	—	2.1	—5.9	—4.6*	—	—	—3.0
81—85	—1.1	—13.5*	.5	—6.3*	.5	— .3	—	—3.6*
86—90	—2.2*	—8.8	1.2	—5.6	.7	7.1	—	—2.0
91—95	— .7	—4.4	1.1	— .1	— .7	15.2	—	.6
96—00	.0	—1.4	—2.8	.6	—	—	—	— .4
1801—05	—1.4	— .8	—7.1	—6.6	2.5	—11.0*	—	—3.8
06—10	—5.7	—4.7	—10.4	—12.1	—1.8	—6.6	—	—6.9
11—15	—10.8*	—7.2*	—11.2*	—12.2*	—4.5*	—3.2	—	—8.6*
16—20	—6.4	—2.2	—6.8	—1.6	—1.7	2.8	—8.3*	—3.5
21—25	1.6	4.8	.9	13.6	.6	6.1	4.4	4.5
26—30	2.6	2.7	4.4	14.2	—2.8	—1.1	7.1	3.8
31—35	—1.4	—2.4	2.2	8.7	—6.2*	—9.6	—3.0	—2.2
36—40	—4.6	4.7	—2.4	—2.6	—4.7	—11.2*	—4.6*	—5.0*
41—45	—5.0	—4.8*	—5.1*	.5	—1.7	6.3	.7	—3.1
46—50	—5.5*	3.6	—1.3	.8	.5	— .1	1.8	—1.0
51—55	—3.3	—2.5	2.2	—6.7	1.8	1.0	4	—1.0
56—60	.3	—4.1	1.9	—7.0*	1.0	—5.0	2.6	—1.4
61—65	1.8	—4.3	1.3	3.0	.8	—5.4	1.6	— .9
66—70	1.8	2.0	.3	—3.0	3.1	.8	—	.8
71—75	.1	3.8	.3	—1.4	6.2	3.1	—	2.0
76—80	— .3	— .5	2.2	2.7	0.3	4.7	—	3.0

Schwankungen des Datums des Aufganges der Flüsse in verschiedenen Gebieten.

Correctionen (in Tagen) zur Reduction auf das Mittel 1816–80.

Lustrum	rohe Mittel				ausgeglichene Mittel			
	Sibirien	N-Russl.	Finnland[1])	Baltische Provinzen	Sibirien	N-Russl.	Finnland[1])	Baltische Provinzen
1741–45		—	4.8*	–6.6*	—		–3.3	–2.4*
46–50		—	–0.2	0.0	—	—	.0	–1.0
51–55		—	5.4	2.6	—	—	2.2	1.9
56–60	—	—	–1.7	2.4		—	.8	2.5
61–65	—	—	1.1	2.6	—	—	.0	1.2
66–70	—	—	–0.6	–2.8	—	—	–.3	–1.6
71–75	—	10.7	–1.2*	–3.4	—	10.1	–.6*	–1.2
76–80	—	8.8	0.4	5.0	—	6.7	.0	–.2
81–85	—	–1.5	0.5	–7.2	—	1.0	0	–4.5
86–90	—	–2.0*	–1.2	–8.0*	—	–1.1*	1.2	–4.8*
91–95	—	1.2	6.8	5.4	—	.6	3.7	–.2
96–00	–4.5	2.2	2.4	–2.8	–2.3*	2.4	4.2	–.8
1801–05	2.0	3.9	5.4	–2.8	–.6	2.0	.5	5.5
06–10	–2.0	–2.1	11.1*	–13.5*	–.7	1.2	4.2*	–8.3*
11–15	—	4.6*	0.1	–3.4	—	3.4*	–3.9	–6.1
16–20	2.5	–2.3	–1.6	–4.2	2.5	–1.6	–.9	–.2
21–25	2.6	2.6	5.4	11.0	2.1	1.3	1.7	3.0
26–30	0.6	2.2	0.6	3.2	.5	2.4	2.6	4.0
31–35	–1.8	2.7	3.8	11.2	–2.0	1.6	1.4	3.2
36–40	5.0*	–1.0	–2.4	6.6*	–2.0*	–1.0	–.7	–1.4
41–45	3.8	–4.8*	–1.8	–3.8	–.3	2.0*	–.5	–3.8*
46–50	–3.8	0.4	3.9	–1.2	1.0	.8	–.4	–3.1
51–55	–0.2	0.7	7.8*	–6.2	1.4	.8	–1.0*	2.9
56–60	–1.2	1.6	5.4	2.0	.6	1.5	–.2	.6
61–65	0.0	2.1	–4.0	4.8	.5	1.2	–1.4	2.7
66–70	3.2	1.2	–3.2	–0.8	–1.7	.2	–2.8*	.0
71–75	0.4	0.9	–0.7	–3.2	.8	–.2	–1.5	–1.5
76–80	–0.6	–1.3	—	1.2	1.5	–.6	—	–.3
81–85	–5.3*	—	—	—	–3.7*	—	—	–

Die Resultate, die wir aus unseren Tabellen ziehen können, liegen nach zwei Richtungen. Sie bestätigen zunächst die aus den Temperaturbeobachtungen West-Europas abgeleiteten Schlüsse auf die Klimaschwankungen des vorigen Jahrhunderts auch für den Boden des europäischen und asiatischen Rußland und ergänzen unsere Temperaturkurve in äußerst willkommener Weise rückwärts bis zum Jahr 1700 und selbst darüber hinaus. Nur nach 1850 sind die Schwankungen stark verwischt und unstät. Es steht dieses mit der oben hervorgehobenen Thatsache im Einklang, dass seit jenem Zeitpunkt die Temperaturschwankungen überhaupt viel an Schärfe eingebüßt haben und verschwommen erscheinen. Dagegen tritt das Temperaturminimum 1836–1850 überall deutlich hervor, mögen wir nun die Dauer der eisfreien Zeit oder das Datum des Aufgangs der Flüsse ins Auge fassen. Letzteres lässt auch die warme Periode um 1860 herum erkennen und deutet die Temperaturabnahme gegen 1880 hin an. Wichtiger sind die Resultate für die weitzurückliegenden Zeiten, aus denen uns für Russland gar keine und überhaupt nur sehr wenige meteorologische Beobachtungen vorliegen. Die Beobachtungen an der Düna weisen auf ein Temperaturminimum um 1560 hin, ein folgendes Maximum um 1570 und ein zweites Minimum um 1595, an das sich ein Maximum um 1616/20 anschließt. Es ist bemerkenswerth, dass wir aus dem Verhalten der

[1]) Bezogen auf das Mittel 1781–1845.

Alpengletscher und des Trasimener wie des Fuciner Sees auf eine feuchte Periode um 1600 herum schlossen (vgl. oben S. 107), die jener in Riga constatierten kalten Periode zeitlich entspricht. Leider sind die Beobachtungen zu Riga von 1626—1710 so lückenhaft, dass wir über die Schwankungen der Eisverhältnisse in dieser Zeit nichts sicheres aussagen können. Es scheint jedoch in den Zwanziger-Jahren des 17. Jahrhunderts eine Kälteperiode geherrscht zu haben, darauf in den Vierziger eine Wärmeperiode, in den Fünfziger und Sechziger wieder eine Kälteperiode. Erst für das 18. Jahrhundert gelingt die Constatierung der Temperaturschwankungen wieder mit Sicherheit. Dieselben vollzogen sich in folgender Weise:

kühl	warm
1716—1720	1721—1735
1736 - 1750	1751—1770
1771—1790	1791—1805
1806—1820	1821—1830
1831—1850	von 1850 an unbestimmt.

Die kleine Zusammenstellung deckt sich gut mit der oben Seite 236 für die Schwankungen der Temperatur mitgetheilten. Nur können wir hier eine Wärmeperiode 1721—1735 mit vorausgehender Kälteperiode erkennen, die uns bisher infolge fehlender Temperaturbeobachtungen nicht bekannt war, die jedoch den Schwankungen der Seen gut entspricht. Eine kleine Differenz ergibt sich nur im Zeitraum 1750—1790. Zwar weisen sowohl die Eisverhältnisse der Flüsse als auch die Temperaturbeobachtungen darauf hin, dass der Beginn dieses Zeitraumes warm und das Ende desselben kühl war. Allein die Grenze der kühlen und der warmen Periode ergibt sich etwas verschieden, nach den Thermometerbeobachtungen schon bei circa 1755, nach den Eisverhältnissen der Flüsse erst bei 1770. Letztere Jahreszahl entspricht genau dem Beginn der letzten feuchten Periode des vorigen Jahrhunderts und hebt die einzige bedeutende Incongruenz zwischen den Schwankungen der Temperatur und des Regenfalls, auf die wir Seite 236 stießen, auf. Unsere dort geäußerte Vermuthung, dass hier die Temperaturcurve wahrscheinlich entstellt sei, bestätigt sich also vollkommen.

Um die Amplitude der Schwankungen der Eisdauer wie des Datums des Aufgangs ziffernmäßig festzustellen, berechnete ich auf Grund der markierten Epochen der Tabellen auf Seite 252 f. das Mittel der extremen Lustren für die verschiedenen Gebiete; es wurden dabei nur die Beobachtungen vor 1855 berücksichtigt und die letzten Jahrzehnte mit ihrem verschwommenen Gang außer Acht gelassen.

Die Zahlen für die Dauer der eisfreien Zeit der Flüsse sind wieder Abweichungen vom Mittel, diejenigen für das Datum des Aufgangs Correctionen, sodass durchwegs + warm und — kalt bedeutet.

Mittlere Maxima und Minima und die Amplitude der sücularen Schwankungen der Eisverhältnisse der Flüsse.

I. Dauer der eisfreien Zeit.

	Sibirien	Ural	SO-Russl.	N-Russl.	Balt. Prov.	SW-Russl.	Hudson
Mittleres Minimum	—12.0	—10.8	—8.4	—11.9	—12.5	—16.8	—13.0
Mittleres Maximum	4.3	5.5	8.6	8.0	12.6	15.0	10.7
Amplitude	16.3	16.3	17.0	19.9	25.1	31.8	23.7

II. Datum des Aufgangs.

	Sibirien	N-Russland	Finnland	Balt. Prov.
Mittleres Minimum	—5.0	—3.8	—6.2	—8.1
Mittleres Maximum	2.6	5.7	5.9	7.4
Amplitude	7.6	9.5	12.1	15.5

In Sibirien findet im kältesten Lustrum einer säcularen Schwankung der Aufgang der Flüsse durchschnittlich etwas mehr als eine Woche später statt als im wärmsten Lustrum und die eisfreie Zeit wird um 16 Tage pro Jahr verkürzt. Nach Westen zu wird diese Differenz immer größer. In den baltischen Provinzen gehen die Flüsse im kältesten Lustrum 15—16 Tage später auf als im wärmsten und die Eisdecke der Flüsse hält sich in jedem Winter volle 25 Tage, in Süd-West-Russland und Polen sogar volle 32 Tage länger als im wärmsten Lustrum. Diese Änderung nach Westen zu spricht sich so allgemein aus und ist so stätig, dass man in keiner Weise an ihrer Thatsächlichkeit zweifeln kann. Doch wäre es ganz falsch, daraus den Schluss ziehen zu wollen, dass nach Westen die säcularen Temperaturschwankungen an Größe zunehmen. Jene Erscheinung führt sich vielmehr auf eine ganz andere Ursache zurück. Das Gefrieren und Aufgehen der Flüsse findet nämlich ungefähr um die Zeit statt, wenn die Jahrescurve der Temperatur den Frostpunkt passiert. Das geschieht in Sibirien in den Jahreszeiten, welche sich durch eine sehr rasche periodische Änderung der Temperatur auszeichnen, im Herbst und im Frühling. Gegen Westen rücken diese Momente immer mehr und mehr in den Winter hinein, in welchem die periodische Änderung der Temperatur nur sehr langsam stattfindet. Eine Hebung oder Senkung der gesammten Temperaturkurve um den gleichen Betrag wird daher in Sibirien den Zeitpunkt, in welchem der Frostpunkt passiert wird, nur wenig verschieben können, in Westrussland aber sehr erheblich. Auf diese Thatsache führt sich ohne Zweifel auch die von Rykatschew constatierte Abnahme der Veränderlichkeit der Eisdauer, wie des Datums des Gefrierens und des Aufgehens zurück, die er »bei zunehmender Entfernung vom Meer zu den centralen continentalen Ortschaften und auch von Süden nach Norden« constatierte[1]). Die Entfernung vom Meer und die geographische Breite sind gleichgiltig. Das Maßgebende ist die Größe der periodischen Variation der Temperatur um die Zeit, um welche der Aufgang und der Zugang stattzufinden pflegt.

Es gestatten in dieser Weise unsere Tabellen sichere Schlüsse auf die Existenz der Temperaturschwankungen zu ziehen, ohne doch über deren Intensität an verschiedenen Orten etwas erkennen zu lassen. Wir zählen vom Beginn des vorigen Jahrhunderts an bis 1885 5½ Schwankungen und können demnach die mittlere Dauer derselben zu 34 Jahren bestimmen. Diese Zahl ist kleiner als die aus den kürzeren Beobachtungsreihen der Temperatur und des Regenfalls abgeleitete. Lassen wir jedoch die Jahre vor 1740 fort, so erhalten wir die mittlere Dauer der Schwankungen wie früher zu 36 Jahren. Verwerthen wir die allerdings sehr lückenhaften Beobachtungen an der Düna von 1556 an, so haben wir im Ganzen 9 Schwankungen in 325 Jahren und erhalten als mittlere Dauer derselben ebenfalls 36 Jahre. Diese Resultate werden voll und ganz durch die säcularen Schwankungen des Datums der Weinernte bestätigt.

II. Säculare Schwankungen des Datums der Weinernte.

Es gibt wohl kein phänologisches Element, über dessen Verhalten die Aufzeichnungen so weit zurückreichen, wie über den Termin des Beginns der Weinernte. In sehr vielen Gegenden ist es dem einzelnen nicht gestattet, zu beliebiger Zeit mit der Weinlese zu beginnen.

[1]) Rykatschew a. a. O., S. 23.

Es bedarf einer amtlichen Kundgebung der Behörde, sei es des Bürgermeisters, sei es des Gemeinderathes, welche die Erlaubnis zum Beginn der Lese ertheilt und den Bann aufhebt, mit dem eine geraume Zeit vor der Fruchtreife die Weinberge belegt wurden.

War einmal die Eröffnung der Weinlese ein Act der Behörde geworden, so wurde naturgemäß dessen Vollziehung in jedem einzelnen Jahr zu Protokoll genommen. Die in dieser Weise entstandenen, freilich sehr zerstreuten Aufzeichnungen liefern ein phänologisches Material, das an Zuverlässigkeit nichts zu wünschen übrig lässt, da die Freigabe der Lese sich auf das Urtheil sachverständiger Weinbauern stützte.

In der That sind die alten Archive und Chroniken bereits zum Theil durchsucht worden und mehrfach haben Forscher sich der Mühe des Sammelns der Daten unterzogen. So steht uns heute ein bedeutendes Material kritisch gesichtet zur Verfügung. Freilich bringt es die Ausbreitung der Weincultur mit sich, dass die Gebiete, auf welche jenes Material Bezug hat, wenig ausgedehnt sind. Die uns erreichbaren Register beschränken sich auf einige Stationen im südwestlichen Deutschland und in der Schweiz, sowie auf eine grosse Reihe von Stationen in Frankreich.

Als im Jahre 1880 in Frankreich die phänologischen Beobachtungen allgemein eingeführt und organisiert wurden, da machte es sich das französische meteorologische Centralbureau zur Pflicht, alle älteren einschlägigen Beobachtungen zu sammeln. Gleichsam von selbst ergab sich als erste Aufgabe, die vorhandenen Daten über den Termin der Weinernte zusammenzustellen. Zu diesem Zweck wurde den meteorologischen Commissionen der Départements der Auftrag zu Theil, alle bezüglichen Aufzeichnungen aus den alten Chroniken und Archiven auszuziehen. Das eingesandte Material wurde sodann im Bureau von A. Angot einer eingehenden Bearbeitung unterzogen, deren Ergebnisse 1885 zur Veröffentlichung gelangten.[1]) Dieser Arbeit entnehmen wir nicht nur die Beobachtungsreihen von 19 französischen Stationen, die sich durch ihre Länge auszeichnen, sondern auch die Daten für Kürnbach in Baden und Stuttgart. Die französischen Reihen liegen bis 1879 gedruckt vor. Herr A. Angot hatte jedoch die große Freundlichkeit, mir noch die Beobachtungen des Jahres 1880 im Manuscript zur Verfügung zu stellen. Ich spreche ihm hierfür meinen verbindlichsten Dank aus. Für die Schweiz bot Ch. Dufour's treffliche Abhandlung[2]) vier lange Beobachtungsreihen dar, zu denen sich noch zwei von Angot publicierte gesellten. Außerdem verdanke ich der Zuvorkommenheit des Herrn Prof. Dr. F. A. Forel in Morges die Mittheilung der Reihe von Pully bei Lausanne und des Herrn R. Wehrli in Zürich die Mittheilung der Reihe von Altstetten.

Es stützen sich also die nachfolgenden Ergebnisse auf im Ganzen 29 Reihen. Ich hätte für Frankreich leicht aus Angot's Arbeit noch weitere 5—10 Stationen mit einer Beobachtungsdauer von 50—60 Jahren entlehnen können. Allein die benutzten Reihen gaben bereits so sichere und übereinstimmende Ergebnisse, dass ich von einer weiteren Häufung des Materials glaubte absehen zu dürfen.

Ehe wir in die Discussion der Tabellen eintreten, müssen wir suchen, uns über den Werth und die Bedeutung unserer Zahlen ein Urtheil zu

[1]) Annales du Bureau Central Météorologique de France. Année 1883, I. (Paris 1885) S. B. 29 bis B. 120.

[2]) Notes sur le problème de la variation du climat. Bull. de la Soc. Vaudoise des sc. naturelles X. Nr. 63 (1870) S. 359 ff.

bilden. Wir dürfen offenbar das Datum der Weinernte nur dann als ein zuverlässiges phänologisches Element zur Constatierung klimatologischer Schwankungen verwenden, wenn es sich zeigen lässt, dass die Eingriffe des Menschen nur untergeordnete Bedeutung besitzen und die Änderung der Weincultur im Laufe der Zeit die Homogenität der Reihen nicht erheblich beeinträchtigte.

Die Zahl der Einflüsse, denen außer den rein meteorologischen, der Beginn der Weinernte unterliegt, ist nun nicht gering. Diejenigen, die aus der Lage eines Ortes und der Terrainbeschaffenheit entspringen, kümmern uns hier nicht. Denn sie ändern sich wohl von Ort zu Ort, bleiben sich aber an ein und demselben Ort gleich und können daher nie die Homogenität einer Reihe stören. Es handelt sich für uns nur um solche Einflüsse, welche sich für denselben Ort im Laufe der Zeit änderten.

Die Zeit der Fruchtreife ist im hohen Grade abhängig vom Alter der Reben; junge Reben bedürfen einer längeren Zeit, um ihre Trauben zur Reife zu bringen, als alte Reben. Doch dürfte dieser Umstand für uns eine Bedeutung nicht besitzen, da die jungen Reben unter normalen Verhältnissen bei weitem in der Minderzahl sind und sich daher in der Regel wohl die Lese der jungen Trauben nach derjenigen der älteren richten wird, nicht aber umgekehrt. Freilich wenn Krankheiten wie die Phylloxera stellenweise die völlige Ausrottung der vorhandenen alten Reben erfordern, die dann alle durch junge Reben ersetzt werden, so kann dieser Umstand die Homogenität einer Reihe wohl unterbrechen.

Die Zeit der Fruchtreife ist ferner bei den verschiedenen Traubensorten eine ganz verschiedene. De Gasparin theilt in seinem Lehrbuch der Agricultur nach Odart alle Weinsorten nach der zu ihrer Fruchtreife erforderlichen Wärmemenge in sieben Classen.[1] Er findet, dass die letztere ausgedrückt nach der früher üblichen Methode durch die Summe der Temperaturen des Schwarzkugelthermometers für die verschiedenen Classen beträgt:

I.	Classe	2264° C	Tafeltrauben
II.	»	3400	Mittel 3480° C
III.	»	3564	
IV.	»	4133	Mittel 4250° C
V.	»	4238	
VI.	»	4392	
VII.	»	5000	

Da die I. und VII. dieser Classen für die Weincultur in den uns beschäftigenden Gegenden eine Bedeutung nicht haben und die übrigen Classen sich um die Werthe 3480° und 4250° gruppieren, ohne erheblich von denselben abzuweichen, so schlägt Angot vor, überhaupt nur zwei Gruppen zu unterscheiden.[1] In der That ist dies für phänologisch-klimatologische Untersuchungen durchaus ausreichend.

Die Differenz der Temperatursummen, welche für die Fruchtreife der beiden Gruppen erforderlich sind, ist eine recht bedeutende und in Folge dessen auch das Datum der Weinernte ein sehr verschiedenes, je nachdem an ein und demselben Ort Reben der einen oder der anderen Art gezogen werden. Die Einführung neuer Rebensorten würde also unter Umständen in einem Gebiet das Datum der Weinernte erheblich verschieben können. Im Norden ist dieses jedoch wenig zu befürchten. In der Breite von Paris gelangen überhaupt nur Trauben mit geringerem

[1] Angot a. a. O. S. B. 34.

Wärmebedürfnis zur Reife und die Einführung anspruchsvollerer Sorten ist einfach unmöglich. Anders im Süden! Hier können naturgemäß die Sorten größeren und geringeren Wärmebedürfnisses neben einander gedeihen. Allein gleichwohl zieht man vorwiegend Sorten der ersteren Art, um Boden und Klima nach Möglichkeit auszunutzen. Es hat sich ein gewisses Gleichgewicht herausgebildet: jedes Gebiet cultiviert gerade diejenigen Sorten, die in seinem Klima am besten gedeihen können.

Wie conservativ aus diesen Gründen die Weinbauern einer Gegend sind, bezeugt Angot[1]). Columellus[2]) beschreibt die verschiedenen Traubensorten Galliens; man erkennt unter anderen Arten deutlich in seiner Schilderung auch die Pinot-Traube, die noch heute in Burgund den Hauptertrag liefert. Für den Zeitraum, für welchen exacte schriftliche Aufzeichnungen über die Weincultur in Burgund vorliegen, d. h. seit dem Jahre 1330 für die Gegend von Beaune und seit 1430 für die Gegend von Dijon, lässt sich mit Sicherheit behaupten, dass die Weincultur sich nicht erheblich verschoben hat: dieselbe Sorte wird gebaut, dieselben Lagen geben den besten Wein heute wie früher. Seit Gregor von Tours, also seit dem VI. Jahrhundert, haben immer dieselben Hügel die schweren Burgunder Weine geliefert. Und das ist natürlich; denn verpflanzt man eine Rebensorte an einen Ort mit wenn auch nur wenig abweichenden klimatischen Bedingungen, so verliert die Traube ihre charakteristischen Eigenschaften und der gekelterte Wein seine Blume. Es ist nach allem nicht wahrscheinlich, dass eine Änderung der Rebensorten in einer Weingegend im großen Maßstab stattfand und uns heute die Homogenität der Reihen unterbricht.

Auch die Behandlung der Reben ist von erheblichem Einfluss auf den Termin der Fruchtreife und damit den Beginn der Lese.[3]) Da kommt in Betracht die Entfernung, in welcher man die einzelnen Reben von einander setzt. Je dichter sie stehen, desto mehr Schatten herrscht im Weinberg, der Boden ist feucht und die Fruchtreife wird verzögert. Es ist ferner nicht gleichgiltig, ob man den Weinberg düngt oder nicht.[4]) Das Schwefeln, das oft gegen gewisse Krankheiten der Reben angewandt wird, beschleunigt die Reife erheblich. Marés schildert[5]) einen Fall aus der Gegend von Launac, Departement Hérault, wo in einem Weinberg in den Jahren 1838 bis 1854 die Lese im Mittel am 19. September stattfand, 1855 bis 1872 dagegen, als man die Reben regelmäßig schwefelte, schon am 5. September. Umgekehrt hat das Räuchern den Effect, die Reife zu verzögern.

Außer diesen störenden, aus der verschiedenen Behandlung der Reben entspringenden Einflüssen kommen noch die Erwägungen in Betracht, die oft den Weinbauer veranlassen, vor der vollkommenen Reife mit der Lese zu beginnen, so die Furcht vor Felddieben. Dann haben, wie Angot hervorhebt,[6]) die Engroskäufer ein Interesse daran, dass die Trauben vor der vollkommenen Reife gepflückt werden, da Wein aus nicht ganz reifen Trauben sich besser hält und weniger leicht erkrankt.

---

[1]) Angot a. a. O. S. B. 34.
[2]) Angot a. a. O. S. B. 83.
[3]) Angot a. a. O. S. B. 34.
[4]) Dufour in Bull. Soc. Vaud. des sc. nat. X. S. 396.
[5]) Ladray: Cours de Viticulture et d'Oenologie, t. I. S. 594. (Citat nach Angot).
[6]) Angot a. a. O. S. B. 35.

Auch die Witterung kann unter Umständen Veranlassung zum Beginn der Ernte vor Eintritt der vollkommenen Reife geben. So ist man in den östlichen und nördlichen Weingegenden Frankreichs häufig durch das Eintreten von Kälte zu einer verfrühten Lese gezwungen, wenn man nicht den gesammten Ertrag auf's Spiel setzen will [1]). Es kommen selbst Jahre vor, in denen überhaupt kein Wein geerntet wurde, wie in Verdun 1816, 1821 und 1830.

Endlich üben nicht den kleinsten Einfluss auf die Festsetzung der Weinlese der Geschmack und die Sitte aus, die immer und überall Wandlungen erfahren haben, welche sich naturgemäß in unseren Reihen wiederspiegeln müssen. Da sie sich jedoch in jedem Fall sehr allmählich vollziehen, so dürften sie für unsere Zwecke, bei denen es sich um Feststellung von Schwankungen relativ kurzer Dauer handelt, ohne jede Bedeutung sein.

So ist denn die Zahl der Fehlerquellen zahlreich genug, die wir zu umgehen haben, sollen unsere Resultate auf sicherer Basis ruhen. Wir müssen unsere Reihen mit Sorgfalt auf ihre Homogenität prüfen und Brüche in denselben aufzudecken suchen. Da kommt es uns sehr zustatten, dass von allen Factoren, welche den Termin der Weinernte beeinflussen, einzig und allein die meteorologischen eine allgemeine Verbreitung über weite Gebiete zu besitzen pflegen. Um das störende Eingreifen anderer Factoren zu entdecken, braucht man sonach nur die Reihen benachbarter Gebiete mit einander in Bezug auf die Änderung des Datums der Weinernte von Jahr zu Jahr zu vergleichen. Es ist wieder die Methode der Differenzen, welche gestattet, das brauchbare Material von dem unbrauchbaren zu scheiden. In dieser Weise wurde die Unbrauchbarkeit der Reihen von Perpignan, Pierrefeu bei Toulon, Montmorency und Châtillon-sur-Saône erwiesen.

Nachdem ich das Material gesichtet hatte, verdichtete ich dasselbe zu Lustrenmitteln, die in der nachfolgenden Tabelle zusammengestellt sind Ein Punkt hinter dem Lustrenmittel bedeutet, dass dasselbe nicht vollständig ist.

Die Berechnung der Lustrenmittel geschah in einfacher Weise. Angot gibt überall in seinen Tabellen den Termin der Weinernte durch ein Datum des September an, so dass zum Beispiel 30 den 30. September bedeutet, 31 den 1. October, 45 den 15. October, —2 den 29. August etc. Ich brauchte also nur die Lustrenmittel der von ihm publicierten Zahlen zu bilden, um den mittleren Termin der Weinernte, ausgedrückt durch ein Datum des September, zu erhalten.

Diese Lustrenmittel werden hier alle nur in ganzen Tagen gegeben. Die Stationen sind nach Ländern geordnet und innerhalb der letzteren nach ihrer geographischen Breite.

Ich schicke über die einzelnen Stationen nachfolgende Bemerkungen voraus.

Frankreich:

Verdun fehlt 1803 (1816, 21 und 30 überhaupt kein Wein geerntet, weil die Trauben nicht zur Reife kamen; die betreffenden Lustren sind eingeklammert und bei der Markierung des Minimums nicht berücksichtigt). Argenteuil f. 1751, 1803; Foug f. 1796, 1804—09, 38, 40, 41, 53; Loches f. 1804, 09; Denainvilliers und Boësses (die Zahlen beziehen sich zwischen 1741 und 1780 auf den ersteren Ort, seit 1781 auf den letzteren; Boësses liegt nur 15 Kilometer östlich von Denainvilliers, so dass beide Reihen recht

[1]) Angot a. a. O. S. B. 113.

wohl vereinigt werden dürfen) f. 1740, 60, 74, 75, 92, 96; Auxerre f. 1799; Vendôme f. 1800; Vesoul f. 1815; Dijon (längste Reihe, die Beobachtungen beginnen bereits mit dem Jahre 1366, sind jedoch bis 1390 so unvollständig, dass sie für unsere Zwecke unbrauchbar erscheinen) f. 1391, 95, 96, 1404, 06, 38, 46, 47, 60, 62, 92, 1513, 21, 24, 26, 29, 31, 41—44, 62, 71. 1650, 1720, 94—95, 1814; Salins f. 1563—65, 67, 73, 75, 81, 86, 95, 96, 1605, 10, 15, 18, 19, 29, 34, 35, 53, 56, 57, 73, 74, 1709, 10, 41 (in den Jahren 1794, 1809 und 1813 wurde überhaupt kein Wein geerntet: die betreffenden Lastrenmittel sind aus vier Jahren gebildet und eingeklammert): Lons-le-Saulnier f. 1669, 74, 81, 84, 88, 89, 91, 94—99, 1702, 03, 06, 14, 15, 17—20, 25—27, 30, 31, 37—40, 42, 77, 79, 91, 95, 1803; Pichon-Longueville (in der Landschaft Médoc) f. 1751, 53, 60, 1793—1800; Médoc (die Reihe wurde als für die gesammte Landschaft Médoc giltig von der Handelskammer von Bordeaux 1882 veröffentlicht, vgl. Angot a. a. O. S. B. 11); Tain f. 1879; Castres f. 1801, 02, 10.

Südwest-Deutschland und Schweiz:

Stuttgart f. 1768, 1814, 15, 16; Kürnbach f. 1613, 17, 19, 25, 33, 38—40, 42, 51, 53, 58—60, 63, 73, 74, 78, 89; Altstetten f. 1611, 12, 16, 17, 32, 39, 41, 43, 46—48, 51, 53, 54, 58, 62, 68, 76, 77, 79, 83, 84, 88, 89, 92, 95, 96, 98, 1709, 15, 33 keine Ernte, 98—99, 1815, 18, 89, 90. Um den Genfer-See herum die Ortschaften, von Nordost nach Südwest geordnet: Veytaux f. 1741, 43, 46, 48, 57, 58, 63, 65, 67—69, 72, 77, 79, 1800, 02; Vevey f. 1800; Lausanne f. 1500, 01, 08, 16, 24, 25, 27, 32, 34—48, 56, 67, 69, 81, 82, 84, 85, 87, 89, 92, 93, 1596—1603, 05—16, 18, 21—28, 30—32, 34—55, 57, 63—66, 64—74, 76, 79, 80, 82—86, 1720, 21; Pully f. 1889, 90; Lavaux f. 1581, 84, 91, 1617—23, 25, 28, 49, 51, 1753, 61—66, 1837, 50, 53, 54, 57, 59, 60; Aubonne f. 1550, 58, 63, 64, 78, 86—90, 92, 99, 1602, 04, 07, 15, 19, 37, 46, 50, 59, 64, 78, 84—86, 88, 92, 94, 95, 97, 99, 1704, 05, 07, 08, 10, 14, 18, 20, 22, 1857; Rolle f. 1800—02, 05, 19, 27, 29, 30, 38, 54.

Um die Übersicht über die Schwankungen des Termins der Weinernte zu erleichtern und die Vereinigung der Beobachtungen mehrerer Stationen zu einem Gruppenmittel zu ermöglichen, wurden die einzelnen Lastrenmittel nicht direct wiedergegeben, sondern auf das 65jährige Mittel 1816 bis 1880 bezogen. Ich wählte dazu wieder Correctionen; die Zahlen der Tabelle geben also an, welche Correction an das beobachtete Lastrenmittel anzubringen ist, um das 65jährige Mittel zu erhalten. Es hat das den Vortheil, dass ein Minuszeichen auf eine zu tiefe, ein Pluszeichen auf eine zu hohe Temperatur weist; denn ein Pluszeichen bedeutet, dass die Weinernte zu früh stattfand, ein Minuszeichen zu spät.

Um die in den Lastrenmitteln der einzelnen Stationen noch nicht vollkommen ausgemerzten Zufälligkeiten zu eliminieren, bildete ich für den Zeitraum 1701—1885 Gruppenmittel, und zwar die folgenden:

1. Nördliches Frankreich: Verdun, Argenteuil, Foug, Loches, Les Riceys, Couvignon, Dennivilliers, Auxerre und Vendôme. 9 Stationen.

2. Südliches Frankreich: Vesoul, Dijon, Beaune, Volnay, Salins, Lons-le-Saulniers, Pichon-Longueville, Médoc, Tain und Castres. 10 Stationen.

3. Südwest-Deutschland und Schweiz: Stuttgart, Kürnbach, Altstetten, Veytaux, Vevey, Lausanne, Pully, Lavaux, Aubonne u. Rolle. 10 Stat.

Außerdem wurde aus den Beobachtungen aller Stationen von Anbeginn an ein einziges Gruppenmittel gebildet.

Alle Gruppenmittel sind sowohl nicht ausgeglichen als auch nach der mehrfach benutzten Methode ausgeglichen mitgetheilt.

Säculare Schwankungen des Termines der Weinernte,

dargestellt durch Correctionen zur Reduction der Lustrenmittel auf das Mittel 1816/80.

(— = Weinernte zu spät, + = zu früh.)

I. Nach einzelnen Stationen.

Mittel	Dijon. Côte-d'Or roh	Dijon. Côte-d'Or ausgegl.	Mittel	Nicht ausgeglichen. Dijon Côte-d'Or	Salins Jura	Lausanne Waadt	Lavaux Waadt	Aubonne Waadt
1816—80	29	29	1816—80	22	43	41	44	44
1391—95	0.	2.7	1496—00	—1	—	7.	—	—
96—00	8.	7.0	1501—05	2	—	10.	-	
1401—05	12.	8.0	06—10	3	—	7.	—	
06—10	0*.	3.2*	11—15	—6*	—	1*	—	-
11—15	1	3.5	16—20	0		5.	-	
16—20	12	10.0	21—25	22.	—	7.	—	
21—25	15	12.0	26—30	1.	4	—2.		
26—30	6	10.2	31—35	—1.	6	—	—	—
31—35	14	7.0	36—40	4	15		—	—
36—40	—6.	2.0	41—45	—	4	—	—	—
41—45	6	0.0	46—50	—2	—	—	—	—
46—50	—6*.	—2.5*	51—55	1	—	10	—	—2
51—55	—4	—2.5	56—60	8	—	11.	—	10.
56—60	4.	1.8	61—65	—5*.	0.	8		0.
61—65	3.	2.5	66—70	1	—6.	—1*.	-	—5*
66—70	0	3.0	71—75	0.	13.	6	—	—2
71—75	9	4.5	76—80	—2	—	0	—	—6.
76—80	0*	2.5	81—85	2	1.	—	17.	3
81—85	1	0.8*	86—90	2	2.	9.	16	—
86—90	1	1.0	91—95	—2	—5.	—3.	2*.	—6.
91—95	1	1.5	96—00	—3*	—6*.	—	11	—7*.

Mittel	Dijon Côte-d'Or	Beaune Côte-d'Or	Volnay Côte-d'Or	Salins Jura	Lons-le-Saulnier Jura	Kurnbach Baden	Altstetten St. Gallen	Lausanne Waadt	Lavaux Waadt	Aubonne Waadt
1816—80	29	30	29	43	33	45[1]	51	41	44	44
1601—05	5	—	—	5.	-	—	—	—	16	8.
06—10	1	-		—4.		—		—	12	—1.
11—15	8			4.	—	0.	5.	-	13	4.
16—20	2		—	7.	—	5.	0*.	—1*.	—	2.
21—25	2	—	—	—	—	3.	10	-		0
26—30	—4*	—	—	—8*.	—	0	3*	—	20	—2*
31—35	0		—	—3.	—	—4*.	7	-	12	—1
36—40	11		-	—	—	—	21	-	19	4.
41—45	4			2	-	0.	11		7	1
46—50	3.			3	-	1			2.	—6*.
51—55	7	—		2.	—	13.	—	—	4.	2
56—60	1	-	-	11.	—		12	10.	8	6.
61—65	7	—	—	6	—	6.	11	-	2	—2.
66—70	11	—	—	—	0	9	15	—	4	0
71—75	0*			—5*.	—16*.	0*.	2*	—	—8*	—11*
76—80	11			8	4	10.	—		4	—3
81—85	16		-	9	—3.	8	9.	-	0	—12.
86—90	7		—	4	—5.	7.	20.	—4	2	—10.
91—95	2	-	2	—3	—	3*	9.	—8	—9	—
96—00	—5*		10	—8*		7	7*.	—13*	—11	—20*.
1701—05	5	9	4	1	5	4	10	—10	—12	—18.
06—10	6	11	6	7.	—1.	7	15.	5	—8	—4
11—15	—2	3*	—2*	—3	—7*	7	7.	—12	—17*	—12.
16—20	9.	13	13	10	—	11	15	—8.	—15	16.
21—25	—2	6	7	0	1	4	10	—9.	—12	—16.
26—30	6	11	12	12		8	19	—6	6	—9
31—35	1	7	8	4	—5.	6	(10)	11	—13	15
36—40	3	2	3	4	—	8	11.	—10	—9	12

[1] Mittel nach Stuttgart reduciert auf 1766—1830.

Mittel	Verdun	Argenteuil Seine-et-Oise	Foug Meurthe-et-Moselle	Loches Aube	Les Riceys Aube	Couvignon Aube	Donnainvilliers Loiret	Auxerre Yonne	Vendôme Loire-et-Cher
1816—80	36	28	41	34	34	32	20	32	30
1741—45	—	—	—	—	—	—	—2*	—	—
46—50	—	—	—	—	—	—	1	—	—
51—55	—	—3.	—	—	—	—	2	—5	—
56—60	—	—2	—	—	—	—	4.	—1	—
61—65	—	2	—	—	—	—	5	1	—
66—70	—	—11*	—	—	—	—	—8*	—12*	—
71—75	—	—6	—	—	—	—	—5.	—4	—
76—80	—	—4	—	—	—	—	0	—5	—
81—85	—	0	—	—	—	—	Boësses	2	—
86—90		—1	—	—	—	—	2.	—6	—
91—95	—	—1	—	—	—	—	1.	0	—
96—00	—	—2	1.	—	—	—	—3	—2.	—
1801—05	—4.	2.	2.	—1.	—1.	—	—2	—3	0
06—10	—5*	4	—	3.	3.	2	1	—3	3
11—15	—2	—1	—3	0	0	3	—1	—10*	—1
16—20	—1.	—5*	—7*	—8*	—8*	—8*	—7*	—8	—5*
21—25	(4.)	0	0	1	1	1	3	—1	0
26—30	(0.)	2	4	1	1	0	—1	—2	2
31—35	0	5	1	—1	—1	4	3	1	3
36—40	—5	—2	5.	—2	—2	—2	—1	—2	—1
41—45	0	—1	1.	—1	—1	2	—1	—1	—3
46—50	—1	5	2	1	1	3	2	2	3
51—55	—8*	—3*	—5*.	—7*	—7*	—5*	—6*	—6*	—9*
56—60	—3	1	4	1	1	—1	4	3	4
61—65	9	6	5	6	6	5	7	6	9
66—70	7	4	10	10	10	6	4	8	3
71—75	3	—2	3	—1	—1*	—2	2	4	2
76—80	—3*.	—7*	1*	—6*	2	—7*	—5*	—3*	—7*

Mittel	Vesoul Haute-Saône	Dijon Côte-d'Or	Beaune Côte-d'Or	Volnay Côte-d'Or	Salins Jura	Lons-le-Saulnier Jura	Pichon-Longueville Gironde	Médoc Gironde	Tain Drôme	Castres Tarn
1816—80	24	29	30	29	43	33	23	23	28	28
1741—45	—	—5*	2*	2*	0*.	—2.	—	—	—	—
46—50	—	0	2	2*	5	—3	—	—	—	—
51—55	—	—3	3	3	3	—9*	—10*.	—	—	—
56—60	—	2	4	3	6	—2	—9.	—	—	—
61—65	—	1	9	9	7	—3	—3	—	—	—
66—70	—	—7*	—1*	—2*	—6*	12*	—11*	—	—	—
71—75	—	—1	4	4	0	—4	5	—	—	—
76—80	—	—1	5	1	8	—1.	—8	—	—	—
81—85	—	5	10	10	11	3	4	—	—	—
86—90	—	—2	2	1	3	—4	—3	—	—	—
91—95	—	1	6	6	(10.)	5.	—	—	—	—
96—00	—	—1	—3	—2	3	—3	—	—4	—	—2
1801—05	5	2	—4	—2	5	—3	2	4	—	0
06—10	7	—5	2	—2	(8.)	0	3	3	—2.	—7
11—15	2.	—1	—1	—1	3	—1	—16*	—2	—6*	—6
16—20	—7*	—11*	—7*	—8*	—2*	5*	—6	—8*	—4	—11*
21—25	4	—7	—1	—1	4	2	3	1	—2	0
26—30	1	—6	3	3	2	1	6	4	—2	—2
31—35	4	—3	1	1	2	5	7	5	0	—1
36—40	—2	4	—5*	—5*	—3	2	—2	—1	1	—6*
41—45	0	1	1	—1	(2.)	2	—5	—2	7	0
46—50	1	2	2	2	—1	4	2	1	—1	2
51—55	—8*	—3*	0	—3	—7*	—4*	—7*	—10*	—11*	—4
56—60	1	3	4	4	0	3	—1	—1	—2	1
61—65	8	9	9	7	6	8	4	5	11	7
66—70	7	8	8	8	5	6	10	9	11	8
71—75	0	1	6*	2	0	—9	2	3	7	3
76—80	—8*	—3*	2	—6*	—8*	—9*	—7*	—2*	—6*	0*

Mittel	Stuttgart Württemberg	Kürnbach Baden	Altstetten St. Gallen	Veytaux Waadt	Vevey Waadt	Lausanne Waadt	Pully près Lausanne Waadt	Lavaux Waadt	Aubonne Waadt	Rolle Waadt
1816—80	45 [1]	45 [2]	51	45	45	41	44	44	42	41
1741—45	—	4*	7*	—3*.	—	—16*	—	—13	—20*	—
46—50	—	8	15	5.	—	—9	—	—13	—16	—
51—55	—	4*	8	0	—	—14	—	—15*.	—18	—
56—60	—	7	11	8.	—	—9	—	—7	—13	—
61—65	—	8	10	14.	—	—6	—	0.	—12	—
66—70	—1*.	0*	2*	—	—	—14*	—	—18*.	—16*	—
71—75	3	3	6	1.	—	—8	—	—9	—12	—
76—80	2	3	10	1.	—	—2	—	0	—5	—
81—85	5	5	13	8	—	—3	—	1	—1	—
86—90	2	1	10	2	—	—5	—	—2	—9	—
91—95	4	4	5	10	—	7	—	7	3	—
96—00	9	2	—	8	—	—5	—	—2	—5	—
1801—05	—1	—1	2	3.	3	0	—	1	—9	—
06—10	—1	—	4	4	1	—1	—	—1	—7	—4
11—15	—4*.	—	—1	0	—5	—7	—	—6*	—10*	—6
16—20	—3.	—	—3	—3*	—9*	—11*.	—5*	—6	—10	—10*.
21—25	—3	—	1	1	0	—4	—4	2	—1	4
26—30	—2	—	—7*	2	1	—2	—2	0	0	—
31—35	—	—	3	1	1	—1	—1	—1	2.	2
36—40	—	—	—5*	—5	—4*	—3	—3	—3*.	—3	—1.
41—45	—	—	2	—2	—2	0	—6*	2	—4	—1
46—50	—	—	1	—1	3	4	4	3.	0	2
51—55	—	—	—3	—6*	—3	—5*	—5	—2.	—5*	—6*.
56—60	—	—	1	—4	1	0	0	—	—2.	3
61—65	—	—	5	5	7	9	8	6	9	8
66—70	—	—	4	—	4	—	5	—	—	6
71—75	—	—	5	—	4	—	3	—	—	4
76—80	—	—	—2	—	—4*.	—	0	—	—	—6*.
81—85	—	—	1	—	—	—	0	—	—	—
86—88	—	—	—8*	—	—	—	—2*	—	—	—

II. Gruppen-Mittel.

Nicht ausgeglichen (roh) und ausgeglichen.

	Gesammtmittel							
	roh	ausgegl.		roh	ausgegl.		roh	ausgegl.
1496—00	3.0	3.2	1566—70	—2.8*	—0.2*	1636—40	13.8	8.4
1501—05	6.0	5.0	71—75	4.2	0 7	41—45	4.2	5.4
06—10	5.0	3.4	76—80	—2.7	1 2	46—50	—0 6*	2.2*
11—15	—2.5*	0.6*	81—85	5.8	4.0	51—55	5.6	4.7
16—20	2.5	4.2	86—90	7.8	4.4	56—60	8.0	6.6
21—25	14.5	7.4	91—95	—2.8*	0.1*	61—65	5.0	6.1
26—30	—1 7	3.4	96—00	—1.2	0.9	66—70	6.5	3.2
31—35	2.5	3.2	1601—05	8.5	4.4	71—75	—5.4*	0.4*
36—40	9.5	4.4	06—10	2.0	4.0	76—80	5.7	3.8
41—45	—4*	0 1	11—15	3.5	2.8	81—85	4.0	4.1
46—50	—2	—1.2*	16—20	2.0	2.8	86—90	2 6	2.2
51—55	3.0	3.4	21—25	3.8	2.8	91—95	—0.6	—0.8
56—60	9.7	5.8	26—30	1.5*	2.2*	96—00	—4.5*	—2.7*
61—65	0.8	2.1	31—35	1 8	4.7			

[1] Mittel 1766—1830.

[2] Mittel nach Stuttgart reduciert auf 1766—1830.

	roh				ausgeglichen			
	Nord-Frankreich	Mittel-Frankreich	SW.-Deutschland und Schweiz	Gesammt-Mittel	Nord-Frankreich	Mittel-Frankreich	SW.-Deutschland und Schweiz	Gesammt-Mittel
1701—05	—	2.8	-5.2	-1.2	—	3.8	-3.1	-0.9
06—10	—	5.8	1.0	3.4	—	3.0	-2.2	0.4
11—15	—	-2.2	-5.4	-3.8	—	3.2	-3.1	-0.2
16—20	—	11.2	-2.6	3.6	—	5.6	-3.8	0.6
21—25	—	2.4	-4.6	-1.1	—	6.6	-2.6	1.6
26—30	—	10.3	1.2	5.2	—	6.5	-1.7	2.1
31—35	—	3.0	4.6	-0.8	—	4.4	-2.6	0.7
36—40	—	1.5	-2.4	0.7	—	1.4	-4.0	-1.5
41—45	-2.0*	-0.6	6.8*	-3.8*	-1.0*	0.4	4.4*	-2.1*
46—50	1.0	1.2	1.7	-0.2	0.5	-0.1	-4.0	-2.0
51—55	-2.0*	-2.2*	5.8	-3.6	-0.7	-0.6*	-3.4	-1.8
56—60	0.3	0.7	0.5	0.1	0.3	0.6	-1.1	-0.2
61—65	2.7	3.3	2.3	2.8	-1.2	0.2	-0.0	-0.5
66—70	-10.3*	-6.5*	-7.8	-7.8*	-5.7	2.5*	-3.9*	-3.7*
71—75	-5.0	-0.3	-2.3	-2.1	-5.8*	1.6	-2.8	-2.8
76—80	-3.0	0.7	1.3	0.9	-1.4	2.1	1.1	1.3
81—85	5.5	7.2	4.0	5.5	1.6	3.6	2.3	2.8
86—90	1.7	-0.5	0.1	-0.6	0.5	3.0	2.4	2.2
91—95	0.0	5.6	5.7	4.5	-0.8	2.2	2.6	1.8
96—00	-1.5	-1.7	-0.7	-1.3	-1.0	0.7	1.0	0.4
1801—05	-0.9	0.6	-0.3	-0.2	-0.6	0.6	-0.5	-0.4
06—10	1.0	3.0	-0.6	0.2	0.2	0.9	-1.6	-0.7
11—15	-1.7	-2.9	-4.9	-3.1	-2.2	-2.4	-4.3	-3.2
16—20	-6.3*	-6.9*	-6.7*	-6.6*	-3.3*	-4.1*	-4.7*	-4.0*
21—25	1.0	0.3	-0.4	0.3	-0.9	-1.6	-2.2	-1.6
26—30	0.8	-0.2	-1.2	-0.2	1.1	0.5	0.5	0.4
31—35	1.7	2.1	0.8	1.5	0.7	0.6	-0.8	0.2
36—40	-1.3	-1.7	-3.4	-2.1	-0.4	0.6	-1.8*	-0.9
41—45	-0.6	-0.9	-1.4	-0.9	-0.1	-0.5	-1.0	-0.5
46—50	2.0	1.4	2.0	1.8	-0.7	-1.0	-0.4	-0.7
51—55	-6.2*	-5.7*	-4.4*	-5.5*	-2.2*	-2.2*	-1.7*	-2.0*
56—60	1.6	1.2	-0.1	1.0	0.9	1.0	0.6	0.9
61—65	6.6	7.4	7.1	7.0	5.4	6.0	4.7	5.5
66—70	6.9	8.0	4.8	7.0	5.3	6.1	5.2	5.6
71—75	0.9	1.1	4.0	1.5	1.2	1.2	2.4	1.4
76—80	-3.9*	-5.5*	-3.0	-4.4	-2.3*	-3.3*	-0.4	-1.7
81—85	—	—	0.5	0.5	—	—	-1.8	-2.1
86—88	—	—	-5.0*	-5.0*	—	—	-3.2*	-3.2*

Treten wir in die Discussion unserer Tabelle ein.

Jede einzelne Reihe lehrt uns, dass der Termin der Weinernte nicht nur von Jahr zu Jahr, sondern auch von Lustrum zu Lustrum sich ändert. Diese Änderungen sind nun nicht etwa regellos; es zeigt sich vielmehr eine gewisse Gesetzmäßigkeit: eine Zeit lang, durch mehrere Lustren hindurch, verspätet sich die Lese immer mehr und mehr, um in den darauffolgenden Lustren wieder ebenso zu verfrühen. Es treten deutlich Perioden auf, in denen die Weinernte im Durchschnitt sehr spät stattfand, und solche, in denen dieselbe früh eingeheimst wurde.

Bemerkenswerth ist es, dass sich die Schwankungen des Termines der Weinernte an allen Stationen vom Norden Frankreichs bis in den Süden, vom Westen bis nach Württemberg und nach der Schweiz hinein durchaus parallel vollziehen.

Das Lustrum 1876/80 zeigt bei allen Stationen mit nur einer Ausnahme gegenüber den vorhergegangenen Lustren eine Verspätung der Ernte, ebenso das Lustrum 1851/55. Zwischen diese beiden »Minima« schaltet sich überall ein scharf ausgeprägtes »Maximum« ein, das bei der einen Hälfte der Stationen auf 1861/65, bei der anderen auf 1866/70 fällt.

Zu dieser Zeit fand die Lese im Durchschnitt etwa 1½—2 Wochen früher statt als 1851/55 und 1876/80. Ein analoges Maximum tritt um das Jahr 1830 auf; dasselbe fällt bei den einzelnen Stationen etwas verschieden: in fünf Fällen schon auf 1821/25, in vier Fällen auf 1826/30, in 13 Fällen auf 1831/35, in drei auf 1836/40. Die Jahre 1836 bis 1855 sind im Allgemeinen durch späte Ernten ausgezeichnet; doch tritt im zweiten Lustrum der 40er Jahre ein kleiner Rückgang des Datums der Lese zu Tage; derselbe gestaltet sich bei einigen Stationen bedeutender, so dass hier auf dieses Lustrum das absolute Maximum vor 1851/55 fällt. Das ist jedoch nur eine locale Erscheinung; denn sie verschwindet in den ausgeglichenen Gruppenmitteln ganz; es repräsentieren hier durchaus die Lustren 1826/30 und 1831/35 die Zeit der frühesten Lese. — Um das Jahr 1815 gruppierten sich wieder Minima, die an einer Station auf das Lustrum 1806/10, an sechs auf 1811/15, und an 20 auf 1816/20 entfallen. Gehen wir in das vorige Jahrhundert zurück, so sind hier die Lustren 1781 bis 1795 durch Maxima ausgezeichnet, 1766/70 durch ein Minimum an allen Stationen, 1756 bis 1765 durch ein Maximum, 1741/56 wieder durch ein ganz allgemein auftretendes Minimum, dem ein in seiner Lage nicht absolut scharf bestimmtes Maximum in den Jahren 1716 bis 1730 voranging. Das Minimum 1691—1700, das bei fünf Stationen der Schweiz und des benachbarten Frankreichs sehr bestimmt und scharf accentuiert auftritt, verschiebt sich an vier anderen Stationen auf das Lustrum 1711/15. Weiterhin werden die Schwankungen ungleichmäßiger. Doch treten immer noch einige Epochen ziemlich allgemein auf: Minima um 1671/75, 1626—35, 1591—1600, 1561—70; Maxima 1651—60, 1601/05, 1581/90 und 1556/60. Dijon, Salins, Lausanne sind die einzigen Stationen, deren Angaben über 1550 hinausgehen; für die Zeit vor 1495 liegen sogar nur die Beobachtungen von Dijon vor. Aus diesen Reihen scheint hervorzugehen, dass die Lustren 1521/25, 1501/10, 1471/75 und 1421/25 Träger von Maxima, die Lustren 1541/50, 1511/15, 1496/1500 oder 1476/80, 1446/50 und 1406/10 Träger von Minima sind. Doch müssen die Schwankungen vor 1550 wegen der geringen Zahl der Stationen noch als durchaus unsicher bezeichnet werden.

Diese deutlich ausgesprochenen Oscillationen sind sowohl Angot als auch Dufour entgangen, obwohl beide die von ihnen mitgetheilten Reihen auf klimatische Schwankungen hin untersuchten. Die Zahl der Jahre, die sie zu Mitteln zusammenfassten, war eine zu große. Indem sie von 10 zu 10 oder gar von 25 zu 25 Jahren fortschritten, konnten sie nicht wohl Schwankungen nachweisen, deren Dauer nur 30 bis 40 Jahre betrug. Wohl aber stießen sie auf Schwankungen des Termines der Weinernte, die sich im Laufe von Jahrhunderten vollzogen. So fanden in Aubonne die Ernten im Mittel der Jahre 1550 bis 1670 um den 13. October statt, etwa um dieselbe Zeit auch in den Jahren nach 1780. Von 1670 bis 1780 wurde dagegen im Mittel mehrere Tage nach dem 20. October geerntet. Analoge und parallele Schwankungen von sehr langer Dauer weisen Lausanne und Veytaux auf. Auch die Reihen von Salins und von Dijon zeigen solche Schwankungen, die aber weder unter sich noch mit den Schwankungen in der Schweiz übereinzustimmen scheinen. Es schließt daher Angot[1]), dass man es hier wohl nicht mit dem Ausdruck klimatischer Schwankungen, sondern vielmehr mit Änderungen zu thun habe, die sich auf die Willkür des Menschen zurückführen, sei es auf eine Veränderung des Geschmackes oder eine

[1]) Angot a. a. O. S. B 83.

solche der Behandlungsweise der Reben. Wie weit dieser Schluss gerechtfertigt ist, werden wir an anderer Stelle zu erörtern haben.

Unsere Schwankungen von kürzerer Dauer haben vor jenen langen Schwankungen die Allgemeinheit ihres Auftretens voraus. In ihnen spiegeln sich die Klimaschwankungen wieder, die wir bereits so vielfach constatieren konnten.

Angot hat sich im letzten Theil seiner Abhandlung eingehend mit der Frage beschäftigt, welche der meteorologischen Factoren in erster Reihe den Termin der Weinernte bestimmen. Um dieses für Frankreich festzustellen, benutzte er die Jahre 1811, 1822, 1834, 1846, 1865 und 1868, die durch einen sehr frühen Termin der Weinernte ausgezeichnet waren, und die Jahre 1816, 1821 und 1879 mit sehr stark verspäteten Ernten und stellte für diese Jahre die Abweichungen der Temperatur und des Regenfalls vom Normalwerth während der Vegetationsperiode der Rebe auf Grund der Beobachtungen in Paris zusammen. Seine Resultate sind im nachfolgenden kurz zusammengefasst.

Abweichungen vom Normalwerth zu Paris:

	Temperatur April bis August	Temperatursumme	Datum der Weinernte
Frühe Lese	+ 1·39° C	+ 212° C	17 Tage zu früh
Späte Lese	— 1·52	— 233	20 Tage zu spät

Es ist also die negative Temperaturabweichung der Vegetationsperiode, welche die Verspätung der Lese veranlasst, während die Verfrühung Hand in Hand mit einer positiven Temperaturabweichung geht. Der Regenfall zeigt dagegen in den kritischen Jahren nur geringe Abweichungen vom Normalwerth.

Dieses Resultat gibt uns bereits eine Handhabe, um aus jenen Schwankungen des Termines der Weinernte auf klimatische Schwankungen zu schließen. Ohne Zweifel haben Schwankungen der Mitteltemperatur der Vegetationsperiode der Rebe jene Schwankungen des Datums der Weinernte hervorgerufen. Mittelwerthe der Temperatur für die Monate April bis September stehen mir nicht zur Verfügung, um diese Behauptung durch einen strengen Beweis zu erhärten. Jene Mitteltemperaturen sind nun aber auch in den Jahresmitteln enthalten, deren Schwankungen wir bereits oben untersucht haben. In der folgenden Tabelle ist deswegen der Vergleich der Schwankungen des Termines der Weinernte mit den Schwankungen der Jahrestemperatur im westlichen Mitteleuropa (siehe oben Seite 255) und des Regenfalls in Süddeutschland und Frankreich (Mittel der Reihen Süddeutschland, nördliches, südwestliches und mittleres Frankreich) durchgeführt.

Die Übereinstimmung im Gang der drei Elemente: Datum der Weinernte, Temperatur und Regenfall ist im laufenden Jahrhundert eine ganz vortreffliche: abgesehen von geringen Verschiebungen der Epochen fallen die Schwankungen zeitlich derart zusammen, dass einer frühen Weinernte hohe Temperatur und geringer Regenfall entspricht, einer späten Weinernte dagegen niedrige Temperatur und starker Regenfall.[1]) Auch für das vorige Jahrhundert ist die Übereinstimmung zwischen Temperatur und Weinernte durchaus befriedigend, während der Regenfall sich 1766—1790 etwas abweichend verhält: das Minimum des Regenfalles 1766/70, sowie das Maximum 1786/90 stimmen nicht.

[1]) Vgl. die Tafel am Schluss.

Säculare Schwankungen des Termins der Weinernte, verglichen mit den Schwankungen der Temperatur und des Regenfalls.

Lustrum	Weinernte Tage	Temperatur °C.	Regenfall %	Lustrum	Weinernte Tage	Temperatur °C.	Regenfall %
1731–35	–0.8	—	7	1806–10	0.2	.07	7
36–40	–0.7	—	14	11–15	–3.1	–.39*	6
41–45	–3.8*	—	–3	16–20	–6.6*	–.36	–3
46–50	–0.2	—	4	21–25	0.3	.52	–7
51–55	–3.6	—	–12*	26–30	–0.2	.23	–1
56–60	0.1	–.52	5	31–35	1.5	.35	–8*
61–65	2.8	–.53	0	36–40	–2.1	–.30	2
66–70	–7.8*	–.98*	–13*	41–45	–0.9	.09	8
71–75	–2.1	.00	—	46–50	1.8	.05	0
76–80	0.9	.36	–5	51–55	–5.5*	–.31*	2
81–85	5.5	–.10	–5	56–60	1.0	–.09	–1
86–90	–0.6	–.09	7	61–65	7.0	.36	–14*
91–95	4.5	.48	0	66–70	7.0	.31	1
96–00	–1.8	.14	–4*	71–75	1.5	–.14	0
1801–05	–0.2	.04	2	76–80	–4.4*	—	14

Ich möchte darauf kein großes Gewicht legen. Nehmen wir nämlich statt der wenig zuverlässigen Regenbeobachtungen die Schwankungen der Alpengletscher, des Neusiedler-Sees und des Kaspischen Meeres, so zeigt es sich, dass auch im fraglichen Zeitraume die Schwankung des Termines der Weinernte von einer entsprechenden des Regenfalles begleitet worden sein muss. Dieses Parallelgehen der Schwankungen des Datums der Weinernte mit den Schwankungen der Temperatur ist für den Zeitraum 1756 bis 1875, im Ganzen also für 120 Jahre constatiert, mit denen des Regenfalles für den Zeitraum 1731 bis 1880, also für 150 Jahre.

Die Parallelität ist eine so weitgehende, dass man die eine Curve durch die andere ersetzen kann. Die Schwankungen des Termins der Weinernte markieren durchaus ebenso gut die von uns nachgewiesenen Klimaschwankungen wie Temperatur und Regenfall. Diese Erkenntnis ist für uns von höchster Bedeutung; denn offenbar dürfen wir die Curve des Datums der Weinernte jetzt auch in jenen weitentlegenen Zeiträumen als Repräsentanten der Curve der Klimaschwankungen betrachten, für welche uns Temperatur- und Regenbeobachtungen nicht zur Verfügung stehen. Wir können unsere Klimaschwankungen, dank den zahlreichen langen Registern über das Datum der Weinernte in den Weingegenden Frankreichs und der Schweiz, bis zum Jahre 1400 zurückverfolgen.

Für die noch weiter zurückliegenden Zeiträume bietet sich uns ein etwas anders geartetes und nicht in dem Maße exactes Material dar, das jedoch trotzdem brauchbare Resultate liefert — die Aufzeichnungen über kalte Winter.

III. Säculare Schwankungen der Häufigkeit kalter Winter.

Über die Periodicität strenger Winter ist viel geschrieben worden;[1]) meist klammerte man sich dabei mehr oder minder an das einzelne Jahr. Ich glaube nicht, dass sich auf diesem Wege ein irgend sicheres Resultat wird gewinnen lassen; denn die Winterkälte hängt von so zahlreichen Factoren ab, dass man dem »Zufall« beim Zustandekommen derselben gerade in einem bestimmten Jahr einen sehr großen

[1]) Vgl. oben S. 36 f.

Einfluss zuschreiben muss. Aus einem strengen Winter auf eine Kälteperiode in dem Sinne zu schließen, wie wir es aus Temperatur- und Eisbeobachtungen eben thaten, ist gänzlich unstatthaft. Etwas anderes ist es, wenn man sich von dem einzelnen Jahr emancipiert und nach einer Periodicität der Häufigkeit der strengen Winter fragt. Ich habe in dieser Weise an der Hand des Verzeichnisses strenger Winter von Pilgram die Häufigkeit derselben auf ihre Schwankungen hin untersucht; Pilgram's Abhandlung lag mir nicht im Original vor, sondern in einem handschriftlichen Auszug, den ich der Freundlichkeit des Herrn Professor Dr. W. Köppen verdanke. Ich zählte in diesem Verzeichnis von fünf zu fünf Jahren fortschreitend die strengen Winter in je 20 Jahren, also beispielsweise im Zeitraum 1741—60, 1746—65, 1751—70, 1756—75 etc., und schrieb die so erhaltenen Häufigkeitszahlen zu dem mittleren Jahr des betreffenden Zeitraums, also 1750, 1755, 1760, 1765 etc. Ich erhielt in dieser Weise die nachfolgende Tabelle. Dieselbe gilt für das mittlere Europa, da die Beobachtungen sich nur auf dieses beziehen.

Säkulare Schwankungen der Häufigkeit strenger Winter.

Die Zahlen geben die Anzahl strenger Winter unter 20 Wintern an.

800	2	970	1	1140	5	1310	8*	1480	4	1650	9*
05	3*	75	2	45	6	15	7	85	4*	55	8
10	2	80	2	50	7*	20	5	90	4	60	9*
15	2	85	4	55	7*	25	5	95	4	65	8
20	2	90	5*	60	5	30	4	1500	3	70	4
25	2	95	4	65	5	35	5	05	5	75	4
30	2	1000	4	70	5	40	5	10	5*	80	2
35	1	05	3	75	3	45	4	15	5*	85	6
40	1	10	3	80	4*	50	4	20	5	90	7
45	0	15	3	85	3	55	5	25	3	95	6
50	2	20	3	90	1	60	5*	30	3	1700	8*
55	3	25	1	95	2	65	5	35	3	05	4
60	3	30	0	1200	4	70	4	40	4*	10	4
65	4*	35	1	05	6	75	2	45	4*	15	4
70	3	40	3	10	7*	80	3	50	3	20	4
75	3	45	3	15	7*	85	5	55	5	25	5
80	3	50	5*	20	6	90	6*	60	5	30	4
85	3	55	4	25	5	95	5	65	5	35	5*
90	2	60	4	30	5	1400	6	70	6*	40	4
95	1	65	5	35	4	05	4	75	4	45	4
900	1	70	6*	40	4	10	3	80	6	50	3
05	1	75	6*	45	3	15	4	85	6	55	2
10	1	80	4	50	4*	20	3	90	5	60	4
15	1	85	3	55	3	25	7	95	6	65	4
20	3	90	2	60	3	30	7	1600	7	70	5
25	2	95	3	65	1	35	9*	05	8	75	8*
30	2	1100	4	70	4	40	8	10	9	80	—
35	4*	05	5	75	6	45	4	15	10*	85	—
40	2	10	6	80	7*	50	4	20	8	90	—
45	2	15	7	85	7*	55	1	25	6	95	—
50	2	20	8*	90	6	60	1	30	5		
55	0	25	8	95	6	65	2	35	3		
60	0	30	5	1300	6	70	2	40	4		
65	1	35	5	05	6	75	3	45	5		

Soweit zurück wir die Schwankungen der Häufigkeit strenger Winter mit den Schwankungen der Temperatur oder der Eisverhältnisse der Flüsse vergleichen können, soweit stimmen dieselben ganz gut überein; die Minima der Temperatur um 1770, 1740, 1660 und 1615—20, wie die Maxima um 1755, 1720—30 und 1680 werden auch hier bezeugt.

Die Lage anderer Epochen stimmt dagegen etwas weniger gut. Das Kältemaximum zu Anfang des 18. Jahrhunderts fällt dort auf 1700, hier auf 1711—20, ein anderes auf 1615 und 1621—25, ein drittes um 1525 ist in der Häufigkeit der strengen Winter nur angedeutet, an der Düna aber scharf ausgesprochen. Die Epochen um 1570 und 1560 coincidieren dann wieder in wünschenswerther Weise.

Vergleicht man dann auch die Schwankungen des Termins der Weinernte mit denjenigen der Häufigkeit kalter Winter, wie das unten in der Tabelle Seite 271 geschehen ist, so findet man auch eine befriedigende Übereinstimmung; ich muss gestehen, dass ich eine solche nicht in dem Grade erwartet hatte. Die Grenzen der kalten und warmen Perioden sind allerdings vielfach um fünf oder auch um zehn Jahre hier und dort gegeneinander verschoben; z. B. war nach dem Termin der Weinernte kalt der Zeitraum 1436—55, nach der Häufigkeit kalter Winter dagegen 1425—55. Aber doch deckt sich der größere Theil der gleichnamigen Perioden, sodass von den 385 Jahren, für welche sowohl Beobachtungen über die Häufigkeit kalter Winter als auch solche über den Termin der Weinernte vorliegen, nicht weniger als 260 Jahre oder 68 Procent übereinstimmend als zu einer Kälte- oder Wärmeperiode gehörig angegeben werden und nur bei 125 Jahren die Angaben auseinandergehen. Nur einmal weichen die durch beide Reihen indicierten Schwankungen stark von einander ab: zwischen 1591 und 1690 fallen nach dem Termin der Weinernte vier Schwankungen, dagegen nach der Häufigkeit der kalten Winter nur zwei.

Nach dem Datum der Weinernte		Nach der Häufigkeit kalter Winter	berichtigt	
kalt	1591—00	kalt 1590—25	kalt	1591—00
warm	1601—10		warm	1601—10
kalt	1611—35		kalt	1611—35
warm	1636—45	1626—45	warm	1636—45
kalt	1646—50	kalt 1645—65	kalt	1646—65
warm	1651—65			
kalt	1666—75			
warm	1676—90	1665—85	warm	1666—85 bezw. 90.

Um zu entscheiden, was das richtigere ist, vergleichen wir für diesen Zeitraum die einzelnen nicht ausgeglichenen Lustrenmittel (Tabelle S. 263 und S. 268) mit einander. Da zeigt es sich, dass die in den Zahlen für den Termin der Weinernte sehr scharf ausgesprochene Wärmeperiode 1601—10 auch in der Statistik der kalten Winter schwach angedeutet ist: 1595 8, 1600 7, 1605 8. Ich möchte daher in diesem Fall auf das Datum der Weinernte das Hauptgewicht legen. Anders steht es mit der Kälteperiode 1666—75, die aus dem Datum der Weinernte hervorzugehen scheint, jedoch in der ausgeglichenen Reihe nur 10 Jahre umfasst, in der nicht ausgeglichenen aber auf das eine Lustrum 1671—75 beschränkt ist: 1656—60 8.0, 1661—65 5.0, 1666—70 6.5, 1671—75 —5.4, 1676—80 5.7, 1681—85 4.0. Lassen wir das fragliche Lustrum fort, so ist die Kälteperiode verschwunden. Die Zahlen für die Häufigkeit kalter Winter dürften daher die maßgebenden sein. Es gestalten sich in Folge dessen die Schwankungen im kritischen Zeitraum in der oben unter der Überschrift »berichtigt« angegebenen Weise.

Bei der großen Übereinstimmung der Schwankungen der Häufigkeit kalter Winter mit denen des Datums der Weinernte zwischen 1390 und 1775 kann kein Zweifel darüber bestehen, dass die ersteren uns die Klimaschwankungen richtig zeichnen. Dies dürfte etwa bis zum

Jahre 1000 gelten. Weiter zurück nimmt die Zahl der Notierungen kalter Winter so rasch ab, dazu wird das Intervall zwischen je zwei Kältemaxima oder zwei Wärmemaxima ein so großes, dass die Zahlen mir sehr verdächtig erscheinen. Ich möchte die dort angedeuteten Schwankungen für zufällige halten und schließe sie daher von der Betrachtung aus.

IV. Die mittlere Periodenlänge der Klimaschwankungen.

Die meteorologischen Beobachtungen gestatteten uns erst etwa von 1730 an die Klimaschwankungen zu verfolgen. Allein die $4\frac{1}{2}$ Oscillationen, die sich seit jenem Jahr vollzogen, sind zu gering an Zahl, um mit ihrer Hilfe die mittlere Periodenlänge genügend genau zu bestimmen. Nachdem wir nunmehr ein weit größeres Material gesammelt haben, bestehend einerseits in Beobachtungen über die Eisverhältnisse der Flüsse von 1556 bis 1885 und über das Datum der Weinernte von 1391 bis 1888, andererseits in Angaben über die Häufigkeit strenger Winter von 1000 bis 1775, so können wir mit weit mehr Aussicht auf Erfolg an jene Aufgabe herantreten. Zu diesem Zweck habe ich die beistehende Tabelle entworfen. Sie gibt auf Grund der ausgeglichenen Reihe aus den Beobachtungen über den Termin der Weinernte, ferner auf Grund der Statistik der kalten Winter und der Eisverhältnisse der Flüsse die Ausdehnung der warmen und der kalten Zeiträume an. Um Willkür bei der Trennung der letzteren möglichst zu vermeiden, verfolgte ich im Zeitraum vor 1750 durchweg das Princip, dass ich die Grenze dort legte, wo die Zahlen einen Werth gleich dem arithmetischen Mittel aus dem benachbarten Maximum und Minimum erreichten. Für die Festlegung der Grenzen nach 1750 berücksichtigte ich in unbestimmten Fällen auch die Temperaturbeobachtungen. Beigefügt habe ich noch die Daten über die Schwankungen der abflusslosen Seen und der Gletscher aus Capitel III.

Die Tabelle umfasst die Jahre 1020 bis 1890 (genauer 1888). Innerhalb dieses Zeitraumes von 870 Jahren zählen wir 25 Kälteperioden und 25 Wärmeperioden, also 25 volle Schwankungen. Wir finden daher die mittlere Länge einer Schwankung zu 34.8 Jahren, also etwas kleiner als wir sie bisher annahmen (36 Jahre).

Um über die Bedeutung dieser Zahl Aufschluss zu erhalten, berechnete ich die Zahlen der beiden letzten Columnen der Tabelle S. 271, welche die Länge der einzelnen Schwankungen angeben, und zwar einerseits nach dem Termin der Weinernte, andererseits nach der Häufigkeit der kalten Winter. Ich fand dieselbe, indem ich die Dauer je einer kalten und einer benachbarten warmen Periode addierte, also die Summen der Jahre der Wärmeperiode 1020—40 und der Kälteperiode 1040—55 (20 + 15 = 35), ferner der Kälteperiode 1040—55 und der Wärmeperiode 1055—65 (15 + 10 = 25) etc. bildete.

Die Grenzen, innerhalb deren die Länge der Perioden sich bewegt, sind 20 Jahre einerseits und 50 Jahre andererseits. Am häufigsten sind jedoch die dem gefundenen mittleren Werth 34.8 zunächst kommenden Werthe. Über die Häufigkeit der verschiedenen Periodenlängen gibt nachfolgende Zusammenstellung Auskunft:

Periodenlänge:	20	25	30	35	40	45	50 Jahre
Häufigkeit:	6	10	12	13	12	8	4 Fälle

Es hat also jener Mittelwerth 34.8 Jahre eine reelle Bedeutung. Auch in anderer Weise kann man sich hiervon überzeugen. Bilden wir

Säkulare Schwankungen des Klimas

	dargestellt durch die Schwankungen					Dauer d. Perioden	
	der Weinernte	der Häufigkeit kalter Winter	der Eisverhältnisse der Flüsse	der Seen	der Gletscher	nach dem Term. der Weinernte	nach der Häufigk. kalter Winter
warm	—	1020—40	—	—	—	—	—
kalt	—	40—55	—	—	—	—	35
warm	—	55—65	—	—	—	—	25
kalt	—	65—80	—	—	—	—	25
warm	—	80—05	—	—	—	—	40
kalt	—	1105—30	—	—	—	—	50
warm	—	30—45	—	—	—	—	40
kalt	—	45—65	—	—	—	—	35
warm	—	65—75	—	—	—	—	30
kalt	—	75—90	—	—	—	—	25
warm	—	90—00	—	—	—	—	25
kalt	—	1200—30	—	—	—	—	40
warm	—	30—45	—	—	—	—	45
kalt	—	45—55	—	—	—	—	25
warm	—	55—70	—	—	—	—	25
kalt	—	70—90	—	—	—	—	35
warm	—	90—10	—	—	—	—	40
kalt	—	1310—25	—	—	—	—	35
warm	—	25—50	—	—	—	—	40
kalt	—	50—70	—	—	—	—	45
warm		70—85	—	—	—	—	35
kalt	1391—15	85—05		—	—	—	35
warm	1416—35	1405—25	—	—	—	45	40
kalt	36—55	25—55	—	—	—	40	50
warm	56—80	55—75	—	—	—	45	50
kalt	81—95	75—95	—	—	—	40	40
warm	96—10	95—05	—	—		30	30
kalt	1511—15	1505—20		—	—	20	25
warm	16—40	20—35		—		30	30
kalt	41—50	35—45		—	—	35	25
warm	51—60	45—55	—	—	—	20	20
kalt	61—80	55—70	1556—65	—	—	30	25
warm	81—90	70—90	66—85	—	—	30	35
kalt	1591—00		86—00	1600[1]	1595—10	20	
warm	1601—10		1601—20	—	—	20	
kalt	11—35		21—25	38[2]	—	35	
warm	36—45		—	56[3]	—	35	
kalt	45—65		1651—67	74[4]	Zunahme	30	
warm	65—90 bz. 85		—	83[5]	1677—81 und	40	
kalt	1691—05	1685—05	1702—20	1707—14[6]	1710—16	30	40
warm	1706—35	1705—30	21—35	um 1720	—	45	45
kalt	36—59	30—50	36—50	um 40	—	50	45
warm	56—65	50—65	51—70	um 60	50—67	30	35
kalt	66—75	65—75	71—90	um 80	60—86	20	25
warm	76—05	—	91—05	um 1800	um 1800	40	—
kalt	1806—20	—	1806—20	um 20	1800—15	45	—
warm	21—35	—	21—30	um 35	15—30	30	—
kalt	36—55	—	31—60	um 50	30—45	35	—
warm	56—75	—	warm	um 65	45—75	30	—
kalt	76—90	—	1861—80	um 80	75—90	35	—

[1]) Fuciner und Trasimener See.
[2]) Kaspisches Meer, doch nur hoher Stand, verglichen mit dem Stand 1715/20.
[3]) Fuciner See.
[4]) Neusiedler See.
[5]) Fuciner See.
[6]) Zirknitzer See, Kaspisches Meer.

nämlich Mittelwerthe aus je fünf aufeinander folgenden Schwankungen, so erhalten wir:

für den Zeitraum	1020—1190	34 Jahre
» » »	1190—1370	36 »
» » »	1370—1545	35 »
» »	1546—1715[1])	34
» »	1715—1890	35 »

Man erhält also nahezu die gleiche Länge der Periode, einerlei, welchen Zeitraum man wählt.

Unter solchen Umständen sind wir berechtigt, den wahrscheinlichen Fehler der Zahlen festzustellen. Wir finden denselben nach der Fechner'schen Formel für die mittlere Periodenlänge von 34.8 Jahre aus der mittleren Abweichung ± 7.0 zu ± 0.7 Jahren. Der wahrscheinliche Fehler der einzelnen Periodenlänge ist ± 5.9 Jahre. Aus der letzteren Zahl lässt sich berechnen, dass 544 Kälte- und Wärmeperioden oder mit anderen Worten 272 vollständige Klimaschwankungen nöthig sind, um die mittlere Periodenlänge aus Lustrenmitteln auf einen Monat genau zu bestimmen; es wären das rund 9500 Beobachtungsjahre. Gleichwohl ist unser Resultat schon heute ein durchaus befriedigendes, beträgt doch der wahrscheinliche Fehler desselben nur zwei Procent der Periodenlänge.

Zunächst gilt dieser Nachweis nur für Mitteleuropa, da sich die Beobachtungen über das Datum der Weinernte und über die Häufigkeit kalter Winter nur auf dieses Gebiet beziehen. Allein wir dürfen uns nicht verhehlen, dass derselbe indirect eine universale Bedeutung für die gesammte Erdoberfläche besitzt. Die meteorologischen Beobachtungen thaten dar, dass dieselben Schwankungen des Klimas, die in diesem Jahrhundert den Boden Mitteleuropas betrafen, auch im Innern Asiens, in Nordamerika, in Australien etc., kurz, mit geringen Ausnahmen auf allen Landstrichen der Erde gleichzeitig auftraten. Es ist nicht wahrscheinlich, dass diese Gleichzeitigkeit etwa nur eine zufällige ist und nur eine Eigenthümlichkeit des Jahrhunderts; weit mehr berechtigt ist der Schluss, dass wir es hier mit einer gesetzmäßigen Gleichzeitigkeit zu thun haben. Sonach markierten uns die in einem Lande beobachteten Schwankungen die Klimaschwankungen der ganzen Erde; jene Schwankungen des Termins der Weinernte und der Häufigkeit kalter Winter, die sich in Mitteleuropa bis zum Jahre 1000 zurückverfolgen ließen, sind nur der Ausdruck der allgemeinen Klimaschwankungen der Erde seit jenem Jahr, die sich in einer Periode von 34.8 ± 0.7 Jahren vollziehen.

Wir sind am Schluss unserer Ausführungen über die Klimaschwankungen angelangt. Wir haben konstatiert, dass dieselben ihrem Wesen nach in Schwankungen der Temperatur, des Luftdrucks und des Regenfalls bestehen und zuletzt gelang uns an der Hand von Beobachtungen, die sich fast über neun Jahrhunderte erstreckten, die Feststellung ihrer Periodenlänge. Sind nun diese Klimaschwankungen so erheblich in ihrem Betrag, dass ihnen eine praktische Bedeutung zukommt? Zu zeigen, dass dieses in hohem Maße der Fall ist, sei die Aufgabe des nächsten Capitels.

[1]) Die Grenze 1715 scheint nach den Eisverhältnissen der Flüsse und den Schwankungen der Seen wie der Gletscher richtiger als 1705, auf welche Zahl das Datum der Weinernte wie die Häufigkeit kalter Winter hinweisen.

NEUNTES CAPITEL.

Die Bedeutung der Klimaschwankungen für Theorie und Praxis.

Einfluss der Klimaschwankungen auf die Dimensionen der Gletscher; ferner auf die Dimensionen und Abflussverhältnisse der Seen, auf die Häufigkeit der Überschwemmungen und auf den Wasserstand der Flüsse. Hierdurch sowie durch die wechselnde Dauer der Eisdecke Beeinflussung des Verkehrslebens. Beziehungen der Klimaschwankungen zur Landwirthschaft, erläutert durch eine Tabelle der Wein- und Weizenerträge. Voraussicht einer großen ökonomischen Krise in den trockenen Gebieten am Großen Salzsee. Einfluss auf die Typhushäufigkeit, erläutert an mehreren Tabellen. Einfluss auf den Wasserstand des Oceans an seinen Küsten und der relativ abgeschlossenen Meerestheile durch Vermittelung der Wasserführung der Flüsse: Ostseeküste und französische Canalküste (Tabelle). Erklärung mancher angeblicher Verschiebung der Strandlinie durch die Klimaschwankungen (Paschen, Bouquet de la Grye). Sueß geht zu weit. Bedeutung der Klimaschwankungen für die Mittelbildung in der Klimatologie, erläutert an drei Stationen. Prognosen auf Grund der Klimaschwankungen. Verzeichnis von Gelehrten, welche die Klimaschwankungen ahnten: Hann, Schweinfurth, Dove, Zimmermann, Plantamour, Lorenzoni, Kluge, Hagen, Marié Davy, Jevons, J. A. Brown, vielleicht auch Fritz. Erster zielbewusster Nachweis durch Sonklar, aber nur für die Alpen. Die Allgemeinheit und Bedeutung der Klimaschwankungen bisher nicht erkannt. Die Geschichte der Frage nach der Änderung des Klimas spiegelt die Klimaschwankungen wieder.

Es kann nicht meine Absicht sein, hier in allen Einzelnheiten die Bedeutung der von uns constatierten Klimaschwankungen für die mannigfachsten Fragen der Praxis und der Wissenschaft zu schildern. Nur eine kurze Skizze glaube ich nicht unterdrücken zu dürfen. Dabei will ich mich möglichst wenig mit allgemeinen Schilderungen aufhalten, sondern nach Kräften jenen Einfluss quantitativ festzustellen suchen.

In wie hohem Maße die Gletscher unter diesem Einfluss stehen, ist bekannt, sind es doch gerade ihre Oscillationen, welche zuerst auf das Vorhandensein unserer Klimaschwankungen aufmerksam machten. Nur ein Beispiel, um zu belegen, wie gewaltig diese Schwankungen sind. Sonklar maß das Gletscherareal der Hohen Tauern auf Grund von Aufnahmen, welche kurz vor und unmittelbar nach einem Maximalstand der Gletscher ausgeführt worden waren, und fand dasselbe zu 422 *qkm*. Ich wiederholte seine Messung auf der neuen österreichischen Specialkarte, die Anfang der Siebziger Jahre aufgenommen wurde, also in einer Zeit, nachdem die Gletscher bereits fast zwei Jahrzehnte im Rückgang gewesen waren. Das gefundene Areal von 363 *qkm* war um

14 Procent kleiner als das von Sonklar bestimmte.[1]) Da der Rückzug der Gletscher in den Ostalpen noch bis zum Ende der Achtziger Jahre sich weiter vollzog, so dürfte der Betrag desselben kaum überschätzt sein, wenn wir ihn auf rund 20 Procent der von Sonklar angegebenen Fläche veranschlagen. Um so viel etwa schwankt entsprechend unseren Klimaschwankungen die Größe des vergletscherten Areals der Hohen Tauern. Richter hat auf Grund der Beobachtungen an acht Gletschern der Ostalpen berechnet, dass in der letzten Periode des Schwindens durchschnittlich auf dem Quadratmeter Eisfläche 6.17 *cbm* Eis abgeschmolzen sind.[2]) Das macht für die gesammten Ostalpen 9 *cbkm* und für die gesammten Alpen an 25 *cbkm*, also einen Eiswürfel von rund 3 *km* Länge und Breite und ebensoviel Höhe. Es entspricht an Volumen derselbe einer über die Alpen ausgebreiteten Eisschicht von 15 *cm* Mächtigkeit; um 15 *cm* hat in den letzten 20—30 Jahren die mittlere Höhe der Alpen abgenommen.

Unsere Klimaschwankungen können auch in anderer Beziehung das geographische Bild eines Landes zeitweise stark modificieren. Besonders in trockenen Gebieten, die an sich schon wenig Wasser besitzen, ändern sich die hydrographischen Verhältnisse ganz gewaltig, indem sie den Schwankungen des Regenfalls folgen. Eine Landkarte, aufgenommen in einer Trockenperiode, wird oft ein ganz anderes Bild darbieten, als eine andere, die in einer feuchten Periode entworfen wurde. Seen verschwinden in den Trockenperioden, um in den feuchten wieder aufzutreten, wie z. B. der Lake George in Neu-Süd-Wales, der um 1820 und 1876, in geringerem Maße auch um 1850, ein stattlicher See von 20—30 *km* Länge,[3]) 10 *km* Breite und 5—8 *m* Tiefe war, in den dazwischen liegenden Trockenzeiten aber völlig vom Erdboden verschwand, sodass sich Gras in seinem Becken ansiedelte. Ebenso trocknet der benachbarte Lake Cowal und der Lake Bathurst in der Trockenperiode vollkommen aus, um in der folgenden feuchten wieder zu erscheinen. Die Bedeutung dieser Thatsache wird uns in ihrem vollen Umfange klar, wenn wir uns vergegenwärtigen, dass der Lake George wie der Lake Cowal bei hohem Wasserstande an Fläche etwa dem Züricher See gleichkommen. Ähnlich verhält sich der Hamun-Sumpfsee in Persien, wenn er auch nicht ganz verschwindet. Gewaltig sind auch die Schwankungen des Großen Salzsees, nahm doch dessen Fläche vom letzten Minimum in den Fünfziger Jahren zum Maximum in den Siebzigern um volle 17 Procent zu, oder diejenigen des Fuciner Sees, dessen Fläche sich von 1816 bis 1835 um 19.2 Procent verkleinerte. Relativ geringere, aber absolut sehr viel bedeutendere Größenänderungen erlebte das Kaspische Meer. Als dasselbe von 1809—14 bis Anfang der Vierziger Jahre um 3 *m* fiel, nahm seine Fläche um etwa 3 Procent, d. h. um rund 13.000 *qkm* ab.[4])

---

[1]) Vgl. hierzu Brückner: Die Hohen Tauern und ihre Eisbedeckung. Zeitschrift des Deutschen und Österreichischen Alpenvereins, 1886. — Richter (Die Gletscher der Ostalpen. Handbücher zur Deutschen Länder- und Volkskunde. III. Bd. 1888) fand das Gletscherareal nach der gleichen Aufnahme zu 381 *qkm*, was einer Abnahme seit Sonklar's Zeit um nur 10 Procent entsprechen würde. Die Differenz gegen meine obige Zahl erklärt sich zum Theil wohl dadurch, dass ich auf der Specialkarte in 1 : 75000 maß, Richter dagegen auf den Originalaufnahmen in 1 : 25000.

[2]) Richter a. a. O. S. 297.

[3]) In meinem Vortrag (Verhandlungen des Berliner Geographen-Tages, Berlin 1890) ist die Länge durch einen Irrthum zu 18 *km* statt 18 miles beziffert.

[4]) Gefunden mit Hilfe der hypsographischen Curve. Über diese vgl. oben S. 93.

In anderer und nicht minder aufdringlicher Weise äußern sich die Klimaschwankungen an mehreren der innerafrikanischen Seen, die nach Sieger zu Zeiten, wie der Tsadsee, der Tanganyika und der Nyassa, so anschwellen, dass sie für ein Jahrzehnt einen Abfluss erhalten, dann aber für die Dauer der Trockenperiode wieder abflusslos werden; ebenso der Abistada-See in Afghanistan, vielleicht auch der Göktscha-See in Armenien. Das sind alles Änderungen, wie sie selbst auf der Karte eines Handatlas zur Darstellung kommen müssen.

Auch die fließenden Gewässer werden in Mitleidenschaft gezogen. Flüsse und Bäche versiegen für ein Jahrzehnt; Sümpfe trocknen aus, um in der nächsten feuchten Periode wieder zu erscheinen.

So der Atrek, der, wie G. Sievers erzählt, nach der Versicherung der Turkmenen seit einer Reihe von Jahren, von 1871 zurückgerechnet, bedeutend abgenommen hatte, und zur Sommerzeit seine Mündung nicht mehr erreichte [1]) u. s. f. In den regenreichen Perioden treten dann wieder verheerende Überschwemmungen auf, so in Australien und insbesondere in Neu-Süd-Wales, wo nach Jevons die Zahl der Überschwemmungen war:

Zeitraum	1799—1821	1822—1841	1842—58
Zahl der Überschwemmungen	14	4	10
Wahrscheinlichkeit derselben	0.61	0.20	0.59

Jevons spricht daher ausdrücklich davon, dass Zeiten, die reich an Überschwemmungen sind, mit solchen abwechseln, die arm an Wasser sind. [2]) Russell hat diesen Satz später mit Unrecht bekämpft und seine oben S. 36 geschilderte hypothetische 19jährige Periode an seine Stelle gesetzt. Besonders trockene Gebiete haben infolge der Klimaschwankungen unter solchen Extremen zu leiden. Allein auch regen- und wasserreiche Gegenden werden davon betroffen, wenn auch weniger empfindlich, da die Schwankungen des Regenfalls hier nicht so intensiv auftreten.

Durch Vermittelung der hydrographischen Phänomene berühren die Klimaschwankungen tief das menschliche Leben. Die Flussschifffahrt ist in hohem Grade abhängig von der im Strombett vorhandenen Wassermenge, da diese die Tiefe bestimmt. Letztere ist infolge dessen entsprechend den Klimaschwankungen bald größer, bald kleiner. Wenn in den Trockenzeiten um 1830 und um 1860 der Wasserspiegel im fünfjährigen Durchschnitt bei Seine, Donau, Rhein, Weser, Elbe, Oder und Weichsel um einen halben Meter und mehr tiefer stand, als in den Regenperioden um 1815, 1850 und 1880, so musste das die Flussschifffahrt stark beeinflussen, ist doch ein halber Meter Tiefe mehr oder weniger für dieselbe von höchster Bedeutung. In der That wuchsen in der kritischen Zeit die Hindernisse der Schifffahrt und gar bald entstand eine gewaltige Literatur über die Frage, was wohl die Ursache des Sinkens der Flusswasserstände sei, und meist wurde die zunehmende Entwaldung als solche gedeutet. Heute wissen wir es besser: es sind die Klimaschwankungen, welche den Wechsel von Perioden nach sich ziehen, die bald dem Verkehr günstig, bald ihm ungünstig sind.

In anderer Weise äußert sich der Einfluss der Schwankungen der Temperatur auf den Verkehr durch Vermittlung der Dauer der Eisdecke der Flüsse. [3]) Im Centrum der Kälteperiode, repräsentiert durch das

[1]) Sievers in Petermann's Mittheilungen 1873, S. 292.
[2]) Jevons in Waugh's Australian Almanach. 1859, S. 61—76.
[3]) Vgl. oben S. 254.

kälteste Lustrum, ist die Navigation im Durchschnitt mehrerer Schwankungen und vieler Stationen in Sibirien und im Ural 16 Tage, in Nord-Russland 20 Tage, in Südost-Russland 17 Tage, in den baltischen Provinzen 25 Tage, und gar in Süwest-Russland, einschließlich des Donau- und Weichsel-Gebiets, 32 Tage länger geschlossen als im Centrum einer Wärmeperiode, repräsentiert in gleicher Weise durch das würmste Lustrum. Selbst in den Mitteln für die kalten und warmen Zeiträume äußert sich dieser Einfluss deutlich. Es war zum Beispiel die jährliche Dauer der Navigations-Periode bei Kronstadt:[1]

	1814-21	1822-36	1837-56	1857-63	1864—83
Mittel (Tage)	200.5	231.7	204.5	223.4	205.0
Zahl der Jahre über normal[2]	—	11	7	5	7
Zahl der Jahre unter normal	8	4	13	2	13
Zahl der günst. Jahre in %	0	73	35	71	35

Es blieb also im Gesammtmittel der kalten Periode die Rhede von Kronstadt und damit der Hafen von St. Petersburg volle 3—4 Wochen länger gesperrt als im Mittel der warmen Periode; das ist aber $^1/_{10}$ bis $^1/_7$ der ganzen Navigationsperiode. Das bedeutet, dass in der kalten Periode die westlicher gelegenen Häfen mit kurzer Sperrzeit einen Theil des Verkehrs von Petersburg erhalten, der ihnen in der warmen Periode wieder entzogen wird. Freilich kommen derartige Unterschiede in der Dauer der Navigationsperiode auch von einem Jahr zum andern vor. Dann aber macht das folgende Jahr wieder gut, was das vorhergehende geschadet; nicht so bei den Klimaschwankungen, wo sich die Durchschnittswerthe geändert haben und die günstigen oder ungünstigen Verhältnisse sich im Mittel vieler Jahre hindurch erhalten. In den kalten Perioden sind nur etwa ein Drittel aller Jahre günstig, d. h. durch eine im Vergleiche zur normalen lange Navigationsperiode ausgezeichnet, dagegen zwei Drittel ungünstig; in der warmen aber zwei Drittel bis drei Viertel aller Jahre günstig und nur ein Drittel bis ein Viertel ungünstig. Ganz ähnliche Verhältnisse wie Kronstadt zeigt auch die Rhede von Helsingfors, die im warmen Lustrum 1831—35 etwa eine Woche früher eisfrei wurde als in den kalten Lustren 1836—55; ebenso die Rhede von Arensburg und von Pernau. Auch auf amerikanischem Boden tritt uns die gleiche Erscheinung entgegen. Es war die Schifffahrt auf dem Eriekanal im Staat New-York jährlich geschlossen: 1828—33 129 Tage, 1838—47 141 Tage, 1848—57 135 Tage.[3] So gehen denn Hand in Hand mit den Klimaschwankungen gewisse Schwankungen im Verkehrsleben, die nichts weniger als unbedeutend sind.

Ein anderes Gebiet, auf dem sich der Einfluss der Klimaschwankungen geltend macht, ist die Landwirthschaft. Dieser Einfluss ist jedoch nach der Örtlichkeit sehr verschieden. Dort, wo Überfluss an Feuchtigkeit herrscht und infolgedessen die feuchten Jahre die weniger ergiebigen sind, zeichnet sich die Trockenzeit unserer Klimaschwankungen durch reichlichere Erträge aus; in trockenen Klimaten dagegen, wo Dürre und Missernte Hand in Hand gehen, sind dieselben gerade in der Trockenperiode gering. Um dieses zu erhärten, stellte ich auf Grund

[1]) Berechnet nach Rykatschew: Auf- und Zugang der Gewässer in Russland. St. Petersburg 1886 (russisch). S. 291.

[2]) 208 Tage. Dieses Mittel wurde mit Ausschluss der abnormen Jahre 1823 und 1835 gefunden.

[3]) Zeitschr. f. Met. 1873, S. 335.

der von **Fritz** für die einzelnen Jahre mitgetheilten Daten [1]) die unten folgende Tabelle der Erträge zusammen.

Über die Bedeutung der Zahlen ist zu bemerken:

Die Weinerträge von Volnay, Aargau, Nassau, Württemberg und Frankreich verstehen sich in Hektolitern pro Hektar jährlich; für Preußen dagegen in Eimern (zu 68.7 *l*) pro preußischen Morgen (0.26 *ha*); für die Domäne Hochburg in Baden und für Hessen ebenfalls in Hektolitern pro Hektar, für den Staat Ohio dagegen in Gallonen pro Acre. [2]) Die Weizenerträge sind in Bushels pro Acre angegeben. [3])

Säkulare Schwankungen der Wein- und Weizenerträge.

Abweichungen vom Mittel.

	Weinerträge						Weizenerträge.
	Volnay, Aargau, Nassau, Württembg.	Frankr.	Preußen	Domäne Hochburg	Großherzogth. Hessen	Staat Ohio	Staat Ohio
Mittel	15	?	7	28	26	70	13.3
1821—25	—6	—	—1	12.	—	—	—
26—30	6	—	2	8	—	—	—
31—35	5	—	3	17.	—	—	—
36—40	3	—	—2	—6	—	—	—
41—45	—4	—	—3*	—15.*	—	—	—
46—50	3	—	2	0	—	—	—
51—55	—7*	—8*	—2	—14	—	—	—0.1
56—60	2	—2	1	—6	—	—	—0.8
61—65	—1	2	—	—	—	—	—2.6*
66—70	3	5	—	—	9	—4	—1.2
71—75	0	6	—	—	—5	—18	0.4
76—80	—7*	—3*	—	—	—8*	14	2.3
81—85	—1	—	—	—	2.	7	2.0

In den trockenen und warmen Jahren um 1830 herum treffen wir in Mitteleuropa durchweg abnorm große Weinerträge. Zwischen 1840 und 1855 sind sie sehr gering, um dann um 1860 herum zuzunehmen. Gegen 1880 tritt wieder ein deutliches Sinken ein. Umgekehrt ist es in Ohio; hier entspricht dem Maximum des Regenfalls 1876/80 ein Maximum des Weinertrags. Dass sich hier die Schwankungen der Erträge umgekehrt vollziehen, wie auf dem Boden Mitteleuropas, zeigt die Reihe der Weizenerträge besonders deutlich: die trockenen Sechziger Jahre mit ihren schlechten Ernten und die feuchten um 1880 mit ihren reichen Erträgen.

Auch in früheren Jahren bestand in Mitteleuropa dieser Zusammenhang. Es waren hier unergiebige Erntejahre die Zeiten von 1576—*90*, 1765—74, 1812—17; gute Erträge lieferten 1671—78, *1698*—1708, 1818—28 u. s. w. Die Getreidepreise Englands waren hoch, somit die Erträge wenigstens im Allgemeinen gering um 1648, 1700, 1810 und 1855; in Mitteleuropa um *1760*, 1817; in Süddeutschland und in der Schweiz um 1544, *1587*, 1710, *1795*, 1817, 1847 und 1855. Die Weinerträge waren in Mitteleuropa gut 1470, 1534, 1636, 1678, 1724, *1784*, *1854*; gering dagegen um 1440, 1485, *1605*, 1695, 1765, 1810, 1875; für Süddeutschland, die Ostschweiz, den Mittelrhein und die Mosel namentlich um 1482—93, 1595—*1610*, 1685—1700, *1755*—74 und *1795*

[1]) **Fritz**: Periodische Erscheinungen der Meteorologie und Kosmologie. Internationale wissenschaftliche Bibliothek, LXVIII. Band. Leipzig 1889.

[2]) **Fritz** a. a. O. S. 283—296; nur Frankreich nach **Angot** a. a. O. S. B. 33.

[3]) **Fritz** a. a. O. S. 303.

bis 1820.[1]) Vergleicht man diese Jahreszahlen mit den von uns S. 271 nach dem Verhalten der Häufigkeit kalter Winter und des Termins der Weinernte unterschiedenen Kälte- und Wärmeperioden, die ja zugleich Nässe- und Trockenperioden darstellen, so reihen sich alle gesetzmäßig in dieselben ein, ausgenommen die in der obigen Aufzählung cursiv gedruckten. Zählen wir diese Ausnahmen und ebenso die sich gesetzmäßig verhaltenden Jahre, der Einfachheit wegen ohne darauf Rücksicht zu nehmen, ob sie nur einzelne Jahre bezeichnen oder Perioden begrenzen, so sind es der letzteren 38, der Ausnahmen aber nur 11. Es lässt sich das in die Worte kleiden, dass in Mittel- und Westeuropa von allen Jahren mit besonders reichen Erträgen 77 Procent in die warmen Trockenperioden fallen und ebenso von allen schlechten Jahren 77 Procent in die feuchten Kälteperioden, was ganz mit unserem Ergebnis für die letzten 60 Jahre im Einklang steht.

In den trockenen Gebieten und ebenso auch im Allgemeinen in den Tropen ist Trockenheit den Ernteerträgen nachtheilig. So litt Mauritius in den Sechziger Jahren stark unter den eingetretenen Dürren, die man der umsichgreifenden Entwaldung zuschrieb, die jedoch mit der Zunahme des Regens nach 1865 und besonders nach 1870 wieder aussetzten.[2]) Sibirien litt gleichfalls um 1860 herum stark an Dürren und hatte infolgedessen eine Reihe von Missernten. In Neu-Süd-Wales entfielen nach Jevons[3]) auf die Jahre 1799—1821, also eine im Allgemeinen regenreiche Periode, nur drei hervorragende Dürren, auf die Trockenperiode 1822—1841 aber neun, auf die feuchte Zeit 1842—57 wieder nur drei. In den Provinzen Buenos Aires und Santa Fé am Parana herrschten, wie Darwin berichtet,[4]) 1827—30 entsetzliche Dürren, denen Millionen von Thieren zum Opfer fielen. 1791 und 1792 litten gleichzeitig Ostindien, Westindien und die Cap-Verden von Dürren. Beide Zeiträume fallen ins Centrum von zwei Trockenperioden. Von den bei Fritz[5]) für Ostindien, Neu-Süd-Wales, Nordamerika und Mauritius verzeichneten Dürren dieses Jahrhunderts ereigneten sich 60 Procent in unseren Trockenperioden, obwohl seit 1800 drei Regenperioden und nur zwei Trockenperioden verflossen sind.

In eigenthümlicher Weise beeinflussen die Klimaschwankungen die Fruchtbarkeit Ägyptens. Letztere hängt bekanntlich ausschließlich von der Nilfluth ab. Ein um wenige Centimeter höheres Anschwellen der letzteren bringt bereits ausgedehnten Ländereien, die für gewöhnlich unfruchtbar sind, Feuchtigkeit und Dünger und damit Ertragfähigkeit. Nach unserer Tabelle S. 128 stieg nun die Nilfluth 1846—50 im Durchschnitt jährlich 0.86 *m* höher als 1831—35 und 0.38 *m* höher als 1856 bis 1860, ebenso 1871—75 0.60 *m* höher als 1856—60. Solche Schwankungen sind für die Erträge der Ländereien von eminenter Bedeutung.

Geradezu verhängnisvoll dürften die Klimaschwankungen für die Zukunft der trockenen Gebiete des inneren Nordamerika werden, die sich um den Großen Salzsee herum gruppieren. Hier ist von Anfang der Sechziger bis zur Mitte der Siebziger Jahre der Große Salzsee um 3 *m* gestiegen; seine Zuflüsse füllten sich mit Wasser, das zur Berieselung

[1]) Nach Fritz a. a. O. S. 265 u. 387.
[2]) Vgl. Köppen in den Annalen der Hydrographie 1887, S. 290.
[3]) Jevons a. a. O.
[4]) Darwin's naturwissenschaftliche Reisen etc. Deutsch von Dieffenbach. 1844, B. I., S. 151, 153.
[5]) Fritz a. a. O. S. 331.

der neuangelegten Felder und Wiesen abgeleitet wurde.[1]) Wir sahen oben, dass die Ansicht meist dahin geht, die Ausbreitung des Culturlandes in den früher wüsten Gebieten habe den Regenfall erheblich vermehrt.

Dagegen möchte ich hervorheben, dass die Besserung des Klimas genau in jene Zeit fällt, in welcher mehr oder weniger die gesammten Landmassen der Erde, besonders aber die Continentalgebiete infolge der Klimaschwankungen eine Zunahme des Regenfalls erlebten. Dass sich andererseits in Amerika in früheren Zeiten analoge Änderungen des Klimas abspielten, bald in dem einen, bald wieder in dem anderen Sinn, ließ sich an den Beobachtungen des Regenfalls und der Flusswasserstände im benachbarten Mississippigebiet für das laufende Jahrhundert und an der Hand der Temperaturbeobachtungen sogar bis tief in das vorige Jahrhundert zurück constatieren. Es sind dieselben Schwankungen, die sich in Europa bis zum Jahre 1000 zurückverfolgen ließen, und diese große Zahl der nachgewiesenen Schwankungen zwingt uns zur Annahme, dass sie sich auch in Zukunft weiter vollziehen werden. Es scheint mir nach Allem in hohem Grade wahrscheinlich, dass auf die von Anfang der Sechziger Jahre an constatierte Verbesserung des Klimas am Salzsee nunmehr eine Verschlechterung folgen wird, deren Vorboten bereits in den letztvergangenen trockenen Jahren zu erkennen sein dürften, welche in der That auch ein Sinken des Großen Salzsees im Gefolge hatten: 1888 stand der See schon wieder so tief wie 1864.[2]) Sollte sich diese Vermuthung bewahrheiten, dann ist leider für jene Gebiete eine große ökonomische Krise in der allernächsten Zeit unvermeidlich; denn die Ländereien, welche von 1870—80 anbaufähig waren, würden dann gar bald infolge der Dürre einen Ertrag verweigern.[3]) Es dürfte sich dann hier zeigen, wie es sich in Ägypten und Sibirien gezeigt hat, dass entsprechend den Klimaschwankungen nicht nur die Erträge der Landwirthschaft, sondern sogar direct das Areal des anbaufähigen Landes in seiner Größe Schwankungen erleidet.

Nicht ohne Einfluss sind die Klimaschwankungen auf die Gesundheitsverhältnisse. Ich habe diese Frage allerdings nur nach einer Richtung hin untersucht, indem ich die Beziehungen zwischen den Klimaschwankungen und dem Auftreten des Typhus festzustellen strebte. Nicht direct wirken die Witterungsverhältnisse auf die Häufigkeit der Typhusfälle ein, sondern durch Vermittlung des Grundwassers. Wenn auch Pettenkofer's Grundwasser-Theorie noch immer viele Gegner findet, so dürfte sich wohl kaum jemand, der die Beweise eingehend prüft, derselben ganz verschließen können.

Der Grundwasserspiegel senkt und hebt sich parallel den Klimaschwankungen; er stand in den feuchten und kühlen Zeiten um 1850 und 1880 hoch, in den trockenen und warmen um 1830 und 1860 tief.

---

[1]) Vgl. hierzu Gilbert in Powell: Report upon arid Regions. Washington 1879. S. 55 ff.

[2]) Nach einer handschriftlichen Curve von Herrn G. K. Gilbert, die ich der Zuvorkommenheit des Herrn Dr. R. Sieger verdanke.

[3]) Diese Schlussfolgerung wurde von mir zum ersten Mal in einem öffentlichen Vortrag über das Thema: „Aendert sich unser Klima?“, gehalten am 31. März 1888 in der Aula der Universität Dorpat, ausgesprochen (vgl. das Referat in Nr. 68 der Neuen Dörptschen Zeitung).

Säculare Schwankungen des Grundwassers (m)

	1856-60	61-65	66-70	71-75	76-80	81-85
München	0,09*	0,27	0.42	0.27	0.75	0.35
Salzburg	—	2.97*	8,03	2.99	3.13	3,04

Penck war der erste, der die Vermuthung aussprach, es dürfte infolgedessen auch das Auftreten von Epidemien durch die Klimaschwankungen beeinflusst werden.[1] Mir gelang es, diesen Einfluss ziffernmäßig zuerst für Hamburg und dann auch für andere Gebiete nachzuweisen.[2] Leider liegen für diesen Nachweis keine Morbiditätszahlen vor, sondern nur Mortalitätszahlen. Diese aber können unter Umständen gefälschte Verhältnisse zeigen, insofern sie durch Änderungen in der Heilmethode beeinflusst sein können. Auch die Morbiditätszahlen sind freilich, besonders in den letzten Jahrzehnten, keine reine Function der Grundwasserschwankungen, da die Assanierung der Großstädte durch Kanalisation bedeutende Fortschritte gemacht hat. So kommt es, dass nur in Basel Schwankungen der Typhussterblichkeit zu constatieren sind, die den Klimaschwankungen genau entsprechen, an anderen Orten aber in der Regel vom Beginn der Beobachtungen an eine Minderung der Typhussterblichkeit beobachtet wird.

Ich gebe zunächst die Zahlen für Basel wieder und zwar ausgeglichen durch Bildung von Fünfjahrsmitteln.

Jährliche Typhussterblichkeit zu Basel auf 1000 Einwohner bezogen.
Fünfjahrsmittel.

1824	2.4.	1839	14.6	1854	11.9	1869	8.8
25	3.2.	40	15.1	55	12.5	70	6.3
26	3.0	41	17.6	56	18.1	71	5.4
27	3.1	42	17.2	57	20.0	72	5.5
28	11.4	43	14.6	58	23.2	73	5.8
29	12.6	44	13.8	59	23.2	74	5.4
30	13.6	45	13.8	60	24.7	75	6.1
31	16.4	46	12.1	61	19.6	76	6.1
32	17.8	47	11.6	62	17.8	77	5.3*
33	10.0	48	12.3	63	24.8	78	6.1
34	10.1	49	11.1	64	30.1	79	8.3
35	10.5	50	9.6	65	29.9	80	7.2
36	8.6	51	9.4	66	29.4	81	6.7
37	10.1	52	9.3	67	28.2	82	7.7.
38	12.9	53	9.1*	68	17.1	83	7.0.

In der ersten Hälfte der Zwanziger Jahre ist die Typhussterblichkeit klein (unter 10 pro 10.000 Einwohner), von 1828 an dagegen bis 1849 groß mit einem Maximum 1832 und mit einer Unterbrechung 1836, 1850—53 wieder klein, (Minimum 1853), 1854—68 sehr groß (Maximum 1864), um von 1869—83 wieder klein zu werden (Minimum 1877). Sehen wir von den ersten vier Jahren ab, deren Angaben nicht zuverlässig erscheinen,[3] und bilden wir Mittel für die von uns unterschiedenen

[1]) Penck in der Münchener Allgemeinen Zeitung Ende 1887 in einem Referat über Soyka, der Boden.

[2]) Vgl. für Hamburg Brückner: Grundwasser und Typhus. Mittheilungen der Geographischen Gesellschaft in Hamburg 1887—88, Heft III. Die übrigen Reihen wurden nach den von Reincke: Der Typhus in Hamburg. Hamburg, 1890, S. 68 gegebenen Zahlen berechnet.

[3]) So kleine Werthe kommen in späteren Jahren nie vor.

feuchten und trockenen Perioden, so haben wir: Trockenperiode 1825 bis 1840 11.4, Regenperiode 1841—55 12.0, Trockenperiode 1856—70 21.7, Regenperiode 1871—83 6.2. Die einzige erhebliche Abweichung betrifft die erste Hälfte der Vierziger Jahre, die regenreich sind, aber trotzdem eine erhebliche Typhussterblichkeit aufweisen.

Dass solche Schwankungen in anderen Städten nicht vorkommen, lehrt nachfolgende kleine Tabelle der Lustrenmittel, in welche zum Vergleich auch Basel aufgenommen ist.

Jährliche Typhussterblichkeit

in verschiedenen Städten, Gebieten und Truppentheilen, dargestellt durch Lustrenmittel, bezogen auf 1000 Einwohner.

	Hamburg	München	Würzburg	Augsburg	Frankf. a. M.	Berlin	Badisches Armeecorps	Baden	Chemnitz[1]	Basel
1821—25	9.7	—	—	—	—	—	—	—	—	—
26—30	13.6		—	—	—	—	13.	—	—	11.2
31—35	14.2		—	—	—	—	34	—	—	10.0
36—40	15.1	—	—	—	—	—	50	—	—	12.9
41—45	15.9	—	—	—	—	—	58	—	—	14.6
46—50	12.8	—	13.8	—	—	—	59	—	—	12.3
51—55	10.6	—	14.4	—	8.5	—	27	13.0.	6.2	9.1
56—60	8.4	24.0	11.6	—	8.8	10.0	16	10.5	8.0	23.2
61—65	7.7	18.7	13.2	11.6	5.0	9.6	13*	8.5	5.6	24.8
66—70	7.2	11.9	15.7	11.9	5.7	8.6	14.	7.5	3.2	17.1
71—75	5.6	15.6	6.9	6.6	6.8	10.1	—	6.9	4.5	5.8*
76—80	3.1	7.7	3.1	5.1	2.1	4.6	—	3.8*	1.6*	6.1
81—85	3.0*	1.7*	1.8*	1.5*	1.2*	2.6*	—	—	2.5	7.0.

Zwar tritt uns überall eine Minderung der Typhussterblichkeit von 1860 an entgegen; allein man muss dieselbe in der Hauptsache als eine Folge der zunehmenden Assanierung betrachten; denn alle Reihen haben die Tendenz gegen die Gegenwart immer mehr zu fallen. Doch darf man, wie ich glaube, einen Theil jener Besserung seit 1860 jedenfalls dem Steigen des Grundwassers zuschreiben. Ein Zeichen dafür ist mir der in dem relativ trockenen Lustrum 1871—75 in München, Frankfurt a. M., Berlin und Chemnitz zu beobachtende Rückgang, ferner die in Frankfurt a. M., Chemnitz und Basel im trockenen Lustrum 1856—60 zu bemerkende Verschlechterung im Vergleich zum vorhergehenden feuchten Lustrum. Auch die Zunahme der Typhusfrequenz von 1820 bis 1836 in Hamburg entspricht ganz der damals herrschenden Trockenperiode.

Modificieren wir die Fragestellung etwas und fragen wir nicht darnach, wie groß die Typhussterblichkeit in einem gegebenen Lustrum war, sondern stellen wir die Änderung gegen das vorhergegangene Lustrum fest, so tritt der Einfluss der Klimaschwankungen sofort klar hervor. Dieses ist in der nachfolgenden Tabelle geschehen. Die Zahlen geben an, um wie viel in einem bestimmten Lustrum die Typhussterblichkeit, bezogen auf 10000 Einwohner, im Vergleich zum vorhergehenden zugenommen (+) oder abgenommen (—) hat.

Es zeigt sich, dass mit ganz wenigen Ausnahmen die Trockenperioden um 1830 und um 1860 durch eine Verschlechterung oder doch durch einen fast vollständigen Stillstand in der allgemeinen Besserung der Typhusmortalität ausgezeichnet sind, die feuchten Perioden da-

[1]) Procente der Krankenhaus-Aufnahmen.

Aenderung der Typhussterblichkeit von Lustrum zu Lustrum.

	Hamburg	München	Würzburg	Augsburg	Frankfurt a. M.	Berlin	Badisches Armee-Corps	Baden	Chemnitz[1]	Basel	Mittel
1826—30	+3.9	—	—	—	—	—	—	—	—	—	+3.9
31—35	+0.6	—	—	—	—	—	+21	—	—	—1.2	—0.3
36—40	+0.9	—	—	—	—	—	+16	—	—	+2.9	+1.9
41—45	+0.8	—	—	—	—	—	+8	—	—	+1.7	+1.2
46—50	—3.1	—	—	—	—	—	+1	—	—	—2.3	—2.7*
51—55	—2.2	—	+0.6	—	—	—	—32*	—	—	—8.2*	—1.6
56—60	—2.2	—	—2.8	—	0.3	—	—11	—3.1	+1.8	+14.1	+1.4
61—65	—0.7	—5.3	+1.6	—	—3.8	—0.4	—3	—2.0	—2.4	+1.6	—1.4
66—70	—0.5	—6.8	+2.5	+0.3	+0.7	—1.0	+1	—1.0	—2.4	—7.7	—1.5
71—75	—1.6	—3.7	—8.8*	—5.3*	+1.1	+2.1	—	—0.6	+1.3	—11.3*	—2.9
76—80	—2.5*	—7.9*	—3.7	—1.5	—4.7*	—5.5*	—	—3.1*	—2.9*	+0.3	—3.6*
81—85	—0.1	—6.0	—1.3	—3.6	—0.9	—2.0	—	—	+0.9	+0.9	—1.5

gegen durch eine Beschleunigung der Besserung. Die letzte der Reihen, die als Mittel der übrigen[2]) gewonnen wurde, zeigt diese Schwankungen in der Besserung sehr deutlich und klar. Die Maxima der Besserung fallen genau auf die feuchten Lustren 1846—50 und 1876—80, die Minima auf die trockenen Lustren 1826—30 und 1856—60. Es ist dadurch wahrscheinlich gemacht, **dass die Klimaschwankungen die Morbiditäts-Verhältnisse des Typhus in deutlicher Weise beeinflussen.**

So paradox es auch im ersten Augenblick Manchem scheinen mag, so lässt es sich doch nicht leugnen, dass die Klimaschwankungen einen Einfluss auf das Niveau der Meere ausüben. **Mohn** hat in seinem classischen Werk über die Strömungen des Nordmeers gezeigt,[3]) wie zahlreich die Factoren sind, deren Ineinandergreifen den momentanen Stand des Meeresspiegels bedingt. Da ist der Luftdruck, dessen ungleichmäßige Vertheilung den Meeresspiegel deformiert, da ist der Salzgehalt des Meerwassers, welcher in der Nähe des Landes in hohem Grade von der Menge des zufließenden Süsswassers abhängt, da ist ferner der Wind, dessen Wirkung nicht unterschätzt, aber auch nicht überschätzt werden darf, und endlich noch die Temperatur, die im Verein mit dem Salzgehalt die Dichte des Wassers bestimmt.

Die Deformierungen, die durch die Combination dieser Einflüsse zu Stande kommen, sind sehr erheblich und erreichen auf **Mohn's** Karte 1 Meter. Von diesem Betrag entfällt auf den Einfluss der Dichtigkeit des Meerwassers im Maximum 0.7 *m* und auf denjenigen des Windes 0.8 *m*, auf denjenigen des Luftdrucks dagegen nur —0.07 *m*, d. h. der Luftdruck hebt einen kleinen Theil der Deformierung durch die anderen Factoren auf. Am tiefsten steht der Meeresspiegel in der Mitte zwischen Island und Spitzbergen wie Grönland und Norwegen, am höchsten bei Grönland und am Ausgang der Ostsee.

Alle die genannten Factoren folgen nun, wie wir theils wissen, theils a priori vermuthen müssen, den Klimaschwankungen. Entsprechende Schwankungen der Windverhältnisse und der Temperatur des Meerwassers nachzuweisen, ist allerdings heute unmöglich, da geeignete

¹) Procente der Krankenhaus-Aufnahmen.

²) Ohne Chemnitz.

³) **Mohn:** Nordhavets Dybter, Temperatur og Strominger. Christiania 1887. (VIII. Bd. vom Werk der Norske Nordhavets-Expedition 1876—78). Eine vorläufige Mittheilung, die jedoch in den quantitativen Resultaten von der definitiven zum Theile erheblich abweicht, erschien als Ergänzungsheft Nr. 79 zu **Petermann's** Mittheilungen. Gotha, 1885.

Beobachtungen fehlen. Schwankungen des Luftdrucks haben wir dagegen oben kennen gelernt und auch solche des Salzgehalts lassen sich wenigstens für die Ostsee darthun. Es war hier von 1869 bis 1873 der Salzgehalt ein hoher; er nahm dann ab und war im Centrum der Regenperiode, also 1878—81, auf der Höhe von Rügen um zwei pro mille, in der Nachbarschaft des kleinen Belts sogar fünf bis sechs pro mille kleiner als um 1870 herum. Dieses Verhalten scheint auf eine Minderung des Salzgehalts in der feuchten Periode und auf eine Mehrung desselben in der Trockenperiode hinzuweisen. Doch mahnt die Kürze der Beobachtungszeit umsomehr zur Vorsicht, als nach Karsten der Salzgehalt in der Ostsee hauptsächlich von Sturmfluthen aus Westen beeinflusst wird. Wie dem auch sei, jedenfalls können wir an verschiedenen Pegelstationen Schwankungen des Meeresspiegels nachweisen, deren Rhythmus identisch mit demjenigen der Klimaschwankungen ist, wie ich 1887 vor der Versammlung der Deutschen Meteorologischen Gesellschaft ausführte.[1]) Aus den von mir damals zusammengestellten Reihen von Pegelbeobachtungen will ich nur diejenige von Swinemünde hier wiedergeben, und zwar ausgeglichen und nicht ausgeglichen, und sie mit den Wasserstandsbeobachtungen an der Oder vergleichen. Außerdem füge ich noch die Lustrenmittel der Pegelbeobachtungen zu Brest, Cherbourg und Havre bei, die von Bouquet de la Grye bearbeitet wurden.[2])

Säkulare Schwankungen des Meeresspiegels in Abweichungen vom Mittel.

	Swinemünde mm		Oder, Neuglitzen m		roh		
	roh	ausgegl.	roh	ausgegl.	Havre mm	Cherbourg mm	Brest mm
1826—30	—7*	—3*	2.1	2.0	—	—	—
31—35	5	—1	1.7	1.9*	—	—	—
36—40	—5	0	2.2	2.0	—	—	—
41—45	6	2	2.0	2.2	—	—	—
46—50	0	6	2.5	2.4	—	—	—
51—55	19	6	2.7	2.4	—	—	10
56—60	—14	—10	1.9	2.1	—	—	—
61—65	—33*	—10*	1.8*	1.9*	—27* (1861—70)	1	—17
66—70	41	7	2.1	2.0		19	—10
71—75	—12	—16	2.0	2.1	5	—13*	—23*
76—80	47	21	2.4	2.3	52	31	—6
81—85	—	—	—	—	—17	21	7

Wir haben um 1830 und 1860 herum, in Cherbourg und Brest etwas später, niedrigen Wasserstand, dagegen um 1850 und 1880 ohne Ausnahme hohen.

Dass dieses Zusammenfallen der Bewegung des Meeresspiegels mit den Klimaschwankungen reiner Zufall sei, ist vollkommen ausgeschlossen, umsomehr, als die übrigen Stationen an der Ostsee ein ganz entsprechendes Verhalten zeigen. In habe daher für die Ostsee wie für das Schwarze Meer die Meinung vertreten, diese Schwankungen seien eine Folge der wechselnden Wasserzufuhr durch die Flüsse; sie zeigen an, dass sich bald mehr bald weniger Wasser in jenen relativ vom Ocean abgeschlossenen Meerestheilen findet[3]). Untersuchungen, die ich später anstellte, zeigten mir jedoch, dass auch dem Salzgehalt eine sehr be-

[1]) Vgl. Annalen der Hydrographie 1888, Februarheft.
[2]) Bouquet de la Grye in den Pariser Comptes Rendus 1888, II, S. 813.
[3]) Brückner a. a. O.

deutende Rolle zufällt[1]). Derselbe wechselt durchaus von Lustrum zu Lustrum entsprechend der Menge des in der Nachbarschaft in die Ostsee geführten Flusswassers, und zwar umsomehr, je mehr die Beobachtungsstation der Mündung eines großen Flusses benachbart ist.

Lorenz hat gezeigt[2]), wie sich der Meeresspiegel bei einer Flussmündung in Form eines sehr flachen Schuttkegels einstellt, dessen Spitze genau in die Flussmündung selbst fällt. Die Ursache dieser Erscheinung liegt in dem von jenem Punkte aus nach allen Richtungen zunehmenden Salzgehalt des Wassers. Wird nun die Zufuhr süßen Wassers stärker, so wird sich die Spitze des Kegels höher erheben, andernfalls sich senken. Das findet in der That an den Küsten der Ostsee statt, wie sich aus dem Vergleich der Pegelbeobachtungen verschiedener Stationen an Flussmündungen und fern von solchen zeigen lässt; es treten nämlich die säcularen Schwankungen des Meeresspiegels mit ganz verschiedener Amplitude auf, die am größten in der Nähe von Flussmündungen ist. Von besonderem Interesse ist diese hier nur angedeutete Thatsache, dass sich das Gefälle des Meeresspiegels von den Einmündungsstellen des Süßwassers weg entsprechend den Klimaschwankungen in den feuchten Perioden steiler einstellt, in den trockenen aber flacher, weil sie uns Schwankungen des Wasserstandes an Küsten des Oceans begreifen lehrt, wie wir sie bei Brest, Cherbourg und Havre kennen lernen. In der That sind hier auch die Schwankungen zu Havre an der Mündung der Seine sehr viel größer als in Cherbourg und Brest fern von Flussmündungen, nämlich 79, 44 und 33 *mm*.

Aus Allem geht hervor, dass der Meeresspiegel an den Küsten des Oceans wie in relativ vom Ocean abgeschlossenen Meerestheilen sich entsprechend den Klimaschwankungen hebt und senkt.

Diese Erkenntnis wirft ein Licht auf die Bedeutung verschiedener Versuche, aus Pegelbeobachtungen auf Hebungen oder Senkungen der Küste zu schließen. Wenn Paschen aus den Beobachtungen 1849—1866 zu Wismar 1520 gegen 1 wettet, dass die Küste gehoben werde, so ist das eine Folge davon, dass er zu einer Zeit beobachtete, als die Curve der Regenschwankungen sich senkte. In der That haben auch die Beobachtungen der folgenden 15 Jahre, als der Regenfall wieder zunahm, sein Ergebnis umgeworfen. Genau den gleichen Werth hat das von Bouquet de la Grye gewonnene Resultat, dass sich nach den oben in condensierter Form wiedergegebenen Pegelbeobachtungen zu urtheilen das Land bei Havre um 2 *mm* jährlich, bei Cherbourg um 1 *mm* und bei Brest gar nicht senkt. Hätte Bouquet de la Grye für Havre und Cherbourg Beobachtungen aus dem Anfang der Fünfziger Jahre vor sich gehabt wie für Brest, so wäre er höchst wahrscheinlich für diese Stationen zu dem gleichen Resultat gekommen wie für Brest.

Wenn ich in dieser Weise manche behauptete Veränderung der Strandlinie als Folge unserer Klimaschwankungen zu deuten geneigt bin, so möchte ich doch in keinem Falle so weit gehen wie Sueß, der Verschiebungen um mehrere Fuß, wie sie in Finnland und Schweden seit über 100 Jahren, allerdings nur an Wassermarken, beobachtet wurden, auf klimatische Schwankungen zurückführen will[3]).

[1]) Brückner, im „Naturforscher". Tübingen 1887. Seite 291—293.

[2]) Lorenz, in den Sitzungsberichten der Wiener Akademie, 1863. 2. S. 612.

[3]) Sueß: Antlitz der Erde, II. Wien, Prag, Leipzig, 1888.

Diese Betrachtung leitet uns von selbst zu der Frage nach der Bedeutung unserer Klimaschwankungen und ihrer 35jährigen Periode für die Bildung klimatologischer Mittel, sogenannter Normalwerthe, über. Dass ein solcher Einfluss vorhanden sein muss, ist selbstverständlich. Es wird sich, sobald einmal periodische Schwankungen existieren, ein Mittel nur dann dem Normalwerth nähern, wenn die Zeiträume entgegengesetzten Charakters mit gleichem Gewicht, d. h. in gleicher Anzahl in dasselbe hineingehen, oder mit anderen Worten, wenn die Zahl der Beobachtungsjahre ein ganzes Vielfaches der Länge der Periode jener Schwankungen ist. Andernfalls entfernt sich der Werth des Mittels bald mehr bald weniger vom wirklichen Normalwerth. Demnach müssen 35jährige, 70jährige, 105jährige etc. Mittel weit mehr dem Normalwerth entsprechen als Mittel aus Zeiträumen, welche kein ganzes Vielfaches der 35jährigen Periode sind. Das bestätigt sich durch die Erfahrung. Ich habe für zwei Reihen, welche die Schwankungen des Regenfalls besonders gleichmäßig darstellen — Prag und Madras —, verschiedene vieljährige Mittel berechnet. Ich führte dieses nicht auf Grund der absoluten Regensummen aus, sondern mit Hilfe der oben Seite 157 ff. in Procenten der Mittel 1851—1880 ausgedrückten Lustrenmittel. Als denjenigen Werth, der dem normalen am nächsten kommt, müssen wir in dem vorliegenden Fall das Mittel aus zwei vollen Schwankungen betrachten, d. i. bei Madras das Mittel 1821—1885 102·0% und bei Prag das Mittel 1816—1885 101·4%. Im einzelnen finden wir nun folgende vieljährige Mittel, alle von 1885 zurückgerechnet:

Zahl der Jahre	30	35	40	45	50	55	60	65	70	75	80
Prag 100 +	1·7	2·0	3·8	4·0	4·2	2·5	2·0	1·4	1·4	1·9	1·9
Madras 100 +	2·2	2·4	4·9	4·8	5·1	2·4	2·8	2·0	3·3	2·6	—

Man sieht, dass in der That das 35jährige Mittel dem »Normalwerth« näher kommt als sämmtliche andere vieljährige Mittel. Es ist von demselben nur 0·4, beziehungsweise 0.6% entfernt, während das 50jährige Mittel um 2·8, beziehungsweise um 3·1%, d. h. um mehr als fünfmal soviel vom Normalwerthe abweicht. Die große Überlegenheit des 35jährigen Mittels tritt also klar hervor. Nur das 30jährige Mittel ist ihm noch überlegen, da es sich dem Normalwerth bis auf 0.3, beziehungsweise 0.2% nähert. Der Grund hierfür liegt darin, dass die letzte Schwankung des Regenfalls nicht die mittlere Dauer von 34·8 Jahren besaß, sondern nur etwa 30 Jahre umfasste.

Bemerkenswerth ist es, dass alle oben aufgeführten vieljährigen Mittel zu groß sind und kein einziges zu klein; sie fallen also nicht etwa zu beiden Seiten des Normalwerthes. Das kann auch nicht anders sein. Indem wir von 1885 rückwärts gehen, beginnen wir mit dem Ende der letzten regenreichen Periode; in das 30-, beziehungsweise 35jährige Mittel geht diese letzte feuchte Periode und die vorhergehende Trockenperiode ein, in das 50jährige Mittel dann zwei feuchte und eine trockene Periode etc. Niemals aber kann, sobald die ersten Lustren, mit denen wir beginnen, feucht sind, die Zahl der Trockenperioden größer sein als diejenige der feuchten; sie kann höchstens der letzteren gleichkommen. Hätten wir mit einer Trockenperiode begonnen, so würden die vieljährigen Mittel, abgesehen von den dem Normalwerth ungefähr gleichkommenden 35- oder 70jährigen, alle unter dem Normalmittel gelegen haben.

Die als Beispiele herangezogenen beiden Stationen befinden sich in Gebieten, in denen die Schwankungen des Regenfalls nicht besonders intensiv auftreten und trotzdem sehen wir einen so erheblichen Einfluss auf die Mittelbildung. Noch viel größer ist natürlich dieser Einfluss dort, wo die Schwankungen sich verschärfen, z. B. in Westsibirien. Die Beobachtungen der westsibirischen Station Barnaul umfassen leider gerade nur eine Schwankung, so dass wir jenen Einfluss auf die vieljährigen Mittel nur unter der Annahme zeigen können, dass die Schwankung zwischen 1846 und 1880 uns eine normale Schwankung repräsentiert[1]). Nehmen wir das Jahr 1846 als Ausgangspunkt und denken wir uns die Schwankungen sich mit absoluter Regelmäßigkeit genau so wie in den Jahren 1846—1880 auch weiterhin vollziehen, so repräsentiert uns jedes 35jährige Mittel (101·3) den »Normalwerth«, ebenso auch jedes 70jährige, 105jährige etc., sobald nur die Zahl der Jahre ein ganzes Vielfaches von 35 ist. Wollte man dagegen den Normalwerth auf Grund von $35. x + n$ Beobachtungsjahren nur auf 1% gesunken finden, so bedürfte man unter Umständen 440 Beobachtungsjahre dazu.

Es kann nach allem nicht zweifelhaft sein, dass man **unsere Klimaschwankungen bei der Ableitung von klimatologischen Mittelwerthen, welche als Normalwerthe gelten sollen, nicht vernachlässigen darf; denn Mittel, welche nicht eine ganze Zahl von Schwankungen umfassen, entfernen sich oft sehr erheblich vom gesuchten Normalwerth.** Als ein besonders glücklicher Zufall muss es bezeichnet werden, dass Hann gerade den Zeitraum 1851—1880 als Standard-Periode für die Bildung klimatologischer Mittel vorschlug und consequent in Anwendung brachte; denn derselbe umfasst nahezu genau eine volle Klimaschwankung.

Angesichts dieser großen und vielseitigen Bedeutung der Klimaschwankungen für so zahlreiche Gebiete des praktischen Lebens drängt sich unwillkürlich die Frage auf, ob nicht auf Grund der Erkenntnis dieser Schwankungen eine Prognosenstellung für die Zukunft möglich wäre. In der That kann ja auch nicht der leiseste Zweifel bestehen, dass die Schwankungen, deren wir vom Jahr 1000 an nicht weniger als 25 nachgewiesen haben, sich auch in Zukunft in ganz ähnlicher Weise vollziehen werden. Ja, wir können mit ganz ähnlicher Sicherheit noch mehr behaupten. Alles wies darauf hin, dass um das Jahr 1880 herum ein Maximum des Regenfalles und ein Minimum der Temperatur fällt; wir müssen daher schließen, dass wir gegenwärtig einem Minimum des Regenfalles und einem Maximum der Temperatur, mit anderen Worten, einer warmen Trockenperiode entgegengehen. Damit aber sind wir auch am Ende dessen, was wir mit Sicherheit voraussehen können. Wann das Minimum des Regenfalles zu erwarten ist, können wir nur annähernd mit einem wahrscheinlichen Fehler von ± 6 Jahren angeben; denn soviel beträgt der wahrscheinliche Fehler einer einzelnen Periodenlänge: Das Minimum dürfte annähernd um die Wende des Jahrhunderts eintreten. Das soll jedoch nur heißen, dass um diese Zeit die trockenen und die warmen Jahre etwas häufiger sein werden als die feuchten und kühlen. Eine solche Prognose hat für Europa keine Bedeutung, da sich hier die Schwankungen des Regenfalles — und auf diese kommt es hauptsächlich für die Praxis an —

[1]) Die Lustrenmittel zwischen 1846 und 1880 sind der Reihe nach 111, 101, 87, 66, 76, 114 und 154%.

nur gedämpft vollziehen. Einen Werth dürfte sie nur für die sogenannten continentalen Gebiete haben, wo die Schwankungen des Regenfalles verschärft auftreten — für Sibirien, für Australien und vor allem für das Innere Nordamerikas. Diese Gebiete gehen gegenwärtig ohne Zweifel einer Zeit der Missernten entgegen, die nach den Nachrichten über die letzten Ernten in den Staaten des fernen Westens von Nordamerika dort vielleicht schon begonnen hat. Die kommende Trockenperiode wird hier wahrscheinlich Tausende, wenn nicht Hunderttausende von Existenzen vernichten.

Wir sind dazu gelangt, allgemeine Schwankungen des Klimas zu erkennen; ich habe zuletzt versucht, mit wenigen Strichen die Bedeutung derselben zu skizzieren. Es mag im ersten Augenblick Wunder nehmen, dass dieselben sich bis heute dem forschenden Auge entzogen hatten. Doch sind in der That diese Schwankungen gleichsam schon geahnt worden; denn hie und da taucht in der Literatur meist auf Grund eigenthümlicher Erscheinungen an den Gewässern die Anschauung auf, dass speciell der Regenfall einzelner Orte eine Zeit lang nach der einen und dann wieder nach der anderen Seite vom Mittel abweiche. So hebt Hann 1869 in einem Berichte über verschiedene von der zunehmenden Trockenheit des Klimas handelnde Abhandlungen hervor: »Sicherlich werden die Wirkungen des Wechsels von Perioden der Trockenheit und größerer Regenmengen zu wenig berücksichtigt.«[1]) Inwieweit eine ähnliche Äußerung Schweinfurth's hierher gehört, ist schwer zu entscheiden.[2])

Analoge Schlüsse zog man hie und da auf Grund längerer Beobachtungsreihen. Dove, der sich im übrigen durchaus gegen die Annahme meteorologischer Cyklen aussprach, erkannte 1838 ganz richtig, dass die Jahre 1808—24 kälter waren, als diejenigen 1797—1804 und 1820—30.[3]) Ganz ähnlich äußerte sich 1856 Zimmermann.[4]) Plantamour wies für Genf den Wechsel relativ warmer und relativ kühler vieljähriger Zeiträume nach: es waren nach ihm die Jahre 1826—34 meist zu warm, die Jahre 1835 bis 1860 fast alle zu kalt, endlich die Jahre 1861 bis 1875 wieder zu warm. 1873 stellte Lorenzoni die Regenbeobachtungen Padua's nach Decennien zusammen und leitete aus seinen Zahlen einen Wechsel trockener und nasser Perioden ab, wie folgt[5]): trocken 1733 bis 1746, 1784—95, 1812—44, 1856—71; nass: 1747—77, 1795—1811, 1845—55.

Übereinstimmend fanden Kluge (1874) und Hagen, dass die Wasserstände der deutschen Ströme 1817—35 und 1855—73 etwa gleich hoch und niedriger als 1836—54 waren[6]), während die von Marié Davy für die Seine vertretenen Perioden hohen und niedrigen Wasserstandes nur zum Theile unseren Klimaschwankungen entsprechen.[7])

Auch für außereuropäische Länder sind derartige eigenthümliche Schwankungen entdeckt worden. So spricht schon Jevons 1859 davon, dass in Neu-Süd-Wales die Zeiten vor 1798 und 1822—41 durch Selten-

[1]) Hann in »Zeitschrift der österreichischen Gesellschaft für Meteorologie 1869« Seite 18.

[2]) Schweinfurth in der Einleitung zu Baedeker, Ägypten I. Th. 1877, S. 79.

[3]) Dove in Abhand. der Berliner Akademie 1838, S. 345 f.

[4]) Zimmermann in Poggendorff's Annalen XLVIII, 1856, S. 318.

[5]) Lorenzoni referiert in der Zeitsch. für Met. 1874, S. 188.

[6]) Kluge in der Zeitschrift für Bauwesen, 1874, S. 507. Hagen in den Abhandlungen der Berliner Akademie 1880.

[7]) Marié Davy in der Zeitschrift für Meteorologie 1874, S. 146.

heit der Überschwemmungen und Häufigkeit der Dürren ausgezeichnet waren, dagegen die Zeiträume 1799—1821 wie 1842 bis zum Moment, in dem er schrieb, durch Häufigkeit der Überschwemmungen und Seltenheit der Dürren.[1]) 1877 zeigt John Allan Brown, dass zu Madras wie zu Trevandrum in Indien die Jahre 1818—27 und 1843—52 regenreich, die Jahre 1828—37 und 1860—69 auffallend regenarm waren. Er schließt mit den Worten, es wäre von Interesse, zu constatieren, ob solche Schwankungen auch in nördlicher gelegenen Stationen auftreten.[2])

Anfang der Achtziger-Jahre endlich hat Fritz eine Reihe von Daten aus allen Ländern der Erde zusammengestellt, um die Veränderlichkeit der Wassermenge der Gewässer des Festlandes darzuthun.[3]) Er strebt darnach, dieselbe mit den Sonnenflecken in Zusammenhang zu bringen, kommt also nicht auf unsere Klimaschwankungen. Daher kann man darüber streiten, ob er an dieser Stelle zu nennen ist. Schon eher müsste Reis genannt werden, der 1883 eine »periodische Wiederkehr von Wassernoth und Wassermangel im Zusammenhang mit den Sonnenflecken« vertrat und auf eine 110—112jährige Hauptperiode mit einer 56jährigen Nebenperiode kam. Doch nur einige der von ihm unterschiedenen feuchten und trockenen Perioden decken sich mit den unserigen, andere wieder gar nicht.[4]) Reis hat also von unseren Schwankungen gleichfalls nichts geahnt.

Von allen den genannten Gelehrten aber hat keiner die Schwankungen mit gleicher Bestimmtheit erkannt und zielbewusst an meteorologischem Beobachtungsmaterial für ein beschränktes Gebiet nachzuweisen gesucht, wie im Jahre 1858 von Sonklar. Ein Vierteljahrhundert später erst folgten die Arbeiten von Forel, Richter und Lang, die jedoch gleichfalls den Nachweis nur für die Alpen erbrachten und nicht einmal den Gedanken äußerten, es könnten diese Schwankungen eine sehr viel größere Verbreitung besitzen, wie Heim dieses in beschränktem Umfang für die Gletscherschwankungen vermuthet.[5]) Und es konnte auch die Allgemeinheit des Phänomens, seine Gleichzeitigkeit und Bedeutung für die ganze Erde wohl nicht in strenger Weise dargethan werden, ehe eine große Zahl meteorologischer Stationen die Trockenperiode der Sechziger-Jahre und die feuchte Periode um 1880 erlebt und in ihren Tagebüchern registriert hatten.

Unsere Klimaschwankungen geben uns auch den Schlüssel zur Lösung eines psychologischen Problems, auf das wir am Eingang unserer Untersuchung hinwiesen.

Wir schilderten, wie unvermittelt heute die Meinungen über die Frage der Klimaänderungen einander gegenüberstehen, wie die einen behaupten, das Klima werde trockener oder wärmer, die anderen, es werde feuchter oder kälter, die dritten endlich, es ändere sich überhaupt nicht. Die Erkenntnis der Klimaschwankungen löst nun einen Theil dieser Widersprüche auf. In der That ändert sich ja nach unserer Anschauung das Klima eine Zeitlang in der einen Richtung und hierauf in der andern;

[1]) Jevons in Waugh's Almanach. 1859. S. 79.

[2]) John Allan Brown in Nature Vol. XVI. 1877, S. 333.

[3]) Fritz in Petermann's Mittheilungen. 1880.

[4]) Reis: Periodische Wiederkehr etc. Leipzig 1883. Im Gegensatz zu Reis: Lehrbuch der Physik. 7. Auflage, S. 847, möchte ich betonen, dass die von mir festgestellten Schwankungen nichts mit denen von Reis gemein haben; wenn derselbe statt der von mir gefundenen Periodenlänge einfach eine 28jährige Periode einsetzt, so widerspricht das direct den Thatsachen.

[5]) Heim: Gletscherkunde. Stuttgart 1885, S. 520.

je nachdem man die Beobachtungen dieses oder jenes Zeitraumes zu Rathe zieht, wird man daher zu entgegengesetzten Ansichten gelangen müssen. Dass dieses wirklich geschehen ist, geht aus der nachfolgenden kleinen statistischen Zusammenstellung hervor. Dieselbe gewährt einen Überblick über die zeitliche Vertheilung der Abhandlungen, welche im laufenden Jahrhundert für einzelne Gegenden der Erde ein Trockener- oder Feuchterwerden des Klimas vertraten. Ich habe die Zählung auf Grund der im ersten Capitel niedergelegten Literatur ausgeführt, indem ich die Arbeiten über Zunahme und Abnahme der Wassermenge der Flüsse mitberücksichtigte, dagegen diejenigen Autoren ausließ, welche wie Whitney, Fischer etc. eine Art geologischer Klimaänderung auf Grund der Beobachtungen vieler Jahrhunderte vertraten. Es war in den verschiedenen Zeiträumen die Zahl der Autoren, welche sagten:

	Das Klima wird feuchter	Das Klima wird trockener
1790—1805	0	1
1805—1825	1	1
1825—1845	1	6
1845—1860	1	2
1860—1875	0	15
1875—1888	13	7

Wenn auch diese Zusammenstellung selbstverständlich nicht im entferntesten auf Vollständigkeit Anspruch erheben kann, weil unsere Schilderung oben schon nicht erschöpfend war und ich dann nicht einmal für alle oben aufgeführten Abhandlungen das Jahr des Erscheinens feststellen kann [1], so ist doch das Bild, das sie gibt, gewiss dem Wesen nach ein richtiges. Man erkennt deutlich, wie in jeder Trockenperiode und besonders gegen das Ende derselben und im Anfang der folgenden feuchten Periode zahlreiche Stimmen sich für ein Trockenerwerden des Klimas erheben, die im Verlauf der feuchten Periode und am Schluss derselben wieder verstummen. Dafür treten dann Autoren auf, welche für ein Feuchterwerden des Klimas plaidieren. Von denjenigen Abhandlungen, welche für ein Trockenerwerden eintraten, entfallen vier auf das Lustrum 1836/40 und acht auf das Lustrum 1866/70, d. h. auf diejenigen Lustren, welche unmittelbar dem Centrum der Trockenperioden folgten. Es spiegeln sich also unsere Klimaschwankungen deutlich in der Statistik der Ansichten über ein Trockener- oder Feuchterwerden des Klimas wieder.

Jene Änderungen des Klimas und der Wassermenge der Flüsse werden in der Mehrzahl der Fälle Änderungen im Pflanzenkleid der Erde zugeschrieben. In die Trockenperioden fallen fast alle Nachweise, dass Entwaldung den Regenfall mindert, und in die feuchten, dass Bewaldung ihn mehrt. Hierher gehört auch der Nachweis Blanford's [2], da die Beobachtungen, aus denen er auf eine Mehrung des Regenfalls infolge von Bewaldung schließt, genau in eine Zeit fallen, in welcher der Regenfall auf den Landflächen der Erde zunahm. Allein noch mehr, entsprechend den Klimaschwankungen vollziehen sich vollkommene Wandlungen in den Ansichten über den Waldeinfluss. In den Dreissiger und ebenso in den Sechziger- und Anfang der Siebziger-Jahre heißt es allgemein, dass die Entwaldung den Wasserstand der Flüsse erniedrige, in den Fünfziger-

[1] Weil sie mir zum Theil nicht mehr zugänglich sind.

[2] Siehe oben S. 20.

Jahren aber wird die Ansicht vertreten, dass gerade die Entwaldung den Wasserstand erhöhe.[1]) Am crassesten vollzog sich ein solcher Umschwung in den Ansichten auf dem Boden Australiens. So allgemein man vor 20 Jahren am Schluss der letzten Trockenperiode der Entwaldung die Schuld an der zunehmenden Dürre zuschrieb, so allgemein äußerte man in den Achtziger-Jahren die Ansicht, das Klima Australiens sei gerade durch die Entwaldung feuchter geworden[2]). »Schutz dem Walde!« hieß die Parole früher; »Nieder mit dem Wald« lautet sie heute.

So geben uns die Klimaschwankungen den rothen Faden wenigstens für einen Theil des Eingangs geschilderten Labyrinthes von Hypothesen und Anschauungen über Änderungen des Klimas. Sie lehren uns gleichzeitig, dass in der That jenen Anschauungen ein Kern von Wahrheit innewohnt, insofern sie uns von einem Theil der Curve der Klimaschwankungen Kunde geben. Der Fehler liegt nur darin, dass jenes aus den Beobachtungen ganz richtig gewonnene Resultat nicht in seiner zeitlichen Beschränkung erfasst, sondern in die Vergangenheit und in die Zukunft durch Extrapolieren ausgedehnt wurde. Gleichzeitig sind allerdings auch die Erklärungsversuche als missglückt zu betrachten; vor allem kann der Nachweis eines Einflusses des Waldes auf den Regenfall noch in keiner Weise als erbracht gelten.

Wir sind zur Erkenntnis gelangt, dass unsere Erde im Lauf der letzten neun Jahrhunderte Schwankungen des Klimas erlebte, deren Periodenlänge wir zu rund 35 Jahren bestimmten und deren Amplitude wir für die verschiedenen Gegenden des Erdballs festzustellen suchten. Wir sahen, wie alle hydrographischen Phänomene von diesen Klimaschwankungen in Mitleidenschaft gezogen werden, die Gletscher, die abflusslosen Seen und nicht minder auch die Flüsse und Fluss-Seen. Die Geologie hat uns in der weiter zurückliegenden Vergangenheit Klimaschwankungen kennen gelehrt, deren Charakter ein ganz ähnlicher war, die jedoch in ihrem Betrag, in ihrer Dauer und in ihrer Bedeutung für die organische und die unorganische Welt jene Klimaschwankungen der historischen Zeit vielemal übertreffen. Es sind die Klimaschwankungen, welche sich im Wechsel der Eiszeiten und Interglacialzeiten äußern, deren Wesen jedoch zum Theil noch in Dunkel gehüllt ist. Vielleicht gelingt es auf Grund der von uns für die Klimaschwankungen der letzten Jahrhunderte gewonnenen Resultate zur Lichtung dieses Dunkels etwas beizutragen.

---

[1]) Nach Schmid, siehe oben S. 25.
[2]) Siehe oben S. 25.

ZEHNTES CAPITEL.

Die Klimaschwankungen der Diluvialzeit.

Allgemeinheit des Eiszeitphänomens. Die Depression der Schneegrenze in verschiedenen Gebieten, so auch in den Tropen. Wiederholung der Vergletscherungen. Betrag des Rückzugs der Gletscher in der Interglacialzeit. Relative Dauer der Postglacialzeit und der Interglacialzeit. In abflusslosen Gebieten während der Eiszeit Hochstand der Seen, so im Great Basin von Nordamerika, in Südamerika, Afrika und Asien; so auch am Kaspischen Meer. Zweizahl der Hochstände der Seen im Great Basin erwiesen, getrennt durch eine Zeit, in welcher die Seen wahrscheinlich verschwunden waren. Dauer der postlakustren und der interlakustren Zeit. Zeitliches Zusammenfallen des Hochstandes der Seen und Gletscher oft vertreten, aber verschieden gedeutet. Ansichten über die klimatischen Verhältnisse der Eiszeit beruhten bisher fast nur auf Speculation. Unsere Klimaschwankungen geben eine bessere Basis. Das Klima der Eiszeit allgemein kühler und local feuchter als heute, erläutert an der Lage der diluvialen Schneegrenze. Temperaturerniedrigung nur etwa 3—4° C. Schilderung der faunistischen und floristischen Verhältnisse der Präglacialzeit, Interglacialzeit, Postglacialzeit und Glacialzeit selbst. Interglacialzeit in Mitteleuropa als Steppenperiode. Mannigfaltigkeit der Faunen und Floren erklärt sich durch die Klimaschwankungen. Tabellarische Zusammenfassung der Klimaschwankungen der Diluvialzeit. Klimaschwankungen geringerer Ordnung, über mehrere Jahrhunderte sich erstreckend, sind für die historische Zeit wie für die Diluvialzeit wahrscheinlich; sie stehen in der Mitte zwischen den Klimaschwankungen der Diluvialzeit und denjenigen der fünfunddreissigjährigen Periode.

Das Studium der diluvialen Ablagerungen, unter denen die glacialen die erste Stelle einnehmen, ist in den letzten 15 Jahren mit ganz besonderer Energie betrieben worden; diesem Umstand ist es zu danken, dass heute bereits eine Reihe von Thatsachen sicher bezeugt sind, welche für die Beantwortung der Frage nach dem Klima der Eiszeit hohe Bedeutung besitzen.

Einer der hervorstechendsten Züge, welche die Gletschererscheinungen der Diluvialzeit auszeichnen, ist die Allgemeinheit des Phänomens, wie sie z. B. auf der von Berghaus, zum Theil nach Penck, entworfenen Karte der Eisverbreitung einst und jetzt[1]) zu Tage tritt. Zwar sind nicht alle dort eingezeichneten Vorkommnisse von diluvialen Gletscherspuren absolut sicher, das eine oder das andere sogar entschieden problematisch oder unrichtig, wie die von Agassiz behauptete ausgedehnte Vergletscherung der Sierra do Mar in Brasilien; allein die wesentlichen Züge der Gletscherverbreitung werden von diesen Berichtigungen nicht berührt und diese zeigen, dass die Eiszeit durchweg in einer Potenzierung der heutigen

¹) Berghaus' physikalischer Atlas. Gotha 1886. Bl. Nr. 5.

Vergletscherung sich äußerte. Wo heute große Gletscher existieren, von dort sehen wir in der Diluvialzeit gigantische Eismassen ausstrahlen; so das Inlandeis, das Nordeuropa unter seiner Last begrub, von den skandinavischen Gebirgen aus; so das nordamerikanische Inlandeis von den heutigen Gletschergebieten auf Baffinsland und von Grönland aus; so in Südamerika das patagonische Inlandeis von den Anden. Wo heute nur Gletscher von mäßiger Größe anzutreffen sind, begegnen wir auch in der Eiszeit zwar im Verhältnis zu den heutigen immer noch riesengroßen, jedoch im Vergleich zu den genannten Inlandeismassen kleinen Gletschern, wie in den Alpen, den Pyrenäen, dem Kaukasus, dem Himalaya, dem Kuenlun und Tien-Schan, der Sierra Nevada im Great Basin etc., ferner auf der Südhemisphäre in den neuseeländischen Alpen, auf Kerguelen und Südgeorgien. Endlich trugen Gebirge, die sich heute nicht mehr bis in die Region des ewigen Schnees erheben, in der Diluvialzeit auch nur ganz kleine Gletscher, wie die Vogesen, der Schwarzwald, die Karpathen, der Ural, auf der Südhemisphäre die Falklandsinseln, die australischen Berge u. s. w.

Das Vorhandensein oder Fehlen von Gletschern ist durchaus davon abhängig, ob Theile des Felsengerüstes der Erde sich über die Schneegrenze erheben oder nicht. Jene Potenzierung der Gletscher in der Diluvialzeit lässt daher unbedingt auf eine erheblich tiefere Lage der Schneegrenze schließen, als sie der Gegenwart eigen ist, so dass Theile der Erdoberfläche noch in das Bereich der Schneeregion emporragten, welche heute unterhalb derselben liegen.

Die nachfolgende Zusammenstellung gibt die Höhe der diluvialen Schneegrenze in verschiedenen Theilen der Erde nach Penck, verglichen mit der heutigen, wieder.

Höhe der Schneegrenze einst und jetzt.[1])

	Schneegrenze Heute m	Schneegrenze Eiszeit m	Depression		Schneegrenze Heute m	Schneegrenze Eiszeit m	Depression
Gebirge von Wales	—	500	?	Pyrenäen. . .	ca. 2700	1700	1000
Harzgebirge	—	700	?	Sierra Nevada			
Erzgebirge.	—	1000	?	(Spanien). .	3100	2600	500
Nördl. Schwarzwald	—	800	?	Tien-Schan . .	3750	2300	1450
Südl. Schwarzwald .	—	950	?	Sierra Nevada			
Schweizer Jura . .	—	1050	?	(Kalifornien).	3500-4000	2600	ca. 1000
Bayerische Alpen .	2500	1300	1200	Naga Hills(Ind.)	4800	3000	1800
Salzburger Alpen .	2500	1200	1300	Sierra nev. de Sa			
Oestliche Alpen . .	2800	1500	1300	Marta(Venez.)	ca. 4500	4000	4 500
Hohe Tatra	2200-2250	1500	7-800	Neusüdwales .	—	2000	?
Siebenbürg. Alpen .	—	1800	?	Neuseeland . .	2300	10-1200	11-1300

Die Depression der Schneelinie beläuft sich in Mitteleuropa auf etwa 1000—1300 *m*; sie wird nach Süden zu dem Anschein nach etwas geringer. Doch sind die Zahlen für die außereuropäischen Gebiete nur rohe Näherungswerthe; kennt man doch kaum etwas Zuverlässiges über die Höhe der heutigen Schneegrenze. Sicher constatiert ist in jedem Falle durch die Untersuchungen von W. Sievers,[2]) dass sogar in den nur 10° nördlich

[1]) Die diluvialen Höhen sind nach Penck (Verhandlungen des Deutschen Geographentages in München, Berlin 1884), für die Salzburger Alpen nach Brückner, die recenten nach Heim (Gletscherkunde, Stuttgart 1885), nach Richter (Gletscher der Ostalpen, Stuttgart 1888), Sievers (diese Abhandlungen Bd. III) und Grissinger (Berichte des Vereins der Geographen an der Universität Wien für 1888) wiedergegeben.

[2]) Sievers in Zeitschrift der Ges. f. Erdkunde. Bd. XXIII, 1888, S. 82, und Cordilliere von Merida, geogr. Abh. IV, Nr. 2, S. 160 ff.

des Äquators gelegenen Gebirgen Südamerikas der Betrag der Depression der Schneelinie nicht Null wird: hier im Centrum der Tropenzone fand gleichfalls in der Diluvialzeit ein Herabrücken der Schneelinie, nach Sievers etwa um 4—500 *m*, statt, das ein Anschwellen der Gletscher veranlasste. Auch 16° südlich vom Äquator hat Hettner[1]) in der Umgebung des Titicaca-Sees in den Anden Gletscherspuren in tiefer Lage entdeckt, welche auf eine alte, größere Gletscherausdehnung schließen lassen. Diese Ergebnisse sind von hoher Bedeutung; denn durch dieselben wird sofort jenen Theorien über die Ursachen der Eiszeit, welche ein Alternieren der Vergletscherung zwischen der Nordhemisphäre und der Südhemisphäre annehmen wollen, ein Theil ihres Bodens entzogen; ein Knoten, zu dessen beiden Seiten sich nach Art stehender Wellen die Auf- und Abschwankungen der Schneegrenze vollziehen sollten, fehlt am Äquator; auch die Tropen haben eine Eiszeit erlebt, wenn auch naturgemäß die Dimensionen jener Vergletscherung sich zu denen der europäischen Diluvialgletscher verhalten, wie die heutigen kleinen tropischen Gletscher und Firnflecken zu ihren Genossen in Europa.

Die Thatsache, dass die alte Gletscherausdehnung überall proportional der heutigen ist, muss für die Frage nach den klimatischen Verhältnissen der Eiszeit als eine sehr wichtige bezeichnet werden. Denn sie lehrt mit absoluter Sicherheit, dass die Vertheilung von Wasser und Land, wie von Hoch und Niedrig im Wesentlichen die gleiche war wie heute. Es gibt kein Gletschergebiet auf der Erde, welches nicht die Spuren einer früher weit größeren Eisbedeckung aufwiese. Kein einziges, und mag es auch noch so gewaltige Gletscher besitzen, befindet sich heute im Stadium einer maximalen Vergletscherung. Eine Zeit lang glaubte man, die Südhemisphäre erlebe heute eine Eiszeit, vergleichbar der diluvialen Eiszeit Europas. Es hat sich das nicht bestätigt; denn man hat auch auf der Südhemisphäre die Spuren einer früher sehr viel weiter ausgedehnten Vergletscherung gefunden, die sich zu der heutigen ihrer Größe nach genau so verhält, wie die diluvialen Gletscher der Nordhemisphäre zu den heutigen. Es hat die Eiszeit überall aufgehört. Die Gegenwart befindet sich der Eiszeit gegenüber überall in demselben Verhältnis. Das Gleiche gilt auch für die Präglacialzeit.

Wir haben in der Einleitung, S. 5, gesehen, dass am Ausgang der Pliocänzeit in Europa klimatische Verhältnisse herrschten, die den heutigen durchaus entsprechen. Die Flora der Ober-Pliocänzeit bezeugt dieses mit Bestimmtheit. Allein auch alle unsere Gebirge bezeugen dasselbe. Betrachten wir heute ihre Thäler, so weisen uns dieselben immer und überall im Großen die Formen auf, welche wir als das Resultat der Arbeit des fließenden Wassers kennen. Da wir nun an ihren Gehängen und an ihrer Sohle den Spuren der alten Gletscher begegnen, so waren sie schon fertig, als die Vergletscherung schwand. Als Werk des fließenden Wassers konnten sie aber auch nicht während der Vergletscherung entstehen. Wenn auch Einzelheiten derselben offenkundig durch die Gletscher modificiert worden sind, sei es nun durch Abrundung der Gehänge, durch Bildung der Rundbuckelformen oder durch Erweiterung und Ausschleifung von Becken, so betrachtet doch die Thäler selbst heute gewiss niemand mehr als das Werk der Gletschererosion. Im Gegentheil weisen alle Verhältnisse der alten Gletscherablagerungen darauf hin, dass die Gletscher die heutigen Thalsysteme fertig ausgebildet vorfanden und sich ihnen anschmiegten. Die Thäler sind präglacial;

[1]) Hettner in den Verhandlungen der Ges. f. Erdkunde. 1889, S. 160, 276.

sie entstanden überall vor Beginn der Eiszeit durch Wasserwirkung, also in einem Klima, welches von demjenigen der Eiszeit verschieden war. So schaltet sich das Eiszeitklima fremdartig zwischen das Klima des unmittelbar vorhergehenden Zeitraumes und dasjenige der Gegenwart ein. Das geschah nun aber nicht in so einfacher Weise.

So alt wie die Lehre von der Eiszeit, so alt ist auch die Annahme von ihrer periodischen Wiederkehr. Was jedoch bis vor Kurzem nur eine viel bestrittene Annahme war, wird heute immer mehr und mehr als Thatsache erhärtet. Die Zahl derjenigen geologischen Profile, deren Erklärung nicht anders als durch Annahme einer Wiederholung der Vergletscherung möglich ist, mehrt sich von Tag zu Tag. Sie haben alle das Gemeinsame, dass in ihnen, zwischen zwei Moränen lagernd, einer älteren unteren und einer jüngeren oberen, Bildungen auftreten, die nicht unter dem Gletscher entstanden sein können, wie mächtige Lager von Flussgeröllen und Gehänge- oder Wildbachschutt, in denen sich mehrfach fossile Pflanzen fanden, Lager von Torf, gelegentlich selbst marine Sedimente und Löss, mit dessen Bedeutung wir uns später zu befassen haben. Das gilt von den Alpen und dem Felsengebirge, vom nordeuropäischen Inlandeis wie vom nordamerikanischen.

Man streitet heute schon nicht mehr über die Thatsache der Wiederholung der Vergletscherung, sondern über den Betrag des Rückzuges der Eismassen in der Interglacialzeit. Hierüber aber muss die geographische Verbreitung der interglacialen Profile Auskunft geben.

Leider bringt es die Natur der Sache mit sich, dass interglaciale Profile vorwiegend in der Nähe der Peripherie der Gletscher-Gebiete auftreten, wo allein eine ungestörte Ablagerung der Moränen stattfand, während gegen das Innere des vergletscherten Gebietes hin ein immer vollständigeres Ausfegen alles lockeren Materials erfolgen musste. So kommt es, dass bis heute nur in den Alpen, hier jedoch an zwei Stellen, die interglacialen Profile bis auf eine Entfernung von nur 25 *km* von den noch existierenden Gletschern verfolgt werden konnten. Bis zum grossen Salzachknie bei St. Johann im Pongau am Fuß der Hohen Tauern einerseits und bis zum Ausgang des gletscherreichen Stubaithales nördlich von Innsbruck andererseits zogen sich die Gletscher in der Interglacialzeit mindestens zurück. Zu dem gleichen Resultat, dass die Gletscher der Interglacialzeit ihrer Größe nach nicht wesentlich von den heutigen verschieden gewesen sein können, führt auch die Untersuchung der interglacialen Flora.

Was nun aber für die Alpen gilt, gilt bei der Harmonie, die sich in allen Erscheinungen der Eiszeit überall ausspricht, auch mehr oder weniger sicher für die übrigen Gletschergebiete. Auch hier schaltete sich zwischen die beiden Vergletscherungen eine Zeit sehr kleinen Gletscherstandes ein. Von der von Penck und von mir vertretenen dritten, ältesten Vergletscherung will ich hier nicht sprechen, da dieselbe noch nicht allgemein anerkannt ist.

Bemerkenswerth ist es, dass beide Vergletscherungen, welche in dieser Weise durch eine relativ gletscherfreie Interglacialzeit getrennt waren, keineswegs genau gleiche Dimensionen besaßen. In Nordeuropa, in den Alpen, wie in Nordamerika blieb die letzte Vergletscherung hinter der ersten an Umfang zurück. Die älteren und daher stärker in ihrer äußeren Form veränderten Moränen treten überall als »verwaschene, äußere Moränenzone« vor dem Gebiet der unverletzten Moränen der jüngsten Vergletscherung auf.

Über die Dauer der Eiszeiten können wir nichts aussagen. Der Geologe misst die Zeiträume, mit denen er es zu thun hat, nicht nach Jahren. Er schließt nur auf ihre relative Dauer aus den Werken, welche in ihnen durch gleiche Kräfte entstanden. Allein auch einen solchen Schluss vermag man nur für die Dauer der Präglacialzeit, der Interglacialzeit und der Postglacialzeit zu ziehen.

Penck hat zuerst darauf aufmerksam gemacht, dass jede Vergletscherung als eine Periode der Thalaufschüttung charakterisiert ist. Die Gletscherbäche, die mit Gesteinsmaterial, das der Gletscher herbeischleppte, überladen waren, vermochten dasselbe auf dem wenig geneigten Terrain nicht fortzubewegen und lagerten es ab. So entstanden mächtige Glacialschotter, die in trefflicher Entwickelung sich überall nördlich der Endmoränen der Alpengletscher Deutschlands, Österreichs und der Schweiz finden. Solcher Glacialschottersysteme gibt es im nördlichen Alpenvorland drei, von denen die zwei jüngeren in enger Beziehung zu den Moränen der beiden allgemein angenommenen Vergletscherungen stehen, während Moränen, welche dem ältesten Schotter und einer ältesten Eiszeit entsprechen würden, bis heute hier noch nicht nachgewiesen sind. Die Lagerung der Schotter ist eine sehr charakteristische: der jüngste ist in Thälern des mittleren und dieser wieder in Thälern des ältesten zur Ablagerung gekommen. Es schalten sich also jeweilen zwischen die Perioden der Schotteraufschüttung Perioden der Thalvertiefung ein.[1]) Eine Periode der Thalvertiefung hat auch nach der Ablagerung des jüngsten Schotters, die mit dem Schluss der letzten Vergletscherung beendigt war, begonnen. Noch aber sind besonders im Gebiete kleinerer Flüsse die in der Postglacialzeit ausgewaschenen Thäler des Alpenvorlandes sehr wenig tief. Das Werk der Erosion in der Postglacialzeit ist vielmal kleiner als ihr Werk in der Interglacialzeit. Daraus schloss ich für das Salzachgebiet, dass die Postglacialzeit erheblich kürzer ist als die Interglacialzeit[2]): das gilt auch für den übrigen Theil des Alpenvorlandes, so auch für die Schweiz, denn überall kehren dieselben Verhältnisse wieder und ich stehe nicht an, dieses Resultat als ein allgemein giltiges zu betrachten, umsomehr als auch in Amerika eine sehr intensive interglaciale Thalbildung für eine lange Dauer der Interglacialzeit spricht.

Ablagerungen von Moränen weisen allein schon durch ihr Auftreten in Gegenden, in denen sie sich heute nicht mehr bilden, auf klimatische Verhältnisse hin, die von den heutigen verschieden waren. Das Studium ihrer Lagerungsverhältnisse führt zur Erkenntnis großartiger Klimaschwankungen, welche den gesammten Erdball betroffen haben. Dieses Resultat wird durch die Untersuchung der diluvialen Seeablagerungen voll bestätigt.

Wie die Gletscher, so sind auch die abflusslosen Seen in ihrer Größe durchaus eine Function des Niederschlages, der sie nährt, sei es nun direct oder durch Vermittelung der Flüsse, und der Wärme, die an ihnen durch Verdunstung wie an den Gletschern durch Abschmelzung zehrt. Jede Aenderung des Verhältnisses von Zufuhr und Abfuhr muss ein Anschwellen oder Schwinden der Gletscher wie der Seen im Gefolge haben. Allein trotz dieser engen genetischen Verwandtschaft fliehen Gletscher und abflusslose Seen einander; erstere sind mehr oder

[1]) Penck: Über Periodicität der Thalbildung. Verhandlungen der Gesellschaft für Erdkunde in Berlin. 1884, Nr. 1.

[2]) Brückner: Vergletscherung des Salzachgebietes. Wien 1886, Seite 133.

minder an ein feuchtes maritimes Klima gebunden, letzteren ist ein regenarmes Continentalklima Lebensbedingung. Man möchte sagen, es vicariieren die abflusslosen Seen in den Continentalgebieten für die Gletscher. Dieses bestätigt sich trefflich in der Diluvialzeit. Gerade in jenen Gebieten, in welchen Gletscher, Dank sei es der Trockenheit des Klimas, nicht wohl zu gedeihen vermögen und auch abgesehen von den höchsten Gebirgserhebungen in der Diluvialzeit nicht zu gedeihen vermochten, da waren die abflusslosen Seen zu gewaltigen Wasserflächen angeschwollen. Heute noch verrathen alte Strandlinien und Seeablagerungen überall, wo continentale Gebiete eingehender erforscht sind, dass hier, wo in der Gegenwart meist nur spärliche Tümpel und kleine salzige Wasseransammlungen ein kümmerliches Dasein fristen, in der jüngsten geologischen Vergangenheit ein anderes Klima waltete.

Am genauesten untersucht sind die großen diluvialen Binnen-Seen im Great Basin der Vereinigten Staaten von Nordamerika, vor allem durch G. K. Gilbert,[1]) dessen Werk weiter im Westen sein Assistent J. C. Russell fortsetzte.[2])

Dank den umgebenden Gebirgen gelangt nur wenig oceanische Feuchtigkeit in das Great Basin, sodass ein großer Theil desselben abflusslos ist. Heute finden sich hier als einzige Überreste der schimmernden Wasserflächen der Diluvialzeit mehrere größere abflusslose Seen, unter denen der Große Salzsee der größte ist, neben zahllosen kleinen.

Eine große, geschlossene Wasserfläche bildete auch früher allein der diluviale Große Salzsee oder Lake Bonneville, der eine Fläche gleich einem Elftel des Deutschen Reichs bedeckte. Westlich von ihm lag unmittelbar am Fuße der Sierra Nevada der Lake Lahontan, dessen dürftige Überreste der Honey-See, der Pyramiden-See, der Winnemucca-See und deren Nachbarn bilden.

Außer diesen großen Seen treffen wir im Great Basin noch eine ganze Reihe von kleineren, an deren Stelle sich heute entweder stark zusammengeschrumpfte Seen und Salzsümpfe oder selbst wasserlose Wüsten finden.

Ich maß die Fläche dieser diluvialen Seen (im Ganzen 29) nördlich vom 37. Breitengrade und diejenige ihrer heutigen Überreste, ferner die diluviale Seefläche in der heute fast wasserlosen Colorado-Wüste, die sich auf fünf Seen vertheilte, und erhielt die folgende Übersicht der Wasserflächen der abflusslosen Region des Great Basin für die Diluvialzeit und die Gegenwart.

	Areal d. Seen qkm Heute	Areal d. Seen qkm Diluvialzeit	Einzugsgebiet qkm	Verhältnis	
(1)	(2)	(3)	(4)	(2):(3)	(3):(4)
Lake Bonneville	7427	51150	134670	1 : 6.8	1 : 2.3
Lake Lahontan	2207	21810	105600	1 : 10.0	1 : 4.9
And. Seen nördl. v. 37° N. Br.	5255	23800	—	1 : 4.5	—
Seen südl. von 37° N. Br. ca.	500	12500	—	1 : 25.0	—
Mittel, bez. Summe	15389	109260	—	1 : 7.1	—

[1]) Gilbert: Contributions to the History of Lake Bonneville. U. S. Geological Survey Report for 1880/81, Washington 1882, S. 171 ff. Eine große Monographie des Lake Bonneville ist in Vorbereitung, jedoch noch nicht erschienen.

[2]) Russell: Geological History of Lake Lahontan. Monographs of the U. S. Geological Survey. Vol. XI. Washington 1885.

Die Wasserfläche war also in der Diluvialzeit 7.1mal so groß wie heute; es hatten sich sogar zum Theil die hydrographischen Verhältnisse vollkommen geändert: ein Theil des Great Basin, der heute wieder abflusslos ist, entwässerte sich gegen den Ocean hin. Der Lake Bonneville besaß zum Beispiel zur Zeit seines höchsten Standes einen Ausfluss nach Norden zum Snake River.

Auch Südamerika hat abflusslose Seen; doch nur für den Titicaca-See liegen in Strandlinien, die sich 100—120 *m* über den heutigen Seespiegel erheben, sichere Anzeichen eines diluvialen Hochstandes vor.[1]) Ferner werden auch zahlreiche Salzsümpfe und Depressionen des Hochplateaus der Anden als Überreste alter Seen gedeutet.

Für Nordafrika, speciell die libysche Wüste und die Sahara, haben Zittel und Pomel die Abwesenheit einer ausgedehnten Meeresbedeckung in der Diluvialzeit dargethan.[2]) Nur Theile desselben waren von stehendem Wasser bedeckt. Nachtigal zeigte, wie der Tsadsee einst gewaltigen Umfang besaß und eine Fläche von an 100.000 *qkm* bedeckte[3]), und Pomel[4]) wies in der algerischen Sahara lakustre Süßwasserbildungen nach. Wir sehen hier Gebiete, welche uns heute als Depressionen unter dem Meeresspiegel mit Salztümpeln und Salzsümpfen entgegentreten, in der Quartärzeit Süßwasserseen mit Abfluss beherbergen. Penck meint ferner, dass die Salzvorkommnisse von Taudeni, Kauar und Borku, sowie salzdurchtränkte Lehmstrecken auf so mancher Hammâda eher den Gedanken an ausgetrocknete Salzseen erwecken, als die Vorstellung von Steinsalzlagern, die dem Devon eingeschaltet wären.[5]) So belebt sich während der Quartärzeit die Sahara mit ausgedehnten Wasserflächen und wasserreiche Ströme flossen durch die Uadis dem Meere zu.[6])

Für Centralasien hat v. Richthofen alles nur irgend vorhandene Material über die einstigen Größenverhältnisse der abflusslosen Seen zusammengetragen.[7]) Nach den Gebrüdern Schlagintweit lassen sich am Pangong-See Strandlinien, im Maximum 75 *m* hoch, an den Gehängen hinauf verfolgen[8]); etwa 50 *m* über dem heutigen Seeniveau findet sich ein alter Abfluss, der den Weg anzeigt, den einst die Wasser des Sees nahmen.[9]) Am großen tibetanischen Salzsee Tsamoriri ist gleichfalls 10 *m* über dem heutigen Spiegel ein alter trocken gelegter Abfluss zu erkennen. Ähnliche Verhältnisse treten bei einer ganzen Reihe von Seen auf, die früher zum Tsamoriri abgeflossen, heute aber bis weit unter das Niveau des Abzugscanals gesunken und salzig geworden sind, so am See Tso-Kar, dessen Strandlinien 45 *m* über dem heutigen Spiegel liegen, am Tso-Mitbal mit Strandlinien in 20 *m* Höhe, am Tso-Gyagar etc. Es sind überhaupt die vorhandenen Salzseen in den weiten Steppendepressionen West-Tibets nur Überreste weit größerer Seen der Vorzeit,

[1]) A. Agassiz: Hydrographic Sketch of Titicaca. Proc. Am. Acad. Vol. XI. 1876, S. 268.

[2]) Zittel: Die Sahara. Paläontographica Bd. XXX, Cassel, 1883, S. 39.

[3]) Nachtigal: Sahara und Sudan. 1881, Bd. II, S. 123.

[4]) Pomel: Le Sahara. Observations de géologie et de géographie et de biologie etc. Alger 1872. Citat nach Zittel.

[5]) Penck, Referat über Zittel, Sahara. Verh. d. Ges. f. Erdkunde. Berlin 1884, Nr. 4.

[6]) Zittel, a. a. O. S. 39.

[7]) v. Richthofen: China. Bd. I, S. 131 ff.

[8]) H. v. Schlagintweit-Sakünlinski: Untersuchungen über die Salzseen im westlichen Tibet und in Turkestan. I. Th. Abh. d. math.-nat Cl. d. kgl. bayerischen Akademie d. Wissensch. XI. Bd. München 1874. S. 101 ff.

[9]) Nach Hendersson schon in 21 *m* Höhe.

von denen viele einen Abfluss hatten. In einem solchen Fall enthalten dann ihre Ablagerungen Süßwassermuscheln von noch lebenden Arten, die ihren salzig gewordenen Überresten heute fehlen.

Weiter im Norden war nach Dilke[1]) der Ebinor bei Kuldscha in früherer Zeit sehr viel größer als heute. Auch der Issyk-Kul im Tien-Schan stand nach Ssemenow[2]) erheblich höher (nach Ssewerzow 100—150 *m*)[3]) und floss gegen Norden zu ab. Doch ist seine Tieferlegung nach Ssewerzow wohl dem Einschneiden seines früheren Abflusses, des Tschu, zu danken, von den ihn heute eine ganz niedrige Wasserscheide trennt. Über die Grenzen des früher weiter ausgedehnten Balchasch-Sees ist nichts bekannt. Der Lob-nor ist nach chinesischen Urkunden, wie v. Richthofen[4]) berichtet, noch vor 4000 Jahren erheblich größer gewesen und erst allmählich auf seinen heutigen Umfang zusammengeschrumpft.

Unter den Seen Vorderasiens ist das Todte Meer zu nennen, für welches ein einst erheblich höherer Stand von verschiedenen Beobachtern, so von O. Fraas, Lartet und Hull, bezeugt ist. Nach Hull[5]) traten im Uadi-el-Arabah, der südlichen Fortsetzung der Senke des Jordanthales in der Richtung zum Rothen Meer, Strandterrassen in einer Höhe von 427 *m* über dem heutigen Niveau des Todten Meeres, also 33 *m* über dem Mittelmeer auf. Er betrachtet dieselben als das Ufer eines alten Süßwassersees, der mit dem Mittelmeer nur durch einen Abfluss in Verbindung stand. Diesen Süßwassersee, wie auch einige kleinere Seen auf der Sinai-Halbinsel fasst Hull als die Zeugen einer früheren regenreichen Periode auf, die er mit der nordischen Glacialzeit parallelisiert.

Der größte der diluvialen wie der heutigen Seen ist ohne Zweifel das Kaspische Meer. So gewaltig, wie man früher glaubte, ist die diluviale Wasserfläche hier allerdings nicht gewesen. Vor allem hat das Kaspische Meer in der jüngsten geologischen Vergangenheit nicht mit dem Eismeer in Verbindung gestanden, ja, nicht einmal mit dem Aralsee einen einheitlichen See gebildet. Es bestanden vielmehr zwei fast ganz isolierte Becken, von denen das östliche, inselreiche, der diluviale Aralsee, nur an einer einzigen Stelle zwischen dem Kleinen und Großen Balkan mit dem westlichen, dem Kaspischen Meer, kommunicierte.[6])

Im Süden und am Fuß des Kaukasus fallen die alten Grenzen des Kaspischen Meeres fast mit den heutigen zusammen. Gegen Nordwesten bespülte dasselbe dagegen den Fuß der Jergeni-Hügel und weiterhin bildete die Wolgalinie bis zur Mündung der Kama die Westgrenze. Entlang der Wolga und weiterhin der Kama entsandte das Kaspische Meer nämlich einen schlauchförmigen Arm nach Norden. Im Osten tritt die Grenze gegen das Ust-Jurt-Plateau sehr scharf hervor. Hier gehen die Konchilienreste des diluvialen Kaspischen Meeres bis 60 *m* über den heutigen Spiegel hinauf und den Fuß des Großen und des Kleinen Balkan umsäumen in einer Höhe von 50—60 *m* Uferwälle und

[1]) v. Richthofen: China. I. S. 144.

[2]) Ssemenow in Peterm. Mitth. 1858. T. 351 ff.

[3]) Ssewerzow im Ergänzungsheft Nr. 43 zu Peterm. Mitth. Gotha 1875. S. 67.

[4]) v. Richthofen: China. I. S. 125.

[5]) Hull: Mount Seir, Sinai and Western Palestine. Publ. for the Comm. of the Palestine Exploration fund by. R. Bentley and Son. London 1885. Referat im Neuen Jahrbuch f. Mineralogie 1886. I. S. 428.

[6]) Muschketow: Turkestan. I. St. Petersburg 1886, S. 692 ff. Vergleiche hierzu Konschin: Die Wüsten Transkaspiens und das alte Bett des Amu-Darja. Petermann's Mittheilungen 1887, S. 236 ff. — Muschketow: Physische Geologie. II. St. Petersburg 1888, Tafel VIII, gibt eine Karte des diluvialen Kaspischen Meeres.

Felsterrassen — ein Werk der Brandung vergangener Zeiten. Es ist sehr auffallend und unseres Wissens noch nicht genügend betont, dass die obere Grenze dieser Meeresspuren hier genau in derselben Seehöhe liegt, wie die Grenze des diluvialen Meeres am Fuß der Jergeni-Hügel — 50 bis 60 *m* über dem Kaspischen Meer oder 24—34 *m* über dem Schwarzen Meer. Jedenfalls hat sich also die Höhendifferenz zwischen dem Ust-Jurt-Plateau und den beiden Balkanen im Osten und den Jergeni-Hügeln im Westen seit der Diluvialzeit nicht geändert.

Der Meeresspiegel lag 14—24 *m* über dem tiefsten Punkt der Wasserscheide, die heute Kaspisches und Schwarzes Meer trennt. Es besaß das Kaspische Meer in der Diluvialzeit nicht den Charakter eines abflusslosen Binnensees; es trat mit dem Schwarzen Meer durch das enge Thal des Manytsch in Verbindung, in welchem sich heute noch kaspische Fossilien bis in die Nähe des Don und des Asow'schen Meeres verfolgen lassen.

Die Westgrenze des diluvialen Aralsees fällt mit dem Ostabfall des Ust-Jurt zusammen. Gegen Norden war sie gegenüber der heutigen um 2—300, gegen Osten um etwa 150 Werst weiter vorgeschoben. Gegen Süden standen die Wüsten Kysyl-Kum und Karakum zum Theil unter Wasser.

Sind auch heute diese Grenzen vielfach noch nicht scharf bestimmt, so steht doch fest, dass das Areal des Kaspischen Meeres in der Diluvialzeit etwas mehr als doppelt so groß war wie das heutige, dasjenige des Aralsees gar mindestens dreimal so groß, und dass Aralsee, Kaspisches Meer und Pontus miteinander in Verbindung standen.[1])

So bestätigt es sich in den verschiedenen Theilen Asiens, dass die der gegenwärtigen unmittelbar vorausgehende Periode durch eine große Ausdehnung und einen hohen Stand der abflusslosen Seen ausgezeichnet

[1]) Diese Verbindung wurde nach der gangbaren Anschauung durch Meeresarme hergestellt. Allein eine solche widerspricht den heutigen Höhenverhältnissen: Der Aralsee liegt heute 48 *m* über dem Niveau des Oceans, das Kaspische Meer 26 *m* unter demselben, während der niedrigste Punkt der Wasserscheide zwischen Aralsee und Kaspischem Meer sich mehr als 78 *m*, derjenige der Wasserscheide zwischen Kaspischem und Schwarzem Meer 10 *m* über das Niveau des Pontus erhebt. Wir wissen nun, dass in der Diluvialzeit der Spiegel des Kaspischen Meeres an den Jergeni und bei den Balkanen in 24—34 *m* Meereshöhe lag; derjenige des Aralsees aber, der die heutige Wasserscheide gegen das Kaspische Meer erreichte und überstieg, in 60—70 *m* Meereshöhe. Das spricht keineswegs für ein einheitliches Niveau des Wassers in beiden Becken. Will man ein solches behaupten, so muss man eine nachträgliche Hebung des Gebietes des Aralsees oder eine Senkung des Gebietes des Kaspischen Meeres als Ganzes annehmen. Bei den heutigen Höhenlagen der Spuren der alten Seespiegel ist eine Verbindung derselben durch Meerengen nicht möglich, sondern nur eine solche durch einen Fluss. In der That nimmt Konschin an, dass in einer gewissen Zeit die Wasser des Aralsees durch den Usboi als langsamer Strom zum Kaspischen Meer abflossen; gerade an der Wasserscheide setzt das Thal des Usboi, das lange mit Unrecht als alter Lauf des Amu-Darja galt, an, während es nördlich der Wasserscheide, also im Becken des alten Aralsees, sehr bezeichnend fehlt. Fassen wir die oben geschilderten Verhältnisse der diluvialen Seen in Amerika und in Asien ins Auge, so gewinnt diese Annahme an Wahrscheinlichkeit. Wie die staffelförmig übereinander gelagerten, heute abflusslosen Salzseen Innerasiens in der jüngsten Vergangenheit übergeflossen waren und jeder von ihnen seinen Überschuss an Wasser seinem tieferen Nachbar und der unterste derselben einem dem Ocean zueilenden Fluss zusandte, wie der Große Salzsee einst hoch angeschwollen zum Ocean sich entwässerte und erst später durch das Überwiegen der Verdunstung abflusslos wurde, so würden uns Aralsee und Kaspisches Meer zwei staffelförmig übereinander gelagerte Seen darstellen, die durch einen Flusslauf miteinander verbunden waren. Das Kaspische Meer wäre der Lake Bonneville der alten Welt, freilich in gigantischen Dimensionen. Ob dem so ist, können nur Beobachtungen an Ort und Stelle entscheiden.

war. Viele von ihnen waren so hoch angeschwollen, dass sie über den niedrigsten Punkt der ihr Einzugsgebiet umschließenden Wasserscheide überflossen und für eine Zeit lang einen Abfluss erhielten, der später beim Sinken des Spiegels wieder lahm gelegt wurde. Gerade dort konnte sich der Wechsel von Abflusslosigkeit und Abfließen besonders leicht vollziehen, wie v. Richthofen hervorhebt, wo ein See in flachem Gebiet lag und sein neu entstandener Abfluss nicht zu erodieren vermochte.

Wo wir uns hinwenden, überall treten uns Spuren einer früher sehr viel bedeutenderen Wasserbedeckung gerade in jenen Gebieten entgegen, welche für die Gletscherbildung zu continental gelegen sind. Es hat in der That den Anschein, als wenn dieselben klimatischen Schwankungen, welche die Eiszeit heraufbeschworen, in den continentalen Gebieten die Becken der abflusslosen Seen zum Theil bis zum Überfließen füllten. Diese Parallele wird noch vollständiger, wenn wir sehen, dass es, wie zwei Vergletscherungen, so auch zwei Perioden des Hochstandes der Seen gab. Freilich ist bis heute der Beweis einer mehrfachen Schwankung der Seen nur für das Innere Nordamerikas durch Gilbert und Russell erbracht.

An beiden Seen lassen sich mit aller Sicherheit zwei Perioden hohen Wasserstandes unterscheiden, die durch eine Zeit getrennt sind, in welcher die Seen mindestens auf ihren heutigen Umfang zusammengeschwunden waren. Überall nämlich, wo man durch nachträgliche Erosion in den Boden der alten Seen eingetiefte Thäler antrifft, da sind drei Schichten übereinander zu beobachten: zu unterst der Niederschlag eines alten Sees; darüber eine Schicht typischer Fluss- und Bachablagerungen, endlich im Hangenden abermals lakustre Bildungen. Diese drei Horizonte sind durch Discordanzerscheinungen von einander getrennt; der Kies vor allem lagert oft in Thälern, die in die liegende Seeablagerung geschnitten sind. Es schaltet sich also zwischen die beiden Perioden hohen Wasserstandes eine Zeit ein, in welcher der alte Seeboden von Flüssen durchflossen wurde, die auf ihm ihre Gerölle ablagerten. Diese interlakustren Profile, wie man sie nicht unpassend nennen könnte, lassen sich im Gebiet des Lake Bonneville abwärts bis 60 *m* über dem Spiegel des heutigen Großen Salzsees verfolgen, wo die beiden unteren Ablagerungen unter der oberen jüngsten verschwinden. Analoges ist am Lake Lahontan constatiert. Russell und Gilbert machen es sogar wahrscheinlich, dass in der Zeit zwischen den beiden Seenperioden überhaupt alle stehenden Gewässer ihres Beckens geschwunden waren. Nur so glauben sie die vorhandene geringe chemische Verschiedenheit der Seesedimente aus beiden Perioden erklären zu können. In der That ist jedes Einschrumpfen eines abflusslosen Sees mit einer intensiven Concentrierung der in ihm gelösten Salze verbunden, die zur Ausfällung derselben führt. Bildet sich auf dem mit Salzen bedeckten Boden ein neuer See, so erfolgt eine Auflösung jener Salze genau in der umgekehrten Reihenfolge, wie sie ausgefällt wurden, so dass der Salzgehalt des Sees bei gleichem Wasserstand immer der gleiche ist und chemische Verschiedenheiten nicht vorkommen können. Sind aber nach erfolgter völliger Austrocknung die Salze vollkommen mit Detritus bedeckt worden, so kann eine Auflösung derselben nicht mehr geschehen und der auf dem Boden des geschwundenen, hochsalzigen Sees entstandene See wird Süßwasser enthalten, bis ihm durch seine Zuflüsse genügende Quantitäten Salz zugeführt sind und der Salzgehalt allmählich wieder zunimmt. So erfolgt durch vollkommenes Austrocknen unter Umständen eine Aussüßung des Sees. Dieses dürfte nach Gilbert und Russell beim Lake

Bonneville und Lake Lahontan in der interlakustren Zeit der Fall gewesen sein.

Dagegen ist dieser Fall beim Großen Salzsee seit der letzten Seenperiode noch nicht eingetreten; sein Wasser stellt uns die Lauge des eingedampften Lake Bonneville dar, deren Concentrationsgrad durchaus von dem momentanen Wasserstand abhängt. Der Lake Bonneville ist also noch nicht in dem Maße eingetrocknet, wie in der interlakustren Zeit.

Weiter im Westen bei den sehr viel kleineren Seen des Lahontan-Gebietes und einigen ihrer nordwestlichen Nachbarn scheint dagegen nach Russell eine vollkommene Austrocknung schon einmal nach dem Schluss der letzten Seenperiode erfolgt zu sein; der Salzgehalt des Wassers ist heute so gering, dass er unmöglich aus dem Eindampfen eines grossen abflusslosen Sees hergeleitet werden kann. Die im Wasser enthaltene Salzmenge muss nach Russell in höchstens 4—500 Jahren durch die Zuflüsse zugeführt worden sein. Die Seen waren sonach vor wenigen Jahrhunderten vollkommen trocken; wenn sie seitdem wieder erschienen sind, so lässt sich das nur durch eine Schwankung des Klimas erklären, welche ihre Becken wieder füllte. Es ist wohl kein Zweifel, dass auch der Große Salzsee diese Schwankung mitgemacht haben muss. Allein bei ihm, als dem größten der abflusslosen Seen, hat dieselbe, wie uns sein großer Salzgehalt verräth, nicht bis zur völligen Austrocknung geführt und dieses ist uns ein sicheres Zeichen dafür, dass der tiefste Punkt jener letzten Klimaschwankung immer noch über dem Niveau der Klimacurve während der interlakustren Zeit lag, in der auch der Große Salzsee vollkommen geschwunden war. Wie lange die Seen des Lahontan-Gebietes in der postlakustren Zeit trocken gelegen haben, ehe sie sich vor 4—500 Jahren wieder zu füllen begannen, wissen wir nicht in Jahren auszudrücken; die absolute Dauer der postlakustren Periode ist unbekannt. Auf ihre relative Dauer jedoch vermögen wir zu schließen, ähnlich, wie wir oben auf die relative Dauer der Postglacialzeit schlossen.

In der interlakustren Zeit bildeten sich nämlich, wie wir oben sahen, auf dem Boden der alten Seen fluviatile Ablagerungen von bedeutender Mächtigkeit. Aus den Profilen und Schilderungen von Russell und Gilbert ersehe ich mit Bestimmtheit, dass diese lakustren Ablagerungen vielmal mächtiger sind als die Ablagerungen, die sich seit Schluss der letzten Seenperiode gebildet haben; ich schließe hieraus: Es ist die postlakustre Zeit sehr viel kürzer als die interlakustre. Es ist dasselbe Resultat, zu dem auch Gilbert, gestützt auf die Thatsache, dass der Salzsee in der postlakustren Zeit noch nie ganz ausgetrocknet war, gelangte, wie aus seiner graphischen Darstellung ersichtlich ist,[1]) während Russell die Dauer der beiden Zeiträume gleich bemisst, da in beiden die Seen des Lahontan-Gebietes vollkommen auszutrocknen vermochten.[2]) Die Mächtigkeit der fluviatilen Ablagerungen gibt Gilbert Recht; sie lehrt, dass die Zeit, während der die Seen des Lahontan-Gebietes in der interlakustren Periode trocken lagen, sehr viel länger war als der Zeitraum, während dessen sie nach Schluß der letzten Seenperiode wasserlos blieben.

In ähnlicher Weise vermag man die relative Dauer der Zeit zu bestimmen, welche der ersten Seenperiode voranging.

Betrachtet man die Gehänge, die die alten Seeufer bildeten, so fallen überall an denselben mächtige Kegel von Gehänge- und Wild-

[1]) Gilbert in U. S. Geol. Survey Report 1880/81, S. 186.
[2]) Russell: Lake Lahontan, S. 261.

bachschutt auf; in die Berge sind tiefe Rinnen, Schluchten und Thäler eingerissen und diese ganze vom fließenden Wasser vollbrachte Modellierung ist älter als die Seenperioden. Nur als relativ untergeordnete Züge der Landschaft sind die alten Strandlinien und Uferterrassen jenen Schutthalden und fein modellierten Felsformen aufgezwungen. Auch heute noch sind diese vom fließenden Wasser vor der Periode der Seen geschaffenen Formen in der Landschaft die dominierenden.[1]) Wie eine sehr lange Zeit der Thalbildung, die weit länger gewesen ist als die Interglacialzeit in den alten Gletschergebieten, der ersten Eiszeit voranging, so auch hier in den continentalen Gebieten der ersten Seenperiode.

Es bleibt uns nur noch übrig, die Intensität und Dauer der beiden Seenperioden mit einander zu vergleichen. Was erstere anbetrifft, so stieg sowohl am Lake Bonneville als am Lake Lahontan der Wasserspiegel während der zweiten Anschwellung höher als während der ersten, am Lake Lahontan um mindestens 9 *m* und am Lake Bonneville sogar um 27 *m*; bei letzterem wäre die Differenz noch etwas größer ausgefallen, wenn nicht der See in dieser Höhe über den niedrigsten Punkt der Wasserscheide übergeflossen wäre und einen Abfluss zum Snake River erhalten hätte, der sein Bett rasch eintiefte. Hier liegt also ein Unterschied gegen die Verhältnisse vor, welche wir bei den Vergletscherungen kennen lernten, von denen die ältere überall die größere war.

Die bezüglich der Dauer der beiden Perioden hohen Wasserstandes an jenen großen Seen gewonnenen Resultate stimmen gut mit einander überein. Die in der ersten Periode abgelagerten Mergelmassen sind erheblich mächtiger als die während der zweiten Periode gebildeten, am Lake Bonneville 27 *m* gegen 4.5 *m*, am Lake Lahontan mindestens 30 *m* gegen 15 bis 23 *m*. Das Verhältnis der Zahlen ist an beiden Seen verschieden; ich möchte denen, die sich auf die Sedimente des Lake Lahontan beziehen, ein größeres Gewicht beilegen, da die Bedingungen der Sedimentation für den Lake Bonneville in beiden Perioden etwas verschieden lagen; während seines ersten Hochstandes war er abflusslos, während des zweiten erhielt er einen Abfluss, den er geraume Zeit benutzte. Durch den Abfluss aber mussten umsomehr Sedimente dem See entzogen werden, als sich nach den Untersuchungen von Brewer[2]) besonders die Thonpartikelchen in süßem Wasser außerordentlich lange schwebend erhalten, während sie in salzigem sofort ausgefällt werden. Gerade die Thonpartikel aber treten bei den Ablagerungen der zweiten Periode des Bonneville auffallend zurück.[3])

Blicken wir zurück auf die Untersuchung der beiden großen nordamerikanischen Seen, so müssen wir gestehen, es sind großartige Resultate, welche wir Gilbert und Russell verdanken. Gleichzeitig aber können wir uns nicht verhehlen, dass die Geschichte jener Seen sich auffallend mit der Geschichte der Gletscher Europas und der Vereinigten Staaten deckt. Selbst die Einzelheiten stimmen überein und das Ganze fügt sich zu einem harmonischen Bild.

Wenn wir den Mono-See in Californien und den See des Surprise-Thales in Oregon ausnehmen, so fehlen zur Zeit Beobachtungen

---

[1]) Vgl. Russell a. a. O. S. 255 f. Gilbert a. a. O. S. 183 f.

[2]) Brewer: Imponsion and Sedimentation of Clays. American Journal of Science. 1885, S. 1 ff.

[3]) Die Ausführungen Gilbert's, der vor Brewer schrieb, erfahren hierdurch eine Berichtigung.

von solcher Tiefe und Sorgfalt an anderen Seen. Wir wissen nur, dass der Gegenwart eine Periode weit größerer Ausdehnung der Seen voranging. Allzu schwer dürfte es jedoch nicht sein, jene Beobachtungen nachzuholen, nachdem Gilbert uns einmal die Methoden kennen gelehrt hat. Wenn wir angesichts der Übereinstimmung, die sich in so vielen Punkten zwischen Gletscher- und Seespiegelschwankungen auf der ganzen Erde gezeigt hat, hier die Vermuthung aussprechen, es dürften, wie der Lake Bonneville und der Lake Lahontan, so auch die übrigen abflusslosen Binnenseen der Erde einen Wechsel von Perioden gewaltig hohen und solchen außerordentlich tiefen Wasserstandes oder gar der absoluten Trockenheit erlebt haben, so sind wir uns dessen bewusst, dass es eben nur eine Vermuthung ist. Dass jedoch derselben eine erhebliche innere Wahrscheinlichkeit innewohnt, dürfte wohl allgemein zugegeben werden.

Ein zeitlicher Zusammenhang zwischen Vergletscherung und ausgedehnter Wasserbedeckung der heute abflusslosen Gebiete ist lange vermuthet worden, wenn auch der ursächliche Zusammenhang beider Phänomene meist verkannt wurde und heute noch oft verkannt wird. Gleich nach der Aufstellung der Lehre von der Eiszeit glaubte Escher von der Linth die Ursache der europäischen Vergletscherung in dem von allen damaligen Forschern angenommenen Sahara-Binnenmeer erkannt zu haben, dessen ausgedehnte Wasserfläche die Feuchtigkeit liefern sollte, die als Schnee an den Gebirgen Europas niedergeschlagen, die Gletscher speiste. Seit den Untersuchungen von Pomel und Zittel ist das Sahara-Meer aus der Wissenschaft verschwunden oder doch in seinen Dimensionen auf einige wenige mit Wasser erfüllte Depressionen zusammengeschrumpft. Allein jener Versuch Escher's, aus der Existenz einer ausgedehnten Wasserfläche die Vergletscherung eines Gebietes zu erklären, ist bis in die Gegenwart wiederholt worden. Das einst weit ausgedehnte Aralo-Kaspische Meer, dem man eine Verbindung mit dem Eismeer andichtete, sollte die Gebirge der weiteren Umgebung mit Feuchtigkeit versorgt und hierdurch die Vergletscherung derselben verursacht und sein Schwinden der letzteren ein Ende bereitet haben. Doch beruht diese ursächliche Verknüpfung zwischen continentalen Wasserflächen und der Vergletscherung auf einer sehr starken Überschätzung des Einflusses der ersteren, wie allein schon aus dem Umstand hervorgeht, dass heute die Ufer des Kaspischen Meeres trotz dessen unmittelbarer Nähe an großer Regenarmuth leiden.

Auch an entgegengesetzten Ansichten hat es nicht gefehlt, welche die diluvialen Seen hauptsächlich von den diluvialen Gletschern der benachbarten Berge gespeist werden lassen und ihre Hauptentwickelung in die Zeit des Abschmelzens der Gletscher verlegen. Eine übersichtliche Zusammenstellung dieser Ansichten gibt J. D. Whitney.[1]) Es ist nicht zu verkennen, dass ihnen allen der Gedanke an ein sehr plötzliches Schmelzen der Gletscher zu Grunde liegt, der an die Fluthen-Katastrophen der alten geologischen Schule erinnert. Stattdessen sehen wir nun aber heute überall, dass die Zeiten des Schwindens der Gletscher im laufenden Jahrhundert durch niedrigen Wasserstand der Flüsse wie der Seen ausgezeichnet sind und nur in einem einzigen Fall hat es Michelier für einen kleinen Hochgebirgsfluss der Pyrenäen, die Neste, wahrscheinlich gemacht, dass dessen Wasser-

[1]) Whitney: The Climatic Changes of later Geological Times. Mem. of the Museum of Comparativ Zoology at Harward College. Cambridge, 1882. S. 185 ff.

menge in einigen Jahren intensiven Abschmelzens der Gletscher seines Quellgebietes größer war, als in den Jahren des Gletscheranwachsens.[1]) Die Seen und Flüsse des Hochgebirges werden nur theilweise vom Schmelzwasser der Gletscher genährt, zum anderen Theil von abfließendem Regenwasser oder dem Schmelzwasser des winterlichen Schnees niederer Regionen. Das Mehr an Schmelzwasser, das sie in einem trockenen, warmen Jahr von den Gletschern durch deren intensives Abschmelzen erhalten, wird bei weitem durch den Ausfall wettgemacht, der durch die Abnahme des Zuflusses von Regen- und Schneewasser veranlasst ist. Unsere oben dargestellten Klimaschwankungen liefern den Beweis hierzu: Gletscher und Seen schwanken in gleichem Sinn.[2]) So und nicht anders dürfte es auch in der Diluvialzeit gewesen sein. Gletscher und abflusslose Seen werden von Änderungen der Witterung wie des Klimas in gleichem Sinn beeinflusst, jeder für sich und unabhängig vom anderen, auch dort, wo sie benachbart auftreten. In diesem Sinne erklären sich auch alle amerikanischen Geologen, die sich der Untersuchung der diluvialen Seen widmeten, vor allem Gilbert und Russell.

In diesem Sinne stellte Jamieson in ähnlicher Weise wie wir die Beobachtungen über einige diluviale Salzseen zusammen und verglich sie mit den Vergletscherungen der mehr oceanisch gelegenen Gebiete.[3]) In diesem Sinne äußerte sich auch Penck[4]) u. A. m. Allein gleichwohl ist ein strenger stratigraphischer Beweis der Gleichzeitigkeit der Gletscher- und Seenentwickelung nur an ganz wenigen Punkten gelungen. Wieder müssen wir uns dem Great Basin zuwenden, in dessen Westhälfte nach Russell[5]) von der Sierra Nevada Gletscher bis zum Niveau des alten Mono-Lake herabstiegen und hier ihre Moränen in den See hinausbauten, zum Theile nach Art eines Deltas. Zweimal drangen die Gletscher herab und zweimal hob sich das Niveau des Mono-Lake ihnen entgegen.

An anderen Stellen ist der Nachweis noch nicht gelungen, weil gerade in den continentalen Gebieten der abflusslosen Seen auch in der Diluvialzeit die Gletscher nur äußerst selten bis zum Seespiegel herabreichten. Gleichwohl wird es voraussichtlich in Zukunft leicht sein, noch an anderen Stellen stratigraphische Beweise für das zeitliche Zusammenfallen der Gletscher- und Seenperioden zu erbringen, sofern man sich nicht auf die Untersuchung der Moränen beschränkt, sondern deren Horizont auch außerhalb des alten Gletschergebietes in den Glacialschottern verfolgen lernt, wie es im nördlichen Alpenvorland durch Penck, A. Böhm und mich geschah.

Freilich, die Analogie zwischen den Gletscherschwankungen und den Seespiegelschwankungen der Diluvialzeit ist eine so vollkommene, dass an sich schon jeder Zweifel an der Gleichzeitigkeit ausgeschlossen scheint, umsomehr als der Parallelismus zwischen den Bewegungen der Gletscher und Seen in der historischen Zeit durch Sieger's und meine Ausführungen nachgewiesen ist.

---

[1]) Michelier in Annales du Bureau Central Météorologique de France 1885, I.

[2]) So auch Sieger in seinen verschiedenen Publicationen.

[3]) Jamieson: The Inland Seas and Salt Lakes of the Glacial Period. Geological Magazine. Dec. III., Vol. II. Nr. 5 1885. S. 193.

[4]) Penck im Referat über Zittel, Sahara. Verhandlungen des Vereines für Erdkunde. Berlin 1884, Nr. 4.

[5]) Russell a. a. O. S. 267.

Fassen wir unsere Ergebnisse kurz zusammen.

Es war jede Eiszeit charakterisiert durch:

1. eine allgemeine Depression der Schneegrenze um beiläufig 1000 *m*, welche die Gletscher überall anschwellen ließ;

2. eine allgemein constatierte Ausdehnung der abflusslosen Seen, zum Theile bis zum Überfließen.

Es war die Interglacialzeit charakterisiert durch:

1. eine relativ hohe Lage der Schneegrenze und eine Entwickelung der Gletscher, die mindestens nicht wesentlich größer war als die heutige;

2. ein starkes Zusammenschrumpfen, ja, wahrscheinlich zum Theile vollkommenes Austrocknen der abflusslosen Seen.

Die Gegenwart steht in Bezug auf Größe der Gletscher und Ausdehnung der abflusslosen Seen der Interglacialzeit wesentlich näher als der Eiszeit. Zeitlich ist sie von der letzten Eiszeit weniger weit entfernt als diese von der ersten.

Dass dieser so eigenthümliche Wechsel in den Verhältnissen der hydrographischen Phänomene sich nur auf klimatische Ursachen zurückführen kann, ist seit langer Zeit anerkannt. Allein worin diese klimatischen Schwankungen, auf welche man schließen muss, eigentlich bestanden, darüber herrscht durchaus noch Unklarheit.

Die diluvialen Schwankungen der Gletscher wie der abflusslosen Seen können sowohl durch einen Wechsel von kalten und warmen Perioden als auch durch einen solchen von feuchten und trockenen erklärt werden. Gegenwärtig neigt man unter den Geologen nach dem Vorgange von Lecoq, de la Rive, Tyndall und Frankland vielfach der Ansicht zu, es sei die Eiszeit nur durch eine Vermehrung der Niederschläge veranlasst worden; die Temperaturverhältnisse aber seien dieselben gewesen wie heute oder doch nur wenig verschieden. Ja, Whitney, der diese Hypothese weiter ausgebaut hat, verficht sogar, ebenso wie Frankland, die Anschauung, dass die Eiszeit bei höherer Temperatur stattfand, da bei höherer Temperatur die Verdunstung und damit die Niederschläge gesteigert gewesen sein müssten. Ihm ist das Schwinden der Gletscher und Seen eine Folge der allmäligen Abkühlung des Erdenklimas. Änderung der Niederschläge ohne wesentliche Änderung der Temperatur, das ist die Parole, die ausgegeben wird. Man stützt sich hierbei zum Theile auf die Ausführungen Woeikof's,[1] deren Anwendung jedoch übertrieben wird. Woeikof selbst hat sich gegen jene Theorie Whitney's, wie früher Sartorius von Waltershausen[2] gegen diejenige Frankland's, gewandt und ihre Haltlosigkeit aus meteorologischen Gründen dargethan.[3]). Eine Erhöhung der Temperatur der Luft und der Meere könnte freilich Verdunstung und Niederschlag vergrößern, müsste aber die Schneemenge in den Gebirgen vermindern; denn Schnee würde nur in größeren Höhen fallen als jetzt; da die Schneegrenze selbst in den feuchtesten Gegenden der Tropen heute bedeutend über 4000 *m* liegt, so würde sie dann noch höher rücken.

Überblickt man die Sachlage, so ist ersichtlich, dass man bis heute der Frage fast ausschließlich in Speculationen näher zu treten suchte.

[1]) Woeikof: Gletscher- und Eiszeiten. Zeitschrift der Gesellschaft für Erdkunde. Berlin 1881.

[2]) Sartorius von Waltershausen: Untersuchung der Klimate der Gegenwart und Vorwelt. Haarlem. S. 197 ff.

[3]) Woeikof: Die Klimate der Erde. Jena, 1887, Bd. I, S. 103.

Wie schwierig es jedoch bei solchen ist, die einzelnen Factoren gegeneinander abzuwägen, zeigt die Thatsache, dass die einen für die Eiszeit unbedingt ein etwas wärmeres, die anderen aber ein etwas kälteres Klima annehmen wollen. Wirklich positive Anhaltspunkte zur Klärung der Frage haben nur Woeikof und Lang beizubringen gesucht, der erste, indem er die klimatischen Bedingungen der heutigen Gletscher eingehend feststellte, der zweite, indem er für die Alpen ein Parallelgehen des Niederschlags mit den Oscillationen der Gletscher im laufenden Jahrhundert nachwies, während ein Parallelgehen der Temperatur sich nicht mit gleicher Schärfe ergab.[1]) Durch unsere Ausführungen über die Klimaschwankungen der Erde in den letzten Jahrhunderten und über das Ineinandergreifen der verschiedenen Factoren, wie Temperatur, Luftdruck und Regenfall, dürfte die breite Basis gewonnen sein, von der aus die Beantwortung der Frage nach dem Klima der Eiszeit möglich ist.

Es ist sehr bezeichnend, dass die großen Oscillationen der Gletscher und der abflusslosen Seen der Diluvialzeit ihrem Charakter nach ganz genau den an den heutigen Gletschern und abflusslosen Seen zu beobachtenden Schwankungen in einer 35jährigen Periode entsprechen, die wir oben über die ganze Erde hin theils an hydrographischen, theils an meteorologischen Beobachtungen verfolgen konnten. Gewiss hat daher der Schluss eine hohe Berechtigung, dass auch die diluvialen Klimaschwankungen ihrem Charakter nach den heute zu beobachtenden entsprachen. Wie heute ein Vorstoßen der Gletscher und ein Anschwellen der Seen durch eine Kälteperiode veranlasst wird, in deren Gefolge eine Schwächung der Luftdruckdifferenzen und daher eine Vermehrung des Niederschlags auf dem größeren Theil der Landflächen der Erde auftritt, so dürfte auch eine ganz entsprechende, nur durch eine größere Abweichung und eine längere Dauer ausgezeichnete Kälteperiode mit analogen begleitenden Änderungen des Luftdrucks und des Regenfalls als Ursache der Eiszeit zu betrachten sein. Es war das Klima der Eiszeit überall kühler und auf dem größeren Theile der Landflächen der Erde auch feuchter als das heutige und als das Klima der Interglacial-, wie der Präglacialzeit.

Dieses Resultat stimmt mit den Anschauungen von Gilbert, Penck und Neumayr[2]) im Wesentlichen überein, die alle die Ursache der Eiszeit in einer negativen Temperaturabweichung suchen. Doch erweitert und ergänzt es dieselben in sehr wesentlicher Weise, indem es lokal auch den Schwankungen des Regenfalls einen Einfluss zuspricht. Die Schwankungen der Temperatur sind die erste und allgemeine Ursache, zu der sich in vielen Gegenden entsprechende Schwankungen des Regenfalls gesellten. Diejenigen Gebiete, welche wir oben bei der Schilderung der 35jährigen Schwankungen des Regenfalls als ständige Ausnahme-Gebiete kennen lernten, vor allem die Meere, dürften wahrscheinlich auch in der Eiszeit keine Vermehrung, sondern eher vielleicht eine Minderung ihres Niederschlages erlebt haben. Ja, die in jener Zeit niedriger Temperatur voraussichtlich geringere Verdunstung macht es fast wahrscheinlich, dass überhaupt die gesammte, auf die Erde niederfallende Regenmenge geringer war als heute; aber die Regenmenge der Festländer war größer. Suchen wir diese aus der Analogie mit den Klimaschwankungen der letzten Jahrhunderte gewonnenen Ergebnisse an dem vorliegenden Thatsachenmaterial zu prüfen.

[1]) Lang in der Zeitschrift d. Österr. Ges. f. Met. 1885. S. 443.
[2]) Neumayr: Erdgeschichte. II.

Diejenige Erscheinung der Eiszeit, welche hierzu am besten geeignet sein dürfte, ist die Depression der Schneegrenze. Dieselbe ist nach unserer Anschauung durch eine Minderung der Temperatur, die überall auftrat, veranlasst gewesen, gleichzeitig jedoch in verschiedenen Gebieten durch eine Steigerung des Regenfalls mit beeinflusst worden. Es muss sonach die Depression in verschiedenen Gebieten verschieden groß sein, mittelgroß dort, wo eine Änderung des Regenfalls nicht Platz griff, am größten dort, wo letzterer am intensivsten anwuchs, endlich am kleinsten dort, wo der Regenfall etwas abnahm. In der That zeigt es sich, dass die Depression der Schneegrenze keineswegs gleichmäßig ist. In der nachfolgenden Tabelle ist dieselbe für die wenigen Gebiete, für welche sie bekannt ist, mitgetheilt. Beigefügt habe ich außerdem die mittlere Amplitude der Schwankungen des Regenfalls in der Nachbarschaft seit 1830, berechnet nach den ausgeglichenen Reihen S. 168.

Depression der Schneegrenze		Amplitude der Schwankung des Regenfalls	
Sierra Nevada, Spanien . .	500 m	S.- u. Mittelspanien	unbestimmt
Pyrenäen	1000	Südfrankreich W	14%
		Südfrankreich O	unbestimmt
Salzburger Alpen	1300	Österreichische Alpen	16%
Hohe Tatra	750	NO.-Deutschland	10
		Ungarn	20
Tien-Schan	1450	Barnaul	72
Sierra Nevada de Santa Marta	500	Mexiko	negativ
		Antillen	16%
Sierra Nevada, Californien .	1150	Ver. Staaten, Westküste	28
Neu-Seeland	1200	—	—
Naga-Hills, Indien	1800	Dekan	12%

Diese Tabelle scheint wirklich den von uns gemuthmaßten Zusammenhang zwischen der Größe der Depression der Schneegrenze und der Intensität der Schwankung des Regenfalls, wie sie sich für die Gegenwart ergibt, zu bestätigen. Die Sierra Nevada in Spanien, das wir nach dem Verhalten des Regenfalls als Gebiet partieller Ausnahme kennen lernten, wo die Schwankungen des Niederschlags sich unbestimmt bald so, bald anders vollzogen, weist nur eine sehr geringe Depression auf. Wie die Amplitude der Schwankung des Regenfalls von hier bis nach Westsibirien hinein zunimmt, ebenso wächst auch die Depression der diluvialen Schneelinie. Nur die Hohe Tatra fällt aus der Reihe, wenn wir die Schwankung des Regenfalls in Ungarn in Betracht ziehen. Berücksichtigen wir dagegen das benachbarte Norddeutschland, von woher die Tatra ihren Regen erhält, so scheint auch sie sich dem Gesetz einzuordnen.

Die Sierra Nevada de Santa Marta in Venezuela ist durch eine sehr geringe Depression der Schneelinie ausgezeichnet; wie die Schwankung des Regenfalls sich hier vollzieht, wissen wir nicht genau; auf den benachbarten Antillen ist deren Amplitude 16%; in Mexiko haben wir dagegen ein Ausnahmegebiet vor uns. Jedenfalls aber ist die Schwankung des Regenfalls im Gebiet der Sierra Nevada von Californien weit bedeutender (28%) und in der That ist auch die Depression der Schneegrenze mehr als doppelt so groß.

Ich muss gestehen, dass ich von dieser Übereinstimmung im höchsten Grade überrascht war. Bei der Kleinheit des heute zu Gebote stehenden Materials scheint jedoch immerhin ein Zufall nicht ausgeschlossen. In jedem Fall aber ist es sehr bemerkenswerth, dass die wenigen vorhandenen Beobachtungen durchaus nicht mit unseren durch einen Analogieschluss gewonnenen Anschauungen im Widerspruch stehen, sondern vielmehr dieselben zu bestätigen scheinen. Es scheint sonach in der That die Abweichung des eiszeitlichen Regenfalls vom heutigen von Ort zu Ort verschieden gewesen zu sein, derart, dass dort, wo heute die Schwankungen des Regenfalls sich am schärfsten ausprägen, auch in der Eiszeit die Vermehrung des Niederschlags relativ sehr groß war.

Dieser Schluss modificiert ein Ergebnis etwas, das wir oben schilderten. Es ist nämlich unter solchen Umständen die diluviale Gletscherentfaltung offenbar keineswegs absolut genau proportional der heutigen gewesen, sondern auch proportional der Abweichung des diluvialen Regenfalls von dem heutigen, oder anders ausgedrückt, proportional der Intensität der in der Diluvialzeit sich ebenso wie heute vollziehenden Schwankungen des Regenfalls.

Über den Betrag der Abweichung des Regenfalls in der Eiszeit vom heutigen kann man schon deswegen nichts aussagen, weil derselbe von Ort zu Ort sehr verschieden war. Anders aber steht es mit der Abweichung der Temperatur. Würde die Depression der Schneegrenze ausschließlich ein Werk der Depression der Temperatur gewesen sein, so müsste an der diluvialen Schneegrenze jene Temperatur geherrscht haben, welche heute im gleichen Gebirge an der recenten Schneegrenze herrscht. Es ließe sich dann der Betrag der Temperatur-Depression einfach aus dem Betrag der Depression der Schneegrenze mit Berücksichtigung der bekannten Abnahme der Temperatur mit zunehmender Höhe von 0.5° pro 100 Meter berechnen. Da aber nach unserer Anschauung die Depression der Schneegrenze in vielen Fällen auch von einer Zunahme des Regenfalls beeinflusst wurde, so wird jene Methode offenbar nur dort gute Ergebnisse liefern, wo höchst wahrscheinlich eine Mehrung des Niederschlags nicht stattfand, d. h. dort, wo die Depression der Schneegrenze relativ klein ausfiel. Nach der an der Sierra Nevada in Spanien und an der Sierra Nevada de Santa Marta in Venezuela beobachteten Depression der Schneegrenze findet man, dass die Temperatur in der Eiszeit nur um 2½° kälter war als heute, nach der Depression der Schneelinie in der Hohen Tatra um 3¾° kälter, d. h. das Klima der Eiszeit war um etwa 3 bis 4° kälter als das heutige. Man sieht, es gehört keineswegs eine gigantische Temperatur-Erniedrigung, wie Günther glaubt, dazu, um eine neue Eiszeit hervorzurufen. Die Temperatur-Differenz zwischen Eiszeit und heute ist sogar sehr gering, ist sie doch nur drei- bis viermal so groß als die Amplitude der oben für die letzten beiden Jahrhunderte nachgewiesenen säcularen Schwankungen der Temperatur. Dadurch, dass diese Temperatur-Depression auf die Luftdruck-Verhältnisse einwirkte, wurde die Feuchtigkeit auf dem Lande vermehrt, das Klima wurde hier zum Theil oceanischer und die Schneegrenze noch tiefer herabgedrückt.

Über das Klima der Interglacialzeit können wir nur aussagen, dass dasselbe dem gegenwärtig herrschenden ziemlich nahe gestanden haben dürfte; denn Seen und Gletscher waren nicht wesentlich größer, vielleicht sogar kleiner, als heute; es war 3—4° (oder auch etwas mehr) wärmer als das Eiszeitklima und gleichzeitig erheblich continentaler. Zwei Kälteperioden mit einer Temperatur etwa 3—4° tiefer als die heutige, getrennt durch eine Wärmeperiode, die der heutigen und der präglacialen klimatisch ungefähr entsprach, das sind, mit wenigen Worten geschildert, die Klimaschwankungen der Diluvialzeit. Diese Schlüsse werden durch die Fauna und Flora der Diluvialzeit durchaus bestätigt.

Wir haben bisher absichtlich nicht von der Lebewelt der Diluvialzeit gesprochen. Die faunistischen und floristischen Verhältnisse derselben waren so mannigfache und wechselnde, dass sich wohl aus dem einzelnen Vorkommnis Schlüsse auf die klimatischen Bedingungen ziehen lassen, unter welchen dasselbe entstand, dagegen allgemeine Schlüsse nicht in sicherer Weise abgeleitet werden können. So treffen wir auf dem Boden Mitteleuropas Vertreter einer Waldfauna neben solchen einer Steppenfauna, Vertreter einer arktischen Fauna neben Thieren, die auf ein nahezu subtropisches Klima zu schließen gestatten. Dabei ist es außerordentlich schwer über die Gleichaltrigkeit oder Verschiedenaltrigkeit der einzelnen Thier- und Pflanzenreste irgend etwas auszusagen. Unter solchen Umständen schien es angemessener, aus den gewaltigen und in jeder Beziehung festgestellten Schwankungen der hydrographischen Phänomene auf die klimatischen Verhältnisse der Diluvialzeit zu schließen und die gewonnenen Ergebnisse erst nachträglich an den Befunden der Thier- und Pflanzenwelt zu prüfen, und die letzteren, soweit sich ihre Altersverhältnisse nicht mit Sicherheit stratigraphisch bestimmen lassen, in die constatierten, klimatisch unterschiedenen Perioden einzureihen.[1])

Es ist sehr bezeichnend, dass nach ihren stratigraphischen Verhältnissen die Überreste der diluvialen Lebewelt in Europa präglacial, interglacial oder postglacial sind. Moränen und Schotter der Glacialzeit sind dagegen fossilleer; nur an wenigen Stellen hat man im Connex mit ihnen Überreste gefunden, deren Gleichzeitigkeit mit den Moränen über allem Zweifel steht.

Die präglacialen Diluvialschichten sind besonders in Norfolk mit großem Erfolg untersucht worden. In dem dortigen »Forestbed« trifft man Überreste der Eiche, Erle, Tanne, Fichte, Föhre, Eibe, Haselnuss, des Fieberklees, der weißen und gelben Seerose, vor allem aber eine sehr reiche Fauna. Man darf mit Sicherheit schließen, dass bei Bildung jenes Forestbed die Temperatur nicht niedriger war als heute, sondern etwas höher. Für eine etwas höhere Temperatur spricht auch das Auftreten der Kastanie in präglacialen Süßwasserkalken Norddeutschlands.

Mehrfach hat man in interglacialen Ablagerungen Fossilreste gefunden. Zu den ältesten Funden dieser Art gehören die Schieferkohlen von Dürnten und Wetzikon, sowie von Utznach und Mörschwyl in der Schweiz. Von Pflanzen konnte Heer darin bestimmen: Fichte, Föhre, Bergföhre, Lärche, Eibe, Birke, Eiche, Bergahorn, Haselnuss und Himbeere, ferner Fieberklee, Schilfrohr, Seebinse, Wasserpfeffer, Wassernuss, Sumpflabkraut, Preißelbeere und verschiedene Seerosen. Heer schließt aus dieser Flora auf eine mittlere Jahrestemperatur von 6—9° C.; das Auftreten der Legföhre spricht dafür, dass dieselbe der niedrigern dieser beiden Zahlen nahe lag und tiefer war als die heutige Jahrestemperatur von Zürich (8.7°); jedenfalls aber war das Klima durchaus ein gemäßigtes und kein polares. Die interglacialen Rixdorfer Sande bei Berlin dagegen bergen eine Fauna, in der Überreste des grönländischen Renthiers, des Moschusochsen und des Polarfuchses durchaus auf ein kühleres Klima weisen, daneben aber, wenn auch äußerst selten, Knochen von Elephas antiquus und Rhinoceros leptorhinus, also von Thieren mit höherem Wärmebedürfnis. Sehr wichtige Ergebnisse hat

[1]) Vgl. zum folgenden Neumayr: Erdgeschichte II., das Capitel über d. Diluvium.

die von Penck zuerst als solche erkannte interglaciale Höttinger Breccie im Innthal geliefert. Ist auch bis heute eine zuverlässige Bestimmung der in ihr enthaltenen Pflanzenreste noch nicht gelungen, so haben doch alle bisherigen Bestimmungen derselben immer nur auf klimatische Bedingungen hingewiesen, die den heutigen gleich oder wärmer waren.

Auch marine Ablagerungen sind in interglacialer Stellung nachgewiesen, so die Yoldienthone Schottlands, die eine Fauna von durchaus nordischem Charakter mit vielen heute auf die Küsten von Island und Grönland und selbst noch nördlichere Gebiete beschränkten Formen enthalten. Analog zeigen die englischen marinen Muschelbänke in interglacialer Stellung eine, verglichen mit der heutigen, niedrigere Meerestemperatur an.

Unter allen interglacialen Ablagerungen Mitteleuropas steht jedoch unserer Meinung nach der Löss an Bedeutung in erster Reihe. Penck ist der erste gewesen, der für ein interglaciales Alter desselben eintrat. Er schloss dieses aus seiner geographischen Verbreitung, aus seinem Fehlen im Gebiet der intakten Moränenzone der letzten Vergletscherung und seinem Auftreten auf der verwaschenen äußeren Moränenzone, deren Bildung in die ältere Eiszeit versetzt wird. Einige angebliche Vorkommnisse von Löss in Thälern der Alpen, welche diesem Gesetz zu widersprechen schienen, erwiesen sich bei genauerer Besichtigung als etwas ganz anderes. Der stratigraphische Beweis für das interglaciale Alter des Lösses wurde erst später von mir im Gebiet des Salzachgletschers erbracht, wo auf einer Fläche von 5—7 *qkm* der Löss zwischen den verfestigten unteren und den lockeren oberen Moränen lagernd gefunden wurde.

Lange galt der Löss am Rande der Gletschergebiete als ein von den Schmelzwassern abgelagerter Gletscherschlamm. Auch heute wird diese Meinung noch oft verfochten. Doch hat niemand an recenten Gletschern oder Strömen Schlamm-Ablagerungen gesehen, welche auch nur eine entfernte Ähnlichkeit mit dem porösen, vorwiegend aus Verwitterungsstaub bestehenden Löss besitzen. Zweitens aber steht die Verbreitung des Lösses direct mit jener Hypothese im Widerspruch. Er ist am mächtigsten gerade dort entwickelt, wo von Gletschern und Gletscherströmen keine Rede ist, so z. B. im südwestdeutschen Becken und in Ungarn.[1]) Wollte man den Löss aus gestautem Gletscherwasser sich niederschlagen lassen, so müsste man bei der außerordentlichen Verbreitung desselben in verticaler und horizontaler Richtung eine Wassermasse annehmen, welche beiläufig einem Fünftel des in den diluvialen Gletschern Europas gebundenen Wassers gleichkäme. Wodurch aber diese mächtige Wassermasse am Abfließen in das Weltmeer gehindert wurde, bliebe noch vollkommen dunkel. Wir müssen sowohl nach unseren eigenen Beobachtungen, als auch in Anbetracht jener geographischen Verbreitung des Lösses vollkommen dem beipflichten, dass derselbe nichts mit der Vergletscherung zu thun hat. Er ist eine fremde Ablagerung der Interglacialzeit.

Die Schwierigkeiten, welche die physikalischen und chemischen Eigenschaften des Lösses jeder Annahme eines Absatzes aus Wasser entgegensetzen, führten v. Richthofen zu seiner äoloischen Theorie der Lössbildung. Unter vielen Anderen hat Tietze sich sehr entschieden

[1]) Vgl. Penck: Das Deutsche Reich. Leipzig u. Prag 1887. S. 511.

für dieselbe ausgesprochen, ebenso Neumayr,[1]) vor allem aber Nehring,[2]) der unermüdliche Erforscher der Fauna des mitteleuropäischen Lösses. Nehring beschrieb nämlich aus dem mitteldeutschen Löss eine typische Steppenfauna, aus der wir hier nur einige Formen nennen wollen: Saiga-Antilope, Wildpferd, Wildesel, dann zahllose Steppennagethiere, wie Steppenmurmelthier, Steppenstachelschwein, Pferdespringer, Pfeifhase, mehrere Arten von Hamstern, Zieseln, Feldmäusen. Es sind das lauter Formen, die theils zu den entschiedensten Steppenbewohnern gehören, theils wenigstens den Wald meiden. Die petrographische Beschaffenheit und ebenso der faunistische Inhalt zwingen also übereinstimmend dazu, den Löss als Steppenbildung aufzufassen. Er konnte sich nur bilden, als in Mitteleuropa ein Steppenklima herrschte. Dass sich diese Steppe jedoch nicht ununterbrochen erstreckte, lehren andererseits Knochen des Mammuth und des wollhaarigen Rhinoceros, welche aller Wahrscheinlichkeit nach als Waldthiere lebten. Man wird annehmen dürfen, dass damals wie jetzt die Ufer der die Steppe durchschneidenden Flüsse und ebenso die aus der Steppe sich erhebenden Gebirge mit Bäumen und Wäldern besetzt waren, die jene großen Dickhäuter ernährten und von denen aus sich dieselben in die Steppe begaben.

Die Steppenperiode, von der uns der Löss zeugt, ist von Nehring zuerst in die Postglacialzeit gesetzt worden. Nachdem jedoch durch geographische und stratigraphische Beweise das interglaciale Alter des Löss dargethan ist, steht Nehring nicht an, seine Steppenfauna als interglacial zu betrachten.[3]) Wenig glücklich scheint der Versuch, die Steppenperiode zeitlich mit der zweiten Vergletscherung zu parallelisieren, wie dieses Neumayr unternimmt. An ein Austrocknen der Luft, die über die weiten Eisflächen streichen musste, ehe sie Mitteleuropa erreichte, ist doch wohl nicht zu denken. Abgesehen von allen stratigraphischen Bedenken, schließen Steppen und Gletscher einander heute ziemlich aus. Steppen treten heute nur in streng continentalem Klima mit heißen Sommern bei gleichzeitiger relativer Regenarmuth auf. Wir haben kein Recht, für die diluvialen Steppen andere Verhältnisse anzunehmen; vor allem scheinen kühle Sommer, wie sie in der Nähe der Eismassen geherrscht haben müssen, mit denselben unvereinbar. Die Steppenbildungen Mitteleuropas müssen unter analogen Verhältnissen vor sich gegangen sein, wie diejenigen in Südrussland vor sich gehen, wo in der That auch heute noch die Fauna des diluvialen Löss lebt. Das Klima Mitteleuropas war wahrscheinlich damals demjenigen der heutigen südrussischen Steppen ähnlich, mit heißen Sommern und relativ geringen Niederschlägen.

Überblicken wir die Fossilien der Interglacialzeit, so erkennen wir unter ihnen Vertreter der verschiedensten Klimate, einerseits solche eines nordischen und oceanischen Klimas, andererseits solche eines borealen Waldklimas gleich dem heutigen und endlich solche eines Steppenklimas. Von den genannten Klimaten sind das erste und das letzte Extreme, zwischen welche sich die verschiedenen anderen als Übergänge einordnen. Eine ähnliche, wenn auch nicht so weitgehende Mannigfaltigkeit treffen wir in post-

[1]) Neumayr, a. a. O.

[2]) Nehring: Über den Charakter der Quartärfauna von Thiede bei Braunschweig. Neues Jahrb. f. Mineralogie 1889, S. 66 ff. Hier findet man auch die älteren Abhandlungen von Nehring citiert.

[3]) Nehring, a. a. O. S. 97 und Sitzungsber. d. Ges. naturf. Freunde zu Berlin vom 20. März 1888, S. 43.

glacialen Ablagerungen. Doch tritt hier ein deutliches Nacheinander zu Tage, das man für die Interglacialzeit nicht streng nachweisen konnte.

In Norwegen ist mit dem Schluss der letzten Eiszeit das Meer gesunken; da ist es denn sehr bezeichnend, dass die höchsten, ältesten Strandterrassen zahlreiche hochnordische Faunen beherbergen, die in den tiefen und jüngern immer mehr und mehr zurücktreten, bis in unmittelbarer Nähe des heutigen Meeresniveaus die Muschelfauna den Charakter der recenten Nordseefauna annimmt. Zu ganz ähnlichen Resultaten führte die Untersuchung der Torfmoore Dänemarks, Schwedens und Norwegens durch Steenstrup und Nathorst. Diese fanden, dass der zu Beginn der Torfbildung vorherrschende Waldbaum die Zitterpappel war, der dann die Föhre und später der Reihe nach Eiche, Erle und Buche folgten, eine Thatsache von umso größerem Interesse, als man jetzt in Sibirien dieselbe Reihenfolge von Bäumen beobachtet, wenn man von Nordosten nach Südwesten fortschreitet. Ähnliche Erscheinungen sind auch für Frankreich von Fliche festgestellt worden. [1]) In allen diesen Fällen können wir auf eine Zunahme der Temperatur als Ursache der Veränderungen im Pflanzenkleid schließen.

Nur spärlich haben sich Überreste der eigentlichen, zugleich mit den diluvialen Gletschern existierenden Glacialflora erhalten. In einer Lettenlage unmittelbar über der Grundmoräne fand Nathorst im Canton Zürich eine solche, enthaltend die zwergige Polarweide, die Zwergbirke, Silberwurz (*Dryas octopetala*) etc., alles Pflanzen, welche heute im hohen Norden und zum großen Theil auch auf den Höhen der Alpen heimisch sind. Dies also war die Vegetation, welche am Rande des Eises wuchs und dem Anscheine nach einen großen Theil des Raumes zwischen der Südgrenze des nordeuropäischen Inlandeises und der Nordgrenze der alpinen Gletschermassen besiedelt hatte. Heute noch leben inmitten der Waldflora auf dem Boden des Alpenvorlandes an geeigneten Stellen gleichsam erratische Colonien von Pflanzen, die für die Alpen und die arktische Region charakteristisch sind und uns hier als Überreste einer ehemals das ganze Vorland einheitlich bedeckenden Flora gelten müssen. Nicht minder bedeutungsvoll ist das Resultat, welches sich aus einem Vergleich der Alpenflora mit der arktischen Flora ergab, die heute die Gebiete nördlich der Baumgrenze bewohnt, so weit es Schnee und Eis gestatten. Beide Floren besitzen eine große Zahl gemeinsamer Arten; die alpine Flora enthält arktische Formen und die arktische alpine. Es müssen sich die beiden heute örtlich weit von einander entfernten Floren in der Eiszeit gemengt haben. Das aber konnte nur geschehen, wenn die Alpenflora von ihrem hohen Sitz in die Tiefe und die arktische aus ihren hohen Breiten in niedrigere herabgestiegen war; nur auf dem Boden Mitteleuropas konnte die Mischung vor sich gehen. Als dann die Eismassen sich einerseits nach Norden in die Gebirge Skandinaviens und andererseits hinauf auf die Höhen der Alpen zurückzogen, da wanderte mit ihnen auch die arktische und alpine Flora in ihre heutigen Wohnsitze ein und nur wenige Trümmer hielten sich bis heute an geeigneten Stellen in den niedrigen Gebirgen Mitteleuropas.

Die Thatsache der Mischung der arktischen und alpinen Flora ist für die Frage nach den klimatischen Verhältnissen in der Eiszeit von hoher Bedeutung; denn sie lehrt, dass nicht nur die Schneegrenze,

[1]) Vgl. hierzu Neumayr a. a. O. S. 617.

sondern auch die Baumgrenze abwärts verschoben war.[1]) Mitteleuropa muss im großen Ganzen waldfrei gewesen sein und einen Charakter ähnlich demjenigen der Tundren in der Nähe der Waldgrenze besessen haben. Hieraus ist der Schluss berechtigt, dass die Sommertemperatur sich nicht wesentlich über 10—12° C. erhob. Kühle Sommer dürften also für die Eiszeit charakteristisch gewesen sein.

Auf die marinen Fossilien der Glacialzeit, die jüngst von Torell beschrieben wurden,[2]) kann man nur bis zu einem gewissen Grade in der vorliegenden Frage Gewicht legen. Dass das Meer eine sehr niedrige Temperatur besaß, geht aus dem Vorkommen der Yoldia arctica in Schweden, Norwegen und Norddeutschland unmittelbar über den Moränen hervor. Daraus Schlüsse auf die Lufttemperatur zu ziehen, vermag man jedoch nicht. Denn dass die Temperatur des Meerwassers, das die gewaltigen Eismassen des nordischen Inlandeises bespülte, nicht wesentlich von 0° verschieden gewesen sein kann, ist natürlich. Von größerem Belang für die Frage nach der Temperatur der Eiszeit sind uns Funde von nordischen Conchylien fern von in das Meer ausgehenden Gletschermassen. So lehren marine Quartärschichten an den Gestaden des Mittelmeers, die zahlreiche boreale Conchylienarten enthalten, dass die Abkühlung in der Eiszeit auch die subtropischen Meere berührte.

Werfen wir einen Blick zurück auf die geschilderte Lebewelt der Diluvialzeit in Mitteleuropa, so bleibt derselbe auf den beiden Extremen haften, welche uns die arktisch-alpine Tundrenvegetation und die Steppenfauna darstellen. Weist jene auf ein sommerkühles, feuchtes, oceanisches Klima hin, so erfordert die Steppe ein trockenes, sommerwarmes Continentalklima. Das sind genau dieselben klimatischen Extreme, zwischen denen sich in den letzten Jahrhunderten, wenn auch in abgeschwächter Form, die Klimaschwankungen Mitteleuropas mit ihrer bald zunehmenden und dann wieder abnehmenden Continentalität bewegten. Es sind dieselben Extreme, auf welche wir oben aus dem Wechsel der Eiszeiten und Interglacialzeit schlossen. Die übrigen organischen Erscheinungen ordnen sich zwanglos als Übergänge zwischen jene beiden Extreme ein und die Erkenntnis der Klimaschwankungen löst ungezwungen die zahlreichen scheinbaren Widersprüche, welche der Fossilinhalt der Diluvialschichten bot.

Gletscher und Steppe sind extreme Producte des Klimas, die wir nirgends in unmittelbarer Nachbarschaft von einander treffen. Immer und überall schaltet sich zwischen beide eine Zone arktischer, beziehungsweise alpiner Vegetation und eine Zone der Waldvegetation ein, sei es nun in verticaler Richtung im Gebirge oder in horizontaler in der Ebene. In der Diluvialzeit sehen wir Eiszeiten und Steppenperioden mit einander abwechseln. Dieses Abwechseln konnte nach obigem nicht unvermittelt geschehen. Ehe die Steppe das von Eis frei gegebene Gebiet in Besitz nahm, mussten über dasselbe nacheinander eine arktisch-alpine Pflanzendecke und eine Waldvegetation hinwegwandern, und der gleiche Wechsel des Pflanzenkleides musste sich in umgekehrter Reihenfolge beim allmäligen Nahen der zweiten Vergletscherung vollziehen. Nach dem Schluss der letzten Eiszeit zog die arktisch-alpine Flora und Fauna wieder ab und machte der heute noch herrschenden Thier- und Pflanzenwelt Platz.

[1]) Vgl. hierzu Penck: Die Eiszeit in den Alpen. Schriften des Vereins zur Verbreitung naturwissenschaftlicher Kenntnisse. Wien 1885.

[2]) Torell in der Zeitschrift der Deutschen Geolog. Ges. 1888. S. 250 ff.

Dieser Wechsel der Pflanzen- und Thierformen ist nicht auf den Boden Europas beschränkt. Wie alle geschilderten Vorgänge der Diluvialzeit, scheint ein Wechsel mehr oder minder allgemein stattgefunden zu haben. Wenigstens weist Marcou für die Zeit der Vergletscherung Nordamerikas gleichfalls eine Flora und Fauna von arktisch-alpinem Charakter auf dem Boden des heute gemäßigten Nordamerika nach,[1]) welche die Berechtigung gibt, die Ergebnisse der Untersuchung der diluvialen Fossilreste Europas auf Nordamerika auszudehnen. Es sind allgemeine Wanderungen der Floren und Faunen, welche den Wechsel der Eiszeiten und Interglacialzeiten begleiteten.

Es sei uns gestattet, unsere Ergebnisse über die Klimaschwankungen der Diluvialzeit in einer Tabelle kurz zusammen zu fassen. Dieselbe enthält links die Bezeichnung der Perioden, ferner Angaben über den Stand der Gletscher und abflusslosen Seen und die Flora und Fauna in Mitteleuropa. Die dritte, älteste Eiszeit, welche von Penck und mir angenommen wird, ist nicht mit aufgeführt.

Die Klimaschwankungen der Diluvialzeit.

Periode	Klimatische Verhältnisse	Erscheinungen: in oceanischen Gebieten, bezw. Gebirgen: Verhalten der Gletscher	Vorgänge außerhalb des vergletscherten Gebiets	Charakter der Lebewelt in Mitteleuropa	in abflusslosen Continentalgebieten
Präglacialzeit	gemäßigt, doch etwas wärmer als heute	klein	Thalbildung	boreal	Seen klein. Erosion
I. Eiszeit	relativ kühler und meist feuchter	groß	Thalaufschüttung	arktisch-alpin	Seen groß, See- und Strandablagerungen
Uebergangszeit	gemäßigt		Thalbildung	boreal	
Interglacialzeit	relativ wärmer und meist trockener	klein, vielleicht kleiner als heute	Thalbildung und Lössbildung in Mitteleuropa	Steppenfauna	Seen klein od. geschwunden, Thalbildung und Flussablagerungen
Uebergangszeit	gemäßigt		Thalbildung	boreal	
II. Eiszeit	relativ kühler und meist feuchter	groß	Thalaufschüttung	arktisch-alpin	Seen groß, z. Th. mit Abfluss
Postglacialzeit	gemäßigt	klein	Thalbildung	boreal	Seen klein

Wenn wir in dieser Weise den Gang der Ereignisse in der Diluvialzeit aus dem Wirrsal einzelner Erscheinungen zu enträthseln suchten und dabei zur Erkenntniss kamen, dass das Klima der Eiszeit überall 3—4° kälter und auf dem größeren Theil der Landflächen feuchter war als das heutige, so entzieht sich uns doch die Ursache dieser mächtigen Klimaschwankungen vollkommen. Es geht uns hier nicht besser als mit der Ursache der Klimaschwankungen kurzer Periode, die wir auch nicht feststellen konnten, wenn wir auch die Vermuthung aussprachen, dass dieselbe in der Sonne liegen dürfte.

[1]) Marcou im Neuen Jahrbuch für Mineralogie, 1883, II. S. 52.

Wir wollen hier nicht Schau halten über das Heer von Hypothesen, welche zur Erklärung der Eiszeit aufgestellt wurden, sondern uns damit begnügen, auf Grund unserer obigen Ausführungen festzustellen, welchen Bedingungen eine brauchbare Theorie zu genügen hat.

Zunächst kann die Ursache der diluvialen Klimaschwankungen keine tellurische gewesen sein; denn eine solche wäre mit der Thatsache der Allgemeinheit des Eiszeitphänomens auf der ganzen Erde unvereinbar. Dann muss sie eine periodisch wirkende sein; denn wir haben mindestens zwei, vielleicht sogar drei Eiszeiten zu unterscheiden; dieses Postulat schließt Whitney's Versuch, die Eiszeit aus einer fortschreitenden Abkühlung des Erdenklimas zu erklären, aus. Endlich muss die Ursache derart beschaffen gewesen sein, dass sie auf der ganzen Erde, also gleichzeitig auf der Nordhemisphäre und auf der Südhemisphäre, in höheren Breiten wie am Äquator, die Temperatur beeinflusste, indem sie dieselbe im Vergleich zur Gegenwart in jeder Eiszeit um wenige (3—4) Grade deprimierte; hierdurch werden alle Hypothesen ausgeschlossen, welche den Hauptnachdruck auf die Präcession der Tag- und Nachtgleichen und auf die verschiedene Länge des Sommers und des Winters legen und ein Alternieren der Eiszeit zwischen Nord- und Südhemisphäre annehmen. Damit aber sind wir auch am Ende dessen, was wir über die Ursache der diluvialen Klimaschwankungen aussagen können. Nur als eine Vermuthung, die eine gewisse Wahrscheinlichkeit für sich hat, möchten wir hinzufügen, dass sich bei der vorhandenen Übereinstimmung zwischen den diluvialen Klimaschwankungen und denjenigen kurzer Periode in der Gegenwart beide Phänomene vielleicht auf eine Ursache gleichen Charakters zurückführen lassen möchten. Ob eine solche gemeinsame Ursache in Schwankungen der Sonnenstrahlung zu suchen ist oder nicht, können wir nicht bestimmen. Sicher scheint nur, dass eine Oscillation der Sonnenstrahlung die geschilderten Phänomene der Diluvialzeit gut erklären könnte. Eine Minderung der Sonnenstrahlung würde die Temperaturdifferenz zwischen den Polen und dem Äquator und dadurch die allgemeine atmosphärische Circulation abschwächen, die sich in einer Schwächung der bekanntlich an der Oberfläche der Meere vorwiegend polwärts gerichteten Meeresströmungen äußern müsste. Dadurch würde die Abkühlung, die in erster Reihe am Äquator zu spüren wäre, bis in hohe Breiten hinauf sich bemerkbar machen müssen und so fort, wie wir das oben für die recenten Klimaschwankungen ausführten. Doch bin ich weit davon entfernt zu glauben, dass dem wirklich so gewesen sei. Ich habe nur auf eine Möglichkeit hinweisen wollen, welche bei den bisherigen Erklärungsversuchen meist ganz außer acht gelassen wurde. Gewiss können auch andere Vorgänge, z. B. Schwankungen der Temperatur des Weltenraumes, die Thatsachen ebenso gut erklären. Doch dürfte zur Zeit wohl überhaupt keine der irgend in Betracht kommenden hypothetischen Ursachen eine größere Wahrscheinlichkeit für sich in Anspruch nehmen können als ihre Schwestern.

Nur die großen Züge der Klimaschwankungen haben wir geschildert, welche Eiszeiten und Interglacialzeiten, Perioden hohen und solche tiefen See- und Gletscherstandes miteinander abwechseln ließen. Doch vollzogen sich dieselben keineswegs so glatt und continuierlich, wie es nach dem obigen scheinen könnte; vielmehr wurde die Bewegung zeitweise unterbrochen; es trat zu Zeiten vielleicht sogar eine rückläufige Bewegung ein; kurz, es legten sich auf jene großen Schwankungen von langer Dauer noch kleine Oscillationen von sehr viel kürzerer Dauer auf; es interferierten gleichsam zwei Schwankungen von verschiedener

Periode. Auch die Spuren dieser kleinen Oscillationen sind uns sowohl in den Ablagerungen der Gletscher als auch in denjenigen der Seen erhalten. Dort treten sie in Form von Endmoränenwällen auf, die, in geringem Abstand von einander aufgebaut, lehren, dass der Rückzug der Gletscher mit Unterbrechungen erfolgte; hier sind es Strandlinien, die unter dem Niveau der höchsten auftretend, anzeigen, dass sowohl das Anschwellen als auch der Rückzug der Seen sich nicht kontinuierlich, sondern etappenförmig vollzog. So allgemein diese Erscheinung auftritt, so wenig vermag man jedoch die Gebilde der Pausen im Rückzug verschiedener Gletscher oder Seen miteinander zu parallelisieren. Sicher ist nur, dass von einem Zustand der Reduction an die Pausen ganz aufhören und der Rückzug der Seen und Gletscher scheinbar ganz ohne Unterbrechung erfolgt. So finden wir z. B. am Salzach-Gletscher[1]) nördlich von Salzburg in einer Zone von beiläufig 8—10 *km* Breite vom äußersten Ende der letzten Vergletscherung an gerechnet eine Reihe mehr oder weniger concentrisch gestellter Endmoränenwälle in einer Entfernung von 0.5 bis 3 *km* von einander, die die Pausen im allmäligen Schwinden der Gletscher markieren, dann aber keine Endmoränen auf der ganzen Strecke bis mindestens Bischofshofen, Abtenau und Saalfelden, d. h. auf eine Entfernung von 60—70 *km*. Erst weiter thalaufwärts stellen sich wieder Endmoränen ein, die schon in der Nähe der heutigen Gletscher liegen. Dieses wiederholt sich bei allen Gletschern der Alpen.[2])

Ganz ähnliches beobachten wir an den Seen im Great Basin. Am Lake Bonneville sind deutliche Strandterrassen, im Ganzen 6 oder 7, nur bis zu 122 *m* unterhalb der höchsten Terrasse zu beobachten; weiter unten werden sie undeutlich und verwischt. Tiefer lassen sie sich beim Lake Lahontan hinab verfolgen.

Gewiss ist das Fehlen von Rückzugsmarken an den Gletschern und den Seen, nachdem eine gewisse Reduction eingetreten war, auffallend. Vielleicht erklärt sich diese Erscheinung am besten dadurch, dass jene secundären Oscillationen nur in der Nähe des Wendepunktes der Kurve der großen Klimaschwankungen, wo letztere noch fast horizontal verläuft, wirklich als Oscillationen aufzutreten und zu wirken vermochten, hingegen dort, wo die Kurve rasch abfiel, sich nur in einer relativ geringfügigen Verzögerung oder Beschleunigung der Reduction der Gletscher und Seen äußerten, ohne dass die Verzögerung zum Stillstand und zum Aufbau einer Endmoräne oder einer Strandterrasse führte. Wie dem auch sei, sicher ist, dass wir neben jenen großen Klimaschwankungen von langer Periode und mit diesen interferierend auch Klimaschwankungen von geringer Amplitude und kurzer Periode in der Diluvialzeit anerkennen müssen.

Unwillkürlich drängt sich uns die Frage auf, ob vielleicht diese secundären Schwankungen identisch sind mit den von uns für die Zeit seit 1000 nachgewiesenen. Ich muss gestehen, dass ich dies nicht für möglich halte. Die in jenen Pausen des Rückzuges der Gletscher und der Seen geschaffenen Ablagerungen erscheinen mir als viel zu gigantisch, um in der kurzen Zeit von nur 18 Jahren, d. h. der mittleren halben Dauer unserer modernen Klimaschwankungen entstanden zu sein. Wenigstens sind die Werke der heutigen Seen und Gletscher, die sie in den regenreichen

[1]) Brückner: Vergletscherung des Salzachgebietes. Wien, 1886, S. 34.

[2]) Vergleiche Penck: Vergletscherung der Deutschen Alpen. Leipzig 1882.

Perioden dieses Jahrhunderts zu schaffen vermochten, dem gegenüber verschwindend klein; ja oft, z. B. am Kaspischen Meere, fehlen sie überhaupt. Wollte man trotzdem für jene Oscillationen eine so kurze Periode annehmen, so wäre man gezwungen, die Gesammtdauer der Eiszeit nur auf beiläufig 1000—2000 Jahre zu veranschlagen. Denn erhalten sind uns aus der Zeit des Beginns des Rückzuges nirgends die Spuren von mehr als etwa zehn Pausen im Schwinden. Für eine solche kurze Spanne Zeit aber scheint die geleistete Arbeit der Gletscher, die in ihren mächtigen Moränen vorliegt, ebenso auch die geleistete Arbeit der Sedimentation in den Seen, die wir in ihren Ablagerungen erkennen, zu groß. Dann würden auch die Klimaschwankungen der Eiszeiten so rapid vor sich gehen, dass unbedingt in historischer Zeit sehr viele und zuverlässige Zeichen derselben vorliegen müssten, was nicht der Fall ist. Endlich ist es kaum denkbar, dass die Verschiebungen der Pflanzenzonen sich mit einer solchen Geschwindigkeit zu vollziehen vermochten, wie sie für eine Eiszeit von so kurzer Dauer angenommen werden müsste. In Berücksichtigung aller dieser Umstände möchte ich in jenen Pausen des Rückzuges der Seen und Gletscher lieber das Resultat von Schwankungen des Klimas sehen, die ihrer Dauer nach zwischen unseren 35jährigen und den Klimaschwankungen der Eiszeiten stehen.

Anzeichen solcher über mehrere Jahrhunderte sich erstreckender Schwankungen sind thatsächlich aus historischer Zeit vorhanden. Vielleicht liegt uns in der Schwankung, welche Russell für die Seen des Lake Lahontan in der Postglacialzeit vermuthet [1]) und welche einige hundert Jahre umfasst, ein Beispiel einer solchen Schwankung aus historischer Zeit vor. Doch haben wir auch zuverlässigeres Material, das auf solche hundertjährige Schwankungen hinweist. Ich denke hier weniger an die Berichte über heute ungangbare, in früheren Jahrhunderten aber stärker frequentierte Gletscherpässe der Berner und Walliser Alpen, über deren Zuverlässigkeit noch keine völlige Einigung erzielt ist, wenn auch die große Zahl derselben für eine solche spricht. Viel wichtiger sind die Berichte über die Schwankungen des Kaspischen Meeres in früheren Jahrhunderten, die wir oben Seite 72 zusammenstellten. Aus ihnen scheint hervorzugehen, dass um 900 und ebenso um 1300 herum das Klima sehr feucht und kühl war, dagegen im 12. Jahrhundert sehr trocken und warm; denn auf die ersten Zeitpunkte fallen die höchsten bekannten Stände des Kaspischen Meeres, dagegen in das 12. Jahrhundert die tiefsten. Sicherer verbürgt als diese doch nur von wenigen Quellen berichtete Schwankung ist die über fast zweihundert Jahre sich erstreckende Oscillation seit 1730. Von 1730 an bis 1809—14, d. h. rund 80—85 Jahre stand das Kaspische Meer sehr hoch, von 1814 bis heute dagegen etwa zwei Meter tiefer. [2]) Es scheint also der erstgenannte Zeitraum kühler und feuchter gewesen zu sein als die letzten verflossenen Jahrzehnte. In der That erfährt dieser Schluss durch einige andere Thatsachen seine Bestätigung. Ich habe für die kritischen Zeiträume die mittlere Abweichung der eisfreien Zeit an sämmtlichen russischen Strömen und ebenso die mittlere Correction für den Termin der Weinernte, bezogen auf das Mittel 1816—80, berechnet und die nachfolgenden Zahlen (Tage) gefunden:

[1]) Vgl. oben S. 301.
[2]) Vgl. oben S. 85 f.

	Kasp. Meer	eisfr. Zeit d. russ. Flüsse (Abw.)	Termin der Weinernte (Corr.) N-Frankr.	S-Frankr.	SW-Dschld. Schweiz	Mittel
1660—1730	—	(3.7)	—	—	—	1.1
1731—1820	hoch	—2.0	—1.5	0.3	—1.8	—0.9
1821—1880	tief	0.4	0.8	0.6	0.4	0.6
Differenz	ca. 2 m	2.4	2.3	0.3	2.2	1.5

Darnach fand 1731—1820 die Weinernte etwa 1½ Tage später statt, als 1821—80; die Dauer der eisfreien Zeit auf den Flüssen war 2—4 Tage geringer. Das weist darauf hin, dass wirklich der erstgenannte Zeitraum kühler war als die letzten 70 Jahre. Dieses ist nun nicht etwa die Folge des Umstandes, dass in die Mittel 1821—1880 zwei volle 35jährige Schwankungen hineingehen, dagegen in die Mittel 1731—1820 drei Kälteperioden und nur zwei Wärmeperioden. Denn nehmen wir die 15 warmen Jahre 1716—1730 zum Mittel 1731—1820 hinzu, so behalten die Differenzen doch ihr Zeichen. Die Differenz wird dann für die Dauer der eisfreien Zeit der Flüsse 1.3 Tage und für den Termin der Weinernte 1.0 Tage.

Das sind alles Anzeichen von Schwankungen, die sich über mehrere Jahrhunderte erstrecken. Es sind dieselben Schwankungen, auf welche Dufour bei Discussion des Termins der Weinernte in der Schweiz schloss und die Angot mit Unrecht leugnete.[1]) Es sind Schwankungen, die ihrer Dauer nach in der Mitte stehen zwischen unseren 35jährigen und den Klimaschwankungen der Diluvialzeit.

[1]) Siehe oben S. 265.

SCHLUSS.

Rückblick auf die Ergebnisse.

Schilderung des Weges der Untersuchung. Umfang des benutzten Materials. Thatsache der Temperaturschwankungen in einer 35jährigen Periode. Amplitude derselben. Schwankungen des Luftdrucks dadurch hervorgerufen. Letztere veranlassen Schwankungen des Regenfalls. Amplitude der Schwankungen des Regenfalls. Ausnahmegebiete. Die Temperaturschwankungen sind allgemein, diejenigen des Luftdruckes und des Regenfalles wechseln von Ort zu Ort, doch so, dass der Regenfall auf dem größeren Theil der Landflächen der Erde in den kühlen Perioden größer ist als in den warmen. Mittlere Periodenlänge der Klimaschwankungen 34.8 ± 0.7 Jahre, bestimmt nach den Beobachtungen von 1000 bis 1885. Die Ursache der 35jährigen Klimaschwankungen ist noch ganz unbekannt, ebenso die Ursache der diluvialen und der sich über mehrere 100 Jahre erstreckenden. Drei Systeme der Klimaschwankungen, die mit einander interferieren.

Wir sind am Ende unserer Betrachtungen angelangt. Es empfiehlt sich, einen Blick rückwärts zu werfen auf den Weg, den wir gewandert sind, und die Reihe der Ergebnisse noch einmal zu überschauen.

Die Oscillationen der Alpengletscher hatten seit geraumer Zeit die Aufmerksamkeit der Forscher auf sich gezogen und ließen die Existenz von Schwankungen des Klimas ahnen, die jedoch erst von Sonklar, Forel, Richter und Lang für den Umkreis der Alpen erwiesen wurden. Da begegneten uns Schwankungen von gleichem Rhythmus am Kaspischen Meer. Wir vermochten dieselben fast über alle abflusslosen Gebiete der Erde hinweg zu verfolgen, indem wir, vielfach Vortheil aus den Untersuchungen Sieger's ziehend, für 11 abflusslose Seen in Europa, 12 in Asien, 10 in Nordamerika, 2 in Südamerika, 6 in Afrika und 3 in Australien synchrone Schwankungen des Wasserstandes constatierten. Dieses Material wurde ergänzt durch die Beobachtungen von 31 Pegelstationen an Flüssen und Fluss-Seen in Europa, 5 in Afrika und 4 in Nordamerika. Die Existenz von synchronen Schwankungen des Klimas war dieser Art durch die allgemein auftretende Thatsache der Schwankungen der hydrographischen Phänomene festgestellt, ohne dass doch dieselben über das Wesen der Klimaschwankungen hätten Aufschluss geben können. Einen Einblick in das letztere gewannen wir erst durch Discussion der Beobachtungen zahlreicher meteorologischer Stationen, die über die ganze Erde vertheilt waren. Leider aber reichten dieselben nur in wenigen Fällen bis in das vorige Jahrhundert zurück und konnten daher nicht wohl zur Feststellung der Periodenlänge der Klimaschwankungen dienen. Eine solche wurde uns durch die zum Theil viele Jahrhunderte umfassenden Register über den Auf- und Zugang der Gewässer, über den Termin der Weinernte und die Häufigkeit kalter Winter ermöglicht.

Das Material, das wir in dieser Reihenfolge zu unserer Untersuchung heranzogen, darf wohl ein sehr großes genannt werden. Über seinen Umfang gibt die nachfolgende Zusammenstellung Aufschluss.

Anzahl der				
Regenstationen	321	mit	13500	Beob.-Jahren
Temperaturstationen [1])	ca. 280	»	ca. 10000	»
Luftdruckstationen	44	»	1700	»
Pegelstationen	40	»	2300	»
Abflusslosen Seen	46	»	ca. 2000	»
Stationen für Flusseisbeobachtungen	44	»	3100	»
Stationen für den Termin der Weinernte	29	»	4300	»
Insgesammt Stationen	804	mit	36900	Beob.-Jahren

Dieser Umfang des benutzten Materials, das fortwährend auf seine Güte geprüft wurde, nicht minder auch die innere Übereinstimmung der Resultate, die sich überall zeigte, gestatten wenigstens einen Theil der gewonnenen Ergebnisse als gesichert zu betrachten, während freilich viele Fragen nur gestreift werden konnten und ihre definitive Beantwortung der Zukunft überlassen bleiben muss, bis einst noch eine halbe oder ganze Schwankung durch die zahlreichen, heute functionierenden meteorologischen Stationen registriert sein wird. Erst nach 20—35 Jahren wird es möglich sein, die Klimaschwankungen in allen ihren Einzelheiten zu erkennen. Über ihr Wesen sind wir jedoch zum Theil schon heute unterrichtet.

Die Klimaschwankungen bestehen in Schwankungen der Temperatur, des Luftdrucks und des Regenfalls, die sich auf der ganzen Erde gleichzeitig in einer 35jährigen Periode vollziehen. Dabei ist die Temperatur dasjenige Element, von dem alle übrigen mehr oder minder abhängen. Die Schwankungen der Temperatur konnten wir, wie die Curve der beigegebenen Tafel lehrt, an Thermometerbeobachtungen bis 1731 zurückverfolgen, dagegen an den Daten über die Eisverhältnisse russischer Ströme bis 1700 und selbst noch weiter zurück. Die Schwankungen der Temperatur sind so gut wie allen Ländern der Erde gemeinsam. Nur 11 Procent derselben bilden Ausnahmen, jedoch ohne dass irgend eine Gesetzmäßigkeit gefunden werden könnte, während jedesmal 89 Procent aller Gebiete gleichzeitig Kälteperioden und gleichzeitig Wärmeperioden erleben. Hierin liegt ein Unterschied gegen Luftdruck und Regenfall vor, deren Schwankungen von Ort zu Ort wechseln.

Die Amplitude der Schwankungen der Temperatur ist im Mittel für die ganze Erde 0·76° C., vor 1850 sogar rund 1° C., wird jedoch auf einmal von 1850 an viel kleiner. Die Schwankungen sind für Mitteleuropa gleichbedeutend einem Hin- und Herpendeln der Isothermen um nicht weniger als 300 *km* oder 3 Breitengrade. Zerlegen wir jede der Schwankungen in eine warme und eine kalte Hälfte, so differieren deren Mitteltemperaturen immer noch um 0·4 ° C. Mit der Sonnenfleckenhäufigkeit haben sie nichts zu thun. Dabei ist ihre Amplitude größer als diejenige der elfjährigen Periode, welche Köppen im Zusammenhang mit der Sonnenfleckenhäufigkeit für beschränkte Zeiträume nachgewiesen hat.

[1]) Die Zahl der Temperatur-Stationen und ihrer Beobachtungsjahre lässt sich nicht genau angeben, da die betreffenden Angaben bei Köppen fehlen.

Die Temperaturschwankungen wirken auf die Luftdruckvertheilung ein, indem sie synchrone Schwankungen des Barometers hervorrufen. Die Intensität und der Charakter dieser Luftdruckschwankungen ändert sich von Gebiet zu Gebiet in durchaus gesetzmäßiger Weise. Ist auch nur Europa und ein Theil von Asien mit einer genügenden Zahl von Stationen besetzt, so geht doch mit Sicherheit aus deren Beobachtungen hervor, dass die kühlen Perioden durch eine Schwächung aller Luftdruckdifferenzen, die warmen durch eine Verschärfung derselben ausgezeichnet sind. Das äußert sich in verschiedener Weise. Zunächst nimmt in der kühlen Periode die Amplitude der Jahresschwankung ab. Dann aber ändern sich vor allem auch die örtlichen Luftdruckdifferenzen, das heißt die Gradienten. Die Wärmeperioden zeichnen sich durch eine Vertiefung der nordatlantischen Cyklone, besonders im Winter, aus, durch eine Erhöhung des Luftdrucks unter den Rossbreiten und über Mittel- und Ost-Europa, im Winter auch über Sibirien, endlich durch eine in Südost-Asien angedeutete Vertiefung der Mulde niedrigen Druckes unter dem Äquator.

Diese Schwankungen wirken nun ihrerseits auf den Regenfall ein. Streng nachgewiesen ist die Art des Einwirkens nur für den Nordatlantischen Ocean und Europa nebst Sibirien, die ihre Feuchtigkeit vom Nordatlantischen Ocean beziehen. Dass im Winter der warmen Periode, wenn die Cyklone bei Island vertieft, die Anticyklone auf dem Kontinent aber erhöht ist, der Regen auf dem Lande geringer sein muss, ist ersichtlich. Allein auch im Sommer der warmen Periode findet das Gleiche statt, obgleich derselbe den Luftdruck in der kontinentalen Cyklone mindert. Denn der die letztere von der nordatlantischen Cyklone scheidende Rücken relativ hohen Drucks, der von Spanien gegen Nowaja-Semlja zieht, accentuiert sich zu dieser Zeit bedeutend und erschwert den Übertritt oceanischer Luft aufs Festland. So wird die letztere das ganze Jahr hindurch in höherem Grade über dem Meer festgehalten, als dieses in den kühlen Perioden geschieht, und der Regenfall auf dem Lande nimmt erheblich ab.

Für andere Gebiete ist der physikalische Zusammenhang zwischen Temperaturschwankungen und Schwankungen des Regenfalls nicht klargelegt, weil langjährige Luftdruckbeobachtungen fehlen. Dass ein solcher jedoch besteht, ist zweifellos. Denn die Schwankungen des Regenfalls treten allgemein auf.

Auf dem Gros der Landmassen schwankt der Regenfall derart, dass die kühlen Perioden auch feucht und die warmen trocken sind. Etwas mehr als 20 Procent der durch meteorologische Beobachtungen vertretenen Gebiete verhalten sich theils ständig, theils wenigstens temporär abweichend, indem bei ihnen Regenreichthum und Wärme, andererseits Regenarmuth und Kälte zusammenfallen. Es ist sehr wichtig, dass diese Ausnahmegebiete sich vorwiegend um die Oceane gruppieren, die solcher Art ihrer ganzen Ausdehnung nach in den Verdacht der Ausnahme kommen, wie der Nordatlantische Ocean. In der That ist es verständlich, dass, je mehr feuchte oceanische Luft vom Meer aufs Land übertritt, desto mehr Gelegenheit zur Regenbildung dem Ocean entzogen wird. So scheint eine Art Kompensationsverhältnis zwischen Kontinent und Ocean zu bestehen.

Die Schwankungen des Regenfalls sind sehr verschieden ausgeprägt; ihre Intensität nimmt im allgemeinen mit der Kontinentalität zu. Das Verhältnis der Regenmenge zur Zeit des Maximums zu derjenigen des Minimums wächst gegen das Innere der Landmassen hin; den größten bekannten Werth erreicht es mit 2·31 in Westsibirien. Es rücken hier in der feuchten Periode die Isohyeten um viele Hunderte von Kilometern gegen das Innere des Festlands vor, um in der Trockenzeit sich ebenso weit wieder zurückzuziehen. Da gleichzeitig auf dem Ocean die Regenmenge abnimmt, so sagt das nichts anderes, als dass sich in den kühlen und für die Landflächen feuchten Perioden die Gegensätze zwischen Ocean und Kontinent erheblich ausgleichen. Die Abnahme des Regenfalls gegen das Innere des Landes ist in den warmen Trockenperioden rasch, in den feuchten Kälteperioden langsam. Das ließ sich für Asien, Europa und Nordamerika im Großen und selbst für beschränkte Gebiete im Kleinen darthun.

Im Mittel für die Länder der Erde, ausschließlich der Ausnahmegebiete, beträgt die Schwankung des Regenfalls 24 Procent des vieljährigen Mittels, und einschließlich der Ausnahmen immer noch 12 Procent. Die gesammte zur Zeit des Minimums auf alle Länder der Erde fallende Regenmenge ist um 12 Procent kleiner als diejenige zur Zeit des Maximums.

Auch die Regenbeobachtungen genügen, obwohl sie bis etwa 1700 zurückgehen, nicht, um die mittlere Periode der Klimaschwankungen zu berechnen. Das gelang erst mit Hilfe der oben erwähnten Register über die Eisverhältnisse der russischen Ströme, über den Termin der Weinernte und die Häufigkeit kalter Winter. Mit Benutzung dieses Materials ließen sich unsere Klimaschwankungen mit einiger Sicherheit bis etwa 1400, an der Hand der Häufigkeit kalter Winter sogar bis zum Jahr 1000, zurückverfolgen. Wir zählten seit 1020 25 volle Schwankungen und berechneten hieraus die mittlere Länge derselben zu 34·8 ±0·7 Jahren. In den letzten beiden Jahrhunderten erscheinen als Centren von kalten und feuchten Perioden die Jahre 1700, 1740, 1780, 1815, 1850 und 1880, als Centren von warmen und trockenen Perioden die Jahre 1720, 1760, 1795, 1830 und 1860.

Ich habe versucht, ein Bild der Klimaschwankungen zu entwerfen, welche unser Erdball in den letzten Jahrhunderten erlebte. Wie die Räder eines Uhrwerks greifen die verschiedenen meteorologischen Elemente dabei in einander ein. Wir sehen die Räder sich drehen und den Zeiger in bestimmtem Rhythmus sich bewegen; allein die treibende Kraft der Feder ist uns verborgen. Nur die Wirkung derselben vermögen wir zu erkennen und hieraus auf die gewaltige Größe der Kraft zu schließen. Sie hebt den Spiegel der Seen, der Flüsse, ja selbst der Meere, sie stößt die Gletscher vor und beschleunigt die Reife der Pflanzen. Tief greift sie ein in das menschliche Leben, indem sie Verkehr, Landwirthschaft, und Gesundheit deutlich beeinflusst und sogar in den Theorien und wissenschaftlichen Anschauungen sich wiederspiegelt. Allein sie selbst, die Ursache der Klimaschwankungen, kennen wir nicht.

Nicht besser steht es um die Theorie der weit gewaltigeren und über viele Jahrtausende sich erstreckenden Klimaschwankungen, welche uns die Geologie in der Diluvialzeit kennen gelehrt hat. Sie sind ihrem Wesen nach durchaus den Klimaschwankungen von heute ähnlich; wir haben versucht auf Grund dieser Ähnlichkeit den Schleier, der über den klimatischen Verhältnissen der Eiszeiten und der Interglacialzeit liegt, etwas zu lüften. Allein auch hier sehen wir nur die Wirkung, während die Ursache uns verborgen ist. Das Gleiche gilt von den in mehreren Jahrhunderten sich vollziehenden Klimaschwankungen mittlerer Dauer, die wir oben sowohl in der Diluvialzeit als auch in der historischen Zeit mehr ahnten als kennen lernten.

Drei Systeme von Schwankungen sind es, die einander durchkreuzen und mit einander interferieren, verschieden in ihrer Amplitude und in der Länge ihrer Periode, aber ähnlich in ihrem Wesen und Charakter. Während die beiden längeren uns ihre Spuren in den Diluvialablagerungen deutlich erhalten haben, ist dies mit der 35jährigen Schwankung nicht der Fall; sie ist zu unwesentlich, als dass sie neben den anderen, großartigeren Erscheinungen aufgezeichnet worden wäre. Dafür ist sie es, welche die historische Zeit beherrscht, und neben ihr die Schwankung mittlerer Dauer. Die großen diluvialen Klimaschwankungen aber sind zu lang, als dass ein wesentliches Stück derselben deutlich in der Geschichte registriert worden wäre; eine Änderung des Klimas, wie sie seit Schluss der Eiszeit eingetreten sein muss, ist in historischer Zeit noch nicht mit Sicherheit erwiesen und noch wird über die Frage hin und her discutiert; gerade die hydrographischen Phänomene, welche unsere kurz dauernden Schwankungen so trefflich wiederspiegeln, scheinen nichts von einer solchen Änderung anzuzeigen, ein Beweis dafür, dass dieselbe sich unendlich langsam vollzieht.

Erläuterungen zur Tafel.

Sämmtliche den Curven zu Grunde liegende Zahlen sind ausgeglichene Lustrenmittel.[1] Alle Elemente wurden absolut einheitlich behandelt.

Am Rande oben und unten bezeichnen die Jahreszahlen je das Ende des Lustrums, dem sie angehören, d. h. es ist 1885 gesetzt statt 1881/85 u. s. f. Rechts am Ende jeder Curve ist die zu derselben gehörige Skala mitgetheilt.

Da parallele Curven sich weit besser übersehen lassen, als Curven, von denen die eine das Spiegelbild der anderen ist, so wurden die Ordinaten für die Curven des Regenfalles und der Häufigkeit kalter Winter von oben nach unten abgetragen. Es entspricht also ein Ansteigen bei der Curve der Sonnenfleckenhäufigkeit, der Temperatur und der eisfreien Zeit auf den Flüssen einer Zunahme der betreffenden Größen, bei der Curve für den Termin der Weinernte einem Verfrühen desselben, bei der Curve des Regenfalles jedoch und ebenso derjenigen der Häufigkeit kalter Winter einer Abnahme dieser Größen.

Über das den Curven zu Grunde gelegte Material ist zu bemerken:

Die Curve der Sonnenfleckenhäufigkeit ist nach Wolfs Relativzahlen S. 241 gegeben. Ein Theilstrich ist gleich zehn Einheiten der Relativzahlen.

Die Curve für die Lufttemperatur ist nach den ausgeglichenen Zahlen des Gesammtmittels für die Erde in der Tabelle S. 232 gezogen. Ein Theilstrich gleich 0.2° C.

Die Curve für den Regenfall ist nach den ausgeglichenen Zahlen für sämmtliche reguläre Gebiete der Erde Mittel I der regulären Gebiete, beziehungsweise der ganzen Erde I der Tabellen S. 172, 189, 190) gezogen; für die Lustren 1831/35 und 1781/85, für welche zwei Angaben vorlagen, ist das arithmetische Mittel der letzteren gesetzt. Ein Theilstrich gleich 3 Procent.

Die der Curve des Termines der Weinernte zu Grunde gelegten Zahlen des ausgeglichenen Gesammtmittels siehe Tabelle S. 263 f. Eingeklammert ist das nach S. 269 anfechtbare Stück der Curve. Ein Theilstrich gleich 2 Tage.

---

[1]) Ausgenommen die Curve der Häufigkeit strenger Winter.

Die Curve der Häufigkeit kalter Winter ist nach den nicht ausgeglichenen Zahlen der Tabelle S. 268 entworfen. Eingeklammert ist das nach S. 269 problematische Stück derselben. Ein Theilstrich gleich 2 Winter.

Der Curve der Dauer der eisfreien Zeit auf russischen Strömen liegen die S. 252 publicierten Zahlen des ausgeglichenen Gesammtmittels zu Grunde. Ein Theilstrich gleich 4 Tage.

Die Tafel zeigt, dass die Curven der Temperatur, des Regenfalles, des Termines der Weinernte, der Dauer der eisfreien Zeit auf den russischen Strömen, in geringerem Maße auch die Curve der Häufigkeit kalter Winter einander parallel laufen. Die warmen Perioden sind trocken, haben frühe Weinernten, relativ selten kalte Winter und eine längere Navigationsperiode auf den russischen Strömen; die kühlen Perioden dagegen viel Regen, späte Weinernten, viele kalte Winter und eine kurze Navigationsperiode. Mit Sicherheit geht hervor, dass die Curve der Sonnenfleckenhäufigkeit gar keine Beziehungen zu den anderen Curven besitzt.

Die plötzliche Dämpfung der Temperaturschwankung von 1845 oder 1850 an ist klar ersichtlich. Wenn dagegen die Schwankungen des Regenfalles vor 1830 viel schwächer sind als nach 1830, so erklärt sich das dadurch, dass im Gesammtmittel vor 1830 die europäischen Gebiete, in denen die Schwankung des Regenfalles eine relativ kleine Amplitude besitzt (16 gegen 24 Percent als Mittel für die Erde nach den nicht ausgeglichenen Zahlen), in weit höherem Grade dominieren als nach 1830.

Die Curve für den Termin der Weinernte lässt die S. 318 besprochene, mehrere Jahrhunderte umfassende Schwankung des Klimas erkennen: relativ frühe Weinernten vor 1700 und hierauf weit spätere bis etwa 1820.

www.ingramcontent.com/pod-product-compliance
Lightning Source LLC
Chambersburg PA
CBHW021424300426
44114CB00010B/639
9783744681179